Moderne Webanwendungen für .NET-Entwickler

3., aktualisierte Auflage

Moderne Webanwendungen für .NET-Entwickler

Server-Anwendungen, Web APIs, SPAs & HTML-Cross-Platform-Anwendungen mit ASP.NET, ASP.NET Core, JavaScript, TypeScript & Angular

mit Beiträgen von Dr. Holger Schwichtenberg, Jörg Krause, Dr. Joachim Fuchs, Sebastian Kleinschmager und Manfred Steyer

O'REILLY®

Holger Schwichtenberg und Jörg Krause

Lektorat: Ariane Hesse
Korrektorat: Claudia Lötschert, www.richtiger-text.de
Satz: Gerhard Alfes, mediaService, Siegen, www.mediaservice.tv
Herstellung: Stefanie Weidner
Umschlaggestaltung: Michael Oréal, www.oreal.de
Druck und Bindung: C.H.Beck, Nördlingen

Bibliografische Information Der Deutschen Nationalbibliothek
Die Deutsche Nationalbibliothek verzeichnet diese Publikation in der Deutschen Nationalbibliografie; detaillierte bibliografische Daten sind im Internet über http://dnb.d-nb.de abrufbar.

ISBN:
Print 978-3-96009-015-1
PDF 978-3-96010-258-8
ePub 978-3-96010-259-5
mobi 978-3-96010-260-1

Dieses Buch erscheint in Kooperation mit O'Reilly Media, Inc. unter dem Imprint »O'REILLY«. O'REILLY ist ein Markenzeichen und eine eingetragene Marke von O'Reilly Media, Inc. und wird mit Einwilligung des Eigentümers verwendet.

3., aktualisierte Auflage 2018

Wieblinger Weg 17
69123 Heidelberg

Inhalt

Vorwort zur 3. Auflage

Liebe Leserinnen und Leser,

herzlichen willkommen zur dritten, erheblich erweiterten Auflage dieses Buchs.

Warum dieses Buch?

Das Web hat sich verändert. Während für gute Webanwendungen vor rund zehn Jahren noch die Regel galt, so viele Aufgaben wie möglich auf dem Server zu erledigen (Server Side Rendering), wird heutzutage in vielen Fällen die Benutzeroberfläche auf dem Client gerendert (Client Side Rendering – CSR), sodass eine Single Page Application (SPA) entsteht. Der Webserver kommt oft nur noch für das initiale Laden der SPA und zum Datenaustausch via REST-Diensten (WebAPIs) zum Einsatz. Dank Basistechniken wie HTML5/CSS3, der erweiterten JavaScript-Syntax, und vielen neuen Browser-APIs sowie zahlreichen Frameworks, die die Handhabung einfacher machen, sind heutzutage Webanwendungen möglich, die in ihrer Benutzerfreundlichkeit Desktop-Anwendungen nahekommen.

Mittlerweile werden mit Webtechniken nicht nur Browseranwendungen, sondern auch mobile Apps und Desktop-Anwendungen entwickelt. Die Produktkombination aus HTML, CSS und JavaScript ist die einzige echte Cross-Platform-Technik, die die Entwicklung von Oberflächen für alle Betriebssysteme im Sinne von »Write once, run anywhere« ermöglicht.

Trotz des Trends zur Verlagerung des Renderings auf den Client gibt es weiterhin viele Webanwendungen, bei denen mit Server Side Rendering (SSR) gearbeitet wird.

Was ist der Inhalt dieses Buchs?

Dieses Buch beschreibt sowohl Server- als auch Clienttechniken für moderne Webanwendungen.

Anders als die Vorlagen beginnt das Buch mit einem Buchteil »Web-Basiswissen«, in dem HTTP, HTML und CSS besprochen werden. Diese Ergänzung findet bewusst statt, weil es Leser-Feedback zu den Vorauflagen gab, dass das Buch Vorwissen in diesen Bereichen voraussetzte. Natürlich kann hier nicht das komplette Wissen zu den Basistechniken des Webs abgedruckt werden. Die Basiskapitel von Jörg Krause geben Ihnen aber ein solides Fundament für den Rest des Buchs.

Serverseitig gab es im Jahr 2016 mit dem Erscheinen von ASP.NET Core einen erheblichen Umbruch, den allerdings viele Unternehmen technisch und/oder organisatorisch noch nicht nachvollziehen können. In diesem Buch wird daher auf der Serverseite sowohl das klassische ASP.NET (MVC, Web API, SignalR) im Buchteil B als auch das neue ASP.NET Core (inkl. MVC, Razor Pages und Web API, SignalR) im Buchteil C besprochen. Ein eigenes Kapitel widmet sich der Entwicklung von Microservices inklusive einer umfangreichen Fallstudie.

Im Buchteil D geht es dann um die Client-Programmierung mit JavaScript und TypeScript sowie die derzeit sehr weit verbreiteten Webframeworks Boostrap (von Twitter) und Angular (von Google). Informationen zu React (von Facebook) finden Sie in Kapitel 30, einem der drei Bonuskapitel, die Sie als Ergänzung des Buchs – so wie im Vorwort beschrieben – herunterladen können.

Ein ganz aktuelles Kapitel zu ASP.NET Blazor ergänzt diesen Buchteil. Auch wenn ASP.NET Blazor noch in einem früheren Entwicklungsstadium steckt, weckt es dennoch bei vielen .NET-Entwicklern die Hoffnung, zukünftig mit C# statt mit JavaScript/TypeScript SPAs im Browser programmieren zu können.

Buchteil E behandelt den Betrieb (das »Hosting«) von Webanwendungen in den Internet Information Services (IIS) von Windows, in Docker-Containern und in Microsoft Azure.

Das Buch beschließt den Buchteil F mit einem größeren Fallbeispiel: MiracleList ist eine moderne, auf Webtechniken basierende Cross-Platform-Anwendung zur Aufgabenverwaltung (in Anlehnung an *www.wunderlist.com*, für das Microsoft im Jahr 2015 einen dreistelligen Millionenbetrag bezahlt hat). Der Server basiert auf ASP.NET Core und läuft auf Windows, Linux oder macOS. Der Client basiert unter anderem auf HTML, CSS, JavaScript, Angular, Electron und Cordova. Er läuft daher sowohl im Browser als auch in Desktop-Anwendungen auf Windows, Linux oder macOS sowie als mobile App in iOS, Android und Windows Mobile.

Welche Voraussetzungen sollten Sie für dieses Buch mitbringen?

Das Buch richtet sich an Softwareentwickler, die bereits grundlegende Erfahrung mit .NET und C# besitzen und nun moderne Webanwendungen entwickeln wollen. Das Buch beinhaltet keine Einführung in .NET und C#, aber es führt in alle notwendigen Webtechniken ein.

Wenn Sie die Programmiersprache C# noch nicht oder noch nicht gut beherrschen, sollten Sie vorab dieses Buch lesen:

Holger Schwichtenberg:

C# 7.2 Crashkurs: Die Syntax der Programmiersprache C# für die Softwareentwicklung in .NET Framework, .NET Core und Xamarin.

www.IT-Visions.de, 2018

1. Auflage 2018
167 Seiten, 15,00 €

ISBN: 978-3-93427-930-8

Was ist das Ziel des Buchs?

Zielsetzung dieses Buchs ist es, dem Leser zu zeigen, wie die Techniken eingesetzt werden können, um moderne Webanwendungen zu schaffen. Der Fokus liegt dabei auf den Konzepten, die hinter diesen Techniken stehen. Dazu spielt dieses Buch eine Vielzahl an Beispielen durch.

Es ist nicht Ziel dieses Buchs, ein Nachschlagewerk für die Vielzahl der Sprach- und Syntaxelemente sowie Klassen zu sein. Ein Nachschlagewerk zu all diesen Techniken würde viele Tausend Seiten dick sein. Schon bei der hier vorliegenden Seitenzahl mussten Inhalte gekürzt werden. Auf einige Fakten und Praxisbeispiele, die wir gerne präsentiert hätten, mussten wir daher leider verzichten.

Für eine erschöpfende Auflistung sämtlicher Befehle wird, gerade bei den clientseitigen Technologien, auf die umfangreichen frei verfügbaren Online-Referenzen verwiesen.

Darüber hinaus gehen wir auch davon aus, dass der Leser mit wenig Aufwand herausfinden kann, in welchem Namensraum beziehungsweise in welcher Assembly sich eine erwähnte Klasse befindet, sofern diese nicht ohnehin durch die in Visual Studio verwendeten Vorlagen eingebunden wurde.

Außerdem werden in diesem Buch keine Datenbankzugriffe besprochen. Hierzu sei auf das folgende Buch verwiesen:

Holger Schwichtenberg:

Effizienter Datenzugriff mit Entity Framework Core: Datenbankprogrammierung mit C# für .NET Framework, .NET Core und Xamarin.

Carl Hanser Verlag, 2018

468 Seiten, 42,00 €

ISBN: 978-3-446-44898-8

Welche Versionen werden in diesem Buch behandelt?

Das Buch behandelt die zum Redaktionsschluss des Buchs aktuellen stabilen Versionen. Dies sind unter anderem:

- Visual Studio 2017 Version 15.6 und 15.7
- Visual Studio Code 1.22
- .NET Framework 4.7.2
- .NET Core 2.0.2 (mit Ausblick auf die Version 2.1)
- ASP.NET MVC 5.2.4
- ASP.NET Web API 5.2.4
- ASP.NET Core 2.0.2 (mit Ausblick auf die Version 2.1)
- Bootstrap 4.0.0
- TypeScript 2.8.1
- Angular 5.2.9
- React 16.2.0
- Internet Information Services 10.0
- Docker 18.05.0
- Electron 1.8.3
- Cordova 8.0

Welche Programmiersprache wird in diesem Buch verwendet?

Das vorliegende Buch verwendet serverseitig die Programmiersprache C# sowie clientseitig JavaScript und TypeScript.

Alle Leser, die serverseitig lieber mit Visual Basic .NET arbeiten, können die abgedruckten Beispiele sehr einfach mit kostenlosen Werkzeugen nach Visual Basic .NET konvertieren. Informationen dazu findet man unter *http://www.dotnetframework.de/tools.aspx*.

Welche Werkzeuge werden in diesem Buch verwendet?

Dieses Buch bezieht sich primär auf die Programmierung mit der integrierten Entwicklungsumgebung Visual Studio. Von Visual Studio kann man eine kostenfreie Community Edition nur in kleineren Firmen und bei Open-Source-Projekten kostenfrei einsetzen (*www.visualstudio.com/vs/community*). Für die Webclient-Programmierung kommt auch Visual Studio Code (*https://code.visualstudio.com*) zum Einsatz. Zudem sollten Sie node.js (*nodejs.org*) installieren, um den Node Package Manager (NPM) zur Verfügung zu haben. Für das Testen von Web APIs wird Postman (*www.getpostman.com*) und Fiddler (*www.telerik.com/download/fiddler*) verwendet. Auf weitere Werkzeuge wird in den einzelnen Kapiteln hingewiesen.

Welche Sprachversion wird in diesem Buch verwendet?

Dieses Buch beschreibt die englische Version von Visual Studio, weil inzwischen viele deutsche Entwickler (einschließlich der Autoren) die englische Version der Software bevorzugen, denn die Übersetzungen ins Deutsche sind oft holprig und die Fehlermeldungen nur schwer verständlich. Visual-Studio-Anwender können über den Befehl *Tools/Options/Environment/International Settings* weitere Sprachpakete herunterladen und einrichten. Weiterhin sei noch darauf hingewiesen, dass die Anordnung der Menüs und auch einige Tastaturkürzel von den gewählten Einstellungen in Visual Studio abhängen. Alle Ausführungen in diesem Buch beziehen sich auf die Umgebungseinstellung *Common Settings*, die bei der Installation des Produkts ausgewählt werden kann.

Woher bekommen Sie die Code-Beispiele und die drei Bonuskapitel zu diesem Buch?

Die Code-Beispiele zu diesem Buch erhalten Sie auf *oreilly.de* auf der Webseite zum Buch *Moderne Webanwendungen für .NET-Entwickler* unter »Zusatzmaterial«.

Hier finden Sie außerdem drei zusätzliche Kapitel als PDF zum Download, die dieses Buch inhaltlich abrunden: Kapitel 28 »Open Web Interface for .NET (OWIN) und Katana«, Kapitel 29 »Sicherheit in ASP.NET« sowie Kapitel 30 »React«.

Die Autoren bieten den Leserinnen und Lesern dieses Buchs darüber hinaus im Rahmen einer zugangsbeschränkten Website folgende Serviceleistungen:

- **Bonuskapitel** Ergänzend erhalten Sie auch hier die drei zusätzlichen Kapitel als PDF zum Download: Kapitel 28 »Open Web Interface for .NET (OWIN) und Katana«, Kapitel 29 »Sicherheit in ASP.NET« sowie Kapitel 30 »React«.
- **Downloads** Sie können alle in diesem Buch vorgestellten Code-Beispiele hier herunterladen.
- **Spickzettel (Cheat Sheets)** Ergänzend erhalten Sie hier drei Spickzettel in PDF-Form mit den wichtigsten Befehlen von ASP.NET (Core) MVC und Web API, TypeScript und Angular – zum Ausdrucken und »Spicken« beim Programmieren.
- **Diskussionsrunde** Ein webbasiertes Forum bietet die Möglichkeit, Fragen an die Autoren zu stellen. Bitte beachten Sie jedoch, dass dies eine freiwillige Leistung der Autoren ist und kein Anspruch auf eine kostenlose Betreuung besteht.
- **Newsletter** Alle registrierten Leser erhalten zwei- bis viermal jährlich einen Newsletter mit aktuellen Terminen und Publikationshinweisen.
- **Leserbewertung** Vergeben Sie Noten für dieses Buch und lesen Sie nach, was andere Leser von diesem Buch halten.
- **Errata** Trotz eines jahrelang erprobten Vorgehensmodells und der dreifachen Qualitätskontrolle (Co-Autor, Fachlektor, Verlag) ist es möglich, dass sich einzelne Fehler in dieses Buch eingeschlichen haben. Im Webportal können Sie nachlesen, welche Fehler gefunden wurden. Sie können hier auch selbst Fehler, die Ihnen auffallen, melden.

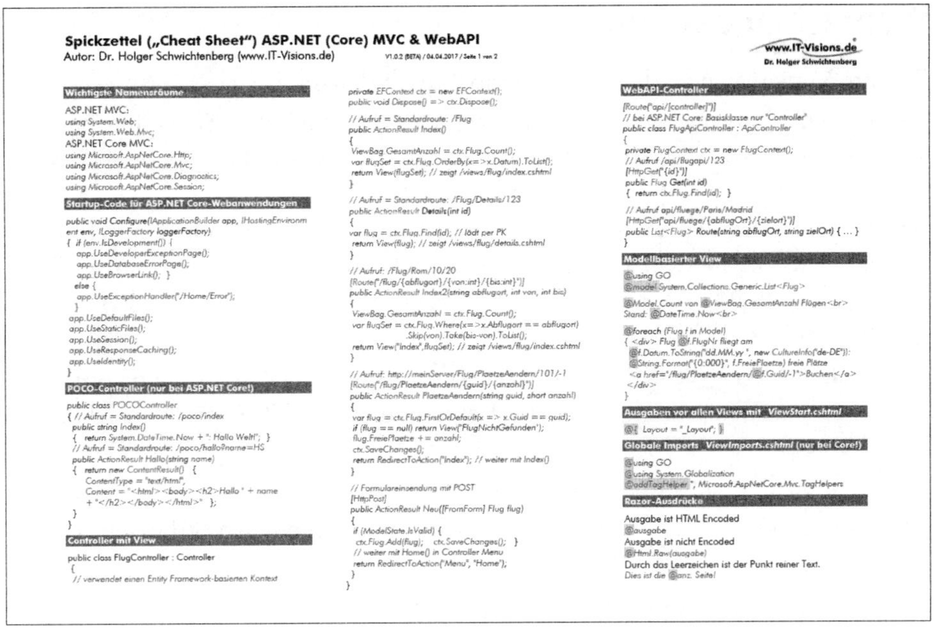

Spickzettel („Cheat Sheet") ASP.NET (Core) MVC & WebAPI
Autor: Dr. Holger Schwichtenberg (www.IT-Visions.de)
V1.0.2 (BETA) / 04.04.2017 / Seite 1 von 2

www.IT-Visions.de
Dr. Holger Schwichtenberg

Wichtigste Namensräume

ASP.NET MVC:
```
using System.Web;
using System.Web.Mvc;
```
ASP.NET Core MVC:
```
using Microsoft.AspNetCore.Http;
using Microsoft.AspNetCore.Mvc;
using Microsoft.AspNetCore.Diagnostics;
using Microsoft.AspNetCore.Session;
```

Startup-Code für ASP.NET Core-Webanwendungen

```
public void Configure(IApplicationBuilder app, IHostingEnvironm
ent env, ILoggerFactory loggerFactory)
{  if (env.IsDevelopment()) {
    app.UseDeveloperExceptionPage();
    app.UseDatabaseErrorPage();
    app.UseBrowserLink();  }
   else {
    app.UseExceptionHandler("/Home/Error");
   }
 app.UseDefaultFiles();
 app.UseStaticFiles();
 app.UseSession();
 app.UseResponseCaching();
 app.UseIdentity();
}
```

POCO-Controller (nur bei ASP.NET Core!)

```
public class POCOController
{ // Aufruf = Standardroute: /poco/index
 public string Index()
 {   return System.DateTime.Now + ": Hallo Welt!";  }
 // Aufruf = Standardroute: /poco/hallo?name=HS
 public ActionResult Hallo(string name)
 {   return new ContentResult()   {
     ContentType = "text/html",
     Content = "<html><body><h2>Hallo " + name
     + "</h2></body></html>"   };
 }
}
```

Controller mit View

```
public class FlugController : Controller
 {
 // verwendet einen Entity Framework-basierten Kontext
 private EFContext ctx = new EFContext();
 public void Dispose() => ctx.Dispose();

 // Aufruf = Standardroute: /Flug
 public ActionResult Index()
 {
  ViewBag.GesamtAnzahl = ctx.Flug.Count();
  var flugSet = ctx.Flug.OrderBy(x=>x.Datum).ToList();
  return View(flugSet); // zeigt /views/flug/index.cshtml
 }

 // Aufruf = Standardroute: /Flug/Details/123
 public ActionResult Details(int id)
 {
 var flug = ctx.Flug.Find(id); // lädt per PK
  return View(flug); // zeigt /views/flug/details.cshtml
 }

 // Aufruf: /Flug/Rom/10/20
 [Route("/flug/{abflugort}/{von:int}/{bis:int}")]
 public ActionResult Index2(string abflugort, int von, int bis)
 {
  ViewBag.GesamtAnzahl = ctx.Flug.Count();
  var flugSet = ctx.Flug.Where(x=>x.Abflugort == abflugort)
                 .Skip(von).Take(bis-von).ToList();
  return View("Index",flugSet); // zeigt /views/flug/index.cshtml
 }

 // Aufruf: http://meinServer/Flug/PlaetzeAendern/101/-1
 [Route("/flug/PlaetzeAendern/{guid}/{anzahl}")]
 public ActionResult PlaetzeAendern(string guid, short anzahl)
 {
  var flug = ctx.Flug.FirstOrDefault(x => x.Guid == guid);
  if (flug == null) return View("FlugNichtGefunden");
  flug.FreiePlaetze += anzahl;
  ctx.SaveChanges();
  return RedirectToAction("Index"); // weiter mit Index()
 }

 // Formulareinsendung mit POST
 [HttpPost]
 public ActionResult Neu([FromForm] Flug flug)
 {
  if (ModelState.IsValid) {
   ctx.Flug.Add(flug);    ctx.SaveChanges();  }
  // weiter mit Home() in Controller Menu
  return RedirectToAction("Menu", "Home");
 }
}
```

WebAPI-Controller

```
[Route("api/[controller]")]
// bei ASP.NET Core: Basisklasse nur "Controller"
public class FlugApiController : ApiController
{
 private FlugContext ctx = new FlugContext();
 // Aufruf /api/flugapi/123
 [HttpGet("{id}")]
 public Flug Get(int id)
 {  return ctx.Flug.Find(id);  }

 // Aufruf api/fluege/Paris/Madrid
 [HttpGet("api/fluege/{abflugOrt}/{zielort}")]
 public List<Flug> Route(string abflugOrt, string zielOrt) { … }
}
```

Modellbasierter View

```
@using GO
@model System.Collections.Generic.List<Flug>

@Model.Count von @ViewBag.GesamtAnzahl Flügen<br>
Stand: @DateTime.Now<br>

@foreach (Flug f in Model)
{ <div> Flug @f.FlugNr fliegt am
  @f.Datum.ToString("dd.MM.yy ", new CultureInfo("de-DE")):
  @String.Format("{0:000}", f.FreiePlaetze) freie Plätze
  <a href="/flug/PlaetzeAendern/@f.Guid/-1">Buchen</a>
 </div>
}
```

Ausgaben vor allen Views mit _ViewStart.cshtml

```
@{ Layout = "_Layout"; }
```

Globale Imports _ViewImports.cshtml (nur bei Core!)

```
@using GO
@using System.Globalization
@addTagHelper *, Microsoft.AspNetCore.Mvc.TagHelpers
```

Razor-Ausdrücke

Ausgabe ist HTML Encoded
@ausgabe
Ausgabe ist nicht Encoded
@Html.Raw(ausgabe)
Durch das Leerzeichen ist der Punkt reiner Text.
Dies ist die @ganz. Seite!

Abbildung V.1: Der Spickzettel zu ASP.NET (Core) MVC und Web API

Zugang zu der ehrenamtlich betriebenen Leser-Website erhalten Sie unter *www.IT-Visions.de/Leser*. Dort müssen Sie sich einmalig registrieren. Bei der Registrierung wird ein **Losungswort** abgefragt, das Sie als Käufer dieses Buchs ausweist. Bitte geben Sie dort **Beyond** ein. Durch die Registrierung erhalten Sie ein persönliches Kennwort per E-Mail zugesendet, das Sie dann für die Anmeldung nutzen können.

Dieses Symbol weist auf eine Warnung oder ein Problem hin.

Dieses Symbol markiert einen allgemeinen Hinweis oder Tipp.

Wem ist zu danken?

Für ihre Mitwirkung an diesem Buch möchte ich danken:

- meinem Co-Autor Jörg Krause, der den Großteil des Texts im Buchteil »Web-Basiswissen« sowie die Kapitel zu JavaScript, Bootstrap und React geschrieben hat.
- meinem ehemaligen Co-Autor Manfred Steyer, der sich nun leider nicht mehr mit den Themen dieses Buchs beschäftigt, von dem wir aber einige Texte zum klassischen ASP.NET MVC und Web API in die neue Auflage übernehmen durften.
- Dr. Joachim Fuchs für das Kapitel »ASP.NET Core SignalR«.
- Sebastian Kleinschmager für die Kapitel zu ASP.NET Core Web APIs und Microservices.
- der O'Reilly-Lektorin Ariane Hesse.
- der Korrektorin Claudia Lötschert, die das Buch sprachlich verbessert hat.

Essen im Herzen des Ruhrgebiets, im April 2018

Holger Schwichtenberg

Die Autoren

Über www.IT-Visions.de

Alle Autoren dieses Buchs arbeiten bei der Firma *www.IT-Visions.de* als Softwarearchitekten, Softwareentwickler, Trainer und Berater für .NET-Techniken. www.IT-Visions.de ist ein Verbund der deutschen Top-Experten im Bereich der Microsoft-Produkte und -Technologien insbesondere .NET. Unter Leitung und Mitwirkung von Dr. Holger Schwichtenberg bietet *www.IT-Visions.de*:

- Strategische und technische Beratung
- Konzepte, Machbarkeitsstudien und Reviews
- Coaching bei Entwicklungsprojekten
- Technischen Support vor Ort und via Telefon, E-Mail oder Web-Konferenz
- Individuell zugeschnittene technische Vor-Ort-Schulungen und anforderungsorientierte Workshops
- Öffentliche Seminare, siehe *www.dotnet-akademie.de*

Die Schwestergesellschaft *5Minds IT-Solutions GmbH & Co. KG* bietet Softwareentwicklung (Prototypen und komplette Lösungen) sowie den Verleih von Softwareentwicklern.

Zu den Kunden gehören neben vielen mittelständischen Unternehmen auch Großunternehmen wie z.B. Siemens, Bayer, RWE, Bertelsmann, BASF, Bosch, ThyssenKrupp, Merkle, Festo, Lufthansa, AIRBUS, REWE, EnBW, DEA, PwC, Deutsche Telekom, Deutsche Post, Karstadt, eurofins, Roche, OSRAM, Jenoptik, Continental, Carl Zeiss, Haufe-Lexware, TÜV, Sartorius, Fraunhofer, diverse Banken und Versicherungen sowie mehrere Landesregierungen.

- Firmenwebsites: *http://www.IT-Visions.de* und *http://www.5minds.de*
- Kontakt zu allen Autoren: E-Mail **buero@IT-Visions.de** sowie Telefon **0201-64 95 90-0**

Dr. Holger Schwichtenberg

- Studienabschluss Diplom-Wirtschaftsinformatik an der Universität Essen
- Promotion an der Universität Essen im Gebiet komponentenbasierter Softwareentwicklung
- Seit 1996 selbstständig als unabhängiger Berater, Dozent, Softwarearchitekt und Fachjournalist
- Leiter des Berater- und Dozententeams bei *www.IT-Visions.de*
- Softwareentwicklungsprojektleitung im Bereich Microsoft/.NET bei der 5minds IT-Solutions GmbH & Co. KG (*www.5minds.de*)
- Über 65 Fachbücher beim Carl Hanser Verlag, bei O'Reilly, Microsoft Press und Addison-Wesley sowie mehr als 1000 Beiträge in Fachzeitschriften
- Gutachter in den Wettbewerbsverfahren der EU gegen Microsoft (2006–2009)
- Ständiger Mitarbeiter der Zeitschriften iX (seit 1999), dotnetpro (seit 2000) und Windows Developer (seit 2010) sowie beim Onlineportal heise.de (seit 2008)
- Regelmäßiger Sprecher auf nationalen und internationalen Fachkonferenzen (zum Beispiel Microsoft TechEd, Microsoft Summit, Microsoft IT Forum, BASTA, BASTA-on-Tour, .NET Architecture Camp, Advanced Developers Conference, Developer Week, OOP, DOTNET Cologne, MD DevDays, Community in Motion, DOTNET-Konferenz, VS One, NRW.Conf, Net.Object Days, Windows Forum, Container Conf)

- Zertifikate und Auszeichnungen von Microsoft:
  - Microsoft Most Valuable Professional (MVP)
  - Microsoft Certified Solution Developer (MCSD)
- Thematische Schwerpunkte:
  - Softwarearchitektur, mehrschichtige Softwareentwicklung, Softwarekomponenten, SOA
  - Microsoft .NET Framework, Visual Studio, C#, Visual Basic
  - .NET-Architektur/Auswahl von .NET-Technologien
  - Einführung von .NET Framework und Visual Studio/Migration auf .NET
  - Webanwendungsentwicklung und Cross-Plattform-Anwendungen mit HTML, ASP.NET, JavaScript/TypeScript und Webframeworks wie Angular
  - Enterprise .NET, verteilte Systeme/Webservices mit .NET, insbesondere Windows Communication Foundation und Web API
  - Relationale Datenbanken, XML, Datenzugriffsstrategien
  - Objektrelationales Mapping (ORM), insbesondere ADO.NET Entity Framework und EF Core
  - Windows PowerShell, PowerShell Core und Windows Management Instrumentation (WMI)

Jörg Krause

Jörg Krause arbeitet seit vielen Jahren als Autor, Trainer, Berater und Softwareentwickler für große Unternehmen weltweit. Bauen Sie auf die Erfahrung aus mehr als 25 Jahren Arbeit mit Webumgebungen und sehr vielen großen und kleinen Projekten. Schwerpunkte der Arbeit sind Webtechnologien und damit verwandte Bereiche. Dies umfasste sowohl den Frontend- als auch den Backend-Bereich sowie Nutzung von Windows und auch von Linux mit der Wahl der jeweils optimalen Plattform.

Er hat über 40 Titel bei renommierten Fachverlagen in Deutsch und Englisch veröffentlicht, darunter auch einige Bestseller. Weitere Titel sind im Eigenverlag erschienen, ebenso wie zahlreiche Zeitschriftenartikel. Sein Wissen gibt er in Seminaren und Schulungen und gelegentlich auf Fachkonferenzen weiter. Zu den Grundlagenthemen gehören HTML, CSS, JavaScript und TypeScript, aktuelle Anwendungs-Rahmenwerke wie React und Angular sowie Backend-Technologien wie beispielsweise SQL Server, Node.js, ASP.NET und Docker.

Jörg sind vor allem solide Grundlagen wichtig. Statt immer dem neuesten Framework hinterherzurennen wären viele Entwickler besser beraten, sich eine robuste Grundlage zu schaffen. Wer dies kompakt und schnell lernen will, ist bei ihm richtig. Deshalb wird der didaktischen Aufbereitung in seinen Schulungen und Veröffentlichungen besondere Aufmerksamkeit zuteil.

Dr. Joachim Fuchs

Dr.-Ing. Joachim Fuchs ist ein bekannter Experte für .NET mit Schwerpunkt auf UI-Techniken (insbesondere WPF, ASP.NET MVC und Angular). Er arbeitet für www.IT-Visions.de als Trainer und Softwareentwickler. Durch seine Fachbücher und Artikel in Fachzeitschriften ist er in der .NET-Szene bestens bekannt.

Sebastian Kleinschmager

Sebastian Kleinschmager ist freiberuflicher Softwareentwickler und Trainer. Seine technologischen Schwerpunkte liegen im Bereich .NET/C# und Webtechnologien, vor allem ASP.NET Core und Angular. Zudem beschäftigt er sich stark mit den Themen Clean Code, Qualitätssicherung und Architektur, dort insbesondere Microservices und ähnlichen Ansätzen. Sein Wissen zu diesen Themen bringt er mit viel Leidenschaft bei seinen Kunden in Projekte ein und vermittelt es genauso motiviert als Dozent und Teil des www.IT-Visions.de-Expertenteams.

Manfred Steyer

Manfred Steyer ist Trainer und Berater bei www.IT-Visions.de sowie verantwortlich für den Fachbereich Software Engineering der Studienrichtung IT und Wirtschaftsinformatik an der FH CAMPUS 02 in Graz.

Er schreibt für das windows.developer magazin (vormals dot.net magazin) sowie Heise Developer und ist Buchautor bei O'Reilly, Microsoft Press sowie Carl Hanser. Manfred hat berufsbegleitend IT und IT-Marketing in Graz sowie Computer Science in Hagen studiert und kann auf mehr als 15 Jahre an Erfahrung in der Planung und Umsetzung von großen Applikationen zurückblicken. Er ist ausgebildeter Trainer für den Bereich der Erwachsenenbildung und spricht regelmäßig auf Fachkonferenzen.

In der Vergangenheit war Manfred Steyer mehrere Jahre für ein großes österreichisches Systemhaus tätig. In der Rolle als Bereichsleiter hat er gemeinsam mit seinem Team Geschäftsanwendungen konzipiert und umgesetzt.

TEIL A

Web-Basiswissen

Dieses Buchkapitel vermittelt Basiswissen im Bereich der Webtechniken, die die Grundlage sowohl für die Server- als auch Clientprogrammierung bilden. Zudem wird in diesem Buchteil auch Bootstrap besprochen, das von CSS abstrahiert. Wir besprechen Bootstrap bereits in diesem Teil, weil Microsoft es in den Projektvorlagen für ASP.NET und ASP.NET Core einsetzt.

KAPITEL 1

Protokolle, Standards und Konzepte

Dieses Kapitel bietet einen sehr kompakten Überblick über die Protokolle, die Sie kennen sollten, wenn Sie aktiv Webanwendungen entwickeln möchten.

Standardisierung

Dieses Kapitel erwähnt kurz die drei wichtigsten Standardisierungsgremien für die Webprogrammierung.

RFCs

Wenn Sie sich mit Protokollen und konkreten Implementierungen technischer Verfahren rund um das Internet beschäftigen, werden Sie immer wieder mit RFCs (Request for Comments) (*www.elektronik-kompendium.de/sites/net/0904121.htm*) konfrontiert. Die RFCs dienen als öffentliches Diskussionsforum für technische und organisatorische Fragen des Internets. Sie wurden mit dem ARPA-NET im Jahre 1969 ins Leben gerufen. Die RFC 0001 wurde am 7. April 1969 veröffentlicht, noch während der laufenden Entwicklung des ARPANET (*de.wikipedia.org/wiki/Arpanet*).

RFCs werden fortlaufend nummeriert und können verschiedene Stufen durchlaufen. Es gibt keine Versionsnummern. Wird ein RFC umfassend weiterentwickelt, erscheint ein neues Dokument mit einer neuen Nummer. Das alte wird als obsolet gekennzeichnet. Werden aus RFCs Standards verabschiedet, so erscheinen diese in einer zweiten Dokumentform, die durch STD gekennzeichnet ist. Der Zusammenhang zwischen RFCs und STDs ist in RFC 2500 geregelt. Der Standardisierungsprozess wird in RFC 2026 erläutert.

Als gute Informationsquelle für RFCs ist die Webseite *www.rfc-editor.org* zu empfehlen. Hier können Sie in der RFC- und STD-Datenbank komfortabel stöbern. Wenn Sie nach tiefer gehenden Informationen zu bestimmten Protokollen wie beispielsweise ICMP oder DNS suchen, tragen Sie diese in die Suchmaske ein.

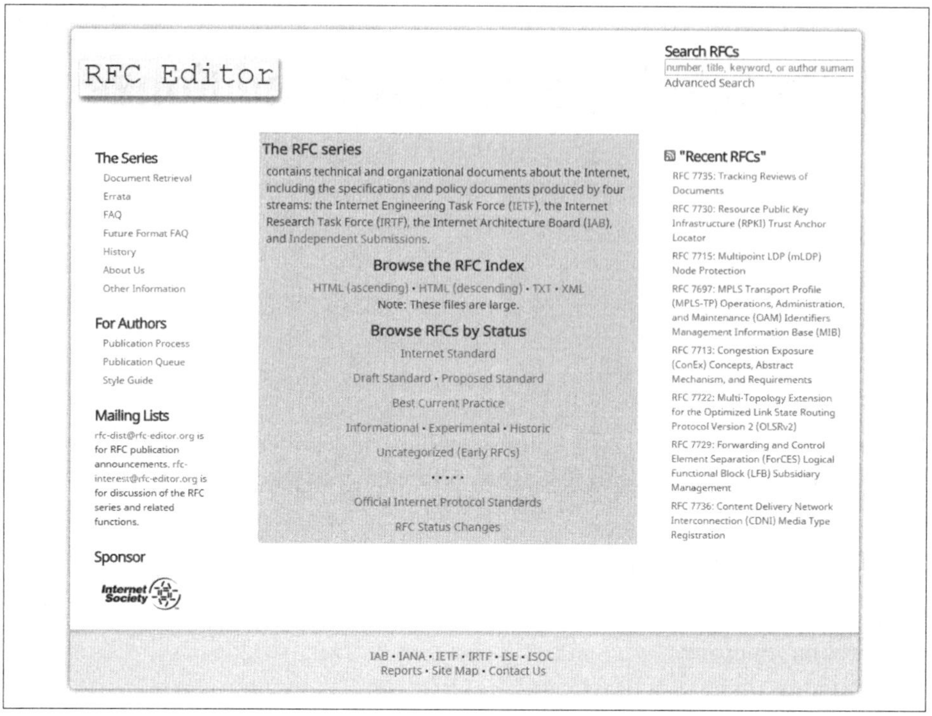

Abbildung 1-1: Eine gute Informationsquelle ist der RFC-Editor.

Amüsant kann das Studium von RFCs mit dem Erscheinungsdatum vom 1. April und dem Status INFORMATIONAL sein. Zu empfehlen ist hier beispielsweise RFC 2550, in dem die Jahr-10.000-Problematik erörtert wird.

World Wide Web Consortium (W3C)

Neben den RFCs sind die Standards des seit dem Jahr 1994 tätigen World Wide Web Consortium (W3C) die wichtigsten Standards im Web. Das W3C hat unter anderem HTML, XHTML und XML standardisiert.

European Computer Manufacturers Association (ECMA)

Die ECMA standardisiert JavaScript unter seinem offiziellen Namen ECMAScript. Auch die Programmiersprachen C# und C++/CLI sind hier standardisiert.

Hypertext Transfer Protocol (HTTP)

In diesem Abschnitt erfahren Sie das Wichtigste über HTTP, das in der Webserver-Programmierung eine herausragende Rolle spielt.

HTTP dient der Kommunikation mit Webservern. Es gibt die Versionen 1.0 (1996, RFC 1945), 1.1 (1999, RFC 2616) und 2.0 (2015, RFC 7540). Aufseiten der

Browser wird von HTTP 1.1 gesprochen, einige neuere (Chrome, Edge) kennen bereits HTTP 2.0. Die Version 2.0 befindet sich heute (2017) in der Einführungsphase. Dazu kommt eine Reihe von Sub-Standards, die teilweise implizit benutzt werden:

- RFC 7541 Header Compression (2, 2015)
- RFC 7230 Message Syntax and Routing (1.1, 2014)
- RFC 7231 Semantics and Content (1.1, 2014)
- RFC 7232 Conditional Requests (1.1, 2014)
- RFC 7233 Range Requests (1.1, 2014)
- RFC 7234 Caching (1.1, 2014)
- RFC 7235 Authentication (1.1, 2014)

Bei HTTP handelt es sich um ein *verbindungs- oder statusloses Protokoll*. Server und Client nehmen also nie einen besonderen Zustand ein, sondern beenden nach jedem Kommando den Prozess vollständig, entweder mit Erfolg oder mit einer Fehlermeldung. Es obliegt dem Kommunikationspartner, darauf in angemessener Weise zu reagieren.

> Einer der großen Vorteile von HTTP als dem Protokoll der Wahl für die Kommunikation im Web und auch für Inter-Service-Kommunikation ist seine Einfachheit. HTTP setzt auf TCP/IP als etabliertes Transportprotokoll auf und kommt ohne eigenen schwergewichtigen Protokollrahmen und Metadaten aus. Egal ob auf mobilen Geräten, in Webbrowsern oder bei Cloud-Services, egal ob auf der Java-Plattform, unter PHP oder .NET: HTTP wird überall unterstützt. Dies ist auch der Grund dafür, dass REST-Web-API-Services (alias »HTTP Services«) auf dem Vormarsch sind, die direkt auf HTTP basieren und auf aufwendige aus der Welt der verteilten Programmierung bekannte Protokolle wie SOAP verzichten.

Protokollaufbau, Header, Body

HTTP-Kommandos werden als ASCII-Text übertragen und können aus mehreren Zeilen bestehen. Die erste Zeile ist immer die Kommandozeile. Daran angehängt kann ein Message-Header (Nachrichtenkopf) folgen. Der Nachrichtenkopf enthält weitere Kopffelder, die das Kommando näher beschreiben. So ist in der Regel immer ein *Content-Length*-Kopffeld enthalten. Steht dort ein Wert größer als 0, folgen dem Nachrichtenkopf Daten. Die Daten werden also gleich zusammen mit dem Kommando gesendet, man spricht dann vom Body (Körper) der Nachricht. HTTP versteht im Gegensatz zu anderen Protokollen den Umgang mit 8-Bit-Werten. Binärdaten, wie Bilder oder Sounds, müssen nicht konvertiert werden. Folgen dem HTTP-Kommando und den Nachrichtenkopf-Zeilen zwei Leerzeilen (Zeilenwechsel), so gilt das Kommando als beendet. Kommandos mit Nachrichtenkörper haben kein spezielles Ende-Zeichen. Das *Content-Length*-Kopffeld bestimmt, wie viele Bytes als Inhalt der Nachricht betrachtet werden.

Kommandoaufbau

Ein HTTP-Kommando hat immer folgenden Aufbau:

```
1 METHODE ID VERSION
```

Als `METHODE` wird das Kommando selbst bezeichnet.

Methode oder Verb?

In der Literatur wird die HTTP-Methode manchmal als »Verb« bezeichnet. Der Begriff *Verb* kommt jedoch in der RFC und allen Standardisierungsdokumenten nicht vor. Die Ursache liegt in der Bezeichnung einiger Klassen und Datentypen in den Entwicklungsumgebungen von Microsoft (*technet.microsoft.com/de-de/library/dd569062.aspx*), wo Methoden als *HTTP-Verben* bezeichnet werden (siehe *technet.microsoft.com/de-de/library/dd569062.aspx*).

Die folgende Tabelle zeigt die wichtigsten HTTP-Methoden auf einen Blick.

Tabelle 1-1: Auswahl HTTP-Methoden

Methode	Bedeutung
CONNECT	Verbindung zu einer TLS-Ressource aufbauen
DELETE	Ressource löschen (siehe Kapitel zu REST)
GET	Ressource anfordern
HEAD	Header der Ressource anfordern
LINK	Verknüpfung zweier Ressourcen beantragen
OPTIONS	Merkmale des Webservers erfragen, Auth-Preflight
POST	Formulardaten an einen Serverprozess senden
PUT	Ressource auf dem Webserver ablegen (siehe Kapitel zu REST)
TRACE	Kommando zurückschicken lassen
UNLINK	Verknüpfung zwischen Ressourcen löschen

Beachten Sie hier, dass die Methode unbedingt in Großbuchstaben geschrieben werden muss, exakt wie in der Tabelle oben gezeigt.

Die Standardmethoden verwenden Großbuchstaben, was bei anderen Methoden für spezielle Zwecke nicht zwingend so ist. Deshalb ist die Unterscheidung wichtig, weil »Delete« eben etwas völlig anderes bedeuten kann als »DELETE«.

Als Ressource werden all die Objekte bezeichnet, die übertragen werden können – in erster Linie also HTML-Dateien, Daten und Bilder.

Die ID einer Ressource kann beispielsweise eine Adresse oder ein Dateiname sein:

```
1 GET index.html HTTP/1.0
```

Dieses Kommando fordert die Datei *index.html* an.

Die HTTP-Statuscodes

Die Antwort auf ein Kommando besteht im Senden der Daten – wenn dies gefordert wurde – und einem Statuscode. Dem Statuscode folgen optionale Felder und, bei der Übertragung von Ressourcen, die Daten. Die Statuszeile hat folgenden Aufbau:

```
1 VERSION STATUSCODE STATUSTEXT
```

Der Statuscode ist eine dreistellige Zahl, von der die erste Ziffer (Hunderterstelle) die Zuordnung zu einer bestimmten Gruppe anzeigt.

Tabelle 1-2: HTTP-Antwortcodes (Auswahl)

Gruppe	Code	Name	Bedeutung
1	100	Continue	Weiter fortfahren
1	101	Switching Protocols	Protokollwechsel erforderlich, zum Beispiel von HTTP auf Web-Sockets
1	102	Processing	Server bearbeitet die Anfrage, verhindert gegebenenfalls Timeout bei längerer Verarbeitungszeit
2	200	OK	Kommando erfolgreich (nach GET/POST)
2	201	Created	Ressource wurde erstellt (nach PUT)
2	202	Accepted	Authentifizierung akzeptiert (nach GET)
2	204	No Content	Kein Inhalt oder nicht angefordert (GET)
3	301	Moved Permanently	Ressource am anderen Ort
3	302	Found Ressource	Zeitweilig an anderem Ort (dies ist ein temporärer Zustand)
3	304	Not Modified	Ressource wurde nicht verändert (steuert Proxy)
4	400	Bad Request	Syntaxfehler (alle Kommandos)
4	401	Unauthorized	Keine Autorisierung
4	403	Forbidden	Nicht öffentlicher Bereich, Anfrage unzulässig
4	404	Not Found	Ressource nicht gefunden
5	500	Server Error	Serverfehler, Fehlfunktion der Serversoftware oder -applikation
5	503	Service Unavailable	Dienst nicht verfügbar

Sicher kennen Sie den Fehler 404. Man geht davon aus, dass der Fehler beim Client liegt (Gruppe 4), also schlicht die falsche Ressource angefordert wurde. Sie werden schnell den Fehler 500 kennenlernen, der erzeugt wird, wenn ein Programm nicht funktioniert. Das Programm läuft auf dem Server, und deshalb ist es ein Fehler der Gruppe 5.

Ablauf einer HTTP-Kommunikation

Der grundsätzliche Ablauf einer HTTP-Kommunikation besteht aus zwei Teilen, nämlich Anfrage (request) und Antwort (response). Dies sieht beispielsweise folgendermaßen aus:

Listing 1-1: Anfrage

```
GET http://www.it-visions.de/ HTTP/1.1
Accept: text/html, application/xhtml+xml, image/jxr, */*
Accept-Language: de-DE,de;q=0.8,en-US;q=0.5,en;q=0.3
User-Agent: Mozilla/5.0 (Windows NT 10.0; WOW64; Trident/7.0; LCJB; \
rv:11.0) like Gecko
Accept-Encoding: gzip, deflate
Host: www.it-visions.de
Connection: Keep-Alive
```

Listing 1-2: Antwort (nur Kopffelder, ohne Daten)

```
HTTP/1.1 200 OK
Date: Sun, 17 Jan 2016 10:59:09 GMT
Server: Apache
X-Powered-By: PHP/5.5.30
Expires: Thu, 19 Nov 1981 08:52:00 GMT
Cache-Control: no-store, no-cache, must-revalidate, post-check=0, pr\
e-check=0
Pragma: no-cache
X-Pingback: http://www.it-visions.de/xmlrpc.php
Link: <http://wp.me/P6sMv6-12>; rel=shortlink
Set-Cookie: PHPSESSID=4744597c154b01a61e245292b8f1a897; path=/
Keep-Alive: timeout=2, max=200
Connection: Keep-Alive
Content-Type: text/html; charset=UTF-8
Content-Length: 27465
```

Kopffelder

An ein Kommando oder an die Statuszeile können weitere Felder angehängt werden, sogenannte Kopffelder (manchmal auch Kopfzeilen genannt, weil jedes Feld auf einer Zeile steht) oder kurz Header:

```
Feldname: Wert; Wert
```

Die Nachrichtenkopffelder können in drei Hauptgruppen aufgeteilt werden:

- F: Fragefelder (Request-Header-Fields), die nur in Kommandos erlaubt sind.
- A: Antwortfelder (Response-Header-Fields), die Statusnachrichten vorbehalten sind.
- I: Informationsfelder (General-Header-Fields), sie dienen der Übertragung aller anderen Nachrichten in die eine oder andere Richtung.

Eine typische Anwendung, die bei der Webprogrammierung auftreten kann, ist die Übergabe eines Nachrichtenkopffelds, das einen besonderen Dateityp für das Herunterladen einer Datei angibt:

```
Content-Type: application/pdf; name=aspnet.pdf
```

Im Gegensatz zu anderen Protokollen ist die Länge eines Datenblocks im *Content-Length*-Kopffeld festgelegt, irgendwelche Begrenzungszeichen gibt es nicht. Wichtig ist auch, dass der Server nach dem Verbindungsaufbau keine Antwort sendet. Nur das erste eintreffende Kommando löst eine Reaktion aus. Darin ist die Ursache zu sehen, wenn der Browser nach der Anforderung eines unerreichbaren Servers lange Zeit nicht reagiert. Als »Totsignal« wird einfach eine vorgegebene Zeitspanne gewartet, in der der Server auf das erste Kommando reagieren sollte.

HTTP 2.0

Die aktuelle Version von HTTP ist HTTP 2.0 (im Header als HTTP/2 bezeichnet), die als RFC 7540 am 15. Mai 2015 veröffentlicht wurde.

Der Standard ist heute in den RFC 7540 und 7541 spezifiziert. Die Entwicklung war maßgeblich von Google (SPDY, spricht man aus wie »speedy«) und Microsoft (HTTP Speed+Mobility) mit jeweils eigenen Vorschlägen vorangetrieben worden. Ein erster Entwurf, der sich weitgehend an SPDY anlehnte, war im November 2012 publiziert und seither in mehreren Schritten angepasst worden.

Mit HTTP/2 soll die Übertragung beschleunigt und optimiert werden. Der neue Standard ist vollständig abwärtskompatibel zu HTTP/1.1.

Wichtige neue Möglichkeiten sind:

- das Zusammenfassen mehrerer Anfragen
- bessere Kompressionsmöglichkeiten
- binär codierte Übertragung von Inhalten
- Server-initiierte Datenübertragungen (Push-Verfahren)

Eine Beschleunigung ergibt sich hauptsächlich aus der neuen Möglichkeit des Zusammenfassens (Multiplex) mehrerer Anfragen, um sie über eine Verbindung abwickeln zu können. Die Datenkompression kann nun auch Kopfdaten mit einschließen. Statt des bisher benutzten Gzip oder Deflate erreicht man dies mit dem neuem Spezialalgorithmus namens HPACK (*tools.ietf.org/html/rfc7541*) (RFC 7541).

Inhalte können binär codiert übertragen werden. Um nicht auf serverseitig vorhersehbare Folgeanforderungen vom Client warten zu müssen, können Datenübertragungen teilweise vom Server initiiert werden (Push-Verfahren).

Die ursprünglich geplante Option, dass HTTP/2 standardmäßig TLS (Transport Layer Security, früher SSL genannt, dient der Verschlüsselung) nutzt, wurde nicht umgesetzt. Allerdings kündigten Google und Mozilla für ihre Browser an, dass diese HTTP/2 nicht ohne Verschlüsselung unterstützen werden (siehe Application-Layer Protocol Negotiation (*de.wikipedia.org/wiki/Application-Layer_Protocol_Negotiation*)). Aufgrund der Marktmacht muss man davon ausgehen, dass damit alle HTTP/2-Server zwingend TLS anbieten müssen.

Die verbreiteten modernen Browser unterstützen inzwischen HTTP/2. Darunter Google Chrome (auch unter iOS und Android) ab Version 41, Mozilla Firefox ab Version 36, Internet Explorer 11 und Edge unter Windows 10, Opera ab Version 28 (auch Opera Mobile ab Version 24) und Safari ab Version 8.

Ergänzende Standards zu HTTP

Flankiert wird HTTP durch weitere Standards, die entweder darauf aufsetzen oder ergänzend benutzt werden.

Web-Sockets

Das Web-Socket-Protokoll *(de.wikipedia.org/wiki/Web-Socket)* ist ein auf TCP basierendes Netzwerkprotokoll, das entworfen wurde, um eine bidirektionale Verbindung zwischen einer Webanwendung und einem Web-Socket-Server beziehungsweise einem Webserver, der auch Web-Sockets unterstützt, herzustellen. Es entfallen bei Web-Sockets die durch die HTTP-Kopffelder verursachten zusätzlichen Daten.

Während bei einer reinen HTTP-Verbindung jede Aktion des Servers eine vorhergehende Anfrage des Clients erfordert, muss beim Web-Socket-Protokoll der Client die Verbindung nur eröffnen. Der Server kann dann diese offene Verbindung aktiv verwenden und weitere Informationen an den Client senden, ohne auf eine neue Verbindung des Clients zu warten.

Die Anfrage wird mit einem speziellen Kopffeld aus HTTP heraus initiiert:

```
GET /chat HTTP/1.1
Host: server.example.com
Upgrade: websocket
Connection: Upgrade
Sec-Web-Socket-Key: dJhoIeNrbgBKZrBabu5sZe==
Origin: http://example.com
Sec-Web-Socket-Protocol: chat, superchat
Sec-Web-Socket-Version: 13
```

Die Antwort sollte dann den Statuscode 101 enthalten:

```
HTTP/1.1 101 Switching Protocols
Upgrade: websocket
Connection: Upgrade
Sec-Web-Socket-Accept: sjpoLeBrTgai9sYazGheRe+KxOo=
Sec-Web-Socket-Protocol: chat
```

Durch den HTTP-Statuscode 101 und die folgenden zwei Zeilen erklärt der Server, dass er mit dem Wechsel des Protokolls einverstanden ist.

Technisch betrachtet startet bei Web-Socket, wie bei HTTP, der Client eine Anfrage, mit dem Unterschied, dass nach der Übertragung der Daten zum Verbindungsaufbau die zugrunde liegende TCP-Verbindung bestehen bleibt und Übertragungen in beide Richtungen ermöglicht.

WebDAV

WebDAV (*de.wikipedia.org/wiki/WebDAV*) (Web-based Distributed Authoring and Versioning) ist ein offener Standard zur Bereitstellung von Dateien im Internet. Dabei können Benutzer auf ihre Daten transparent zugreifen, also schreibend und lesend.

Technisch gesehen ist WebDAV eine Erweiterung des Protokolls HTTP/1.1, die bestimmte Einschränkungen von HTTP aufhebt. Mit WebDAV können Dateien und auch ganze Verzeichnisse übertragen werden. Zudem ist eine Versionskontrolle spezifiziert.

Da der schreibende Zugriff auf Webserver ziemlich riskant ist, hat WebDAV keine massive Verbreitung gefunden. Es wird, wenn überhaupt, zum Veröffentlichen von Anwendungen aus einer lokalen Entwicklungsumgebung heraus benutzt. Einige Webhoster und Provider bieten dies als leistungsfähige Alternative zu FTP an.

Simple Mail Transfer Protocol (SMTP) oder Extended SMTP (ESMTP)

SMTP kommt in Clientsystemen für das Versenden sowie bei Mailservern zum Senden und Weiterleiten von E-Mails zum Einsatz. Inzwischen hat sich der ESMTP-Standard durchgesetzt. Dieser ist in RFC 2821 spezifiziert und bietet erweiterte Funktionen zur Kommunikation zwischen SMTP-Client und -Server.

Wie viele Protokolle im Webumfeld ist auch dieses Protokoll ASCII-Text-basiert. Alle Nachrichten, die vom Client zum Server gesendet werden, können dabei sowohl vom Menschen als auch von der Software interpretiert werden.

File Transfer Protocol (FTP)

Neben HTTP ist FTP das wichtigste Protokoll beim tagtäglichen Einsatz im Internet. Es dient dem Datenaustausch zwischen FTP-Server und -Client, wobei der Client auf eine genau definierte Art und Weise Zugriff auf das Dateisystem des Servers erhalten kann.

Für den Zugriff auf einen FTP-Server bieten alle modernen Betriebssysteme verschiedene Arten von Clients. Dazu kommen viele grafische FTP-Clients.

REpresentational State Transfer (REST)

REST steht für *REpresentational State Transfer* und bezeichnet einen Architekturstil (oder auch ein »Programmierparadigma für verteilte Systeme«, siehe dazu auch *de.wikipedia.org/wiki/Representational_State_Transfer*), der bereits häufig benutzte Techniken und Protokolle zusammenfasst und für die Datenübertragung nutzt. Dies umfasst:

- URI für die Adressierung von Ressourcen
- HTTP für Übertragung von Kommandos
- MIME für die Codierung der Ressourcen
- JSON oder XML für die Formatierung

Webdienste

REST ist eine spezielle Form eines Webdiensts (Webservice). Man spricht deshalb auch von einem *REST-Dienst*.

Merkmale

Die technischen Merkmale eines REST-Diensts sind:

- Adressierbarkeit
- Repräsentationsvariabilität
- Zustandslosigkeit
- Skalierbarkeit
- Allgemeingültigkeit
- Erweiterbarkeit

Adressierbarkeit

Jeder REST-konforme Dienst hat eine eindeutige Adresse, den *Uniform Resource Locator* (URL). Zusätzlich zum URL, der den Dienst selbst adressiert, verwendet REST auch *Uniform Resource Identifier* (URI), um einzelne Ressourcen zu bezeichnen.

Repräsentationsvariabilität

Die unter einer Adresse zugänglichen Dienste können unterschiedliche Darstellungsformen (Repräsentationen) haben. Ein REST-konformer Server kann beispielsweise HTML, JSON oder XML liefern. Dies können Daten oder Beschreibungen von Daten sein (Metadaten).

Zustandslosigkeit

Jede REST-Nachricht enthält alle Informationen, die für den Server beziehungsweise Client notwendig sind, um die Nachricht zu verstehen. Weder der Server noch die Anwendung soll Zustandsinformationen zwischen zwei Nachrichten speichern. Man spricht daher von einem zustandslosen (stateless) Protokoll. Jede Anfrage eines Clients beinhaltet sämtliche Informationen über den Anwendungszustand, die vom Server benötigt werden.

Skalierbarkeit

Die Zustandslosigkeit begünstigt die Skalierbarkeit eines Diensts. Da jede Anfrage zu einer definierten Reaktion führt und keine Voraussetzungen auf einer bestimmten Maschine vorhanden sein müssen, können Lastverteiler Anfragen auf mehrere Maschinen verteilen, ohne dass dies Änderungen an der serverseitigen Verarbeitung nach sich zieht.

Allgemeingültigkeit

HTTP schreibt vor, dass GET »sicher« (safe) sein muss. Dies bedeutet, dass diese Methode nur Informationen beschafft und keine Nebeneffekte hat. Die Methoden GET, HEAD, PUT und DELETE müssen idempotent (nebeneffektfrei) sein, was bedeutet, dass sich das mehrfache Absenden der gleichen Anforderung nicht anders auswirkt als ein einzelner Aufruf.

Erweiterbarkeit

Erweiterbarkeit heißt, dass sich später erfolgende Erweiterungen der Ressourcenbasis, zusätzliche Funktionen, mehr Daten, anderen Repräsentationen oder Skalierungsmaßnahmen nicht auf die bestehenden Clients auswirken dürfen.

REST-Beispiel

Ein Merkmal von REST ist die Beschreibung von Ressourcen. Dazu gehören Links zu weiterführenden Elementen. Bestehen zwischen Daten Beziehungen, so ist dies in der Antwort zu erkennen. Eine einfache Abfrage nutzt das Kommando GET, also zum Beispiel `GET /book/2605`.

```
HTTP/1.1 200 OK Content-Type: text/xml
<?xml version="1.0"?>
<book xmlns:xlink="http://www.w3.org/1999/xlink">
    <cat xlink:href="http://shop.meinefirma.de/cat/122">122</cat>
    <author xlink:href="http://shop.meinefirma.de/author/1">1</author>
    <author xlink:href="http://shop.meinefirma.de/author/2">2</author>
    <title>JADE</title>
    <desc>Die Template-Engine JADE</desc>
    <price>2,99</price>
    <type>Paperback</type>
</book>
```

Hier verweisen die URIs einiger Elemente auf abhängige Ressourcen. Der Client kann dies nutzen, um einen Teil der Benutzeroberfläche dynamisch zu erstellen.

URI

URI steht für *Uniform Resource Identifier* und ist das Verfahren zum Konstruieren der Adressen. Im Zusammenhang mit REST ist oft der Begriff RESTful zu sehen. Es ist wichtig zu verstehen, dass damit die korrekte Implementierung von REST gemeint ist. Das heißt nicht, dass lediglich HTTP benutzt wird, sondern auch, dass die Routen, die zum Abruf von Daten und zum Auslösen von Aktionen benutzt werden, bestimmten Kriterien folgen.

URI wird oft mit URL (*Uniform Resource Locater*) verwechselt. URL ist eine Spezialform des URI. URLs dienen der Adressierung von Webseiten im Browser. URIs können dies und noch anderes adressieren. In URLs werden zum Anhängen von Daten Parameter benutzt, die durch ein ?-Zeichen abgetrennt sind. Diesen Teil nennt man Querystring. Folgendes sind typische Anwendungsfälle:

- `/admin/updatebook.aspx?book=2605`
- `/bookview.html?book=2605`
- `/bookreviews.py?book=2605`

Der Teil `book=2605` ist der Querystring. Dies ist **nicht** RESTful. RESTful verlangt, dass der Datenteil als Teil des URL erfasst wird. Routen – das sind Adressierungsschemata auf Basis von URIs – haben definierte Abschnitte, denen eine Bedeutung zugewiesen wird. Diese Zuweisung ist willkürlich (Sache des Entwicklers), läuft aber häufig nach einem einfachen Prinzip:

```
/ressource/id
```

Oder etwas komplexer:

```
/ressource/id/aktion
```

RESTful würden die Beispiele oben wie folgt aussehen:

- `/admin/book/2605`
- `/book/2605`
- `/book/2605/view`

Freilich sind hier immer noch viele Optionen vorhanden. Deshalb ein paar Regeln:

- **Kurz**: Je kürzer die URI, desto besser.
- **Baumstruktur:** Die URI sollte die Baumstruktur des Objekt-/Datengraphen repräsentieren.
- **Lesbar:** Klartext hilft anderen, die Route intuitiv zu verstehen.
- **Voraussagbar:** Die Reaktion des Servers entspricht der Intuition beim Lesen des URI.
- **Substantive und Verben:** URIs adressieren *etwas*, also ist das Wort eine Sache, keine Aktion. Dazu nutzt man ein Substantiv. Wird eine Aktion gebraucht, hängt diese hinten dran, idealerweise dann als Verb.
- **QueryString I:** Ja, darf man benutzen, aber nur für genau dies: *query* (engl. abfragen/suchen), beispielsweise: `/books/search?filter=title&value=JADE`.

- **QueryString II:** Nein, nicht zu benutzten, wenn Parameter benötigt werden. Dann schreibt man beispielsweise Folgendes: `/books/select/quarter=2;year=2016`.
- **Deterministisch:** Die gleiche URI ergibt immer dieselbe Ressource.
- **Statuslos:** Kein Zustand auf dem Server hat Einfluss auf die Reaktion.
- **Kanonisch:** Wenn zwei URIs zur selben Ressource führen, muss die Alternative in der Antwort benannt werden.

Weniger wichtig, aber für guten Stil sinnvoll, sind folgende Regeln:

- **Nur Kleinschreibung benutzen:** Camel-Case und Ähnliches ist hier eher störend.
- **Bindestriche statt Unterstriche:** *book-review* ist besser als *book_review* für Suchmaschinen.
- **Plural nutzen, wenn es der Kontext erwartet:** *books*, wenn es sich um mehrere handelt.
- **Wenn Abrufe aus Kollektionen (Listen) erfolgen, sollte dies sichtbar sein:** */books/book/3*. Dann muss aber der Abruf */books* technisch möglich sein und alle Bücher liefern. Wenn aber die Kollektion nicht geliefert werden kann, reicht */book/3*.
- **Keine Leerzeichen verwenden:** %20-Fragmente machen URLs unübersichtlich.

HTTP-Methoden für REST

In REST werden spezifische HTTP-Methoden benutzt, um Aktionen auf dem Server auszulösen. Konkret eingesetzt werden:

- **GET:** Abrufen einer Ressource
- **POST:** Ändern oder Auslösen einer Aktion
- **PUT:** Erzeugen einer Ressource
- **DELETE:** Löschen einer Ressource
- **PATCH:** Ändern eines Teils einer Ressource
- **HEAD:** Metadaten anfordern
- **OPTIONS:** Erlaubte Aktionen auf einer Ressource

Es ist nicht zwingend notwendig, dies mit SQL zu vergleichen, ein einfaches Mapping kann REST aber durchaus darstellen:

Tabelle 1-3: Mapping von REST auf SQL

HTTP (REST)	SQL
GET	SELECT
POST	INSERT
PUT	UPDATE
DELETE	DELETE

In HTTP sieht das beispielhaft folgendermaßen aus (... steht für typische Kopffelder):

```
POST /basket/2605
...
name=Neuer Artikelname
```

Hierbei ist die URI ein relativer Pfad zur Ressource. *basket* bezeichnet die Route zu einem Controller, der sich um den Warenkorb kümmert. Die Route erwartet eine ID, die hier 2605 enthält. Damit ist im Warenkorb ein Element mit dem Primärschlüssel 2605 gemeint. Dieses Element hat eine Eigenschaft *name*, der der neue Text »Neuer Artikelname« zugewiesen wird.

Mittels PUT wird eine Ressource wie folgt geändert:

```
PUT /basket

<book>
  <title>Pug</title>
  <desc>
    Die Template-Engine Pug
  </desc>
  <price>2,99</price>
  <type>Paperback</type>
</book>
```

Da eines der Merkmale von REST die Selbstbeschreibung ist, gibt PUT einen Link zur geänderten Ressource zurück:

```
HTTP/1.1 201 OK
Content-Type: text/xml;
Content-Length: 34

http://shop.meinefirma.de/basket/2605
```

Das Löschen der Ressource erfolgt ähnlich:

```
DELETE /basket/2605
```

Multipurpose Internet Mail Extensions (MIME)

MIME steht für *Multipurpose Internet Mail Extensions* und wurde ursprünglich dazu entwickelt, Dokumente in E-Mails einzubetten. Dabei wird eine beschreibende Kopfzeile (Header) benutzt, um das ursprüngliche Format anzuzeigen. Der Client kann dies dann wiederherstellen. Typisch ist die Zweiteilung des Formats und die Benutzung der Kopfzeile `Content-Type`:

```
gruppe/detail
```

Für ein Bild sieht das nun folgendermaßen aus:

```
Content-Type: image/jpeg
```

Eine genaue Beschreibung, die über das hier für REST benötigte hinausgeht, finden Sie unter *de.wikipedia.org/wiki/Multipurpose_Internet_Mail_Extensions*.

Für REST wird Folgendes benutzt:

```
text/xml
application/json
```

JavaScript Object Notation (JSON)

In REST wird zur Kommunikation zwischen Client und Server meist JSON eingesetzt. JSON (JavaScript Object Notation) ist ein kompaktes Format in lesbarer Textform zum Zweck des Datenaustauschs zwischen Anwendungen. Obwohl der Name auf eine alleinige Verwendung in JavaScript hindeutet, ist JSON ein unabhängiges Format, das theoretisch in jeder Programmierumgebung eingesetzt werden kann.

Der am meisten betonte Unterschied von JSON zu XML ist die etwas kompaktere Codierung von Datenstrukturen, wodurch im Unterschied zu XML weniger Verwaltungsdaten produziert werden. Außerdem kann JSON beispielsweise in JavaScript direkt in ein JavaScript-Objekt umgesetzt werden. XML ist hingegen vielseitiger als JSON einsetzbar, das keine Auszeichnungssprache, sondern nur ein Datenaustauschformat ist. XML genießt weiterhin eine weite Verbreitung. Beide Formate sind nicht unbedingt zum Repräsentieren von großen Binärdaten geeignet.

JSON kennt Objekte, Arrays, Zeichenketten, Zahlen, boolesche Werte und null. Daten können beliebig verschachtelt werden, beispielsweise ist ein Array von Objekten möglich. Als Zeichencodierung benutzt JSON UTF-8.

Die JSON-Formatdefinition

Ein Objekt wird mit geschweiften Klammern umschlossen { }. Es kann eine durch Kommata geteilte, ungeordnete Liste von Eigenschaften enthalten.

JSON darf keine Kommentare enthalten, wie sie beispielsweise in JavaScript erlaubt wären.

Eine Eigenschaft besteht aus einem Schlüssel und einem Wert, getrennt durch einen Doppelpunkt. Der Schlüssel ist eine Zeichenkette. Der Wert ist ein Objekt, ein Array, eine Zeichenkette, eine Zahl oder einer der Ausdrücke `true`, `false` oder `null`. Ein Array beginnt und endet mit eckigen Klammern [ ]. Es kann eine durch Kommata geteilte, geordnete Liste von Werten enthalten. Eine Zeichenkette beginnt und endet mit Anführungszeichen ("). Sie kann Unicode-Zeichen und Escape-Sequenzen enthalten. Ein boolescher Wert wird durch die Ausdrücke `true` beziehungsweise `false` dargestellt – ohne Anführungszeichen. Eine Zahl ist eine Folge der Ziffern 0–9. Diese Folge kann durch ein negatives Vorzeichen eingeleitet und durch einen Dezimalpunkt unterbrochen sein. Die Zahl kann durch die Angabe eines Exponenten e oder E ergänzt werden, dem ein Vorzeichen »+« oder

»–« und eine Folge der Ziffern 0–9 folgt. Leerraumzeichen sind beliebig verwendbar.

Listing 1-3: Beispiel eines JSON-Blocks

```
{
  "CreditCard"    : "Visa",
  "Number"        : "1234-5678-9012-3456",
  "Owner"         :
  {
    "LastName"    : "Krause",
    "Firstname"   : "Jörg",
    "Gender"    : "\"male\"",
    "Preferences" : [
      "Golf",
      "Reading",
      "Badminton"
    ],
    "Age"         : null
  },
  "Deckung"       : 10000,
  "Währung"       : "EURO"
}
```

Wenn Sie mehr über JSON lesen möchten, könnten folgende Quellen interessant sein:

- *json.org* bietet eine deutsche Einführung auf der offiziellen JSON-Seite.
- Die RFC 4627 definiert mit *application/json* einen weiteren MIME-Typ.

Atom Syndication Format (ATOM)

ATOM steht für *Atom Syndication Format*, ein plattformunabhängiges Format zum Austausch von Feeds. Es hat damit denselben Zweck wie das bekanntere RSS, das in der neuesten Version 2.0 für *Really Simple Syndication* steht. ATOM gilt als designierter Nachfolger von RSS 2.0. ATOM selbst ist für verschiedene Zwecke definiert, wobei hier auf ASF (ATOM Syndication Format) Bezug genommen wird. Neben der reinen Feed-Verteilung kann ATOM für Newsletter und ähnliche Zwecke eingesetzt werden. ATOM wurde in der RFC 4278 veröffentlicht. Der MIME-Typ ist *application/atom+xml*.

Listing 1-4: Typischer ATOM-Block

```
<?xml version="1.0" encoding="utf-8"?>
<feed xmlns="http://www.w3.org/2005/Atom">
  <author>
    <name>Jörg Krause</name>
  </author>
  <id>urn:uuid:60a76c80-9926-9905-1964-0003939e0af6</id>

  <entry>
    <title>Neues aus der Webwelt</title>
    <link href="http://hanser.de/2010/08/08/atom-wcf"/>
```

```
    <id>urn:uuid:1225c695-cfb8-4ebb-aaaa-01723243189a</id>
    <updated>2016-12-08T12:50:07Z</updated>
    <summary>Alles über Web</summary>
    <content>Hier steht der gesamte Text</content>
  </entry>
</feed>
```

In Webanwendungen wird man ATOM nur einsetzen, wenn Clients dies explizit fordern. Der Einsatz von JSON ist deutlich einfacher und schneller.

Grenzen von REST: GraphQL und OData

REST ist für kleine und mittlere Umgebungen perfekt. Es ist ausreichend, wenn die Komplexität der Abfragen überschaubar ist. Da jedoch alles eine Ressource ist, wird es mit zunehmender Anzahl dieser Ressourcen schnell unübersichtlich. An dieser Stelle sind komplexere Abfragesprachen gefragt, die Mehrfachzugriffe und Abhängigkeiten durch entsprechende Syntaxkonstrukte vereinfachen.

Etabliert haben sich hier zwei Standards:

- GraphQL (siehe *graphql.org*)
- Open Data Protocol (OData) (siehe *www.odata.org*)

GraphQL basiert auf JSON-Paketen, in denen eine Abfrage formuliert wird. Entsprechend muss fast immer mit POST gearbeitet werden, weil auch bei Abfragen Daten zum Server übermittelt werden. GraphQL erlaubt komplexe Konstrukte und erfordert eine explizite serverseitige Unterstützung. GraphQL ist sehr auf die Webwelt zugeschnitten und hat in reinen Webapplikationen Vorteile.

OData ist dagegen bei Abfragen URL-basiert und kann GET benutzen. Die Abfragen sind einfacher, vielfältige Filter sind aber auch hier möglich. OData ist breiter aufgestellt, wenn es um Umgebungen außerhalb der Webwelt geht.

Single Page Application (SPA)

Eine Single Page Application (SPA) (alias Single Page Web Application) ist eine Webanwendung, die keinen Seitenwechsel (Roundtrip) durchführt, sondern die Anzeige nur durch Austausch von Seitenelementen via JavaScript/DOM verändert. Es gibt dabei also keine serverseitige Seitennavigation. Die URL ändert sich nicht. Initial wird eine komplette HTML-Seite oder zumindest das Grundgerüst einer Webseite in einem HTML-Dokument von dem Server geladen. Die Seite lädt anschließend Daten über Webservices (meist REST-basierte Dienste, alias Web APIs) nach und erzeugt die Darstellung clientseitig (clientseitiges Rendern). Eine SPA wirkt damit wie eine Desktop-Anwendung.

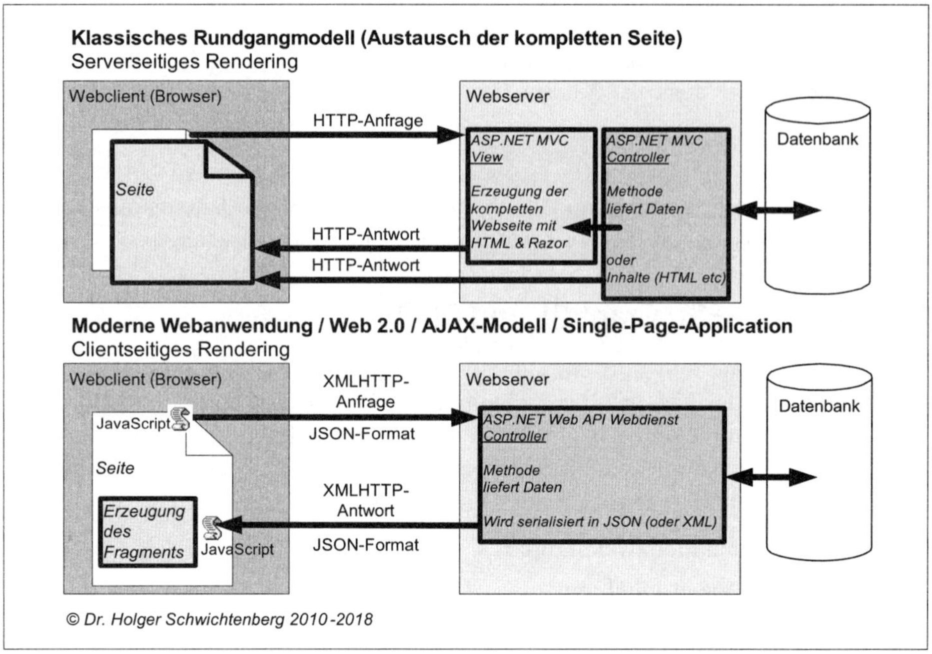

Abbildung 1-2: Klassisches serverseitiges Rendering vs. clientseitiges Rendering moderner Webanwendungen

Asynchronous JavaScript and XML (AJAX)

Basis für Single Page Applications (SPAs) ist die Technologie Asynchronous JavaScript and XML (AJAX), die abseits der üblichen HTTP-Rundgänge (Roundtrips) Aufrufe des Webservers vom Browser ermöglicht. Der Browser löst einen AJAX-Aufruf aus gegen eine HTTP-URL. Von der URL erhält er Daten, die er zur Aktualisierung der Webseite per Document Object Model (DOM) verwendet. AJAX-Aufrufe transportieren heutzutage aber meist nicht mehr XML-Dokumente, sondern JSON-Daten.

Der Begriff AJAX wurde erstmals im Februar 2005 von Jesse James Garrett verwendet (siehe *adaptivepath.org/ideas/ajax-new-approach-web-applications*). Wirklich neu an AJAX war aber nur der Name; die Idee des entfernten Prozeduraufrufs aus dem Browser heraus wurde erstmals im Jahr 1998 von Microsoft im Internet Explorer 4.0 in Form des Microsoft Remote Scripting (MSRS) verwendet. MSRS basierte auf einem Java Applet. Im Internet Explorer 5.0 ist später das XmlHttpRequest-Objekt erschienen, das noch heute Basis in dieser Form im Internet Explorer und anderen Browsern existiert und jetzt den Kern von AJAX bildet. Moderne Browser verwenden aber nicht mehr das XmlHttpRequest-Objekt, sondern das Fetch API (*fetch.spec.whatwg.org*).

In der Regel wird weder das XmlHttpRequest-Objekt noch das Fetch API direkt verwendet, sondern Webentwickler setzen Frameworks ein, die davon abstrahieren (zum Beispiel Angular oder React).

Responsive Web Design (RWD)

Responsive Web Design (Aliase: Reactive Design, Adaptive Design, Receptive Design) bezeichnet ein Konzept im Rahmen der Gestaltung von Webseiten, das ein komfortables Lesen der Webseiten auf jeder Bildschirmgröße (auch kleinen Smartphones) ohne Scrolling erlaubt. Responsive Web Design realisiert man mit Box- beziehungsweise Flexbox-Modell in Cascading Style Sheets (CSS) direkt oder oft leichter mit darauf aufbauenden Frameworks wie Bootstrap.

Die folgenden drei Bildschirmabbildungen zeigen Responsive Web Design von drei verschiedenen Bildschirmgrößen: Bei großem Bildschirm sieht man alle drei Spalten. Bei mittlerem Bildschirm verschwindet die erste Spalte, und es erscheint ein Pfeil, um zurück zur Ansicht der Kategorien zu kommen. Bei sehr kleinem Bildschirm sieht man schließlich nur noch eine Spalte mit Pfeil.

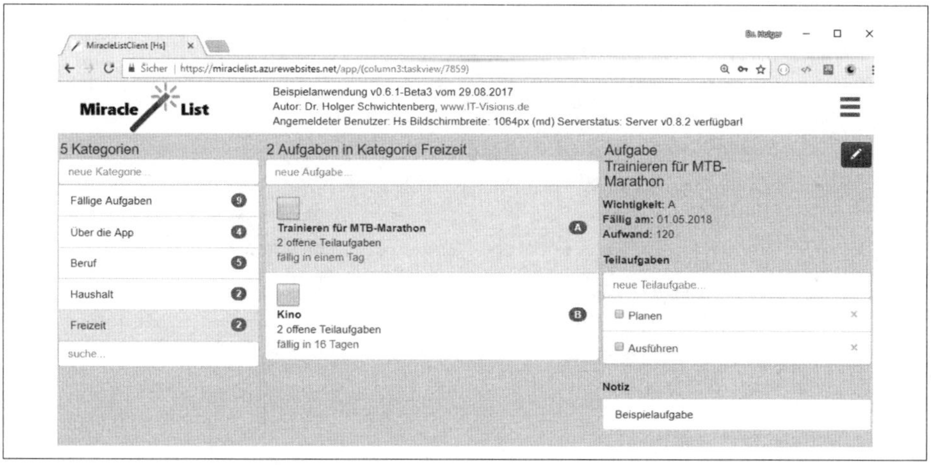

Abbildung 1-3: Responsive Web Design bei großem Bildschirm

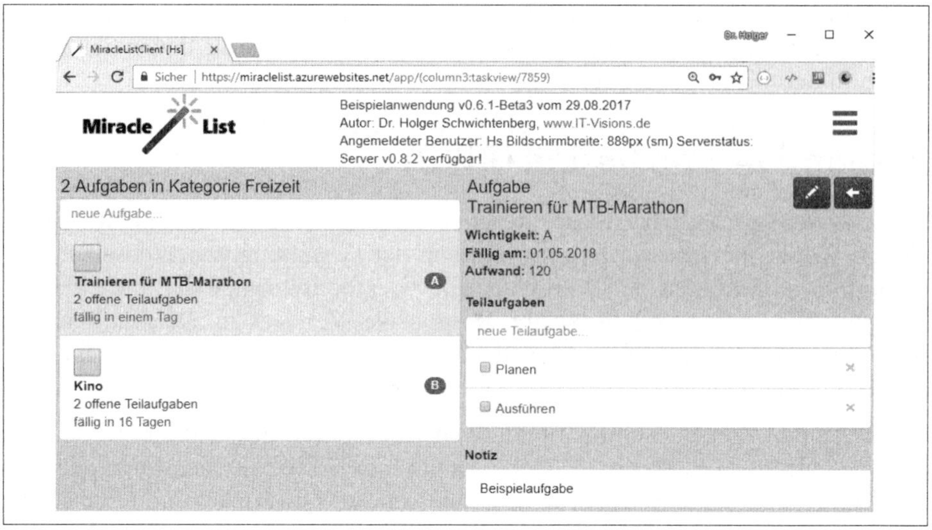

Abbildung 1-4: Responsive Web Design bei mittelgroßem Bildschirm

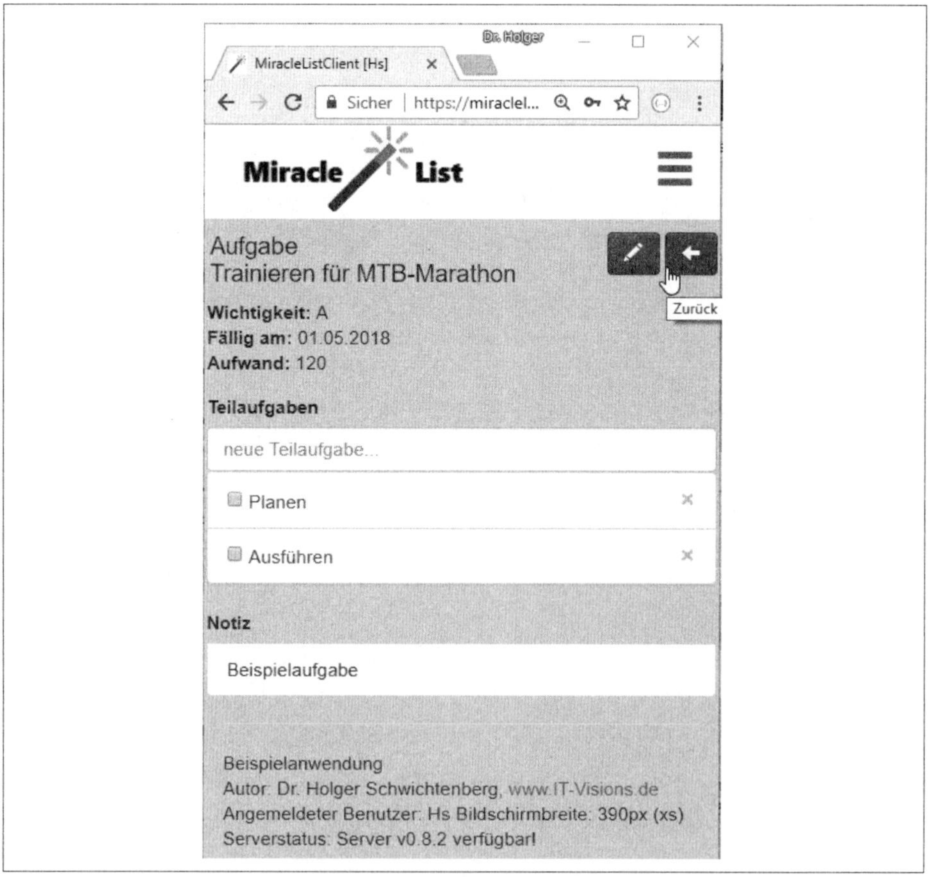

Abbildung 1-5: Responsive Web Design bei sehr kleinem Bildschirm

## KAPITEL 2

Hypertext Markup Language (HTML)

Die Grundlage jeder HTML-Seite ist die Beschreibungssprache HTML – die HyperText Markup Language. Sie dient der Strukturierung der Seiten. In der aktuellen Version 5 ist außerdem der Zugriff auf das hierarchische Objektmodell der Seite geregelt, also die Zugriffe via JavaScript. CSS – Cascading Style Sheets – dienen der Gestaltung und grafischen Aufbereitung der Inhalte. CSS wird im nächsten Kapitel behandelt.

Beide Sprachen sind sehr alt und genügen heutigen Anforderungen nur unzureichend. HTML5 ist deshalb zu einem Konvolut verschiedener Standards geworden, die alle Arten von Funktionen ergänzen. Eine Übersicht wird in diesem Kapitel beschrieben. Außerdem haben sich verschiedene Template-Systeme etabliert, die die Nachteile von HTML auszugleichen versuchen. So versucht Angular nach Intention der Entwickler so etwas wie eine dynamische Erweiterung zu sein, wie sie aussehen würde, wenn sie zusammen mit HTML erfunden worden wäre.

Auch CSS ist nicht mehr sehr neu. Hier stellen komplexere Style-Systeme hohe Anforderungen. Darauf gibt es zwei Antworten. Zum einen entwickeln sich Präprozessoren wie LESS oder SASS, die dynamisches CSS definieren und dann für den Browser aufbereitet werden. Zum anderen entstehen kompexe CSS-Frameworks wie beispielsweise Bootstrap.

Grundlagen HTML

In diesem Abschnitt geht es um die Grundlagen zu HTML und einen sehr kurzen geschichtlichen Überblick.

Geschichte

Der Standard HTML ist eine Kooperation von W3C (World Wide Web Consortium) und WHATWG (Web Hypertext Application Technology Working Group). Die Prinzipien der Arbeitsgruppen sind:

- Standard ist HTML + CSS + DOM + JavaScript
- Keine Plug-ins (kein Java, kein Flash, kein Silverlight etc.!)

- Mehr Markup; »unobtrusive«, weniger direktes Scripting
- Geräteunabhängig

Eigene Implementierungen sollten diesen Prinzipien folgen!

Abbildung 2-1: Das offizielle HTML5-Logo

Tabelle 2-1: Geschichte der HTML-Versionen

Version	Jahr
HTML	1991
HTML+	1993
HTML2	1995
HTML3.2	1997
HTML4.01	1999
XHTML1.1	2001
WHATWG	2004
WHATWG und W3C Kooperation	2006
HTML5	2012
XHTML5	2013
HTML5.1	2016
HTML5.2	2017
HTML5.3	in Arbeit

XML – Grundlage für HTML

Auch wenn das Thema dieses Kapitels HTML ist, sollten Sie sich über den grundsätzlichen Aufbau eines XML-Dokuments (Extensible Markup Language) im Klaren sein. Beide Standards gehen auf denselben Stamm zurück und sind sogenannte Markup-Sprachen – Markup Languages. Dieser Begriff ist für das »ML« in den Namen verantwortlich. Im Gegensatz zu Programmiersprachen dienen Markup-Sprachen dazu, Inhalte zu beschreiben. An dieser Stelle werden nur die notwendigsten Eigenschaften vermittelt.

Markup

Als Markup bezeichnet man alle Zeichengruppen, die eine Struktur in XML definieren:

- Start-Tags: <startTag>
- End-Tags: </endTag>
- Leerelemente: <Leerelement />
- Entitätsreferenzen: &
- Zeichenreferenzen: &x0f;
- Kommentare: <!-- Kommentar -->
- CDATA-Bereichsbegrenzer: <![CDATA[kein XML]]>
- Dokumententypdeklarationen: <!DOCTYPE HTML>
- Verarbeitungsanweisungen: <? include ("datei.php") ?>
- Die XML-Deklaration: <?xml version="1.0"?>
- Textdeklarationen: <?xml encoding="utf-8" ?>

Alles andere ist Text. Dabei sind drei Sonderzeichen zu beachten, die das oben genannten Markup steuern:

- > steht für <
- < steht für >
- & steht für &

Für Attributwerte, die Anführungszeichen enthalten, kommen noch zwei Entitäten hinzu:

- " steht für "
- ' steht für '

Eine Besonderheit stellen CDATA-Bereiche dar. In diesen sind die üblichen Regeln außer Kraft gesetzt, und eine Codierung der speziellen Zeichen muss nicht stattfinden:

```
<![CDATA[ hier & hier ist "kein" <XML> ]]>
```

XML-Dokumente

XML-Dokumente gehorchen in ihrem Aufbau festen Regeln. Erst durch diese Regeln kann eine automatisierte Verarbeitung in derart umfassender Form stattfinden, wie sie erforderlich ist. Auf der anderen Seite sollte der Einsatz so universell wie möglich sein, wie der Name »eXtensible Markup Language« suggeriert.

Wohlgeformtheit

Die Regeln erlauben die Prüfung der Wohlgeformtheit von Dokumenten durch das verarbeitende Programm ohne Kenntnis der Grammatik der von Ihnen konkret eingesetzten Sprache. Der Begriff Wohlgeformtheit, im englischen »well formed« genannt, ist ein Basismerkmal von Markup-Sprachen. Als wohlgeformt gilt ein Dokument, wenn folgende Merkmale zutreffen:

1. Alle Tags sind syntaktisch korrekt. Dazu gehört, dass Anfangs- und Endtag übereinstimmen, wobei Groß- und Kleinschreibung zu beachten ist (`<tag></Tag>` wäre unzulässig). Zu jedem öffnenden Tag muss ein schließendes existieren (`<tag></tag>`). Alternativ kann ein Tag direkt geschlossen werden (`<tag/>`).
2. Alle Attribute sind syntaktisch korrekt. Parameter der Attribute müssen immer in Anführungszeichen stehen (`<tag attr="param">`). Außerdem sind verkürzte Attribute – also solche ohne Parameter – nicht erlaubt. Das HTML-Tag `<hr noshade>` würde in XHTML – der Entsprechung von HTML in XML – folgendermaßen aussehen: `<hr noshade="noshade"/>`.
3. Eine korrekte Verschachtelung ist erforderlich. Tags müssen korrekt verschachtelt sein. Die folgende Sequenz ist falsch: `<b><i></b></i>`. Stattdessen müsste es folgendermaßen geschrieben werden: `<b><i></i></b>`.

Validierung

In einem zweiten Verarbeitungsschritt muss dann natürlich die Grammatik geprüft werden. Dabei geht es um erlaubte Tags, deren Beziehungen zueinander und die möglicherweise einsetzbaren Attribute. Dieser Schritt wird als Validierung bezeichnet. Ein Dokument muss vor der Verarbeitung als »valide« oder gültig erkennbar sein. Nun muss zur Validierung natürlich eine Vorschrift existieren, aus der der Parser die Gültigkeit ableiten kann. Dafür gibt es mehrere Verfahren.

Verarbeitung

Bei der Verarbeitung der Daten gibt es verschiedene Strategien. Eine davon bildet das Dokument als Objektmodell in einer Hierarchie ab. Falsch verschachtelte Tags lassen die Darstellung als Hierarchie nicht zu. Eine Hierarchie ist am einfachsten als Baum darstellbar.

Der Begriff »Markup«

HTML, XML und X(HT)ML sind alles Auszeichnungssprachen (Markup-Sprachen), die auf SGML basieren. SGML steht für »Standard Generalized Markup Language« und wurde bereits 1986 entwickelt. HTML und XML stammen direkt von SGML ab. XML ist restriktiver als SGML und dient als Grundlage für XHTML. XHTML ist identisch mit HTML, nur dass die Schreibweisen auf XML basieren.

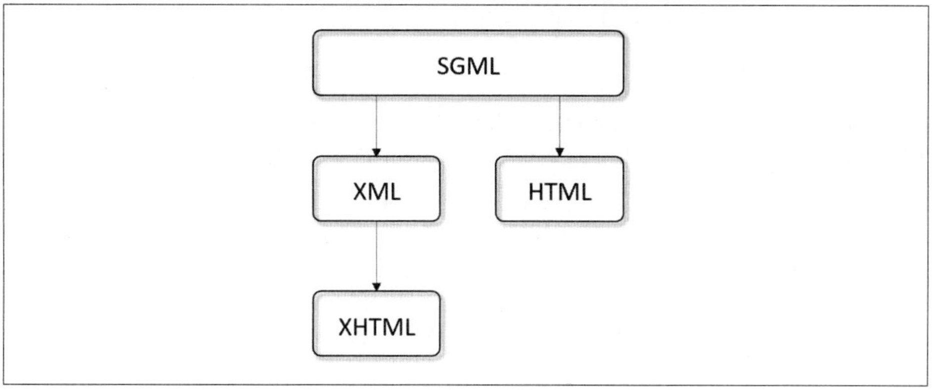

Abbildung 2-2: Entwicklung der Basisstandards

Ein Merkmal, aber keine Notwendigkeit, sind leere Elemente.

Leere Elemente

Leere Elemente haben keinen Inhalt. Sie können eine Ausgabe erzeugen, haben ein Standardverhalten und sind in einigen Fällen gestaltbar.

Die bekanntesten sind:

```
<br>    // Zeilenumbruch (sichtbar)
<hr>    // Horizontale Linie (sichtbar)
<img>   // Bild (sichtbar)
<input> // Eingabefeld (kann sichtbar sein)
<link>  // Referenz einbinden (unsichtbar)
<meta>  // Dokumentinformationen (unsichtbar)
```

Seltener benutzt werden in HTML folgende Elemente:

```
<area>
<base>
<col>
<command>
<embed>
<keygen>
<param>
<source>
<track>
<wbr>
```

So ist es nicht erlaubt, `<br></br>` zu schreiben. Alternativ zum klassischen HTML (`<br>`) kann aber immer die XHTML-Variante mit sofort schließendem Tag benutzt werden: `<br />`. So weit, so gut. Aber warum ist dies möglich? Die Ursache liegt weit zurück – in SGML. Dort war es erlaubt, ein sogenanntes *Null End Tag* (NET) zu benutzen. Dies war eine Abkürzung, um das schließende Tag zu vermeiden. Mit NET kann man Folgendes schreiben:

```
<quote/Quoted text/
```

Ohne NET würde es dagegen so aussehen:

```
<quote>Quoted text</quote>
```

Die kurze Version für Elemente ohne Inhalt lautet `<quote//` (SHORTTAG NETENABL IMMEDNET), was `<quote></quote>` entspricht.

In HTML wurde nun versucht, diese Besonderheit nicht zu übernehmen und Elemente wie in XML korrekt zu schließen. Das liegt daran, dass `<br/` nach dieser Denkweise als `<br>` erkannt werden würde, ein `<br/>` aber als `<br>>`, was falsch ist. Der »richtige« Schrägstrich ist hier der Fehler. Bei der Implementierung haben die Browserhersteller dies beachtet und die SGML-typische Schreibweise nicht übernommen. Hier lehnt sich HTML stärker an XML an. In HTML5 wurde die zuvor zumindest noch theoretisch erlaubte SGML-Schreibweise explizit verboten.

XML (und damit XHTML) dient dazu, die Probleme dieser Syntax gleich ganz zu vermeiden. Um dennoch leere Elemente zu ermöglichen, wird eine spezielle Schreibweise benutzt: `<br•/>`. Der Schrägstrich am Ende ist nun wieder da, er ist richtig herum, und er steht innerhalb der Grenzzeichen < und >. Das Leerzeichen, für das hier der Punkt steht, ist hier zwingend.

Gültigkeit

Die Gültigkeit von HTML ergibt sich nun aus der korrekten Konstruktion von Tags. Als Tag wird ein Element bezeichnet, das bestimmten Regeln folgt:

1. Es muss mit einem <-Zeichen beginnen.
2. Es muss direkt vom Namen des Elements gefolgt werden (`<name>`).
3. Es folgen – immer optionale – Attribute, die immer von Leerzeichen begrenzt sind.
4. Wenn das Element leer ist, wird es mit `•/>` geschlossen, ansonsten mit >.

Speziell in HTML5 ist das schließende `/>`-Klammerkonstrukt optional. Es ist klar definiert, welche Elemente keine Inhalte haben.

Richtigkeit

Wenn Sie nun denken, dass XHTML eigentlich der »bessere« Weg sein müsste – mehr Regeln, mehr Prüfung –, und damit der Schreibweise `<br />` den Vorzug geben (im Sinne von »besser«), dann ist leider festzustellen, dass dem nicht so ist. HTML5 definiert leere Elemente klar als solche, die *nicht* mit einem Schrägstrich geschlossen werden. Auch mit dieser Schreibweise wird daraus kein gültiges XHTML, weil dazu noch mehr gehört (XML-Kopffelder, Attribute etc.). Es ist also vollkommen sinnlos und erschwert den Blick auf das Dokument. Betrachtet man einen Ausschnitt, könnte der Eindruck entstehen, dass es sich um XHTML handelt. Das ist aber dann nicht der Fall, und so beginnt eine unglückliche Fehlerkette. Entwickler, die HTML nicht kennen, werden auf der anderen Seite möglicherweise durch Tags irritiert, die nicht geschlossen erscheinen, sich aber dennoch so verhalten.

In früheren Zeiten wurde XML auch deshalb benutzt, weil Editoren damit besser umgehen konnten. Aktuelle Entwicklungsumgebungen wie Visual Studio Code unterstützen HTML ziemlich gut und benötigen hier keine Nachhilfe mehr.

Spezialfälle

Eigentlich gibt es nur einen richtigen Spezialfall: <script></script>. Alle anderen Fehler sind bestenfalls ärgerlich. Bei diesem funktioniert die Seite nicht mehr. Das Script-Tag kann leer sein, wenn nur auf eine Skript-Datei verwiesen wird. Es darf dann allerdings nicht verkürzt werden. Folgendes ist also korrekt:

```
<script src="my-script.js"></script>
```

Die Kurzschreibweise wird dagegen von allen Browsern am Markt konsequent ignoriert:

```
<script src="my-script.js" />
```

Der Grund ist die XHTML-Spezifikation. Hier wird im Schema festgelegt, dass das Element nicht leer ist. Das ist logisch, denn Sie könnten Skript-Code direkt ins Tag schreiben:

```
<script>
function ShowMe(v){
  alert(v);
}
</script>
```

Nun würde HTML theoretisch auch ohne diese Regel funktionieren, aber dies erschwert erheblich die Lesbarkeit, denn es widerspricht ebenso der Regel »kann Inhalt haben«. Die Implementierung scheitert letztlich an der erforderlichen Rückwärtskompatibilität mit älteren Seiten – entweder immer offen oder immer geschlossen. Man hat sich für immer offen entschieden.

Seitenaufbau

Das folgende Listing zeigt ein Grundgerüst einer vollständigen HTML-Seite:

Listing 2-1: Grundgerüst einer HTML-Seite (HTML5)

```
<!DOCTYPE html>

<html lang="en" xmlns="http://www.w3.org/1999/xhtml">
  <head>
    <meta charset="utf-8" />
    <title>Name</title>
  </head>
  <body>
    Inhalt
  </body>
</html>
```

Das <body>-Tag bildet den Inhaltsbereich, Das <head>-Tag den Steuerbereich. Die HTML-Seite wird technisch durch das Document Object Model (DOM) beschrieben.

Document Object Model (DOM)

Das Document Object Model *(de.wikipedia.org/wiki/Document_Object_Model)* (DOM) ist eine Spezifikation einer Schnittstelle für den Zugriff auf HTML- oder XML-Dokumente.

Im Browser steht das DOM über eine JavaScript-API (Programmierschnittstelle) zur Verfügung. Der Inhaltsbereich, also das <body>-Tag, steht als document-Objekt bereit.

Der Dokumenttyp (Doctype)

Jedes Dokument muss mit einer Angabe zum Dokumenttyp beginnen. Der Browser erkennt an der Doctype-Deklaration, welcher Art das folgende HTML-Dokument ist.

```
<!doctype html>
```

Das <head>-Element (deutsch: Kopf) ist ein Pflichtelement und enthält Informationen über das im HTML-Körper folgende Dokument.

Listing 2-2: Kopfbereich einer HTML-Seite

```
<!doctype html>
<head>
  <meta charset="utf-8">
  <meta name="viewport"
        content="width=device-width, initial-scale=1.0">
  <meta name="keywords"
        content="Diese Angaben können weggelassen werden">
  <link rel="stylesheet" href="style.css">
  <style>
    <!--- Platz für CSS -->
  </style>
  <title>Meine erste HTML5-Seite</title>
</head>
```

Codierungen

Sie sollten immer die Zeichencodierung explizit festlegen. UTF-8 ist der wichtigste Standard dabei, da er alle Sonderzeichen, Umlaute und asiatischen Schriftzeichen enthält.

In alten HTML-Dokumenten mussten beispielsweise alle Umlaute mit ü ä etc. umschrieben werden, um dargestellt werden zu können. Diese sogenannten Entitäten sind heute nicht mehr üblich und nur notwendig, wenn Sie nicht UTF-8 einsetzen können (warum auch immer).

Um zu verhindern, dass Mobilgeräte die gesamte Webseite in einer sehr kleinen Ansicht darstellen, kann man mit `<meta name="viewport" ...>` ein Skalieren verhindern und erreichen, dass die Seite sich an den Viewport (sichtbarer Bereich der Seite auf dem Bildschirm) anpasst. Diese Darstellungssteuerung und damit verbundene Dokumenteigenschaften werden ausführlich in Kapitel 3 »Cascading Style Sheets (CSS)« erläutert.

Die anderen Meta-Angaben wie *author*, *keywords* und *description* werden heutzutage von Suchmaschinen wie Google weitgehend ignoriert und können daher weggelassen werden.

Der Titel zeigt den Namen der Datei oben im Browser oder in den Registerkarten (Tabs) an und sollte daher aussagekräftig sein. Beachten Sie bei Single-Page-Applikationen, dass sich diese Angaben beim Seitenwechsel nicht zwingend ändern.

HTML5-Seitenstruktur

Eine komplette Seite mit Strukturelementen zeigt das folgende Listing:

Listing 2-3: Typische HTML5-Seite

```
<!doctype html>
<html>
<head>
  <meta charset="utf-8">
  <title>HTML5-Seite mit Grundstruktur</title>
</head>

<body>
  <header>
    <img src="logo.png" alt="logo">
    <h1>Meine Firma</h1>
  </header>

  <footer>
     <a href="contact.html">Kontakt</a>
     <p>&copy; 2016 by Joerg Krause</p>
  </footer>
</body>
</html>
```

Der `<body>` ist der sichtbare Bereich der Webseite. Die meisten Webpräsenzen haben oben einen Seitenkopf, den sogenannten Header, der Logo, Titel und die Navigationselemente enthält.

Weiterhin gibt es das Element `<footer>`, das Kontakt, Impressum, Copyright und eventuell die Sitemap enthält. Während allein schon der Name eine Position unterhalb des Inhalts suggeriert, ist dies nicht zwingend erforderlich. Es handelt sich um ein semantisches Element, das eine Nutzung impliziert, nicht eine Gestaltungsvorschrift.

Listing 2-4: Navigation einer einfachen HTML-Seite

```
<body>
  <header>
    <img src="logo.gif" alt="logo">
    <h1>Überschrift</h1>
    <nav>
      <ul>
        <li><a href="#link_1.html">Wiki</a></li>
        <li><a href="#link_2.html">Blog</a></li>
        <li><a href="#link_3.html">Forum</a></li>
      </ul>
    </nav>
  </header>
```

Die Navigation wird vom <nav>-Element umschlossen, das aber auch für Unter-Navigationen verwendet werden kann.

Überlegen Sie, die Navigation am Ende des Dokuments zu platzieren. Sie können sie dann absolut in den Header positionieren und bei einer Darstellung auf mobilen Geräten die relative Positionierung aktivieren.

Bei einer Platzierung vor dem Dokumentinhalt können Sie den Inhalt mit <main role="main"> markieren, um Screenreader direkt zum Inhalt springen zu lassen.

Listing 2-5: Struktur einer HTML-Seite mit Seitenleiste

```
<!doctype html>
<html>
<head>
  <meta charset="utf-8">
  <title>HTML5-Seite mit Grundstruktur</title>
</head>

<body>
  <header>
    <img src="logo.gif" alt="logo">
    <h1>Titel</h1>
  </header>

  <main role="main">
    <h1>Überschrift</h1>
    <p>Dies ist meine erste HTML5-Seite1</p>
    ... mehr Inhalt
  </main>

  <aside>
    <h2>Weiterführende Links</h2>
    <ul>
      <li><a href="link_1.html">Wiki</a></li>
      <li><a href="link_2.html">Blog</a></li>
      <li><a href="link_3.html">Forum</a></li>
    </ul>
  </aside>

  <footer>
  </footer>
</body>
</html>
```

Seitenleisten oder Randnotizen werden in HTML5 mit dem <aside>-Element dargestellt. Dabei ist es egal, ob diese Seitenleiste an der (rechten oder linken) Seite oder gar unten platziert ist, da dies später durch die CSS-Eigenschaften bestimmt wird. Der <aside>-Block enthält Informationen zum Inhalt der Webseite, die aber nicht Teil des Hauptinhalts sind, sondern Zusatzinformationen enthalten. Dies ist also ein semantisches (bedeutungsgebendes) Element.

Listing 2-6: Inhaltsbereich einer HTML-Seite mit Artikeln

```
<!doctype html>
<html>
<head>
  <meta charset="utf-8">
  <title>HTML5-Seite mit Artikeln</title>
</head>

<body>
  <header>
    <img src="logo.gif" alt="logo">
    <h1>Titel</h1>
  </header>

  <article>
    <h1>Überschrift</h1>
    <p>Dies ist meine erste HTML5-Seite1</p>
    ... mehr Inhalt
  </article>

  <aside>
    <section>
      <h2>Kontakt</h2>
      <ul>
        <li><a href="link_1.html">Wiki</a></li>
        <li><a href="link_2.html">Blog</a></li>
        <li><a href="link_3.html">Forum</a></li>
      </ul>
    </section>

    <section>
    <h2>Weiterführende Links</h2>
    <ul>
      <li><a href="link_1.html">Wiki</a></li>
      <li><a href="link_2.html">Blog</a></li>
      <li><a href="link_3.html">Forum</a></li>
    </ul>
    </section>
  </aside>

  <footer>
  </footer>
</body>
</html>
```

Für die Auszeichnung des Inhaltsbereichs gibt es drei Elemente:

- <main>: der Hauptinhalt der Seite
- <article>: ein in sich geschlossener Artikel, der die Überschrift (und eventuell einige <section>-Elemente, einen eigenen <header> und <footer>) enthält
- <section>: ein Abschnitt wie ein Kapitel; eine selbstständige, sich wiederholende Einheit

Verwenden Sie <article>, wenn der Inhalt in sich abgeschlossen ist. Verwenden Sie <section>, wenn es mehrere ähnliche Blöcke gibt.

Elemente der Seite

Der Inhalt einer HTML-Seite besteht aus Text, Textelementen und externen Ressourcen wie Bildern oder Videos.

Dieser Abschnitt soll Anfängern lediglich einen kompakten Überblick über die Möglichkeiten geben. Keineswegs wird der Zugriff auf die vollständige Dokumentation damit ersetzt. Eine umfassende Referenz ist SelfHtml (*wiki.selfhtml.org*).

Textelemente

Unter Textstrukturierung sind all die Elemente zusammengefasst, die die Struktur des Texts einer Internetseite widerspiegeln, beispielsweise Überschriften oder Textabsätze.

- <h1> ... <h6>: Überschriften in sechs Hierarchieebenen (*heading*)
- <p>: Textabsätze (*paragraph*)
- <pre>: vorformatierter Text (*pre formatted*)
- <blockquote>: Zitatblöcke (*block of quote*)
- <figure>: grafische Ergänzungen, etwa Diagramme, Code-Beispiele, Fotos
- <figcaption>: Beschreibung des Inhalts eines <figure>-Elements
- <hr>: thematischer Bruch, eine horizontale Linie (*horizontal rule*)
- <ol>: geordnete Listen (mit Zahlen/Buchstaben) (*ordered list*)
- <ul>: ungeordnete Listen (Aufzählungszeichen) (*unordered list*)
- <li>: Elemente von mit <ol> beziehungsweise <ul> erstellten Listen (*list item*)
- <dl>: Beschreibungslisten (*definition list*)
- <dt>: Ausdruck, der in einer Beschreibungsliste erläutert wird (*definition term*)
- <dd>: nähere Darstellungen von <dt> (*definition data*)
- <div>: gruppierendes Element ohne semantische Bedeutung (*division*)

Alle diese Elemente sind Blockelemente und stehen ohne weitere Maßnahmen alleine auf einer Zeile. Nachfolgende Elemente rücken in den freien Bereich darunter.

h1 … h6

Die Überschriften (h = heading) sind immer fett und unterscheiden sich nur in der Größe.

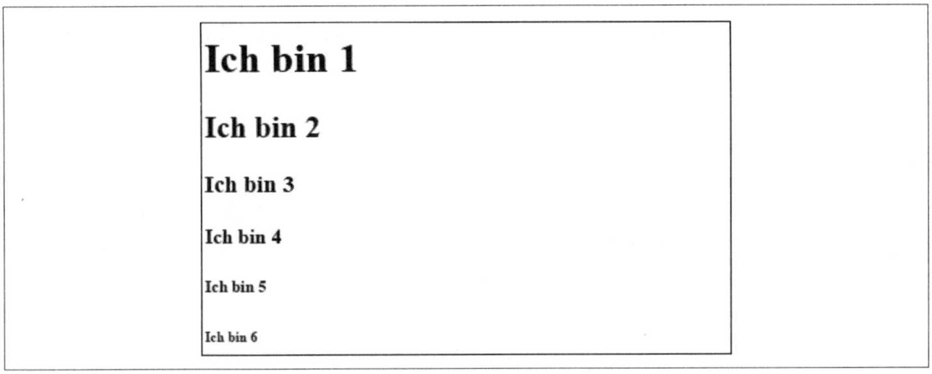

Abbildung 2-3: Überschriften

```
<h1>Hier geht es los</h1>
<h2>Überschriften sind nicht verschachtelt</h2>
```

p

Textabsätze (p = paragraph) sind Blöcke mit Text.

```
<p>Ein Absatz.</p>
```

pre

Normalerweise entfernt der Renderer beim Anzeigen Gruppen von Leerzeichen (es wird nur ein Leerzeichen angezeigt) und ignoriert alle anderen Leerstellen und Zeilenumbrüche. Werden diese dennoch benötigt, nutzen Sie das vorformatierte (pre = preformatted) Tag.

blockquote

Zitatblöcke sind eingerückt und als Block formatiert.

figure und figcaption

Dies ist eine allgemeine Form der Abbildung. Sie wird für grafische Ergänzungen, etwa Diagramme, Code-Beispiele, Fotos etc. genutzt. `<figcaption>` dient der Beschreibung des Inhalts eines `<figure>`-Elements.

```
<figure>
   <img src="joerg.jpg" alt="Joerg Is A Geek"
        width="100" height="200">
   <figcaption>Der Autor</figcaption>
</figure>
```

hr

Dies ist ein thematischer Bruch, eine horizontale Linie.

ol und li

Hiermit werden geordnete Listen (ol = ordered list, mit Zahlen/Buchstaben) erstellt. Jedes Element der Liste basiert auf `<li>` (list item). Listen können verschachtelt werden.

ul und li

Hiermit werden ungeordnete Listen (ul = unordered list, mit Aufzählungszeichen) erstellt. Jedes Element der Liste basiert auf `<li>` (list item). Listen können verschachtelt werden.

```
<ul>
  <li>HTML</li>
  <li>CSS</li>
  <li>JavaScript</li>
</ul>
```

dl, dt, dd

Beschreibungslisten (dl = definition list) enthalten zwei Elemente. Der Ausdruck (dt = definition term), der in einer Beschreibungsliste erläutert wird, sowie eine nähere Darstellung (dd = definition data).

div

Dies ist ein gruppierendes Element ohne semantische Bedeutung.

Fließtextauszeichnung

Elemente im Fließtext stehen wie Buchstaben in Zeilen und verdrängen nachfolgende Elemente nur aus dem selbst okkupierten Raum.

- `<a>`: Verweisziel mit dem Attribut *name*
- `<b>`, `<em>`, `<i>`, `<kbd>`, `<mark>`, `<s>`, `<small>`, `<strong>`, `<sub>`, `<sup>`, `<u>`: Formatierungen wie fett, kursiv, markiert, hoch- und tiefgestellt etc.
- `<cite>`, `<q>`: Zitate
- `<dfn>`, `<abbr>`: Definitionen und Abkürzungen
- `<code>`, `<var>`, `<samp>`: Semantische Hervorhebungen für Code, Variablen, Beispiele
- `<time>`: Zeit oder Datum
- `<ruby>`, `<rt>`, `<rp>`: Ergänzende Angaben zu asiatischen Schriftzeichen
- `<bdi>`, `<bdo>`: Temporäre Änderung der Flussrichtung des Texts
- `<br>`, `<wbr>`: Zeilenumbrüche
- `<del>`, `<ins>`: Änderungsmarkierungen mit schwach semantischer Bedeutung
- `<span>`: Gruppierendes Element ohne semantische Bedeutung

Verweise

- <a>: Das Anchor-Tag, mit dem Hyperlinks erstellt werden (Link) mit *href*
- <map>, <area>: Klickbare Bereiche auf Bildern mit frei definierter Struktur

```
<img src="planets.gif" width="145" height="126" alt="Planets"
 usemap="#planetmap">

<map name="planetmap">
   <area shape="rect" coords="0,0,82,126" href="sun.htm" alt="Sun">
   <area shape="circle" coords="90,58,3" href="mercur.htm" alt="Merc\ury">
   <area shape="circle" coords="124,58,8" href="venus.htm" alt="Venu\s">
</map>
```

Tabellen

- <table>: Das Tabellenelement
- <caption>: Überschrift außerhalb der Tabelle
- <col>, <colgroup>: Spaltendefinitionen für CSS
- <thead>, <tbody>, <tfoot>: Bereichsdefinitionen (Kopf, Inhalt, Fuß)
- <tr>: Reihe
- <th>, <td>: Kopfelement in einer Reihe beziehungsweise Datenelement in einer Reihe

```
<table>
   <thead>
   <tr>
      <th>Monat</th>
      <th>Umsatz</th>
   </tr>
   </thead>
   <tfoot>
   <tr>
       <td>Gesamt</td>
       <td>? 180</td>
   </tr>
   </tfoot>
   <tbody>
   <tr>
      <td>Januar</td>
      <td>? 100</td>
   </tr>
   <tr>
      <td>Februar</td>
      <td>? 210</td>
   </tr>
   </tbody>
</table>
```

Multimedia und Grafiken

- <img>, <picture>: Allgemeines Bild beziehungsweise alternative Bildquelle mit Media-Query (siehe Kapitel 3 »Cascading Style Sheets (CSS)«)
- <canvas>: 2D-Zeichenfläche für skriptgesteuerte beziehungsweise per Skript erzeugte Bilder
- <svg>: Zeichenfläche für Vektorgrafiken
- <math>: Zone für mathematische Formeln
- <iframe>, <embed>, <object>, <param>: Eingebettete Daten und Seiten
- <audio>, <video>, <source>, <track>: Eingebettete Medien und deren Elemente

```
<canvas id="myCanvas"></canvas>

<script>
 var canvas = document.getElementById("myCanvas");
 var ctx = canvas.getContext("2d");
 ctx.fillStyle = "#FF0000";
 ctx.fillRect(0, 0, 80, 80);
</script>
```

Formulare

- <form>: Formular, optional mit Absendehinweisen
- <fieldset>, <legend>: Abschnitt (Gruppe) im Formular
- <label>: Feldbezeichner
- <datalist>: Liste für eine Combo-Box
- <input>: Universelles Eingabefeld
- <button>: Schaltfläche
- <select>, <optgroup>, <option>: Klappmenü (Drop-down) oder List-Box
- <textarea>: Mehrzeiliges Texteingabefeld
- <keygen>: Schlüsselgenerator (nur Chrome/FireFox)
- <output>, <progress>, <meter>: Diverse Ausgabeformate für Werte beziehungsweise Messwerte

```
<input list="countries">

<datalist id="countries">
   <option value="Germany">
   <option value="Netherland">
   <option value="France">
   <option value="Danmark">
   <option value="Austria">
     ...
</datalist>
```

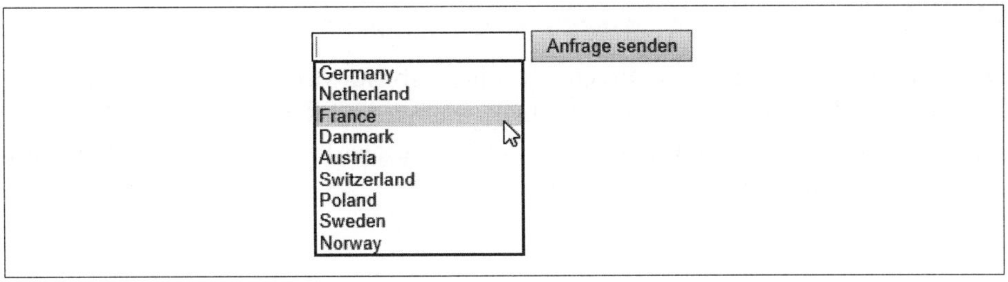

Abbildung 2-4: Combo-Box mit datalist

Skripte

- `<script></script>`: Skript laden oder direkt ausführen

Interaktive Elemente

- `<details>`, `<summary>`: Erläuterung von Inhalten
- `<dialog>`: Dialog, derzeit weitgehend nicht unterstützt
- `<menu>`, `<menuitem>`, `<command>`: Menüs, derzeit weitgehend nicht unterstützt

Die Elemente `<menu>`, `<menuitem>`, `<command>` sind inzwischen mangels Unterstützung der Browser wieder tot und sollten durch `<nav>` ersetzt werden. Dieses Element dient jedoch lediglich der semantischen Kennzeichnung – die Funktionalität muss zwingend durch JavaScript und CSS erzeugt werden. Es gibt mittlerweile Hunderte dafür geeignete Bibliotheken.

Allgemeine und universelle Attribute

Universalattribute haben in allen Elementen, in denen sie vorkommen dürfen, eine feste Bedeutung. Es gibt jedoch Abweichungen bezüglich der Elemente, in denen sie vorkommen dürfen. Sie dürfen innerhalb des `<body>`-Elements in den meisten dort erlaubten Elementen vorkommen. Die tatsächliche Benutzbarkeit für das betreffende Element können Sie einer HTML-Referenz (*wiki.selfhtml.org*) entnehmen.

Folgende Universalattribute gibt es:

- *id*
- *class*
- *accesskey*
- *contextmenu*
- *contenteditable*
- *data-*: Datenattribute
- *itemprop-*: Mikrodatenattribute

id

Das id-Attribut identifiziert ein Element innerhalb eines Dokuments. Es dient vorwiegend als Ziel eines Links innerhalb der Seite, als Identifikator innerhalb des CSS-Selektors oder als Identifikator für JavaScript. Der Inhalt des id-Attributs darf im Dokument nur einmal vorkommen.

```
<div id="footnote-collection">
```

Der Name für *Id* soll mit einem Buchstaben beginnen und enthält danach beliebig viele Zeichen aus `[A-Za-z0-9_:.-]`. Es ist erlaubt in allen Elementen außer: `base`, `head`, `html`, `meta`, `script`, `style`, `title`. Diese Elemente sind entweder nicht adressierbar, weil sie nicht Teil des DOM werden können, oder ohnehin nur einmal existieren.

class

Das Attribut *class* ist eine nicht leere Zeichenkette mit Leerzeichen. Es ist in allen Elementen außer: `base`, `head`, `html`, `meta`, `script`, `style`, `title` erlaubt. Das *class*-Attribut ordnet ein Element einer oder mehreren Klassen zu. Klassen dienen dazu, gleichartige Elemente im Markup mit dem Ziel zu kennzeichnen, diese gemeinsam auswählen zu können. Es spielt für den Selektor keine Rolle, welche Elemente gemeinsame selektiert werden.

Klassen werden in der Regel für CSS oder als Selektor für JavaScript verwendet. Andere Prozesse können solche Elemente ebenfalls anhand der Klasse erkennen.

Missbrauch von *class*: Sehr oft werden Klassen als universelles Werkzeug zur Auswahl von Elementen benutzt. Die Benutzung sollte jedoch auf Stilvorlagen beschränkt werden, das heißt, der Auswahl in CSS dienen. Wenn Sie universelle Selektoren benötigen, sind in HTML5 die `data`-Attribute besser geeignet.

Das folgende Beispiel zeigt, wie Klassen angewendet werden. Zu Details über CSS schauen Sie in Kapitel 3 »Cascading Style Sheets (CSS)« nach.

Listing 2-7: Seite mit Stilen

```
<style>

  .warnung {
    color: red;
  }
  p.warnung {
    border: 1px solid red;
    background-color: peachpuff;
  }

</style>
<body>
  <h1 class="warnung">Warnung</h1>

```

```
  <p class="warnung">Bitte mehr Bücher lesen!</p>

  <p><strong class="warnung">Achtung:</strong> Lerne jetzt HTML!</p>
</body>
```

Das Beispiel klassifiziert alle Elemente mit der Textfarbe »rot«. Der Absatz mit der Klasse *.warnung* wird zusätzlich mit einem rotem Rand und einem hautfarbenen Hintergrund versehen.

accesskey

Mit *accesskey* können Sie ein Zeichen auf der Tastatur bestimmen, das der Anwender drücken kann, um Elemente direkt anzuspringen (accesskey = Zugriffstaste). Die Implementierung im Browser ist sehr unterschiedlich (Alt-, Command-, Strg-Taste + Buchstabe). Ebenso kann es passieren, dass Shortcuts durch Browsermenüs bereits belegt sind.

Das *accesskey*-Attribut hat weitere Nachteile. Diese beginnen beim Konzept der Tastaturbedienung von Webinhalten und gehen bis hin zu fehlenden Standards für die Belegung von Links und sonstigen Funktionen. Es gibt keine allgemeingültige Konvention, welche Tastaturkürzel für welche Links oder Funktionen auf einer Webseite eingesetzt werden sollen. Solche »Standards« werden immer wieder diskutiert, und Konsens unter Fachleuten ist, dass das Konzept des *accesskey*-Attributs in HTML nicht praktikabel ist. Dennoch wird das Konzept des Shortcuts in zukünftigen HTML-Spezifikationen berücksichtigt werden müssen.

Für praktische Anwendungen wird es meist unumgänglich sein, für Tastaturabfragen JavaScript zu nutzen.

contenteditable

Das *contenteditable*-Attribut legt fest, ob der Nutzer den Inhalt eines Elements editieren (verändern) darf. Mögliche Werte sind true oder false (Letzteres ist der Standard).

```
<section contenteditable="true">
  <h2>Diese Überschrift kann verändert werden.</h2>
  <p>Dieser Absatz kann verändert werden.</p>
</section>
```

Das section-Element hat das Universalattribut *contenteditable* mit dem Wert true. Da für die Elemente <h2> und <p> kein Attribut gesetzt wurde, vererbt sich die Editierfähigkeit.

Soll die Änderung gespeichert werden, so muss weiterer Code mit JavaScript und einer serverseitigen Unterstützung geschrieben werden. HTML alleine kann dies nicht.

contextmenu

Das *contextmenu*-Attribut legt fest, ob der Nutzer mit der rechten Maustaste ein Kontextmenü öffnen darf.

```
<body contextmenu="info">
  <menu type="context" id="info">
    <menu label="info">
      <menuitem label="Joerg"
                onclick="window.open('http://www.joergkrause.de');">
      </menuitem>
      <menuitem label="IT-Visions"
                onclick="window.open('http://www-it-visions.de');">
      </menuitem>
    </menu>
  </menu>
</body>
```

Unterstützung: Derzeit geht das nur in Microsoft Edge und Mozilla Firefox. Weder Chrome noch Safari kennen dieses Verfahren.

dir

Das *dir*-Attribut definiert die Schreibrichtung innerhalb des Dokuments. Sprachen wie Hebräisch oder Arabisch schreiben sich von rechts nach links. Im Unicode-System steht jedoch bereits die Information zur Schreibrichtung. Verwenden Sie dieses Element dann, wenn die Schreibrichtung kontrolliert werden muss. CSS verfügt über zusätzliche Möglichkeiten zur Kontrolle der Schreibrichtung.

```
<q dir="rtl">עברית</q>
```

Abbildung 2-5: Benutzung einer anderen Schriftrichtung

Der Wert ist entweder die Zeichenfolge »ltr« oder »rtl« (left to right, right to left).

Es ist erlaubt in allen Elementen außer: `applet`, `base`, `basefont`, `br`, `frame`, `frameset`, `hr`, `iframe`, `param`, `script`.

draggable

Das *draggable*-Attribut zeigt an, ob das Element mit der Drag-and-drop-API gezogen (gedraggt) werden kann.

- `true`: Das Element kann gezogen und verschoben werden.
- `false`: Das Element kann nicht gezogen und nicht verschoben werden.

dropzone

Das *dropzone*-Attribut sollte festlegen, ob ein Element beim Ziehen mit Drag-and-drop bewegt, kopiert oder verlinkt wird.

hidden

Das *hidden*-Attribut zeigt an, dass ein Element nicht länger relevant ist und deshalb ausgeblendet wird. Sie dürfen das *hidden*-Attribut keinesfalls dafür verwenden, um Inhalte zu verstecken, damit sie für den Benutzer nicht mehr erreichbar sind.

Kein Schutz!

Das Verstecken ist kein echter Schutz. Die Daten sind im Quelltext der Seite weiter sichtbar.

lang

Das *lang*-Attribut legt eine den IANA-Sprachdefinitionen (*www.iana.org)* folgende Sprache des Elementinhalts fest. Das Attribut sollte auch bei einsprachigen Dokumenten im Wurzelelement (`html`) und für mehrsprachige Dokumente in jedem Element, ab dem ein Wechsel der Sprache stattfindet, definiert werden.

```
1 <html lang="de">
```

Der Inhalt ist genau ein IANA-Sprachkürzel. Es ist erlaubt in allen Elementen außer: `applet`, `base`, `basefont`, `br`, `frame`, `frameset`, `hr`, `iframe`, `meta`, `param`, `script`.

Verwenden Sie immer das Sprachattribut im `<html>`-Tag, um die Sprache des Texts auf der Seite anzugeben. Für Seiten, die als XML ausgeliefert werden, verwenden Sie das `xml:lang`-Attribut.

spellcheck

Das *spellcheck*-Attribut legt fest, ob die browserinterne Rechtschreibprüfung aktiviert werden soll. Der Wert kann `true` oder `false` sein. Dieses Attribut kannst du in folgenden Elementen verwenden: `input`, `textarea`.

Rechtschreibprüfung

Die Rechtschreibprüfung nutzt meist die »natürliche« Sprache des Browsers. Oft richtet sich diese nach dem Betriebssystem. Für Benutzer, die mehrsprachig unterwegs sind, kann dies ausgesprochen lästig sein. Meist ist das Abschalten sinnvoll. Wenn in einem Editorfeld wirklich eine Rechtschreibprüfung benutzt werden soll, dann schauen Sie nach einer kommerziellen Komponente mit programmierbaren Eigenschaften.

style

Das *style*-Attribut hat als Inhalt CSS-Code. Normalerweise notieren Sie CSS in eigenen Stildateien. Für manche Zwecke ist es jedoch sinnvoll, Stilregeln direkt im Element zu notieren, zum Beispiel, wenn viele Bilder auf einer Karte platziert und die Positionen direkt bestimmt werden sollen. Dies nennt man Inline-Styles. Sie haben einige Beschränkungen im Vergleich zu den global notierten Varianten. So sind Definitionen von Pseudoattributen und ein Medientyp-Kontext nicht möglich. Sie sollten *style*-Attribute also nur in begründeten Ausnahmen verwenden.

```
<img src="" style="left:247px; top:83px">
```

Erlaubt ist das Attribut in allen Elementen außer: `base`, `basefont`, `head`, `html`, `meta`, `param`, `script`, `style`, `title`.

tabindex

Das *tabindex*-Attribut ermöglicht mithilfe der Tabulator-Taste beliebige Elemente einer HTML-Datei anzuspringen. Die Bedienung mit der Tastatur komplementiert das Attribut *accesskey*, ist jedoch weitaus robuster und praktisch überall unterstützt, wo eine Tastatur vorhanden ist.

title

Das *title*-Attribut betitelt oder beschreibt ein Element. Browser blenden den Text ein, wenn der Anwender mit der Maus darauf zeigt. Dies wird auch als Tooltip bezeichnet. Typisch ist das Kommentieren von Links, das Liefern von Zusatzinformationen zu Bildern oder die Erklärung von Abkürzungen. Das Betiteln sollte auf übergeordneten Elementen nur sparsam ausgeführt werden.

```
<a href="http://example.org" title="external link">
```

Zusatzinformation, die aus dem *href*-Attribut nicht sofort ersichtlich ist, wird im *title*-Attribut angezeigt.

```
<abbr title="International Panel for Climate Change">IPCC</abbr>
```

Abkürzungen werden mit dem *title*-Attribut erläutert.

Erlaubt ist das Attribut in allen Elementen außer: `base`, `basefont`, `head`, `html`, `meta`, `param`, `script`, `style`, `title`.

Browserverhalten

Browser stellen den Inhalt des *title*-Attributs verschieden dar. Firefox etwa schreibt eine einzige Zeile. Der Internet Explorer hingegen zeigt, wenn nötig, ein mehrzeiliges Feld. Vermeiden Sie deshalb zu langen Text und Umbrüche. Sie können mithilfe von CSS den Inhalt von Attributen auslesen und beliebig darstellen.

KAPITEL 3

Cascading Style Sheets (CSS)

CSS – Cascading Style Sheets (deutsch: kaskadierende Stildefinitionen) – ist eine Layout- und Formatierungssprache, um Auszeichnungssprachen wie HTML zu formatieren. Idealerweise enthält das HTML-Dokument nur semantische Informationen, und mit CSS werden diese dann gestalterisch und typografisch formatiert.

HTML bringt bereits einige Grundformatierungen mit, wie eine größere Schrift bei Überschriften. Diese lassen sich mit CSS anpassen, ebenso wie sich alle nicht formatierten Elemente formatieren lassen. Format-Tags in HTML und Format-Attribute sollten grundsätzlich nicht mehr verwendet werden. Sie sind seit HTML5 veraltet. An deren Stelle tritt CSS.

Mit CSS ist es auch möglich, Ausgabearten für verschiedene Medien wie Monitor (screen), Projektion (projection) und Druck (print) getrennt festzulegen.

Abbildung 3-1: Logo für CSS3

Grundlagen

Ein HTML-Dokument besteht aus semantisch sinnvollen Auszeichnungen für Überschriften, Absätze, Listen etc. Die CSS-Anweisungen müssen nun so platziert werden, dass der Browser diese den Elementen zuordnen kann. Dazu müssen diese Anweisungen irgendwo abgelegt werden. Grundsätzlich gibt es dazu drei Möglichkeiten:

1. Das `style`-Attribut, das jedes HTML-Element kennt

2. Das <style></style>-Element, das mehrere Stile zusammenfasst
3. Das <link />-Element, mit dem auf eine Datei verwiesen wird, die mehrere Stil-Definitionen enthält

Der bevorzugte Weg ist die Benutzung einer CSS-Datei. Der Browser kann diese im Cache zwischenspeichern, und der Inhalt lässt sich mit entsprechenden Werkzeugen verkleinern, sodass Sie Bandbreite sparen können (nicht der Bandbreite wegen, sondern wegen des damit verbundenen Leistungsgewinns).

Lokale style-Elemente sollten nur in Ausnahmefällen benutzt werden, um kurzfristig Änderungen an den möglicherweise komplexen Dateien vornehmen zu können. Solche lokalen Stilanweisungen haben eine höhere Priorität. Das *style*-Attribut erweitert oder modifiziert die Stile nochmals für ein einzelnes Element. Es hat die höchste Priorität bei widersprüchlichen Regeln aus den lokalen oder importierten Stilen.

Die Verknüpfung mit der CSS-Datei erfolgt im HEAD-Bereich des HTML-Dokuments:

```
<link rel="stylesheet"
      type="text/css"
      href="styles/style.css">
```

Beachten Sie, dass der Pfad zur Datei relativ zum HTML-Dokument anzugeben ist.

Syntax

Die Syntax von CSS ist relativ einfach. Die Grundstruktur besteht aus zwei Bausteinen:

1. Selektor (selector)
2. Regelsatz (rule set)

Der Selektor bestimmt, auf welches Element oder welche Elemente sich die Regeln beziehen.

```
Selektor {
  Regelsatz
}
```

Wenn Stile in style-Attributen stehen, gelten sie nur für das betreffende Element, hier entfällt deshalb der Selektor.

Der Regelsatz wiederum besteht aus Regeln. Diese sind in der folgenden Form zu schreiben:

```
Stil: Parameter;
```

Das Semikolon am Ende ist erforderlich.

Selektor

Der Selektor ist so beschaffen, dass damit Elemente auf der Seite gezielt erreicht werden. Das gesamte Schema der Selektoren ist ziemlich umfassend. An dieser Stelle sollen zuerst die wichtigsten Bausteine gezeigt werden.

Elemente (Tags)

Mit CSS können Sie einzelne Elemente ansprechen. Die Syntax dazu sieht wie folgt aus:

```
TagName { Regelsatz }
```

Wenn Sie also alle Elemente `<p>` erreichen wollen, schreiben Sie Folgendes:

```
p { }
```

ID

Häufig wird ein einziges Tag verändert. Das anzusprechende Tag muss als solches identifizierbar, das heißt, mit einer ID erreichbar sein. Das gleichnamige HTML-Attribut enthält eine Zeichenfolge, die in den CSS-Eigenschaften erreicht wird. Eine ID kann jedoch nur auf ein Element innerhalb eines Dokuments angewendet werden, darf also nur ein einziges Mal vorkommen. Die Syntax dazu sieht folgendermaßen aus:

```
#id { }
```

Ein Beispiel für eine Schaltfläche (`button`):

```
<style>
#send {
  color: red;
}
</style>
<button id="send">Senden</button>
```

Klassen

Häufiger sollen mehrere Elemente adressiert werden. Dazu dienen Klassen, die in HTML in das Attribut `class` geschrieben werden. Sie können diesem Attribut mehrere durch Leerzeichen getrennten Klassen übergeben und dadurch Regelsätze kombinieren. Dies spart umfangreiche Definitionen. Das bekannte CSS-Framework Bootstrap (*getbootstrap.com*) nutzt diese Möglichkeit umfassend aus und erreicht so mit wenigen Regelsätzen eine große Anzahl von Modifikationsoptionen. Im Gegensatz zu IDs kann ein und dieselbe Klasse für mehrere Elemente definiert werden und darf damit mehrfach in einem Dokument vorkommen.

Die Syntax dazu sieht folgendermaßen aus:

```
.class { }
```

Ein Beispiel für eine Schaltfläche:

```
<style>
.btn {
  color: red;
}
</style>
<button class="btn">Senden</button>
```

Attribute

Auf Attribute von HTML-Elementen kann mit folgender Syntax verwiesen werden:

```
[name] { }
[name="wert"] { }
```

Ein Beispiel für eine weitere Schaltfläche:

```
<style>
[data-item] {
  color: blue;
}
</style>
<a href="link.html" data-item="22">Weiter</button>
```

Wird der Wert des Attributs (rechts vom =-Zeichen) nicht angegeben, so gilt allein die Existenz des Attributs als ausreichend, um die Regeln anzuwenden.

Logische Auswahl

Es kommt oft vor, dass Regelsätze auf mehrere Selektoren anwendet werden sollen. Dazu wird ein logisches ODER benötigt, das in CSS ein Komma ist:

```
a, b { }
```

Zwischen `a` und `b` gibt es keinen Zusammenhang, die Regel wird auf beide unabhängig angewendet. Die Platzhalter `a` und `b` im Beispiel können wiederum komplexere Selektoren sein.

Weitere Selektoren

In der Praxis reichen diese Selektoren nicht aus. Die folgende Tabelle gibt eine kompakte Übersicht über alle weiteren Formen.

Tabelle 3-1: Einfache CSS-Selektoren

Symbol	Beschreibung
`*`	Universal/alles
`tag`	Elemente
`.class`	Klasse (Attribut class)
`#id`	ID (Attribut id)

Tabelle 3-1: Einfache CSS-Selektoren (Fortsetzung)

Symbol	Beschreibung
[a]	Attributpräsenz
[a=v]	Attributwert
[a~=v]	Attribut enthält Wert als separat stehendes Wort
[a|=v]	Attribut enthält Wert nicht
[a^=v]	Attribut beginnt mit Wert
[a$=v]	Attribut endet mit Wert
[a*=v]	Attribut enthält Wert

Der Umgang mit Hierarchien ist essenziell, denn HTML-Dokumente sind Hierarchien, oft auch Bäume genannt. Die folgende Abbildung zeigt die Beziehungen zwischen Elementen im Baum des Dokuments.

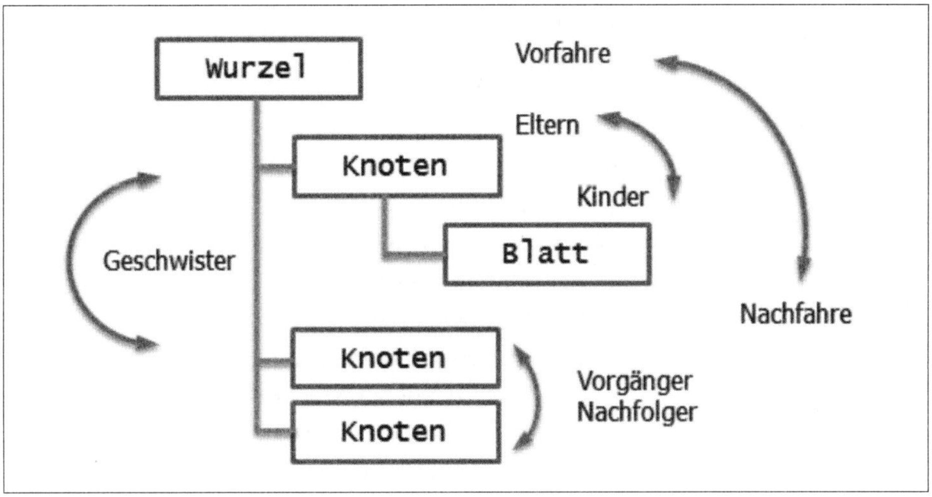

Abbildung 3-2: Elemente der Hierarchie einer HTML-Seite

Die folgende Tabelle zeigt die Syntax für CSS.

Tabelle 3-2: CSS-Selektoren für Hierarchien

Symbol	Beschreibung
e > f	Auswahl, wenn f ein Kindelement von e ist
e f	Auswahl, wenn f ein Nachfahre von e ist
e + f	Auswahl, wenn f ein Nachfolger von e ist
e ~ f	Auswahl, wenn f ein Geschwister von e ist

Gegenüber den Möglichkeiten der Beziehungen fehlen Selektoren für die Vorfahren, Vorgänger und Eltern. Dies erreichen Sie durch Vertauschen der Selektoren.

Pseudo-Selektoren

Pseudo-Selektoren sind solche, die keine vergleichbare Darstellung in HTML haben, sondern sich aus der Position von Elementen oder der Benutzung ergeben. Es gibt drei Arten solcher Selektoren:

1. Statische Positionen
2. Auswahl von Bereichen
3. Dynamisches Verhalten

Tabelle 3-3: Statische CSS-Selektoren

Symbol	Beschreibung
`::first-line`	Erste Zeile
`::first-letter`	Erster Buchstabe
`::before`	Vor dem Element
`::after`	Nach dem Element
`::selection`	Der markierte (ausgewählte) Bereich

Tabelle 3-4: CSS-Selektoren für Bereiche

Symbol	Beschreibung
`:root`	Basiselement
`:empty`	Gilt, wenn das Element leer ist
`:first-child`	Das erste Kindelement einer Liste
`:last-child`	Das letzte Kindelement einer Liste
`:nth-child()`	Ein bestimmtes Kindelement einer Liste
`:nth-last-child()`	Ein bestimmtes Kindelement einer Liste vom Ende
`:only-child`	Nur gültig, wenn es nur ein Kindelement gibt
`:first-of-type`	Erstes Kindelement von einem Typ
`:last-of-type`	Letztes Kindelement von einem Typ
`:nth-of-type()`	Kindelement von einem Typ in einer Liste
`:nth-last-of-type()`	Kindelement von einem Typ in einer Liste vom Ende

Tabelle 3-5: Dynamische CSS-Selektoren

Symbol	Beschreibung
`:link`	Ein Hyperlink
`:visited`	Ein Hyperlink, der bereits besucht worden ist
`:hover`	Ein Hyperlink, über dem die Maus schwebt
`:active`	Ein Hyperlink, der aktiv ist (angeklickt)
`:focus`	Ein Element, das den Fokus hat (blinkender Cursor)

Tabelle 3-5: Dynamische CSS-Selektoren (Fortsetzung)

Symbol	Beschreibung
`:target`	Ein Element, das ein Target-Attribut hat
`:disabled`	Ein Element, das deaktiviert ist (disabled-Attribut)
`:enabled`	Ein Element, das aktiviert ist (kein disabled-Attribut)
`:checked`	Ein Element, das angehakt ist (nur Kontrollkästchen)
`:valid`	Ein Element, das gültig ist
`:invalid`	Ein Element, das ungültig ist
`:lang()`	Ein Element, das das passende lang-Attribut hat
`:not()`	Negiert die folgende Auswahl (dies ist ein Operator)

Die Prüfung der Gültigkeit von Formularelementen setzt voraus, dass die in HTML5 definierten Attribute wie `maxlength`, `required`, `date`, `email` etc. zum Einsatz kommen.

Im Gegensatz zum Attribut `lang` kann die Funktion `lang()` in CSS ein Fallback auf eine Stammkultur ermitteln, reagiert also bei der Angabe »de-DE« auch auf »de« etc.

Browserunterstützung

Kein Browser versteht derzeit jede der gezeigten Pseudoklassen. Die Online-Dokumentationen geben eine aktuelle Auskunft zu der gerade verfügbaren Unterstützung.

Das Box-Modell

HTML kennt zwei Arten von Darstellformen für Elemente: Fließelemente und Blockelemente. Fließelemente sind solche, die sich in fortlaufenden Text einbetten. Diese Elemente haben keine Dimensionen wie Breite und Höhe, denn sie richten sich nach den umgebenen Elementen. Blockelemente dagegen haben Dimensionen, und diese führen dazu, dass angrenzende Elemente von dem eingenommenen Platz verdrängt werden. Das Verdrängungsverhalten ist darüber hinaus vielfältig anpassbar, bis hin zur gewollten Überlagerung. Mit speziellen Regeln können Elemente, die eigentlich Fließelemente sind, zu Blockelementen umdeklariert werden. Dies geht auch umgekehrt.

Das Box-Modell der Blockelemente definiert Eigenschaften für nahezu alle Bereiche eines rechteckigen Bereichs.

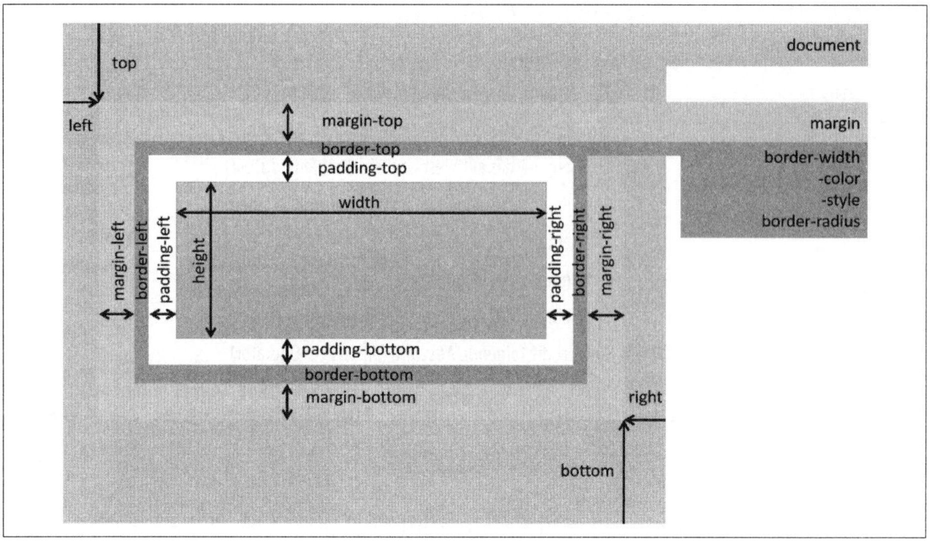

Abbildung 3-3: Bausteine des Box-Modells

Wichtig ist, dass die Angabe der Breite `width` und Höhe `height` nicht die endgültigen Maße, sondern die Dimensionen des Inhaltsbereichs abbilden. Wenn ein Rahmen die Box umschließt, muss für die Berechnung der endgültigen Breite der Rahmen doppelt berechnet werden, wenn der Rahmen auf allen Seiten gleich ist:

```
Breite = Rand * 2 + Rahmenbreite * 2 + Abstand * 2
Höhe = Rand * 2 + Rahmenbreite * 2 + Abstand * 2
```

Unterscheiden sich Ränder, Rahmenbreiten und Abstände, wird die Berechnung entsprechend aufwendiger.

Bausteine der Box

Die Bausteine der Box dienen dazu, jeden Teil einzeln mit Werten belegen zu können. Der innere Bereich nimmt den Inhalt auf. Die Bausteine sind:

- `padding`: der innere Abstand
- `border`: der Rahmen
- `margin`: der äußere Rand – Abstand zu anderen Elementen

Da es sich bei der Box um ein Rechteck handelt, sind jeweils vier Werte anzugeben:

- `top`: oben
- `right`: rechts
- `bottom`: unten
- `left`: links

Zählweise

Der Koordinatenursprung ist bei Bildschirmen und Druckseiten links oben. In einigen Regeln lassen sich gleich mehrere Werte angeben. In solchen Fällen werden die vier Werte in der gezeigten Reihenfolge interpretiert – beginnend mit `top` (links oben) und dann weiter im Uhrzeigersinn.

Die mit `margin` gebildeten Abstände sind horizontal absolut gültig. Vertikal dagegen können die Abstände unter bestimmten Umständen zusammenfallen (collapsed). Dies tritt auf, wenn weder Rahmen (`border`) noch Abstand (`padding`) benutzt werden und keine Freistellung (`clear`) erfolgt. Dabei wird dann der untere Rand der oberen Box mit dem oberen Rand der unteren Box überlagert. Sind die Ränder unterschiedlich groß, wird der breitere Rand als gesamter Rand angenommen.

Ausnahmen

Von den Zusammenführungsregeln der Ränder gibt es eine ganze Reihe von Ausnahmen. Konsultieren Sie bei komplexeren Seiten die offizielle Dokumentation zu CSS (*www.w3.org/Style/CSS*) oder eine andere Seite wie CSS auf SelfHTML (*wiki.selfhtml.org/wiki/Schnell-Index/CSS*).

Das Box-Modell in CSS3

In CSS3 wurde eine Erweiterung des Box-Modells eingeführt, die mehr Flexibilität bei der Zuweisung ermöglicht. Mithilfe der Eigenschaft `box-sizing` lässt sich spezifizieren, worauf sich die Angaben von `width` beziehungsweise `height` beziehen sollen. Erlaubt ist dabei eine der folgenden Angaben:

- `content-box`: Standardwert, Angabe gilt nur für den Inhalt
- `padding-box`: Angabe gilt für Inhalt und Innenabstand
- `border-box`: Angabe gilt für Inhalt, Innenabstand und Rahmen
- `inherit`: `box-sizing` des Elternelements wird übernommen (Vererbung)

Das Flexbox-Modell

Klassische Layout-Strukturen nutzen oft HTML-Elemente, um Objekte auf der Seite anzuordnen. Eigentlich ist dies aber eine reine CSS-Aufgabe, denn Inhaltselemente sollten nicht der Gestaltung dienen. Bislang war CSS dafür nicht ausreichend leistungsfähig. Mit dem Flexbox-Modell sind die nötigen Funktionen für moderne Browser verfügbar.

Prinzipien

Das Flex-Modell – daher auch der Name – erlaubt die Anordnung von Seitenelementen auch dann, wenn das künftige Anzeigegerät in seinen konkreten Maßen und die konkrete Größe der angezeigten Elemente nicht genau bekannt sind. Höhe und Breite der Elemente werden also dynamisch angepasst. Das Modell beschreibt deshalb auch nicht konkrete Maße, sondern eher Ausrichtungen, Gruppierungen oder Anordnungen.

Zwei wichtige Begriffe in diesem Zusammenhang sind:

- Container
- Element

Der Container ist der Bereich, in dem sich eine Anzahl Elemente befindet. Eine Seite kann mehrere Container haben. Die Frage ist fast immer, wie die Elemente im Container angeordnet werden. Dabei geht es nicht nur um eine starre Platzierung, sondern auch um das Verkleinern oder Vergrößern von Elementen, damit sie überhaupt erst korrekt im Container angeordnet werden können. Das Layout kümmert sich nicht so sehr um die Richtung – es gibt kein explizites horizontales oder vertikales Ausrichten.

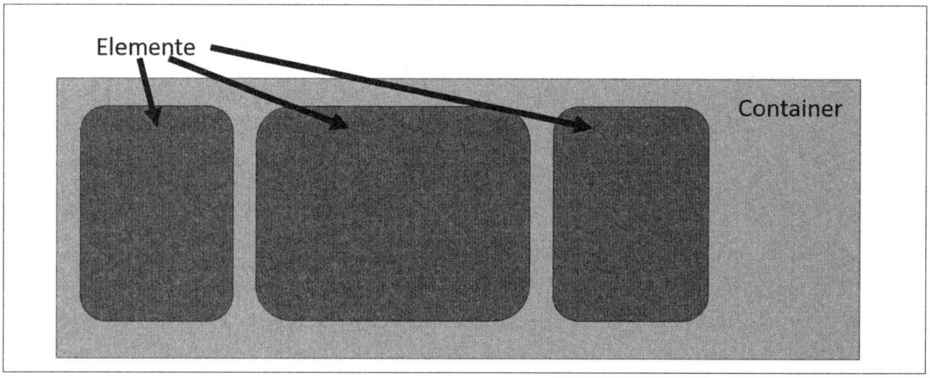

Abbildung 3-4: Begriffe im Layout

Von dieser Darstellung ausgehend werden weitere Bereiche innerhalb eines Containers genauer beschrieben. Letztlich finden sich für diese Teile dann entsprechende Eigenschaften, Funktionen oder Stile in den benutzten Bibliotheken. Die relevanten Begriffe sind:

- *cross*: Die Achse von oben nach unten
- *main*: Die Achse von links nach rechts (im LTR-Layout)

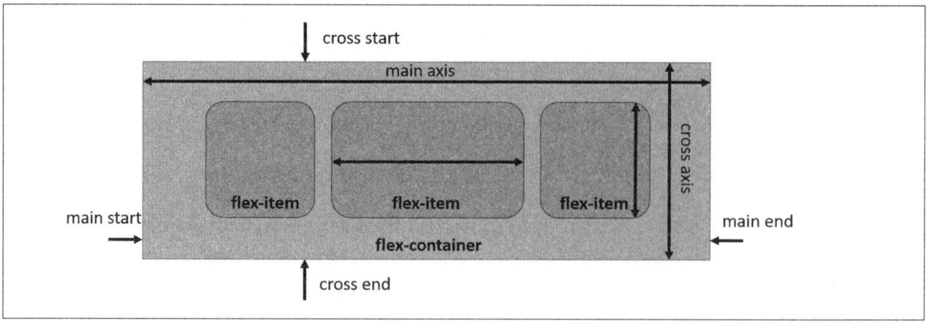

Abbildung 3-5: Maßbereiche im Flex-Layout

Daraus ergeben sich folgende Teilbereiche:

- *main axis*: Hauptachse des Containers; nicht notwendigerweise horizontal
- *main-start* | *main-end*: Platzierungsanfang und -ende für Elemente
- *main size*: Elementgröße, Breite oder Höhe je nach primärer Dimension
- *cross axis*: Rechtwinklige Achse; abhängig von der Hauptachse
- *cross start* | *cross end*: Führungslinien für Elemente
- *cross size*: Elementgröße, Breite oder Höhe je nach primärer Dimension der rechtwinkligen Achse

Eigenschaft der Container

Die wichtigste Eigenschaft des Containers ist `display`. Diese wurde bereits gezeigt. Die üblichen Werte sind:

- `flex`
- `inline-flex`

Die nächste Eigenschaft ist `flex-direction`. Die Richtung bestimmt die Art der Anordnung: entweder in Spalten (column) oder Reihen (row):

- `flex-direction: row`
- `flex-direction: row-reverse`
- `flex-direction: column`
- `flex-direction: column-reverse`

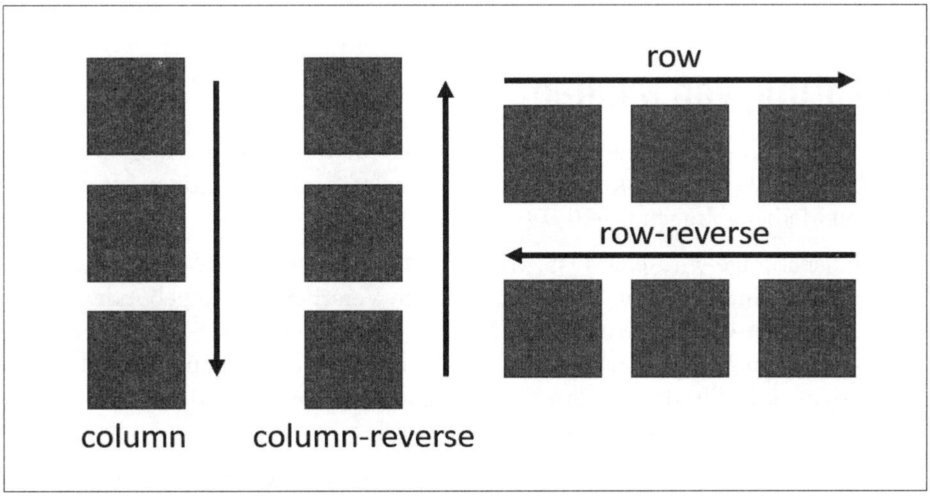

Abbildung 3-6: Eigenschaft flex-direction

Beachten Sie hier, dass dies nicht unbedingt intuitiv ist. Als Spalte (column) ist hier kein Teil einer Gruppe von Spalten gemeint, sondern die Anordnung von Elementen untereinander, wie in einer einzelnen Spalte.

Nun ist es Teil der Flexibilität, dass die Elemente eben nicht immer so erscheinen wie auf den Bildschirm des Entwicklers. Deshalb gibt es Umbrüche, `flex-wrap` genannt. Standardmäßig wird immer versucht, alle Elemente in eine Reihe zu pressen. Aber wenn kein Platz mehr da ist, gibt es eine Umbruchstrategie:

- `flex-wrap: nowrap`: Einzeiligkeit wird erzwungen, gegebenenfalls verschwinden Elemente
- `flex-wrap: wrap`: Elemente erscheinen bei Bedarf mehrzeilig von oben nach unten
- `flex-wrap: wrap-reverse`: Elemente erscheinen bei Bedarf mehrzeilig von unten nach oben

Weitere wichtigen Regeln für Container sind:

- `flex-flow`
- `justify-content`
- `align-items`
- `align-content`

Elemente haben eigene Regeln:

- `order`
- `flex-grow`
- `flex-shrink`
- `flex`
- `align-self`

Eine gute Quelle für Informationen darüber ist folgende Website (in Englisch):

https://css-tricks.com/snippets/css/a-guide-to-flexbox/

Beachtung von Medien

Mit CSS kann die Darstellung eines Dokuments für verschiedene Ausgabemedien festgelegt werden. Die Zuordnung eines Stylesheets zu einem Medium erfolgt mithilfe von Medienabfragen (Media Queries).

Als Medienabfrage wird eine Liste von Kriterien bezeichnet, die ein Ausgabemedium erfüllen muss, damit ein Stylesheet zur Verarbeitung eingebunden wird. Medienabfragen bestehen aus einem Medientyp (beispielsweise Bildschirm oder Drucker), einem Medienmerkmal (wie die Farbfähigkeit) oder einer Kombination aus beidem. Mithilfe der Kombinationsmöglichkeit können Stylesheets auf eine Vielzahl von Ausgabemedien zugeschnitten werden.

Media Queries können nicht in `style`-Attributen notiert werden.

Syntax

Die Angabe eines Medientyps erfolgt als einfaches Schlüsselwort, beispielsweise `screen`.

Wird keine Medienabfrage angegeben oder besteht die angegebene Abfrage nur aus Leerzeichen, so gilt der Standardwert `all`.

Medienabfrage im HTML-Dokument:

```
<link rel="stylesheet" href="monitor.css" media="screen">
<link rel="stylesheet" href="printer.css" media="print">
```

Der Medientyp `print` sorgt dafür, dass das Stylesheet *printer.css* nur bei der Druckausgabe benutzt wird. Auf einem Bildschirm (`screen`) dagegen wird *monitor.css* aktiviert.

Diese Vorgehensweise hat den Nachteil, dass beide Stylesheets oft dieselben CSS-Regeln enthalten. Zudem werden mindestens zwei Dateien benötigt.

Sie können das Attribut `media` auch weglassen, dann gilt das betreffende Stylesheet für alle Medien. In der alternativen Datei müssen dann nur die Änderungen vermerkt werden.

```
<link rel="stylesheet" href="monitor.css">
<link rel="stylesheet" href="printer.css" media="print">
```

Die Regeln lassen sich alternativ auch direkt in der CSS-Datei unterbringen.

```
@media print {
  /* Regeln für Druckausgabe */
}
```

Medien haben bestimmte Merkmale, die die Auswahl der Regel modifizieren. Bei einem Bildschirm kann dies beispielsweise die Anzahl der Pixel sein. Präfixe wie `min-` und `max-` erlauben das Angeben von Bereichen.

```
<link rel="stylesheet" href="pt.css"
      media="(orientation: portrait)">
```

Das Stylesheet *pt.css* wird eingebunden, wenn die Inhalte auf Seiten im Hochformat (`portrait`) ausgegeben werden.

```
<style type="text/css" media="(color)">
  /* Farbangaben. */
</style>
```

Die im `style`-Element angegebenen Farbangaben werden verarbeitet, wenn das Ausgabemedium Farben darstellen kann. Ein Schwarz-Weiß-Drucker würde dann davon profitieren, dass über ihn keine schlecht lesbaren Farben ausgegeben werden (Gelb auf Weiß beispielsweise).

```
@import 'layout.css' (min-width: 150mm);
```

Das Stylesheet *layout.css* kommt zur Anwendung, wenn der Anzeigebereich des Ausgabemediums mindestens 150 mm beträgt.

Medienabfragen können mit logischem ODER gruppiert werden. Wie bei den CSS-Selektoren wird dazu das Komma benutzt. Gruppierte Abfragen sind voneinander völlig unabhängig. Sobald mindestens eine der Abfragen zutrifft, werden die Deklarationen angewendet.

```
@media print, embossed {
  /* Formate für Printmedien. */
}
```

In diesem Beispiel wird ein Stylesheet festgelegt, das sowohl für den Medientyp `print` als auch den Medientyp `embossed` verwendet werden kann.

Mehrere Medienmerkmale können mit dem Schlüsselwort `and` (und) verbunden werden. Ein Stylesheet wird nur dann verarbeitet, wenn alle damit verbundenen Kriterien erfüllt werden.

```
@media (min-width: 130mm) and (max-width: 160mm) {
  /* Kompaktes Layout */
}
@media print and (color), screen and (color) {
  /* Farbangaben */
}
```

Ist ein Medientyp am Anfang einer Medienabfrage notiert, kann dieser Angabe das Schlüsselwort `only` oder das Schlüsselwort `not` vorangestellt werden. `only` (nur) erfüllt dabei nur den Zweck, die Medienabfrage vor Browsern zu verstecken, die diese und die damit verbundenen Kombinationsmöglichkeiten nicht unterstützen. Ansonsten wird die Abfrage verarbeitet, als wäre das Schlüsselwort nicht vorhanden. Wird einer Medienabfrage der Operator `not` (nicht) vorangestellt, wird die Abfrage verneint.

```
@media only all and (min-width: 150mm) {
  /* Layout */
}
@media not all and (monochrome) {
  /* Farben */
}
```

Dieses Beispiel zeigt, wie Bildschirmen mit einem mindestens 150 mm breiten Anzeigebereich Regeln zugewiesen werden. Ein Browser, der Medienabfragen versteht, ignoriert das Schlüsselwort `only`. Durch die Verneinung der Abfrage *monochrome* werden die Farbangaben von allen Medien verwendet, die mit Farbangaben umgehen können.

Umgang mit Einheiten

Eine Besonderheit betrifft relative Längenangaben wie *em* oder *ex*. Bei der Verarbeitung dieser Werte wird vom Standardwert des Browsers ausgegangen, der vom Benutzer definiert wurde. Normalerweise bezieht sich *em* auf die aktuelle Schrift, die ist aber auf der Ebene der Medienabfrage noch nicht definiert. Mehr zu Maßeinheiten finden Sie weiter hinten in diesem Kapitel im Abschnitt »Einheiten«.

Jedes Merkmal kann auch ohne Wertangabe verwendet werden. In diesem Fall wird abgefragt, ob das Merkmal auf dem verwendeten Medium vorhanden ist.

```
@media (width) {
  /* Das Ausgabemedium besitzt das Merkmal "Breite" */
}
@media (color) {
  /* Das Ausgabemedium besitzt das Merkmal "Farbfähigkeit" */
}
```

Parameter

Das Merkmal `width` (Breite) beschreibt bei fortlaufenden Medien die Breite des Anzeigebereichs (Viewport) und bei paginierten Medien die Breite einer Seite. Die Präfixe *min-* und *max-* sind erlaubt, um Grenzen anzugeben.

```
@media (width: 60em) {
  /* Breite entspricht genau 60em */
}
@media (min-width: 50em) {
  /* Breite beträgt mindestens 50em */
}
@media (max-width: 70em) {
  /* Breite beträgt höchstens 70em */
}
```

Bei Merkmalen, die sich auf den Anzeigebereich beziehen, ist es fast immer sinnvoll, eines der möglichen Präfixe zu verwenden, da die tatsächliche Anzeigebreite beim Benutzer nicht vorhersehbar ist.

Das Merkmal `height` (Höhe) beschreibt bei fortlaufenden Medien die Höhe des Anzeigebereichs (Viewport) und bei paginierten Medien die Höhe einer Seite. Die Präfixe *min-* und *max-* sind erlaubt, um Grenzen anzugeben.

Die Merkmale `device-width` (Gerätebreite) und `device-height` (Gerätehöhe) beschreiben die Breite beziehungsweise Höhe des Ausgabegeräts, beispielsweise die Breite eines Bildschirms in Pixeln. Der Wert ist eine positive Längenangabe. Die Präfixe *min-* und *max-* sind erlaubt, um Grenzen anzugeben.

```
@media (device-width: 800px) {
  /* Breite entspricht genau 800 px */
}
@media (min-device-width: 800px) {
  /* Breite beträgt mindestens 800 px */
}
@media (max-device-width: 1024px) {
  /* Breite beträgt höchstens 1024 px */
}
```

Auch wenn ein Ausgabegerät bestimmte Abmessungen besitzt, sagt das nichts darüber aus, ob der verfügbare Bereich auch verwendet wird. Ebenso kann die Meldung der Pixel von den physischen Pixeln abweichen – dies ist beispielsweise bei Retina-Displays der Fall. Ebenso melden nicht alle Geräte ihre Orientierung durch

Ändern der Werte. Bei Apple ist die Breite immer die Breite im Porträt-Modus – auch wenn der Benutzer das Tablet dreht und im Querformat benutzt. Die Orientierung muss also ebenso beachtet werden.

Das Merkmal `orientation` (Orientierung) beschreibt das Seitenformat eines Ausgabemediums. Die Orientierung entspricht dem Wert `landscape` (Querformat), wenn der Wert des Merkmals `width` größer ist als der Wert des Merkmals `height`. Andernfalls entspricht die Orientierung dem Wert `portrait` (Hochformat). Der Wert ist eines der Schlüsselwörter `portrait` oder `landscape`.

```
@media (orientation: portrait) {
  /* Formate für hochformatige Ausgabemedien */
}
```

Das Merkmal `aspect-ratio` (Seitenverhältnis) beschreibt das Verhältnis des Merkmals `width` zum Merkmal `height`. Der Wert ist ein Verhältniswert. Die Präfixe *min-* und *max-* sind hier erlaubt.

```
@media (aspect-ratio: 4/3) { /* Fall 1 */ }
@media (min-aspect-ratio: 4/3) { /* Fall 2 */ }
@media (max-aspect-ratio: 4/3) { /* Fall 3 */ }
```

In diesem Beispiel wird der Verhältniswert 4/3 den Varianten des `aspect-ratio`-Merkmals zugewiesen. Das Stylesheet wird verarbeitet, wenn das Seitenverhältnis des Anzeigebereichs (Viewport) genau 4 zu 3 entspricht (Fall 1). Das ist beispielsweise bei einem Anzeigebereich von 492 zu 369 Pixeln der Fall. Das Stylesheet in Fall 2 wird angewendet, wenn das Seitenverhältnis 4/3 oder höher (zum Beispiel 5/3 oder 6/3) beträgt. Im Fall 3 wird das Stylesheet entsprechend nur verarbeitet, wenn das Seitenverhältnis 4/3 oder geringer ist (beispielsweise 2/3 oder 1/3).

Das Merkmal `device-aspect-ratio` (Geräte-Seitenverhältnis) beschreibt das Verhältnis des Merkmals `device-width` zum Merkmal `device-height`. Die Anwendung erfolgt analog zum Merkmal `aspect-ratio`.

Das Merkmal `color` (Farbe) beschreibt die Anzahl der Bits, die ein Gerät pro Farbkomponente (das sind Rot, Grün oder Blau) verwendet. Kann das Ausgabegerät keine Farben anzeigen, ist der Wert 0 (null) zutreffend. Wird für verschiedene Farbkomponenten eine unterschiedliche Anzahl an Bits verwendet, zählt die niedrigste verwendete Bit-Anzahl des Geräts. Der Wert ist eine nicht negative Zahl.

```
@media (color: 2) { /* Einfaches Farblayout */ }
@media (min-color: 3) { /* Komplexes Farblayout */ }
@media (max-color: 2) { /* Einfaches Farblayout */ }
```

Das Merkmal `color-index` (Farbindex) beschreibt die Anzahl der Farbdefinitionen in der Farbtabelle des Ausgabemediums. Verfügt das Medium nicht über eine Farbtabelle, ist der Wert 0 (null) zutreffend. Üblicherweise besitzen nur Medien eine Farbtabelle, deren Farbfähigkeit eingeschränkt ist.

```
@media (color-index: 16) {
  /* genau 16 Farben stehen zur Verfügung */
```

```
}
@media (min-color-index: 20) {
  /* Mindestens 20 Farben stehen zur Verfügung */
}
@media (max-color-index: 256) {
  /* Höchstens 256 Farben stehen zur Verfügung */
}
```

Die Unterstützung für `color-index` ist derzeit bei allen Browsern mangelhaft.

Das Merkmal `monochrome` (schwarz-weiß) beschreibt die Anzahl der Bits, die zur Beschreibung eines Schwarz-Weiß-Farbtons verwendet werden. Handelt es sich nicht um ein Gerät, das nur Graustufen darstellen kann (sondern auch Farben), ist der Wert 0 (null) zutreffend.

```
@media (monochrome: 1) {
  /* nur Schwarz und Weiß stehen zur Verfügung */
}
@media (min-monochrome: 4) {
  /* Mindestens 16 Graustufen stehen zur Verfügung */
}
@media (max-monochrome: 8) {
  /* Höchstens 256 Graustufen stehen zur Verfügung */
}
```

Das Merkmal `light-level` (Lichtstärke) beschreibt die Lichtverhältnisse der Umgebung, die durch den Helligkeitssensor der Kamera erfasst werden. Folgende Einstellungen sind möglich:

- `dim`: gedämpftes Licht
- `normal`
- `washed`: sehr hell, in Licht gebadet

Die Spezifikation verwendet absichtlich keine festen Lux-Werte, da viele Geräte eine eigene Kontrastanpassung vornehmen und die Technologien zu unterschiedlich sind (E-Ink bleibt im Hellen lesbar, während Flüssigkristall-Displays keinen Kontrast mehr bieten). Da Helligkeitssensoren häufig nicht geeicht sind, ist die Reaktion schwer vorhersagbar.

```
@media (light-level: normal) {
  p {
    background: url("texture.jpg");
    color: #333 }
}
@media (light-level: dim) {
  p {
    background: #222;
    color: #ccc }
  }
@media (light-level: washed) {
  p {
    background: white;
    color: black;
```

```
    font-size: 2em; }
}
```

Das Merkmal `pointer` (Zeiger) unterscheidet die Genauigkeit der Angabe. So kann die sonst oft schwierige Unterscheidung zwischen Touch-Geräten einerseits (Smartphones und Tablets, aber auch Konsolen wie die Wii) und Geräten mit Maus, Touchpad oder Eingabestiften getroffen werden. Folgende Einstellungen sind möglich:

- `fine`: für Geräte mit Maus, Touchpad oder Eingabestift
- `coarse`: für Geräte mit Touch- oder Gestensteuerung
- `none`: nur Tastatureingabe möglich

```
@media (pointer: coarse) {
  input {
    padding 1em;
    font-size: 2em;
  }
}
```

Bei Touch-Geräten werden die Schriftgröße und der Innenabstand des Eingabefelds entsprechend vergrößert.

Da die meisten Geräte mehrere Eingabemöglichkeiten haben, deren Gebrauch aber nicht vorhergesagt werden kann, kann man mit `any-pointer` herausfinden, ob es die Eingabegeräte überhaupt gibt. Sie können mit `pointer` und `any-pointer` nicht sicher auf bestimmte Geräte schließen. Allerdings ist in Kombination mit der Displaybreite sehr gut zu erkennen, ob jemand per Smartphone, Tablet oder Desktoprechner unterwegs ist. Dadurch ist es möglich, Webseiten genauer für bestimmte Geräte zu optimieren.

Das Merkmal `resolution` (Auflösung) beschreibt die Auflösung, also die Dichte der Bildpunkte auf einem Ausgabemedium. Besitzt das verwendete Ausgabemedium keine rechteckigen Bildpunkte (beispielsweise Drucker), kann das Merkmal nur in Verbindung mit einem Präfix verwendet werden. In diesem Fall prüfen Abfragen mit `min-resolution` die geringstmögliche, Abfragen mit `max-resolution` die höchstmögliche Dichte der Bildpunkte des Ausgabemediums ab.

```
@media (resolution: 96dpi) {
  /* Die Auflösung beträgt 96 Bildpunkte pro Zoll */
}
@media (min-resolution: 200dpcm) {
  /* Die Auflösung beträgt mindestens 200 Punkte pro cm */
}
@media (max-resolution: 300dpi) {
  /* Die Auflösung beträgt höchstens 300 Punkte pro Zoll */
}
```

Das Merkmal `scan` (Abtasten) beschreibt den Bildaufbau von Ausgabegeräten des Typs *tv*. Dieser kann progressiv erfolgen, was etwa dem Bildaufbau auf einem Computerbildschirm entspricht (der Wert progressive trifft zu), oder mithilfe von

Zeilenbildung, das heißt, einzelne Bildzeilen werden nach und nach dargestellt (der Wert `interlace` trifft zu). Erlaubt sind die Werte `progressive` oder `interlace`.

```
@media (scan: progressive) {
  /* Bildschirmlayout */
}
```

Das Merkmal `grid` (Raster) beschreibt die Rastereigenschaft von Ausgabemedien. Bei Ausgabegeräten, die Inhalte in einem Raster darstellen, trifft der Wert eins (1) zu, andernfalls der Wert null (0).

```
@media (grid: 0) {
  /* Zahlreiche Schriftformatierungen */
}
```

Der Viewport

Zu den Grundlagen der Entwicklung für mobile Geräte gehört das Meta-Element `viewport`. Diese eine Zeile HTML-Code sorgt für eine korrekte Skalierung der Website beim ersten Aufruf auf dem mobilen Gerät.

Die Browser der mobilen Geräte gehen zuerst einmal davon aus, dass Websites nicht für sie ausgelegt sind und die Website-Breite die Display-Breite um einiges übersteigt. Der Browser-Viewport (Anzeigebereich) ist deshalb beispielsweise in Mobile Safari auf eine Breite von 980 Pixeln eingestellt, sodass die meisten Websites komplett zu sehen sind. Dies hat den Nachteil, dass die Inhalte sehr klein und Schriften nicht lesbar sind. Der Nutzer muss dann selbst hineinzoomen, um etwas erkennen zu können.

Viewport einstellen

Die Einstellung des Viewports lässt sich sehr einfach über ein HTML-Element anpassen. Weicht die eigene Website von der oben genannten Standardbreite ab, kann man den Viewport anpassen. Das sorgt dafür, dass Inhalt und Anzeigebereich übereinstimmen. Bei schmaleren Layouts wird also kein unnötiger Platz verschenkt, sondern die Website in der möglichen Maximalgröße dargestellt.

Startansicht von *apple.com* auf mobilen Geräten (links) und gezoomte Ausschnitt mit lesbarer Schrift (rechts):

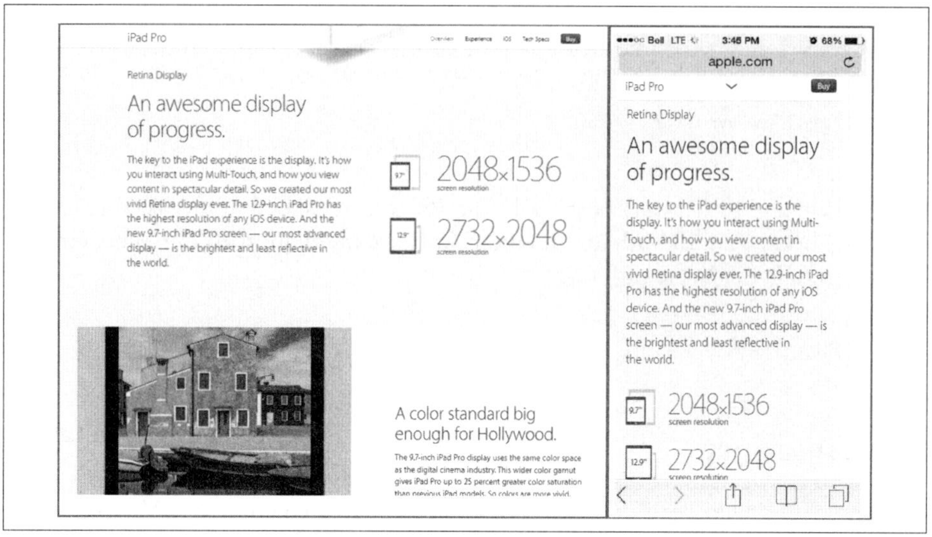

Abbildung 3-7: Website mit und ohne Zoom

Für die Änderung fügen Sie folgende Zeile in den Kopfbereich der Seite ein. Diese wird dann von mobilen Geräten ausgewertet.

```
<!DOCTYPE html>
<head>
    <meta name="viewport" content="width=1024" />
</head>
<body>
</body>
```

Handelt es sich um eine Website, die speziell für mobile Geräte erstellt oder optimiert ist, geht man meist nicht den obigen Weg, eine fixe Breite für den Viewport anzugeben. Ein Smartphone hat beispielsweise im Hochformat eine logische Breite von 320 px und im Querformat 480 px (physikalisch wird der Wert höher sein). Dies hätte zur Folge, dass im Hoch- und Querformat die gleichen Inhalte, lediglich in einem unterschiedlichen Zoomlevel, gezeigt würden.

Stattdessen wird eine Formel verwendet, um passend umzurechnen:

```
Breite des Viewports = Breite des Devices
```

Hat das Smartphone nun eine Breite von 320 px im Hochformat, werden genau 320 px der Website gezeigt (1 : 1). Ebenso werden im Querformat dann 480 px gezeigt. Diese flexible Einstellung ist einerseits geräteunabhängig und ermöglicht es andererseits auch, im Querformat den gewonnenen Platz in der Breite sinnvoll zu nutzen.

Der folgende Vergleich zeigt den Effekt. Die Ansicht auf mobilen Geräten mit Meta-Element im Quellcode *width=device-width* (linkes Bild) und ohne (rechtes Bild):

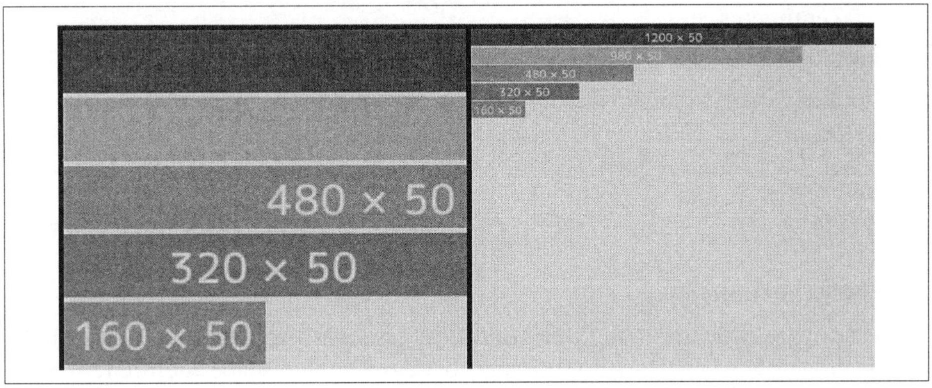

Abbildung 3-8: Ansicht mit und ohne Meta-Element

Parameter für den Viewport

Das Meta-Element für den Viewport besitzt neben der Breite weitere Eigenschaften, die kommasepariert aufgelistet werden.

```
<meta name="viewport" content="width=device-width,
                               initial-scale=1.0,
                               user-scalable=no" />
```

- `initial-scale`: Der Wert legt den anfänglichen Zoomgrad fest. 1.0 führt dazu, dass die Inhalte 1 : 1 dargestellt werden, das heißt, auf einem Screen mit 320 px Breite füllt eine 320 px breite Grafik die komplette Breite aus. Dementsprechend führt beispielsweise 2.0 zu einer 2-fachen Vergrößerung.
- `user-scalable`: Mit diesem Attribut wird definiert, ob der Nutzer auf der Seite zoomen kann (yes) oder nicht (no).
- `minimum-scale` und `maximum-scale`: Diese beiden Eigenschaft ermöglichen es, den Zoomgrad einzuschränken. Setzen Sie die maximale Skalierung auf 2.0, kann der Inhalt maximal 2-fach vergrößert werden.

Einheiten

CSS-Einheiten drücken eine Längenangabe aus. Diese wird für Breiten, Höhen, Abstände, Ränder etc. benötigt. Syntaktisch bestehen Einheitsangaben aus einer Zahl und einer Maßeinheit. Bei der Zahl 0 kann die Maßeinheit entfallen. Es gibt zwei Arten von Einheiten: absolute und relative.

Absolute Einheiten

Absolute Einheiten sind folgende:

- `cm`: Zentimeter
- `mm`: Millimeter
- `in`: Zoll (Inch)
- `px`: Pixel
- `pt`: Punkt
- `pc`: Pica

Typografische Angaben

Typografische Einheiten wie Punkt und Pica sind aus der Zeit des Papierdrucks übernommen worden. Dort konnte man bei der Druckausgabe die Breiten exakt definieren. 1 Pica sind 12 Punkt, 1 Punkt ist 1/72 Zoll. In der heutigen Welt der Bildschirme mit vielen Größen, Breiten und Auflösungen sind solche Angaben weitgehend sinnlos.

Die Beziehung zwischen Pixel (Bildschirmpunkt) und Zoll ist bei Windows auf 1 Zoll = 2,54 cm = 96 Pixel festgelegt. Dabei liefern Standardgeräte mit normaler Auflösung ein Verhältnis von 1 Gerätepixel = 1 Pixel. Geräte mit hoher Auflösung, wie Drucker oder Retina-Displays, liefern *n* Gerätepixel = 1 Pixel. Dabei gilt in etwa Folgendes:

Tabelle 3-6: Medienabfrage im HTML-Dokument

System	Auflösung	Gerätepixel pro Pixel
Mac	72	1
Windows	96	1
Mobil low	120	1
Mobil medium	160	2
Mobil high	240	2
Retina	300	3

Möchten Sie die wirkliche Auflösung herausfinden, können Sie dies nur mit der Angabe der Bildschirmbreite und -höhe und der Diagonale des Bildschirms. Bei 4,65 Zoll (Smartphone) und 1280 x 720 Pixeln ergibt sich nach dem Satz des Pythagoras:

$$\frac{\sqrt{1280^{2} \times 720^{2}}}{4.65} = 315.8$$

Das wird auf 316 gerundet, und die Vermarkter eines solchen Gerätes machen meist plakative 320 dpi daraus. Dividiert durch 96 ergibt sich ein Verhältnis von 1 : 3,33, was gerundet 3 Gerätepixel pro Pixel ergibt.

Generell sollten absolute Angaben nur benutzt werden, wenn die Ausgabe sicher bestimmt werden kann. Das ist im Grunde nur bei Druckern möglich.

Empfehlung

Wenn Sie bei der Ausgabe auf einem Bildschirm eine absolute Einheit benötigen, sollten Sie zu *px* greifen. Auf einem Drucker nutzen Sie am besten *mm* oder *pt*.

Relative Einheiten

Relative Einheiten nutzen einen bestimmten Ausgangspunkt, von dem aus man nur noch Verhältnisse kalkuliert. Verfügbar sind folgende Einheiten:

- `em`: Einheit der Fontgröße, basierend auf der Höhe in Pixel (1em ist die Größe in Pixel der Grundschrift)
- `ex`: Einheit der Fontgröße, basierend auf der Höhe des kleinen Buchstabens »x«
- `ch`: Einheit der Fontgröße, basierend auf der Breite der Ziffer »0«
- `rem`: Einheit der Fontgröße, basierend auf der Breite des kleinen Buchstabens »m« des Wurzelelements der Seite (body)
- `vw`: Relativ zu 1 % der Breite des Viewports (bei 46 cm Bildschirmbreite sind 1vw = 0,46 cm)
- `vh`: Relativ zu 1 % der Höhe des Viewports
- `vmin`: Relativ zu 1 % der Breite der schmalen Seite des Viewports
- `vmax`: Relativ zu 1 % der Breite der breiten Seite des Viewports
- `%`: Prozentual zum ursprünglichen Wert

Die in der Typografie benutzte Einheit *em* definiert die Größe des Buchstabens »M« ungefähr als Maß der Einheit. Dies ist bei CSS nicht der Fall, der Wert ist jedoch bei der Browserstandardschrift Times New Roman vergleichbar. Welchen konkreten Pixelwert der Browser nutzt, ist allerdings nicht klar definiert, es sind keineswegs 12 Pixel, wie oft behauptet wird, und die häufiger anzutreffenden 16 Pixel sind keine Garantie.

Das folgende Bild zeigt, dass bei der Standardschriftart (hier aus Firefox) tatsächlich 16 Pixel für den Buchstaben »M« benutzt werden und dass dies der Angabe 16 px entspricht. Die rote Linie ist 16 Pixel breit. Als Schriftgröße wurde bei diesem Screenshot einmal 1em und einmal 16 px eingestellt und jeweils dasselbe Ergebnis erzielt.

Abbildung 3-9: Vermessung der Pixel der Einheit em

Empfehlung

Wenn Sie eine relative Einheit benötigen, greifen Sie zu *em* oder *rem*. Die Einheit *rem* hat den Vorteil, dass sie über die gesamte Seite hinweg konstant bleibt, *em* dagegen gilt für die jeweils aktuelle Schrift.

KAPITEL 4
Bootstrap

Bootstrap ist ein von der Firma Twitter entwickeltes CSS-Framework. Es liefert zahlreiche CSS-Klassen, die die Handhabung von CSS vereinfachen, insbesondere die Entwicklung von Webseiten nach dem Prinzip des Responsive Web Design (RWD). Es umfasst Gestaltungsvorlagen für Formulare und Tabellen, die eine einheitliche Gestaltung über alle Browser hinweg ermöglichen. Außerdem bietet Twitter aktive Komponenten wie Menüs, Werkzeugleisten und Dialoge. Die Bootstrap-Komponenten erfordern auch JavaScript, wobei hier im Hintergrund jQuery zum Einsatz kommt.

Die Bootstrap-Klassen wurden nicht in CSS selbst geschrieben, sondern in Syntactically Awesome Style Sheets (SASS). SASS (*sass-lang.com*) ist ein Präcompiler, der in CSS übersetzt.

Die aktuelle Version ist Bootstrap 4.

Einführung in Bootstrap

Bootstrap 4 steht über die Website (*getbootstrap.com*) sowie die Repositories Bower (*bower.io*) und npm (Node Package Manager) (*www.npmjs.com*) zur Verfügung.

Neuerungen in Bootstrap 4

Dieser Abschnitt gibt einen Überblick über die Änderungen gegenüber Bootstrap 3.

Globale Änderungen

Das Einheitensystem wurde nun von Pixel (px) auf *rem* (CSS) beziehungsweise *em* (Media Queries) umgestellt. Der globale Font, der als Ausgangspunkt dient, wurde von 14 Pixel auf 16 Pixel erhöht. Dies ist vor allem eine Referenz an höher auflösende Displays mobiler Geräte.

Rastersystem

Es gibt folgende Rasterebenen: *xs*, *sm*, *md*, *lg* und *xl*. Dies dient der Unterstützung extrem großer Displays (3000 x 2000 Pixel und mehr).

Tabellen

Tabellen verfügen über neue Optionen:

- *.table-inverse* invertiert die Tabelle farblich
- *.thead-default* und *.thead-inverse* formatieren den Kopfbereich
- *.table-sm* erstellt kleinere Tabellen
- Alle Kontextklassen haben den Präfix *.table-*
- *.responsive-table* kann direkt dem Table-Element zugewiesen werden, der Container wird nicht mehr benötigt
- *.table-reflow* unterstützt Reflow-Tabellen (pivotierte Tabellen)

Formulare

Statt der speziellen Klasse *.form-horizontal* kann nun *.row* benutzt werden. Alle *.control--* und *.input--*Klassen wurden zu *.form-control-* vereinheitlicht. Damit entfallen auch die speziellen Klassen *.has-feedback* und *.help-block*.

Schaltflächen

Die Klassen *.btn-default* und *.btn-info* entfallen zugunsten von *.btn-secondary*. Neu ist *.btn-xx-outline* – eine umrahmte Schaltfläche. Die Klasse *.btn-xs* entfällt.

Klappmenüs

Statt `<ul><li>`-Strukturen lassen sich nun `<div><a>`-Blöcke direkt formatieren. Dazu dienen die Klassen *.dropdown-item* und *.dropdown-menu*. Die Klasse *.dropdown-header* lässt sich nun direkt auf `<h1>` etc. anwenden. Abstände werden mit `</div class="dropdown-divider">` erstellt anstatt wie bisher mit `<li>`-Tags.

Panels

Die Anzeigeformen Wells, Panels und Thumbnails entfallen und werden durch eine neue Komponente mit dem Namen Card ersetzt.

Sonstiges

Fortschrittsbalken können nun mit dem HTML-Element `<progress>` erstellt werden. Zitate benötigen die Klasse *.blockquote*.

Installation

Sie können Bootstrap von einem CDN (Content Delivery Network) laden oder lokal vorhalten.

CDN

Bootstrap ist via MaxCDN verfügbar. Ein CDN erlaubt es einer Website, häufig benötigte öffentliche Dateien von weltweit verteilten Servern abzurufen. Wenn ein Nutzer aus USA Ihre in Deutschland gehostete Website aufruft, dann wird das CDN dafür sorgen, dass die Bootstrap-Dateien von einem Server in den USA abgerufen werden. Dies entlastet Ihren Server, die Leitungen des Providers, das Internet insgesamt, und der Benutzer erlebt einen schnelleren Ladevorgang. Im Grunde gewinnen dabei alle. Wenn Sie im Intranet programmieren, sind CDN dagegen eher ungünstig. Wenn Sie nur lokale Nutzer in Deutschland erwarten, bringt ein CDN keinen Vorteil.

Die Bootstrap-Dateien werden bei der Nutzung des CDN folgendermaßen eingebunden:

```
<!-- Das neueste kompilierte und minimierte CSS -->
<link rel="stylesheet" href="https://maxcdn.bootstrapcdn.com/bootstr\
ap/4.0.0/css/bootstrap.min.css">

<!-- Das neueste kompilierte und minimierte JavaScript -->
<script src="https://maxcdn.bootstrapcdn.com/bootstrap/4.0.0/js/boot\
strap.min.js"></script>
```

Bootstrap 4

Dieses Kapitel wurde für die Final 4.0.0 überarbeitet. Die Versionsangabe ist *4.0.0*. Wenn Sie diese Version benutzen, ersetzen Sie alle Versionsangaben der Art *4.0.0* entsprechend. Wenn Sie eine spätere Version benutzen, dann passen Sie die Versionen an.

Repository für lokale Installation

Um eine lokale Kopie zu erhalten, nutzen Sie npm *(www.npmjs.com)*. Wenn Sie in Ruby on Rails entwickeln, sollten Sie sich das Gem Bootstrap for SASS/bootstrap (*github.com/twbs/bootstrap-rubygem*) anschauen.

Mit npm installieren: Mithilfe von npm wird Bootstrap folgendermaßen installiert:

```
$ npm install bootstrap@next
```

Wenn Sie npm benutzen, werden Sie vermutlich *Node.js* einsetzen. Binden Sie Bootstrap dann folgendermaßen ein:

```
require('bootstrap')
```

Dieser Befehl lädt Bootstraps jQuery-Plug-ins in das jQuery-Objekt. Das Modul *bootstrap* selbst exportiert nichts. Sie können die jQuery-Plug-ins individuell laden, indem Sie */js/.js*-Dateien im obersten Verzeichnis des Pakets laden.

Bootstraps *package.json* enthält einige zusätzliche Metadaten unter den folgenden Schlüsseln:

- *sass*: Pfad zu Bootstraps SASS-Quelldateien

- *style*: Pfad zu Bootstraps nicht minimiertem CSS, das mit den Standardeinstellungen vorkompiliert wurde (ohne Anpassungsmöglichkeit)

Bootstrap wird in Version 4 mit SASS *(sass-lang.com)* entwickelt. Schauen Sie beim Herunterladen auf die aktuellen Informationen, um sicherzustellen, dass Sie den richtigen Präkompiler einsetzen. SASS ist auf allen Plattformen verfügbar. Bootstrap verwendet *Autoprefixer*, um mit den Vendor-Präfixen in CSS zu arbeiten. Falls Sie Bootstrap von der SASS-Quelle kompilieren möchten und nicht das mitgelieferte Gruntfile verwenden, muss Autoprefixer selbst in den Build-Vorgang integriert werden. Falls vorkompilierte Bootstrap-Dateien oder das Gruntfile verwendet werden, ist *Autoprefixer* bereits eingebunden. Die Vorgehensweise gilt für Gulp und andere Task Runner äquivalent, wenn diese eingesetzt werden sollen.

Bootstrap kann in zwei Arten von Paketen heruntergeladen werden – die kompilierte Version und zusätzlich minimierte Varianten. Bootstrap benötigt jQuery als Grundlage der Komponenten.

Struktur der CSS-Dateien

Die vollständige Liste der Dateien einer Umgebung, die Bootstrap verwendet, sieht folgendermaßen aus:

```
bootstrap/dist
├── css/
│   ├── bootstrap.css
│   ├── bootstrap.css.map
│   ├── bootstrap.min.css
│   ├── bootstrap.min.css.map
│   ├── bootstrap-grid.css
│   ├── bootstrap-grid.css.map
│   ├── bootstrap-grid.min.css
│   ├── bootstrap-grid.min.css.map
│   ├── bootstrap-reboot.css
│   ├── bootstrap-reboot.css.map
│   ├── bootstrap-rebooot.min.css
│   └── bootstrap-rebooot.min.css.map
├── js/
│   ├── bootstrap.js
│   ├── bootstrap.min.js
│   ├── bootstrap.bundle.js
│   └── bootstrap.bundle.min.js
```

Davon wird freilich immer nur ein Teil benutzt. Die Darstellung gibt lediglich die Dateien wieder, die bei der Installation via npm bereitgestellt werden.

Es gibt vier große Bereiche in Bootstrap, die in den verschiedenen Dateien definiert sind:

- *bootstrap.css*: Layout, Content, Components, Utlities
- *bootstrap-grid.css*: nur Grid des Teils Layout, nur Flex-Unterstützung in Utlities
- *bootstrap-reboot.css*: nur Reboot in Content (siehe Abschnitt zu Reboot am Ende dieses Kapitels)

Vorkompilierte Dateien sind die einfachste Methode, Bootstrap zu nutzen. Die *min*-Versionen sind zusätzlich minimiert (verdichtet). Die *map*-Dateien dienen dazu, die minimierten Versionen im Browser debuggen zu können – sie verbinden die vollständige Version mit der minimierten.

Wenn man die Tooltips und Popovers nutzen will, wird die Zusatzbibliothek *Popper* benötigt. Information zu Popper gibt es unter *https://popper.js.org/*.

Font-Awesome gehört nicht zu Bootstrap. Es wird oft komplementär für Symbole benutzt. Bis Bootstrap 3 wurden Icons mit ausgeliefert, wegen der großen Vielfalt an derartigen Schriftbibliotheken wurde die Wahl jetzt dem Entwickler überlassen. Font-Awesome ist einer der wichtigsten und umfassendsten derartigen Fonts.

Minimizer

Wenn Sie einen Minimizer (manchmal auch Minifier/Uglifier genannt) in Ihrem Projekt benutzen, übergeben Sie die nicht minimierten Dateien. Manche Minimizer zerstören den Code, wenn er bereits mit einem anderen Minimizer verdichtet wurde.

Neben dem CSS und JavaScript enthält die Distribution auch Fonts, die die Symbole liefern. Schriftartensymbole sind eine besonders kompakte und einfache Methode, um einfarbige Symbole in Websites einzubinden.

Seitenaufbau

Nachdem alles bereit ist, können Sie die erste Seite erstellen. Diese Seite sollte das Basislayout der gesamten Applikation liefern. Eine erste Version könnte folgendermaßen aussehen:

```
<!DOCTYPE html>
<html lang="en">
  <head>
    <meta charset="utf-8">
    <meta name="viewport"
    content="width=device-width, initial-scale=1, shrink-to-fit=no">
<meta http-equiv="x-ua-compatible" content="ie=edge">

    <link rel="stylesheet" href="https://maxcdn.bootstrapcdn.com/bootstrap/
4.0.0/css/bootstrap.min.css" crossorigin="anonymous">
```

```
11   </head>
12   <body>
13     <h1>Hallo Bootstrap 4</h1>
14
15     <script src="https://ajax.googleapis.com/ajax/libs/jquery/2.1.4/\
16 jquery.min.js"></script>
17     <script src="https://maxcdn.bootstrapcdn.com/bootstrap/4.0.0/js/\
18 bootstrap.min.js" crossorigin="anonymous"></script>
19   </body>
20 </html>
```

Die drei ersten Metatags ab Zeile 4 müssen am Anfang des <head>-Blocks stehen. Die in früheren Versionen üblichen Kompatibilitätseinträge für ältere IE-Versionen gibt es nicht mehr. Browser älter als IE10 werden nicht unterstützt. Beim Betriebssystem ist die Unterstützung für iOS6 oder älter nicht mehr gegeben.

Wenn Sie diese Seite lokal via *file:///* betrachten, dann funktionieren einige Teile nicht wie erwartet. Versuchen Sie alle Entwicklungsschritte immer mit einem lokalen Webserver auszuführen (Visual Studio mit IIS Express, IIS, Node.js oder ein lokaler Apache oder NGinx sind perfekt dafür).

Beachten Sie, dass Bootstrap selbst nach jQuery geladen werden muss.

Laden Sie jQuery nur dann von einem CDN, wenn die Website später öffentlich sein soll. Für das Intranet ist eine lokale Kopie besser geeignet.

Browserunterstützung

Auch bei Bootstrap ist die Browserunterstützung ein Thema. Es wurde viel Aufwand getrieben, um hier möglichst viele Browser und Plattformen zu erreichen. Aktuell sieht dies folgendermaßen aus:

Tabelle 4-1: Browserunterstützung

	Chrome	Firefox	Internet Explorer	Opera	Safari
Android	OK	OK	N/A	Nicht möglich	N/A
iOS	OK	N/A	Nicht möglich	Nicht möglich	OK
macOS	OK	OK	Nicht möglich	OK	OK
Windows	OK	OK	OK	OK	Nicht möglich

Chromium und Chrome für Linux, Firefox für Linux und Internet Explorer 7 sollten funktionieren, werden aber nicht offiziell unterstützt. Die breiteste Abdeckung mit Browsern haben Sie derzeit auf macOS und auf Windows.

ARIA

Die Unterstützung von barrierefreien Anwendungen (Accessible Rich Internet Applications Suite = ARIA *[www.w3.org/TR/wai-aria]*) ist eigentlich ein HTML-Thema. Einige Beispiele im Text sind darauf bereits ausgerichtet und tragen diese Attribute. Hier folgt eine Übersicht, wie das funktioniert. Bootstrap unterstützt ARIA implizit und umfassend, sodass das Thema an dieser Stelle gut passt.

HTML5 – Das role-Attribut

Die `role`-Attribute werden in die relevanten HTML-Tags gesetzt. Sie verbessern die semantische Auszeichnung und helfen damit Screenreadern und anderen für den barrierefreien Zugang benutzten Geräten bei der korrekten Ausgabe:

- `banner`: Das Element ist ein Banner
- `complementary`: Das Element ergänzt einen Bereich, meist anstatt eines `<aside>`
- `content`: Regulärer Inhalt
- `info`: Zusatzinformationen
- `form`: Formular
- `main`: Hauptbereich
- `navigation`: Navigationsbereich
- `search`: Suchformular

Die folgenden `role`-Attribute beschreiben die Struktur der Seite:

- `article`: Artikel (Text)
- `columnheader`: Spaltenkopf
- `definition`: Definition
- `directory`: Verzeichnis
- `document`: Dokument
- `group`: Gruppe
- `heading`: Kopfbereich
- `img`: Bilder
- `list`: Liste
- `listitem`: Listenelement
- `math`: Mathematische Formel
- `note`: Notiz oder Ergänzung
- `presentation`: Präsentation, Anzeigeunterstützung
- `region`: Bereich
- `row`: Reihe
- `rowheader`: Kopf einer Reihe (links der Reihe)
- `separator`: Trennlinie in Menüs oder Listen
- `toolbar`: Werkzeugleiste

Ein Anwendungsbeispiel:

```
<hr role="separator" />
```

In Tags wie <nav> oder <aside> ist das role-Attribut redundant. Folgendes ist also nicht erforderlich:

```
<nav role="navigation">
<aside role="complementary">
```

ARIA?

Neben dem barrierefreien Zugang erleichtern die semantischen Attribute auch die Wartung und Pflege des Quelltexts. Es ist allemal einfacher, mit role="banner" zu arbeiten, als mit Dutzenden verschachtelten <div>-Elementen.

Optimierung

Korrekt erstellte Bootstrap-Seiten können um einiges größer ausfallen als klassische HTML-Seiten. Die Stabilität der Seiten hat ihren Preis. Sie sollten daher sorgfältig abwägen, wie Elemente erstellt werden. Ein typisches Beispiel sind lange Listen mit vielen Optionen. Hier kommen neben den Listenelementen auch viele Schaltflächen oder Menüs zum Einsatz. Vor allem bei serverseitig generiertem Code erscheint dies unkritisch und verursacht wenig Aufwand. Hier ein Beispiel:

```
<ul class="list-group">
  <li class="list-group-item">Erstes Element
  <div class="btn-group">
    <button type="button"
            class="btn btn-default dropdown-toggle"
            data-toggle="dropdown" aria-haspopup="true"
            aria-expanded="false">
      Aktion <span class="caret"></span>
    </button>
    <ul class="dropdown-menu">
      <li><a href="#">Löschen</a></li>
      <li><a href="#">Verschieben</a></li>
      <li><a href="#">Unbenennen</a></li>
      <li role="separator" class="divider"></li>
      <li><a href="#">Runterladen</a></li>
    </ul>
  </div>
  </li>
  <li>... weitere Elemente</li>
  <li>... weitere Elemente</li>
</ul>
```

Diese Liste benötigt ca. 530 Zeichen, in UTF-16 sind das mehr als 1 KByte (bei UTF-8 werden nur die Zeichen außerhalb von ASCII mit mehreren Zeichen belegt). Wenn Sie 40 Elemente auf der Seite anzeigen, was aufgrund des Dropdowns optisch kein Problem ist, sind das 40 KByte HTML bei einer Nutzlast von grob geschätzt 2 KByte (40-mal der Text pro Eintrag mit 50 Bytes). Hier lohnt es sich, JavaScript einzusetzen.

Das folgende Skript definiert einmal eine Vorlage mit dem Code, und das JavaScript im folgenden Listing fügt ihn dann zur Laufzeit an jedes List-Element an. Zur Steuerung werden HTML5-Attribute benutzt.

```
1 <ul class="list-group" data-list-target>
2   <li class="list-group-item">Erstes Element</li>
3   <li>...weitere Elemente</li>
4   <li>...weitere Elemente</li>
5 </ul>
6 <div class="btn-group" data-list-template>
7   <button type="button"
8           class="btn btn-default dropdown-toggle"
9           data-toggle="dropdown" aria-haspopup="true"
10          aria-expanded="false">
11    Aktion <span class="caret"></span>
12  </button>
13    <ul class="dropdown-menu">
14      <li><a href="#">Löschen</a></li>
15      <li><a href="#">Verschieben</a></li>
16      <li><a href="#">Unbenennen</a></li>
17      <li role="separator" class="divider"></li>
18      <li><a href="#">Runterladen</a></li>
19    </ul>
20 </div>
```

Nun wird mittels JavaScript der durch `data-list-template` adressierte Code (Zeile 6) ausgelesen und dann geklont an die durch `data-list-target` erreichbare Liste angehängt. Benutzt wird hier jQuery:

```
// Ausführung, wenn das Dokument geladen wurde.
$(function(){
  // Template laden, klonen und verstecken
  var template = $('[data-list-template]').hide().clone();
  // List-Elemente suchen, kopierte Vorlage anhängen, anzeigen
  $('[data-list-target] li').append($(template).show());
});
```

Das Skript kostet nur ca. 250 Byte (130 Zeichen ohne die Kommentare). Statt maximal 40 KByte benötigt diese Lösung also weniger als 2,5 KByte – wenn man es plakativ haben will, sind das 6 % der ursprünglichen Größe oder eine Verringerung um 94 %. Zudem kann der JavaScript-Code ausgelagert und im Browser gecached werden.

Interaktive Oberflächen

Das Skript lässt sich noch so verfeinern, dass die Schaltflächen nur auftauchen, wenn der Mauszeiger über dem Eintrag schwebt. Das `append` wird nur ausgeführt, wenn ein `mouseenter` auftaucht, und bei `mouseleave` werden alle Schaltflächen entfernt. Achten Sie darauf, dass Ereignisse immer per `$(document).on('click')` erstellt werden, damit es auch mit den dynamisch angehängten Elementen klappt. Tipp: RTFM von jQuery!

Hilfsklassen

Bootstrap kommt mit einer großen Gruppen von einfachen Hilfsklassen einher, die kleinere Gestaltungseingriffe erlauben.

Rahmen

Die erste Gruppe bilden Rahmen. Mit der Breite »0« wird angegeben, dass der Rahmen an einer Seite entfernt wird:

```
<span class="border"></span>
<span class="border-0"></span>
<span class="border-top-0"></span>
<span class="border-right-0"></span>
<span class="border-bottom-0"></span>
<span class="border-left-0"></span>
```

Möglich sind auch semantische Farben:

```
<span class="border border-primary"></span>
<span class="border border-secondary"></span>
<span class="border border-success"></span>
<span class="border border-danger"></span>
<span class="border border-warning"></span>
<span class="border border-info"></span>
<span class="border border-light"></span>
<span class="border border-dark"></span>
<span class="border border-white"></span>
```

Reboot

Reboot ist eine Sammlung von Stilen, die sich auf HTML-Elemente konzentrieren und keine zusätzlichen Klassen einsetzen. Damit ist es möglich, einer Anwendung ein grundlegendes, einfaches aber elegantes Layout zu geben, ohne Änderungen am HTML vornehmen zu müssen.

Wird nur Reboot alleine benutzt, reicht die CSS-Datei *bootstrap-reboot.css*.

Schriftarten

Bei den Fonts wird auf die systemeigenen Standards der jeweiligen Betriebssysteme gesetzt. Die Seiten sehen also auf einem Mac anders aus als unter Windows.

- Safari für OS X und iOS: Apple-Systemschrift
- Chrome < 56 für OS X: BlinkMacSystemFont
- Windows: Segoe UI
- Android: Roboto (Google)
- Fallback für Web: Helvetica Neue, Arial, sans-serif
- Emoticons: Apple Color Emoji, Segoe UI Emoji, Segoe UI Symbol

Beachten Sie, das die Schriften leicht unterschiedlich breit laufen und mehr oder weniger Platz für Texte benötigt wird.

Gestaltungseinschränkungen

Die Reboot-Stile haben nicht das typische Erscheinungsbild für Schaltflächen und Felder. Das Layout ist stärker an klassisches HTML angelehnt.

Als einzige Ausnahme von der Element-Regel wird das HTML5-Attribut `hidden` unterstützt und in Browsern, die das nicht selbst können, mit `display: none` gerendert.

Struktur der Seite

Bootstrap realisiert ein horizontales Raster auf der Seite, in dem dann Elemente platziert werden. Das Raster läuft von links nach rechts.

Einführung

Die Basis für das Raster ist eine feste, gleichmäßige Unterteilung der Seite. Zudem werden damit bestimmte Einstellungen des Sichtbereichs – der sogenannte Viewport – ermöglicht.

Der HTML5 Doctype

Der erste Schritt hin zur Nutzung von Bootstrap besteht darin, die Webseite auf HTML5 einzustellen. Dies erfolgt mit dem richtigen Doctype:

```
<!DOCTYPE html>
<html lang="en">
  ...
</html>
```

Einstellungen des Ansichtsbereichs

Damit mobile Geräte von vornherein unterstützt werden, wird nun der Viewport eingestellt. Das erste Tag im `<head>`-Bereich ist deshalb das folgende Meta-Tag:

```
<meta name="viewport"
      content="width=device-width, initial-scale=1" />
```

Bestimmt werden hier das Zoom-Verhalten und die am Anfang benutzte Skalierung. Das Zoom-Verhalten kann mit `user-scalable=no` abgeschaltet werden. Die Applikation erinnert so ein wenig an eine native App auf dem mobilen Gerät.

Zoom abschalten

Es ist riskant, die Zoom-Funktion abzuschalten. Benutzer mit eingeschränkten Sehfähigkeiten oder Nutzer besonders kleiner Bildschirme können darauf angewiesen sein. Wenn sich eine mobile Webseite wie eine native App verhalten soll, muss sie auch von Grund auf wie eine App programmiert werden.

```
<meta name="viewport"
      content="width=device-width,
               initial-scale=1,
               maximum-scale=1,
               user-scalable=no">
```

Das Rastersystem

Schon in den Anfangsjahren des Web wurde versucht, einer Seite durch eine Art virtuelles Raster (grid) eine Struktur zu geben. Dazu kamen anfangs meist Tabellen zum Einsatz. Tabellen sind jedoch in ihrer horizontalen Ausdehnung starr – der Inhalt bestimmt die Breite. Eine Skalierung auf einen kleineren Bildschirm ist damit nicht möglich.

Aus der Idee der Tabelle entstand die Vorgehensweise, statt der Zellen einfach `<div>`-Tags zu nehmen und diese mittels CSS gitterförmig abzulegen. Wer dies einmal selbst probiert hat, wird schnell gemerkt haben, dass der Ansatz alles andere als trivial ist. CSS-Frameworks liefern deshalb für diesen Teil eine solide Grundlage. Tatsächlich ist das Raster eher eine Anordnung von Streifen, in die der Bildschirm in der Breite geteilt wird, um in eben dieser Breite anpassbar zu sein.

Container

Bootstrap nutzt ein Container-Element, um die Seite einzuleiten und eine Basis für das Raster zu finden. Container können mehrfach auf der Seite benutzt, sollten aber nicht verschachtelt werden.

```
<div class="container">
  ...
</div>
```

Container dieser Art liefern ein festes, zentriertes und responsives Raster. Das heißt, die Breite passt sich in Sprüngen dem Gerät an und bleibt dann innerhalb eines Bereichs stabil. Die Sprungbereiche werden auch als »Breakpoints« bezeichnet – Umbruchpunkte. Wenn Sie den Begriff bereits aus der Softwareentwicklung kennen – damit haben die Breakpoints in Bootstrap nichts zu tun.

Alternativ kann die Klasse *.container-fluid* benutzt werden, die immer die volle Breite des Geräts nutzt:

```
<div class="container-fluid">
  ...
</div>
```

Das Raster im Detail

Das Raster wird durch zwölf gleich breite Spalten gebildet. Vordefinierte Klassen können benutzt werden, um Elemente ab einer bestimmten Spalte und über eine Anzahl Spalten hinweg zu platzieren.

Innerhalb der Spalten lassen sich Reihen festlegen, um eine wechselnde Nutzung der Spaltenbreiten zu erlauben. Die Vorgehensweise sollte sich an einigen wenigen Regeln orientieren:

1. Zeilen/Reihen (*.row*) müssen in einem Container sein (*.container* (feste Breite) oder *.container-fluid* (volle Breite).
2. Reihen werden benutzt, um mehrere Elemente horizontal nebeneinander zu platzieren.
3. Spalten (*.col-xx-n*) werden in Reihen platziert. Nur Spaltenelemente sind unmittelbare Kindelemente von Reihen.
4. Spaltenabstände (Lücke zwischen Spalten) werden mit *padding*-Regeln definiert. Diese Abstände werden links von der ersten Spalte und rechts von der letzten Spalte mit negativen Abständen (*margin*) ausgeglichen. Dadurch ist Inhalt außerhalb des Rasters linksbündig gleich ausgerichtet.
5. Umspannen Elemente mehrere Spalten, die innerhalb einer Reihe platziert werden, und überschreiten die Elemente die Grenze von zwölf Spalten, dann wird die gesamte Gruppe umgebrochen.

Der Aufbau der Spaltenklassen ist einfach:

1. Dic Einleitung beginnt mit *col-*.
2. Der mittlere Teil bestimmt die Zuständigkeit für Bildschirmbreiten (*sm*, *md*, *lg*, *xl*) – die Breakpoints.
3. Die Zahl am Ende bestimmt die Anzahl der Spalten (1 bis 12).

Wenn Sie die Klasse *.col-sm-4* nutzen, können Sie also drei solchermaßen dekorierte Elemente nebeneinander anordnen (3 * 4 = 12). Die Breitendefinition gilt, bis sie überschrieben wird. Wenn Sie *.col-md-2* nutzen, *.col-lg-2* aber nicht, gilt »md« auch für sehr große Geräte.

Gerätespezifische Definitionen

Kleine Geräte mit weniger als 576 px werden nicht separat definiert, denn diese Geräteklasse ist bereits der Standardwert. Die Angaben in den Variablen sind folgendermaßen definiert:

- »sm«: ? 576 px
- »md«: ? 768 px
- »lg«: ? 992 px
- »xl«: ? 1200 px

```
@media (min-width: @screen-sm-min) { ... }

@media (min-width: @screen-md-min) { ... }

@media (min-width: @screen-lg-min) { ... }
```

Aus den Breiten ergeben sich die Dimensionen der zwölf Spalten.

Tabelle 4-2: Position der Breakpoints

Symbol	Gerätebreite	Containerbreite	Spaltenbreite
(ohne)	< 544 px	automatisch	automatisch
sm	≥ 544 px	540 px	62 px
md	≥ 768 px	720 px	81 px
lg	≥ 992 px	960 px	97 px

Änderung zu Bootstrap 3

Beachten Sie, dass sich die Umbruchpunkte gegenüber Bootstrap 3 verschoben haben. Der höchste Wert (1200 px) ist immer noch der höchste in der Liste, trägt nun aber den Namen *xl*. Der kleinste Wert mit 544 Pixeln nutzt keinen Infix, die Klassen heißen dann *col-1*, *col-2* etc.

Die Breite des Abstands zwischen Spalten ist 30 Pixel (15 auf jeder Seite). Das Grid darf verschachtelt werden.

Im folgenden Beispiel werden nur »md«-Klassen benutzt. Diese werden erst ab der Breite von 920 px gültig. Die DIV-Elemente werden deshalb auf kleinen Geräten untereinander angeordnet – erst auf Desktops mit ausreichender Breite erscheinen die Elemente nebeneinander.

Listing 4-1: Musterraster (Grid.html)

```
<div class="container">
  <div class="row">
    <div class="col-md-1">1</div>
    <div class="col-md-1">2</div>
    <div class="col-md-1">3</div>
    <div class="col-md-1">4</div>
    <div class="col-md-1">5</div>
    <div class="col-md-1">6</div>
    <div class="col-md-1">7</div>
    <div class="col-md-1">8</div>
    <div class="col-md-1">9</div>
    <div class="col-md-1">10</div>
    <div class="col-md-1">11</div>
    <div class="col-md-1">12</div>
  </div>
  <div class="row">
    <div class="col-md-8">1-8</div>
    <div class="col-md-4">9-12</div>
  </div>
  <div class="row">
    <div class="col-md-4">1-4</div>
    <div class="col-md-4">5-8</div>
    <div class="col-md-4">9-12</div>
  </div>
  <div class="row">
    <div class="col-md-6">1-6</div>
    <div class="col-md-6">7-12</div>
  </div>
</div>
```

Mit ein paar Stilen zum Verdeutlichen der Bereiche sieht dies dann folgendermaßen aus:

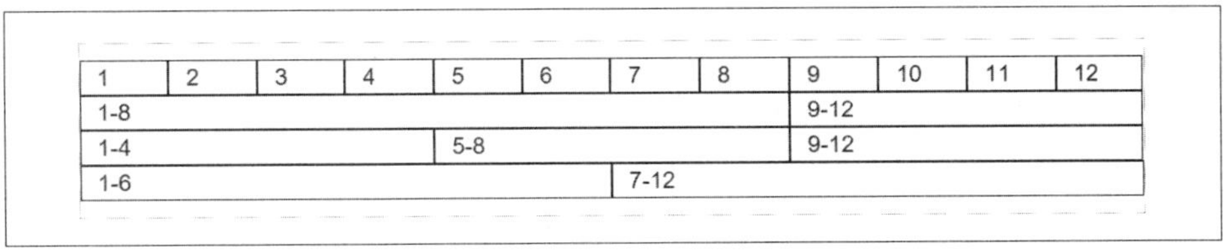

Abbildung 4-1: Das Rastersystem (Desktop)

Auf einem mobilen Gerät erzeugt derselbe Code folgendes Raster:

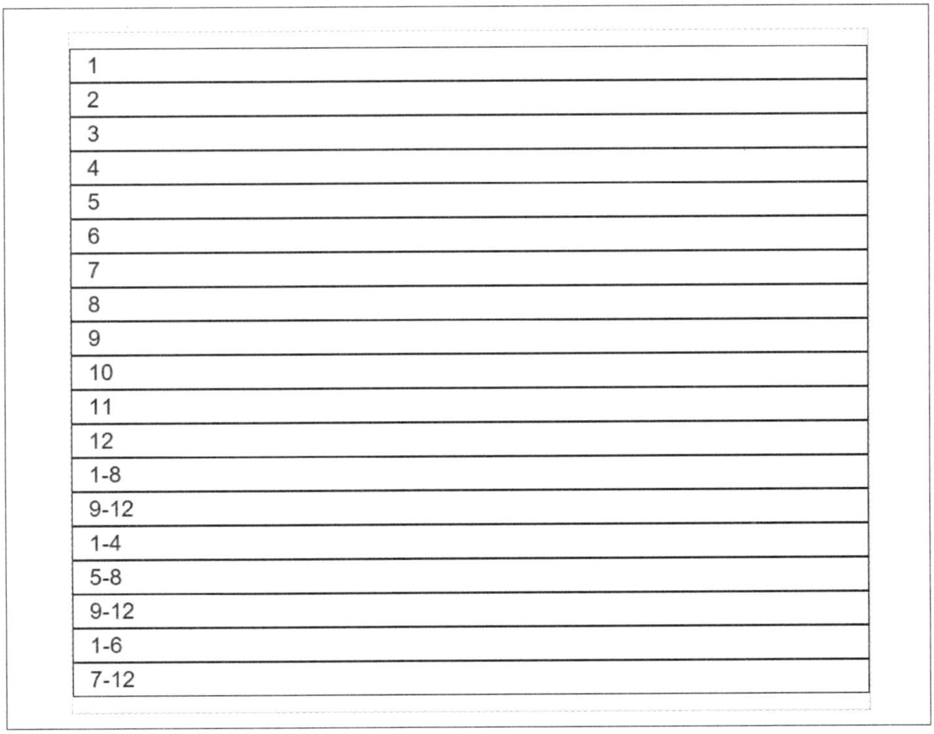

Abbildung 4-2: Das Rastersystem (Mobil)

Nun kann es vorkommen, dass mobile Geräte ausreichend Platz bieten, um zumindest einige Spalten nebeneinander darzustellen. Dazu werden weitere Definitionen mit *.col-sm-*- und *.col-md-*-Klassen hinzugefügt.

Die erste Reihe zeigt, dass auf kleinen Geräten alle zwölf beziehungsweise die ersten sechs Spalten benutzt werden. Wird der Bildschirm größer, werden jedoch nur acht beziehungsweise vier Spalten benutzt (die dann breiter sind). Die zweite Reihe nutzt 50 % des Bildschirms auf kleinen Geräten und 33 % auf großen. Die dritte Reihe nutzt immer 50 % Breite, egal welches Gerät (»sm« skaliert hoch, wenn keine weitere Definition folgt).

Listing 4-2: Musterraster (Grid_sm.html)

```
<div class="row">
   <div class="col-sm-12 col-md-8">12 or 8</div>
   <div class="col-sm-6 col-md-4">6 or 4</div>
</div>

<div class="row">
   <div class="col-sm-6 col-md-4">50% or 33.4%</div>
   <div class="col-sm-6 col-md-4">50% or 33.4%</div>
   <div class="col-sm-6 col-md-4">50% or 33.4%</div>
</div>

<div class="row">
   <div class="col-sm-6">.col-sm-6</div>
   <div class="col-sm-6">.col-sm-6</div>
</div>
```

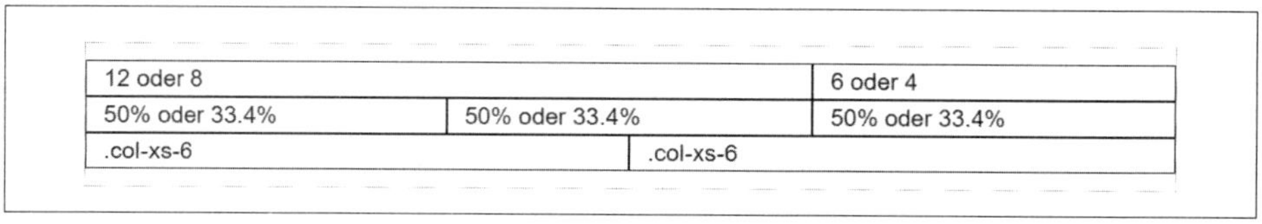

Abbildung 4-3: Variables Rastersystem (Desktop)

Auf einem mobilen Gerät erzeugt derselbe Code folgendes Raster:

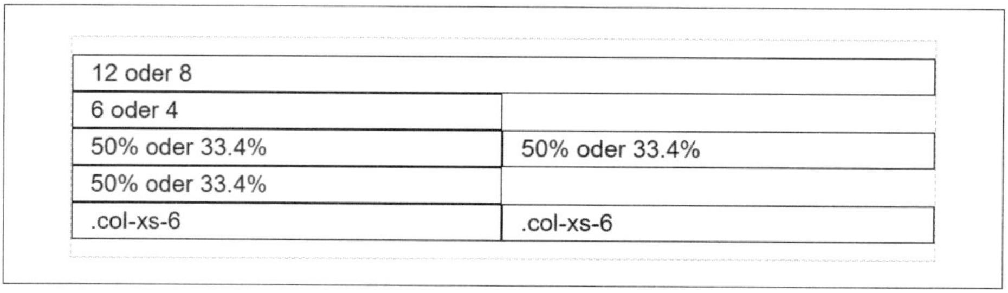

Abbildung 4-4: Variables Rastersystem (Mobil)

Werden mehr Klassen verwendet, ist eine weitere Abstufung möglich. Mit der Variante »sm« werden beispielsweise einige Tablets explizit erreicht.

Listing 4-3: Abgestuftes Raster (Grid_Tablet.html)

```
<div class="row">
    <div class="col-sm-12 col-md-6 col-lg-8">
        Small: 12 Tablet: 6 Large: 8
    </div>
    <div class="col-sm-6 col-md-4">
        Small: 6 Large: 4
    </div>
</div>
<div class="row">
    <div class="col-sm-6 col-sm-4">A Small: 6 Tablet: 4</div>
```

```
    <div class="col-sm-6 col-sm-4">B Small: 6 Tablet: 4</div>
    <!-- Optional: Wrap at different height -->
    <div class="clearfix visible-sm-block"></div>
    <div class="col-sm-6 col-sm-4">C Small: 6 Tablet: 4</div>
</div>
```

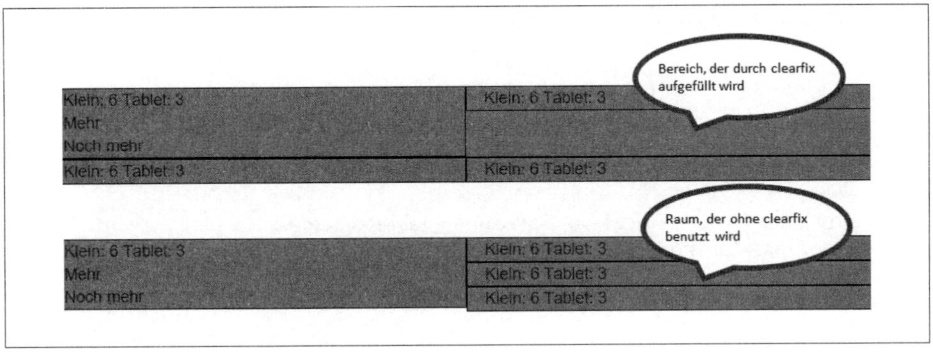

Abbildung 4-5: Tablet (oben) versus Smartphone

Die Grenze von zwölf Spalten ist nicht absolut, und Inhalte werden nie abgeschnitten. Was nicht in das Raster passt, wird einfach auf die nächste virtuelle Zeile verschoben. Elemente, die in einer Spaltendefinition stehen, werden als Ganzes verschoben.

*Listing 4-4: Musterraster (*Grid_Break.html*)*

```
<div class="row">
     <div class="col-sm-9">9</div>
     <div class="col-sm-4">4<br>Und mehr Inhalt...</div>
     <div class="col-sm-6">6<br>Weitere Spalten danach.</div>
</div>
```

In dieser Reihe werden erst neun Spalten und dann vier angefordert. Das sind 13, und diese Breite passt nicht in 12. Deshalb wird das zweite Element (Zeile 3), dass vier Spalten überspannt, auf die nächste Zeile verschoben. Weitere Spalten ordnen sich einfach dahinter an.

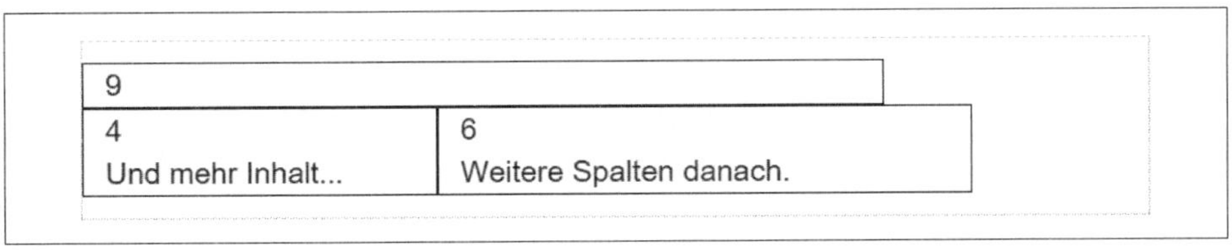

Abbildung 4-6: Umbruch außerhalb des Rasters

Beim Umbrechen der Elemente kann es vorkommen, dass der Inhalt zu unterschiedlichen Höhen führt. Die DIV-Elemente, die meist zum Einsatz kommen, dehnen sich so weit in der Höhe aus, bis alles reinpasst. Zwar können Sie theoretisch ein Clipping – das Abschneiden des Inhalts – nutzen, aber dies dürfte in den allermeisten Fällen nicht gewünscht sein. Eine Kombination aus *.clearfix* und weiteren Hilfsklassen führt eher zum Erfolg.

```
1 <div class="row">
2     <div class="col-sm-6 col-sm-3">
3         Klein: 6 Tablet: 3<br />
4         Mehr<br />
5         Noch mehr
6     </div>
7     <div class="col-sm-6 col-sm-3">Klein: 6 Tablet: 3</div>
8     <div class="clearfix visible-sm-block"></div>
9     <div class="col-sm-6 col-sm-3">Klein: 6 Tablet: 3</div>
10    <div class="col-sm-6 col-sm-3">Klein: 6 Tablet: 3</div>
11 </div>
```

Das folgende Bild zeigt den Effekt: oben mit *.clearfix* (Zeile 8), unten ohne:

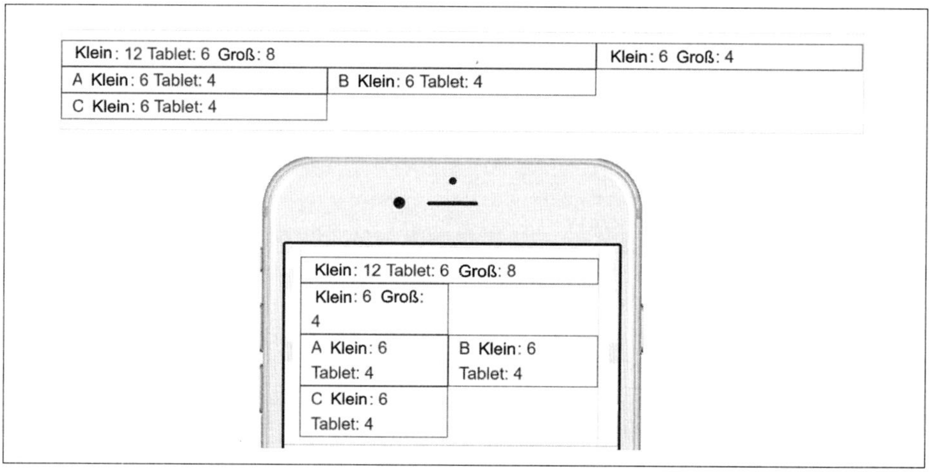

Abbildung 4-7: Berücksichtigung unterschiedlicher Höhen

Auto-Layout

Werden Spalten gleichmäßig verteilt, dann wird die Klasse `col` benutzt – ohne weitere Angaben.

Listing 4-5: Automatische Spaltenbreiten (Grid_Auto.html)

```
<div class="container">
  <div class="row">
    <div class="col">
      1 of 2
    </div>
    <div class="col">
      2 of 2
```

```
    </div>
  </div>
  <div class="row">
    <div class="col">
      1 of 3
    </div>
    <div class="col">
      2 of 3
    </div>
    <div class="col">
      3 of 3
    </div>
  </div>
</div>
```

Erfolgt eine Vermischung mit den Klassen, die einen festen Anteil am Raster fordern, werden die Auto-Klassen auf den verbleibenden Platz verteilt.

Eine weitere Form ist die Gruppe der Klassen, die auf `auto` enden: `col-md-auto` etc.

Ausnutzen der Breite – Um die volle Breite zu nutzen, wird *.container-fluid* benutzt:

```
<div class="container-fluid">
  <div class="row">
    ...
  </div>
</div>
```

Dabei werden der linke und rechte Rand von jeweils 15 px so platziert, dass das Element im Container den Raum optimal nutzt.

Abbildung 4-8: Normaler Container (oben) und mit -fluid *(unten)*

In den folgenden Beispielen wird meist auf das Container-Element verzichtet, um den Code kompakt zu halten. Sie müssen in der Praxis dennoch ein Container-Element einsetzen.

Offsets: Verschieben der Startspalte – Offsets verschieben den Startpunkt einer Spalte nach rechts. Dabei wird vom jeweils gültigen Punkt aus gestartet. Bereits belegte Spalten verschieben also den Startpunkt, das Offset kommt noch hinzu. Benutzt werden Klassen, die *.col-xx-offset-* etc. heißen (xx steht wieder für eine der Basisbreiten der Media-Abfragen).

Listing 4-6: Offset nutzen (Grid_Offset.html)

```
<div class="row">
  <div class="col-md-4">4</div>
  <div class="col-md-4 col-md-offset-4">4 + 4</div>
</div>
<div class="row">
  <div class="col-md-3 col-md-offset-3">3 + 3</div>
  <div class="col-md-3 col-md-offset-3">3 + 3</div>
</div>
<div class="row">
  <div class="col-md-6 col-md-offset-3">6 + 3</div>
</div>
```

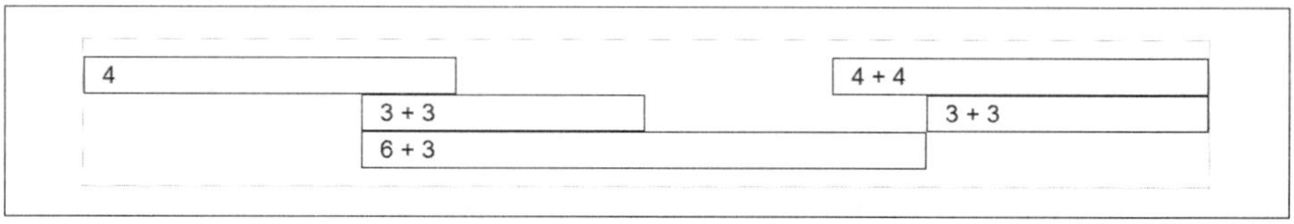

Abbildung 4-9: Elemente in Spalten verschieben

Offsets: Weiches verschieben – Statt der bisherigen Offset-Klassen werden die jeweils weiter rechts platzierten Elemente mit Verschiebungsanweisungen platziert. Diese sind nicht direkt den Spaltenklassen zuzuordnen, sondern eher allgemeiner Natur.

- *.ml-auto*: verschiebt nach rechts (Abstand wird links eingefügt)
- *.mr-auto*: verschiebt nach links (Abstand nach rechts)

Von beiden Klassen existieren die üblichen Varianten mit Umschaltpunkten (*.ml-md-auto* etc.).

Listing 4-7: Offset nutzen (Grid_Offset.html)

```
<div class="row">
  <div class="col-md-4">4</div>
  <div class="col-md-4 ml-auto">4 + 4</div>
</div>
<div class="row">
  <div class="col-md-3 ml-md-auto">3 + 3</div>
  <div class="col-md-3 ml-md-auto">3 + 3</div>
</div>
<div class="row">
  <div class="col-auto mr-auto"> 4+4 </div>
</div>
```

Grund für die Veränderung ist das Flexbox-Modell.

Spalten verschachteln – Container dürfen nicht verschachtelt werden. Bei Reihen ist dies jedoch erlaubt. Damit lassen sich untergeordnete Bereiche erstellen. Solche Bereiche müssen den Elternbereich nicht zwingend ausfüllen, und es müssen auch nicht alle zwölf Spalten benutzt werden.

Listing 4-8: Offset nutzen (Grid_Nested.html)

```
<div class="row">
  <div class="col-sm-9">
    Elternbereich: 9 Spalten
    <div class="row">
      <div class="col-sm-8 col-md-6">
        Kind 1: 8 oder 6
      </div>
      <div class="col-sm-4 col-md-6">
        Kind 2: 4 oder 6
      </div>
    </div>
  </div>
</div>
```

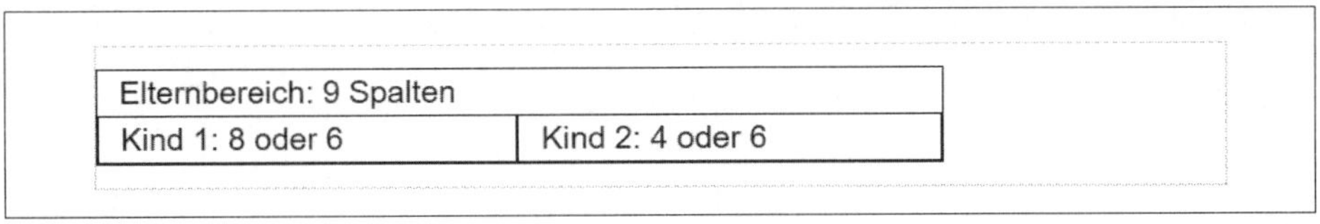

Abbildung 4-10: Verhalten von verschachtelten Spalten

Spalten sortieren – Wenn einzelne Spalten anders als in ihrer natürlichen Reihenfolge platziert werden müssen, können Klassen der Art *.order-* oder *.order-md-* benutzt werden.

Listing 4-9: Sortierte Spalten (Grid_Sorted.html)

```
<div class="row">
  <div class="col order-3">9 + 3 rechts</div>
  <div class="col order-9">3 + 9 links</div>
</div>
```

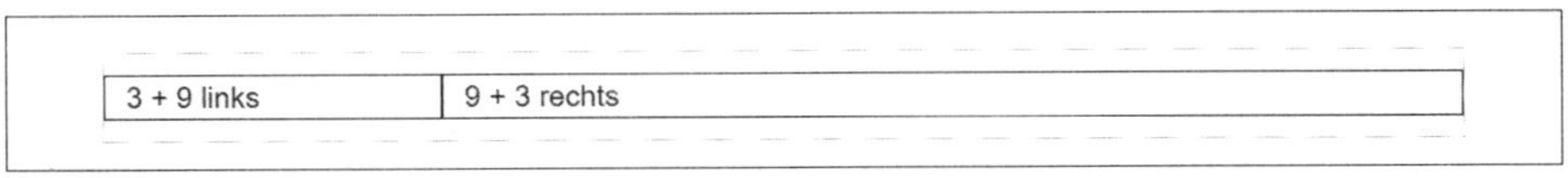

Abbildung 4-11: Sortierung bei Desktop

Die Sortierung ist voll responsiv für alle Bereiche verfügbar.

Das Flex-Raster

Das Angeben eines festen Rasters ist unter Umständen lästig, wenn Sie immer gleiche Rasterbreiten benötigen. Aus diesem Grund wurde mit Bootstrap 4 ein weiteres Rasterprinzip eingeführt, bei dem die Spalten gleichmäßig verteilt werden, ohne dass eine Angabe der Spaltenbreite erfolgt.

Vorbereitung

Das Flex-Raster ergänzt das Standardraster und ändert dessen Verhalten teilweise. Sie brauchen deshalb eine andere CSS-Datei. Laden Sie statt der üblichen *bootstrap.css* nun die Datei *bootstrap-flex.css* (beziehungsweise die entsprechende Min-Variante). Die normalen Spaltenklassen sind aber weiter anwendbar.

Gleichverteilte Spalten

Das gleichmäßige Verteilen führt dazu, dass die Spaltenpositionen nicht mehr an einem festen Punkt ausgerichtet sind. Wenn Sie drei Spalten benutzen, nimmt jede genau 33,33 % des Bildschirms ein, egal wie viele konkrete Pixel dies dann sind.

Der Klassenname für einfache Spalten ist *.col-xx*, wobei »xx« der Platzhalter für die Umschaltpunkte ist, also »sm«, »md«, »lg« und »xl«.

*Listing 4-10: Verteilte Spalten (*Grid_Flex.html*)*

```
1 <div class="container">
2   <div class="row">
3     <div class="col-sm">.col-sm <br> 1 of 3 (33%)</div>
4     <div class="col-sm">.col-sm <br> 1 of 3 (33%)</div>
5     <div class="col-sm">.col-sm <br> 1 of 3 (33%)</div>
6   </div>
7   <div class="row">
8     <div class="col-sm">.col-sm <br> 1 of 1 (100%)</div>
9   </div>
10  <div class="row">
11    <div class="col-sm">.col-sm <br> 1 of 2 (50%)</div>
12    <div class="col-sm">.col-sm <br> 1 of 2 (50%)</div>
13  </div>
14  <div class="row">
15    <div class="col-sm-8">.col-sm-8 <br>
16     Fixed 8 of 12 (66%), the other columns in
17     the row will split the remaining 4 (33%)
18    </div>
19    <div class="col-sm">.col-sm</div>
20    <div class="col-sm">.col-sm</div>
21  </div>
22 </div>
```

Wird nun eine traditionelle Rasterspalte benutzt (Zeile 15), nimmt diese ihren bestimmten Platz ein, und die flexiblen Spalten teilen sich den Rest.

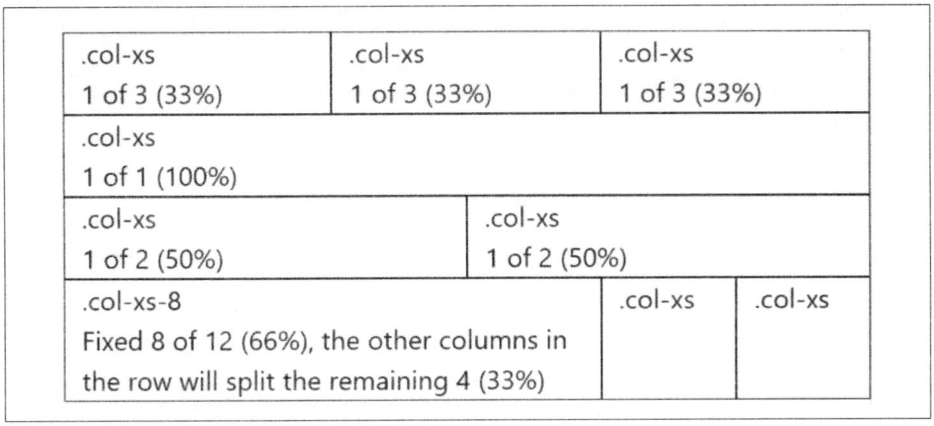

Abbildung 4-12: Optionen für Verteilung

Die Höhe der Spalten ist immer gleich, ein Box-spezifisches Verhalten gibt es hier nicht. Die finale Höhe der Reihe wird von der höchsten Spalte bestimmt. Sehen Sie sich dazu aber auch den Abschnitt »Vertikale Verteilungsoptionen« weiter unten an.

Horizontale Verteilungsoptionen

Statt einfach nur Spalten aneinanderzureihen, können Sie auch einzelne Blöcke verteilen. Die Breite der Blöcke wird mit den üblichen *.col-<xx>-n*-Klassen bestimmt. Dies erfolgt nach einfachen Kriterien mittels spezieller Klassen auf der Reihe (<xx> ist ein Platzhalter für »xs«, »sm«, »md« oder »lg«):

- *flex-items-<xx>-left*: links
- *flex-items-<xx>-center*: zentriert
- *flex-items-<xx>-right*: rechts
- *flex-items-<xx>-around*: gleichmäßige Abstände links und rechts
- *flex-items-<xx>-between*: Abstand dazwischen

*Listing 4-11: Horizontal verteilte Spalten (*Grid_FlexDist.html*)*

```
<div class="container">
  <div class="row flex-items-sm-left">
    <div class="col-sm-6 ">flex-items-sm-left</div>
  </div>
  <div class="row flex-items-sm-center">
    <div class="col-sm-6">flex-items-sm-center</div>
  </div>
  <div class="row flex-items-sm-right">
    <div class="col-sm-6">flex-items-sm-right</div>
  </div>
  <div class="row flex-items-sm-around">
    <div class="col-sm-4">flex-items-sm-around</div>
    <div class="col-sm-4">flex-items-sm-around</div>
  </div>
  <div class="row flex-items-sm-between">
    <div class="col-sm-4">flex-items-sm-between</div>
```

```
    <div class="col-sm-4">flex-items-sm-between</div>
  </div>
  <div class="row flex-items-sm-right flex-items-sm-left">
    <div class="col-sm-8">Responsive alignment: <br> flex-items-sm-right <br>
    flex-items-sm-left</div>
  </div>
</div>
```

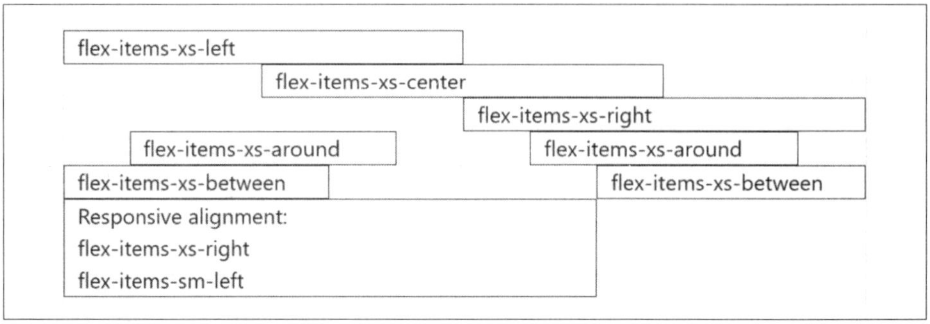

Abbildung 4-13: Optionen für Verteilung

Vertikale Verteilungsoptionen

Die Höhe der Reihe wird von der höchsten Box bestimmt. Die anderen können sich aber danach ausrichten. Dies sind die vertikalen Verteilungsoptionen (<xx> ist ein Platzhalter für »xs«, »sm«, »md« oder »lg«):

- *flex-items-<xx>-bottom*: unten
- *flex-items-<xx>-middle*: Mitte
- *flex-items-<xx>-top*: oben

*Listing 4-12: Vertikal verteilte Spalten (*Grid_FlexDistV.html*)*

```
<div class="container">
  <div class="row flex-items-sm-middle">
    <div class="col-sm">Row: flex-items-sm-middle</div>
  </div>
  <div class="row flex-items-sm-bottom">
    <div class="col-sm">Row: flex-items-sm-bottom</div>
  </div>
  <div class="row flex-items-sm-top">
    <div class="col-sm">Row: flex-items-sm-top</div>
  </div>
  <div class="row">
    <div class="col-sm flex-sm-top">Column: flex-sm-top</div>
    <div class="col-sm flex-sm-middle">Column: flex-sm-middle</div>
    <div class="col-sm flex-sm-bottom">Column: flex-sm-bottom</div>
  </div>
</div>
```

Die Abbildung zeigt den Effekt. Damit die Höhe abweicht, wurde dazu aber die Höhe der Reihe manipuliert. Folgender Stil wurde für den Screenshot benutzt:

```
.row {
  height: 100px;
  background-color: lightblue;
  margin: 5px 0 0 0;
}
```

Sind die Werte unverändert (*.row* wird wie zuvor benutzt), dann wirkt sich die Platzierung nicht aus.

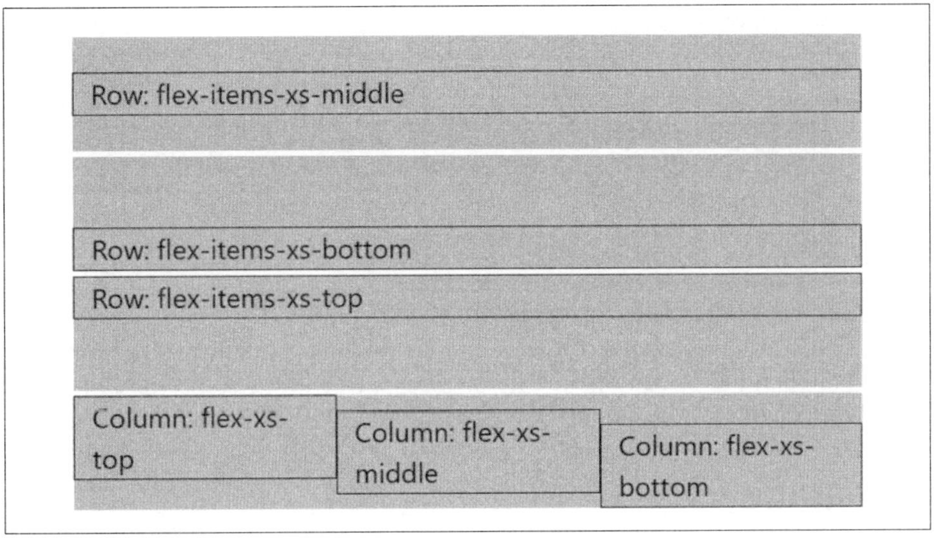

Abbildung 4-14: Optionen für Verteilung

Sortieroptionen

Die Sortierung ist auch möglich und ist verhältnismäßig flexibel (<xx> ist ein Platzhalter für »xs«, »sm«, »md« oder »lg«):

- *flex-<xx>-first*: an den Anfang
- *flex-<xx>-unordered*: unbestimmt (gleichverteilt wie definiert)
- *flex-<xx>-last*: an das Ende

Listing 4-13: Vertikal verteilte Spalten (Grid_Flesmort.html*)*

```
<div class="container">
  <div class="row">
    <div class="col-sm flex-sm-last">
      1st in markup <br>
      Last in layout <br>
      flex-sm-last
    </div>
    <div class="col-sm flex-sm-first">
      2nd in markup <br>
      First in layout <br>
      flex-sm-first
    </div>
```

```
    <div class="col-sm flex-sm-unordered">
      3rd in markup <br>
      Unordered in layout <br>
      flex-sm-unordered
    </div>
  </div>
  <div class="row">
    <div class="col-sm flex-sm-last flex-md-first" id="blue">
      flex-sm-last <br>
      flex-md-first <br>
      Last on sm screens <br>
      First on MD and up
    </div>
    <div class="col-sm flex-sm-first flex-md-last" id="red">
      flex-sm-first <br>
      flex-md-last <br>
      First on sm screens <br>
      Last on MD and up
    </div>
  </div>
</div>
```

Der Effekt wird am besten sichtbar, wenn Sie die Breite des Browsers verändern. Dann tauschen die beiden Spalten der zweiten Reihe ihre Position. Probieren Sie dazu *Grid_Flesmort.html* aus.

Typografie

Bootstrap bestimmt für einige Elemente in HTML die grundlegende Art der Anzeige, Typografie und Farbe. Im Gegensatz zum klassischen Begriff der Typografie, der Schrift, Schriftform, Gestaltung und Druckmaterial umfasst, ist Bootstrap jedoch recht bescheiden in den Möglichkeiten. Konkret geregelt sind:

1. Die Hintergrundfarbe der Seite ist weiß, `background-color: #fff`
2. In den SASS-Dateien sind die folgenden Variablen für die grundlegende Gestaltung zuständig:

   `$font-family-base`

   `$font-size-base`

   `$line-height-base`
3. Hyperlinks als herausragende Elemente von Webseiten werden mit folgender Variablen bestimmt:

   `$link-color`

   Unterstrichen werden sollen Links nur bei schwebendem Mauszeiger (`:hover`)

Die Variablen sind in der Datei *_variables.scss* zu finden. Für die Fonts sieht dies beispielsweise folgendermaßen aus:

```
$font-family-sans-serif: -apple-system, BlinkMacSystemFont, "Segoe U\
I", Roboto, "Helvetica Neue", Arial, sans-serif !default;
```

```
$font-family-serif:       Georgia, "Times New Roman", Times, serif !d\
efault;
$font-family-monospace:  Menlo, Monaco, Consolas, "Liberation Mono",\
 "Courier New", monospace !default;
$font-family-base:        $font-family-sans-serif !default;
```

Überschriften

Alle Überschriften, von `<h1>` bis `<h6>`, werden direkt unterstützt. Sie müssen keine weiteren Klassen benutzen. Wenn Sie aber dieselbe Schriftgröße wie eine Überschrift benutzen möchten, der Text aber im Fließtext erscheinen soll, stehen dafür die Klassen *.h1* bis *.h6* zur Verfügung.

- *.h1*: halbfett 40 px (Basis x 2,5 rem)
- *.h2*: halbfett 32 px (Basis x 2,0 rem)
- *.h3*: halbfett 28 px (Basis x 1,75 rem)
- *.h4*: halbfett 24 px (Basis x 1,5 rem)
- *.h5*: halbfett 20 px (Basis x 1,25 rem)
- *.h6*: halbfett 16 px (Standardgröße, dies ist die Kalkulationsbasis)

```
<h1>h1. Bootstrap Überschrift</h1>
<h2>h2. Bootstrap Überschrift</h2>
<h3>h3. Bootstrap Überschrift</h3>
<h4>h4. Bootstrap Überschrift</h4>
<h5>h5. Bootstrap Überschrift</h5>
<h6>h6. Bootstrap Überschrift</h6>
```

Um ein leichteres (kleiner, heller) Erscheinungsbild zu erhalten, wird `<small>` oder *.small* benutzt.

```
<h1>h1. Bootstrap Heading <small>Additional text</small></h1>
<h2>h2. Bootstrap Heading <small>Additional text</small></h2>
<h3>h3. Bootstrap Heading <small>Additional text</small></h3>
<h4>h4. Bootstrap Heading <small>Additional text</small></h4>
<h5>h5. Bootstrap Heading <small>Additional text</small></h5>
<h6>h6. Bootstrap Heading <small>Additional text</small></h6>
```

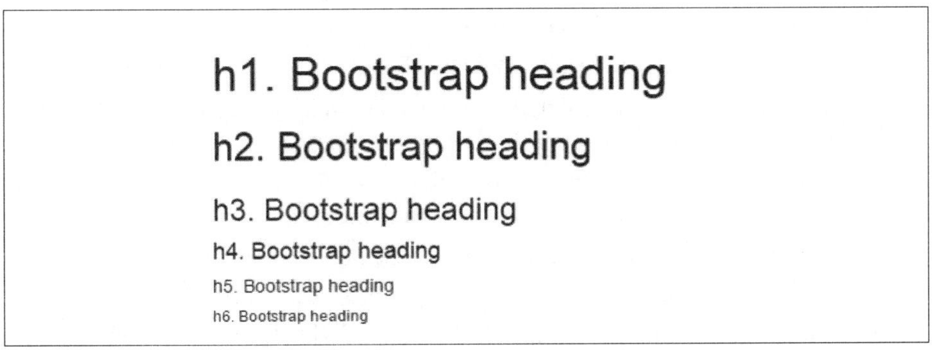

Abbildung 4-15: Standardansicht der Überschriften

Text und Textelemente

Für Text und Textelemente wird weitgehend HTML referenziert, ergänzt durch einige Klassen für spezielle Effekte.

Basisschrift

Der Standardfont für den Text ist 16 px. Als Zeilenhöhe wird 1,5 benutzt. Abschnitte, die mit <p> erstellt werden, erhalten zusätzlich einen unteren Abstand in der halben Zeilenhöhe, ca. 10 px.

Um einen Abschnitt herauszuheben, wird die Klasse *.lead* benutzt.

```
<p class="lead">Important paragraph...</p>
<p>Standard paragraph </p>
```

Abbildung 4-16: Absatzarten

Textelemente

Textelemente dienen der Auszeichnung von Teilen des Fließtexts. Dies erfolgt weitgehend durch HTML, ohne weitere Klassen. Die Elemente dienen auch der semantischen Stärkung des Inhalts. Die folgenden Textelemente werden explizit unterstützt:

- `<mark></mark>`: Damit wird Text hervorgehoben (wie mit einem Textmarker), um die Relevanz zu betonen.
- `<del></del>`: Damit wird angezeigt, dass ein Textteil gelöscht wurde. Der Text wird als durchgestrichen angezeigt.
- `<s></s>`: Damit wird angezeigt, dass ein Textteil nicht mehr relevant ist.
- `<ins></ins>`: Dieses Tag zeigt an, dass der Textteil hinzugefügt wurde. Damit kann einem Benutzer die letzte Änderung an einem Text signalisiert werden.
- `<u></u>`: Dieses Tag zeigt an, dass der Textteil Zusatzinformationen zum Text liefert. Dies wird durch Unterstreichen angezeigt.
- `<em></em>`: Betont einen Textteil, um dessen Bedeutung hervorzuheben.

Des Weiteren passt auch `<small></small>` in diese Kategorie, allerdings hat es einen geringeren semantischen Bezug. Die etwas »leichtere« Darstellung wird durch eine Verringerung der Fontgröße auf 85 % erreicht. Um eine Verstärkung zu erzielen, sollten Sie `<strong></strong>` benutzen.

Unterstützt werden weiterhin die nicht semantischen Elemente <b></b> und <i></i>. Sie reagieren im Text identisch zu <strong></strong> und <em></em>. Allerdings wird <i></i> manchmal auch für Symbole (Icon) benutzt, die keinen Text enthalten und deshalb das durch kursive Schrift angezeigte Verhalten ignorieren und dem Element damit eine gewisse semantische Bedeutung geben. Das Verhalten und die Interpretation sind allerdings nicht standardkonform. Es handelt sich eher um eine stilistische Maßnahme.

Einige Elemente sind weitaus stärker semantisch geprägt.

- `<abbr title="Abkürzung">Abk.</abbr>`: Dieses Element kennzeichnet Abkürzungen. Das Attribut `title` ist erforderlich. Das Element wird mit einer gestrichelten Unterlinie gezeichnet und zeigt den Titel an, wenn der Mauszeiger darüber schwebt. Zusätzlich kann mit der Klasse *.initialism* der Font etwas reduziert werden, um weniger störend im Text zu wirken.

```
<abbr title="HyperText Markup Language"
      class="initialism">HTML</abbr>
```

- `<kbd></kbd>`: Dieses Element dient dazu, auf Tasten einer Computertastatur zu verweisen (`<kbd>F12</kbd>`).

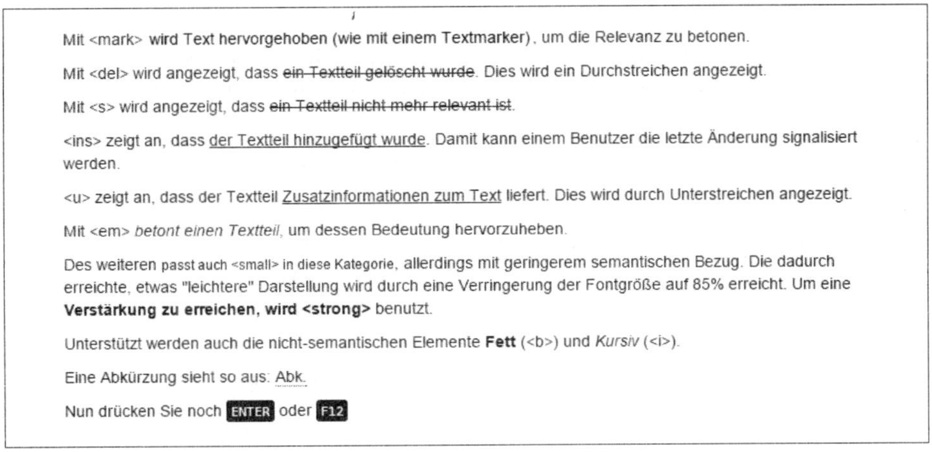

Abbildung 4-17: Semantische Elemente im Text

Elemente für Textblöcke

Adressen können leichter erkannt werden, wenn das Element <address></address> benutzt wird. Dieses Element formatiert nicht. Wenn die Formatierung erhalten bleiben soll, sind zusätzliche Zeilenumbrüche mit <br/> erforderlich:

```
<address>
  <strong>Twitter, Inc.</strong><br>
  795 Folsom Ave, Suite 600<br>
  San Francisco, CA 94107<br>
  <abbr title="Phone">P:</abbr> (123) 456-7890
</address>
```

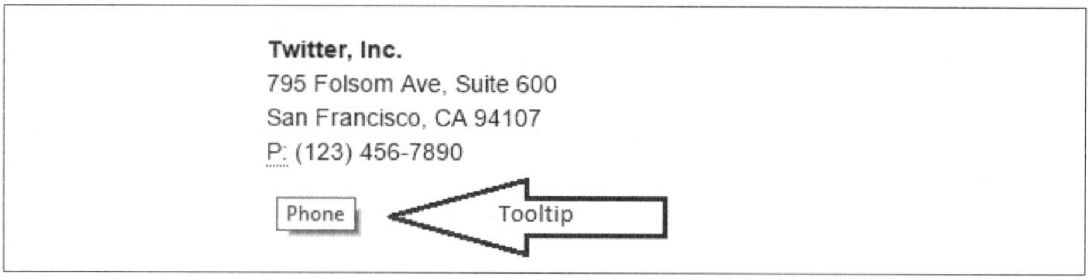

Abbildung 4-18: Adresse mit Tooltip für die Abkürzung

```
<address>
  <strong>Full Name</strong><br>
  <a href="mailto:#">first.last@example.com</a>
</address>
```

Zitate (`<blockquote>`) sind ebenso semantisch und heben einen Text hervor, der anderen Text referenziert. Wegen der häufigen Nutzung kann Bootstrap stören, und deshalb wird der Effekt mit einer zusätzlichen Klasse *.blockquote* abgesichert.

```
<blockquote class="blockquote">
  <p>Node.js ist eine moderne Programmierumgebung.</p>
</blockquote>
```

Der referenziert Text kann dann mit `<cite></cite>` hervorgehoben werden. Das Element `<footer></footer>` eignet sich, um die Quelle anzugeben:

```
<blockquote class="blockquote">
    <p>Node.js ist eine moderne Programmierumgebung.</p>
    <footer class="blockquote-footer">
       Gefunden in
       <cite title="Node.js">Node.js</cite>
    </footer>
</blockquote>
```

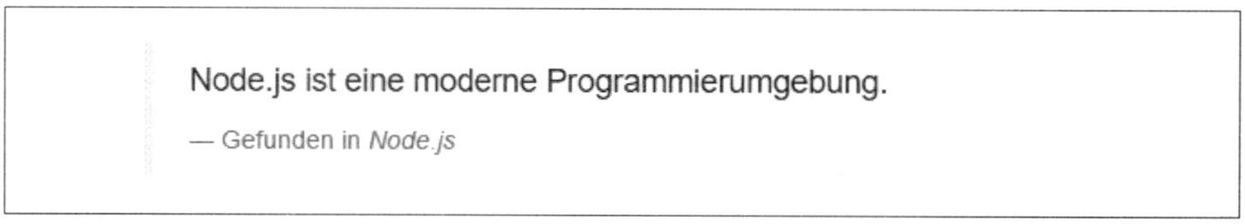

Abbildung 4-19: Zitate

Auf manchen Bildschirmen sind Zitate nicht sofort erkennbar. Werden sie rechts ausgerichtet, kann dies der Struktur der Seite helfen. Dazu dient die Klasse *.blockquote-reverse*:

```
<blockquote class="blockquote-reverse">
  ...
</blockquote>
```

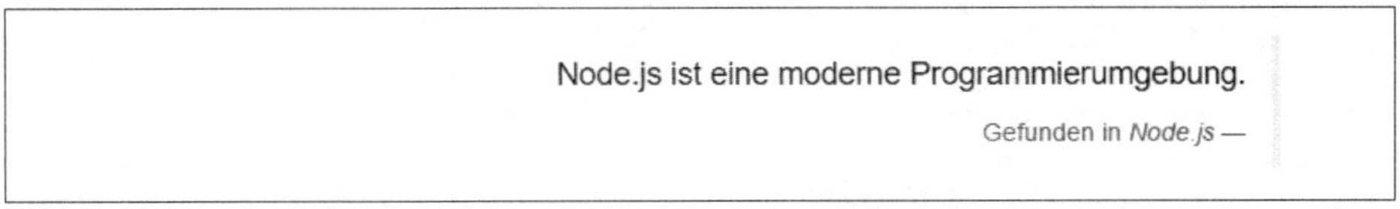

Abbildung 4-20: Rechts ausgerichtetes Zitat

Vielfach wird Code auf Webseiten erklärt. Dieser passt am besten in `<code></code>`, wenn er in einer Zeile steht, und in `<pre></pre>`, wenn die Formatierung über mehrere Zeilen hinweg erhalten bleiben soll. Wird im Fließtext auf Variablen hingewiesen, eignet sich `<var></var>`. Dieses Element ist zugleich hilfreich bei mathematischen Formeln:

```
<var>f(x)</var> = <var>m</var><var>x</var> + <var>b</var>
```

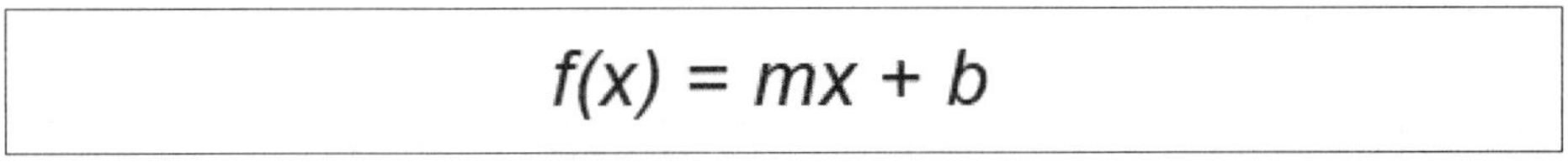

Abbildung 4-21: Darstellung von Variablen oder Formeln

Will man Ausgaben beispielhaft erklären, ist `<samp></samp>` das richtige Element.

Ausrichtung

Die Ausrichtung von Text ist rein gestalterischer Natur.

- *text-left*: Links ausgerichtet
- *text-center*: Text wird zentriert
- *text-right*: Rechts ausgerichtet
- *text-justify*: Blocksatz
- *text-nowrap*: Verhinderung des Umbruchs

Hinzu kommen Ausrichtungsvarianten, die nur für bestimmte Viewports gültig sind:

- *text-xs-left*: Links ausgerichtet, wenn der Viewport »xs« ist
- *text-xs-center*: Text wird zentriert, wenn der Viewport »xs« ist
- *text-xs-right*: Rechts ausgerichtet, wenn der Viewport »xs« ist

Dies gilt analog für »sm«, »md«, »lg« und das neue »xl«.

*Listing 4-14: Ausrichtung von Text (*Typo_TextAlign.html*)*

```
<p class="text-left">Links ausgerichtet.</p>
<p class="text-center">Text wird zentriert.</p>
<p class="text-right">Rechts ausgerichtet.</p>
<p class="text-justify">Blocksatz heißt ...</p>
<p class="text-nowrap">Vehinderung des Umbruchs, ...</p>
```

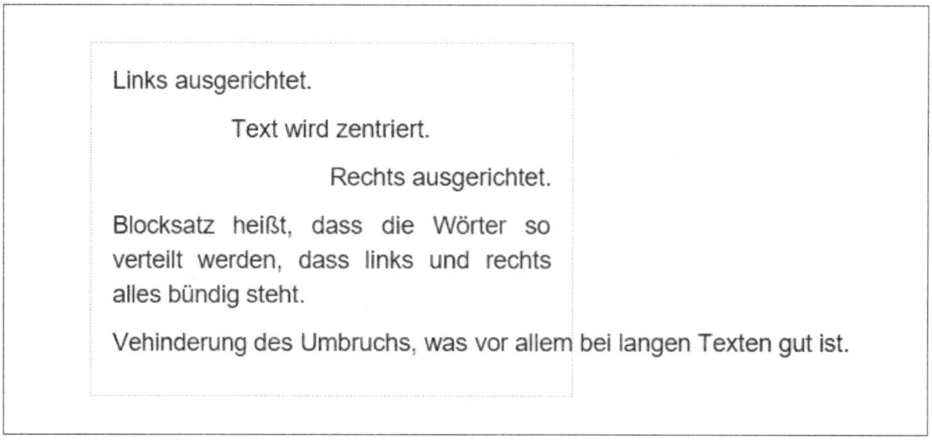

Abbildung 4-22: Ausrichtung von Text

Blocksatz

Blocksatz (justify) ist auf Bildschirmen generell keine gute Idee. Wenn es sein muss, sollte die Breite der Spalte mindestens zehn Wörter aufnehmen können, sonst werden die Abstände zwischen den Wörtern zu groß. Geht auch das nicht und ist der Text beherrschbar, können künstliche Trennungen mit der Entität `` (soft hyphen) erstellt werden. Die Trennzeichen erscheinen nur dann, wenn der Umbruch erfolgen muss.

Transformationen

Transformationen wandeln Text von Klein- in Großschreibung und umgekehrt um.

- *text-lowercase*: Umwandlung in Kleinbuchstaben.
- *text-uppercase*: Umwandlung in Großbuchstaben.
- *text-capitalize*: Erster Buchstaben eines jeden Worts wird groß geschrieben.
- *text-weight-bold*: Fett ohne explizites Tag.
- *text-weight-normal*: Normal trotz Tag.
- *text-italics*: Kursiv ohne explizites Tag.

*Listing 4-15: Transformationen (*Typo_TextTransform.html*)*

```
<p class="text-lowercase">Kleinbuchstaben</p>
<p class="text-uppercase">Großbuchstaben</p>
<p class="text-capitalize">der titel</p>
```

Abbildung 4-23: Transformation von Text

Listen

Es gibt zwei Arten von Listen: mit und ohne bestimmte Reihenfolge. Solche ohne Reihenfolge werden in HTML durch Aufzählungssymbole dargestellt (bullet points). In Bootstrap können Sie zudem auf diese Symbole verzichten und einfach »Elementstapel« erstellen.

```
<ul>
  <li>...</li>
</ul>
```

Listen mit Reihenfolge benennen die Elemente mit fortlaufenden Zahlen, Buchstaben oder römischen Zahlen:

```
<ol>
  <li>...</li>
</ol>
```

Wird der standardmäßig benutzte Stil – mit Symbolen – nicht benötigt, lässt sich dieser durch *.list-unstyled* entfernen. Dies wirkt nur auf die unmittelbaren Elemente, nicht auf tiefere Verschachtelungsebenen. Beachten Sie hier zudem, dass der Wegfall der Symbole dazu führt, dass die Elemente nicht mehr eingerückt sind. Dies muss gegebenenfalls durch einen Abstand ausgeglichen werden.

```
<ul class="list-unstyled">
  <li>...</li>
</ul>
```

Von Menüs ist bekannt, dass diese oft als Listen definiert werden und dann ihre Natur allein durch CSS verlieren. Der Vorteil gegenüber Tabellen oder Definitionslisten ist die besonders kompakte Schreibweise – viel weniger als zwei Buchstaben pro Element geht kaum. Die Klasse *.list-inline* ist dann erforderlich ebenso wie *.list-inline-item* auf den Elementen selbst, um diese horizontal anzuordnen:

```
<ul class="list-inline">
  <li class="list-inline-item">...</li>
</ul>
```

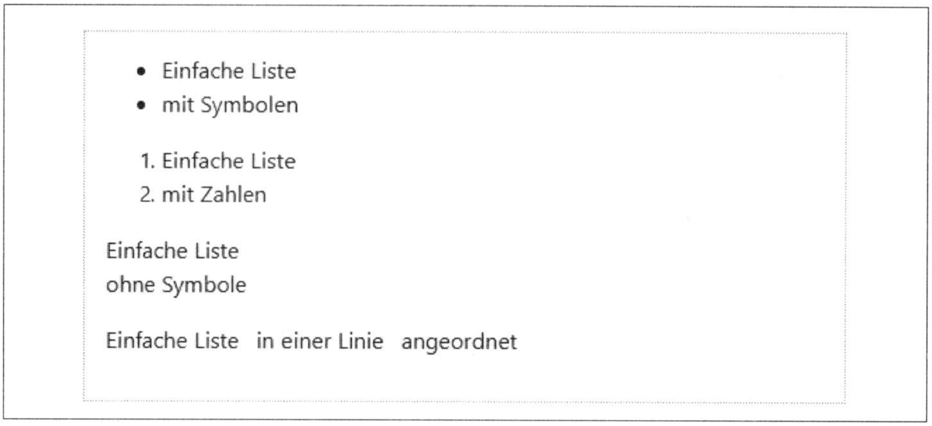

Abbildung 4-24: Listen

Wenn Listen komplexer werden, eignen sich Definitionen. Hier werden jeweils zwei Bausteine pro Eintrag benutzt – der Begriff (*definition term*, `<dt></dt>`) und die Beschreibung (*definition description*, `<dd></dd>`).

*Listing 4-16: Listendefinitionen (*Typo_Definition.html*)*

```
<dl>
    <dt>HTML</dt>
    <dd>Hypertext Markup Language</dd>
    <dt>CSS</dt>
    <dd>Cascading Style Sheets</dd>
</dl>
```

Wie bei den einfachen Listen lassen sich auch hier die Elemente horizontal anordnen, wobei jeweils das linke <dt>-Element rechts ausgerichtet ist und das rechte <dd>-Element dann linksbündig steht. Nutzen Sie hier die Klasse *.row* und dann die *.col-xx-n*-Klassen, um die Breiten festzulegen.

```
<dl class="row">
    <dt class="col-md-3">Name</dt>
    <dd class="col-md-4">Anton Muller</dd>
    <dt class="col-md-3">Address</dt>
    <dd class="col-md-4">NYC</dd>
</dl>
```

Die <dl>-Abschnitte stehen immer untereinander. Begriffe, die nicht auf den Anzeigebereich passen, werden abgeschnitten.

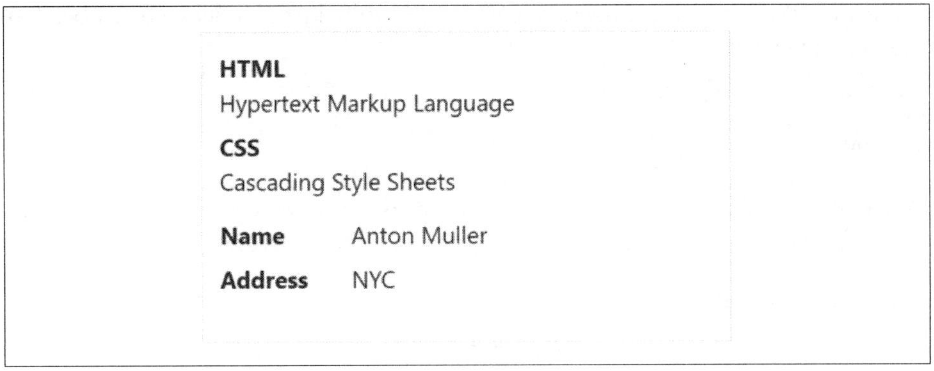

Abbildung 4-25: Anordnung mit zwei Einträgen (vertikal oben, horizontal unten)

Tabellen

In der Erläuterung zum Raster wurde bereits kritisch angemerkt, dass sich Tabellen nicht eignen, um responsive Seiten zu bauen. Dennoch ist es sinnvoll, Tabellen zum Sortieren und Auflisten von Daten zu benutzen. Die Breite der Tabelle muss nur den Kriterien des Rasters genügen. Eine Platzierung außerhalb des Rasters ist natürlich auch möglich. In diesem Fall bietet Bootstrap einige Stile zur verbesserten Darstellung. Für responsive Umgebungen werden Tabellen mit horizontalem Scrollen angeboten. Freilich ist dies nur eine Notlösung – wirklich responsiv sind Tabellen nicht.

Stile für Tabellen

Tabellen selbst haben ein natives Element in HTML. Dennoch setzt Bootstrap auf die Klasse *.table*. Dies liegt daran, dass Tabellen auch von vielen anderen Bibliotheken und Plug-ins benutzt werden, beispielsweise für Kalender. Damit diese nicht durch Bootstrap versehentlich verändert werden, wird diese zusätzliche Klasse eingesetzt:

```
<table class="table">
  ...
</table>
```

Tabellen bestehen aus drei Teilen: Kopf (`<thead></thead>`), Inhalt (`<tbody></tbody>`) und Fuß (`<tfoot></tfoot>`). Der Inhalt kann sehr lang werden. Die Lesbarkeit wird deutlich durch eine abwechselnde Hintergrundfarbe erhöht, den Zebrastreifeneffekt. Erreichen können Sie dies mit der Klasse *.table-striped*:

```
<table class="table table-striped">
  ...
</table>
```

Mit *.table-bordered* steht ein weiterer Stil bereit, der Rahmen um alle Zellen zeichnet:

```
<table class="table table-bordered">
  ...
</table>
```

Mehr interaktiv ist *.table-hover*, womit ein Mauseffekt beim Schweben über Reihen möglich wird:

```
<table class="table table-hover">
  ...
</table>
```

Wird der Platz knapp, können die standardmäßig benutzten Abstände mit *.table-condensed* verringert werden. Konkret erfolgt eine Reduzierung um 50 %.

*Listing 4-17: Komplette Tabelle (*Typo_Table.html*)*

```
<table class="table table-bordered table-condensed table-striped">
    <thead>
    <tr>
        <th>Name</th>
        <th>Action</th>
    </tr>
    </thead>
    <tbody>
    <tr>
        <td>Anton Muller</td>
        <td>Edit | Delete</td>
    </tr>
    <tr>
        <td>Bob Thornten</td>
        <td>Edit | Delete</td>
    </tr>
    <tr>
        <td>Britney Belle</td>
        <td>Edit | Delete</td>
    </tr>
    </tbody>
    <tfoot>
    <tr>
        <td colspan="2" class="text-md-right">2</td>
    </tr>
    </tfoot>
</table>
```

Spalten

Tabellen kennen auch spaltenweise Definitionen mit `<colgroup><col><col></colgroup>`-Elementen. Diese werden nicht explizit von Bootstrap unterstützt.

Um vergleichbare Effekte zu erzielen, könnte folgender CSS-Code dienen (die Farben sind Beispiele, siehe dazu auch Datei *Typo_Table_Cols.html*):

```
colgroup col.success {
  background-color: #dff0d8;
}
colgroup col.error {
  background-color: #f2dede;
}
colgroup col.warning {
  background-color: #fcf8e3;
```

```
}
colgroup col.info {
  background-color: #d9edf7;
}
```

Das Beispiel referenziert auf die Kontextklassen, die folgendermaßen wirken:

- *.active*: Mauseffekt für Reihen oder Zellen
- *.success*: Positiv oder Erfolg (grün)
- *.info*: Information oder Aktion (hellblau)
- *.warning*: Warnung oder Achtungssignal (orange)
- *.danger*: Negativ oder Gefahr (rot)

```
<!-- Reihen -->
<tr class="active">...</tr>
<tr class="success">...</tr>
<tr class="warning">...</tr>
<tr class="danger">...</tr>
<tr class="info">...</tr>

<!-- Zellen (td oder th) -->
<tr>
  <td class="active">...</td>
  <td class="success">...</td>
  <td class="warning">...</td>
  <td class="danger">...</td>
  <td class="info">...</td>
</tr>
```

Im Kopf der Tabelle wird dann noch auf die Spalten-Elemente referenziert:

*Listing 4-18: Komplette Tabelle (*Typo_Table_Cols.html*)*

```
<table class="table table-bordered table-condensed">
  <colgroup>
    <col class="success" />
    <col class="warning" />
  </colgroup>
  ...
```

Name	**Aktion**
Anton Müller	Bearbeiten | Löschen
Bernd Mustermann	Bearbeiten | Löschen
Berta Beispiel	Bearbeiten | Löschen
	2

Abbildung 4-26: Tabelle mit Spaltendefinitionen

Beachten Sie hierbei noch, dass die Spaltenstile mit *.table-striped* kollidieren. Vermeiden Sie *.table-striped*, wenn Sie spaltenweise Farbvariationen vornehmen.

Lesbarkeit für Screenreader

Wird eine Seite barrierefrei aufgebaut, haben die Kontextklassen keine Bedeutung. Die möglicherweise wichtige Information, die sich aus der Farbwahl ergibt, geht verloren. Wenn Sie deshalb zusätzliche Elemente einbauen, können Sie diese mit *.sr-only* unsichtbar machen. Screenreader werden diese Elemente dennoch vorlesen.

Neu in Bootstrap 4 – Neu sind die Klassen *.table-inverse* beziehungsweise *.thead-inverse* zum Invertieren der Schriftfarbe.

*Listing 4-19: Invertierte Tabelle (*Table_Inverse.html*)*

```
<table class="table table-inverse" >
        <thead>
          <tr>
            <th>Code</th>
            <th>Firma</th>
            <th>Preis</th>
            <th>Änderung</th>
            <th>In %</th>
            <th>Eröffnung</th>
            <th>Höchster</th>
            <th>Niedrigster</th>
            <th>Volumen</th>
          </tr>
        </thead>
        <tbody>
          <tr>
            <td>MSC</td>
            <td>APP</td>
        ...
```

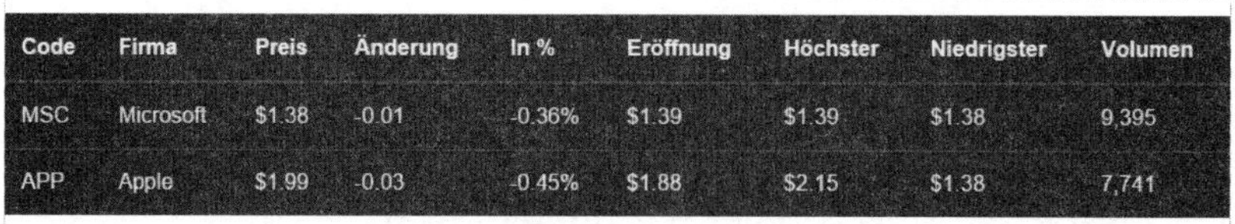

Code	Firma	Preis	Änderung	In %	Eröffnung	Höchster	Niedrigster	Volumen
MSC	Microsoft	$1.38	-0.01	-0.36%	$1.39	$1.39	$1.38	9,395
APP	Apple	$1.99	-0.03	-0.45%	$1.88	$2.15	$1.38	7,741

Abbildung 4-27: Invertierte Tabelle

Besonders interessant ist *.table-reflow*. Damit wird wie bei einer Pivot-Tabelle der Block der Überschriften auf die erste Spalte transformiert.

*Listing 4-20: Gedrehte Tabelle (*Table_Reflow.html*)*

```
<table class="table table-reflow" >
        <thead>
          <tr>
            <th>Code</th>
            <th>Firma</th>
            <th>Preis</th>
            <th>Änderung</th>
            <th>In %</th>
            <th>Eröffnung</th>
            <th>Höchster</th>
            <th>Niedrigster</th>
            <th>Volumen</th>
          </tr>
        </thead>
        <tbody>
          <tr>
            <td>MSC</td>
            <td>APP</td>
        ...
```

Für diesen Effekt ist keine Änderung der Tabellenstruktur erforderlich.

Code	MSC	APP
Firma	Microsoft	Apple
Preis	$1.38	$1.99
Änderung	-0.01	-0.03
In %	-0.36%	-0.45%
Eröffnung	$1.39	$1.88
Höchster	$1.39	$2.15
Niedrigster	$1.38	$1.38
Volumen	9,395	7,741

Abbildung 4-28: Gedrehte Tabelle

Responsive Tabellen

Responsive Tabellen im eigentlichen Sinne gibt es nicht. Wird *.table-responsive* benutzt, dann wird bei Breiten unter 786 Pixeln ein horizontaler Scrollbalken unter der Tabelle erstellt. Damit wird verhindert, dass die gesamte Seite horizontal scrollen muss. Außerdem werden mit *overflow-y: hidden* alle Elemente unterdrückt, die oben oder unten aus der Tabelle herausragen. **Achtung:** Dies können von einigen Grids benutzte Menüs oder Kontextmenüs sein.

```
<table class="table table-responsive">
  ...
</table>
```

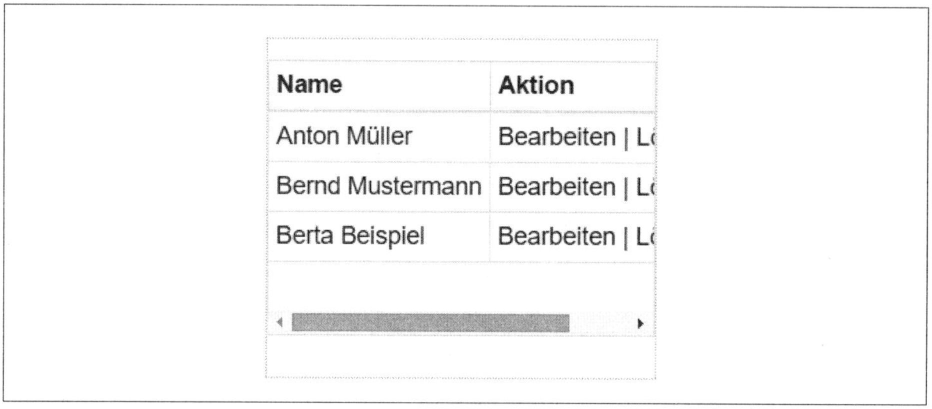

Name	Aktion
Anton Müller	Bearbeiten | L(
Bernd Mustermann	Bearbeiten | L(
Berta Beispiel	Bearbeiten | L(

Abbildung 4-29: Tabelle mit Scrollbalken

Beachten Sie, dass *.table-responsive* nicht mehr (wie noch bei Bootstrap 3) auf einem `<div>`-Element angewendet werden muss.

Echte responsive Tabellen – Bootstraps Antwort auf responsive Tabellen ist nicht immer befriedigend. Letztlich stößt das HTML-Element `<table>` hier einfach an seine Grenzen. Komplexe Tabellen mit vielen Spalten lassen sich nicht beliebig verdichten.

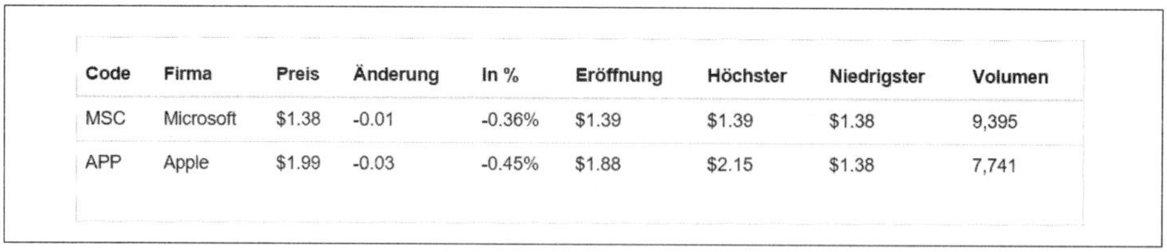

Code	Firma	Preis	Änderung	In %	Eröffnung	Höchster	Niedrigster	Volumen
MSC	Microsoft	$1.38	-0.01	-0.36%	$1.39	$1.39	$1.38	9,395
APP	Apple	$1.99	-0.03	-0.45%	$1.88	$2.15	$1.38	7,741

Abbildung 4-30: Tabelle mit voller Breite

Dieselbe Tabelle könnte sich aber auch in eine Liste verwandeln, die vollständig responsiv ist.

Code	MSC
Firma	Microsoft
Preis	$1.38
Änderung	-0.01
In %	-0.36%
Eröffnung	$1.39
Höchster	$1.39
Niedrigster	$1.38
Volumen	9,395
Code	APP
Firma	Apple
Preis	$1.99
Änderung	-0.03
In %	-0.45%
Eröffnung	$1.88
Höchster	$2.15
Niedrigster	$1.38
Volumen	7,741

Abbildung 4-31: Tabelle bei geringer Breite

Nun erzeugen aber viele Grids ihre Darstellung mit Tabellen. Darauf zu verzichten, ist oft nicht möglich und mit erheblichem Aufwand verbunden. Glücklicherweise kann die Darstellung von Tabellen mit CSS3 weitgehend angepasst werden. Was damit nicht geht, erledigt HTML5. Auf JavaScript kann dabei verzichtet werden. Hier der Code der Tabelle aus den letzten beiden Abbildungen:

Listing 4-21: Echt responsive Tabelle mit CSS3

```
<table class="table" id="notable">
  <thead>
    <tr>
      <th>Code</th>
      <th>Firma</th>
      <th>Preis</th>
      <th>Änderung</th>
      <th>In %</th>
      <th>Eröffnung</th>
```

```
      <th>Höchster</th>
      <th>Niedrigster</th>
      <th>Volumen</th>
    </tr>
  </thead>
  <tbody>
    <tr>
      <td data-title="Code">MSF</td>
      <td data-title="Firma">Microsoft</td>
      <td data-title="Preis">$51.38</td>
      <td data-title="Änderung">-0.01</td>
      <td data-title="In %">-0.36%</td>
      <td data-title="Eröffnung">$51.39</td>
      <td data-title="Höchster">$51.39</td>
      <td data-title="Niedrigster">$51.38</td>
      <td data-title="Volumen">9,395</td>
    </tr>
    <tr>
      <td data-title="Code">APC</td>
      <td data-title="Firma">Apple</td>
      <td data-title="Preis">$95.46</td>
      <td data-title="Änderung">-0.03</td>
      <td data-title="In %">-0.45%</td>
      <td data-title="Eröffnung">$91.88</td>
      <td data-title="Höchster">$99.15</td>
      <td data-title="Niedrigster">$91.38</td>
      <td data-title="Volumen">7,741</td>
    </tr>
  </tbody>
</table>
```

Das passende CSS dazu sieht folgendermaßen aus. Es wird durch das `@media`-Element nur wirksam, wenn die Bildschirmbreite unter 768 px fällt.

Listing 4-22: Echt responsive Tabelle mit CSS3 (css aus Table_Responsive.html*)*

```
@media only screen and (max-width: 768px) {

  /* Verhindert das Standardverhalten einer Tabelle */
  #notable table,
  #notable thead,
  #notable tbody,
  #notable th,
  #notable td,
  #notable tr {
    display: block;
  }

    /* Kopfbereich verstecken */
    #notable thead tr {
      position: absolute;
      top: -9999px;
      left: -9999px;
    }

  #notable tr {
```

```
    border: 1px solid #ccc;
  }

  #notable td {
    /* Verhalten einer Reihe */
    border: none;
    border-bottom: 1px solid #eee;
    position: relative;
    padding-left: 50%;
    white-space: normal;
    text-align: left;
  }

    #notable td:before {
      /* Neuer Kopfbereich */
      position: absolute;
      /* Simulation der Abstände */
      top: 6px;
      left: 6px;
      width: 145%;
      padding-right: 10px;
      white-space: nowrap;
      text-align: left;
      font-weight: bold;
      /* Überschriften aus data-title="" holen */
      content: attr(data-title);
    }

}
```

Der einzige Mehraufwand besteht darin, wiederholt die Label mit `data-title=""` zu bestimmen. Hier kann etwas JavaScript (mit jQuery) helfen, indem die Kopffelder automatisiert kopiert werden:

Listing 4-23: Echt responsive Tabelle mit CSS3 (js aus Table_Responsive.html*)*

```
1 $(function () {
2   var t = [];
3   $('thead th').each(function () {
4     t.push($(this).text());
5   });
6   $('tbody tr').each(function() {
7     $(this).find('td').each(function(i, e) {
8       $(e).attr('data-title', t[i]);
9     });
10  });
11 });
```

Das Skript sucht nach den Kopffeldern und erstellt daraus ein Array (Zeile 4). Dann wird nach den Reihen gesucht (Zeile 6) und in jeder Reihe das `data`-Attribut jedes Elements aus dem Array befüllt (Zeile 8). Die wiederholte Angabe von `data-title="Code"` etc. ist nicht mehr notwendig und kann vollständig entfernt werden.

Kein Bootstrap

Der in diesem Abschnitt gezeigte Weg ergänzt die Vorgehensweise in Bootstrap, ist jedoch weitgehend davon unabhängig. Die Grundgestaltung und die Abstände wurden jedoch aus Bootstrap übernommen.

Hilfsklassen

Bootstrap 4 enthält eine Reihe von Hilfsklassen für allgemeine Zwecke.

Abstände kontrollieren

Mit den Containern und dem Standardverhalten der Elemente werden die Abstände meist korrekt eingestellt. Es kann jedoch immer wieder passieren, dass das Ergebnis entweder nicht der Designvorgabe oder Ihrem ästhetischen Empfinden entspricht. Auch bei der Nutzung fremder Komponenten – Bootstrap deckt ja keinesfalls alle erdenklichen Elemente ab – sind gelegentlich unglückliche Abstände zu beobachten. Für diesen Fall gibt es Korrekturklassen. Vermieden werden soll damit, dass im Code statische Stilregeln der Art `margin-top: 25px` auftauchen.

Die Besonderheit der Abstandsklassen besteht in der Relation zur Basisfontgröße *1rem*. Die Angaben sind also relativ.

Der Aufbau der Klassen ist sehr systematisch:

`{Eigenschaft}-{Seite}-{Größe}`

Die Eigenschaft kann folgende Werte annehmen:

- *m*: Margin, der Abstand zum nächsten Element
- *p*: Padding, der innere Abstand des Inhalts zum Elementrahmen

Die Seite wird folgendermaßen angegeben:

- *t*: Setzt die Eigenschaft `margin-top` oder `padding-top`
- *b*: Setzt die Eigenschaft `margin-bottom` oder `padding-bottom`
- *l*: Setzt die Eigenschaft `margin-left` oder `padding-left`
- *r*: Setzt die Eigenschaft `margin-right` oder `padding-right`
- *x*: Setzt die Eigenschaft für *-left (linke Seite) und *-right (rechte Seite)
- *y*: Setzt die Eigenschaft für *-top (oben) und *-bottom (unten)
- *a*: Setzt die Eigenschaft aller Margin- oder Padding-Regeln für alle vier Seiten

Die Größe wird nun folgendermaßen bestimmt:

- *0*: Setzt alle Werte auf 0 – keine Abstände
- *1*: Setzt alle Werte auf den Standardabstand
- *2*: Setzt alle Werte auf das 1,5-Fache des Standardabstands
- *3*: Setzt alle Werte auf das 3,0-Fache des Standardabstands

Hier einige der intern dafür benutzten Definitionen (in SASS):

```
.m-t-0 {
  margin-top: 0 !important;
}

.m-l-1 {
  margin-left: $spacer-x !important;
}

.p-x-2 {
  padding-left: ($spacer-x * 1.5) !important;
  padding-right: ($spacer-x * 1.5) !important;
}

.p-a-3 {
  padding: ($spacer-y * 3) ($spacer-x * 3) !important;
}
```

Die Variablen *$spacer-x* und *$spacer-y* sind der Standardabstand.

Eine Besonderheit ist die Klasse *.m-x-auto*, die den horizontalen Abstand auf `auto` setzt.

Anzeigestatus erzwingen

Mit dem CSS-Stil `display` können Sie das natürliche Renderverhalten modifizieren. Bootstrap stellt dies mit eigenen Klassen robust und browserunabhängig bereit:

- `.d-none`
- `.d-inline`
- `.d-inline-block`
- `.d-block`
- `.d-table`
- `.d-table-cell`
- `.d-flex`
- `.d-inline-flex`

Für responsive Anwendungen existieren Varianten der Art *d-[nn]-[typ]*.

Formulare

Formulare werden umfassend unterstützt. Viele Komponenten dienen vor allem dazu, ansprechende Formulare zu gestalten, die mit jeder Bildschirmbreite gut nutzbar sind.

Struktur eines Formulars

Formularelemente erhalten automatisch die richtige Formatierung. Als Container für Steuerelemente wird die Klasse *.form-control* benutzt. Elemente, die eine steuerbare horizontale Ausdehnung haben, also `<input>`, `<textarea>` und `<select>`, werden auf eine Breite von 100 % des übergeordneten Containers gesetzt. Mit *.form-group* werden Gruppen aus Label und Eingabefeld gebildet, die sich je nach verfügbarer Breite automatisch nebeneinander oder übereinander anordnen.

Einfache Formularelemente

Hier ein Beispiel für ein typisches Formular:

*Listing 4-24: Standardaufbau eines Formulars (*Form_Base.html*)*

```
<form>
    <div class="form-group">
    <label for="txtMail">E-Mail</label>
    <input type="email" class="form-control"
            id="txtMail" placeholder="E-Mail">
    </div>
    <div class="form-group">
    <label for="txtPassword">Kennwort</label>
    <input type="password" class="form-control"
            id="txtPassword" placeholder="Password">
    </div>
    <div class="form-group">
    <label for="txtFile">Dateiauswahl</label>
    <input type="file" id="txtFile">
    <p class="form-text small">Dies ist die Hilfe.</p>
    </div>
    <div class="checkbox">
    <label>
        <input type="checkbox"> Speichern
    </label>
    </div>
    <button type="submit" class="btn btn-secondary">Senden</button>
</form>
```

Der äußere Teil ist immer die Elementgruppe *.form-group*. Das Element wird nochmals mit *.form-control* ausgezeichnet. Alle anderen Teile benötigen keine Klassen.

Abbildung 4-32: Ein einfaches Formular

Eingabegruppen

Neben einfachen Elementen können auch komplexere Elemente aus einfacheren zusammengesetzt werden. Dies wird dann als Eingabegruppe bezeichnet. Elementgruppe und Eingabegruppe dürfen nicht gemischt benutzt werden, stattdessen werden Eingabegruppe als Kindelement verschachtelt.

Einzeilige Formulare

Einzeilige Formulare stehen ab einer Breite von 768 Pixeln zur Verfügung. Mit »einzeilig« ist gemeint, dass der Feldname (Label), Eingabefeld und weitere Elemente nebeneinanderstehen können, solange der horizontale Platz ausreicht. Sie werden mit *.form-inline* eingeleitet. Das umschließende `<form>`-Tag ist optional. Es kann von der Logik der Seite oder dem Browserverhalten her benötigt werden – Bootstrap reagiert darauf jedoch nicht. Die Breite der Elemente mit variabler Ausdehnung ist »auto«. Die Breite wird also innerhalb des umschließenden Containers optimiert. Es kann notwendig sein, die Breite individuell zu steuern.

*Listing 4-25: Kompaktes Formular (*Form_Inline.html*)*

```
<form class="form-inline">
    <div class="form-group">
        <label for="exampleInputName2">Name</label>
        <input type="text" class="form-control"
                id="exampleInputName2" placeholder="Der Name">
    </div>
    <div class="form-group">
        <label for="exampleInputEmail2">E-Mail</label>
        <input type="email" class="form-control"
              id="exampleInputEmail2"
              placeholder="name@email.com">
    </div>
    <div>
        <button type="submit"
```

```
                class="btn btn-secondary float-md-right">
            Senden
        </button>
    </div>
</form>
```

Abbildung 4-33: Ein Formular mit horizontaler Ausrichtung (breit)

Dasselbe Formular sieht bei geringer Bildschirmbreite folgendermaßen aus:

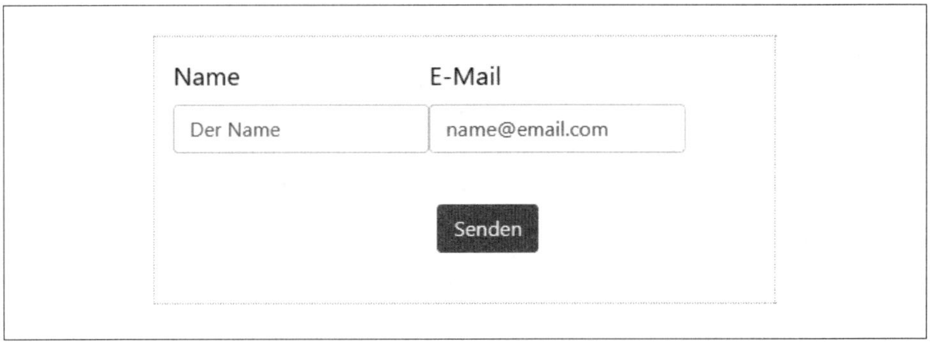

Abbildung 4-34: Ein Formular mit horizontaler Ausrichtung (schmal)

Label benutzen

Sie sollten auch bei einzeiligen Formularen immer Label einsetzen. Screenreader können sonst keine sinnvolle Sprachausgabe erzeugen. Nutzen Sie *.sr-only*, damit die Label auf normalen Ausgabegeräten nicht angezeigt werden. Wenn eine barrierefreie Ausgabe erforderlich ist, sollten Sie darüber hinaus immer die vom Standard geforderten Attribute `aria-label` oder `aria-labelledby` benutzen. Während `aria-label` den Bezeichnungstext direkt enthält, verweist `aria-labelledby="id"` auf die ID eines anderen Elements auf der Seite, das den Bezeichnungstext liefert.

Das folgende Beispiel zeigt die Nutzung von unsichtbaren Bezeichnungstexten. Für normale Benutzer wird das Wasserzeichen (`placeholder`) benutzt, Screenreader sehen dagegen das Label.

Listing 4-26: Formular mit Wasserzeichen und für Screenreader

```
<form class="form-inline">
    <div class="form-group">
    <label class="sr-only"
            for="exampleInputEmail3">eMail</label>
```

```
    <input type="email" class="form-control"
           id="exampleInputEmail3" placeholder="Email">
    </div>
    <div class="form-group">
    <label class="sr-only"
          for="exampleInputPassword3">Password</label>
    <input type="password" class="form-control"
          id="exampleInputPassword3" placeholder="Password">
    </div>
    <div class="checkbox">
    <label>
        <input type="checkbox"> Merken
    </label>
    </div>
    <button type="submit" class="btn btn-secondary">Anmelden</button>
</form>
```

Abbildung 4-35: Ein Formular ohne Label

Formularelemente mit Bausteinen

Eingabefelder, speziell solche für die Eingabe von Text, können mit Text, Symbolen oder Schaltflächen links oder rechts ergänzt werden. Das ist besonders interessant, wenn Werte erfasst werden, die Maßeinheiten haben. Benutzen Sie die Klasse *.input-group* mit *.input-group-prepend* oder *.input-group-append*, um Anzeigeelemente vor oder nach *.form-control* zu erstellen. Das funktioniert sehr gut mit allen `<input>`-Elementen, jedoch nur eingeschränkt mit `<select>` und kaum mit `<textarea>`.

Tooltips und überlagernde Effekte erfordern darüber hinaus weiteren Aufwand. Zumindest ist die Option *container: 'body'* im JavaScript erforderlich, um Seiteneffekte zu vermeiden. Der Parameter bestimmt, wo das dynamische Element im DOM (Document Object Model) der Seite eingefügt wird.

```
$("#toolbarBtn1").dropdown({
   container: 'body';
});
```

Die Spaltenklassen des Rasters lassen sich nicht mit Eingabegruppen mischen. Stattdessen sollte bei Bedarf die gesamte Eingabegruppe in einen Container platziert werden, der seinerseits mit Rastermaßen versehen wird.

Label sind immer sinnvoll. Auch wenn kein Bedarf beim konkreten Layout besteht, werden damit Screenreader unterstützt. Hier ist wieder der Einsatz von *.sr-only* angebracht.

*Listing 4-27: Eingabefelder (*Toolbar_Inputgroups.html*)*

```
<div class="input-group">
  <div class="input-group-prepend">
      <span class="input-group-text" id="basic-addon1">@</span>
  </div>
  <input type="text" class="form-control"
          placeholder="User"
          aria-describedby="basic-addon1">
</div>

<div class="input-group">
  <input type="text" class="form-control"
          placeholder="Email"
          aria-describedby="basic-addon2">
  <div class="input-group-append">
    <span class="input-group-text" id="basic-addon2">
      @example.de
    </span>
  </div>
</div>

<div class="input-group">
  <div class="input-group-prepend">
      <span class="input-group-text">euro;</span>
  </div>
  <input type="text" class="form-control"
          aria-label="Betrag (in EUR)">
  <div class="input-group-append">
      <span class="input-group-text">.00</span>
  </div>
</div>
```

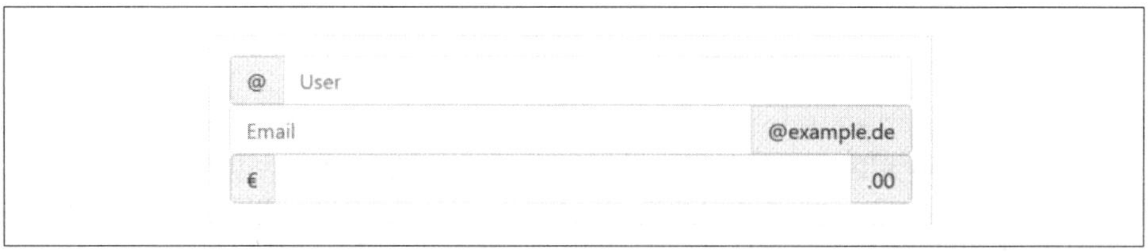

Abbildung 4-36: Eingabefelder

Größen

Die Größen lassen sich relativ in den üblichen vier Stufen festlegen. Dies passiert auf der Gruppe, sodass einzelne Eingabefelder nicht immer wieder mit der Klasse ausgestattet werden müssen.

*Listing 4-28: Größen der Eingabefelder (*Toolbar_InputSize.html*)*

```
<div class="input-group input-group-lg">
  <div class="input-group-prepend">
      <span class="input-group-text" id="sizing-addon1">@</span>
  </div>
  <input type="text" class="form-control form-control-lg"
          placeholder="Username"
          aria-describedby="sizing-addon1">
</div>

<div class="input-group">
  <div class="input-group-prepend">
      <span class="input-group-text" id="sizing-addon2">@</span>
  </div>
  <input type="text" class="form-control"
          placeholder="Username"
          aria-describedby="sizing-addon2">
</div>

<div class="input-group input-group-sm">
  <div class="input-group-prepend">
      <span class="input-group-text" id="sizing-addon3">@</span>
  </div>
  <input type="text" class="form-control form-control-sm"
          placeholder="Username"
          aria-describedby="sizing-addon3">
</div>
```

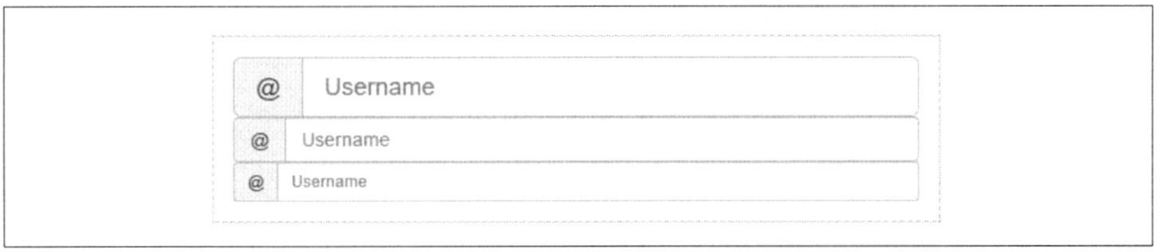

Abbildung 4-37: Größen der Eingabefelder

Umgang mit Kontrollkästchen und Optionsfeldern

Kontrollkästchen und Optionsfelder müssen manchmal direkt neben Eingabefeldern platziert werden. Erneut werden Gruppen benutzt, um die Zuordnung zu erzwingen.

*Listing 4-29: Eingabefelder mit Optionen (*Toolbar_Inputradio.html*)*

```
<div class="row">
<div class="col-lg-6">
  <div class="input-group">
    <div class="input-group-prepend">
        <span class="input-group-text">
            <input type="checkbox" aria-label="">
        </span>
    </div>
    <input type="text" class="form-control" aria-label="">
```

```
    </div>
  </div>
  <div class="col-lg-6">
    <div class="input-group">
      <div class="input-group-prepend">
        <span class="input-group-text">
          <input type="radio" aria-label="">
        </span>
      </div>
      <input type="text" class="form-control" aria-label="">
    </div>
  </div>
</div>
```

Für eine sinnvolle Funktion ist hier unbedingt JavaScript erforderlich – beispielsweise, um das zugeordnete Eingabefeld zu aktivieren.

Ergänzende Schaltflächen

Schaltflächen in Eingabefeldgruppen werden ebenso behandelt. Auch hier wird *.input-group-append* oder *.input-group-prepend* benutzt. Allerdings entfällt das innere <span>.

*Listing 4-30: Eingabefelder mit Schaltflächen (*Toolbar_InputBtn.html*)*

```
<div class="row">
  <div class="col-lg-6">
    <div class="input-group">
      <span class="input-group-prepend">
        <button class="btn btn-default" type="button">
          Los!
        </button>
      </span>
      <input type="text" class="form-control"
      placeholder="Suche nach...">
    </div>
  </div>
  <div class="col-lg-6">
    <div class="input-group">
      <input type="text" class="form-control" placeholder="Suche nach...">
      <span class="input-group-append">
        <button class="btn btn-default" type="button">
          Los!
        </button>
      </span>
    </div>
  </div>
</div>
```

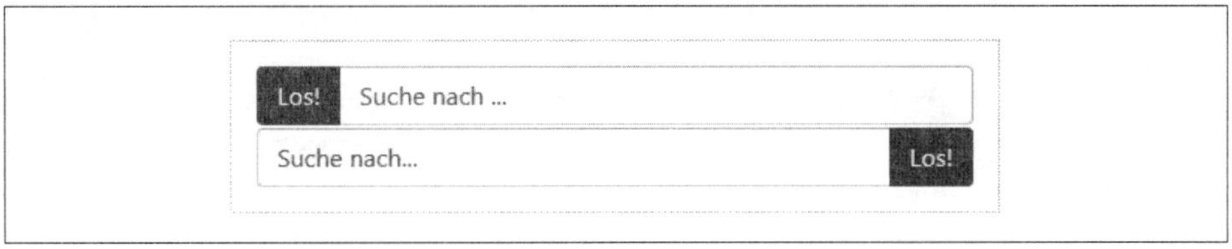

Abbildung 4-38: Eingabefelder mit Schaltflächen

Die Schaltflächen lassen sich wiederum mit Klappmenüs versehen:

*Listing 4-31: Eingabefelder mit Menüs (*Toolbar_DropDownGroup.html*)*

```
<div class="row">
    <div class="col-lg-6">
    <div class="input-group">
        <div class="input-group-prepend">
        <button type="button"
                class="btn btn-secondary dropdown-toggle"
                data-toggle="dropdown" aria-haspopup="true"
                aria-expanded="false">
            Selection
        </button>
        <div class="dropdown-menu">
            <a class="dropdown-item" href="#">Detail</a>
            <a class="dropdown-item" href="#">Copy</a>
            <a class="dropdown-item" href="#">Move</a>
            <div role="separator" class="dropdown-divider"></div>
            <a class="dropdown-item" href="#">Delete</a>
        </div>
        </div>
        <input type="text" class="form-control" aria-label="...">
    </div>
    </div>
    <div class="col-lg-6">
    <div class="input-group">
        <input type="text" class="form-control" aria-label="...">
        <div class="input-group-append">
        <button type="button"
                class="btn btn-secondary dropdown-toggle"
                data-toggle="dropdown"
                aria-haspopup="true"
                aria-expanded="false">
            Selection
        </button>
        <div class="dropdown-menu dropdown-menu-right">
            <a class="dropdown-item" href="#">Detail</a>
            <a class="dropdown-item" href="#">Copy</a>
            <a class="dropdown-item" href="#">Move</a>
            <div role="separator" class="dropdown-divider"></div>
            <a class="dropdown-item" href="#">Delete</a>
        </div>
        </div>
    </div>
    </div>
</div>
```

Abbildung 4-39: Eingabefelder mit Menüs

Für die Klappmenüs wird *Popper* benötigt:

```
<script src="../node_modules/popper.js/dist/umd/popper.js"></script>
```

Beachten Sie hier, dass ohne Packer das UMD-Bundle benutzt werden muss. Dieses Skript muss *vor* Bootstrap geladen werden.

Ebenso ist die Unterteilung einer Schaltfläche in Segmente möglich:

*Listing 4-32: Eingabefelder mit Segmentschaltflächen (*Toolbar_InputBtnForm.html*)*

```
<div class="input-group">
    <div class="input-group-prepend">
    <button class="btn btn-success">Aktivieren</button>
    </div>
    <input type="text" class="form-control" aria-label="...">
</div>

<div class="input-group">
    <input type="text" class="form-control" aria-label="...">
    <div class="input-group-append">
    <button class="btn btn-warning">Deaktivieren</button>
    </div>
</div>
```

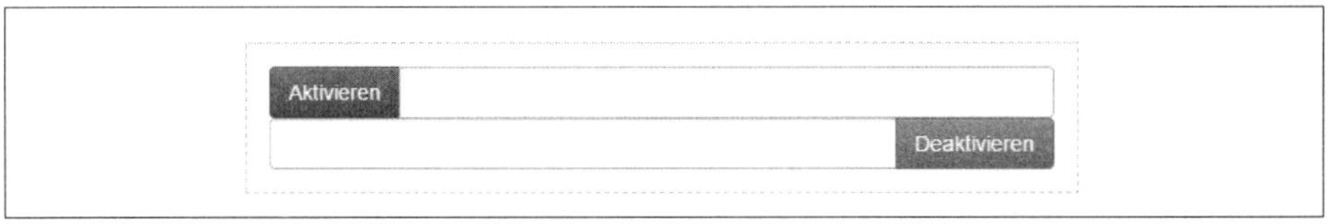

Abbildung 4-40: Eingabefelder mit Segmentschaltflächen

Das folgende Formularelement besteht aus drei Bausteinen, einem Euro-Symbol, dem Eingabefeld und der Angabe ».00« als vordefinierter Nachkommawert:

*Listing 4-33: Formular mit Bausteinen (*Form_MultiInput.html*)*

```
<form class="form-inline">
  <div class="form-group">
    <label class="sr-only" for="exampleInputAmount">
       Betrag (in Euro)
    </label>
```

```
6      <div class="input-group">
7        <div class="input-group-prepend">
8          <span class="input-group-text">€</span>
9        </div>
10       <input type="text" class="form-control"
11               id="exampleInputAmount" placeholder="Betrag">
12       <div class="input-group-append">
13             <span class="input-group-text">.00</span>
14           </div>
15       </div>
16     </div>
17   </div>
18   <button type="submit" class="btn btn-primary">Überweisen</button>
19 </form>
```

Hier wird die Klasse *.input-group* benutzt. Das Label (Zeile 3–5) wird nur Screenreadern angezeigt und bleibt ansonsten unsichtbar. Die »Extras« vor und hinter dem Element werden mit *.input-group-addon* dekoriert.

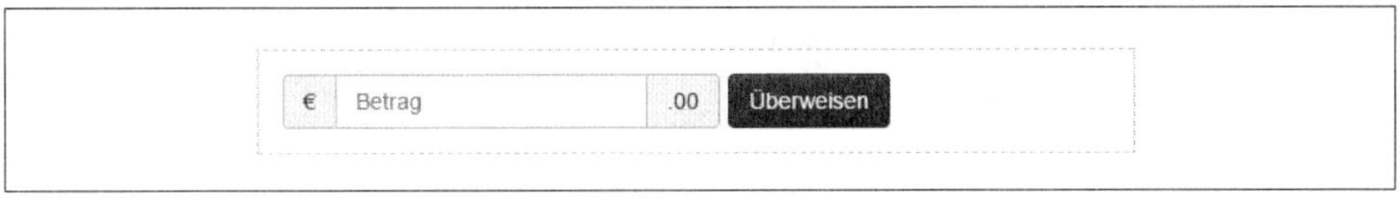

Abbildung 4-41: Ein Formular ohne Label

Horizontale Formulare

Um Label und Felder zu platzieren, wird das Raster benutzt. Damit die Umbrüche unterdrückt werden, die normalerweise einen kompletten Block von Label und Feld von der nächsten Gruppe trennen, wird *.row* benutzt. Die Angabe der Klasse erfolgt mit einem Container-Element, das entweder das umschließende `<form>`-Element oder ein äquivalent eingesetztes `<div>` ist. Die ohnehin erforderliche Gruppierung mit *.form-groups* führt dazu, dass sich die Gruppe wie eine Reihe verhält. Sie können *.row* aber einsetzen, weil sich einige Editoren sonst darüber beschweren – sichtbare Effekte werden dennoch nicht erzielt.

*Listing 4-34: Horizontales Formular (*Form_Horizontal.html*)*

```
<form class="row">
    <div class="form-group">
    <label for="inputEmail3" class="col-sm-2 form-control-label">E-Ma\
il</label>
    <div class="col-sm-10">
        <input type="email" class="form-control"
                id="inputEmail3" placeholder="E-Mail">
    </div>
    </div>
    <div class="form-group">
    <label for="inputPassword3" class="col-sm-2
        form-control-label">Kennwort</label>
    <div class="col-sm-10">
        <input type="password" class="form-control"
                id="inputPassword3" placeholder="Kennwort">
```

```
    </div>
    </div>
    <div class="form-group">
    <div class="offset-sm-2 col-sm-10">
        <div class="checkbox">
        <label>
            <input type="checkbox"> Zugang merken
        </label>
        </div>
    </div>
    </div>
    <div class="form-group">
    <div class="offset-sm-2 col-sm-10">
        <button type="submit" class="btn btn-secondary">Anmelden</butto\
n>
    </div>
    </div>
</form>
```

Hier stehen die Label links neben den Elementen. Bei geringer Breite fällt dieses Layout (im Bild ist die Breite > 768 Pixel) wieder auf das vorher gezeigte Schema mit darüber platzierten Labeln zurück.

Abbildung 4-42: Ein Formular mit Label neben dem Feld

Eingabeelemente

Formularelemente der Gruppe `<input>` benötigen das `type`-Attribut, um korrekt angezeigt zu werden. Unterstützt wird praktisch der gesamte Vorrat an HTML5-Typen:

- `text`
- `password`
- `datetime`
- `datetime-local`
- `date`
- `month`
- `time`
- `week`

* number
* email
* url
* search
* tel
* color

Input-Elemente

```
<input type="text"
       class="form-control"
       placeholder="Text input">
```

Textbereiche – also mehrzeilige Eingabefelder – fallen aus diesem Schema heraus:

```
<textarea class="form-control" rows="3" cols="55"></textarea>
```

Kontrollkästchen (Checkbox) und Auswahlfelder (Optionsfeld/Radiobutton) funktionieren wie bei Standard-HTML. Das Sperren mit dem Attribut `disabled` wird unterstützt. Damit das Sperren nicht nur mit dem Element selbst funktioniert, sondern auch das assoziierte Label betrifft, kann die Klasse *.disabled* benutzt werden. Diese Klasse ist auch im Zusammenhang mit *.radio*, *.radio-inline*, *.checkbox*, *.checkbox-inline* oder `<fieldset>` einsetzbar, die alle dazu dienen, den umschließenden Container passend zu formatieren.

*Listing 4-35: Kontrollkästchen und Optionsfelder (*Form_Elements.html*)*

```
<form class="row">
  <div class="checkbox">
    <label>
      <input type="checkbox" value="">
      Option Eins
    </label>
  </div>
  <div class="checkbox disabled">
    <label>
      <input type="checkbox" value="" disabled>
      Option Zwei (deactivated)
    </label>
  </div>

  <div class="radio">
    <label>
      <input type="radio" name="optionsRadios"
             id="optionsRadios1" value="option1" checked>
      Option Eins
    </label>
  </div>
  <div class="radio">
    <label>
      <input type="radio" name="optionsRadios"
             id="optionsRadios2" value="option2">
```

```
      Option Zwei
    </label>
  </div>
  <div class="radio disabled">
    <label>
      <input type="radio" name="optionsRadios"
              id="optionsRadios3" value="option3" disabled>
      Option Drei
    </label>
  </div>
</form>
```

Das <label>-Element umschließt hier das Optionsfeld beziehungsweise das Kontrollkästchen. Auf diese Weise löst ein Klick auf den Bezeichnungstext die Aktion aus, woraus eine angenehmere Benutzererfahrung resultiert.

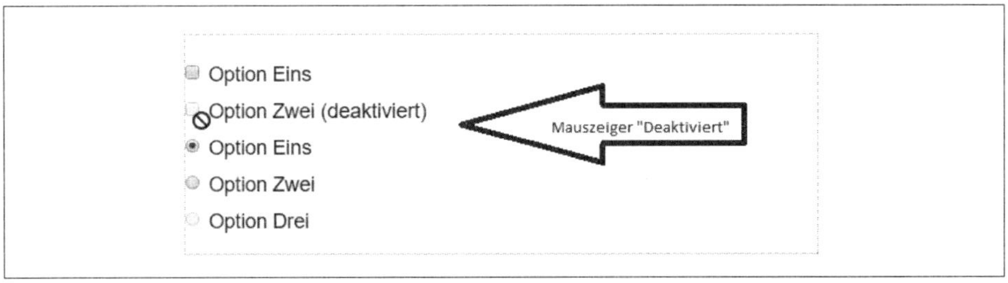

Abbildung 4-43: Kontrollkästchen und Optionsfelder

Die Klassen *.checkbox-inline* beziehungsweise *.radio-inline* ermöglichen eine Aufreihung von Elementen nebeneinander.

*Listing 4-36: Kontrollkästchen und Optionsfelder nebeneinander (*Form_ElementsHor.html*)*

```
<form class="row">
  <label class="checkbox-inline">
    <input type="checkbox" id="inlineCheckbox1" value="option1"> 1
  </label>
  <label class="checkbox-inline">
    <input type="checkbox" id="inlineCheckbox2" value="option2"> 2
  </label>
  <label class="checkbox-inline">
    <input type="checkbox" id="inlineCheckbox3" value="option3"> 3
  </label>

  <label class="radio-inline">
    <input type="radio" name="inlineRadioOptions"
            id="inlineRadio1" value="option1"> 1
  </label>
  <label class="radio-inline">
    <input type="radio" name="inlineRadioOptions"
            id="inlineRadio2" value="option2"> 2
  </label>
  <label class="radio-inline">
    <input type="radio" name="inlineRadioOptions"
            id="inlineRadio3" value="option3"> 3
```

```
  </label>
</form>
```

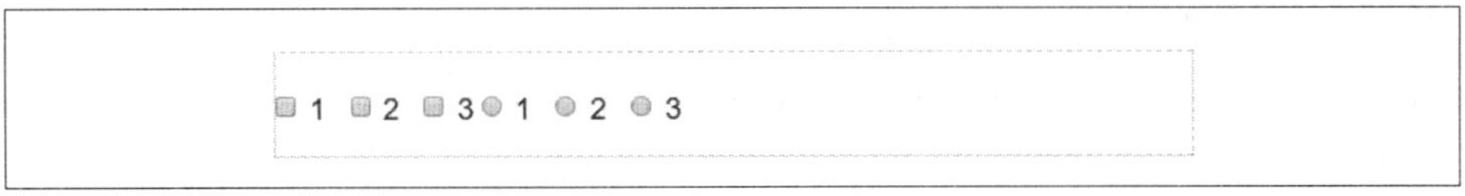

Abbildung 4-44: Kontrollkästchen und Optionsfelder nebeneinander

Wird das Standardverhalten benötigt, soll jedoch kein Text für das Label angezeigt werden, entfällt der Text, und das Label umschließt das Eingabefeld:

```
<div class="checkbox">
  <label>
    <input type="checkbox" id="blankCheckbox" value="1"
           aria-label="...">
  </label>
</div>
<div class="radio">
  <label>
    <input type="radio" name="blankRadio" id="blankRadio1"
           value="1" aria-label="...">
  </label>
</div>
```

Select-Element

Auch Listen und Drop-downs (Klappmenü) lassen sich wie gewohnt einsetzen. Allerdings wenden einige Browser interne Stile an, die nicht mit CSS beeinflusst werden können. Möglicherweise sind Menüs die bessere Wahl, um volle Kontrolle über das Design zu erhalten.

Einfache Klappmenüs erlauben die Auswahl einer der Optionen:

```
<select class="form-control">
  <option>1</option>
  <option>2</option>
  <option>3</option>
  <option>4</option>
  <option>5</option>
</select>
```

Mit dem Attribut `multiple` ist es möglich, mehrere Optionen auszuwählen:

```
<select multiple class="form-control">
  <option>1</option>
  <option>2</option>
  <option>3</option>
  <option>4</option>
  <option>5</option>
</select>
```

Statische Texte im Formular

Hilfetexte und statische Bausteine werden mit *.form-control-static* in einem Abschnitt <p> definiert.

*Listing 4-37: Statische Elemente im Layout (*Form_Help.html*)*

```
<form class="row">
  <div class="form-group">
    <label class="col-sm-2 form-control-label">
     E-Mail
    </label>
    <div class="col-sm-10">
      <p class="form-control-static">email@example.com</p>
    </div>
  </div>
  <div class="form-group">
    <label for="inputPassword" class="col-sm-2 form-control-label">K\
ennwort</label>
    <div class="col-sm-10">
      <input type="password" class="form-control"
              id="inputPassword" placeholder="Kennwort">
    </div>
  </div>
</form>
```

Abbildung 4-45: Statische Elemente im horizontalen Layout

*Listing 4-38: Anzeigefelder (*Form_HelpInline.html*)*

```
<form class="form-inline">
  <div class="form-group">
    <label class="sr-only">eMail</label>
    <p class="form-control-static">email@example.com</p>
  </div>
  <div class="form-group">
    <label for="inputPassword2" class="sr-only">Kennwort</label>
    <input type="password" class="form-control"
            id="inputPassword2" placeholder="Password">
  </div>
  <button type="submit" class="btn btn-secondary">
     Bestätigen
  </button>
</form>
```

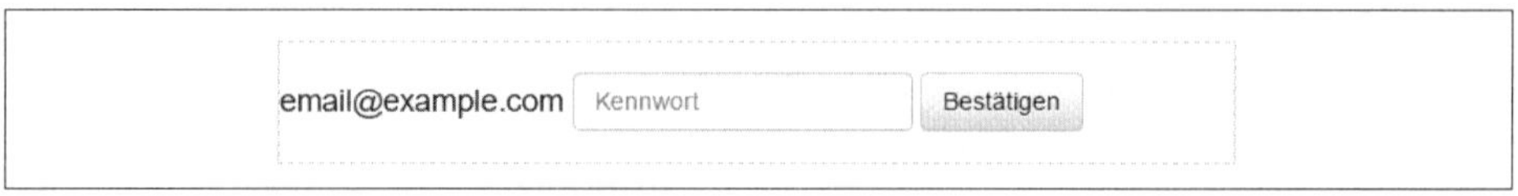

Abbildung 4-46: Statische Elemente im horizontalen Layout

Verhalten der Formularelemente

Formularelemente reagieren dynamisch auf den Fokus. Dabei wird der Rahmen entfernt, und beim Erhalten des Fokus wird ein weicher Schatten eingeblendet. Auslöser ist die Pseudoklasse *:focus*.

Deaktivierte Steuerelemente benutzen disabled (Zeile 5) und werden etwas heller dargestellt:

```
1 <input class="form-control"
2        id="disabledInput"
3        type="text"
4        placeholder="Gesperrter Inhalt..."
5        disabled>
```

Mit <fieldset> und disabled lassen sich mehrere Elemente zusammen abschalten. Allerdings betrifft die Blockierung von Benutzeraktionen nur reguläre Formularelemente. Hyperlinks werden nicht abgeschaltet. Auch wenn Hyperlinks als Schaltflächen formatiert werden (<a ... class="btn btn-*">), verhalten sie sich weiter wie Links. Hier muss mit zusätzlichem JavaScript nachgeholfen werden. Bootstrap sorgt allerdings für die korrekte Darstellung, das heißt, dass die Schaltfläche »grau« erscheint. Sie wird aber dennoch ohne weitere Maßnahmen reagieren.

*Listing 4-39: Gesperrte Felder (*Form_Disabled.html*)*

```
<form>
  <fieldset disabled>
    <div class="form-group">
      <label for="disabledTextInput">Disabled Field</label>
      <input type="text" id="disabledTextInput"
              class="form-control"
              placeholder="Disabled field">
    </div>
    <div class="form-group">
      <label for="disabledSelect">Disabled Menu</label>
      <select id="disabledSelect" class="form-control">
        <option>Option A Disabled</option>
        <option>Option B Disabled</option>
      </select>
    </div>
    <div class="checkbox">
      <label>
        <input type="checkbox"> Checkbox
      </label>
    </div>
    <button type="submit" class="btn btn-primary">
      Send
    </button>
  </fieldset>
</form>
```

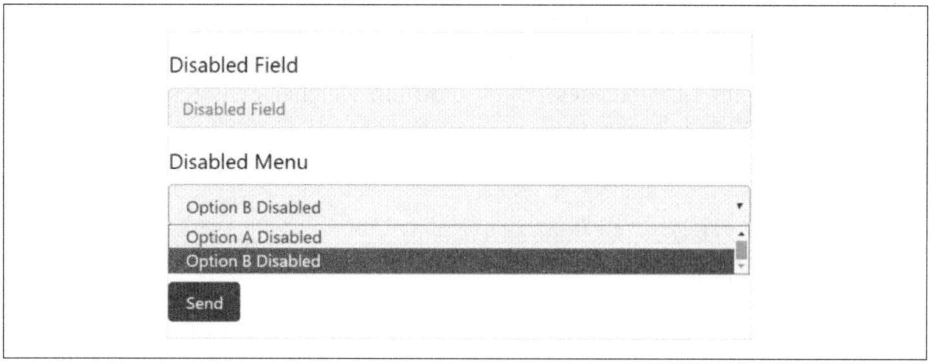

Abbildung 4-47: Gesperrte Elemente (mit Mauszeiger)

Neben dem Abschalten von Steuerelementen lässt sich auch der sehr ähnliche Zustand »Nur Lesen« (readonly) einstellen. Dies basiert auf dem HTML-Attribut `readonly`. Das Element wird heller dargestellt und sieht damit erst einmal wie bei `disabled` aus, allerdings bleibt der Mauszeiger unverändert und zeigt nicht das Sperrbild.

Listing 4-40: Nur-Lese-Modus (Ausschnitt aus Form_ReadOnly.html*)*

```
<input class="form-control"
       type="text"
       placeholder="Disabled Field"
       readonly>
```

Insbesondere das Verhalten der Klapplisten ist zu beachten: Im Gegensatz zu `disabled` lassen sich die Elemente anwählen und damit ansehen. Eine Auswahl beim Senden des Formulars gelingt dennoch nicht.

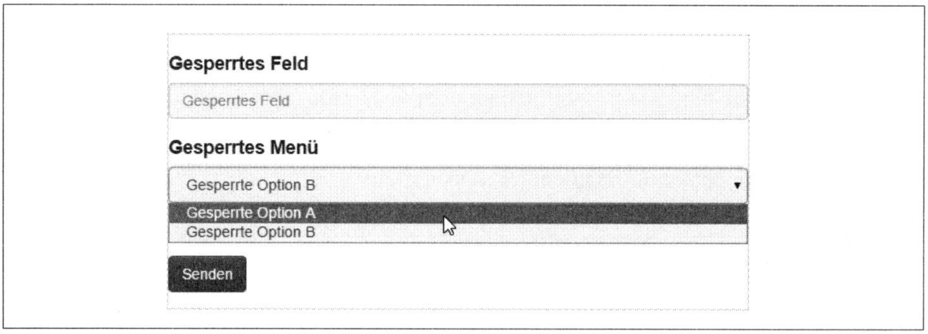

Abbildung 4-48: Elemente im »Nur Lese«-Modus

Validierungsinformationen in Formularen

Bootstrap nutzt für Zustände die in HTML5 definierten Pseudoklassen *:invalid* und *:valid*. Damit beim ersten Anzeigen des Formulars nicht gleich alle Fehler erscheinen, muss dem `<form>`-Element die Klasse *.was-validated* hinzugefügt werden, was üblicherweise durch Servercode erfolgt. Die Initiierung erfolgt dagegen durch *.needs-validation*.

Elemente, die die Klassen *.form-control-label* und *.form-control* enthalten, werden passend zum Status modifiziert.

Barrierefreiheit

Die Status wirken im weitesten Sinne auf die Farbe. Farbenblinde Benutzer können deshalb möglicherweise von den Angaben nicht profitieren. Deshalb sollte immer eine zusätzliche Angabe erfolgen. Dies geschieht durch Hilfetexte, Symbole und *.sr-only*-Bereiche. Elemente, die sich nicht anpassen lassen, sollten `aria-invalid="true"` tragen.

*Listing 4-41: Semantische Informationen in Eingabefeldern (*Form_Semantic.html*)*

```
<form class="needs-validation" novalidate>
  <div class="form-group">
    <label for="input1">
      Success message
    </label>
    <input type="text" class="form-control" id="input1" required />
    <div class="valid-feedback text-success">Ok</div>
  </div>
  <div class="form-group">
    <label for="input2">
      A Warning
    </label>
    <input type="text" value="Test" class="form-control" id="input2"\
 required />
    <div class="invalid-feedback text-warning">Not Ok</div>
  </div>
  <div class="form-group">
    <label for="input3" >
      Error condition
    </label>
    <input type="text" class="form-control" id="input3" required />
  </div>
  <div class="custom-checkbox">
    <label class="col-form-label">
      <input type="checkbox" id="checkboxSuccess" value="option1" />
      Successful
    </label>
  </div>
  <div class="checkbox">
    <label class="col-form-label">
      <input type="checkbox" required
              id="checkboxWarning" value="option1" />
      Warning
    </label>
  </div>
  <div class="checkbox">
    <label class="col-form-label">
      <input type="checkbox" id="checkboxError"
              value="option1" required />
      Error condition
    </label>
  </div>
```

```
  <button class="btn btn-primary" type="submit">
    Test Form
  </button>
</form>
```

Die Steuerung erfordert JavaScript, wenn keine serverseitige Unterstützung vorliegt. Im Beispiel wird dieser Code benutzt:

```
<script>
  (function() {
    'use strict';
    window.addEventListener('load', function() {
      // Alle Formulare
      var forms = document.getElementsByClassName('needs-validation'\
);
      // Submit erkennen
      var validation = Array.prototype.filter.call(forms, function(f\
orm) {
        form.addEventListener('submit', function(event) {
          if (form.checkValidity() === false) {
            event.preventDefault();
            event.stopPropagation();
          }
          form.classList.add('was-validated');
        }, false);
      });
    }, false);
  })();
  </script>
```

Dies ist reines jQuery. Wenn Sie ein anderes Framework wie Angular oder React benutzen, muss der Code angepasst werden!

Abbildung 4-49: Semantische Formularelemente

Optional lassen sich die Zustände mit Symbolen aufwerten. Dies erfolgt durch ein Font-Awesome-Symbol am rechten Ende der Meldungsbereiche. Diese Symbole funktionieren nur, wenn `<input class="form-control">` benutzt wird.

Das folgende Beispiel zeigt, wie ein vollständig barrierefreies Formular aussehen kann.

*Listing 4-42: Semantisch und barrierefrei (*Form_AriaSemantic1.html*)*

```
<form>
  <div class="form-group text-success has-feedback">
    <label class="form-control-label text-success"
           for="inputSuccess2">Success</label>
    <input type="text"
           class="form-control form-control-success"
           id="inputSuccess2"
           aria-describedby="inputSuccess2Status">
    <span id="inputSuccess2Status" class="sr-only">
      (Success)</span>
  </div>
  <div class="form-group text-warning has-feedback">
    <label class="form-control-label text-warning"
           for="inputWarning2">With Warning</label>
    <input type="text" class="form-control form-control-warning" id=\
"inputWarning2"
            aria-describedby="inputWarning2Status">
    <span id="inputWarning2Status" class="sr-only">
    (Warning)</span>
  </div>
  <div class="form-group text-danger has-feedback">
    <label class="form-control-label text-danger"
           for="inputError2">With Error</label>
    <input type="text" class="form-control form-control-danger"
           id="inputError2"
           aria-describedby="inputError2Status">
    <span id="inputError2Status" class="sr-only">
    (Error)</span>
  </div>
  <div class="form-group text-success has-feedback">
    <label class="form-control-label"
           for="inputGroupSuccess1">Successful Group</label>
    <div class="input-group">
      <span class="input-group-addon">@</span>
      <input type="text" class="form-control form-control-success" i\
d="inputGroupSuccess1"
              aria-describedby="inputGroupSuccess1Status">
    </div>
    <span id="inputGroupSuccess1Status" class="sr-only">
    (Success)</span>
  </div>
</form>
```

Gegenüber Bootstrap 3 gibt es hier einige Änderungen. Zum einen wurden die Klassennamen vereinheitlicht. Die Klasse *.control-label* heißt nun *.form-control-label*. Sie regelt jetzt zudem den Abstand, nicht mehr die Farbe der Bezeichnung.

Zum anderen muss, wenn die Label auch farblich hervorgehoben werden sollen, mit *.text-success* oder *.text-danger* etc. gearbeitet werden.

Die Glyphicons entfallen komplett und werden alleine durch die semantischen Klassen *.form-control-success*, *.form-control-error* etc. erzeugt.

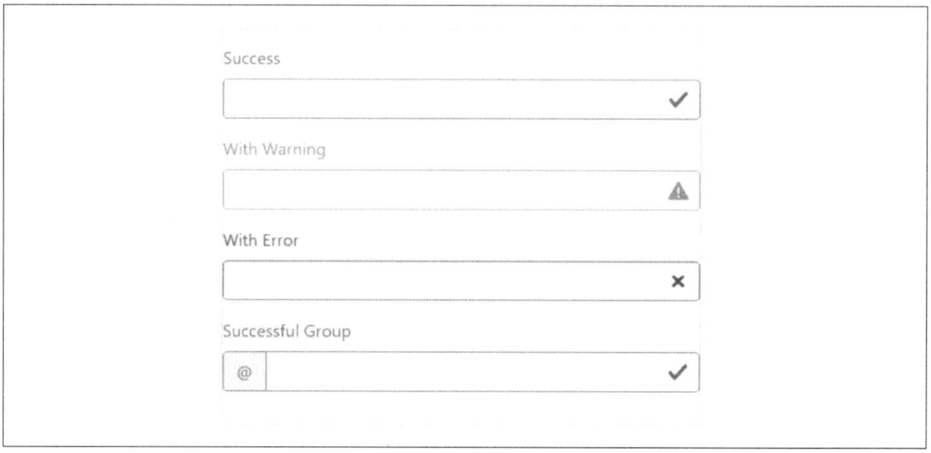

Abbildung 4-50: Semantische Elemente mit ARIA-Unterstützung

Symbole in Formularen, die einzeilig oder horizontal ausgelegt sind, werden folgendermaßen definiert:

*Listing 4-43: Semantisch und barrierefrei (*Form_AriaSemantic.html*)*

```
<form>
  <div class="form-group text-success has-feedback">
    <label class="form-control-label col-sm-3" for="inputSuccess3">S\
uccess</label>
    <input type="text"
          class="form-control form-control-success"
          id="inputSuccess3"
          aria-describedby="inputSuccess3Status">
    <span id="inputSuccess3Status" class="sr-only">(Success)</span>
  </div>
  <div class="form-group text-danger has-feedback">
    <label class="form-control-label col-sm-3" for="inputGroupError2\
">Error</label>
    <div class="input-group">
      <div class="input-group-prepend">
          <span class="input-group-text">@</span>
      </div>
      <input type="text" class="form-control form-control-danger"
            id="inputGroupError2"
            aria-describedby="inputGroupSuccess2Status">
    </div>
    <span id="inputGroupSuccess2Status" class="sr-only">(Error)</spa\
n>
  </div>
</form>
```

Hier ein Formular mit einer Erfolgsmeldung:

*Listing 4-44: Semantische Meldungen (*Form_Success.html*)*

```
<form class="form-inline">
  <div class="form-group text-success has-feedback">
    <label class="form-form-control-label" for="inputSuccess4">
      Erfolg
    </label>
    <input type="text" class="form-control"
           id="inputSuccess4"
           aria-describedby="inputSuccess4Status">
    <span class="glyphicon glyphicon-ok form-control-feedback"
          aria-hidden="true"></span>
    <span id="inputSuccess4Status" class="sr-only">
      (Erfolg)
    </span>
  </div>
</form>
<form class="form-inline">
  <div class="form-group text-success has-feedback">
    <label class="form-form-control-label" for="inputGroupSuccess3">
      Erfolgreiche Gruppe
    </label>
    <div class="input-group">
      <div class="input-group-prepend">
          <span class="input-group-text">@</span>
      </div>
      <input type="text" class="form-control"
             id="inputGroupSuccess3"
             aria-describedby="inputGroupSuccess3Status">
    </div>
    <span class="glyphicon glyphicon-ok form-control-feedback"
          aria-hidden="true"></span>
    <span id="inputGroupSuccess3Status" class="sr-only">
       (Erfolg)
    </span>
  </div>
</form>
```

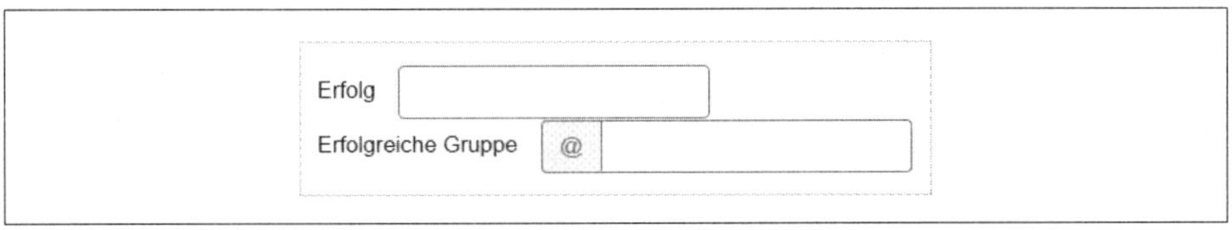

Abbildung 4-51: Semantische Meldungen

Optionale Symbole mit versteckten `.sr-only`-Abschnitten unterstützen Screenreader. Das Symbol wird automatisch passend ausgerichtet:

*Listing 4-45: Meldungen für Screenreader (*Form_SuccessSR.html*)*

```
<form class="form-inline">
  <div class="form-group text-success has-feedback">
    <label class="form-control-label sr-only"
           for="inputSuccess5">Hidden label</label>
```

```
  <input type="text" class="form-control"
         id="inputSuccess5"
         aria-describedby="inputSuccess5Status">
  <span class="fa fa-check form-control-feedback"
        aria-hidden="true"></span>
  <span id="inputSuccess5Status" class="sr-only">
  (Success)</span>
 </div>
 <div class="form-group text-success has-feedback">
  <label class="form-control-label sr-only" for="inputGroupSuccess\
4">Successful Group</label>
  <div class="input-group">
   <div class="input-group-prepend">
     <span class="input-group-text">@</span>
   </div>
   <input type="text"
          class="form-control"
          id="inputGroupSuccess4"
          aria-describedby="inputGroupSuccess4Status">
  </div>
  <span class="fa fa-check form-control-feedback"
        aria-hidden="true"></span>
  <span id="inputGroupSuccess4Status" class="sr-only">
  (Success)</span>
 </div>
</form>
```

Formularelemente im Raster

Die Formatierung von Breite und Höhe erfolgt mit den üblichen Techniken. Für die Breite wird mit Klassen wie *.col-lg-3* oder *.col-md-5* auf das Raster zurückgegriffen.

*Listing 4-46: Anordnung im Raster (*Form_Grid.html*)*

```
<form>
 <div class="row">
  <div class="col-sm-2">
   <input type="text" class="form-control"
          placeholder="2 Spalten">
  </div>
  <div class="col-sm-3">
   <input type="text" class="form-control"
          placeholder="3 Spalten">
  </div>
  <div class="col-sm-4">
   <input type="text" class="form-control"
          placeholder="4 Spalten">
  </div>
 </div>
</form>
```

Abbildung 4-52: Gesperrte Elemente

Anpassung der Feldhöhe

Die Höhe nutzt eigene Klassen, die eine passende Ausdehnung ergeben: *.input-<xx>*. Die Gruppe muss zudem angepasst werden, was mittels der Klasse *.input-group-<xx>* erfolgt. Für den Platzhalter <xx> setzen Sie »sm«, »md« oder »lg« ein. »xs« ist hier der Standard, und dafür gibt es keine extra Klasse.

*Listing 4-47: Größe der Elemente (*Form_ElementsSize.html*)*

```
<form>
  <div class="input-group-lg">
    <input class="form-control input-lg"
            type="text" placeholder="Big">
  </div>
  <div class="input-group-md">
    <input class="form-control"
            type="text" placeholder="Normal">
  </div>
  <div class="input-group-sm">
    <input class="form-control input-sm"
            type="text" placeholder="Small">
  </div>
  <div class="input-group-lg">
    <select class="form-control input-lg">
      <option>1</option>
      <option>2</option>
      <option>3</option>
    </select>
  </div>
  <div class="input-group-md">
    <select class="form-control">
      <option>1</option>
      <option>2</option>
      <option>3</option>
    </select>
  </div>
  <div class="input-group-sm">
    <select class="form-control input-sm">
      <option>1</option>
      <option>2</option>
      <option>3</option>
    </select>
  </div>
</form>
```

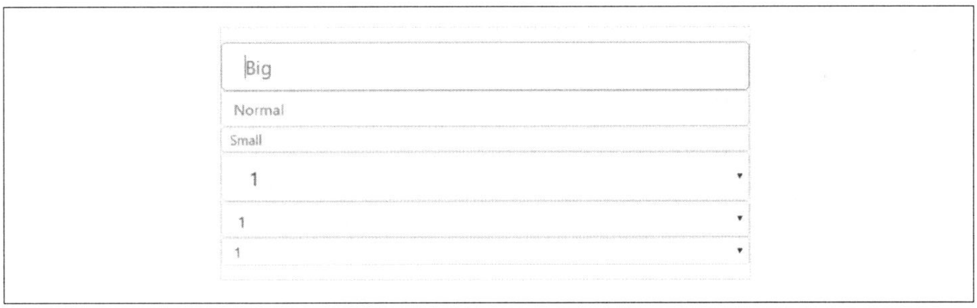

Abbildung 4-53: Elemente in verschiedenen Größen

Die Größe horizontal laufender Formulare lässt sich zentral kontrollieren. Dazu wird die Klasse *.form-group-lg* oder *.form-group-sm* benutzt.

*Listing 4-48: Größe der Elemente (*Form_ElementsSizeHor.html*)*

```
<form>
  <div class="form-group row">
    <label class="col-sm-2 form-control-label"
           for="formGroupInputLarge">Großes Label</label>
    <div class="col-sm-10">
      <input class="form-control form-control-lg" type="text"
             id="formGroupInputLarge" placeholder="Große Eingabe">
    </div>
  </div>
  <div class="form-group row">
    <label class="col-sm-2 form-control-label small"
           for="formGroupInputSmall">Kleines Label</label>
    <div class="col-sm-10">
      <input class="form-control form-control-sm" type="text"
             id="formGroupInputSmall" placeholder="Kleine Eingabe">
    </div>
  </div>
</form>
```

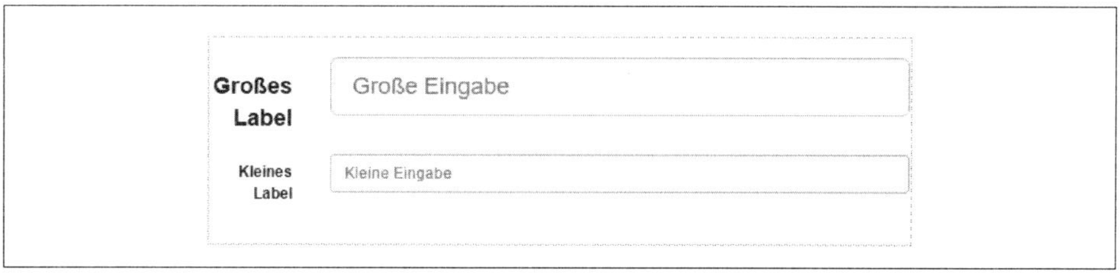

Abbildung 4-54: Elemente ausgerichtet

Hilfetexte in Formularen

Hilfetexte für Formulare werden immer wieder benötigt. Sie dienen zum einen der Anzeige, zum anderen auch dem Screenreader, um barrierefreie Seiten zu unterstützen. Damit das funktioniert, sollten die passenden *aria*-Attribute immer mit den Bootstrap-Klassen zusammen eingesetzt werden.

*Listing 4-49: Hilfetexte in Formularen (*Form_ElementsHelp.html*)*

```
<form>
  <div class="form-group form-group-lg">
    <label for="inputHelpBlock">Ihre Eingabe</label>
    <input type="text" id="inputHelpBlock" class="form-control"
           aria-describedby="helpBlock">
    <span id="helpBlock" class="text-gray-dark small">
      Sie können hier was eingeben.</span>
  </div>
</form>
```

Die in Bootstrap 3 vorhandene Klasse *.help-block* gibt es nicht mehr. Sie erreichen diesen Effekt mit *.text-gray-dark* und *.small*, haben aber mit weiteren Farben und Größen nun viel mehr Optionen ohne noch mehr Klassen lernen zu müssen.

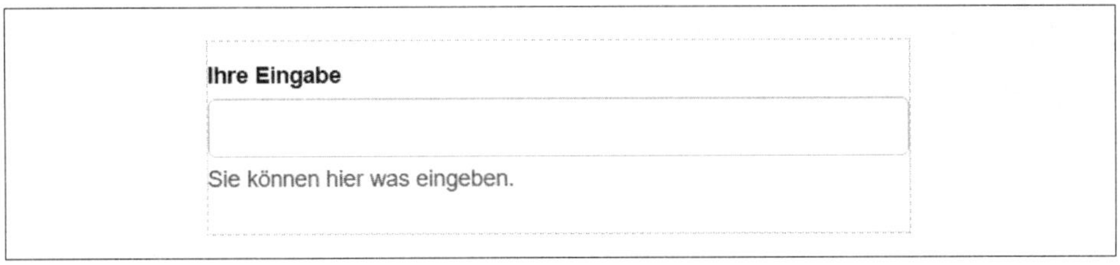

Abbildung 4-55: Hilfetexte

Schaltflächen

Schaltflächen (Buttons) sind in der einen oder anderen Form in jeder Webanwendung zu finden. Bootstrap sieht in Schaltflächen ein Gestaltungselement, das von technischen Rahmenbedingungen losgelöst ist. Technisch kann eine Schaltfläche nur ein Formular absenden, was praktisch immer eine POST-Anfrage auslöst. Wird dagegen ein Zugriff auf den Server via GET benötigt, kommt ein Hyperlink zum Einsatz. Gestalterisch stellt Bootstrap nun beides auf eine Stufe. Schaltflächen lassen sich mit `<a>`, `<button>` oder `<input>` erstellen.

*Listing 4-50: Schaltflächen (*Form_Buttons.html*)*

```
<a class="btn btn-secondary" href="#" role="button">
  Link
</a>
<button class="btn btn-secondary" type="submit">
   Schaltfläche
</button>
<input class="btn btn-secondary"
       type="button" value="Eingabe">
<input class="btn btn-secondary"
       type="submit" value="Absenden">
```

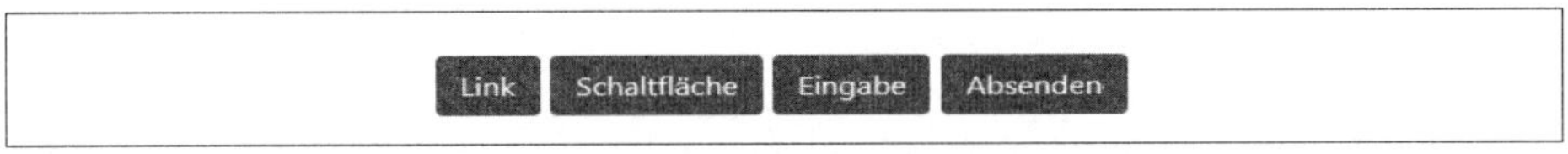

Abbildung 4-56: Schaltflächen – mehrere Varianten mit demselben Effekt

Es gibt jedoch die Einschränkung, dass in Navigationsleisten, die mit *.nav* oder *.navbar* aufgebaut sind, nur das neutrale Element `<button>` zulässig ist.

Werden `<a>`-Tags als Schaltfläche benutzt, sollten diese nur der Seitennavigation dienen und nicht ihre ursprüngliche Funktion als Hyperlink auslösen, weil dies nicht das vom Benutzer erwartete Verhalten ist. Darüber hinaus sollte die Funktion durch `role="button"` unterstrichen werden. Auch dann ist es fraglich, ob dies eine gute Idee ist, weil nicht bei allen Browsern sichergestellt werden kann, dass sich deren Funktion wie erwartet verhält. Nutzen Sie im Zweifelsfall für Schaltflächen – wenn immer dies möglich ist – bevorzugt `<button>`.

Semantische Schaltflächen

Schaltflächen gibt es in sieben Varianten mit semantischer Ausprägung:

- *Secondary*: Standard, grau, allgemeine Funktion
- *Primary*: Löst die Hauptfunktion aus, visueller Effekt durch blaue Farbe verstärkt
- *Success*: Erfolg, grün, positive oder bejahende Aktion
- *Info*: Information, violett, verdeutlichte Hervorhebung kritischer oder spezieller Aktionen
- *Warning*: Warnung, orange, kritische oder komplexe Aktion, bei der Vorsicht geboten ist
- *Danger*: Gefahr, rot, gefährliche oder unumkehrbare Aktion, negativ
- *Link*: Formatiert eine Schaltfläche als Link, oft als reduzierte Aktion, Zusatzverhalten

Listing 4-51: Semantische Schaltflächen

```
<button type="button" class="btn btn-secondary">Standard</button>

<button type="button" class="btn btn-primary">Primär</button>

<button type="button" class="btn btn-success">Erfolg</button>

<button type="button" class="btn btn-info">Information</button>

<button type="button" class="btn btn-warning">Warnung</button>

<button type="button" class="btn btn-danger">Gefahr</button>
```

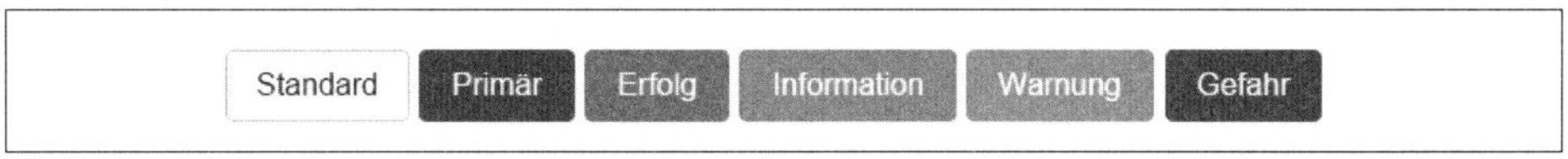

Abbildung 4-57: Semantische Schaltflächen

Wie bereits zuvor ist die Zuordnung einer ansatzweise semantischen Bedeutung mittels Farben auf Umgebungen beschränkt, die Farben uneingeschränkt konsumieren können. Zusätzliche Label, die mit *.sr-only* bestückt sind, sollten die beabsichtigte Wirkung unterstreichen.

Größe und Aussehen

Für größere oder kleinere Schaltflächen sollten die Klassen *.btn-lg* oder *.btn-sm* benutzt werden. Sie ergänzen die Basisklasse *btn* und sind unabhängig von der Farbgebung. Die Standardgröße eignet sich bereits für die Touch-Bedienung. Mausgesteuerte Seiten werden mit kleineren Schaltflächen besser aussehen. Die

Größen »xs« und »xl« gibt es nicht, »md« ist der Standard, und dafür gibt es auch keine explizite Definition.

```
<p>
  <button type="button" class="btn btn-primary btn-lg">
     Groß
  </button>
  <button type="button" class="btn btn-secondary btn-lg">
     Groß
  </button>
</p>
<p>
  <button type="button" class="btn btn-primary">
     Standard
  </button>
  <button type="button" class="btn btn-secondary">
     Standard
  </button>
</p>
<p>
  <button type="button" class="btn btn-primary btn-sm">
     Klein
  </button>
  <button type="button" class="btn btn-secondary btn-sm">
     Klein
  </button>
</p>
```

Abbildung 4-58: Größe der Schaltflächen

Manchmal sollen Schaltflächen den Container, in dem sie befinden, komplett ausfüllen. Dazu dient die Klasse *.btn-block*.

*Listing 4-52: Schaltflächen horizontal erweitert (*Form_ButtonsContainer.html*)*

```
<button type="button"
        class="btn btn-primary btn-lg btn-block">
  Block
</button>
<button type="button"
        class="btn btn-secondary btn-lg btn-block">
  Block
</button>
```

Beachten Sie hier, dass dies nur auf die Breite wirkt. Eine passende Höhe muss separat mit *.btn-lg* etc. erreicht werden.

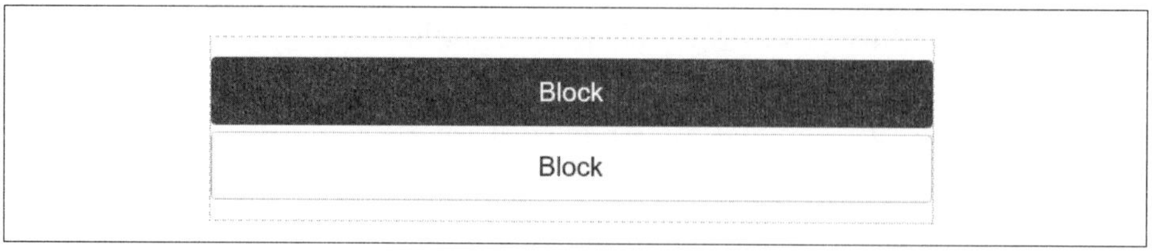

Abbildung 4-59: Schaltflächen horizontal erweitert

Neben der Basisfarbe können Schaltflächen Zustände haben. Der Zustand »Gedrückt« wird mit »:active« beziehungsweise bei formatierten Hyperlinks auch *.active* erreicht. Fügen Sie für eine barrierefreie Ausprägung `aria-pressed="true"` hinzu.

```
<button type="button" class="btn btn-primary btn-lg active">
  Primary
</button>
<button type="button" class="btn btn-secondary btn-lg active">
  Default
</button>
```

Neu in Bootstrap 4 ist die Möglichkeit, umrandete Schaltflächen darzustellen. Damit wird die massive optische Wirkung der bisherigen Schaltflächen vermieden. Bisher profitierten die Elemente von einem schwachen Farbverlauf, der einen leichten 3-D-Effekt erzeugte. Die in neueren Websites oft benutzten flachen, reduzierten Gestaltungen wirken damit aber überfrachtet. Hier greifen die »Outline«-Schaltflächen:

Listing 4-53: Semantische Schaltflächen mit Rahmen

```
<button type="button"
        class="btn btn-outline-secondary">Standard</button>

<button type="button"
        class="btn btn-outline-primary">Primär</button>

<button type="button"
        class="btn btn-outline-success">Erfolg</button>

<button type="button"
        class="btn btn-outline-info">Information</button>

<button type="button"
        class="btn btn-outline-warning">Warnung</button>

<button type="button"
        class="btn btn-outline-danger">Gefahr</button>
```

Abbildung 4-60: Semantische Schaltflächen mit Rahmen

Zustände

```
<a href="#"
   class="btn btn-primary btn-lg active"
   role="button">
  Primary
</a>
<a href="#"
   class="btn btn-secondary btn-lg active"
   role="button">
  Link
</a>
```

Der Zustand »Deaktiviert« (disabled) zeigt an, dass die Schaltfläche nicht gedrückt werden kann. Dazu wird das HTML-Attribut `disabled` benutzt.

```
<button type="button"
        class="btn btn-lg btn-primary"
        disabled="disabled">Primary</button>
<button type="button"
        class="btn btn-secondary btn-lg"
        disabled="disabled">Default</button>
```

Für als Hyperlinks formatierte Schaltflächen kann die Klasse *.disabled* benutzt werden.

```
<a href="#"
   class="btn btn-primary btn-lg disabled"
   role="button">Primär</a>
<a href="#"
   class="btn btn-secondary btn-lg disabled"
   role="button">Link</a>
```

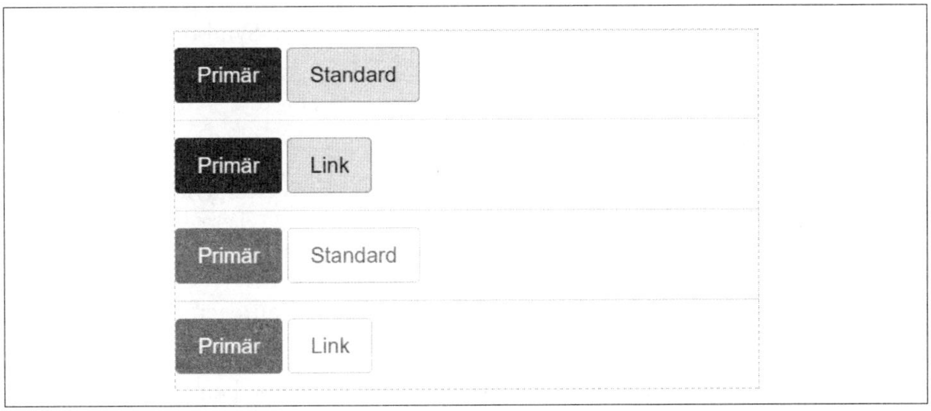

Abbildung 4-61: Diverse Zustände einer Schaltfläche

Beachten Sie, dass die Abschaltung von Elementen mit CSS-Klassen lediglich Kosmetik ist. Auch die Nutzung von *pointer-events: none* intern verhindert nicht, dass sich solche Elemente mit der Tastatur anwählen und auslösen lassen. Sie müssen hier fast immer mit eigenem JavaScript dafür sorgen, dass die Funktion mit der Darstellung übereinstimmt.

Weitere Bausteine

In diesem Abschnitt geht es um Bilder, Effekte und Symbole. Bilder werden nur insoweit unterstützt, als dass hier einige Effekte verfügbar sind.

Symbole

Die Symbole – genauer fontbasierte Symbole – sind die Grundlage der Symbolfunktionen. Die in Bootstrap 3 genutzten Halflings der Glyphicons-Bibliothek (eine Referenz an »Herr der Ringe«) sind normalerweise nicht frei. Bootstrap 4 enthält keine Glyphicons mehr, und Sie müssen auf eine der vielen Font-Bibliotheken ausweichen.

Warum Symbolfonts?

Fontbasierte Symbole vermeiden das Problem, dass einzelne Symbolbildchen zu einer Flut weiterer Anforderungen auf dem Server führen. Stattdessen werden alle Symbole als ein Font geladen – also in einer Datei. Allerdings ist ein Symbol dann wie ein Buchstabe. Er ist in der Größe und Ausdehnung veränderbar, kann aber nur eine Farbe annehmen. Fonts sind zudem meist flach, 3-D-Effekte scheiden hier aus. Für schnelle, moderne Webseiten haben sich Glyphs jedoch weithin etabliert.

Alternativen

Folgende Alternativen stehen darüber hinaus zur Verfügung:

- Font Awesome (*fortawesome.github.io/Font-Awesome*): 675 Symbole
- Octicons, die GitHub-Icons (*octicons.github.com*): 160 Symbole
- Elegant Icon Font (*www.elegantthemes.com/blog/resources/elegant-icon-font*): 350 Symbole
- Typicons (*typicons.com*): 336 Symbole
- Meteocons (*www.alessioatzeni.com/meteocons*): 40 Wettersymbole
- Open Iconic (*useiconic.com/open*): 223 Symbole, die sich bis auf 8 Pixel verkleinern lassen

Dies ist freilich nur eine kleine Auswahl und soll dazu anregen, vor den ersten Designversuchen die passende Unterstützung zu suchen.

In diesem Buch wird für zusätzliche Symbole Font-Awesome benutzt.

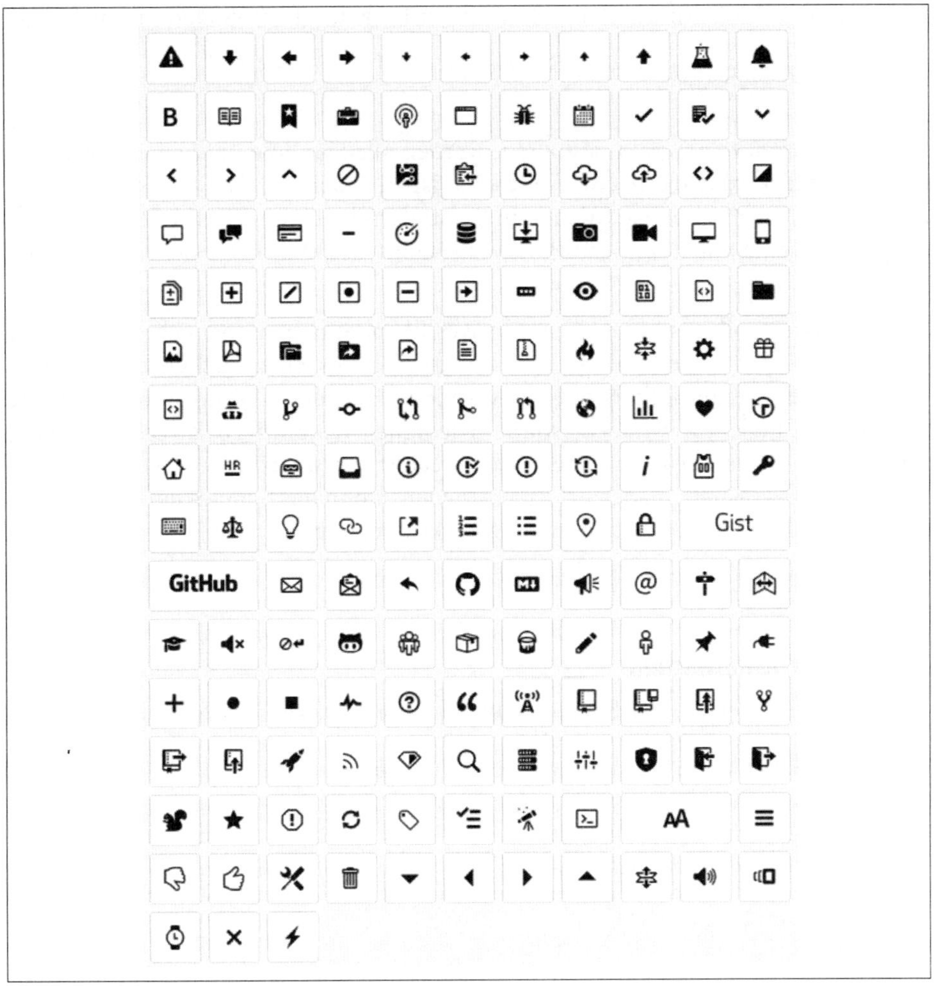

Abbildung 4-62: Der freie Symbolfont Octicons

Nutzung der Symbole

Die folgenden Beispiele zeigen die Vorgehensweise anhand der Bibliothek *Font Awesome*. Binden Sie die Dateien mit Bower ein:

```
$ bower install Font-Awesome
```

Die Konfigurationsdatei *bower.json* sieht dann folgendermaßen aus (Ausschnitt):

```
{
      "name": "Demo",
      "private": true,
  "dependencies": {
    "bootstrap": "4.0",
    "Font-Awesome": "4.7.0"
  }
}
```

In die HTML-Datei kommt dann ein weiterer Link auf die CSS-Definition:

```
<link href="../bower_components/Font-Awesome/css/font-awesome.css"
      rel="stylesheet" />
```

Um die Definition kompakt zu halten, werden alle Symbole über eine Basisklasse und eine Symbolklasse erreicht. Außerdem ist zu beachten, dass das Symbol technisch genau ein Zeichen ist. Wenn ein Symbol im laufenden Text oder als Ergänzung eines Texts auf einer Schaltfläche erscheint, sollte es mit einem Leerzeichen getrennt werden.

Symbolklassen sollten immer ein exklusives Element haben und sich das Element nicht mit anderen Klassen teilen. Im Zweifelsfall tut es ein zusätzliches `<span>`-Element. Kindelemente sollten ebenso vermieden werden. Wenn Symbole keine semantische Bedeutung haben, sondern lediglich dekorativen Zwecken dienen, vermeiden Sie die Ausgabe durch Screenreader mit `aria-hidden="true"`. Umgekehrt sollten Sie Screenreader explizit bedienen, wenn das Symbol eine Bedeutung hat, und weiteren Text mit `.sr-only` versteckt hinzufügen.

```
<span class="fa fa-search"
      aria-hidden="true"></span>
```

Nutzung auf Schaltflächen

Einige Beispiele zeigen, wie Symbole auf Schaltflächen benutzt werden können.

*Listing 4-54: Schaltflächen mit Symbolen (*Icons_Btn.html*)*

```
<button type="button"
        class="btn btn-secondary"
        aria-label="Left Align">
  <span class="fa fa-align-left"
        aria-hidden="true">
  </span>
</button>

<button type="button"
        class="btn btn-secondary btn-lg">
  <span class="fa fa-star"
        aria-hidden="true">
  </span> Star
</button>
```

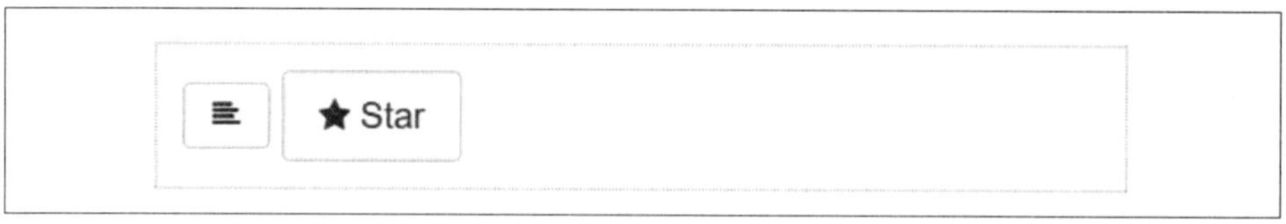

Abbildung 4-63: Schaltflächen mit Symbolen

Meldungen

Auf einer Meldung eignen sich Symbole zum Hervorheben oder zum Anzeigen einer Ausblendmöglichkeit:

*Listing 4-55: Meldungen mit Symbolen (*Icons_Messages.html*)*

```
<div class="alert alert-danger" role="alert">
  <span class="fa fa-exclamation" aria-hidden="true"></span>
  <span class="sr-only">Error</span>
  Please enter a valid address
</div>
```

Abbildung 4-64: Meldungen mit Symbolen

Häufige Symbole

Ein Symbol zum Schließen von Dialogen oder Meldungen definieren Sie wie folgt:

```
<button typc-"button" class-"close" aria-label="Close">
<span aria-hidden="true">&times;</span></button>
```

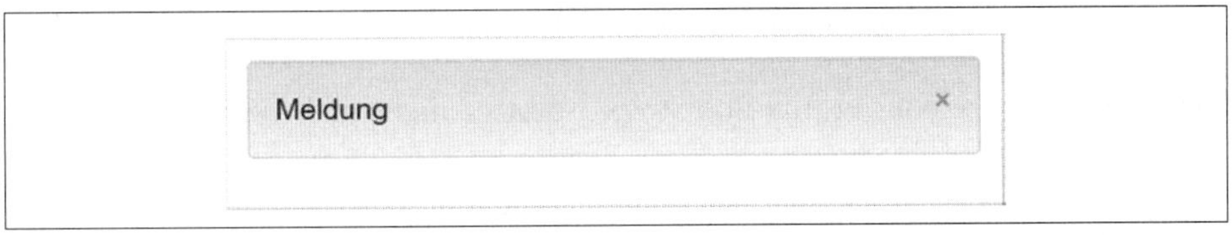

Abbildung 4-65: Effekt einer Schließschaltfläche (ohne Funktion)

Ein Hinweis auf ein Kontextmenü wird mit *.caret* erzeugt:

```
<span class="caret"></span>
```

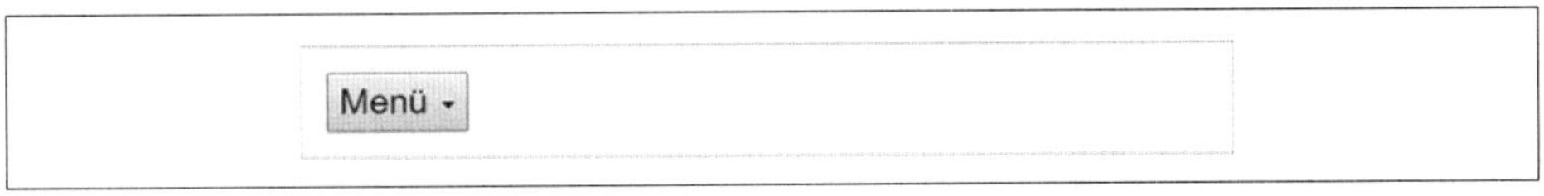

Abbildung 4-66: Effekt eines Kontextmenüs (ohne Funktion)

Responsive Bilder

Bilder haben normalerweise eine natürliche Ausdehnung. Auf großen Bildschirmen ist das unkritisch, auf kleinen können sie jedoch schnell den Sichtbereich verlassen. Mit *.img-fluid* lassen sich Bilder besser darstellen. Diese Klasse erzwingt drei Aktionen:

- *max-width: 100%;*
- *height: auto;*
- *display: block;*

Damit skaliert das Bild auf die Gerätebreite und bleibt dort stabil. Sollte es gegenüber der natürlichen Größe extrem verkleinert sein, sollten Sie in Erwägung ziehen die Skalierung serverseitig zu lösen. Sie benötigen sonst viel Bandbreite und erreichen für den Benutzer wenig Effekt.

Wenn *.img-fluid* benutzt wird, stehen einige weitere Optionen zu Verfügung. Die Klasse *.center-block* zentriert das Bild im Container.

SVG und IE 8 bis 10

Im Internet Explorer 8 bis 10 werden SVG-Bilder (Scalable Vector Graphics) mit `.img-fluid` ungünstig skaliert. Um das zu lösen, sollten Sie selbst jedem Bild die Stilregel `width: 100% \9;` hinzufügen. Bootstrap macht das nicht automatisch, weil dies für andere Formate Nachteile hat.

```
<img src="..." class="img-fluid" alt="Responsive image">
```

Die Klasse *.img-responsive* aus Bootstrap 3 gibt es nicht mehr. Sie wurde durch *.img-fluid* ersetzt.

Bilder lassen sich leicht in eine besondere Form bringen, wenn folgende Klasse benutzt wird:

- *.img-thumbnail*: Vorschaubild

*Listing 4-56: Effekte für Bilder (*Image_Effects.html*)*

```
<img src="..." alt="..." class="img-thumbnail">
```

Abbildung 4-67: Bildeffekt

Eingebettete Quellen

Eingebettete Quellen für Video, Audio oder externe HTML-Seiten basieren auf `<iframe>`-, `<embed>`-, `<video>`- und `<audio>`-Elementen. Die bei Frames üblicherweise benutzte Attributierung mit `frameborder="0"` liefert Bootstrap automatisch mit. Die Klasse *embed-responsive* kümmert sich um die korrekte Darstellung, und das Format kann mit einer weiteren Klasse angegeben werden:

- *.embed-responsive-16by9*: Format 16 : 9
- *.embed-responsive-4by3*: Format 4 : 3

```
<!-- 16:9 aspect ratio -->
<div class="embed-responsive embed-responsive-16by9">
  <iframe class="embed-responsive-item" src="..."></iframe>
</div>

<!-- 4:3 aspect ratio -->
<div class="embed-responsive embed-responsive-4by3">
  <iframe class="embed-responsive-item" src="..."></iframe>
</div>
```

Farben und Hintergründe

Farben und Hintergründe gelten global, können also auf einer Vielzahl der zuvor gezeigten Elemente zum Einsatz kommen.

Textfarbe

Für Textfarben stehen wieder einige Klassen bereit, die eine leicht semantische Bedeutung haben. Die primären Klassen sind:

- *text-muted*: Unterdrückt, heller und grau
- *text-primary*: Primär, Hauptaktion oder primäre Aussage, blau, wichtig
- *text-success*: Erfolg, grün, positiv
- *text-info*: Information, violett, hervorzuheben, Aufmerksamkeit erforderlich
- *text-warning*: Warnung, orange, Aktion ist folgenreich oder Meldung ist kritisch
- *text-danger*: Gefahr, rot, Fehler oder Unumkehrbares, ernsthafte Warnung

*Listing 4-57: Farben für Text (*Text_Colors.html*)*

```
<p class="text-muted">...</p>
<p class="text-primary">...</p>
<p class="text-success">...</p>
<p class="text-info">...</p>
<p class="text-warning">...</p>
<p class="text-danger">...</p>
```

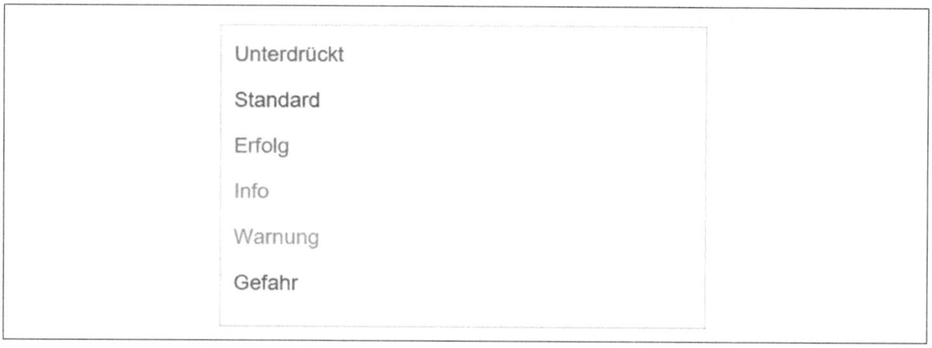

Abbildung 4-68: Textfarben

Wenn die Zuweisung zu einem Element – <p> ist hier nur ein Beispiel – nicht den gewünschten Effekt hat, kann die Nutzung eines weiteren <span>-Elements hilfreich sein. Erneut gilt, dass die schwach semantische Bedeutung nicht barrierefrei ist und Screenreader diese Information nicht wiedergeben. Zusätzliche Angaben, die mit *.sr-only* versteckt werden, sind die richtige Lösung.

Hintergrundfarbe

Für Hintergrundfarben stehen ähnliche Klassen bereit, die eine leicht semantische Bedeutung haben. Die primären Begriffe sind:

- *Primary*: Primär, Hauptaktion oder primäre Aussage, blau
- *Success*: Erfolg, grün, positiv
- *Info*: Information, violett, hervorzuheben, Aufmerksamkeit erforderlich
- *Warning*: Warnung, orange, Aktion ist folgenreich oder Meldung ist kritisch
- *Danger*: Gefahr, rot, Fehler oder Unumkehrbares, ernsthafte Warnung

```
<p class="bg-primary">...</p>
<p class="bg-success">...</p>
<p class="bg-info">...</p>
<p class="bg-warning">...</p>
<p class="bg-danger">...</p>
```

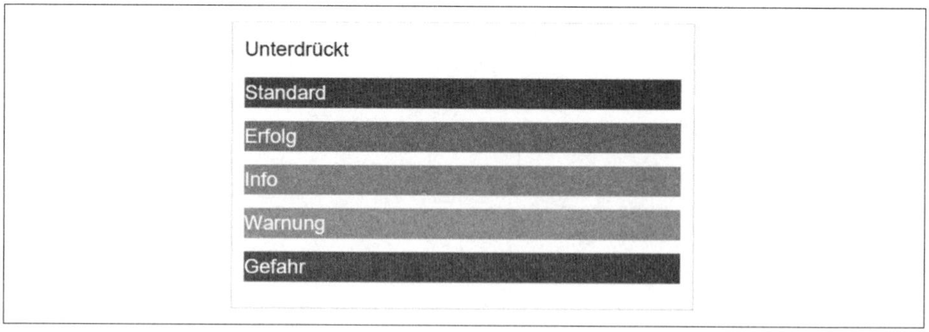

Abbildung 4-69: Hintergrundfarben

Wenn die Zuweisung zu einem Element – <p> ist hier nur ein Beispiel – nicht den gewünschten Effekt hat, kann die Nutzung eines weiteren <div>-Elements hilfreich sein. Erneut gilt, dass die schwach semantische Bedeutung nicht barrierefrei ist und Screenreader diese Information nicht wiedergeben. Zusätzliche Angaben, die mit *.sr-only* versteckt werden, sind die richtige Lösung.

Ausrichtung von Elementen im Fluss

Der natürliche Fluss (Elementfolge) auf einer Seite lässt sich durch die Klassen *.float-<xx>-left* und *.float-<xx>-right* verändern. <xx> ist wieder der Platzhalter für die Werte »sm«, »md«, »lg« oder »xl«. Bei der Anwendung wird das Element immer zwingend an den rechten beziehungsweise linken Rand gezogen, auch wenn damit die natürliche Reihenfolge verändert wird. Intern basiert dies auf der Regel `float`.

```
<div class="float-md-left">...</div>
<div class="float-md-right">...</div>
```

Dies sollte nicht in Navigationsleisten erfolgen, dort gibt es die spezifischen Klassen *.navbar-left* oder *.navbar-right*. Auf die explizite Angabe der Breite kann verzichtet werden:

```
<div class="float-left">Links</div><br>
<div class="float-right">Rechts</div><br>
<div class="float-none">Unbestimmt (meist links)</div>
```

Zentrieren

Mit *.text-<xx>-center* lässt sich ein Element im Container zentrieren:

```
<div class="text-md-center">...</div>
```

<xx> ist wieder der Platzhalter für die Werte »xs«, »sm«, »md« oder »lg«.

Benutzen Sie niemals das veraltete HTML-Element `<center>`!

Umbruch: Clearfix

Um den Fluss zu unterbrechen, wird *.clearfix* auf dem Elternelement benutzt.

```
<div class="clearfix">...</div>
```

Ein Umbruch im Fluss der HTML-Elemente sollte sich eigentlich leicht mit *display:block* erreichen lassen. Tatsächlich gehört die ewige Clearfix-Geschichte zu den komplexesten Hacks in der CSS-Welt. Was also steckt dahinter? Zuerst die Definition in Bootstraps SASS-Quellcode:

```
@mixin clearfix() {
  &::after {
    content: "";
    display: table;
    clear: both;
  }
}
```

Dieser Code erzeugt Pseudo-Elemente und setzt den Display-Mode auf *table*. Dies erzeugt eine anonyme Tabellenzelle im Blockformat. Die `:before`-Regel verhindert, dass der obere Rand mit dem vorhergehenden Element zusammenfällt (kollabiert). Damit wird verhindert, dass ein »fremder« Abstand stört. Die `:after`-Regel erzeugt den eigentlichen Umbruch des Elements auf die nächste Zeile.

Inhalte anzeigen und verstecken

Mit den Klassen *.hidden-<xx>* werden Inhalte explizit angezeigt oder versteckt. Die Anwendung gelingt jedoch nur für Blockelemente wie beispielsweise `<div>`.

<xx> ist wieder der Platzhalter für die Werte »xs«, »sm«, »md« oder »lg«.

```
<div class="hidden-xs hidden-sm">...</div>
```

Das Anzeigen oder Ausblenden kann auch von der Gerätebreite abhängig gemacht werden. Dazu dienen folgende Klassen:

- *.hidden-xs*: Ausblenden nur bei »xs«
- *.hidden-sm*: Ausblenden nur bei »sm«
- *.hidden-md*: Ausblenden nur bei »md«
- *.hidden-lg*: Ausblenden nur bei »lg«
- *.hidden-xl*: Ausblenden nur bei »xl«

Analog zu Bildschirmen lassen sich auch Inhalte beim Drucken anzeigen oder ausblenden:

- *.visible-print-block*
- *.visible-print-inline*
- *.visible-print-inline-block*
- *.hidden-print*

Komponenten

Komponenten sind Bausteine aus der Bootstrap-Bibliothek, die eine bestimmte Funktionalität liefern und die über die reine Nutzung von CSS hinausgehen. Um sie zu nutzen, wird zusätzlich zu CSS eine Kombination aus HTML, JavaScript und Font-Bibliotheken genutzt.

Bootstrap und Angular/React

Wenn Sie mit einem Framework arbeiten, das die Kontrolle über das DOM mittels eines Schatten-DOM erlangt, dann funktionieren die jQuery-basierten Plug-ins nicht. Sie müssen dann nach einer passenden Kompatibilitätsbibliothek suchen und auf die mitgelieferten JavaScript-Bausteine in diesem Kapitel verzichten. Auf *npm* ist eine reiche Auswahl an derartigen Bibliotheken zu finden.

Klappmenüs (dropdown)

Drop-downs – Kontext- oder Klappmenüs – sind fester Bestandteil vieler Formulare. Die Interaktion ist komplex und basiert teilweise auf JavaScript. Dies muss nicht separat aktiviert werden, die `data-`-Attribute greifen hier, konkret `data-toggle ="dropdown"`. Auch Menüs profitieren von Symbolen.

In Bootstrap 4 werden Menüs nicht mehr mit `<ul><li></li></ul>` erstellt, sondern mit `<div>` und normalen Schaltflächen oder Anchor-Tags, die mit *.dropdown-menu* beziehungsweise *.dropdown-item* dekoriert werden.

*Listing 4-58: Menü nach unten klappen (*Icons_DropDown.html*)*

```
<div class="dropdown">
  <button class="btn btn-default dropdown-toggle"
          type="button"
          id="dropdownMenu1"
          data-toggle="dropdown"
          aria-haspopup="true" aria-expanded="true">
    Runterklappen
    <span class="caret"></span>
  </button>
  <div class="dropdown-menu" aria-labelledby="dropdownMenu1">
    <a class="dropdown-item" href="#">Bearbeiten</a>
    <a class="dropdown-item" href="#">Löschen</a>
    <a class="dropdown-item" href="#">Details</a>
    <a class="dropdown-item" href="#">Sperren</a>
  </div>
</div>
```

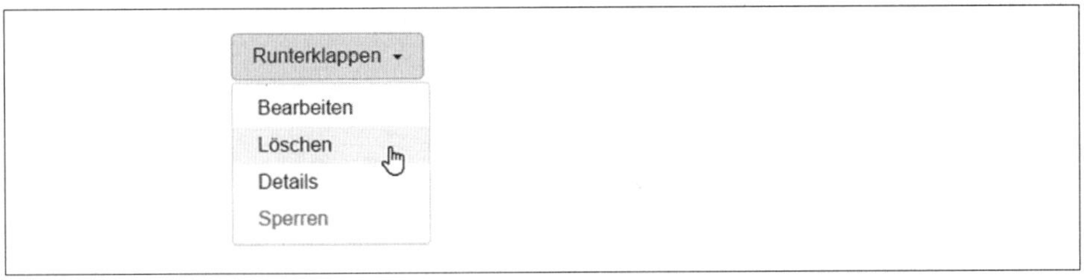

Abbildung 4-70: Menü nach unten klappen

Mit der Klasse *.dropup* kann das Menü nach oben statt nach unten aufklappen.

*Listing 4-59: Menü nach oben klappen (*Icons_DropUp.html*)*

```
<div class="dropup">
  <button class="btn btn-default dropdown-toggle"
          type="button"
          id="dropdownMenu2" data-toggle="dropdown"
          aria-haspopup="true" aria-expanded="false">
    Hochklappen
    <span class="caret"></span>
  </button>
  <div class="dropdown-menu" aria-labelledby="dropdownMenu2">
    <a class="dropdown-item" href="#">Bearbeiten</a>
```

```
    <a class="dropdown-item" href="#">Löschen</a>
    <a class="dropdown-item" href="#">Details</a>
    <a class="dropdown-item" href="#">Sperren</a>
  </div>
</div>
```

Abbildung 4-71: Menü nach oben aufklappen

Ausrichtung des Menüs

Normal ist das Menü links ausgerichtet. Mit *.dropdown-menu-right* lässt es sich im Container rechts ausrichten. Ansonsten stehen die Menüs im normalen Fluss der Seite. Dies ist sicherer als die Benutzung von *.pull-right*, die hier nicht offiziell unterstützt wird. Sollte eine Ausrichtung in einem Elternelement erfolgen, die aufgehoben werden muss, nutzen Sie *.dropdown-menu-left*.

*Listing 4-60: Ausrichtung im Container (*Icons_DropDown_Right.html*)*

```
<div class="dropdown-menu dropdown-menu-right"
    aria-labelledby="dLabel">
  ...
</div>
```

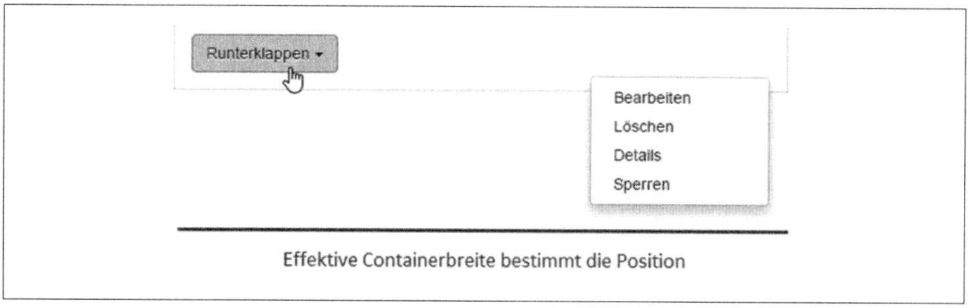

Abbildung 4-72: Ausrichtung im Container

Dekorationselemente

Dekorationselemente schmücken Menüs aus. Sie sollen vor allem die Lesbarkeit langer Menüs verbessern und nicht nur als schmückendes Beiwerk dienen.

Zwischenüberschrift in Menüs – Inaktive Zwischenüberschriften können zur Dekoration hinzugefügt werden. Dazu wird ein normales Überschriftenelement passender Größe benutzt; meist passt <h6> ganz gut.

*Listing 4-61: Zwischenüberschrift (*Icons_Dropdown_Header.html*)*

```
<div class="dropdown-menu"
    aria-labelledby="dropdownMenu3">
  ...
  <h6 class="dropdown-header">Wichtiges</h6>
  ...
</div>
```

Abbildung 4-73: Zwischenüberschrift

Trennzeilen – Um eine Reihe von Links optisch zu trennen, nutzen Sie Trennzeilen. Dies macht lange Menüs besser lesbar. Mit der Klasse *.dropdown-divider* wird der Effekt erzielt.

*Listing 4-62: Trennlinie (*Icons_DropDown_Sep.html*)*

```
<div class="dropdown-menu"
    aria-labelledby="dropdownMenuDivider">
  ...
  <div role="separator" class="dropdown-divider" />
  ...
</div>
```

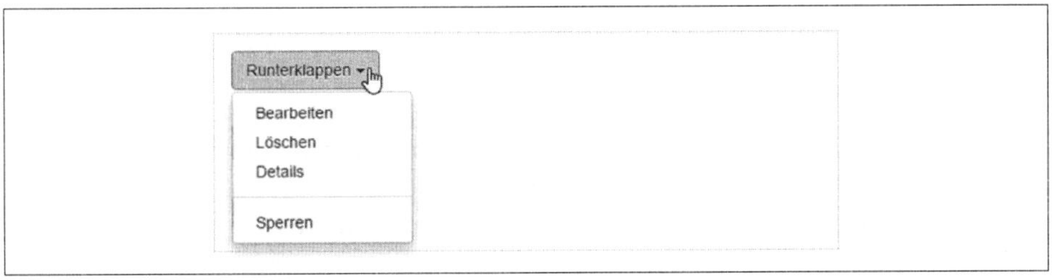

Abbildung 4-74: Trennlinie

Alternativ ist auch die Benutzung von <hr /> möglich.

Deaktivierte Links – Mit *.disabled* wird das `<li>` eines Menüeintrags deaktiviert.

*Listing 4-63: Deaktivierter Eintrag (*Icons_DropDown_Dis.html*, Ausschnitt)*

```
<div class="dropdown-menu" aria-labelledby="dropdownMenu1">
  <a class="dropdown-item" href="#">Bearbeiten</a>
  <a class="dropdown-item" href="#">Löschen</a>
  <a class="dropdown-item" href="#">Details</a>
  <div role="separator" class="dropdown-divider"></div>
  <a class="dropdown-item disabled" href="#">Sperren</a>
</div>
```

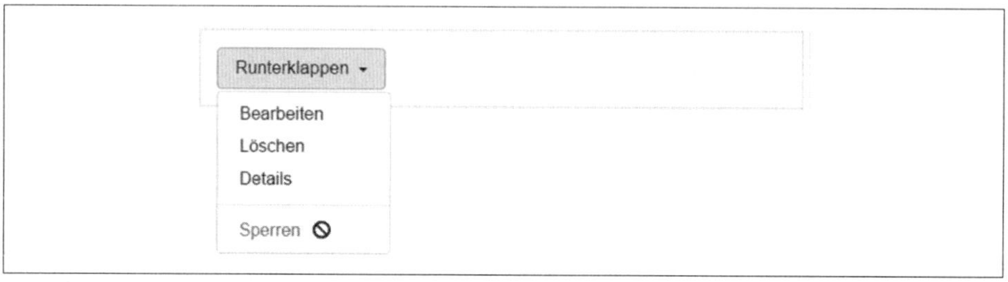

Abbildung 4-75: Deaktivierter Eintrag

Werkzeugleisten (toolbar)

Werkzeugleisten (Toolbars) sind technisch gesehen Gruppen von Schaltflächen. Die Schaltflächen stehen dabei horizontal nebeneinander. Eingebettete Kontrollkästchen und Optionsfelder benötigen JavaScript, um korrekt zu arbeiten. Dies muss nicht manuell aktiviert werden.

Tooltips und überlagerte Dialoge (pop over) benötigen spezielle Einstellungen – `container: 'body'` in den Optionen des JavaScript-Teils –, um anzugeben, wo das Element an das DOM andocken darf, damit der Rendervorgang ausgelöst wird. *body* ist meist passend, allerdings kann hier jedes Container-Element adressiert werden.

```
$("#testsettracesBtn1").popover({
    container: 'body'
});
```

Mit dem `role`-Attribut wird die Semantik unterstützt, entweder `role="group"` oder `role="toolbar"`. Wie bereits zuvor ist die Unterstützung von Screenreadern sinnvoll, was mit `aria-label` oder `aria-labelledby` erreicht wird.

```
<div class="btn-group" role="group" aria-label="...">
<button type="button" class="btn btn-default">Links</button>
<button type="button" class="btn btn-default">Mitte</button>
<button type="button" class="btn btn-default">Rechts</button>
</div>
```

Mit einer Kombination aus <div class="btn-group"> innerhalb von <div class ="btn-toolbar"> lassen sich komplexere Werkzeugleisten bauen:

```
<div class="btn-toolbar" role="toolbar" aria-label="">
 <div class="btn-group" role="group" aria-label="">...</div>
 <div class="btn-group" role="group" aria-label="">...</div>
 <div class="btn-group" role="group" aria-label="">...</div>
</div>
```

Mit *.btn-group-*-Klassen lassen sich komplette Gruppen von Schaltflächen in der Größe anpassen. Die üblichen Suffixe »xs«, »sm« und »lg« stehen zur Verfügung – der Standardwert ist »md«.

```
<div class="btn-group btn-group-lg"
     role="group"
     aria-label="...">...</div>
<div class="btn-group"
     role="group"
     aria-label="...">
  ...
</div>
<div class="btn-group btn-group-sm"
     role="group"
     aria-label="...">
  ...
</div>
<div class="btn-group btn-group-xs"
     role="group"
     aria-label="...">
  ...
</div>
```

Wenn Gruppen mit Klappmenüs kombiniert werden sollen, lassen sich die *.btn-group*-Klassen verschachteln.

*Listing 4-64: Werkzeugleiste mit Schaltflächen (*Toolbar.html*)*

```
<div class="btn-toolbar" role="toolbar" aria-label="Toolbar">
  <div class="btn-group" role="group">
    <button type="button"
            class="btn btn-secondary dropdown-toggle"
            data-toggle="dropdown"
            aria-haspopup="true" aria-expanded="false">
      Sort
      <span class=fa fa-caret-down></span>
    </button>
    <div class="dropdown-menu">
      <a class="dropdown-item" href="#">Absteigend</a>
      <a class="dropdown-item" href="#">Aufsteigend</a>
    </div>
  </div>
  <div class="btn-group" role="group">
    <button class="btn btn-danger">Löschen</button>
  </div>
  <div class="btn-group" role="group">
    <button class="btn btn-primary">Detail</button>
  </div>
</div>
```

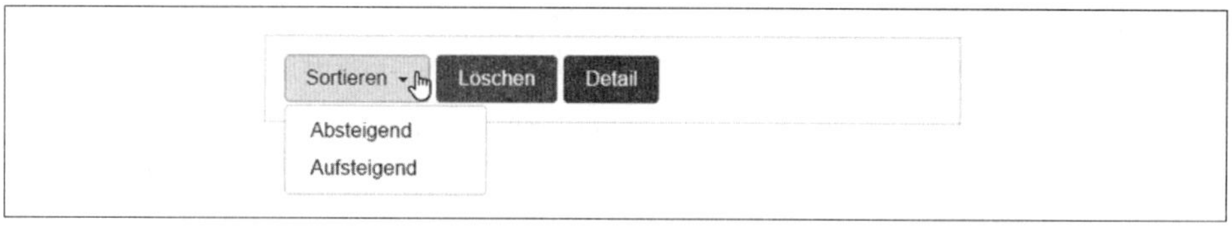

Abbildung 4-76: Werkzeugleiste mit Schaltflächen

Vertikale Ausrichtung

Bislang wurde davon ausgegangen, dass Werkzeugleisten immer horizontal verlaufen. Sollen Sie am Rand angeordnet werden, ist eine vertikale Form besser geeignet. Der folgende Code zeigt, wie es geht. Im Code wird für die Symbole *Font Awesome* benutzt. Das entsprechende CSS muss zusätzlich eingebunden werden.

*Listing 4-65: Vertikale Werkzeugleiste mit Schaltflächen (*Toolbar_Vertical.html*)*

```
<div class="btn-toolbar" role="toolbar" aria-label="Toolbar">
  <div class="btn-group-vertical" role="group">
    <button class="btn btn-info">
      <span class="fa fa-plus"></span>
    </button>
    <button class="btn btn-info">
      <span class="fa fa-minus"></span>
    </button>
    <button class="btn btn-danger">Delete</button>
    <button class="btn btn-primary">Detail</button>
  </div>
</div>
```

Geteilte Schaltflächen (Split Button) oder Klappmenüs können hier nicht benutzt werden – die Menüs werden falsch platziert.

Abbildung 4-77: Vertikale Werkzeugleiste mit Schaltflächen

Allgemeine Optionen

Einige Effekte lassen sich auf Werkzeugleisten allgemein anwenden. Die bisher mögliche Ausdehnung auf die gesamten Breite (*.-justified**-Optionen) besteht nicht mehr.

Um innerhalb einer Seite navigieren zu können, wird meist ein <a>-Tag benutzt, das lediglich wie eine Schaltfläche formatiert wird. Wichtig ist es hier, einen semantischen Hinweis zu belassen und das Attribut `role="button"` zu benutzen.

```
<div class="btn-group"
     role="group" aria-label="...">
  <a class="btn btn-primary" role="button" href="#">Back</a>
  <a class="btn btn-primary" role="button" href="#">2</a>
  <a class="btn btn-primary" role="button" href="#">End</a>
</div>
```

Schaltfläche mit Menü (button group)

Jede Schaltfläche kann Auslöser eines Klappmenüs sein. Die Schaltfläche kann dazu als ein Ganzes oder zweigeteilt erscheinen.

Einfache Schaltfläche mit Menü

Die Anordnung muss in einer *.btn-group*-Klasse stehen. Die Funktion benötigt JavaScript. Wenn nicht die gesamte Bibliothek, sondern nur ein Teil benutzt wird, ist das *DropDown-Plugin* erforderlich.

Listing 4-66: Werkzeugleiste mit Klappmenü (Toolbar_DropDown.html)

```
<div class="btn-toolbar" role="toolbar" aria-label="Toolbar">
  <div class="btn-group" role="group">
    <button type="button" class="btn btn-secondary">
      Datei
    </button>
    <button type="button"
            class="btn btn-secondary dropdown-toggle"
            data-toggle="dropdown"
            aria-haspopup="true" aria-expanded="false">
      Aktion
    </button>
    <div class="dropdown-menu">
      <a class="dropdown-item" href="#">Ansehen</a>
      <a class="dropdown-item" href="#">Verschieben</a>
      <a class="dropdown-item" href="#">Kopieren</a>
      <div role="separator" class="dropdown-divider"></div>
      <a class="dropdown-item" href="#">Löschen</a>
    </div>
  </div>
</div>
```

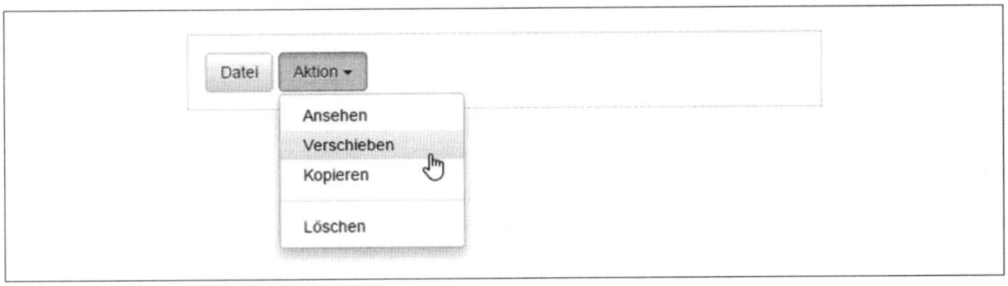

Abbildung 4-78: Werkzeugleiste mit Klappmenü

Der Trigger für das JavaScript ist das Attribut `data-toggle="dropdown"` (Zeile 4). Das schwarze Dreieck, das die Menüoption andeutet, wird mit der Klasse *.caret* erzeugt (Zeile 6).

Geteilte Schaltfläche mit Menü

Eine geteilte Schaltfläche (Split Button) entsteht einfach durch ein weiteres `<button>`-Element. Üblicherweise löst eine solche Schaltfläche eine Standardoption aus der Liste der Optionen aus, die das Menü anbietet.

*Listing 4-67: Werkzeugleiste mit geteilter Schaltfläche (*Toolbar_Split.html*)*

```
<div class="btn-toolbar" role="toolbar" aria-label="Toolbar">
  <div class="btn-group">
    <button type="button" class="btn btn-danger">
      Standard
    </button>
    <button type="button"
            class="btn btn-danger dropdown-toggle"
            data-toggle="dropdown"
            aria-haspopup="true" aria-expanded="false">
      <span class=fa fa-caret-down></span>
      <span class="sr-only">Open Menu</span>
    </button>
    <div class="dropdown-menu">
      <a class="dropdown-item" href="#">Standard</a>
      <a class="dropdown-item" href="#">Weitere</a>
      <a class="dropdown-item" href="#">Mehr</a>
      <div role="separator" class="dropdown-divider"></div>
      <a class="dropdown-item" href="#">Anders</a>
    </div>
  </div>
</div>
```

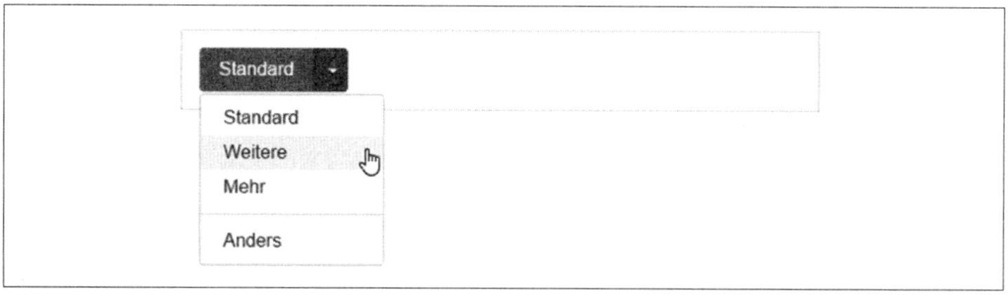

Abbildung 4-79: Werkzeugleiste mit geteilter Schaltfläche

Größen von Menüschaltflächen

Grundsätzlich sind Menüs mit Schaltflächen jeder Größe einsetzbar. Das Menü passt sich den Stilen *btn-lg* und *btn-sm* an. *btn-md* ist der Standard und muss nicht angegeben werden.

*Listing 4-68: Menügrößen (*Toolbar_Size.html*)*

```
<div class="btn-group">
  <button class="btn btn-secondary btn-lg dropdown-toggle"
          type="button" data-toggle="dropdown"
          aria-haspopup="true" aria-expanded="false">
    Huge <span class=fa fa-caret-down></span>
  </button>
  <div class="dropdown-menu">
    ...
  </div>
</div>

<div class="btn-group">
  <button class="btn btn-secondary dropdown-toggle"
          type="button" data-toggle="dropdown"
          aria-haspopup="true" aria-expanded="false">
    Normal <span class=fa fa-caret-down></span>
  </button>
  <div class="dropdown-menu">
    ...
  </div>
</div>

<div class="btn-group">
  <button class="btn btn-secondary btn-sm dropdown-toggle"
          type="button" data-toggle="dropdown"
          aria-haspopup="true" aria-expanded="false">
    Small <span class=fa fa-caret-down></span>
  </button>
  <div class="dropdown-menu">
    ...
  </div>
</div>
```

Beachten Sie hier, dass sich die Angaben verglichen mit Bootstrap 3 geändert haben. Der Stil *.btn-xs* wird nicht mehr unterstützt. Die kleinste Form ist »sm«.

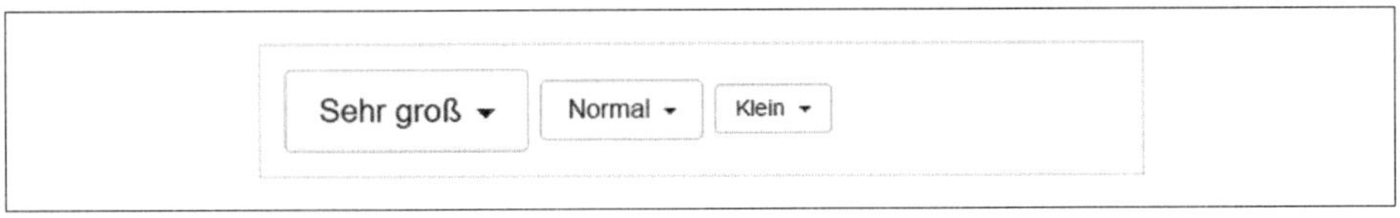

Abbildung 4-80: Menügrößen

Spezielle Menüvarianten

Mithilfe der Klasse *.dropup* kann das Menü nach oben ausklappen.

```
<div class="btn-group dropup">
  <button type="button" class="btn btn-secondary">
    Fold Up
  </button>
  <button type="button"
          class="btn btn-default dropdown-toggle"
          data-toggle="dropdown"
          aria-haspopup="true" aria-expanded="false">
```

```
    <span class="caret"></span>
    <span class="sr-only">Fold Up</span>
  </button>
  <div class="dropdown-menu">
    <!-- Hier stehen Menüelemente -->
  </div>
</div>
```

Navigation (nav, navbar)

Alle Navigationselemente werden durch eine gemeinsame Basisklasse *.nav* eingeleitet. Wenn mittels Tabulatoren navigiert wird, ist JavaScript erforderlich. Für die Unterstützung des barrierefreien Zugangs sollte das Attribut `role="navigation"` auf dem logisch darüber liegenden Container eingesetzt werden. Dies gibt der Navigation die nötige semantische Bedeutung. Wichtig dabei ist, dies nicht auf dem `<ul>`-Element zu tun, sondern auf dem umschließenden `<nav>` oder `<div>`.

Grundsätzlich sollte bei der Navigation zwischen Inhaltsnavigation und Aktionsnavigation unterschieden werden. Inhalte lassen sich über Links, Schaltflächen oder auch Tabulatoren erreichen. Aktionsnavigation findet dagegen über Schaltflächen, Menüs, Werkzeugleisten, Menübänder etc. statt. Formulare zählen dabei zum Inhalt. Nur die Schaltfläche zum Absenden ist beispielsweise eine Aktion.

Tabulatoren (tabs)

Tabulatoren sind ideal, um mehrere Formulare logisch zu trennen oder ein großes Formular in handhabbare Bereiche zu zerlegen.

*Listing 4-69: Tabulatoren (*Nav_tab.html*)*

```
<ul class="nav nav-tabs">
  <li class="nav-item" role="presentation">
    <a data-toggle="tab"
       class="nav-link active"
       href="#">Start</a>
  </li>
  <li class="nav-item" role="presentation">
    <a data-toggle="tab"
       class="nav-link"
       href="#">Profil</a>
  </li>
  <li class="nav-item" role="presentation">
    <a data-toggle="tab"
       class="nav-link"
       href="#">Nachrichten</a>
  </li>
</ul>
```

Beachten Sie hier die Positionierung der Klassen *.nav-item* und *.nav-link*.

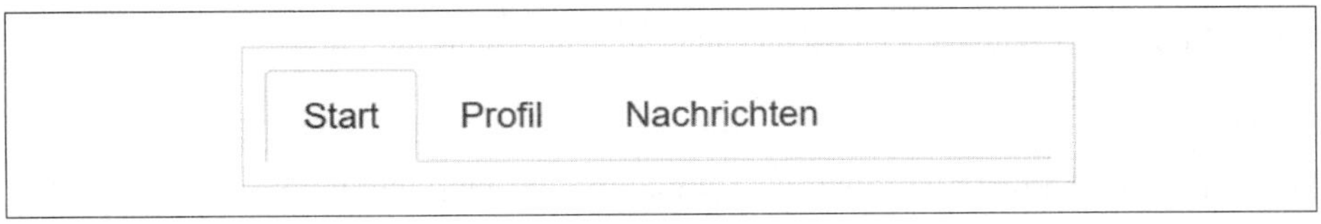

Abbildung 4-81: Tabulatoren

Für eine vollständige Funktion ist JavaScript erforderlich. Bootstrap bringt den Code mit. Die Aktivierung erfolgt über das Attribut `data-toggle="tab"`. Tabs, die mit eigenem Code aktiviert werden sollen, tragen dieses Attribut nicht.

Navigationsschaltflächen (pills)

Mit *.nav-pills* – und ansonsten mit einem den Tabulatoren identischen Aufbau – erreichen Sie ein Design, das eher den Schaltflächen ähnelt:

*Listing 4-70: Navigationsschaltflächen (*Nav_Pills.html*)*

```
<ul class="nav nav-pills">
  <li role="presentation" class="nav-item">
    <a href="#" class="nav-link active" data-toggle="pill">
      Start
    </a>
  </li>
  <li role="presentation" class="nav-item">
    <a class="nav-link" data-toggle="pill" href="#">
      Profil
    </a>
  </li>
  <li role="presentation" class="nav-item">
    <a class="nav-link" data-toggle="pill" href="#">
      Nachrichten
    </a>
  </li>
</ul>
```

Beachten Sie hier die Positionierung der Klassen *.nav-item* und *.nav-link*.

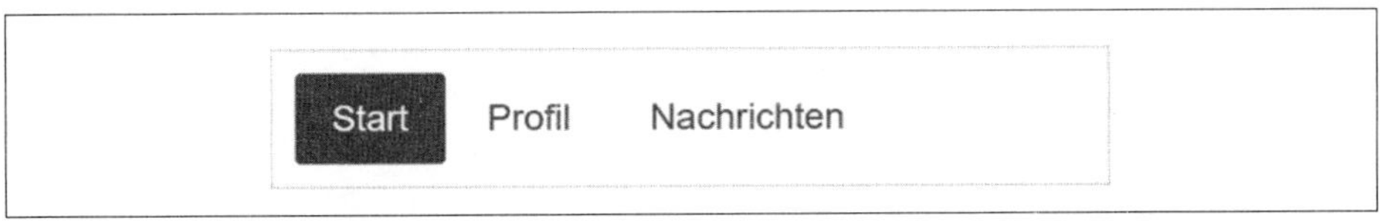

Abbildung 4-82: Navigationsschaltflächen (pills)

Diese »Pillen« (Pills) genannten Elemente können auch vertikal angeordnet werden. Dazu wird zusätzlich *.nav-stacked* benutzt:

```
<ul class="nav nav-pills nav-stacked">
  ...
</ul>
```

Für eine vollständige Funktion ist JavaScript erforderlich. Bootstrap bringt den Code mit. Die Aktivierung erfolgt über das Attribut `data-toggle="pill"`. Tabs, die mit eigenem Code aktiviert werden sollen, tragen dieses Attribut nicht.

Universelle Einstellungen

Universelle Einstellungen wirken auf alle Navigationselemente. Dies betrifft:

- Ausrichtung
- Deaktivierung
- Klappmenüs

Ausrichtung – Alle Elemente, die horizontal angeordnet werden können, leiden in der Ansicht, wenn sich der Inhalt drastisch unterscheidet. Es fühlt sich natürlicher an, wenn die Elemente den Platz voll nutzen. Um die Entscheidung zu erleichtern, greift die gleich breite Darstellung erst ab 768 px Bildschirmbreite. Die Elemente werden gleichmäßig über den gesamten Bildschirm verteilt, ähnlich wie beim Blocksatz. Der Effekt lässt sich mit *.nav-justified* erreichen. Auf kleineren Bildschirmen werden die Elemente wieder linksbündig angeordnet.

```
<ul class="nav nav-tabs nav-justified">
  ...
</ul>
<ul class="nav nav-pills nav-justified">
  ...
</ul>
```

Deaktivierung – Es kann vorkommen, dass der betreffende Inhaltsteil oder das Formular nicht erreichbar sein soll. Das Element wird in diesem Fall deaktiviert, grau dargestellt und reagiert nicht auf die Maus oder Touch-Aktionen.

*Listing 4-71: Deaktivierte Navigationsschaltflächen (*Nav_Pills_Deaktiviert.html*)*

```
<ul class="nav nav-pills">
  ...
  <li role="presentation" class="nav-item">
     <a class="nav-link disabled" href="#">Deaktivierter Link</a>
  </li>
  ...
</ul>
```

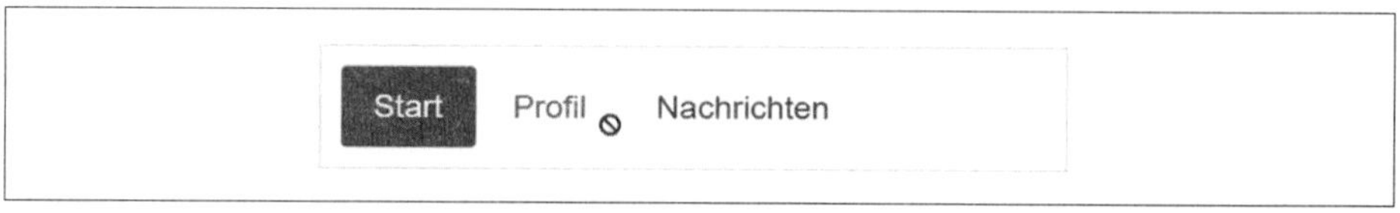

Abbildung 4-83: Deaktivierte Navigationsschaltflächen

Erweiterung durch Klappmenüs – Tabulatoren lassen sich um Klappmenüs erweitern. Dies sollten Sie sich freilich gut überlegen, weil es die Benutzung komplizierter macht und keine sehr typische Position für ein Menü ist. Möglicherweise nehmen Benutzer die Klappmenüs also nicht wahr.

*Listing 4-72: Navigationsschaltflächen mit Menü (*Nav_Tab_Menu.html*)*

```
<ul class="nav nav-tabs">
  <li role="presentation" class="nav-item">
    <a class="nav-link active" href="#"
       data-toggle="tab">Dateien
    </a>
  </li>
  <li role="presentation" class="nav-item dropdown">
    <a class="nav-link dropdown-toggle"
        data-toggle="dropdown"
        href="#" role="button"
        aria-haspopup="true"
        aria-expanded="false">
      Quickmenü <span class="caret"></span>
    </a>
    <div class="dropdown-menu">
      <a class="dropdown-item" href="#">Laden</a>
      <a class="dropdown-item" href="#">Entladen</a>
    </div>
  </li>
  <li role="presentation" class="nav-item">
    <a class="nav-link" href="#" data-toggle="tab">Backup</a>
  </li>
</ul>
```

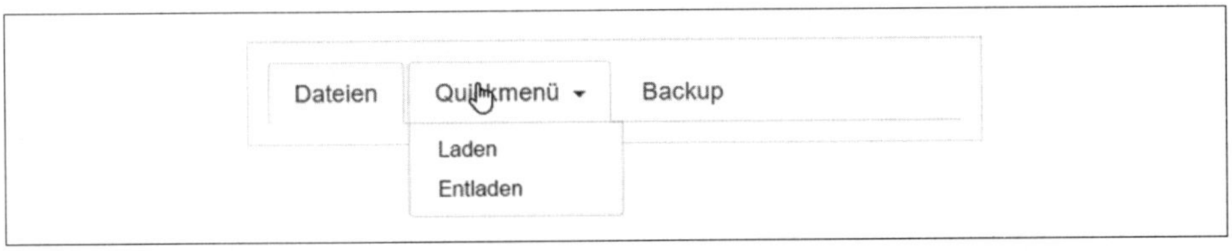

Abbildung 4-84: Navigationsschaltflächen mit Menü

Überdies ist das Klappmenü entweder mittels `data-toggle="dropdown"` klappbar, oder es kann mit `data-toggle="tab"` ausgewählt werden. Es hat also entweder das Verhalten eines Tabulators oder das eines Menüs, nicht aber beides gleichzeitig. Ein Klappmenü ohne Menüfunktion ist freilich sinnlos. So bleibt als einzige Option das Menü als Teil der Tabulatoren ohne Tabulatorfunktion – eine eher selten benötige Kombination.

Pillen können dies natürlich ebenso und verhalten sich identisch:

```
<ul class="nav nav-pills">
  ...
  <li role="presentation" class="nav-item dropdown">
    <a class="nav-linkdropdown-toggle"
       data-toggle="dropdown" href="#"
       role="button"
       aria-haspopup="true" aria-expanded="false">
      Dropdown <span class="caret"></span>
    </a>
    <div class="dropdown-menu">
      ...
    </div>
  </li>
  ...
</ul>
```

Navigationsleiste (navbar)

Die Navigationsleiste (navbar) ist ein stark responsives Element. Normalerweise beginnt eine Seite, die komplexere Inhalte hat, mit einer Menüleiste oben. Wenn die Breite zu gering ist, laufen die Elemente rechts raus. Hier greift der Ansatz von Bootstrap, die Navigationsleiste komplett umzubauen. Dazu werden die Elemente nun vertikal angeordnet, und der Nutzer kann auch diese Ansicht in der Breite verringern, damit das Menü nicht die gesamte Seite überdeckt.

Was dabei nicht sofort lösbar ist, ist die Breite der Inhalte. Ohne Eingriff werden Überschriften auf den Navigationselementen, die nicht darauf passen, in eine weitere Zeile umbrochen. Dadurch vergrößert sich das Menü und kann unten aus dem Bild herauslaufen. Wegen der Komplexität und des starken Eingriffs in das Design der Seite ist hier eine manuelle Nachbesserung sinnvoll – Bootstrap liefert lediglich einen Rahmen. Mögliche zusätzliche Maßnahmen sind:

1. Verringern der Anzahl der Elemente – muss wirklich alles aus der ersten Seite heraus erreichbar sein?
2. Je nach Bildschirmbreite werden Elemente dynamisch ausgeblendet – vielleicht sind einige Funktionen bei einem kleinen Bildschirm nicht sinnvoll?
3. Passen Sie die Menüs gezielter an alle Bildschirme an, gegebenenfalls durch eigene Media-Bereiche.

Das Herunterbrechen des breiten Menüs auf ein schmales (Collapse) erfordert JavaScript und – falls nicht alle Komponenten geladen werden – das Collapse-Plug-in. Der Wechsel zwischen schmal und breit liegt standardmäßig bei 768 Pixeln.

Für den barrierefreien Zugang sollten wieder die passenden Attribute benutzt werden, insbesondere `role="navigation"`.

*Listing 4-73: Navigationsschaltflächen mit Menü (*Nav_Navbar.html*)*

```
<nav class="navbar navbar-dark bg-primary">
  <div class="container-fluid">
    <!-- Brand and toggle get grouped for better mobile display -->
    <div class="navbar-header">
      <button type="button" class="navbar-toggler hidden-sm-up"
              data-toggle="collapse"
              data-target="#n1"
              aria-expanded="false">
        <span class="sr-only">Logo</span>
        ?
      </button>
      <a class="navbar-brand" href="#">Logo</a>
    </div>
    <div class="collapse navbar-toggleable-xs" id="n1">
      <ul class="nav navbar-nav">
        <li class="nav-item active">
          <a class="nav-link" href="#">
            Datei
            <span class="sr-only">File</span>
          </a>
        </li>
        <li class="nav-item dropdown">
          <a href="#" class="nav-link dropdown-toggle"
              data-toggle="dropdown"
              role="button"
              aria-haspopup="true" aria-expanded="false">
            Funktionen <span class=fa fa-caret-down></span>
          </a>
          <div class="dropdown-menu">
            <a class="dropdown-item" href="#">Kopieren</a>
            <a class="dropdown-item" href="#">Verschieben</a>
            <a class="dropdown-item" href="#">Ansehen</a>
            <div role="separator" class="dropdown-divider"></div>
            <a class="dropdown-item" href="#">Löschen</a>
            <div role="separator" class="dropdown-divider"></div>
            <a class="dropdown-item" href="#">Umbenennen</a>
          </div>
        </li>
      </ul>
      <form class="form-inline navbar-form navbar-left" role="search\
">
        <div class="form-group">
          <input type="text" class="form-control"
                 placeholder="Suchwort">
        </div>
        <button type="submit" class="btn btn-secondary">Suchen</butt\
on>
      </form>
    </div>
  </div>
</nav>
```

Die Navigationsleiste wird mit einem Logo oder Symbol eingeleitet. An dieser Stelle kann Text oder ein Bild erscheinen.

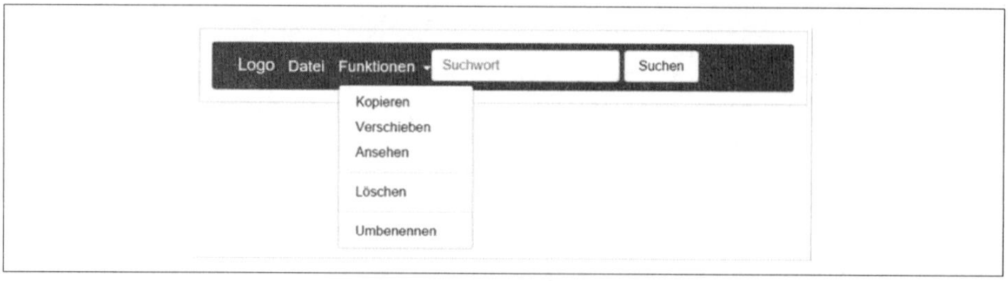

Abbildung 4-85: Navigationsleiste (volle Breite)

Abbildung 4-86: Navigationsleiste bei kleinem Bildschirm

Neu in Bootstrap 4 sind bei der Navigationsleiste die Farben:

- *.navbar-dark*
- *.navbar-light*

Diese Klassen bestimmen die Vordergrundfarbe. Damit das funktioniert, muss zusätzlich noch eine passende Hintergrundfarbe gewählt werden, beispielsweise *.bg-primary*.

Formularelemente – Navigationsleisten offerieren manchmal Aktionen, die kein eigenes Formular rechtfertigen. Vor allem Suchfunktionen sind häufig zu finden, aber auch Kontrollkästchen. Mit *.navbar-form* werden die passenden Abstände konfiguriert. Innerhalb des Navigationselements kann das Formularelement dann noch ausgerichtet werden.

```
<form class="navbar-form navbar-left" role="search">
  <div class="form-group">
    <input type="text"
           class="form-control"
           placeholder="Suchwort" />
  </div>
  <button type="submit" class="btn btn-secondary">
    Suchen
  </button>
</form>
```

Bei kleinen Bildschirmen können Formularelemente selten optimal platziert werden. Ziehen Sie hier separate Formulare in Erwägung und versuchen Sie die Anordnung weiter zu vereinfachen.

Für den barrierefreien Zugang sind weiterhin Label einzusetzen, auch wenn kein Platz in der Navigationsleiste ist. In solchen Fällen kommt wieder *.sr-only* zum Einsatz, am besten in Kombination mit `aria-label` und `aria-labelledby` beziehungsweise dem `title`-Attribut.

Schaltflächen, Hyperlinks und Text – Reguläre Schaltflächen sind wegen der vielfältigen Gestaltbarkeit sinnvoll, um exklusive Aktionen auszulösen. Dazu wird die Klasse *.navbar-btn* in `<button>`-Elementen benutzt, wobei `<a>` und `<input>` ebenso nutzbar sind.

```
<button type="button" class="btn btn-default navbar-btn">
    Log On
</button>
```

Mit *.navbar-link* lassen sich Hyperlinks benutzen, die Sonderaufgaben erfüllen, beispielsweise auf einen Anmeldezustand reagieren und eine nur in diesem Fall nutzbare Seite aufrufen:

*Listing 4-74: Anmelde-Link (*Nav_NavbarLink.html*)*

```
<p class="navbar-text navbar-right">
  Angemeldet als <a href="#" class="navbar-link">
  Jörg Krause</a>
</p>
```

Abbildung 4-87: Anmelde-Link

Dieses Element erscheint primär als Text. Reiner Text, also Inhalte ohne Aktionen, nutzt die Klasse *.navbar-text*. Das Element `<p>` unterstützt die Übernahme der richtigen Farben:

```
<p class="navbar-text">Angemeldet als Jörg Krause</p>
```

Die Ausrichtung der Elemente kann mit *.navbar-left* oder *.navbar-right* erfolgen. Da die Elemente üblicherweise aus `<li>` bestehen, erfolgt die einheitliche Ausrichtung auf dem umliegenden `<ul>`.

Platzierung der Leiste – Eine fast schon esoterische Diskussion entsteht über der Frage, ob die Leiste oben ständig sichtbar bleibt oder nicht. Einerseits wird wertvoller Platz dauerhaft belegt, andererseits soll der Benutzer nicht zu langen Scrollaktionen gezwungen werden. Inzwischen lösen einige Designer dieses Dilemma durch zwei Navigationsleisten. Zuerst sieht der Besucher eine große und aufwendig gebaute, die am Seitenanfang steht. Scrollt er dann nach unten, wird diese

Leiste durch eine sehr schmale, feine und einfache Leiste ersetzt. Dadurch ist der Platzverbrauch minimal und die Navigation ist trotzdem gewährleistet. In jedem Fall muss die Leiste am oberen Rand fixiert werden:

```
<nav class="navbar navbar-default navbar-fixed-top">
  <div class="container">
    ...
  </div>
</nav>
```

Die Leiste verbraucht Platz am Anfang der Seite, obwohl die Definition meist viel weiter unten steht. Damit Inhalte nicht ungewollt überlagert werden, müssen Sie gegebenenfalls der Seite insgesamt einen oberen Abstand mitgeben:

```
body { padding-top: 70px; }
```

Standardnavigationsleiste

Die Standardnavigationsleiste (wenn kein Theme benutzt wird) ist 50 Pixel (50 px) hoch.

```
<nav class="navbar navbar-default navbar-fixed-bottom">
  <div class="container">
    ...
  </div>
</nav>
```

Eine statische Leiste steht auch am Anfang der Seite, scrollt aber nach oben weg. Mit *.navbar-static-top* wird dieser Effekt erzielt. Eine Korrektur des Abstands des Inhalts ist hier nicht notwendig.

```
<nav class="navbar navbar-default navbar-static-top">
  <div class="container">
    ...
  </div>
</nav>
```

Eine Umkehrung der Standardfarben wird mit *.navbar-inverse* erreicht. Sie können diesen Effekt mit allen anderen Optionen kombinieren.

```
<nav class="navbar navbar-inverse">
  ...
</nav>
```

Pfadnavigation (breadcrumb)

Komplexe Navigationen sind für Besucher der Seite häufig verwirrend. Die Frage ist immer wieder: »Wo bin ich?« Zur Orientierung dient die Pfadnavigation, die den Pfad durch die Navigationshierarchie abbildet. Die Komponente heißt im Englischen »Breadcrumb« (Brotkrumen, im Sinne von Krümelspur).

*Listing 4-75: Pfadnavigation (*Nav_Breadcrumb.html*)*

```
<ol class="breadcrumb">
  <li><a href="#">Home</a></li>
  <li><a href="#">Library</a></li>
  <li class="active">Data</li>
</ol>
```

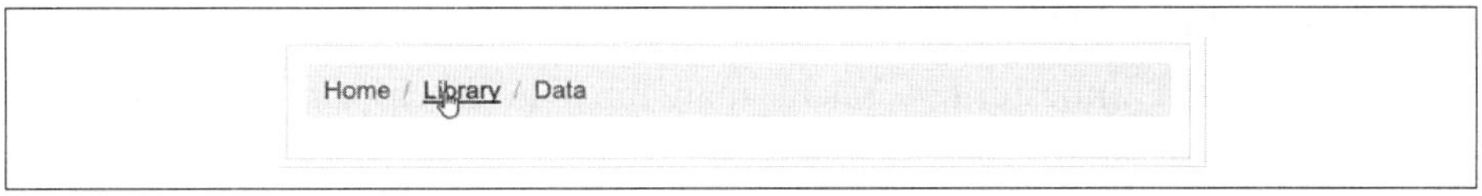

Abbildung 4-88: Pfadnavigation

Idealerweise zeigt der Pfad nicht nur an, sondern erlaubt auch die Navigation. Deshalb werden vorzugsweise Hyperlinks benutzt. Das aktive Element (Klasse *.active*) ist deaktiviert – denn an dieser Stelle befindet sich der Benutzer bereits.

Seitenweises Blättern (pagination)

Auch das seitenweise Blättern gehört zur Gruppe der Navigationselemente. Meist tritt es im Zusammenhang mit Datentabellen auf. Aber auch mehrseitige Inhaltsseiten können durchblättert werden.

Seitenanzeige

Ein typischer Aufbau bei wenigen Seiten oder halbwegs konstanter Anzahl sieht folgendermaßen aus:

« 1 2 3 4 5 »

Folgender Code produziert dies:

*Listing 4-76: Seitenweises Blättern (*Nav_Pagination.html*)*

```
<nav>
  <ul class="pagination">
    <li class="page-item">
      <a href="#" aria-label="Previous">
        <span aria-hidden="true">&laquo;</span>
      </a>
    </li>
    <li class="page-item"><a href="#">1</a></li>
    <li class="page-item"><a href="#">2</a></li>
    <li class="page-item"><a href="#">3</a></li>
    <li class="page-item"><a href="#">4</a></li>
    <li class="page-item"><a href="#">5</a></li>
    <li class="page-item">
      <a href="#" aria-label="Next">
        <span aria-hidden="true">&raquo;</span>
      </a>
    </li>
  </ul>
</nav>
```

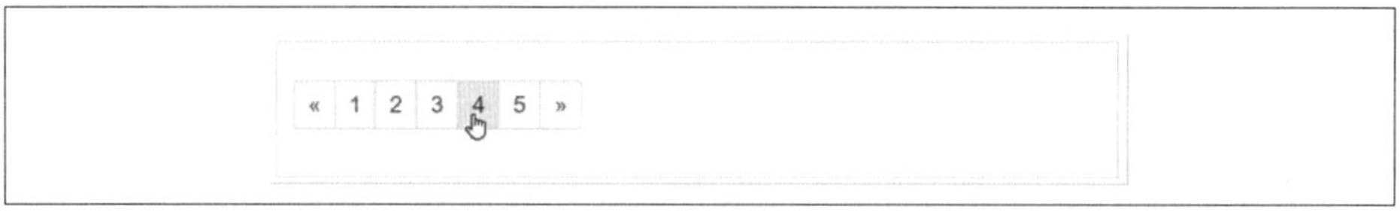

Abbildung 4-89: Seitenweises Blättern

Unbestimmte Seitenzahl

Ist die Seitenzahl unbestimmt, reicht manchmal auch ein einfaches vor und zurück.

- `Zurück Weiter`

```
<nav>
  <ul class="pagination">
    <li class="page-item"><a href="#">Zurück</a></li>
    <li class="page-item"><a href="#">Weiter</a></li>
  </ul>
</nav>
```

Das ist noch plakativer, wenn es mit Symbolen oder – wie hier – mit Entitäten ergänzt wird:

- `<- Älter Neuer ->`

```
<nav>
  <ul class="pagination">
  <li class="page-item prev">
      <a href="#">
      <span aria-hidden="true">&larr;</span> Älter
      </a>
  </li>
  <li class="page-item next">
      <a href="#">Neuer <span aria-hidden="true">&rarr;</span></a>
  </li>
  </ul>
</nav>
```

Sind einzelne Seiten inaktiv, beispielsweise um die aktuell gewählte anzuzeigen, wird *.disabled* beziehungsweise *.active* benutzt.

Folgender Code zeigt, wie es geht (die Ausgabe »Aktueller« ist nur für Screenreader):

```
<nav>
  <ul class="pagination">
    <li class="page-item disabled">
      <a href="#" aria-label="Vorheriger">
        <span aria-hidden="true">&laquo;</span>
      </a>
    </li>
    <li class="page-item active">
        <a href="#">1
          <span class="sr-only">(Aktueller)</span>
        </a>
```

```
    </li>
    ...
  </ul>
</nav>
```

Das Abschalten nicht wählbarer Optionen kann auch für die Pfeile erfolgen:

*Listing 4-77: Einfaches Blättern (*Nav_PaginationON.html*)*

```
<nav>
  <ul class="pagination">
    <li class="page-item prev disabled"><a href="#">
       <span aria-hidden="true">&larr;</span> Älter</a>
    </li>
    <li class="page-item next">
       <a href="#">Neuer
         <span aria-hidden="true">&rarr;</span>
       </a>
    </li>
  </ul>
</nav>
```

Abbildung 4-90: Blätterschaltflächen mit partieller Deaktivierung

Größe

Die Standardgröße lässt sich in einer Stufe vergrößern (*.pagination-lg*) oder verkleinern (*.pagination-sm*):

```
<nav><ul class="pagination pagination-lg">...</ul></nav>
<nav><ul class="pagination">...</ul></nav>
<nav><ul class="pagination pagination-sm">...</ul></nav>
```

Kennzeichnungen (tag)

Kennzeichnungen dienen der Hervorhebung im Text. Sie erfüllen nie eine interaktive Funktion.

```
<h3>Beispiel <span class="label label-default">Neu</span></h3>
```

Das Erscheinungsbild kann in sechs Stufen angepasst werden (mit der üblichen semantischen Ausrichtung – die Farben sind kein Gestaltungselement):

- *tag-default*: Standard, grau
- *tag-primary*: Primäre Aussage, blau
- *tag-success*: Erfolgsmeldung, grün
- *tag-info*: Information, violett

- *tag-warning*: Warnung, orange
- *tag-danger*: Gefahr oder Fehler, rot

*Listing 4-78: Kennzeichnungen (*Label.html*)*

```
<span class="tag tag-default">Standard</span>
<span class="tag tag-primary">Primär</span>
<span class="tag tag-success">Erfolg</span>
<span class="tag tag-info">Info</span>
<span class="tag tag-warning">Warnung</span>
<span class="tag tag-danger">Gefahr</span>
```

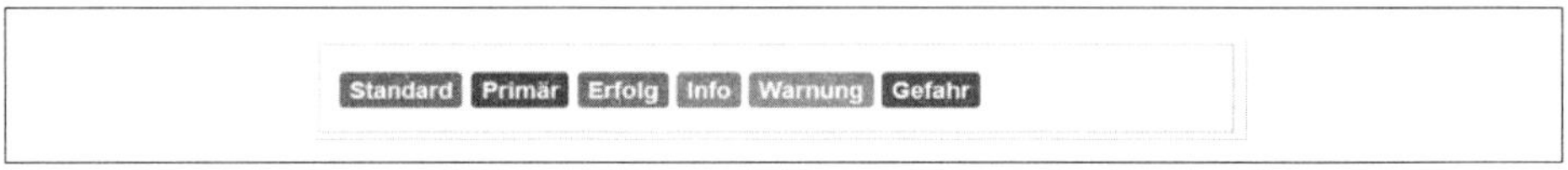

Abbildung 4-91: Kennzeichnungen

Kennzeichnungsplaketten (tag-pills)

Kennzeichnungsplaketten sind weniger inflationär zu nutzen als Kennzeichnungen, weil sie exklusiver und plakativer sind. Sie fallen durch abgerundete Ecken stärker aus dem Gesamtbild heraus. Bei der Platzierung auf Schaltflächen sind die Hintergründe transparent, weshalb die abgerundeten Ecken nicht mehr sichtbar sind.

Neu in Bootstrap 4

Diese Form der Darstellung ist neu in Bootstrap 4. Dafür entfällt die Klasse *badge*. Badges hatten ein ähnliches grafisches Konzept, waren den Kennzeichnungen (Tags, vormals Label) jedoch ohnehin sehr ähnlich. Die Änderung vereinfacht den Umgang mit Kennzeichnungen.

*Listing 4-79: Plaketten (*LabelPillsAnchor.html*)*

```
<a href="#">Inbox <span class="tag tag-pill bg-danger">42</span></a>

<button class="btn btn-primary" type="button">
  <span class="tag tag-pill">4</span> Nachrichten
</button>
```

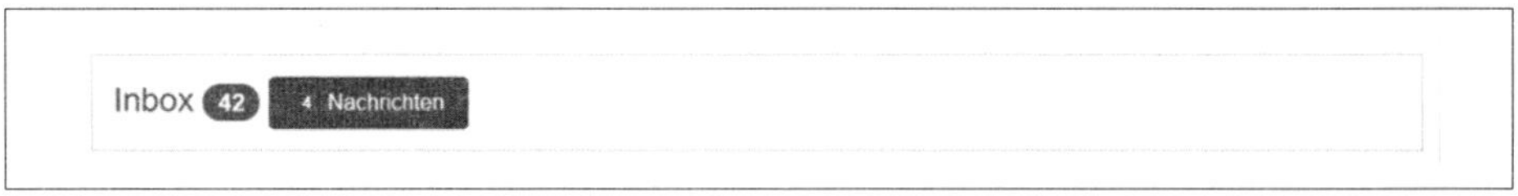

Abbildung 4-92: Plaketten

Der Einsatz ist meist im Zusammenhang mit sich häufig ändernden Daten zu finden. Der Blick des Benutzers soll gezielt eingefangen werden. Da sich hinter der Präsentation von Daten oft mögliche Aktionen verbergen, ist es sinnvoll, die Plaketten in Navigationselemente einzubetten. Zeigen Sie beispielsweise die Anzahl der neuen Nachrichten an; und der Benutzer kann dann durch Klick auf das Element zur Nachrichtenseite gelangen.

Listing 4-80: Plaketten in der Navigation (LabelPills.html)

```
<ul class="nav nav-pills" role="tablist">
  <li role="presentation" class="active">
    <a href="#" data-toggle="pill"
                class="btn btn-sm btn-primary">
      Start
      <span class="tag tag-pill">42</span>
    </a>
  </li>
  <li role="presentation">
    <a href="#" data-toggle="pill"
                class="btn btn-sm btn-danger">Profil</a>
  </li>
  <li role="presentation">
    <a href="#" data-toggle="pill"
                class="btn btn-sm btn-info">
      <span class="tag tag-pill">3</span> Nachrichten
    </a>
  </li>
</ul>
```

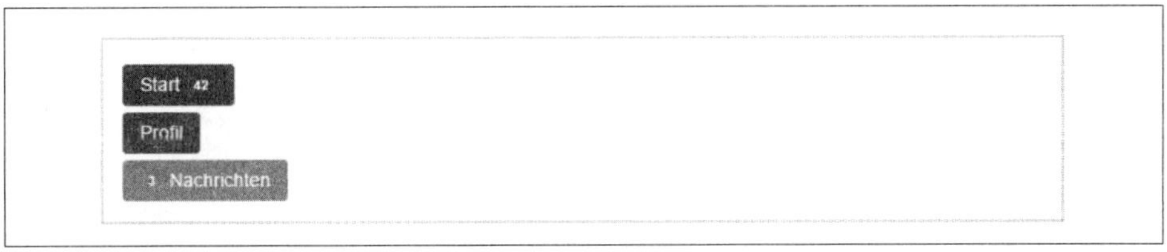

Abbildung 4-93: Plaketten in der Navigation

Plaketten können, da der Inhalt variabel ist, manchmal leer sein. In solchen Fällen werden sie unsichtbar.

Großbildleinwand (jumbotron)

Das Jumbotron ist eine große, plakative Fläche mit abgerundeten Ecken, meist nur auf der Startseite, mit der Sprüche, ein Slogan oder ein Produkt exklusiv präsentiert wird.

Listing 4-81: Einleitung einer Seite (Jumbotron.html)

```
<div class="jumbotron">
  <h1>Hallo Bootstrap!</h1>
  <p>...</p>
  <p>
    <a class="btn btn-primary btn-lg"
       href="#" role="button">
      Mehr dazu...
    </a>
  </p>
</div>
```

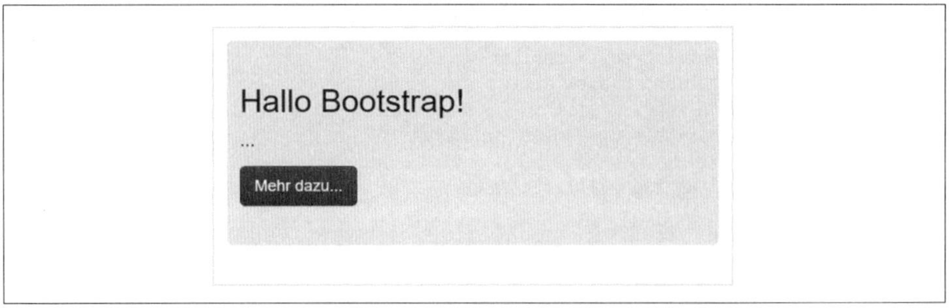

Abbildung 4-94: Einstieg in eine Seite

Normalerweise ist das Element im Container, und damit hat es einen seitlichen Abstand. Soll das nicht so sein, kann der Container auch innen platziert werden. Die abgerundeten Ecken verschwinden dann ebenfalls:

```
<div class="jumbotron">
  <div class="container">
    ...
  </div>
</div>
```

Abbildung 4-95: Variante

Seitenüberschriften (page header)

Seitenüberschriften trennen Abschnitte, und ihre Gestaltungsmöglichkeiten fallen etwas umfassender aus als die der typografischen Überschriften. Die bisher benutzte Klasse `page-header` ist entfallen und wird durch die Hilfsklassen aus dem Utilties-Paket ersetzt, die vergleichbare Gestaltungen abbilden können.

Meldungen (alert)

Meldungen liefern Informationen in einem bestimmten Kontext. Es gibt insgesamt vier Varianten:

- *alert-success*: Erfolgsmeldung, grün
- *alert-info*: Information, violett
- *alert-warning*: Warnung, orange
- *alert-danger*: Fehler, rot

Hier fehlen die primäre und die Standardvariante. Diese sind bei Meldungen nicht sinnvoll, denn Meldungen sollen ausdrücklich einen besonderen Zustand unterstreichen.

*Listing 4-82: Meldungen ausgeben (*Alerts.html*)*

```
<div class="alert alert-success" role="alert">...</div>
<div class="alert alert-info" role="alert">...</div>
<div class="alert alert-warning" role="alert">...</div>
<div class="alert alert-danger" role="alert">...</div>
```

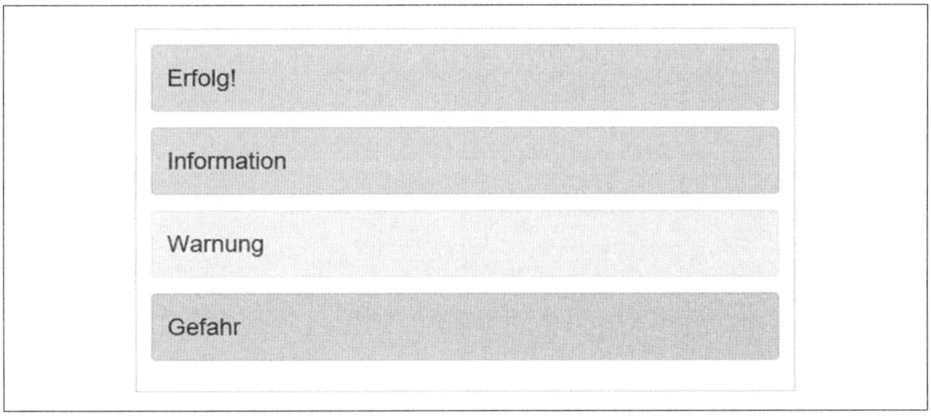

Abbildung 4-96: Meldungen ausgeben

Da Meldungen sich oft ungefragt zeigen, sollten Sie diese schließbar machen. Dazu dienen die Klasse *.alert-dismissible* und eine Schaltfläche oder ein Symbol zum Schließen. Zur Benutzung ist JavaScript erforderlich. Das Skript reagiert auf das Attribut `data-dismiss="alert"`.

*Listing 4-83: Meldungen schließbar machen (*Alerts_Dismiss.html*)*

```
<div class="alert alert-warning alert-dismissible"
     role="alert">
  <button type="button" class="close"
          data-dismiss="alert" aria-label="Close">
     <span aria-hidden="true">&times;</span>
  </button>
  <strong>Achtung!</strong> Bitte überprüfen Sie die Angaben.
</div>
```

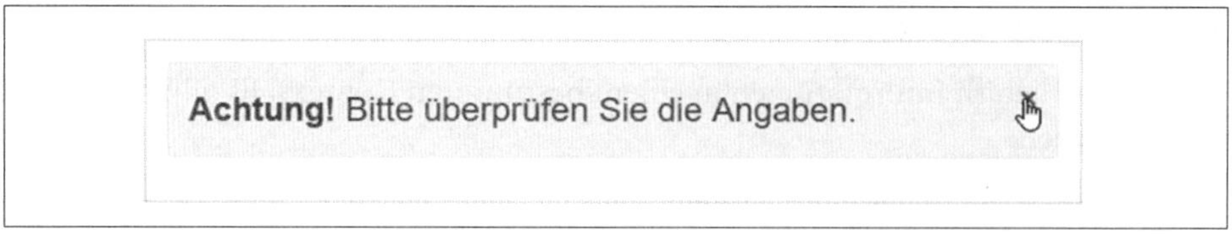

Abbildung 4-97: Meldungen können geschlossen werden

Meldungen können so komplex sein, dass der Benutzer zu weiterführenden Informationen geleitet wird. Werden dazu Hyperlinks eingesetzt, erfolgt dies mit der Klasse *.alert-link*.

Listing 4-84: Meldungen mit weiterführendem Link (Alerts_Link.html)

```
<div class="alert alert-success" role="alert">
  <a href="#" class="alert-link">...</a>
</div>
<div class="alert alert-info" role="alert">
  <a href="#" class="alert-link">...</a>
</div>
<div class="alert alert-warning" role="alert">
  <a href="#" class="alert-link">...</a>
</div>
<div class="alert alert-danger" role="alert">
  <a href="#" class="alert-link">...</a>
</div>
```

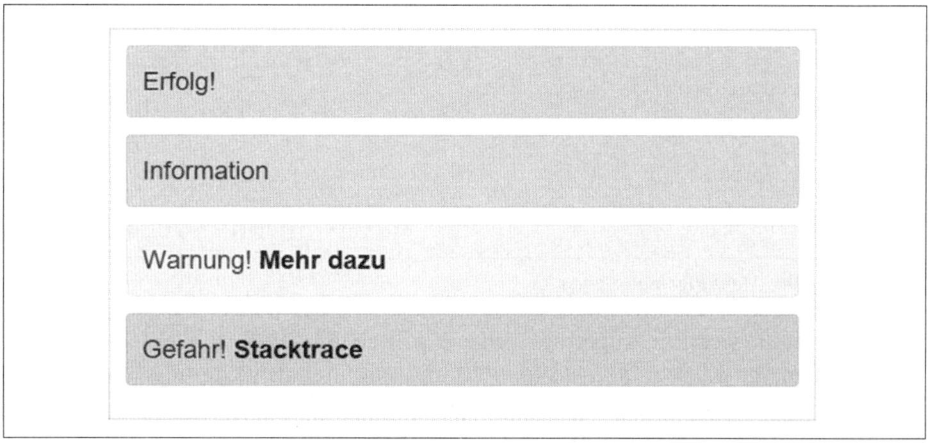

Abbildung 4-98: Meldungen mit weiterführendem Link

Fortschrittsbalken (progress)

Länger laufende Aktionen profitieren durch Fortschrittsbalken. Die von Bootstrap benutzte Implementierung ist ein rein gestalterisches Element, das für eine sinnvolle Anzeige mit JavaScript ergänzt werden muss. Außerdem werden keine Browser unterstützt, die CSS3 nicht vollständig abbilden. Ab Bootstrap 4 kann das native HTML5-Element <progress> benutzt werden.

*Listing 4-85: Passiver Fortschrittsbalken (*Progress.html*)*

```
1 <progress class="progress"
2          aria-valuenow="60"
3          aria-valuemin="0"
4          aria-valuemax="100"
5          value="60"
6          max="100">
7 </progress>
```

Beachten Sie, dass die eigentliche Breite der aktiven Zone mit einem `width`-Stil (Zeile 6) erzeugt wird. Dieser Wert muss manipuliert werden.

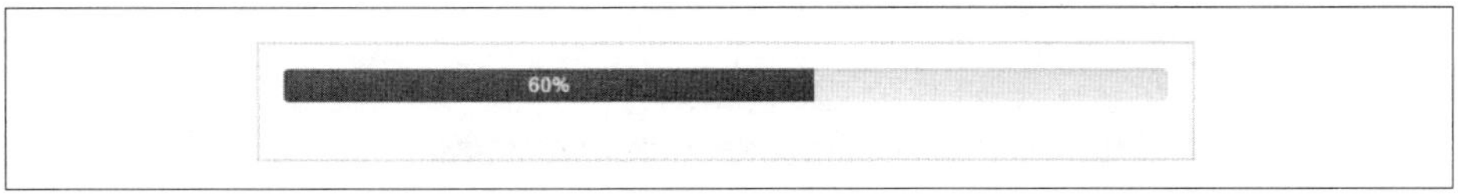

Abbildung 4-99: Passiver Fortschrittsbalken

In Bootstrap 3 wurde die Beschriftung in einem `<div>`-Element platziert, da das `<progress>`-Element noch nicht unterstützt wurde. Diese Möglichkeit besteht noch, sie wird jedoch durch die standardkonforme Version gut ergänzt. Die Benutzung ist nun zwar standardkonform, aber auch weniger flexibel.

Der Fortschritt kann nicht nur eine Position, sondern auch einen Kontext anzeigen. Dazu dienen folgende semantisch belegte Klassen:

- *progress-bar-success*: Erfolg, grün
- *progress-bar-info*: Information, violett
- *progress-bar-warning*: Warnung, orange
- *progress-bar-danger*: Gefahr oder kritisch, rot

*Listing 4-86: Semantische Fortschrittsbalken (*Progress_Semantic.html*)*

```
<progress class="progress progress-success"
          role="progressbar"
          aria-valuenow="40"
          aria-valuemin="0"
          aria-valuemax="100"
          value="40" max="100">
  <span class="sr-only">40% Complete (success)</span>
</progress>
<progress class="progress progress-info"
          role="progressbar"
          aria-valuenow="20"
          aria-valuemin="0"
          aria-valuemax="100"
          value="20" max="100">
  <span class="sr-only">20% Complete</span>
</progress>
<progress class="progress progress-warning"
          role="progressbar"
          aria-valuenow="60"
          aria-valuemin="0"
          aria-valuemax="100"
```

```
            value="60" max="100">
  <span class="sr-only">60% Complete (warning)</span>
</progress>
<progress class="progress progress-danger"
            role="progressbar"
            aria-valuenow="80"
            aria-valuemin="0"
            aria-valuemax="100"
            value="80" max="100">
  <span class="sr-only">80% Complete (danger)</span>
</progress>
```

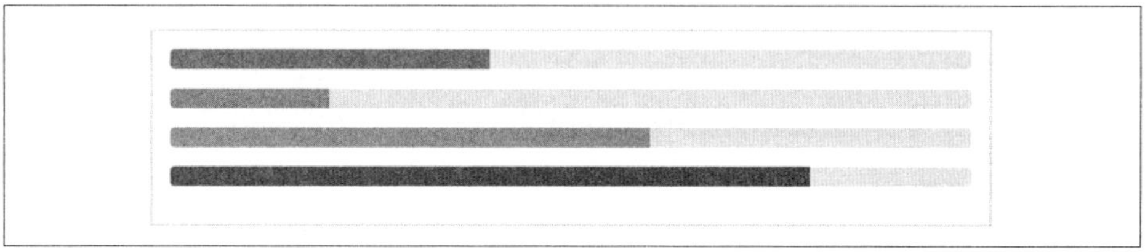

Abbildung 4-100: Semantische Fortschrittsbalken

Ein schönes Resultat sind schräg laufende Streifen, die den Animationseffekt unterstreichen. Das lohnt sich bei sehr langsam laufenden Fortschrittsbalken und auch bei solchen, deren Wert eher unspezifisch ist.

*Listing 4-87: Semantisch mit Streifen (*Progress_Semantic_Striped.html*)*

```
<progress class="progress progress-success progress-striped"
            role="progressbar"
            aria-valuenow="40"
            aria-valuemin="0"
            aria-valuemax="100"
            value="40" max="100">
  <span class="sr-only">40% Complete (success)</span>
</progress>
<progress class="progress progress-info progress-striped"
            role="progressbar"
            aria-valuenow="20"
            aria-valuemin="0"
            aria-valuemax="100"
            value="20" max="100">
  <span class="sr-only">20% Complete</span>
</progress>
<progress class="progress progress-warning progress-striped"
            role="progressbar"
            aria-valuenow="60"
            aria-valuemin="0"
            aria-valuemax="100"
            value="60" max="100">
  <span class="sr-only">60% Complete (warning)</span>
</progress>
<progress class="progress progress-danger progress-striped"
            role="progressbar"
            aria-valuenow="80"
            aria-valuemin="0"
```

```
          aria-valuemax="100"
          value="80" max="100">
  <span class="sr-only">80% Complete (danger)</span>
</progress>
```

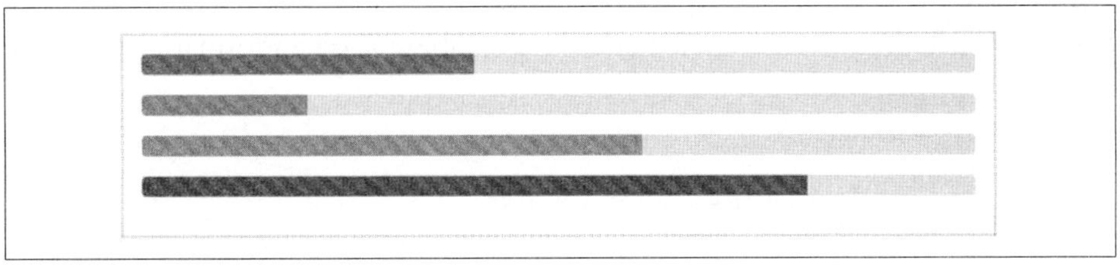

Abbildung 4-101: Semantische Fortschrittsbalken mit Streifen

Mehr Animation ist mit *.active* erreichbar:

```
<progress class="progress progress-striped active"
          role="progressbar"
          aria-valuenow="80"
          aria-valuemin="0"
          aria-valuemax="100"
          value="80" max="100">
  <span class="sr-only">80% Complete (danger)</span>
</progress>
```

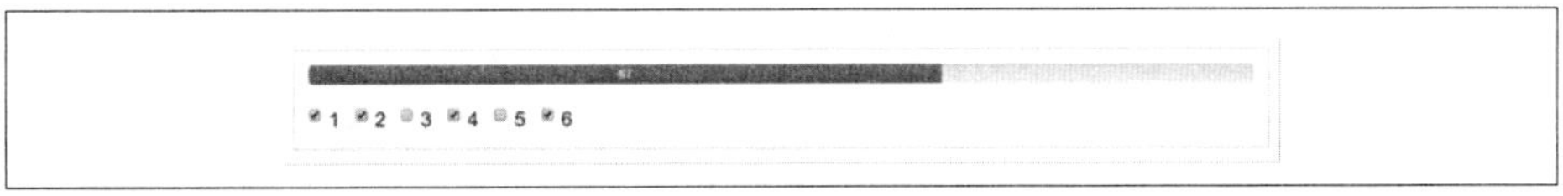

Abbildung 4-102: Interaktiver Fortschrittsbalken

Das Verhalten wird durch ein kleines Skript erzeugt:

```
1 $(function() {
2     var options = $('[name="inlineRadioOptions"]').length;
3     $(':checkbox').on('click', function () {
4     var active = $('[name="inlineRadioOptions"]:checked').length;
5     var value = Math.round(active / options * 100);
6         $('#progress-bar')
7         .attr('value', value)
8         .attr('aria-valuenow', value)
9     ;
10    });
11 });
```

Das Skript ermittelt die Anzahl der Optionen (Zeile 2). Dann wird bei jedem Klick auf ein Kontrollkästchen die Anzahl der aktiven Elemente ermittelt (Zeile 4). Aus dem dann berechneten Prozentwert werden die Anzeige und die Breite gesteuert.

Mehrere Anzeigen in einem Balken visualisieren komplexere Gruppen von Werten. Diese etwas exotische Möglichkeit war mit Bootstrap 3 möglich, wird mit dem `<progress>`-Element in Bootstrap 4 jedoch nicht mehr angeboten. Entweder nutzen Sie hier weiter die Vorgehensweise aus Bootstrap 3 mit `</div>`-Elementen und der Klasse *.progress-bar* oder verzichten besser auf nicht standardkonforme Gestaltungen.

Medien (media)

Medien sind Videos, Audiodateien oder vergleichbare Zusatzinformationen.

```
<div class="media">
  <div class="media-left">
    <a href="#">
      <img class="media-object" src="..." alt="...">
    </a>
  </div>
  <div class="media-body">
    <h4 class="media-heading">Media heading</h4>
    ...
  </div>
</div>
```

Die Klassen *.media-left* und *.media-right* richten das Element auf der Seite aus. Sie müssen immer in einem Container mit *.media-body* platziert werden.

Ausrichtung

Sowohl Bilder als auch Media-Elemente lassen sich generell ausrichten.

```
<div class="media">
  <div class="media-left media-middle">
    <a href="#">
      <img class="media-object" src="..." alt="...">
    </a>
  </div>
  <div class="media-body">
    <h4 class="media-heading">Middle aligned media</h4>
    ...
  </div>
</div>
```

Medienlisten

Um Medien in Listen anzuordnen, ist nur wenig zusätzliches HTML erforderlich.

```
<ul class="media-list">
  <li class="media">
    <div class="media-left">
      <a href="#">
        <img class="media-object" src="..." alt="...">
      </a>
    </div>
    <div class="media-body">
      <h4 class="media-heading">Media heading</h4>
      ...
    </div>
  </li>
</ul>
```

Allgemeine Listen (list group)

Listen sind gruppierte Sammlungen von Elementen. Die Elemente sind ungeordnet, ohne Führungszeichen und optisch verdichtet.

Listing 4-88: Listen zur Gruppierung (ListGroups.html)

```
<ul class="list-group">
  <li class="list-group-item">Diese Opionen</li>
  <li class="list-group-item">sind hier</li>
  <li class="list-group-item">für alle Benutzer</li>
  <li class="list-group-item">dieser Applikation</li>
  <li class="list-group-item">allgemein verfügbar</li>
</ul>
```

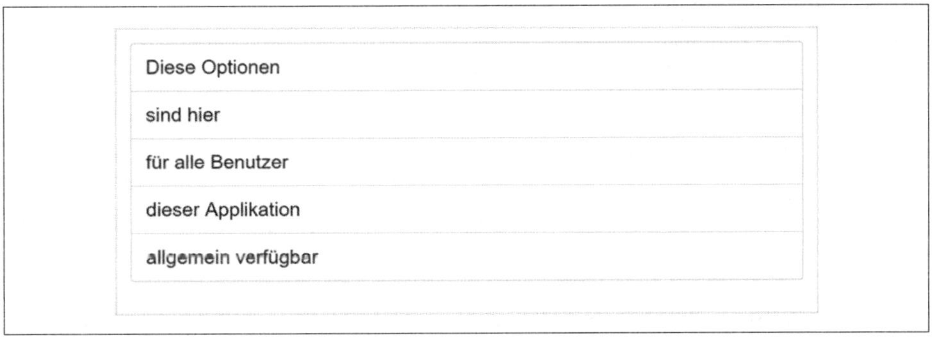

Abbildung 4-103: Listen zur Gruppierung

Plaketten in Listen

Plaketten lassen sich in Listen an jeder Stelle im Fließtext der List-Elemente platzieren.

Listing 4-89: Listen mit Plaketten (ListBadges.html)

```
<ul class="list-group">
  <li class="list-group-item">
    <span class="tag tag-primary">14</span>
    Optionen
  </li>
  <li class="list-group-item">
    <span class="tag tag-danger">7</span>
    Applikation
  </li>
</ul>
```

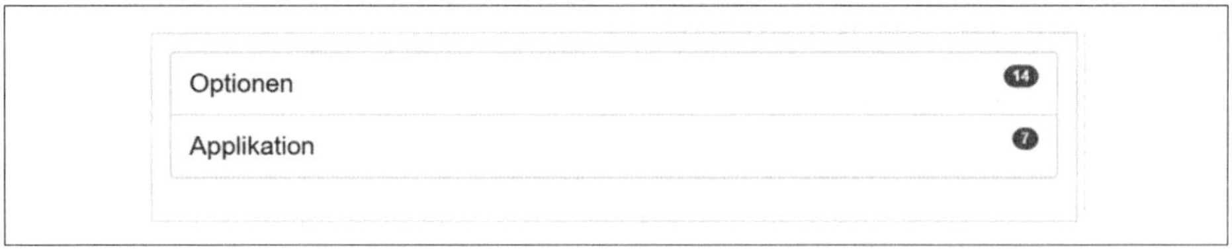

Abbildung 4-104: Listen mit Plaketten

Links in Listen

Sie können auch Hyperlinks in Listen benutzen. Praktisch entstehen so sehr individuelle Menüs, und der Code sieht einem Menü auch sehr ähnlich.

*Listing 4-90: Listen mit Links (*ListLinks.html*)*

```
<div class="list-group">
  <a href="#" class="list-group-item active">
    Diese Optionen
  </a>
  <a href="#" class="list-group-item">sind hier</a>
  <a href="#" class="list-group-item">für alle Benutzer</a>
  <a href="#" class="list-group-item">dieser Applikation</a>
  <a href="#" class="list-group-item">allgemein verfügbar</a>
</div>
```

Die Darstellung ist der von Schaltflächen sehr ähnlich – nur die Funktion entspricht einem Hyperlink. Seien Sie vorsichtig bei solchen Darstellungen, da das Verhalten für den Benutzer nicht transparent ist.

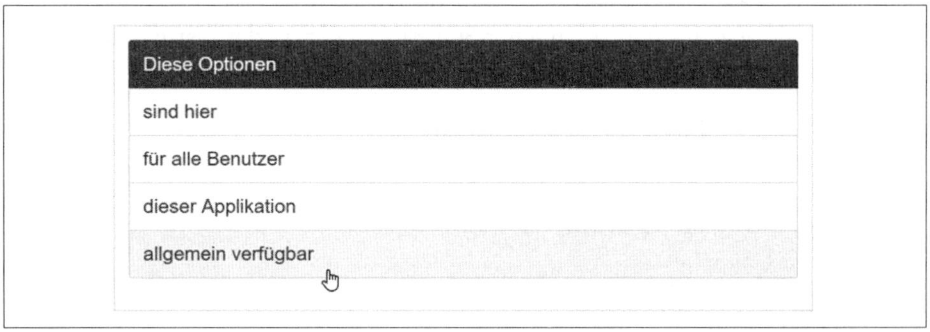

Abbildung 4-105: Listen mit Links

Schaltflächen in Listen

Sie können Schaltflächen in Listen benutzen. Im Gegensatz zu normalen Schaltflächen basieren diese *nicht* auf der Klasse *.btn*. Sie bilden einen Rahmen, sind jedoch nicht vollflächig gefärbt wie normale Schaltflächen.

*Listing 4-91: Listen mit Schaltflächen (*ListBtns.html*)*

```
<div class="list-group">
  <button type="button"
          class="list-group-item list-group-item-success">
    Option A
  </button>
  <button type="button"
          class="list-group-item list-group-item-danger">
    Option B
  </button>
  <button type="button"
          class="list-group-item list-group-item-info">
    Option C
  </button>
</div>
```

Abbildung 4-106: Listen mit Schaltflächen

Mit der Klasse *.disabled* zusammen mit *.list-group-item* erscheint der Inhalt deaktiviert.

```
<div class="list-group">
  <a href="#" class="list-group-item disabled">
    Diese Optionen
  </a>
  <a href="#" class="list-group-item">sind hier</a>
  <a href="#" class="list-group-item">für alle Benutzer</a>
  <a href="#" class="list-group-item">dieser Applikation</a>
  <a href="#" class="list-group-item">allgemein verfügbar</a>
</div>
```

Den Listenelementen kann eine semantische Bedeutung gegeben werden:

- *list-group-item-success*: Erfolg, grün
- *list-group-item-info*: Information, violett
- *list-group-item-warning*: Warnung, orange
- *list-group-item-danger*: Gefahr, rot

Aktive Elemente lassen sich zudem mit *.active* hervorheben.

*Listing 4-92: Semantische Listen mit und ohne Links (*ListSemantics.html*)*

```
<ul class="list-group">
  <li class="list-group-item list-group-item-success">
    Erfolg
  </li>
  <li class="list-group-item list-group-item-info">
    Info
  </li>
  <li class="list-group-item list-group-item-warning">
    Warnung
  </li>
  <li class="list-group-item list-group-item-danger">
    Gefahr
  </li>
</ul>
<div class="list-group">
  <a href="#"
     class="list-group-item list-group-item-success">
    Erfolg
  </a>
  <a href="#"
     class="list-group-item list-group-item-info">
    Info
  </a>
  <a href="#"
     class="list-group-item list-group-item-warning">
    Warnung
  </a>
  <a href="#"
     class="list-group-item list-group-item-danger">
    Gefahr
  </a>
</div>
```

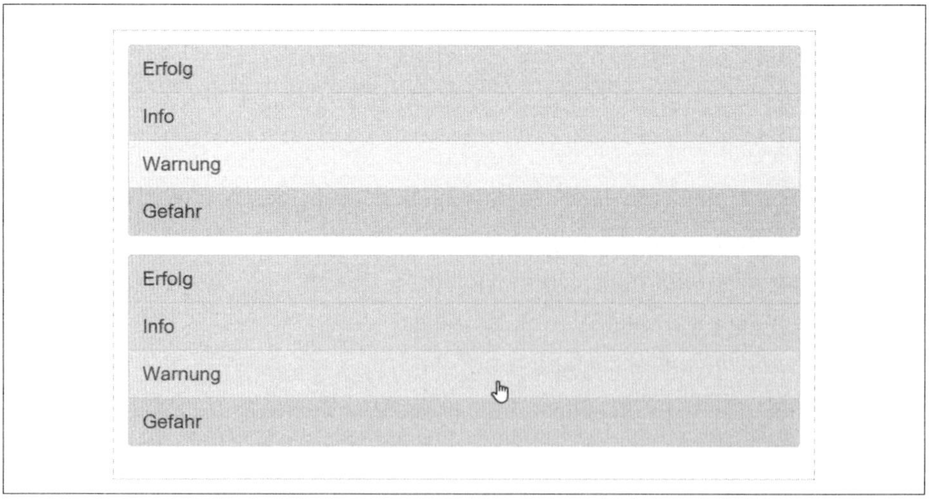

Abbildung 4-107: Semantische Listen mit und ohne Links

Die Listenelemente selbst sind sehr flexibel und können nahezu alle anderen Komponenten enthalten:

*Listing 4-93: Listen mit Überschriften (*ListHeader.html*)*

```
<div class="list-group">
  <a href="#" class="list-group-item active">
    <h4 class="list-group-item-heading">Titel</h4>
    <p class="list-group-item-text">...</p>
  </a>
</div>
```

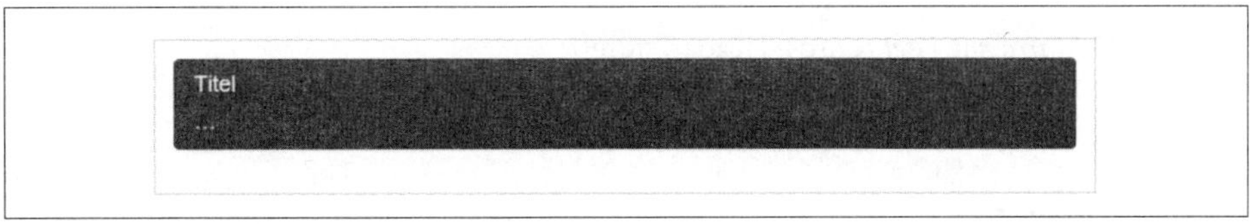

Abbildung 4-108: Listen mit Überschriften

Karten (cards)

Karten sind hervorgehobene Bereiche, die der Strukturierung der Seite dienen. Diese Bereiche können eine semantische Bedeutung haben. Sie sind sehr vielfältig und dienen einer ganzen Reihe von Aufgaben.

Panels in Bootstrap 4

Karten ersetzen die bisherigen Panels, Wells und Thumbnails.

Die Standardkarte wird mit *.card* eingeleitet. Ein allgemeiner innerer Abstand (Padding) wird mit *.card-body* erreicht. Der Text wird in *.card-text* erstellt.

Überschriften

Cards können komplexe Meldungen erzeugen und enthalten einen Überschriftenbereich. Dieser wird mit *.card-header* eingeleitet. In diesem Bereich kann die Größe mit `<h1>-<h6>` variiert werden.

Zuerst ein Beispiel mit der Standardformatierung der Überschrift:

*Listing 4-94: Karte mit Überschrift (*Karten_Header.html*)*

```
<div class="card card-body">
  <div class="card-header">Meldung</div>
  <p class="card-body">
    Meldungstext
  </p>
</div>
```

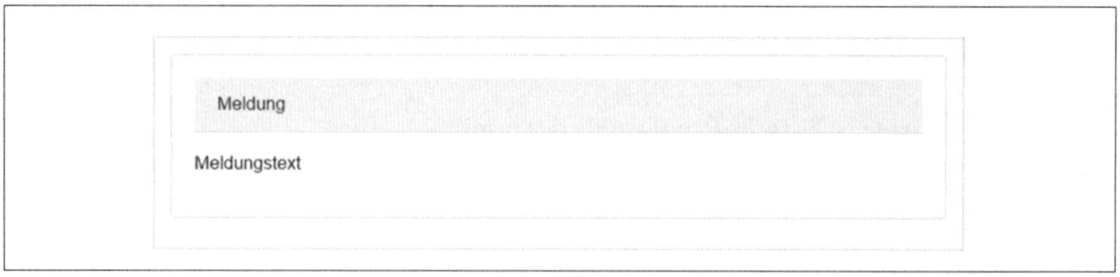

Abbildung 4-109: Karte mit Überschrift

Mit Überschriftstilen sieht das dann folgendermaßen aus:

*Listing 4-95: Karte mit Titel (*Cards_Header2.html*)*

```
<div class="card card-body">
  <h2 class="card-header">Meldung</h2>
  <p class="card-body">
    Meldungstext
  </p>
</div>
```

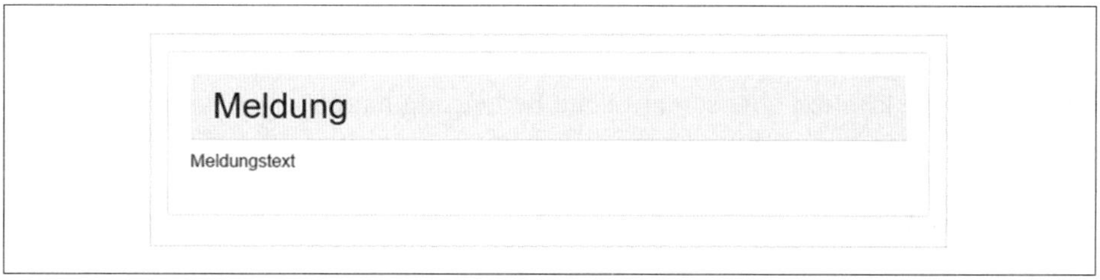

Abbildung 4-110: Karte mit Titel und Überschriftelement

Es ist weiter möglich, Unterüberschriften mit *.card-subtitle* zu platzieren.

Fußzeilen

Fußbereiche von Karten erscheinen in *.card-footer*. Der Fußbereich erbt keine semantischen Informationen, und es bleibt Ihnen überlassen, hier weitere Informationen mitzugeben. Fußbereiche dienen eher der Platzierung von Schaltflächen, die ihren eigenen semantischen Kontext mitbringen. Dadurch bedingte Aktionen sind dann separat zu programmieren, das Panel selbst bietet keine interaktiven Elemente.

*Listing 4-96: Semantische Karte mit Fußzeile (*Cards_Footer.html*)*

```
<div class="card bg-success">
  <p class="card-text">
    Inhalt der Box...
  </p>
  <div class="card-footer">Fußzeile</div>
</div>
```

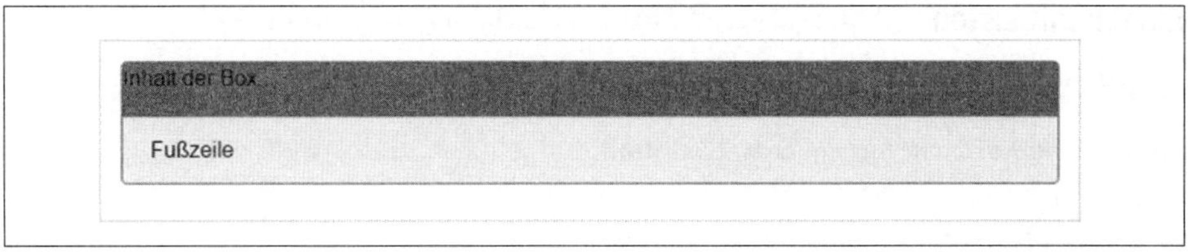

Abbildung 4-111: Karte mit Fußzeile

Zur Benutzung von Hintergründen (*.bg-success*) sind weiter hinten in diesem Abschnitt über Karten mehr Informationen zu finden.

Karten mit Tabellen

Wenn Karten der Präsentation von Daten dienen, bieten sich Tabellen zur Ausgabe an. Beachten Sie die beschränkten Möglichkeiten bei responsiven Layouts, die Tabellen mit sich bringen. Da Karten bereits einen Rahmen haben, sollten Tabellen ohne Rahmen gezeichnet werden. Die Platzierung kann im *.card-text* oder außerhalb erfolgen. Innerhalb bekommt die Tabelle einen zusätzlichen Abstand – wobei Abstände generell eine gute Idee sind, wenn der Platz ausreicht.

*Listing 4-97: Karte mit Tabelle (*Cards_Table.html*)*

```
<div class="card card-body">
  <div class="card-header">Titel</div>
  <div class="card-text">
    <p>...</p>
  </div>

  <!-- Tabelle -->
  <table class="table table-sm">
    ...
  </table>
</div>
```

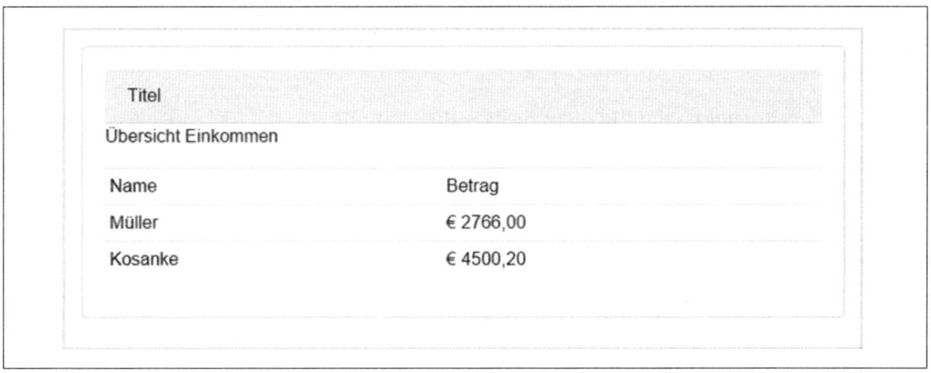

Abbildung 4-112: Karte mit Tabelle

Ohne *.card-text* gibt es einen nahtlosen Übergang zwischen Inhalt und Tabelle.

Karten mit Listen

Listen lassen sich ebenso einfach in Karten platzieren.

*Listing 4-98: Karte mit Liste (*Cards_List.html*)*

```
<div class="card">
  <div class="card-header">Wissen</div>
  <div class="card-body">
    <ul class="list-group list-group-flush">
      <li class="list-group-item">Bootstrap</li>
      <li class="list-group-item">jQuery</li>
      <li class="list-group-item">AngularJS</li>
      <li class="list-group-item">ReactJS</li>
    </ul>
  </div>
</div>
```

Abbildung 4-113: Karte mit Liste

Karten mit Bildern

Bilder lassen sich ebenso einfach in Karten als Hintergrund (Overlay) platzieren. Die Überlagerung des Texts wird mit *.card-img-overlay* erreicht.

*Listing 4-99: Karte mit Hintergrundbild (*Cards_Image.html*)*

```
<div class="card text-center"
     style="width: 300px">
  <img class="card-img-top"
       src="../Res/Background.jpg" alt="Lampe">
  <div class="card-img-overlay text-right text-light">
    <h4 class="card-title">Verstanden?</h4>
    <p class="card-text">Das ist Bootstrap 4</p>
  </div>
  <div class="card-body">
    Weiter geht es mit neuen Stilen...
  </div>
</div>
```

Das Bild sollte die Breite berücksichtigen, oder die Card wird in der Breite beschränkt, wie im Beispiel in Zeile 2 auf 300 Pixel. Beachten Sie dabei, dass derartige feste Werte möglicherweise nicht responsiv sind. Die Klasse *.card-img-overlay* sorgt dafür, dass das Bild als Hintergrund verwendet wird. Im Beispiel wird *text-light* benutzt, um einen helle Schrift auf dem verhältnismäßig dunklen Beispielbild zu erzeugen.

Für die Platzierung im Raster besteht die Option, die Breite und den Abstand mit den Spaltenklassen zu kombinieren.

Weitere Funktionen zum Platzieren von Bildern sind:

- *.card-img-top*: Ausrichten des Bilds nach oben
- *.card-img-bottom*: Ausrichten des Bilds nach unten

Diese Klassen werden direkt auf das `<img />`-Tag anwendet.

Abbildung 4-114: Karte mit Hintergrundbild

Karten im Raster

Im letzten Beispiel wurde bereits gezeigt, wie sich die Breite durch einen Stil direkt einstellen lässt. Bootstrap hat hierfür keine expliziten Klassen. Besser ist die Platzierung im Raster, wie das folgende Beispiel zeigt.

Listing 4-100: Karten im Raster (Cards_Grid.html)

```
<div class="container-fluid sample">
  <div class="row">
    <div class="col-sm-6">
      <div class="card card-success">
        <div class="card-body bg-dark">
          <h4 class="card-title">Meldung</h4>
          <p class="card-text">
           Dieser Vorgang war erfolgreich.
          </p>
          <a href="#" class="card-link">
            Mehr...
          </a>
```

```
          <a href="#" class="card-link">
             Zurück...
          </a>
        </div>
      </div>
    </div>
    <div class="col-sm-6">
      <div class="card bg-warning">
        <div class="card-body">
          <h4 class="card-title">Meldung</h4>
          <p class="card-text">
            Hier hat was nicht geklappt.
          </p>
          <a href="#" class="btn btn-danger">
            Ausnahmen...
          </a>
        </div>
      </div>
    </div>
  </div>
</div>
```

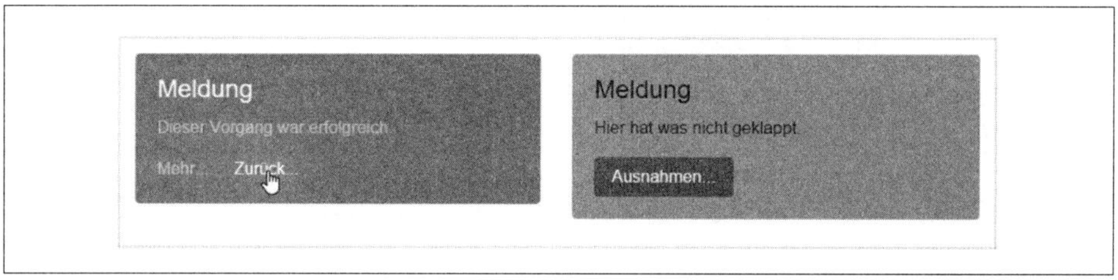

Abbildung 4-115: Karten im Raster

Kartenstapel (card decks)

Karten lassen sich horizontal so anordnen, dass alle Elemente dieselbe Höhe haben.

Listing 4-101: Karten ausrichten (Cards_Deck.html)

```
<div class="card-deck-wrapper">
  <div class="card-deck">
    <!-- Card 1 -->
    <div class="card">
      <div class="card-header">Hilfe 1</div>
      <div class="card-body">
        <p class="card-text">Hilfetext.</p>
      </div>
    </div>
    <!-- Card 2 -->
    <div class="card">
      <div class="card-header">Hilfe 2</div>
      <div class="card-body">
        <p class="card-text">
          Hilfetext und
          <a href="#" class="card-link">mehr Hilfe</a>.
        </p>
        <p class="card-text">Viel mehr Text
```

```
                als in der ersten Box</p>
            </div>
        </div>
    </div>
</div>
```

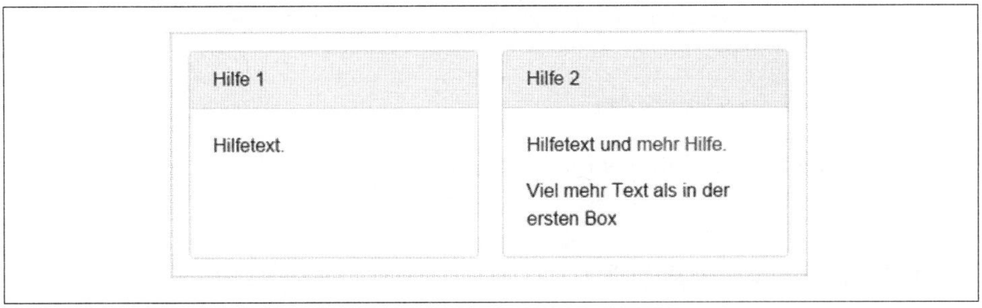

Abbildung 4-116: Karten ausrichten

Die horizontale Ausrichtung kann mit dem Spaltenlayout verbunden werden, sodass auch die Breite kontrolliert werden kann.

Kartengruppen (card groups)

Karten lassen sich horizontal so anordnen, dass alle Elemente dieselbe Höhe haben. Die Gruppen sind – im Gegensatz zum Stapel – direkt miteinander verbunden. Dazu wird die Kartengruppe in eine Klasse *.card-group* verpackt.

*Listing 4-102: Verbundene Karten (*Cards_Group.html*)*

```
<div class="card-group">
  <!-- Karte 1 -->
  <div class="card card-success">
    <div class="card-header">Info</div>
    <div class="card-body">
      <p class="card-text">Infotext hier</p>
    </div>
  </div>
  <!-- Karte 2 -->
  <div class="card card-info">
    <div class="card-header">Meldung</div>
    <div class="card-body">
      <p class="card-text">Hier steht mehr...</p>
    </div>
  </div>
</div>
```

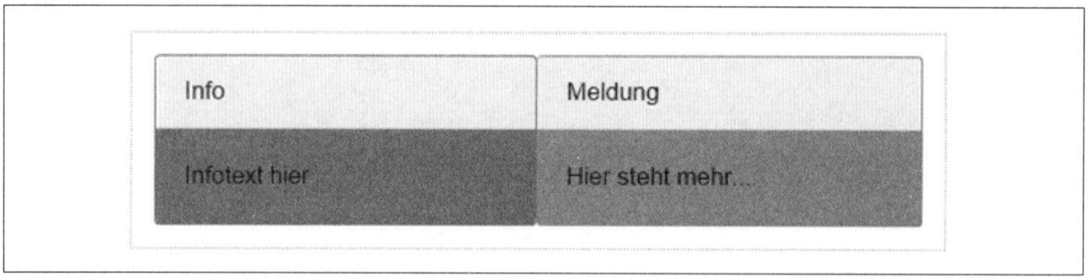

Abbildung 4-117: Verbundene Karten

Die horizontale Ausrichtung kann mit dem Spaltenlayout verbunden werden, sodass auch die Breite kontrolliert werden kann.

Karten in Spalten (card columns)

Karten lassen sich horizontal in Spalten verteilen. So sind komplexere Layouts mit dedizierter Gestaltung der Blöcke möglich. Dazu wird die Kartengruppe in eine Klasse *.card-columns* verpackt.

Listing 4-103: Verbundene Karten (Cards_Columns.html)

```
<div class="container sample">
  <div class="row">
    <div class="card-columns">
      <!-- Karte 1 -->
      <div class="card">
        <div class="card-header">Karte 1</div>
        <div class="card-body">
          <p class="card-text">Hier steht der Inhalt.</p>
        </div>
      </div>
      <!-- Karte 2 -->
      <div class="card">
        <div class="card-body">
          <h4 class="card-title">Karte 2</h4>
          <p class="card-text">Hier steht der Inhalt.</p>
        </div>
      </div>
      <!-- Karte 3 -->
      <div class="card bg-info">
        <div class="card-header">Karte 3</div>
        <div class="card-body">
          <p class="card-text">
            Hier steht der Inhalt.
            Ein <a href="#" class="card-link">Link</a>.
          </p>
        </div>
        <div class="card-footer">Footer</div>
      </div>
      <!-- Karte 4 -->
```

```
      <div class="card bg-warning">
        <div class="card-header">Karte 4</div>
        <div class="card-body">
          <p class="card-text">Hier steht der Inhalt.</p>
        </div>
        <div class="card-footer">Footer</div>
      </div>
      <!-- Karte 5 -->
      <div class="card">
        <div class="card-body">
          <h4 class="card-title">Karte 5</h4>
          <p class="card-text">Hier steht der Inhalt.</p>
        </div>
      </div>
      <!-- Karte 6 -->
      <div class="card bg-success">
        <div class="card-header">Karte 6</div>
        <div class="card-body">
          <p class="card-text">
            Hier steht der Inhalt.
            Ein <a href="#" class="card-link">Link</a>.
          </p>
        </div>
      </div>
      <!-- Karte 7 -->
      <div class="card">
        <div class="card-header">Karte 7</div>
        <div class="card-body">
          <p class="card-text">
            Hier steht der Inhalt.
            Ein <a href="#" class="card-link">Link</a>.
          </p>
        </div>
        <div class="card-footer">Ende</div>
      </div>
      <!-- Karte 8 -->
      <div class="card">
        <div class="card-body">
          <h4 class="card-title">Karte 8</h4>
          <p class="card-text">Hier steht der Inhalt.</p>
        </div>
      </div>
    </div>
  </div>
</div>
```

Abbildung 4-118: Karten in Spalten

Semantische Farben

Semantische Farben für Karten werden durch Standardhintergründe erreicht. Dazu wird mit folgenden zusätzlichen Klassen gearbeitet:

- *bg-default*: Standard, grau, keine Bedeutung
- *bg-primary*: Primäre Aussage, blau, Daten oder Ergebnis
- *bg-success*: Erfolg, grün, Statusmeldung
- *bg-info*: Information, hellblau, weitere Information, Ergänzungen
- *bg-warning*: Warnung, orange, Statusmeldung
- *bg-danger*: Fehler, rot, Statusmeldung

Das Standardpanel sieht folgendermaßen aus:

*Listing 4-104: Karte (*Cards_Danger.html*)*

```
<div class="card bg-danger">
  <div class="card-text">
    Beispielanzeige
  </div>
</div>
```

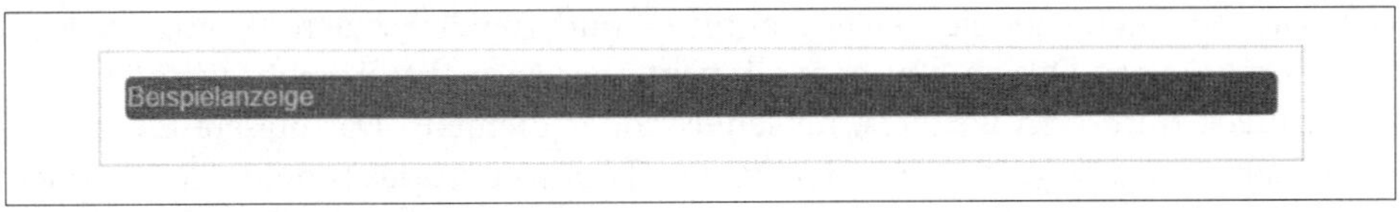

Abbildung 4-119: Karte mit Klasse .bg-danger

Die semantische Varianten haben dieselbe Form und ändern die Farbe des Hintergrunds wie bei Schaltflächen:

```
<div class="card bg-primary">...</div>
<div class="card bg-success">...</div>
<div class="card bg-info">...</div>
<div class="card bg-warning">...</div>
<div class="card bg-danger">...</div>
```

Wenn die Schriftfarbe einen unzureichenden Kontrast hat, dann können Sie mit der Klasse *.text-light* eine bessere Darstellung erhalten. Das ist zumindest bei *danger* sinnvoll, wo die Schriftfarbe auf dem dunklen Rot von Schwarz auf Weiß wechselt.

Aktive Komponenten

Aktive Komponenten in Bootstrap verfügen nicht nur über passive JavaScript-Unterstützung, sondern lassen sich direkt programmieren. Technisch sind es jQuery-Plug-ins. Falls nicht die gesamte Bootstrap-Bibliothek eingebunden wird, müssen eventuell Abhängigkeiten beachtet werden.

Einrichtung und Aktivierung

Die Dateien *bootstrap.js* und *bootstrap.min.js* (minimiert) enthalten bereits alle Komponenten. Werden diese eingebunden, sind keine weiteren Maßnahmen notwendig. Zur Benutzung gibt es zwei Optionen: Entweder Sie nutzen die HTML5-Attribute `data-` oder die JavaScript-API. Im Sinne moderner HTML5-Programmierung sind die Attribute der bevorzugte Weg, denn dadurch wird weniger Skriptcode benötigt, und damit besteht weniger Risiko, Fehler bei der Programmierung zu machen.

Die API für die HTML5-Attribute kann in seltenen Fällen unpassend oder störend sein. Dann ist es möglich, sie global abzuschalten:

```
$(document).off('.data-api')
```

Falls nur ein einzelnes Plug-in davon betroffen ist, kann auch nur dieses eine abgeschaltet werden:

```
$(document).off('.alert.data-api')
```

In komplexeren Szenarien besteht oft die Versuchung, mehrere Plug-ins auf einer Komponente anzuwenden. Das funktioniert nicht. Stellen Sie sich eine Schaltfläche vor, die einen modalen Dialog aktiviert und zugleich einen Tooltip anzeigt. Das ist zwar vom Design her sinnvoll, geht aber so nicht. Erreicht werden kann dies einfach durch ein weiteres, umschließendes Element. Das äußere Element – ohne Rahmen und Abstände – steuert den Tooltip und das innere den modalen Dialog.

jQuery UI?

Auch wenn jQuery die Grundlage der Bootstrap-Komponenten ist, steht jQuery UI in Konkurrenz zu Bootstrap und sollte auf keinen Fall gleichzeitig eingesetzt werden.

Die Programmierschnittstelle

Werden Webseiten komplett in JavaScript erstellt, was durchaus üblich ist, fehlt die Möglichkeit, über die Attribute zu gehen. Dafür kann direkt auf die API der Komponenten zugegriffen werden:

```
$('.btn.danger').button('toggle').addClass('fat');
```

Alle Komponenten verarbeiten ein Options-Objekt, das als JSON bereitgestellt werden muss. Die konkreten Werte sind abhängig von der Komponente.

```
$('#myModal').modal()                      // Nur Standard
$('#myModal').modal({ keyboard: false })   // Mit Option
$('#myModal').modal('show')                // Aktion auslösen
```

Jede Komponente verfügt über einen Konstruktor: `$.fn.popover.Constructor`. Der Konstruktor liefert eine Eigenschaft `DEFAULTS`, die Zugriff auf die Standardwerte erlaubt.

```
$.fn.modal.Constructor.DEFAULTS.keyboard = false;
```

`$.fn` ist in jQuery der Zugriff auf registrierte Plug-ins. Dieser Teil ist nicht spezifisch für Bootstrap.

Eine spezifische Instanz kann folgendermaßen beschafft werden:

`$('[rel="popover"]').data('popover')`

Dieser Code zeigt die Vorgehensweise am Beispiel eines »popover«.

Konfliktvermeidung

Werden neben jQuery noch andere Bibliotheken oder jQuery-Plug-ins eingesetzt, kann es zu Namenskonflikten kommen. Da JavaScript nicht über Namensräume verfügt, muss hier eventuell manuell nachgeholfen werden. Dazu dient die Methode `noConflict`.

```
var bootstrapButton = $.fn.button.noConflict()
$.fn.bootstrapBtn = bootstrapButton
```

In Zeile 1 wird eine Instanz des Plug-ins abgerufen. Dem Plug-in wird dann in Zeile 2 ein neuer Name zugewiesen, der nicht mit anderen Elementen kollidiert.

In diesem Zusammenhang sind auch Versionen wichtig. Diese können mit `VERSION` abgerufen werden:

```
$.fn.tooltip.Constructor.VERSION // => "4.0.0"
```

Ereignisse

Bootstrap-Komponenten generieren einige private Ereignisse. Meist liegen diese in zwei Versionen vor – bei Auftreten des Ereignisses und beim Ende der Verarbeitung. Entsprechend werden die Verben gestaltet – Basis und Vergangenheitsform (`'show'` und `'shown'`). Alle Ereignisse sind in eigenen Namensräumen ».bs.«.

Da einige Ereignisse intern verarbeitet werden, können Sie dies mittels *preventDe fault* unterdrücken. Das ist der typische Weg für jQuery.

```
1 $('#myModal').on('show.bs.modal', function (e) {
2   if (!data) return e.preventDefault()
3 })
```

Hier wird in Zeile 2 verhindert, dass die Standardausführung erfolgt. Der modale Dialog, der bei `'show'` eigentlich erscheint, wird unterdrückt.

Übergänge (transition)

Übergänge – Transitions – werden weitgehend von CSS3 abgedeckt. Um ältere Browser zu unterstützen, gibt es die Hilfsbibliothek *transitions.js*, die die Effekte in JavaScript abbildet. Diese Bibliothek ist Bestandteil von *bootstrap.js* und muss nicht gesondert installiert werden. Dies ist nur erforderlich, wenn Teile benutzt werden.

Übergangseffekte können als störend empfunden werden. Deshalb lassen sie sich global abschalten:

```
$.support.transition = false
```

Animationen

Animationen – egal ob als direkter Effekt oder als Übergang – sind nur beim ersten Mal witzig. Lassen Sie diese weg, Benutzer profitieren nur sehr selten davon.

Anwendungen des Moduls sind beispielsweise:

- Dialoge werden sanft ein- und ausgeblendet.
- Zwischen Tabs wird sanft gewechselt.
- Meldungen werden sanft eingeblendet.
- Das Bilderkarussell wechselt mit einer Animation.

Ausgelöst wird der Effekt durch die Klasse *.fade*.

Modale Dialoge (modals)

Modale Dialoge stammen aus *modals.js*. Diese Bibliothek ist Bestandteil von *boot strap.js* und muss nicht gesondert installiert werden.

Eigenschaften

Modale Dialoge nehmen den Fokus exklusiv und erfordern vom Benutzer eine unbedingte Reaktion. Sie sollten niemals modale Dialoge ohne Interaktionsmöglichkeit benutzen. Eine Schaltfläche oder ein Symbol zum Schließen ist immer Pflicht.

Modale Dialoge sind exklusiv, es kann also immer nur ein Dialog zur selben Zeit offen sein.

Im Code der Seite sollten Sie modale Dialoge am Anfang platzieren. Dies verhindert Konflikte mit anderen Einstellungen. Wann und wo sie aufgerufen werden, ist davon völlig unabhängig.

Auf mobilen Geräten kann es passieren, dass das erste Element des Dialogs nicht den Fokus erhält, auch wenn das Attribut `autofocus` benutzt wird. Ein wenig JavaScript kann bei Bedarf benutzt werden, um nachzuhelfen:

```
$('#myModal').on('shown.bs.modal', function () {
  $('#myInput').focus()
})
```

Ein Standarddialog besteht aus drei Teilen:

1. Kopfbereich
2. Inhalt
3. Fußbereich

Der Titel kommt in den Kopfbereich, der Inhalt füllt dann den Dialog, und Aktionsschaltflächen werden im Fußbereich platziert:

*Listing 4-105: Modaler Dialog (*Modal.html*)*

```
<div class="modal fade">
  <div class="modal-dialog">
    <div class="modal-content">
      <div class="modal-header">
        <button type="button" class="close"
                data-dismiss="modal"
                aria-label="Close">
          <span aria-hidden="true">&times;</span>
        </button>
        <h4 class="modal-title">Titel</h4>
      </div>
      <div class="modal-body">
        <p>Der Inhalt ... &hellip;</p>
      </div>
      <div class="modal-footer">
```

```
            <button type="button" class="btn btn-default"
                    data-dismiss="modal">Schließen</button>
            <button type="button" class="btn btn-primary">
               Speichern
            </button>
          </div>
        </div>
      </div>
    </div>
```

Um den Dialog anzuzeigen, ist eine Aktion auf der Seite erforderlich. Dies kann folgendermaßen aussehen:

Listing 4-106: Auslöser für den Dialog (Modal.html)

```
<button type="button" class="btn btn-primary btn-lg"
        data-toggle="modal"
        data-target="#myModal">
  Dialog anzeigen
</button>
```

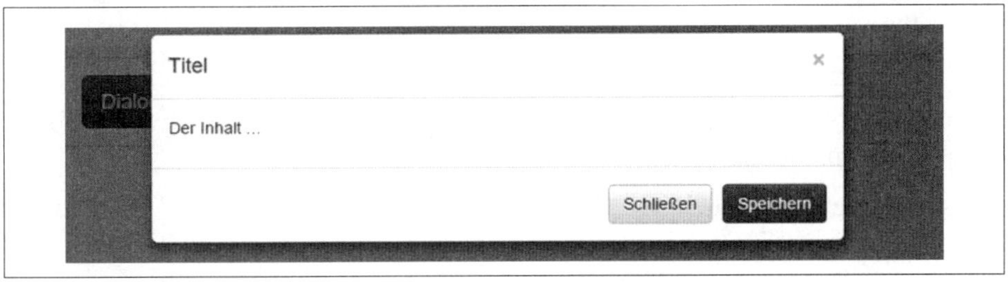

Abbildung 4-120: Modaler Dialog

Wie schon bei vorangegangenen Beispielen ist ein barrierefreier Zugang sinnvoll. Nutzen Sie zuerst die Attribute `role="dialog"` und `aria-labelledby="..."`, wobei Letzteres den Titel enthalten sollte. Der Dialog selbst, also der Inhalt, wird mit `role="document"` dekoriert. Sollte eine Beschreibung notwendig sein, die möglicherweise im normalen Betrieb nicht sinnvoll erscheint, weil der Dialog im Kontext steht oder Bilder und Symbole enthält, nutzen Sie darüber hinaus `aria-describedby` auf dem Element mit der Klasse *.modal*.

Größen

Modale Dialoge haben drei Größen, die durch zwei Klassen eingestellt werden:

- *.bs-example-modal-lg*: größer als normal
- *.bs-example-modal-sm*: kleiner als normal

```
<button type="button" class="btn btn-primary"
        data-toggle="modal"
        data-target=".bs-example-modal-lg">
  Großer Dialog
</button>

```

```
<div class="modal fade bs-example-modal-lg"
     tabindex="-1"
     role="dialog"
     aria-labelledby="myLargeModalLabel">
  <div class="modal-dialog modal-lg">
    <div class="modal-content">
      ...
    </div>
  </div>
</div>
<button type="button" class="btn btn-primary"
        data-toggle="modal"
        data-target=".bs-example-modal-sm">Klein</button>

<div class="modal fade bs-example-modal-sm"
     tabindex="-1"
     role="dialog"
     aria-labelledby="mySmallModalLabel">
  <div class="modal-dialog modal-sm">
    <div class="modal-content">
      ...
    </div>
  </div>
</div>
```

Animationen werden mit *.fade* erzeugt. Dies kann lästig sein und ist auf mobilen Geräten eher nicht angebracht.

Der Effekt benötigt erhebliche Rechenleistung und verringert die Akkulebensdauer bei mobilen Geräten.

Dialog im Raster

Dialoge können umfangreich sein. Deshalb kann innerhalb des Modals erneut auf das Raster zugegriffen werden. Dazu wird im Inhaltsbereich (*.modal-body*) des Dialogs ein neuer Container mit *.container-fluid* erstellt. In diesem Container sind die normalen Rasterklassen anwendbar. Die äußere Breite richtet sich nach der Dialogbreite, die Werte sind prozentual dazu.

*Listing 4-107: Komplexer Dialog mit Raster (*Modal_Complex.html*)*

```
<div class="modal fade" role="dialog" id="myModal"
     aria-labelledby="gridSystemModalLabel">
  <div class="modal-dialog" role="document">
    <div class="modal-content">
      <div class="modal-header">
        <button type="button" class="close"
                data-dismiss="modal"
                aria-label="Close">
          <span aria-hidden="true">&times;</span>
        </button>
        <h4 class="modal-title" id="gridSystemModalLabel">Titel</h4>
      </div>
      <div class="modal-body">
        <div class="container-fluid">
```

```
          <div class="row">
            <div class="col-md-4">4</div>
            <div class="col-md-4 offset-md-4">4 4</div>
          </div>
          <div class="row">
            <div class="col-md-3 offset-md-3">3 3</div>
            <div class="col-md-2 offset-md-4">2 4</div>
          </div>
          <div class="row">
            <div class="col-md-6 offset-md-3">6 3</div>
          </div>
          <div class="row">
            <div class="col-sm-9">
              Level 1: .col-sm-9
              <div class="row">
                <div class="col-sm-8 col-sm-6">
                  Level 2: .col-sm-8 .col-sm-6
                </div>
                <div class="col-sm-4 col-sm-6">
                  Level 2: .col-sm-4 .col-sm-6
                </div>
              </div>
            </div>
          </div>
        </div>
      </div>
      <div class="modal-footer">
        <button type="button"
                class="btn btn-secondary"
                data-dismiss="modal">
          Schließen
        </button>
        <button type="button"
                class="btn btn-primary">
          Speichern
        </button>
      </div>
    </div>
  </div>
</div>
<div class="container sample">
  <button type="button"
          class="btn btn-primary btn-lg"
          data-toggle="modal"
          data-target="#myModal">
    Show dialog
  </button>
</div>
```

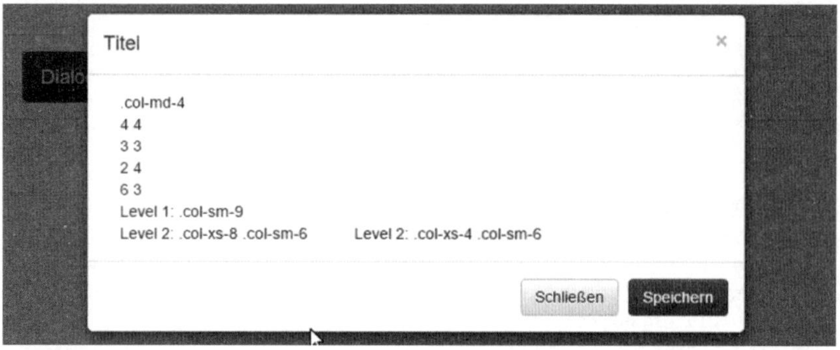

Abbildung 4-121: Raster im Dialog

Die Schaltfläche oder Aktion, mit der der Dialog ausgelöst wird, kann weitere Werte übermitteln, um den Dialog zu modifizieren. Dies erfolgt durch `data-`-Attribute wie nachfolgend gezeigt:

*Listing 4-108: Gesteuerter Dialog (*Modal_Data.html*)*

```
<button type="button" class="btn btn-primary"
        data-toggle="modal"
        data-target="#exampleModal"
        data-whatever="anna@muster.de">
  Open Anna
</button>
<button type="button" class="btn btn-primary"
        data-toggle="modal"
        data-target="#exampleModal"
        data-whatever="berta@muster.de">
  Open Berta
</button>
<button type="button" class="btn btn-primary"
        data-toggle="modal"
        data-target="#exampleModal"
        data-whatever="chri@muster.de">
  Open Chris
</button>


<div class="modal fade" id="exampleModal" tabindex="-1"
      role="dialog" aria-labelledby="exampleModalLabel">
  <div class="modal-dialog" role="document">
    <div class="modal-content">
      <div class="modal-header">
        <button type="button" class="close"
                data-dismiss="modal"
                aria-label="Close">
          <span aria-hidden="true">&times;</span>
        </button>
```

```
        <h4 class="modal-title" id="exampleModalLabel">
          Nachricht an
        </h4>
      </div>
      <div class="modal-body">
        <form>
          <div class="form-group">
            <label for="recipient" class="control-label">
              Empfänger:
            </label>
            <input type="text" class="form-control" id="recipient">
          </div>
          <div class="form-group">
            <label for="message-text" class="control-label">
              Nachricht:
            </label>
            <textarea class="form-control" id="message-text"></textarea
          </div>
        </form>
      </div>
      <div class="modal-footer">
        <button type="button" class="btn btn-secondary"
                data-dismiss="modal">
          Schließen
        </button>
        <button type="button" class="btn btn-primary">
          Senden
        </button>
      </div>
    </div>
  </div>
</div>
```

Die Auswertung übernimmt dann JavaScript wie folgt:

```
 1 $(function() {
 2   $('#exampleModal').on('show.bs.modal', function(event) {
 3     var button = $(event.relatedTarget);
 4     var recipient = button.data('whatever');
 5     var modal = $(this);
 6     modal.find('.modal-title')
 7          .text('Nachricht an ' + recipient);
 8     modal.find('#recipient').val(recipient);
 9   });
10 });
```

In Zeile 2 wird die Schaltfläche ermittelt. In Zeile 3 wird dann auf das private Attribut `data-whatever` zugegriffen, um die Daten in den Dialog zu kopieren. Dies geht am einfachsten über das DOM des Dialogs.

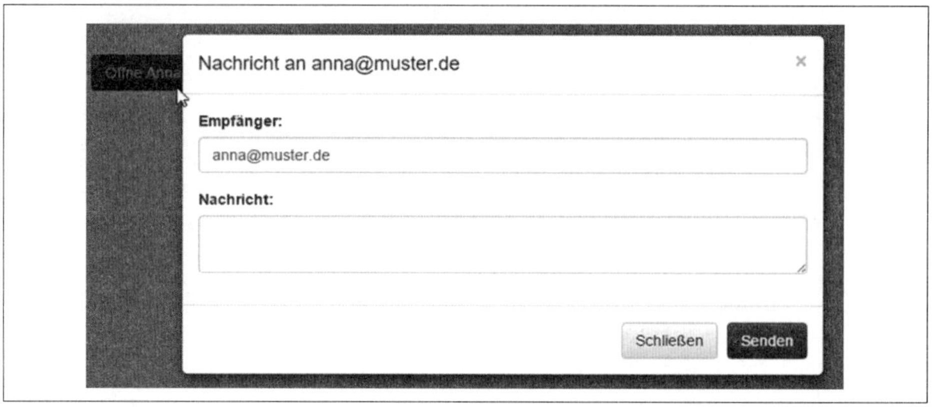

Abbildung 4-122: Gesteuerter Dialog

Allgemeines zum Verhalten

Modale Dialoge blenden die Seite leicht aus, um den Blick des Benutzers zu fangen. Dazu wird dem `<body>`-Element der Seite die Klasse *.modal-open* hinzugefügt. Sie können dieser Klasse weitere Stile mitgeben, um den Effekt anzupassen. Mittels *.modal-backdrop* wird eine weitere Klasse benutzt, die dafür sorgt, dass der Dialog geschlossen wird, wenn der Benutzer außerhalb irgendwohin klickt (Verzweiflungsklick).

Das Auslöseverhalten beruht auf Attributen:

- `data-toggle="modal"`: Auslöser, beispielsweise auf einer Schaltfläche
- `data-target="#foo"`: Ziel zum Dialog *#foo*
- `href="#foo"`: Alternative Angabe des Ziels zum Dialog *#foo*
- `id="foo"`: Dekoration des Dialogs selbst (Ziel-ID)

```
<button type="button"
        data-toggle="modal"
        data-target="#myModal">
  Modal anzeigen
</button>
```

In JavaScript werden die Selektoren aus jQuery benutzt:

```
$('#myModal').modal(options)
```

Optionen

Optionen können als `data-`-Attribute im HTML oder als JSON im Code gesetzt werden. Das Suffix der `data-`-Attribute entspricht dem Namen der Eigenschaft im JSON.

Tabelle 4-3: Optionen für Modal

Name	Typ	Beschreibung
backdrop	boolean oder 'static'	`true` führt zum Schließen bei Klick außerhalb. 'static' unterdrückt das Schließen.
keyboard	boolean	Schließt den Dialog, wenn (Esc) gedrückt wird
show	boolean	Sofort anzeigen bei der Initialisierung

Tabelle 4-4: Aktionen für Modal

Name	Beschreibung
show	Anzeigen
toggle	Anzeigezustand umschalten, asynchron
hide	Schließen
handleUpdate	Positioniert neu nach Verschieben oder Erscheinen der Scrollbar

Tabelle 4-5: Ereignisse für Modal

Name	Beschreibung
show.bs.modal	Anzeigen
hide.bs.modal	Schließen
shown.bs.modal	Wurde angezeigt (auf Übergänge und Animationen wird gewartet)
hidden.bs.modal	Wurde geschlossen (auf Übergänge und Animationen wird gewartet)
loaded.bs.modal	Ist geladen

Benutzung

Der Aufruf im Code sieht folgendermaßen aus:

```
.modal(options)
```

Der vollständige Code bezogen auf HTML-Code mit der ID *myModal* könnte so aussehen:

```
$('#myModal').modal('show')
```

Beachten Sie im Folgenden die Fluent-Syntax in Zeile 4, wo mit dem Objekt fortgesetzt wird, um weitere Aktionen auszulösen.

```
1 $('#myModal').modal({
2   keyboard: false
3 })
4 .modal('toggle')
```

Bei Ereignissen kommt lediglich die Rückruffunktion hinzu, um reagieren zu können:

```
$('#myModal').on('hidden.bs.modal', function (e) {
  // Ereigniscode...
});
```

Klappmenü (dropdown)

Das Klappmenü gibt es in einfacher Form auch ohne JavaScript-Unterstützung. Die möglichen Interaktionen erweitern die Funktion von Navigationsleiste (navbar), Tabulatoren (tabs) und Navigationsschaltflächen (pills).

Allgemeines zum Verhalten

Unsichtbare Elemente dynamisch einblenden und wieder ausblenden erfolgt durch Einschalten und Ausschalten der Klasse *.open*. Auf mobilen Geräten wird *.dropdown-backdrop* für den gesamten Bildschirm und für das »Tap«-Ereignis registriert. Das heißt, das auf solchen Geräten das Menü nicht automatisch schließt, sondern mit einem extra Fingerdruck geschlossen werden muss, bevor ein anderer Menüeintrag gewählt werden kann.

Das Attribut `data-toggle="dropdown"` wird immer benötigt.

Optionen

Das Klappmenü hat keine Optionen.

Tabelle 4-6: Aktionen für Drop-down

Name	Beschreibung
toggle	Anzeigezustand umschalten, asynchron

Tabelle 4-7: Ereignisse für Drop-down

Name	Beschreibung
show.bs.dropdown	Anzeigen
hide.bs.dropdown	Schließen
shown.bs.dropdown	Wurde angezeigt (auf Übergänge und Animationen wird gewartet)
hidden.bs.dropdown	Wurde geschlossen (auf Übergänge und Animationen wird gewartet)

Benutzung: Basierend auf dem Code des statischen Klappmenüs ist das HTML praktisch identisch:

```
<div class="dropdown">
  <button id="dLabel" type="button"
          data-toggle="dropdown"
          aria-haspopup="true" aria-expanded="false">
    Drop-down auslösen
    <span class="caret"></span>
  </button>
  <ul class="dropdown-menu" aria-labelledby="dLabel">
    ...
  </ul>
</div>
```

Werden Hyperlinks benutzt und ist das `href`-Attribut belegt, dann nutzen Sie `data-target` statt `href="#"`.

```
<div class="dropdown">
  <a id="dLabel" data-target="#" href="http://example.com"
     data-toggle="dropdown" role="button"
     aria-haspopup="true" aria-expanded="false">
    Drop-down auslösen
    <span class="caret"></span>
  </a>

  <ul class="dropdown-menu" aria-labelledby="dLabel">
    ...
  </ul>
</div>
```

Im Code sieht die Nutzung folgendermaßen aus:

```
$('.dropdown-toggle').dropdown()
```

Bei Ereignissen kommt lediglich die Rückruffunktion hinzu, um reagieren zu können:

```
$('#myDropdown').on('show.bs.dropdown', function () {
  // tu was...
})
```

Scrollbar-Überwachung (scrollspy)

Diese Komponente erkennt die Position der Scrollbar. Damit lassen sich Sprungziele in einer Navigationsleiste abhängig von der Position der Scrollleiste aktualisieren. Das ist vor allem für sehr lange Seiten interessant, wo die Sprungziele in Form einer Liste von Hyperlinks an der Seite links oder rechts oben stehen und dort immer sichtbar sind. Wenn der Benutzer auf einen Link klickt, springt die Seitenposition zum Ziel. Dies ist das normale Browserverhalten. Wenn jedoch die Scrollbar benutzt wird, erscheint eine bestimmte Position irgendwann. Mit dem *Scrollbar-Überwacher* wird dann das Menü passend zur Position so angepasst, dass der aktuell sichtbare Abschnitt hervorgehoben wird. Damit das Menü diesen Effekt anzeigen kann, muss es beim Scrollen sichtbar bleiben. Dazu sollte die Navigation angeheftet werden. Dies erreichen Sie mit `position: sticky`.

Affix

Die Komponente Affix aus Bootstrap 3 gibt es nicht mehr. Schauen Sie weiter unten in den Abschnitt »Angeheftete Navigation (affix)«, wo erklärt wird, wie Sie diese Komponenten ersetzen können.

Benutzung

Zuerst wird eine Navigations-Komponente benötigt. Die Auflösung der Sprungziele muss über *id* erfolgen. Ein Ziel, das mit `<a href="#home">home</a>` erstellt wurde, muss zu einem passenden `<div id="home"></div>` führen. Unsichtbare Elemente werden ignoriert. Als Kriterium für die Sichtbarkeit gilt, was jQuery bei Benutzung des Pseudo-Selektors `:visible` angibt. Überwacht wird der Scrollbereich eines Elements. Dies muss mit `position:relative` positioniert werden. Meist ist dies `<body>`, und es ist keine weitere Aktion erforderlich. Handelt es sich um ein anderes Element, müssen zusätzlich `overflow-y: scroll` und eine Höhe angegeben werden.

Die Aktivierung erfolgt mit `data-spy="scroll"` auf das zu überwachende Element, beispielsweise `<body>`. Dann wird `data-target` auf die *id* oder Klasse des Elternelements einer mit *.nav* erstellten Komponente gesetzt.

```
<style>
body {
  position: relative;
}
</style>

<body data-spy="scroll" data-target="#navbar-example">
  ...
  <div id="navbar-example">
    <ul class="nav nav-tabs" role="tablist">
      ...
    </ul>
  </div>
  ...
</body>
```

In JavaScript sieht die Benutzung folgendermaßen aus:

```
$('body').scrollspy({ target: '#navbar-example' })
```

Werden Elemente dynamisch hinzugefügt, muss `'refresh'` aufgerufen werden.

```
$('[data-spy="scroll"]').each(function () {
  var $spy = $(this).scrollspy('refresh')
})
```

Bei Ereignissen kommt lediglich die Rückruffunktion hinzu, um reagieren zu können:

```
$('#myScrollspy').on('activate.bs.scrollspy', function () {
  // tu was…
})
```

Optionen

Optionen können als `data-`-Attribute im HTML oder als JSON im Code gesetzt werden. Das Suffix der `data-`-Attribute entspricht dem Namen der Eigenschaft im JSON.

Tabelle 4-8: Optionen für ScrollbarSpy

Name	Typ	Beschreibung
offset	number	Abstand von oben, ab dem auf das Erscheinen reagiert wird. Der Standardwert ist 10.

Tabelle 4-9: Aktionen für ScrollbarSpy

Name	Beschreibung
refresh	Synchronisiere dynamische Elemente

Tabelle 4-10: Ereignisse für ScrollbarSpy

Name	Beschreibung
activate.bs.scrollspy	Anzeigen

Angeheftete Navigation (affix)

Diese Komponente gibt es in Bootstrap 4 nicht mehr. Benutzen Sie `position: sticky` direkt oder als Polyfill für ältere Browser. Dies ist eine Erweiterung zu CSS3, die die Funktion mit JavaScript erreicht. Eine gute Implementierung ist *StickyFill* (*https://github.com/wilddeer/stickyfill*)

Im CSS wird dies folgendermaßen benutzt:

```
.sticky {
  position: -webkit-sticky;
  position: sticky;
  top: 0;
}
```

Aktiviert wird es per JavaScript, zum Beispiel mit jQuery:

```
$('.sticky').Stickyfill();
```

Installieren Sie Stickyfill wie folgt:

```
bower install Stickyfill -save
```

Umschaltbare Tabulatoren (tab)

Umschaltbare Tabulatoren können auch von anderen Elementen aus verändert werden. Dies wird nur auf einer Ebene unterstützt – nicht für verschachtelte Elemente.

Benutzung

Die Aktivierung in JavaScript sieht folgendermaßen aus:

```
$('#myTabs a').click(function (e) {
  e.preventDefault()
  $(this).tab('show')
})
```

Die Aktivierung kann mithilfe von Selektoren flexibel erfolgen:

```
1 $('#myTabs a[href="#profile"]').tab('show')
2 $('#myTabs a:first').tab('show')
3 $('#myTabs a:last').tab('show')
4 $('#myTabs li:eq(2) a').tab('show')
```

Der Code in Zeile 1 nutzt einen Namen; Zeile 2 wählt den ersten Tabulator, Zeile 3 den letzten. In Zeile 4 wird der dritte (2, das heißt, der Wert ist 0-basiert) gewählt.

Das Attribut `data-toggle="tab"` oder `data-toggle="pill"` erledigt dies im Markup.

Listing 4-109: Interaktive Tabs

```
<div>

  <!-- Nav tabs -->
  <ul class="nav nav-tabs" role="tablist">
    <li role="presentation" class="active">
      <a href="#home" aria-controls="home"
         role="tab" data-toggle="tab">Home</a>
    </li>
    <li role="presentation">
      <a href="#profile" aria-controls="profile"
         role="tab" data-toggle="tab">Profil</a>
    </li>
    <li role="presentation">
      <a href="#messages" aria-controls="messages"
         role="tab" data-toggle="tab">Nachricht</a>
    </li>
    <li role="presentation">
      <a href="#settings" aria-controls="settings"
         role="tab" data-toggle="tab">Einst.</a>
    </li>
  </ul>

  <!-- Tabulator-Inhalte -->
  <div class="tab-content">
    <div role="tabpanel" class="tab-pane active" id="home">
      ...
    </div>
    <div role="tabpanel" class="tab-pane" id="profile">
      ...
    </div>
    <div role="tabpanel" class="tab-pane" id="messages">
      ...
    </div>
    <div role="tabpanel" class="tab-pane" id="settings">
      ...
    </div>
  </div>

</div>
```

Bei Ereignissen kommt lediglich die Rückruffunktion hinzu, um reagieren zu können:

```
$('a[data-toggle="tab"]').on('shown.bs.tab', function (e) {
  e.target // Neues Tab
  e.relatedTarget // Vorheriges Tab
})
```

Optionen

Optionen können als `data-`-Attribute im HTML oder als JSON im Code gesetzt werden. Das Suffix der `data-`-Attribute entspricht dem Namen der Eigenschaft im JSON.

Tabelle 4-11: Optionen für Tabs

Name	Typ	Beschreibung
offset	number	Abstand von oben, ab dem auf das Erscheinen reagiert wird. Der Standardwert ist 10 Pixel.

Tabelle 4-12: Aktionen für Tabs

Name	Beschreibung
show	Anzeigen

Beachten Sie, dass es kein `'hide'` gibt, weil immer ein Tab aktiv ist. Wird eines aktiviert, werden alle anderen versteckt.

Tabelle 4-13: Ereignisse für Tabs

Name	Beschreibung
hide.bs.tab	Tab wird versteckt
show.bs.tab	Tab wird angezeigt
hidden.bs.tab	Tab wurde versteckt (nach Animationen)
shown.bs.tab	Tab wurde angezeigt (nach Animationen)

Tooltips (tooltip)

Tooltips dienen dazu, hilfreiche Informationen für den Benutzer bereitzustellen. Sie reagieren auf eine schwebende (hover) Maus. Da viele Tooltips auf einer Seite kritisch für die Leistung des Browsers sind, müssen diese selbst aktiviert werden – die Attribute alleine reichen nicht aus.

Tooltips für Schaltflächen:

```
<button type="button" class="btn btn-default"
        data-toggle="tooltip" data-placement="left"
        title="Tooltip on left">Tooltip links</button>

<button type="button" class="btn btn-default"
        data-toggle="tooltip" data-placement="top"
        title="Tooltip on top">Tooltip oben</button>
```

```
<button type="button" class="btn btn-default"
        data-toggle="tooltip" data-placement="bottom"
        title="Tooltip on bottom">Tooltip unten</button>

<button type="button" class="btn btn-default"
        data-toggle="tooltip" data-placement="right"
        title="Tooltip on right">Tooltip rechts</button>
```

Die Aktivierung erfolgt immer im Skriptcode. Der folgende Code aktiviert alle Tooltips beim Laden der Seite:

```
$(function () {
  $('[data-toggle="tooltip"]').tooltip()
})
```

Für einen Tooltip sieht das folgendermaßen aus:

```
$('#example').tooltip(options)
```

Das passende Markup dazu könnte so geschrieben werden:

```
<a href="#" data-toggle="tooltip"
  title="Ein Tipp erscheint!">Maus schweben lassen</a>
```

Das erzeugte Markup sieht wie folgt aus:

```
<div class="tooltip top" role="tooltip">
  <div class="tooltip-arrow"></div>
  <div class="tooltip-inner">
    Ein Tipp erscheint!
  </div>
</div>
```

Mehrzeilige Links

Manchmal sind die Tipps etwas komplexer und haben mehrere Zeilen. Normalerweise wird der Text automatisch umbrochen und zentriert. Mit `white-space: nowrap;` wird dieser Umbruch verhindert. Wird ein solcher Tipp in Gruppen von Schaltflächen (mit *.btn-group* oder *.input-group*) eingesetzt, sind weitere Maßnahmen erforderlich. Im JavaScript muss der Container angegeben werden, wo der generierte Code im DOM eingepflanzt wird. Meist ist `container: 'body'` ausreichend.

Allgemeine Tipps

Tooltips für unsichtbare Elemente sind keine gute Idee. Der Tipp wird nicht korrekt platziert, weil die Position des Bezugselements nicht bestimmt werden kann. Zeigen Sie das Bezugselement erst an und lösen Sie den Tooltip danach aus.

Ansonsten sollten Tooltips nur dann benutzt werden, wenn die Elemente mit der Tastatur erreicht werden können, Sie sich also auf Eingabeelemente beschränken.

Ist dies nicht möglich, nutzen Sie das Attribut `tabindex`, um ein Element explizit erreichbar zu machen.

Sollen Tooltipps auf deaktivierten Elementen sichtbar werden, muss ein Wrapper gebaut werden. Am besten fügen Sie ein weiteres `<div>`-Element hinzu und starten den Tooltip von dort.

```
$('#myTooltip').on('hidden.bs.tooltip', function () {
  // tu was…
})
```

Optionen

Optionen können als `data-`-Attribute im HTML oder als JSON im Code gesetzt werden. Das Suffix der `data-`-Attribute entspricht dem Namen der Eigenschaft im JSON.

Tabelle 4-14: Optionen für Tooltip

Name	Typ	Beschreibung
animation	boolean	Animation beim Erscheinen
container	string oder `false`	Positionierung bei einem anderen Element
delay	number, object	Verzögerung in Millisekunden (Standard: 0) Kann auch ein Objekt sein: `{ "show": 10, "hide": 10 }`, dann gelten für das Anzeigen und Ausblenden verschiedene Werte.
html	boolean	HTML im Text erlaubt
placement	string, function	'top', 'bottom', 'left', 'right', 'auto'. 'auto' platziert so, dass der Tooltip immer angezeigt wird. Bei einer Funktion kann die Position selbst bestimmt werden.
selector	string	Auswahl des Ziels als Selektor
template	string	Vorlage in HTML
title	string	Inhalt (Text) des Tooltips
trigger	string	Auslöser: click, hover, focus, manual Standard: 'hover focus'
viewport	string, object, function	Standard: `{ selector: 'body', padding: 0 }` oder ein Selektor oder eine Auwahlfunktion

Die Standardvorlage des Tooltips sieht folgendermaßen aus:

```
<div class="tooltip" role="tooltip">
  <div class="tooltip-arrow"></div>
  <div class="tooltip-inner"></div>
</div>
```

Der Text erscheint in *.tooltip-inner*.

Tabelle 4-15: Aktionen für Tooltip

Name	Beschreibung
show	Anzeigen
hide	Ausblenden
destroy	Ausblenden und Ereignisse unterdrücken

Beachten Sie, dass es kein `'hide'` gibt, weil immer ein Tab aktiv ist. Wird eines aktiviert, werden alle anderen versteckt.

Tabelle 4-16: Ereignisse für Tooltip

Name	Beschreibung
hide.bs.tab	Tooltip wird versteckt
show.bs.tab	Tooltip wird angezeigt
hidden.bs.tab	Tooltip wurde versteckt (nach Animationen)
shown.bs.tab	Tooltip wurde angezeigt (nach Animationen)

Inhaltsüberlagerung (popover)

Der etwas sperrige Begriff Inhaltsüberlagerung (Popover) steht für einen kurzzeitig erscheinenden, nicht modalen Dialog, meist ohne Interaktionsmöglichkeiten. Die wichtigste Anwendung sind ausführlichere Hilfetexte. Dies ist immer dann angebracht, wenn Tooltips nicht mehr ausreichen. Da viele Überlagerungen auf einer Seite kritisch für die Leistung des Browsers sind, müssen diese explizit aktiviert werden – die Attribute alleine reichen nicht aus.

Inhaltsüberlagerungen können statisch sein oder dynamisch aktiviert werden. Statische – also ständig sichtbare Elemente – dienen mehr der Gestaltung.

Anwendung

Die Aktivierung kann beim Laden der Seite mit folgendem Code erfolgen:

```
$(function () {
  $('[data-toggle="popover"]').popover();
})
```

Für ein einzelnes Element sieht dies folgendermaßen aus (der Selektor führt zur Schaltfläche):

```
$('#buttonid').popover({});
```

Hängt der Inhaltsbereich an einer Schaltfläche, ist der Einsatz unkritisch. Wird er dagegen an eine Gruppe gehängt (*.btn-group* oder *.input-group*), sollte der Container, in dem das Element erscheint, `<body>` sein. Es kann sonst zu Seiteneffekten kommen (zu breit, Verlust der abgerundeten Ecken). Es ist außerdem nicht empfehlenswert, Inhaltsüberlagerungen auf versteckten Elementen zu aktivieren. Bootstrap nutzt zur Positionierung die Koordinaten des auslösenden Elements und ohne Sichtbereich können diese ungenau oder ungültig sein. Auf deaktivierten Elementen können Sie Inhaltsüberlagerungen nutzen, allerdings ist ein umschließender Container erforderlich (meist ein `<div>`).

Wenn das auslösende Element ein Hyperlink ist, dann kann es auf schmalen Bildschirmen passieren, dass der Inhalt des Hyperlinks mehrzeilig ist. Die Inhaltsüberlagerung wird sowohl horizontal als auch vertikal zentriert. Dies kann ungünstig sein, weil es die Lesbarkeit des auslösenden Elements beeinträchtigt. Mit dem Stil `white-space: nowrap;` auf dem Hyperlink kann dieses Verhalten vermieden werden.

Die generelle Nutzung als Hilfetext für Schaltflächen sieht folgendermaßen aus:

```
<button type="button" class="btn btn-lg btn-danger"
        data-toggle="popover" title="Der Titel"
        data-content="Hier steht zum Beispiel Hilfe">Hilfe?</button>
```

Listing 4-110: Popover platzieren (popover.html)

```
<button type="button" class="btn btn-default"
        data-container="body"
        data-toggle="popover"
        data-placement="left"
        data-content="Dies ist ein sehr hilfreicher Hilfetext.">
  Platzierung links
</button>

<button type="button" class="btn btn-default"
        data-container="body"
        data-toggle="popover"
        data-placement="top"
        data-content="Dies ist ein sehr hilfreicher Hilfetext.">
  Platzierung oben
</button>

<button type="button" class="btn btn-default"
        data-container="body"
        data-toggle="popover"
        data-placement="bottom"
        data-content="Dies ist ein sehr hilfreicher Hilfetext.">
  Platzierung unten
</button>

<button type="button" class="btn btn-default"
        data-container="body"
        data-toggle="popover"
        data-placement="right"
        data-content="Dies ist ein sehr hilfreicher Hilfetext.">
  Platzierung rechts
</button>
```

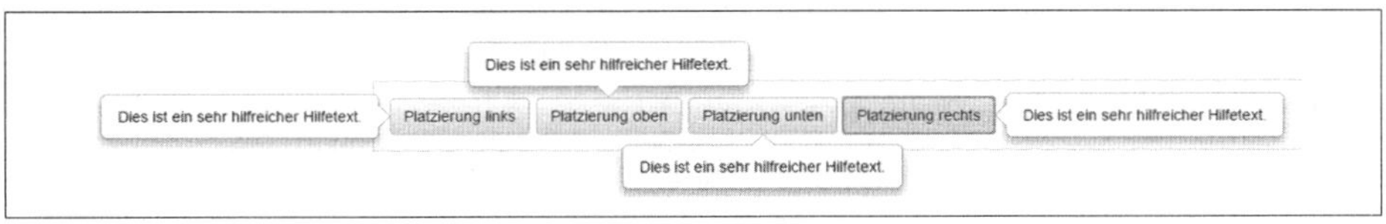

Abbildung 4-123: Popover platzieren

Solche möglicherweise störenden Elemente wie Inhaltsüberlagerungen werden durch die nächste Aktion des Benutzers mit dem Ereignis `'focus'` direkt wieder entfernt. Das Ereignis 'focus' eignet sich dazu, weil es auf jedes andere Element reagiert, das den Fokus bekommt. Außerdem müssen die Attribute `role="button"` und `tabindex` vorhanden sein.

```
<a tabindex="0" class="btn btn-lg btn-danger"
   role="button"
   data-toggle="popover"
   data-trigger="focus"
   title="Hilfe naht"
   data-content="Dies ist der Hilfetext!">
   Kann entfernt werden
</a>
```

Damit dies immer funktioniert, sollte der Auslöser ein Hyperlink, keine Schaltfläche sein.

Optionen

Optionen können als `data-`-Attribute im HTML oder als JSON im Code gesetzt werden. Das Suffix der `data-`-Attribute entspricht dem Namen der Eigenschaft im JSON.

Tabelle 4-17: Optionen für Popover

Name	Typ	Beschreibung
animation	boolean	Animation beim Erscheinen
container	string oder `false`	Positionierung bei einem anderen Element
delay	number, object	Verzögerung in Millisekunden (Standard: 0) Kann auch ein Objekt sein: `{ "show": 10, "hide": 10 }`, dann gelten für das Anzeigen und Ausblenden verschiedene Werte.
html	boolean	HTML im Text erlaubt
content	string	Standardinhalt, falls das Element nichts liefert
placement	string, function	'top', 'bottom', 'left', 'right', 'auto' 'auto' platziert so, dass der Tooltip immer angezeigt wird. Bei einer Funktion kann die Position selbst bestimmt werden.
selector	string	Auswahl des Ziels als Selektor
template	string	Vorlage in HTML
title	string	Inhalt (Text) des Tooltips
trigger	string	Auslöser: click, hover, focus, manual. Standard: 'hover focus'
viewport	string, object, function	Standard: `{ selector: 'body', padding: 0 }` oder ein Selektor oder eine Auswahlfunktion.

Die Standardvorlage des Popover sieht folgendermaßen aus:

```
<div class="popover" role="tooltip">
  <div class="arrow"></div>
  <h3 class="popover-title"></h3>
  <div class="popover-content"></div>
</div>
```

Der Text erscheint in *.popover-content*.

Tabelle 4-18: Aktionen für Popover

Name	Beschreibung
show	Anzeigen
hide	Ausblenden
toggle	Ansichtszustand umschalten
destroy	Ausblenden und Ereignisse unterdrücken

Tabelle 4-19: Ereignisse für Popover

Name	Beschreibung
hide.bs.popover	Popover wird versteckt
show.bs.popover	Popover wird angezeigt
hidden.bs.popover	Popover wurde versteckt (nach Animationen)
shown.bs.popover	Popover wurde angezeigt (nach Animationen)
inserted.bs.popover	Nach 'show', wenn das Element im DOM platziert wurde

Meldungen (alert)

Vom Erscheinungsbild her gleichen die Meldungen den mit *.alert* erstellten Formen. Die zusätzliche Interaktion besteht in der Möglichkeit, das Element zu verbergen (zu schließen). Die Meldung selbst kann darüber hinaus weitere Aktionen enthalten. Die Schließfunktion entsteht automatisch, wenn `data-dismiss="alert"` dem Element hinzugefügt wird, das den Schließvorgang auslöst.

Eine solche Schließschaltfläche könnte folgendermaßen aussehen:

```
<button type="button"
        id="myAlert"
        class="close"
        data-dismiss="alert"
        aria-label="Schließen">
  <span aria-hidden="true">&times;</span>
</button>
```

Die Aktivierung erfolgt mit der Methode `alert()`:

```
$('#myAlert').alert();
```

Reagiert werden kann auf das Schließen:

```
$('#myAlert').on('closed.bs.alert', function () {
  // tu was…
})
```

Optionen

Optionen gibt es nicht. Die Gestaltung erfolgt mit HTML.

Tabelle 4-20: Aktionen für Alert

Name	Beschreibung
close	Ausblenden der Meldung

Tabelle 4-21: Ereignisse für Alert

Name	Beschreibung
close.bs.popover	Meldung wird geschlossen
closed.bs.popover	Meldung wurde geschlossen (nach Animationen)

Interaktive Schaltflächen (button)

Interaktive Schaltflächen (Buttons) reagieren auf Zustände und zeigen diese an.

Umschalter

Mit `data-toggle="button"` wird eine Schaltfläche zum Umschalter. Sie sieht dann aus wie eine Schaltfläche, verhält sich aber logisch wie ein Kontrollkästchen. Ist ein solcher Umschalter beim Start der Seite aktiv, sollte er die Klasse *.active* haben und das Attribut `aria-pressed="true"` tragen.

```
<button type="button" class="btn btn-primary"
        data-toggle="button"
        aria-pressed="false" autocomplete="off">
  Einfacher Umschalter
</button>
```

Analog geht dies auch für Gruppen. Hier wird `data-toggle="buttons"` auf einem Element mit der Klasse *.btn-group* benutzt. Die Elemente sollten dann auch vom Typ `checkbox` oder `radio` sein. Die Gestaltung kann dennoch als Schaltfläche erfolgen. Dies wirkt auf Seiten oft organischer und weniger technisch als die Benutzung einer Anzahl Kontrollkästchen oder Optionsfelder.

```
<div class="btn-group" data-toggle="buttons">
  <label class="btn btn-primary active">
    <input type="checkbox" autocomplete="off" checked> 1
  </label>
  <label class="btn btn-primary">
    <input type="checkbox" autocomplete="off"> 2
  </label>
  <label class="btn btn-primary">
    <input type="checkbox" autocomplete="off"> 3
```

```
  </label>
</div>
<div class="btn-group" data-toggle="buttons">
  <label class="btn btn-primary active">
    <input type="radio" name="options"
           id="option1" autocomplete="off" checked> 1
  </label>
  <label class="btn btn-primary">
    <input type="radio" name="options"
           id="option2" autocomplete="off"> 2
  </label>
  <label class="btn btn-primary">
    <input type="radio" name="options"
           id="option3" autocomplete="off"> 3
  </label>
</div>
```

Optionen

Optionen gibt es nicht. Die Gestaltung erfolgt mit HTML. Einzige Möglichkeit der Änderung über Code besteht im Ändern des Texts der Schaltfläche:

```
$('#myButton').button('Neuer Text');
```

Tabelle 4-22: Aktionen für Button

Name	Beschreibung
toggle	Umschalten
reset	Zurücksetzen

Inhaltseinblendung (collapse)

Ähnlich wie die Inhaltsüberlagerung funktioniert die Inhaltseinblendung (oder Inhaltsausblendung, je nachdem, wie man das betrachtet). In jedem Fall dient dieses Element dazu, nur zeitweilig benötigte Inhalte anzuzeigen und dann kostbaren Platz wieder freizugeben.

Anwendung

Benötigt werden zuerst auslösende Elemente, was entweder Hyperlinks oder Schaltflächen sind:

Listing 4-111: Inhaltseinblendung (collapse.html)

```
<a class="btn btn-primary"
   role="button"
   data-toggle="collapse"
   href="#collapseExample"
   aria-expanded="false"
   aria-controls="collapseExample">
  Via Link
</a>
<button class="btn btn-danger-outline"
        type="button"
```

```
        data-toggle="collapse"
        data-target="#collapseExample"
        aria-expanded="false"
        aria-controls="collapseExample">
  Via Schaltfläche
</button>
<div class="collapse" id="collapseExample">
  <div class="card card-body card-text">
    ...
  </div>
</div>
```

Der Auslöser für das Umschalten der Gruppe ist `data-toggle="collapse"`. Dies kann entweder ein Link sein (mit `href="#targetId"`) oder eine Schaltfläche (mit `data-target="Selektor"`).

Der untere Bereich mit dem Meldungstext erscheint erst, wenn eine der Schaltflächen geklickt wurde:

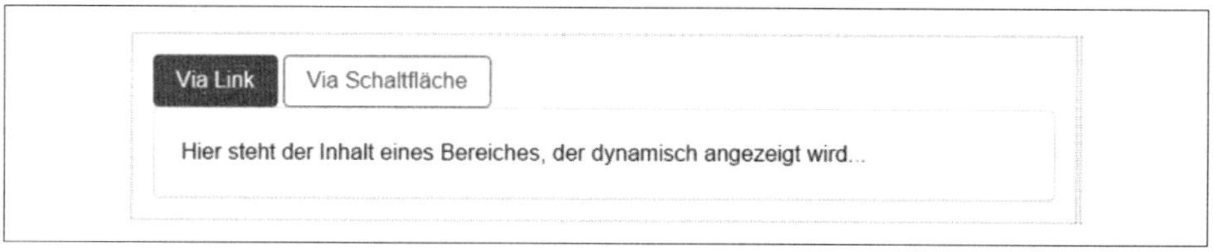

Abbildung 4-124: Inhaltseinblendung

Die Aria-Unterstützung wird intern vom Skript beachtet und sollte durch passenden Attribute ergänzt werden:

- `aria-expanded` zeigt an, welche Gruppe geöffnet ist
- `aria-controls` zeigt an, welche Gruppe vom Link gesteuert wird
- `aria-labelledby` zeigt an, welcher Kopfbereich die Gruppe bezeichnet

Inhaltsgruppen (accordion)

Das Akkordeon ist ein sehr häufig benutztes Element, das viele Gestaltungsframeworks anbieten. Technisch ist dies eine Gruppe von Navigationselementen und dynamischen Panelen, die jeweils exklusiv eingeblendet werden. Die einzelnen Bausteine sind alle bereits vorgestellt worden. In Bootstrap ist das Akkordeon nicht eine eigenständige Komponente, sondern eine clevere Kombination von Grundbausteinen.

Zuerst ein Blick auf ein Beispiel:

Listing 4-112: Inhaltsgruppen (accordion.html)

```
<div id="accordion" role="tablist" aria-multiselectable="true">
  <div class="card card-success"
       role="tab">
    <h4 class="card-header"
        id="headingOne">
```

```
      <a href="#collapseOne"
          data-toggle="collapse"
          data-parent="#accordion"
          aria-expanded="true"
          aria-controls="collapseOne">
      Gruppe 1</a>
    </h4>
    <div id="collapseOne"
          class="collapse in"
          role="tabpanel"
          aria-labelledby="headingOne">
      <div class="card-body card-text">
        Viel Text in Gruppe 1.
      </div>
    </div>
  </div>
  <div class="card"
        role="tab">
    <h4 class="card-header"
        id="headingTwo">
      <a href="#collapseTwo"
          data-toggle="collapse"
          data-parent="#accordion"
          aria-expanded="false"
          aria-controls="collapseTwo">Gruppe 2</a>
    </h4>
    <div id="collapseTwo"
          class="collapse"
          role="tabpanel"
          aria-labelledby="headingTwo">
      <div class="card-body card-text">
        Viel Text in Gruppe 2.
      </div>
    </div>
  </div>
  <div class="card"
        role="tab">
    <h4 class="card-header"
        id="headingThree">
      <a href="#collapseThree"
          data-toggle="collapse"
          data-parent="#accordion"
          aria-expanded="false"
          aria-controls="collapseThree">
      Gruppe 3</a>
    </h4>
    <div id="collapseThree"
          class="collapse"
          role="tabpanel"
          aria-labelledby="headingThree">
      <div class="card-body card-text">
        Viel Text in Gruppe 3.
      </div>
    </div>
  </div>
</div>
```

Der Code nutzt die `data-`-Attribute und zur Gestaltung die in Bootstrap 4 neu eingeführten *.card*-Klassen. Der Auslöser für das Umschalten der Gruppe ist `data-toggle="collapse"`. Dieser Befehl kann entweder als Link (mit `href="#targetId"`) oder als Schaltfläche (mit `data-target="Selektor"`) ausgeführt werden. Damit beim Öffnen einer Gruppe die andere bereits geöffnete Gruppe automatisch schließt, wird `data-parent="id"` benutzt, wobei die *id* auf das umschließende Container-Element verweist.

Der Anfangszustand wird mit der Klasse *.in* bestimmt. Derart dekorierte Elemente sind beim Laden der Seite geöffnet.

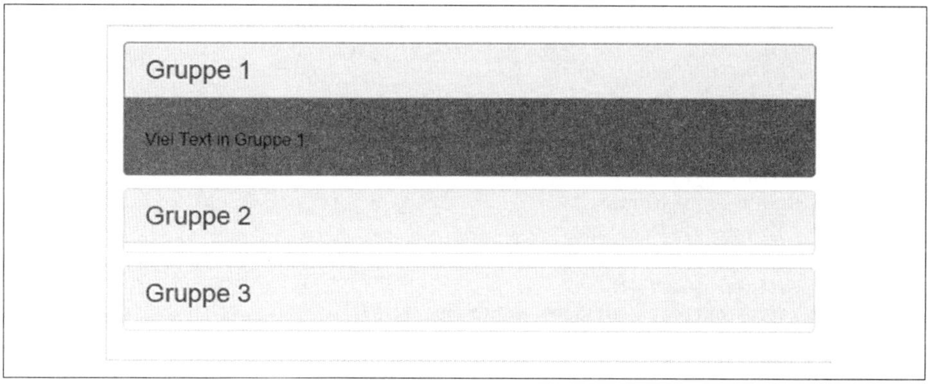

Abbildung 4-125: Inhaltseinblendung

Die Aktivierung im Code – wenn keine `data-`-Attribute benutzt werden sollen – erfolgt folgendermaßen:

```
$('.collapse').collapse();
```

Benutzen Sie entweder `data-`-Attribute oder JavaScript. Wird beides gleichzeitig benutzt, kommt das Skript durcheinander und das Akkordion verhält sich unlogisch.

Optionen

Optionen können als `data-`-Attribute im HTML oder als JSON im Code gesetzt werden. Das Suffix der `data-`-Attribute entspricht dem Namen der Eigenschaft im JSON.

Tabelle 4-23: Optionen für Collapse

Name	Typ	Beschreibung
parent	string	Selektor für das Elternelement
toggle	boolean	Automatisches Umschalten

Tabelle 4-24: Aktionen für Collapse

Name	Beschreibung
show	Anzeigen
hide	Ausblenden
toggle	Ansichtszustand umschalten

Tabelle 4-25: Ereignisse für Collapse

Name	Beschreibung
hide.bs.collapse	Inhalt wird versteckt
show.bs.collapse	Inhalt wird angezeigt
hidden.bs.collapse	Inhalt wurde versteckt (nach Animationen)
shown.bs.collapse	Inhalt wurde angezeigt (nach Animationen)

Bilderkreisel (carousel)

Der Bilderkreisel (oft auch Karussell genannt) dient dazu, eine Bilder- oder Inhaltsstrecke anzuzeigen, wobei immer nur ein Element zur Zeit sichtbar ist.

Anwendung

Nachfolgend ein Beispiel:

*Listing 4-113: Bilderkreisel (*caroussel.html*)*

```
<div id="carousel-example-generic"
     class="carousel slide" data-ride="carousel">
  <ol class="carousel-indicators">
    <li data-target="#carousel-example-generic"
        data-slide-to="0" class="active"></li>
    <li data-target="#carousel-example-generic"
        data-slide-to="1"></li>
    <li data-target="#carousel-example-generic"
        data-slide-to="2"></li>
  </ol>

  <div class="carousel-inner" role="listbox">
    <div class="item active">
      <img src="..." alt="...">
      <div class="carousel-caption">
        ...
      </div>
    </div>
    <div class="item">
      <img src="..." alt="...">
      <div class="carousel-caption">
        ...
      </div>
    </div>
    ...
  </div>

```

```
  <a class="left carousel-control"
     href="#carousel-example-generic"
     role="button"
     data-slide="prev">
    <span class="glyphicon glyphicon-chevron-left"
          aria-hidden="true"></span>
    <span class="sr-only">Previous</span>
  </a>
  <a class="right carousel-control"
     href="#carousel-example-generic"
     role="button"
     data-slide="next">
    <span class="glyphicon glyphicon-chevron-right"
          aria-hidden="true"></span>
    <span class="sr-only">Next</span>
  </a>
</div>
```

Abbildung 4-126: Ein Bild des Bilderkreisels

Im Code erfolgt die Aktivierung folgendermaßen:

```
$('.carousel').carousel();
```

Diese Komponente ist für barrierefreie Umgebungen nicht geeignet.

Optionen

Optionen können als data--Attribute im HTML oder als JSON im Code gesetzt werden. Das Suffix der data--Attribute entspricht dem Namen der Eigenschaft im JSON.

Tabelle 4-26: Optionen für Carousel

Name	Typ	Beschreibung
interval	number	Zeit bis zum nächsten Element, Standard ist 5000 ms
pause	string	Stoppt das Weiterschalten, solange die Maus über dem Element ist
wrap	boolean	Kontinuierliches Weiterschalten oder schrittweises
keyboard	boolean	Reagiert auf die Tastatur

Tabelle 4-27: Aktionen für Carousel

Name	Beschreibung
cycle	Wechsel zum nächsten Element
pause	Anhalten
prev	Vorhergehender Eintrag
next	Nächster Eintrag

Tabelle 4-28: Ereignisse für Carousel

Name	Beschreibung
slide.bs.carousel	Start einer Bewegung
slid.bs.carousel	Ende einer Bewegung

TEIL B

Webserverprogrammierung mit ASP.NET

Dieser Buchteil behandelt das klassische Framework ASP.NET Model-View-Controller (MVC) und das klassische Web API ASP.NET, die auf dem .NET Framework 4.x und nur auf Windows-Systemen laufen. Die neueren Varianten, die Microsoft unter dem Namen ASP.NET Core entwickelt und die wahlweise auf .NET Framework 4.x oder dem plattformneutralen .NET Core laufen, werden in Buchteil C besprochen.

KAPITEL 5

ASP.NET MVC

ASP.NET Model-View-Controller (MVC) ist ein Framework aus der ASP.NET-Familie für das Server Side Rendering (SSR) von Webseiten, das zum einen das weit verbreitete MVC-Muster implementiert und dem Entwickler zum anderen die volle Kontrolle über die gerenderten Webseiten gibt. Es erlaubt das dynamische Rendern von Ressourcen wie zum Beispiel HTML-Seiten auf der Serverseite. Dieses Kapitel zeigt, wie dieses Framework eingesetzt wird.

Geschichte und Verbreitung von ASP.NET

Bereits Mitte der 90er-Jahre erschien der Name ASP (Active Server Pages) zum ersten Mal bei Microsoft. Das damals noch auf dem Component Object Model (COM) und Skriptsprachen wie VBScript und JScript basierende Webserverframework wurde dann 2002 in die .NET-Welt überführt. Dort gab es mit ASP.NET Webforms (für HTML-Weboberflächen) und ASP.NET Webservices zunächst zwei Varianten von ASP.NET. Im Laufe der Jahre kamen weitere Spielarten wie ASP.NET AJAX, ASP.NET Dynamic Data (vergleichbar mit Ruby-on-Rails), ASP.NET Model-View-Controller, ASP.NET Web API, ASP.NET SignalR (für Push-Nachrichten an den Browser) und ASP.NET WebPages (vergleichbar mit PHP) hinzu. Laut Marktforscher builtwith.com belegt ASP.NET (inkl. ASP.NET MVC) mit 39 % mittlerweile den zweiten Platz unter den Webserverframeworks im Internet – nach PHP (siehe Abbildung). In der Statistik erscheint auch noch das ganz alte COM-basierte ASP aus den 90er-Jahren mit 2 %.

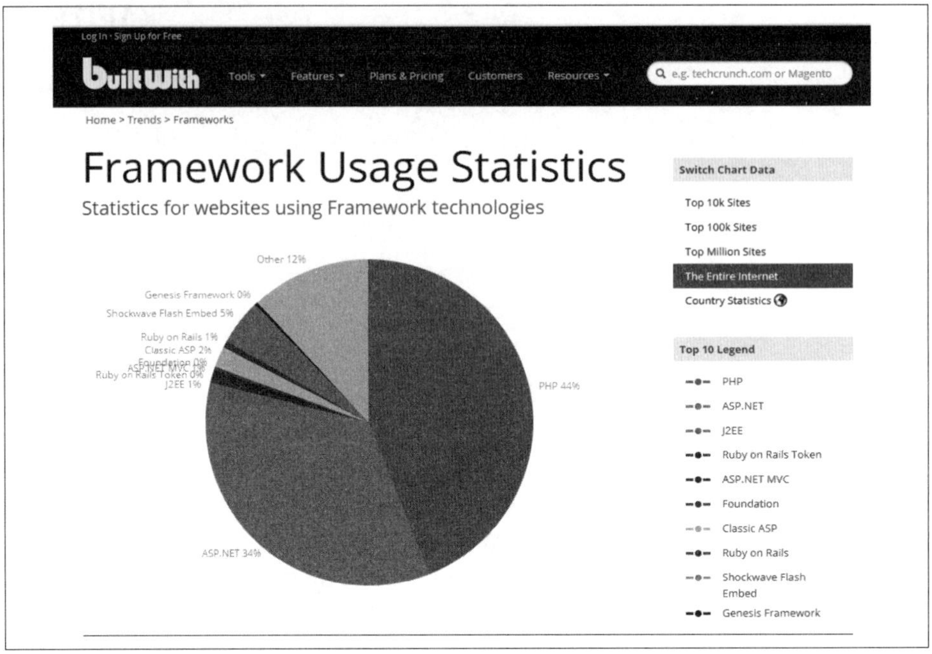

Abbildung 5-1: ASP.NET und ASP.NET MVC haben zusammen einen Marktanteil von 35 % (trends.builtwith.com/framework).

Architektur von ASP.NET MVC

Bevor die ersten Code-Beispiele folgen, beschäftigt sich dieser Abschnitt mit verschiedenen Überlegungen zum MVC-Muster. Darüber hinaus wird auf das MVVM-Muster (Model-View-ViewModel, auch als Model-View-Presenter bekannt) eingegangen, da dieses heutzutage häufig in Kombination mit MVC eingesetzt wird.

Die Abkürzung MVC steht für Model-View-Controller, ein Pattern, das ursprünglich bei Xerox für die Trennung von Logik und Präsentation entwickelt wurde. Es sieht vor, dass eine Applikation in drei Teile aufgeteilt wird: Model, View und Controller (Abbildung 5-2).

Das Modell entsprach dabei ursprünglich den fachlichen Daten sowie den darauf operierenden Routinen. Da diese beiden Aspekte heutzutage in der Regel voneinander getrennt werden, wird das Modell häufig lediglich mit den Daten der Applikation assoziiert und die Operationen für diese Daten, wie Laden, Speichern oder das Durchführen von Berechnungen, in eigene Klassen ausgelagert. Die Aufgabe der View ist das Anzeigen von Models sowie das entgegennehmen von Benutzereingaben. Der Controller stellt das Bindeglied zwischen Model und View dar: Er nimmt Anfragen sowie Benutzereingaben entgegen und wählt zur Abarbeitung der Anfrage eine passende Routine aus. Anschließend wird eine View ausgewählt sowie die anzuzeigenden Daten in Form eines Models an diese übergeben.

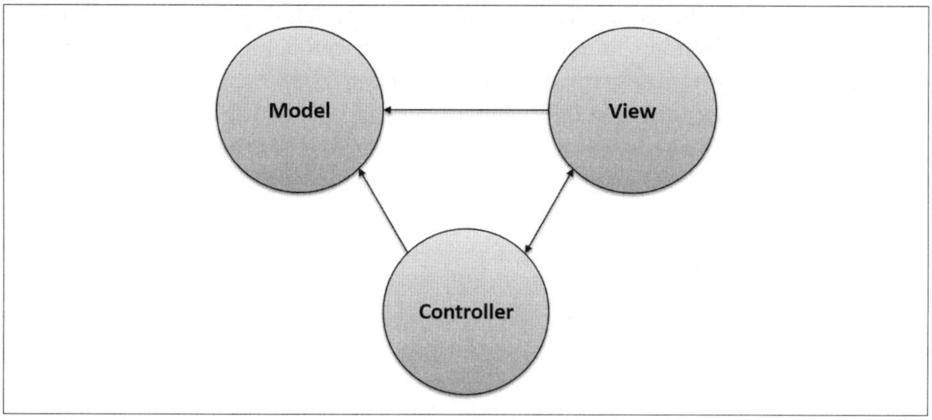

Abbildung 5-2: Das MVC-Muster

Durch diese Trennung können die einzelnen Teile separat wiederverwendet werden. Beispielsweise müssten bei einem Produkt, das an das Design verschiedener Kunden anzupassen ist, lediglich die Views ausgetauscht beziehungsweise modifiziert werden. Daneben erleichtert es das gleichzeitige Unterstützen verschiedener Benutzerschnittstellen – zum Beispiel eine für Mitarbeiter, eine weitere für Kunden und eine für mobile Endgeräte. Durch die Verteilung der einzelnen Aufgaben auf die Komponenten Modell, View und Controller wird auch eine eventuell gewünschte Arbeitsteilung vereinfacht. Webdesigner könnten sich beispielsweise um die View kümmern, Entwickler um den Controller sowie um die von ihm angestoßenen Routinen, und Datenbankexperten um das Modell, das sich gegebenenfalls auf einen O/R-Mapper, wie dem ADO.NET Entity Framework, stützt. Da die gesamte Logik durch den Controller widergespiegelt wird, wird auch das Testen sowie das Automatisieren von Tests erleichtert.

Erste Schritte mit ASP.NET MVC

Zur Einführung in ASP.NET MVC zeigt dieser Abschnitt, wie damit eine einfache Webanwendung zur Verwaltung von Hotels erstellt werden kann. Für einen guten Überblick werden viele Themen, die in den folgenden Abschnitten detailliert erläutert werden, an dieser Stelle nur kurz angerissen. Zur Vereinfachung kommt keine Datenbank, sondern lediglich eine statische Liste zum Einsatz. Diese erlaubt es Ihnen, sich an dieser Stelle voll und ganz auf ASP.NET MVC zu konzentrieren.

ASP.NET-MVC-Projekt anlegen

Um eine ASP.NET-MVC-Anwendung zu erzeugen, wählt der Entwickler in Visual Studio die Projektvorlage *Web | ASP.NET Web Application (.NET Framework)*. Daraufhin wird er aufgefordert, sich für ein Framework aus der ASP.NET-Familie zu entscheiden. Die Wahl fällt dabei auf MVC. Im unteren Bereich kann der Entwickler weitere Frameworks auswählen, die im Projekt zusätzlich zu ASP.NET

MVC zum Einsatz kommen sollen. Davon muss, um den Ausführungen in diesem Kapitel folgen zu können, jedoch kein Gebrauch gemacht werden. Wählen Sie aber bitte bei *Change Authentication* die *Individual User Acounts*. Dies erweitert das generierte Projekt um eine Benutzerverwaltung.

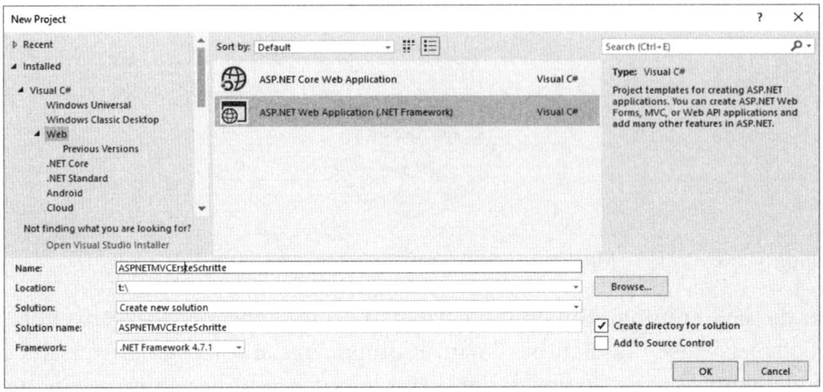

Abbildung 5-3: Schritt 1 des Anlegens eines ASP.NET-MVC-Projekts in Visual Studio

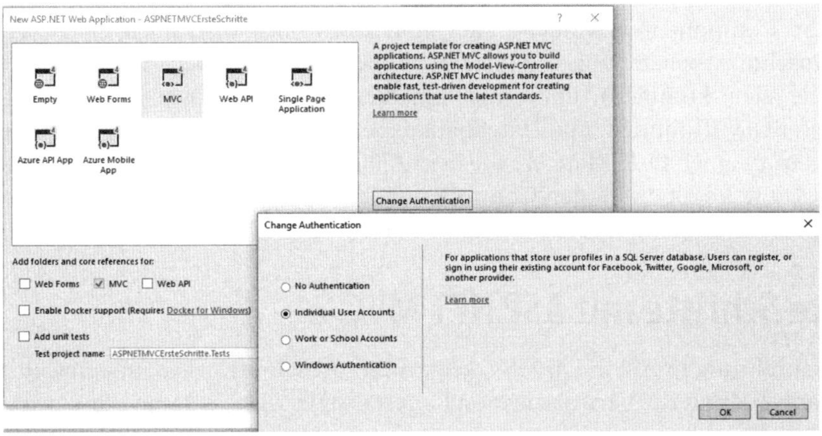

Abbildung 5-4: Schritt 2 des Anlegens eines ASP.NET-MVC-Projekts in Visual Studio

Projektaufbau

Die Struktur des zuvor angelegten Projekts ist in Abbildung 5-5 dargestellt.

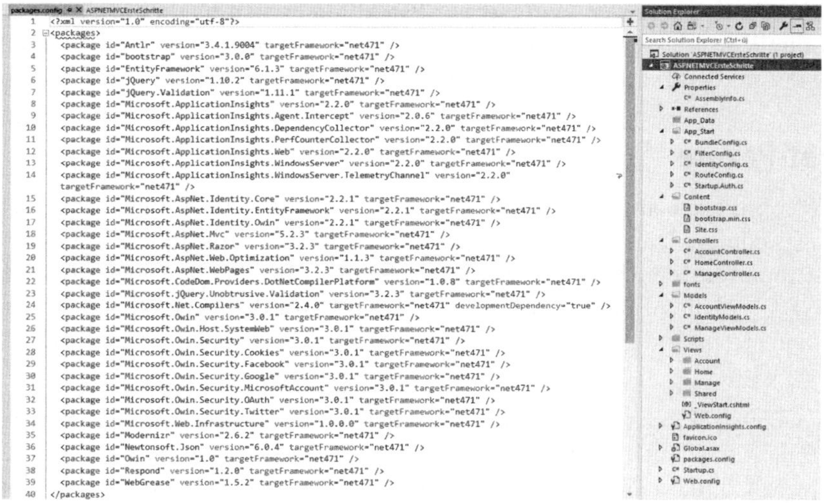

Abbildung 5-5: Verzeichnisstruktur eines ASP.NET-MVC-Projekts

Dabei fallen vier Ordner auf: *App_Start*, *Models*, *Views* und *Controllers*.

Der Ordner *App_Start* enthält zahlreiche Konfigurationseinstellungen für die Webanwendung.

Der Ordner *Controller* beinhaltet die einzelnen Controller-Klassen, deren Namen per Definition auf `Controller` enden. Beispielsweise stellt die Projektvorlage *Internet Application* einen *HomeController* für die Startseite sowie einen *AccountController* für das Registrieren und Anmelden von Benutzern zur Verfügung. Der Ordner *Models* beherbergt die einzelnen Modellimplementierungen. Dabei handelt es sich in der Regel um Klassen, die Konzepte aus dem Bereich der Anwendung repräsentieren, zum Beispiel Hotels bei einer Anwendung zur Verwaltung von Hotels.

Der Ordner *Views* ist in weitere Ordner unterteilt, wobei jeder Ordner die Views eines bestimmten Controllers beinhaltet und auch dessen Namen (ohne die Endung Controller) übernimmt. Der Ordner *Views/Home* beinhaltet zum Beispiel die Views, an die der *HomeController* delegiert; *Views/Account* jene, die der *AccountController* nutzt. Die einzige Ausnahme ist der Ordner *Shared* – er beinhaltet Views, die von sämtlichen Controllern verwendet werden können, darunter allgemeine Fehlerseiten oder Layoutseiten, die für eine einheitliche Darstellung der einzelnen Views sorgen.

Um einen neuen Controller hinzuzufügen, kann der Befehl *Add | Controller* aus dem Kontextmenü des Ordners *Controllers* verwendet werden; um eine neue View hinzuzufügen der Befehl *Add | View* aus dem Kontextmenü des Ordners *Views* beziehungsweise eines darunter liegenden Ordners. Zum Anlegen eines neuen Models existiert hingegen kein eigener Befehl, da es sich hierbei in der Regel um herkömmliche Klassen handelt, die keine gemeinsamen Charakteristika aufweisen, wie zum Beispiel gemeinsame Basisklassen.

Nuget-Pakete

Das Webprojekt beinhaltet eine mit zahlreichen Nuget-Paket-Referenzen gefüllte packages.config. Dies liegt daran, dass mit dem Microsoft .NET Framework Redistributable (dem .NET Framework Setup) nur die Basisinfrastruktur von ASP.NET und die ASP.NET Webforms installiert werden. ASP.NET MVC ist hingegen ein eigenständiges Open-Source-Projekt von Microsoft, das über Nuget ausgeliefert wird.

Auch wenn ASP.NET MVC zur klassischen Generation von .NET gehört und damit nicht so schnell aktualisiert wird wie das neuere ASP.NET Core, ist es dennoch möglich, dass die in der Visual-Studio-Projektvorlage verwendeten Paketreferenzen beim Anlegen des Projekts bereits veraltet sind, denn die von Visual Studio verwendeten Versionen der einzelnen Pakete sind in der Projektvorlage festgelegt, die Microsoft mit Visual Studio beziehungsweise mit den Updates dafür verbreitet.

Praxistipp: Sie sollten daher nach dem Anlegen eines Projekts den Nuget Package Manager aufrufen und alle Pakete auf die aktuelle Version bringen.

Die folgende Abbildung zeigt, dass das bei Redaktionschluss aktuelle Visual Studio 2017 Version 15.6.1 zum Beispiel das Paket Microsoft.AspNet.Mvc in der Version 5.2.3 einbindet, während es auf *nuget.org* schon die Version 5.2.4 mit Fehlerbehebungen gibt.

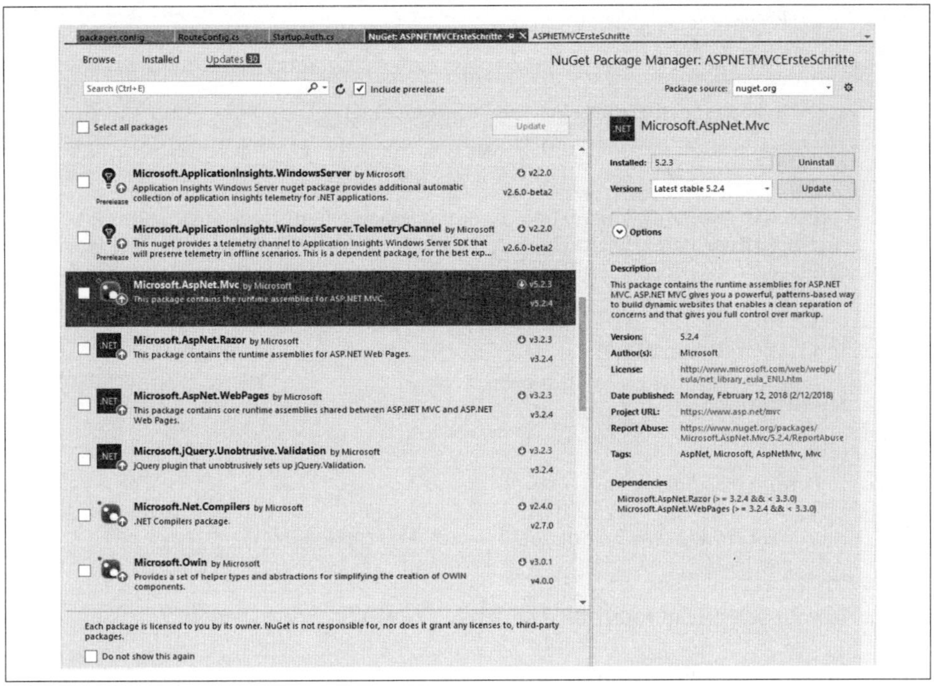

Abbildung 5-6: Aktualisieren der Nuget-Pakete direkt nach dem Anlegen des Projekts

Modell anlegen

Für die hier beschriebene erste Beispielanwendung wird im Ordner *Models* eine Klasse `Hotel` (Listing 5-1) angelegt. Wenn auch die Projektvorlage diesen Ordner für Models vorsieht, kann der Entwickler einen beliebigen Ordner hierfür verwenden. Es wäre auch möglich, Models in anderen Namensräumen oder gar Assemblies zu hinterlegen.

Listing 5-1: Einfaches Model

```
public class Hotel
{
    public int HotelId { get; set; }
    public string Bezeichnung { get; set; }
    public int Sterne { get; set; }
}
```

Zum Laden und Speichern von Hotels wird darüber hinaus unterhalb des Projektordners ein Ordner *Data* mit einer `HotelRepository`-Klasse eingerichtet (Listing 5-2). Um das Beispiel einfach zu halten, verwaltet es Hotels in einer statischen Liste anstatt in einer Datenbank, sodass sich der Leser auf ASP.NET MVC konzentrieren kann und sich nicht darüber hinaus noch mit Aspekten des Datenbankzugriffs, die in Kapitel 6 behandelt werden, belasten muss.

Listing 5-2: Repository für Hotels

```
public class HotelRepository
{
    private static List<Hotel> hotels = new List<Hotel>();

    static HotelRepository()
    {
        hotels.Add(new Hotel { HotelId = 1, Bezeichnung = "Hotel zur Post", Sterne = 2 });
        hotels.Add(new Hotel { HotelId = 2, Bezeichnung = "Hotel Rebstock", Sterne = 3 });
        hotels.Add(new Hotel { HotelId = 3, Bezeichnung = "Wellness Hotel", Sterne = 4 });
    }

    public List<Hotel> FindAll()
    {
        return hotels;
    }

    public Hotel FindById(int id)
    {
        return hotels.Where(h => h.HotelId == id).FirstOrDefault();
    }

    public void Delete(int hotelId)
    {
        var hotel = FindById(hotelId);
        hotels.Remove(hotel);
    }

    public void Save(Hotel h)
    {
        if (h.HotelId == 0)
        {
            // Neues Hotel einfügen
            hotels.Add(h);
            h.HotelId = hotels.Max(htl => htl.HotelId) + 1;
        }
        else
        {
            // Bestehendes Hotel aktualisieren
            var hotel = FindById(h.HotelId);
            hotel.Bezeichnung = h.Bezeichnung;
            hotel.Sterne = h.Sterne;
        }
    }
}
```

Controller anlegen

Zum Anlegen des Controllers für das hier betrachtete Beispiel wählt der Entwickler aus dem Kontextmenü des Ordners *Controllers* den Befehl *Add | Controller*. Für die Erstellung der hier beschriebenen Beispielanwendung wird die Vorlage *Empty MVC Controller* gewählt, sodass der Entwickler gezwungen ist, die benötigten Methoden selbst einzurichten.

Den Controller-Namen legt er passend zum Modell auf *HotelController* fest. Nachdem er das Dialogfeld bestätigt hat, richtet Visual Studio eine neue Controller-Klasse ein, die von der Basisklasse `Controller` erbt. Alternativ dazu könnte der Entwickler diese Klasse auch von `controllerBase` erben lassen oder stattdessen die Schnittstelle `IController` implementieren. In der Praxis wird dies selten gemacht, da dieses Verhalten mit dem Verlust jenes Komforts, der durch die Basisklasse `Controller` geboten wird, einhergeht.

Die öffentlichen Methoden der Controller-Klassen nennen sich Action-Methoden. Sie werden auf einen URL abgebildet und liefern per Definition eine Instanz von `ActionResult` zurück. Der URL, auf den sie standardmäßig abgebildet werden, lautet auf */controller/action*, wobei *controller* für den Namen des Controllers (ohne die Endung *Controller*) sowie *action* für den Namen der Action-Methode steht. Die Methode `Index` in Listing 5-3 wird demnach angestoßen, wenn der Anwender auf den URL */hotel/index* zugreift. Da es sich bei Index um den standardmäßig verwendeten Methodennamen handelt, könnte der Benutzer alternativ dazu auch nur auf */hotel* zugreifen. Der standardmäßige Controller-Name lautet im Übrigen auf *Home*, was auch der Grund dafür ist, dass ohne Angabe eines URLs die Action-Methode `Index` im Controller *HomeController* angestoßen wird, welche zur Anzeige der Startseite führt.

Soll eine Methode nicht als Action-Methode herangezogen werden, kann diese mit dem Attribut *NonAction* annotiert werden. Soll innerhalb des URLs eine vom Methodennamen abweichende Bezeichnung verwendet werden, kann diese über das Attribut *Action Name*, mit dem die jeweilige Action-Methode zu markieren ist, festgelegt werden.

Die Action-Methode `Index` im betrachteten Controller lädt sämtliche Hotels über das eingerichtete `HotelRepository` und erzeugt anschließend mit der von `Controller` geerbten Hilfsmethode `View` ein `ActionResult`, das ASP.NET MVC anweist, eine View zu rendern. Den Namen dieser View übergibt sie als erstes Argument, das von der View anzuzeigende Modell – eine Liste mit Hotels – als zweites Argument. Da sie als Namen der View `Index` angibt, sucht ASP.NET MVC im *View*-Ordner des Controllers, der den Namen */Views/Hotel* trägt, nach dieser View. Wird das Framework dort nicht fündig, wird die Suche nach der View *Index* im Ordner */Views/Shared* fortgesetzt. Bleibt auch dieser Anlauf erfolglos, erhält der Aufrufer eine Fehlermeldung.

Da der Name der gewünschten View dem Namen der Action-Methode gleicht (beide nennen sich `Index`), kann der Entwickler beim Aufruf der Methode `View` auch den Namen der View weglassen. Das Ergebnis dieses Aufrufs, der durch den Kommentar am Ende der Methode `Index` angedeutet wird, wäre dasselbe: ASP.NET MVC würde trotzdem nach einer View mit dem Namen `Index` Ausschau halten.

Listing 5-3: Einfacher Controller zum Abfragen von Hotels

```
public class HotelController : Controller
{
    // Mapping auf: /Hotel/Index
    //              /Hotel
    public ActionResult Index()
    {
        var rep = new HotelRepository();
        var hotels = rep.FindAll();
        return View("Index", hotels);
        // return View(hotels);
    }
}
```

View anlegen

Eine View ist eine *.cshtml*-Datei. Um die in Listing 5-3 referenzierte View nur für den gezeigten Controller bereitzustellen, müssen Sie sie im Verzeichnis */Views/Hotels* einrichten. Um sich hierbei von Visual Studio unterstützen zu lassen, führen Sie einen Rechtsklick auf dem Inhalt der Action-Methode aus und wählen anschließend den Befehl *Add View* (Abbildung 5-7). Daraufhin zeigt Visual Studio ein Dialogfeld an, über das der Entwickler Eckdaten zur anzulegenden View bekannt geben kann (Abbildung 5-8). Abgesehen vom Namen kann nun festgelegt werden, welche Vorlage für die neue View zu verwenden ist. Beispielsweise existieren Vorlagen für Übersichtslisten und Detailansichten. Stützt sich eine Vorlage auf ein Model, muss der Entwickler auch eine Model-Klasse auswählen.

Die Option *Create as partial view* gibt an, ob die neue View als sogenannte partielle View, welche in andere Views eingebettet wird, einzurichten ist. Mit der Option *Use a layout page* gibt der Entwickler an, dass das Ergebnis der View in eine Layoutseite, die immer wiederkehrende Elemente wie Menüeinträge oder eine Fußzeile beinhaltet, eingebettet werden soll. Wählt der Entwickler diese Option aus, ohne eine Layoutseite im sich darunter befindlichen Eingabefeld anzugeben, verwendet Visual Studio eine standardmäßige Layoutseite. Weitere Infos finden Sie im Abschnitt »Layoutseiten«.

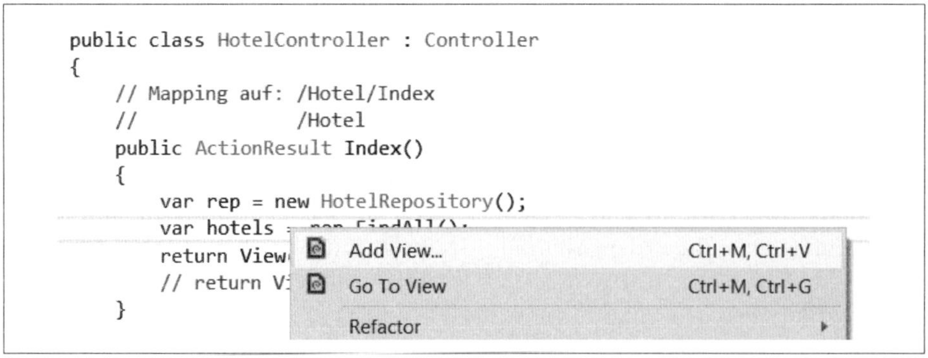

Abbildung 5-7: Kontextmenübefehl zum Hinzufügen einer neuen View

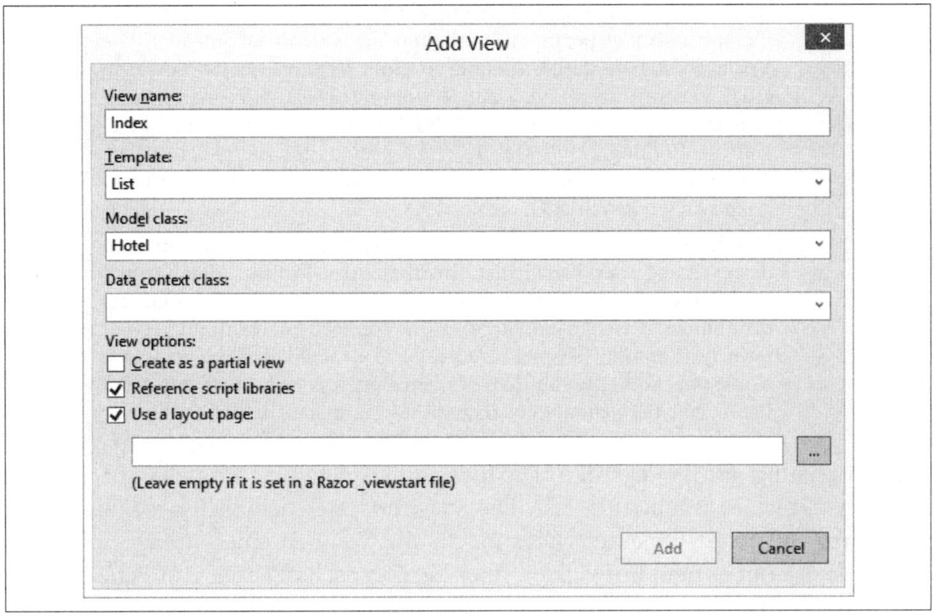

Abbildung 5-8: Neue View einfügen

Um eine View für die zuvor beschriebene Action-Methode `Index` aus dem eingerichteten *HotelController* anzulegen, vergibt der Entwickler den Namen *Index*. Daneben wählt er die Vorlage *List* sowie das Model *Hotel* aus. Nach dem Bestätigen der Eingaben richtet Visual Studio im Verzeichnis */Views/Hotel* eine View mit dem Namen *Index.cshtml* ein. Würde Visual Basic verwendet, hätte die View den Namen *Index.vbhtml*. Listing 5-4 zeigt den Inhalt dieser View.

Zum Rendern einer View greift ASP.NET MVC auf eine sogenannte View-Engine zurück. Die standardmäßig verwendete View-Engine, die sich im Lieferumfang von ASP.NET MVC befindet, nennt sich Razor. Anweisungen, die mit einem `@` beginnen, sowie Anweisungen, die sich innerhalb von `@{ ... }` befinden, führt Razor im Zuge des Renderings aus. Alle anderen Zeilen werden in Form von HTML-Markup direkt ausgegeben.

> Die einzelnen von Visual Studio verwendeten Vorlagen finden sich unter *C:\Program Files (x86)\Microsoft Visual Studio 12.0\Common7\IDE\Extensions\Microsoft\Web\Mvc\Scaffolding\Templates*, sofern Visual Studio auf Laufwerk C installiert ist. Die dort vorhandenen Ordner gruppieren die Templates nach Anwendungsfall. Beispielsweise erwartet Visual Studio im Ordner *MvcView* die Vorlagen, die eine View für ein bestimmtes Model erzeugen. Ein Beispiel dafür ist die zuvor beschriebene Vorlage *List*, die eine Übersichtsliste für eine Auflistung mit Model-Instanzen erzeugt. Daneben beinhaltet der Ordner *MvcViewWithoutModel* Vorlagen für Views, deren Auf-

bau sich nicht an einem Model orientiert. Ordner, die mit dem Präfix *ApiController* beginnen, enthalten Vorlagen für Controller. Die Vorlagen stehen standardmäßig in einer Version für C# sowie in einer Version für VB.NET zur Verfügung. Die C#-Versionen weisen die Endung *cs.t4* auf; die VB.NET-Versionen verwenden hingegen die Endung *vb.t4*. Das Kürzel T4 steht für die gleichnamige Technologie, die Microsoft schon seit einigen Jahren für die Erzeugung von Code-Vorlagen einsetzt.

Um diese Vorlagen für ein eigenes Projekt zu erweitern oder abzuändern, erzeugt der Entwickler innerhalb des Projekts den Ordner *CodeTemplates* und kopiert den Inhalt des oben genannten Ordners dort hinein. Anschließend kann er die Vorlagen abändern und erweitern. Legt er zum Beispiel im Ordner *CodeTemplates\MvcView* eine Kopie von *Edit.cs.t4* mit dem Namen *Edit2.cs.t4* an, steht ihm beim Erzeugen einer neuen View auch dieses Template zur Verfügung.

Die Anweisung `@model` legt den Typ des darzustellenden Modells auf `IEnumerable<FirstSteps.Models.Hotel>` fest. Die View erwartet demnach als Modell eine Auflistung mit `Hotel`-Objekten. Dies macht die View zu einer streng typisierten View und erlaubt es dem Entwickler, über die Eigenschaft `Model` sämtliche übergebenen `Hotel`-Instanzen in diesem Modell zu iterieren. Beispielsweise könnte er durch die folgende Anweisung für jedes Hotel im übergebenen Modell einen Absatz bestehend aus der Eigenschaft Bezeichnung und Sterne ausgeben lassen, wobei die beiden Eigenschaften in der Ausgabe durch ein Komma getrennt dargestellt würden.

```
@foreach(var h in Model) { <p>@h.Bezeichnung, @h.Sterne</p> }
```

Da der Typ des Models bekannt ist, unterstützt Visual Studio das Formulieren dieser Anweisung mittels IntelliSense. Wie von Geisterhand scheint Razor die Grenzen zwischen den Code-Fragmenten, die serverseitig im Zuge des Renderings zur Ausführung gebracht werden, und jenen, die direkt in Form von HTML-Markup auszugeben sind, zu erkennen. Beispielsweise erkennt Razor, dass die schließende geschweifte Klammer am Ende zur serverseitigen `foreach`-Anweisung gehört oder dass das Komma, das die Bezeichnung von den Sternen trennt, direkt in das Markup auszugeben ist. Dass Razor hierzu klare Regeln verwendet, die man glücklicherweise in den meisten Fällen nicht beachten muss, wird im Abschnitt »Razor« aufgezeigt.

Legt der Entwickler mit `@model` den Typ des Models nicht fest, wird `Model` zur dynamischen Eigenschaft, für die der Entwickler natürlich von Visual Studio auch kein IntelliSense erhält. Wie bei dynamischen Eigenschaften üblich, kann auch der Compiler nicht prüfen, ob durchgeführte Zugriffe möglich sind. Vielmehr winkt er alle Zugriffe durch, und Fehler werden erst zur Laufzeit durch eine Ausnahme abgemahnt.

Die Anweisung `ViewBag.Title` legt den Seitentitel, den die Layoutseite im Kopfbereich der HTML-Seite auszugeben hat, fest. Die Hilfsmethode `@Html.ActionLink` erzeugt einen Link, der die Beschriftung *Create New* trägt und auf die Action-

Methode `Create` des zuletzt verwendeten Controllers verweist. Über eine Überladung dieser Methode könnte der Entwickler auch einen anderen Controller referenzieren.

Standardmäßig lautet der URI, der von dieser Methode verwendet wird, */Hotel/Create*, weswegen der Entwickler in Versuchung kommen könnte, den entsprechenden HTML-Befehl für einen solchen Link direkt in der View zu platzieren. Da man allerdings über die Konfiguration die Art und Weise, wie URLs auf Action-Methoden abzubilden sind, ändern kann, erscheint es sinnvoller, diese Hilfsmethode, die den tatsächlichen URL aufgrund dieser Konfigurationseinstellungen ermittelt, heranzuziehen.

`@Html.DisplayNameFor` rendert den Namen einer Eigenschaft, der in Form eines Lambda-Ausdrucks übergeben wird. Dieser Lambda-Ausdruck bildet eine Instanz des Typs `Hotel` auf die gewünschte Eigenschaft ab. Bei *model* handelt es sich dabei um den frei wählbaren Parameternamen dieses Lambda-Ausdrucks.

Den anzuzeigenden Namen könnte man zwar an dieser Stelle auch direkt hinterlegen, allerdings gibt ASP.NET MVC dem Entwickler die Möglichkeit, direkt im Modell Metadaten, wie eben die anzuzeigenden Eigenschaftsnamen, zu platzieren. Und genau diese Bezeichnung würde `DisplayNameFor` in Erfahrung bringen und ausgeben. Somit könnte der Entwickler beispielsweise festlegen, dass das Feld *Sterne* in der GUI als Hotelkategorie bezeichnet werden soll und `DisplayNameFor` würde hierfür einheitlich diese Bezeichnung zutage fördern.

Die betrachtete View iteriert mit einer `foreach`-Schleife durch das Modell, wobei es sich um eine Auflistung mit `Hotel`-Objekten handelt. Pro Hotel gibt sie die Eigenschaften `Bezeichnung` und `Sterne` aus. Hierzu würden die Anweisungen `@item.Bezeichnung` beziehungsweise `@item.Sterne` reichen. Stattdessen verwendet die View jedoch die Hilfsmethode `DisplayFor`, an die die auszugebende Eigenschaft als Lambda-Ausdruck übergeben wird. Der Grund dafür liegt in der Tatsache, dass der Entwickler pro `Model`-Eigenschaft eine Vorlage definieren kann, mit der die Eigenschaft angezeigt werden soll. Existiert für eine Eigenschaft keine solche Vorlage, prüft ASP.NET MVC, ob für den Datentyp der Eigenschaft eine Vorlage vorliegt. Standardmäßig existiert zum Beispiel eine Vorlage für boolesche Felder, die diese in Form eines nicht editierbaren Kontrollkästchens (ausgefüllt entspricht `true`, leer entspricht `false`) anzeigt. Weitere Informationen hierzu finden Sie im Abschnitt »Vorlagen für Felder und Models«.

Am Ende rendert die betrachtete View auch noch drei Links, die auf die (noch nicht existierenden) Controller-Methoden `Edit`, `Details` und `Delete` verweisen und dieselbe Beschriftung tragen. Die Eigenschaften des übergebenen anonymen Objekts werden in die generierten Links in Form von URL-Parametern integriert. Eigenschaften mit der Bezeichnung `id` kommt dabei jedoch eine Sonderstellung zu: Sie werden standardmäßig in den URL eingefügt. Der Action-Link mit der Beschriftung `Edit` würde somit auf den URL */Hotel/Edit/7* verweisen, sofern die Eigenschaft `id` den Wert 7 aufwiese. Dies ist aus Sicht von ASP.NET MVC (beim Einsatz der Standardeinstellungen) gleichbedeutend mit */Hotel/Edit?id=7*. Da die erste Variante von Suchmaschinen bevorzugt wird – zumal HTTP davon ausgeht, dass jede Ressource ihren eigenen URL besitzt –, nimmt ASP.NET MVC damit vorlieb. Alle anderen Parameter werden standardmäßig jedoch immer an den URL angehängt. Hieße der zu übergebende Parameter zum Beispiel *HotelNr*, würde die Hilfsmethode `ActionLink` hierfür den folgenden URL rendern: */Hotel/Edit?HotelNr=7*.

Listing 5-4: Einfache View zum Anzeigen von Hotels

```
@model IEnumerable<FirstSteps.Models.Hotel>

@{
    ViewBag.Title = "Index";
}

<h2>Index</h2>

<p>
    @Html.ActionLink("Create New", "Create")
</p>
<table>
    <tr>
        <th>
            @Html.DisplayNameFor(model => model.Bezeichnung)
        </th>
        <th>
            @Html.DisplayNameFor(model => model.Sterne)
        </th>
        <th></th>
    </tr>

@foreach (var item in Model) {
    <tr>
        <td>
            @Html.DisplayFor(modelItem => item.Bezeichnung)
        </td>
        <td>
            @Html.DisplayFor(modelItem => item.Sterne)
        </td>
        <td>
            @Html.ActionLink("Edit", "Edit", new { id=item.HotelId }) |
            @Html.ActionLink("Details", "Details", new { id=item.HotelId }) |
            @Html.ActionLink("Delete", "Delete", new { id=item.HotelId })
        </td>
    </tr>
}

</table>
```

Webanwendung testen

Um die erzeugte Webseite zu testen, führt der Entwickler das Projekt aus. Dies bewirkt, dass Visual Studio einen Webserver startet. Seit Visual Studio 2012 handelt es sich dabei um IIS Express. Visual Studio öffnet auch ein Browserfenster mit der Starseite der Anwendung. Indem der Entwickler an den URL im Browser */hotel/index* (beziehungsweise alternativ dazu nur */hotel*, da *index* die standardmäßig verwendete Action-Bezeichnung ist) anhängt, gelangt er zur soeben entwickelten Hotelseite (Abbildung 5-9). Die einzelnen Links führen zwar noch ins Nirwana, aber dieses Problem lässt sich durch das Bereitstellen weiterer Action-Methoden beheben.

Bei Betrachtung der Seite fällt auch auf, dass das Ergebnis der View in eine Layoutseite eingebettet wurde. Diese definiert zum Beispiel die Kopfzeile mit einem Menü oder die Fußzeile mit einem beispielhaften Copyright-Hinweis. Technisch gesehen, basiert diese Layoutseite auf dem Projekt Twitter Bootstrap (*http://getbootstrap.com/*). Dabei handelt es sich um eine Sammlung von Scripts und CSS-Layouts, die die Erstellung von Webanwendungen unterstützt, welche sich flexibel an unterschiedliche Bildschirmauflösungen anpassen. Dies wird unter anderem ersichtlich, wenn der Benutzer das Browserfenster, wie in Abbildung 5-10 gezeigt, verkleinert. In diesem Fall ersetzt Bootstrap das Menü durch eine links oben angezeigte Schaltfläche, mit der das Menü bei Bedarf eingeblendet wird. Weitere Informationen zu Bootstrap finden Sie Kapitel 4.

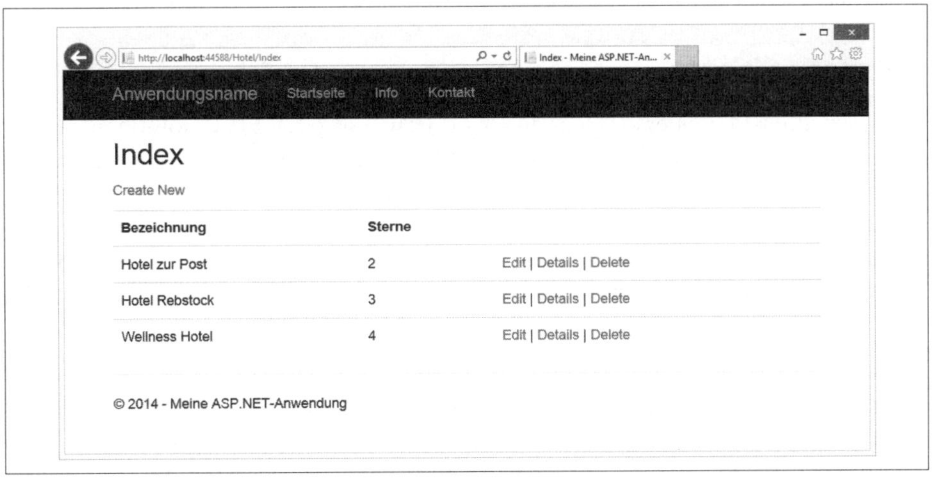

Abbildung 5-9: Demoanwendung in Aktion

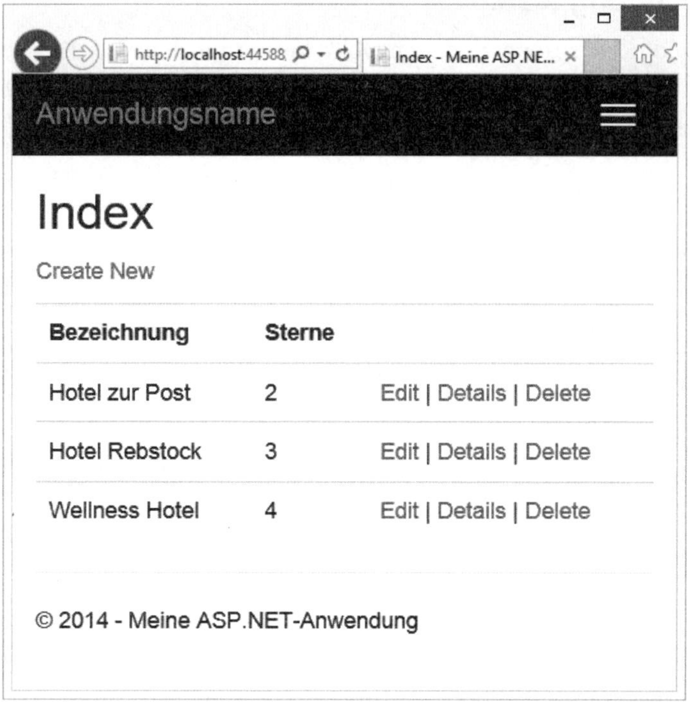

Abbildung 5-10: Automatische Anpassung an Bildschirmauflösung dank Bootstrap

Einträge editieren

Zum Abschluss dieses ersten Rundgangs durch ASP.NET MVC soll noch gezeigt werden, wie die Möglichkeit zum Editieren von Hotels zur hier betrachteten Beispielanwendung hinzugefügt werden kann. Dazu wird zunächst der Controller um zwei Action-Methoden erweitert: Die eine lädt das zu editierende Hotel und bringt es mit einer View innerhalb eines HTML-Formulars zur Anzeige. Die zweite nimmt die Daten aus dem Formular entgegen und aktualisiert damit das Hotel in der statischen Liste.

Listing 5-5 zeigt diese beiden Methoden neben der bereits besprochenen Methode `Index`. Beide tragen den Namen `Edit`. Die erste nimmt als Parameter die ID des zu editierenden Hotels entgegen. ASP.NET MVC weist diesem Parameter die ID aus dem URL zu. Dies funktioniert im Übrigen für sämtliche URL-Parameter, deren Namen den Parametern der Action-Methode gleichen. Anschließend lädt die Action-Methode anhand dieser ID das Hotel mithilfe von `HotelRepository` und delegiert anschließend unter Verwendung der geerbten Hilfsmethode `View` an eine View weiter, die dieses Hotel als Modell übergeben bekommt. Da beim Aufruf der Methode `View` kein Viewname angegeben wird, verwendet ASP.NET MVC den Namen der aktuellen Action-Methode, `Edit`, als Viewname. Somit erwartet das Framework eine View namens *Edit* im Ordner */Views/Hotel* beziehungsweise, falls es dort nicht fündig wird, in */Views/Shared*.

Die zweite Action-Methode, die ebenfalls den Namen `Edit` trägt, nimmt eine Instanz von `Hotel` entgegen. Wird diese Methode von ASP.NET MVC angestoßen, versucht es, dieses Hotel aus den übersendeten Parametern, deren Ursprung im HTML-Formular liegt, zusammenzusetzen. Der Entwickler muss sich somit nicht mehr um die wenig spannende, jedoch umso mehr fehleranfällige Aufgabe des Auslesens und Konvertierens von Parametern kümmern.

Die betrachtete Action-Methode speichert das übergebene Hotel mithilfe von `HotelRepository` und bringt es anschließend erneut zur Anzeige. Über die Eigenschaft `ViewBag.Message` lässt sie der View darüber hinaus eine anzuzeigende Nachricht zukommen.

Bei der Eigenschaft `ViewBag` handelt es sich um ein dynamisches Objekt, das der Entwickler nach Belieben mit eigenen Eigenschaften bestücken kann. Verwendung findet es immer dann, wenn neben dem eigentlichen Modell noch weitere Informationen, wie zum Beispiel Vorschlagswerte oder eben Nachrichten, an die View zu übermitteln sind. Als dynamisches Objekt bringt `ViewBag` sämtliche Vor- und Nachteile der dynamischen Programmierung mit sich. Der Vorteil liegt in der gewonnenen Flexibilität. Der Nachteil liegt in der Umgehung des Typsystems.

Alternativ zur Verwendung der Eigenschaft `ViewBag` könnte der Entwickler im betrachteten Fall auch ein eigenes View-Modell einrichten, das mit einer Eigenschaft auf das Hotel und mit einer anderen Eigenschaft auf eine eventuell anzuzeigende Nachricht verweisen würde. Generell scheint es eine gute Idee zu sein, sich am Beginn eines Projekts mit seinen Kollegen abzustimmen, ob beziehungsweise wie der Ansichtsbehälter (`ViewBag`) verwendet werden soll.

Damit ASP.NET MVC entscheiden kann, wann welche der beiden `Edit`-Methoden aufzurufen ist, wurde die zweite mit dem Attribut `HttpPost` annotiert. Das bedeutet, dass diese nur dann herangezogen werden soll, wenn der Aufruf über das HTTP-Verb `POST` erfolgt, was zum Beispiel der Fall ist, wenn Formulardaten übersendet werden. Ruft der Anwender die Seite über `GET` auf, zum Beispiel indem er einem Link folgt oder die Adresse der Seite direkt eingibt, kommt die andere Methode zur Ausführung. Neben `HttpPost` stehen analoge Attribute für `GET`, `PUT` und `DELETE` zur Verfügung. Sie nennen sich entsprechend `HttpGet`, `HttpPut` beziehungsweise `HttpDelete`.

Listing 5-5: Einfache View zum Anzeigen von Hotels

```
public class HotelController : Controller
{
    // Mapping auf: /Hotel/Index
    //              /Hotel
    public ActionResult Index()
    {
        var rep = new HotelRepository();
        var hotels = rep.FindAll();
        return View("Index", hotels);
        // return View(hotels);
    }
    // Zum Editieren abrufen
```

```
    public ActionResult Edit(int id)
    {
        var rep = new HotelRepository();
        var hotel = rep.FindById(id);
        return View(hotel);
    }

    // Zum Speichern des Hotels
    [HttpPost]
    public ActionResult Edit(Hotel h)
    {
        var rep = new HotelRepository();
        rep.Save(h);
        ViewBag.Message = "Hotel wurde gespeichert!";
        return View(h);
    }

}
```

Um die noch fehlende View zu ergänzen, klickt der Entwickler abermals mit der rechten Maustaste in eine der beiden `Edit`-Methoden und wählt anschließend den Kontextmenü-Befehl *Add View*. Als Viewnamen hinterlegt er nun *Edit*, als Modellklasse abermals *Hotel* und als Template wählt er *Edit*, sodass das Grundgerüst für ein Formular zum Editieren von Hotels generiert wird.

Nachdem der Entwickler das Dialogfeld bestätigt hat, richtet Visual Studio unter */Views/Hotel* eine View mit dem Namen *Edit.cshtml* ein (Listing 5-6). Mit der `model`-Direktive zu Beginn gibt die View an, dass sie als Modell eine `Hotel`-Instanz erwartet. Mit der Hilfsmethode `Html.BeginForm` wird ein `form`-Tag gerendert. Da keine Parameter angegeben werden, erzeugt diese Methode ein `form`-Tag, das im Zuge des Absendens die erfassten Daten mittels `POST` an jenen URL sendet, von dem aus das Formular ursprünglich abgerufen wurde. Im betrachteten Fall handelt es sich hierbei um den URL */Hotel/Edit*.

Der Entwickler kann durch Überladungen dieser Methode angeben, dass die Daten an einen anderen URL zu senden sind beziehungsweise dass ein anderes HTTP-Verb heranzuziehen ist. Dazu kann er zum Beispiel den Namen eines Controllers beziehungsweise den Namen einer Action-Methode dieses Controllers angeben.

Darüber hinaus besteht die Möglichkeit, URL-Parameter in Form eines dynamischen Objekts anzuhängen. Generell empfiehlt sich ein Blick auf die unterschiedlichen Überladungen der zur Verfügung stehenden Hilfsmethoden. Da `Html.BeginForm` innerhalb einer `using`-Anweisung Verwendung findet, wird am Ende dieser das schließende `form`-Tag gerendert. Alternativ dazu könnte der Entwickler an der gewünschten Stelle auch auf die Methode `Html.EndForm` zurückgreifen.

Innerhalb des Formulars rendert die View mithilfe der Methode `Html.ValidationSummary` eine eventuelle Validierungsfehlermeldung. Erfasst der Anwender zum Beispiel für die Eigenschaft »Sterne« einen Wert, der nicht nach `int` konvertiert werden kann, ergibt sich ein Validierungsfehler, der von der betrachteten Methode ausgegeben wird. Indem die View `true` übergibt, zeigt sie an, dass sie lediglich Fehlermeldungen anzeigen soll, die sich auf das gesamte Modell, nicht aber nur auf einzelne Eigenschaften beziehen. Für die Ausgabe von feldbezogenen Fehlermeldungen kommt hingegen unmittelbar neben den einzelnen Eingabefeldern die Hilfsmethode `Html.ValidationMessageFor` zum Einsatz. Weitere Informationen zum Validieren von Eingaben finden sich im Abschnitt »Validieren von Benutzereingaben«.

Mit `Html.HiddenFor` rendert die View ein verstecktes Feld, in dem die `HotelId` platziert wird. Somit kann die `HotelId` zwar nicht editiert werden, jedoch wird sie beim Absenden des Formulars mit den anderen Parametern an die adressierte `Action`-Methode übertragen, sodass diese weiß, welches Hotel zu aktualisieren ist. `Html.LabelFor` rendert Beschriftungsfelder und `Html.EditorFor` Eingabefelder für die einzelnen Eigenschaften. Standardmäßig erzeugt `Html.EditorFor` Kontrollkästchen für boolesche Eigenschaften sowie Eingabefelder in allen anderen Fällen. Allerdings kann der Entwickler für bestimmte Eigenschaften oder auch nur für bestimmte Datentypen Vorlagen definieren, die `EditorFor` verwendet. Somit kann er sicherstellen, dass dieselben Felder immer auf dieselbe Weise editiert werden können. Mehr dazu findet sich im Abschnitt »Vorlagen für Felder und Models«.

Neben `EditorFor` stehen noch weitere Hilfsmethoden zur Verfügung, mit denen der Entwickler den Feldtyp des zu rendernden Felds bestimmten kann. Neben der bereits beschriebenen Methode `HiddenFor` sind dies `TextBoxFor`, `TextAreaFor`, `CheckBoxFor`, `RadioButtonFor`, `DropDownListFor` und `ListBoxFor`. Die Namen dieser Methoden korrelieren mit jenen HTML-Tags, die sie rendern. Darüber hinaus existieren auch Varianten dieser Methoden ohne die Endung `For`. Diese bieten dieselben Möglichkeiten, erwarten jedoch die anzuzeigende Modelleigenschaft in Form eines Strings. Da in diesem Fall der Compiler nicht zur Prüfung verwendet werden kann, werden diese Varianten in der Regel gemieden.

> Steht der Wert eines Eingabefelds sowohl über das Model als auch in Form eines via POST übersendeten Parameters zur Verfügung, wählen die HTML-Helper zum Rendern von Eingabefeldern letztere Option. Dies ist häufig das gewünschte Verhalten, vor allem dann, wenn der Benutzer ein Formular absendet und seine Eingaben daraufhin erneut anzuzeigen sind. Darüber hinaus erlaubt dieses Verhalten in Kombination mit der Validierung von Eingaben, dass der Benutzer jene Daten, die er vor dem Absenden des Formulars eingetragen hat und die nicht korrekt validiert werden konnten, nochmals zur Korrektur präsentiert bekommt.
>
> Ist der Entwickler mit diesem Verhalten nicht einverstanden, steht es ihm frei, das Eingabefeld manuell zu rendern:
>
> ```
> <input name="x" value="@Model.Bezeichnung" />
> ```

Am Ende definiert die View einen Submit-Button, einen Link, der zurück zur Übersicht aller Hotels führt, sowie eine Sektion, die den Namen `Scripts` trägt. Sektionen sind benannte Seitenfragmente, die innerhalb der Layoutseite an einer wohldefinierten Stelle eingefügt werden.

Die standardmäßig von der Projektvorlage *Internet-Application* eingerichtete Layoutseite rendert zum Beispiel am Ende die Sektion `Scripts`, die per Definition JavaScript-Anweisungen beinhaltet. Mit `@Scripts.Render` wird ein `Script`-Tag erzeugt, das verschiedene JavaScript-Dateien einbindet. Im betrachteten Fall dienen diese der Validierung von Eingaben.

Listing 5-6: View zum Editieren eines Hotels

```
@model FirstSteps.Models.Hotel

@{
    ViewBag.Title = "Edit";
}

<h2>Edit</h2>

@using (Html.BeginForm()) {
    @Html.ValidationSummary(true)

    <fieldset>
        <legend>Hotel</legend>

        @Html.HiddenFor(model => model.HotelId)

        <div class="editor-label">
            @Html.LabelFor(model => model.Bezeichnung)
        </div>
        <div class="editor-field">
            @Html.EditorFor(model => model.Bezeichnung)
            @Html.ValidationMessageFor(model => model.Bezeichnung)
        </div>

        <div class="editor-label">
            @Html.LabelFor(model => model.Sterne)
        </div>
        <div class="editor-field">
            @Html.EditorFor(model => model.Sterne)
            @Html.ValidationMessageFor(model => model.Sterne)
        </div>

        <p>
            <input type="submit" value="Save" />
        </p>
    </fieldset>
}

<div>
    @Html.ActionLink("Back to List", "Index")
</div>

@section Scripts {
    @Scripts.Render("~/bundles/jqueryval")
}
```

Um die über ViewBag übertragene Nachricht in der View anzuzeigen, fügt der Entwickler noch das Quellcodefragment aus Listing 5-7 an der gewünschten Position ein.

Listing 5-7: Zugriff auf ViewBag *über* View

```
@if (ViewBag.Message != null)
{
    <p>
        <b>@ViewBag.Message</b>
    </p>
}
```

Die meisten HTML-Hilfsmetoden bieten eine Überladung, die ein Dictionary mit HTML-Attributen und deren Werten entgegennimmt. Diese HTML-Attribute werden samt ihrer Werte in das generierte Markup übernommen. Um den Schreibaufwand zu reduzieren, bieten diese Hilfsmethoden auch noch eine weitere Überladung, die anstatt des Dictionaries ein Objekt entgegennimmt. Die Idee dahinter ist, dass der Entwickler an diese Parameter ein anonymes Objekt übergibt, wobei die Eigenschaften dieses Objekts in Form von HTML-Attributen gerendert werden.

Beispielsweise führt der Aufruf von

```
@Html.LabelFor(model => model.Sterne, new { style="color:red" })
```

dazu, dass LabelFor folgenden Markup rendert:

```
<label for="Sterne" style="color:red">Sterne</label>
```

Vorschlagswerte über Drop-down-Listenfelder anbieten

Dieser letzte Abschnitt dieses ersten Streifzugs durch die Möglichkeiten von ASP.NET MVC zeigt, wie Vorschlagswerte über Drop-down-Listenfelder bereitgestellt werden können. Im Zuge dessen wird das Textfeld zum Erfassen der Eigenschaft Sterne durch ein Drop-down-Listenfeld ersetzt.

Damit ASP.NET MVC beim Rendern von Drop-down-Listenfeldern unterstützen kann, muss der Entwickler die Vorschlagswerte in Form einer Auflistung mit SelectListItem-Instanzen bereitstellen. Listing 5-8 verwendet zum Aufbereiten dieser Auflistung die private Methode CreateSterne. Darüber hinaus wurden beide Edit-Methoden erweitert, sodass diese Vorschlagswerte über ViewBag an die View übermittelt werden. Dabei ist darauf zu achten, dass die Eigenschaft im Ansichtsbehälter nicht denselben Namen aufweisen darf, wie die Eigenschaft im Modell. Aus diesem Grund wurde für Erstere der Name SterneAuswahl und nicht etwa Sterne gewählt.

Listing 5-8: Bereitstellen von Vorschlagswerten

```
public class HotelController : Controller
{
    // Mapping auf: /Hotel/Index
    //             /Hotel
```

```
public ActionResult Index()
{
    var rep = new HotelRepository();
    var hotels = rep.FindAll();
    return View("Index", hotels);
    // return View(hotels);
}

private List<SelectListItem> CreateSterne()
{
    var item1 = new SelectListItem();
    item1.Value = "1";
    item1.Text = "Ein Stern, Tourist";

    var item2 = new SelectListItem();
    item2.Value = "2";
    item2.Text = "Zwei Sterne, Standard";

    var item3 = new SelectListItem();
    item3.Value = "3";
    item3.Text = "Drei Sterne, Komfort";

    var item4 = new SelectListItem();
    item4.Value = "4";
    item4.Text = "Vier Sterne, First Class";

    var item5 = new SelectListItem();
    item5.Value = "5";
    item5.Text = "Fünf Sterne, De Luxe";

    var items = new List<SelectListItem> { item1, item2, item3, item4, item5 };
    return items;
}

// /Hotel/Edit?id=4711
// /Hotel/Edit/4711
public ActionResult Edit(int id)
{
    // Zum Editieren abrufen
    var rep = new HotelRepository();
    var hotel = rep.FindById(id);

    ViewBag.SterneAuswahl = CreateSterne();

    return View(hotel);
}

[HttpPost]
public ActionResult Edit(Hotel h)
{
    var rep = new HotelRepository();
    rep.Save(h);
    ViewBag.Message = "Hotel wurde gespeichert!";

    ViewBag.SterneAuswahl = CreateSterne();
```

```
        return View(h);
    }

}
```

Damit diese Vorschlagswerte auch in der View zum Rendern eines Drop-down-Listenfelds herangezogen werden, ersetzt der Entwickler dort den Aufruf von

```
@Html.EditorFor(model => model.Sterne)
```

durch den folgenden

```
@Html.DropDownListFor(model =>model.Sterne,
(IEnumerable<SelectListItem>)ViewBag.SterneAuswahl)
```

Der explizite Cast in den Typ IEnumerable<SelectListItem> ist dabei nötig, da ansonsten aufgrund des dynamischen Charakters von ViewBag der Compiler den Typ des zweiten Arguments nicht herausfinden und somit auch nicht auf die gewünschte Überladung von DropDownListFor schließen kann.

Das Ergebnis dieser Maßnahme findet sich in Abbildung 5-11.

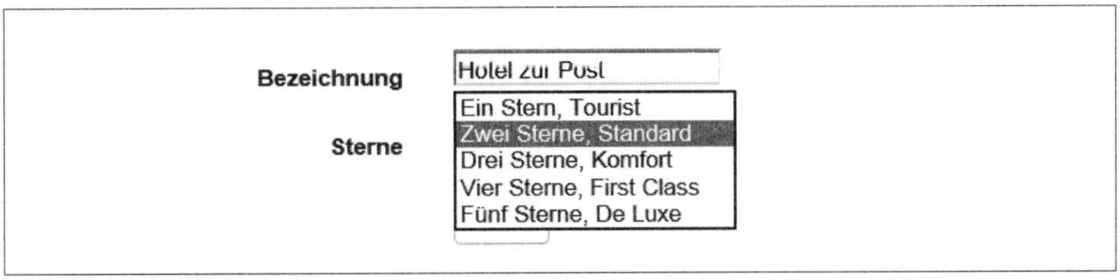

Abbildung 5-11: Drop-down-Listenfeld zum Editieren der Eigenschaft Sterne

Liegen die Vorschlagswerte in Form von Objekten vor, können sie auch alternativ zum hier gezeigten Vorgehen unter Verwendung einer SelectList in eine Auflistung mit SelectListItems umgewandelt werden. Listing 5-9 demonstriert dies unter Verwendung der Klasse HotelKlassifikation. Die Methode CreateSterne legt sich zunächst eine Liste mit HotelKlassifikation-Instanzen zurecht. In einem für den Produktiveinsatz geplanten System könnte diese Liste aus der Datenbank geladen werden.

CreateSterne übergibt anschließend diese Liste an den Konstruktor von SelectItemList. Im Zuge dessen gibt sie auch den Namen der Eigenschaft an, die intern zu verwenden ist (Sterne), sowie jene Eigenschaft, deren Inhalt in der Drop-down-Liste angezeigt werden soll (Bezeichnung). Eine weitere Überladung dieses Konstruktors nimmt auch den Wert des standardmäßig auszuwählenden Elements entgegen (zum Beispiel 2, wenn standardmäßig der Wert mit der Klassifikation »2 Sterne« vorgeschlagen werden soll).

Bei der auf diesem Weg erzeugten SelectItemList handelt es sich bereits um die benötigte Auflistung mit SelectListItem-Instanzen, zumal SelectItemList von IEnumerable<SelectListItem> erbt. Somit kann sie als solche zurückgeliefert werden und genau so wie die Auflistung im zuvor betrachteten Beispiel Verwendung finden.

Listing 5-9: Vorschlagswerte über SelectList aufbereiten

```
class HotelKlassifikation
{
    public HotelKlassifikation(int sterne, string bezeichnung)
    {
        this.Sterne = sterne;
        this.Bezeichnung = bezeichnung;
    }

    public int Sterne { get; set; }
    public string Bezeichnung { get; set; }
}

[...]

private IEnumerable<SelectListItem> CreateSterne()
{
    var k1 = new HotelKlassifikation(1, "Tourist");
    var k2 = new HotelKlassifikation(2, "Standard");
    var k3 = new HotelKlassifikation(3, "Superior");
    var k4 = new HotelKlassifikation(4, "First Class");
    var k5 = new HotelKlassifikation(5, "De Lux");

    var list = new List<HotelKlassifikation> { k1, k2, k3, k4, k5 };

    var selectList = new SelectList(list, "Sterne", "Bezeichnung");
    return selectList;
}
```

Neben der Klasse `SelectList` existiert auch eine Klasse `MultiSelectList`, die der Entwickler analog zur `SelectList` verwenden kann, um mit dem HTML-Helper `ListBoxFor` eine Auswahlliste zu rendern, die eine Mehrfachauswahl zulässt.

Controller

Nachdem der prinzipielle Aufbau einer ASP.NET-MVC-Applikation besprochen wurde, zeigt dieser Abschnitt einige weiterführende Möglichkeiten für die Implementierung von Controllern.

Models entgegennehmen

Wie bereits im einführenden Beispiel gezeigt wurde, kann ASP.NET MVC die beim Aufruf übergebenen Parameter verwenden, um eine Instanz eines Models zu erzeugen. Möglich wird dies durch die sogenannte Modellbindung (engl. Model Binder). Listing 5-10 demonstriert dies.

Listing 5-10: Controller, der ein Model entgegennimmt

```
[HttpPost]
public ActionResult Edit(Hotel h)
{
    […]
    return View();
}
```

Um zu bestimmen, welche Parameter an die Eigenschaften des Modells gebunden werden sollen, kann der jeweilige Parameter mit dem Attribut `Bind` annotiert werden. Listing 5-11 demonstriert die Verwendung, indem mit der Eigenschaft `Exclude` angegeben wird, dass die `HotelId` beim Binden der Parameter nicht berücksichtigt werden soll. Sollen mehrere Eigenschaften ausgeschlossen werden, können diese durch Kommata getrennt angeführt werden.

Als Alternative zu `Exclude` steht auch eine Eigenschaft `Include` zur Verfügung. Wird diese verwendet, werden nur die angeführten Eigenschaften gebunden. Damit lässt sich verhindern, dass ein Aufrufer Werte für solche Parameter einschleusen kann, die nicht von außerhalb modifiziert werden sollen. Darüber hinaus kann mit `Prefix` angegeben werden, dass die zu bindenden Parameter ein bestimmtes Präfix aufweisen müssen.

Listing 5-11: Die Modellbindung beeinflussen

```
public ActionResult Edit([Bind(Exclude = "HotelId")]Hotel h) { […] }
```

Nicht immer ist es wünschenswert, eine neue Modellinstanz von ASP.NET MVC erstellen zu lassen. In manchen Situationen ist es beispielsweise notwendig, die Modellinstanz aus einer Datenbank zu laden, um sie anschließend mit den übertragenen Parametern zu aktualisieren. In diesen Fällen kann die Auflistung `Form Collection` als Parameter verwendet werden. ASP.NET MVC überträgt sämtliche beim Aufruf übertragene Parameter in diese Auflistung. Anschließend können diese mit der geerbten Methoden `TryUpdateModel` von `FormCollection` in ein beliebiges Objekt übertragen werden (vgl. Listing 5-12). Daneben existieren noch weitere Überladungen von `TryUpdateModel`, die die Angabe der vom Attribut `Bind` bekannten Parameter `Exclude`, `Include` und `Prefix` erlauben.

Listing 5-12: Manuelles Anstoßen der Modellbindung

```
[HttpPost]
public ActionResult Edit(FormCollection fc)
{
    Hotel h = […];
    this.TryUpdateModel(h, fc);
    […]
}
```

View auswählen

Bis jetzt wurde die Methode `View` verwendet, um ein `ActionResult` zu erzeugen, mit dem angezeigt wurde, dass an die View mit dem Namen der Action-Methode weiterdelegiert werden soll. Soll eine andere View Verwendung finden, kann, wie in Listing 5-13 gezeigt, deren Name als Parameter an `View` übergeben werden. Daneben existiert auch eine Überladung, die den View-Namen sowie das zu verwendende Modell entgegennimmt. Die angegebene View muss sich entweder im View-Ordner des Controllers oder im View-Ordner *Shared* befinden.

Listing 5-13: Angabe der gewünschten View

```
public ActionResult Create()
{
    [...]
    return View("Details");
}
```

Neben der Methode `View` existieren noch weitere Methoden, mit denen das Ergebnis eines Aufrufs beeinflusst werden kann. All diese haben gemeinsam, dass sie eine Instanz einer Subklasse von `ActionResult` zurückliefern, die zum gewünschten Verhalten führt. Tabelle 5-1 informiert über die Methoden dieser Klasse.

Tabelle 5-1: Methoden zur Beeinflussung des Ergebnisses

Methode	Beschreibung
`Content`	Liefert den angegebenen String als Ergebnis der Anfrage zurück.
`File`	Veranlasst einen Download als Ergebnis.
`JavaScript`	Gibt den angegebenen String als JavaScript-Code zurück, der auf dem Client ausgeführt wird.
`Json`	Liefert das angegebene Modell JSON-formatiert zurück.
`PartialView`	Verwendet eine partielle View, um einen Teil einer Seite zu rendern.
`Redirect`	Leitet die aktuelle Anfrage zu dem angegebenen URL um.
`RedirectPermanent`	Wie `Redirect`, verwendet jedoch den HTTP-Statuscode für eine permanente Umleitung, die zum Beispiel Suchmaschinen dazu bringt, den Sucheintrag mit dem Ziel der Umleitung zu verknüpfen.
`RedirectToAction`	Leitet die aktuelle Anfrage an die angegebene Action-Methode um.
`RedirectToActionPermanent`	Wie `RedirectToAction`, verwendet jedoch den HTTP-Statuscode für eine permanente Umleitung, die zum Beispiel Suchmaschinen dazu bringt, den Sucheintrag mit dem Ziel der Umleitung zu verknüpfen.
`RedirectToRoute`	Leitet die aktuelle Anfrage zu dem URL um, der zur angegebenen Route passt.
`RedirectToRoutePermanent`	Wie `RedirectToRoute`, verwendet jedoch den HTTP-Statuscode für eine permanente Umleitung, die zum Beispiel Suchmaschinen dazu bringt, den Sucheintrag mit dem Ziel der Umleitung zu verknüpfen.

Neben diesen Hilfsmethoden existieren noch ein paar Derivate von `ActionResult`, die der Entwickler bei Bedarf manuell instanziieren muss. `HttpStatusCodeResult` gibt zum Beispiel einen anzugebenden HTTP-Statuscode zurück. HttpNotFoundResult retourniert hingegen den Statuscode für Not Found.

Auf Ausnahmen reagieren

Es besteht auch die Möglichkeit, für eventuell ausgelöste Ausnahmen eine View zu definieren, die auf den aufgetretenen Fehler hinweist. Dazu wird, wie in Listing 5-14 demonstriert, mit dem Attribut HandleError der Typ einer Ausnahme auf eine View gemappt. Wird dieses Attribut auf eine Controller-Klasse angewandt, gilt es für jede einzelne Action-Methode dieser Klasse.

Listing 5-14: Festlegen von Views für Ausnahmen

```
[HandleError(ExceptionType=typeof(ArgumentException), View="Error")]
public ActionResult List() { […] }
```

Damit die hier angegebene View auch tatsächlich angezeigt wird, muss der Entwickler in der Datei *web.config* die Eigenschaft *mode* des Elements *system.web/customErrors* auf *On* oder auf *RemoteOnly* setzen:

```
<customErrors mode="RemoteOnly"/>
```

Die Einstellung *On* bewirkt, dass die angegebene View beim Auftreten der angegebenen Exception immer angezeigt wird. Bei Einsatz der Einstellung *RemoteOnly* ist dies jedoch nur dann der Fall, wenn der Aufruf nicht vom Webserver aus erfolgt ist. Somit wird sichergestellt, dass Entwickler, die lokal testen, anstatt dieser View eine Fehlerseite mit aussagekräftigen Fehlerinformationen erhalten.

URL-Mapping beeinflussen (Routing)

Action-Methoden werden auf URLs abgebildet. Beispielsweise verweist der URL */hotel/edit* standardmäßig auf die Action-Methode Edit in HotelController. Verantwortlich für diese Abbildung sind sogenannte Routen.

Die aktuellen Projektvorlagen sehen eine Klasse RouteConfig mit einer statischen Methode RegisterRoutes im Ordner *App_Start* für die Definition von Routen vor. Damit RegisterRoutes beim Start der Webanwendung zur Ausführung gebracht wird, rufen die Projektvorlagen diese Methode innerhalb der Methode Application_Start auf, die sich in der Klasse MvcApplication befindet. Die Klasse MvcApplication findet sich wiederum per Definition in der Datei global.asax, die im Root jeder ASP.NET-Anwendung vorhanden sein sollte.

Listing 5-15 zeigt die Definition der standardmäßig vorhandenen Route. Beim ersten Parameter handelt es sich um den Namen der Route, beim zweiten um den URL der Route inklusive Platzhalter für die Namen des Controllers und der Action-Methode.

Darüber hinaus findet sich am Ende der Route der Parameter id. Der beim Aufruf für diesen Parameter angegebene Wert wird einem eventuell vorhandenen gleichnamigen Parameter der Action-Methode zugewiesen. Ein Aufruf von Hotel/Edit/7 führt somit beispielsweise dazu, dass die Action-Methode Edit eines Controllers mit dem Namen HotelController aufgerufen wird, wobei – sofern vorhanden – dem Parameter id dieser Methode der Wert 7 zugewiesen wird.

Beim dritten Parameter handelt es sich im betrachteten Beispiel um ein anonymes Objekt, das die Standardwerte der in der Route definierten Parameter angibt. Daraus ist ersichtlich, dass standardmäßig die Action-Methode Index sowie der Controller Home angenommen wird, sofern diese Daten beim Aufruf weggelassen werden. Dadurch, dass für id der Standardwert UrlParameter.Optional festgelegt wird, wird ASP.NET MVC angezeigt, dass dieser Parameter auch fehlen darf und dass in diesem Fall kein Standardwert heranzuziehen ist.

Listing 5-15: Standard-Route

```
routes.MapRoute(
    name: "Default",
    url: "{controller}/{action}/{id}",
    defaults: new { controller = "Home", action = "Index", id = UrlParameter.Optional
}
);
```

Ein Beispiel für eine benutzerdefinierte Route findet sich in Listing 5-16. Sie erlaubt es, die Parameter a und b direkt im URL durch Beistriche getrennt anzugeben. Für den Namen des Controllers sieht diese Route keinen Platzhalter im URL vor. Deswegen muss dieser zwingend im Rahmen der Standardwerte angegeben werden. Darüber hinaus werden mit dem vierten Parameter von MapRoute die gültigen Werte für die einzelnen Parameter im URL durch Angabe regulärer Ausdrücke eingeschränkt. Der reguläre Ausdruck \d+ erwartet beliebig viele Ziffern, jedoch mindestens eine. Ein auf diese Route passender Aufruf wäre zum Beispiel Calculator/Add/1,2.

Listing 5-16: Benutzerdefinierte Route

```
routes.MapRoute(
    "CalcRoute",
    "Calculator/{action}/{a},{b}",
    new { controller="Calc" },
    new { a=@"\d+", b=@"\d+" }
);
```

Ein weiteres Beispiel einer benutzerdefinierten Route findet sich in Listing 5-17. Hier wird ein Parameter nach dem Schema {*Parametername} definiert. Das bedeutet, dass der gesamte restliche URL dem definierten Parameter zugewiesen werden soll. Ein Beispiel für einen zu dieser Route passenden Aufruf ist Calculator/Interpreter/2komma5mal2/runden. Dieser Aufruf würde bewirken, dass der Wert 2komma5mal2/runden an den Parameter restlicheUrl übergeben wird.

Listing 5-17: Eine weitere benutzerdefinierte Route

```
routes.MapRoute(
    "CalcRoute2",
    "Calculator/Interpreter/{*restlicheUrl}",
    new { controller = "Calc", action = "Interpretiere" }
);
```

In manchen Situationen möchte man den Routingmechanismus ganz umgehen und die angeforderte Adresse auf die ursprüngliche Weise durch die ASP.NET-Laufzeitumgebung interpretieren lassen. In diesem Fällen kann die Methode `IgnoreRoute` herangezogen werden. Listing 5-18 demonstriert den Einsatz dieser Methode. Der gezeigte Aufruf, der sich standardmäßig in der Methode `RegisterRoutes` befindet, bewirkt, dass Aufrufe von Dateien mit der Endung `axd` nicht geroutet werden.

Listing 5-18: Routen ignorieren

```
routes.IgnoreRoute("{resource}.axd/{*pathInfo}");
```

Da sich die URLs, die auf Action-Methoden verweisen, durch nachträgliches Anpassen der Routen ändern können, ist der Entwickler gut beraten, sie nicht direkt im Code zu hinterlegen. Statt dessen kann er die Methoden der Klasse *UrlHelper* verwenden. Eine Instanz von *UrlHelper* steht in Controllern, welche von der Basisklasse Controller erben, sowie in sämtlichen Views über die Eigenschaft *Url* zur Verfügung. Die Methode *Action* nimmt den Namen einer Action-Methode, den Namen eines Controllers sowie Routing-Parameter entgegen und liefert einen URL, der auf die adressierte Action-Methode verweist, retour. Bei den Routing-Parametern handelt es sich um Name/Wert-Paare, die in dem URL aufgenommen werden. Entspricht der Name eines solchen Name/Wert-Paars einem Platzhalter der Route, wird dieser durch den entsprechenden Wert ersetzt. Ansonsten hängt *Action* das Name/Wert-Paar als *Url*-Parameter an den URL an. Die Routing-Parameter können entweder als Dictionary oder als anonymes Objekt übergeben werden. Beim Einsatz von anonymen Objekten repräsentieren die Eigenschaften des anonymen Objekts die Routing-Parameter:

```
var url = Url.Action("Detail", "Flug", new { flugId=4711 });
```

Neben Action bietet der *UrlHelper* auch eine Methode *RouteUrl*, die den Namen einer Route sowie die Routing-Parameter, die in diese Route eingesetzt werden sollen, erwartet:

```
var flugUrl = Url.RouteUrl("FlugRoute", new { flugId = 4711 });
```

Asynchrone Controller

Für das Abarbeiten von Anfragen bekommen Applikationen, die in IIS ausgeführt werden, einen Thread aus einem Threadpool zugewiesen. Um zu verhindern, dass langlaufende Anfragen diese Threads blockieren, besteht die Möglichkeit, einen eigenen Thread zur Abarbeitung der Action-Methode abzuspalten. Nachdem dieser die ihm zugewiesenen Aufgaben vollendet hat, muss das Framework benachrichtigt werden, damit es einen neuen Thread aus dem Threadpool anfordern kann, der zum Beispiel eine View rendert und diese als Antwort zum Aufrufer sendet.

Controller, die solche Methoden anbieten, werden als asynchrone Controller bezeichnet. Diese erben von `AsyncController` und weisen für asynchrone Anfragen ein Methodenpaar namens `XXXAsync` und `XXXCompleted` auf, wobei `XXX` einen Platzhalter für einen frei zu wählenden Namen darstellt. Die erste Methode wird zu Beginn der Abarbeitung aufgerufen und hat die Aufgabe, einen Thread abzuspalten. Die zweite Methode wird nach Abarbeitung der Aufgabe durch den Thread aufrufen, um ein geeignetes `ActionResult` auszuwählen.

Da lediglich für diese beiden Methoden Threads aus dem IIS-Threadpool herangezogen werden, werden diese Threads von der eigentlichen langlaufenden Aufgabe, die von einem eigenen Thread ausgeführt wird, nicht blockiert und können somit zur Bedienung weiterer Anfragen verwendet werden.

Damit die Laufzeitumgebung weiß, wann `XXXCompleted` ausgeführt werden kann, inkrementiert `XXXAsync` einen internen Zähler für jeden abgespaltenen Thread. Die einzelnen Threads dekrementieren diesen Zähler nach Vollendung ihrer Aufgaben wieder, sodass er den Ursprungswert (0) aufweist, sobald alle Threads beendet wurden. Dies zeigt der Laufzeitumgebung an, dass auch die asynchrone Abarbeitung der Anfrage fertiggestellt wurde, woraufhin `XXXCompleted` angestoßen wird.

Listing 5-19 zeigt die Implementierung eines asynchronen Controllers. `AddAsync` nimmt zwei zu addierende Integer entgegen und erhöht den internen Zähler durch Aufruf von `AsyncManager.OutstandingOperations.Increment` auf den Wert 1. Anschließend werden die beiden Parameter in einem `Object`-Array verpackt. Dies ist notwendig, da an Threads lediglich ein einziger Parameter übergeben werden kann. Danach wird ein neuer Thread, der die Methode `DoStuff` ausführt, abgespalten. Diese holt die beiden zu addierenden Werte aus dem übergebenen `Object`-Array, simuliert eine langlaufende Aufgabe durch Aufruf von `Thread.Sleep` und addiert anschließend die beiden Werte.

Das Ergebnis wird im Dictionary `AsyncManager.Parameters` abgelegt, und der interne Zähler wird wieder dekrementiert. Da der interne Zähler somit wieder den Wert 0 aufweist, führt das Framework die zur aufgerufenen `Action`-Methode passende `Completed`-Methode aus, die im betrachteten Beispiel den Namen `AddCompleted` trägt. Die einzelnen Parameter dieser Methode werden mit den Werten aus dem zuvor verwendeten Dictionary `AsyncManager.Parameters` bestückt.

Listing 5-19: Implementierung eines asynchronen Controllers

```
public class AsyncSampleController : AsyncController
{
    public void AddAsync(int a, int b)
    {
        AsyncManager.OutstandingOperations.Increment();
        object parameter = new object[] { a, b};

        Thread t = new Thread(new ParameterizedThreadStart(DoStuff));
        t.Start(parameter);
    }

    public ActionResult AddCompleted(int result)
    {
        ViewData["result"] = result;
        return View();
    }

    public void DoStuff(object o)
    {
        object[] parameter = (object[])o;
        int a = (int)parameter[0];
        int b = (int)parameter[1];

        Thread.Sleep(10000);

        int result = a + b;
        AsyncManager.Parameters["result"] = result;
        AsyncManager.OutstandingOperations.Decrement();
    }
}
```

Vereinfachte Implementierung asynchroner Controller seit .NET 4.5

Auch die in .NET 4.5 eingeführten Konzepte zur asynchronen Programmierung sind in ASP.NET MVC angekommen. Action-Methoden können damit nun auf einfache Weise asynchron bereitgestellt werden (Listing 5-20). Somit wird der ursprüngliche IIS-Thread frei und kann sich um weitere Anfragen kümmern.

Listing 5-20: Asynchroner Controller

```
public async Task<ActionResult> Reisen(string ziel, Datum datum) {
    var hotelService = new HotelService();
    var flugService = new FlugService();

    var model = new ReiseModel {
        Hotels = await hotelService.GetHotelsAsync(ziel, datum),
        Fluege = await flugService.GetFluegeAsync(ziel, datum)
    };

    return View("ReiseAngebote", ´model);
}
```

Asynchrone Action-Methoden können auch inklusive der von ihnen angestoßenen asynchronen Methoden unter Verwendung der mit .NET 4 eingeführten `CancellationToken` abgebrochen werden, wenn die von ihnen beanspruchte Zeit einen definierten Schwellwert überschreitet (Listing 5-21). Der Schwellwert ist dabei mit dem Attribut `AsyncTimeout` anzugeben; die im Falle eines Abbruchs anzuzeigende Fehlerseite mit `HandleError`. Außerdem ist die Signatur der Action-Methode um einen Parameter vom Typ `CancellationToken` zu erweitern, wobei sich das Framework um die Erzeugung und Übergabe dieses Tokens kümmert. Damit im Falle eines Abbruchs auch die angestoßenen asynchronen Methoden beendet werden, ist das `CancellationToken` auch an diese weiterzureichen.

Listing 5-21: Asynchroner Controller mit Cancellation-Token

```
[AsyncTimeout(3000)]
[HandleError(ExceptionType = typeof(TaskCanceledException), View = "TimedOut")]
public async Task<ActionResult> ReisenWithCancellation(
               string ziel, DateTime datum, CancellationToken cToken) {

    var hotelService = new HotelService();
    var flugService = new FlugService();

    var model = new ReiseModel {
        Hotels = await hotelService.GetHotelsAsync(ziel, datum, cToken),
        Fluege = await flugService.GetFluegeAsync(ziel, datum, cToken)
    };

    return View("ReiseAngebote", model);
}
```

Views

Dieser Abschnitt beschreibt weiterführende Techniken für die Entwicklung von Views (*.cshtml*-Dateien). Dazu wird auf die mit Version 3 eingeführte View-Engine Razor sowie auf die Möglichkeiten zum Bereitstellen von Layoutseiten und partiellen Views eingegangen. Darüber hinaus wird gezeigt, wie Views für mobile Anwendungen bereitgestellt werden können und wie der Entwickler die Performance von Webanwendungen mittels Bundling und Minification erhöhen kann.

Razor

Die View-Engine, die seit ASP.NET MVC 3 zum Rendern von Views standardmäßig zum Einsatz kommt und den Namen Razor trägt, verwendet das Symbol `@`, um serverseitige Anweisungen einzuleiten. Es wird dabei entweder einer Kontrollstruktur oder einer Variablen beziehungsweise Eigenschaft oder Methode vorangestellt, deren (Rückgabe-)Wert an Ort und Stelle in die View zu übernehmen ist. Mit @Html können zahlreiche Hilfsfunktionen aufgerufen werden.

Das Schöne ist, dass Razor alle Werte, die es auf diese Weise ausgibt, automatisch HTML-codiert, was Sicherheitslücken und anderen ungewollten Effekten vorbeugt. Möchte der Entwickler einen Text ohne HTML-Codierung ausgeben, muss er auf die Funktion @Html.Raw zurückgreifen:

```
@Html.Raw("<b>Html-formatierter Text</b>")
```

Anweisungen, die keinen Wert liefern, können auf diese Weise nicht aufgerufen werden. Allerdings können diese in Blöcken, die der Entwickler zur serverseitigen Ausführung markiert, platziert werden:

```
@{
    ViewBag.Title = "Hotels";
    RenderAction("MyAction")
      int i = 7;
}
```

Das Symbol @ wird auch zum Einleiten von Direktiven verwendet, die in der Regel am Beginn einer Datei platziert werden. Die Direktive @model wurde bereits in der Einführung verwendet. Sie legt fest, von welchem Typ das Modell ist. Mit

```
@model FirstSteps.Models.Hotel
```

legt der Entwickler zum Beispiel fest, dass das Modell der aktuellen View vom Typ FirstSteps.Models.Hotel ist. Eine weitere nützliche Direktive ist die Direktive @using. Sie erlaubt es, die benötigten Namensräume zu referenzieren, und kann somit mit dem gleichnamigen Schlüsselwort in C# verglichen werden. Die Angabe von

```
@using FirstSteps.Models
```

bindet zum Beispiel den Namensraum FirstSteps.Models ein. Mit Vorsicht zu genießen ist die Direktive @functions. Sie erlaubt es, innerhalb eines Blocks beliebige Methoden zu definieren:

```
@functions {
    private bool HaveLuck(bool needLuck) { return !needLuck; }
}
<b>Lucky:</b> @HaveLuck(true)
```

Bei ihrer Verwendung in Views darf man sich zu Recht fragen, ob dadurch nicht zu viel Logik in die View verlagert wird beziehungsweise ob diese Logik nicht woanders besser aufgehoben wäre. In Razor-Helper oder in Vorlagen kann sie hingegen durchaus zur Lesbarkeit beitragen.

Möchte der Entwickler tatsächlich das Symbol @ ausgeben, muss er es doppelt angeben. Die Anweisung

```
h.schwichtenberg@@it-visions.de
```

würde demnach zur Ausgabe der E-Mail-Adresse H.Schwichtenberg@it-visions.de führen. In einigen wenigen Fällen tut sich Razor schwer damit, das Ende eines Methodennamens zu entdecken. Dies ist beispielsweise bei

```
@Model.Vorname.Schwichtenberg@@it-visions.de
```

der Fall. Hier kann Razor nicht entdecken, dass Schwichtenberg keine Eigenschaft von `Vorname` ist, sondern lediglich ein Text, den es auszugeben gilt. Abhilfe schafft hier das Setzen von Klammern:

```
@(Model.Vorname).Schwichtenberg@@it-visions.de
```

Razor erkennt an den meisten Stellen automatisch den Übergang zwischen serverseitigem Code und clientseitigem Markup. Bei der Anweisung

```
@for(int i=0; i<10; i++) { <b>@i</b> }
```

wird zum Beispiel erkannt, dass die schließende geschweifte Klammer zur serverseitigen Schleife gehört, sowie, dass es sich beim `b`-Tag um Markup handelt, der auszugeben ist. Die Logik dahinter ist vom Prinzip her einfach: Immer dann, wenn ein Tag beginnt, geht Razor davon aus, dass nun ein clientseitiger Block folgt. Dies ist auch der Grund, warum

```
@for(int i=0; i<10; i++) { Hallo Welt! }
```

nicht korrekt ausgeführt werden kann, denn »Hallo Welt« befindet sich nicht in einem Tag und wird somit als serverseitiger Befehl wahrgenommen. Um dieses Problem zu umgehen, müsste der Entwickler diesen Text in einem beliebigen Tag kapseln. Bietet sich kein Tag an, kann er auf das von Razor vorgegebene Tag `text` zurückgreifen:

```
@for(int i=0; i<10; i++) { <text>Hallo Welt!</text> }
```

Dieses Tag erlaubt es Razor, den Beginn von clientseitigen Elementen zu erkennen. Darüber hinaus filtert Razor das Tag, sodass es sich nicht in der Ausgabe wiederfindet.

Eine sehr angenehme Eigenschaft von Razor ist die Tatsache, dass die Tilde (~) in Pfadangaben durch den Pfad des Roots der aktuellen Webanwendung ersetzt wird. Ist das Root der Webanwendung zum Beispiel `/myApp`, so wird eine Angabe von

```
<img src="~/img/myImage.png">
```

durch

```
<img src="/myApp/img/myImage.png">
```

ersetzt.

Zu guter Letzt erlaubt Razor auch die Definition von serverseitigen Kommentaren. Diese werden durch die Sequenz `@*` eingeleitet sowie mit `*@` beendet:

```
@* Das ist ist ein Kommentar *@
```

Razor-Helper

Immer wiederkehrende Aufgaben können mit Unterstützung von Razor in eigene sogenannte Helper ausgelagert werden. Im Wesentlichen handelt es sich dabei um Methoden, die mithilfe von Razor entwickelt werden. Razor-Helper werden innerhalb von Views mit dem Schlüsselwort `@helper` eingeleitet. Das nachfolgende Beispiel etwa zeigt die Definition des Helpers `RenderLogo`, das den Namen eines Logos entgegennimmt und damit ein Image-Tag rendert.

```
@helper RenderLogo(string name) {
    <img src="@name"  width= "64" height= "64"  />
}
```

Anschließend kann der Helper wie eine serverseitige Methode an den gewünschten Stellen aufgerufen werden:

```
<div class="logos">
   @RenderLogo("beeindruckend.jpg")
</div>
```

Um einen Helper für alle Views bereitzustellen, definiert ihn der Entwickler in einer Datei, die die Endung `cshtml` (oder `vbhtml`) aufweist und sich im globalen Projektverzeichnis `App_Code` befindet. Angenommen, die Datei trägt den Namen `LogoHelper` und beherbergt den Helper `RenderLogo`, so kann der Entwickler auf diesen Helper in sämtlichen Razor-Views durch Angabe von `@LogoHelper.RenderLogo` zurückgreifen. Würde sich die Datei in einem Ordner namens `App_Code/MyHelpers` befinden, könnte der Entwickler `RenderLogo` hingegen über `@MyHelpers.LogoHelper.RenderLogo` zur Ausführung bringen. Somit lassen sich Helper beliebig strukturieren.

Layoutseiten

Um allgemeine Seitenelemente wie Menüleisten, Designelemente oder Fußzeilen nicht in jeder einzelnen View wiederholen zu müssen, bietet Razor das Konzept von Layoutseiten. Es handelt sich dabei um HTML-Seiten mit Platzhaltern, in die die gerenderten Views eingebettet werden.

Listing 5-22 zeigt eine einfache Layoutseite. Im `div`-Element mit der ID `menucontainer` werden hier einige Links, die zu Navigationszwecken auf allen Seiten erscheinen sollen, ausgegeben. Im `div`-Element mit der ID `main` wird die View-Engine durch Aufruf der Methode `RenderBody` angewiesen, die aufgerufene Seite zu rendern.

Listing 5-22: Einfache Layoutseite

```
<html>

[...]

<body>

    <div class="page">
```

```
        <div id="header">

            [...]

            <div id="menucontainer">

                <ul id="menu">
                    <li>@Html.ActionLink("Home", "Index", "Home")</li>
                    <li>@Html.ActionLink("About", "About", "Home")</li>
                </ul>

            </div>

        </div>

        <div id="main">
            @RenderBody()
        </div>

    </div>

</body>
</html>
```

Ergänzend zur Verwendung von RenderBody kann die Methode RenderSection zum Rendern von benannten Bereichen, die ebenfalls in den einzelnen Views zu hinterlegen sind, herangezogen werden. Listing 5-23 demonstriert dies, indem auf die beiden Abschnitte pageTitle und links verwiesen wird. Da für die Eigenschaft required des Abschnitts links der Wert false festgelegt wurde, müssen Seiten, die auf die betrachtete Layoutseite verweisen, diesen nicht beinhalten.

Listing 5-23: Layoutseite mit benannten Sektionen

```
<div id="main">
    <h2>@RenderSection("pageTitle")</h2>
    <div>@RenderSection("links", required:false)</div>
    <div>@RenderBody()</div>
</div>
```

Eine diese Layoutseite referenzierende View findet sich in Listing 5-24. Diese View referenziert die Layoutseite explizit, indem sie am Beginn die Eigenschaft Layout auf den Pfad der gewünschten Layoutseite setzt. Die Inhalte der beiden Abschnitte links und pageTitle werden dabei mit @section eingeleitet.

Listing 5-24: Anwendung einer Layoutseite mit benannten Sektionen

```
@{
    View.Title = "Index";
    Layout = "~/Views/Shared/OtherLayout.cshtml";
}

<table>
    [...]
</table>
```

```
@section links {
    Wichtige Links
    <ul>
    <li><a href="http://IT-Visions.at">IT-Visions in Österreich</a></li>
        <li><a href="http://IT-Visions.de"> IT-Visions in Deutschland</a></li>
    <ul>
}

@section pageTitle {
    Hamsterliste
}
```

Das direkte Angeben der gewünschten Layoutseite durch das Setzen der Eigenschaft `Layout` ist eher unüblich. Beim Einsatz der Projektvorlagen *Internet-Applica tion*, *Intranet-Application* und *Mobile Application* wird standardmäßig die Layoutseite */Views/Shared/_Layout.cshtml* herangezogen. Diese Seite ist jedoch nicht hartcodiert. Vielmehr ist es so, dass sich unter */Views* eine Datei *_ViewStart.cshtml* befindet – und die wird per Definition in jede View eingebunden. Der Inhalt dieser Datei beschränkt sich beim Einsatz der genannten Vorlagen auf die folgenden Zeilen, die die Layoutseite */Views/Shared/_Layout.cshtml* referenzieren.

```
@{
    Layout = "~/Views/Shared/_Layout.cshtml";
}
```

Möchte der Entwickler für bestimmte Views eine eigene *_ViewStart.cshtml* definieren, muss er lediglich im Verzeichnis dieser View eine eigene *_ViewStart.cshtml* anlegen. Wird ASP.NET MVC im Verzeichnis der View hingegen nicht fündig, setzt es solange die Suche auf der nächsthöheren Ordnerebene fort, bis es im Ordner */Views* angelangt ist.

Partielle Views

Partielle Views sind Views, die in andere Views eingebunden werden. Listing 5-25 zeigt eine sehr einfache partielle View. Sie legt den Typ des Modells auf `string` fest und rendert den Inhalt dieses Strings zwischen zwei `hr`-Tags.

Listing 5-25: Einbinden einer partiellen View

```
@model string
<hr />
    @Model
<hr />
```

Um solch eine partielle View in eine andere View einzubinden, verwendet der Entwickler die HTML-Hilfsmethode `Html.Partial`. Als erstes Argument übergibt er den Namen der partiellen View; als zweites optionales Argument übergibt er einen Wert, der innerhalb der partiellen View als Modell dienen soll:

```
@Html.Partial("CopyRight", model: "(c) 2018, Holger Schwichtenberg")
```

Html.Partial rendert die partielle View und liefert ihr Ergebnis als String retour. Da die Methode mit einem vorangestellten @ aufgerufen wurde, gibt Razor diesen String anschließend in die aktuelle View aus. Bei großen partiellen Views kann das Herumreichen von Strings Performanceeinbußen mit sich bringen. In diesem Fall bietet sich der Einsatz von Html.RenderPartial an. Diese Methode, nimmt dieselben Parameter wie Partial entgegen und schreibt die gerenderte partielle View direkt in das Ergebnis der aktuellen View – ohne Umweg über einen String, der an Razor weitergereicht wird. Da diese Methode jedoch keinen Rückgabewert hat, muss sie innerhalb eines serverseitigen Blocks ausgeführt werden:

```
@{ Html.RenderPartial("CopyRight", model: "(c) 2018, Holger Schwichtenberg"); }
```

Neben Partial und RenderPartial stehen auch noch die Methoden Action und RenderAction zur Verfügung. Diese stoßen eine Action-Methode an, die eine partielle View liefert, und binden anschließend diese partielle View ein. Analog zu Partial gibt Action eine Zeichenfolge zurück. RenderAction schreibt hingegen direkt in das Ergebnis der View. Zur Demonstration beinhaltet Listing 5-26 eine Action-Methode, die mit PartialView eine partielle View rendert. Als Modell übergibt sie der View einen String. Damit dieser String nicht als Name der anzustoßenden View interpretiert wird, wird er nach object gecastet.

Listing 5-26: Einbinden einer partiellen View

```
public ActionResult CopyRight()
{
    var model = (object)"(c) 2013, Holger Schwichtenberg";
    return PartialView(model);
}
```

Um diese Action-Methode innerhalb einer View aufzurufen und die von ihr gerenderte partielle View anschließend einzubinden, verwendet der Entwickler die Hilfsmethode Action:

```
@Html.Action("CopyRight")
```

Als Parameter wird dabei der Name der Action-Methode übergeben. Standardmäßig wird diese Action-Methode im gerade verwendeten Controller erwartet. Überladungen dieser Methode geben dem Entwickler jedoch die Möglichkeit, die Namen anderer Controller anzugeben und im Zuge dessen URL-Parameter zu spezifizieren. Das nachfolgende Code-Schnipsel führt beispielsweise zum Aufruf der Action-Methode CopyRight aus dem Controller Info. Dabei werden die Parameter id und name übergeben, welche im Rahmen eines anonymen Objekts anzugeben sind.

```
@Html.Action("CopyRight", "Info", new { id: 17, name: "test" })
```

Vorlagen für Felder und Models

Damit dieselben Eigenschaften einheitlich auf dieselbe Weise dargestellt werden, erlaubt ASP.NET MVC das Definieren von Vorlagen. Die Hilfsmethoden `Html.EditorFor` und `Html.DisplayFor` verwenden diese Vorlagen, um Eingabefelder zu rendern; `DisplayFor` rendert eine nicht editierbare Ausgabe. Das Framework bringt für diesen Zweck bereits ein paar wenige Vorlagen mit. Diese bewirken zum Beispiel, dass `EditorFor` für boolesche Eigenschaften ein Kontrollkästchen rendert. Bei der Auswahl der heranzuziehenden Vorlage gehen diese Methoden wie folgt vor:

- Hat der Entwickler beim Aufruf über eine entsprechende Überladung der Methode den Namen einer Vorlage übergeben, wird diese verwendet:

  ```
  @Html.EditorFor(model => model.Infos, templateName: "MultilineText")
  ```

- Ansonsten wird geprüft, ob der Entwickler in den Metadaten der Eigenschaft den Namen einer Vorlage hinterlegt hat. Dies kann er zum Beispiel mit den Attributen `UIHint` und `DataType` tun. Ist dem so, wird eine Vorlage mit dem Namen genutzt, der mit `UIHint` beziehungsweise mit dem durch `DataType` definierten Typ bestimmt wurde:

  ```
  public class HotelInfo
  {
      [UIHint("CustomDataType")]
      public string Infos { get; set; }

      [DataType(DataType.MultilineText)]
      public string Lage { get; set; }
  }
  ```

- Ansonsten wird geprüft, ob eine Vorlage mit dem Namen des Datentyps der jeweiligen Eigenschaft existiert. Falls ja, wird diese herangezogen.
- Ansonsten wird die Eigenschaft wie ein String gerendert.

ASP.NET MVC erwartet Vorlagen zum Editieren von Feldern im *Views*-Verzeichnis des jeweiligen Controllers (zum Beispiel */Views/Hotel*) oder unter */Views/Shared* in einem Ordner namens *EditorTemplates*. Die Vorlagen für die Anzeige erwartet es an entsprechender Stelle innerhalb eines Ordners *DisplayTemplates* (vgl. Abbildung 5-12).

Bei den Vorlagen handelt es sich um partielle Views. Innerhalb dieser partiellen Views kann der Entwickler Informationen über die anzuzeigende Eigenschaft mit `ViewData.ModelMetadata` in Erfahrung bringen. `ViewData.ModelMetadata.PropertyName` liefert zum Beispiel den Namen der Eigenschaft; `ViewData.ModelMetadata.Model` hingegen ihren Wert, wobei sich der Name `Model` in diesem Fall wirklich nur auf die jeweilige Eigenschaft bezieht.

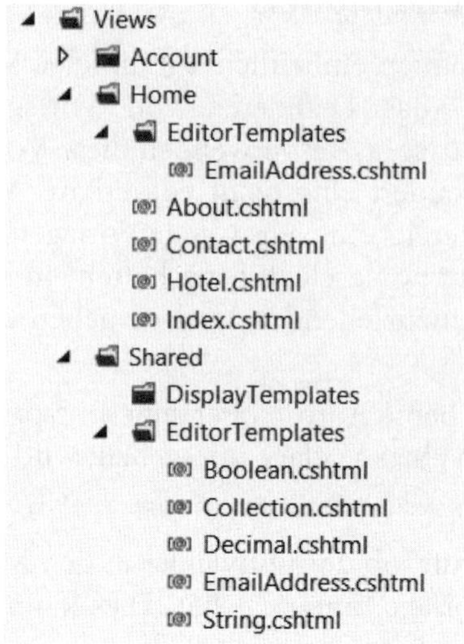

Abbildung 5-12: Projektstruktur mit Vorlagen

Listing 5-27 beinhaltet ein Beispiel für eine Vorlage zum Editieren von booleschen Werten. Damit es standardmäßig Verwendung findet, muss es sich im Verzeichnis *EditorTemplates* befinden und den Namen *Boolean.cshtml* aufweisen. Das Template rendert zwei Felder: das eine mit der Beschriftung *Ja*, das andere mit der Beschriftung *Nein*. Der tatsächlich ausgewählte Wert wird in einem verstecken Feld gespeichert, das mit `Html.Hidden` gerendert wird. Beim Aufruf dieser Methode wird als Name des Felds ein Leerstring übergeben. Dies veranlasst das Framework, den Namen der darzustellenden Eigenschaft für den Namen des versteckten Felds heranzuziehen. Bei einem Klick auf eines der beiden Felder wird die jeweils aktivierte Option mittels JavaScript hervorgehoben und der neue Wert (`true` oder `false`) im versteckten Feld verstaut.

Listing 5-27: Vorlage für booleschen Wert

```
@helper ShowJsBooleanField(string onColor, string offColor) {

    string yesBg;
    string noBg;
    string propertyName = ViewData.ModelMetadata.PropertyName;
    string yesButtonId = "div_" + propertyName + "_yes";
    string noButtonId = "div_" + propertyName + "_no";
    bool value = Convert.ToBoolean(ViewData.ModelMetadata.Model);

    if (ViewData.ModelMetadata.Model == null || !value) {
        yesBg = offColor;
        noBg = onColor;
    }
    else {
        yesBg = onColor;
        noBg = offColor;
    }
```

```
    <div id="@yesButtonId" style="background-color:@yesBg; text-align:center;
cursor:pointer;
        width:50px;height:20px; border: 1px solid black; display:inline-block;">Ja</
div>
    <div id="@noButtonId" style="background-color:@noBg; text-align:center;
cursor:pointer;
        width:50px;height:20px; border: 1px solid black; display:inline-block">Nein</
div>
    @Html.Hidden("", value)

    <script>
        $(function () {

            // Event-Handler für Mousedown auf "Nein"
            $("#@noButtonId").mousedown(function () {
                $("#@noButtonId").css("background-color", "@onColor");
                $("#@yesButtonId").css("background-color", "@offColor");
                $("#@propertyName").val("false");
            });

            // Event-Handler für Mousedown auf "Ja"
            $("#@yesButtonId").mousedown(function () {
                $("#@noButtonId").css("background-color", "@offColor");
                $("#@yesButtonId").css("background-color", "@onColor");
                $("#@propertyName").val("true");
            });

        });

    </script>
}

@ShowJsBooleanField("#6699FF", "white")
```

Neben Eigenschaften können auch vollständige Modelle unter Verwendung von Vorlagen gerendert werden. Hierfür stehen analog zu den bereits für Eigenschaften bekannten Hilfsmethoden die Methoden `Html.EditorForModel` und `Html.DisplayForModel` zur Verfügung. Standardmäßig rendern sie sämtliche Eigenschaften des Modells unter Verwendung der für sie gefundenen Vorlagen. Die Reihenfolge der Eigenschaften legt der Entwickler über das Attribut `Display` fest, indem er damit die einzelnen Eigenschaften annotiert und die Eigenschaft `Order` auf eine entsprechende Ordnungszahl setzt. Um eine Eigenschaft zu unterdrücken, ist sie hingegen mit `[ScaffoldColumn(false)]` zu annotieren.

Um das Standardverhalten von `Html.EditorForModel` und `Html.DisplayForModel` zu überschreiben, kann der Entwickler beim Aufruf eine zu verwendende Template übergeben. Solch eine Template kann entweder auf ein bestimmtes Modell zugeschnitten oder generischer Natur sein. Im letzten Fall würde es unter Verwendung der Metadaten sowie unter Verwendung der Reflektion die einzelnen Felder durchlaufen und rendern.

Eine weitere Möglichkeit zur Definition einer benutzerdefinierten Vorlage für Modelle ist das Bereitstellen einer Vorlage mit dem Namen des Modells oder einer seiner Basistypen, wie zum Beispiel `object`.

Views für mobile Anwendungen

Ab Version 4 unterstützt ASP.NET MVC mehrere Varianten einer View für unterschiedliche Gerätetypen. Verwendet der Aufrufer einen mobilen Browser, versucht ASP.NET MVC eine View zu finden, deren Namen dem vom Controller angegebenen Namen entspricht, jedoch zusätzlich auf `.Mobile` endet. Wird beispielsweise die View `Index` angefordert, kommt bei mobilen Browsern die View `Index.Mobile.cshtml` zum Einsatz, sofern C# und Razor Verwendung finden. Existiert diese nicht, wird – wie bisher – auf `Index.cshtml` zurückgegriffen. Diese View ist es auch, die standardmäßig für nicht mobile Browser herangezogen wird. Auf dieselbe Art wird vorgegangen, um eingebundene partielle Views oder Layout-Views zu lokalisieren.

Weitere Weichenstellungen für Views können in der Datei *app.config* innerhalb der Methode `Application_Start` festgelegt werden, indem der Entwickler hier ein Kriterium angibt, das sich auf den aktuellen `HttpContext` bezieht, sowie ein Suffix für die Namen der Views. Dazu kommt die statische Eigenschaft `DisplayModes.Modes` zum Einsatz. Listing 5-28 legt zum Beispiel fest, dass das Suffix `iPhone` heranzuziehen ist, wenn der String `iPhone` im Kopfzeileneintrag `UserAgent` vorkommt. Ersteres wird als Argument an den Konstruktor von `DefaultDisplayMode` übergeben, Letzteres als Lambda-Ausdruck an dessen Eigenschaft `ContextCondition`. Wird nun über ein iPhone die View `Index` angefordert, kommt `Index.iPhone.cshtml` zum Einsatz, sofern sie existiert. Ansonsten wird mit `Index.cshtml` vorliebgenommen.

Listing 5-28: Definition eines Endgeräts

```
protected void Application_Start()
{
    AreaRegistration.RegisterAllAreas();

    RegisterGlobalFilters(GlobalFilters.Filters);
    RegisterRoutes(RouteTable.Routes);

    DisplayModes.Modes.Insert(0, new DefaultDisplayMode("iPhone")
    {
        ContextCondition = (context => context.Request.UserAgent.IndexOf
            ("iPhone", StringComparison.OrdinalIgnoreCase) >= 0)
    });
}
```

Soll der Benutzer die Möglichkeit bekommen, auf eine andere Ansicht umzuschalten, kann die Eigenschaft `UserAgent`, die an und für sich den verwendeten Browser beschreibt, mit einem benutzerdefinierten Wert überschrieben werden. Hierzu stellt ASP.NET MVC zwei Überladungen der Methode `HttpContext.SetOver` riddenBrowser (vgl. Listing 5-29) zur Verfügung. Eine der beiden Überladungen nimmt einen Wert der Enumeration BrowserOverride entgegen und legt den UserAgent auf einen standardmäßigen mobilen beziehungsweise auf einen standardmäßigen nicht mobilen Browser fest. Für Ersteren wird der Wert BrowserOverride.Mobile verwendet; für die nicht mobile Version der Wert BrowserOverride.Desktop.

Diese Variante können Sie nutzen, wenn Sie zwischen der mobilen und nicht mobilen Darstellung der Seite wechseln möchten, ohne sich mit den konkreten Browserbeschreibungen belasten zu müssen. Die zweite Überladung legt die heranzuziehende Browserbeschreibung als String fest. Der auf diese Weise festgelegte Wert kann über HttpContext.GetOverriddenUserAgent abgerufen werden.

Um diesen Wert wieder zu entfernen, sodass wieder der vom Browser gesendete Wert zur Wahl der View herangezogen wird, kommt HttpContext.ClearOverriddenBrowser zum Einsatz. Zum Abfragen der Möglichkeiten des festgelegten Browsers kann HttpContext.GetOverriddenBrowser verwendet werden.

Listing 5-29: Überschreiben der Browsereinstellung

```
public ActionResult SetOverriddenBrowser(string browser)
{
    if (browser == "mobile")
    {
        HttpContext.SetOverriddenBrowser(BrowserOverride.Mobile);
    }
    else if(browser == "desktop") {
        HttpContext.SetOverriddenBrowser(BrowserOverride.Desktop);
    }
    else {
        HttpContext.SetOverriddenBrowser(browser);
    }
    ViewBag.OverriddenBrowser = HttpContext.GetOverriddenUserAgent();
    return View("Index");
}
```

Zwischen unterschiedlichen Ansichten wechseln

Möchten Sie eine Webanwendung entwickeln, die sowohl an klassische als auch an mobile Plattformen angepasst ist, können Sie ein Projekt mit der Vorlage *Internet-Application* erstellen und durch Einbinden des Nuget-Pakets jQuery.Mobile.MVC das Framework jQuery Mobile nachrüsten.

Fügt der Entwickler dieses zum aktuellen Projekt hinzu, richtet Visual Studio unter anderem auch einen Controller sowie eine partielle View _ViewSwitcher ein, die auf mobilen Endgeräten den Wechsel zwischen der mobilen Ansicht und der nicht mobilen Ansicht erlauben. Diese partielle View wird auch in der standardmäßig verwendeten Layoutseite _Layout mittels @Html.Partial("_ViewSwitcher") eingebunden.

Minification und Bundling

Websites bestehen heutzutage häufig aus zahlreichen größeren CSS- und JavaScript-Dateien. Gerade beim Laden über langsame Netzwerkverbindungen (zum Beispiel in Mobilfunknetzwerken) wird dies zum Problem. ASP.NET 4.5 bietet zwei Instrumente zur Beschleunigung:

- CSS- und JavaScript-Dateien können vor der Übertragung zum Client verkleinert werden, indem Leerräume und Kommentare aus dem Quellcode entfernt werden.
- Mehrere CSS- und JavaScript-Dateien können vor der Übertragung zu einer Datei zusammengefasst werden. Durch die Reduzierung der Anzahl der HTTP-Anfragen wird die Übertragung einer Webseite beschleunigt.

Zum Konfigurieren dieser Möglichkeiten, die sich **Minification** und **Bundling** nennen, sehen die Projektvorlagen eine Klasse `BundleConfig` im Ordner *App_Start* vor. Sie weist eine statische Methode `RegisterBundles` auf. Diese wird beim Start der Webanwendung zur Ausführung gebracht, indem sie von der Methode `Application_Start` in der Datei *global.asax* aufgerufen wird. Bei diesem Aufruf übergibt sie die statische Auflistung `BundleTable.Bundles`, die per Definition sämtliche registrierte Bundles beinhaltet. Listing 5-30 zeigt einen Teil der Methode `RegisterBundles`, die von der Projektvorlage *Internet-Application* eingerichtet wurde. An den Konstruktor von `ScriptBundle` übergibt sie den Namen des Bundles. Mit `Include` werden die einzelnen Dateien angegeben, die zum Bundle hinzuzufügen sind. Bei der Angabe dieser Dateinamen kann der Entwickler Platzhalter verwenden. Ein Stern (*) steht zum Beispiel für eine beliebige Zeichenkette; der Platzhalter `{version}` für eine Versionsnummer. Die vordefinierte Liste an Bundles kann der Entwickler nach Belieben erweitern.

Listing 5-30: Standardmäßig eingerichtete Bundles

```
public static void RegisterBundles(BundleCollection bundles)
{
    bundles.Add(new ScriptBundle("~/bundles/jquery").Include(
                "~/Scripts/jquery-{version}.js"));

    bundles.Add(new ScriptBundle("~/bundles/jqueryui").Include(
                "~/Scripts/jquery-ui-{version}.js"));

    bundles.Add(new ScriptBundle("~/bundles/jqueryval").Include(
                "~/Scripts/jquery.unobtrusive*",
                "~/Scripts/jquery.validate*",
                "~/Scripts/methods_de.js"));
   [...]
}
```

Wird in einer View über ein Script-Tag auf den Namen eines Bundles mit JavaScript-Dateien oder über einen Link-Tag auf den Namen eines Bundles mit CSS-Dateien verwiesen, erhält der Browser diese Dateien mit einer einzigen Anfrage in einer »minificated« Form. Dabei ist auch darauf zu achten, dass Bundles mit HTTP-Kopfzeilen ausgeliefert werden, die den Browser ermutigen, sie zu cachen.

Jedes Bundle besitzt eine Auflistung mit Transformationen, die vor der Auslieferung auf das Bundle angewandt werden. Standardmäßig befindet sich in dieser Auflistung eine Transformation zum Minifizieren von JavaScript- beziehungsweise CSS-Dateien. Wollte der Entwickler auf die Minifizierung unter bestimmten Umständen verzichten, könnte er in *global.asax* sämtliche registrierte Bundles in der statischen Auflistung `BundleTable.Bundles` iterieren und deren Transformationen entfernen (Listing 5-31).

Listing 5-31: Transformationen bei sämtlichen Bundles entfernen

```
const bool DO_NOT_TRANSFORM = true;
if (DO_NOT_TRANSFORM) {
    foreach (var bundle in BundleTable.Bundles)
    {
        bundle.Transforms.Clear();
    }
}
```

Models

Dieser Abschnitt geht auf Details zur Gestaltung von Models ein. Er zeigt, wie der Entwickler Metadaten sowie Validierungsregeln für einzelne Eigenschaften hinterlegen kann. Darüber hinaus wird auch auf die Möglichkeiten einer manuellen Validierung eingegangen.

Metadaten im Model festlegen

Der Entwickler hat die Möglichkeit, für Modelleigenschaften Metadaten festzulegen, die zur Laufzeit beispielsweise das Verhalten von Hilfsmethoden bestimmen. Listing 5-32 demonstriert dies, indem die Eigenschaft `Sterne` mit dem Attribut `Display` und `DisplayFormat` annotiert wird. Mit `Display` wird jener Name festgelegt, der von den Hilfsmethoden `DisplayNameFor` und `LabelFor` für diese Eigenschaft auszugeben ist. Mit `DisplayFormat` wird das standardmäßig von Hilfsmethoden heranzuziehende Ausgabeformat für Werte der Eigenschaft `Sterne` beschrieben. Darüber hinaus wird mit der Eigenschaft `ApplyFormatInEditMode` festgelegt, dass dieses Ausgabeformat auch im Zuge des Editierens zu verwenden ist.

Listing 5-32: Metadaten mit Display *und* DisplayFormat *festlegen*

```
public partial class Hotel
{
    public int HotelId { get; set; }

    [Required]
    [StringLength(30, ErrorMessage = "{0} darf aus max. {1} Zeichen bestehen")]
    public string Bezeichnung { get; set; }
```

```
    [Range(0, 5, ErrorMessage = "{0} muss im Wertebereich zwischen {1} und {2} liegen")]
    [Display(Name="Hotelkategorisierung")]
    [DisplayFormat(DataFormatString="0.00", ApplyFormatInEditMode=true)]
    public int Sterne { get; set; }
}
```

HTML-Text übermitteln

Aus Sicherheitsgründen verbietet ASP.NET das Übersenden von HTML-formatiertem Text. Für ausgewählte Attribute kann der Entwickler dies jedoch erlauben. Dazu muss er diese innerhalb des Models mit `AllowHtml` annotieren (siehe Listing 5-33).

Listing 5-33: HTML-Text für ausgewählte Eigenschaften erlauben

```
public class News
{
    public string Title { get; set; }

    [AllowHtml]
    public string Text { get; set; }
}
```

Validieren von Benutzereingaben

Für das Validieren von Benutzereingaben sind zwei Ansätze vorgesehen. Entweder findet die Validierung im Controller statt oder sie erfolgt deklarativ, indem das Modell mit Validierungsattributen annotiert wird. Dieser Abschnitt geht auf diese beiden Möglichkeiten ein.

Manuelles Validieren

Wurde durch benutzerdefinierte Validierungslogiken ein Eingabefehler entdeckt, kann dieser an die Methode `ViewData.ModelState.AddModelError` zur Zwischenspeicherung übergeben werden (Listing 5-34). Als erster Parameter wird der Name des Felds, auf das sich der Fehler bezieht, angegeben; als zweiter Parameter die Fehlermeldung.

Listing 5-34: Manuelles Validieren von Benutzereingaben

```
public ActionResult Edit(Hotel h)
{
    if (Hotel.Sterne < 0)
    {
        ViewData.ModelState.AddModelError("Sterne", "Sterne darf nicht kleiner 0
sein!");
    }
    […]
    return View();
}
```

Zum Anzeigen der hinterlegten Validierungsfehler können die Methoden `ValidationSummary` und `ValidationMessageFor` verwendet werden. `ValidationSummary` gibt sämtliche Fehlermeldungen aus; `ValidationMessageFor` gibt die Fehlermeldung für die über einen Lambda-Ausdruck angegebene Eigenschaft aus. Für Fälle, in denen die Fehlermeldung nicht über einen Lambda-Ausdruck, sondern lediglich über einen String referenziert werden soll, kann die Methode `ValidationMessage` herangezogen werden.

Listing 5-35 demonstriert die Verwendung von `ValidationSummary` und `ValidationMessageFor`. Damit eine eventuelle Fehlermeldung nicht doppelt angezeigt wird, wird mit dem zweiten Parameter von `ValidationMessageFor` angegeben, dass das Vorhandensein einer Fehlermeldung lediglich durch Ausgabe eines Sternchens angezeigt werden soll.

Listing 5-35: Ausgabe eines Validierungsfehlers

```
@Html.ValidationSummary("Die folgenden Fehler sind aufgetreten:")
[…]
<div class="editor-field">
   @Html.TextBoxFor(model => model.Eintritt)
   @Html.ValidationMessageFor(model => model.Eintritt, "*")
</div>
```

Deklaratives Validieren

Während in Version 1 von ASP.NET MVC das Validieren von Benutzereingaben manuell implementiert werden musste, bietet das Framework ab Version 2 die Möglichkeit, Validierungsregeln für Modelle mithilfe von Attributen festzulegen. Das Framework kümmert sich dabei selbstständig um die Validierung nach den festgelegten Regeln.

Validierungsattribute – Für die Eigenschaften der in Listing 5-36 dargestellten Modellklasse wurden mit Attributen Validierungsregeln definiert. Es handelt sich dabei um Klassen, die von `ValidationAttribute` ableiten und, wie gezeigt, entweder eine Fehlermeldung beinhalten oder einen Verweis auf eine Ressourcendatei (vgl. Abschnitt »Über Ressourcedateien mehrsprachige Inhalte bereitstellen«), in der die Fehlermeldung zu finden ist. Darüber hinaus bieten die meisten Validierungsattribute auch noch die Möglichkeit der Parametrisierung. Der Wert 30 bei Verwendung des Attributs `StringLength` im betrachteten Beispiel schränkt die maximale Länge des zu erfassenden Strings auf 30 Zeichen ein. Mit `Range` wird hingegen der erlaubte Wert auf den Wertebereich zwischen 0 und 5 eingeschränkt.

Damit bereits bekannte Eigenschaften nicht innerhalb der Fehlermeldung wiederholt werden müssen, unterstützten sie Platzhalter. `{0}` steht in der Regel für den Namen der zu validierenden Eigenschaft; alle weiteren Platzhalter repräsentieren die einzelnen Parameter, die der Entwickler für das Validierungsattribut angegeben hat. Das Ergebnis des hier gezeigten Beispiels kann sich zur Laufzeit wie in Abbildung 5-13 dargestellt gestalten. Tabelle 5-2 gibt einen Überblick über die zur Verfügung stehenden Validierungsattribute.

Listing 5-36: Verwendung von Validierungsattributen

```
public class Hotel
{
    public int HotelId { get; set; }

    [Required]
    [StringLength(30, ErrorMessage="{0} darf aus max. {1} Zeichen bestehen")]
    public string Bezeichnung { get; set; }

    [Range(0,5, ErrorMessage="{0} muss im Wertebereich zwischen {1} und {2} liegen")]
    public int Sterne { get; set; }
}
```

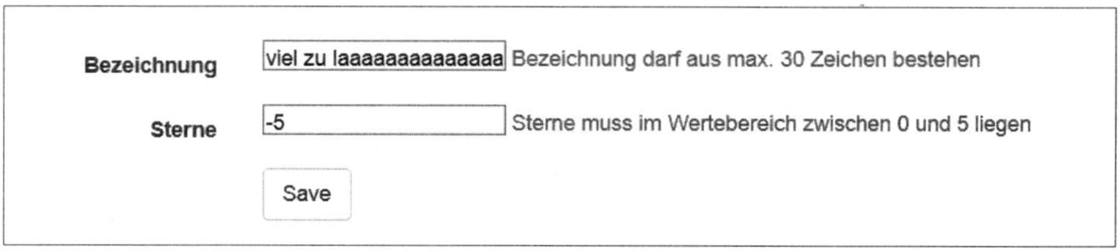

Abbildung 5-13: Validierungsfehler

Tabelle 5-2: Zur Verfügung stehende Validierungsattribute

Validierungsattribut	Beschreibung
`MaxLength`	Prüft auf eine maximale Länge.
`MinLength`	Prüft auf eine minimale Länge.
`Range`	Prüft, ob sich der zu validierende Wert in einem bestimmten Wertebereich befindet.
`RegularExpression`	Validiert die annotierte Eigenschaft mit regulären Ausdrücken.
`Required`	Markiert die annotierte Eigenschaft als Pflichtfeld.
`StringLength`	Prüft auf eine maximale Textlänge.
`Compare`	Prüft, ob zwei Eigenschaften denselben Wert haben. Wird zum Beispiel verwendet, wenn ein Passwort bei der Vergabe doppelt zu erfassen ist.
`Remote`	Bringt eine serverseitige Validierungs-Routine per AJAX zur Ausführung (siehe Abschnitt »Remotevalidierung«).
`CreditCard`	Prüft, ob der zu validierende Wert eine Kreditkartennummer ist.
`EMailAdress`	Prüft, ob der zu validierende Wert eine E-Mail-Adresse ist.
`Url`	Prüft, ob der zu validierende Wert ein URL ist.
`Phone`	Prüft, ob der zu validierende Wert eine gültige (US-)Telefonnummer ist.
`FileExtensions`	Prüft, ob der zu validierende Wert ein Dateiname mit einer bestimmten Endung ist.

Damit die Validierungen auch clientseitig durchgeführt werden können, sind die Skript-Dateien *jquery-x.x.x.js*, *jquery.validate.js* und *jquery.validate.unobtrusive.js* einzubinden. Dabei gilt *x.x.x* als Platzhalter für die verwendete Versionsnummer. Die von Visual Studio gebotene Projektvorlage übernimmt diese Aufgabe standardmäßig, wobei es die beiden zuletzt genannten Dateien über das Bundle *bundles/jquery* einbindet.

Validierungsattribute in Metadatenklassen auslagern – Werden die Modellklassen, zum Beispiel unter Verwendung eines O/R-Mappers wie dem Entity Framework, generiert, ist es nicht ratsam, sie um Validierungsattribute zu erweitern, da diese bei einer erneuten Generierung überschrieben werden. In solchen Fällen kann der Entwickler die zu validierenden Eigenschaften in eigenen sogenannten Metadatenklassen nachbilden und dort mit den gewünschten Validierungsattributen versehen. Zur Vereinfachung muss er die Eigenschaften auch nicht 1 : 1 nachbilden, sondern kann stattdessen öffentliche Member vom Typ `object` erstellen. Lediglich die Namen müssen übereinstimmen.

Um die Metadatenklasse mit der Modellklasse in Beziehung zu setzen, legt der Entwickler für diese eine partielle Klasse an. Diese annotiert er mit `MetadataType`, wobei er an dieses Attribut den Typ der Metadatenklasse übergibt. Dieses Spielchen setzt jedoch voraus, dass es sich beim generierten Modell auch um eine partielle Klasse handelt. Listing 5-37 beinhaltet ein Beispiel für dieses Vorgehen.

Listing 5-37: Implementierung einer Metadatenklasse

```
class HotelMetaData
{
    [Required]
    [StringLength(30, ErrorMessage = "{0} darf aus max. {1} Zeichen bestehen")]
    public object Bezeichnung;

    [Range(0, 5, ErrorMessage = "{0} muss im Wertebereich zwischen {1} und {2}
liegen")]
    public object Sterne;
}

[MetadataType(typeof(HotelMetaData))]
public partial class Hotel
{
}
```

Benutzerdefinierte Validierungsattribute – Um benutzerdefinierte Validierungsattribute bereitzustellen, leitet der Entwickler von der Basisklasse `ValidationAttribute` ab und überschreibt deren Methode `IsValid`. Diese bekommt vom Framework den zu validierenden Wert sowie einen `ValidationContext` mit weiteren Informationen über den aktuellen Validierungsvorgang übergeben, wie zum Beispiel den Namen der zu validierenden Eigenschaft oder die Werte der anderen Eigenschaften.

Liefert diese Methode die Konstante `ValidationResult.Success` zurück, zeigt der Validator an, dass die Validierung erfolgreich war. Gibt `IsValid` hingegen ein `ValidationResult` zurück, weist sie damit auf einen Validierungsfehler hin. Beim Erzeugen einer Instanz von `ValidationResult` ist als erster Parameter die Fehlermeldung sowie als zweiter Parameter ein Array mit den Namen der von der Fehlermeldung betroffenen Eigenschaften zu übergeben. Ein Beispiel für ein benutzerdefiniertes Validierungsattribut findet sich in Listing 5-38.

Listing 5-38: Benutzerdefinierte Validierungsattribute implementieren

```
public class SternValidator: ValidationAttribute
{
    protected override ValidationResult IsValid(object value, ValidationContext
validationContext)
    {
        int v = (int)value;

        if (v >= 0 && v <= 5)
        {
            return ValidationResult.Success;
        }

        var error = "Sterne müssen zwischen 0 und 7 sein!";
        var result = new ValidationResult(error, new[]{"Sterne"});
        return result;
    }
}
```

Serverseitige deklarative Validierung – ASP.NET MVC führt sämtliche Validierungsattribute aus, bevor die jeweilige Action-Methode angestoßen wird. Innerhalb der Action-Methode ist es jedoch die Aufgabe des Entwicklers, in Erfahrung zu bringen, ob das übergebene Modell korrekt validiert werden konnte. Dies kann durch Prüfen der Eigenschaft `ModelState.IsValid` bewerkstelligt werden. Hat diese Eigenschaft den Wert `true`, war die Validierung erfolgreich; `false` zeigt hingegen an, dass Validierungsfehler vorliegen. Listing 5-39 bricht beim Erkennen eines Validierungsfehlers die Ausführung der Action-Methode ab und delegiert stattdessen an eine View weiter, die die fehlerhaften Werte anzeigt und den Anwender auffordert, diese zu korrigieren.

Listing 5-39: Reagieren auf Validierungsergebnis

```
[HttpPost]
public ActionResult Create(Hotel h)
{
    if (!ModelState.IsValid) return View(h);

    Debug.WriteLine("Täusche Speichern vor: " + h.Bezeichnung);

    return View("Success")
}
```

Clientseitige Validierung – Zusätzlich zur serverseitigen Validierung stoßen viele der im Lieferumfang von .NET enthaltenen Validierungsattribute auch eine clientseitige Validierung mittels JavaScript an. Diesen Komfort erhält der Entwickler ohne zusätzlichen Aufwand. Allerdings erfolgt die Validierung standardmäßig gegen Konventionen aus dem englischsprachigen Raum.

Glücklicherweise basiert die JavaScript-Validierung auf dem populären Framework jQuery Validation, für das im Download unter *http://bassistance.de/jquery-plugins/jquery-plugin-validation/* Lokalisierungsdateien mit Fehlermeldungen und

Validierungslogiken für die verschiedensten Sprachen zur Verfügung stehen. Um die Validierung beispielsweise in Hinblick auf deutsche Konventionen stattfinden zu lassen, bindet der Entwickler die Datei *methods_de.js* aus diesem Download in die Webanwendung und dort ins Bundle `~/bundles/jqueryval` ein:

```
bundles.Add(new ScriptBundle("~/bundles/jqueryval").Include(
                        "~/Scripts/jquery.unobtrusive*",
                        "~/Scripts/jquery.validate*",
                        "~/Scripts/methods_de.js"));
```

Die Bereitstellung von clientseitigen Validierungsroutinen für benutzerdefinierte Validierungsattribute gestaltet sich jedoch ein wenig aufwendiger und wird im dritten Kapitel erörtert, nachdem dort ausgewählte Aspekte von JavaScript sowie JavaScript-APIs besprochen wurden. Möchte der Entwickler die clientseitige Validierung hingegen deaktivieren, setzt er die Einstellung `ClientValidationEnabled` in der Datei *web.config* auf `false`.

Remotevalidierung – Einige Validierungen können ausschließlich serverseitig erfolgen. Ein Beispiel dafür ist eine Prüfung gegen bestimmte Datensätze einer Datenbank. Damit diese serverseitigen Validierungen auch bereits am Client vor dem Absenden der Daten angestoßen werden können, bietet ASP.NET MVC seit Version 3 die Möglichkeit einer sogenannten Remotevalidierung, die sich auf AJAX stützt. Im Hintergrund kommt dabei das populäre JavaScript-Framework `jQuery` zum Einsatz.

Um von dieser Möglichkeit Gebrauch zu machen, wird zunächst eine Action-Methode bereitgestellt, die den zu validierenden Wert entgegennimmt. Optional kann diese Methode auch noch weitere Werte entgegennehmen, die gemeinsam mit dem zu validierenden Wert erfasst werden (Listing 5-40). Diese Action-Methode führt die Validierung durch und liefert, je nachdem, ob die Validierung erfolgreich war oder nicht, `true` oder `false` in Form von JSON retour.

Listing 5-40: Action-Methode für die Remotevalidierung

```
public ActionResult ValidateTitle(string title, string text)
{
    if (title == null) title = "";
    if (text == null) text = "";

    if (title == "Unknown Title")
          return Json(false, JsonRequestBehavior.AllowGet);

    if (text == title)
          return Json(false, JsonRequestBehavior.AllowGet); ;

    return Json(true, JsonRequestBehavior.AllowGet);;
}
```

Anschließend kann das zu validierende Feld, wie in Listing 5-41 gezeigt, mit `Remote` annotiert werden. Im betrachteten Fall werden der Name der Action-Methode sowie der Name des Controllers übergeben. Zusätzlich wird die im Falle einer fehlgeschlagenen Validierung anzuzeigende Fehlermeldung sowie die zu verwendende HTTP-Methode übergeben. Möchte der Entwickler, dass ASP.NET MVC neben dem zu validierenden Wert auch die Werte weiterer Felder an die Validierungsmethode weiterreicht, muss er deren Namen kommasepariert innerhalb der Eigenschaft `AdditionalFields` anführen.

Listing 5-41: Einsatz des Validierungsattributs Remote

```
public class News
{
    [Remote("ValidateTitle", "News",
            ErrorMessage = "Titel ist ungültig!",
            HttpMethod = "POST",
            AdditionalFields= "Text")]
    public string Title { get; set; }

    [AllowHtml]
    public string Text { get; set; }
}
```

Validieren unterbinden – Möchte der Entwickler beim Aufruf bestimmter Action-Methoden eine Validierung verhindern, kann er diese mit dem Attribut `ValidateInput` annotieren und dessen `Parameter` auf `false` setzen:

```
[ValidateInput(false)]
public ActionResult Delete(News n) { [...] }
```

Globalisierung

Dieser Abschnitt zeigt, wie man Webprojekte für die Verwendung mit unterschiedlichen Sprachen beziehungsweise in unterschiedlichen Ländern anpassen kann. Dazu wird auf die Möglichkeit, die Sprach- beziehungsweise Ländereinstellungen zu beeinflussen, genauso eingegangen wie auf den Einsatz von Ressourcedateien, mit denen Texte in unterschiedlichen Sprachen bereitgestellt werden können. Darüber hinaus informiert dieser Abschnitt auch darüber, wie der Entwickler die Codierung von gerenderten Views beeinflussen kann.

Sprach- und Ländereinstellungen festlegen

Für die Formatierung von Werten zieht ASP.NET zwei Eigenschaften heran: *UICulture* und *Culture*. Erstere wird innerhalb von Views verwendet; Letztere von Methoden wie *DateTime.ToString* oder *DateTime.Parse*. In der Regel werden diese beiden Eigenschaften auf denselben Wert gesetzt. Bei diesem kann es sich entweder um ein Sprachkürzel (zum Beispiel *de* für Deutsch oder *en* für Englisch) oder um die Kombination aus einem Sprachkürzel und einem Länderkürzel (zum Beispiel *de-AT* für österreichisches Deutsch, *de-DE* für Bundesdeutsch, *en-UK* für britisches Englisch oder *en-US* für jenes Englisch, das in den USA gesprochen wird) handeln. Auch die Validierung von Eingaben wird von diesen Werten beeinflusst. So werden Datumswerte bei Verwendung der Culture *en-US* im Format *Monat/*

Tag/Jahr erwartet, während sie bei Verwendung von *en-UK* im Format *Tag/Monat/Jahr* vorzuliegen haben.

> Der Model-Binder ist beim Parsen von Datumswerten sehr tolerant. Liegt das Datum zum Beispiel nicht in dem Format vor, das beim Einsatz der aktuellen Culture erwartet wird, versucht er trotzdem – soweit es geht – einen gültigen Datumswert daraus abzuleiten. So wird zum Beispiel das ISO-Format *Jahr-Monat-Tag* in der Regel ebenso unterstützt wie Datumswerte, die sich zwar an der aktuellen Culture orientieren, jedoch die falschen Trennzeichen verwenden (zum Beispiel *Monat.Tag.Jahr* anstatt *Monat/Tag/Jahr* bei *en-US*).

Die standardmäßig heranzuziehenden Werte für *UICulture* und *Culture* können in der Datei *web.config* unter *system.web/globalization* gesetzt werden:

```
<system.web>
    <globalization uiCulture="de-DE" culture="de-DE"/>
    [...]
</system.web>
```

Legt der Entwickler hier jeweils den Wert *auto* fest, verwendet ASP.NET jenen Wert, den der jeweils aufrufende Browser über den HTTP-Kopfzeileneintrag *Accept-Language* als bevorzugte Sprache beziehungsweise Sprache-Länder-Kombination an den Webserver übersendet.

Programmatisch können diese Werte über die Eigenschaften *Thread.CurrentThread.CurrentCulture* beziehungsweise *Thread.CurrentThread.UICurrentCulture*, die den Typ *System.Globalization.CultureInfo* aufweisen, gesetzt werden. Dabei ist jedoch zu beachten, dass die auf diesem Weg vorgenommenen Einstellungen nicht über Seitenaufrufe hinweg gespeichert werden und somit am Beginn jedes einzelnen Seitensaufrufs erneut zu setzen sind. Hierfür bietet es sich an, innerhalb der Datei *global.asax* eine Methode *Application_AcquireRequestState* einzurichten. Sofern diese existiert, ruft sie ASP.NET bei jeder Anfrage auf. Listing 5-42 demonstriert dies.

Listing 5-42: CurrentCulture *und* CurrentUICulture *beim Aufruf jeder Seite setzen*

```
protected void Application_AcquireRequestState(object sender, EventArgs args)
{
    var culture = new CultureInfo("de-DE");
    Thread.CurrentThread.CurrentCulture = culture;
    Thread.CurrentThread.CurrentUICulture = culture;

}
```

> Wenn ASP.NET die Methode *Application_AcquireRequestState* aufruft, steht bereits der Session-State zur Verfügung. Somit kann im Zuge des Log-ins für den aktuellen Benutzer die bevorzugten Einstellungen als Session-Variable hinterlegt werden.

Über Ressourcedateien mehrsprachige Inhalte bereitstellen

Zum Bereitstellen mehrsprachiger Inhalte bieten sich neben Datenbanken auch die von .NET unterstützten Ressourcedateien an, die mit der Item-Template *Resource File* angelegt werden können. Bei Ressourcedateien handelt es sich im Wesentlichen um eine Auflistung von Name/Wert-Paaren, für die der Entwickler auch einen Kommentar hinterlegen kann (Abbildung 5-14).

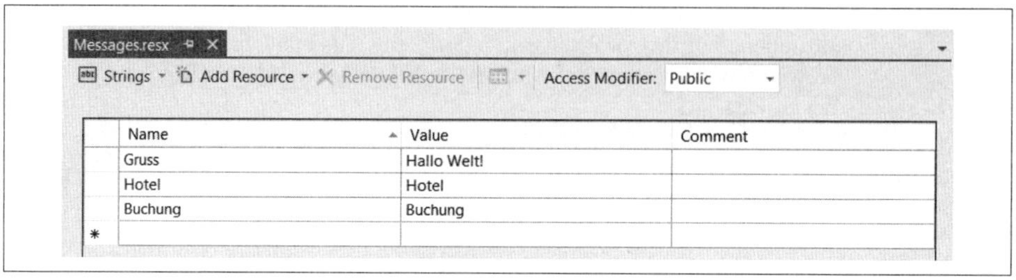

Abbildung 5-14: Ansicht einer Ressourcedatei in Visual Studio

Technisch gesehen sind Ressourcedateien lediglich XML-Dateien mit der Endung *resx*. Aus diesen Dateien generiert Visual Studio gleichnamige Klassen und spendiert diesen pro Name/Wert-Paar eine Eigenschaft. Damit sowohl Views als auch andere Klassen, wie Controller, darauf zugreifen können, sollte der Entwickler die Eigenschaft *Access Modifier* auf *Public* setzen (vgl. Abbildung 5-14).

Von jeder Ressourcedatei kann der Entwickler mehrere Varianten für unterschiedliche Regionen beziehungsweise Kulturen erstellen. Deren Namen müssen per Definition dem Aufbau *Name.Sprache-Land.resx* beziehungsweise *Name.Sprache.resx* aufweisen. Die Variante der Datei *Message.resx* für österreichisches Deutsch hat demnach den Namen *Message.de-AT.resx*, jene für Bundesdeutsch *Messages.de-DE.resx*. Gäbe es eine Variante, die deutsche Einträge unabhängig vom jeweiligen Land beinhalten würde, hieße sie *Messages.de.resx*.

Beim Zugriff auf die Eigenschaften der generierten Klassen entscheidet die aktuelle Kultur (engl. Culture), die über *Thread.CurrentThread.CurrentCulture* abgerufen beziehungsweise gesetzt werden kann, aus welcher Variante der jeweiligen Ressourcedatei der Wert zu lesen ist. Handelt es sich bei dieser zum Beispiel um de-DE, so wird im hier betrachteten Beispiel zunächst auf die Inhalte von *Messages.de-DE.resx* zugegriffen. Existiert diese Datei nicht oder beinhaltet sie den jeweiligen Eintrag nicht, so wird die Suche in der Datei *Messages.de.resx* fortgesetzt. Ist auch dieses Unterfangen erfolgslos, versucht es .NET mit der Datei *Messages.resx*.

Die nachfolgende Zeile zeigt, wie der Entwickler über die generierte Klasse auf einen Eintrag der Resourcedatei zugreifen kann:

```
var buchung = MyApp.Resources.Messages.Buchung;
```

Hierbei wird davon ausgegangen, dass sich der Standardnamensraum der Anwendung *MyApp* nennt und die Ressourcedatei mit dem Namen Messages in einem Ordner *Resources* abgelegt wurde.

Der Zugriff über Razor-Views erfolgt analog dazu:

```
@MyApp.Resources.Messages.Buchung;
```

Neben dem typisierten Zugriff kann der Entwickler auf Einträge einer Ressourcedatei auch durch Angabe eines String-Parameters, der den Namen des Eintrags beinhaltet, zugreifen:

```
MyApp.Resources.Messages.ResourceManager.GetString("Buchung");
```

ASP.NET sieht für Ressourcedateien die globalen Ordner *App_GlobalResources* sowie *App_LocalResources* vor. Der Einsatz dieser Ordner ist jedoch nicht empfehlenswert, da die sich darin befindlichen Dateien von ASP.NET kompiliert werden. Ein Zugriff darauf über Anwendungen, die nicht im Kontext von ASP.NET ausgeführt werden, darunter Unit-Tests, Windows-Anwendungen beziehungsweise -Services, ist somit nicht möglich.

Während sämtliche Validierungsattribute die Möglichkeit bieten, die anzuzeigenden Fehlermeldungen aus Ressourcedateien zu laden, sucht man beim Attribut Display danach vergebens. Möchte der Entwickler auch dieses Attribut lokalisieren, muss er davon ableiten und die dafür notwenige Logik in der so erhaltenen Subklasse von Display manuell bereitstellen.

Neben Strings können die Werte von Einträgen in Ressourcedateien auch Bilder oder sonstige Dateien beinhalten.

Codierung festlegen

Standardmäßig rendert ASP.NET sämtliche Views unter Verwendung von Unicode (UTF-8) und erwartet auch übermittelte Werte in dieser Codierung. Somit werden Probleme mit fremden Zeichen weitestgehend vermieden. Der Entwickler kann diese Einstellung jedoch in der Datei *web.config* ändern. Die nachfolgenden Einstellungen legen zum Beispiel fest, dass anstatt UTF-8 die Codierung ISO-8859-1 heranzuziehen ist, wobei es sich um den standardisierten Zeichensatz für Westeuropa handelt:

```
<system.web>
  <globalization responseEncoding="ISO-8859-1" requestEncoding="ISO-8859-1"/>
</system.web>
```

Analog dazu können diese Einstellungen auch pro Anfrage über *Request.Content Encoding* beziehungsweise *Response.ContentEncoding* verändert werden. Dies sollte jedoch nur dann gemacht werden, wenn der Entwickler einen wirklich guten Grund dafür hat, zumal die Standardeinstellung in den meisten Fällen am einfachsten zu verwenden ist.

Areas

Um große Anwendungen wartbarer zu gestalten, bietet ASP.NET MVC seit Version 2 die Möglichkeit, ein Webprojekt in sogenannte Areas aufzuteilen. Eine Area ist ein Teilprojekt, das möglichst eigenständig entwickelt werden kann. Abbildung 5-15 zeigt eine mögliche Ordnerstruktur für solche Projekte. Die einzelnen Areas befinden sich hierbei unterhalb des Ordners *Areas*, wobei jede Area ähnlich wie ein ASP.NET-MVC-Projekt organisiert ist. So finden sich in beiden hier gezeigten Areas beispielsweise die Ordner *Controllers* und *Views* wieder. Zusätzlich existiert eine Standardarea, deren Controller und Views sich, wie bei Area-freien Projekten auch, in den gleichnamigen Ordnern unterhalb des Projektordners befinden.

> Visual Studio unterstützt Sie im Projektmappen-Explorer beim Hinzufügen einer neuen Area mit dem Befehl *Add | Area*, den Sie aus dem Kontextmenü des Projekts auswählen.

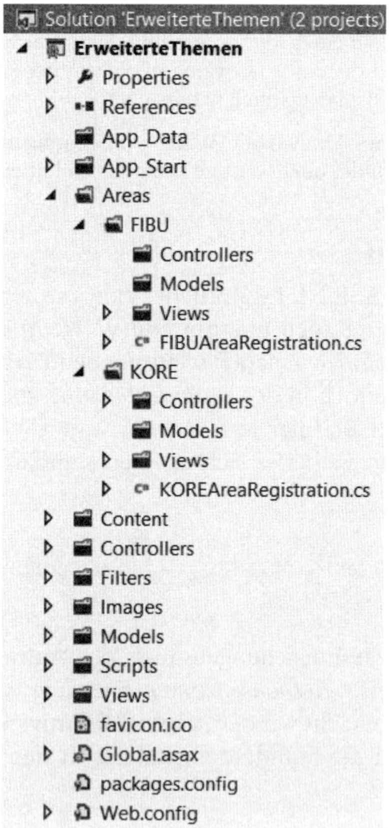

Abbildung 5-15: Ordnerstruktur eines Projekts mit Areas

Jede Area ist angehalten, Informationen über ihre Routen preiszugeben. Dies erfolgt über eine Subklasse von `AreaRegistration`. Listing 5-43 demonstriert dies. Die zu überschreibende Eigenschaft `AreaName` liefert den Namen der Area; die zu überschreibende Methode `RegisterArea` trägt die Routen der jeweiligen Area mittels `MapRoute` in den übergebenen `Context` ein. Dabei ist zu beachten, dass mit dem letzten Parameter die Namensräume der Controller der jeweiligen Area bekannt gegeben werden.

Listing 5-43: Bereitstellen von Informationen für eine Area

```
public class KOREAreaRegistration : AreaRegistration
{
    public override string AreaName
    {
        get
        {
            return "KORE";
        }
    }

    public override void RegisterArea(AreaRegistrationContext context)
    {
        context.MapRoute(
            "KORE_default",
            "KORE/{controller}/{action}/{id}",
            new { action = "Index", id = URLParameter.Optional }
        );
    }
}
```

Damit diese Angaben auch Beachtung finden, ist in der Methode `Application_Start` in der Datei `global.asax` die Methode `AreaRegistration.RegisterAllAreas` aufzurufen (Listing 5-44). Diese durchsucht das Projekt nach Subklassen von `AreaRegistration`, instanziiert diese und erweitert die Routendefinition mit der entsprechenden Implementierung von `RegisterArea`.

Listing 5-44: Registrierung aller Areas via RegisterAllAreas

```
protected void Application_Start()
{
    AreaRegistration.RegisterAllAreas();
    [...]
}
```

Bei Area-übergreifenden Verweisen ist nun auch der Name der Zielarea anzugeben. Dabei handelt es sich um jenen String, der von der Eigenschaft `AreaName` der jeweiligen Implementierung von `AreaRegistration` zurückgeliefert wird (Listing 5-43). Handelt es sich bei der Zielarea um die Standardarea, kann dies durch einen Leerstring angegeben werden. Listing 5-45 demonstriert dies. Der erste Link verweist auf die Standardarea; der zweite auf die Area mit dem Namen `FutterManagement`. Dabei sind jeweils über den letzten Parameter die gewünschten HTML-Attribute als Instanz von `HtmlAttributes` zu übergeben, damit sich der Compiler für die richtige Überladung entscheidet. Da diese Angabe im betrachteten Beispiel nicht benötigt wird, wird lediglich `null` übergeben.

Listing 5-45: Area-übergreifende Links

```
@Html.ActionLink(
    "Hamster", "Index", "Hamster",
    new { area = "" }, null)

@Html.ActionLink(
    "Futter", "Index", "Futter",
    new { area = "FutterManagement" }, null)
```

Befindet sich in einer benannten Area sowie in der Standardarea jeweils ein Controller mit demselben Namen, scheitert ASP.NET MVC, sobald dieser Controller innerhalb der Standardarea adressiert wird. Der Grund dafür liegt in der Tatsache, dass sich benannte Areas hierarchisch betrachtet unterhalb der Standardarea befinden. Geht ASP.NET MVC nun innerhalb der Standardarea auf die Suche nach dem Controller, wird es zwei Mal fündig – einmal im `Controllers`-Namensraum der Standardarea und einmal im `Controllers`-Namensraum der benannten Area, die sich hierarchisch gesehen auch unterhalb der Standardarea befindet.

Um dieses Problem zu umgehen, können die Routen der Standardarea, die innerhalb von `App_Start/RouteConfig` definiert werden, mit dem Namensraum des Ordners `Controllers` in der Standardarea versehen werden. Dies bewirkt, dass ASP.NET MVC die Suche nach einem Controller für die Standardarea auf diesen Namensraum beschränkt:

```
routes.MapRoute(
    name: "Default",
    url: "{controller}/{action}/{id}",
    defaults: new { controller = "Home", action = "Index", id = UrlParameter.Optional
},
    namespaces: new[] { "ErweiterteThemen.Controllers" }
);
```

Filter

Kommt es zur Abarbeitung einer ASP.NET-MVC-Anfrage, werden in der Regel zunächst eine Action-Methode sowie dann eine View, die das Ergebnis rendert, ausgeführt. Filter bieten die Möglichkeit, vor und zwischen diesen Schritten, benutzerdefinierte Logiken zur Ausführung zu bringen, wobei ein Filter auf beliebig viele Seiten angewandt werden kann. Beispielsweise könnte ein Filter definiert werden, der für alle Seiten eines bestimmten Verzeichnisses vor der Ausführung der Action-Methode prüft, ob der aufrufende Benutzer angemeldet ist, und falls dem nicht so ist, an ein Log-in-Formular weiterdelegiert, ohne die Anfrage weiterzubearbeiten.

Überblick

ASP.NET MVC bietet fünf Arten von Filtern an: Authentifizierungsfilter werden vor allen anderen Filtern ausgeführt, um herauszufinden, um wen es sich beim aktuellen Benutzer handelt. Autorisierungsfilter werden danach, jedoch noch vor Abarbeitung der adressierten Action-Methode ausgeführt, um herauszufinden, ob der Benutzer die nötigen Rechte für die Action-Methode aufweist. Action-Filter kommen vor und nach der Ausführung der Action-Methode zum Einsatz; Ergebnisfilter werden vor und nach dem Ausführen des Action-Ergebnisses (zum Beispiel vor und nach dem Rendern der View) verwendet und Ausnahmefilter, nachdem eine Ausnahme ausgelöst wurde.

Umsetzung

Implementiert wird ein Filter, indem eine Klasse bereitgestellt wird, die zum einen von `FilterAttribute` erbt und zum anderen mindestens eine Schnittstelle implementiert, die mit einer der vier Filterarten assoziiert wird. Durch das Erben von `FilterAttribut` kann der Filter als Attribut verwendet werden, und somit die Action-Methoden auf die der Filter angewandt werden soll, damit annotiert. Informationen über die Schnittstellen sowie deren Methoden finden sich in Tabelle 5-3.

Tabelle 5-3: Für die Implementierung von Filtern bereitgestellte Schnittstellen

Schnittstelle	Methode	Beschreibung
`IAuthenticationFilter`	`OnAuthentication`	Wird ausgeführt, bevor die Anfrage abgearbeitet wird, um herauszufinden, um wen es sich beim aktuellen Benutzer handelt.
	`OnAuthenticationChallenge`	Wird nach der Abarbeitung einer Abfrage ausgeführt. Wird zum Beispiel verwendet, um zu prüfen, ob dem Benutzer der Zugriff verweigert wurde (HTTP-Statuscode 401; Unauthorized), und um ihn in diesem Fall gegebenenfalls auf eine Log-in-Seite umzuleiten.
`IAuthorizationFilter`	`OnAuthorization`	Wird ausgeführt, bevor die Anfrage abgearbeitet wird, um herauszufinden, ob der aktuelle Benutzer auf die gewünschte Ressource zugreifen darf.
`IActionFilter`	`OnActionExecuting`	Wird vor der Action-Methode ausgeführt.
	`OnActionExecuted`	Wird nach der Action-Methode ausgeführt.
`IResultFilter`	`OnResultExecuting`	Wird vor dem Action-Ergebnis (zum Beispiel View) ausgeführt.
	`OnResultExecuted`	Wird nach dem Action-Ergebnis (zum Beispiel View) ausgeführt.
`IExceptionFilter`	`OnException`	Wird ausgeführt, wenn eine Ausnahme ausgelöst wurde.

> Zum Implementieren eines Filters, der von FilterAttribute ableitet und ausgewählte Methoden von IActionFilter und IResultFilter implementiert, steht dem Entwickler die abstrakte Basisklasse ActionFilterAttribute zur Verfügung.

Jeder Filtermethode wird von ASP.NET MVC eine Instanz einer Subklasse von controllerContext übergeben, die Informationen über den aktuellen Stand der Abarbeitung der jeweiligen Anfrage bietet. Unter anderem beinhaltet diese Instanz auch eine Eigenschaft Result vom Typ ActionResult. Durch das Setzen dieser Eigenschaft kann die Filtermethode das darzustellende Ergebnis beeinflussen. Daneben beinhaltet diese Instanz auch eine Eigenschaft ExceptionHandled. Wird diese auf true gesetzt, wird angezeigt, dass sich der Filter um eine aufgetretene Ausnahme gekümmert hat und somit die Abarbeitung der Anfrage fortgesetzt werden kann.

Listing 5-46 zeigt eine beispielhafte Filterimplementierung, die alle vier Filterschnittstellen implementiert und einige Informationen zum aktuellen Zustand der Abarbeitung ausgibt. Die Verwendung der zuvor diskutierten Eigenschaften Result und ExceptionHandeled wird dabei durch Kommentare angedeutet. Damit einfacher ersichtlich ist, welche Methode von welcher der vier Schnittstellen vorgegeben wird, wurden diese explizit implementiert.

Listing 5-46: Beispielhafter Filter, der einige der von ASP.NET MVC erhaltenen Informationen ausgibt

```
public class DemoFilter:
    FilterAttribute, IAuthorizationFilter,
    IActionFilter, IResultFilter, IExceptionFilter
{

    void IAuthorizationFilter.OnAuthorization(AuthorizationContext filterContext)
    {
        // filterContext.Result = ...

        Debug.WriteLine("IAuthorizationFilter.OnAuthorization");
        Debug.WriteLine("  User: " + filterContext.HttpContext.User.Identity.Name);
        Debug.WriteLine("  Controller: " + filterContext.Controller.ToString());
        Debug.WriteLine("  Action: " + filterContext.ActionDescriptor.ActionName);
        Debug.WriteLine("");

    }

    void IActionFilter.OnActionExecuting(ActionExecutingContext filterContext)
    {
        Debug.WriteLine("IActionFilter.OnActionExecuting");
        Debug.WriteLine("  User: " + filterContext.HttpContext.User.Identity.Name);
        Debug.WriteLine("  Controller: " + filterContext.Controller.ToString());
        Debug.WriteLine("  Action: " + filterContext.ActionDescriptor.ActionName);
        Debug.WriteLine("");

    }
```

```
    void IActionFilter.OnActionExecuted(ActionExecutedContext filterContext)
    {

        Debug.WriteLine("IActionFilter.OnActionExecuted");
        Debug.WriteLine("  User: " + filterContext.HttpContext.User.Identity.Name);
        Debug.WriteLine("  Controller: " + filterContext.Controller.ToString());
        Debug.WriteLine("  Action: " + filterContext.ActionDescriptor.ActionName);
        Debug.WriteLine("  Exception: " + filterContext.Exception);
        Debug.WriteLine("  ExceptionHandeled: " + filterContext.ExceptionHandled);

        Debug.WriteLine("");

    }

    void IResultFilter.OnResultExecuting(ResultExecutingContext filterContext)
    {
        Debug.WriteLine("IResultFilter.OnResultExecuting");
        Debug.WriteLine("  User: " + filterContext.HttpContext.User.Identity.Name);
        Debug.WriteLine("  Controller: " + filterContext.Controller.ToString());
        Debug.WriteLine("  Result: " + filterContext.Result.ToString());
        Debug.WriteLine("");
    }

    void IResultFilter.OnResultExecuted(ResultExecutedContext filterContext)
    {
        Debug.WriteLine("IResultFilter.OnResultExecuted");
        Debug.WriteLine("  User: " + filterContext.HttpContext.User.Identity.Name);
        Debug.WriteLine("  Controller: " + filterContext.Controller.ToString());
        Debug.WriteLine("  Result: " + filterContext.Result.ToString());
        Debug.WriteLine("  Exception: " + filterContext.Exception);
        Debug.WriteLine("  ExceptionHandeled: " + filterContext.ExceptionHandled);
        Debug.WriteLine("");
    }

    void IExceptionFilter.OnException(ExceptionContext filterContext)
    {
        Debug.WriteLine("IExceptionFilter.OnException");
        Debug.WriteLine("  User: " + filterContext.HttpContext.User.Identity.Name);
        Debug.WriteLine("  Controller: " + filterContext.Controller.ToString());
        Debug.WriteLine("  Result: " + filterContext.Result.ToString());
        Debug.WriteLine("  Exception: " + filterContext.Exception);
        Debug.WriteLine("  ExceptionHandeled: " + filterContext.ExceptionHandled);
        Debug.WriteLine("");

        // filterContext.ExceptionHandled = true;
    }
}
```

Filter auf Controller und Action-Methoden anwenden

Um einen Filter auf eine Action-Methode anzuwenden, ist diese mit der Filterimplementierung zu annotieren. Listing 5-47 demonstriert dies. Alternativ dazu kann auch eine Controller-Klasse mit einem Action-Filter annotiert werden. Dies bewirkt, dass der Filter für jede einzelne Action-Methode der jeweiligen Controller-Klasse herangezogen wird.

Listing 5-47: Anwenden eines Filters

```
[DemoFilter]
public ActionResult Edit(int? id)
{
    [...]
}
```

Globale Filter

Seit Version 3 können Filter auch als globale Filter definiert werden. Globale Filter werden bei sämtlichen Aufrufen berücksichtigt. Dazu ist eine Instanz des gewünschten Filters in der statischen Auflistung `GlobalFilters.Filters` zu hinterlegen. Wie bei allen Konfigurationseinstellungen, die programmatisch getroffen werden, sollte auch diese Aufgabe beim Start der Webanwendung erledigt werden. Dazu bietet sich die Methode `Application_Start` der Klasse `MvcApplication` in der Datei *global.asax* an. Die Projektvorlagen sehen an dieser Stelle sogar einen Einsprungspunkt vor, indem sie dort die statische Methode `FilterConfig.RegisterGlobalFilters` aufrufen, die für genau diese Aufgaben gedacht ist.

Authentifizierungsfilter

In diesem Abschnitt möchten wir Ihnen in Listing 5-48 noch kurz die Funktionsweise eines Authentifizierungsfilters vorstellen. Die Methode `OnAuthentication` prüft, ob der Aufrufer den URL-Parameter `accessCode` übergeben hat. Ist dem so und beinhaltet dieser einen gültigen Wert, schließt `OnAuthentication` auf den damit assoziierten Benutzer und hinterlegt unter `filterContext.Principal` ein `Principal`-Objekt, das diesen Benutzer beschreibt: Das `Identity`-Objekt legt den Namen des Benutzers fest und das String-Array die Rollen, die dem Benutzer zugewiesen sind. Innerhalb der später ausgeführten Action-Methode kann der Entwickler über die geerbte Eigenschaft `User` oder über die statische Eigenschaft `Thread.CurrentPrincipal` auf dieses `Principal`-Objekt zugreifen.

Konnte `OnAuthentication` den Benutzer nicht authentifizieren, wird die Eigenschaft `filterContext.Principal` nicht gesetzt, was dazu führt, dass der Benutzer als anonymer Benutzer behandelt wird. Ob der Benutzer als anonymer Benutzer die Möglichkeiten der adressierten Action-Methode nutzen kann, liegt an eventuell registrierten Autorisierungsfiltern sowie an der Action-Methode selbst, zumal diese über die Möglichkeit verfügt, den Aufruf jederzeit mit `return` zu beenden.

Die Methode `OnAuthenticationChallenge` prüft, ob der Benutzer aufgrund fehlender Zugriffsrechte von einer Action-Methode abgewiesen wurde. Dies ist dann der Fall, wenn das aktuelle Result ein `HttpUnauthorizedResult` ist und dieses den Status-Code 401 (Unauthorized) aufweist. In diesem Fall leitet `OnAuthenticationChallenge` den Benutzer zu einer anderen Seite um.

Eine einfache Möglichkeit, um anzugeben, dass eine Action-Methode nur von authentifizierten Benutzern aufgerufen werden darf, besteht darin, diese Methode oder den ganzen Controller mit dem Attribut `Authorize` zu annotieren.

Listing 5-48: Beispielhafter AuthenticationFilter

```
public class CustomAuthenticationFilter: FilterAttribute, IauthenticationFilter
{
    public void OnAuthentication(AuthenticationContext filterContext)
    {
        var code = filterContext.HttpContext.Request.QueryString["accessCode"];
        if (!string.IsNullOrEmpty(code) && code == "123456")
        {
            filterContext.Principal = new GenericPrincipal(
                                    new GenericIdentity("MaxMuster"),
                                    new string[] { "Manager", "Entwickler" });
        }
    }

    public void OnAuthenticationChallenge(AuthenticationChallengeContext
filterContext)
    {
        var result = filterContext.Result as HttpUnauthorizedResult;
        if (result != null && result.StatusCode == 401)
        {
            filterContext.HttpContext.Response.Redirect("/Error/NoAccess");
        }
    }
}
```

Als Alternative zu AuthenticationFilter können Sie Authentication-Middleware-Komponenten nutzen. Diese haben den Vorteil, dass sie für sämtliche ASP.NET-basierten Frameworks und nicht nur für ASP.NET MVC eingesetzt werden können. Weitere Informationen hierzu finden Sie in den Bonuskapiteln, die Sie, wie im Vorwort auf Seite XXVIII beschrieben, als PDF herunterladen können.

KAPITEL 6

ASP.NET Web API

Bei ASP.NET Web API handelt es sich um ein sehr leichtgewichtiges Framework zur Entwicklung HTTP-basierter Services. Anders als bei der mit .NET ab Version 3 ausgelieferten Windows Communication Foundation (WCF) wird dabei das darunter liegende Protokoll nicht verborgen und abstrahiert, sondern ein direkter Zugriff auf die Möglichkeiten von HTTP gewährt. Da ASP.NET Web API auch um einiges leichtgewichtiger und somit auch weniger komplex ist als WCF, kommt dieses Framework der ASP.NET-Familie bevorzugt in Projekten zum Einsatz, die sich auf die Kommunikation via HTTP beschränken und die umfangreiche Protokollunterstützung von WCF nicht benötigen. Dieses Kapitel geht auf das klassische ASP.NET Web API ein und zeigt anhand vieler Beispiele die gebotenen Möglichkeiten. Web API in ASP.NET Core wird in Buchteil C besprochen.

Einen einfachen HTTP-Service erstellen

Möchte man HTTP-Services über einen Webserver zur Verfügung stellen, sind diese in einem ASP.NET-MVC-Projekt anzulegen. Alternativ dazu kann sich der Entwickler auch, wie weiter unten beschrieben, selbst um das Hosting kümmern. In diesen Fällen wird ein eigener Webserver, der im Lieferumfang der Web API enthalten ist, in einer benutzerdefinierten Anwendung gestartet.

HTTP-Services leiten von `ApiController` ab (siehe Listing 6-1). Die vom Entwickler bereitgestellten Methoden dieser Klassen stellt Web API unter Beachtung bestimmter Konventionen via HTTP bereit. Beginnt der Name einer Methode zum Beispiel mit `Get`, kann sie über das HTTP-Verb `GET` erreicht werden. Dieses kommt per Definition immer dann zum Einsatz, wenn Daten abgerufen werden sollen, und es wird zum Beispiel immer dann von einem Webbrowser herangezogen, wenn der Benutzer angibt, zu einer bestimmten Adresse navigieren zu wollen. Dasselbe gilt analog für `POST`, `PUT` und `DELETE`. Hierbei steht `POST` für das Erzeugen von Ressourcen am Server, `PUT` für das Aktualisieren und `DELETE` für das Löschen.

Weicht der Name einer Methode von dieser Konvention ab, kann sie über die Attribute `HttpGet`, `HttpPost`, `HttpPut` und `HttpDelete` mit den entsprechenden Verben assoziiert werden (siehe `FindHotelsBySterne` in Listing 6-1). Weitere Verben können mit dem Attribut AcceptVerbs zugewiesen werden. Beispiele dafür finden sich in Listing 6-2, wo unter anderem das benutzerdefinierte Verb ECHO der Methode Echo zugewiesen wird. Der Einsatz von AcceptVerbs verhindert jedoch nicht, dass die Web API zusätzlich auch die erwähnten Konventionen anwendet. Aus diesem Grund könnte der Aufrufer die Methode GetImplementationInfo in Listing 6-2 sowohl über INFO als auch über GET erreichen. Damit GET nicht automatisch zugewiesen wird, wird hier jedoch unter Verwendung des Attributs ActionName angegeben, dass intern der Name ImplementationInfo anstatt von GetImplementationInfo zu verwenden ist.

Parameter und Rückgabewerte

Die Werte der Übergabeparameter von Action-Methoden entnimmt die Web API den gleichnamigen URL-Parametern oder der via HTTP übermittelten Nutzlast. Dabei gilt die Regel, dass primitive Datentypen und jene, die sich für den Entwickler so anfühlen (String, TimeSpan, DateTime, Guid, Decimal) als URL-Parameter erwartet werden. Komplexe Typen erwartet die Web API hingegen im Rahmen der Nutzlast, wobei standardmäßig lediglich ein Objekt über die Nutzdaten übergeben werden kann. Die Web API unterstützt auch Überladungen von Methoden. Der von einer Methode zurückgelieferte Wert wird immer im Rahmen der Nutzlast zurückgeliefert.

Daten, die über die Nutzlast via HTTP zum Dienst oder zum Client übertragen werden, werden standardmäßig unter Verwendung von JSON dargestellt. Auf Wunsch des Clients kann die Darstellung auch via XML erfolgen. Daneben unterstützt ASP.NET Web API auch jene Formate, die Browser verwenden, wenn sie Formularinhalte an einen Webserver übertragen, sowie, seit Version 2.1, die unter *http://bsonspec.org/* beschriebene Variante für eine binäre Darstellung von JSON.

Auch binäre Daten, die ohne weitere Formatierung übersendet werden, können eingesetzt werden. Dazu ist der Typ Stream als Übergabeparameter und/oder Rückgabewert heranzuziehen. Weitere Formate unterstützt die Web API, wie weiter unten beschrieben, unter Verwendung von benutzerdefinierten Formatierern. Um die Darstellungsart für die übermittelten Daten anzugeben, kann der Aufrufer den HTTP-Header Content-Type verwenden. Analog dazu kann er mittels Accept angeben, in welchem Format er den Rückgabewert erwartet.

Listing 6-1: Einfacher, auf einer Web API basierender Dienst

```
public class HotelsController : ApiController
{
    public Hotel GetHotel(int id)
    {
        var rep = new HotelRepository();
        var hotel = rep.FindById(id);
        if (hotel == null) throw new HttpResponseException(HttpStatusCode.NotFound);

        return hotel;
    }
```

```
    public Hotel PostHotel(Hotel hotel)
    {
        var rep = new HotelRepository();
        rep.Create(hotel);
        return hotel;
    }

    [HttpGet]
    public List<Hotel> FindHotelsBySterne(int minSterne)
    {
        var rep = new HotelRepository();
        var hotels = rep.FindBySterne(minSterne);
        return hotels;
    }

    [...]
}
```

Listing 6-2: Konventionen überschreiben

```
public class HotelsController : ApiController
{
   [...]

   [AcceptVerbs("ECHO")]
    public List<Hotel> EchoHotels(List<Hotel> hotels)
    {
        return hotels;
    }

    [AcceptVerbs("INFO")]
    [ActionName("ImplementationInfo")]
    public string GetImplementationInfo()
    {
        [...]
    }
}
```

Der Entwickler kann die Web API anweisen, einen Parameter eines primitiven Typs in der übersendeten Nutzlast zu erwarten. Dazu annotiert es diesen Parameter mit dem Attribut `FromBody`. Um anzugeben, dass ein Parameter eines komplexen Typs mithilfe eines URL-Parameters übergeben wird, muss dieser hingegen mit `FromUri` gekennzeichnet werden. Um ein Objekt über URL-Parameter zu übergeben, muss der Aufrufer pro Eigenschaft einen Parameter einrichten. Als Präfix für den Parameternamen kann (muss aber nicht) der Name des Parameters verwendet werden.

Beim Einsatz der Signatur

```
public string Get([FromUri]Hotel h)
```

könnte der Aufrufer somit das erwartet Hotel wie folgt übergeben:

- Variante 1: *...?Bezeichnung=Hotel+Mama&Sterne=12&HotelId =1*
- Variante 2: *...?h.Bezeichnung=Hotel+Mama&h.Sterne= 12&h.HotelId=1*

Mischen darf der Entwickler diese beiden Varianten jedoch nicht.

Auch das Übergeben komplexer Objekt ist möglich. Um dies zu demonstrieren, wird hier davon ausgegangen, dass die Klasse `Hotel` um eine Eigenschaft `Manager` des folgenden Typs erweitert wird:

```
public class Person { public string Name { get; set; } }
```

Um den Namen des Managers zu übergeben, könnte der Aufrufer nun folgende URLs verwenden:

- *...?Manager.Name=Susi*
- *...?h.Manager.Name=Susi*

Handelt es sich bei der Eigenschaft `Manager` um eine Auflistung, kann der Aufrufer die folgenden Schreibweisen nutzen, die an den Einsatz von Arrays erinnern:

- *...?Manager[0].Name=Max&Manager[1].Name=Anna*
- *...?h.Manager[0].Name=Max&Manager[1].Name=Anna*

Würde die Action-Methode hingegen eine Auflistung mit Hotels erwarten, würden die folgenden Parameter eine Übergabe über den URL erlauben:

- *...?[0].HotelId=1&[0].Bezeichnung=Hotel+Mama&[1].HotelId =2&[1].Bezeichnung=Brauner+Hirsch*
- *...?h[0].HotelId=1&h[0].Bezeichnung=Hotel+Mama&h[1].Hotel Id=2&h[1].Bezeichnung=Brauner+Hirsch*

HTTP-Services konfigurieren

Für das Konfigurieren von auf einer Web API basierenden HTTP-Services bietet sich die Datei *global.asax* an. Diese beinhaltet eine Klasse mit Methoden, die ASP.NET beim Eintreten bestimmter Ereignisse aufruft. Beispielsweise ist hier eine Methode `Application_Start` vorgesehen, die beim Hochfahren der Anwendung im Webserver zur Ausführung kommt. Bei Verwendung der Visual-Studio-Vorlage für Web-API-Projekte wird hier die statische Methode `WebApiConfig.Register` aufgerufen, die für sämtliche Einstellungen gedacht ist, die ASP.NET Web API betreffen. Diese Methode definiert Routen, die URLs auf `ApiController` abbilden.

Standardmäßig wird, wie in Listing 6-3 gezeigt, eine Route mit dem Namen `DefaultAPI` eingerichtet. Diese legt fest, dass `ApiController` über den URL `api/{controller}/{id}` erreichbar sind, wobei `{controller}` ein Platzhalter für den Name des `ApiController`-Objekts ist; mit `{id}` wird ein beliebiger Wert bezeichnet, der einem eventuell vorhandenen Methodenparameter `id` zugewiesen wird. Wird zum Beispiel

http://servername:port/api/Hotel/17

unter Verwendung von `GET` angefordert, führt dies bei Verwendung des Controllers aus Listing 6-1 dazu, dass die Web API die Methode `GetHotel` aufruft und für den Parameter `id` den Wert 17 übergibt. Dabei fällt auf, dass in dem URL lediglich der Name `Hotel` und nicht `HotelController` vorkommt – die Endung `Controller` wird also weggelassen. Der URL

http://servername:port/api/Hotel?id=17

führt zur selben Action-Methode, wobei in diesem Fall die ID explizit als URL-Parameter angeführt wird. Da die Web API auch Methodenüberladungen unterstützt, könnte der Aufrufer hingegen den URL

http://servername:port/api/Hotel?minSterne=3

heranziehen, um die Methode `FindHotelsBySterne` aus Listing 6-1 zur Ausführung zu bringen.

Die Methode `WebApiConfig.Register` bietet sich auch für die Konfiguration weiterer Web-API-bezogener Aspekte an. Über die statische Eigenschaft `GlobalConfiguration.Configuration` kann hierzu ein Objekt, das die aktuelle Konfiguration repräsentiert, abgerufen werden.

Listing 6-4 nutzt dieses Objekt, um mit der Eigenschaft `IncludeErrorDetailPolicy` das Verhalten der Web API beim Auftreten von Ausnahmen im Programmcode zu konfigurieren. Der festgelegte Wert `Always` definiert, dass Fehlermeldungen in solchen Fällen immer übertragen werden sollen. Dies kann zwar für die Diagnose von Fehlern nützlich sein, bietet jedoch potenziellen Angreifern auch eine Menge Informationen. Aus diesem Grund ist es eine gute Idee, im Produktivbetrieb die Einstellung `LocalOnly` oder `Never` heranzuziehen. Erstere legt fest, dass Fehlermeldungen nur dann übertragen werden, wenn sich der Aufrufer auf demselben Rechner wie der Service befindet, was im Zuge der Entwicklung in der Regel der Fall ist. `Never` gibt hingegen an, dass Fehlermeldungen nie übertragen werden.

Listing 6-3: Standard-Route

```
public static class WebApiConfig
{
    public static void Register(HttpConfiguration config)
    {
        config.Routes.MapHttpRoute(
            name: "DefaultApi",
            routeTemplate: "api/{controller}/{id}",
            defaults: new { id = RouteParameter.Optional }
        );
    }
}
```

Listing 6-4: Web-API-Konfiguration

```
GlobalConfiguration
            .Configuration
            .IncludeErrorDetailPolicy = IncludeErrorDetailPolicy.Always;
```

HTTP-Services mit Fiddler testen

Zum Testen von HTTP-Services bieten sich Anwendungen an, die ein direktes Versenden und Empfangen von HTTP-Nachrichten erlauben. Eine hierfür sehr beliebte Implementierung stellt Fiddler dar (*http://fiddler2.com*). Neben dem direkten Versenden von Nachrichten kann damit auch die HTTP-basierte Kommunikation anderer Anwendungen, wie zum Beispiel des Internet Explorer, überwacht werden.

Abbildung 6-1 zeigt zum Beispiel eine in Fiddler formulierte HTTP-Anfrage, die beim in Listing 6-1 dargestellten Dienst Hotels abruft. Dabei kommt das Verb `GET` zum Einsatz. Mit dem Kopfzeileneintrag `Accept` wird angegeben, dass JSON als Antwortformat erwartet wird. Die dazugehörige Antwort findet sich in Listing 6-5.

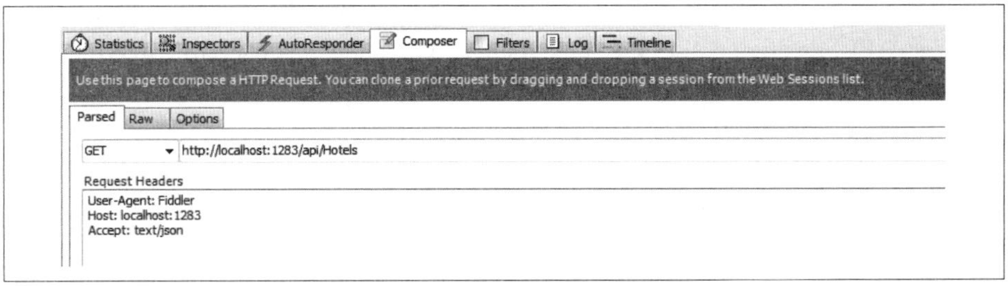

Abbildung 6-1: Daten mit Fiddler von einem HTTP-Service abrufen

Listing 6-5: HTTP-basierte Antwort mit JSON

```
HTTP/1.1 200 OK
[…]
Content-Type: text/json; charset=utf-8
Connection: Close
Content-Length: 57

[{"Bezeichnung":"Hotel zur Post","HotelId":1,"Sterne":3}]
```

Alternativ dazu findet sich in Abbildung 6-2 eine auf `POST` basierende Anfrage, die im Gegensatz zum zuvor betrachteten Beispiel auch Daten an den Service sendet. Der Kopfzeileneintrag `Content-Type` zeigt hier an, dass die übersendeten Daten, die im Feld `Request Body` zu finden sind, in Form von JSON vorliegen. Mit `Accept` wird wieder angezeigt, dass die Antwort ebenfalls JSON-formatiert sein soll.

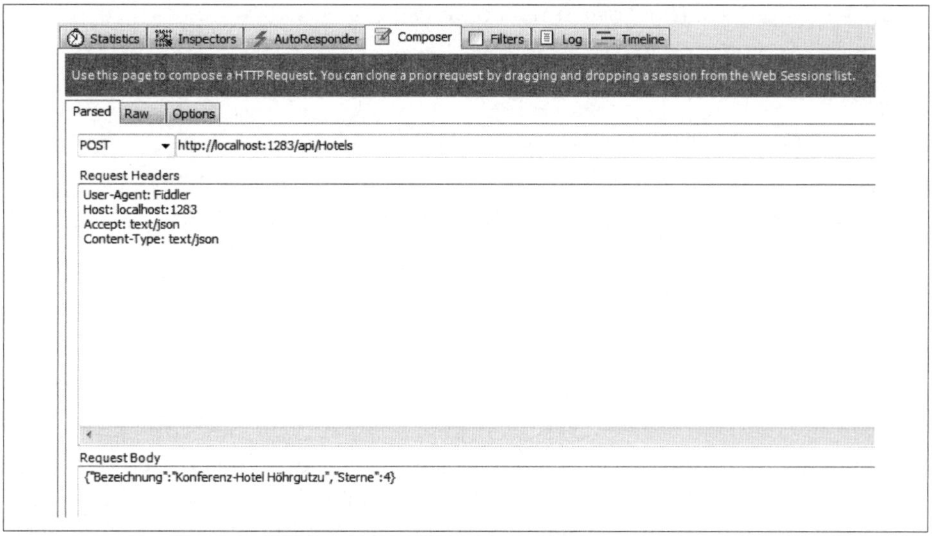

Abbildung 6-2: Daten mit Fiddler an einen HTTP-Service senden

Mehr Kontrolle über HTTP-Nachrichten

Bei den bis dato betrachteten Beispielen konnte der Entwickler lediglich die Nutzlast der Antwortnachricht durch Angabe eines entsprechenden Typs für den Rückgabewert beeinflussen. Darüber hinaus konnte er nur auf ausgewählte Parameter der Anfrage über die Parameter der Action-Methode zugreifen. Ein Zugriff auf weitere Parameter oder Kopfzeilen ist auf diese Weise nicht möglich. Dieser Abschnitt zeigt, wie der Entwickler die gesamte Antwort-Nachricht beeinflussen kann und wie er auf die vollständige Anfrage Zugriff erlangt.

Antworten mit HttpResponseMessage beeinflussen

Um mehr Kontrolle über die von der Web API via HTTP versendeten Nachrichten zu erhalten, liefert der Entwickler anstatt des eigentlichen Rückgabewerts eine Instanz von `HttpResponseMessage` zurück. Listing 6-6 demonstriert dies. Die darin enthaltene Methode `Post` nimmt eine `HotelBuchung` entgegen und speichert diese. Anschließend erzeugt es eine `HttpResponseMessage` und legt den HTTP-Statuscode auf den für diese Fälle vorgesehenen Wert `Created` (201) fest. Anschließend setzt sie den Kopfzeileneintrag `Location` auf jenen URL, unter dem die soeben angelegte Ressource ab sofort zu finden ist. Am Ende liefert sie die `HttpResponseMessage` zurück. In diesem Fall liefert die Web API abgesehen von den definierten Kopfzeilen keine Daten zurück.

Listing 6-6: Antwort mit HttpResponseMessage beeinflussen

```
class BuchungenController: ApiController {
    public HttpResponseMessage Post(HotelBuchung buchung)
    {
        var rep = new HotelBuchungRepository();
        rep.Create(buchung);

        var response = new HttpResponseMessage(HttpStatusCode.Created);
        string uri = Url.Route(null, new { id = buchung.HotelBuchungId });
        response.Headers.Location = new Uri(Request.RequestUri, uri);

        return response;
    }
    […]
}
```

Während ASP.NET Web API beim Aufruf der soeben betrachteten Methode lediglich Kopfzeilen retour liefert, finden sich im Ergebnis der Methode in Listing 6-7 auch Nutzdaten wieder. Sie erzeugt unter Verwendung der Eigenschaft `Request`, die die aktuelle Anfrage repräsentiert, ein `HttpResponse`-Objekt als Antwort. Im Zuge dessen übergibt sie den gewünschten Statuscode sowie die im Rahmen der Nutzdaten zu übertragenden Informationen. Bei diesen handelt es sich um eine Liste mit Buchungen. Anschließend legt sie ausgewählte Kopfzeileneinträge für die Antwort fest und liefert diese zurück.

Listing 6-7: Beeinflussung der zurückgelieferten Kopfzeileneinträge

```
public HttpResponseMessage GetByHotel(int hotelId)
{
    var rep = new HotelBuchungRepository();
    var buchungen = rep.FindByHotel(hotelId);


    var response =
          Request.CreateResponse<List<HotelBuchung>>(
                              HttpStatusCode.OK, buchungen);

    response.Headers.CacheControl = new CacheControlHeaderValue();
    response.Headers.CacheControl.NoCache = true;

    return response;

}
```

Objekte der Klasse `HttpResponseMessage` verweisen über ihre `Content`-Eigenschaft auf die zurückzugebenden Nutzdaten. Diese Eigenschaft ist vom Typ `HttpContent`. Im zuletzt betrachteten Beispiel erzeugt `Request.CreateResponse` eine Instanz von `ObjectContent`, die die Liste mit den abgerufenen Buchungen ummantelt, und weist diese `Content` zu.

Bei `ObjectContent` handelt es sich um eine von mehreren Subklassen von `HttpContent`. Wie der Name vermuten lässt, besteht die Aufgabe dieser Klasse darin, die an den Aufrufer zu sendenden Objekte zu repräsentieren. Bei der direkten Instanziierung dieser Klasse muss der Entwickler einen sogenannten Formatter angeben, der das Übertragungsformat bestimmt.

Bei der Erzeugung über Request.CreateResponse muss er hingegen keinen Formatter angeben. In diesem Fall wählt ASP.NET Web API einen passenden Formatter unter Berücksichtigung jenes Formats, das der Aufrufer in Form eines eventuellen Accept-Headers angefordert hat. Beispielsweise kann über die Header der Anfrage durch Angabe von Accept: text/json JSON als Antwortformat erbeten werden. Standardmäßig unterstützt ASP.NET Web API XML und JSON.

Neben ObjectContent bietet ASP.NET MVC noch weitere HttpContent-Derivate: ByteArrayContent, StreamContent, StringContent, FormUrlEncodedContent, MultipartContent. Die ersten drei veranlassen den Download des Inhalts eines Byte-Arrays, eines Streams oder eines Strings; FormUrlEncodedContent liefert URL-codierte Schlüssel/Wert-Paare zurück (zum Beispiel Parameter1=Wert1&Parameter2=Wert2), und MultipartContent liefert mehrere Ergebnisse zurück, die allesamt durch jeweils ein weiteres HttpContent-Derivat repräsentiert werden. Eine Subklasse von MultipartContent ist MultipartFormDataContent, die bei Datei-Uploads über HTML-Formulare zum Einsatz kommt.

Während die Thematik rund um Datei-Uploads und MultipartContent weiter unten besprochen wird, demonstriert das nachfolgende Code-Fragment den Einsatz der Eigenschaft Content unter Verwendung einer StringContent-Instanz.

```
var r = new HttpResponseMessage();
r.Content = new StringContent("Hallo Welt");
return r;
```

Obwohl HTTP auf Protokollebene nicht zwischen unterschiedlichen Arten von Kopfzeilen unterscheidet, teilt HttpResponseMessage diese auf zwei Objekte auf. Unter Headers findet der Entwickler jene Kopfzeilen, die sich auf die Nachricht beziehen; unter Content.Headers jene, die die übersendeten Nutzdaten beschreiben. Diese Eigenschaften weisen weitere Eigenschaften für die durch HTTP definierten Kopfzeilen auf. Beispielsweise findet sich, wie im letzten Listing gezeigt, der Wert der Kopfzeile Location unter Headers.Location. Sofern diese Objekte für eine gewünschte Kopfzeile eine Eigenschaft anbieten, ist diese heranzuziehen. Ansonsten verwendet der Entwickler die Methode Headers.Add, um ein Name/Wert-Paar als Kopfzeileneintrag in die Antwort aufzunehmen.

Anfragen als HttpRequestMessage darstellen

Analog zum Zugriff auf die Kopfzeilen der Antwortnachricht kann der Entwickler auch auf die Kopfzeilen der Anfragenachricht zugreifen. Diese ist vom Typ HttpRequestMessage und kann innerhalb eines ApiController-Objekts über dessen Eigenschaft Request erreicht werden. Alternativ dazu kann der Entwickler einen Parameter dieses Typs definieren. In diesem Fall injiziert ASP.NET Web API beim Aufruf der Action-Methode das Request-Objekt in diesen Parameter. Listing 6-8 demonstriert den Einsatz dieses Objekts. Wie das Request-Objekt stellt es die durch HTTP definierten Kopfzeilen über die Eigenschaft Headers beziehungsweise Content.Headers zur Verfügung. Sofern diese Objekte für eine gewünschte Kopfzeile eine Eigenschaft anbieten, ist diese heranzuziehen. Ansonsten verwendet der Entwickler die Methode Headers.GetValues.

Listing 6-8: Über Request *auf Header der Anfrage zugreifen*

```
string lang = null;
double? quality = null;

var langHeader = Request.Headers.AcceptLanguage.FirstOrDefault();
if (langHeader != null)
{
    lang = langHeader.Value;
    quality = langHeader.Quality;
}

string customHeader = Request.Headers.GetValues("MyCustomHeader").FirstOrDefault();

var contentType = Request.Content.Headers.ContentType.MediaType;
```

Dass die übermittelten Nutzdaten nicht zwangsläufig in typisierter Form gelesen werden müssen, veranschaulicht Listing 6-9. Die hier gezeigte Methode Put liest die Nutzdaten über einen Stream und gibt sie zu Demonstrationszwecken im Debugfenster aus. Da es sich bei der Methode ReadAsStreamAsync um eine Erweiterungsmethode handelt, muss der Namensraum System.Net.Http eingebunden werden, damit sie zur Verfügung steht.

Listing 6-9: Übersendete Daten als Stream lesen

```
public void Put(int id)
{
    var stream = Request.Content.ReadAsStreamAsync().Result;

    using (var r = new StreamReader(stream)) {
        Debug.WriteLine(r.ReadToEnd());
    }
}
```

HttpRequestMessage und HttpResponseMessage am Beispiel Conditional Get

Listing 6-10 veranschaulicht, wie die Objekte HttpRequestMessage und HttpResponseMessage zur Implementierung eines bedingten GET (engl. conditional get) herangezogen werden können. »Bedingtes GET« bedeutet, dass der Aufrufer eine Ressource nur dann haben möchte, wenn eine bestimmte Bedingung erfüllt ist, beispielsweise wenn die Ressource seit dem letzten Abruf geändert wurde. Dazu gibt der Aufrufer zum Beispiel über den Kopfzeileneintrag If-None-Match ein sogenanntes Entity-Tag (ETag) an.

Ein Entity-Tag steht für den aktuellen Zustand einer Ressource und muss sich per Definition ändern, wenn jemand die Ressource ändert. Hierbei kann es sich zum Beispiel um einen Hashwert, dem Zeitstempel der letzten Änderung oder um eine Versionsnummer handeln. Weist die angeforderte Ressource nach wie vor das angegebene Entity-Tag auf, muss sie nicht erneut über das Netzwerk übertragen werden. Diesen Umstand zeigt der Dienst durch den HTTP-Status `Not Modified` (304) an. Hat sich jedoch das Entity-Tag und somit auch die gewünschte Ressource in der Zwischenzeit geändert, liefert der Dienst diese zurück, wobei das aktuelle Entity-Tag innerhalb der Kopfzeilen positioniert wird.

Listing 6-10: Bedingtes GET

```
private string Quote(string str)
{
    return "\"" + str + "\"";
}

public HttpResponseMessage Get(int id, HttpRequestMessage request)
{
    var rep = new HotelBuchungRepository();
    var buchung = rep.FindById(id);

    if (buchung == null)
    {
        return this.Request.CreateResponse(HttpStatusCode.NotFound);
    }

    var etag = Quote(buchung.Version.ToString());
    var ifNoneMatchHeader = request.Headers.IfNoneMatch.FirstOrDefault();
    if (ifNoneMatchHeader != null && ifNoneMatchHeader.Tag == etag)
    {
        return this.Request.CreateResponse(HttpStatusCode.NotModified);
    }

    var response = this.Request.CreateResponse<HotelBuchung>(
                                          HttpStatusCode.OK, buchung);

    response.StatusCode = HttpStatusCode.OK;
    response.Headers.CacheControl = new CacheControlHeaderValue();
    response.Headers.CacheControl.NoCache = true;
    response.Headers.ETag = new EntityTagHeaderValue(etag);
    return response;
}
```

Antworten über IHttpActionResult zurückgeben

Neben dem `HttpResponseMessage`-Objekt, das die gesamte zurückzugebende HTTP-Antwort beschreibt, und einem Wert, der im Rahmen der Nutzdaten einer von der Web API generierten Standardantwort serialisiert wird, kann der Entwickler seit Version 2 von ASP.NET Web API auch ein Objekt zurückgeben, das die Schnittstelle `IHttpActionResult` implementiert. Diese Schnittstelle gibt die Methode `ExecuteAsync` vor, die ein `CancellationToken` entgegennimmt und eine

HttpResponseMessage zurückliefert. Diese Methode nutzt die Web API, um die HttpResponseMessage, die zur Erzeugung der HTTP-basierten Antwort heranzuziehen ist, zu verwenden. Über das CancellationToken kann die Web API angeben, dass die aktuelle Anfrage abzubrechen ist.

Durch den Einsatz von Implementierungen von IHttpActionResult kann der Entwickler wiederkehrende Aufgaben zur Erzeugung von Antwortnachrichten zusammenfassen. Die Implementierung, die in Listing 6-11 zu sehen ist, erzeugt zum Beispiel eine typische HTTP-Antwort, die nach der Erzeugung einer neuen Ressource zurückgegeben wird. Sie beinhaltet den Statuscode 201 (Created) und eine Header-Location, die jenen URL beinhaltet, unter dem die soeben erzeugte Ressource künftig zu finden ist.

Listing 6-11: Antwort über IHttpActionResult

```
public class RessourceCreatedActionResult : IHttpActionResult
{
    private Uri location;

    public RessourceCreatedActionResult(Uri location)
    {
        this.location = location;
    }

    public Task<HttpResponseMessage> ExecuteAsync(
                                CancellationToken cancellationToken)
    {
        var response = new HttpResponseMessage(HttpStatusCode.Created);
        response.Headers.Location = location;
        return Task.FromResult(response);
    }
}
```

Die Web API verfügt bereits über einige Implementierungen dieser Schnittstelle: UnauthorizedResult gibt zum Beispiel den Statuscode 401 (Unauthorized), BadRequestResult den Statuscode 400 (BadRequest), OkResult den Statuscode 200 (OK) und StatusCodeResult einen beliebigen anzugebenden Statuscode zurück. Daneben gibt ein ResponseMessageResult eine anzugebende HttpResponseMessage zurück, was der direkten Rückgabe einer HttpResponseMessage gleich kommt.

HTTP-Services über HttpClient konsumieren

ASP.NET-Web-API-basierte Services können mit jedem Client, der HTTP unterstützt, konsumiert werden. Unter JavaScript bietet sich dazu der Einsatz von Bibliotheken wie jQuery, Angular oder React an, die von den AJAX-APIs des Browsers abstrahieren. Für .NET-basierte Clients stellt die Web API mit der Klasse HttpClient ein neues, vereinfachtes Programmiermodell für solche Szenarien zur Verfügung. Wie viele neue Programmiermodelle ist auch dieses asynchron und hilft somit, Anwendungen zu schreiben, die jederzeit auf Benutzereingaben reagieren. Aus diesem Grund kommen dabei die mit .NET 4.0 eingeführten Tasks immer wieder zum Einsatz.

Um sicherzustellen, dass sämtliche Bibliotheken, die für den Einsatz von `HttpClient` benötigt werden, referenziert sind, empfiehlt sich das Einbinden des Nuget-Pakets *Microsoft.AspNet.WebApi.Client*. Im Zuge dessen wird auch die von ASP.NET Web API zur JSON-Serialisierung herangezogene freie Bibliothek *JSON.Net* eingebunden. Da sich `HttpClient` teilweise auf Erweiterungsmethoden stützt, sollte darüber hinaus der Namensraum `System.Net.Http` mit einer entsprechenden `using`-Anweisung eingebunden werden.

Listing 6-12 zeigt einen einfachen Client, der unter Verwendung von `HttpClient` auf den in diesem Kapitel gezeigten Hoteldienst zugreift. Dazu fordert dieser mit `GetAsync` den gegebenen URL an. Der Rückgabewert dieser Methode ist ein Task, der eine asynchrone Operation repräsentiert. Mit `ContinueWith` gibt der Client einen Lambda-Ausdruck an, der auszuführen ist, wenn dieser Task beendet wurde. Als Parameter nimmt dieser Ausdruck den fertiggestellten Task entgegen und gibt mittels `Result.Content.ReadAsAsync` an, dass das Ergebnis geparst in ein `IEnumerable<Hotel>` umgewandelt werden soll. Dies resultiert in einem weiteren asynchronen Task, der wiederum mit `ContinueWith` erweitert wird. Der dazu verwendete Lambda-Ausdruck nimmt das `Result`, bei dem es sich nun um das gewünschte `IEnumerable<Hotel>` handelt, entgegen und gibt die darin enthaltenen Hotels aus.

Dabei ist zu beachten, dass der Entwickler die Klasse `Hotel` am Client selbst erstellen muss. Kommt sowohl am Client als auch am Server .NET zum Einsatz, könnte er die Klasse auch kopieren oder diese in eine Assembly auslagern, die sowohl beim Client als auch beim Server eingebunden ist. Dieser Umstand ist der Tatsache geschuldet, dass es keinen akzeptierten Standard gibt, um HTTP-basierte Services formal zu beschreiben. Somit besteht, im Gegensatz zur SOAP-Welt, wo Webdienste durch WSDL-Dokumente beschrieben werden, leider auch nicht die Möglichkeit, die benötigten Klassen oder gar Proxys am Client zu generieren.

Listing 6-12: Ressource mit HttpClient *abrufen*

```
var client = new HttpClient();

var url = "http://localhost:1283/api/Hotels";

// Simple Get
client.GetAsync(url).ContinueWith(getTask =>
{
    getTask.Result
            .Content.ReadAsAsync<IEnumerable<Hotel>>()
            .ContinueWith(readTask =>
    {
        var hotels = readTask.Result;
        foreach (var hotel in hotels)
        {
            Console.WriteLine(hotel.Bezeichnung);
        }

    });
});
Console.WriteLine("Aktion wird im Hintergrund ausgeführt...");
Console.ReadLine();
```

Der Einsatz von solchen asynchronen APIs mag an dieser Stelle ein wenig kompliziert erscheinen. Die aufwendige Handhabung von Tasks gestaltet sich ab .NET 4.5 bei Verwendung asynchroner Methoden, die die neuen Schlüsselwörter `async` und `await` nutzen, um einiges einfacher. Listing 6-13 demonstriert dies, indem es die Logik von Listing 6-12 unter Verwendung dieser neuen Schlüsselwörter implementiert. Die gezeigte Methode wurde mit dem Schlüsselwort `async` definiert. Das bedeutet, dass sie beim ersten Auftreten von `await` im Hintergrund ausgeführt wird, um den aktuellen Thread nicht zu blockieren.

Listing 6-13: HttpClient *unter Verwendung von* async *und* await *nutzen*

```
static async void SimpleGet()
{
    var client = new HttpClient();

    var url = "http://localhost:1307/api/Hotels";

    var response = await client.GetAsync(url);
    var hotels = await response.Content.ReadAsAsync<IEnumerable<Hotel>>();

    foreach (var hotel in hotels)
    {
        Console.WriteLine(hotel.Bezeichnung);
    }
}
```

Um Kopfzeileneinträge an den Server zu senden, müsste der Entwickler Gebrauch von der Auflistung `DefaultRequestHeaders` des `HttpClient` machen. Die hier hinterlegten Parameter werden bei jedem nachfolgenden Aufruf in die Nachricht eingebunden. Das folgende Schnipsel demonstriert deren Einsatz.

```
client.DefaultRequestHeaders.AcceptLanguage.Add(
               new StringWithQualityHeaderValue("de-DE"));
```

Analog zu `GetAsync` stehen auch weitere Methoden für den Einsatz der Verben `POST`, `PUT` und `DELETE` zur Verfügung. Diese nennen sich `PostAsync`, `PutAsync` und `DeleteAsync`. Weitere Verben können mit `SendAsync` verwendet werden. Alternativ zur Methode `ReadAsAsync`, die die Nutzlast in ein Objekt umwandelt, kann auch die Methode `ReadAsStringAsync`, welche die Nutzlast als Zeichenfolge zurückliefert, oder die Methode `ReadAsStreamAsync`, die über einen Stream Zugriff auf die Nutzlast gewährt, herangezogen werden. Daneben kann mit `ReadAsByteArrayAsync` ein Byte-Array angefordert werden, und `ReadAsMultipartAsync` erlaubt den Zugriff auf eine mehrteilige MIME-basierte Nachricht. Neben der Eigenschaft `Content`, die die Nutzlast repräsentiert, erhält der Entwickler über die Eigenschaft `Header` Zugriff auf Kopfzeileneinträge oder über `StatusCode` auf den vom Server gemeldeten HTTP-Status.

Ein Beispiel für den Einsatz von `SendAsync` findet sich in Listing 6-14. Dieses Beispiel macht deutlich, dass `SendAsync` mehr Kontrolle über die Anfrage und Antwort erlaubt, indem diese als `HttpRequestMessage` und `HttpResponseMessage` explizit dargestellt werden. Im betrachteten Fall wird ein HotelBuchung-Objekt an den Dienst gesendet. Im Zuge dessen werden die für die Antwort bevorzugten Sprachen über den Kopfzeileneintrag Accept-Language angegeben.

Listing 6-14: Details einer Anfrage beeinflussen

```
private async static void SendBuchung()
{
    var url = "http://localhost:1307/api/Buchungen";

    var buchung = new HotelBuchung
    {
        HotelId = 1,
        Vorname = "Max",
        Nachname = "Muster"
    };

    var client = new HttpClient();

    var request = new HttpRequestMessage();
    request.Content = new ObjectContent<HotelBuchung>(buchung,
                                    new JsonMediaTypeFormatter());
    request.Content.Headers.ContentType = new MediaTypeHeaderValue("text/json");


    request.Method = HttpMethod.Post;
    request.RequestUri = new Uri(url);

    request.Headers.AcceptLanguage.Add(
                new StringWithQualityHeaderValue("de-DE"));
    request.Headers.AcceptLanguage.Add(
                new StringWithQualityHeaderValue("de-AT"));

    var response = await client.SendAsync(request);

    Console.WriteLine("Status: " + response.StatusCode);
    Console.WriteLine("Location: " + response.Headers.Location);
}
```

Routing

Action-Methoden werden über Routen auf URLs abgebildet. Neben der in den letzten Abschnitten verwendeten Standardroute */api/controller/id* kann der Entwickler noch weitere Routen einrichten, die es zum Beispiel erlauben, Ressourcen einen eindeutigen URL zuzuweisen.

Benutzerdefinierte Routen über die Konfiguration festlegen

Web API gestattet die Definition von benutzerdefinierten Routen. Diese sind unter Verwendung der Methode MapHttpRoutes in der Datei *App_Start/WebApiConfig.cs* innerhalb von Register zu definieren. In Listing 6-15 wird zum Beispiel festgelegt, dass die Methoden des in den vorangegangenen Abschnitten besprochenen

BuchungenControllers über api/Hotels/{hotelId}/Buchungen/{id} erreichbar sind. Dies schließt die Verwendung der Standardroute, die in derselben Datei definiert wird, jedoch nicht aus.

Bei {hotelId} handelt es sich hierbei um einen Platzhalter für einen Wert, der einem gleichnamigen Übergabeparameter der jeweiligen Methode übergeben wird. {id} stellt ebenfalls einen solchen Platzhalter dar. Im Gegensatz zu {hotelId} ist dieser, wie im Parameter defaults angegeben, optional.

Listing 6-15: Benutzerdefinierte Route

```
[...]
    routes.MapHttpRoute(
        name: "BuchungenByHotelRoute",
        routeTemplate: "api/Hotels/{hotelId}/Buchungen/{id}",
        defaults: new { controller = "Buchungen", id = RouteParameter.Optional }
    );
[...]
```

Attributbasiertes Routing

Das attributbasierte Routing, das seit ASP.NET Web API 2 zur Verfügung steht, erlaubt das Festlegen von Routen über Attribute, mit denen der Entwickler Controller und deren Methoden annotiert. Ein Beispiel dafür findet sich in Listing 6-16. Mit RoutePrefix wird festgelegt, dass die URLs, über die die Methoden des betrachteten Controllers erreicht werden sollen, mit webapi beginnen. Global definierte Routen, wie die zuvor erwähnte Route */api/Controller/id*, werden dadurch nicht beeinflusst und gelten somit nach wie vor. Daneben führt HttpGet pro Methode einen URL an, der an das mit RoutePrefix festgelegte Präfix angehängt wird. Diese URLURLs können Platzhalter beinhalten, die in geschweiften Klammern stehen. Der Inhalt dieser geschweiften Klammern muss dem Namen eines Parameters der Methode entsprechen. Im betrachteten Beispielcode führt somit ein GET-basierter Aufruf des URLs */webapi/hotels/3/buchungen* zur Ausführung der Methode GetByHotel, wobei die Web API im Zuge dessen den Wert 3 an den Parameter hotelId übergibt. Um RoutePrefix zu ignorieren, ist ein URL mit einer Tilde einzuleiten. Der URL *~/hotels/3/buchungen* würde somit das Präfix webapi übersteuern, sodass die hier betrachtete Methode über */hotels/3/buchungen* erreibar wäre.

Analog zu HttpGet bieten nun auch alle anderen Attribute, die das Festlegen von HTTP-Verben für Methoden erlauben, die Möglichkeit, eine Route zu definieren. Dabei handelt es sich unter anderem um HttpPost, HttpPut, HttpDelete, aber auch um AcceptVerbs.

Um zu verhindern, dass ähnliche Routen miteinander konkurrieren, kann der Entwickler für Platzhalter Einschränkungen festlegen. Bei der Methode GetHotelById in Listing 6-16 wurde zum Beispiel dem Platzhalter id die Einschränkung int zugewiesen. Dies bewirkt, dass sich ASP.NET Web API nur für diese Route entscheidet, wenn der als id übergebene Wert einem Integer entspricht. Eine Liste mit sämtlichen Einschränkungen ist in Tabelle 6-1 aufgeführt, die der Dokumentation von ASP.NET Web API entnommen wurde.

Tabelle 6-1: Einschränkungen für Routen

Einschränkung	Beschreibung	Beispiel
`alpha`	Prüft auf Zeichen (A–Z, a–z).	`{x:alpha}`
`bool`	Prüft auf boolesche Werte (`true`, `false`).	`{x:bool}`
`datetime`	Prüft auf Datumswerte.	`{x:datetime}`
`decimal`	Prüft auf Dezimalwerte.	`{x:decimal}`
`double`	Prüft auf Double-Werte.	`{x:double}`
`float`	Prüft auf Float-Werte.	`{x:float}`
`guid`	Prüft auf GUIDs.	`{x:guid}`
`int`	Prüft auf Integer (32 Bit).	`{x:int}`
`length`	Prüft die Länge eines Strings.	`{x:length(6)}` `{x:length(1,20)}`
`long`	Prüft auf Long-Werte (64 Bit).	`{x:long}`
`max`	Prüft Integer auf einen maximalen Wert.	`{x:max(10)}`
`maxlength`	Prüft einen String auf eine maximale Länge.	`{x:maxlength(10)}`
`min`	Prüft Integer auf einen minimalen Wert.	`{x:min(10)}`
`minlength`	Prüft einen String auf eine minimale Länge.	`{x:minlength(10)}`
`range`	Prüft, ob sich ein Integer in einem bestimmten Wertebereich befindet.	`{x:range(10,50)}`
`regex`	Prüft gegen einen regulären Ausdruck.	`{x:regex(^\d{3}-\d{3}-\d{4}$)}`

Möchte der Entwickler mehrere Einschränkungen auf einen Platzhalter anwenden, so führt er diese jeweils durch einen Doppelpunkt getrennt an. Die Route *hotels/{id:int:min(1)}* legt so zum Bespiel fest, dass für den Parameter `hotels` sowohl die Einschränkung `int` als auch die Einschränkung `min` gilt. Letztere nimmt einen Parameter entgegen und bewirkt, dass die Web API nur URLURLs, mit einer ID akzeptiert, deren Wert 1 oder größer ist. Mehrere Parameter können kommasepariert angeführt werden.

Dass der Entwickler auch Standardwerte und optionale Parameter im Rahmen von attributbasierten Routen festlegen kann, zeigt im betrachteten Listing die Methode `GetByParams`. Um einem Parameter den gesamten restlichen URL zuzuweisen, ist dieser mit einem Stern einzuleiten. Dies veranschaulicht die Methode `PerformCustomQuery`. Hier wird festgelegt, dass zum Beispiel beim Aufruf des URLs */webapi/customQuery/x/y/z*, der Wert `x/y/z` an den Parameter `query` zu übergeben ist.

Listing 6-16: Attributbasiertes Routing

```
[RoutePrefix("webapi")]
public class HotelController: ApiController
{
    [HttpGet("hotels/{hotelId}/buchungen")]
```

```
    public List<Buchung> GetByHotel(int hotelId)
    {
        [...]
    }

    [HttpGet("hotels/{id:int}", RouteName = "GetHotelById")]
    public List<Hotel> GetHotelById(int id)
    {
        [...]
}

    [HttpGet("buchungen/{all=false}/{nachname?}/{vorname?}/{flag?}")]
    public List<Buchung> GetByParams(bool all, string nachname = null,
                                     string vorname = null, int? flag = null)
    {
        [...]
    }

    // Auch hier sind Einschränkungen möglich
    [HttpGet("customQuery/{*query}")]
    public string PerformCustomQuery(string query)
    {
        [...]
    }

}
```

Damit attributbasierte Routen tatsächlich auch von ASP.NET Web API berücksichtigt werden, ist der Entwickler angehalten, beim Start der Webanwendung die Methode `MapHttpAttributeRoutes` bei der verwendeten `HttpConfiguration` aufzurufen. Diese wertet die Attribute aus und erzeugt mit den so gewonnenen Informationen Einträge in der globalen `RouteTable`. Bei Einsatz der Vorlage für ASP.NET Web API bietet sich zum Aufruf dieser Methode die Klasse `WebApiConfig` im Ordner *App_Start* an. Möchte der Entwickler den global definierten Routen den Vorzug geben, sollte er `MapHttpAttributeRoutes` erst nach deren Definition zur Ausführung bringen.

Als Ergänzung zu den vordefinierten Einschränkungen kann der Entwickler aber auch benutzerdefinierte Einschränkungen bereitstellen. Dazu ist lediglich die Schnittstelle `IHttpRouteConstraint` sowie innerhalb der von dieser Schnittstelle definierten Methode `Match` die gewünschte Einschränkung zu implementieren. Diese Methode bekommt von der Web API Informationen über den angeforderten URL übergeben und liefert einen Boolean, der Auskunft darüber gibt, ob dieser URL mit der Einschränkung konform geht.

Ein Beispiel dafür zeigt Listing 6-17. Die darin zu findende Implementierung prüft, ob der für den Platzhalter hinterlegte Wert ein positiver Integer ist. Möchte der Entwickler einer Einschränkung Parameter übergeben, muss er der Implementierung von `IHttpRouteConstraint` einen Konstruktor spendieren, der diese Einschränkungen entgegennimmt.

Listing 6-17: Eigene Routeneinschränkung

```
public class PositiveIntConstraint : IHttpRouteConstraint
{
    public bool Match(
                HttpRequestMessage request,
                IHttpRoute route,
                string parameterName,
                IDictionary<string, object> values,
                HttpRouteDirection routeDirection)
    {
        if (!values.ContainsKey(parameterName)) return false;

        var value = values[parameterName];

        int intValue;

        bool success = int.TryParse(value.ToString(), out intValue);

        if (!success) return false;
        if (intValue < 0) return false;

        return true;
    }
}
```

Um die Web API von einer solchen benutzerdefinierten Einschränkung in Kenntnis zu setzen, übergibt der Entwickler der Methode `MapHttpAttributeRoutes`, mit der wie oben angemerkt das attributbasierte Routing aktiviert wird, einen `ConstraintResolver`, der Kenntnis über die benutzerdefinierte Einschränkung hat. Hierzu bietet sich der `DefaultInlineConstraintResolver` an, der Kenntnis über sämtliche standardmäßig vorhandenen Einschränkungen besitzt. Das nachfolgende Schnipsel demonstriert dies. Es instanziiert einen `DefaultInlineConstraintResolver`, fügt dessen Auflistung `ConstraintMap` die benutzerdefinierte Einschränkung hinzu und legt fest, dass diese im Rahmen des URL-Mappings als `positiveInt` bezeichnet wird. Anschließend wird an `MapHttpAttributeRoutes` der `ConstraintResolver` übergeben:

```
var constraintResolver = new DefaultInlineConstraintResolver();
constraintResolver.ConstraintMap.Add("positiveInt",
                                    typeof(PositiveIntConstraint));
config.MapHttpAttributeRoutes(new HttpRouteBuilder(constraintResolver));
```

Weiterführende Schritte mit der Web API

Nachdem die letzten Abschnitte gezeigt haben, wie man einen einfachen HTTP-Service mit ASP.NET Web API entwickelt, beschäftigt sich dieser Abschnitt mit weiterführenden Aspekten, wie dem Definieren benutzerdefinierter Routen, dem Hinterlegen von Querschnittsfunktionen, die von allen oder vielen Diensten benötigt werden, und der Implementierung benutzerdefinierter Formate jenseits von XML und JSON.

Dynamische Parameter

In Fällen, in denen der Entwickler keine eigene Klasse für das Objekt erstellen möchte, das eine Action-Methode zurückliefert, kann er auch ein anonymes Objekt erzeugen und dieses als `object` zurückgeben (Listing 6-18).

Listing 6-18: Anonymes Objekt als Rückgabewert

```
public object Get()
{
    return new
    {
        Version = 0.9
    };
}
```

Wird JSON als Übergabeformat verwendet, kann das übersendete JSON-Objekt auch generisch als `JObject` dargestellt werden (siehe Listing 6-19). Dieses bietet über Indexer Zugriff auf die einzelnen Eigenschaften. Das betrachtete Beispiel prüft, ob die Eigenschaft `All` die Zeichenkette `true` aufweist, sowie in weiterer Folge, ob es eine Eigenschaft `Settings.IncludeEMail` mit dem Wert `true` gibt.

Listing 6-19: Generische Darstellung von JSON-Objekten mit JToken

```
public object Post(JObject value)
{

    if (value["All"].ToString().ToLower() == "true")
    {

        string email = "";
        JToken includeEMail = null;
        JToken settings = value["Settings"];
        if (settings != null) includeEMail = settings["IncludeEMail"];

        if (includeEMail != null && includeEMail.ToString().ToLower() == "true")
        {
            email = "vorname.nachname@domain.siehe.oben";
        }
        else
        {
            email = "";
        }


        var response = new
        {
            Version = 0.9,
            Autor = "Holger Schwichtenberg",
            URL = "www.IT-Visions.de",
            EMail = email
        };


        return response;
```

```
    }

    return new {
        Version = 0.9
    };

}
```

Tracing

ASP.NET Web API verwendet einen anpassbaren Tracing-Mechanismus, um Nachrichten über durchgeführte Aktionen zu protokollieren. Um die protokollierten Informationen zu erhalten, implementiert der Entwickler die Schnittstelle `ITraceWriter` (Listing 6-20) sowie deren Methode `Trace`, an welche ASP.NET Web API die einzelnen Informationen übergibt. Im betrachteten Beispiel werden die erhaltenen Informationen lediglich mit `Debug.WriteLine` im Debugfenster ausgegeben. Alternativ dazu könnte der Entwickler an dieser Stelle die Daten in einer Protokolldatei oder in einer Datenbank ablegen beziehungsweise an ein Protokollierungsframework der Wahl delegieren.

Interessant ist auch die Tatsache, dass zunächst nur die wichtigsten Daten der zu protokollierenden Nachricht zur Verfügung stehen. Dabei handelt es sich um die aktuelle `HttpRequestMessage`, eine Nachrichtenkategorie sowie ein Level, das den Schweregrad der Nachricht (`Debug`, `Info`, `Warn`, `Error`, `Fatal`) anzeigt. Aufgrund dieser Informationen kann die Implementierung entscheiden, ob weitere Details der Nachricht ermittelt werden sollen. Falls dem so ist, erzeugt sie – wie in der betrachteten Implementierung gezeigt – mit den genannten Daten einen `TraceRecord` und übergibt diesen an die übergebene `Action`. Diese hat die Aufgabe, den `TraceRecord` mit Details zu befüllen. Dadurch, dass diese Aufgabe von einer Action wahrgenommen wird, muss das Ermitteln von Details nur dann durchgeführt werden, wenn die Nachricht auch wirklich protokolliert werden soll. In allen anderen Fällen wird auf diese Aufgabe zugunsten der Performance verzichtet.

Listing 6-20: Benutzerdefinierter TraceWriter

```
public class CustomTraceWriter : ITraceWriter
{
    public void Trace(HttpRequestMessage request, string category,
                      System.Web.Http.Tracing.TraceLevel level, Action<TraceRecord>
traceAction)
    {
        TraceRecord record = new TraceRecord(request, category, level);
        traceAction(record);
        Debug.WriteLine(category + ": " + level + " " + record.Message);
    }
}
```

Um den benutzerdefinierten TraceWriter zu registrieren, verwendet der Entwickler das nachfolgende Schnipsel, das er zum Beispiel in der Methode WebApiConfig.Register platziert:

```
config.Services.Replace(typeof(ITraceWriter), new SimpleTracer());
```

Der auf diese Weise registrierte TraceWriter kann auch von den einzelnen Action-Methoden verwendet werden. Das folgende Schnipsel zeigt, wie dies bewerkstelligt wird:

```
Configuration.Services.GetTraceWriter().Info(Request, "Kategorie123", "Hallo Welt!");
```

Request Batching

Eine gute Praktik beim Entwurf verteilter Anwendungen ist das Bereitstellen von grobgranularen Services, die möglichst viele logische Anfragen im Rahmen einer einzigen Anfrage entgegennehmen. Somit wird die Anzahl der benötigten Anfragen reduziert und die Performance der Anwendung gesteigert.

In dieselbe Kerbe schlägt die Möglichkeit des Request-Batchings, die seit Version 2 von ASP.NET Web API bereitgestellt wird und das Zusammenfassen mehrerer HTTP-Anfragen zu einer einzigen erlaubt. Um diese Möglichkeit zu nutzen, muss der Entwickler beim Start der Anwendung, zum Beispiel innerhalb der Klasse WebApiConfig im Ordner *App_Start*, eine Route registrieren, die sich auf einen BatchHandler abstützt. Im Lieferumfang der Web API befindet sich der DefaultHttpBatchHandler, der Batching unter Verwendung des weitverbreiteten MIME-Typs multipart realisiert. Um weitere Darstellungsformen für Nachrichten zu unterstützen, die aus weiteren Nachrichten bestehen, kann der Entwickler einen benutzerdefinierten BatchHandler durch das Ableiten von HttpBatchHandler bereitstellen.

Die Anwendung des DefaultHttpBatchHandlers demonstriert Listing 6-21. Um Konflikte mit der Standardroute zu vermeiden, sollte die hier betrachtete Route, die den URL *api/$batch* verwendet, vor der Standardroute definiert werden.

Da der Handler die einzelnen Anfragen, die er im Zuge einer Anfrage erhält, an die Web API delegieren muss, benötigt er Zugriff auf diese. Deswegen wird im betrachteten Listing das Objekt GlobalConfiguration.DefaultServer an seinen Konstruktor übergeben. Der DefaultHttpBatchHandler bietet dem Entwickler über die Eigenschaft ExecutionOrder auch die Möglichkeit, festzulegen, ob die einzelnen Anfragen hintereinander (BatchExecutionOrder.Sequential) oder parallel (BatchExecutionOrder.NonSequential) zur Ausführung zu bringen sind.

Listing 6-21: Batch-Handler registrieren

```
var batchHandler = new DefaultHttpBatchHandler(
                            GlobalConfiguration.DefaultServer);

batchHandler.ExecutionOrder = BatchExecutionOrder.Sequential;

// Vor Hauptroute definieren, weil sonst $batch als Controller erkannt wird ...
```

```
config.Routes.MapHttpBatchRoute(
    routeName: "WebApiBatch",
    routeTemplate: "api/$batch",
    batchHandler: batchHandler);
```

Ist eine Route für das Batching erst mal eingerichtet, kann der Entwickler an den damit assoziierten URL eine Anfrage senden, die weitere Anfragen beinhaltet (siehe Listing 6-22). Beim Einsatz des `DefaultHttpBatchHandler` wird solch eine Anfrage durch eine `HttpRequestMessage` repräsentiert, die als Verb POST sowie als Content eine Instanz von `MultipartContent` verwendet. Da sich der Contenttyp `multipart/mixed` für diese Anfrage anbietet, ist `mixed` an den Konstruktor von `MultipartContent` zu übergeben. `MultipartContent` werden die einzelnen Anfragen in Form eines `HttpMessageContent` zugewiesen, wobei an den Konstruktor von `HttpMessageContent` die jeweilige `HttpRequestMessage` zu übergeben ist.

Die Antwort, die die Web API für eine Batching-Anfrage generiert, beinhaltet auch einen `MultipartContent`, der die Antworten für die gemeinsam übermittelten Anfragen enthält. Diese befinden sich in der Auflistung `Contents`.

Listing 6-22: Batches versenden und empfangen

```
private static async Task BatchDemo()
{
    var client = new HttpClient();
    var batchUrl = baseAddress + "/api/$batch";
    var batchRequest = new HttpRequestMessage(HttpMethod.Post, batchUrl);

    var content = new MultipartContent("mixed");

    batchRequest.Content = content;

    var request1 = CreateBuchungRequest("Klara", "Fall", DateTime.Now);
    content.Add(new HttpMessageContent(request1));

    var request2 = CreateBuchungRequest("Nico", "Laus", DateTime.Now);
    content.Add(new HttpMessageContent(request2));

    var urlToAllBuchungen = string.Format("{0}/webapi/buchungen", baseAddress);
    var request3 = new HttpRequestMessage(HttpMethod.Get, urlToAllBuchungen);

    content.Add(new HttpMessageContent(request3));

    var response = await client.SendAsync(batchRequest);
    var responseContent = await response.Content.ReadAsMultipartAsync();

    foreach (var part in responseContent.Contents)
    {
        HttpResponseMessage responsePart =
                          await part.ReadAsHttpResponseMessageAsync();
        // do something with response
    }
}

private static HttpRequestMessage
```

```
        CreateBuchungRequest(string vorname, string nachname, DateTime date)
{
    var url = baseAddress + "/webapi/hotels/1/buchungen";
    var request = new HttpRequestMessage(HttpMethod.Post, url);

    var buchung = new Buchung();
    buchung.Datum = date;
    buchung.Vorname = vorname;
    buchung.Nachname = nachname;

    request.Content = new ObjectContent<Buchung>(
                            buchung,
                            new JsonMediaTypeFormatter(),
                            "text/json");

    return request;
}
```

Cross Origin Resource Sharing (CORS)

Die sogenannte Same-Origin-Policy verhindert, dass eine Browseranwendung beispielsweise via JavaScript auf Services von fremden Websites zugreift und schränkt somit mögliche Angriffsszenarien ein. Eine fremde Website in diesem Sinne wird durch einen URL definiert, bei dem das Protokoll, die Domäne oder der Port abweicht. Der Mechanismus Cross Origin Resource Sharing (CORS) erlaubt es, diese Einschränkung aufzuweichen. Dazu muss der aufzurufende Service über entsprechende HTTP-Header anzeigen, dass er einem Aufruf durch eine fremde Browseranwendung zustimmt.

ASP.NET Web API bietet seit Version 2 eine Unterstützung für CORS. Um diese Unterstützung zu nutzen, bindet der Entwickler das Nuget-Paket *Microsoft.AspNet.WebApi.Cors* ein. Danach ruft er im Zuge des Starts der Webanwendung die Methode `EnableCors` bei der verwendeten `HttpConfiguration` auf. Bei Verwendung der von Visual Studio angebotenen Projektvorlage bietet sich hierfür die Klasse `WebApiConfig` im Ordner *App_Start* an (siehe Listing 6-23).

Listing 6-23: CORS-Unterstützung aktivieren

```
public static class WebApiConfig
{
    public static void Register(HttpConfiguration config)
    {
        [...]
        config.EnableCors();
        [...]
    }
}
```

Anschließend sind jene Methoden, die über CORS-Anfragen erreichbar sein sollen, mit EnableCors zu annotieren (siehe Listing 6-24). Mit dem Parameter origins werden kommasepariert die einzelnen URLs angeführt, für deren Browseranwendungen CORS-Anfragen erlaubt werden sollen. headers beinhaltet kommasepariert die HTTP-Header, die im Rahmen von CORS-Anfragen akzeptiert werden. Analog dazu kann der Entwickler mit methods kommasepariert die HTTP-Verben angeben, für die CORS-Anfragen zu erlauben sind.

Was die Antwortnachrichten einer CORS-betrifft, gestatten Browser den darin ausgeführten Browseranwendungen standardmäßig lediglich Zugriff auf die Header Cache-Control, Content-Language, Content-Type, Expires, Last-Modified sowie Pragma. Weitere Header der Antwort, auf die die Browseranwendung zugreifen können soll, sind mit dem Parameter exposedHeaders kommasepariert anzuführen. Bei allen Parametern von EnableCors kann auch ein Stern angeführt werden. Dies bewirkt, dass sämtliche Origins, Header beziehungsweise Methoden erlaubt werden.

Listing 6-24: CORS für Methode aktivieren

```
[EnableCors(origins: "http://localhost:1246",
            headers: " accept,content-type,origin,my-header",
            methods: "*",
            exposedHeaders: "TEST")]
[HttpGet("info")]
public HttpResponseMessage Info()
{
    var response = new HttpResponseMessage();
    response.Content = new StringContent("Hallo Welt!");
    response.Headers.Add("TEST", "Hallo Welt!");
    return response;
}
```

Um eine Instanz von EnableCors standardmäßig mit sämtlichen Methoden zu assoziieren, kann der Entwickler diese Instanz an die Methode HttpConfiguration.EnableCors übergeben, mit der die CORS-Unterstützung aktiviert wird. Diese Standardeinstellungen kann anschließend übersteuert werden, indem einzelne Methoden mit EnableCors annotiert werden.

Validieren

Die an eine Operation übersendeten Daten können auf dieselbe Weise wie Modelle mit ASP.NET MVC validiert werden. Informationen darüber finden sich in Kapitel 5.

Querschnittsfunktionen implementieren

Dieser Abschnitt stellt zwei Konzepte vor, mit denen der Entwickler verhindern kann, dieselben Code-Stellen immer und immer wieder zu implementieren: Handler und Filter.

Message-Handler

Um zu verhindern, dass der Entwickler allgemeine Logiken, wie Sicherheitsprüfungen oder Protokollierungen, in jeder Methode wiederholen muss, kann er diese in Subklassen von `DelegatingHandler` auslagern. Die gewünschte Logik ist dabei innerhalb der zu überschreibenden Methode `SendAsync` zu hinterlegen.

Einen Handler umsetzen

Ein Beispiel dafür findet sich in Listing 6-25. Der hier gezeigte `LoggingHandler` gibt Informationen über den aktuellen Methodenaufruf im Debugfenster aus. Anschließend wird `base.SendAsync` aufgerufen. Diese Methode veranlasst die Web API, den nächsten konfigurierten `DelegatingHandler` zur Ausführung zu bringen. Existiert kein weiterer `DelegatingHandler`, stößt `base.SendAsync` die eigentliche Dienstmethode an. Somit sind Aktionen, die vor dem Ausführen der Dienstmethode stattfinden sollen, vor diesem Aufruf zu platzieren und jene, die die Web API erst danach zur Ausführung bringen soll, danach.

Listing 6-25: Benutzerdefinierter Handler

```
public class LoggingHandler : DelegatingHandler
{
    protected override Task<HttpResponseMessage> SendAsync(HttpRequestMessage request,


System.Threading.CancellationToken cancellationToken)
    {
        Debug.WriteLine("Begin Request: {0} {1}", request.Method, request.RequestUri);
        return base.SendAsync(request, cancellationToken);
    }
}
```

Ein weiteres Beispiel für einen `DelegatingHandler` weist der `LimitResultMessageHandler` in Listing 6-26 auf. Er prüft, ob die angestoßene Action-Methode ein `IEnumerable` zurückgeliefert hat. Ist dem so, limitiert er dessen Inhalt auf die ersten drei Einträge.

Listing 6-26: MessageHandler *zum Limitieren der abgefragten Datenmenge*

```
public class LimitResultMessageHandler : DelegatingHandler
{

    protected override async System.Threading.Tasks.Task<HttpResponseMessage>
    SendAsync(HttpRequestMessage request, System.Threading.CancellationToken
    cancellationToken)
```

```
    {
        var response = await base.SendAsync(request, cancellationToken);

        var objectContent = response.Content as ObjectContent;
        if (objectContent == null) return response;

        var collection = objectContent.Value as IEnumerable<object>;
        if (collection == null) return response;

        if (collection.Count() > 3)
        {
            return request.CreateResponse(
                            response.StatusCode,
                            collection.Take(3),
                            objectContent.Formatter);
        }

        return response;
    }
}
```

Auch benutzerdefinierte `DelegatingHandler` müssen der Web API bekannt gemacht werden. Hierfür bietet sich abermals die Methode `WebApiConfig.Register` an. Den dazu heranzuziehenden Methodenaufruf zeigt Listing 6-27.

Listing 6-27: Handler registrieren

```
GlobalConfiguration.Configuration
                       .MessageHandlers.Add(new MethodOverrideHandler());
GlobalConfiguration.Configuration.MessageHandlers.Add(new LoggingHandler());
```

Handler mit HttpClient verwenden

Auch clientseitig können Handler zum Ausführen allgemeiner Querschnittsfunktionen herangezogen werden. In diesem Fall ist jedoch nicht von `DelegatingHandler`, sondern von `MessageProcessingHandler` abzuleiten (Listing 6-28). Zusätzlich müssen die Methoden `ProcessRequest` und `ProcessResponse` aufgerufen werden. Wie die Namen schon vermuten lassen, ruft der `HttpClient` die Methode `ProcessRequest` auf, bevor er eine Anfrage sendet, und `ProcessResponse`, nachdem er eine Antwort empfangen hat.

Listing 6-28: Protokollierungshandler

```
class LoggingMessageHandler : MessageProcessingHandler
{
    public LoggingMessageHandler() : base() { }

    public LoggingMessageHandler(MessageProcessingHandler h) : base(h) { }

    protected override HttpRequestMessage ProcessRequest(HttpRequestMessage request,
```

```
System.Threading.CancellationToken cancellationToken)
    {
        Debug.WriteLine("Request: " + request.RequestUri.ToString());
        return request;

    }

    protected override HttpResponseMessage ProcessResponse(HttpResponseMessage response,
    System.Threading.CancellationToken cancellationToken)
    {
        Debug.WriteLine("Response: " + response.StatusCode);
        return response;
    }
}
```

Ein weiterer Unterschied zu `DelegatingHandler` besteht darin, dass beim Einsatz von `MessageHandler` manuell eine Aufrufkette zu erzeugen ist – serverseitig kümmert sich die API darum. Am Ende dieser Kette muss sich eine Instanz von `HttpClientHandler` befinden. Dieser Handler kümmert sich um die Verarbeitung der empfangenen Nachricht. Listing 6-29 demonstriert dies, indem es eine zweiteilige Kette erzeugt, die aus dem zuvor gezeigten `LoggingMessageHandler` und dem obligatorischen `HttpClientHandler` besteht. Der erste Knoten dieser Kette wird anschließend an den Konstruktor von `HttpClient` übergeben.

Listing 6-29: HttpClient *mit Handler nutzen*

```
// Handler instanziieren und verketten
var handler = new LoggingMessageHandler
{
    InnerHandler = new HttpClientHandler()
};

// Client erzeugen
var client = new HttpClient(handler);

// Liste mit Formatter bereitstellen
var formatters = new List<MediaTypeFormatter>();
formatters.Add(new FlatFileFormatter());

// Accept-Header auf text/csv setzen
client.DefaultRequestHeaders.Accept.Add(
                  new MediaTypeWithQualityHeaderValue("text/csv"));

var url = "http://localhost:1307/api/Hotels";

// Daten anfordern
var response = await client.GetAsync(url);
var hotels = await response.Content.ReadAsAsync<IEnumerable<Hotel>>(formatters);

foreach (var hotel in hotels)
{
    Console.WriteLine(hotel.Bezeichnung);
}
```

Als Alternative zum manuellen Erzeugen von Handler-Ketten kann der Entwickler auch die Methode `Create` der statischen `HttpClientFactory` verwenden. Diese verkettet die übergebenen Handler und platziert am Ende den obligatorischen `HttpClientHandler`. Mit dieser Kette erzeugt sie anschließend einen `HttpClient` und gibt ihn zurück:

```
var client = HttpClientFactory.Create(new LoggingMessageHandler());
```

An `Create` können dabei beliebig viele Handler übergeben werden, zumal diese Methode unter anderem ein Parameter-Array mit Handlern erwartet.

Filter

Neben Handlern kann der Entwickler auch Filter zur Realisierung von Querschnittsfunktionen einsetzen. Dieser Abschnitt geht auf die Unterschiede zum Handler-Konzept ein und zeigt, wie der Filtermechanismus genutzt werden kann.

Überblick

Das Konzept der Filter in ASP.NET Web API, das dem gleichnamigen Konzept aus ASP.NET MVC gleicht, kann im Gegensatz zu Handlern nur serverseitig verwendet werden. Dafür kann der Entwickler Filter gezielt für ausgewählte Operationen aktivieren. Ein weiterer Unterschied zu Handlern ist, dass es vier verschiedene Filterarten gibt: Authentifizierungsfilter, Autorisierungsfilter, Aktionsfilter und Ausnahmefilter. Um Verwechslungen mit der MVC-Welt zu vermeiden, muss der Entwickler darauf achten, die Komponenten aus dem Namensraum `System.Web.Http` und nicht die entsprechenden Gegenstücke aus dem Namensraum `System.Web.Mvc` zu verwenden.

Authentifizierungsfilter (engl. authentication filter) haben die Aufgabe, herauszufinden, welcher Benutzer hinter der aktuellen Anfrage steht. Autorisierungsfilter (engl. authorization filter) kommen zum Einsatz, wenn geprüft werden soll, ob der aktuelle Benutzer die adressierte Operation ausführen darf. Liefert der Filter zum Beispiel eine `SecurityException`, wird die Operation nicht ausgeführt.

Ausnahmefilter (engl. exception filter) werden von der Web API aktiviert, wenn Ausnahmen auftreten. Sie können eingesetzt werden, um Fehler zu protokollieren. Aktionsfilter (engl. action filter) werden hingegen eingesetzt, um Logiken vor und/oder nach der eigentlichen Dienstoperation zur Ausführung zu bringen.

Zur Implementierung von Filtern leitet der Entwickler von einer Basisklasse ab, die ASP.NET Web API für die gewünschte Filterart vorsieht. Tabelle 6-2 gibt eine Übersicht über diese Klassen und die im Zuge des Ableitens zu überschreibenden Methoden.

Tabelle 6-2: Übersicht über die Filterarten

Klasse	Methode	Beschreibung
`AuthorizationFilterAttribute`	`OnAuthorization`	Wird ausgeführt, bevor die Anfrage abgearbeitet wird.
`ActionFilterAttribute`	`OnActionExecuting`	Wird vor der Action-Methode ausgeführt.
	`OnActionExecuted`	Wird nach der Action-Methode ausgeführt.
`ExceptionFilterAttribute`	`OnException`	Wird ausgeführt, wenn eine Ausnahme ausgelöst wurde.

Filter umsetzen

Ein Beispiel für eine Implementierung der drei Filterarten findet sich in Listing 6-30. Die implementierten Methoden nehmen Informationen zum aktuellen Operationsaufruf über den übergebenen Kontext entgegen und geben diese aus. Stattdessen könnten Filter auch die einzelnen Kontexteigenschaften abändern beziehungsweise im Fehlerfall eine Ausnahme auslösen.

Listing 6-30: Beispielhafte Filter

```
public class SampleExceptionFilterAttribute : ExceptionFilterAttribute
{
    public override void OnException(HttpActionExecutedContext actionExecutedContext)
    {
        Debug.WriteLine("SampleExceptionFilterAttribute.OnException");
        Debug.WriteLine("Exception: " + actionExecutedContext.Exception.Message);
    }
}

public class SampleAuthorizationFilterAttribute : AuthorizationFilterAttribute
{
    public override void OnAuthorization(System.Web.Http.Controllers.HttpActionContext
actionContext)
    {
        Debug.WriteLine("SampleAuthorizationFilterAttribute.OnAuthorization");
        Debug.WriteLine("Authorization-Header" +
actionContext.Request.Headers.Authorization);
    }
}

public class SampleActionFilterAttribute : ActionFilterAttribute
{

    public override void
OnActionExecuting(System.Web.Http.Controllers.HttpActionContext actionContext)
    {
        var request = actionContext.Request;
        var response = actionContext.Response;
        var action = actionContext.ActionDescriptor;
        var actionArguments = actionContext.ActionArguments;
        var modelState = actionContext.ModelState;

        Debug.WriteLine("SampleActionFilterAttribute.OnActionExecuting");
        Debug.WriteLine("HTTP Method: " + request.Method);
        Debug.WriteLine("Uri: " + request.RequestUri);
        Debug.WriteLine("ActionName: " + action.ActionName);
        Debug.WriteLine("ReturnType: " + action.ReturnType);
```

```
        Debug.WriteLine("Arguments: " + actionArguments.Count);
        Debug.WriteLine("IsValid: " + modelState.IsValid);

    }

    public override void OnActionExecuted(HttpActionExecutedContext
actionExecutedContext)
    {
        var request = actionExecutedContext.Request;
        var response = actionExecutedContext.Response;
        var actionContext = actionExecutedContext.ActionContext;
        var exception = actionExecutedContext.Exception;

        Debug.WriteLine("SampleActionFilterAttribute.OnActionExecuting");
        Debug.WriteLine("HTTP Method: " + request.Method);
        Debug.WriteLine("Uri: " + request.RequestUri);
        Debug.WriteLine("ActionName: " + actionContext.ActionDescriptor.ActionName);

        if (exception != null)
        {
            Debug.WriteLine("Exception: " + exception.Message);
        }

        if (response != null && response.Content != null)
        {
            Debug.WriteLine("Content: " +
response.Content.ReadAsStringAsync().Result);
        }

    }
}
```

Filter als Attribute einsetzen

Listing 6-31 zeigt, dass Filter angewendet werden können, indem ApiController oder Dienstoperationen damit annotiert werden. Wird ein ApiController annotiert, kommt der Filter für sämtliche Operationen des Controllers zum Einsatz; ansonsten lediglich für die jeweilige Operation.

Listing 6-31: Filter anwenden, indem Controller beziehungsweise Operationen damit annotiert werden

```
[SampleAuthorizationFilter]
public class FilterSampleController : ApiController
{
    private static string value = "42";
    [SampleActionFilter]
    public string Get()
    {
        return value;
    }
    public void Post([FromUri] string newValue) {

        if (string.IsNullOrEmpty(newValue)) throw new ArgumentException("Darf nicht
null oder leer sein!");
        value = newValue;
    }
}
```

Filter über FilterProvider bereitstellen

Eine weitere Möglichkeit zum Anwenden von Filtern stellt die Implementierung von `FilterProvider` dar. Bei einem `FilterProvider` handelt es sich um eine Klasse, die die Schnittstelle `IFilterProvider` realisiert. Diese Schnittstelle gibt die Methode `GetFilter` vor. Immer, wenn eine Dienstoperation angestoßen werden soll, ruft ASP.NET Web API diese Methode auf und übergibt Informationen über den gewünschten Aufruf. Die Aufgabe von `GetFilter` besteht darin, sämtliche Filter zu ermitteln, die im Zuge des jeweiligen Aufrufs zu verwenden sind, und diese zurückzuliefern.

Ein Beispiel dafür findet sich in Listing 6-32. Es beinhaltet einen `FilterProvider`, der prüft, ob der Aufrufer gerade eine POST-Anfrage an `FilterSampleController` sendet. Ist dem so, wird eine Instanz von `FilterInfo` erzeugt, die auf ein neues `SampleExceptionFilterAttribute` verweist. Anschließend wird dieses `FilterInfo`-Objekt innerhalb einer Liste zurückgegeben.

Listing 6-32: Filterprovider

```
public class CustomFilterProvider: IFilterProvider
{
    public IEnumerable<FilterInfo> GetFilters(System.Web.Http.HttpConfiguration
configuration, System.Web.Http.Controllers.HttpActionDescriptor actionDescriptor)
    {
        var result = new List<FilterInfo>();

        if (actionDescriptor.ActionName == "Post" &&
actionDescriptor.controllerDescriptor.controllerType ==
typeof(FilterSampleController))
        {
            var filterInfo = new FilterInfo(new SampleExceptionFilterAttribute(),
FilterScope.Action);
            result.Add(filterInfo);
        }

        return result;
    }
}
```

Damit ASP.NET Web API einen `FilterProvider` einsetzt, muss ihn der Entwickler bei der Konfiguration registrieren, zum Beispiel innerhalb der Methode `WebApiConfig.Register`. Das nachfolgende Schnipsel zeigt, wie dies für den zuvor betrachteten `CustomFilterProvider` bewerkstelligt werden kann:

```
config.Services.Add(typeof(IFilterProvider), new CustomFilterProvider());
```

Wie dieses Schnipsel vermuten lässt, können beliebig viele `FilterProvider` auf diese Weise registriert werden.

Filter als globale Filter registrieren

Soll ein Filter bei sämtlichen Dienstoperationen zum Einsatz kommen, besteht auch die Möglichkeit, ihn in der Konfiguration unter Verwendung der Eigenschaft `Filter` zu registrieren:

```
config.Filters.Add(new SampleActionFilterAttribute());
```

Schnittstellen für Filter

Als Alternative zum Ableiten von den zuvor besprochenen Basisklassen kann der Entwickler auch die Schnittstellen `IExceptionFilter`, `IAuthorizationFilter` und `IActionFilter` implementieren. Auf diesem Weg können Filter bereitgestellt werden, die gleichzeitig mehrere Filterarten darstellen beziehungsweise auch von anderen Klassen abgeleitet werden können. Sollen die auf diesem Weg entwickelten Filter auch als Attribute eingesetzt werden, muss der Entwickler jedoch zusätzlich von der Klasse `FilterAttribute` ableiten.

Authentifizierungsfilter

Seit Version 2 bietet ASP.NET Web API auch Authentifizierungsfilter (`AuthenticationFilter`) zum Authentifizieren von Benutzern. Hierbei geht es darum, herauszufinden, ob der Benutzer jener Benutzer ist, der er vorgibt zu sein. Diese Filter werden vor allen `AuthorizationFilter`-Instanzen ausgeführt, die wiederum prüfen, ob der authentifizierte Benutzer die nötigen Rechte besitzt.

Im Gegensatz zu allen anderen Filtern steht für `AuthenticationFilter` keine abstrakte Basisklasse zur Verfügung. Stattdessen muss sich der Entwickler mit der Schnittstelle `IAuthenticationFilter` zufriedengeben. Diese weist zwei zu implementierende Methoden auf: `AuthenticateAsync` und `ChallengeAsync`. `AuthenticateAsync` wird beim Aufruf einer Seite angestoßen und hat die Aufgabe zu prüfen, ob der Benutzer jener Benutzer ist, der er vorgibt zu sein. War dieses Vorhaben erfolgreich, sollte diese Methode ein Objekt vom Typ `IPrincipal`, das diesen Benutzer beschreibt, dem übergebenen Kontext zuweisen.

`ChallengeAsync` kann verwendet werden, um einem nicht authentifizierten Benutzer über eine entsprechende HTTP-Kopfzeile anzuzeigen, auf welche Weise er sich authentifizieren kann. Dieser Filter macht derzeit noch einen sehr spartanischen Eindruck, zumal er dem Entwickler nur wenige Möglichkeiten bietet. Dieser hat weder die Möglichkeit, auf einfache Weise auf die übergebenen URL-Parameter zuzugreifen, noch kann er herausfinden, ob dem Aufrufer der Zugriff verweigert wurde, um in diesem Fall innerhalb von `ChallengeAsync` die besprochene HTTP-Kopfzeile der Antwort hinzuzufügen. Der Grund dafür mag darin liegen, dass Microsoft dieses Konzept lediglich nutzt, um an andere Authentifizierungsmechanismen zu delegieren.

Auch wenn der Entwickler in erster Linie mit den Mechanismen zum Authentifizieren von Benutzern vorliebnehmen sollte, zumal diese unabhängig vom genutzten ASP.NET-basierten Framework verwendet werden können, veranschaulicht dieser Abschnitt der Vollständigkeit halber die Funktionsweise eines Authentifizierungsfilters. Das Beispiel hier geht davon aus, dass sich der Aufrufer mit einem benutzerdefinierten Authentifizierungsschema beim HTTP-Service anmeldet. Dieses sieht vor, dass folgende HTTP-Kopfzeile im Rahmen der Anfragen übersendet wird:

```
Authorization: Access-Key 12345678901
```

Dieser von HTTP vorgesehene `Authorization`-Eintrag besteht aus zwei Teilen: Der erste Teil gibt Auskunft über die Art der Authentifizierung; der zweite Teil beinhaltet jene Information, mit der der Benutzer nachweist, wer er ist. Die Art der Authentifizierung, auch Authentifizierungsschema genannt, nennt sich in diesem Bespiel `Access-Key`; bei der Information handelt es sich um einen Schlüssel, den der Aufrufer im Vorfeld erhalten hat. Kann der Benutzer nicht erfolgreich authentifiziert werden, erhält er im Rahmen der Antwort über die Kopfzeile `WWW-Authenticate: Access-Code` den Hinweis, dass er sich über das Authentifizierungsschema `Access-Code` zu erkennen geben soll.

Die Implementierung in Listing 6-33 realisiert die Schnittstellen `FilterAttribute` und `IAuthenticationFilter`. Innerhalb von `AuthenticateAsync` prüft sie, ob der gewünschte Kopfzeileneintrag übergeben wurde. Hier fällt einmal mehr auf, dass die Web API für bekannte Kopfzeileneinträge ein eigenes Objektmodell bietet. Konnte sie den Benutzer authentifizieren, weist sie `context.Principal` ein Prinzipalobjekt zu, das den Benutzer beschreibt. Dieses Objekt beinhaltet eine Identität mit einem Namen sowie die Rollen des Benutzers. Innerhalb von Action-Methoden kann dieses `Principal`-Objekt über die geerbte Eigenschaft `User` sowie über die statische Eigenschaft `Thread.CurrentPrincipal` abgerufen werden. Konnte der Benutzer nicht erfolgreich authentifiziert werden, stehen zwei Möglichkeiten zur Auswahl: Entweder der Benutzer wird sofort abgewiesen, oder der Filter gibt dem Benutzer die Möglichkeit, sein Glück als (vorerst) anonymer Benutzer zu versuchen. Um den ersten Fall zu realisieren, würde der Entwickler, wie hier mit einem Kommentar angedeutet, der Eigenschaft `context.ErrorResult` ein Objekt vom Typ `UnauthorizedResult` zuweisen. Dabei handelt es sich um eine Implementierung von `IHttpActionResult`, die dem Aufrufer mit dem oben genannten Kopfzeileneintrag über die möglichen Authentifizierungsschemata in Kenntnis setzt. Liegt ein `ErrorResult` vor, bricht die Web API die Ausführung der Anfrage ab und führt stattdessen das `ErrorResult` aus.

Das hier gezeigte Beispiel implementiert den anderen Fall, wo der Benutzer als anonymer Benutzer sein Glück versucht. Die Methode `ChallengeAsync` prüft, ob er erfolgreich war. Um dies zu tun, benötigt sie die aktuelle `HttpResponseMessage`, und die bekommt sie, indem sie das über den Kontext angebotene `IHttpActionResult` mit dem Namen `Result` ausführt. Weist die auf diesem Weg erhaltene `HttpResponseMessage` den Statuscode `Unauthorized` auf, hat die Action-Methode der Wahl den Zugriff durch den anonymen Benutzer verweigert. In diesem Fall ersetzt `ChallengeAsync` das `Result`-Objekt durch ein `UnauthorizedResult`, das Auskunft über die unterstützten Authentifizierungsschemata gibt. Andernfalls wird das Result durch ein ResponseMessageResult ersetzt, das die HttpResponseMessage zum Aufrufer transportiert.

Listing 6-33: Einfacher Authentication-Filter

```
public class SampleAuthenticationFilter :
                System.Web.Http.Filters.FilterAttribute,
                System.Web.Http.Filters.IAuthenticationFilter
{
        public async System.Threading.Tasks.Task AuthenticateAsync(
                                HttpAuthenticationContext context,
                                System.Threading.CancellationToken cancellationToken)
        {

            if (context.Request.Headers.Authorization != null
               && !string.IsNullOrEmpty(context.Request.Headers.Authorization.Scheme)
               && !string.IsNullOrEmpty(context.Request.Headers.Authorization.Parameter)
                && context.Request.Headers.Authorization.Scheme == "Access-Key"
                && context.Request.Headers.Authorization.Parameter == "1234567890")
            {
                    context.Principal = new GenericPrincipal(
                                        new GenericIdentity("MaxMuster"),
                                        new string[] { "Manager", "Admin", "Dev" });
                    return;
            }
            // context.ErrorResult = new UnauthorizedResult(new[] {
                         new AuthenticationHeaderValue("Access-Code") },
context.Request);
        }

        public async System.Threading.Tasks.Task ChallengeAsync(
                              HttpAuthenticationChallengeContext context,
                              System.Threading.CancellationToken cancellationToken)
        {
            var response = await context.Result.ExecuteAsync(cancellationToken);

            if (response.StatusCode == System.Net.HttpStatusCode.Unauthorized)
            {
                context.Result = new UnauthorizedResult(new[] {
                                        new AuthenticationHeaderValue("Access-Code") },
context.Request);
                return;
            }

            context.Result = new ResponseMessageResult(response);
        }


}
```

Eine einfache Möglichkeit, um anzugeben, dass eine Action-Methode nur von authentifizierten Benutzern aufgerufen werden darf, besteht darin, diese Methode oder den ganzen Controller mit dem Attribut Authorize zu annotieren. Mehr dazu sowie über die Möglichkeiten, die ASP.NET im Bereich Sicherheit bietet, finden Sie in den PDF-Bonuskapiteln, die Sie wie auf Seite XXVIII im Vorwort beschrieben, als PDF herunterladen können.

Filterüberschreibungen

Filter können auf verschiedenen Ebenen definiert werden: Globale Filter gelten für sämtliche Action-Methoden, Filter, die mit einem Controller assoziiert werden, für alle Action-Methoden dieses Controllers, und Filter, die für eine Action-Methode definiert werden, nur für diese Action-Methode. Filterüberschreibungen erlauben es, sämtliche Filter einer Art, die auf höherer Ebene definiert wurden, auf der Ebene der Controller- beziehungsweise Action-Methoden außer Kraft zu setzen.

ASP.NET Web API stellt dazu die Attribute `OverrideActionFiltersAttribute`, `OverrideAuthenticationAttribute`, `OverrideAuthorizationAttribute` und `OverrideExceptionFiltersAttribute` zur Verfügung. Wendet der Entwickler beispielsweise `OverrideActionFiltersAttribute` auf eine Action-Methode an, so setzt die Web API beim Aufruf dieser Action-Methode sämtliche Action-Filter außer Kraft, die global oder auf der Ebene des Controllers dieser Action-Methode definiert wurden. Dieselben Attribute bietet auch ASP.NET MVC an. Daneben findet man hier auch ein `OverrideResultFiltersAttribute` zum Überschreiben von `Result`-Filtern, die es bei ASP.NET Web API nicht gibt.

Da die Attribute sowohl in der MVC- als auch in der Web-API-Welt dieselben Namen aufweisen, ist darauf zu achten, die richtigen Namensräume zu verwenden: Die Attribute für ASP.NET Web API befinden sich im Namensraum `System.Web.Http`; die Attribute für ASP.NET MVC im Namensraum `System.Web.Mvc`.

Sämtliche hier genannten Attribute implementieren die Schnittstelle `IOverrideFilter`, die sich für MVC im Namensraum `System.Web.Mvc.Filters` und für die Web API im Namensraum `System.Web.Http.Filters` befindet. Diese Schnittstelle definiert die Methode `FiltersToOverride`, die den Typ der zu überschreibenden Filter zurückgibt. Somit könnte der Eindruck entstehen, dass der Entwickler die Möglichkeit hat, nur ausgewählte Filter einer Art, zum Beispiel nur einen bestimmten Action-Filter und nicht alle Filter, die `IActionFilter` implementieren, zu überschreiben. Leider ist dies derzeit nicht möglich oder anders formuliert: Lediglich die Typen von `IActionFilter`, `IAuthenticationFilter`, `IAuthorizationFilter`, `IExceptionFilter` und `IResultFilter` sind sinnvolle Rückgabewerte der genannten Methode.

Benutzerdefinierte Formate unterstützen

ASP.NET Web API unterstützt in erster Linie JSON und XML. Allerdings kann der Entwickler eine Unterstützung für weitere Formate wie zum Beispiel CSV bereitstellen. Dieser Abschnitt zeigt, wie dies zu bewerkstelligen ist und wie diese Formate client- sowie serverseitig genutzt werden können.

Formatter implementieren

Um serverseitig eine Unterstützung für ein eigenes Format bereitzustellen, implementiert der Entwickler eine Subklasse von `MediaTypeFormatter` beziehungsweise `BufferedMediaTypeFormatter`. Erstere sieht den Einsatz asynchroner Methoden zum Lesen und Schreiben von Objekten vor. Deren Subklasse `BufferedMediaTypeFormatter` macht diese asynchrone API über synchrone Methoden zugänglich.

Ein Beispiel dafür stellt der `FlatFileFormatter` in Listing 6-34 dar. Dieser bietet die Möglichkeit, eine `List<Hotel>` als CSV-Datei zu serialisieren sowie Daten, die in diesem Format vorliegen, wieder als `List<Hotel>` zu deserialisieren.

Im Konstruktor wird der zu verwendende Mime-Typ auf `text/csv` festgelegt. Dies veranlasst die Web API dazu, den `FlatFileFormatter` immer dann in Erwägung zu ziehen, wenn mit Daten dieses Mime-Typs gearbeitet werden soll. Durch weitere analoge Aufrufe könnten mit dem vorliegenden `FlatFileFormatter` auch weitere Mime-Typen assoziiert werden.

Die überschriebenen Methoden `CanReadType` und `CanWriteType` zeigen an, dass der `FlatFileFormatter` lediglich Objekte des Typs `List<Hotel>` (de)serialisieren kann; die Methoden `OnWriteStream` und `OnReadStream` und legen die zum Serialisieren beziehungsweise Deserialisieren zu verwendende Logik fest.

Listing 6-34: Formatter für CSV-Dateien

```
public class FlatFileFormatter : BufferedMediaTypeFormatter
{
    public FlatFileFormatter()
    {
        this.SupportedMediaTypes.Add(new MediaTypeHeaderValue("text/csv"));
    }

    public override bool CanReadType(Type type)
    {
        return typeof(IEnumerable<Hotel>).IsAssignableFrom(type);
    }

    public override bool CanWriteType(Type type)
    {
        return typeof(IEnumerable<Hotel>).IsAssignableFrom(type);
    }

   public override object ReadFromStream(Type type, Stream readStream,
                                         System.Net.Http.HttpContent content,
                                         IFormatterLogger formatterLogger)
    {
        var hotels = new List<Hotel>();
        StreamReader r = new StreamReader(readStream);

        string line;
        while ((line = r.ReadLine()) != null)
        {
            if (line.Trim() == "") continue;
            var cols = line.Split(',');
```

```
            var hotel = new Hotel
            {
                HotelId = Convert.ToInt32(cols[0]),
                Bezeichnung = cols[1],
                Sterne = Convert.ToInt32(cols[2])
            };
            hotels.Add(hotel);
        }

        return hotels;
    }

    public override void WriteToStream(Type type, object value,
                      Stream writeStream, System.Net.Http.HttpContent content)
    {
        var hotels = (IEnumerable<Hotel>)value;
        if (hotels == null) return;

        StreamWriter w = new StreamWriter(writeStream);
        foreach (Hotel h in hotels)
        {
            w.WriteLine(h.HotelId + "," + h.Bezeichnung + "," + h.Sterne);
        }
        w.Flush();

    }
}
```

Damit die Web API einen benutzerdefinierten `MediaTypeFormatter` verwenden kann, ist der Entwickler angehalten, diesen zu registrieren. Dazu bietet sich abermals die Methode `WebApiConfig.Register` an. Listing 6-35 zeigt den dafür benötigten Aufruf.

Listing 6-35: Benutzerdefinierten Formatter registrieren

```
[...]
GlobalConfiguration.Configuration.Formatters.Add(new FlatFileFormatter());
[...]
```

Um einen Formatter in Aktion zu erleben, kann Fiddler herangezogen werden, zumal der Entwickler damit via HTTP Anfragen generieren kann. Abbildung 6-3 zeigt einen solchen Aufruf sowie eine dazu passende Antwort in Fiddler. Dabei ist zu beachten, dass das gewünschte Format bei der Anfrage im Kopfzeileneintrag `Accept` angegeben wurde.

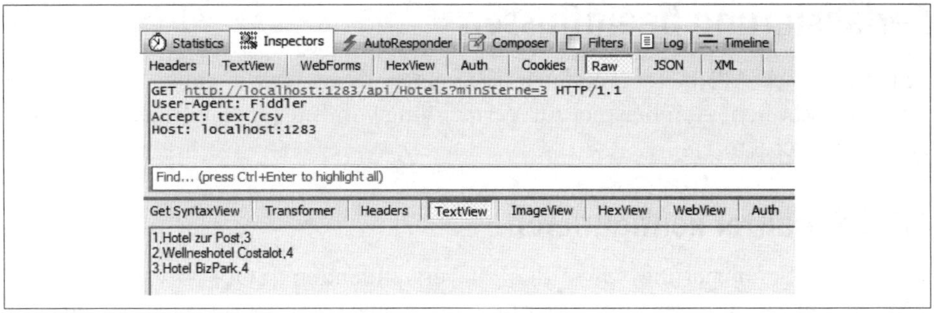

Abbildung 6-3: Mittels Fiddler Informationen im CSV-Format anfordern

Formatter mit HttpClient verwenden

Um auch clientseitig Formate jenseits von JSON und XML beim Senden von Anfragen heranzuziehen, hinterlegt der Entwickler beim Erzeugen einer `ObjectContent`-Instanz den gewünschten Formatter. Das nachfolgende Schnipsel führt den von der Web API bereitgestellten `JsonMediaTypeFormatter` an.

```
var request = new HttpRequestMessage();
request.Content = new ObjectContent<HotelBuchung>(buchung,
                                        new JsonMediaTypeFormatter());
```

Eine Liste der Formatter, die beim Deserialisieren der empfangenen Daten Verwendung finden sollen, kann darüber hinaus beim Aufruf von `ReadAsync` angegeben werden (Listing 6-36). Den Mime-Typ der zu sendenden Nachricht gibt der Entwickler über den Kopfzeileneintrag `Content-Type` an; jenen, den er sich für die Antwort erwartet, mittels `Accept`.

Listing 6-36: HttpClient *mit Formattern nutzen*

```
// Client erzeugen
var client = new HttpClient();

// Liste mit Formattern bereitstellen
var formatters = new List<MediaTypeFormatter>();
formatters.Add(new FlatFileFormatter());

// Accept-Header auf text/csv setzen
client.DefaultRequestHeaders.Accept.Add(
             new MediaTypeWithQualityHeaderValue("text/csv"));

var url = "http://localhost:1307/api/Hotels";

// Daten anfordern
var response = await client.GetAsync(url);
var hotels = await response
                         .Content
                         .ReadAsAsync<IEnumerable<Hotel>>(formatters);

foreach (var hotel in hotels)
{
    Console.WriteLine(hotel.Bezeichnung);
}
```

Serialisierung beeinflussen

ASP.NET Web API bietet standardmäßig einen JSON- sowie einen XML-Serializer. Diese können, zum Beispiel zur Vermeidung von Interoperabilitätsproblemen, angepasst werden.

JSON-Serializer konfigurieren

Details der Serialisierung sowie den zu verwendenden JSON- beziehungsweise XML-Serializer kann der Entwickler über die globale Konfiguration anpassen – als Ort für diese Anpassungen bietet sich, wie so häufig, die Methode `WebApiConfig.Register` an. Listing 6-37 demonstriert einige Einstellungsmöglichkeiten für jenen Serializer, der standardmäßig vom `JsonFormatter` herangezogen wird.

`UseDataContractJsonSerializer` definiert, ob der aus WCF bekannte `DataContractJsonSerializer` zum Einsatz kommen soll. Obwohl diese Einstellung aus Gründen der Kompatibilität zu WCF-basierten Systemen sinnvoll erscheint, sollte sie gerade bei Neuentwicklungen auf ihrem Standardwert `false` belassen werden. Dies hat zur Folge, dass ASP.NET Web API auf den mächtigeren Serializer aus dem freien Projekt *JSON.Net*, das mit der Web API ausgeliefert wird, zurückgreift.

`DateTimeZoneHandling` legt fest, welche Zeitzone bei der Übertragung von Datumswerten zu verwenden ist. Die im betrachteten Fall verwendete Option `DateTimeZoneHandling.Local` bewirkt, dass ASP.NET Web API Uhrzeiten als lokale Uhrzeiten (unter Berücksichtigung der Einstellungen am Server) inklusive Zeitzonenoffset überträgt. Alternativen sind `DateTimeZoneHandling.Utc` sowie `DateTimeZoneHandling.RoundtripKind`. Erstere konvertiert Uhrzeiten immer nach UTC; Letztere erhält die Zeitzone, die der Client übersendet hat.

Eine der wohl wichtigsten Eigenschaften, die den Umgang mit Datumswerten beeinflusst, ist `DateFormatHandling`. Sie legt fest, wie Datumswerte in JSON dargestellt werden sollen, und adressiert somit die Problemstellung, dass die JSON-Spezifikation keine Aussage darüber macht. Die Option `IsoDateFormat`, die auch den Standardwert darstellt, bewirkt, dass ASP.NET Web API Datumswerte wie in XML üblich nach ISO 8601 darstellt. Ein Beispiel dafür ist *2013-01-20T21:00:00+01:00*. Das *T* trennt dabei den Datumsteil von der Uhrzeit, und am Ende wird ein eventueller Zeitzonenoffset angehängt. Bei +01:00 handelt es sich um das Offset für die mitteleuropäische Zeit (MEZ), die von der Standardzeit (UTC) um eine Stunde abweicht.

Eine Alternative hierzu stellt die Option `MicrosoftDateFormat` dar. Sie legt fest, dass jene Darstellung für Datumswerte heranzuziehen ist, die Microsoft-Frameworks im Zuge der JSON-Serialisierung in der Vergangenheit verwendet haben. Zugunsten der allgemein akzeptierten ISO-Repräsentation sollte der Entwickler diese Einstellung nur nutzen, wenn das entwickelte System zu solchen Systemen kompatibel sein muss.

Eine weitere Eigenschaft, die in Listing 6-37 verwendet wird, ist Formatting. Wird sie auf Formatting.Indented gesetzt, kommen – zur besseren Lesbarkeit – Zeilenschaltungen und Einrückungen zum Einsatz. Ansonsten verzichtet der JSON-Serializer darauf.

Listing 6-37: JSON-Serialisierung anpassen

```
var jf = GlobalConfiguration.Configuration.Formatters.JsonFormatter;
jf.UseDataContractJsonSerializer = false;
jf.SerializerSettings.DateTimeZoneHandling =
                            Newtonsoft.Json.DateTimeZoneHandling.Local;
jf.SerializerSettings.DateFormatHandling =
                            Newtonsoft.Json.DateFormatHandling.IsoDateFormat;
// jf.SerializerSettings.DateFormatHandling =
                            Newtonsoft.Json.DateFormatHandling.MicrosoftDateFormat;
jf.SerializerSettings.Formatting = Newtonsoft.Json.Formatting.Indented;
```

XML-Serializer konfigurieren

Ähnlich wie der Serializer, der standardmäßig vom JsonFormatter verwendet wird, kann auch jener, der standardmäßig vom XML-Formatter herangezogen wird, konfiguriert werden. Listing 6-38 demonstriert dies. Die Option UseXmlSerializer legt fest, ob der XmlSerializer, der seit .NET 1.0 mit von der Partie ist, zum Serialisieren heranzuziehen ist. Wird diese Option auf false gesetzt, kommt der DataContractSerializer, der auch von der WCF genutzt wird, zum Einsatz. Ident gibt zudem darüber Auskunft, ob zur besseren Lesbarkeit Einrückungen verwendet werden sollen.

Listing 6-38: XML-Serialisierung anpassen

```
var xf = GlobalConfiguration.Configuration.Formatters.XmlFormatter;

xf.UseXmlSerializer = true;
xf.Indent = true;
```

Eigenschaften von der Serialisierung ausschließen

Um festzulegen, dass der JSON-Serializer bestimmte Eigenschaften nicht serialisieren soll, annotiert sie der Entwickler mit dem Attribut JsonIgnore. Damit der XmlSerializer das Attribut ebenfalls nicht serialisiert, ist es mit XmlIgnore zu annotieren. Beim Einsatz des aus der WCF bekannten DataContractSerializer- beziehungsweise DataContractJsonSerializer-Objekts wird die jeweilige Eigenschaft hingegen nicht mit DataMember annotiert. Listing 6-39 demonstriert dies mit der Klasse Abteilung, deren Eigenschaft Budget in keinem der soeben beschriebenen Fälle serialisiert wird.

Listing 6-39: Serialisierung von Eigenschaften durch Annotationen unterdrücken

```
[DataContract]
public class Abteilung
{
```

```
    [DataMember(Name="AbteilungsName", IsRequired=true)]
    public String Bezeichnung { get; set; }

    [DataMember]
    public Mitarbeiter Manager { get; set; }

    [JsonIgnore]
    [XmlIgnore]
    public string Budget{ get; set; }
}
```

Zirkuläre Referenzen serialisieren

Da sowohl XML als auch JSON prinzipiell Daten in hierarchischer Form repräsentieren, sind Fälle, in denen zwei Elemente gegenseitig aufeinander verweisen, problematisch. Diese Problemstellung wird durch die beiden Klassen in Listing 6-40 veranschaulicht: Die Klasse `Mitarbeiter` verweist auf die Klasse `Abteilung`, und die Klasse `Abteilung` verweist über die Eigenschaft `Manager` zurück auf die Klasse `Mitarbeiter`. Bei einer strikten hierarchischen Serialisierung würde sich eine Endlosschleife ergeben.

Listing 6-40: Zirkuläre Verweise

```
public class Mitarbeiter
{
    public String Name { get; set; }
    public Abteilung Abteilung { get; set; }
}
public class Abteilung
{
    public String Bezeichnung { get; set; }
    public Mitarbeiter Manager { get; set; }
    public string Budget{ get; set; }
}
```

Um dieses Problem zu umgehen, müssen die verwendeten Serializer angewiesen werden, Referenzen zu verwenden, anstatt referenzierte Elemente an Ort und Stelle zu platzieren und somit gegebenenfalls zu wiederholen. Der Serializer des `JsonFormatter` kann über seine Eigenschaft `PreserveReferencesHandling` zu diesem Verhalten bewegt werden (Listing 6-41).

Listing 6-41: Referenzen aktivieren

```
var jf = GlobalConfiguration.Configuration.Formatters.JsonFormatter;
[…]
jf.SerializerSettings.PreserveReferencesHandling = PreserveReferencesHandling.All;
```

Setzt der Entwickler diese Eigenschaft auf die Option `PreserveReferencesHandling.All`, vergibt der Serializer jedem serialisierten Objekt eine ID, und Verweise auf diese Objekte werden unter Angabe dieser IDs modelliert. Listing 6-42 demonstriert dies, indem es das Ergebnis der JSON-Serialisierung der Mitarbeiterin Susi Sorglos zeigt, die Managerin der eigenen Abteilung ist. Dabei fällt auf, dass der Serialisierer zum Darstellen von IDs die einzelnen Objekte um eine Eigenschaft $id erweitert hat. Zum Darstellen von Verweisen hat er darüber hinaus die Eigenschaft $ref eingeführt.

Beim Einsatz dieser Lösung ist zu beachten, dass es sich hierbei um eine Erweiterung von JSON.Net handelt, die somit nicht von allen Kommunikationspartnern verstanden wird.

Listing 6-42: JSON-Objekt mit Referenzen

```
{
    "$id": "1",
    "Name": "Susi Sorglos",
    "Abteilung": {
       "$id": "2",
       "Bezeichnung": "Abteilung Einkauf",
       "Manager": {
           "$ref": "1"
       }
    }
}
```

Der DataContractSerializer bietet für XML-Dokumente mit zirkulären Verweisen zwei ähnliche Lösungsansätze. Zum einen kann der Entwickler bei der Definition eines Datenvertrags angeben, dass Verweise auf diesen Datenvertrag durch Angabe von IDs aufzulösen sind. Dazu legt er die Eigenschaft IsReference des Attributes DataContract auf true fest (siehe Listing 6-43).

Listing 6-43: Referenzen für Datenverträge aktivieren

```
[DataContract(IsReference = true)]
public class Abteilung
{
    [DataMember(Name="AbteilungsName", IsRequired=true)]
    public String Bezeichnung { get; set; }

    [DataMember]
    public Mitarbeiter Manager { get; set; }

    [JsonIgnore]
    [XmlIgnore]
    public string Budget{ get; set; }
}

[DataContract(IsReference = true)]
public class Abteilung
{
    [DataMember]
    public String Bezeichnung { get; set; }

    [DataMember]
    public Mitarbeiter Manager { get; set; }
}
```

Zum anderen kann der Entwickler pro Datenvertrag in der globalen Konfiguration einen vorkonfigurierten `DataContractSerializer` hinterlegen. Damit diese Serializer zum Auflösen von Verweisen ID-Referenzen einsetzen, übergibt er den Wert `true` an den Konstruktor-Parameter `preserveObjectReferences` (Listing 6-44).

Listing 6-44: Vorkonfigurierte Serializer registrieren

```
var dcsAbteilung = new DataContractSerializer(typeof(Abteilung), null,
                          int.MaxValue, false,
                          /* preserveObjectReferences: */ true, null);
xf.SetSerializer<Abteilung>(dcsAbteilung);

var dcsMitarbeiter = new DataContractSerializer(typeof(Mitarbeiter), null,
                            int.MaxValue, false,
                            /* preserveObjectReferences: */ true, null);
xf.SetSerializer<Mitarbeiter>(dcsMitarbeiter);
```

Binary JSON (BSON)

Seit Version 2.1 befindet sich im Lieferumfang von ASP.NET Web API ein Formatierer namens *BsonMediaTypeFormatter*, der eine kompakte Darstellung der versendeten Daten mittels BSON (*http://bsonspec.org/*) erlaubt. BSON steht für Binary JSON und bietet aufgrund einer kompakten und binären Darstellung eine effizientere Kommunikation als JSON. Der Nachteil von BSON liegt in der Tatsache, dass es nicht allzu weit verbreitet ist und man somit nicht davon ausgehen kann, dass jeder Kommunikationspartner in der Lage ist, BSON zu verarbeiten.

Da der *BsonMediaTypeFormatter* nicht standardmäßig von Web API verwendet wird, muss er, wie benutzerdefinierte Formatierer, manuell registriert werden (siehe Abschnitt »Benutzerdefinierte Formate unterstützen«). Der *BsonMedia TypeFormatter* bietet dieselben Einstellungen wie der *JsonMediaTypeFormatter* und hört standardmäßig auf den Contenttyp *application/bson*.

Web API und HTML-Formulare

Neben der Tatsache, dass ASP.NET Web API XML- und JSON-basierte Daten empfangen und senden kann, besteht auch die Möglichkeit, Daten in jenen Formaten entgegenzunehmen, in denen Browser sie senden. Somit können Action-Methoden auch als Ziel von HTML-basierten Formularen dienen.

Einfache Formularfelder übermitteln

Die standardmäßig eingerichteten Formatter binden die übersendeten Felder eines HTML-Formulars an die Übergabeparameter der angestoßenen Action-Methode. Daneben kann auch mit `Request.Content.ReadAsFormDataAsync` eine Auflistung mit sämtlichen Formularparametern abgerufen werden (siehe Listing 6-45).

Listing 6-45: Daten eines HTML-Formulars lesen

```
public async Task<string> Post()
{
    if (Request.Content.IsFormData())
    {
        var formData = await Request.Content.ReadAsFormDataAsync();
        return formData["message"];
    }
    return "No Message!";
}
```

Datei-Upload via HTML-Formular

Um Datei-Uploads, die von einem HTML-Formular aus erfolgen, verarbeiten zu können, muss ASP.NET Web API dazu gebracht werden, mit Daten umzugehen, die sich am Mime-Typ `multipart/form-data` orientieren. Dieser Mime-Typ sieht vor, dass die übersendeten Informationen in mehrere Sektionen geteilt werden, wobei jede Sektion einen eigenen Mime-Typ aufweisen kann. Diese Sektionen beinhalten zum Beispiel die hochzuladenden Dateien oder auch die Inhalte von Formularfeldern.

Zum Lesen einer solchen Nachricht verwendet der Entwickler die Methode `Content.ReadAsMultipartAsync` des aktuellen `Request`-Objekts (Listing 6-46). An diese kann er eine Instanz einer Subklasse von `MultipartStreamProvider` übergeben, wobei diese die Art der Verarbeitung der übersendeten Daten festlegt.

Im betrachteten Fall kommt ein `MultipartFormDataStreamProvider` zum Einsatz. Dieser speichert die hochgeladenen Daten in jenem Ordner, den der Entwickler über dessen Konstruktor festgelegt hat. Darüber hinaus hält er die Daten von Formularfeldern im Hauptspeicher vor und macht sie über die Eigenschaft `FormData` zugänglich. Die Auflistung `FileData` beinhaltet daneben Informationen über die hochgeladenen Dateien, die im spezifizierten Verzeichnis abgelegt wurden.

Die einzelnen Einträge sind vom Typ `MultipartFileData`, der zwei Eigenschaften aufweist: `LocalFileName` repräsentiert den vollständigen Namen der hochgeladenen Datei im festgelegten Upload-Ordner des Servers; `Headers` liefert Kopfzeileneinträge, die der Browser für die jeweilige Datei übersendet hat. Über den Kopfzeileneintrag `Content-Disposition` kann zum Beispiel jener Name, den die Datei auf der Clientseite hat, ermittelt werden; der Kopfzeileneintrag `Content-Type` gibt hingegen Auskunft über das Dateiformat (über `Content-Type`) der Datei. Im betrachteten Beispiel werden diese Informationen zur Demonstration im Debugfenster ausgegeben. Listing 6-47 zeigt zur Demonstration jene Ausgaben, die beim Hochladen einer ZIP-Datei entstanden sind. Eine HTML-Seite zum Testen dieser Action-Methode findet sich in Listing 6-48.

Listing 6-46: File-Upload bearbeiten

```
public async Task<string> Post()
{
    if (!Request.Content.IsMimeMultipartContent("form-data"))
    {
        throw new HttpResponseException(HttpStatusCode.UnsupportedMediaType);
    }

    var formDataProvider = new
            MultipartFormDataStreamProvider(@"c:\temp\bilder");
    var bodyParts = await
            Request.Content.ReadAsMultipartAsync(formDataProvider);

    var hotelId = bodyParts.FormData["hotelId"];
    Debug.WriteLine("HotelId: " + hotelId);

    foreach (var file in bodyParts.FileData)
    {
        Debug.WriteLine("File: " + file.LocalFileName);
        foreach (var h in file.Headers)
        {
            var array = h.Value as IEnumerable<string>;
            if (array != null) {
               Debug.WriteLine("   Header: " + h.Key + ": " + string.Join("|", array));
            }
            else {
                Debug.WriteLine("   Header: " + h.Key + ": " + h.Value);
            }

        }
    }

    return bodyParts.FileData.Count + " Dateien für Hotel #" + hotelId + " hochgeladen!";

}
```

Listing 6-47: Ausgabe der übersendeten Daten

```
HotelId: 333
File: c:\temp\bilder\BodyPart_2dc6a787-06f1-4dff-91cc-d1f48cf7d6e6
   Header: Content-Disposition: form-data; name="data";
                    filename="C:\Users\schwichtenberg\Desktop\ExtendingMVC.zip"
   Header: Content-Type: application/x-zip-compressed
```

Listing 6-48: HTML-Formular für Datei-Upload

```
<!DOCTYPE HTML>
<html>
    <head>
        <title>Hotel-Bilder</title>

    </head>
    <body>

        <form
            method="POST"
```

```
            action="http://localhost:1307/api/Bilder"
            enctype="multipart/form-data">

            <div>
                HotelId
            </div>
            <div>
                <input name="hotelId" >
            </div>
            <div>
                Bilder:
            </div>
            <div>
                <input name="data" type="file" multiple>
            </div>
            <input type="submit" />

        </form>

    </body>

</html>
```

Neben dem MultipartFormDataStreamProvider existieren noch ein paar weitere Implementierungen, die in solchen Szenarien verwendet werden können. Tabelle 6-3 gibt Aufschluss darüber.

Tabelle 6-3: MultipartStreamProvider-Derivate

Implementierung	Beschreibung
MultipartMemoryStreamProvider	Speichert sämtliche Teile der Nachricht im Hautspeicher und stellt diese in Form von MemoryStream-Objekten bereit.
MultipartFileStreamProvider	Speichert sämtliche Teile der Nachricht im Dateisystem.
MultipartFormDataStreamProvider	Speichert nur hochgeladene Dateien im Dateisystem; Formularfelder werden im Hauptspeicher vorgehalten.
MultipartRelatedStreamProvider	Unterstützt den Mime-Typ Multipart/Related (RFC 2387), bei dem einzelnen Nachrichtenteile aufeinander verweisen können (zum Beispiel eine XML-Nachricht im ersten Teil auf ein Bild im zweiten Teil).

Fortschritt ermitteln

Zum Ermitteln des Fortschritts eines Upload- beziehungsweise Download-Vorgangs bietet ASP.NET Web API einen ProgressMessageHandler (Listing 6-49). Wie alle anderen MessageHandler auch, ist dieser mit allen anderen zu verwendenden Handlern zu verketten, wobei sich am Ende dieser Kette ein HttpClientHandler befinden muss. Nachdem er sie erzeugt hat, übergibt der Entwickler diese MessageHandler-Kette an den Konstruktor von HttpClient.

Der Eigenschaft HttpReceiveProgress von ProgressMessageHandler weist er zusätzlich eine Methode zu, die laufend über den Fortschritt eines Downloads informiert werden soll (siehe Listing 6-50). Diese Methode erhält bei jedem Aufruf ein Argument vom Typ HttpProgressEventArgs, das Zugriff auf Informationen, die den aktuellen Fortschritt repräsentieren, gewährt. Die Eigenschaft ProgressPercentage enthält zum Beispiel den Grad der Fertigstellung in Prozent. Im betrachteten Fall wird dieser Wert ausgegeben, sofern er sich seit dem letzten Aufruf der Benachrichtigungsmethode geändert hat.

> Die Verwendung von ProgressMessageHandler schließt den Einsatz von Streaming aus.

Um sich über den Fortschritt eines Upload-Vorgangs informieren zu lassen, geht der Entwickler analog vor. Allerdings verwendet er hierzu die Eigenschaft HttpSendProgress anstatt von HttpReceiveProgress.

Listing 6-49: Einsatz von ProgressMessageHandler

```
static async void DownloadDemo()
{
    var progressMessageHandler = new ProgressMessageHandler()
    {
        InnerHandler = new HttpClientHandler()
    };

    progressMessageHandler.HttpReceiveProgress +=
                    progressMessageHandler_HttpReceiveProgress;

    HttpClient client = new HttpClient(progressMessageHandler);

    var response = await client.GetAsync("http://localhost:1307/api/Bilder");
    var stream = await response.Content.ReadAsStreamAsync();

    Console.WriteLine("Habe Stream erhalten!");
    long bytes = 0;

    using (FileStream fs =
                new FileStream(@"c:\temp\download.dat", FileMode.Create))
    {
        int b;
        while ((b = stream.ReadByte()) != -1)
        {
            fs.WriteByte((byte)b);
            bytes++;
            if (bytes % (200 * 1024) == 0)
            {
                Console.WriteLine(bytes / 1024 + " KB gelesen ...");
            }
        }
    }
    Console.WriteLine("Fertig gelesen");

}
```

Listing 6-50: Ereignisbehandlungsroutine für ProgressMessageHandler

```
static int progress = -1;
[…]
static void progressMessageHandler_HttpReceiveProgress(
                                    object sender, HttpProgressEventArgs e)
{
    if (progress == e.ProgressPercentage) return;
    Console.WriteLine(e.ProgressPercentage + "% heruntergeladen");
    progress = e.ProgressPercentage;
}
```

Feingranulare Konfiguration

Bis dato waren sämtliche beschriebenen Konfigurationseinstellungen global und wirkten sich somit auf sämtliche Controller aus. Dieser Abschnitt zeigt, wie Konfigurationseinstellungen für bestimmte Controller hinterlegt werden können.

Controllerbasierte Konfiguration

Obwohl die globale Konfiguration von ASP.NET Web API in vielen Fällen ausreicht, gibt es Situationen, in denen Einstellungen lediglich für einen einzelnen oder wenige Controller vorgenommen werden sollen. In diesen Situationen besteht die Möglichkeit, die Schnittstelle IcontrollerConfiguration zu implementieren (Listing 6-51). Dieses gibt die Methode Initialize vor, die die Konfiguration eines bestimmten Controllers übernimmt. Dazu übergibt ASP.NET Web API einen Parameter vom Typ HttpcontrollerSettings sowie einen HttpcontrollerDescriptor. An Ersteren sind die gewünschten Konfigurationseinstellungen zu übergeben; Letzterer bietet Informationen über den zu konfigurierenden Controller.

Im betrachteten Fall entfernt Initialize den ersten Formatter – es handelt sich dabei um den JSON-Formatter – und ersetzt die zu verwendende ITraceWriter-Implementierung durch eine benutzerdefinierte, die – um das Beispiel kurz zu halten – von der eigenen Klasse bereitgestellt wird. Dazu wird der benutzerdefinierte ITraceWriter implementiert und somit auch eine Methode Trace bereitgestellt.

Listing 6-51: Controllerbasierte Konfiguration

```
public class CustomConfig : Attribute, IcontrollerConfiguration, ITraceWriter
{
    public void Initialize(HttpcontrollerSettings controllerSettings,
                                HttpcontrollerDescriptor controllerDescriptor)
    {
        controllerSettings.Formatters.RemoveAt(0);
        controllerSettings.Services.Replace(typeof(ITraceWriter), this);
    }

    public void Trace(HttpRequestMessage request, string category,
                           System.Web.Http.Tracing.TraceLevel level,
Action<TraceRecord> traceAction)
    {
```

```
            TraceRecord record = new TraceRecord(request, category, level);
            traceAction(record);
            Debug.WriteLine(category + ": " + level + " " + record.Message);
        }
}
```

Da die betrachtete Implementierung darüber hinaus auch von der Basisklasse `Attribute` erbt, kann sie zum Annotieren der zu konfigurierenden Controller herangezogen werden (Listing 6-52).

Listing 6-52: Einsatz einer controllerbasierten Konfiguration

```
[CustomConfig]
public class MiniBarController : ApiController
{

    public double GetPrice(int hotelId, int roomNumber)
    {
        return 42;
    }

}
```

Routenbasierte Konfiguration

Auch auf der Ebene von Routen kann der Entwickler die Standardkonfiguration variieren. Dazu hat er die Möglichkeit, einer Route eine Kette von `MessageHandler`-Objekten zuzuordnen. Listing 6-53 weist zum Beispiel der Route `BuchungenByHotelRoute` eine Kette bestehend aus einem `LimitResultMessageHandler` und einem `HttpcontrollerDispatcher` zu. Dabei ist zu beachten, dass Ketten dieser Art immer mit einem `HttpcontrollerDispatcher` abzuschließen sind, da dieser die entsprechende Action-Methode anstößt.

Listing 6-53: Konfiguration auf der Ebene einer Route

```
public static void RegisterRoutes(RouteCollection routes)
{
    routes.IgnoreRoute("{resource}.axd/{*pathInfo}");


    var handler = new LimitResultMessageHandler()
    {
        InnerHandler = new HttpcontrollerDispatcher(GlobalConfiguration.Configuration)
    };

    routes.MapHttpRoute(
        name: "BuchungenByHotelRoute",
        routeTemplate: "api/Hotels/{hotelId}/Buchungen",
        defaults: new { controller = "Buchungen" },
        constraints: null, // Notwendig, damit richtige Überladung gewählt wird!
        handler: handler
    );

    [...]
}
```

KAPITEL 7

ASP.NET SignalR

Während das Web auf einer Kommunikation nach dem Prinzip Anfrage/Antwort basiert, bietet es für Benachrichtigungsszenarien keine ideale Ausgangsbasis. Der Grund dafür liegt an der Funktionsweise von Firewalls: Sie blocken aus Sicherheitsgründen Anfragen, die von außen initiiert werden. Nachrichten, die von den dahinter liegenden Clients versendet werden, sowie Antworten darauf werden hingegen zugelassen (siehe Abbildung 7-1). Um diese Einschränkung zu umschiffen, setzen Webentwickler seit Jahren auf ein nachfolgend beschriebenes Verfahren namens Long-Polling. Daneben ermöglicht der aufkommende Standard Web-Sockets eine bidirektionale Kommunikation ohne Umwege, indem sich Client und Server darauf einigen, eine Verbindung, die vom Client unter Verwendung von HTTP und somit »Firewall-freundlich« initiiert wurde, fortan als TCP-Verbindung zu nutzen.

Bei ASP.NET SignalR handelt es sich um ein Framework, das diese Möglichkeiten abstrahiert und darüber hinaus die Umsetzung von Benachrichtigungsszenarien erheblich vereinfacht. Nachdem dieses Kapitel ein paar Informationen zu den Ideen hinter Long-Polling und Web-Sockets geliefert hat, wendet es sich diesem jungen Framework zu.

Long-Polling

Long-Polling bedeutet, dass der Client eine Verbindung zum Server aufbaut und der Server mit einer Benachrichtigung antwortet. Da der Client nicht wissen kann, wann eine zu versendende Benachrichtigung vorliegt, hält er die Verbindung so lange offen, bis dies der Fall ist oder bis sie aufgrund eines Timeouts terminiert wird. Da HTTP verbindungslos arbeitet, wird die Verbindung auch nach dem Erhalt einer Antwort vom Server, die im diskutierten Fall die Benachrichtigung darstellt, geschlossen. Egal weswegen die Verbindung abgebaut wird, der Client initiiert immer wieder eine neue und legt somit die Basis für weitere Benachrichtigungen durch den Server. Der Nachteil dieser Vorgehensweise liegt im Kommunikationsoverhead, der durch das ständige Aufbauen einer neuen HTTP-Verbindung entsteht.

Zur Implementierung von Long-Polling existieren im Webumfeld mehrere Ansätze. Beispielsweise kann hierfür das `XmlHttpRequest`-Objekt unter JavaScript eingesetzt werden. Alternativ dazu kann der Browser auch einen verstecken Inner-Frame vorsehen, der auf eine Seite verweist, die ständig Informationen vom Server entgegennimmt, zum Beispiel in Form von JavaScript-Aufrufen. Hierbei ist auch von einem »Forever-Frame« die Rede. Unabhängig davon, wie die Implementierung erfolgt, spricht man hierbei auch von Reverse-AJAX oder COMET.

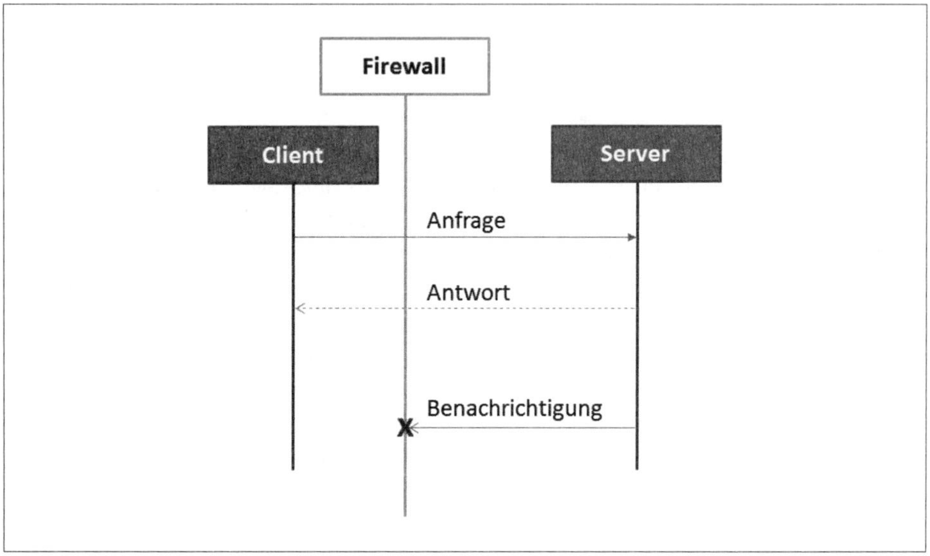

Abbildung 7-1: Während Firewalls Antwortnachrichten durchlassen, blocken sie Anfragen, die vom Server initiiert wurden

Web-Sockets

Wie eingangs erwähnt sieht der aufkommende Standard Web-Sockets vor, dass der Client zunächst eine Verbindung mittels HTTP initiiert. Im Zuge dessen gibt er an, dass er ab sofort die darunter liegende TCP-Verbindung direkt nutzen möchte. Ist der Server damit einverstanden, wird fortan über TCP kommuniziert (Abbildung 7-2).

Der Vorteil besteht darin, dass TCP im Gegensatz zu HTTP verbindungsorientiert ist und initiierte Verbindungen somit nicht nach dem Empfang einer Antwort geschlossen werden müssen. Darüber hinaus können beide Kommunikationspartner dem Gegenüber zu jeder Zeit Nachrichten über einen eingerichteten TCP-Kanal zukommen lassen.

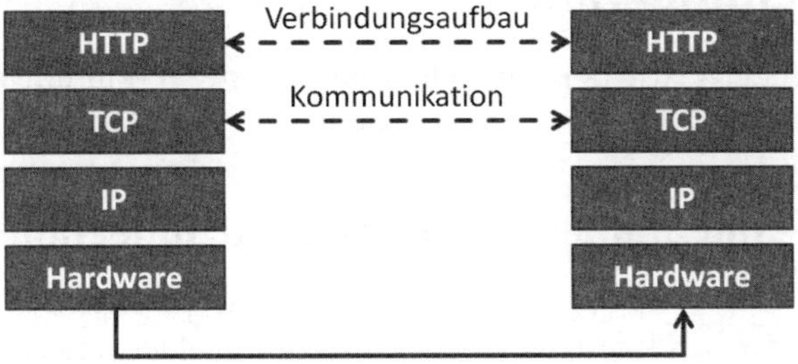

Abbildung 7-2: Nachdem sich Client und Server über den Einsatz von Web-Sockets geeinigt haben, wird die über HTTP initiierte Verbindung als bidirektionale TCP-Verbindung genutzt.

Überblick über ASP.NET SignalR

Um in den Genuss von Web-Sockets zu kommen, müssen sowohl der Client als auch der Server dieses Protokoll unterstützen. Auf der Microsoft-Plattform ist dies zum Beispiel ab IE 10 und IIS 8 der Fall, wobei die Web-Sockets-Unterstützung für IIS 8 explizit über die Systemsteuerung installiert werden muss. Ist einer der Kommunikationspartner nicht in der Lage, Web-Sockets zu verwenden, müssen diese mit Long-Polling vorliebnehmen. Genau hier kommt ASP.NET SignalR ins Spiel, indem es zum einen sowohl Web-Sockets als auch verschiedene Long-Polling-Verfahren unterstützt und zum anderen anhand der Fähigkeiten von Client und Server selbstständig eine dieser Möglichkeiten wählt. Falls möglich, kommen Web-Sockets zum Einsatz; ansonsten eine Long-Polling-Implementierung.

SignalR-basierte Dienste können sowohl über ASP.NET-Projekte als auch mittels Self-Hosting über Windows-Anwendungen, wie zum Beispiel Windows-Dienste, angeboten sowie über JavaScript als auch über Windows-Clients konsumiert werden.

Der Entwickler hat die Möglichkeit, Dienste in Form von sogenannten persistenten Verbindungen oder in Form von Hubs bereitzustellen, wobei persistente Verbindungen lediglich in der Lage sind, Zeichenfolgen zu empfangen und zu versenden. Hubs, die auf persistenten Verbindungen basieren, bieten hingegen Operationen an, die der Client über Web-Sockets anstoßen kann. Zur Realisierung von Benachrichtigungen erhält auch der Hub die Möglichkeit, Operationen bei allen oder auch nur bei ausgewählten Clients zur Ausführung zu bringen. Das dem Konzept von Hubs zugrunde liegende Protokoll basiert auf JSON-Strings, die über Web-Sockets versendet werden, und passt somit perfekt in die Welt von HTTP und REST-basierten Services.

PersistentConnection

Dieser Abschnitt zeigt, wie der Entwickler persistente Verbindungen zur Kommunikation mit ASP.NET SignalR einsetzen kann.

Erste Schritte mit SignalR und PersistentConnection

Um innerhalb eines ASP.NET-Projekts einen auf persistenten Verbindungen basierenden Dienst bereitzustellen, bindet der Entwickler das Nuget-Paket `microsoft.aspnet.signalr` ein. Anschließend implementiert er eine Klasse, die von `PersistentConnection` ableitet und die Methode `OnReceiveAsync` überschreibt (Listing 7-1). Alternativ dazu steht auch eine Elementvorlage (engl. item template) für persistente Verbindungen zur Verfügung, sofern *ASP.NET and Web Tools 2012.2* installiert ist. Die Installationsdateien dazu finden sich unter *www.asp.net*.

SignalR erzeugt pro Clientverbindung eine Instanz dieser Klasse und bringt `OnReceived` immer dann zur Ausführung, wenn der Client Daten liefert. Dabei übergibt SignalR drei Parameter: `IRequest` repräsentiert die HTTP-Anfrage, `connectionId` eine ID, die für die aktuelle Verbindung zwischen Client und Server steht, und `data` die gesendeten Daten in Form einer Zeichenfolge. Da die Verbindung zwischen Client und Server für die Dauer einer Benutzersitzung erhalten bleibt, kann jeder verbundene Benutzer über die `connectionId` identifiziert werden.

Im betrachteten Beispiel sendet `OnReceived` die erhaltene Zeichenfolge an alle verbundenen Clients weiter und implementiert somit einen einfachen Chat. Dazu gibt sie das Ergebnis von `Connection.Broadcast` zurück. Bei `Connection` handelt es sich hierbei um eine von `PersistentConnection` geerbte Eigenschaft des Typs `IConnection`. Wie die auskommentierte Zeile andeutet, könnte `OnReceived` stattdessen auch das Ergebnis von `Connection.Send` zurückgeben, um einem bestimmten Benutzer eine Information zukommen zu lassen. Diese Methode nimmt die `connectionId` des gewünschten verbundenen Benutzers sowie die zu versendenden Daten entgegen.

Listing 7-1: Einfache Implementierung von PersistentConnection

```
public class SimplePersistentConnection : PersistentConnection
{
    protected override Task OnReceivedAsync(
                     IRequest request, string connectionId, string data)
    {
        // return this.Connection.Send(connectionId, data);
        return this.Connection.Broadcast(data);
    }
}
```

Beachtenswert ist auch die von `PersistentConnection` geerbte Eigenschaft `Groups`. Sie ist vom Typ `IGroupManager` und gibt dem Entwickler die Möglichkeit, Verbindungen verschiedenen Gruppen zuzuordnen sowie allen Clients einer Gruppe eine Nachricht zukommen zu lassen. Das folgende Schnipsel weist die aktuelle Verbindung der Gruppe VIP zu und sendet anschließend allen Mitgliedern dieser Gruppe eine Nachricht:

```
this.Groups.Add(connectionId, "VIP");
this.Groups.Send("VIP", "Einladung zur VIP-Lounge ...");
```

Analog zur Verwendung von Add kann der Entwickler eine Gruppenzuweisung mittels Remove wieder aufheben.

Lifecycle-Methoden

Neben der im letzten Abschnitt betrachteten Methode OnReceived stellt die Basisklasse PersistentConnection noch einige weitere Methoden zur Verfügung, die der Entwickler überschreiben kann, um auf bestimmte Ereignisse zu reagieren: OnConnected wird zum Beispiel von SignalR aufgerufen, wenn mit einem Client eine Verbindung hergestellt wird; OnDisconnected, wenn eine Verbindung getrennt wird, und OnReconnected, wenn sich ein Client nach einem Verbindungsabbruch erneut verbindet.

Da bei einem Verbindungsabbruch sämtliche Informationen über die Gruppenzugehörigkeiten der jeweiligen Verbindung verloren gehen, ruft SignalR im Zuge des Wiederverbindens die Methode OnRejoiningGroups auf, um diese Information wieder in Erfahrung zu bringen. Durch das Überschreiben dieser Methode kann der Entwickler festlegen, wie diese Informationen zu ermitteln sind. Beispielsweise könnten sie zuvor in einer Datenbank gespeichert und nun aus dieser wieder geladen werden.

Vor einem Verbindungsaufbau ruft SignalR auch die Methode AuthorizeRequest auf. In dieser kann der Entwickler die gewünschten Authentifizierungslogiken platzieren. Alternativ dazu kann er für diese Aufgabe jedoch auch auf die im PDF-Bonuskapitel beschriebenen Mechanismen zurückgreifen.

URL-Mapping für persistente Verbindungen

Damit Clients eine persistente Verbindung verwenden können, muss der Entwickler für sie serverseitig eine Route vergeben. Dazu ist eine Startup- Klasse einzurichten, die die in Listing 7-2 gezeigte Methode Configuration aufweist. Diese Methode wird beim Start der Anwendung zum Einrichten von Komponenten aufgerufen. Dazu zählen natürlich auch SignalR-Komponenten. Innerhalb von Configuration verwendet der Entwickler die Methode MapSignalR, um einen URL für die persistente Verbindung zu konfigurieren.

Listing 7-2: PersistentConnection *registrieren*

```
using Microsoft.Owin;
using Owin;
using SignalRDemo.PersistentConnections;

[assembly: OwinStartup(typeof(SignalRChat.Startup))]
namespace SignalRChat
{
```

```
    public class Startup
    {
        public void Configuration(IAppBuilder app)
        {
            app.MapSignalR<SimplePersistentConnection>("/simple");
        }
    }
}
```

> Die hier gezeigte Konfiguration basiert auf einer Bibliothek, die Microsoft Katana nennt. Über Katana werden Komponenten registriert, die bei jeder Anfrage durch den Benutzer durchlaufen werden. Die Komponente, die mit `MapSignalR` registriert wird, delegiert den aktuellen Aufruf an SignalR weiter. Mehr Informationen zu Katana finden Sie im PDF-Bonuskapitel »Open Web Interface for .NET (OWIN) und Katana«.

Einfacher Client für eine persistente Verbindung

Listing 7-3 zeigt einen einfachen Client, der auf die soeben betrachtete `PersistentConnection` zugreift. Dazu verwendet er das Nuget-Paket `microsoft.aspnet.signalr.client`.

Der Client baut unter Verwendung der Klasse `Connection` eine Verbindung zu `PersistentConnection` auf. An den Konstruktor übergibt er den zu adressierenden URL. Anschließend registriert der Client zwei Ereignisbehandlungsroutinen: Eine für das Ereignis `Received` und eine für `Error`. Erstere kommt zur Ausführung, wenn `connection` Daten vom Server empfängt; Letztere, wenn ein Fehler auftritt. Beide geben die empfangenen Informationen auf der Konsole aus.

Mit der `connection`-Methode `Start` initiiert der Client die Verbindung zum Server. `Start` wird im Hintergrund ausgeführt und liefert aus diesem Grund einen `Task` zurück. Um anzugeben, dass nach der Fertigstellung dieser im Hintergrund ausgeführten Routine eine weitere Aufgabe auszuführen ist, registriert der Client diese in Form eines Lambda-Ausdrucks unter Verwendung der Methode `ContinueWith`, die der `Task` anbietet. Dieser Lambda-Ausdruck prüft, ob der `Task` erfolgreich ausgeführt werden konnte, und gibt eine entsprechende Statusmeldung auf der Konsole aus.

Anschließend sendet der Client innerhalb einer Schleife Nachrichten in Form von Zeichenfolgen an den Server. Dazu zieht er die Methode `Send` heran. Da auch sie einen `Task` abspaltet, der im Hintergrund ausgeführt wird, registriert der Client ebenfalls bei diesem Task einen Lambda-Ausdruck, der zur Ausführung kommt, wenn der Sendevorgang abgeschlossen wurde. Dieser prüft abermals, ob die angestoßene Routine – das Senden von Daten – erfolgreich ausgeführt werden konnte, und zeigt dies durch eine Konsolenausgabe an.

Listing 7-3: Einfacher .NET-basierter Chat-Client

```
var connection = new Connection("http://localhost:49222/simple");

connection.Received += data =>
{
    Console.WriteLine("Empfangen: " + data);
};

connection.Error += ex =>
{
    Console.WriteLine("Fehler: " + ex.Message);
};

connection.Start().ContinueWith(task =>
{
    if (task.IsFaulted)
    {
        Console.WriteLine("Fehler: " + task.Exception.Message);
    }
    else
    {
        Console.WriteLine("Verbindung aufgebaut!");
    }
});

string line;
while ((line = Console.ReadLine()) != "exit")
{
    connection.Send(line).ContinueWith(task =>
    {
        if (task.IsFaulted)
        {
            Console.WriteLine("Fehler: " + task.Exception.Message);
        }
        else
        {
            Console.WriteLine("Gesendet");
        }
    });
}
```

Einfacher JavaScript-Client für eine persistente Verbindung

Listing 7-4 zeigt anhand einer einfachen HTML-Seite, wie der Entwickler via JavaScript eine persistente Verbindung verwenden kann. Dieses Beispiel geht davon aus, dass das populäre JavaScript-Framework jQuery (*jquery.org*) eingebunden ist.

Die View, die einen einfachen Chat darstellt, beinhaltet ein Eingabefeld zum Erfassen einer Nachricht, eine Schaltfläche zum Verwenden von Nachrichten sowie eine anfangs leere Liste zum Darstellen empfangener Nachrichten. Um SignalR nutzen zu können, referenziert sie die JavaScript-Datei *jquery.signalR-x.x.x.js*, die Nuget beim Einbinden des Pakets `microsoft.aspnet.signalr` in das Verzeichnis *scripts* kopiert. Die Endung *x.x.x* ist in diesem Text ein Platzhalter für die tatsächliche Version, die der Entwickler über Nuget bezieht. Dabei ist zu beachten, dass sich der konkrete Name dieser Datei von Version zu Version ändern kann.

Nach dem Laden der Seite erzeugt die View durch Aufruf von `$.connection` eine Verbindung zur serverseitig bereitgestellten persistenten Verbindung. Dazu übergibt sie deren URL als Parameter. Anschließend registriert sie für das Ereignis `received`, das immer dann ausgelöst wird, wenn Daten empfangen werden, eine Ereignisbehandlungsroutine. Im betrachteten Beispiel erzeugt die Ereignisbehandlungsroutine damit einen neuen Eintrag in der zuvor besprochenen Liste. Zusätzlich registriert die View auch eine Ereignisbehandlungsroutine für das Ereignis `error`. Wie der Namen vermuten lässt, löst SignalR dieses Ereignis immer dann aus, wenn ein Fehler auftritt.

Der Aufruf von `connection.start` startet die persistente Verbindung. Im Zuge dessen übergibt die View an `done` eine Funktion, die SignalR ausführen soll, wenn die Verbindung erfolgreich aufgebaut wurde. Im Falle eines Fehlers ruft SignalR hingegen jene Funktion auf, die an `fail` übergeben wurde.

Anschließend registriert die View eine Ereignisbehandlungsroutine für das Klickereignis der Schaltfläche. Diese ermittelt die vom Benutzer erfasste Nachricht und sendet sie mittels `connection.send` an die persistente Verbindung. Danach leert sie das Textfeld.

Listing 7-4: Einfacher JavaScript-basierter Chat-Client

```
<h2>PersistentConnectionDemo</h2>

<input id="msg" /><input type="button" value="Senden" id="btnSend" />

<div>
    <ul id="messages">

    </ul>
    <p> </p>

</div>

    <!-- Dateiname kann von Version zu Version variieren -->
    <script src="/Scripts/jquery.js"></script>
    <script src="/Scripts/jquery.signalR-1.0.0.js"></script>
    <script>
        $(function () {

            var connection = $.connection('/simple');
            connection.received(function (data) {
                $("#messages").append("<li>" + data + "</li>");
            });

            connection.error(function(error) {
                alert("Fehler: " + error);
            });

            Connection
```

```
                .start()
                .done(function () {
                   alert("Verbindung aufgebaut!"); })
                .fail(function () { alert("Fehler!"); });

            $("#btnSend").click(function () {
                var val = $("#msg").val();
                connection.send(val);
                $("#msg").val("");
            });
        });

    </script>
```

Hubs

Im Gegensatz zu persistenten Verbindungen bieten Hubs die Möglichkeit, Operationen einzurichten, die über das Netzwerk angestoßen werden können. Dieser Abschnitt geht auf diese Möglichkeit ein.

Methoden und Callbacks mit SignalR und Hubs

Während sich der Entwickler beim Einsatz von persistenten Verbindungen mit dem Versand von Zeichenfolgen zwischen den Clients und dem Server zufriedengeben muss, bieten Hubs die Möglichkeit, Dienstoperationen zu definieren. Clients können Dienstoperationen bei einem `Hub` aufrufen und im Zuge dessen Parameter übergeben. Der `Hub` kann allerdings auch Dienstoperationen, die die Clients anbieten, zur Ausführung bringen, um ihnen eine Benachrichtigung zukommen zu lassen.

Um einen `Hub` bereitzustellen, bindet der Entwickler das Nuget-Package `microsoft.aspnet.signalr` ein und erstellt eine Subklasse von `Hub`. Alternativ dazu steht auch ein Item-Template für Hubs zur Verfügung, sofern man *ASP.NET and Web Tools 2012.2* (*www.asp.net*) installiert hat.

Listing 7-5 beinhaltet einen einfachen `Hub`, der die Möglichkeit bietet, Flüge zu buchen. Immer dann, wenn ein Flug gebucht wurde, versendet er eine Benachrichtigung mit der betroffenen Flugnummer und der Anzahl der verbleibenden Sitzplätze an alle Clients. Zur Vereinfachung wird die Anzahl der freien Sitzplätze in einem statischen Dictionary mit dem Namen `freePerFlight` abgelegt, das `FlugId`-IDs auf die Anzahl der freien Sitzplätze abbildet. Die nächste zu vergebende `TicketId` wird ebenfalls in einem statischen Member vorgehalten. Ein statischer Konstruktor initialisiert das Dictionary `freePerFlight`, indem er für die Flüge 4711, 4712 und 4713 jeweils 100 freie Plätze vergibt.

Sämtliche Methoden eines `Hubs` werden den Clients als Dienstoperationen angeboten. Im betrachteten Fall beschränkt sich diese Menge auf die Methode `BookFlight`. Diese Methode prüft, ob der übergebene Flug existiert, und löst eine Ausnahme aus, falls dem nicht so ist. Sie ermittelt die Anzahl der freien Plätze für den gewünschten Flug und dekrementiert diesen Wert. Außerdem ermittelt sie für die aktuelle Buchung eine `TicketId`. Dazu zieht sie den aktuellen Wert des statischen Zählers `nextTicketId` heran und inkrementiert ihn anschließend.

Danach wird es spannend: Über `this.Clients.Caller.BookFlightCompleted` wird beim Aufrufer die Methode `BookFlightCompleted` zur Ausführung gebracht. Bei Clients handelt es sich dabei um eine von `Hub` geerbte Eigenschaft, die über deren Eigenschaft `Caller` den Aufrufer repräsentiert. Da es sich hierbei um eine dynamische Eigenschaft handelt, kann der Entwickler über dieses Objekt jede beliebige Methode aufrufen. Damit dies zur Laufzeit funktioniert, muss sie am Client natürlich existieren.

Anschließend ruft das betrachtete Beispiel die Methode `this.Clients.All.FlightUpdated` auf und bewirkt somit, dass bei sämtlichen verbundenen Clients die Methode `FlightUpdated` zur Ausführung kommt. Um zu demonstrieren, dass Dienstoperationen in `Hubs` auch Rückgabewerte liefern können, gibt `BookFlight` am Ende die aktuelle `TicketId` zurück.

Listing 7-5: Einfacher Hub

```
public class FlugHub: Hub
{
    // FlugId --> Anzahl freier Plätze
    private static Dictionary<int, int> freePerFlight
                                        = new Dictionary<int, int>();
    private static int nextTicket = 1;

    static FlugHub()
    {
        freePerFlight[4711] = 100;
        freePerFlight[4712] = 100;
        freePerFlight[4713] = 100;
    }

    public string BookFlight(int flugId, string vorname, string nachname)
    {
        int free;
        string ticketId;
        lock (freePerFlight)
        {
            if (!freePerFlight.ContainsKey(flugId))
                    throw new Exception("Flug " + flugId + " existiert nicht!");
            free = freePerFlight[flugId];
            free--;
            freePerFlight[flugId] = free;
            ticketId = "T" + nextTicket;
            nextTicket++;
        }

        this.Clients.Caller.BookFlightCompleted(flugId, ticketId, vorname, nachname);
        this.Clients.All.FlightUpdated(flugId, ticketId, free);
        return ticketId;
    }
}
```

URL-Mapping für Hubs

Damit sämtliche implementierten Hubs auch über einen URL zur Verfügung gestellt werden, muss der Entwickler die Methode `app.MapSignalR()` innerhalb der weiter oben erörterten Klasse `Startup` zur Ausführung bringen. Übergibt der Entwickler keine Parameter, werden die Hubs an den URL `/signalr/hubs` gebunden. Einen davon abweichenden URL, der stattdessen heranzuziehen ist, kann der Entwickler an eine Überladung von `MapHubs` übergeben, wobei SignalR an diesen URL die Endung `/hubs` anhängt. Dabei muss auch ein Konfigurationsobjekt an SignalR weitergereicht werden. Im folgenden Code-Schnipsel gibt der Entwickler an, dass detaillierte Fehlermeldungen übers Netzwerk zum Client übertragen werden dürfen:

```
var config = new HubConfiguration();
config.EnableDetailedErrors = true;
app.MapSignalR("/signalr", config);
```

Lifecycle-Methoden

Wie auch die Basisklasse `PersistentConnection` bietet `Hub` einige Lifecycle-Methoden an, die der Entwickler überschreiben kann, um auf bestimmte Ereignisse zu reagieren. `OnConnected` wird aufgerufen, wenn eine Verbindung aufgebaut wird, `OnDisconnected`, wenn sie beendet wird, und `OnReconnected`, wenn eine abgebrochene Verbindung erneut aufgebaut wird.

Da beim Abbruch einer Verbindung die Information über die aktuellen Gruppenzugehörigkeiten verloren geht, ist es die Aufgabe des Entwicklers, diese innerhalb der Methode `OnReconnected` wiederherzustellen. Dazu kann er sich zum Beispiel auf eine Datenbank, in der er diese Informationen zuvor abgelegt hat, stützen.

Hubs konsumieren

Listing 7-6 zeigt, wie ein Client auf den soeben besprochenen Hub zugreifen kann. Dazu verwendet er das Nuget-Paket `microsoft.aspnet.signalr.client`. Dieses beinhaltet die Klasse `HubConnection`, die eine Verbindung mit einem `Hub` repräsentiert. An den Konstruktor dieser Klasse übergibt er die Basisadresse; an die Methode `CreateProxy` den Namen des Hubs. Mit diesen Informationen erzeugt `CreateProxy` eine Instanz von `IHubProxy`.

Bei diesem `Proxy` registriert der Client Lambda-Ausdrücke, die zur Ausführung kommen sollen, wenn der `Hub` clientseitige Operationen anstößt. Dazu kommt die Methode `On` zum Einsatz. Sie nimmt den Namen der clientseitigen Operation in Form einer Zeichenfolge sowie den auszuführenden Lambda-Ausdruck entgegen. Außerdem registriert der Client eine Ereignisbehandlungsroutine für das Ereignis `Error`, das von der `HubConnection` angeboten wird und immer dann zur Ausführung kommt, wenn ein Fehler auftritt.

Der darauffolgende auskommentierte Code-Abschnitt demonstriert, wie bei der Verwendung des `Hubs` Anmeldeinformationen (engl. credentials) beziehungsweise

Cookies an den Server übermittelt werden können. Die auf diesem Weg angegebenen Anmeldeinformationen werden innerhalb der HTTP-Kopfzeilen unter Verwendung der Spielart HTTP BASIC übermittelt.

Mit der HubConnection-Methode Start initiiert der Client die Verbindung zum Hub. Diese Methode spaltet einen Task ab, der im Hintergrund ausgeführt wird. Mit der Methode ContinueWith registriert der Client einen Lambda-Ausdruck, der auszuführen ist, wenn der Task beendet wurde.

Anschließend ruft der Client innerhalb einer Schleife die Methode Invoke beim Proxy auf. Diese Methode bringt eine serverseitige Operation, die der Hub anbietet, zur Ausführung. Der Typ des Rückgabewerts – hier String – wird als Typparameter angegeben. Den Namen der gewünschten Operation übergibt der Client als Zeichenfolge. Danach führt er die zu übersendenden Parameter an.

Auch Invoke spaltet einen Task ab, der im Hintergrund ausgeführt wird. Bei diesem Task registriert der Client abermals einen Lambda-Ausdruck, der nach dessen Ausführung angestoßen wird. Dieser ermittelt über die Eigenschaft Result das Ergebnis der angestoßenen Operation. Über die Eigenschaft Exception könnte er hingegen prüfen, ob eine Ausnahme ausgelöst wurde.

Listing 7-6: Zugriff auf einen Hub

```
var connection = new HubConnection("http://localhost:49222/");
IHubProxy proxy = connection.CreateProxy("FlugHub");

proxy.On("bookFlightCompleted",
    (int flugId, string ticketId, string vorname, string nachname) => {

        Console.WriteLine(
            "bookFlightCompleted: flugId={0}, ticketId={1}, vorname={2}, nachname={3}",
            flugId, ticketId, vorname, nachname);

});

proxy.On("flightUpdated", (int flugId, string ticketId, int free) => {

    Console.WriteLine(
        "flightUpdated: flugId={0}, ticketId={1}, free={2}",
        flugId, ticketId, free);
});

connection.Error += (Exception obj) =>{
    Console.WriteLine("Fehler: " + obj.Message);
}

// connection.Credentials = new NetworkCredential("max", "geheim");

//connection.CookieContainer = new CookieContainer();
//connection.CookieContainer.Add(new Cookie(
//    name: "userName",
//    value: "max",
//    path: "/",
```

```
//    domain: "localhost"));

connection.Start().ContinueWith(t =>
{
    if (t.Exception != null)
    {
        t.Exception.Handle(e =>
        {
            Console.WriteLine(e.Message);
            return true;
        });
    }
    else
    {
        Console.WriteLine("Verbindung aufgebaut!");
    }

});

string line;

while ((line = Console.ReadLine()) != "exit")
{
    if (string.IsNullOrWhiteSpace(line)) continue;

    var parts = line.Split(' ');
    var command = parts[0];

    int flugId = 0;
    flugId = Convert.ToInt32(parts[1]);
    var vorname = parts[2];
    var nachname = parts[3];

    proxy
      .Invoke<string>("BookFlight", flugId, vorname, nachname)
      .ContinueWith(t => {

            // t.Exception
        Console.WriteLine("TicketId: " + t.Result);

    });

}
connection.Stop();
```

Hubs über JavaScript konsumieren

Abbildung 7-3 zeigt eine Webseite, die den zuvor diskutierten FlugHub konsumiert. Sie gibt dem Benutzer die Möglichkeit, einen Flug zu buchen. Dazu gibt der Benutzer Vorname, Nachname und eine Flugnummer ein und betätigt anschließend die Schaltfläche *Buchen*. Vom FlugHub erhaltene Rückgabewerte oder Benachrichtigungen, die direkt an den Aufrufer gerichtet waren, zeigt die Webseite unter `Callbacks` an. Benachrichtigungen, die der `Hub` an alle Clients gesendet hat, findet der Benutzer unter `Broadcasts`.

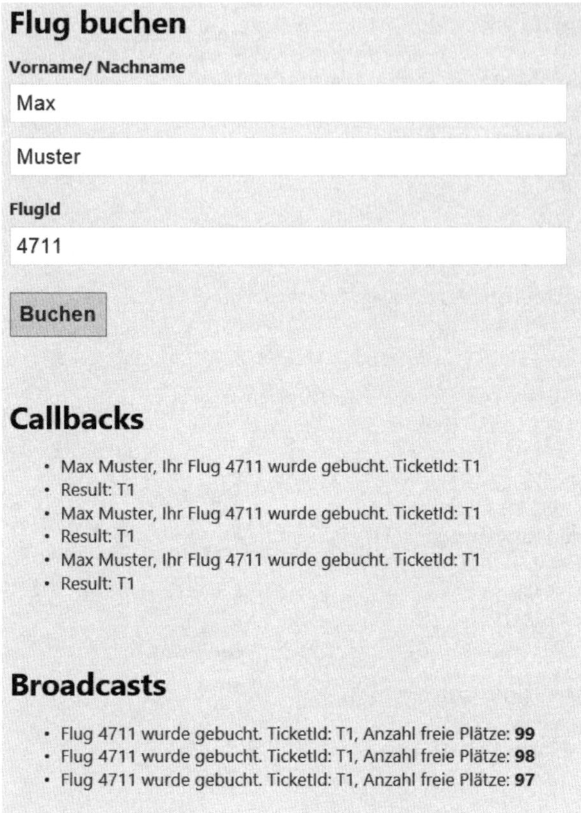

Abbildung 7-3: Diese Webseite gibt dem Benutzer die Möglichkeit, Flüge zu buchen, und zeigt darüber hinaus erhaltene Rückgabewerte und Benachrichtigungen an

Die Implementierung dieser Webseite findet sich in Listing 7-7. Es wird an dieser Stelle davon ausgegangen, dass die betrachtete Seite das populäre JavaScript-Framework jQuery (*jquery.org*) einbindet. Um die Möglichkeiten von SignalR nutzen zu können, referenziert die betrachtete View die Datei */Scripts/jquery.signalR-1.0.0.js*, die beim Einbinden des SignalR-Packages `microsoft.aspnet.signalr` via Nuget ins Projekt integriert wurde. Darüber hinaus referenziert die View die dynamisch von SignalR generierte JavaScript-Datei */signalr/hubs*, die Proxies zur Kommunikation mit sämtlichen serverseitig bereitgestellten Hubs beinhaltet.

Nach dem Laden der Seite holt sich die betrachtete View mittels `$.connection.flugHub` einen Verweis auf den serverseitigen `FlugHub`. Anschließend registriert die View jene Funktionen, die serverseitige Routinen am Client anstoßen können, bei der Eigenschaft `client`. Die Funktion `bookFlightCompleted` erzeugt einen Eintrag auf der Webseite unter *Callbacks*; die Funktion `flightUpdated` macht dasselbe im Bereich *Broadcasts*.

Für die Schaltfläche, die der Benutzer zum Buchen eines Flugs betätigt, richtet die View eine Ereignisbehandlungsroutine ein. Diese ermittelt die erfassten Daten und ruft damit über das aktuelle `connection`-Objekt die Methode `bookFlight` bei der Eigenschaft `server` des Hubs auf. Beim Ergebnis dieses Aufrufs registriert sie anschließend zwei Callbacks: An `done` übergibt sie eine Funktion, die SignalR nach einer erfolgreichen Ausführung der Dienstoperation anstoßen soll; an `fail` hingegen eine Funktion, die beim Auftreten eines Fehlers zum Zuge kommt. Während Erstere den Rückgabewert der Dienstoperation entgegennimmt, erwartet Letztere als Argument eine Fehlerbeschreibung. Beide Funktionen platzieren die erhaltenen Daten auf der Webseite. Um Fehler, die sich nicht auf einen bestimmten Aufruf beziehen, abzufangen, registriert die View zusätzlich eine Routine unter Verwendung der Funktion `$.connection.hub.error` .

Nachdem sämtliche Funktionen und Ereignisbehandlungsroutinen registriert wurden, startet die View durch Aufruf von `$.connection.hub.start` die Verbindung zum `Hub`. Auch beim hiermit erhaltenen Rückgabewert registriert sie mit `done` und `fail` zwei Funktionen, die auszuführen sind, wenn der Aufruf von `start` erfolgreich war beziehungsweise fehlgeschlagen ist.

Wenig auffällig, aber umso interessanter ist die Tatsache, dass SignalR sowohl im betrachteten JavaScript-Code als auch im serverseitig implementierten C#-Code die Anwendung der jeweiligen Konventionen in Hinblick auf Groß-/Kleinschreibung erlaubt. Während serverseitig zum Beispiel eine Methode `BookFlight` definiert wird, erfolgt deren Aufruf in JavaScript via `bookFlight`. Dasselbe gilt unter anderem auch für die in JavaScript definierte Funktion `flightUpdated` und den dazu passenden serverseitigen Aufruf `FlightUpdated`.

Listing 7-7: Zugriff auf einen Hub via JavaScript

```
<div class="box">
    <h2>Flug buchen</h2>

    <div class="label">
        Vorname/ Nachname
    </div>
    <div>
        <input id="txtVorname" /> <input id="txtNachname" />
    </div>
    <div class="label">
        FlugId
    </div>
    <div>
        <input id="flugId" />
    </div>
    <div class="button">
        <input type="button" value="Buchen" id="btnBuchen" />
    </div>
</div>
```

```
<div class="box">
    <h2>Callbacks</h2>

    <ul id="callbacks">
    </ul>
</div>

<div class="box">
    <h2>Broadcasts</h2>

    <ul id="broadcasts">
    </ul>
</div>

    <!-- Dateinamen können sich bei neueren Versionen ändern -->
    <script src="/Scripts/jquery.js "></script>
    <script src="/Scripts/jquery.signalR-1.0.0.js"></script>
    <script src="/signalr/hubs" type="text/javascript"></script>

    <script>
        $(function () {

            connection = $.connection.flugHub;

            connection.client.bookFlightCompleted = function (flugId, ticketId,
vorname, nachname) {
                var info = vorname + " " + nachname + ", Ihr Flug " + flugId + " wurde
gebucht. TicketId: " + ticketId;
                $("#callbacks").append("<li>" + info + "</li>");
            }

            connection.client.flightUpdated = function (flugId, ticketId, free) {
                var info = "Flug " + flugId + " wurde gebucht. TicketId: " + ticketId
+ ", Anzahl freie Plätze: <b>" + free + "</b>";
                $("#broadcasts").append("<li>" + info + "</li>");
            }

            $("#btnBuchen").click(function () {
                var vorname = $("#txtVorname").val();
                var nachname = $("#txtNachname").val();
                var flugId = $("#flugId").val();

                connection
                    .server
                    .bookFlight(flugId, vorname, nachname)
                    .done(function (result) {
                        $("#callbacks").append("<li>Result: " + result + "</li>");
                     })
                    .fail(function (error) {
                        $("#callbacks").append("<li>Error: " + error + "</li>");
                     });
            });

            $.connection.hub.error(function () {
                alert("An error occured");
```

```
        });
        $.connection.hub.start()
                                .done(function () {
                                     alert("Verbindung aufgebaut!"); })
                                .fail(function () { alert("Fehler!"); });

    });

</script>
```

Gruppen

Hubs geben dem Entwickler auch die Möglichkeit, Verbindungen in verschiedene Gruppen zu unterteilen und Nachrichten nur an die Clients bestimmter Gruppen zu senden. Um dies zu demonstrieren, beinhaltet Listing 7-8 eine modifizierte Variante des zuvor betrachteten Hubs. Sie bietet nun die beiden zusätzlichen Dienstoperationen `RegisterForFlight` und `UnRegisterForFlight` an und gibt den Clients somit die Möglichkeit, sich für ausgewählte Flüge zu registrieren.

`RegisterForFlight` registriert die aktuelle Verbindung für den übergebenen Flug unter Verwendung der Methode `this.Groups.Add`. Als ersten Parameter übergibt sie hierzu die `ConnectionId` der aktuellen Verbindung; als zweiten Parameter den Gruppennamen, der im betrachteten Fall eine Zeichenfolge im Format `flug + FlugId` ist (zum Beispiel `flug4711`). Um den aktuellen Client aus einer Gruppe auszutragen, geht die Dienstoperation `UnRegisterForFlight` analog unter Verwendung von `Groups.Remove` vor.

Bucht ein Client einen Flug, so informiert die Methode `BookFlight` lediglich jene Clients, die sich für diesen Flug interessieren und sich deswegen in der Gruppe dieses Flugs eingetragen haben. Dazu ermittelt sie über `this.Clients.Groups ("flug" + flugId)` ein dynamisches Objekt, das die betroffenen Clients repräsentiert, und ruft bei diesem Objekt die clientseitige Methode `FlightUpdated` auf. Dies führt dazu, dass diese Methode bei allen betroffenen Clients angestoßen wird.

Listing 7-8: Einsatz von Gruppen

```
public class MulticastFlugHub : Hub
{
    private static Dictionary<int, int> freePerFlight
                                = new Dictionary<int, int>();
    private static int nextTicket = 1;

    static MulticastFlugHub()
    {
        freePerFlight[4711] = 100;
        freePerFlight[4712] = 100;
        freePerFlight[4713] = 100;
    }

    public void RegisterForFlight(int flugId)
    {
        this.Groups.Add(this.Context.ConnectionId, "flug" + flugId);
```

```
    }

    public void UnRegisterForFlight(int flugId)
    {
        this.Groups.Remove(this.Context.ConnectionId, "flug" + flugId);
    }

    public string BookFlight(int flugId, string vorname, string nachname)
    {
        int free;
        string ticketId;
        lock (freePerFlight)
        {
            if (!freePerFlight.ContainsKey(flugId))
                throw new Exception("Flug " + flugId + " existiert nicht!");

                free = freePerFlight[flugId];
            free--;
            freePerFlight[flugId] = free;
            ticketId = "T" + nextTicket;
            nextTicket++;
        }

        this.Clients.Caller.BookFlightCompleted(flugId, ticketId, vorname, nachname);
        this.Clients.Group("flug" + flugId).FlightUpdated(flugId, ticketId, free);
        return ticketId;
    }
}
```

Pipeline-Module für Querschnittsfunktionen

Mithilfe von Pipeline-Modulenkann der Entwickler Querschnittsfunktionen festlegen, die SignalR zu bestimmten Zeitpunkten unabhängig vom jeweils konsumierten Hub zur Ausführung bringen soll. Um ein Pipeline-Modul zu implementieren, leitet der Entwickler von `HubPipelineModule` ab. Anschließend überschreibt er jene Methoden, die SignalR beim Eintreten bestimmter Ereignisse aufruft. Die folgende Auflistung beschreibt diese:

- `OnAfterConnect`: Wird aufgerufen, nachdem eine Verbindung mit einem Client aufgebaut wurde
- `OnAfterDisconnect`: Wird aufgerufen, nachdem eine Verbindung mit einem Client geschlossen wurde
- `OnAfterIncoming`: Wird aufgerufen, nachdem ein Hub Daten empfangen hat
- `OnAfterOutgoing`: Wird aufgerufen, nachdem ein Hub Daten gesendet hat
- `OnAfterReconnect`: Wird aufgerufen, wenn eine abgebrochene Verbindung erneut aufgebaut wird
- `OnBeforeAuthorizeConnect`: Wird aufgerufen, wenn eine Verbindung aufgebaut wird. Hier kann der Entwickler Autorisierungslogiken platzieren

- `OnBeforeConnect`: Wird aufgerufen, bevor eine Verbindung mit einem Client aufgebaut wird
- `OnBeforeDisconnect`: Wird aufgerufen, bevor eine Verbindung mit einem Client getrennt wird
- `OnBeforeIncoming`: Wird aufgerufen, bevor der Hub Daten empfängt
- `OnBeforeOutgoing`: Wird aufgerufen, bevor der Hub Daten sendet
- `OnBeforeReconnect`: Wird aufgerufen, bevor eine abgebrochene Verbindung wieder aufgebaut wird
- `OnIncomingError`: Wird aufgerufen, wenn ein Fehler auftritt

Das Beispiel in Listing 7-9 zeigt ein Pipeline-Modul, das ausgewählte Ereignisse unter Verwendung von `Debug.WriteLine` protokolliert.

Listing 7-9: Einfaches Pipeline-Modul

```
public class LoggingPipelineModule : HubPipelineModule
{
    protected override bool
       OnBeforeIncoming(IHubIncomingInvokerContext context)
    {
        Debug.WriteLine(
           "[{0}] OnBeforeIncoming: Method {1} on Hub {2}",
           DateTime.Now,
           context.MethodDescriptor.Name,
           context.MethodDescriptor.Hub.Name );

        return base.OnBeforeIncoming(context);
    }

    protected override bool OnBeforeOutgoing(
                  IHubOutgoingInvokerContext context)
    {
        Debug.WriteLine(
            "[{0}] OnBeforeOutgoing: Method {1} on Hub {2}",
            DateTime.Now,
            context.Invocation.Method,
            context.Invocation.Hub);

        return base.OnBeforeOutgoing(context);
    }
}
```

Um ein Pipeline-Modul bei SignalR zu registrieren, ist es an die Methode `AddModule` der statischen Auflistung `HubPipeline` von `GlobalHost` zu übergeben:

```
GlobalHost.HubPipeline.AddModule(new LoggingPipelineModule());
```

Zum Aufruf dieser Anweisung bietet sich die Methode `Application_Start` an, die sich in der Datei `global.asax` befindet.

SignalR konfigurieren

SignalR bietet einige wenige Konfigurationseinstellungen. Hierbei handelt es sich um Eigenschaften jenes Objekts, das über die statische Eigenschaft `GlobalHost.Configuration` in Erfahrung gebracht werden kann. Da die Konfigurationseinstellungen im Zuge des Hochfahrens der Webanwendung gesetzt werden sollten, bietet sich hierfür die Methode `Application_Start` innerhalb der Datei `global.asax` an.

Die folgende Auflistung beschreibt einige der zur Verfügung stehenden Konfigurationseinstellungen:

- `ConnectionTimeout`: Gibt an, nach welcher Zeitspanne, innerhalb der der Client keine Nachricht sendet, die Verbindung abzubauen ist
- `DisconnectTimeout`: Gibt an, wie lange nach dem Abbruch einer Verbindung gewartet werden soll, bis hierfür das Ereignis `Disconnect` aufzurufen ist
- `KeepAlive`: Gibt an, in welchem Intervall Clients Keep-Alive-Nachrichten an den Server senden sollen, um zu verhindern, dass die Verbindung nicht abgebaut wird

Cross Origin Resource Sharing (CORS)

Für SignalR existiert mit dem Nuget-Paket `microsoft.owin.cors` auch eine Unterstützung für Cross Origin Resource Sharing (CORS). Um CORS für sämtliche Clients zu aktivieren, ruft der Entwickler innerhalb von `Startup.Configuration` lediglich die Erweiterungsmethode `app.UseCors(CorsOptions.AllowAll)` auf. Um CORS nur für bestimmte Clients zu erlauben, übergibt der Entwickler an `UseCors` eine Instanz von `CorsOptions`. Über deren Eigenschaft `CorsPolicy` legt er zum Beispiel die erlaubten Clients oder HTTP-Methoden fest. Darüber hinaus kann er unter Verwendung der Methode `Map` CORS sowie den Einsatz von Frameworks, wie SignalR oder ASP.NET Web API, auf einen bestimmten Pfad einschränken:

```
app.Map("/signalr", map => {
    app.UseCors(CorsOptions.AllowAll);
    app.RunSignalR(config);
    // app.UseWebApi(...);
});
```

SignalR skalieren

Das Skalieren von SignalR-basierten Lösungen stellt aufgrund der Tatsache, dass die Clients mit jeweils einem Server verbunden sind, eine Herausforderung dar. Dieser Abschnitt veranschaulicht diese Herausforderung und zeigt, welche Lösungen SignalR hierfür bereithält. Anschließend zeigt er anhand eines Beispiels, wie diese Lösungen genutzt werden können.

Überlegungen zum Skalieren von SignalR

Weblösungen können einfach skaliert werden, indem sie auf mehrere Server verteilt werden. Ein Load-Balancer kann in weiterer Folge entscheiden, welche Anfrage zu welchem Server geroutet wird. Wendet man diese bewährte Lösung auf eine SignalR-basierte Anwendung an, wird man schnell feststellen, das lediglich jene Clients, die zum selben Server geroutet wurden, über SignalR miteinander kommunizieren können, zumal keine Verbindung zwischen den SignalR-Instanzen der einzelnen Server besteht. Abbildung 7-4 veranschaulicht dies.

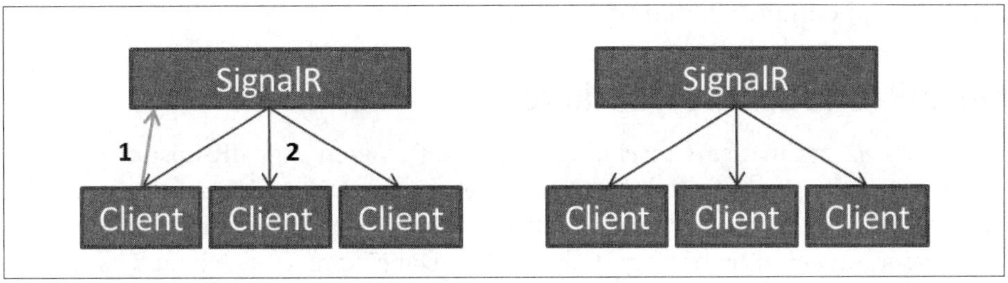

Abbildung 7-4: Naive Skalierungsstrategie

Aus diesem Grund bietet SignalR die Möglichkeit, die empfangenen Nachrichten nicht nur an die verbundenen Clients, sondern auch an eine übergeordnete Komponente weiterzuleiten. Die SignalR-Instanzen auf anderen Servern können die Nachrichten von dort abholen und an ihre Clients weiterleiten. Abbildung 7-5 veranschaulicht das.

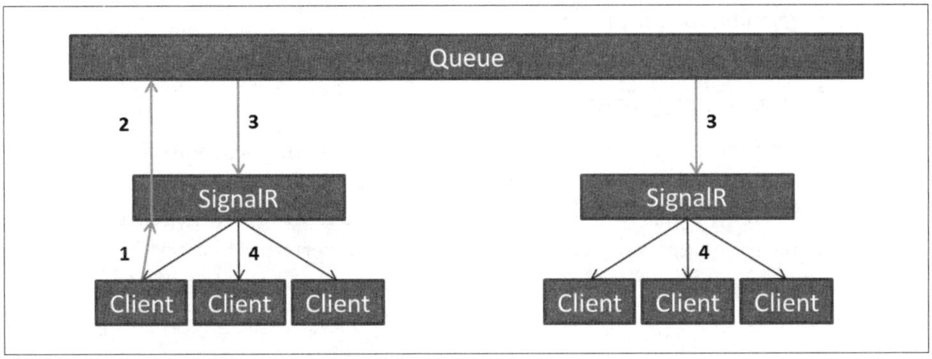

Abbildung 7-5: Skalierungsstrategie für SignalR

Bei dieser übergeordneten Komponente kann es sich um SQL Server, Azure Service Bus oder um die NoSQL-Lösung Redis handeln.

Die Skalierungsstrategie, die SQL Server nutzt, verwendet den mit Version 2005 eingeführten Service Broker, der eine datenbankinterne Implementierung einer Nachrichtenwarteschlange darstellt. Da der Service Broker derzeit weder in SQL Azure noch in SQL Compact zu finden ist, scheiden diese beiden Varianten hierfür aus.

Bei Cloud-Lösungen kann der Entwickler jedoch auf den Azure Service Bus zurückgreifen. Die hierfür vorgesehene Skalierungsstrategie verwendet die vom Service Bus gebotenen Topics zur Kommunikation zwischen den SignalR-Instanzen. Hierbei handelt es sich um Nachrichtenwarteschlangen, die nach dem Prinzip Publish/Subscribe arbeiten und somit eine Punkt-zu-Multipunkt-Kommunikation erlauben.

Bei der freien NoSQL-Lösung Redis handelt es sich um eine hochperformante In-Memory-Datenbank zum Speichern von Schlüssel/Wert-Paaren. Die auf Redis basierende Skalierungsstrategie macht sich das sowie die von Redis gebotene Publish-/Subscribe-Implementierung zunutze.

SignalR mit SQL Server skalieren

Zur Demonstration der Umsetzung einer skalierbaren SignalR-Lösung wird in weiterer Folge auf das Self-Hosting zurückgegriffen. Das bedeutet, dass SignalR-basierte Services nicht über einen Webserver, wie zum Beispiel IIS, sondern über eine eigene Anwendung bereitgestellt werden. Dabei kann es sich zum Beispiel um einen Windows-Dienst oder, wie nachfolgend beschrieben, um eine Kommandozeilen-Anwendung handeln. Durch den Einsatz des Self-Hostings kann der Entwickler einfach mehrere Hosts starten und somit ein verteiltes Szenario simulieren.

Die benötigten Bibliotheken werden über Nuget geladen. Es handelt sich hierbei um die Vorabversionen von:

- *microsoft.aspnet.signalr.owin*
- *microsoft.owin.host.httplistener*
- *microsoft.owin.hosting*
- *microsoft.aspnet.signalr.sqlserver*

Die ersten drei Nuget-Pakete erlauben die Realisierung des Self-Hostings; die vierte Komponente ermöglicht die Skalierung über SQL Server. Das verwendete Beispiel sieht einen Hub vor, der Informationen über Flüge entgegennimmt und diese Informationen an alle verbundenen Clients verteilt (Listing 7-10). Dazu bringt der Hub bei diesen Clients die lokale Operation `ReceiveState` zur Ausführung.

Listing 7-10: Ein einfacher Hub zur Demonstration der Skalierung von SignalR-basierten Lösungen

```
public class FlugHub : Hub
{
    public void SendState(string flugNummer, string state, string info)
    {
        this.Clients.All.ReceiveState(flugNummer, state, info);
    }
}
```

Die Konfiguration des Hosts erfolgt über eine Klasse, die per Definition eine Methode Configuration aufweist (Listing 7-11). Diese Methode nimmt eine Instanz von IAppBuilder entgegen. Weitere Anforderungen, wie die Notwendigkeit, eine Schnittstelle zu implementieren oder von einer abstrakten Basisklasse zu erben, existieren an diese Klasse nicht.

Innerhalb von Configuration platziert der Entwickler die gewünschte Konfiguration. Im betrachteten Fall legt er mit MapHubs fest, dass sämtliche Hubs über /signalr/hubs erreichbar sind. Da es sich hierbei um den Standard-URL handelt, muss er diese Adresse nicht explizit angeben. Allerdings existieren Überladungen von MapHubs, die das Festlegen einer davon abweichenden Adresse erlauben.

MapHubs nimmt eine Instanz von HubConfiguration entgegen. Deren Eigenschaft EnableCrossDomain ermöglicht sogenannte CORS-Anfragen. Bei CORS (Cross Origin Resource Sharing) handelt es sich um einen Mechanismus, der es Webseiten erlaubt, auf Services anderer Domänen zuzugreifen. Die Eigenschaft EnableDetailedErrors gibt daneben an, ob SignalR detaillierte Fehlermeldungen übers Netzwerk übertragen darf.

Zusätzlich legt der Entwickler durch Einsatz der Erweiterungsmethode UseSqlServer fest, dass SQL Server zum Skalieren zum Einsatz kommen soll. Diese Erweiterungsmethode erwartet eine Instanz von SqlScaleoutConfiguration, die zumindest die zu verwendende Datenbank-Verbindungszeichenkette kennen muss.

Listing 7-11: Konfiguration der Skalierungslösung

```
class Startup
{
    public void Configuration(IAppBuilder app)
    {
        var cnnstr = @"Data Source=IWI-NB-07\SQLEXPRESS;[…]";
        var ssc = new SqlScaleoutConfiguration(cnnstr);
        GlobalHost.DependencyResolver.UseSqlServer(ssc);
        var config = new HubConfiguration { EnableCrossDomain = true,
EnableDetailedErrors = true };
        app.MapHubs(config);
    }
}
```

Damit SignalR die angegebene Datenbank zum Skalieren verwenden kann, muss der Entwickler für diese den Service Broker aktivieren. Dazu führt er die folgende Anweisung in der Master-Datenbank aus, wobei DatenbankName für die einzusetzende Datenbank steht:

```
ALTER DATABASE DatenbankName SET ENABLE_BROKER
```

Die Methode, die den Host startet, findet sich in Listing 7-12. Sie fordert zunächst den Benutzer zur Eingabe des zu verwendenden Ports auf. Dies macht es möglich, zu Testzwecken gleichzeitig verschiedene Instanzen des Hosts auszuführen, die auf unterschiedliche Ports horchen.

Ist der zu verwendende Port bekannt, startet `Main` unter Verwendung der statischen Methode `WebApplication.Start` den Host. Als Typparameter gibt sie dabei die Klasse mit der Konfiguration an (vgl. Listing 7-11); als Übergabeparameter den heranzuziehenden URL.

Listing 7-12: Eine einfache Self-Host-Implementierung

```
class Program
{
    static void Main(string[] args)
    {
        string url = "http://localhost:{0}";

        Console.Write("Port-Number: ");
        var port = Console.ReadLine();
        url = string.Format(url, port);

        using (WebApplication.Start<Startup>(url))
        {
            Console.WriteLine("Server running on {0}", url);
            Console.ReadLine();
        }
    }
}
```

Implementierung eines SignalR-Clients

Die Umsetzung eines einfachen JavaScript-Clients, der den zuvor besprochenen Hub konsumiert, findet sich in Listing 7-13. Neben jQuery ist dazu die JavaScript-Datei *jquery.signalR-1.0.0.js* einzubinden. Der Entwickler realisiert dies, indem er über Nuget das Paket `microsoft.aspnet.signalr` einbindet. Daneben ist die vom Host bereitgestellte JavaScript-Datei `/signalr/hubs` einzubinden.

Beim betrachteten Listing handelt es sich um eine View, die einem ASP.NET MVC-Projekt entnommen wurde, das sich auf die Vorlage *Internet Application* abstützt. Da diese Projektvorlage jQuery über die Layoutseite einbindet, findet sich kein entsprechender Verweis darauf im Listing. Damit der Aufrufer die Wahl des serverseitigen Ports, über den der SignalR-Host anzusprechen ist, zur Laufzeit treffen kann, beinhaltet dieses Listing den Platzhalter `@Request.QueryString ["port"]`, der für den Wert des URL-Parameters `port` steht.

Das Listing setzt die Zieladresse über `$.connection.hub.url` explizit. Dies ist beim Einsatz von CORS notwendig. Anschließend greift das Listing auf den Proxy für den Hub über die Eigenschaft `$.connection.flugHub` zu und richtet die clientseitige Funktion `receiveState` ein. Nach dem Aufbau der Verbindung zu `SignalR` unter Verwendung von `$.connection.hub.start` richtet das Listing einen Event-Handler für einen Button ein. Dieser Event-Handler liest Informationen aus einigen Feldern aus und sendet diese an die vom Hub bereitgestellte Operation `sendState`.

Listing 7-13: Ein einfacher Webclient

```
<script src="~/Scripts/jquery.signalR-1.0.0.js"></script>
<script src="http://localhost:@Request.QueryString["port"]/signalr/hubs" type="text/
javascript"></script>

<script>

    $(function () {

        $.connection.hub.url = 'http://localhost:@Request["port"]/signalr';
        var myHub = $.connection.flugHub;

        myHub.client.receiveState = function (fnr, status, info) {
            $("#msgs").append("<li>" + fnr + ": " + status + ", " + info + "</li>");
        };

        $.connection.hub.start()
            .done(function () {
                alert("Verbindung aufgebaut!");
            })
            .fail(function (err) {
                alert("Fehler beim Verbindungsaufbau!");
            });

        $("#btnSenden").click(function () {

            var fnr = $("#flugnr").val();
            var status = $("#status").val();
            var info = $("#info").val();

            myHub.server.sendState(fnr, status, info);
        });
    });

</script>
```

Das Skalierungsszenario testen

Um das beschriebene Szenario zu testen, ist der Self-Host zweimal unter Angabe verschiedener Ports zu starten. Anschließend sind zwei Instanzen des JavaScript-Clients zu starten, wobei der erste Client durch die Angabe des Ports im URL mit dem ersten Host und der zweite Client mit dem zweiten Host verbunden wird. Funktioniert die Lösung, so sollten Informationen, die über den ersten Client versendet wurden, auch im zweiten Client, der mit einem anderen Host verbunden ist, ankommen und umgekehrt. Abbildung 7-6 demonstriert dies.

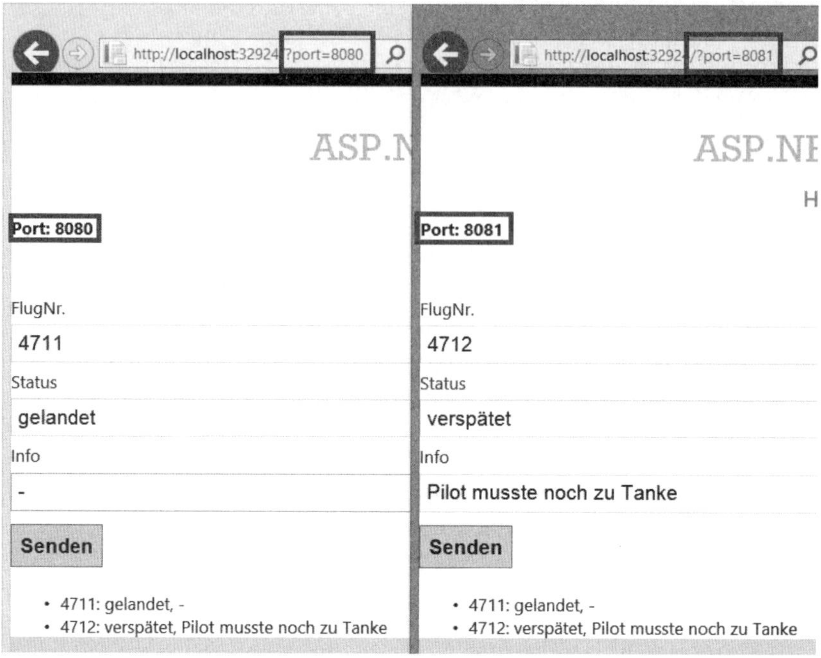

Abbildung 7-6: Test der Umsetzung

Azure Service Bus und Redis als Alternative zu SQL Server

Für die Umsetzung eines Skalierungsszenarios mit Azure Service Bus oder Redis geht der Entwickler analog zum hier beschriebenen Beispiel vor. Die für den Einsatz von Azure Service Bus benötigten Komponenten finden sich im Nuget-Paket `microsoft.aspnet.signalr.servicebus`. Darüber hinaus kann der Entwickler über die Erweiterungsmethode `GlobalHost.DependencyResolver.UseServiceBus` die Verbindungszeichenkette konfigurieren, die auf die gewünschte Service-Bus-Instanz in der Azure-Cloud verweist.

Die Komponenten für ein Skalieren mittels Redis befinden sich hingegen im Nuget-Paket `microsoft.aspnet.signalr.redis`, und die entsprechende Erweiterungsmethode zum Konfigurieren der Eckdaten nennt sich in diesem Fall `GlobalHost.DependencyResolver.UseRedis`. Weitere Informationen dazu finden sich unter *https://github.com/SignalR/SignalR/wiki*.

KAPITEL 8

ASP.NET-Programmierschnittstellen

Jenseits der bisher betrachteten Frameworks, die auf ASP.NET basieren, existieren Basisdienste für alle Varianten von ASP.NET, die der Entwickler unabhängig vom gewählten Framework nutzen kann. Dieses Kapitel geht auf einige dieser Basisdienste ein.

Direkt mit HTTP interagieren

Die ASP.NET-Laufzeit, auf der ASP.NET MVC basiert, stellt Basisfunktionalität zur Kommunikation mit dem Webserver und somit auch zur direkten Kommunikation über HTTP zur Verfügung. Auch wenn Letzteres beim Einsatz von ASP.NET MVC, das diese Aspekte abstrahiert, in den meisten Fällen nicht notwendig und auch nicht gewünscht ist, ist eine Kenntnis dieser Mechanismen für professionelle ASP.NET-MVC-Entwickler essenziell. Nur damit lassen sich Fälle, die von ASP.NET MVC nicht abdeckt werden, realisieren. Auch bei der Implementierung benutzerdefinierter Varianten der von ASP.NET MVC verwendeten Komponenten (vgl. Kapitel 5) kommt man ständig damit in Kontakt.

HttpContext

`HttpContext` stellt über seine Eigenschaften Instanzen mehrerer Klassen zur Verfügung, die Zugriff auf die aktuelle HTTP-Anfrage sowie auf die entsprechende HTTP-Antwort bieten. Innerhalb von Controllern, die von der Basisklasse `Controller` ableiten, erhält der Entwickler Zugriff auf den HTTP-Kontext über die geerbte Eigenschaft `HttpContext`. Genau genommen liefert diese Eigenschaft eine Instanz von `HttpContextWrapper`, gecastet nach `HttpContextBase`. `HttpContextBase` ist eine Abstraktion der konkreten Klasse `HttpContext`.

`HttpContextWrapper` delegiert an die aktuelle `HttpContext`-Instanz. Somit bietet diese Eigenschaft indirekt Zugriff auf den eigentlichen `HttpContext`. Dieser Abstraktionsmechanismus wird auch für weitere nachfolgend beschriebene Klasse verwendet. Dem Entwickler fällt dieses Detail nur selten auf, zumal die Abstraktionsmechanismen die meisten Eigenschaften der konkreten Implementierungen besitzen und ASP.NET Wrapper verwenden, die auch an diese weiterdelegieren.

Alternativ dazu erhält der Entwickler in jeder Klasse, die innerhalb einer ASP.NET-Anwendung verwendet wird, Zugriff auf den aktuellen HTTP-Kontext über die statische Eigenschaft `System.Web.HttpContext.Current`.

> Ein `HttpContext` steht nur zur Verfügung, wenn die Webanwendung in IIS gehostet wird. In allen anderen Fällen weist `System.Web.HttpContext.Current` den Wert `null` auf. Aus diesem Grund sollte, sofern möglich, den im letzten Abschnitt beschriebenen Mechanismen, die auf OWIN basieren und somit auch beim Einsatz des Self-Hostings zur Verfügung stehen, der Vorzug gegeben werden. Darüber hinaus bietet ASP.NET Web API mit den Klassen `HttpRequestMessage` und `HttpResponseMessage` eigene Gegenstücke zu einigen hier betrachteten Mechanismen.

Tabelle 8-1 zeigt ausgewählte Eigenschaften von `HttpContext` beziehungsweise `HttpContextBase`.

Tabelle 8-1: Zusätzliche Attribute in HttpContext gegenüber der Klasse Page

Attribut	Erläuterung
`Application`	Schlüssel/Wert-Menge des Typs `HttpApplicationState` beziehungsweise `HttpApplicationStateBase`, die jedem Benutzer der Webanwendung zur Verfügung steht
`Cache`	Programmgesteuerter Zugriff auf den ASP.NET-Cache (siehe weiter unten)
`Items`	Schlüssel/Wert-Menge (`IDictionary`), die sämtlichen Klassen zur Verfügung stellt, die an der Abarbeitung einer HTTP-Anfrage beteiligt sind
`Request`	Objekt vom Typ `HttpRequest` beziehungsweise `HttpRequestBase`. Enthält Informationen über die HTTP-Anfrage, inklusive `Browser`, `Cookie` sowie `Form`- oder `GET`-Parameter
`Response`	Objekt vom Typ `HttpResponse` beziehungsweise `HttpResponseBase`. Ermöglicht die Beeinflussung des Inhalts, der zurück an den Browser geschickt wird
`Server`	Hilfsobjekt vom Typ `HttpServerUtility` beziehungsweise `HttpServerUtilityBase`, das nützliche Methoden für die Verarbeitung bereitstellt, zum Beispiel `Execute`, `MapPath` und `HtmlEncode`
`Session`	Objekt, vom Typ `HttpSessionState` beziehungsweise `HttpSessionStateBase`, das Schlüssel/Wert-Paare für jeden Benutzer speichert
`User`	Sicherheitskontext des Benutzers, falls dieser authentifiziert ist. Es handelt sich dabei um eine Instanz von `IPrincipal`, die auch über `Thread.CurrentPrincipal` zur Verfügung steht

Bei genauerer Betrachtung dieser Eigenschaften fällt auf, dass diese in zwei Gruppen geteilt werden können: `Application`, `Cache`, `Session` und `Items` verweisen auf Objekte, die Schlüssel/Wert-Paare für einen bestimmten Gültigkeitsbereich verwalten. Die restlichen hier erwähnten Eigenschaften bieten hingegen Zugriff auf die aktuelle Anfrage (`HttpRequest`), auf die aktuelle Antwort (`HttpResponse`) oder auf von der ASP.NET-Laufzeit bereitgestellte Hilfsmethoden (`HttpServerUtility`). Diese werden nachfolgend beschrieben.

Application und Cache bieten Schlüssel/Wert-Paare, die allen Benutzern der Webanwendung zur Verfügung stehen. Der Unterschied dieser beiden Objekte besteht darin, dass sich hinter Cache ein Caching-Mechanismus verbirgt, der die Objekte beim Erreichen von Speicherlimits oder beim Eintreten anderer Ereignisse aus dem Hauptspeicher entfernt (siehe Abschnitt »Caching«).

Das Objekt hinter der Eigenschaft Session bietet Schlüssel/Wert-Paare, die lediglich für die aktuelle Benutzersitzung Gültigkeit haben (siehe Abschnitt »Zustandsverwaltung auf Sitzungsebene«). Items bietet hingen die Möglichkeit, für eine einzige HTTP-Anfrage Daten zu verstauen. Damit können zum Beispiel Objekte realisiert werden, die es pro Anfrage nur einmal geben darf.

Server (HttpServerUtility)

Die Klasse HttpServerUtility beziehungsweise ihre Abstraktion HttpServerUtilityBase kapselt Methoden und Eigenschaften, die Zugriff auf Hilfsmethoden bietet, die von der ASP.NET-Laufzeit bereitgestellt werden. Der Entwickler erhält darauf Zugriff über die Eigenschaft Server des aktuellen HttpContext-Objekts. Alternativ dazu kann innerhalb von Controllerklassen, die von Controller ableiten, über die geerbte Eigenschaft Server darauf zugegriffen werden.

Tabelle 8-2 gibt eine Übersicht über ausgewählte Eigenschaften und Methoden der Klasse System.Web.HttpServerUtility(Base).

Tabelle 8-2 : Attribute und Methoden der Klasse HttpServerUtility

Methode / Eigenschaft	Beschreibung
MachineName	Eigenschaft, die den Computernamen des Servers zurückgibt.
ScriptTimeout	Legt das aktuelle Skript-Timeout in Sekunden fest. Wird dieser Wert bei der Abarbeitung einer HTTP-Anfrage überschritten, bricht ASP.NET sie ab.
ClearError()	Methode zum Löschen des letzten Fehlers / der letzten Ausnahme.
CreateObject(String ProgID) CreateObject(Type ObjektTyp)	Erzeugt eine Instanz eines COM-Objekts anhand der als Zeichenkette übergebenen ProgID (Abkürzung für Programmatic Identifier) oder aus dem übergebenen Reflection-Objekt.
CreateObjectFromClsid(String KlassenID)	Erzeugt eine Instanz eines COM-Objekts anhand der eindeutigen Klassen-ID (CLSID), die als Zeichenkette übergeben wird.
Execute(String NeueSeite) Execute(String NeueSeite, TextWriter Ausgabe)	Führt eine Anfrage einer anderen Seite durch. Die überladene Version speichert das Ergebnis der Anfrage in dem entsprechenden TextWriter-Objekt. Der Unterschied zwischen Transfer und Execute ist, dass im letzteren Fall die Kontrolle nur temporär an die aufgerufene Seite weitergegeben und nach dem Ende der Abarbeitung die aufrufende Seite weiter abgearbeitet wird.

Tabelle 8-2 : Attribute und Methoden der Klasse HttpServerUtility (Fortsetzung)

Methode / Eigenschaft	Beschreibung
`GetLastError()`	Liefert den letzten Fehler/die letzte Ausnahme zurück.
`HtmlDecode(String CodierterText)` `HtmlDecode(String CodierterText, TextWriter Ausgabe)`	Decodiert eine Zeichenfolge, die zuvor codiert wurde, um ungültige HTML-Zeichen zu entfernen. In der überladenen Version wird das Ergebnis in das `TextWriter`-Objekt ausgegeben.
`HtmlEncode(String TextZumCodieren)` `HtmlEncode(String TextZumCodieren, TextWriter Ausgabe)`	Codiert eine Zeichenfolge, damit sie im Browser angezeigt werden kann. Die überladene Version der Funktion speichert das Ergebnis im `TextWriter`-Objekt.
`MapPath(string Pfad)`	Liefert den physischen Pfad zurück, der dem virtuellen Pfad auf dem Server entspricht.
`Transfer(String neueSeite)` `Transfer(String neueSeite, bool WerteBeibehalten)`	Beendet die Ausführung auf der gegenwärtigen Seite und setzt diese auf einer anderen Seite fort. Kann genutzt werden, um einen Seitenübergang zu realisieren. In der überladenen Version kann angegeben werden, ob die `QueryString`- und `Form`-Werte beibehalten werden sollen oder nicht.
`UrlDecode(String CodierteURL)` `UrlDecode(String CodierteURL, TextWriter Ausgabe)`	Umkehrfunktion zu `UrlEncode`, die eine Zeichenkette, die zuvor für die Übermittlung mit HTTP codiert wurde, decodiert. Eine Ausgabe in ein `TextWriter`-Objekt ist mit der überladenen Funktion möglich.
`UrlEncode(String NichtCodierteUrl)` `UrlEncode(String NichtCodierteUrl, TextWriter Ausgabe)`	Codiert eine Zeichenkette für die Übermittlung mit HTTP. Die überladene Version der Funktion speichert das Ergebnis im `TextWriter`-Objekt.
`UrlPathEncode(String Zeichenkette)`	Codiert den Teil der Zeichenkette, der Pfadangaben enthält, und gibt die codierte Zeichenfolge zurück.

Request (HttpRequest)

Die Klasse `System.Web.HttpRequest` beziehungsweise ihre Abstraktion `HttpRequestBase` erlaubt den Zugriff auf sämtliche Details der HTTP-Anfrage, die vom Client des Benutzers an den Server geschickt wurde. Um an ein `HttpRequest`-Objekt, das die aktuelle Anfrage repräsentiert, zu gelangen, greift der Entwickler auf die Eigenschaft `Request` des aktuellen `HttpContextes` zu. Alternativ dazu erhält er innerhalb von Controllern über die von der Basisklasse `Controller` geerbte Eigenschaft `Request` Zugriff. Tabelle 8-3 zeigt die wichtigsten Attribute und Methoden der Klasse `System.Web.HttpRequest(Base)`.

Tabelle 8-3: Wichtige Attribute und Methoden der Klasse System.Web.HttpRequest

Methode / Eigenschaft	Beschreibung
`AcceptTypes`	Array von Zeichenketten, die die MIME-Typen enthält, die der Client unterstützt. Unterstützt der Aufrufer zum Beispiel neben HTML auch PDF-Dokumente, findet sich in diesem Array neben dem Eintrag `text/html` auch ein Eintrag mit dem Wert `application/pdf`.
`ApplicationPath`	Virtueller Anwendungspfad.

Tabelle 8-3: Wichtige Attribute und Methoden der Klasse System.Web.HttpRequest *(Fortsetzung)*

Methode / Eigenschaft	Beschreibung
`BinaryRead(Zaehler as Integer) as Byte`	Die Methode liefert ein `Byte`-Array, das die zu übersendenden Nutzdaten repräsentiert.
`ClientCertificate`	Liefert das Sicherheitszertifikat des Clients zurück.
`ContentEncoding`	Zeichensatz des Inhalts der HTML-Seite.
`ContentLength`	Länge der Anfrage in Byte, früher `CONTENT_LENGTH`.
`ContentType`	MIME-Typ der Anfrage, früher `CONTENT_TYPE`.
`Cookies`	Gibt eine Objektmenge zurück, in der alle Cookies enthalten sind, die der Client gesendet hat.
`FilePath`	Virtueller Pfad der Anfrage, früher `SCRIPT_NAME`.
`Files`	Objektmenge mit allen vom Client hochgeladenen Dateien.
`Form`	Objektmenge aller POST-Variablen.
`Headers`	Objektmenge, in der alle Headerinformationen enthalten sind.
`HttpMethod`	Die HTTP-Methode (GET, POST etc.), die verwendet wurde.
`InputStream`	Enthält den Inhalt der HTTP-Anfrage.
`IsAuthenticated`	Gibt an, ob der Benutzer authentifiziert ist oder nicht.
`IsSecureConnection`	Zeigt an, ob eine sichere Verbindung über SSL (HTTPS) besteht.
`MapImageCoordinates(String BildFeldName)`	Weist den Bildparametern eines `ImageMap`-Elements x- und y-Koordinaten zu.
`MapPath(String VirtuellerPfad)` `MapPath(String VirtuellerPfad, String RelativerBasisPfad, bool AnwendungsUebergreifend)`	Ordnet den virtuellen Pfad einem physischen Pfad zu.
`Params`	Umfassende Objektmenge, über die die Auflistungen `QueryString`, `Form`, `ServerVariables` und `Cookies` abgerufen werden können (`NameValueCollection`).
`Path`	Virtuelle Pfadangabe über die Anfrage, früher `PATH_INFO` (`String`).
`PathInfo`	Zusätzliche Pfadinformationen (`String`).
`PhysicalApplicationPath`	Physischer Pfad des Stammverzeichnisses, früher `APP_PHYSICAL_PATH` (`String`).
`PhysicalPath`	Physischer Pfad der Anfrage, früher `PATH_TRANSLATED` (`String`).
`QueryString`	Objektmenge, die die Schlüssel/Wert-Paare aus der URL-Parameterliste enthält (`NameValueCollection`).
`RawUrl`	Kompletter URL der Anfrage (`String`).
`RequestType`	HTTP-Methode, die für die Anfrage verwendet wurde (`String`).
`ServerVariables`	Diese Objektmenge bietet Informationen über den Webserver und die aktuelle Anfrage.
`SaveAs(String Dateiname, bool MitHeaderInfos)`	Methode zum Speichern der HTTP-Anfrage.
`TotalBytes`	Anzahl der Bytes im Eingabe-Stream (`Integer`).
`Url`	Objekt, das Details über die Anfrage kapselt, zum Beispiel DNS- und Port-Informationen (`Uri`).

Tabelle 8-3: Wichtige Attribute und Methoden der Klasse System.Web.HttpRequest *(Fortsetzung)*

Methode / Eigenschaft	Beschreibung
UrlReferrer	Objekt mit Informationen über den Referrer, also von welcher Quelle der Client auf die aktuell angefragte Seite gekommen ist (Uri).
UserAgent	User-Agent-Zeichenkette des Browsers (String).
UserHostAddress	IP-Adresse des Benutzers (String).
UserHostName	DNS-Name des Benutzers (String).
UserLanguages	Tabelle mit den bevorzugten Sprachen des Benutzers (String).

Response (HttpResponse)

Mit der Klasse System.Web.HttpResponse beziehungsweise ihrer Abstraktion HttpResponseBase kann die HTTP-Antwort des Webservers an den Client gestaltet und beeinflusst werden. In ASP.NET MVC-Projekten wird diese Klasse selten direkt genutzt, sondern durch ActionResult-Instanzen gekapselt.

Auf eine Instanz dieser Klasse, die die Antwort auf die aktuelle Anfrage repräsentiert, erhält der Entwickler über die Eigenschaft Response des aktuellen HttpContext-Objekts Zugriff. Alternativ dazu kann er innerhalb von Controllern über die von der Klasse Controller geerbte Eigenschaft Response darauf zugreifen.

Tabelle 8-4 stellt ausgewählte Eigenschaften und Methoden der Klasse System.Web.HttpResponse(Base) vor.

Tabelle 8-4: Attribute und Methoden der Klasse System.Web.HttpResponse

Methode / Eigenschaft	Beschreibung
AddHeader(HeaderName as String, HeaderWert as String)	Wird nur noch aus Kompatibilitätsgründen unterstützt. Besser: AppendHeader.
AppendHeader(String HeaderName, String HeaderWert)	Fügt der Ausgabe, die an den Client gesendet werden soll, einen HTTP-Header hinzu.
BinaryWrite(Speicher() as Byte)	Gibt Binärdaten auf dem Ausgabe-Stream aus.
BufferOutput	Gibt an, ob die Antwort an den Browser zwischengespeichert wird oder nicht (Boolean).
Cache	Objekt mit Details über die Zwischenspeichereinstellungen, zum Beispiel Ablaufzeit (engl. Expiration) und Datenschutzeinstellungen (engl. Privacy).
CacheControl	Wird nur noch aus Kompatibilitätsgründen unterstützt. Besser: System.Web.HttpCachePolicy (String).
ClearContent()	Löscht den Inhalt aus dem Buffer (Stream).
ClearHeaders()	Löscht die HTTP-Header aus der Ausgabe.
Close()	Schließt die Socket-Verbindung zum Client.
ContentEncoding	Beschreibt den Zeichensatz für die Ausgabe und kann einen Wert aus der Aufzählung System.Text.Encoding annehmen (Encoding).
ContentType	Legt den MIME-Typ des Inhalts der HTTP-Antwort fest (String).

Tabelle 8-4: Attribute und Methoden der Klasse System.Web.HttpResponse (Fortsetzung)

Methode / Eigenschaft	Beschreibung
`Cookies`	Objektmenge mit serverseitig generierten Cookies, die mittels des Set-Cookie-Headers an den Client übertragen werden (`HttpCookie`).
`Expires`	Gibt an, wie viele Minuten die aktuelle Seite vom Browser oder von Proxy-Servern zwischengespeichert werden dürfen.
`ExpiresAbsolute`	Gibt an, bis zu welchem Zeitpunkt die aktuelle Seite vom Browser oder von Proxy-Servern zwischengespeichert werden dürfen.
`End()`	Ende der Verarbeitung einer Seite. Alle nachfolgenden Befehle und HTML-Tags werden ignoriert.
`Output`	Ermöglicht Textausgaben auf dem Ausgabestrom an den Client (`TextWriter`).
`OutputStream`	Ermöglicht binäre Ausgaben im HTTP-Körper (`body`) auf dem Ausgabestrom an den Client (`Stream`).
`Redirect(String ZielUrl)` `Redirect(String ZielUrl, Boolean BearbeitungAbbrechen)`	Überladene Methode zum Weiterleiten einer Anfrage an eine andere Seite.
`Status`	Ermöglicht das Setzen des HTTP-Statuscodes, der an den Client zurückgesendet wird (`String`).
`StatusCode`	Wert zur Abfrage und zum Setzen des HTTP-Statuscodes (`Integer`).
`StatusDescription`	Dient zur Abfrage und zum Setzen des Statuscodes einer Ausgabe an den Client (`String`).
`SuppressContent`	Zeigt an, ob eine Ausgabe an den Client erfolgt oder nicht (`Boolean`).
`Write(String str)`	Schreibt Daten direkt in die Ausgabe.
`WriteFile(Zeichenkette as String)`	Schreibt den Inhalt einer Datei direkt in die Ausgabe.

Zustandsverwaltung auf Sitzungsebene

HTTP ist ein zustandsloses Protokoll. Das bedeutet, dass eine Webanwendung nicht ohne Weiteres Daten für eine Benutzersitzung speichern kann. Die Zustandsverwaltung auf Benutzersitzungsebene (Sitzungszustand) bietet eine Möglichkeit, diese Beschränkung zu überwinden. Dreh- und Angelpunkt ist die Klasse `HttpSessionState` beziehungsweise deren Abstraktion `HttpSessionStateBase`, die Schlüssel/Wert-Paare für die aktuelle Benutzersitzung speichert. Der Entwickler erhält darauf über die Eigenschaft `State` des aktuellen `HttpContext`-Objekts Zugriff. Alternativ dazu kann er innerhalb von Controllern auch über die von der Basisklasse `Controller` geerbten Eigenschaft `Session` darauf zugreifen.

Listing 8-1 demonstriert die Verwendung von Sitzungsvariablen innerhalb von Controllerklassen, wobei das Auslesen der gezeigten Eigenschaft auch in einem anderen Controller derselben Benutzersitzung erfolgen kann.

Listing 8-1: Speichern und Laden von Sitzungsinformationen

```
Session["benutzername"] = "Max Muster";
[…]
var name = Session["benuterzname"] as String;
```

Eine Benutzersitzung beginnt mit dem ersten Seitenabruf durch einen Benutzer und endet eine definierte Zeit nach dem letzten Seitenabruf. Zur Erinnerung: Aufgrund der Verbindungslosigkeit des HTTP-Protokolls muss sich ein Webclient bei einem Webserver nicht abmelden. Wenn also ein Benutzer die Site verlässt, erfährt der Server dies nicht. Er kann nur annehmen, dass dann, wenn innerhalb einer bestimmten Zeitspanne kein weiterer Seitenabruf stattgefunden hat, der Benutzer die Site verlassen hat.

Überblick

Um die Zustandslosigkeit des HTTP-Protokolls zu überwinden, weist ASP.NET jedem neuen Besucher eine sogenannte Sitzungsnummer (`engl.` Session ID) zu, die per Zufallsprinzip erzeugt wird und eindeutig ist. Die 120 Bit lange Sitzungsnummer wird per Cookie oder in der URL zum Client übertragen.

Intern verwaltet ASP.NET dann eine Datentabelle, in der festgelegt ist, wie die Variablen und Werte einer bestimmten Sitzungsnummer zugeordnet sind. Beim nächsten Seitenabruf erkennt die ASP.NET-Sitzungsverwaltung den Benutzer anhand der Sitzungsnummer und stellt dem Skript die zugehörigen Variablen(-werte) bereit.

Tabelle 8-5: Speicherung der Sitzungsvariablen auf dem Server

Sitzungs-ID	Sitzungsvariable	Wert
447208138	User	"HS"
447208138	Anmeldezeit	#12:50:10#
447208138	Warenkorb	Array { "ISBN 3-8273-1905-6", "ISBN 3-8273-2010-0", "ISBN 3-86063-667-7" }
447208139	User	"CB"
447208139	Anmeldezeit	#13:10:11#

An den Client wird nur die Sitzungs-ID übermittelt:

```
Set-Cookie: ASPSESSIONIDGQGQGOUY=447208138; path=/
```

Da dem Sitzungscookie keine Gültigkeitsdauer mitgegeben wird, wird es beim Schließen des Browsers sofort verworfen. Der Client übermittelt dieses Sitzungscookie bei der nächsten Anfrage zurück an den Server:

```
Cookie: ASPSESSIONIDGQGQGOUY=447208138
```

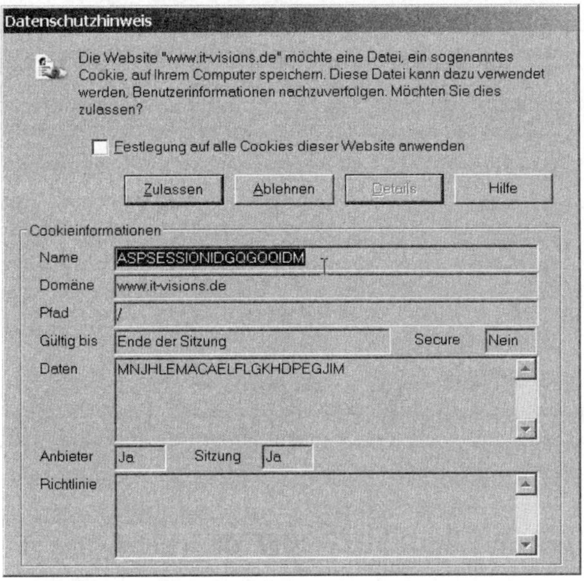

Abbildung 8-1: Anzeige des Sitzungscookies im Internet Explorer

ASP.NET baut dann anhand der im Sitzungscookie übermittelten Sitzungs-ID vor dem Aufruf des Programmcodes die `Session`-Objektmenge anhand der in der internen Tabelle gespeicherten Werte wieder auf.

> Die ASP.NET-Sitzungsverwaltung ist nichts, was man nicht auch selbst programmieren könnte. Der Vorteil von ASP.NET ist jedoch, dass diese Funktion schon eingebaut ist.

Weitere Optionen

Während der Sitzungszustand im klassischem ASP immer auf einem Sitzungscookie (Speicherung einer eindeutigen Sitzungsnummer in einem Cookie auf dem Client) beruht, bietet ASP.NET alternativ die Speicherung und Weiterreichung der Sitzungsnummer im URL (cookielose Sitzungen) an.

Außerdem bietet ASP.NET die Möglichkeit, die Sitzungstabelle (die Tabelle mit der Zuordnung zwischen Sitzungsnummer und den dort angelegten Attribut/Wert-Paaren) auf einem dedizierten Server (engl. State Server) oder in einer Microsoft-SQL-Server-Datenbank zu speichern, sodass die Tabelle von allen Servern einer Webfarm genutzt werden kann.

Eine ASP.NET-Sitzungsnummer verliert nach einem bestimmten Zeitraum ihre Gültigkeit. Diese Timeout-Zeit kann in der Konfiguration der Website oder durch das Attribut `Timeout` im `Session`-Objekt (nicht zu verwechseln mit `Server.Timeout`) gesetzt werden. `Timeout` wird stets in Minuten angegeben. Erfolgt über die eingestellte Anzahl von Minuten hinweg keine Anfrage von einem Client, so verliert die

Sitzungsnummer ihre Gültigkeit, und alle Werte werden gelöscht. Sofern der Benutzer die Site dann doch wieder besucht, beginnt eine neue Benutzersitzung, und er erhält eine neue Sitzungsnummer. Die ASP.NET-Sitzungsverwaltung ist also kein Instrument, um Benutzer über einen längeren Zeitraum hinweg wiederzuerkennen. Dazu müssen Sie selbst eine eindeutige Benutzernummer erzeugen und diese als Cookie an den Client senden.

> Leider gibt es unter den Anwendern viele Ängste vor Cookies. Sobald man ASP.NET-Seiten verwendet, ist auch die Sitzungsverwaltung automatisch aktiv. Der Benutzer erhält also ein Sitzungscookie auch dann, wenn die Webanwendung gar keine Sitzungsverwaltung benötigt. So könnten überängstliche Webnutzer verschreckt werden.
>
> Sie haben in ASP.NET die Möglichkeit, die Sitzungsverwaltung zu deaktivieren (wie bisher im klassischen ASP auch) oder aber URL-Rewriting statt Cookies zu verwenden.

Programmieren mit dem Sitzungszustand

Wie im klassischen ASP kann der ASP.NET-Entwickler beliebige Werte in der `Session`-Auflistung ablegen – der ASP.NET-Arbeitsprozess kümmert sich um die Zuordnung zwischen Sitzungsnummer und den dazu abgelegten Werten. Der Inhalt der Objektmenge `Controller.Session` ist an eine Benutzersitzung innerhalb einer Site gebunden. Die Objektmenge besitzt die Besonderheit, dass neue Einträge nicht manuell mit `Add()` angelegt werden müssen. Ein Zugriff auf `Session["Name"]` legt automatisch ein Objekt dieses Namens an, wenn es noch nicht existiert.

Tabelle 8-6: Werte im Sitzungszustand ablegen und daraus auslesen

Wert in Sitzungszustand ablegen	Wert aus Sitzungszustand auslesen
`Session["Name"] = WERT`	`VAR = Session["Name"]`

> Das `Application`-Objekt verwaltet Variablenwerte sitzungsübergreifend. Es lebt so lange, wie der Webserver läuft. Ein Anwendungsgebiet sind zum Beispiel Zähler, die ja nicht pro Sitzung, sondern global wirken sollen. Das `Application`-Objekt funktioniert auch, wenn die Sitzungsverwaltung von ASP.NET deaktiviert ist.

URL-basierte Sitzungsverwaltung ohne Cookies

ASP.NET bietet als Alternative zu Cookies auch die Sitzungsverwaltung durch URL-Rewriting (alias cookielose Sitzungen; engl. Cookieless Sessions) an. Diese Technik basiert auf URL-Rewriting, weil jeder Seitenübergang auf einem dynamisch generierten URL beruht. ASP.NET kümmert sich um den Einbau der Sitzungsnummer in den URL, sodass für den Entwickler kein Zusatzaufwand entsteht. Der Einbau der Sitzungsnummer in den URL erfolgt zwischen dem Verzeichnispfad des Web und dem relativen Pfad, zum Beispiel

*HTTP://localhost/Website/(S(*paeyld555f53h1frbqb50h55*))/StateManagement/ueberpruefung.aspx*

Die Sitzungsnummern für das URL-Rewriting werden auf andere Weise als in ASP.NET 1.x im URL gespeichert. Sie besitzen in ASP.NET (ab Version 2.0) neben der geklammerten Sitzungsnummer noch ein »S« als Präfix: `(S(paeyld555f53h1frbqb50h55))`. Das Präfix ist notwendig, da nun auch URL-Rewriting innerhalb der formularbasierten Authentifizierung verwendet werden kann. Zur Unterscheidung kommt dort das Präfix »F« zum Einsatz.

Diese Funktion muss in der Datei *web.config* aktiviert werden:

```
<sessionState … cookieless="true" />
```

Der interne Ablauf ist einfach und wirkungsvoll: Wenn ASP.NET beim ersten Aufruf einer Seite aus dem Web feststellt, dass der URL keine Sitzungsnummer enthält, erzeugt ASP.NET eine Sitzungsnummer und sendet dem Browser einen Redirect zum neuen URL mit eingebauter Sitzungsnummer. Solange alle Sprünge relativ sind, wird diese Sitzungsnummer immer mitgenommen, denn für den Browser ist die Sitzungsnummer ein Teil des Stammverzeichnisses des Web. Die Sitzung wird aber in dem Moment unterbrochen, wenn es einen absoluten Link gibt, auch dann, wenn er in das gleiche Web verweist.

Die URL-basierte Sitzungsverwaltung ohne Cookies funktioniert auch, wenn sich klassische ASP-Seiten oder HTML-Seiten in der Seitenkette befinden. Allerdings kann eine klassische ASP-Seite nicht auf die in einer ASPX-Seite gesetzten `Session`- und `Application`-Variablen zugreifen. Diese gehen aber auch dadurch nicht verloren; in der nächsten ASPX-Seite sind sie unverändert vorhanden.

Die URL-basierte Sitzungsverwaltung führt zu einer Herausforderung, wenn auf einer Seite JavaScript-Umlenkungen verwendet werden, also zum Beispiel, wenn ein Skript dafür sorgt, dass eine Inhaltsseite eines Framesets nicht einzeln, sondern nur im Frameset angezeigt wird. Wenn in diesem Fall in den URL des Framesets die Sitzungs-ID nicht per JavaScript-Code eingebaut wird, geht die Sitzungsinformation verloren.

Konfiguration des Sitzungszustands

Zur Konfiguration des Sitzungszustands wird das Element `<sessionState>` in der *web.config*-Datei verwendet:

```
<sessionState mode="Off|InProc|StateServer|SQLServer"
              cookieless="UseCookies|UseUri|AutoDetect|UseDeviceProfile"
              timeout="number of minutes"
              stateConnectionString="tcpip=server:port"
              sqlConnectionString="sql ConnectionString"
              stateNetworkTimeout="number of seconds"/>
```

Eine typische Konfiguration ist die Speicherung der Sitzungstabelle im Arbeitsspeicher jedes einzelnen Webservers (`InProc`) und die Nutzung von cookielosen Sitzungen (`cookieless`):

```
<sessionState mode="InProc" cookieless="UseUri"/>
```

`Cookieless = "false"` bedeutet, dass die Sitzungs-ID wie im klassischen ASP in einem Cookie gespeichert wird. `True` bedeutet URL-basierte Sitzungsverwaltung.

Speicherort der Sitzungstabelle wählen

Über `Mode` bietet ASP.NET drei Möglichkeiten zur Speicherung von Sitzungszustandsdaten:

- **InProc** – Die Daten werden im Speicher des ASP.NET-Arbeitsprozesses abgelegt. Dies ist die schnellste Methode, da keine Prozessgrenzen überwunden werden müssen. Wenn allerdings der IIS-Arbeitsprozess oder die ASP.NET-Webanwendung neu gestartet wird, gehen die Daten verloren. Die ASP.NET-Webanwendung wird jedes Mal, wenn die *web.config*-Datei oder die *global.asax*-Datei verändert wird, neu gestartet.
- **StateServer** – Hierbei werden die Sitzungsdaten im Speicher des zugehörigen Windows-Diensts *ASP.NET State Service* gespeichert. Dieser Dienst kann auf einem beliebigen Computer (State Server) laufen und in der Datei *web.config* mit dem Attribut `stateConnectionString` per IP-Adresse identifiziert werden. Die Kommunikation zwischen Webserver und State Server erfolgt mit dem ASP.NET
State Server Protocol, das TCP-Port 42424 nutzt. Die damit gewährleistete Unabhängigkeit von einem oder mehreren Webservern wirkt sich allerdings auch negativ auf die Performanz aus, da bei der Datenübermittlung Prozessgrenzen überwunden werden müssen.
- **SqlServer** – Sollen die Daten dauerhaft gespeichert werden, so kann Microsoft SQL Server zum Speichern von Sitzungszustandsinformationen verwendet werden. Dazu befindet sich im Verzeichnis *%WINDIR%\Microsoft .NET\v4.0.40319* ein SQL-Skript namens *InstallSqlState.sql*, das die entsprechende Datenbank (Tabellen und gespeicherte Prozeduren) erstellt. Danach muss noch eine Verbindungszeichenfolge in der Datei *web.config* eingetragen werden (Eigenschaft `sqlConnectionString`), damit der Arbeitsprozess eine Verbindung zur Datenbank herstellen kann.

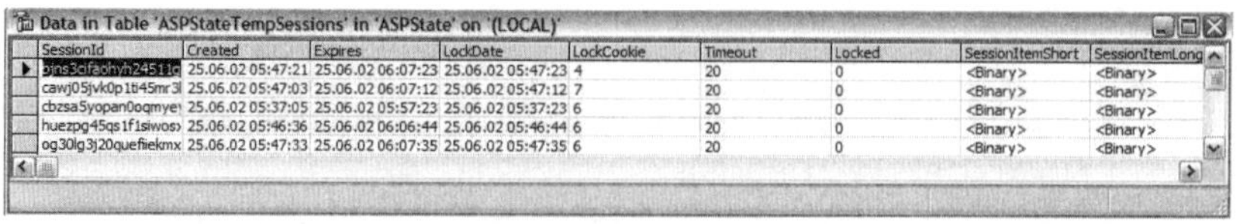
Data in Table 'ASPStateTempSessions' in 'ASPState' on '(LOCAL)'

SessionId	Created	Expires	LockDate	LockCookie	Timeout	Locked	SessionItemShort	SessionItemLong
pjns3cifaohyh24511q	25.06.02 05:47:21	25.06.02 06:07:23	25.06.02 05:47:23	4	20	0	<Binary>	<Binary>
cawj05jvk0p1ti45mr3l	25.06.02 05:47:03	25.06.02 06:07:12	25.06.02 05:47:12	7	20	0	<Binary>	<Binary>
cbzsa5yopan0oqmye	25.06.02 05:37:05	25.06.02 05:57:23	25.06.02 05:37:23	6	20	0	<Binary>	<Binary>
huezpg45qs1f1siwos	25.06.02 05:46:36	25.06.02 06:06:44	25.06.02 05:46:44	6	20	0	<Binary>	<Binary>
og30lg3j20quefiiekmx	25.06.02 05:47:33	25.06.02 06:07:35	25.06.02 05:47:35	6	20	0	<Binary>	<Binary>

Abbildung 8-2: SQL-Server-Tabelle mit Sitzungswerten

Komprimierung des Sitzungszustands

Relativ neu in ASP.NET ist die Möglichkeit, in den Modi *State Server* und *SQL Server* die Sitzungsvariablen mit GZip zu komprimieren. Wenn man in der *web.config*-Datei im Element `<sessionState>` den Eintrag `compressionEnabled ="true"` vornimmt, verwendet .NET automatisch `System.IO.Compression.GZipStream`.

Listing 8-2: Aktivierung der Komprimierung des Sitzungszustands (Ausschnitt aus einer web.config-*Datei)*

```
<sessionState mode="SQLServer"
              sqlConnectionString="Data Source=F123;Intial Catalog=ASPNETState"
              allowCustomSqlDatabase="true"
              compressionEnabled="true">
```

Deaktivieren des Sitzungszustands

Der Sitzungszustand kann sowohl für die gesamte Anwendung als auch für einzelne Controller ausgeschaltet werden. Im ersten Fall muss der Wert für das Attribut `mode` in der Datei *web.config* auf `off` gesetzt werden.

Das Ausschalten des Sitzungszustands für einen Controller wird das Attribut `SessionState` erledigen.

```
[SessionState(SessionStateBehavior.Disabled)]
public class NewsController : Controller
{
   [...]
}
```

Das Abschalten der Seitenzustandsverwaltung erhöht die Ausführungsgeschwindigkeit von ASPX-Seiten.

Caching

Es gibt unterschiedliche Szenarien, in denen es nicht immer notwendig ist, eine Webseite bei jedem Aufruf neu zu generieren. Bei häufig abgefragten Webseiten, deren Inhalt sich nicht, nur teilweise oder nur selten ändert, kann es durchaus sinnvoll sein, diese Seiten im Speicher vorrätig zu halten und nicht bei jedem Aufruf neu zu erzeugen. Dies gilt zum Beispiel für eine nur wöchentlich aktualisierte Preisliste eines Internetshops oder für eine Internetzeitung, die täglich einmal aktualisiert wird.

Unter *Caching* versteht man die Vorhaltung von Daten an einem anderen Ort als dem Ursprungsort, um zu vermeiden, dass diese erneut aus der ursprünglichen Quelle beschafft oder erneut berechnet werden müssen.

In der englischsprachigen Literatur wird als Gegensatz zu *Caching* (Zwischenspeichern) der Begriff *Fetching* (Abholen) verwendet.

Seit ASP.NET 4.0 erlaubt die neue abstrakte Basisklasse `OutputCacheProvider` den Austausch des Seitenzwischenspeichermechanismus in ASP.NET.

Überblick

ASP.NET MVC bietet folgende Zwischenspeicherungsmöglichkeiten:

- Ausgabezwischenspeicherung ganzer Seiten (engl. Output Caching)
- Fragmentzwischenspeicherung (engl. Fragment Caching) auf Steuerelementebene
- Datenmengenzwischenspeicherung
- Zwischenspeicherung einzelner Werte (siehe Abschnitt »Zustandsverwaltung auf Sitzungsebene«)

Das Zwischenspeichern kann von Veränderungen in einer SQL-Server-Datenbanktabelle abhängig gemacht werden, das heißt, die Webseite wird vor Ablauf der Zwischenspeicherdauer beendet, wenn sich Daten geändert haben. Diese Funktion nennt Microsoft *Cacheinvalidierung* (engl. Cache Invalidation).

In der Datei *web.config* kann der Entwickler Zwischenspeicherungsprofile (Caching-Profile) definieren, die über ihre Namen auf mehrere Webseiten angewandt werden können.

Pro und Contra der Zwischenspeicherung

Zwischenspeicherung hat sowohl Vor- als auch Nachteile, die im Einzelfall abzuwägen sind. Pauschale Aussagen zum Caching sind unseriös, es ist immer der Einzelfall zu prüfen. Die folgenden Punkte geben Entscheidungshilfen.

Tabelle 8-7: Vor- und Nachteile des Cachings

Vorteile	Nachteile
Beschleunigung des Seitenabrufs	Verringerung der Aktualität von angezeigten Daten
Verringerung der Prozessorlast auf dem Web-, Anwendungs- und Datenbankserver	Erhöhung des Speicherplatzverbrauchs auf dem Webserver
Verringerung der Netzwerklast zwischen Webserver, Anwendungsserver und Datenbank	

Grundsätzlich ist zu prüfen, ob die Benutzer des Systems immer den letzten Stand der Daten sehen müssen oder ob ein Stand, der wenige Sekunden beziehungsweise Minuten oder Stunden zurückliegt, nicht ausreichend ist. Oftmals fordern Benutzer den »topaktuellen« Stand. Tatsächlich kann in vielen Fällen darauf aber verzichtet werden. Dies kann am Beispiel der Website einer Fluggesellschaft veranschaulicht werden:

- **Liste der Flugziele** – Diese Daten ändern sich sehr, sehr selten. Ein Caching von mehreren Stunden ist möglich.
- **Anzeige der Flüge mit freien Plätzen** – Auf den ersten Blick würde man hier ganz aktuelle Daten fordern. Tatsächlich ist aber ein Caching von mehreren Sekunden möglich, denn zwischen dem Zeitpunkt der Anzeige der Verfügbarkeitsliste und dem tatsächlichen Buchen liegen ohnehin einige Sekunden oder Minuten, in denen ein anderer Benutzer der Website die Plätze bereits gebucht haben könnte. Daher kann es ohnehin zu Konflikten kommen, auch wenn kein Caching aktiviert würde.
- **Statusanzeige der Beleuchtung der Landebahn** – Dies ist ein Fall, wo Sekunden tatsächlich entscheiden können und daher kein Caching eingesetzt werden sollte. Eine Webanwendung ist in diesem Fall aber ohnehin nicht der geeignete Anwendungstyp, da der Webserver den Client nicht über Statusänderungen aktiv informieren kann, sondern der Client immer neue Daten explizit abrufen muss.

Gute Kandidaten für das Caching sind alle Daten beziehungsweise Seiten, die häufig verwendet werden und die einen erheblichen Rechenaufwand verursachen.

Zwischenspeicherung ganzer Seiten (Output-Caching)

Bei der Seitenzwischenspeicherung handelt es sich um einen Mechanismus zur Optimierung der Leistung durch das Vorhalten von Webseiten, die bereits zu einem früheren Zeitpunkt angefordert wurden. ASP.NET ermöglicht die Zwischenspeicherung der von einer Assembly für den Webserver erzeugten (gerenderten) Ausgabe. Bei der Seitenzwischenspeicherung werden ganze Seiten auf dem Webserver vorrätig gehalten, ohne sie bei jedem Aufruf dynamisch zu erzeugen. Normalerweise verwirft der Webserver die Ausgabe sofort nach der Weiterleitung an den Webclient.

Mit dem Attribut `OutputCache`, das auf Action-Methoden anzuwenden ist, kann definiert werden, dass die Ausgabe eine definierbare Zeit lang im Speicher zur Beantwortung gleichartiger Anfragen vorgehalten wird. Inwiefern zwei Anfragen als »gleich« betrachtet werden, kann dabei definiert werden. So lässt sich beispielsweise festlegen, dass die übergebenen Parameter berücksichtigt werden (die Seiten also für jede Parameterkombination einzeln zwischengespeichert werden), oder dass zwei unterschiedliche Browser beziehungsweise Browserversionen nicht den gleichen HTML-Code erhalten (die Seiten also für jeden Browser einzeln zwischengespeichert werden).

Das Verhalten und die Regeln für das Unterdrücken der Neuerzeugung einer Webseite können über das `OutputCache`-Attribut flexibel konfiguriert werden. So ist es zum Beispiel über die Eigenschaften `VaryByParam` oder `VaryByCustom` möglich, abhängig von übertragenen Parametern oder Browsern unterschiedliche Versionen ein und derselben Webseite vorrätig zu halten.

*Tabelle 8-8: Parameter der @*OutputCache*-Direktive*

Parameter	Anwendung auf Seiten	Anwendung auf Benutzersteuerelemente	Beschreibung
`Duration`	X	X	Zeitraum in Sekunden, in dem das entsprechende Objekt im Zwischenspeicher vorgehalten wird.

`Location`	X	X	Ein Wert aus der `OutputCacheLocation`-Aufzählung:
			`Any`
			Der Inhalt kann an beliebiger Stelle zwischengespeichert werden (Clientbrowser, Proxy oder auf dem Server).
			`Client`
			Der Zwischenspeicher befindet sich auf dem Client, der die Anfrage gestellt hat.
			`Downstream`
			Der Zwischenspeicher kann an jedem beliebigen HTTP-1.1-cachefähigen Gerät zwischengespeichert werden.
			`None`
			Der Zwischenspeicher ist für die aktuelle Seite nicht aktiviert.
			`Server`
			Der Zwischenspeicher befindet sich auf dem Webserver, der die Anfrage bearbeitet hat.
			Dieses Attribut kann nicht für einzelne Steuerelemente verwendet werden.

`VaryByHeader`	X		Durch Semikola getrennte Liste von HTTP-Headern, bei denen der Zwischenspeicher variieren kann. Dieses Attribut kann nicht für einzelne Steuerelemente verwendet werden.
`VaryByParam`	X	X	Variiert den Zwischenspeicher für unterschiedliche übergebene Parameter. Es werden URL- und Formularparameter berücksichtigt. Gültige Werte sind auch * (alle) und `none` (keine).
`VaryByCustom="browser"`	X	X	Variiert den Zwischenspeicher für unterschiedliche Webbrowser.
`VaryByCustom`	X	X	Es können auch eigene Variationskriterien definiert werden. Dies erfordert allerdings die Anpassung der Datei *global.asax*. Dort muss die `HttpApplication.GetVaryByCustomString()`-Methode überschrieben werden.

Ab Windows Server 2003 liegt der Zwischenspeicher der IIS seit Version 6.0 im HTTP-Stack (*http.sys*) im Kernelmodus. Damit kann noch eine wesentlich höhere Performance erreicht werden, als dies beim Caching im Rahmen des ASP.NET-Arbeitsprozesses in den IIS ab Version 5 möglich ist.

Tabelle 8-9: OutputCache-Beispiele

Beispiel	Erläuterung
`[OutputCache(Duration="30", VaryByParam="C_Abflugort;C_Zielort")]`	Zwischenspeicherung für 30 Sekunden. Eigene Zwischenspeicher werden in Abhängigkeit von `C_Abflugort` und `C_Zielort` gebildet.
`[OutputCache(Duration="60", VaryByParam="*",VaryByCustom="browser"])`	Zwischenspeicherung für 60 Sekunden, die übergebenen Parameter haben Einfluss auf den Seiteninhalt, und es gibt auch für jeden Browsertyp eine eigene zwischengespeicherte Seite.

Zwischenspeicherungsprofile (Caching Profiles)

Mit ASP.NET 2.0 wurde die Möglichkeit eingeführt, dass der Entwickler in der *web.config*-Datei Zwischenspeicherungsprofile für die Seitenzwischenspeicherung definieren kann, die über ihre Namen auf Seiten angewendet werden:

Listing 8-3: Definition eines Zwischenspeicherungsprofils für browserabhängige Zwischenspeicherung für 60 Sekunden mit dem Namen Browser

```
<caching>
  <outputCacheSettings>
    <outputCacheProfiles>
      <add name="Browser" duration="60" varyByCustom="browser" location="Server" />
    </outputCacheProfiles>
  </outputCacheSettings>
</caching>
```

Listing 8-4: Verwendung des Zwischenspeicherungsprofils mit dem Namen Browser

```
[OutputCache(CacheProfile="Browser")]
```

Caching von Seitenteilen (Fragmentzwischenspeicherung)

Es gibt Fälle, in denen zwar eine Leistungssteigerung gewünscht ist, aber nicht alle Inhalte einer Webseite statisch sind und diese Teile daher bei jedem Aufruf neu erzeugt werden müssen.

Dazu ist, wie Listing 8-5 demonstriert, für den jeweiligen Seitenausschnitt eine eigene Action-Methode bereitzustellen, die mit `OutputCache` annotiert wird. Mit `Duration` wird die Lebensdauer des Cacheeintrags in Sekunden angegeben; mit `VaryByParam` jene Parameter (durch Semikola getrennt), für deren einzelne Wertbelegungen ein eigener Cacheeintrag erzeugt werden soll. Im betrachteten Beispiel würde beispielsweise für `[…]/NotThatImportantNews?param=1` ein anderer Cacheeintrag als etwa für `[…]/NotThatImportantNews?param=2` erzeugt und in weiterer Folge herangezogen werden. Neben diesen Parametern stehen noch weitere zum Variieren des Cacheverhaltens zur Verfügung. Details dazu finden sich in Tabelle 8-8.

Listing 8-5: Partielles Caching

```
[OutputCache(Duration=15, VaryByParam="param")]
public ActionResult NotThatImportantNews(string param)
{
    List<News> news = new List<News>()
    {
        new News { Title = "..." },
        new News { Title = "..." },
        new News { Title = "..." },
        new News { Title = "..."}
    };
    return PartialView(news);
}
```

Um das Ergebnis der soeben betrachteten Action-Methode, das wie besprochen gecacht wird, als Teil einer View zu verwenden, kann die Action-Methode in weiterer Folge innerhalb einer beliebigen View mittels `Html.Action` aufgerufen werden. Listing 8-6 demonstriert dies.

Listing 8-6: Teilweise gecachten Seitenteil einbinden

```
@model List<MVC3RC_Samples.Models.News>

<ul>
@foreach (var news in Model)
{
    <li>@news.Title</li>
}
</ul>

<h3>Nicht ganz so wichtige News: </h3>
@Html.Action("NotThatImportantNews", new { parm = ViewBag.Param  })
```

Programmatisches Caching

Unter Verwendung von `HttpContext.Cache` kann ein Wert programmatisch in den Cache eingefügt werden.

Wert in Zwischenspeicher ablegen	Wert aus Zwischenspeicher auslesen
`HttpContext.Cache["Name"] = WERT`	`VAR = HttpContext.Cache["Name"]`

Daneben steht auch die weitaus mächtigere `Add`-Methode zur Verfügung. Diese Methode erlaubt es, Objekte im Zwischenspeicher an bestimmte Bedingungen zu binden. Die nachfolgende Tabelle informiert über deren Parameter.

Tabelle 8-10: Aufrufparameter der Methode Cache.Add()

Parameter	Beschreibung
`Key`	Der Bezeichner für das Objekt im Zwischenspeicher.
`Value`	Das Objekt, das dem Zwischenspeicher hinzugefügt wird.
`Dependencies`	Abhängigkeiten zu einer oder zu mehreren Dateien, Datenbankinhalten oder sonstigen Ressourcen. Bei der Änderung einer der angegebenen Ressourcen wird das Zwischenspeicherobjekt ungültig und entfernt.
`absoluteExpiration`	Absoluter Zeitpunkt, zu dem das Objekt aus dem Zwischenspeicher entfernt wird, zum Beispiel 20 Uhr. Muss den Wert `Cache.NoAbsoluteExpiration` haben, wenn eine `slidingExpiration` festgelegt wird.
`slidingExpiration`	Vergangene Dauer seit dem letzten Aufruf eines Zwischenspeicherobjekts, bis dieses verfällt. Muss den Wert `Cache.NoSlidingExpiration` haben, wenn eine `absoluteExpiration` festgelegt wird.
`Priority`	Priorität für den relativen Speicherplatzbedarf eines Objekts. Objekte mit niedriger Priorität werden bei Bedarf vor Objekten mit einer höheren Priorität entfernt. Mögliche Werte sind `AboveNormal`, `BelowNormal`, `Default`, `Normal`, `High`, `Low`, `NotRemovable`.
`onRemoveCallback`	Angabe eines Delegaten, der aktiviert wird, wenn ein Objekt aus dem Zwischenspeicher entfernt wird. Dadurch ist es möglich, die Anwendung über das Entfernen zu informieren.

Cacheinvalidierung

Das Zwischenspeichern kann von Veränderungen in einer SQL-Server-Datenbanktabelle abhängig gemacht werden, das heißt, die Webseite wird vor Ablauf der Zwischenspeicherdauer beendet, wenn sich Daten geändert haben. Diese Funktion nennt man *Cacheinvalidierung*. Das Verfahren erfordert, dass auf Ebene einer Seite oder auf der Ebene eines programmatisch erstellten Cacheeintrags eine sogenannte Zwischenspeicherabhängigkeit (engl. Cache Dependency) definiert wurde.

Das Beispiel in Listing 8-7 legt zur Veranschaulichung eine Cacheabhängigkeit fest, die das Entfernen des Eintrags veranlasst, nachdem sich die Datei *test.txt* geändert hat. Darüber hinaus registriert es ein Ereignis, das in diesem Fall auch zur Ausführung gebracht wird. Um eine Cacheabhängigkeit für eine ganze Seite festzulegen, ist die Methode `Request.AddCacheDependency` zu bemühen. Alternativ dazu kann auch die Methode `Request.AddFileDependency` verwendet werden. Diese nimmt einen Dateinamen entgegen, erstellt damit eine Cacheabhängigkeit und registriert diese.

Listing 8-7: Beispiel für das programmatische Erstellen eines Cacheeintrags

```
string time = (string)Cache.Get("time");
if (time == null)
{
    time = DateTime.Now.ToString("T");
    CacheDependency fileDepend
            = new CacheDependency(MapPath("~/test.txt"));
    Cache.Add(
```

```
            "time", time,
            fileDepend,
            Cache.NoAbsoluteExpiration,
            TimeSpan.FromSeconds(5),
            CacheItemPriority.High, Callback);
}
Response.Write(time);
[...]
public void Callback(
        string key, Object value, CacheItemRemovedReason reason) {
    string msg = key + " removed; value: " + value;
    System.Diagnostics.Debug.WriteLine(msg);
}
```

Eine eigene `CacheDependency` kann durch Ableiten von `NotifyDependencyChanged` implementiert werden. Der Konstruktor sollte die Möglichkeit schaffen, die gewünschte Ressource zu überwachen. Dies kann zum Beispiel durch Abspalten eines Threads, der die Ressource pollt, oder durch Registrieren eines Callbacks erfolgen. Erkennt die benutzerdefinierte `CacheDependency` eine Modifikation an der überwachten Ressource, ist sie angehalten, die geerbte Methode `NotifyDependencyChanged` aufzurufen.

Cacheinvalidierung durch die Datenbank

Während die Cacheinvalidierung bei Microsoft SQL Server ab Version 2005 durch Datenänderungsbenachrichtigungen im Push-Verfahren realisiert wird, kommt in den älteren Datenbankservern ein komplexer Mechanismus auf Basis von Polling einer gespeicherten Prozedur und nachträglich hinzugefügten Triggern zum Einsatz.

Cache Invalidation bei Microsoft SQL Server 7.0 und 2000

Cache Invalidation in Microsoft SQL Server 7.0/2000 funktioniert nur auf Tabellenebene, das heißt, es findet auch dann eine Benachrichtigung statt, wenn die tatsächlich angezeigten Daten nicht betroffen sind. Dies stört die Anwendung nicht, verursacht aber unter Umständen unnötige Auflösungen des Zwischenspeichers. Microsoft nennt das Verfahren *tabellenbasiertes Abrufen* (engl. *Table-based Polling*).

Für die Nutzung der Cacheinvalidierung bei Microsoft SQL Server 7.0/2000 sind folgende drei Voraussetzungen notwendig:

- Erstellung von Triggern, gespeicherten Prozeduren und einer Verwaltungstabelle unter SQL Server zur Übermittlung von Benachrichtigungen bei Datenänderungen:

```
aspnet_regsql -E -S marl\sqlexpress -d worldwidewings -ed -t fl_fluege -et
```

- Konfiguration des Polling-Intervalls in der *web.config*-Datei:

```
<caching>
 <sqlCacheDependency enabled="true" pollTime="5000">
  <databases>
   <add name="WorldWideWings"
     ConnectionStringName="WorldWideWingsConnectionString"/>
  </databases>
 </sqlCacheDependency>
</caching>
```

- Aktivierung der Zwischenspeicherung mit dem `OutputCache`-Attribut. Die hinter `SqlDependency` genannte Datenbank muss in der *web.config*-Datei deklariert sein.

Beispiel auf Ebene von Action-Methoden:

```
[OutputCache(Duration="5", VaryByParam="none",
SqlDependency="WorldWideWings:Fl_Fluege")]
```

Beispiel für die programmatische Anwendung:

```
string time = (string)Cache.Get("time");
if (time == null)
{
    time = DateTime.Now.ToString("T");

    SqlCacheDependency sqlDep =
        new SqlCacheDependency("PubsDB", "Titles");

    Cache.Insert(
        "time", time,
        sqlDep,
        System.Web.Caching.Cache.NoAbsoluteExpiration,
        TimeSpan.FromSeconds(100),
        CacheItemPriority.Low, Callback);
}
```

Cacheinvalidierung bei Microsoft SQL Server ab Version 2005

Für die Nutzung der Cacheinvalidierung bei Microsoft SQL Server ab Version 2005 ist der Vorgang durch den Einsatz von Abfragebenachrichtigungen (engl. Query Notifications) flexibler: Die Cacheinvalidierung arbeitet hier auf Ebene der tatsächlich angeforderten Daten.

Voraussetzungen dafür sind:

- Für die SQL-Server-Datenbank muss der SQL Server Service Broker aktiviert sein (T-SQL-Befehl: `ALTER DATABASE` *dbname* `SET ENABLE_BROKER`)
- Die Cacheabhängigkeit muss durch eine Code-Zile für jede einzelne Verbindung durch Aufruf von `System.Data.SqlClient.SqlDependency.Start` aktiviert werden. Da dieser Vorgang nur einmal erfolgen muss, platziert man ihn am besten in der *global.asax*-Seite im `Application_Start`-Ereignis:

Listing 8-8: Start des Listeners für Abfragebenachrichtigungen in der Datei global.asax

```
System.Data.SqlClient.SqlDependency.Start(
  System.Configuration.ConfigurationManager.ConnectionStrings
  ["CS_MBW"].ConnectionString);
```

Wurden diese Vorbereitungen getroffen, kann programmatisch eine `SqlCacheDependency` auf der Basis des ADO.NET-Objekts `Command` erstellt werden. Dabei ist darauf zu achten, dass im Rahmen der darunter liegenden SQL-Abfrage die Schemanamen der Tabellen sowie die Namen der Spalten explizit angegeben werden. Darüber ist der Einsatz von Aggregatsfunktionen für zu überwachende Ergebnismengen nicht erlaubt.

```
string time = (string)Cache.Get("time");
if (time == null)
{
    time = DateTime.Now.ToString("T");

    SqlCacheDependency sqlDep = new SqlCacheDependency(cmd);

    Cache.Insert(
        "time", time,
        sqlDep,
        System.Web.Caching.Cache.NoAbsoluteExpiration,
        TimeSpan.FromSeconds(100),
        CacheItemPriority.Low, Callback);
}
```

Sehr wichtig ist, dass die `SELECT`-Befehle den Regeln für Datenänderungsbenachrichtigungen entsprechen. Beispielsweise müssen der Schemaname sowie sämtliche Spalten explizit angeführt werden und Aggregatsfunktionen sind nicht erlaubt.

- Falsch:

```
SELECT [FL_FlugNr], [FL_Abflugort], [FL_Zielort], [FL_Datum],
[FL_NichtraucherFlug], [FL_Plaetze], [FL_FreiePlaetze] FROM [Fl_Fluege] where
[FL_Zielort] = 'Berlin'
```

- Richtig:

```
SELECT [FL_FlugNr], [FL_Abflugort], [FL_Zielort], [FL_Datum],
[FL_NichtraucherFlug], [FL_Plaetze], [FL_FreiePlaetze] FROM dbo.[Fl_Fluege]
where [FL_Zielort] = 'Berlin'
```

TEIL C

Webserverprogrammierung mit ASP.NET Core

Dieser Buchteil behandelt das neue ASP.NET Core, das wahlweise auf dem Windows-basierten .NET Framework 4.x mit vollem Funktionsumfang oder dem plattformneutralen .NET Core läuft. Das klassische ASP.NET, das nur auf .NET Framework 4.x läuft, wurde bereits in Buchteil B besprochen.

KAPITEL 9

Einführung in ASP.NET Core

Dieses Kapitel bietet eine Einführung in ASP.NET Core. Die weiteren Kapitel in diesem Buchteil beschäftigen sich mit den Themen ASP.NET Core MVC, ASP.NET Core Web API und ASP.NET Core SignalR.

Klassisches ASP.NET oder ASP.NET Core?

In diesem Buch werden sowohl das klassische ASP.NET als auch das neue ASP.NET Core vorgestellt. Es stellt sich die Frage, was Sie einsetzen sollten.

ASP.NET Core bietet als Vorteile:

- Höhere Performance als das klassische ASP.NET.
- Plattformunabhängigkeit (bei Betrieb auf .NET Core).
- Einige schöne neue Funktionen. Insbesondere die Tag Helper und die View Components sind dazu geeignet, Funktionen und Seitenteile besser zu kapseln und damit die Übersichtlichkeit und Wiederverwendbarkeit zu erhöhen.
- Eine größere Zukunftssicherheit, da Microsoft das klassische ASP.NET nicht mehr wesentlich weiterentwickeln wird.

Allerdings hat ASP.NET Core auch Nachteile:

- Es gibt noch nicht so viele Drittanbieterkomponenten dafür wie für das klassische ASP.NET
- Die Dokumentation ist noch sehr unzureichend.
- Es ist nur der Betrieb auf .NET Core möglich: Es fehlen unter anderem einige Klassen, die es im klassischen .NET Framework, aber nicht in .NET Core gibt.

Für neue Projekte ist ASP.NET Core daher auf jeden Fall in Betracht zu ziehen.

Die Migration bestehender klassischer ASP.NET-Projekte sollte wohlüberlegt sein, da dies einen größeren Migrationsaufwand bedeutet. Die Migration von ASP.NET Webforms, ASP.NET Dynamic Data und ASP.NET AJAX kommt einer Neuprogrammierung gleich, da es diese Programmiermodelle in ASP.NET Core nicht mehr gibt. Aber auch die Umstellung von klassischem ASP.NET MVC auf ASP.NET Core MVC ist ein größerer Aufwand, da sich viele Programmierschnittstellen geändert haben.

Einführung in die Core-Welt

Nach über zwei Jahren der öffentlichen Entwicklung sind .NET Core 1.0 nebst ASP.NET Core 1.0 und Entity Framework Core 1.0 am 27. Juni 2016 erschienen. Aktuell zum Redaktionsschluss dieses Buchs gibt es im RTM-Status die Version 2.0 und als Vorschauversion die Version 2.1. Die Version 2.1 ist dann während der Satzphase dieses Buchs am 30.5.2018 erschienen.

Die Erstankündigung der Core-Produkte fand im Mai 2014 auf der TechEd-Konferent in den USA statt – damals noch unter den Schlagwörtern »Cloud-optimized .NET«, »Project K« und »ASP.NET vNext« sowie »Entity Framework 7«. Im November 2014 erfolgte dann die konkrete Benennung in .NET Core 5 und ASP.NET 5, die aber am 19. Januar 2016 auf .NET Core 1.0, ASP.NET Core 1.0 und Entity Framework Core 1.0 korrigiert wurde. Damit will Microsoft deutlich machen: Die Core-Produkte sind nicht die nächste Version des bisherigen .NET Framework 4.x beziehungsweise ASP.NET MVC 5.x und Entity Framework 6.x, sondern eine Neuentwicklung, die eine "Parallelwelt" zu den bisherigen .NET-Produkten bildet (siehe Abbildung 9-1).

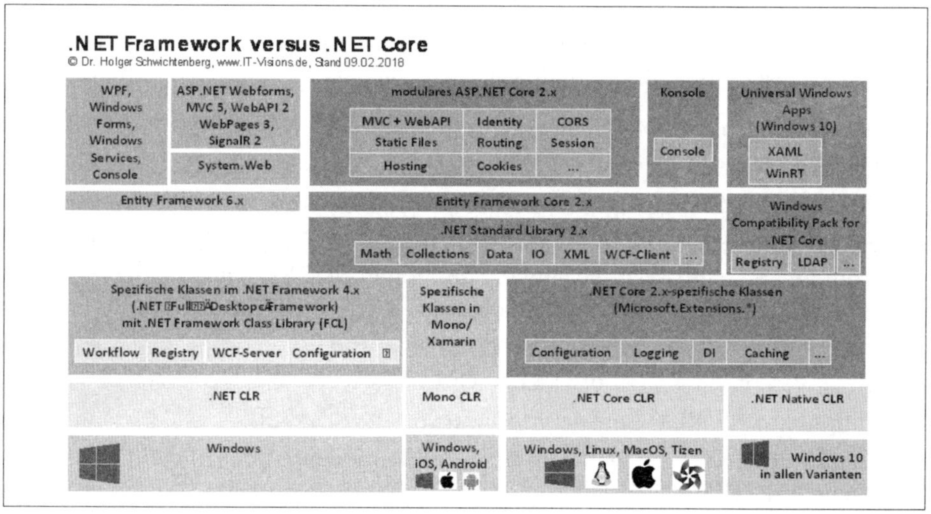

Abbildung 9-1: Die Core-Produkte sind eine »Parallelwelt« zu dem bisherigen .NET Framework.

Ein Teil von .NET Core 1.0 ist schon im Juli 2015 als Teil von Windows 10 erschienen: Auch die dortigen Windows Universal Apps nutzen mit der .NET Native CLR eine Variante der Core CLR und einiger Core-Bibliotheken.

Universal Windows Platform Apps in Windows 10 (alias: UWP Apps) sind derzeit die einzige Anwendungsart in der Core-Welt, mit der man eine grafische Benutzeroberfläche erstellen kann. Der Rest der Core-Produkte fokussiert auf Webanwendungen und REST-Webservices. Ein plattformübergreifendes GUI-Framework gibt es nicht und ist auch nicht in Sicht. Mit ASP.NET Core erstellt man das GUI – wie bisher – in HTML und JavaScript.

Die Core-Produkte sind grundsätzlich plattformunabhängig (was .NET eigentlich immer schon konnte, wofür es aber außer in Form von Mono und Xamarin nie eine Implementierung gab).

Neben Windows (inklusive dem kleinsten Windows, das es gibt, dem »Windows Nano Server«) läuft .NET Core auch auf macOS und den Linux-Varianten Ubuntu, Fedora, Debian, CentOS, Oracle Linux, OpenSUSE sowie RHEL. Auf der Website *https://www.microsoft.com/net/download* kann von .NET Core wahlweise die reine Laufzeitumgebung (Runtime) oder das Software Development Kit (SDK) mit kommandozeilenbasierten Werkzeugen bezogen werden.

> Eine Besonderheit bei ASP.NET Core und Entity Framework Core ist, dass diese beiden Produkte nicht auf das .NET Core Framework angewiesen sind. Sie laufen auch unter dem klassischen .NET Framework mit dem vollen Funktionsumfang. Entity Framework läuft auch auf Mono und Xamarin.

.NET Core ist stark modularisiert in viele, zum Teil sehr kleine Nuget-Pakete. Wie stark Microsoft modularisiert hat, zeigt ein Blick auf *https://github.com/dotnet/corefx/tree/master/src*: Die Klassen des Namensraums System.IO, die bisher komplett in der mscorlib.dll steckten, sind nun auf 14 Assemblies (und Nuget-Pakete) aufgeteilt. Die Idee dahinter ist: Man sollte nur die Klassen in sein Projekt binden und zur Laufzeit in den Arbeitsspeicher RAM laden, die man wirklich braucht. Zum Beispiel: Die Klasse `System.IO.FileSystemWatcher` benutzen eher wenige Entwickler. Das zugehörige Nuget-Paket `System.IO.FileSystem.Watcher` besteht nur aus ganz wenigen Klassen: Neben der `FileSystemWatcher`-Klasse sind dies nur Klassen für die Ereignisparameter der Dateisystemüberwachung. Auch das Paket `System.IO.FileSystem.DriveInfo` besteht nur aus drei öffentlichen Klassen: `System.IO.DriveInfo`, `System.IO.DriveType` und `System.IO.DriveNotFoundException`. Dabei fällt außerdem auf, dass Paketname und Namensraum abweichen: Der Namensraum der IO-Klassen ist wie bisher `System.IO`. Bei den Paketnamen hat Microsoft noch `FileSystem` eingefügt.

.NET Core ist aber nicht so extrem modularisiert wie die Welt von *node.js*, wo es zum Teil Node-Packages-Manager-Pakete gibt, die aus nur wenigen Zeilen Programmcode bestehen.

.NET Standard

.NET Standard (ursprünglich auch .NET Platform Standard) ist eine Mitte 2016 eingeführte Spezifikation für den Funktionsumfang einer .NET-Klassenbibliothek, die von verschiedenen .NET-Varianten implementiert werden kann.

.NET Standard 2.0 (verabschiedet am 9.8.2017) wird realisiert von:

- .NET Framework ab Version 4.6.1
- .NET Core ab Version 2.0
- Mono ab Version 5.4

- Xamarin.iOS ab Version 10.14
- Xamarin.Mac ab Version 3.8
- Xamarin.Android ab Version 7.5
- Universal Windows Platform (UWP) ab Version 6.0 (Windows 10 Herbst 2017 Creators Update)

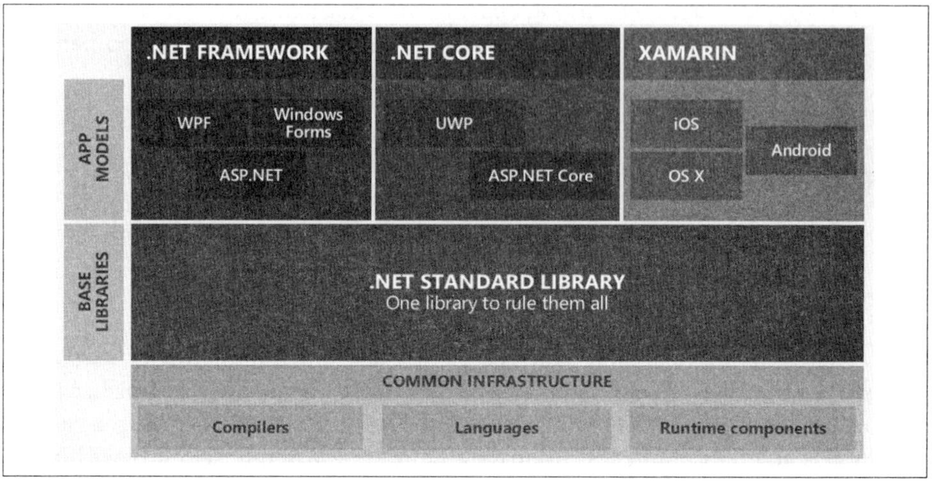

Abbildung 9-2: .NET Standard umfasst .NET-Basisklassen (Quelle des Bilds: Microsoft) für verschiedene .NET-Varianten.

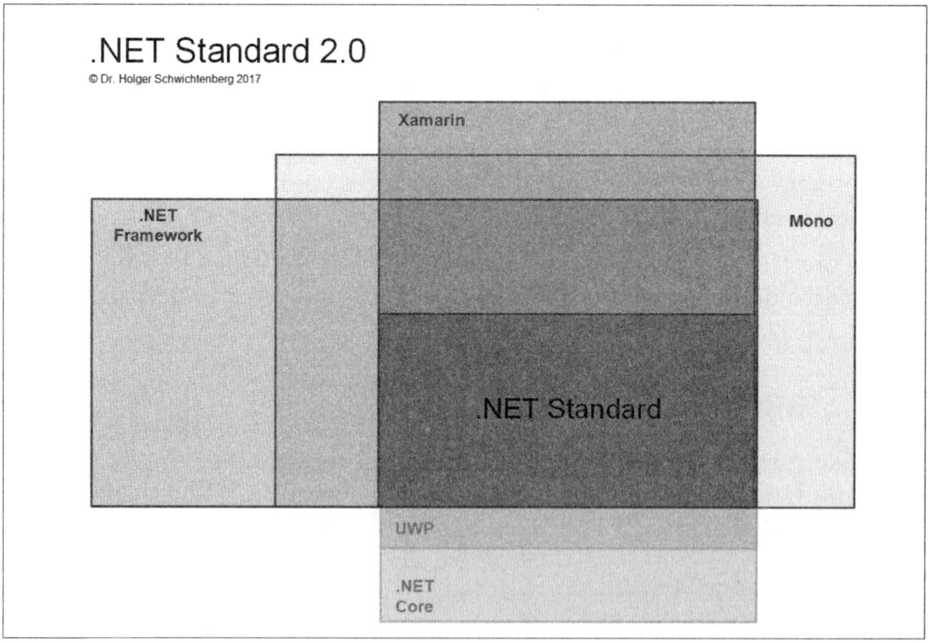

Abbildung 9-3: .NET Standard ist der gemeinsame Nenner verschiedener .NET-Implementierungen.

.NET Standard selbst ist kein installierbares Produkt, sondern nur eine Spezifikation. Es gibt in Visual Studio trotzdem eine Projektvorlage *Class Library (.NET Standard)*. Diese erlaubt, eine Klassenbibliothek anzulegen, die deklariert, dass sie nur Klassen aus einer in den Projekteigenschaften einstellbaren Version des .NET Standards verwendet. .NET Standard 2.0 verewigt sich in der Projektdatei *.csproj* mit dem Tag `<TargetFramework>netstandard2.0</TargetFramework>`.

Die folgende Abbildung zeigt eine .NET-Standard-2.0-Klassenbibliothek mit Namen `ITV.AppUtil.NETStandard`, die von zahlreichen Projektarten (klassische .NET-Konsolenanwendung, .NET-Core-Konsolenanwendungen, WPF-Anwendung, UWP-App, Xamarin-Android-App) verwendet wird.

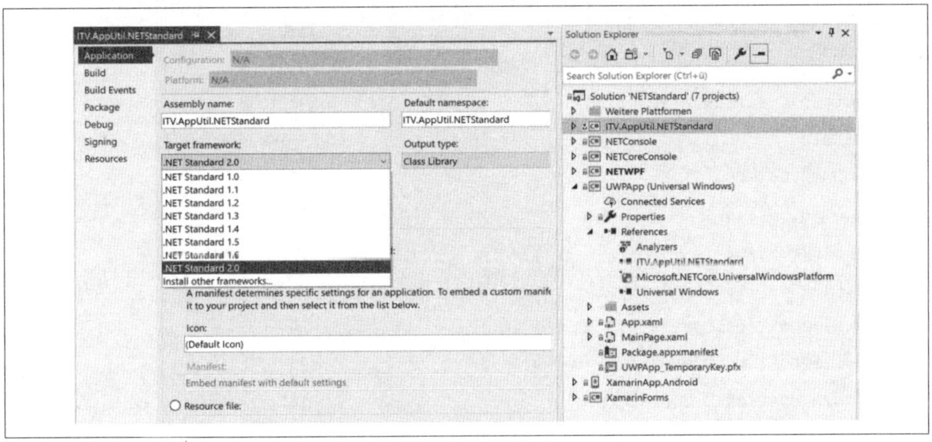

Abbildung 9-4: Eine .NET-Standard-Klassenbibliothek, die von mehreren .NET-Varianten und -Anwendungsarten verwendet wird

.NET Standard ist der Nachfolger des Konzepts der Portable Class Library (PCL), die in Visual Studio 2012 eingeführt wurden. Auch PCLs konnten in verschiedenen .NET-Varianten verwendet werden; die Schnittmenge war aber sehr klein.

Es gibt weiterhin spezifische Klassenbibliotheken für alle .NET-Varianten. Sie sollen aber bevorzugt .NET-Standard-Klassenbibliothek verwenden, wenn es für Ihren Anwendungsfall möglich ist, weil Sie die Klassen ohne Migration in anderen .NET-Varianten verwenden können. Beispiel: Sie starten eine Webanwendung mit ASP.NET Core auf .NET Full Framework. Verwenden Sie eine Klassenbibliothek in .NET Standard, können Sie diese Klassenbibliothek ohne Änderungen weiterverwenden, wenn Sie später ASP.NET Core auf .NET Core betreiben wollen.

Tabelle 9-1 zeigt die in .NET Standard enthaltenen Namensräume und die Anzahl der »Programmierschnittstellen«, wie Microsoft es nennt. Damit meint Microsoft nicht Klassen, sondern tatsächlich einzelne Klassenmitglieder. Die Namensräume entsprechend den Namensräumen aus dem klassischen .NET Framework.

Tabelle 9-1: Namensräume und Programmierschnittstellen in .NET Standard 2.0 (Quelle: Microsoft https://github.com/dotnet/standard/blob/master/docs/versions/netstandard2.0.md)

Namensraum	Programmierschnittstellen
Microsoft.Win32.SafeHandles	32
System	1,087
System.CodeDom.Compiler	14
System.Collections	292
System.Collections.Generic	17
System.Collections.ObjectModel	1
System.Collections.Specialized	241
System.ComponentModel	1,499
System.ComponentModel.Design	520
System.ComponentModel.Design.Serialization	150
System.Configuration.Assemblies	13
System.Data	1,399
System.Data.Common	701
System.Data.SqlTypes	882
System.Diagnostics	772
System.Diagnostics.CodeAnalysis	2
System.Diagnostics.Contracts	89
System.Diagnostics.Contracts.Internal	3
System.Diagnostics.SymbolStore	144
System.Diagnostics.Tracing	2
System.Drawing	681
System.Dynamic	173
System.Globalization	188
System.IO	275
System.IO.IsolatedStorage	104
System.IO.MemoryMappedFiles	64
System.IO.Pipes	124
System.Linq	351
System.Linq.Expressions	41
System.Net	1,271
System.Net.Cache	50
System.Net.Mail	279
System.Net.Mime	69
System.Net.NetworkInformation	692
System.Net.Security	147
System.Net.Sockets	164
System.Net.Web-Sockets	165

Tabelle 9-1: Namensräume und Programmierschnittstellen in .NET Standard 2.0 (Quelle: Microsoft https://github.com/dotnet/standard/blob/master/docs/versions/netstandard2.0.md) (Fortsetzung)

Namensraum	Programmierschnittstellen
System.Numerics	344
System.Reflection	348
System.Reflection.Emit	3
System.Resources	89
System.Runtime	12
System.Runtime.CompilerServices	164
System.Runtime.ConstrainedExecution	22
System.Runtime.ExceptionServices	6
System.Runtime.InteropServices	96
System.Runtime.InteropServices.ComTypes	15
System.Runtime.Remoting.Messaging	55
System.Runtime.Serialization	463
System.Runtime.Serialization.Formatters	13
System.Runtime.Serialization.Formatters.Binary	28
System.Runtime.Serialization.Json	64
System.Runtime.Versioning	33
System.Security	117
System.Security.Authentication	11
System.Security.Authentication.ExtendedProtection	40
System.Security.Claims	205
System.Security.Cryptography	684
System.Security.Cryptography.X509Certificates	67
System.Security.Permissions	87
System.Security.Principal	34
System.Text	56
System.Text.RegularExpressions	29
System.Threading	313
System.Threading.Tasks	66
System.Timers	36
System.Web	32
System.Xml	1,011
System.Xml.Linq	6
System.Xml.Resolvers	20
System.Xml.Schema	924
System.Xml.Serialization	935
System.Xml.XPath	244
System.Xml.Xsl	137

Nicht alle Klassen und alle Klassenmitglieder aus diesen Namensräumen aus dem klassischen .NET Framework sind Bestandteil von .NET Standard. Welche Klassen und Klassenmitglieder dies im Einzelnen sind, würde viele Hundert Buchseiten füllen. Dies können Sie nachsehen unter (*github.com/dotnet/standard/blob/master/docs/versions/netstandard2.0.md*. Grundsätzlich kann man aber festhalten: .NET Standard umfasst nur die nicht visuellen Basisklassen. Nicht in .NET Standard enthalten sind die Anwendungsframeworks und UI-Klassen von Windows Forms, Windows Presentation Foundation (WPF) und dem klassische ASP.NET. Ebenso nicht enthalten sind folgende Funktionen:

- Caching
- Windows Workflow Foundation (WF)
- WCF-Server
- System.ServiceProcess
- System.Media
- Registry (Microsoft.Win32)
- System.CodeDom
- LINQ-to-SQL
- WMI (System.Management)
- System.Configuration
- MSMQ (System.Messaging)

Windows Compatibility Pack für .NET Core

Das Windows Compatibility Pack for .NET Core umfasst zahlreiche Klassen aus dem klassischen .NET Framework (.NET "Full" Framework), die es dort zum Teil schon seit Version 1.0 gibt, die aber bisher nicht im .NET Standard 2.0 und damit auch nicht in .NET Core enthalten sind. Das hat bisher die Migration klassischen .NET-Framework-Programmcodes auf das neue .NET Core verhindert beziehungsweise erschwert. Trotz seines Namens laufen Teile dieser Bibliothek nicht nur auf Windows, sondern auch auf Linux und macOS.

Microsoft hat das WCP auf der .NET Conf im September angekündigt (*www.heise.de/developer/meldung/Microsoft-kuendigt-Windows-Compatibility-Pack-fuer-NET-Core-an-3835840.html*. Seit dem 30. Mai 2018 ist die erste Version unter der Nummer 2.0 Verfügbar. Dabei handelt es sich um ein Nuget-Metapaket mit Namen »Microsoft.Windows.Compatibility« (*www.nuget.org/packages/Microsoft.Windows.Compatibility*) (siehe Abbildung 9-59.5). Das neue Paket lässt sich in .NET-Core-2.0- und .NET-Standard-2.0-Projekten referenzieren.

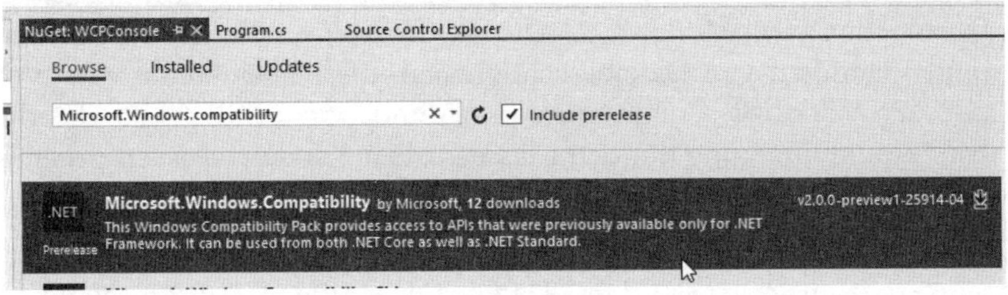

Abbildung 9-5: Einbindung des Windows Compatibility Pack for .NET Core via Nuget

Das Metapaket umfasst zahlreiche Einzelpakete (siehe Abbildung 9-6). Ein Entwickler kann wahlweise die benötigten Einzelpakete oder das Metapaket referenzieren, wobei im letzteren Fall die Deployment-Werkzeuge von .NET Core und Visual Studio dafür sorgen, dass nur die tatsächlich verwendeten Einzelpakete verbreitet werden.

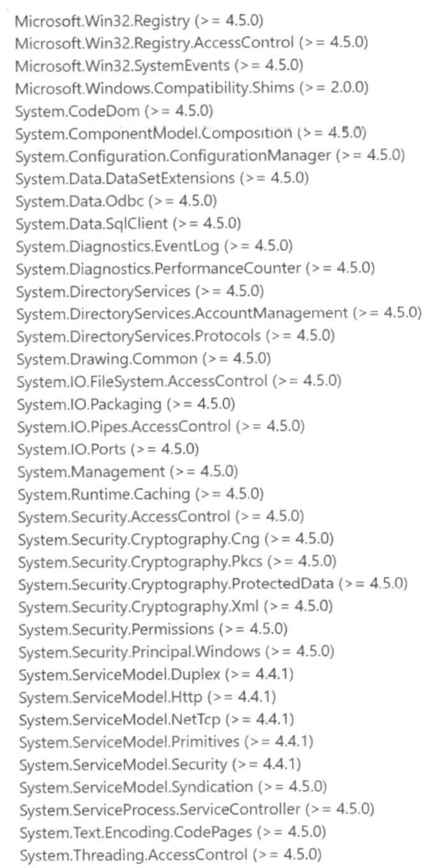

Abbildung 9-6: Inhalt des Metapakets

Zu den Funktionen des WCP gehören der Zugriff auf die Windows-Registry, das Code Document Object Model (CodeDOM), das Komprimieren von Dateien, das Lesen und Verändern von Dateiberechtigungen, die Bereitstellung von Webservices mit der Windows Communication Foundation (WCF) und die direkte Datenbankprogrammierung mit den Klassen `DataSet` und `DataReader` gegen einen Microsoft-SQL-Server.

Wie Abbildung 9-7 zeigt, plant Microsoft, weitere Klassen in das Bibliothekpaket aufzunehmen, zum Beispiel ODBC-Datenbankzugriffe, Grafikbearbeitung und Caching sowie die Windows Management Instrumentation (WMI) für den Zugriff auf Systeminformationen. Laut einem Blogeintrag von Microsoft umfasst das Windows Compatibility Pack 20.000 Funktionen (*blogs.msdn.microsoft.com/dotnet/2017/11/16/announcing-the-windows-compatibility-pack-for-net-core*). Dies bezieht sich aber wohl auf die Endausbaustufe und nicht auf die aktuelle Preview-Version.

Component	Status	Windows-Only	Component	Status	Windows Only
Microsoft.Win32.Registry	Available	Yes	System.Management	Coming	Yes
Microsoft.Win32.Registry.AccessControl	Available	Yes	System.Runtime.Caching	Coming	
System.CodeDom	Available		System.Security.AccessControl	Available	Yes
System.ComponentModel.Composition	Coming		System.Security.Cryptography.Cng	Available	Yes
System.Configuration.ConfigurationManager	Available		System.Security.Cryptography.Pkcs	Available	Yes
System.Data.DatasetExtensions	Coming		System.Security.Cryptography.ProtectedData	Available	Yes
System.Data.Odbc	Coming		System.Security.Cryptography.Xml	Available	Yes
System.Data.SqlClient	Available		System.Security.Permissions	Available	
System.Diagnostics.EventLog	Coming	Yes	System.Security.Principal.Windows	Available	Yes
System.Diagnostics.PerformanceCounter	Coming	Yes	System.ServiceModel.Duplex	Available	
System.DirectoryServices	Coming	Yes	System.ServiceModel.Http	Available	
System.DirectoryServices.AccountManagement	Coming	Yes	System.ServiceModel.NetTcp	Available	
System.DirectoryServices.Protocols	Coming		System.ServiceModel.Primitives	Available	
System.Drawing	Coming		System.ServiceModel.Security	Available	
System.Drawing.Common	Available		System.ServiceModel.Syndication	Coming	
System.IO.FileSystem.AccessControl	Available	Yes	System.ServiceProcess.ServiceBase	Coming	Yes
System.IO.Packaging	Available		System.ServiceProcess.ServiceController	Available	Yes
System.IO.Pipes.AccessControl	Available	Yes	System.Text.Encoding.CodePages	Available	Yes
System.IO.Ports	Available	Yes	System.Threading.AccessControl	Available	Yes

Abbildung 9-7: Verfügbarkeit von Klassen im Windows Compatibility Pack for .NET Core

Anders als der Name Windows Compatibility Pack suggeriert, sind einige der Teilbibliotheken nicht nur auf Windows, sondern auch auf den anderen von .NET Core unterstützten Plattformen (Linux und macOS) verfügbar. Einige Funktionen – wie zum Beispiel der Windows-Registry-Zugriff – ergeben dort auch keinen Sinn.

Wenn ein Entwickler Teile des Windows Compatibility Pack verwendet, die nur für Windows implementiert sind, verliert er die Plattformunabhängigkeit. Die Anwendung lässt sich dann zwar noch auf macOS oder Linux starten, es kommt aber beim Zugriff auf diese APIs zum Laufzeitfehlertyp `PlatformNotSupportedException`. Entwickler können mit der Bedingung `if (RuntimeInformation.IsOSPlatform(OSPlatform.Windows)) { … }` die Zugriffe auf diese APIs nur dann ausführen, wenn die Anwendung unter Windows läuft.

> Das neue Windows Compatibility Pack vereinfacht insbesondere den Umstieg vom klassischen .NET Framework auf .NET Core für Entwickler, die zumindest vorerst weiterhin ihre Anwendung nur für Windows anbieten wollen. Der Einsatz des Windows Compatibility Pack kann auch ein erster Schritt in Richtung Linux und Mac sein. Der Entwickler kann auf diesen Betriebssystemen zunächst einen Teil der Funktionen ausblenden und dann schrittweise andere Implementierungen für diese Funktionen realisieren.

Open Source

Alle Softwareprodukte der Core-Familie sind Open Source. Es kommen die Lizenzen der MIT, der Apache Software Foundation beziehungsweise die Creative Commons 4.0 zum Einsatz. Die Entwicklung findet öffentlich auf GitHub statt, und Microsoft hat dabei auch signifikante Beiträge von fast 10.000 externen Entwicklern in die Software einfließen lassen (*blogs.msdn.microsoft.com/dotnet/2016/06/27/announcing-net-core-1-0*).

Links zu den GitHub-Repositories:

- .NET Core: *https://github.com/dotnet/core*
- .NET Core CLR: *https://github.com/dotnet/coreclr*
- .NET-Core-Basisklasse: *https://github.com/dotnet/corefx*
- ASP.NET Core: *https://github.com/aspnet/Home*
- Entity Framework Core: *https://github.com/aspnet/EntityFrameworkCore*

Dokumentation

Die .NET-Core-Dokumentation findet man nicht wie bisher im MSDN, sondern auf Microsofts neuer Dokumentationswebsite *docs.microsoft.com*. Hier findet man inzwischen auch die Dokumentation des klassischen .NET Framework, des klassischen ASP.NET und des klassischen Entity Framework.

	Englische Dokumentation	Deutsche Übersetzung
.NET Core	*https://docs.microsoft.com/en-us/dotnet/*	*https://docs.microsoft.com/de-de/dotnet/*
ASP.NET Core	*https://docs.microsoft.com/en-us/aspnet/*	*https://docs.microsoft.com/de-de/aspnet/*
Entity Framework Core	*https://docs.microsoft.com/en-us/ef/*	*https://docs.microsoft.com/de-de/ef/*
.NET-Klassenbibliothek	*https://docs.microsoft.com/en-us/dotnet/api/*	*https://docs.microsoft.com/de-de/dotnet/api/*

Die deutsche Übersetzung ist wegen der vielen Übersetzungsfehler nicht empfehlenswert!

Auch fast zwei Jahre nach dem Erscheinen der ersten Version der Core-Produkte ist die Dokumentation immer noch unzureichend:

- Die Dokumentation der Core-Produkte ist insgesamt deutlich knapper als die Dokumentation der klassischen .NET-Produkte.
- An einigen Stellen stehen nur Platzhalter »This topic hasn't been written yet«.

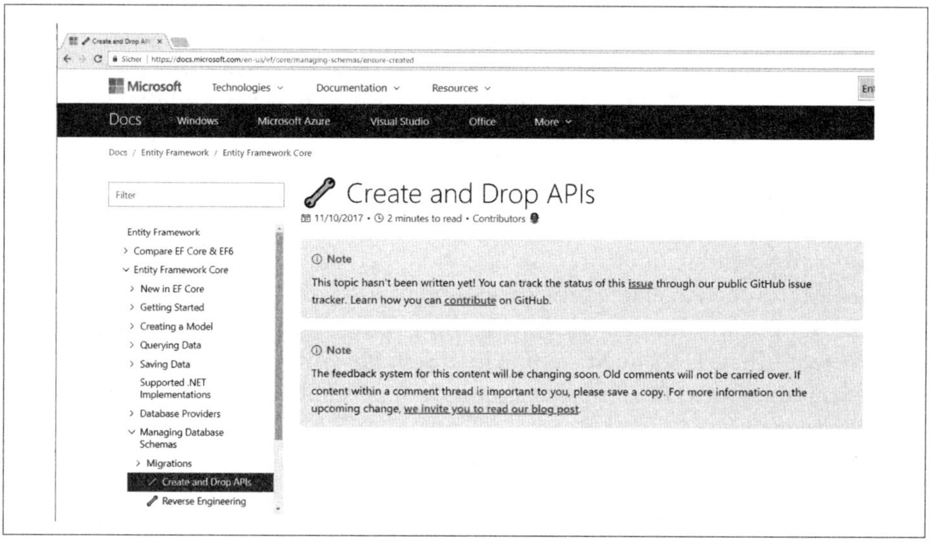

Abbildung 9-8: Screenshot aus der Dokumentation, erstellt am 12.3.2018. Seit 10.11.2017 hat sich an der Seite nichts mehr getan (docs.microsoft.com /ef/core/managing-schemas/ensure-created).

- Während es früher zu jedem einzelnen .NET-Klassenmitglied einen Beschreibungstext und in der Regel auch ein Beispiel gab, findet man zu den in .NET Core hinzugefügten Klassen weder Beispiele noch durchgehend Beschreibungstext.

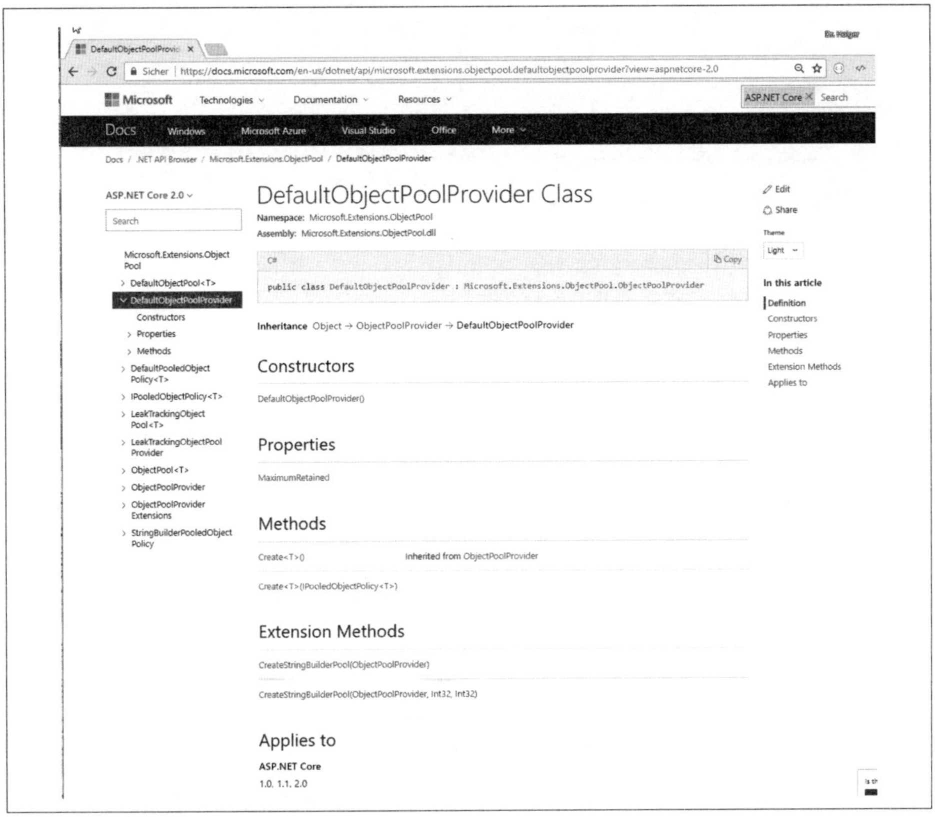

Abbildung 9-9: Es existieren keine Hilfetexte und keine Beispiele in der Dokumentation vieler neuer Klassen in .NET Core, ASP.NET Core und Entity Framework Core (hier am Beispiel der Klasse DefaultObjectPoolProvider*) (docs.microsoft.com/en-us/dotnet/api/microsoft.extensions.objectpool.defaultobjectpoolprovider).*

- Die Dokumentationen für die Klassen sind oft nur aus dem Quellcode generiert. Und auch im Quellcode findet man selten (XML-)Kommentare.

```
// Copyright (c) .NET Foundation. All rights reserved.
// Licensed under the Apache License, Version 2.0. See License.txt in the project root for license information.

using System;
using System.Threading;

namespace Microsoft.Extensions.ObjectPool
{
    public class DefaultObjectPool<T> : ObjectPool<T> where T : class
    {
        private readonly T[] _items;
        private readonly IPooledObjectPolicy<T> _policy;

        public DefaultObjectPool(IPooledObjectPolicy<T> policy)
            : this(policy, Environment.ProcessorCount * 2)
        {
        }

        public DefaultObjectPool(IPooledObjectPolicy<T> policy, int maximumRetained)
        {
            if (policy == null)
            {
                throw new ArgumentNullException(nameof(policy));
            }

            _policy = policy;
            _items = new T[maximumRetained];
```

Abbildung 9-10: Quellcode der Klasse DefaultObjectPoolProvider *– ohne Kommentare (github.com/aspnet/Common/tree/dev/src))*

Sich in .NET Core einzuarbeiten, bedeutet daher an einigen Stellen, den Quellcode von Microsoft auf GitHub zu studieren. Manchmal hilft ein Blick in die von Microsoft geschriebenen Unit Tests, um die vorgesehene Verwendung eines APIs zu verstehen.

Werkzeuge

Microsoft legt bei .NET Core Wert darauf, dass alle wesentlichen Entwicklerfunktionen per Kommandozeilenwerkzeug unabhängig von einem bestimmten Editor ausgeführt werden können. Dazu gehört unter anderem das Anlegen von Projekten, das Laden des Nuget-Pakets, die Übersetzung, die Ausführung von Tests und das Erstellen eines Deployments.

Die Unabhängigkeit von einem bestimmten Editor ermöglicht dem Entwickler, den Editor frei zu wählen, beziehungsweise den Entwicklern von Editoren, .NET in den Editor zu integrieren.

Darüber hinaus gibt es aber auch komfortable Editoren für .NET-Core-Anwendungen.

Kommandozeilenwerkzeug dotnet

Microsoft stellt im .NET Core SDK das Kommandozeilenwerkzeug *dotnet* (unter Linux und macOS) beziehungsweise *dotnet.exe* (unter Windows) bereit. Der offizielle Name ist .NET Core CLI (CLI steht für Command Line Interface).

Das Werkzeug *dotnet* ist ein Über-Werkzeug (ein Rahmenwerkzeug) über zahlreiche weitere Werkzeuge; daher ist es erweiterbar. Das Wort nach *dotnet* drückt den eigentlichen Befehl aus. Sofern nicht durch einen Parameter anders angegeben, bezieht sich der *dotnet*-Befehl immer auf das aktuelle Dateisystemverzeichnis.

Beispiele für den Einsatz von dotnet

Liste der Projektvorlagen:

```
dotnet new
```

Neue Konsolenanwendung mit *.csproj*-Datei anlegen:

```
dotnet new console --framework netcoreapp2.1 --language C#
```

Neues MVC-Webprojekt mit *.csproj*-Datei anlegen:

```
dotnet new mvc --framework netcoreapp2.1 --language C#
```

Neues Razor-Pages-Webprojekt mit datenbankbasierter Benutzerverwaltung anlegen:

```
dotnet new razor --framework netcoreapp2.1 --language C# --auth individual
```

Nuget-Paketinstallation:

```
dotnet restore
```

Übersetzen:

```
dotnet build
```

Übersetzen und Starten:

```
dotnet run
```

Unit Tests starten:

```
dotnet test $PSScriptRoot\Test\UnitTests\UnitTests.csproj
```

Framework-Dependent Deployments (FDD)/Portable Applications (PA):

```
dotnet publish -c release --framework netcoreapp2.0 -o t:\PA
```

FDD-Paket ausführen:

```
dotnet t:\PA\SCADemo.dll
```

Self-Contained Deployment (SCD)/Self-contained application (SCA) für Windows 10, 64-Bit:

```
dotnet publish -c release --runtime win10-x64 --self-contained --framework
netcoreapp2.0 -o t:\SCA
```

SCD-Paket ausführen:

```
t:\SCA\SCADemo.exe
```

> Das Kommandozeilenwerkzeug *dotnet* (*dotnet.exe*) ist der Nachfolger diverser Werkzeuge (*k*, *klr*, *kre*, *kvm*, *kpm*, *dnwm*, *dnx*, *dnu*), die Microsoft in der Beta-Phase sowie der .NET Core 1.0 verwendet hat.

Das Dokument *docs.microsoft.com/dotnet/core/tools/extensibility* beschreibt, wie man selbst Erweiterungen für das .NET-Core-CLI-Tool entwickeln kann.

Editoren

Empfehlenswerte Editoren mit Eingabeunterstützung und Debugger für .NET-Core-Anwendungen sind:

- Visual Studio ab Version 2017 (verwenden Sie nicht Version 2015 – diese nutzt noch das alte Projektformat!)
- Visual Studio Code
- Visual Studio for Mac (ehemals Xamarin Studio)
- JetBrains Rider (*www.jetbrains.com/rider*)

Nur Visual Studio Code (VSCode) ist gänzlich kostenfrei. Von Visual Studio kann man eine kostenfreie Community Edition nur in kleineren Firmen und bei Open-Source-Projekten kostenfrei einsetzen (*https://www.visualstudio.com/vs/community*).

Dank eines Microsoft-Projekts namens OmniSharp (*www.omnisharp.net*) stehen inzwischen auch viele Hilfsfunktionen für das Programmieren mit C# in anderen Editoren wie Atom, Brackets, Emacs, Sublime und Vim zur Verfügung.

Erste Schritte mit ASP.NET Core (auf .NET Core)

Dieses Kapitel geht davon aus, dass Sie Visual Studio 2017 verwenden.

Dieses Kapitel beschreibt die Verwendung von ASP.NET Core auf .NET Core. In Kapitel 10 werden die (geringen) Unterschiede zu ASP.NET Core auf dem klassischen .NET »Full« Framework behandeln.

Installation

Wichtig ist, dass Sie in Visual Studio 2017 nicht nur den Workload *.NET Core Cross-Platform Development* wählen, sondern zusätzlich das .NET Core SDK in der aktuellen Version von (*www.microsoft.com/net/download/windows*) installieren.

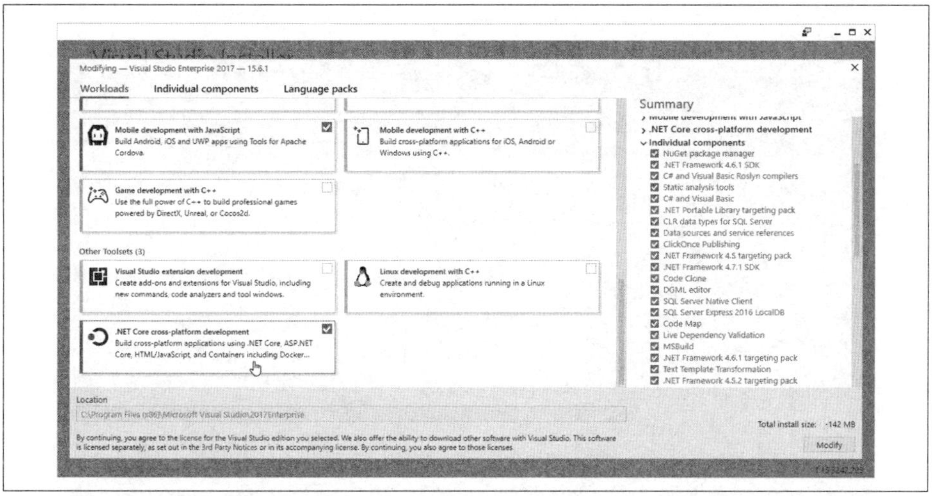

Abbildung 9-11: Installation des Workloads .NET Core Cross-Platform Development *in Visual Studio 2017*

Die Laufzeitumgebung und das SDK finden sich nach der Installation im Dateisystem in Windows unter *C:\Program Files\dotnet* mit dem zentralen Kommandozeilenwerkzeug *dotnet.exe*. Für den Betrieb von .NET-Core-Anwendungen wird dann nur die .NET-Core-Runtime, die im SDK enthalten ist, und für ASP.NET-Core-Webanwendungen zusätzlich das Paket *.NET Core Windows Server Hosting Bundle* (*aka.ms/dotnetcore-2-windowshosting*) benötigt, das die Verbindung zwischen den Internet Information Services (IIS) und ASP.NET Core herstellt.

Projekt anlegen

An der Konsole legt man ein neues Projekt an mit dem Kommandozeilenbefehl

```
dotnet new -t [Vorlage].
```

Beispiel: Anlegen eines neuen ASP.NET-MVC-Webprojekts:

```
dotnet new -t mvc
```

Die Liste der verfügbaren Vorlagen sieht man, wenn man nur `dotnet new` eingibt (siehe Abbildung 9-12).

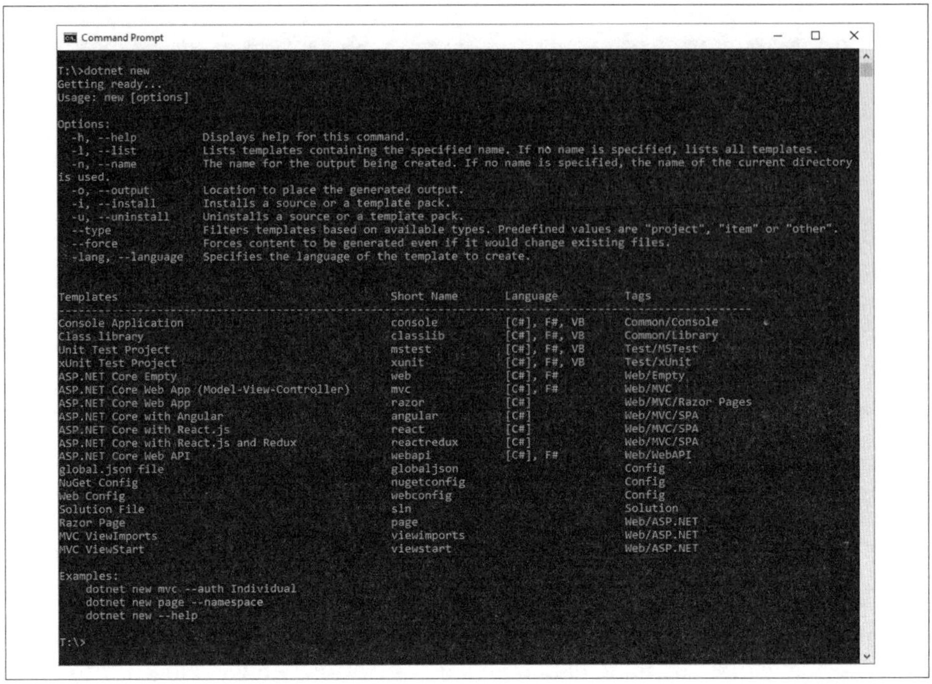

Abbildung 9-12: Projektvorlagen im .NET Core 2.0 SDK

> Weitere Vorlagen für *dotnet new* findet man hier: *github.com/dotnet/templating/wiki/Available-templates-for-dotnet-new*. Auch der in der Web-Welt weit verbreitete Code-Generator Yeoman (*yeoman.io*) stellt Projektvorlagen für ASP.NET Core bereit.

Die gleichen Vorlagen, die *dotnet new* im Standard zeigt, findet man auch in Visual Studio 2017, wobei man die verschiedenen Vorlagen für ASP.NET in einem Unterdialog von ASP.NET Core Web Application findet (siehe Abbildung 9-13 und Abbildung 9-14).

Zu dem nachstehenden Dialog gelangt man auf zwei Wegen:

- *Add New Project/Visual C#/Web/ASP.NET Core Web Application*
- *Add New Project/Visual C#/.NET Core/ASP.NET Core Web Application*

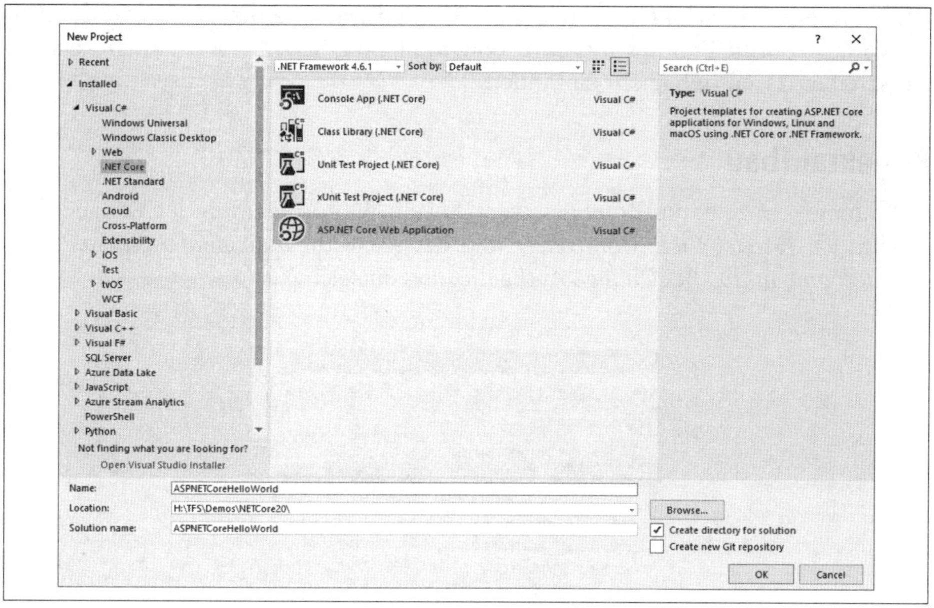

Abbildung 9-13: .NET-Core-Projektvorlagen in Visual Studio 2017

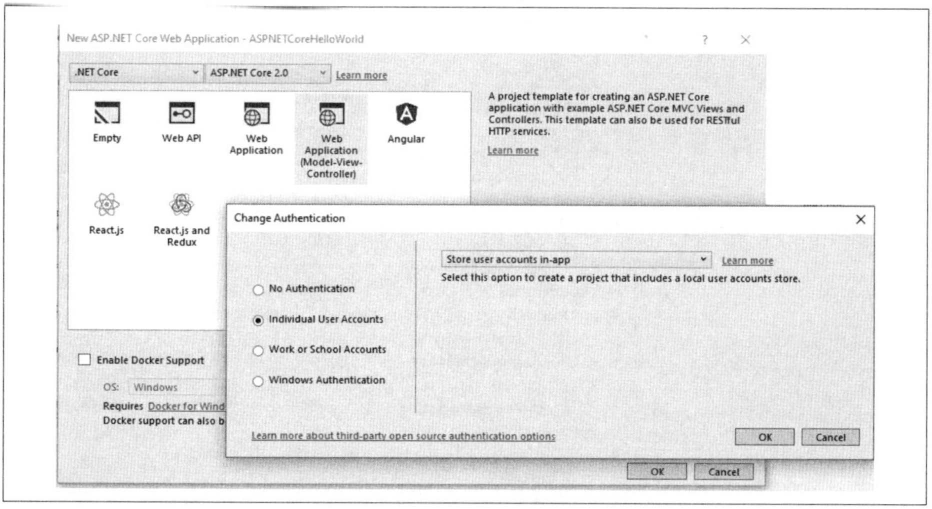

Abbildung 9-14: ASP.NET-Core-Projektvorlagen in Visual Studio 2017

Weitere Vorlagen für Visual Studio findet man im ASP.NET Core Template Pack (*marketplace.visualstudio.com/items?itemName=MadsKristensen.ASPNETCoreTemplatePack20173*).

Außer im Fall *Empty* und *Web API* bekommt der Entwickler jeweils eine komplette kleine Website mit Layoutvorlage (auf Basis von Twitter Bootstrap) und optional auch mit Benutzerverwaltung. Bei der Benutzerverwaltung wählt der Entwickler wie bisher zwischen Windows (inklusive Active Directory), Azure Active

Directory oder einer lokalen Datenbank (für den Datenbankzugriff nutzt die Projektvorlage Entity Framework Core und Microsoft SQL Server. Andere Datenbanktreiber lassen sich leicht einbinden).

Projektaufbau

Abbildung 9-15 zeigt das Ergebnis, wenn Sie ein Webprojekt mit der Vorlage *Web Application (Model View Controller)* und der Auswahl *Individual Accounts/Store user accounts in-app* bei *Change Authentication anlegen.*

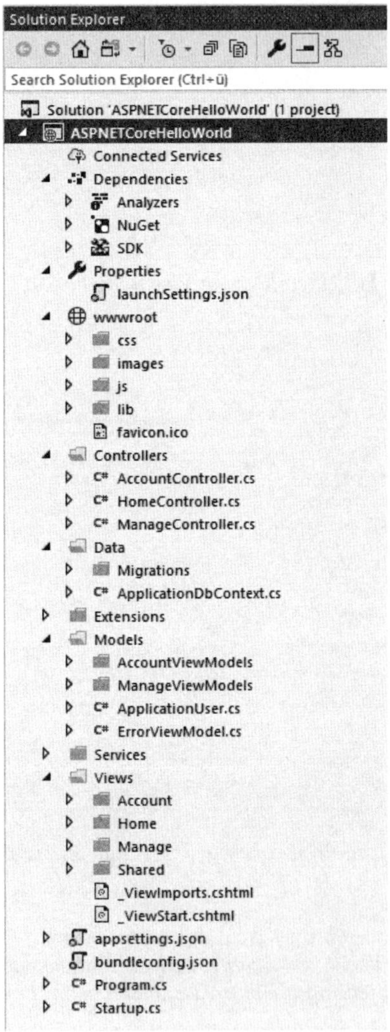

Abbildung 9-15: Aufbau eines MVC-Projekts mit ASP.NET Core auf .NET Core

In dem Projekt sind folgende Äste zu erkennen:

- */Connected Servies*: Eingebundene Cloud-Dienste (bei der vorliegenden Auswahl der lokalen Benutzerverwaltung sind im Standard keine Cloud-Dienste eingebunden).
- */Dependencies*: Generalisierung des bisherigen Astes *References* mit Unterästen für Abhängigkeiten zu .NET Core SDK, Visual Studio-Analyzer-DLLs und Nuget-Paketen. Bei Projektvorlagen, die auch ein Client-Projekt (zum Beispiel Vorlagen für Angular und React) beinhalten, erscheint hier auch noch der Node Paket Manager (NPM) im Ast */npm*. Wenn ein Bowser verwendet wird, gibt es auch */bowser*.
- */Properties/LauchSettings.json*: Einstellung für den Start der Anwendung aus Visual Studio heraus.
- */wwwroot*: Enthält alle statischen Dateien (*.html*, *.js*, *.css*, *.jpg*, *.csv*, *.json* etc.), die für die Verbreitung der Webanwendung gebraucht werden. Microsoft liefert hier die für die Projektvorlagen benötigten Dateien und Bibliotheken (Twitter Bootstrap und JQuery) im Ordner */wwwroot/lib* mit.
- */Controller*: MVC-Controller
- */Data*: Entity-Framework-Core-Kontextklasse für den Zugriff auf die lokale Benutzerdatenbank.
- */Extensions*: Erweiterungsmethoden.
- */Models*: Entitätsklassen für die lokale Benutzerverwaltung.
- */Services*: Dienst zum Senden von E-Mails für die lokale Benutzerverwaltung.
- */Views*: Views zu den Controllern.
- */appsetttings.json*: Anwendungskonfigurationsdatei mit Einstellungen der Verbindungszeichenfolge und Protokollierung (ersetzt *web.config*).
- */bundleconfig.json*: Einstellungen für das Bundling und Minifizieren von Dateien */wwwwroot*.
- *Program.cs*: Die Startdatei der Webanwendung mit einer `Main()`-Routine. Dieser Programmcode ist aber sehr knapp gehalten und delegiert die Konfiguration der Webanwendung auf *Startup.cs*.
- *Startup.cs*: Die eigentliche Konfiguration der Webanwendung.

Die Klasse Program

Das folgende Listing zeigt den Inhalt der Klasse `program.cs`. Hier werden einige Standardeinstellungen mit `CreateDefaultBuilder()` vorgenommen, und dann wird die Klasse `Startup` (*Startup.cs*) für den weiteren Startvorgang festgelegt.

Listing 9-1: Program.cs

```
using Microsoft.AspNetCore;
using Microsoft.AspNetCore.Hosting;

namespace ASPNETCoreHelloWorld
{
 public class Program
    {
        public static void Main(string[] args)
        {
            BuildWebHost(args).Run();
        }

        public static IWebHost BuildWebHost(string[] args) =>
            WebHost.CreateDefaultBuilder(args)
                .UseStartup<Startup>()
                .Build();
    }
}
```

Dabei ist `CreateDefaultBuilder()` eine von Microsoft in ASP.NET Core 2.0 eingeführte Vereinfachung für mehrere bis dato explizit vorzunehmende Schritte, die Sie in Listing 9-2 sehen. Dazu folgende Erklärung:

- `UseKestrel()`: Verwendet den Standardwebserver, den ASP.NET Core mitliefert.
- `UseContentRoot(Directory.GetCurrentDirectory())`: Setzt den Wurzelordner der Webanwendung auf das aktuelle Verzeichnis.
- `ConfigureAppConfiguration()` mit `AddJsonFile("appsettings.json", …)`, `AddEnvironmentVariables()` sowie `AddCommandLine(args)`: Lädt die Konfigurationseinstellungen aus der Datei *appSettings.json* und die Umgebung die Kommandozeilenparameter.
- `ConfigureLogging()` mit `.AddConsole()` und `logging.AddDebug()`: Protokollierung an die Konsole und das Debug-Fenster.
- `UseIISIntegration()`: Integriert Kestrel in die Internet Information Services (IIS), wenn Kestrel von dort gestartet wurde.

Weitere Informationen und Optionen für den Start der ASP.NET-Core-Anwendung finden Sie unter *docs.microsoft.com/en-us/aspnet/core/fundamentals/hosting ?tabs=aspnetcore2x*.

Listing 9-2: Funktionsweise von CreateDefaultBuilder() *(github.com/aspnet/MetaPackages/ blob/dev/src/Microsoft.AspNetCore/WebHost.cs)*

```
   public static IWebHostBuilder CreateDefaultBuilder(string[] args)
               {
                   var builder = new WebHostBuilder()
                       .UseKestrel((builderContext, options) =>
                       {
options.Configure(builderContext.Configuration.GetSection("Kestrel"));
                       })
```

```
                        .UseContentRoot(Directory.GetCurrentDirectory())
                        .ConfigureAppConfiguration((hostingContext, config) =>
                        {
                            var env = hostingContext.HostingEnvironment;


                            config.AddJsonFile("appsettings.json", optional: true,
reloadOnChange: true)

.AddJsonFile($"appsettings.{env.EnvironmentName}.json", optional: true,
                                  reloadOnChange: true);


                            if (env.IsDevelopment())
                            {
                                var appAssembly = Assembly.Load(new
AssemblyName(env.ApplicationName));
                                if (appAssembly != null)
                                {
                                    config.AddUserSecrets(appAssembly, optional:
true);
                                }
                            }


                            config.AddEnvironmentVariables();


                            if (args != null)
                            {
                                config.AddCommandLine(args);
                            }
                        })
                        .ConfigureLogging((hostingContext, logging) =>
                        {

logging.AddConfiguration(hostingContext.Configuration.GetSection("Logging"));
                            logging.AddConsole();
                            logging.AddDebug();
                        })
                        .UseIISIntegration()
                        .UseDefaultServiceProvider((context, options) =>
                        {
                            options.ValidateScopes =
context.HostingEnvironment.IsDevelopment();
                        });


                    if (args != null)
                    {
                        builder.UseConfiguration(new
ConfigurationBuilder().AddCommandLine(args).Build());
                    }


                    return builder;
                }
```

Klasse Startup und Middleware

Die Datei *startup.cs* besteht aus zwei wesentlichen Methoden: `public void ConfigureServices(IServiceCollection services()` und `public void Configure(IApplicationBuilder app, IHostingEnvironment env)`:

- `ConfigureServices()` konfiguriert die per Dependency Injection injizierbaren Objekte.
- `Configure()` baut die sogenannte Middleware-Pipeline von ASP.NET Core auf und registriert dazu Middleware-Komponenten in einer bestimmten Reihenfolge beim übergebenen `IApplicationBuilder`. Der zweite Parameter, `IHostingEnvironment`, informiert über die Umgebung, in der die Anwendung läuft. Eine eingehende HTTP-Anfrage wird von der ersten konfigurierten Middleware-Komponente verarbeitet und dann an die nächste weitergeleitet. Jede dieser Komponenten kann die Anfrage direkt beantworten oder zur Beantwortung beitragen. Eine Middleware-Komponente kann die Anfrage auch an ein Web-Framework, wie MVC, weiterleiten. Die erzeugte Antwort leitet ASP.NET Core abermals durch die Pipeline. Nun hat jede Komponente erneut die Möglichkeit, die Antwort zu ergänzen. Beispielsweise könnten sie Kopfzeilen hinzufügen oder im Fehlerfall auf eine Fehlerseite umleiten. Nachdem ASP.NET Core wieder die erste Middleware-Komponente aufgerufen hat, steht die endgültige Antwort fest, und ASP.NET sendet diese zurück zum Aufrufer.

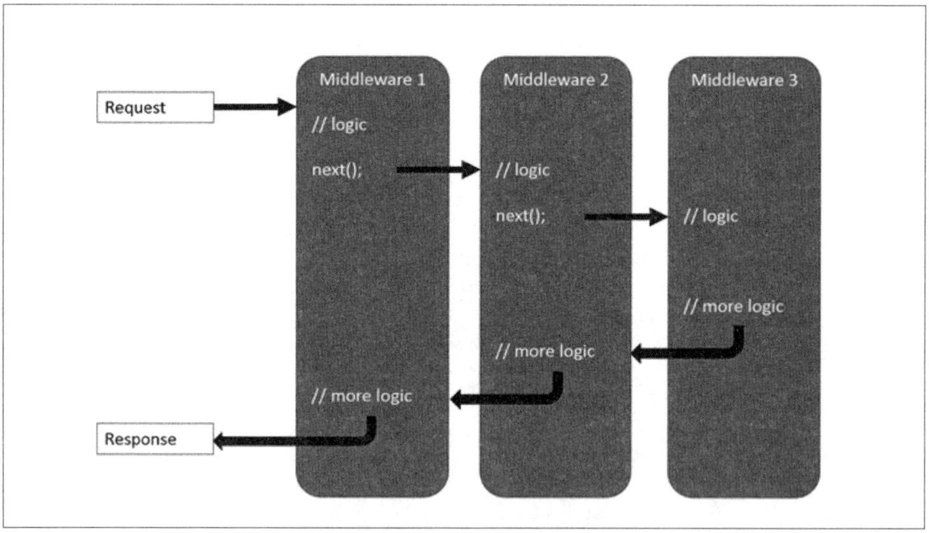

Abbildung 9-16: Middleware in ASP.NET Core (Urheber: Microsoft (docs.microsoft.com/en-us/aspnet/core/fundamentals/middleware))

ASP.NET Core ist extrem modular aufgebaut. So sind auch Funktionen wie das Ausliefern von statischen Dateien in ASP.NET Core explizit per Middleware zu konfigurieren, siehe `app.UseStaticFiles()` in Listing 9-3. Auch andere Funktionen, die im klassischen ASP.NET Standard waren, müssen nun explizit konfiguriert werden, zum Beispiel:

- Für das Auflisten eines Verzeichnisinhalts: `app.UseDirectoryBrowser()`.
- Für das Aufrufen von Standarddateien (*default.htm*, *default.html*, *index.htm* oder *index.html*) beim Zugriff auf einen Ordner: `app.UseDefaultFiles()`. Dabei ist die Reihenfolge wichtig: `app.UseDefaultFiles()` muss vor `app.UseStaticFiles()` kommen.
- Der Aufruf `app.UseFileServer()` kombiniert `app.UseDefaultFiles()`, `app.UseStaticFiles()` und `app.UseDirectoryBrowser()` in einem Aufruf.

Diese Methoden haben jeweils einen optionalen Parameter zur Festlegung von Optionen (zum Beispiel Ändern der Namen der Standarddateien bei `app.UseDefaultFiles()`).

Für die Entwicklungszeit wird auch Browser Link aktiviert, das heißt, wie bisher kann der Entwickler aus Visual Studio heraus per Debugging oder *View in Browser* gestartete Browserinstanzen zum Reload auffordern.

Bei den Fehlerseiten wird zwischen Entwicklungsumgebung (ausführliche Fehlerseite, `app.UseDeveloperExceptionPage()`) und Betriebsumgebung (spartanische Fehlerseite) unterschieden. Ob die aktuelle Umgebung die Entwicklungsumgebung ist, liefert `IHostingEnvironment` per Methode `IsDevelopment()`. `IsDevelopment()` basiert auf der Umgebungsvariablen *ASPNETCORE_ENVIRONMENT*. Wenn dort der Wert *Development* ist, liefert `IsDevelopment()` ein *true* zurück. Netterweise setzt Visual Studio automatisch diese Variable, und bei Bedarf lässt sie sich in den Projekteigenschaften anpassen.

Listing 9-3: Startup.cs

```
using System;
using System.Collections.Generic;
using System.Linq;
using System.Threading.Tasks;
using Microsoft.AspNetCore.Builder;
using Microsoft.AspNetCore.Identity;
using Microsoft.EntityFrameworkCore;
using Microsoft.AspNetCore.Hosting;
using Microsoft.Extensions.Configuration;
using Microsoft.Extensions.DependencyInjection;
using ASPNETCoreHelloWorld.Data;
using ASPNETCoreHelloWorld.Models;
using ASPNETCoreHelloWorld.Services;

namespace ASPNETCoreHelloWorld
{
    public class Startup
    {
        public Startup(IConfiguration configuration)
        {
            Configuration = configuration;
        }
```

```
        public IConfiguration Configuration { get; }

        // This method gets called by the runtime. Use this method to add services to
the container.
        public void ConfigureServices(IServiceCollection services)
        {
            services.AddDbContext<ApplicationDbContext>(options =>
            options.UseSqlServer(Configuration.GetConnectionString(
            "DefaultConnection")));

            services.AddIdentity<ApplicationUser, IdentityRole>()
                .AddEntityFrameworkStores<ApplicationDbContext>()
                .AddDefaultTokenProviders();

            // Add application services.
            services.AddTransient<IEmailSender, EmailSender>();

            services.AddMvc();
        }

        // This method gets called by the runtime. Use this method to configure the
HTTP request pipeline.
        public void Configure(IApplicationBuilder app, IHostingEnvironment env)
        {
            if (env.IsDevelopment())
            {
                app.UseBrowserLink();
                app.UseDeveloperExceptionPage();
                app.UseDatabaseErrorPage();
            }
            else
            {
                app.UseExceptionHandler("/Home/Error");
            }

            app.UseStaticFiles();

            app.UseAuthentication();

            app.UseMvc(routes =>
            {
                routes.MapRoute(
                    name: "default",
                    template: "{controller=Home}/{action=Index}/{id?}");
            });
        }
    }
}
```

Referenzen/Pakete

Spannend bei den Referenzen ist das Nuget-Paket Microsoft.AspNetCore.All. Während Microsoft in ASP.NET Core 1.x nur die zwingend benötigten Pakete in den Projektvorlagen referenziert hat, findet man hier nun mit dem Paket Microsoft.AspNetCore.All (*www.nuget.org/packages/Microsoft.AspNetCore.All/2.0.0-pre*

view1-final) ein Meta-Paket, das alle verfügbaren ASP.NET Core und Entity Framework Core auf einmal referenziert. Alle Pakete dafür liegen im .NET Core Runtime Store:
C:\Program Files\dotnet\store\x64\netcoreapp2.0, der mit der Installation der .NET Core Runtime oder dem .NET Core SDK gefüllt wird.

In ASP.NET Core 1.x musste der Entwickler viele Paketreferenzen hinzufügen, sobald er etwas mehr machen wollte, als die Projektvorlage vorsah. Durch die Referenzierung des Meta-Pakets hat der Entwickler diese Aufgabe nicht mehr. Aber werden nun nicht zahlreiche Pakete referenziert, die später nicht gebraucht werden, was ja dem Gedanken von .NET Core widersprechen würde? Nein, weil die nicht benötigten Pakete beim Erstellen des Deployment-Pakets aussortiert werden.

Dennoch hat Microsoft eingesehen, dass eine Referenz zum Paket Microsoft.AspNetCore.All doch etwas viel für die meisten Fälle ist. In ASP.NET Core 2.1 gibt es nun ein weiteres, abgespecktes Meta-Paket. Während das bisherige »All«-Paket zahlreiche Nuget-Pakete umfasst, die man in einer Webanwendung selten braucht (zum Beispiel SQLite und den InMemory-Treiber), ist das neue in den Vorlagen verwendete Meta-Paket Microsoft.AspNetCore.App kompakter. Hier ist nur noch der Provider für Microsoft SQL Server enthalten (andere kann man selbstverständlich zusätzlich manuell einbinden).

Gespeichert werden Referenzen in einem .NET-Core-Projekt nicht mehr in der packages.json, sondern direkt in der *.csproj*-Datei in XML-Form im Tag `<PackageReference>`. Zudem findet man dort im `<DotNetCliToolReference>` Erweiterungen für das .NET-Core-CLI-Werkzeug (*dotnet.exe*).

```
ASPNETCoreHelloWorld.csproj
<Project Sdk="Microsoft.NET.Sdk.Web">

  <PropertyGroup>
    <TargetFramework>netcoreapp2.0</TargetFramework>
    <UserSecretsId>aspnet-ASPNETCoreHelloWorld-B2585648-5F47-43BE-BECA-88ECC6610BD0</UserSecretsId>
  </PropertyGroup>


  <ItemGroup>
    <PackageReference Include="Microsoft.AspNetCore.All" Version="2.0.5" />
    <PackageReference Include="Microsoft.EntityFrameworkCore.Tools" Version="2.0.1" PrivateAssets="All" />
    <PackageReference Include="Microsoft.VisualStudio.Web.CodeGeneration.Design" Version="2.0.2"
    PrivateAssets="All" />
  </ItemGroup>

  <ItemGroup>
    <DotNetCliToolReference Include="Microsoft.EntityFrameworkCore.Tools.DotNet" Version="2.0.1" />
    <DotNetCliToolReference Include="Microsoft.Extensions.SecretManager.Tools" Version="2.0.0" />
    <DotNetCliToolReference Include="Microsoft.VisualStudio.Web.CodeGeneration.Tools" Version="2.0.2" />
  </ItemGroup>

</Project>
```

Abbildung 9-17: Aufbau der .csproj-Datei in einem ASP.NET-Core-Webprojekt

Ursprünglich in der Beta-Phase und in .NET Core 1.0 hatte Microsoft die Referenzen in einer Datei project.json gespeichert, ist davon aber wieder abgekommen.

Eine *.csproj*-Datei eines .NET-Core-Projekts kann man in Visual Studio einfach über den Eintrag *Edit .csproj* im Kontextmenü des Projektes im Solution Explorer bearbeiten. Die manuelle Bearbeitung der Datei ist leider manchmal etwas mühsam, da man nicht alles im Solution Explorer sieht und einstellen kann, wie zum Beispiel die Tags `<DotNetCliToolReference>`.

Zum Hinzufügen eines Nuget-Pakets nutzt man wie bei klassischen .NET-Projekten den in Visual Studio eingebauten GUI für Nuget (Aufruf über *Manage Nuget Packages*) oder die Nuget Package Manager Console (NPMC) mit dem PowerShell-Commandlet Install-Package, zum Beispiel

Install-Package AutoMapper

Abbildung 9-18: Paketinstallation mit der Nuget Package Manager Console (NPMC)

Wenn in den Einstellungen so gewählt, führt Visual Studio automatisch einen Package Restore beim Übersetzen eines Projekts aus. Alternativ können Sie mit *dotnet restore* einen Package Restore an der Kommandozeile starten, wenn man sich im aktuellen Projekt befindet.

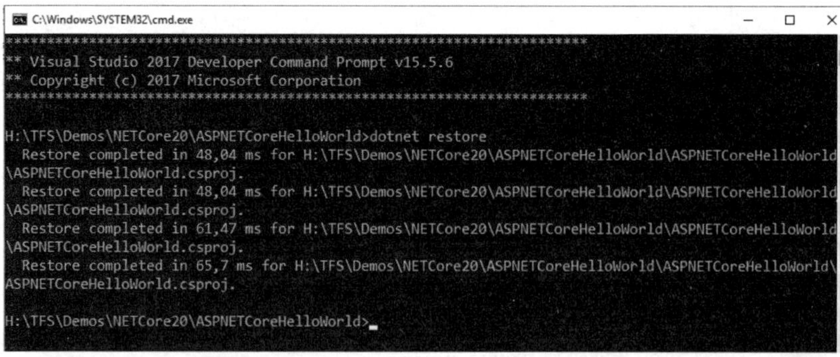

Abbildung 9-19: dotnet restore

Oft sind die beim Anlegen eines Projekts referenzierten Paketversionen bereits veraltet, denn die von Visual Studio verwendeten Versionen der einzelnen Pakete sind in den Projektvorlagen festgelegt, die Microsoft mit Visual Studio beziehungsweise den Updates dafür verbreitet. Sie sollten daher direkt nach dem Anlegen eines Projekts den Nuget Package Manager aufrufen und alle Pakete auf die aktuelle Version bringen.

Übersetzen und Debugging

Nach dem erfolgreichen Übersetzen finden Sie eine DLL und ergänzende JSON-Dateien im Unterordner *\bin\Debug\netcoreapp2.0*.

Leider hat Microsoft das in der Beta-Version von ASP.NET Core vorhandene Konzept der reinen Kompilierung im RAM verworfen (*github.com/aspnet/Home/issues/1471*). Auch die in der Beta-Phase enthaltene komplette Kompilierung der Views zur Entwicklungszeit ist wieder entfallen: Fehler zeigt Visual Studio zwar nach etwas Wartezeit durch rote Linien an, aber der Compiler meldet im Ausgabefenster auch bei Fehlern in Views »succeeded«.

Abbildung 9-20: Fehler im View werden von Visual Studio zwar markiert, aber beim Build kommt dennoch »succeeded« heraus.

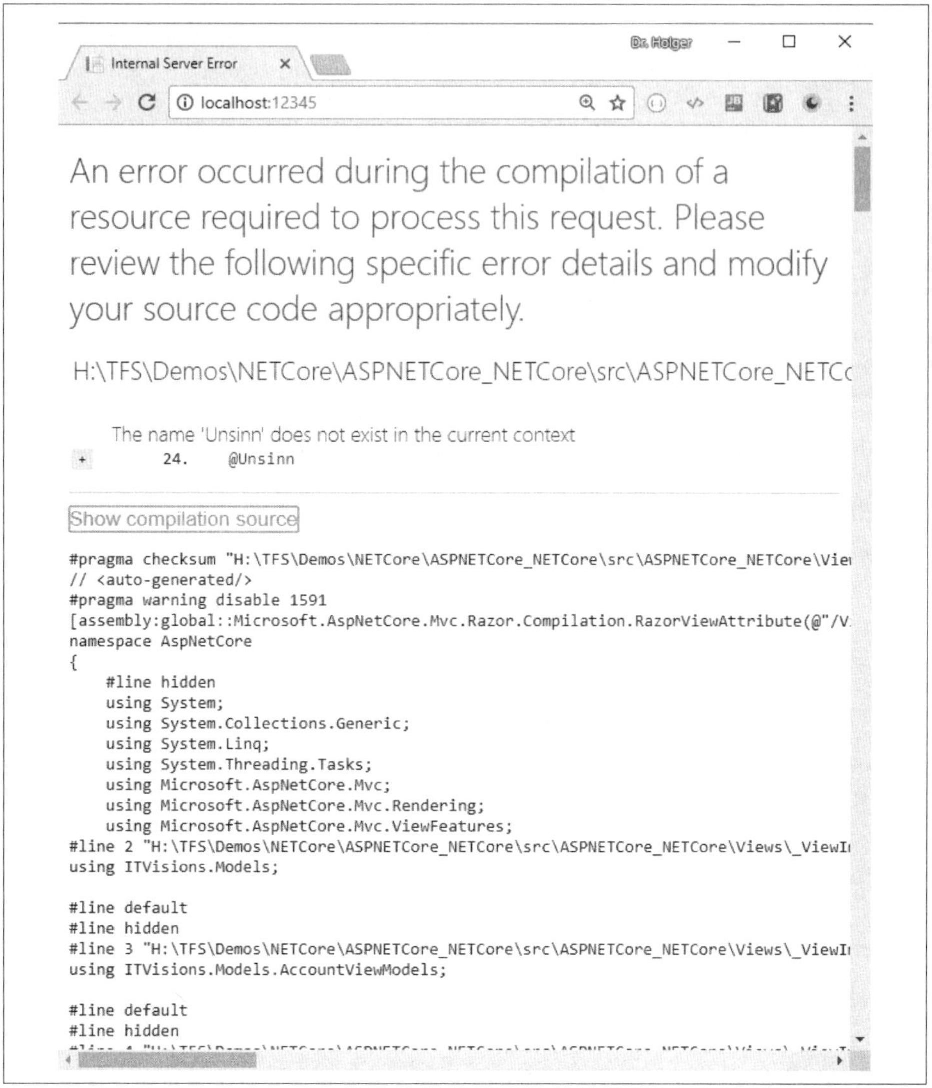

Abbildung 9-21: Der Fehler fliegt erst zur Laufzeit auf.

Wie bisher kann man auch ein ASP.NET-Core-Projekt direkt in Visual Studio im Debugger oder – etwas schneller ohne Debugger – per *View in Browser* (Tastenkürzel (Strg)+(Alt)+(W)) starten.

Abbildung 9-22: Die Webanwendung aus der gewählten Vorlage im Browser

Anders als das bisherige ASP.NET MVC kompiliert Visual Studio bei einem Browser-Reload eine Controller-Klasse automatisch neu, wenn sich an ihm etwas geändert hat. Allerdings funktioniert dies nur in Verbindung mit *View in Browser*, nicht mit dem Debugger.

Alternativ kann man die Webanwendung nun auch von der Kommandozeile aus starten, indem man mit *dotnet.exe* die erzeugte DLL aufruft (siehe Abbildung 9-23), das heißt, das Self-Hosting außerhalb des IIS beziehungsweise des IISExpress ist direkt ohne weitere Arbeitsschritte möglich.

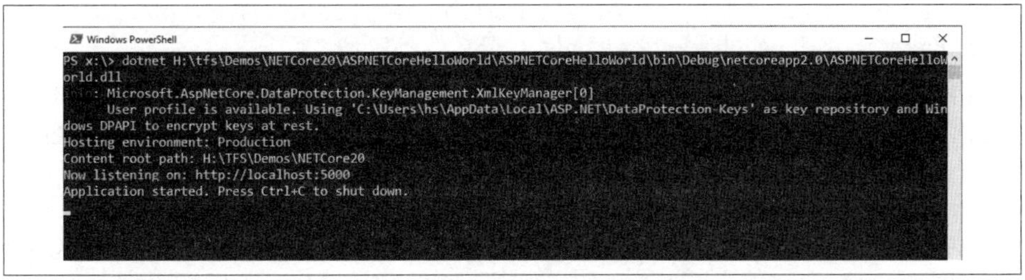

Abbildung 9-23: Ausführung der Webanwendung mit dotnet.exe

Bitte beachten Sie, dass die Portnummer für den Start aus Visual Studio heraus in der Datei */Properties/LauchSettings.json* steht, während beim Start via *dotnet.exe* im Standardport 5000 verwendet wird. Um diese URL zu ändern, muss man in *program.cs* nach `.UseStartup<Startup>()` ein `.UseUrls("http://localhost:nummer")` mit der gewünschten Portnummer einfügen.

Listing 9-4: Modifizierte program.cs-*Datei*

```
using Microsoft.AspNetCore;
using Microsoft.AspNetCore.Hosting;

namespace ASPNETCoreHelloWorld
{
 public class Program
 {
  public static void Main(string[] args)
  {
   BuildWebHost(args).Run();
  }

  public static IWebHost BuildWebHost(string[] args) =>
      WebHost.CreateDefaultBuilder(args)
          .UseStartup<Startup>()
          .UseUrls("http://localhost:5050")
          .Build();
 }
}
```

Deployment

.NET Core bietet zwei Möglichkeiten zum Deployment einer .NET-Core-Anwendung:

- Framework-dependent Deployments (FDD): Hier entsteht eine Portable Applications (PA) alias.
- Self-contained Deployment (SCD): Hier entsteht eine Self-Contained Application (SCA).

Eine Portable Application setzt voraus, dass auf dem Zielsystem .NET Core in der passenden (oder höheren) Version bereits vorab installiert wurde, so wie dies beim .NET »Full« Framework üblich ist. Die Portable Application ist ein plattformneutrales Paket, das deutlich kleiner ist als das SCA-Paket.

Bei einer Self-Contained Application umfasst das Deployment der Anwendung alles, was man braucht, um die Anwendung zu betreiben, also auch die passende .NET-Core-Runtime-Version. Man kann sie auf einen USB-Stick kopieren und direkt von dort starten, ohne sie vorher auf dem Zielsystem .NET Core installieren zu müssen. Dabei hat man die volle Kontrolle, welche Version von .NET Core man mitliefert. Eine Self-Contained Application braucht aber natürlich deutlich mehr Festplattenplatz. Viele solcher Anwendungen auf einem System brauchen dann eben viel Platz. Das Installationspaket ist zudem plattformspezifisch, das heißt, für jede Plattform muss ein solches Paket erstellt werden.

Während man eine Portable Application in Visual Studio per Menü *Build/Publish* generieren kann, ist eine SCA aktuell nur per Kommandozeile zu erstellen.

Das folgende PowerShell-Skript zeigt die Erzeugung und den Start einer Portable Application, die in Form einer DLL vorliegt.

```
$Projektname = "ASPNETCoreHelloWorld_NETCore"
$destination = "t:\$Projektname" + "_Deploy"
cd $psscriptroot\$Projektname
# Framework-Dependent Deployment (FDD) / Portable Application (PA)
dotnet publish -c release --framework netcoreapp2.0 -o $destination\PA
dotnet $destination\PA\$Projektname.dll
```

Das folgende PowerShell-Skript zeigt die Erzeugung und den Start einer SCA. Hier entsteht eine *.exe*-Datei.

```
$Projektname = "ASPNETCoreHelloWorld_NETCore"
$destination = "t:\$Projektname" + "_Deploy"
cd $psscriptroot\$Projektname
# Self-Contained Deployment (SCD) / Self-contained Application (SCA)
dotnet publish -c release --runtime win10-x64 --self-contained --framework
netcoreapp2.0 -o $destination\SCA
"$destination\SCA\$Projektname.exe"
```

Abbildung 9-24 zeigt das Deployment-Paket der Portable Application.

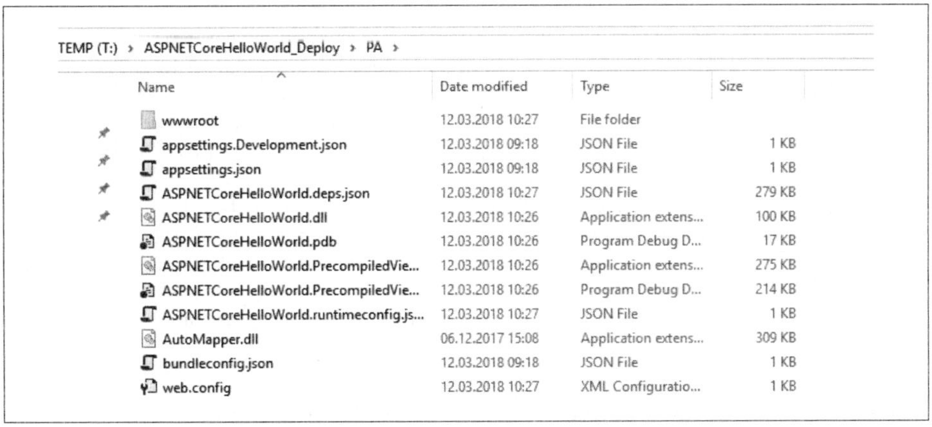

Abbildung 9-24: Eine ASP.NET-Core-Webanwendung als Portable Application

Das Deployment-Paket für die SCA ist sehr viel umfangreicher. Der Screenshot zeigt sogar nur einen Ausschnitt aus den entstandenen Dateien.

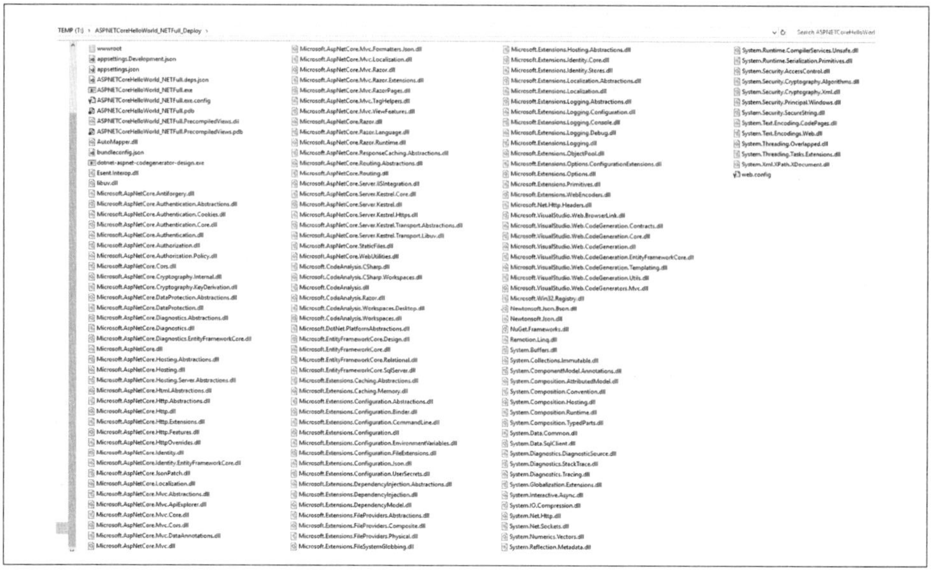

Abbildung 9-25: Eine ASP.NET-Core-Webanwendung als SCA (Ausschnitt)

Ein Satz in der Dokumentation macht nachdenklich: »It is possible for the .NET Core runtime and libraries to change without your knowledge in future releases. In rare cases, this may change the behavior of your app.« (*docs.microsoft.com/de-de/dotnet/articles/core/deploying/index*). Microsoft lässt also anklingen, dass Breaking Changes in der .NET-Core-Welt häufiger vorkommen als bei dem bisherigen .NET Framework. Tatsächlich gab es Breaking Changes zwischen ASP.NET Core 1.x und ASP.NET 2.0 (erlaubt bei Änderungen der Hauptversion nach dem Prinzip des Semantic Versioning, vgl. *semver.org*). Von solchen Änderungen ist man mit einer Self-Contained Application nur in der Entwicklung, aber nicht in der Produktion betroffen.

Der Vorteil der Portable Application ist jedoch, dass nur ein einziges Deployment-Paket für alle Plattformen entsteht, während es bei der Self-Contained Application für jede Zielplattform (zum Beispiel win7-x64, win8-x86, win10-x64, ubuntu. 15.04-x64, debian.8.2-x64, osx.10.11-x64) ein Paket geben muss, weil ja .NET Core inklusive der Abstraktionsschicht für die jeweilige Zielplattform enthalten ist.

Leider verwendet Visual Studio beim Kompilieren nicht das Kommandozeilenwerkzeug dotnet.exe, und es gibt keine Unterschiede zwischen der Kompilierung in Visual Studio und der Kompilierung mit dotnet build. Daher kann es vorkommen, dass ein Projekt zwar in Visual Studio, aber nicht mit dotnet buildkompiliert. Eine solche Situation entsteht zum Beispiel, wenn man ein Projekt mit ASP.NET Core 1.x in Visual Studio 2015 (unter Verwendung von project.json) erstellt hat und es dann in Visual Studio 2017 zwangsweise auf das *.csproj*-basierte Format umstellt. Dabei baut Visual Studio ein Tag in die *.csproj*-Datei ein, die *dotnet build* nicht mag. Fehlermeldung von *dotnet build* ist dann:

error NU1003: PackageTargetFallback and AssetTargetFallback cannot be used together. Remove PackageTargetFallback(deprecated) references from the project environment.

Immerhin sagt die Fehlermeldung, was konkret zu tun ist: Man muss das Tag `<PackageTargetFallback>` aus der *.csproj*-Datei entfernen.

Ein weiteres Problem gibt es beim Deployment: Einige Punkte, die beim Kompilieren nur zu Warnungen führen, verhindern das erfolgreiche Deployment.

ASP.NET Core auf dem klassischen .NET Framework

ASP.NET Core kann nicht nur auf .NET Core betrieben werden, sondern auch auf dem klassischen .NET Framework ab Version 4.6.1.

Microsoft hatte ursprünglich im Mai 2017 angekündigt, dass die Unterstützung für das klassische .NET Framework als Unterbau für ASP.NET Core, die es in ASP.NET Core 1.x gab, in ASP.NET Core 2.x nicht mehr fortgeführt wird. Auf Protest der Entwicklergemeinde hat Microsoft diese Entscheidung aber revidiert (*www.heise.de/developer/meldung/Microsoft-will-ASP-NET-Core-nicht-mehr-auf-dem-klassischen-NET-anbieten-3708715.html*).

Einsatzszenarien

Dies ergibt in folgenden Fällen Sinn:

- Schrittweise Migration einer bestehen ASP.NET-MVC-Anwendung nach ASP.NET Core, weil ein Teil des Umstellungsaufwands entfällt, wenn nicht zusätzlich auch eine Migration von .NET Framework zu .NET Core erfolgen muss.
- Erstellen einer neuen ASP.NET-Core-Anwendung zunächst auf .NET Framework, wenn benötigte Klassen in .NET Core noch fehlen beziehungsweise benötigte Softwarekomponenten noch nicht auf .NET Core laufen.

Allerdings ist eine ASP.NET-Core-Anwendung auf dem klassischen .NET Framework nicht plattformunabhängig, das heißt, sie läuft nur unter Windows.

Wenn möglich, sollten Sie ASP.NET Core auf .NET Core betreiben. Diese Lösung hat die Vorteile der Plattformunabhängigkeit, die Option zum Betrieb auf Windows Nano Server, eine bessere Performance und die bessere Zukunftssicherheit.

Anlegen von ASP.NET-Core-Projekten mit dem klassischen .NET Framework

Neue ASP.NET-Core-Projekte auf Basis von .NET »Full« Framework können Sie nicht mit *dotnet new* anlegen, sondern nur mit Visual Studio. Wie bei .NET Core wählt man zunächst:

- *Add New Project/Visual C#/Web/ASP.NET Core Web Application*

  oder

- *Add New Project/Visual C#/.NET Core/ASP.NET Core Web Application*

Im zweiten Dialogschritt wählt man dann oben links ».NET Framework« statt ».NET Core«.

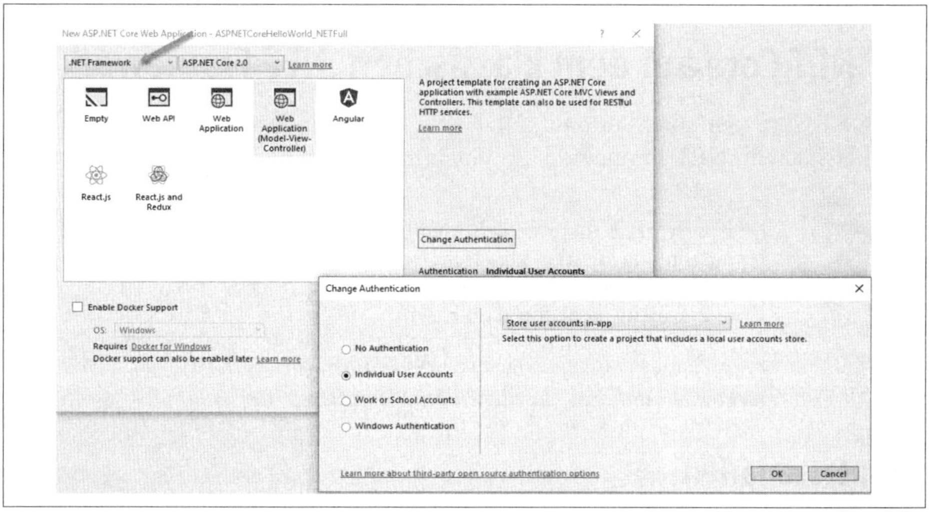

Abbildung 9-26: Im zweiten Dialogschritt oben links .NET Framework *statt* .NET Core *auswählen*

Projektaufbau

In dem daraus entstehenden Projekt gibt es folgende Unterschiede:

- Im Ast */Dependencies* gibt es */Assemblies* für Verweise zu DLL des .NET Frameworks. Den Unterast */SDK* gibt es nicht.
- Unter */Dependencies/Nuget* wird nicht das Paket Microsoft.AspNetCore.All referenziert, sondern mehrere Einzelpakete von ASP.NET Core (siehe nächste Abbildung).

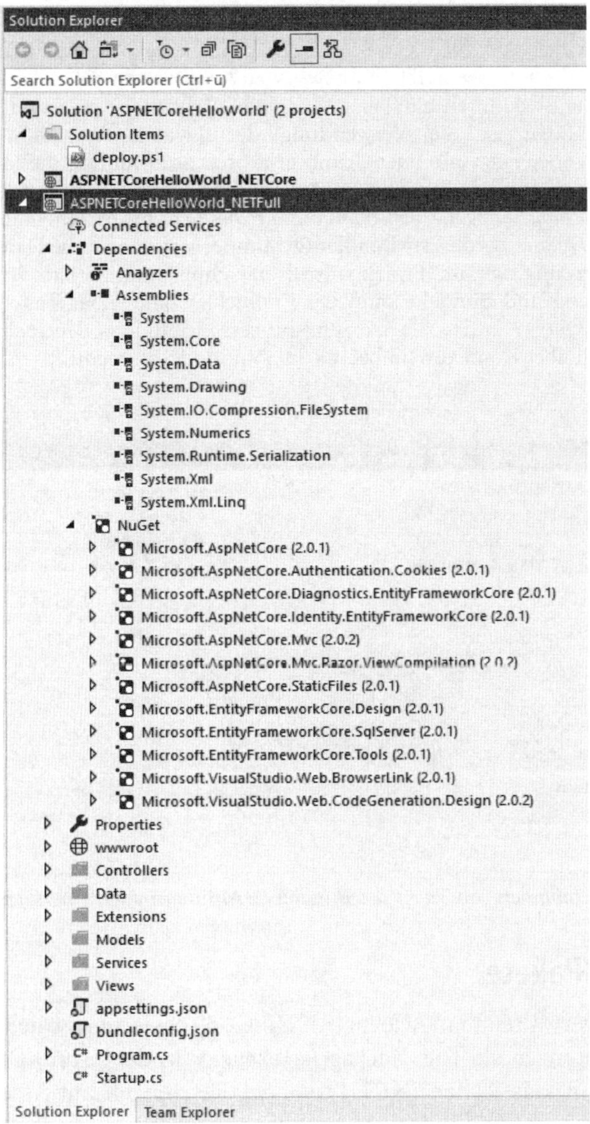

Abbildung 9-27: Aufbau eines MVC-Projekts mit ASP.NET Core auf .NET »Full« Framework

Abweichend von den Beta-Versionen verzichtet Microsoft darauf, in den ASP.NET-Core-Vorlagen gleichzeitig für .NET Core und das klassische .NET Framework zu kompilieren. Die Projektstruktur ist dadurch einfacher. Ebenfalls nicht mehr im Standard vorhanden ist die Verwendung der JavaScript-basierten Build-Werkzeuge Gulp oder Grunt. Microsoft setzt nun für die Minifizierung und das Bündeln wieder auf eine Visual-Studio-Erweiterung (*visualstudiogallery.msdn.microsoft.com/9ec27da7-e24b-4d56-8064-fd7e88ac1c40*). Der Bundler & Minifier wird über eine Datei *bundleconfig.json* im Projektwurzelverzeichnis konfiguriert. Minifizierung und Bündeln kann der Entwickler dann über Task Runner Explorer in den Übersetzungsprozess einbinden oder auch manuell über Kontextmenübefehle in Solution Explorer auslösen.

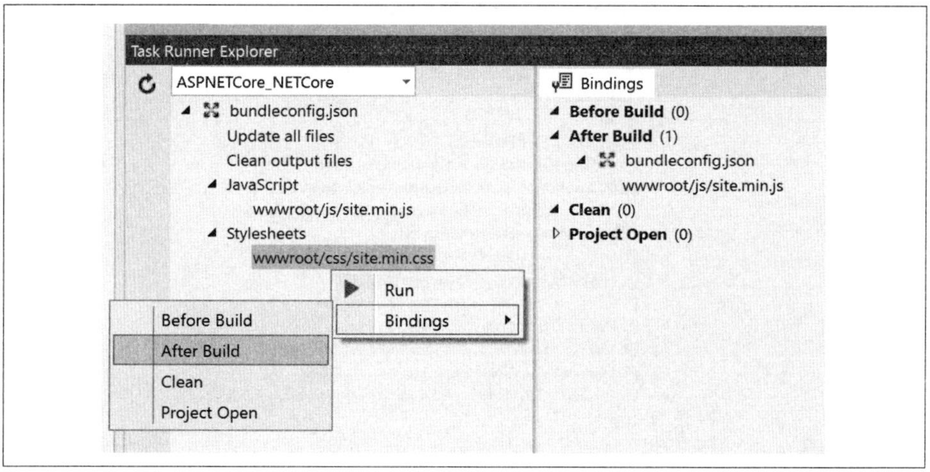

Abbildung 9-28: Einbinden von Tasks des Bundler & Minifier in den Übersetzungsprozess

Referenzen/Pakete

Nuget-Pakete verwaltet man wie bei .NET-Core-basierten Projekten. Auch hier landen die Referenzen als Tag `<PackageReference>` in der *.csproj*-Datei. Zusätzlich kann man wie in klassischen .NET-Projekten Referenzen auf Assemlies aus dem .NET Framework mit *Add Reference* erstellen. Diese landen in der *.csproj*-Datei als Tag `<Reference>`.

```
<Project Sdk="Microsoft.NET.Sdk.Web">

  <PropertyGroup>
    <TargetFramework>net471</TargetFramework>
    <UserSecretsId>aspnet-ASPNETCoreHelloWorld_NETFull-E838F53F-6031-49F6-92E1-0FAD04E2BC2F</UserSecretsId>
  </PropertyGroup>


  <ItemGroup>
    <PackageReference Include="automapper" Version="6.2.2" />
    <PackageReference Include="Microsoft.AspNetCore" Version="2.0.1" />
    <PackageReference Include="Microsoft.AspNetCore.Authentication.Cookies" Version="2.0.1" />
    <PackageReference Include="Microsoft.AspNetCore.Diagnostics.EntityFrameworkCore" Version="2.0.1" />
    <PackageReference Include="Microsoft.AspNetCore.Identity.EntityFrameworkCore" Version="2.0.1" />
    <PackageReference Include="Microsoft.AspNetCore.Mvc" Version="2.0.2" />
    <PackageReference Include="Microsoft.AspNetCore.Mvc.Razor.ViewCompilation" Version="2.0.2"
    PrivateAssets="All" />
    <PackageReference Include="Microsoft.AspNetCore.StaticFiles" Version="2.0.1" />
    <PackageReference Include="Microsoft.EntityFrameworkCore.Design" Version="2.0.1" PrivateAssets="All" />
    <PackageReference Include="Microsoft.EntityFrameworkCore.SqlServer" Version="2.0.1" />
    <PackageReference Include="Microsoft.EntityFrameworkCore.Tools" Version="2.0.1" PrivateAssets="All" />
    <PackageReference Include="Microsoft.VisualStudio.Web.BrowserLink" Version="2.0.1" />
    <PackageReference Include="Microsoft.VisualStudio.Web.CodeGeneration.Design" Version="2.0.2"
    PrivateAssets="All" />
  </ItemGroup>

  <ItemGroup>
    <DotNetCliToolReference Include="Microsoft.EntityFrameworkCore.Tools.DotNet" Version="2.0.1" />
    <DotNetCliToolReference Include="Microsoft.Extensions.SecretManager.Tools" Version="2.0.0" />
    <DotNetCliToolReference Include="Microsoft.VisualStudio.Web.CodeGeneration.Tools" Version="2.0.2" />
  </ItemGroup>

  <ItemGroup>
    <Reference Include="System.DirectoryServices" />
  </ItemGroup>

</Project>
```

Abbildung 9-29: Beispiel für eine .csproj*-Datei für ein ASP.NET-Core-Projekt auf Basis .NET »Full« Framework*

Deployment

Ein Self-Contained Deployment ist nicht möglich, weil es diese Möglichkeit in .NET »Full« Framework nicht gibt. Auch ein Portable App-Deployment mit *dotnet build* ist nicht möglich. Man kann in Visual Studio nur *Build/Publish* wählen.

Bei *Target Runtime* steht in diesem Fall immer »Win7-x86«, auch wenn Sie auf einem anderen Betriebssystem arbeiten. Microsoft will damit sagen: Das Paket läuft auf Windows 7 (x86) und höher (inklusive x64).

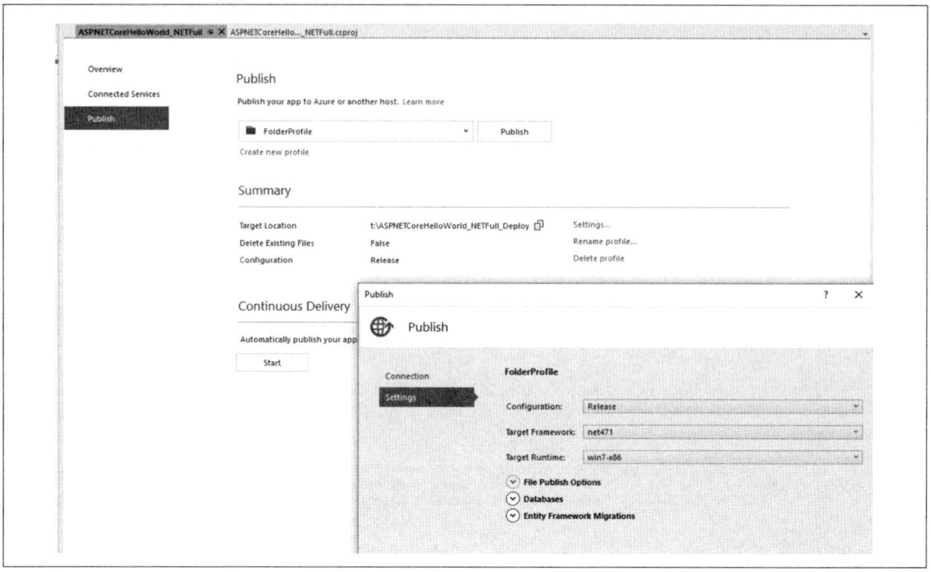

Abbildung 9-30: Publish in Visual Studio

Es entstehen neben einer *.exe*-Datei noch viele andere Dateien. Dennoch wird zusätzlich auf dem Zielsystem die vorherige Installation des passenden .NET Frameworks erwartet.

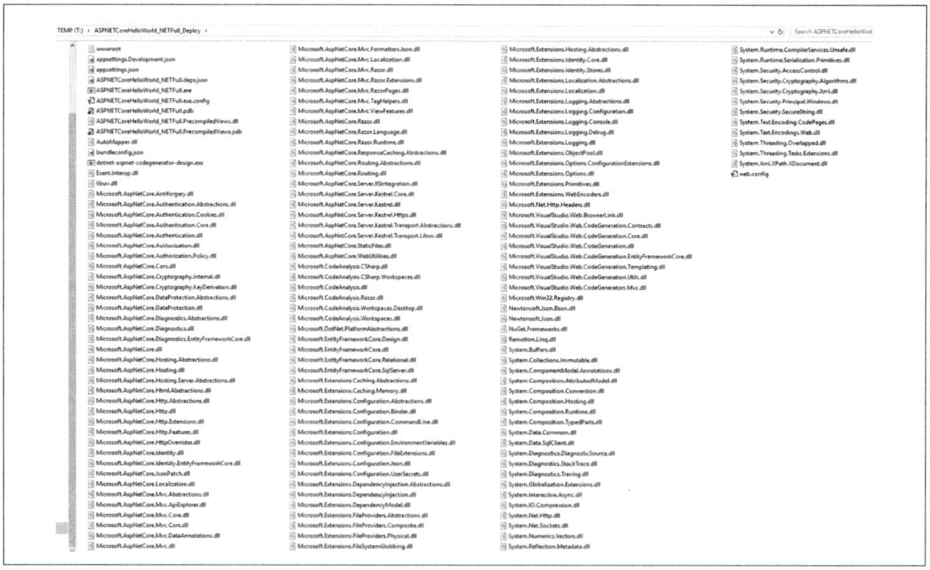

Abbildung 9-31: Ausgabe von Publish

In ASP.NET Core integrierte Webserver: Kestrel versus HTTP.sys (WebListener)

Das klassische ASP.NET war eine Erweiterung für die Internet Information Services (IIS) und integrierte sich über ein IIS-Modul. ASP.NET Core ist aber plattformneutral und zudem nicht an einen bestimmten Webserver gebunden. Zudem war bei ASP.NET Core das Ziel, das Self-Hosting (das heißt das Hosting in einem beliebigen Prozess, der nicht ein ausgewachsener Webserver ist, zum Beispiel in einer Konsolenanwendung) leicht zu ermöglichen.

ASP.NET Core liefert daher selbst zwei Webserver mit: Kestrel und HTTP.sys (in ASP.NET Core 1.x noch »WebListener« genannt).

- *Kestrel*: läuft sowohl unter Windows als auch unter Linux und macOS. Er kann als eigener Webserver laufen oder sich als Reverse Proxy Server in einen Webserver wie IIS, Apache oder Nginx integieren.
- *HTTP.sys*: läuft nur auf Windows auf Basis des HTTP.sys Kernel-Treibers von Windows. Http.sys integriert sich nicht in einen anderen Webserver, sondern dient nur dem Self-Hosting. Http.sys bietet einige zusätzliche Features für das Self-Hosting, die bei Kestrel nicht zur Verfügung stehen, zum Beispiel HTTP/2 mit TLS, Web-Sockets, Port Sharing und Windows-Authentifizierung.

Kestrel

Kestrel ist der Standard in allen Projektvorlagen, die Microsoft in Visual Studio und bei *dotnet new* mitliefert. Kestrel wird aktiviert in der Program-Klasse durch `WebHost.UseKestrel()` aus dem Nuget-Paket Microsoft.AspNetCore.Server.Kestrel. Der Aufruf `WebHost.CreateDefaultBuilder(args)` beinhaltet auch `UseKestrel()`.

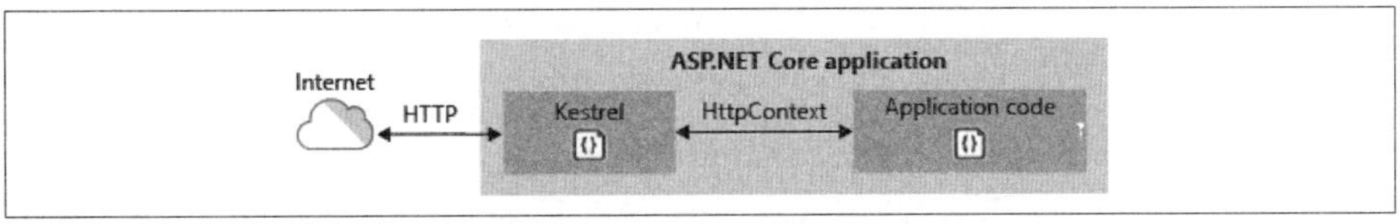

Abbildung 9-32: Kestrel als eigenständiger Webserver (Urheber: Microsoft (docs.microsoft.com/en-us/aspnet/core/fundamentals/servers/?tabs=aspnetcore2x))

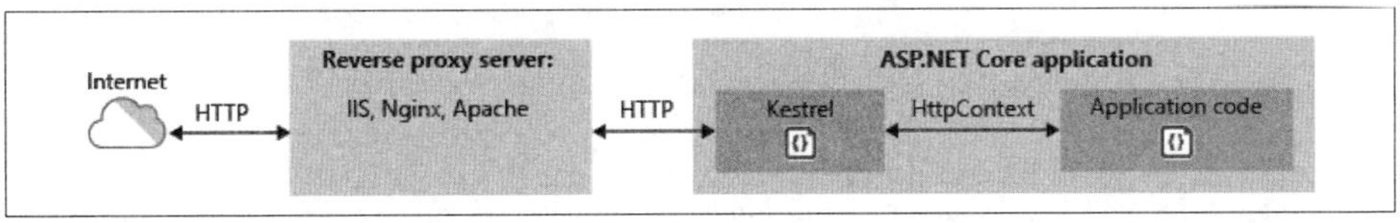

Abbildung 9-33: Kestrel als Reverse Proxy Server (Urheber: Microsoft (docs.microsoft.com/en-us/aspnet/core/fundamentals/servers/?tabs=aspnetcore2x)

Für die Integration in die Internet Information Services (IIS) von Windows wird das ASP.NET Core IIS-Module (*C:\Windows\System32\inetsrv\aspnetcore.dll*) benötigt. Dieses Modul erhält man durch die Installation von .NET Core Windows Server Hosting Bundle (*aka.ms/dotnetcore-2-windowshosting*) auf dem System mit den IIS. Zudem ist zu beachten, dass man in den IIS im Application Pool für die Website, die ASP.NET Core verwendet, bei *.NET CLR Version* Folgendes einstellt: »No Managed Code«. Das erscheint im ersten Moment paradox, weil ja .NET Core auch Managed Code ist. Dieser Managed Code läuft aber eben nicht in den IIS, sondern in einem getrennten Prozess (siehe Abbildung 9-34). Eine Schritt-für-Schritt-Klick-Anleitung dafür finden Sie unter (*docs.microsoft.com/en-us/aspnet/core/host-and-deploy/iis/index?tabs=aspnetcore2x*).

Ebenso gibt es Anleitungen für die Integration in Nginx (*docs.microsoft.com/en-us/aspnet/core/host-and-deploy/linux-nginx?tabs=aspnetcore2x*) und Apache (*docs.microsoft.com/en-us/aspnet/core/host-and-deploy/linux-apache?tabs=aspnetcore2x*).

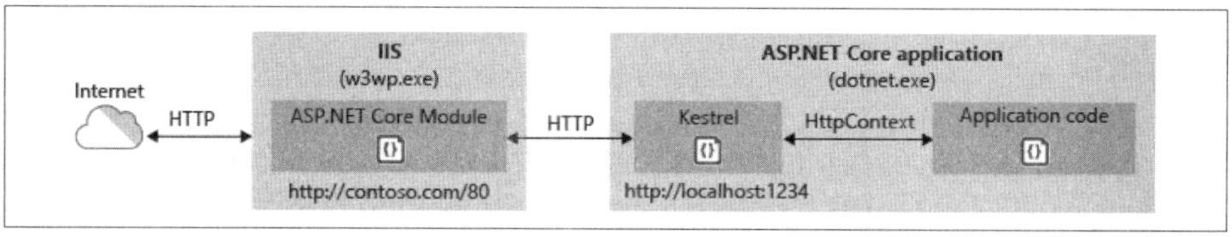

Abbildung 9-34: Integration von Kestrel in die IIS (Urheber: Microsoft (docs.microsoft.com/en-us/aspnet/core/fundamentals/servers/aspnet-core-module))

Während das klassische ASP.NET im Worker Process der IIS lief, ist in ASP.NET Core 1.x und 2.0 nicht vorgesehen, dass ASP.NET Core direkt im Prozess eines Webservers läuft. Es soll hingegen als eigenständiger Prozess arbeiten, damit ASP.NET Core in vielen Webservern funktioniert und dort konsistent arbeitet. Allerdings gibt es hierbei auch einen Leistungsverlust. In ASP.NET Core 2.1 soll ASP.NET Core daher zumindest wieder im Worker Process der IIS unter Windows laufen können.

HTTP.sys

Abbildung 9-35 zeigt die Arbeitsweise von HTTP.sys.

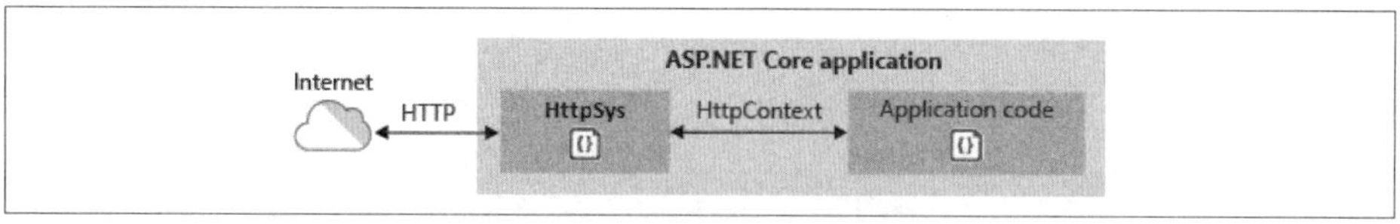

Abbildung 9-35: HTTP.Sys als eigenständiger Webserver (Urheber: Microsoft (docs.microsoft.com/en-us/aspnet/core/fundamentals/servers/?tabs=aspnetcore2x))

Für diesen Treiber wird das Paket Microsoft.AspNetCore.Server.HttpSys benötigt. Die Aktivierung erfolgt in der Program-Klasse auf dem WebHostBuilder durch den Aufruf von `UseHttpSys()` anstelle von `UseKestrel()` und `UseIISIntegration()`.

Listing 9-5: Verwendung von HTTP.sys anstelle von Kestrel

```
using Microsoft.AspNetCore.Hosting;
using Microsoft.AspNetCore.Server.HttpSys;

namespace ITVisions
{
 public class Program
 {
  public static void Main(string[] args)
  {
   var host = new WebHostBuilder()
       //.UseKestrel()
       //.UseContentRoot(System.IO.Directory.GetCurrentDirectory())
       //.UseIISIntegration()
       .UseHttpSys(options =>
               {
                       // The following options are set to default values.
                       options.Authentication.Schemes = AuthenticationSchemes.None;
                options.Authentication.AllowAnonymous = true;
                options.MaxConnections = null;
                options.MaxRequestBodySize = 30000000;
                options.UrlPrefixes.Add("http://localhost:5000");
               })

       .UseStartup<Startup>()
       .Build();

   host.Run();
  }
 }
}
```

Wenn Sie sowohl `UseHttpSys()` als auch `UseKestrel()` aufrufen, kommt es nicht zum Fehler. Es gewinnt der letzte Aufruf. Ein Hosting in zwei Webservern parallel ist in einem Prozess nicht möglich.

KAPITEL 10

ASP.NET Core MVC und Razor Pages

Das klassische ASP.NET war immer schon ein Oberbegriff für zahlreiche Anwendungsmodelle: Webforms, Dynamic Data, Model View Controller (MVC), Web API und Web Pages – mit verschiedenen Vor- und Nachteilen.

Auch in ASP.NET Core gibt es mehrere Anwendungsmodelle:

- POCO-Controller (wird in diesem Kapitel behandelt)
- Model View Controller (MVC)-Framework (wird in diesem Kapitel behandelt)
- Razor Pages (wird in diesem Kapitel behandelt)
- Web API (ein Sonderfall des Model View Controller Framework, wird in Kapitel 12 + 13 behandelt)
- SignalR (wird in Kapitel 14 behandelt)

Während MVC und Razor Pages zum Server Side Rendering gehören, dienen Web API und SignalR dem Client Side Rendering. POCO-Controller können für beides verwendet werden.

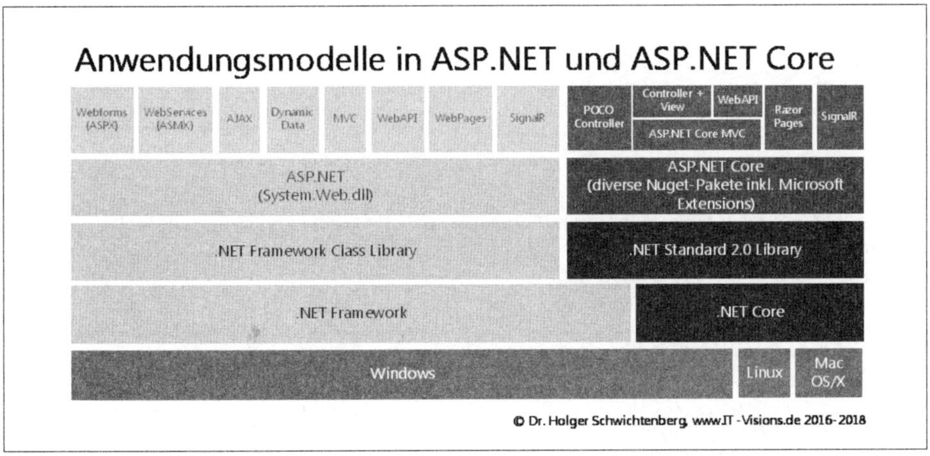

Abbildung 10-1: Anwendungsmodelle

POCO-Controller

Neu in ASP.NET Core sind sogenannte POCO-Controller. Dies sind .NET-Klassen, die nicht von einer Basisklasse ableiten und ebenfalls nicht auf eine View-Datei (*.cshtml*) verweisen, sondern direkt eine Zeichenkette für die Ausgabe liefern (siehe Listing 10-1).

Eine Aktion in einem POCO-Controller ist eine Methode, die einen primitiven Datentyp oder ein `ActionResult`-Objekt (zum Beispiel `ContentResult`) zurückliefert. Nur für den letzteren Fall wird der Namensraum `Microsoft.AspNetCore.Mvc` benötigt.

Listing 10-1: Ein POCO-Controller in ASP.NET Core

```
using System;
using Microsoft.AspNetCore.Mvc;

namespace ASPNET.Controllers
{
 public class POCOController
 {
  //   // Aufruf = Standardroute: http://localhost:12345/poco/index
  public string Index()
  {
   return System.DateTime.Now + ": Hello World!";
  }

  //   // Aufruf = Standardroute: http://localhost:12345/poco/Wochentag
  public int Wochentag()
  {
   return (int)System.DateTime.Now.DayOfWeek;
  }

  //   // Aufruf = Standardroute: http://localhost:12345/poco/hallo?name=Holger
  public ActionResult Hallo(string name)
  {
   return new ContentResult()
   {
    ContentType = "text/html",
    Content = "<html><body><h2>Hallo " + name
    + "</h2></body></html>"
   };
  }

  // http://localhost:12345/hallowelt2 und http://localhost:12345/hallo/welt/2
  [Route("Datum")]
  [Route("/Datum/Get")]
  public ActionResult HTMLIndex2()
  {
   return new ContentResult()
   {
    ContentType = "text/html",
    Content = "<html><body>"
    + "<h2>Hallo Welt 3!</h2>"
    + DateTime.Now
```

```
      + "</body></html>"
    };
  }
 }
}
```

Controller und View

Zum Verweis auf eine View muss die Controller-Klasse jedoch von `Microsoft.AspNetCore.Mvc.Controller` erben und ein `View`-Objekt (gegebenenfalls mit Dateninhalt) liefern (siehe Listing 10-2). Eine Controller-Methode kann auch andere Rückgabetypen, die die Schnittstelle `IActionResult` realisieren, liefern.

Folgende Klasse realisieren `IActionResult` (*docs.microsoft.com/en-us/dotnet/api/microsoft.aspnetcore.mvc.actionresult*):

- `Microsoft.AspNetCore.Mvc.ChallengeResult`
- `Microsoft.AspNetCore.Mvc.ContentResult`
- `Microsoft.AspNetCore.Mvc.EmptyResult`
- `Microsoft.AspNetCore.Mvc.FileResult`
- `Microsoft.AspNetCore.Mvc.ForbidResult`
- `Microsoft.AspNetCore.Mvc.JsonResult`
- `Microsoft.AspNetCore.Mvc.LocalRedirectResult`
- `Microsoft.AspNetCore.Mvc.ObjectResult`
- `Microsoft.AspNetCore.Mvc.PartialViewResult`
- `Microsoft.AspNetCore.Mvc.RedirectResult`
- `Microsoft.AspNetCore.Mvc.RedirectToActionResult`
- `Microsoft.AspNetCore.Mvc.RedirectToPageResult`
- `Microsoft.AspNetCore.Mvc.RedirectToRouteResult`
- `Microsoft.AspNetCore.Mvc.SignInResult`
- `Microsoft.AspNetCore.Mvc.SignOutResult`
- `Microsoft.AspNetCore.Mvc.StatusCodeResult`
- `Microsoft.AspNetCore.Mvc.ViewComponentResult`
- `Microsoft.AspNetCore.Mvc.ViewResult`
- `Microsoft.AspNetCore.Mvc.RazorPages.PageResult`

Listing 10-2: Ein MVC-Controller, der auf eine View verweist

```
using Microsoft.AspNetCore.Mvc;

namespace ASPNETCore_NETCore.Controllers
{
 public class Autor
 {
  public int ID { get; set; }
  public string Name { get; set; }
 }

 public class AutorController : Controller
 {
```

```
  public IActionResult Index()
  {
   var daten = new Autor() { ID = 1, Name = "Holger Schwichtenberg" };
   return View(daten);
  }
 }
}
```

Listing 10-3 zeigt dazu passend die typisierte View (*.cshtml*-Datei) mit Razor-Syntax, das heißt mit `@model`-Direktive. Hier hat sich gegenüber dem klassischen ASP.NET MVC nichts geändert.

> Die alte, noch aus Zeiten der COM-basierten Active Server Pages (ASP) stammende Syntax mit Prozentzeichen (`<% Befehl %>`) unterstützt ASP.NET Core nicht mehr.

Listing 10-3: View zu obigem Controller

```
@model ASPNETCore_NETCore.Controllers.Autor

<html>
<body>
 <h3>Autor #@Model.ID: @Model.Name</h3>
 <img width="50" src="~/images/Foto_@(Model.Name.Replace(" ","")+".jpg")" />
</body>
</html>
```

Tag Helper

Tag Helper sind eine neue Möglichkeit der Wiederverwendung und Modularisierung in Webanwendungen.

Wie funktionieren Tag Helper?

ASP.NET Core unterstützt auch weiterhin die `@Html`-Hilfsfunktionen, wie Listing 10-4 zeigt.

Listing 10-4: Eingabemaske mit @Html-Hilfsfunktionen

```
<h2>Alte Variante mit HTML-Helper</h2>
@using (Html.BeginForm("EingabemaskeSpeichern1", "Home", FormMethod.Post))
{
 @Html.ValidationSummary("Fehler:")

 <div>
  Autor: @Html.TextBoxFor(x => x.Autor, new { @class = "form-control" })<br />
  Jahr: @Html.TextBoxFor(x => x.Jahr, new { @class = "form-control" })
@Html.ValidationMessageFor(x => x.Jahr, "", new { @class="text-danger" } )<br />
  Version: @Html.TextBoxFor(x => x.Version)<br />
  <button type="submit">Speichern</button>
 </div>
}
```

ASP.NET Core unterstützt aber auch einen eleganteren Weg, sogenannte Tag Helper. Tag Helper sind eigene Tags (wie zum Beispiel `<environment>` und `<cache>`) oder Erweiterungsattribute für bestehende Tags (wie zum Beispiel `asp-for`, `asp-controller`, `asp-action`), die serverseitig auf Standard-HTML-Tags umgesetzt werden.

In Listing 10-5 wird aus den Angaben bei `asp-controller` und `asp-action` der URL für die Einsendung des Formulars erzeugt, und `asp-for` sorgt für Datenbindung an ein Property aus dem Modell.

Listing 10-5: Einsatz von Tag Helper

```
<h2>Neue Variante mit Tag-Helper / POST</h2>
<form asp-action="EingabemaskeSpeichern2" asp-controller="Home" method="POST">
 <div>
  Autor: <input asp-for="Autor" class="form-control"/><br />
  Jahr: <input asp-for="Jahr" class="form-control" /><span asp-validation-for="Jahr"
class="text-danger"></span><br />
  Version: <input asp-for="Version" /><br />
  <button type="submit">Speichern</button>
 </div>
</form>

<h2>Neue Variante mit Tag-Helper / GET</h2>
<form asp-action="EingabemaskeSpeichern3" asp-controller="Home" method="GET">
 <div>
  Autor: <input asp-for="Autor" /><br />
  Jahr: <input asp-for="Jahr" /><br />
  Version: <input asp-for="Version" /><br />
  <button type="submit">Speichern</button>
 </div>
</form>
```

Eingebaute Tag Helper

Beispiele für weitere von Microsoft vordefinierte Tag Helper sind:

- `asp-append-version` für das `<img>`-Tag: Anhängen eines Hash-Werts an den URL einer Grafikdatei, der sich jedes Mal ändert, wenn sich die Datei ändert. So wird verhindert, dass der Benutzer wegen Caching im Browser nicht die aktuelle Datei sieht (Cache Busting). Anwendungsbeispiel:

  ```
  <img width="50" src="~/images/Foto_HolgerSchwichtenberg.jpg" asp-append-version="true" />
  ```

- `<cache>`: Zwischenspeicherung des Inhalts für die bei `expires-after` angegebene Zeitdauer. Anwendungsbeispiel:

  ```
  <cache expires-after="@TimeSpan.FromMinutes(10)">
     Zuletzt aktualisiert  @DateTime.Now.ToString().
    </cache>
  ```

- `<environment>`: Ausgabe nur, wenn eine der in Names genannten Umgebungen aktiv ist. Den Namen für die aktive Umgebung legt man in der Umgebungsvariablen *ASPNETCORE_ENVIRONMENT* fest. Mit diesem Tag Helper definiert Microsoft in der Standardlayoutvorlage in der Datei */Shared/*

_Layout.html, dass in den Umgebungen *Staging* und *Production* die Bootstrap-CSS-Datei im Standard aus dem Content Delivery Network (CDN) von Microsoft kommt. Anwendungsbeispiel:

```
<environment names="development">Entwicklungsumgebung!</environment>
<environment names="test1,test2">Testumgebung!</environment>
<environment names="produktion">Produktionsumgebung!</environment>
```

Es gibt weitere eingebaute Tag Helper in der Komponente *Microsoft.AspNetCore.Mvc.TagHelpers.dll*.

Damit die Tag Helper überhaupt nutzbar sind, müssen sie mit

```
@addTagHelper *, Microsoft.AspNetCore.Mvc.TagHelpers
```

eingebunden werden. Dies erledigt Microsoft freundlicherweise in der Projektvorlage *Web Application* schon in der Datei */Shared/_ViewImports.cshtml*, die automatisch für jede View geladen wird.

> Falls Sie die `@addTagHelper`-Deklaration vergessen, werden die Tag Helper 1 : 1 an den Browser weitergereicht, der diese natürlich nicht interpretieren kann und sie daher ignoriert. Die Webseite wird dann nicht die gewünschten Inhalte zeigen und/oder nicht auf Benutzereingabe reagieren.

Eigene Tag Helper

Natürlich kann der Softwareentwickler eigene Tag Helper schreiben. Dazu erstellt er eine öffentliche Klasse, die von *Microsoft.AspNetCore.Razor.TagHelpers.TagHelper* erbt. Der Name der Klasse sollte auf `TagHelper` enden. Der vordere Teil wird dann zum Tag-Namen, wobei Kebab Casing (alias Spinal Casing) Anwendung findet, das heißt:

- Aus der Klasse `AutorTagHelper` entsteht das Tag <autor>.
- Aus der Klasse `DateTimeTagHelper` entsteht das Tag <date-time/>.

Wenn man einen anderen Tag-Namen wünscht oder nicht ein eigenständiges Tag, sondern nur ein neues Attribut für ein bestehendes Tag definieren will, muss man die Annotation `[HtmlTargetElement]` verwenden.

Eine Tag-Helper-Klasse bietet öffentliche Properties an, die zu Tag-Attributen werden. Die Klasse überschreibt entweder die Methoden `Process()` oder `ProcessAsync()`. Diese Methoden erhalten über ein `TagHelperContext`-Objekt den aktuellen Elementnamen und Tag-Inhalt; sie geben über `TagHelperOutput` den aktualisierten Wert zurück.

Mit der Annotation `[RestrictChildren]` kann man festlegen, welche anderen Tags Inhalt eines Tag Helpers sein können.

Tag Helper nehmen eine ähnliche Rolle ein wie früher die Webserversteuerelemente in ASP.NET Webforms, sind aber in ihrer Implementierung wesentlich einfacher. Eine Entwurfszeitansicht gibt es hier nicht. Tag Helper können sich auch auf Standard-HTML-Tags beziehen und diese modifizieren.

Beispiel: Tag <autor>

Listing 10-6 zeigt das Beispiel des Tag Helpers <Autor>, das ein Autor-Objekt und eine Zahl (Size) als Attribute besitzt und daraus eine Ausgabe in einem HTML-Header-Tag (<h1>, <h2>, <h3> etc.) erzeugt.

Listing 10-6: Implementierung eines Tag Helpers für das eigene Tag <Autor>

```
using Microsoft.AspNetCore.Razor.TagHelpers;

namespace ITVisions
{
 /// <summary>
 /// Tag Helper
 /// Verwendung: <Autor autor="objekt" size="zahl 1 bis 5"></Autor>
 /// </summary>
 public class AutorTagHelper : Microsoft.AspNetCore.Razor.TagHelpers.TagHelper
 {
  /// <summary>
  /// Komplexes Objekt als Parameter
  /// </summary>
  public Autor Autor { get; set; }
  /// <summary>
  /// Zahl als Parameter
  /// </summary>
  public byte Size { get; set; }

  public override void Process(TagHelperContext context, TagHelperOutput output)
  {
   if (Size > 5) Size = 5;
   output.TagName = "h" + Size.ToString();
   output.Content.SetContent(
    $@"Autor #{Autor.ID}: {Autor.Name}");
   output.TagMode = TagMode.StartTagAndEndTag;
  }
 }
}
```

Somit kann man nun mit dem neuen Tag Helper anstelle von

```
<h3>Autor #@Model.ID: @Model.Name</h3>
```

die gekapselte Form verwenden:

```
<Autor size="3" autor="Model"></Autor>
```

sofern man vorher das Tag mit `@addTagHelper "ITVisions.AutorTagHelper, ITV TagHelper"` eingebunden hat, wobei der erste Parameter der Klassenname und der zweite Parameter der Assemblyname ist. Anstelle des Klassennamens kann man auch mit * alle Tag Helper einer Assembly einbinden.

Beispiel: Tag <row>

Den Umgang mit Twitter Bootstrap kann man mit Tag Helper vereinfachen, zumindest in Fällen, in denen nur eine CSS-Klasse angewendet werden soll. Die Downloads zu diesem Buch enthalten die Implementierung aller Bootstrap-Spaltenlayout-Klassen als Tag Helper. Nachfolgend wird nur ein kleiner Ausschnitt davon wiedergegeben.

Mit diesen Tag Helpern kann man statt

```
Bootstrap-Layout klassisch
<div class="row">
 <span class="col-xs-6" style="background-color:green">Spalte 1</span>
 <span class="col-xs-3" style="background-color:yellow">Spalte 2</span>
 <span class="col-xs-3" style="background-color:blue">Spalte 3</span>
</div>
```

nun deutlich prägnanter schreiben:

```
Bootstrap-Layout mit Tag Helpern
<row>
 <xs6 style="background-color:green">Spalte 1</xs6>
 <xs3 style="background-color:yellow">Spalte 2</xs3>
 <xs3 style="background-color:blue">Spalte 3</xs3>
</row>
```

Listing 10-7: Bootstrap Tag Helper für <row>

```
using Microsoft.AspNetCore.Razor.TagHelpers;
namespace ITVisions
{
 [RestrictChildren(
  "xs", "xs1", "xs2", "xs3", "xs4", "xs5", "xs6", "xs7","xs8", "xs9", "xs10", "xs11", "xs12",
  "sm", "sm1", "sm2", "sm3", "sm4", "sm5", "sm6", "sm7", "sm8", "sm9", "sm10", "sm11", "sm12",
  "md", "md1", "md2", "md3", "md4", "md5", "md6", "md7", "md8", "md9", "md10", "md11", "md12",
  "lg", "lg1", "lg2", "lg3", "lg4", "lg5", "lg6", "lg7", "lg8", "lg9", "lg10", "lg11", "lg12")]
 public class RowTagHelper : TagHelper
 {
  public override void Process(TagHelperContext context, TagHelperOutput output)
  {
   output.TagName = "div";
   output.Attributes.Add("class", "row");
  }
 }
}
```

Listing 10-8: Bootstrap Tag Helper für <xs> (Ausschnitt)

```
using Microsoft.AspNetCore.Razor.TagHelpers;
using Microsoft.AspNetCore.Razor.TagHelpers;

namespace ITVisions
{

 public class XSTagHelper : TagHelper
 {
  public XSTagHelper(int size)
  {
   this.Size = size;
  }

  public int Size { get; set; }
  public override void Process(TagHelperContext context, TagHelperOutput output)
  {
   output.TagName = "div";
   output.Attributes.Add("class", "col-xs-" + Size);
  }
 }

 public class XS1TagHelper : TagHelper
 {
  public override void Process(TagHelperContext context, TagHelperOutput output)
  {
   output.TagName = "div";
   output.Attributes.Add("class", "col-xs-1");
  }
 }

 public class XS2TagHelper : TagHelper
 {
  public override void Process(TagHelperContext context, TagHelperOutput output)
  {
   output.TagName = "div";
   output.Attributes.Add("class", "col-xs-2");
  }
 }

 public class XS3TagHelper : TagHelper
 {
  public override void Process(TagHelperContext context, TagHelperOutput output)
  {
   output.TagName = "div";
   output.Attributes.Add("class", "col-xs-3");
  }
 }
...
}
```

Beispiel: Tag <condition>

Der folgende Tag Helper zeigt, wie man mit einem eigenen Tag Helper-Attribut, das sich in jedes beliebige Attribut einbauen lässt, leicht Inhalte beim Rendern unterdrücken kann.

> Alle `TagHelper`-Parameter, die nicht vom Typ `string` sind, werden beim Aufruf als Ausdrücke behandelt – auch ohne Razor-Syntax mit @!

Listing 10-9: Tag Helper-Attribut condition

```
using System;
using System.Collections.Generic;
using System.Linq;
using System.Threading.Tasks;
using Microsoft.AspNetCore.Razor.Runtime.TagHelpers;
using Microsoft.AspNetCore.Razor.TagHelpers;

namespace ITVisions
{
 [HtmlTargetElement(Attributes = nameof(Condition))]
 public class ConditionTagHelper : TagHelper
 {
  public bool Condition { get; set; }

  public override void Process(TagHelperContext context, TagHelperOutput output)
  {
   if (!Condition)
   {
    output.SuppressOutput();
   }

  }
 }
}
```

Ein Einsatzbeispiel:

```
<p condition="(DateTime.Now.Second % 2 == 0)">
Die Sekunde ist gerade @DateTime.Now</p>
<p condition="(DateTime.Now.Second % 2 == 1)">
Die Sekunde ist ungerade @DateTime.Now</p>
```

Beispiel: Tag <repeater>

Mit Tag Helpern kann man auch das Repeater-Steuerelement aus ASP.NET Webforms nachbauen. Der Trick ist hier, dass man `ProcessAsync()` verwendet, was erlaubt, dass man beliebige Inhalte im Tag wieder rendert mit `GetChildContentAsync()`. Auch Tag Helper können wieder enthalten sein.

Listing 10-10: Tag Helper <repeater>

```
using Microsoft.AspNetCore.Razor.TagHelpers;
using System.Threading.Tasks;

namespace ITVisions
{
 /// <summary>
 /// x-mal Wiederholung des Kind-Inhaltes
 /// </summary>
 public class RepeaterTagHelper : TagHelper
 {
  public int Count { get; set; }

  public override async Task ProcessAsync(TagHelperContext context, TagHelperOutput
output)
  {
   output.TagName = null;
   for (int i = 0; i <= Count; i++)
   {
    var e = await output.GetChildContentAsync(useCachedResult: false);
    output.Content.AppendHtml(e.GetContent());
   }
  }
 }
}
```

Für das folgende Beispiel kommen zudem die beiden Tag-Helper-Attribute fett und kursiv zum Einsatz.

Listing 10-11: Tag-Helper-Attribute für fett und kursiv

```
using Microsoft.AspNetCore.Razor.TagHelpers;

namespace ITVisions
{
 [HtmlTargetElement(Attributes = "fett")]
 public class FettTagHelper : Microsoft.AspNetCore.Razor.TagHelpers.TagHelper
 {
  public override void Process(TagHelperContext context, TagHelperOutput output)
  {
   output.Attributes.RemoveAll("fett");
   output.Attributes.Add("style","font-weight:bold");
   //oder:
   //output.PreContent.SetHtmlContent("<strong>");
   //output.PostContent.SetHtmlContent("</strong>");

  }
 }

 [HtmlTargetElement(Attributes = "kursiv")]
 public class Italic : Microsoft.AspNetCore.Razor.TagHelpers.TagHelper
 {
  public override void Process(TagHelperContext context, TagHelperOutput output)
  {
   output.Attributes.RemoveAll("kursiv");
   output.Attributes.Add("style", "font-style:italic");
   //oder:
```

```
      //output.PreContent.SetHtmlContent("<i>");
      //output.PostContent.SetHtmlContent("</i>");
    }
  }
}
```

Den Einsatz dieses Tag Helpers mit untergeordneten Tag Helpern zeigt das folgende Fragment. Die geraden Jahre sind fett gedruckt, die ungeraden kursiv.

```
<p>Repeater:</p>
@{
 int jahr = DateTime.Now.Year;
}
<ul>
 <repeater count="5">
  @if (jahr % 2 == 0)
  {
   <li fett>Jahr @(jahr++) </li>
  }
  else
  {
   <li kursiv>Jahr @(jahr++) </li>
  }
 </repeater>
 </ul>
```

View Components

Ein weiteres, in ASP.NET Core hinzugefügtes Instrument für die Modularisierung von Webseiten sind View Components. View Components erzeugen nur einen Teil einer anderen View und können eingesetzt werden, um in mehreren Views gleiche oder ähnliche Inhalte zu erzeugen, zum Beispiel eine Statusanzeige oder einen Anmeldedialog. Ähnliches konnte man bisher mit Partial Views erreichen. Partial Views verwendet aber immer den Controller der aufrufenden View. View Components jedoch haben einen eigenen Controller, was die Unabhängigkeit erhöht.

Listing 10-12 zeigt einen Controller für eine View Component und Listing 10-13 eine der zugehörigen Views. Der Controller der View Component besitzt eine Methode `InvokeAsync()`, die alle Arbeit verrichtet. Wenn kein Name bei der View angegeben wird, wird die View in der Datei */Views/Shared/Components/Komponentenname/Default.cshtml* gesucht, in diesem Fall also */Views/Shared/Components/FlugTabelle/Default.cshtml*.

Eine andere View mit Namen *NichtGefunden.cshtml* ruft der Controller auf, wenn keine Flüge von dem gewählten Abflugort gefunden wurden. Durch den Rückgabewert `return View("KeineGefunden", liste)` wird die Datei */Views/Shared/Components/FlugTabelle/KeineGefunden.cshtml* aufgerufen.

Das Einbetten des so gerenderten Fragments in einer View erfolgt mit

```
 @await Component.InvokeAsync("FlugTabelle", new { Ort = "Essen/
Mülheim", Anzahl = 10 }).
```

Seit ASP.NET Core 1.1 kann dies auch schöner per Tag Helper ausgedrückt werden:

```
<vc:flug-tabelle ort="Essen/Mülheim" anzahl="10">
</vc:flug-tabelle>
```

Die View ruft selbst wieder eine weitere View Component mit Namen `FlugDetails` auf.

Listing 10-12: Controller für die View Component Flugtabelle

```
using EFCore_Kontext;
using Microsoft.AspNetCore.Mvc;
using Microsoft.EntityFrameworkCore;
using System;
using System.Diagnostics;
using System.Linq;
using System.Threading.Tasks;

namespace ITVisions.Components
{
 [ViewComponent(Name = "FlugTabelle")]
 public class FlugTabelleController : ViewComponent
 {
  WWWingsContext ctx = new WWWingsContext();
  public FlugTabelleController()
  {
   Debug.WriteLine("FlugTabelleViewComponent instanziiert: Kontextinstanz #" +
ctx.ID);
  }

  public async Task<IViewComponentResult> InvokeAsync(string Ort, int Anzahl, int
Jahr)
  {
   // Ort merken für die View
   ViewBag.Ort = Ort;

   // Datenbankabfrage
   var q = ctx.Flug
   .Where(f => f.FreiePlaetze > 0);

   if (!String.IsNullOrEmpty(Ort)) q = q.Where(f => f.Abflugort == Ort || f.Zielort ==
Ort);
   if (Jahr >0) q = q.Where(f => f.Datum.Year == Jahr);
   if (Anzahl > 0) q = q.Take(Anzahl);

   var listeAsync = q.OrderBy(x=>x.Datum).ToListAsync();

   // Daten asynchron abrufen
   var liste = await listeAsync;

   // fallweise eine der beiden Views aufrufen
   if (liste.Count == 0) return View("KeineGefunden", liste);
   return View(liste);
  }
 }
}
```

Listing 10-13: View für die View Component Flugtabelle

```
@model System.Collections.Generic.List<EFC_GO.Flug>
@using System.Globalization

<div class="row">
 <div class="col-md-4">
  <strong>Anzahl Flüge von oder nach @ViewBag.Ort: @Model.Count</strong>
 </div>
</div>
<hr style="margin: 7px 0px;" />
@foreach (EFC_GO.Flug f in Model)
{

 // Alternative 1: Rendern hier
 @*<div class="row">
  <span class="col-xs-2">@f.FlugNr</span>
  <span class="col-xs-4">@f.Abflugort</span>
  <span class="col-xs-4">@f.Zielort</span>
  <span class="col-xs-2">@f.Datum.ToString("d", new CultureInfo("de-DE"))</span>

 </div>*@

 //Alternative 2: Weitere View Component, Übergabe nur ID
@* @await Component.InvokeAsync("FlugDetails", new { FlugNr = f.FlugNr })*@

 //Alternative 3: Weitere View Component, Übergabe Objekt (Besser, weil das Objekt
nicht mehr erneut geladen werden muss!):
@await Component.InvokeAsync("FlugDetails", new { Flug = f })
}
```

Razor Pages

Die Razor Pages sind der Nachfolger von MVC in der Welt von ASP.NET Core. Auch wenn MVC weiterhin parallel unterstützt wird, hat Microsoft die Razor Pages zum neuen bevorzugten Anwendungsmodell erklärt.

Sicherlich wird es wieder einige Entwickler geben, die jetzt unzufrieden sind zu hören, dass Microsoft ein neues favorisiertes Modell für das Server Side Rendering hat. Dieses Kapitel wird aufzeigen, dass die Razor Pages einige deutliche Vorteile gegenüber MVC hinsichtlich der Übersichtlichkeit und der Datenbindung haben. Dieses Modell hat aber auch noch Schwächen: `[TempData]` erlaubt keine komplexen Datentypen und funktioniert nicht zusammen mit `[BindingProperty]`. Wenn Microsoft das noch ändern würde, könnten wir uns beim Codieren von Razor Pages einige Programmzeilen sparen.

Denen, die nicht von Razor Pages überzeugt sein werden, sei jetzt schon gesagt, dass das MVC-Framework weiterhin in ASP.NET Core existiert, zumal es ja auch die Grundlage für die Web APIs in ASP.NET Core ist: Sowohl MVC als auch Web APIs verwenden die Basisklasse `Controller`. Daher ist keine Migration auf Razor Pages erforderlich. Ob und wann Microsoft MVC auslaufen lässt, weiß niemand. Grundsätzlich nimmt die Anzahl der Webanwendungen mit serverseitigem Rendering immer mehr ab, und Kunden migrieren eher zu clientseitigem Rendering mit Angular, React, Aurelia, VueJS & Co.

Von Webforms über MVC zu Razor Pages

Die erste Dekade der Entwicklung in der .NET-Welt war beherrscht von den ASP.NET Webforms mit ihren mächtigen Websteuerelementen, die aber oft schwerfällig waren und dem Entwickler einen Teil der Kontrolle über die HTML-Ausgabe entzogen. 2009 führte Microsoft das Model-View-Controller-Framework (MVC) ein, das keine Websteuerelemente mehr vorsah und die klare Kompetenztrennung in View (*.cshtml*-Datei) und Controller (*.cs*-Datei) brachte. Wieder acht Jahre später hat Microsoft in 2017 mit ASP.NET Core 2.0 abermals ein neues Modell mit dem Namen Razor Pages eingeführt.

Dabei ist der Name Razor Pages unglücklich gewählt. Der Autor dieses Kapitels stellte in den letzten Monaten in vielen Kundengesprächen immer wieder fest, dass der Name andere Assoziationen weckt: »Razor Pages machen wir schon seit vielen Jahren«, war immer wieder die Aussage. Damit meinen die Kunden, dass sie die Razor-Syntax (`@model`, `@Html`, `@{ ... }` etc.) in ASP.NET MVC verwenden. Mit »Razor Pages« meint Microsoft aber nicht Razor in ASP.NET MVC, sondern ein ganz neues Modell für den Seitenaufbau und den Seitenwechsel, das aber eben auch Razor-Syntax in der View verwendet.

Bevor dieses neue Modell vorgestellt wird, sei noch erwähnt, dass die Razor Pages für Microsoft das bevorzugte Modell sind. Das hörte man nicht nur auf der .NET Conf 2017 (*www.dotnetconf.net*), das sieht man auch, wenn man in Visual Studio ein neues Projekt anlegt (und dabei bemerkt, dass dort die Standardvorlage *Web Application* Razor Pages verwendet, während das alte MVC-Modell davon abgegrenzt ist, siehe Abbildung 10-2), und dass Microsoft Razor Pages bevorzugt, fällt auch auf, wenn man in die Roadmap für ASP.NET Core 2.1 (*blogs.msdn.microsoft.com/webdev/2018/02/02/asp-net-core-2-1-roadmap*) schaut und bemerkt, wie viele neue Features es dort für Razor Pages und wie wenige neue Features es für MVC gibt. Auch in der Dokumentation (*https://docs.microsoft.com/en-us/aspnet/core/mvc/razor-pages/?tabs=visual-studio*) steht *Razor Pages* im Menübaum vor *Views* und *Controllers*.

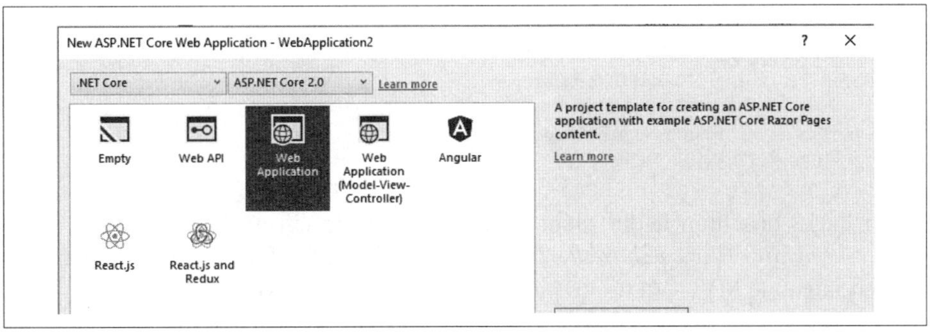

Abbildung 10-2: Beim Anlegen einer Web Application *für ASP.NET Core 2.0 in Visual Studio 2017 sind nun die* Razor Pages *der neue Standard.*

Bei der Verwendung des Kommandozeilenwerkzeugs *dotnet* beziehungsweise *dotnet.exe* erstellt man ein auf Razor Pages basierendes Projekt mit *dotnet new -t razor* und ein auf MVC basierendes Projekt mit *dotnet new -t mvc*. MVC und Razor Pages können aber auch in einem Projekt koexistieren, das heißt, der Entwickler kann manuell jeweils die benötigten Pakete und Verzeichnisstrukturen ergänzen.

Razor Pages versus MVC

Die Abbildung 10-3 zeigt den Vergleich zwischen MVC und Razor Pages im Schaubild. Razor Pages sind .cshtml-Dateien mit Razor-Syntax, die Startdeklaration ist `@page`. Der Standardordner für die Razor Pages in einem ASP.NET-Core-Webprojekt ist der Ordner */Pages*. Anders als MVC gibt es hier aber keinen Controller. Es kann (es muss aber nicht) eine Page Model-Klasse zu einer Razor Page geben. In Visual Studio erhält man auf dem */Pages*-Ordner die Funktion *Add Razor Page* mit der Auswahl zwischen einer einfachen Razor Page und einer, die Entity Framework Core verwendet.

Eine Razor Page ohne Page Model kann beliebig viel Programmcode enthalten. Dies ist aber nur etwas für Liebhaber der Verstrickung zwischen Programmcode und HTML, wie man es aus PHP kennt. Die meisten Entwickler werden eine getrennte Code-Datei bevorzugen. Auf die dort realisierte Klasse verweist der Entwickler mit der `@model`-Direktive. Danach folgen weitere Deklarationen wie bei MVC, zum Beispiel

- Verweis auf Layout-Seite (Masterpage)
- Setzen von Werten für die Layoutseite, zum Beispiel Titel
- Einbinden der Standard-Tag-Helper von ASP.NET Core
- Einbinden eigener Tag Helper

Das folgende Code-Fragment zeigt ein typisches Beispiel für den Beginn einer Razor Page-View:

```
@page
@model Miraclelist_WebAPI.Pages.ClientIDModel
@{
 Layout = "~/Views/Shared/_Layout.cshtml";
 ViewData["Title"] = "ClientID beantragen";
}
@addTagHelper *,Microsoft.AspNetCore.Mvc.TagHelpers
@addTagHelper *,ITVisionsTagHelper
```

Razor Pages beachten leider nicht globale Deklarationen in */Views/Shared/_ViewStart.cshtml* und */Views/Shared/_ViewImports.cshtml*. Sie können aber die gleiche Layoutdatei wie MVC-Views im gleichen Webprojekt verwenden.

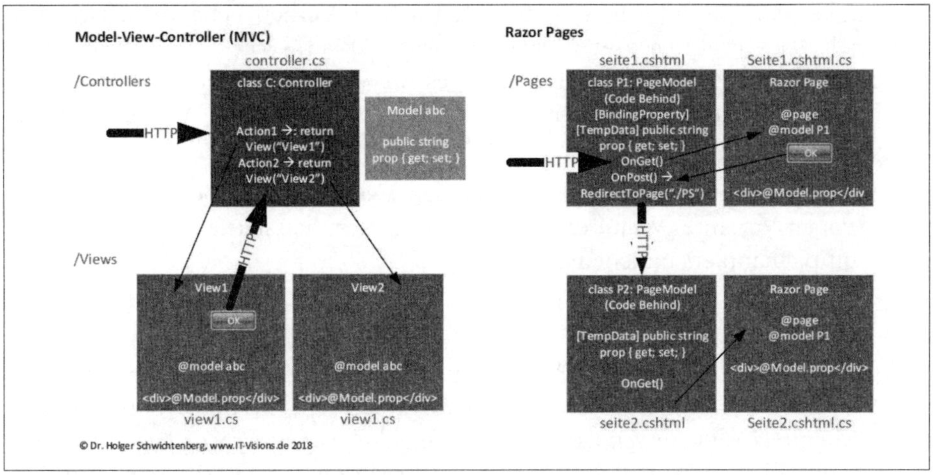

Abbildung 10-3: Seitenaufbau und Seitenwechsel in MVC und Razor Pages

Wichtig ist, dass Routen nicht doppelt belegt werden. Wenn Routen ambivalent sind, gewinnt die Razor Page.

Beispiel: Es gibt einen Controller *ClientID.cs* mit einer Action-Methode `Index()` und einer View */Views/ClientID/Index*. Diese View wird gezeigt, wenn man *http://servername/clientid* aufruft. Wenn man nun aber auch eine Razor Page */Pages/ClientID.cshtml* anlegt, reagiert diese ebenso auf die Route *http://servername/clientid*. Die obige View ist dann nicht mehr auf dieser Route erreichbar.

Page Model als Code-Behind

Das Page Model ist eine Klasse, die von `Microsoft.AspNetCore.Mvc.RazorPages.PageModel` in der *Microsoft.AspNetCore.Mvc.RazorPages.dll* aus dem gleichnamigen Nuget-Paket (*www.nuget.org/packages/Microsoft.AspNetCore.Mvc.RazorPages*) erbt. Die Klassendatei heißt im Standard wie die View-Datei mit angehängtem *.cs*, also zur View *ClientID.cshtml* gibt es die Page Model-Klassendatei *ClientID.cshtml.cs*. Anders als der Controller beim MVC Framework liegt die Page Model-Klasse nicht in einem anderen Ordner, sondern im gleichen Ordner wie die View und wird von Visual Studio als Code-Behind-Datei eingerückt dargestellt (wie in Webforms!). Das verbessert den Überblick für den Entwickler erheblich. Es war in MVC immer lästig, zwischen Controller und View zu wechseln.

Die Page Model-Klasse kann Methoden realisieren, die bei eingehenden HTTP-Anfragen aufgerufen werden:

- Für eingehende HTTP-GET-Anfragen realisiert man die synchrone Methode `OnGet()` oder die asynchrone Methode `OnGetAsync()`. Diese Methode liefert nichts zurück (`void`).
- Für eingehende HTTP-POST-Anfragen realisiert man die synchrone Methode `OnPost()` oder die asynchrone Methode `OnPostAsync()`. Diese Methode muss ein Objekt, das die Schnittstelle `IActionResult` implementiert, zurückliefern.

- Analog dazu könnte man auch andere HTTP-Verben behandeln, zum Beispiel `OnDelete()/OnDeleteAsync()`, `OnPut()/OnPutAsync()` und `OnPatch()/OnPatchAsync()`, wenn man Razor Pages für Web APIs gebrauchen will, was hier aber nicht behandelt wird, weil dafür ASP.NET Core Web API mit der Controller-Basisklasse das flexiblere Modell ist.

Der Entwickler muss sich jeweils entscheiden zwischen der synchronen oder der asynchronen Variante. Wenn er beide implementiert, kassiert er den Laufzeitfehler »Multiple handlers matched«.

Es kann mehrere `OnGet()`- und `OnPost()`- beziehungsweise `OnGetAsync()`- und `OnPostAsync()`-Methoden (analog auch für andere HTTP-Verben) geben, wenn die Seite mit verschiedenen `handler`-Angaben im Querystring angesprungen wird, zum Beispiel `Seitenname?handler=NurNeue` Microsoft spricht in der Dokumentation *https://docs.microsoft.com/en-us/aspnet/core/mvc/razor-pages/razor-pages-conventi on-features* bei dem Wert nach `handler=` von »Message«. Die Message wird dem Methodennamen nachgestellt, das heißt, die `OnGetNurNeue()` behandelt Aufrufe der Seite, die per HTTP-GET auf den URL `/seitenname?handler=nurneue` erfolgen. Die Groß- und Kleinschreibung der Message im Querystring ist dabei irrelevant. Beim Methodennamen muss aber zumindest der erste Buchstabe nach `OnGet` großgeschrieben sein.

Wenn es zu einer übergebenen Message »xyz« keine Methode `OnGetXyz()` gibt, wird `OnGet()` aufgerufen. Wenn es auch kein `OnGet()` gibt, wird kein Programmcode aufgerufen; diese Situation stellt also keinen Fehler dar.

Für gegebene Handler `OnGet()`, `OnGetAlle()`, `OnGetNurNeue()` und `OnGetNuralte()` (letztere Methode bewusst mit inkonsistenter Schreibweise), sieht man im folgenden Code-Fragment, welche Methode jeweils aufgerufen wird:

```
<a href="Seitenname">keine</a>: OnGet()<br />
<a href="Seitenname?handler=Alle">Alle</a>: OnGetAlle()<br />
<a href="Seitenname?handler=NurNeue">Nurneue</a>: OnGetNurNeue()<br />
<a href="Seitenname?handler=NurAlte">NurAlte</a>: OnGetNurAlte()<br />
<a href="Seitenname?handler=NichtDa">NichtDa</a>: OnGet()<br />
```

Analog funktioniert es mit `OnPost()`, was hier später noch behandelt wird.

URL-Parameter

Die `OnGet()`- und `OnPost()`-Methoden können auch Parameter besitzen, zum Beispiel:

```
public void OnGet(int? id)
```

Diese Methode empfängt den Parameter aus `id` aus dem Querystring

http://server/seitenname?id=123

Wenn kein Parameter übergeben wurde und der Parameter ist nullable, dann wird null übergeben. Wenn der Parameter nicht nullable ist, wird der Standardwert des jeweiligen Datentyps (zum Beispiel die Zahl 0 bei int) übergeben.

Wird der Parameter zusätzlich auch noch in der @page-Direktive deklariert mit

```
@page "{id:int}"
```

dann legt dies eine ASP.NET-Core-Route fest, und es gelten andere Regeln: Der Aufruf der Seite kann nun nicht mehr mit *http://server/seitenname?id=123*, sondern nur noch mit *http://server/seitenname/123* erfolgen. Das Weglassen des Parameters führt zu einem Fehler 404, auch wenn der Parameter nullable ist. Soll der Parameter weiterhin optional sein, muss mit dem Fragezeichen deklariert werden:

```
@page "{id:int?}"
```

Dann funktioniert auch wieder die ID im Querystring. Tabelle 10-1 stellt diese Fälle übersichtlich dar.

Tabelle 10-1: Komplexe Fallunterscheidung beim Routing und Parameterbindung bei ASP.NET Core Razor Pages

Methodensignatur	Seitendirektive	Aufruf *http://server/seitenname*	Aufruf *http://server/seitenname?Id=123*	Aufruf *http://server/seitenname/123*
`public void OnGet(int id)`	`@page`	OK (ID = 0)	OK	HTTP-Fehler 404
`public void OnGet(int? id)`	`@page`	OK (ID = null)	OK	HTTP-Fehler 404
`public void OnGet(int id)`	`@page "{id:int}"`	HTTP-Fehler 404	HTTP-Fehler 404	OK
`public void OnGet(int? id)`	`@page "{id:int}"`	HTTP-Fehler 404	HTTP-Fehler 404	OK
`public void OnGet(int id)`	`@page "{id:int?}"`	OK (ID = 0)	OK	OK
`public void OnGet(int? id)`	`@page "{id:int?}"`	OK (ID = null)	OK	OK

Ein Hyperlink auf eine Razor-Page, die den Parameter in der @page-Direktive deklariert, kann mit folgendem ASP.NET-Core-Tag Helper erzeugt werden:

```
<a asp-page="./seitenname" asp-route-id="@wert">Aktion</a>
```

Hier entsteht das HTML-Tag:

```
<a href="http://server/seitenname/123">Aktion</a>
```

Eingebaute Objekte

Innerhalb der Page Model-Klassenmethoden hat man über die Basisklasse `PageModel` Zugriff auf die von ASP.NET Core bereitgestellten Objekte, die die Daten aus der Anfrage enthalten und Informationen über den Webserver liefern:

- `ClaimsPrincipal User`
- `ModelStateDictionary ModelState`
- `RouteData RouteData`
- `HttpResponse Response`
- `HttpRequest Request`
- `HttpContext HttpContext`
- `PageContext PageContext`
- `IUrlHelper Url`

Allerdings fehlt hier in ASP.NET Core ein Serverobjekt, das im klassischen ASP.NET die Methode `MapPath()` bereitgestellt hat. Dies muss man in ASP.NET Core über ein `HostingEnvironment`-Objekt erledigen, das man sich im Konstruktor der Klasse als Implementierung der Schnittstelle `IHostingEnvironment` injizieren lassen muss.

Zudem stellt die Basisklasse zahlreiche Antwortmöglichkeiten für `OnPost()` beziehungsweise `OnPostAsync()` bereit, zum Beispiel:

- `ContentResult Content(string content, string contentType)`
- `FileStreamResult File(Stream fileStream, string contentType, string fileDownloadName)`
- `ForbidResult Forbid(AuthenticationProperties properties, params string[] authenticationSchemes)`
- `LocalRedirectResult LocalRedirectPreserveMethod(string localUrl)`
- `NotFoundObjectResult NotFound(object value)`
- `NotFoundResult NotFound()`
- `PageResult Page()`
- `PhysicalFileResult PhysicalFile(string physicalPath, string contentType, string fileDownloadName)`
- `RedirectResult Redirect(string url)`
- `RedirectResult RedirectPermanent(string url)`
- `RedirectToActionResult RedirectToAction(string actionName, object routeValues)`
- `RedirectToPageResult RedirectToPage()`
- `RedirectToRouteResult RedirectToRoute(string routeName, object routeValues, string fragment)`
- `SignInResult SignIn(ClaimsPrincipal principal, string authenticationScheme)`
- `UnauthorizedResult Unauthorized()`
- `VirtualFileResult File(string virtualPath, string contentType)`

Datenbindung

Während der Datenaustausch zwischen Controller und View in MVC-Framework über das bei `return View(obj)` übergebene Objekt oder das dynamische `ViewBag`-Objekt (`ViewBag.xy = 123`) läuft, findet der Datenaustausch in Razor Pages über Properties der Page Model-Klasse statt. Für eine Einweg-Datenbindung von Page Model-Klasse zur View reicht ein einfaches öffentliches Property (siehe Properties `bool DownloadAnbieten` und `List<SelectListItem> ClientArten` in Listing 10-15). Für eine Zweiwege-Datenbindung von Formularfeldern der View zurück zum Property muss man dieses mit `[BindingProperty]` annotieren (siehe Name, Firma, EMail etc. in Listing 10-15). In ASP.NET Core Version 2.1 soll es dann möglich sein, diese Annotation auch auf die Klasse zu setzen und damit alle Properties auf einmal für die Zweiwege-Bindung vorzusehen. Mit `[TempData]` annotiert man ein Property, dessen Wert von der vorhergehenden Seite übernommen werden soll. Leider kann man `[BindingProperty]` und `[TempData]` auf einem Property nicht verbinden; dies führt dazu, dass die Zweiwege-Bindung nicht mehr von der View zum Model funktioniert. Zudem gibt es bei `TempData` leider die Einschränkung, dass hier keine Klassen oder Strukturen, sondern nur primitive Datentypen übergeben werden dürfen. Bei diesem Versuch kommt es zum Fehler:

System.InvalidOperationException: The property xy with TempDataAttribute is invalid. A property using TempDataAttribute must be of primitive or string type.

Die View kann dann alle diese Properties mit `Model.PropertyName` ansprechen. Für die Zweiwege-Bindung spricht man die Properties in den Eingabesteuerelementen mit dem von Microsoft definierten Tag-Helper-Attribut `asp-for` an, zum Beispiel:

```
<input type="text" asp-for="Name" class="form-control" />
<input type="text" asp-for="EMail" class="form-control" />
<select asp-items="Model.ClientArten" asp-for="ClientArt" class="form-control"></select>
<input type="checkbox" asp-for="Einverstanden"/>
```

Dabei ist zu beachten, dass `asp-for` den Namen ohne das vorangestellte Model-Objekt möchte, während andere Tag Helper, wie zum Beispiel `asp-items` bei `<select>`, das die Auswahloptionen festlegt, das Model-Objekt vorangestellt benötigt. Zudem dürfen diese Eingabe-Tags kein `name`-Attribut mit einem Namen enthalten, der im Widerspruch zu dem Property-Namen steht, zum Beispiel:

```
<input name="OK" type="checkbox" asp-for="Einverstanden"/>
```

Dann funktioniert die Datenbindung nicht mehr. Der Tag Helper ergänzt selbstständig die benötigten HTML-Attribute:

```
<input type="checkbox" class="input-validation-error" data-val="true" data-val-
required="The Einverstanden field is required." id="Einverstanden"
name="Einverstanden" value="true">
```

Weiterhin ist zu beachten, dass Properties, die in der View nur zur Einweg-Datenbindung gebraucht und serverseitig initialisiert werden (zum Beispiel `Model.ClientArten` für die Darstellung der Optionen in dem Auswahlfeld), kein `[BindingPro` perty] bekommen; sonst erwartet ASP.NET Core im HTTP-POST-Request dafür Daten und initialisiert dieses Property mangels Daten mit null, das heißt, die serverseitig gesetzten Werte werden überschrieben (siehe Property `ClientArten` in Listing 10-15).

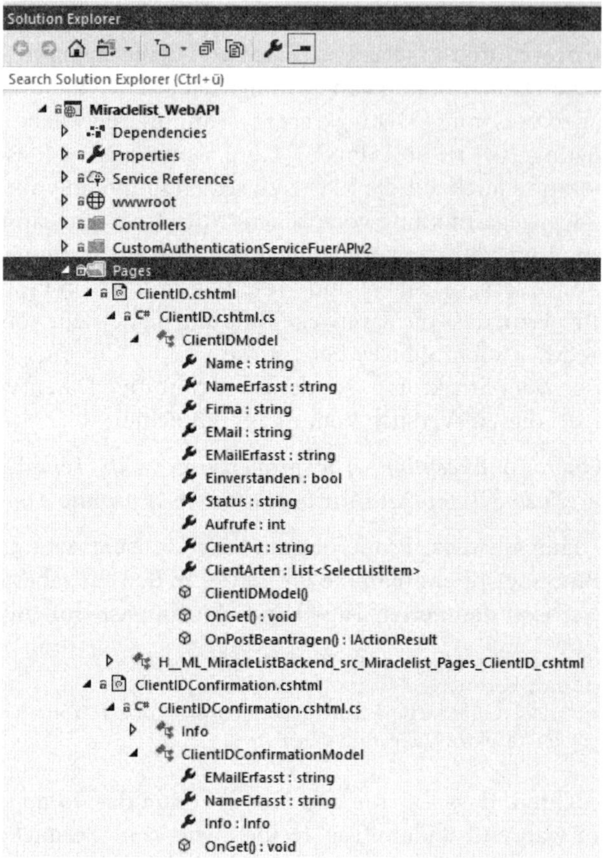

Abbildung 10-4: Razor Pages mit Page Model-Klassen

Praxisbeispiel zu Razor Pages

Als ein Praxisbeispiel soll hier das Registrierungsformular *http://miraclelistbackend.azurewebsites.net/client* entwickelt werden (siehe Abbildung 10-5). Die relevanten Ausschnitte aus der View zeigt Listing 10-14 und Ausschnitte aus der Page Model-Klasse sieht man in Listing 10-15.

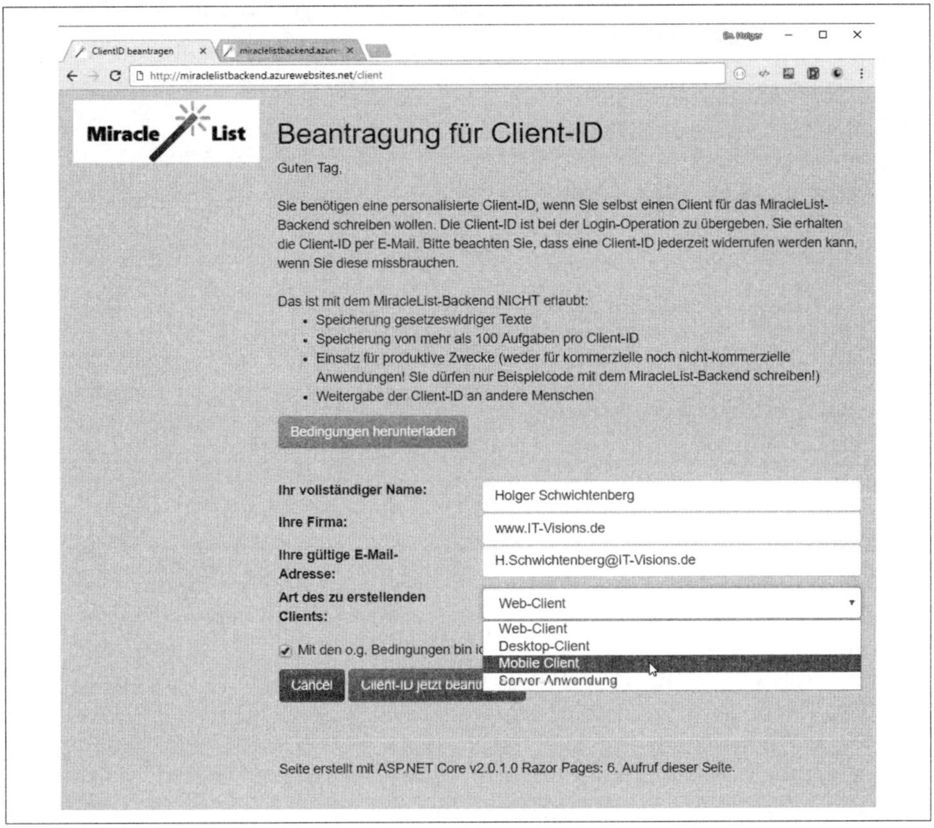

Abbildung 10-5: Dieses Registrierungsformular ist mit ASP.NET Core Razor Pages realisiert worden.

Listing 10-14: View zu Abbildung 10-5 (ClientID.cshtml)

```
@page
@model Miraclelist_WebAPI.Pages.ClientIDModel
@{
 Layout = "~/Views/Shared/_Layout.cshtml";
 ViewData["Title"] = "ClientID beantragen";
}
@addTagHelper *,Microsoft.AspNetCore.Mvc.TagHelpers
@addTagHelper *,ITVisionsTagHelper

<h2>Beantragung für Client-ID</h2>
<div>
 <div Condition="DateTime.Now.Hour >= 12 && DateTime.Now.Hour < 18  ">Guten Tag,</div>
 <div Condition="DateTime.Now.Hour >= 18 && DateTime.Now.Hour <= 23  ">Guten Abend,</div>
 <div Condition="DateTime.Now.Hour >= 0 && DateTime.Now.Hour < 12  ">Guten Morgen,</div>
 <br />

 ...

 @if (Model.DownloadAnbieten) {
  <form method="post">
```

```
    <input type="submit" class="btn btn-warning" value="Bedingungen herunterladen"
asp-page-handler="Download" />
    </form>
  }
</div>
<br />
<div>
  <form method="post">
    <row>
      <xs4>
        <label>
          Ihr vollständiger Name:
        </label>
      </xs4>
      <xs8>
        <input type="text" asp-for="Name" class="form-control" />
      </xs8>
    </row>
    <row>
      <xs4>
        <label>
          Ihre Firma:
        </label>
      </xs4>
      <xs8>
        <input asp-for="Firma" class="form-control" />
      </xs8>
    </row>
    <row>
      <xs4>
        <label> Ihre gültige E-Mail-Adresse: </label>
      </xs4>
      <xs8>
        <input type="text" asp-for="EMail" class="form-control" />
      </xs8>
    </row>
    <row>
      <xs4>
        <label>Art des zu erstellenden Clients:</label>
      </xs4>
      <xs8>
        <select asp-items="Model.ClientArten" asp-for="ClientArt" class="form-control"></
select>
      </xs8>
    </row>
    <row>
      <xs12>
        <div class="checkbox">
          <label>
            <input type="checkbox" asp-for="Einverstanden" style="width: 15px; height:
15px;" />
            Mit den o.g. Bedingungen bin ich einverstanden.
          </label>
        </div>
      </xs12>
    </row>
```

```
  <a class="btn btn-danger" href="./ClientID"> Cancel </a>
  <input type="submit" class="btn btn-success" value="Client-ID jetzt beantragen"
asp-page-handler="Beantragen" />
  <br /><br />
  @Html.ValidationSummary("", new { @class = "text-danger" })
  @*oder: <div asp-validation-summary="All" class="text-danger"></div>*@
 </form>
  <hr />
 Seite erstellt mit ASP.NET Core
v@(typeof(Microsoft.AspNetCore.WebHost).Assembly.GetName().Version.ToString()) Razor
Pages: @Model.Aufrufe<text>.</text> Aufruf dieser Seite.
```

Listing 10-15: Page Model zu Abbildung 10-5 (ClientID.cshtml.cs)

```
using System;
using System.Collections.Generic;
using BL;
using BO;
using ITVisions.AspNetCore; // Erweiterungsmethoden einbinden
using Microsoft.AspNetCore.Hosting;
using Microsoft.AspNetCore.Http;
using Microsoft.AspNetCore.Mvc;
using Microsoft.AspNetCore.Mvc.RazorPages;
using Microsoft.AspNetCore.Mvc.Rendering;

namespace Miraclelist_WebAPI.Pages
{
 public class ClientIDModel : PageModel
 {
  IHostingEnvironment env; // wird per DI injiziert
  public ClientIDModel(IHostingEnvironment env)
  {
   this.env = env;
  }

  #region Einfache Properties für Ein-Wege-Bindung
  // KEIN [BindProperty] für statische/read-only Daten, die der Browser nicht
zurücksendet
  public bool DownloadAnbieten
  {
   get
   {
    var webRoot = env.WebRootPath;
    var path = System.IO.Path.Combine(webRoot, "Download/Flyer.pdf");
    return System.IO.File.Exists(path);
   }
  }
  public int Aufrufe { get; set; }
  public List<SelectListItem> ClientArten { get; set; } = (new List<String>() { "Web-
Client", "Desktop-Client", "Mobile Client", "Server-Anwendung" }).ToSelectListItem();
  #endregion

  #region Properties für Zwei-Wege-Bindung
  [BindProperty]
  public string Name { get; set; }
  [BindProperty]
```

```
public string Firma { get; set; }
[BindProperty]
public string EMail { get; set; }
[BindProperty]
public bool Einverstanden { get; set; }
[BindProperty]
public string ClientArt { get; set; }
#endregion

#region Properties für Datenübergabe an Folgeseite
[TempData]
public string ClientIDModel_Result { get; set; }
#endregion

public void OnGet()
{
 // War der Benutzer schon mal hier? (will er mehrere Clients registrieren? Dann
zeige seine vorherigen Daten an)
  var client = HttpContext.Session.GetObject<Client>("Client");
  if (client != null)
  {
   this.EMail = client.EMail;
   this.Name = client.Name;
   this.Firma = client.Company;
  }

  // Aufrufzähler
  int aufrufe = 0;
  aufrufe = HttpContext.Session.GetInt32("aufrufe") ?? 0;
  HttpContext.Session.SetInt32("aufrufe", ++aufrufe);
  this.Aufrufe = aufrufe;
}

/// <summary>
/// Handler für Download-Schaltfläche
/// </summary>
public IActionResult OnPostDownload()
{
 var webRoot = env.WebRootPath;
 var path = System.IO.Path.Combine(webRoot, "Download/Flyer.pdf");
 return PhysicalFile(path, "application/pdf");
}

/// <summary>
/// Handler für Beantragen-Schaltfläche
/// </summary>
public IActionResult OnPostBeantragen()
{

 #region Validierung
  if (string.IsNullOrEmpty(Name)) this.ModelState.AddModelError(nameof(Name), "Name
darf nicht leer sein!");
  if (string.IsNullOrEmpty(Firma)) this.ModelState.AddModelError(nameof(Firma),
"Firma darf nicht leer sein!");
  if (string.IsNullOrEmpty(EMail)) this.ModelState.AddModelError(nameof(EMail),
"EMail darf nicht leer sein!");
```

```
  if (string.IsNullOrEmpty(ClientArt)) this.ModelState.AddModelError(nameof(EMail),
"ClientArt darf nicht leer sein!");
  if (this.Einverstanden != true)
this.ModelState.AddModelError(nameof(Einverstanden), "Sie müssen einverstanden
sein!");
  if (!new
System.ComponentModel.DataAnnotations.EmailAddressAttribute().IsValid(EMail))
this.ModelState.AddModelError(nameof(EMail), "EMail ungültig!");

  if (!this.ModelState.IsValid)
  {
   return Page();
  }
  #endregion

// Client via Geschäftslogik registrieren und E-Mail senden
// hier nicht abgedruckt!
...


  // oder serialisieren:
  var result = new ClientIDModelResult() { Name = this.Name, EMail = this.EMail };
  this.ClientIDModel_Result = JsonConvert.SerializeObject(result);

  // Folgeseite aufrufen
  return RedirectToPage("./ClientIDConfirmation");

 }


 public struct ClientIDModelResult
 {
  public string Name { get; set; }
  public string EMail { get; set; }
 }

}
}
```

Listing 10-15 zeigt die Deklaration der Properties für die Einweg-Datenbindung (`DownloadAnbieten`, `Aufrufe` und `ClientArten`), die Zweiwege-Datenbindung (`Name`, `Firma`, `Email`, `ClientArt`, `Einverstanden`) sowie für die Datenübergabe (`ClientIDModel_Result`). Es ist eine selbstgewählte Konvention des Autors dieses Kapitels, hier den Klassennamen voranzustellen; somit weiß man auf der Folgeseite, wo die Daten herkommen.

In `OnGet()` werden die Formularfelder *Name*, *EMail* und *Firma* schon gesetzt, wenn sie in einer Session-Variablen vorliegen. Auch Session-Variablen erlauben unter ASP.NET Core nur primitive Typen. `GetObject()` ist hier eine selbsterstellte Erweiterungsmethode, die das Objekt als JSON in eine Zeichenkette serialisiert. Zudem wird der Aufrufzähler hochgezählt.

`OnPostDownload()` behandelt Klicks auf die Schaltfläche *Bedingungen herunterladen*, die mit `asp-page-handler="Download"` angereichert ist.

```
<input type="submit" class="btn btn-warning" value="Bedingungen herunterladen" asp-
page-handler="Download" />
```

Dieser Tag Helper setzt in der HTML-Ausgabe das Attribut formaction und hängt dabei den Handlernamen an den URL an. Daran erkennt die Page Model-Klasse dann beim Postback, welche OnPost()-Handler-Methode auszuführen ist.

```
<input type="submit" class="btn btn-warning" value="Bedingungen herunterladen"
formaction="/ClientID?handler=Download">
```

Das Ergebnis von OnPostDownload() ist die Rückgabe einer Datei über die Rückgabetypmethode PhysicalFile().

Analog dazu behandelt OnPostBeantragen() die *Beantragen*-Schaltfläche. Hier erfolgt zunächst eine Validierung der gebundenen Properties (wie im MVC-Framework mit ModelState.AddModelError() und ModelState.IsValid()). Sind die übergebenen Daten nicht gültig, geht es mit return Page() zurück zur selben Seite, auf der wie in MVC per @Html.ValidationSummary("", new { @class = "text-danger" }) oder <div asp-validation-summary="All" asp-class="text-danger"></div> die Fehlerliste gezeigt wird. Falls die Validierung erfolgreich war, erfolgt via RedirectToPage("./ClientIDConfirmation") die Übergabe der weiteren Verarbeitung an die Page Model-Klasse ClientIDConfirmation. Der Client erhält damit den Statuscode 302 mit Umleitung auf den URL */ClientIDConfirmation* mit einem Cookie *AspNetCore.Mvc.CookieTempDataProvider*. Die serverseitige Datenübergabe zwischen den beiden Seiten erfolgt mithilfe der Struktur ClientIDModelResult, die in das mit [TempData] annotierte String-Property ClientIDModel_Result mit dem JSON-Serializer gepackt wird. In der Klasse ClientIDConfirmation (Listing 10-16) muss es dann ein gleichnamiges [TempData]-Property ClientIDModel_Result geben, das den JSON-String nach dem Seitenwechsel aufnimmt. Im Konstruktor von der Klasse ClientIDConfirmation wird die Zeichenkette dann deserialisiert.

Wenn man sich die Serialisierung und Deserialisierung sparen will, müsste man EMail und Name einzeln übergeben, das heißt, beide Page Model-Klassen brauchen entsprechend zwei mit [TempData] annotierte Properties:

```
[TempData]
public string ClientIDModel_EMail { get; set; }
[TempData]
public string ClientIDModel_Name { get; set; }
```

Und in OnPostBeantragen() müssen die Werte dorthin umkopiert werden:

```
// Übergabewerte einzeln setzen
this.ClientIDModel_EMail = this.EMail;
this.ClientIDModel_Name = this.Name;
```

Es wäre schöner, wenn Microsoft komplexe Datentypen in [TempData]-Properties erlauben würde.

*Listing 10-16: Page Model-Klasse für die Folgeseite (*ClientIDConfirmation.cshtml.cs*)*

```
using Microsoft.AspNetCore.Mvc;
using Microsoft.AspNetCore.Mvc.RazorPages;
using Newtonsoft.Json;

namespace Miraclelist_WebAPI.Pages
{
 public class ClientIDConfirmationModel : PageModel
 {
  [TempData]
  public string ClientIDModel_Result { get; set; }
  [BindProperty]
  public ClientIDModelResult ClientIDModelResult { get; set; }

  public void OnGet()
  {
   this.ClientIDModelResult =
JsonConvert.DeserializeObject<ClientIDModelResult>(this.ClientIDModel_Result);
  }
 }
}
```

In Razor-Page-Views sind alle Razor-Syntax-Elemente erlaubt; das erkennt man auch in der Dokumentation, dort ist im Menübaum sowohl */Razor Pages/Razor Syntax* als auch */Views/Razor Syntax* auf das gleiche HTML-Dokument (*https:// docs.microsoft.com/en-us/aspnet/core/mvc/views/razor*) verlinkt. Außerdem kann man ModelState, Validatoren, Tag Helper, View Components und Dependency Injection mit `@Inject` verwenden. Nicht erlaubt ist aber die Verwendung des aus dem MVC-Framework bekannten ViewBag. Bei den MVC-Filtern wirken die Filter `Authorization`, `Exception`, `Resource` und `Result`, nicht aber die `Action`-Filter. Stattdessen gibt es für Razor Pages die Schnittstelle `IPageFilter`.

Im View *ClientID.cshtml* sieht man noch einige Möglichkeiten:

- Hier werden selbstdefinierte Tag Helper wie `<row>`, `<xs4>`, `<xs8>` und `<xs12>` sowie das Tag-Helper-Attribut `condition` eingesetzt (der Quellcode dieser Tag Helper ist hier nicht abgedruckt).
- Eine Razor-Bedingung `@if` sieht man vor der *Download*-Schaltfläche.
- Die beiden Schaltflächen liegen jeweils in einem eigenen Formular; sie könnten auch in einem einzigen Formular koexistieren. Die Logik für die `OnPostXY()`-Handler wäre die gleiche.
- Am Ende der View sieht man, dass man auch beliebige .NET-Klassen direkt aufrufen kann (hier: `typeof(Microsoft.AspNetCore.WebHost).Assembly.GetName().Version.ToString()` zur Ermittlung der verwendeten Version von ASP.NET Core).

Drittanbieterkomponenten für ASP.NET Core

Viele Webentwickler setzen heute auch in ASP.NET MVC-Komponenten von Drittanbietern ein. Die großen Komponentenhersteller bieten mittlerweile Ihre Komponentensammlungen auch bereits für ASP.NET Core, zum Teil als Tag Helper, an.

Hersteller/Produkt	Link
Infragistics Ignite-UI	*www.igniteui.com/help/using-igniteui-controls-in-asp.net-core-1.0-project*
Telerik	*www.telerik.com/aspnet-core-ui*
DevExpress DevExreme	*www.devexpress.com/products/net/controls/asp/mvc-core.xml* *demos.devexpress.com/aspnetcore-bootstrap* *github.com/DevExpress/DevExtreme.AspNet.TagHelpers*
Syncfusion	*www.syncfusion.com/products/aspnetcore*
ASP.NET Core Mvc Controls Toolkit (kostenfrei)	*https://github.com/MvcControlsToolkit/Home*

Tabelle 10-2: Auswahl von Drittanbieter für ASP.NET core

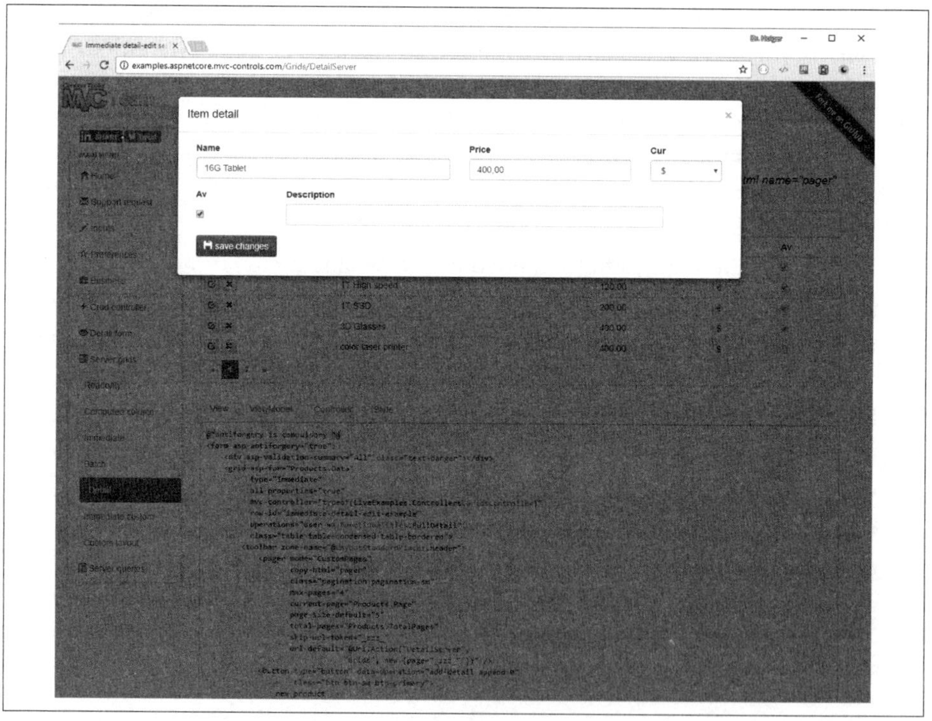

Abbildung 10-6: Kostenfreies Grid-Steuerelement mit Detailansicht im ASP.NET Core MVC Controls Toolkit (examples.aspnetcore.mvc-controls.com/Grids/DetailServer)

KAPITEL 11

ASP.NET-Core-Klassenbibliotheken

Die vielen Programmierschnittstellen des klassischen ASP.NET, die zum Großteil in der *System.Web.dll* steckten, verteilten sich in ASP.NET Core auf viele Assemblies in Nuget-Paketen. Einige der nachstehend genannten Funktionen sind aber auch neu, zum Beispiel Dependency Injection und Sessions in Redis, diese waren nicht vorgesehen im alten ASP.NET:

- Konfiguration (*Microsoft.Extensions.Configuration*)
- Dependency Injection (*Microsoft.Extensions.DependencyInjection*)
- Fehlerbehandlung (*Microsoft.AspNetCore.Diagnostics*)
- Protokollierung (*Microsoft.Extensions.Logging*)
- Mehrsprachigkeit (*Microsoft.AspNetCore.Localization* und *Microsoft.AspNetCore.Mvc.Localization*)
- Cookies (*Microsoft.AspNetCore.Http und System.Net.Primitives*)
- Sitzungen (*Microsoft.AspNetCore.Session*)
- URL Rewriting (*Microsoft.AspNetCore.Rewrite*)
- Caching (*Microsoft.Extensions.Caching*, einschließlich der Integration mit Redis im Paket *Microsoft.Extensions.Caching.Redis* und SQL Server *Microsoft.Extensions.Caching.SqlServer*)
- Cross Origin Resource Sharing (CORS, *Microsoft.AspNetCore.Cors*)
- Benutzerverwaltung (*Microsoft.AspNetCore.Identity*)
- Authentifizierung (*Microsoft.AspNetCore.Authentication*)
- Zugriffskontrolle (*Microsoft.AspNetCore.Authorization*)

Aus Platzgründen können in diesem Buch nur ausgewählte dieser neuen APIs mit ihren Kernfunktionen vorgestellt werden, Details finden Sie in der Dokumentation unter *docs.microsoft.com/en-us/aspnet/core/fundamentals*. Eine Klassenreferenz gibt es auch unter *docs.microsoft.com/en-us/aspnet/core/api*; diese ist aber nicht so ausführlich, wie sie für das klassische ASP.NET in MSDN vorhanden war. So findet man zum Beispiel unter *docs.microsoft.com/en-us/aspnet/core/api/microsoft.aspnetcore.http.sessionextensions#Microsoft_AspNetCore_Http_SessionExtensions* nicht einen einzigen Beschreibungstext.

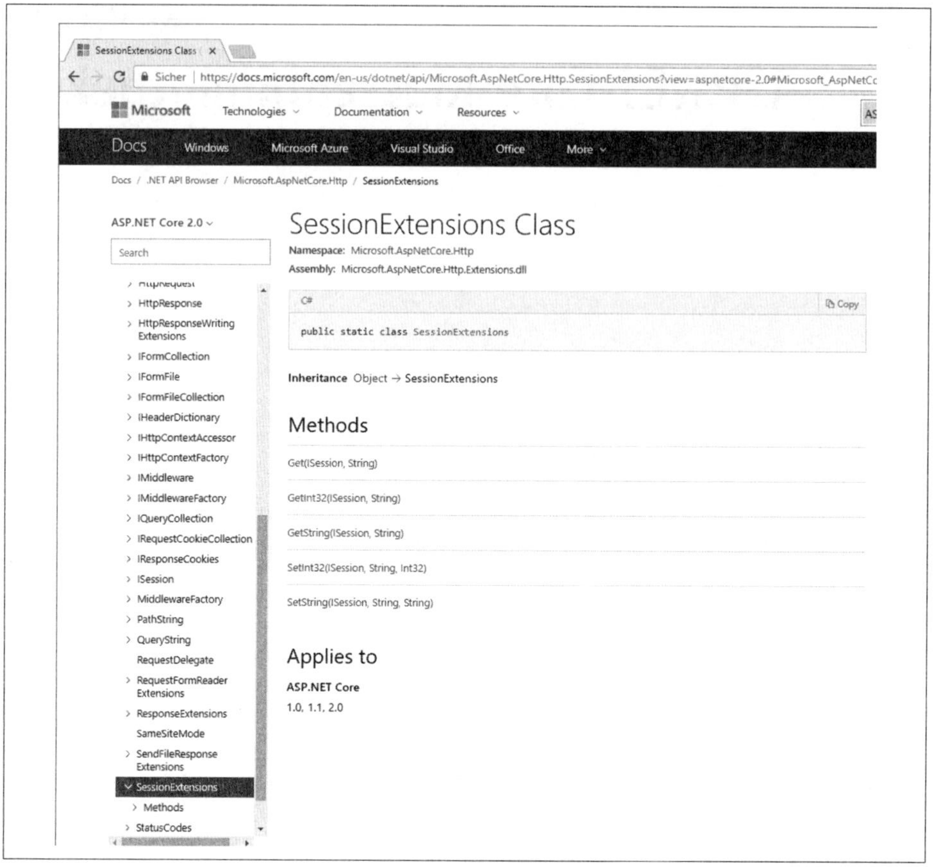

Abbildung 11-1: Keine Beschreibungstexte und keine Beispiele in der Dokumentation der neuen APIs (docs.microsoft.com/en-us/aspnet/core/api/microsoft.aspnetcore.http.sessionextensions#Microsoft_AspNetCore_Http_SessionExtensions)

Dependency Injection in ASP.NET Core

ASP.NET Core enthält ein eingebautes, einfaches Dependency-Injection-(DI-)Framework (Nuget-Pakete *Microsoft.Extensions.DependencyInjection* und *Microsoft.Extensions.DependencyInjection.Abstractions*). Das DI-Framework wird von der ASP.NET Infrastruktur verwendet (siehe `ConfigureServices()` in *startup.cs*) und kann auch von dem Entwickler für eigene Injections eingesetzt werden.

Das DI-Framework in ASP.NET Core ist allerdings auf die Injektion in Konstruktoren in Klassen beziehungsweise mit der Deklaration *@inject* in Views beschränkt. Die in der Beta-Phase einmal vorhandene Injektion in Properties wurde wieder ausgebaut. Es gibt auch kein Autodiscovery, das heißt, Implementierungen müssen manuell registriert werden, zum Beispiel in *Startup.cs*.

Wer einen mächtigeren DI-Container will, kann zum Beispiel Autofac (*docs.autofac.org/en/latest/integration/aspnetcore.html*) anstelle des eingebauten Containers nutzen.

Implementierung eines Diensts

Ein Dienst ist aus der Sicht des DI-Containers eine normale .NET-Klasse. Sie braucht keine Annotation oder sonstige Infrastruktur.

Der Konstruktor muss public sein. Es darf mehrere Konstruktoren mit Platzhaltern für die Injektion geben, aber die Zuordnung muss eindeutig sein, sonst kommt es zum Fehler *Multiple constructors accepting all given argument types have been found. There should only be one applicable constructor.* Auch müssen alle Parameter des Konstruktors per DI zu erfüllen sein, sonst kommt es zum Fehler *Unable to resolve service for type 'xy' while attempting to activate…*

Listing 11-1: FlugService *soll als Dienst injiziert werden*

```
using System;
using System.Linq;
using Microsoft.EntityFrameworkCore;
using System.Threading.Tasks;
using EFCore_Kontext;

namespace ITVisions
{
 public interface IFlugService
 {
  int CountSync();
  Task<int> CountAsync();
 }

 public class FlugService : IFlugService
 {
  private static int InstanceCount = 0;
  private int ID = 0;
  WWWingsContext ctx;

  public override string ToString()
  {
   return "Flugservice-ID: " + this.ID;
  }

  /// <summary>
  /// Konstruktor für DI
  /// </summary>
  /// <param name="ctx">EF Kontext wird injiziert per DI</param>
  public FlugService(WWWingsContext ctx)
  {
   this.ctx = ctx;
   this.ID = ++FlugService.InstanceCount;
```

```
   System.Diagnostics.Debug.WriteLine($"FlugService #{this.ID} verwendet
WWWingsContext #{ctx.ID}");
  }

  public int CountSync()
  {
   return ctx.Flug.Count();
  }
  public async Task<int> CountAsync()
  {
   return await ctx.Flug.CountAsync();
  }
  public static async Task<int> CountStatic()
  {
   WWWingsContext ctx = new WWWingsContext();
   return await Task.FromResult(ctx.Flug.Count());
  }
}
}
```

Registrierung von Diensten

Die Registrierung beim DI-Container erfolgt in ConfigureServices(), in der Startup-Klasse mit einem der folgenden drei Verfahren:

- **Transient**: Jeder Verwender bekommt eine eigene Instanz:
  `services.AddTransient<xy>() oder services.AddTransient<Ixy, xy>()`
- **Scoped**: Innerhalb einer Request erhält jeder Verwender die gleiche Instanz:
  `services.AddScoped<xy>() oder services.AddScoped<Ixy,xy>()`
- **Singleton**: Es gibt nur eine einzige Instanz für alle Verwender:
  `services.AddSingleton<xy>() oder services.AddSingleton<Ixy,xy>()`

In allen drei Fällen hat der Entwickler jeweils die Wahl, eine Klasse oder eine Schnittstelle und eine diese Schnittstelle implementierende Klasse zu übergeben.

Beispiel:

Die in Listing 11-1 implementierte Klasse `FlugService` wird dem DI-Container im Scope *Transient* hinzugefügt (in *startup.cs*):

```
services.AddTransient<FlugService>();
```

Zudem muss die Entity-Framework-Core-Kontextklasse `EFCore_Kontext.WWWingsContext` als Dienst bereitgestellt werden, denn die Klasse `FlugService` erwartet im Konstruktor eine Instanz dieser Kontextklasse und könnte von dem DI-Container also gar nicht instanziiert werden, wenn diese Klasse nicht auch als Dienst im Container registriert ist.

Für die Entity-Framework-Core-Kontextklasse gibt es die spezielle Methode `AddDbContext<Kontextklasse>()` mit der Möglichkeit, als Option den Datenbankprovider und die Verbindungszeichenfolge mitzugeben.

```
services.AddDbContext<EFCore_Kontext.WWWingsContext>(options =>
options.UseSqlServer(Configuration.GetConnectionString("WWWingsConnection")));
```

Injektion in einen Konstruktor

Der FlugController erhält im Konstruktor per DI sowohl eine Instanz von FlugService als auch WWWingsContext. Er nutzt diese Instanzen in seinen Methoden.

Listing 11-2: Nutzung von Diensten per Konstruktorinjektion

```
public class FlugController : Microsoft.AspNetCore.Mvc.Controller
 {

  private FlugService flugservice;

  public FlugController(FlugService flugservice, WWWingsContext ctx)
  {
   this.flugservice = flugservice;
   this.ctx = ctx;
  }

  // Verwendet Entity Framework Core
  private WWWingsContext ctx;
  public void Dispose() => ctx.Dispose();

  // Standardroute: http://localhost:12345/Flug
  public ActionResult Index()
  {
   ViewBag.GesamtAnzahl = flugservice.CountSync();
   var flugSet = ctx.Flug.OrderBy(x => x.Datum).Take(20).ToList();
   return View(flugSet); // zeigt /views/flug/index.cshtml
  }
...
}
```

Manuelle Beschaffung

Manuell kann sich der Entwickler jederzeit aus der aktuellen Instanz von HttpContext einen Dienst holen, zum Beispiel:

```
var flugservice = HttpContext.RequestServices.GetService(typeof(FlugService));
```

Während bei MVC-Controllern, die von Controllern erben, die HttpContext-Klasse über this.HttpContext zur Verfügung steht, muss man in einem POCO-Controller diese über ActionContext oder controllerContext bekommen. Dafür sind entsprechende Properties in der POCO-Klasse notwendig – die ASP.NET Core dann injiziert (hier funktioniert Property Injection, das gilt aber leider nicht für eigene Dienste).

```
[ActionContext]
public ActionContext actionContext { get; set; }
[controllerContext]
public controllerContext controllerContext { get; set; }
```

Injektion in eine View

DI kann mit der Deklaration `@inject` in eine View auch in Verbindung mit MVC-Views, View Components und Razor Pages genutzt werden:

```
@inject  FlugService FS
```

Anschließend können Methoden der `FlugService`-Instanz unter dem Variablennamen `FS` genutzt werden, zum Beispiel eine synchrone Methode:

```
<div>Gesamtzahl der Flüge: @FS.CountSync()</div>
```

oder eine asynchrone Methode:

```
<div>Gesamtzahl der Flüge: @await FS.CountAsync()</div>
```

Vordefinierte Dienste der ASP.NET-Core-Infrastruktur

Die ASP.NET-Infrastruktur stellt bereits automatisch einige Dienste bereit, das heißt, die `IServiceCollection`, die `ConfigureServices()` in *Startup.cs* erhält, ist bereits mit den in Abbildung 11-2 genannten Diensten vorgefüllt:

Service Type	Lifetime
Microsoft.AspNetCore.Hosting.IHostingEnvironment	Singleton
Microsoft.Extensions.Logging.ILoggerFactory	Singleton
Microsoft.Extensions.Logging.ILogger<T>	Singleton
Microsoft.AspNetCore.Hosting.Builder.IApplicationBuilderFactory	Transient
Microsoft.AspNetCore.Http.IHttpContextFactory	Transient
Microsoft.Extensions.Options.IOptions<T>	Singleton
System.Diagnostics.DiagnosticSource	Singleton
System.Diagnostics.DiagnosticListener	Singleton
Microsoft.AspNetCore.Hosting.IStartupFilter	Transient
Microsoft.Extensions.ObjectPool.ObjectPoolProvider	Singleton
Microsoft.Extensions.Options.IConfigureOptions<T>	Transient
Microsoft.AspNetCore.Hosting.Server.IServer	Singleton
Microsoft.AspNetCore.Hosting.IStartup	Singleton
Microsoft.AspNetCore.Hosting.IApplicationLifetime	Singleton

Abbildung 11-2: Infrastrukturdienste von ASP.NET Core (Autor: Microsoft (docs.microsoft.com/en-us/aspnet/core/fundamentals/dependency-injection))

Beispiel:

In ASP.NET Core fehlt ein Serverobjekt, das im klassischen ASP.NET die Methode `MapPath()` bereitgestellt hat. Dies muss man in ASP.NET Core über ein `HostingEnvironment`-Objekt erledigen, das man sich im Konstruktor der Klasse als Implementierung der Schnittstelle `IHostingEnvironment` injizieren lassen muss.

Listing 11-3: Einsatz von IHostingEnvironment

```
public class ClientIDModel : PageModel
 {
  IHostingEnvironment env; // wird per DI injiziert
  public ClientIDModel(IHostingEnvironment env)
  {
   this.env = env;
  }

...

  /// <summary>
  /// Handler für Download-Schaltfläche
  /// </summary>
  public IActionResult OnPostDownload()
  {
   var webRoot = env.WebRootPath;
   var path = System.IO.Path.Combine(webRoot, "Download/Flyer.pdf");
   return PhysicalFile(path, "application/pdf");
  }

}
```

Konfiguration in ASP.NET Core

Konfigurationsdateien hat der Webentwickler im alten ASP.NET in der XML-Datei *web.config* gespeichert und mithilfe der Bibliothek *System.Configuration* gelesen. *System.Configuration* gehört zu den Bibliotheken, die in .NET Core entfallen sind. An diese Stelle tritt nun eine Sammlung von Nuget-Paketen unter dem Oberbegriff *Microsoft.Extensions.Configuration*, mit denen der Entwickler Name/Wert-Paare aus unterschiedlichen Speicherarten lesen und kombinieren kann. Unterstützt werden zum Beispiel JSON-, XML- und INI-Dateien sowie Umgebungsvariablen und Kommandozeilenparameter.

Dazu sind folgende Nuget-Pakete verfügbar:

- **JSON**: *Microsoft.Extensions.Configuration.Json*
- **INI**: *Microsoft.Extensions.Configuration.Ini*
- **XML**: *Microsoft.Extensions.Configuration.Xml*
- **Umgebungsvariablen**: *Microsoft.Extensions.Configuration.EnvironmentVariables*
- **Kommandozeilenargumente**: *Microsoft.Extensions.Configuration.CommandLine*
- **Microsoft Azure Key Vault**: *Microsoft.Extensions.Configuration.AzureKeyVault*

Informationen können dabei verschlüsselt sein (*docs.microsoft.com/en-us/aspnet/core/security/data-protection/introduction*). Listing 11-4 zeigt Fragmente, wie man die gleiche Information in XML-, INI- und JSON-Format ausdrückt. Listing 11-5 zeigt das Laden dieser drei Konfigurationsdateien aus dem Ordner *Config*, relativ zum Wurzelverzeichnis der Webanwendung (*wwwroot*-Ordner), sowie das Hinzufügen eines Eintrags im RAM. Der Parameter `true` bei `AddIniFile()` bedeutet, dass die Datei optional ist, es also keinen Laufzeitfehler (`FileNotFoundException`) gibt, wenn sie fehlt. Im RAM geänderte oder hinzugefügte Einträge können nicht persistiert werden.

Danach kann der Entwickler über das von `build()` gelieferte Objekt einzelne Einstellungen über den Indexer des `Configuration`-Objekts abrufen, zum Beispiel `configuration["Impressum:Autor"]`, oder über `configuration.GetSection("Impressum")` alle Einträge einer Sektion erhalten. Wenn, wie im Fall von Listing 11-4, mehrere identische Einträge in einer Sektion vorliegen, gewinnt der zuletzt hinzugefügte Eintrag. In Listing 11-5 kommen Autor und Version aus der XML-Datei!

Listing 11-4: Konfigurationsinformationen im XML-, INI- und JSON-Format

```
<Config>
 <Impressum>
  <Autor>Dr. Schwichtenberg</Autor>
  <Version>1.0</Version>
...

[Impressum]
Autor=Dr. H. Schwichtenberg
Version=v1.1
...

{
 "Impressum": {
  "Autor": "Dr. Holger Schwichtenberg",
  "Version": "1.2",
...
```

Listing 11-5: Konfigurationsdateien laden und Eintrag im RAM hinzufügen

```
// mehrere Konfigurationsdateien festlegen
var builder = new ConfigurationBuilder()
    .SetBasePath(_env.WebRootPath)
    .AddJsonFile(@"Config\Config.json")
    .AddIniFile(@"Config\Config.ini", true)
    .AddXmlFile(@"Config\Config.xml")
    .AddInMemoryCollection()
    .AddEnvironmentVariables();

// Gesamtliste erzeugen
IConfigurationRoot configuration = builder.Build();

// noch einen Eintrag im RAM hinzufügen
configuration["Impressum:Stand"] = DateTime.Now.ToString();
```

Alle Einträge einer Sektion liest man mit `GetSection()` und `GetChildren()`:

```
IConfigurationSection section1 = configuration.GetSection("Impressum");
e += "<h3>Alle Einträge der Konfigurationssektion 'Impressum':</h3>";
foreach (var s in section1.GetChildren())
{
```

```
e += s.Key + "=" + s.Value  + "<br>";
}
```

Wenn es in der Konfigurationsdatei eine Liste von Einträgen gibt, zum Beispiel:

```
"Versionsgeschichte": [
  {
   "Version": "1.0",
   "Datum": "1.1.2017"
  },
  {
   "Version": "1.1",
   "Datum": "10.2.2017"
  }, …
 ]
```

kann man in dem Indexer des `Configuration`-Objekts wieder einen Index (der bei 0 beginnt) verwenden, zum Beispiel für den ersten Eintrag in *Versionsgeschichte*:

```
configuration["Versionsgeschichte:0:Version"];
```

Mit dem folgenden Programmcode listet man dann alle Versionseinträge auf:

```
IConfigurationSection section2 = configuration.GetSection("Versionsgeschichte");
foreach (var geschichte in section2.GetChildren())
{
    foreach (var geschichtseintrag in geschichte.GetChildren())
    {
     e += geschichtseintrag.Key + "=" + geschichtseintrag.Value + "<br>";
    }
}
```

Sitzungen in ASP.NET Core

Auch Sessionvariablen sind im Standard in ASP.NET-Core-Projekten nicht verfügbar. Nach dem Einbinden der Nuget-Pakete *Microsoft.AspNetCore.Session* und *Microsoft.Extensions.Caching.Memory* (für Sessions im RAM des Webservers) sind Einrichtungsschritte notwendig. Zunächst sind die Dienste in `Startup.ConfigureServices()` zu aktivieren.

```
services.AddMemoryCache();
services.AddSession(o =>
{
 o.CookieName = "IT-Visions.Cookie"; // Name festlegen
 o.IdleTimeout = TimeSpan.FromMinutes(10); // Timeout 10 Minuten
 o.CookieHttpOnly = false; // auch für Client-Skript verfügbar machen
});
```

Zudem ist in `Startup.Configure()` noch eine Middleware mit `app.UseSession()` vor `UserMvc()` einzubinden.

Danach kann das `Session`-Objekt im aktuellen `HttpContext`-Objekt verwendet werden. Aber Achtung: Das `ISession`-API in ASP.NET Core ist spartanisch (siehe

Abbildung 11-3). Es wird durch die Erweiterungsmethoden der Klasse `SessionExtensions` etwas leichter handhabbar (siehe Abbildung 11-4). Wer ganze Objekte speichern will, muss sich selbst um die Serialisierung in ein Byte-Array oder eine Zeichenkette kümmern. Das kann man zum Glück auch wieder in Erweiterungsmethoden elegant lösen (siehe Listing 11-6).

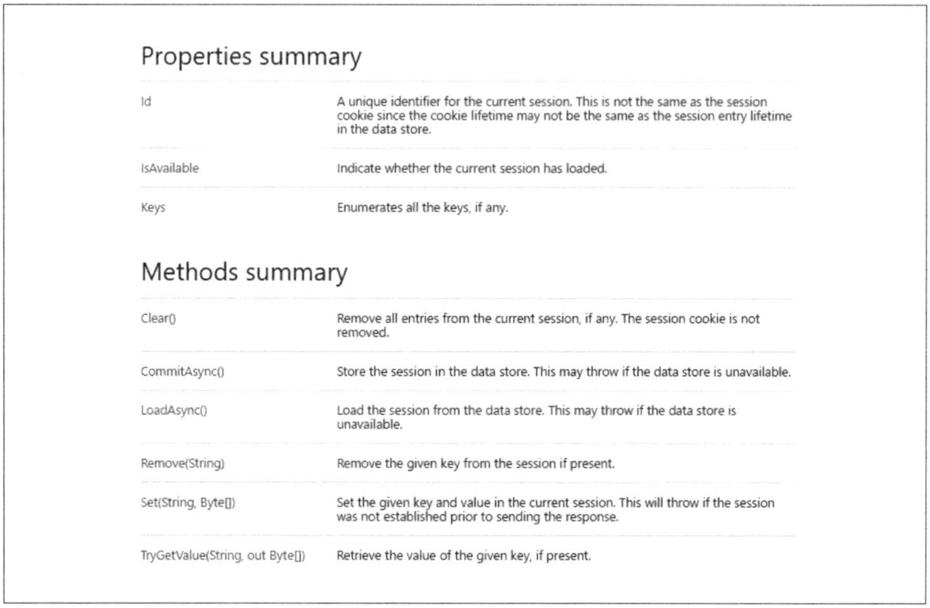

Properties summary

Id	A unique identifier for the current session. This is not the same as the session cookie since the cookie lifetime may not be the same as the session entry lifetime in the data store.
IsAvailable	Indicate whether the current session has loaded.
Keys	Enumerates all the keys, if any.

Methods summary

Clear()	Remove all entries from the current session, if any. The session cookie is not removed.
CommitAsync()	Store the session in the data store. This may throw if the data store is unavailable.
LoadAsync()	Load the session from the data store. This may throw if the data store is unavailable.
Remove(String)	Remove the given key from the session if present.
Set(String, Byte[])	Set the given key and value in the current session. This will throw if the session was not established prior to sending the response.
TryGetValue(String, out Byte[])	Retrieve the value of the given key, if present.

Abbildung 11-3: Schnittstelle Microsoft. AspNetCore.ISession

Abbildung 11-4: Die Klasse Microsoft. AspNetCore. HttpSessionExtensions *bietet fünf Erweiterungsmethoden für die Schnittstelle* ISession *zum Speichern von Zeichenketten und Ganzzahlen.*

Listing 11-6: Erweiterungen der Schnittstelle ISession *zur Speicherung in JSON serialisierbarer Objekte*

```
using Microsoft.AspNetCore.Http;
using Newtonsoft.Json;

namespace ITVisions.ASPNETCore.Extensions
{
```

```
public static class SessionExtensions
{
 /// <summary>
 /// Speichert ein Objekt in einer Session-Variablen (JSON-Format)
 /// </summary>
 public static void SetObject(this ISession session, string key, object value)
 {
  var config = new JsonSerializerSettings() { ReferenceLoopHandling =
ReferenceLoopHandling.Ignore, PreserveReferencesHandling =
PreserveReferencesHandling.None };
  session.SetString(key, JsonConvert.SerializeObject(value, Formatting.None,
config));
 }

 /// <summary>
 /// Lädt ein Objekt aus einer Session-Variablen (JSON-Format)
 /// </summary>
 public static T GetObject<T>(this ISession session, string key)
 {
  var value = session.GetString(key);
  return value == null ? default(T) : JsonConvert.DeserializeObject<T>(value);
 }
}
}
```

Danach kann man dann mit Sessionvariablen ähnlich arbeiten wie in der Vergangenheit, zum Beispiel einen Zahlenwert setzen und abrufen:

```
HttpContext.Session.SetInt32("aufrufe", ++aufrufe);
int aufrufe = HttpContext.Session.GetInt32("aufrufe") ?? 0;
```

oder ein komplexes Objekt speichern:

```
HttpContext.Session.SetObject("AutorObj", new Autor() { Name = "Holger
Schwichtenberg", Website= "www.dotnet-doktor.de" });
Autor autor = HttpContext.Session.GetObject<Autor>("AutorObj");
```

Die Sitzungsvariablen werden clientseitig in einem Cookie gespeichert. Der Standardname ist `.AspNet.Session`, und der Standardtimeout dauert 20 Minuten. Die Option, eine ID in den URL einzubauen (`URL Mangling`), gibt es aktuell nicht mehr. Serverseitig stehen als Speicher neben dem RAM, zum Beispiel für Szenarien mit mehreren Webservern und Lastverteilung, ein Microsoft SQL Server (Nuget-Paket *Microsoft.Extensions.Caching.SqlServer*, Middleware-Methode `AddDistributedSqlServerCache()`) und Redis (Nuget-Paket *Microsoft.Extensions.Caching.Redis*, Middleware-Methode `AddDistributedRedisCache()`) zur Verfügung. Auch eine Implementierung für die In-Memory-Tabelle in SQL Server 2016 (Hekaton) steht im Nuget-Paket *Microsoft.Extensions.Caching.Hekaton* bereit. Den aus dem klassischen ASP.NET bekannten State Server gibt es zumindest bislang nicht.

Cookies

Auch die Programmierschnittstelle für die Nutzung von Cookies hat sich in ASP.NET Core gegenüber dem klassischen ASP.NET etwas geändert. Eine Konfiguration in der Startup-Klasse ist aber nicht erforderlich.

```
  public IActionResult Cookies()
  {
   const string COOKIENAME = "ASPNETCoreDemo_LetzterAufruf";

   // Cookie lesen und in Tupel speichern
   var letzterAbruf = HttpContext.Request.Cookies[COOKIENAME];
   (string LetzterAbruf, string Jetzt) wert = (letzterAbruf, Jetzt:
DateTime.Now.ToString());

   // Cookie setzen
   CookieOptions option = new CookieOptions();
   option.Expires = DateTime.Now.AddMinutes(20);
   this.Response.Cookies.Append(COOKIENAME, DateTime.Now.ToString(), option);

   // Tupel an View übergeben
   return View(wert);
  }
```

Das folgende Listing zeigt die passende View.

```
@model ValueTuple<string, string>

<div class="jumbotron">
 <h1>ASP.NET-Cookies</h1>
</div>

<div class="row">
  <span class="col-xs-12">
  Letzter Abruf: @Model.Item1<br />
  Aktueller Abruf: @Model.Item2<br />
 </span>
</div>
```

Leider unterstützt die `@model`-Direktive noch keine C#-Tupel, die es seit C# 7.0 gibt. Man kann daher nicht schreiben `@model (string LetzterAbruf, string Jetzt)`.

URL-Rewriting in ASP.NET Core

ASP.NET Core erlaubt das attributbasierte Routing seit Version 1.0, was im Vorgänger ASP.NET MVC erst in Version 5.0 nachgerüstet wurde (vgl. *blogs.msdn.microsoft.com/webdev/2013/10/17/attribute-routing-in-asp-net-mvc-5*). Das Listing 11-7 zeigt eine Aktionsmethode `GetFluege()`, die insgesamt sieben verschiedene Routen besitzt, wobei die letzten beiden Routen jeweils nur einen der beiden Parameter erwarten, was möglich ist, da Standardwerte für die Parameter definiert sind. Daher sind alle folgenden relativen URLs für den Aufruf von `GetFluege()` möglich:

1. */flugset/Rom/Essen*
2. */flugset/Rom/**
3. */allefluege/Rom/Essen*
4. */abflugort/Rom*
5. */zielort/Essen*
6. */ab/Essen/nach/Rom*
7. */abEssen/nachRom*
8. */Essen->Rom*

Listing 11-7: Eine Action in einem MVC-Controller mit mehreren Routen

```
[Route("/flugset/{abflugort}/{zielort}")]
[Route("/allefluege/{abflugort}/{zielort}")]
[Route("/ab{abflugort}/nach{zielort}")]
[Route("/ab/{abflugort}/nach/{zielort}")]
[Route("/{abflugort}->{zielort}")]
[Route("/abflugort/{abflugort}")]
[Route("/zielort/{zielort}")]
public ActionResult GetFluege(string abflugort = "*", string zielort = "*")
{
 IQueryable<Flug> flugSet = ctx.Flug;
 if (!String.IsNullOrEmpty(abflugort) && abflugort != "*") flugSet = flugSet.Where(x
=> x.Abflugort == abflugort);
 if (!String.IsNullOrEmpty(zielort) && zielort != "*") flugSet = flugSet.Where(x =>
x.Zielort == zielort);

 return View("Index", flugSet.ToList()); // zeigt /views/flug/index.cshtml
}
```

Einige Entwickler möchten alternative Routen lieber zentral ablegen oder alternative URLs für statische Inhalte (*.html*, *.css* etc.) festlegen. Dies ist möglich über die URL-Rewriting-Komponente *Microsoft.AspNetCore.Rewrite*, die Microsoft in ASP.NET Core 1.1 eingeführt hat. Das folgende Listing 11-8 zeigt die Definition von vier zusätzlichen Routen für die Aktion `GetFluege()` von Listing 11-7. Der erste Parameter von `AddRewrite()` legt die Route fest, auf die ASP.NET Core achten soll, wobei hier reguläre Ausdrücke als Platzhalter verwendet werden. Der zweite Parameter gibt das Ziel an, wobei mit *$1*, *$2*, *$3* etc. sich auf die Capturing Groups im regulären Ausdruck beziehen. Der dritte Parameter legt fest, ob weitere Regeln übersprungen werden sollen, wenn die Regel zutrifft. In diesem Fall macht die Auswertung der Folgeregeln, weshalb hier immer true angegeben ist. Mit dieser Festlegung in der `Startup`-Klasse sind nun vier weitere relative URLs möglich:

1. */von/Essen/nach/Rom*

2. */vonEssen/nachRom*
3. */von/Essen*
4. */nach/Rom*

Listing 11-8: Serverseitige Umlenkungen in der Startup-*Klasse definieren*

```
public void Configure(IApplicationBuilder app, IHostingEnvironment env, ILoggerFactory
loggerFactory)
{
...
var options = new RewriteOptions()
.AddRewrite("von/(.*)/nach/(.*)", "flugset/$1/$2", true)
.AddRewrite("von(.*)/nach(.*)", "flugset/$1/$2", true)
.AddRewrite("von/(.*)", "flugset/$1/*", true)
.AddRewrite("nach/(.*)", "flugset/*/$1", true);
app.UseRewriter(options);
}
```

Anstelle von `AddRewrite()` kann auch `AddRedirect()` zum Einsatz kommen. In diesem Fall bleiben die vier relativen URLs gültig, aber die Umlenkung erfolgt nicht serverseitig, sondern per HTTP-Antwortstatuscode 302 an den Browser, das heißt, der Webserver fordert den Browser auf, stattdessen den im zweiten Parameter genannten URL aufzurufen; damit sieht der Benutzer in der Browserleiste den URL. Bei `AddRedirect()` gibt es den dritten Parameter zum Überspringen weiterer Regeln daher nicht. Optional kann als dritter Parameter der zu verwendende Statuscode angegeben werden, also 301 für permanente Umleitungen (siehe Listing 11-9).

Listing 11-9: Clientseitige Umlenkungen in der Startup-*Klasse definieren*

```
var options = new RewriteOptions()
.AddRedirect("von/(.*)/nach/(.*)", "flugset/$1/$2",301)
.AddRedirect("von(.*)/nach(.*)", "flugset/$1/$2", 301)
.AddRedirect("von/(.*)", "flugset/$1/*", 301)
.AddRedirect("nach/(.*)", "flugset/*/$1", 301);
app.UseRewriter(options);
```

Die Klasse `RewriteOptions` bietet neben `AddRewrite()` und `AddRedirect()` weitere Umlenkungsoptionen:

- `AddApacheModRewrite()`: Verwenden von Regeln aus einer Apache-Umlenkungsdatei (*github.com/aspnet/Docs/blob/master/aspnetcore/fundamentals/url-rewriting/sample/ApacheModRewrite.txt*)
- `AddIISUrlRewrite()`: Verwenden von Regeln aus einer IIS-Rewrite-Konfigurationsdatei (*github.com/aspnet/Docs/blob/master/aspnetcore/fundamentals/url-rewriting/sample/IISUrlRewrite.xml*)
- `AddRedirectToHttps()`: Umlenken aller HTTP-Anfragen an HTTPS mit Statuscode 302

- `AddRedirectToHttpsPermanent()`: Umlenken aller HTTP-Anfragen an HTTPS mit Statuscode 301
- Mit der Methode `Add()` kann der Entwickler eine Klasse übergeben, die `IRule` realisiert und dort in `ApplyRule()` die Umlenkung vornimmt. `ApplyRule()` erhält ein `RewriteContext`-Objekt, das den aktuellen `HttpContext` enthält.

Microsoft dokumentiert selbst (*docs.microsoft.com/en-us/aspnet/core/fundamentals/url-rewriting*), dass die eingebauten Umlenkungsmethoden des jeweiligen Webservers performanter sein können als die ASP.NET-Core-URL-Rewriting-Komponente.

Benutzerverwaltung und Authentifizierung

Dieses komplexe Thema kann, da der Seitenumfang des Buchs begrenzt werden musste, nur noch kurz angesprochen werden. Zudem muss erwähnt werden, dass einige Ausführungen auf der Preview-2-Version von ASP.NET Core 2.1 beruhen und sich bis zum Erscheinen des Buchs noch ändern können.

Beim Anlegen eines Projekts hat der Entwickler bereits die Möglichkeit, die Authentifizierung zu wählen. Dabei gibt es vier Optionen, die von der Microsoft-Sprache übersetzt bedeuten:

- **Keine Authentifizierung**
- **Individual User Accounts/In App**: Authentifizierung gegen in einer lokalen Datenbank (im Standard Microsoft SQL Server, andere leicht möglich, da Entity Framework Core zur Abstraktion eingesetzt wird) gespeicherte Benutzer
- **Individual User Accounts/User Store in Cloud**: Authentifizierung gegen einen Azure-Active-Directory-basierten Open-ID-Connect-Dienst (OIDC)
- **Work or School Acounts**: Authentifizierung gegen ein Azure Active Directory oder Office 365
- **Windows-Authentication**: Authentifizierung gegen ein lokales Active Directory oder Windows-Benutzerkonten

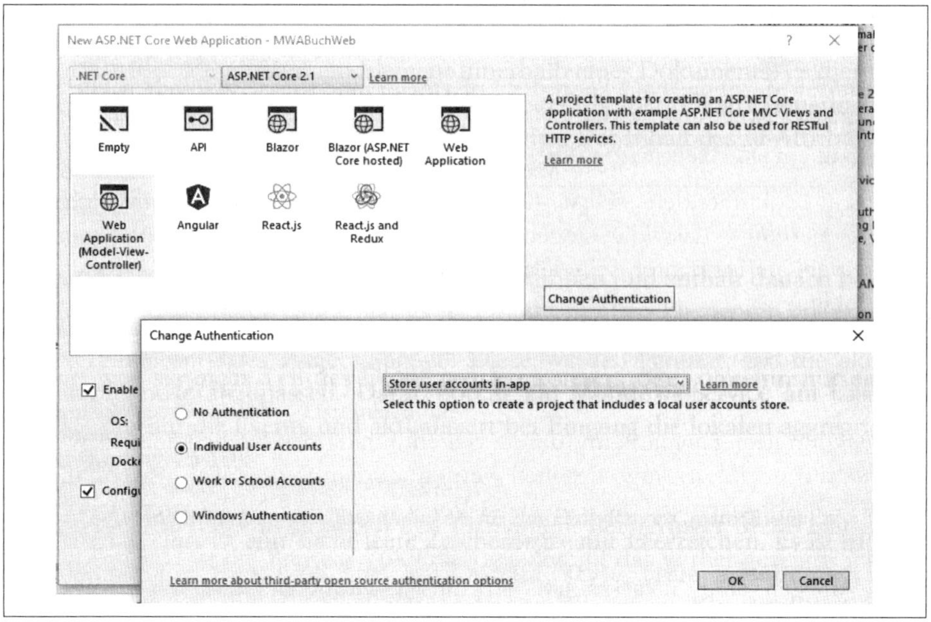

Abbildung 11-5: Authentifizierungsoptionen

Während bei den *Individual User Accounts* in ASP.NET Core 2.0 noch der gesamte Programmcode für Benutzerregistrierung und Benutzeranmeldung inklusive Kennwortänderung direkt in die Anwendung generiert wird, ist dieser Programmcode in ASP.NET Core 2.1 zunächst in der Komponente *Microsoft.AspNetCore.Identity.UI* verborgen. Diese verwendet zwar die Gestaltung der *_Layout.cshtml*-Seite, ist aber darüber hinaus zunächst nicht anpassbar.

Man findet lediglich in *Startup.cs* folgende Einträge:

```
services.AddDbContext<ApplicationDbContext>(options =>
                options.UseSqlServer(
                    Configuration.GetConnectionString("DefaultConnection")));
            services.AddDefaultIdentity<IdentityUser>()
                .AddEntityFrameworkStores<ApplicationDbContext>();
```

Anpassbar ist nur die Verbindungszeichenfolge zu der zu verwendenden SQL-Server-Datenbank, die bei Anwendungsstart automatisch angelegt wird. Diese findet man in *appsettings.json*:

```
"DefaultConnection": "Server=(localdb)\\mssqllocaldb;Database=aspnet-
MWABuchWebindividualAccounts-9327FCBE-91BF-4AC4-9461-
02E92181ED73;Trusted_Connection=True;MultipleActiveResultSets=true"
```

Diese Datenbank muss man anlegen, indem man Update-Database im Nuget Package Manager in Visual Studio ausführt.

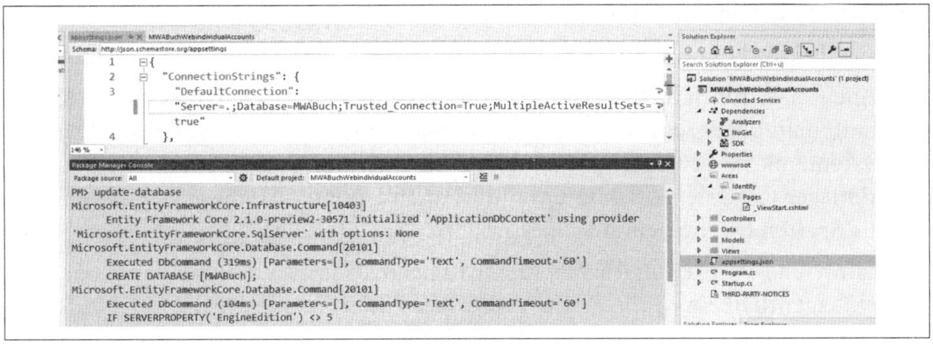

Abbildung 11-6: Setzen der Verbindungszeichenfolge und Anlegen der Datenbank mit Update-Database

Wenn man die Datenbank nicht anlegt, scheitert der Versuch, einen Benutzer zu registrieren oder anzumelden, mit der Fehlermeldung:

SqlException: Cannot open database requested by the login. The login failed.

Wenn man die Gestaltung der Benutzerverwaltungsseiten anpassen möchte, muss man sie zunächst in die Anwendung hineingenerieren. Das erledigt man auf der Ebene des Projekts mit dem Kontextmenüeintrag *Add/New Scaffoldes Item/Identity*.

In dem nun folgenden Dialog kann man die zu generierenden Seiten wählen, die Masterpage und auch SQLite statt SQL Server verwenden.

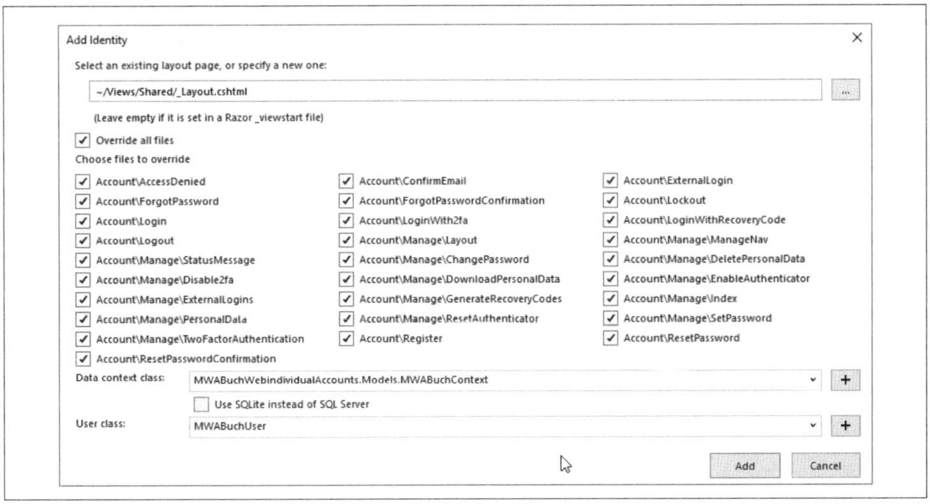

Abbildung 11-7: Generierung der Seiten für die Benutzerverwaltung

Dadurch entstehen dann in */Areas/Identity* zahlreiche Dateien:

- Eine Entity-Framework-Core-Kontextklasse, die von `DbContext` abgeleitet ist
- Eine Klasse für den Benutzer, die von IdentityUser abgeleitet ist. Diese Klasse kann man bei Bedarf um Properties aufstocken, um die Benutzertabelle in der Datenbank zu erweitern. Nach jeder Erweiterung muss man in der Package Manager Console Add-Migration und dann Update-Database aufrufen, damit die Spalten für die neuen Properties dort angelegt werden.
- Zahlreiche Webseiten, die als Razor Pages realisiert sind, auch wenn das Projekt eigentlich ein Model-View-Controller-(MVC-)Projekt ist.

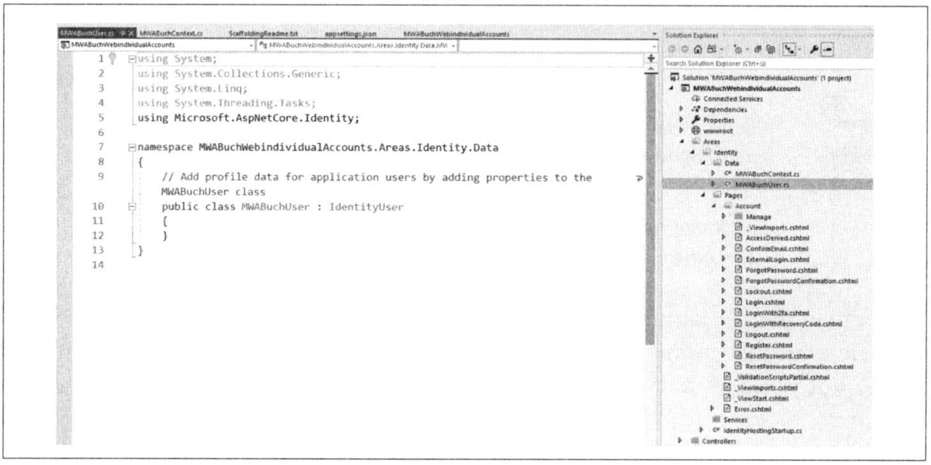

Abbildung 11-8: Generierter Code und Razor Pages

KAPITEL 12

ASP.NET Core Web APIs

Mit ASP.NET Core liefert Microsoft auch eine komplett neu geschriebene, Cross-Plattform-fähige Variante von ASP.NET Web API aus.

Die Grundlagen von ASP.NET Core Web API

Da die Grundlagen von ASP.NET Core als gesamtes Framework schon in Kapitel 9 beschrieben wurden, gehen wir hier nur auf die Besonderheiten von ASP.NET Core Web API ein und zeigen, wie wir darüber eine Form von RESTful-Kommunikation umsetzen können. Wir zeigen dazu einige kleine Beispiele aus einer API, die Mitarbeiterdaten für eine Anwendung bereitstellt. Da mit ASP.NET Core die Strukturen von MVC und Web API sauber vereinheitlicht wurden, können wir Web API sofort nutzen, sofern wir in der Startup-Klasse bereits das gesamte MVC-Framework inklusive Web API eingebunden haben.

Abfragen von Daten

In den vorherigen Kapiteln 9 bis 11 wurde schon gezeigt, dass in ASP.NET Core ein Controller die Klasse ist, die im Allgemeinen für die Verarbeitung von Requests zuständig ist. Wir möchten Benutzern unseres Services im ersten Schritt ermöglichen, eine Liste der Mitarbeiter abzufragen. Gehen wir davon aus, dass wir bereits eine bestehende Anwendung haben, die die Mitarbeiterdaten aus einer Datenbank abfragt, und konzentrieren wir uns nur auf den Teil, der für die Umsetzung der RESTful Kommunikation zuständig ist.

Listing 12-1: Beispiel eines einfachen Web API Controllers

```
[Route("api/[controller]")]
public class EmployeesController : Controller
{
    [...]
    [HttpGet]
    public IEnumerable<Employee> Get()
    {
        var employees = _employeeRepository.FetchAll();
        return employees;
    }
}
```

Betrachten wir das Beispiel in Listing 12-1 im Detail. Für Web API Controller wird oft nicht das konventionsbasierte Routing aus MVC benutzt, sondern das attributgesteuerte Routing. In diesem Fall wird dem Framework mitgeteilt, dass Aufrufe an den `EmployeesController` mit `api/employees` beginnen. Dafür kann das `RouteAttribute` genutzt werden, und der `[controller]`-Teil des Parameter-Strings wird als sogenanntes Token Replacement bezeichnet. Dies ist ein durch das Framework definierter Platzhalter, der durch den Namen des Controllers beim Route Matching ersetzt wird. Dieses Vorgehen hat auch den Vorteil, dass es Refactoring-sicher ist, wenn der Controller irgendwann umbenannt wird. Das `HttpGetAttribute` über der `Get`-Action-Methode weist das Framework an, bei Aufruf des Controllers mit einem `GET`-Verb diese Methode aufzurufen. Um die Korrektheit des Codes zu überprüfen, starten wir die Anwendung und rufen den URI mit einem Tool auf. Das kann der Browser sein, zu empfehlen ist aber beispielsweise ein API-Testing-Tool wie *Postman*, der *Insomnia REST Client* oder *Fiddler* von Telerik. Hier wird *Postman* benutzt.

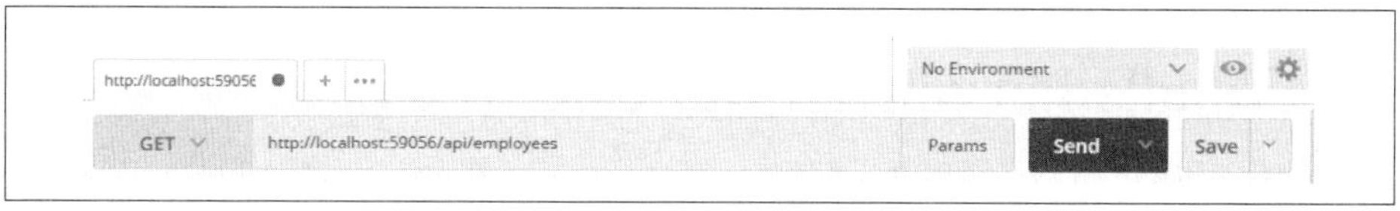

Abbildung 12-1: Nutzung des Postman-Clients, um unsere API zu testen

Die Nutzung ist dabei recht intuitiv. Man gibt dem Client den URI, den er aufrufen soll, und wählt zusätzlich noch das HTTP-Verb aus, das für den Aufruf benutzt werden soll. Hier in diesem Fall also `GET`. Nach einem Klick auf den Senden-Knopf wird im unteren Ergebnisfenster beispielsweise Folgendes angezeigt:

Abbildung 12-2: Das Ergebnisfenster von Postman

Standardmäßig zeigt das Fenster den Content-Body der Response in einer bereits für den Benutzer lesbaren Version formatiert. Sowohl der zurückgegebene Statuscode (`200 OK`) als auch der Inhalt des Bodys bestätigen uns, dass der Aufruf funktioniert hat. Unterschiedliche Reiter und Einstellungen erlauben aber auch, andere Ansichten des Bodys zu wählen oder sich die mitgesendeten Header im Detail anzuschauen.

Erwähnenswert ist noch die Tatsache, dass ASP.NET Core Web API beim Formatieren der Daten für den Transport auch die jeweiligen Konventionen für Groß- und Kleinschreibung anpasst. Obwohl Properties wie `FirstName` oder `LastName` in `C#` per Konvention mit großgeschriebenen Wörtern beginnen, modifiziert das Framework die Schreibweise beim Umwandeln der Daten in `JSON` auch auf die dort eher gebräuchliche Schreibweise, bei der der erste Buchstabe des ersten Worts kleingeschrieben wird. Damit wird die Interoperabilität mit im Web gebräuchlichen Konventionen bereits als Standard vorgegeben.

Als Nächstes bieten wir die Möglichkeit an, für einen einzelnen Mitarbeiter auch die Details abzufragen. Für den Mitarbeiter mit der Nummer 3 sollte dafür beispielsweise der `URI /api/employees/3` benutzt werden. Der Code kann dafür um eine weitere Action-Methode erweitert werden:

Listing 12-2: Aktionsmethode zur Abfrage von einzelnen Mitarbeiter-Datensätzen

```
[HttpGet("{employeeId}")]
public EmployeeDetails GetDetails(int employeeId)
{
    var employee = _employeeRepository.FetchDetails(employeeId);
    return employee;
}
```

Hier benutzen wir zwei Features des Attribute Routing. Erstens: Das Attribute Routing funktioniert hierarchisch. So erweitert die zusätzliche Routeninformation am `HttpGetAttribute` die Route des Controllers. Als gesamter URI ergibt sich also `api/employees/{employeeId}`. Zweitens: Das Feature der Routing-Parameter. Dieses erlaubt es, den `{employeeId}`-Teil des URI variabel zu halten und in diesem Fall als Argument der behandelnden Action-Methode zu übergeben. Bei einem Aufruf des URI `api/employees/3` wird also die `GetDetails`-Action-Methode des Controllers mit dem Wert 3 für `employeeId` aufgerufen, wie folgendes Aufrufergebnis zeigt:

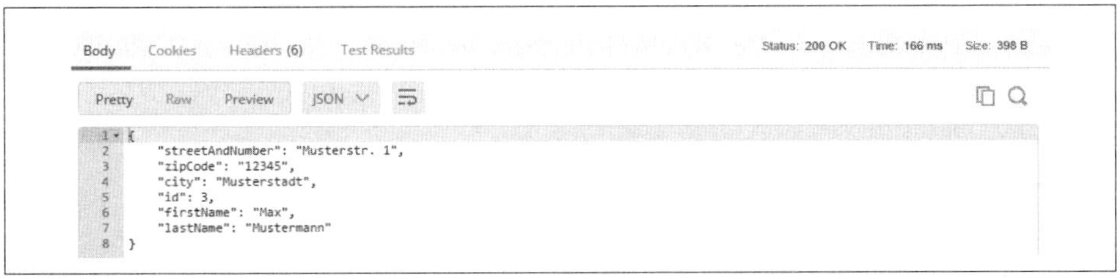

Abbildung 12-3: Ergebnis des Aufrufs eines einzelnen Mitarbeiter-Datensatzes

Auch hier wird mit einem Statuscode von `200 OK` quittiert, was dem Benutzer signalisiert, dass der Server die Parameter zumindest verarbeiten konnte. In diesem Fall stimmt natürlich auch der Inhalt. Der Name der Action-Methode muss übrigens nicht dem HTTP-Verb entsprechen, sondern kann bei Nutzung von attributbasiertem Routing frei gewählt werden.

Arbeiten mit Statuscodes

Im vorherigen Abschnitt wurde neben den HTTP-Verben auch über die Statuscodes gesprochen. Bisher haben wir diese nur implizit genutzt. Wenn nämlich Methoden eines Controllers Objekte oder Listen zurückgeben, dann liefert Web API diese Antworten mit dem Statuscode `200 OK` aus. Dies ist in solchen Fällen auch ein sehr sinnvolles Standardverhalten. Was aber sollte beispielsweise passieren, wenn man den URI `api/employees/4` aufruft, also Daten eines nicht existenten Mitarbeiters abfragen will? Sofern das vom Controller genutzte Repository in diesem Falle `null` zurückgäbe, wäre das Standardverhalten nun, ein `204 No Content` zurückzugeben. Würde das Repository wiederum bei Abfrage nicht existenter Einträge einen Laufzeitfehler erzeugen, dann würde das Framework diese standardmäßig in einen `500 Internal Server Error` umwandeln. Beides ist für den Aufrufer nicht unbedingt sofort verständlich und auch nicht im Sinne sauberer HTTP-Kommunikation. Korrekterweise sollte in einem solchen Fall ein `404 Not Found` zurückgegeben werden. So wird dem Aufrufer sofort signalisiert, dass er eine nicht vorhandene Ressource abfragen möchte.

Um bei den Rückgabewerten von Action-Methoden eines Controllers mit Statuscodes arbeiten zu können, bietet das Framework eine Reihe von Klassen und Hilfsmethoden. Als Erstes sollte der Rückgabewert der Methoden von ihren eigentlichen Typen hin zu `IActionResult` geändert werden. Diese Schnittstelle ist eine Obermenge aller möglichen Rückgabetypen von Action-Methoden. Um nun ein Ergebnis mit einem Statuscode von `200 OK` zurückzugeben, kann eine Instanz der Klasse `OkObjectResult` erzeugt werden, die den eigentlichen Content als Parameter im Konstruktor übernimmt. Alternativ bietet die `Controller`-Oberklasse des Frameworks eine `Ok`-Hilfsmethode an, um den Code etwas abzukürzen. Analog funktioniert dies für den `404`-Statuscode, wobei hier die Klasse `NotFoundResult` beziehungsweise die Methode `NotFound` zum Einsatz kommen. Listing 12-3 zeigt den modifizierten Code der `GetDetails`-Methode.

Listing 12-3: Erweiterung der GetDetails*-Methode um unterschiedliche Statuscode-Rückgaben*

```
[HttpGet("{employeeId}")]
public IActionResult GetDetails(int employeeId)
{
    var employee = _employeeRepository.FetchDetails(employeeId);
    if (employee == null)
        return NotFound(); // return new NotFoundResult();
    return Ok(employee); // return new OkObjectResult(employee);
}
```

Die Kommentare zeigen auch noch einmal die alternativen Herangehensweisen, um die Rückgabewerte selbst zu erzeugen. Ein Aufruf von `api/employees/4` erzeugt in Postman nun einen Statuscode `404` (Abbildung 12-4):

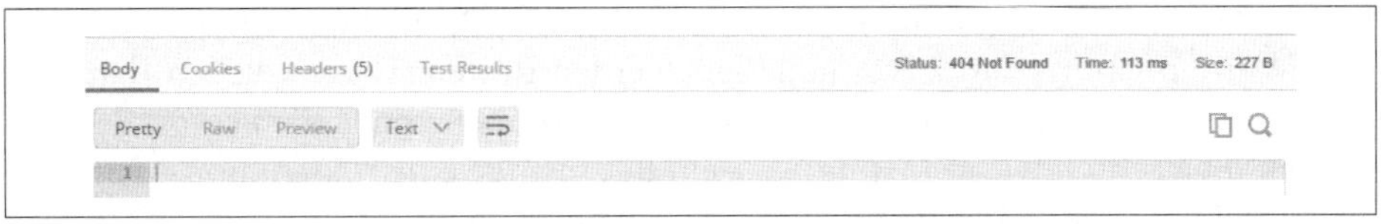

Abbildung 12-4: Ergebnis eines Aufrufs, der ein 404 Not Found zurückgibt

Auf diese Art und Weise weiß ein Nutzer unseres Services sehr schnell, was möglicherweise das Problem ist.

Ähnlich können auch ungültige Eingabeparameter behandelt werden, nämlich indem die Methode ein `400 Bad Request` zurückliefert, was im HTTP-Protokoll auf einen Fehler des Clients hinweist. Das folgende Beispiel nutzt den Rückgabewert `400 Bad Request`, um dem Client zu signalisieren, dass etwas am Request nicht korrekt war. In diesem Fall geht es um eine negative Zahl als Nummer für einen Mitarbeiter, die im Beispielsystem nicht erlaubt ist.

Listing 12-4: Beispiel für die Nutzung des 400-Bad-Requests-Statuscodes

```
[HttpGet("{employeeId}")]
public IActionResult GetDetails(int employeeId)
{
    if (employeeId < 0)
        return BadRequest();
    [...]
}
```

Bei Aufruf des URI `api/employees/-1` wird nun ein `400 Bad Request` zurückgegeben. In diesem Beispiel mag das ein wenig konstruiert wirken, aber es soll nur demonstrieren, wie die Kommunikation über Statuscodes funktionieren kann. Dazu sollte noch gesagt werden, dass es bei serverseitiger Validierung durchaus Sinn macht, im Body der Antwort die Liste der Validierungsfehler beispielsweise als Schlüssel/Wert-Paare mitzugeben. So kann eine Client-Anwendung diese Fehler dann auch wiederum den richtigen Eingabewerten eines Formulars oder Ähnlichem zuordnen.

Anlegen, Aktualisieren und Löschen von Daten

Bisher haben wir uns nur mit dem Abfragen von Daten beschäftigt. Ein wichtiger Teil der meisten Anwendungen ist aber natürlich auch das Anlegen, Verändern und Löschen von Daten. Im HTTP-Protokoll sind für diese Operationen vor allem die Verben `POST`, `PUT` und `DELETE` vorgesehen. Wir beginnen mit `POST`, das direkt mit dem Anlegen oder Erweitern einer Ressource assoziiert wird. Nach Vorgabe des HTTP-Protokolls sollte eine erfolgreiche `POST`-Anfrage mit einem Statuscode `201 Created` beantwortet werden. Dieser besitzt laut Spezifikation noch eine besondere Semantik: Im Body der Antwort sollte das erstellte Objekt enthalten sein, und es sollte noch ein spezieller Header mitgeliefert werden. Dieser Header heißt `Location` und enthält einen URI (in diesem Fall einen relativen) zur neu erstellten Ressource. Das Mitliefern der Daten des erstellten Objekts ergibt auch oft Sinn, wenn man bedenkt, dass bestimmte Felder wie eindeutige IDs oder automatisch berechnete Werte oft nur vom Server generiert werden dürfen. Diese würden dann als Teil des Contents direkt wieder mitgeliefert und können vom Client sofort genutzt werden. Betrachten wir in Listing 12-5 ein Beispiel für eine POST-Action-Methode, mit der Clients neue Mitarbeiter anlegen können.

Listing 12-5: Implementierung einer POST-Methode zum Anlegen von Mitarbeitern

```
[HttpPost]
public IActionResult CreateNewEmployee([FromBody] Employee employee)
{
    var createdEmployee = _employeeRepository.CreateNewEmployee(employee);
    var location = Url.Action(nameof(GetDetails), new { employeeId =
createdEmployee.Id });
    return Created(location, createdEmployee);
}
```

Der URI, auf den hier reagiert wird, ist auch wieder `/api/employees`. Grundsätzlich ist es bei dieser Form von APIs nicht nötig und oft nicht gewünscht, Dinge wie `/api/employees/create` als Pseudo-Ressource anzubieten. Man sollte sich die Ressource `/api/employees` stattdessen als eine Liste von Mitarbeitern vorstellen, zu der man einen neuen Datensatz hinzufügt. Diese Art zu denken wird schnell intuitiv. Zudem kann es helfen, Modellierungslücken in der fachlichen Domäne aufzudecken, wenn auch auf API-Ebene ressourcenorientiert modelliert wird.

Das `FromBodyAttribute` am Methodenparameter sorgt dafür, dass ASP.NET Core versucht, ein `Employee`-Objekt aus dem Content des Requests zu erzeugen. Dies würde ansonsten nicht funktionieren, da ASP.NET Core standardmäßig HTML-Formulardaten als Eingabe erwartet. Um den `Location`-Header in der Antwort richtig zu erzeugen, benutzen wir die `Url.Aktionsmethode`, und erzeugen so einen relativen Link auf den URI zum Abruf der Daten des neuen Mitarbeiters.

Erstellen wir nun einen `POST`-Aufruf mit `Postman`, um die Methode zu testen. Wichtig ist hierbei, dass für die Eingabe der Daten die `raw`-Option gewählt wird und man `Postman` anweist, den Content als `JSON` zu deklarieren.

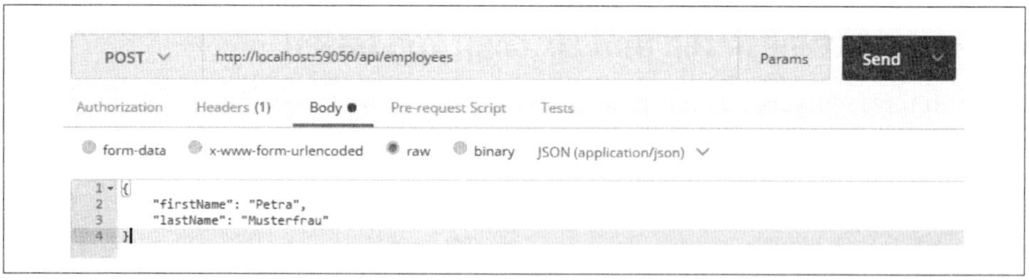

Abbildung 12-5: Erstellen eines POST-Requests, um eine neue Mitarbeiterin anzulegen

Interessant ist vor allem die Antwort des Servers, der wie erwartet mit einem `201 Created`-Statuscode quittiert. Abbildung 12-6 zeigt den Ausschnitt aus `Postman`, der die vom Server mitgelieferten Header darstellt.

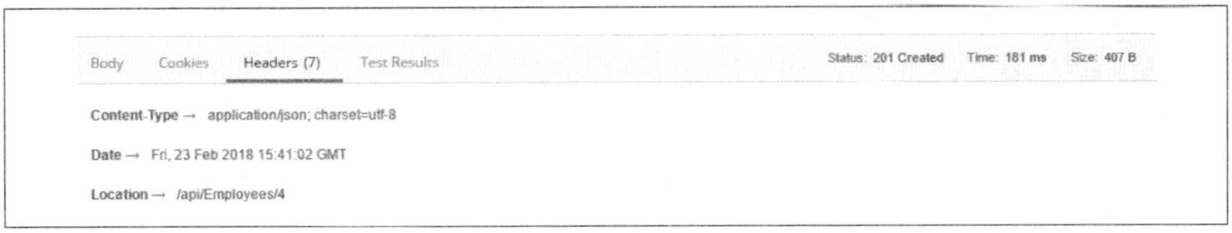

Abbildung 12-6: Antwort-Statuscode und Headerinformationen nach Anlage eines Mitarbeiter-Datensatzes

Betrachten wir als Nächstes eine simple Implementierung einer `PUT`-Aktionsmethode. Grundsätzlich unterscheidet sich diese nicht stark vom Ablauf der `POST`-Methode. Das eigentliche Übertragen und Speichern der Werte wurde aus Platzgründen hier nicht aufgeführt, sondern wird einfach als funktionierend in der Methode `UpdateEmployeeData` vorausgesetzt. Geantwortet wird wieder mit einem einfachen `200 OK`-Statuscode.

Listing 12-6: PUT-Methode zum Aktualisieren eines Datensatzes

```
[HttpPut("{employeeId}")]
public IActionResult UpdateEmployee(int employeeId, [FromBody] Employee
newEmployeeData)
{
    var employeeToUpdate = _employeeRepository.FetchDetails(employeeId);
    if (employeeToUpdate == null)
        return NotFound();
    UpdateEmployeeData(employeeToUpdate, newEmployeeData);
    return Ok();
}
```

Der markanteste Unterschied zu `POST` besteht auf den ersten Blick in der Tatsache, dass `PUT` wieder auf eine Detail-Ressource angewendet wird. Es wird also nicht eine neue Ressource angelegt, sondern eine vorhandene aktualisiert. Hier zeigt sich auch die Idempotenz. Wenn man mehrmals einen `PUT`-Aufruf gegen den URI `/api/employees/3` mit dem gleichen Body tätigt, wird immer wieder der Mitarbeiter mit der Nummer 3 mit den gleichen Daten aktualisiert. Letztendlich ändert sich also nichts, egal ob man den `PUT`-Aufruf einmal oder mehrmals tätigt. Beim `POST` ist dies anders, da jedes Mal ein neuer Mitarbeiter angelegt wird. Die HTTP-Spezifikation erlaubt aber explizit auch bei einem `PUT` das Anlegen einer Ressource umzusetzen und mit einem `201 Created` zu antworten, sofern es die jeweilige Domäne zulässt. In einer Umgebung, in der der Server für die Generierung von eindeutigen IDs zuständig ist, sollte dies nicht möglich sein. In einem solchen Fall wäre ein `PUT` auf eine nicht vorhandene Ressource wie in Listing 12-6 umgesetzt besser mit einem `404 Not Found` zu quittieren.

Als letztes kurzes Beispiel soll in Listing 12-7 noch die Umsetzung einer DELETE-Methode besprochen werden. Die Implementierung ist relativ simpel.

Listing 12-7: DELETE-Methode zur Löschung eines Datensatzes

```
[HttpDelete("{employeeId}")]
public IActionResult DeleteEmployee(int employeeId)
{
    var employeeToDelete = _employeeRepository.FetchDetails(employeeId);
    if (employeeToDelete == null)
        return NotFound();
    DeleteEmployeeData(employeeToDelete);
    return NoContent();
}
```

Geantwortet werden sollte laut Spezifikation mit einem `204 No Content`-Statuscode. Die Tatsache, dass `DELETE` als eine idempotente Operation definiert ist, wirft hier zudem eine interessante Frage auf: Bedeutet dies, dass mehrmaliges Löschen einer Ressource in einem `204 No Content` resultieren kann? Die Praxis tendiert hier eher zu der Lösung, dass eine zweite Löschoperation gegen den gleichen URI mit einem `404 Not Found` quittiert wird, wie es auch im Beispiel umgesetzt wurde.

Nutzung von Sub-Routen für Teil-Ressourcen

Grundsätzlich ergibt es oft Sinn, Zugriff auf Teil- oder Kind-Ressourcen über eigene URIs anzubieten. Bei größeren Datenmengen kann so der Benutzer der Schnittstelle aussuchen, ob er volle Datensätze oder nur einen Teil der Daten benötigt. Im aktuellen Beispiel soll die API nun Zugriff auf die Adressdaten eines Mitarbeiter-Datensatzes anbieten. Für die Adressdaten von Mitarbeiter 1 wird dazu folgender URI genutzt: `/api/employees/1/address`. Der zugehörige Code nutzt wieder die Routing-Templates.

Listing 12-8: Anbieten von Sub-Ressourcen über das Attribut-Routing

```
[HttpGet("{employeeId}/address")]
public IActionResult GetEmployeeAddress(int employeeId)
{
    var employee = _employeeRepository.FetchDetails(employeeId);
    if (employee == null)
        return NotFound();
    return Ok(new
    {
        employee.StreetAndNumber,
        employee.City,
        employee.ZipCode
    });
}
```

Das Template für die Route besteht dabei aus einem variablen Teil, der Mitarbeiter-ID, sowie einem Literal, dem `/address`-Teil. Die Implementierung der Methode ist denkbar simpel und soll noch zusätzlich die Tatsache unterstreichen, dass die Abbildung der Ressourcen über die URIs nicht exakt dem eigentlichen Objektmodell oder Datenmodell auf Serverseite entsprechen muss. Bedeutet hier: Es gibt eigentlich gar kein eigenes Objekt zur Speicherung einer Adresse auf Serverseite, da diese in diesem einfachen Modell Teil der Mitarbeiterobjekte ist. Für die Abbildung nach außen spielt das aber keine Rolle, und der API-Anbieter kann entscheiden, die Ressourcen in ganz anderer Form anzubieten und zu übermitteln, so wie es für mögliche Clients und Anwendungsfälle am sinnvollsten und verständlichsten ist.

Weiterhin können auch Sub-Ressourcen eingeschränkt werden. Wenn einem Mitarbeiter aus irgendeinem Grund mehrere Adressen zugeordnet werden könnten, dann wären URIs der Form `/api/employees/1/addresses` und `api/employees/1/addresses/3` für das Abfragen aller respektive einer einzelnen Adresse denkbar.

Nutzung weiterer Model-Binding-Funktionen

Bisher hatten wir in unseren Beispielen das `FromBodyAttribute` für das Binden der Daten aus dem Request-Body genutzt sowie uns auf das Standardverhalten beim Binden von Parametern der Action-Methoden aus dem Routing-URI verlassen. Es existieren noch einige andere Attribute, mit denen das Model Binding gesteuert werden kann.

Das Standardverhalten des Model-Binders ist in den bisherigen Fällen schlau genug gewesen, Teile der Route anhand ihres Namens auf die Methodenparameter der Controller-Methoden zu übertragen. Wenn Namensidentität aus welchem Grund auch immer nicht gewollt ist, kann das Binding wie in Listing 12-9 konfiguriert werden, um das Mapping zu steuern.

Listing 12-9: Steuern des Mappings von Routingparametern zu Methodenparametern

```
[HttpGet("{employeeId}")]
public IActionResult GetDetails([FromRoute(Name = "employeeId")] int id)
{
    [...]
}
```

Ist es weiterhin gewünscht, dass beim Abfragen von Mitarbeiterdaten ein zusätzlicher Filter mitgegeben werden kann, der auf Serverseite zum Einschränken der Mitarbeiter-Datensätze genutzt wird, dann ist ein URI der folgenden Form vorstellbar: `/api/employees?search=Mustermann`. Der Anhang `?search=Mustermann` wird dabei als sogenannter Query-Parameter bezeichnet. Es können durchaus auch mehrere Query-Parameter mitgegeben werden, was dann so aussehen könnte: `/api/employees?firstName=Max&lastName=Muster`.

Das Standardverhalten des Model-Binders ist in diesem Fall schlau genug, die Werte der Query-Parameter anhand ihres Namens auf Methodenparameter der Controller-Methoden zu übertragen. Die folgende Signatur nimmt also bereits den Wert eines solchen Aufrufs mit `search`-Query-Parameter korrekt als Methodenparameter entgegen:

Listing 12-10: Action-Methode mit Query-Parameter

```
[HttpGet]
public IEnumerable<Employee> Get(string search)
```

```
{
    [...]
}
```

Zu bedenken ist hier, dass Query-Parameter im Allgemeinen optional sein sollten, das heißt, die `Get`-Methode sollte auch genauso noch funktionieren, wenn sie ohne den `search`-Parameter aufgerufen wird. Alternativ ist für das Verbinden von Methodenparameter mit Query-Parameter auch wieder die Nutzung der Binding-Konfiguration möglich:

Listing 12-11: Action-Methode mit Query-Parameter, konfiguriert mit Model-Binding

```
[HttpGet]
public IEnumerable<Employee> Get([FromQuery(Name = "search")] string searchString)
{
    [...]
}
```

> URIs mit Query-Parametern anzureichern, wird meist dann benutzt, wenn zusätzliche Daten wie Filter oder Paging-Informationen mitgegeben werden sollen. Auch wenn es theoretisch möglich ist, sollte ein Abbilden von Ressourcen nur über Query-Parameter vermieden werden: URIs der Form `/get?entity=employee &id=1` sind also zu vermeiden. Diese wirken zwar sehr flexibel, sind aber für Entwickler nicht gut zu lesen. Vor allem machen sie es ASP.NET Core auch schwer bis unmöglich, über das Routing eine korrekte Methode auszuwählen. Eine Daumenregel lautet also: Ressourcen über sprechende Stamm-URIs abbilden, optionale Informationen über Query-Parameter übertragen.

Es existieren noch weitere Attribute für die Steuerung des Bindings an Parameter von Action-Methoden, die nach ähnlichen Mechanismen die Daten aus unterschiedlichen Quellen binden können. Die folgende Tabelle liefert eine kurze Übersicht der wichtigsten Vertreter.

Tabelle 12-1: Kurzübersicht der wichtigsten Model-Binding-Attribute

Model-Binding Attribut	Aufgabe
`[FromBody]`	Nutzt die Informationen des `Content-Type` des Requests und versucht, den Body aus diesem `Content-Type` zu übertragen. Voraussetzung ist, dass für den angegebenen `Content-Type` ein Formatierer registriert ist.
`[FromRoute]`	Bindet Daten auf Basis von Routen-Informationen.
`[FromQuery]`	Bindet Daten aus dem Query-String.
`[FromForm]`	Bindet Daten aus dem Body des Requests, sofern sie im sogenannten Form-Format übertragen wurden. Generell ist dieses Format eine Liste von Schlüssel/Wert Paaren im Body des Requests.
`[FromHeader]`	Bindet Daten aus dem Header des Requests.
`[FromServices]`	Versucht den Methodenparameter über den `Dependency Injection` Mechanismus aufzulösen.

Anbieten unterschiedlicher Repräsentationen von Ressourcen

Ein großer Vorteil des Web ist die Idee, Ressourcen in unterschiedlichen Repräsentationen abzufragen, wie weiter oben bereits beschrieben wurde, also beispielsweise das Abfragen eines Datensatzes in XML- oder JSON-Format. ASP.NET Core wird standardmäßig mit Formatierern für simple Strings, JSON und XML ausgeliefert, wovon aber der XML-Formatierer nicht aktiviert ist. Wenn es jetzt Nutzern der API ermöglicht werden soll, die Mitarbeiterdaten nicht nur im JSON-Format, sondern auch im XML-Format abzurufen, genügt die Aktivierung der XML-Formatierung über folgenden Code in der `Startup`-Klasse:

Listing 12-12: Aktivieren der XML-Formatierung

```
public void ConfigureServices(IServiceCollection services)
{
    [...]
    services.AddMvc().AddXmlSerializerFormatters();
}
```

Danach ist XML als Format sowohl für eingehende Nachrichten als auch für ausgehende Nachrichten verfügbar. ASP.NET Core unterscheidet grundsätzlich zwischen Input- und Output-Formatierern, die auch unterschiedlich registriert werden können. Im Fall von XML macht es uns das Framework aber sehr einfach und bietet direkt die Registrierung für beide Wege an. Eine Abfrage von Mitarbeiterdaten mit `Accept: application/xml` als Teil der Header sorgt nun für folgendes Ergebnis:

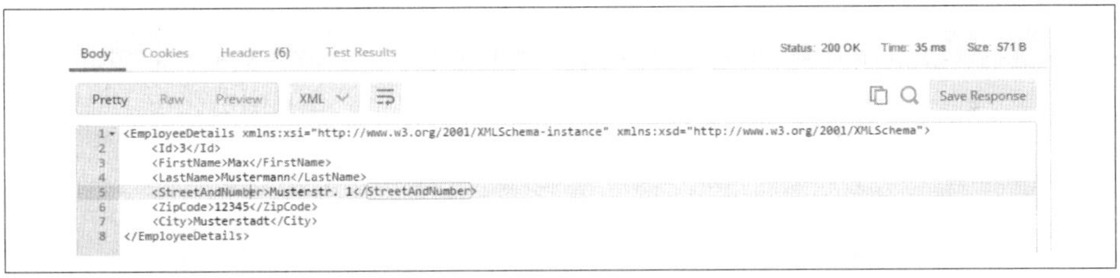

Abbildung 12-7: Abfrage von Mitarbeiterdaten mit XML als Zielformat

Es ist möglich, eigene Formatierer zu schreiben, was für proprietäre Formate durchaus Sinn machen kann. Dies geht aber für dieses Kapitel zu weit und kann in der offiziellen Microsoft-Dokumentation nachgelesen werden. Für einige gängige Formate existieren bereits Libraries, die eingebunden werden können.

Nutzung des PATCH-Verbs mit JSON-Patch

Das `PATCH`-Verb hatte für die Praxis oft wenig Relevanz, da die Nutzung viele Entwickler abgeschreckt hat. Die Semantik des Verbs besagt, dass damit Änderung an Teilen einer Ressource durchgeführt werden können. So sollte es möglich sein, bei ausschließlicher Änderung der Postleitzahl eines Mitarbeiterdatensatzes auch nur diese zu übertragen. Eine Funktion, die vor allem bei größeren Objekten und

Datenmengen ihren Charme hat. Benutzt man allerdings dafür das normale Model-Binding von ASP.NET Core und unsere `Employee`-Klassen aus den bisherigen Beispielen und überträgt nur die Postleitzahl, dann wären alle anderen Eigenschaften in dem per `FromBody` gebundenen Objekt `null` oder die jeweiligen Standardwerte des Wert-Datentyps. Der Server hat nun keine Möglichkeit mehr zu unterscheiden, ob ein Benutzer bewusst einen Wert entfernt (also auf `null` gesetzt) hat oder ihn einfach nicht verändern wollte. Hier muss also Abhilfe geschaffen und eine Möglichkeit angeboten werden, tatsächliche Änderungen von nicht übertragenen Werten zu unterscheiden. In der HTTP-Spezifikation für `PATCH` war nicht definiert, auf welche Art und Weise `PATCH`-Änderungen übertragen werden sollten. Eigene Implementierungen wären mit Sicherheit oft fehleranfällig gewesen, was letztlich in einer geringen bis nicht vorhandenen Nutzung von `PATCH` resultierte. Einen Lösungsansatz liefert die JSON-Patch-Spezifikation. Sie wurde geschaffen, um ein JSON-basiertes Standardformat für die Anwendung von einzelnen Änderungen anzubieten. Ein JSON-Patch-Dokument besteht dabei aus einer Liste von Operationen, die auf eine Ressource angewendet werden, und sieht für unser Beispiel (Ändern der Postleitzahl eines Mitarbeiters) ungefähr so aus:

Listing 12-13: Einfaches JSON-Patch-Dokument zum Ändern der Postleitzahl eines Mitarbeiters

```
[
  { "op": "replace", "path": "/zipCode", "value": "99999" }
]
```

Die Spezifikation definiert dabei unterschiedliche Operationen wie `replace`, `add`, `remove`, `copy` etc. In unserem Beispiel möchten wir keine Eigenschaften hinzufügen oder löschen, sondern nur eine vorhandene ändern, daher ist `replace` die richtige Wahl. Die Operation wird auf einen Pfad relativ zur Ressource angewandt. Das heißt, wenn die Ressource ein `Employee`-Objekt ist, dann erreichen wir über den Pfad `/zipCode` den Wert der Postleitzahl. Über `value` wird der gewünschte Wert festgelegt.

Für die Integration in eine ASP.NET-Core-Anwendung existiert das von Microsoft angebotene Nuget-Paket `Microsoft.AspNetCore.JsonPatch`. Listing 12-14 zeigt die Integration im Controller, die sich recht simpel gestaltet.

Listing 12-14: Nutzung der JsonPatch-Funktionalität im Controller

```
[HttpPatch("{employeeId}")]
public IActionResult PatchEmployee(
    int employeeId, [FromBody] JsonPatchDocument<EmployeeDetails> employeePatchData)
{
    var employeeToUpdate = _employeeRepository.FetchDetails(employeeId);
    if (employeeToUpdate == null)
        return NotFound();
    employeePatchData.ApplyTo(employeeToUpdate);
    SaveEmployee(employeeToUpdate);
    return Ok();
}
```

Wichtigste Änderung ist, dass nicht mehr ein `EmployeeDetails`-Objekt entgegengenommen wird, sondern ein generisch parametrisiertes `JsonPatchDocument`. Die dort enthaltenen Änderungen lassen sich dann über die `ApplyTo`-Methode auf das aus der Persistenzschicht geladene Objekt vom Typ `EmployeeDetails` anwenden.

Auch die Erzeugung von Patches ist ähnlich einfach. Dafür muss nur eine neue Instanz von `JsonPatchDocument` erstellt und mit den unterschiedlichen Operationen konfiguriert werden:

Listing 12-15: Erzeugen eines JSON-Patch-Dokuments

```
var patchData = new JsonPatchDocument<EmployeeDetails>();
patchData.Replace(details => details.ZipCode, "99999");
```

Cross Origin Resource Sharing

Das sogenannte `Cross Origin Resource Sharing` (`CORS`) spielt für die synchrone HTTP-Kommunikation zwischen Backend-Services zwar keine Rolle, ist aber bei Kommunikation von browserbasierten Clientanwendungen mit HTTP-Services ein sehr wichtiges Konzept. Hintergrund für diesen sperrigen Begriff ist die `Same-Origin-Policy`, ein Sicherheitsmodell, das von Browsern durchgesetzt wird. Dieses schreibt vor, dass JavaScript-Code einer Website nur mit Servern kommunizieren darf, die den gleichen Ursprung wie der Server haben, der die Website ursprünglich ausgeliefert hat. Dies soll verhindern, dass Webanwendungen Daten von anderen Servern abgreifen und damit Angriffsflächen für diverse Attacken oder generell den Missbrauch von Daten bieten. Als gleicher Ursprung (Same-Origin) werden hierbei URIs spezifiziert, die sich von Protokollschema, Domäne und Port gleichen. Das heißt, `http://my-site:8080` ist nicht gleichen Ursprungs wie `https://my-site:8080` oder `http://my-site:80`. Die ersten beiden URIs unterscheiden sich im Schema (http versus https), die erste und letzte durch den Port (8080 versus 80). In beiden Fällen könnte also eine Website, die auf `http://my-site:8080` läuft, nicht per asynchronem JavaScript-Aufruf im Hintergrund Daten von den anderen beiden Servern abrufen. Im Kontext von sogenannten `Single-Page-Applications`, also JavaScript-basierten Anwendungen, ist ein unterschiedlicher URL des Backends gang und gäbe. Wenn das Frontend nun auch mit mehreren Microservices im Backend kommunizieren können soll (durchaus ein legitimer Ansatz in Abgrenzung zu einer sogenannte UI-Schnittstelle oder UI-Facade), stößt man auf die gleiche Problematik.

`Cross Origin Resource Sharing` bietet nun Mechanismen, mit denen auf Serverseite diese Richtlinie ein wenig gelockert wird. Die Einbindung in ASP.NET Core ist dabei denkbar einfach. Das dafür nötige Nuget-Paket `Microsoft.AspNetcore.Cors` wird seit ASP.NET Core 2.0 standardmäßig als Teil eines regulär erstellten Projekts eingebunden, kann aber bei manuell erstellten Umgebungen problemlos nachträglich hinzugefügt werden. Listing 12-16 zeigt die beispielhafte Einbindung.

Listing 12-16: Aktivieren von Cross Origin Resource Sharing in ASP.NET Core

```
public void ConfigureServices(IServiceCollection services)
{
    [...]
    services.AddCors();
}

public void Configure(IApplicationBuilder app, IHostingEnvironment env)
{
    app.UseCors(builder =>
builder.AllowAnyOrigin().AllowAnyMethod().AllowAnyHeader());
    [...]
}
```

Die dort gezeigte Einstellung ist dabei allerdings so ziemlich die liberalste Einstellung, die man wählen kann. Grob gesagt lässt sich die Menge der erlaubten Clientverbindungen auf die Quelle (Origin, also wie oben beschrieben Schema, Domäne und Port), Methode (zum Beispiel nur `GET` und `POST`) sowie übertragene Header-Informationen einschränken. Zudem existiert explizit eine Methode für das Erlauben der Übertragung von Credentials-Daten (wichtig für Cookies und andere Authentifizierungs-Mechanismen) über die `AllowCredentials`-Methode.

Was den Zugriff auf die Antworten vom Server im `CORS`-Kontext betrifft, erlauben Browser standardmäßig lediglich Zugriff auf die Header `Cache-Control`, `Content-Language`, `Content-Type`, `Expires`, `Last-Modified` sowie `Pragma`. Wenn die Clientanwendungen auf weitere Header Zugriff haben sollen, dann müssen diese explizit als `exposedHeaders` gekennzeichnet werden. Das Beispiel in Listing 12-17 zeigt eine etwas spezifischere `CORS`-Konfiguration. Diese erlaubt den Zugriff über die *my-site*-Domäne, sowohl über das *http*- als auch das *https*-Schema, schränkt aber wiederum auf die vier HTTP-Methoden `GET`, `POST`, `PUT` und `DELETE` ein. Zudem wird die Übertragung von Credentials ermöglicht und den Clients im Browser erlaubt, den Header `Content-Length` aus der Antwort zu lesen.

Listing 12-17: Eine spezifischere Cross-Origin-Resource-Konfiguration

```
app.UseCors(builder => builder
    .WithOrigins("http://my-site", "https://my-site")
    .WithMethods("GET", "POST", "PUT", "DELETE")
    .AllowAnyHeader()
    .AllowCredentials()
    .WithExposedHeaders("Content-Length"));
```

Es existiert auch die Möglichkeit, unterschiedliche `CORS`-Policies auf dem Server zu konfigurieren, die alle jeweils einen eigenen Namen bekommen. Dazu nutzt man die Überladung der `AddCors`-Methode in `ConfigureServices`. Danach können an Controllern oder `Action`-Methoden einzelne Policies ausgewählt oder `CORS` komplett deaktiviert werden (Listing 12-18).

Listing 12-18: Attribut-basierte Steuerung von Cross Origin Resource Sharing

```
[EnableCors("DefaultPolicy")]
public class SomeController : Controller
{
    public IActionResult Get()
    {
        [...]
    }

    [DisableCors]
    public IActionResult Get(int id)
    {
        [...]
    }

    [EnableCors("SpecialPolicy")]
    public IActionResult Post()
    {
        [...]
    }
}
```

Bereitstellung von OpenAPI-Beschreibungen über Swagger

Wer als Entwickler aus dem Bereich der SOAP- beziehungsweise WS-*-basierten Webservices kommt, wird sich inzwischen an vielen Stellen gefragt haben, ob es nicht ziemlich umständlich ist, REST-API-Aufrufe immer manuell zu schreiben. Eine berechtigte Frage, wenn man aus der Welt der Web-Services-Description-Language-(WSDL-)generierten Client-APIs kommt.

Grundsätzlich gibt es für Entwickler von REST-APIs auch immer die Möglichkeit, eine sogenannte Client-Bibliothek bereitzustellen, die die Low-Level-Kommunikation mit dem Webservice möglichst gut kapselt. Diese Bibliothek könnte dann beispielsweise als Nuget-Paket ausgeliefert werden, die dem Nutzer eine Schnittstelle wie in Listing 12-19 (sehr vereinfacht) anbietet.

Listing 12-19: Beispiel für ein Client-API Interface

```
public interface IEmployeeApi
{
    IList<Employee> GetEmployees();
    EmployeeDetails GetEmployeeDetails(int employeeId);
}
```

Ein solches Vorgehen lohnt sich aber tatsächlich in den meisten Fällen nur, wenn damit wirklich ein Mehrwert für die Nutzer entsteht, der über simples Aufrufen und Serialisieren hinausgeht. Wird der Service in einem Unternehmen intern eingesetzt, können dort zusätzlich Programmlogik, Validierungen, Versionierungshilfen oder Ähnliches enthalten sein. Allerdings verletzt die Nutzung einer solchen API auch wieder in gewissem Maße das Prinzip der losen Kopplung, das ja ein großer Vorteil von REST-API-Strukturen ist. Die Entscheidung für oder gegen einen solchen Ansatz sollte also im Einzelfall sehr genau abgewogen werden.

Weit verbreitet ist inzwischen ein Ansatz, der dem Konzept von WSDL nicht unähnlich ist. Für die Generierung von automatischer Dokumentation für REST-APIs wurde das Swagger-Framework entwickelt. Swagger implemeniert die OpenAPI-Spezifikation. Hinter OpenAPI steckt eine Community, die an einer Weiterentwicklung einer offenen Spezifikation für die Beschreibung von Web APIs arbeitet. Mithilfe von Swagger können automatische API-Dokumentationen in maschinen- und menschenlesbarer Form erstellt werden, aus denen es wiederum möglich ist, für unterschiedliche Zieltechnologien Clients generieren zu lassen. Für ASP.NET Core ist die Implementierung der Swagger-Generierung durch das SwashBuckle-Projekt umgesetzt und kann über das Nuget-Paket Swashbuckle.AspNetCore eingebunden werden. Eine rudimentäre Integration in eine eigene ASP.NET-Core-Anwendung ist dabei denkbar einfach umgesetzt (Listing 12-20).

Listing 12-20: Einbinden von Swashbuckle zur Generierung von Swagger-Dokumentation

```
public void ConfigureServices(IServiceCollection services)
{
    [...]
    services.AddSwaggerGen(c =>
    {
        c.SwaggerDoc("v1", new Info { Title = "Employee API", Version = "v1" });
    });
}
public void Configure(IApplicationBuilder app, IHostingEnvironment env)
{
    app.UseSwagger();
    app.UseSwaggerUI(c =>
    {
        c.SwaggerEndpoint("/swagger/v1/swagger.json", "My API V1");
    });
    [...]
}
```

In diesem Beispiel wird Swagger sowohl für die Generierung einer textbasierten swagger.json-Datei eingesetzt als auch durch Swagger-UI für die Generierung einer menschenlesbaren Dokumentationsseite. Listing 12-21 zeigt einen Auszug der in diesem Fall standardmäßig unter /swagger/v1/swagger.json verfügbaren textbasierten Version, während Abbildung 12-8 und Abbildung 12-9 beispielhaft die gut menschenlesbare generierte Dokumentationsseite zeigen, die über den URI /swagger der Anwendung zur Verfügung steht. Dort kann die API sogar in eingeschränktem Umfang getestet werden.

Listing 12-21: Auszug aus einer swagger.json-*Datei*

```
{
    "swagger": "2.0",
    "info": { "version": "v1", "title": "Employee API" },
    "paths": {
        "/api/Employees": {
```

```
        "get": {
            "tags": ["Employees"],
            "operationId": "ApiEmployeesGet",
            "parameters": [{"name": "search", "in": "query", "required": false,
"type": "string" }],
            "responses": { "200": { "description": "Success" } }
        },
    [...]
}
```

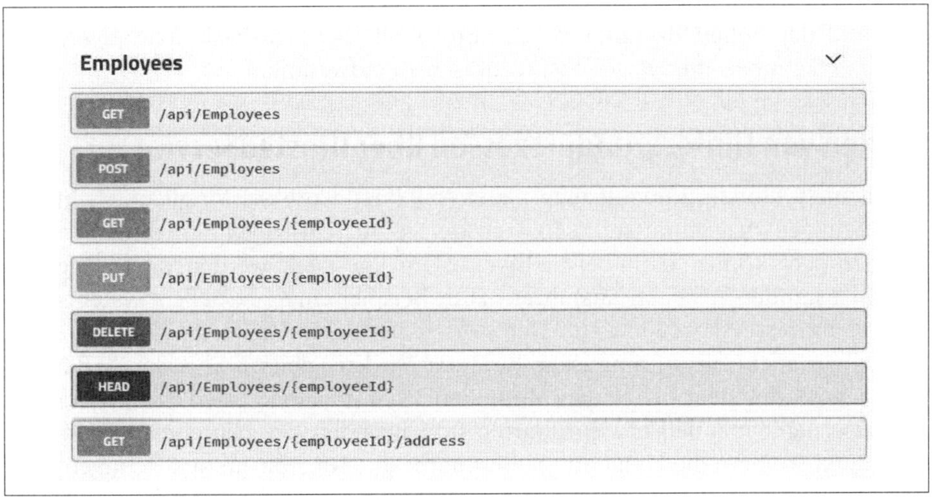

Abbildung 12-8: Auszug aus der Übersicht der menschenlesbaren Swagger-UI-Dokumentation

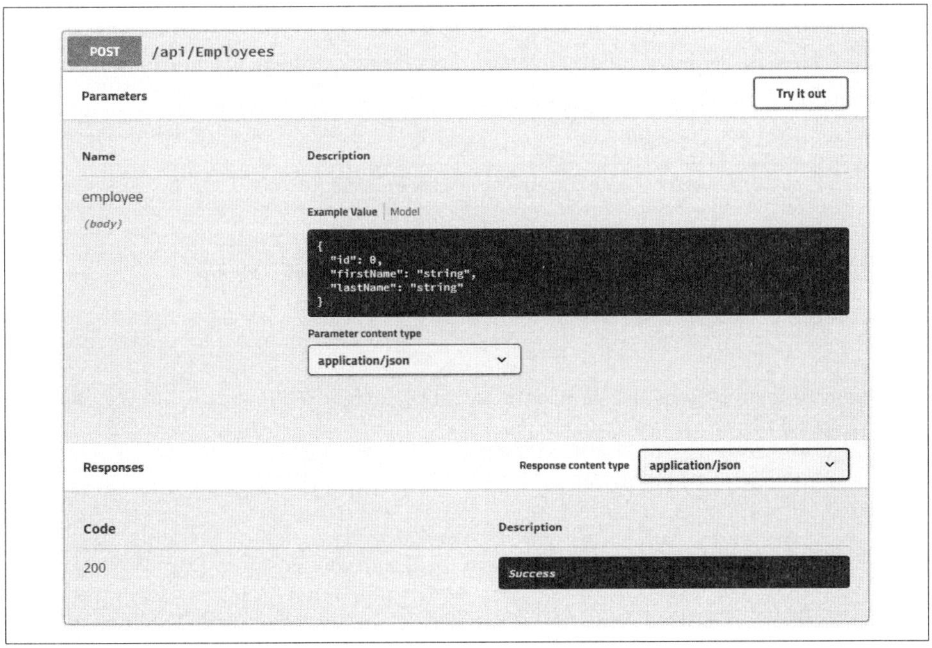

Abbildung 12-9: Detailansicht einer über Swagger-UI generierten API-Dokumentation

Über Attribute und andere Konfigurationsmöglichkeiten im Code kann die Dokumentation mit weiteren für Entwickler und Tools nützlichen Informationen angereichert werden. Hier gehen wir aber nicht darauf ein, sondern verweisen auf die Swagger- und Swashbuckle-Dokumentation.

Das Charmante an dem Swagger-basierten Ansatz ist nun, dass es dem Nutzer des Service überlassen bleibt, ob er die HTTP-Zugriffe komplett selbst programmiert und sich dabei von der Dokumentation leiten lässt oder ob er mithilfe eines Tools eine Client-API auf Basis der swagger.json generieren lässt. Diese Wahl besteht aufgrund der hohen Komplexität des Protokolls bei SOAP-basierten Services im Regelfall nicht beziehungsweise ist technisch zu aufwendig.

Starten von Hintergrundprozessen über IHostedService

Für kleinere Hintergrundaufgaben bietet ASP.NET Core die Möglichkeit, Implementierungen der Schnittstelle IHostedService zu registrieren. In diesen Implementierungen können dann beispielsweise Timer gestartet werden, die in regelmäßigen Abständen Arbeiten ausführen, zum Beispiel einen aktuellen Systemstand prüfen, Prozesse abarbeiten etc. Der Vorteil der Schnittstelle IHostedService ist hierbei vor allem die automatische Bindung an den Lebenszyklus der ASP.NET-Core-Umgebung über die beiden Methoden StartAsync und StopAsync. Man muss sich also nicht manuell um ein Starten und Beenden des Hintergrundprozesses kümmern, sondern die Umgebung übernimmt die Aufgabe, an den richtigen Stellen bei Start/Stopp des Webservice diese Methoden aufzurufen. Listing 12-22 zeigt eine beispielhafte Implementierung, die einen System.Timers.Timer benutzt, um alle 5 Sekunden beliebige Aufgaben abzuarbeiten.

Listing 12-22: Beispiel für einen Backgroundworker als Implementierung von IHostedService

```
public sealed class ExampleBackgroundWorker : IHostedService, IDisposable
{
    private System.Timers.Timer _timer;
    public Task StartAsync(CancellationToken cancellationToken)
    {
        _timer = new System.Timers.Timer(5000) {AutoReset = true};
        _timer.Elapsed += (sender, args) => { // Do background work };
        _timer.Start();
        return Task.CompletedTask;
    }

    public Task StopAsync(CancellationToken cancellationToken)
    {
        _timer?.Stop();
        return Task.CompletedTask;
    }

    public void Dispose()
    {
        _timer?.Dispose();
    }
}
```

Registriert wird der Worker regulär über den Dependency-Injection-Mechanismus und sollte entsprechend als Singleton eingebunden werden (Listing 12-23). Wenn die Klasse dann wie im Beispiel zusätzlich die Schnittstelle `IDisposable` implementiert, wird die `Dispose`-Methode beim Herunterfahren zusätzlich aufgerufen.

Listing 12-23: Registrieren einer IHostedService*-Implementierung*

```
public void ConfigureServices(IServiceCollection services)
{
    services.AddSingleton<IHostedService, ExampleBackgroundWorker>();
}
```

> In der aktuell verfügbaren ASP.NET-Core-Version 2.0 ist die Nutzung von `IHostedService` für kritische Hintergrundaufgaben allerdings mit Vorsicht zu genießen. Je nachdem in welcher Umgebung die Anwendung läuft, kann es sein, dass beispielsweise ein IIS die Webanwendung aufgrund von Request-Inaktivität oder Ressourcen-Mangel recycelt. Dann ist es auch vorbei mit dem Hintergrundprozess. Zudem konkurrieren so Hintergrundprozesse und Requests um Ressourcen innerhalb eines Prozesses. Microsoft plant, in späteren Versionen Möglichkeiten zu schaffen, `IHostedService` selbstständig und anderweitig zu hosten. Bis dahin ist es für kritische Hintergrundprozesse möglicherweise sinnvoller, einen Windows- oder Linux-Service zu implementieren, sofern die Möglichkeit besteht.

Integrationstests mithilfe des TestHosts

Microsoft bietet mit dem Nuget-Paket `Microsoft.AspNetCore.TestHost` einen einfach zu nutzenden Mechanismus für den Integrationstest einer ganzen ASP.NET-Core-Webanwendung. Mit dem Testhost startet man innerhalb eines Tests einen kleinen Mini-Webserver und hostet dort die gewünschte Anwendung. Über die `TestServer`-Instanz kann dann über die `CreateClient`-Methode ein vorkonfigurierter `HttpClient` erzeugt werden. So kann die Anwendung im Grunde wie eine Art Blackbox getestet werden. Listing 12-24 zeigt einen Test, der in einer simplen Form zusichert, dass die `Swagger`-Integration aus dem obigen Abschnitt funktioniert. Dazu wird einfach der erwartete URI aufgerufen, über den das `Swagger`-Dokument zur Verfügung gestellt werden soll. Für den Test ist es ausreichend, dass der URI einen Erfolg zurückliefert. Es können aber je nach Testfall weitaus mehr Dinge geprüft werden, bis hin zum gelieferten Content. Das verwendete Unit-Test-Framework ist `NUnit`, es kann aber jedes .NET-Core-unterstützende Test-Framework der eigenen Wahl genutzt werden. Für echte Praxis-Integrationstests sollte allerdings eine `Environment`-Konfiguration oder eigene `Startup`-Klasse verwendet werden, die nicht auf die echten Datenbanken oder Services zugreift, sondern auf Testinstanzen oder Test-Mocks dieser Komponenten. Damit ist auch sichergestellt, dass keine Probleme im Rahmen von Testautomatisierung auftreten.

Listing 12-24: Einfacher Integrationstest mithilfe des TestHost-*Pakets*

```
[Test]
public async Task Test_that_swagger_integration_works_correctly()
{
    var webhostBuilder = new WebHostBuilder().UseStartup<Startup>();
    var testServer = new TestServer(webhostBuilder);
    var httpClient = testServer.CreateClient();

    var swaggerResult = await httpClient.GetAsync("/swagger/v1/swagger.json");
    swaggerResult.EnsureSuccessStatusCode();
}
```

Service-Kommunikation mit HttpClient

Für den einfachen Aufruf von Web APIs ist die Klasse `HttpClient` etabliert, die es über ein recht simples asynchrones Programmiermodell erlaubt, HTTP-Anfragen zu versenden und damit `REST`-Services zu konsumieren. Sie liegt im Namensraum `System.Net.Http` und ist dadurch im Regelfall als Teil des .NET-Core-Framework-Metapakets bereits in den gängigsten Anwendungen verfügbar.

Abfragen von Daten

Ein simpler `GET`-Aufruf über den `HttpClient` könnte beispielsweise folgendermaßen aussehen:

Listing 12-25: Simpler Web-API-Aufruf über HttpClient

```
var httpClient = new HttpClient { BaseAddress = new Uri("http://server:port/") };
var response = await httpClient.GetAsync("api/resource");
```

Beim Erzeugen einer `HttpClient`-Instanz kann der Einfachheit halber der Basis-URI des aufzurufenden Webservers mitgegeben werden, sodass für die Abfrage von Ressourcen nicht immer der volle URI übergeben werden muss. Microsoft hat hier konsequent alle Methoden für den Aufruf von Ressourcen nur als asynchrone Varianten implementiert, was die Nutzung in asynchronen Umgebungen sehr angenehm macht. Anhand des Methodennamens `GetAsync` lässt sich auch korrekterweise erahnen, dass für die anderen HTTP-Verben ähnliche Methodenüberladungen existieren. `GetAsync` liefert dabei eine Instanz vom Typ `HttpResponseMessage` zurück, der recht allgemein und flexibel für unterschiedlichste Anwendungsfälle nutzbar ist. Für den häufig vorkommenden Fall einer simplen Datenabfrage existieren von Hause aus Überladungen, die den Zugriff auf die Daten des Requests vereinfachen. Das folgende Beispiel nutzt zwei unterschiedliche Überladungen, um Daten von einem Webserver abzufragen:

Listing 12-26: Überladungen für das Abfragen von Daten Stream oder String

```
var resultStream = await httpClient.GetStreamAsync("api/employees/1");
var serializer = new DataContractJsonSerializer(typeof(Employee));
var employeeFromContract = (Employee)serializer.ReadObject(resultStream);

var resultString = await httpClient.GetStringAsync("api/employees/1");
var employeeFromString = JsonConvert.DeserializeObject<Employee>(resultString);
```

Die erste Variante nutzt die Stream-basierte Abfrage der Daten und den von Microsoft angebotenen `DataContractJsonSerializer`, um aus dem Stream ein Employee-Objekt zu extrahieren. Zu beachten ist bei der Nutzung des `DataContractSerializers`, dass ASP.NET Core wie bereits erwähnt standardmäßig JSON-Daten mit der dort gebräuchlichen Schreibweise (hier `firstName` beziehungsweise `lastName`) ausliefert, der `DataContractSerializer` aber standardmäßig exakt die Schreibweise der .NET-Properties erwartet (`FirstName` beziehungsweise `LastName`). Die Serialisierung kann durch das Arbeiten mit den Attributen `DataContract` und `DataMember` gesteuert werden, die vom Framework dafür vorgesehen sind:

Listing 12-27: Steuerung der Serialisierung über DataContracts

```
[DataContract]
public class Employee
{
    [DataMember(Name = "id")]
    public int Id { get; set; }
    [DataMember(Name = "firstName")]
    public string FirstName { get; set; }
    [DataMember(Name = "lastName")]
    public string LastName { get; set; }
}
```

Da die `DataContract`-basierte Serialisierung vor allem im Kontext der `SOAP`-basierten Services mit der `Windows Communication Foundation` verbreitet ist, wird dies Entwicklern aus diesem Bereich vertrauter erscheinen. Etwas einfacher und für ASP.NET-Webentwickler bekannter ist der zweite Ansatz, bei dem die Bibliothek `NewtonSoft.Json` benutzt wird, um aus einem JSON-String direkt ein Objekt zu deserialisieren. Die Bibliothek wurde schon länger von Microsoft in ASP.NET-Projekten mit ausgeliefert und ist daher etabliert. Es existieren aber noch genug andere Libraries zur Arbeit mit JSON, die dafür genutzt werden können. Welcher Ansatz dabei gewählt wird, ist letztendlich Geschmackssache und sollte vom jeweiligen Projekt abhängig gemacht werden. Wer nur mit JSON-Daten arbeitet, hat mit dem zweiten Ansatz aber vermutlich einen geringeren Aufwand.

Obwohl HttpClient die Schnittstelle IDisposable implementiert, sollte eine Instanz möglichst wiederverwendet und nicht über das using-Pattern direkt verworfen werden. Hintergrund ist, dass es aufgrund von Garbage Collection und Netzwerkprotokoll-spezifischem Verhalten einige Zeit dauern kann, bis ein von HttpClient verwendeter Netzwerk-Socket wieder freigegeben werden kann. In Anwendungen, die viele Requests abfeuern, wird also schnell ein technisches Limit erreicht. Das kann dazu führen, dass die Anwendung Fehler erzeugt oder nicht mehr reagiert, da sie schneller Ports öffnen möchte, als vorhandene geschlossen werden können. Microsoft arbeitet aber an einer besseren Implementierung von HttpClient im Rahmen von ASP.NET Core 2.1 oder späteren Versionen, die dieses Problem vermeidet.

Versenden von Daten und Reaktion auf Statuscodes

Das Versenden von Daten über POST- oder PUT-Requests gestaltet sich ähnlich einfach wie die Abfrage. Das folgende Beispiel serialisiert mithilfe von NewtonSoft.Json ein Objekt als JSON-String und sendet es zum Server:

Listing 12-28: Versenden von Daten über HttpClient

```
var employee = new Employee { FirstName = "Sebastian", LastName = "Kleinschmager" };
var serializedEmployee = JsonConvert.SerializeObject(employee);
var result = await httpClient.PostAsync("api/employees", new
StringContent(serializedEmployee));
result.EnsureSuccessStatusCode();
```

Die PostAsync- beziehungsweise PutAsync-Methoden sind dabei so gebaut, dass sie HttpContent-Instanzen entgegennehmen. In diesem Fall wurde eine simple StringContent-Instanz genutzt. Es existieren aber noch diverse andere Unterklassen von HttpContent, wie zum Beispiel StreamContent oder MultiPartFormDataContent. Über diese Klassen kann sehr genau gesteuert werden, wie der Body des Requests zu erzeugen ist.

Eine weitere Neuerung in Listing 12-28 ist die Nutzung der EnsureSuccessStatusCode()-Methode der Klasse HttpResponseMessage. Diese existiert, damit Entwickler nicht jeden möglichen Statuscode gegen die existierenden Fehlercodes unterscheiden und prüfen müssen, um festzustellen, ob ein Request erfolgreich war. Wird ein StatusCode zurückgegeben, der einen Fehler darstellt (zum Beispiel 404 oder 500), kommt es zum Laufzeitfehler. Alternativ kann auch manuell die Eigenschaft IsSuccessStatusCode abgefragt und darauf reagiert werden. Wenn auf spezifische StatusCodes eingegangen werden muss, kann über die StatusCode-Eigenschaft der Antwort der exakte StatusCode abgefragt werden, der als HttpStatusCode-enum-Instanz bereitgestellt wird.

Arbeiten mit Headern und HttpRequestMessage

Für die Steuerung von Header-Informationen gibt es zwei Stellen, die wichtig sind. Grundsätzlich kann über das `HttpClient`-Objekt eine Liste von Standard-Headern konfiguriert werden, die bei jedem über das `HttpClient`-Objekt gesendeten Request mitgeliefert werden:

Listing 12-29: Setzen von Standard-Request-Headern über HttpClient

```
httpClient.DefaultRequestHeaders.Clear();
httpClient.DefaultRequestHeaders.Accept.Add(MediaTypeWithQualityHeaderValue.Parse("app
lication/json"));
httpClient.DefaultRequestHeaders.AcceptLanguage.Add(StringWithQualityHeaderValue.Parse
("de"));
```

Das Setzen von Headern über diese Stelle ist jedoch nicht sinnvoll für Header-Informationen, die den versendeten Content betreffen, daher werden diese Header-Informationen über die Content-Objekte gesetzt:

Listing 12-30: Setzen von Content-Headern über Content-Objekte

```
var stringContent = new StringContent(serializedEmployee);
stringContent.Headers.ContentType =
MediaTypeWithQualityHeaderValue.Parse("application/json");
var result = await httpClient.PostAsync("api/employees", stringContent);
```

Sollten die von `HttpClient` mitgelieferten Methodenüberladungen nicht ausreichen, um den gewünschten Anwendungsfall abzubilden, kann ein HTTP-Request komplett manuell über die Klasse `HttpRequestMessage` konfiguriert und abgesendet werden. Dies könnte zum Beispiel genutzt werden, wenn man ein exotischeres HTTP-Verb wie `HEAD` benutzen möchte oder den Content und die Header stark anpassen muss. Listing 12-31 demonstriert den Versand eines simplen `HEAD`-Requests.

Listing 12-31: Manuelle Konfiguration und Versand eines HTTP-Requests

```
var request = new HttpRequestMessage(HttpMethod.Head, "api/employees/1");
var response = await httpClient.SendAsync(request);
```

Generieren von Clients für Swagger-Spezifikationen

Für die automatische Generierung von Clients auf Basis von Swagger-Spezifikationen existieren diverse Projekte und Bibliotheken, wie zum Beispiel `swagger-codegen`, `AutoRest`, `NSwag` und andere. Alle haben unterschiedliche Anforderungen, Abhängigkeiten und Konfigurationen. Hier soll kurz die von Microsoft als Open Source bereitgestellte Bibliothek `AutoRest` gezeigt werden, die für diverse Programmiersprachen Clients generieren kann. Um damit arbeiten zu können, muss eine aktuelle Version der Node.js-Laufzeitumgebung installiert werden, die auch gleich den `npm`-Paketmanager mit ausliefert. Das mag auf den ersten Blick umständlich erscheinen, aber an `Node.js` und den damit verbundenen Tools führt in der modernen Webentwicklung generell fast kein Weg mehr vorbei, sodass bereits fast alle Web-Developer diese Tools installiert haben. Nach Installation von `Node.js` kann auf der Kommandozeile `AutoRest` per `npm` global installiert werden. Danach muss nur noch ein kurzer Befehl mit Referenz auf die `swagger.json`-Datei ausgeführt werden, dem man auch die gewünschte Zielsprache übergibt. Beide Befehle sind in Listing 12-32 kurz gezeigt.

Listing 12-32: Installation von AutoRest *und Generierung von C#-Client-Code*

```
npm install -g autorest
autorest --input-file=swagger.json --output-folder=Client --csharp
```

Danach kann der generierte Code in ein Projekt eingebunden werden, sofern er nicht sofort in einen Projektordner generiert wurde. Dieser Code ist letztendlich ein Wrapper um den `HttpClient`, der auf ähnliche Art und Weise zu benutzen ist. Zudem muss das entsprechende Projekt einen Verweis zum `Microsoft.Rest.ClientRuntime`-Nuget-Paket hinzufügen, das auch transitiv für die Installation des `Newtonsoft.Json`-Pakets sorgt. Die generierten Methodennamen sind ohne weiteres eigenes Zutun nicht sonderlich intuitiv (Listing 12-33), da einfach die standardmäßig generierten Bezeichner und Metadaten der `swagger.json`-Datei übernommen werden. Dies kann aber über die unterschiedlichsten Teile der `Swagger`-Spezifikation gesteuert werden.

Listing 12-33: Nutzung einer durch AutoRest *generierten C#-Bibliothek*

```
var employeeApi = new EmployeeAPI {BaseUri = new Uri("http://localhost")};
var employee = await employeeApi.ApiEmployeesByEmployeeIdGetAsync(1);
```

Ausblick auf Neuerungen durch ASP.NET Core 2.1

Mit dem anstehenden Update auf die Version 2.1 werden einige kleine, aber sinnvolle Verbesserungen für ASP.NET Web API eingeführt. Im Folgenden werden diese kurz besprochen.

Annotation [ApiController]

Um ein noch besseres Standardverhalten in Web-API-Anwendungen zu integrieren und Code zu sparen, wird das `ApicontrollerAttribute` bereitgestellt. Mit diesem Attribut annotierte Controller müssen nun auf jeden Fall mit Attribute-Routing ausgestattet werden und sind nicht mehr über das reguläre konventionsgetriebene MVC-Routing ansprechbar (Listing 12-34).

Listing 12-34: Nutzung des ApiController-*Attributs*

```
[Route("api/[controller]")]
[ApiController]
public class EmployeesController : controllerBase { }
```

Zudem führt die Nutzung des Attributs zu weiterem neuen Verhalten. Die Nutzung der `FromBody`-, `FromRoute`- und `FromQuery`-Attribute wird als Standard angenommen. Das heißt, `FromBody` wird für komplexe Objekte vorausgesetzt, `FromRoute` und `FromQuery` für einfache Typen. Des Weiteren wird bei invalidem `ModelState` nun automatisch eine `400 Bad Request`-Antwort erzeugt und muss nicht mehr durch die Entwickler selbst ausgelöst werden.

ActionResult<T>-Rückgabewerte

Der neue generisch parametrisierbare Typ `ActionResult<T>` erlaubt es, unterschiedliche Antworten in einer Action-Methode zurückzugeben (`NotFound`, `Created`, `BadRequest` etc.), aber gleichzeitig stark typisierte Information über den möglichen Content eines erfolgreichen Requests zu kommunizieren (Listing 12-35).

Listing 12-35: Nutzung des neuen ActionResult<T>*-Rückgabewerts*

```
[HttpGet("{employeeId}")]
public ActionResult<EmployeeDetails> GetDetails(int employeeId)
{
    [...]
}
```

Dies verbessert die Les- und Testbarkeit, erleichtert aber auch Tools wie `Swashbuckle` das Auslesen der API-Metadaten und damit das Generieren von besseren Swagger-OpenAPI-Beschreibungen. Bei dem nicht generischen `IActionResult` muss man in der Regel den Rückgabetyp mit `Annotation [ProducesResponseType]` genauer beschreiben.

Optimierte Input-Verarbeitung

Wenn im einkommenden Request Daten nicht richtig formatiert sind und daher nicht richtig deserialisiert werden können, wird bisher eine eher generische Meldung geliefert, zum Beispiel »the input was not valid«. Mit dem Update wird ausführlicher zurückgeliefert, was genau fehlgeschlagen ist, also beispielsweise in welcher Zeile und Position des JSON-Contents der Parser auf einen Fehler gestoßen ist. Zudem können nun Eingabeparameter von Action-Methoden mit Validierungsattributen versehen werden (Listing 12-36).

Listing 12-36: Annotieren von Action-Methoden-Parametern mit Validierungsattributen

```
[HttpGet]
public ActionResult<IEnumerable<Employee>> Get([Required] string search)
{
    [...]
}
```

Unterstützung von Problemdetails für HTTP-APIs

Mit der RFC 7808 wurde ein einheitliches Format für die Übertragung von Fehlerinformationen für HTTP-APIs geschaffen. Dies betrifft vor allem die Rückgabeinformationen von 400 Bad Request-Antworten, die durch das Problem Details Format API-übergreifend vereinheitlicht werden können. Die beiden offiziell vorgeschlagenen Formate sind application/problem+json und application/problem+xml. Aktiviert wird das neue Verhalten über die ApiBehaviorOptions in der ConfigureServices-Methode (Listing 12-37). In diesem Beispiel werden die Problem Details aus dem ModelState Dictionary des entsprechenden Requests befüllt.

Listing 12-37: Aktivieren des Rückgabeformats für Problemdetails für 400 Bad Requests

```
services.Configure<ApiBehaviorOptions>(options =>
{
    options.InvalidModelStateResponseFactory = context =>
    {
        var problemDetails = new ValidationProblemDetails(context.ModelState)
        {
            Instance = context.HttpContext.Request.Path,
            Status = StatusCodes.Status400BadRequest,
            Type = "http://my-application",
            Detail = "Details can be found in the errors property."
        };
        return new BadRequestObjectResult(problemDetails) { ContentTypes = {
"application/problem+json" } };
    };
});
```

Nun würden standardmäßig alle durch Fehler im ModelState ausgelösten 400-Bad-Request-Antworten im application/problem+json-Format ausgeliefert. Das Format enthält neben einer simplen Liste mit Fehlern für die jeweiligen Modell-Eigenschaften noch einen Satz von Metadaten. Eine beispielhafte Antwort in diesem Format ist in Listing 12-38 gezeigt:

Listing 12-38: Beispielhafte Antwort auf Problemdetails im application/problem+json Format

```
{
  "errors": {
    "firstName": [
      "The firstName field is required."
    ]
  },
  "type": " http://my-application",
  "title": "One or more validation errors occurred.",
  "status": 400,
  "detail": " Details can be found in the errors property.",
  "instance": "/api/employees"
}
```

JSON-Patch-Erweiterungen

Die JSON-Patch-Implementierung, die mit dem Framework ausgeliefert wird, unterstützt nun auch das Verändern, Löschen, Hinzufügen von Werten zu Dictionaries, die nicht String-basiert sind. Dies war vorher nicht möglich. Das heißt, andere Typen wie `Guid`, `int` etc. können nun auch in Parameter-Objekten verwendet werden. Zudem wurde Unterstützung für die `test`-Operation eingeführt. Diese Operation definiert Prüfungen, die erfolgreich verlaufen müssen, damit der Satz der gewünschten Änderungen angewendet werden darf. Die in Listing 12-39 gezeigte JSON-Patch-Liste würde zu einem Fehler führen, wenn das Objekt, auf das sie angewendet wird, nicht den Wert `Max` im Feld `firstName` enthält. Im Erfolgsfall würde die `replace`-Operation auf das Objekt angewendet und der Wert `Mustermann` in den `lastName` geschrieben.

Listing 12-39: Nutzung der test-Operation von JSON-Patch

```
[
  { "op": "test", "path": "/firstName", "value": "Max" },
  { "op": "replace", "path": "/lastName", "value": "Mustermann" }
]
```

KAPITEL 13

Microservices mit ASP.NET Core Web API und RabbitMQ

Microservices sind in aller Munde. Dieses Kapitel beschäftigt sich mit den Grundlagen von Microservices, was sie ausmacht, den Vor- und Nachteilen des Einsatzes sowie einigen Praxistipps zu Anwendungsfällen in einer solchen Umgebung. Die Beispiele sind mit ASP.NET Core als Basistechnologie umgesetzt, als asynchroner Kommunikationskanal wird der `RabbitMQ` Message Bus benutzt.

Grundlagen von Microservices

Es gibt keine exakte Definition davon, was genau Microservices sind. Auch ist sich die Fachwelt nicht einig, ob es sich bei Microservices um eine Form von Softwarearchitektur oder um ein Pattern handelt. Wie so oft in der Softwaretechnik ist der Ansatz bei Microservices eher handwerklich pragmatisch statt wissenschaftlich fundiert. Für die meisten Softwareentwickler ist diese Diskussion also irrelevant, sofern sie trotzdem einschätzen können, welche Vor- und Nachteile eine Softwarelandschaft nach diesem Vorgehen mit sich bringt.

Damit man diese Vor- und Nachteile in einen sinnvollen Kontext heben kann, sprechen wir zu Beginn ganz kurz über einige der wichtigsten Eigenschaften, die Microservices in der Regel zugesprochen werden:

1. Erfüllen eine Aufgabe
2. Sind einem Entwicklungsteam fest zugeordnet
3. Besitzen eine eigene autarke Datenhaltung
4. Können voneinander technologisch unabhängig entwickelt werden
5. Sind unabhängig versionierbar und veröffentlichbar

Schauen wir uns diese Stichpunkte im Detail an. Punkt 1 ist zunächst recht intuitiv: So sollen sie autarke, autonome Dienste darstellen, die eine definierte Aufgabe erfüllen, beziehungsweise Funktionen für ein eng abgegrenztes Aufgaben- oder Themengebiet bereitstellen.

Spannend wird es erst mit der zweiten Einschränkung, dass ein Microservices einem Team fest zugeordnet ist. Das bedeutet im Umkehrschluss wiederum, dass ein Microservice nicht größer sein darf, als von einem kleinen Team verwaltbar. Wenn wir von kleinen Teams sprechen, dann meinen wir in diesem Fall die in der agilen Softwareentwicklung weit verbreiteten Teamgrößen von ungefähr fünf bis sieben Personen. Bei dieser Form von Größenbeschränkung ist zumindest schon einmal ein Gefühl für den Umfang vorhanden. Im Idealfall wäre es sogar so, dass die Microservices klein genug sind, dass mehrere von ihnen einem Team zugeordnet werden können. Eine gelegentlich genannte Daumenregel besagt, dass ein Service nur so groß sein darf, dass er vom verwaltenden Team innerhalb einer Entwicklungsiteration (in der agilen Entwicklung meist ein Sprint von 2 bis 3 Wochen) komplett neu gebaut werden kann. Normalerweise bedeutet die Anforderung auch, dass jeder Service in einem eigenen Code-Repository verwaltet wird.

Wer bis jetzt noch dachte, dass eine ähnliche Art von Zuordnung und Verwaltung auch in einem sauber geschnittenen, monolithischen System möglich sind, für den ist die dritte Eigenschaft vermutlich problematisch. Und zwar soll jeder Microservice eine eigene autonome Datenhaltung haben, sofern er denn eigene Daten verwaltet. Dies bedeutet, dass sich Microservices keine Datenbank teilen dürfen. Wobei auch hier nicht immer exakt definiert ist, ob beispielsweise ein eigenes Schema pro Microservice in einer Datenbank, oder eigene Datenbanken pro Microservice innerhalb eines DBMS schon dieser Anforderung genügen. Wichtig ist tatsächlich vor allem die Tatsache, dass Zugriff auf die Daten nur über die Schnittstellen der Services getätigt werden, nicht mehr über einen direkten Zugriff auf die Datenbank. Für reinen Lesezugriff ist es aber durchaus erlaubt, redundante Datenkopien aus anderen Services vorzuhalten. Hier entsteht also spätestens ein radikaler Bruch im Vergleich zu vielen monolithisch geplanten Systemen.

Konsequent wirkt auch die vierte Eigenschaft, nämlich die technologische Unabhängigkeit. Dogmatisch interpretiert bedeutet dies, dass ein Team entscheiden kann, einen Microservice mit Java oder einer anderen Technologie umzusetzen, auch wenn vielleicht die Unternehmenstechnologien eher im .NET-Bereich angesiedelt sind. Dies gilt auch für die Datenhaltung. Ist ein Team der Meinung, dass eine relationale Datenbank nicht der richtige Ablageort für alle oder einen Teil der Microservice-Daten ist, so kann es autark entscheiden, die Daten zum Beispiel in einer sog. No-SQL-Datenbank abzulegen.

Im besten Fall kann man die nun entstandenen Microservices, wie in der fünften Eigenschaft formuliert, separat versionieren und auch veröffentlichen. So kann es durchaus sein, dass für ein Feature nur wenige der genutzten Services geändert werden müssen, sodass auch nur diese neu veröffentlicht werden sollten. Letztendlich sind also Microservices in gewisser Weise ein Ansatz, um die lose Kopplung in der Softwareentwicklung auf die nächste Ebene zu heben. Die Abgrenzung zum älteren Ansatz der serviceorientierten Architekturen (SOA) ist insgesamt eher im Detail zu suchen, beispielsweise durch die Vorgabe der spezifischen Datenhoheit und dass SOA Services oft weitaus gröber geschnitten werden. Manche behaupten nun, Microservices wäre »SOA done right«, aber wir überlassen es dem Leser oder der Leserin, zu entscheiden, welcher Ansatz der attraktivste ist. Wie so oft gibt es in der Softwareentwicklung kein richtig oder falsch.

Abbildung 13-1 skizziert eine beispielhafte Struktur für eine mit Microservices umgesetzte Anwendung. Die Benutzeroberfläche – beispielsweise eine Webanwendung – kommuniziert in diesem Fall mit einem Service, der für die Oberfläche als zentrale Schnittstelle agiert und von dort bei Bedarf an angeschlossene Services in der Umgebung weiterleitet. Diese sogenannte UI-Fassade ist ein verbreitetes Pattern mit unterschiedlichen Vor- und Nachteilen. Genauso gut könnte die Oberfläche auch mit den unterschiedlichen Services direkt kommunizieren. In diesem Beispiel hat jeder Service eine Datenbank mit Daten, über die er die jeweilige Hoheit besitzt. Nicht jeder Service muss aber zwangsweise Daten verwalten, Services dürfen auch zustandslos sein. Der Stammdatenservice würde beispielsweise Katalogdaten wie Warengruppen, Artikeldaten und Ähnliches bereitstellen, der Bestellungsservice verwaltet Status und Ablauf von Bestellungen, während der Dispositionsservice wiederum mögliche weitere Prozesse steuert, die für Verpackung und Versand von Ware zuständig sind. Zugegeben ist dies nur eine sehr vereinfachte Sicht, und echte Prozesse sind meist weitaus komplexer, aber es zeigt, wie das grundsätzliche Prinzip funktionieren kann.

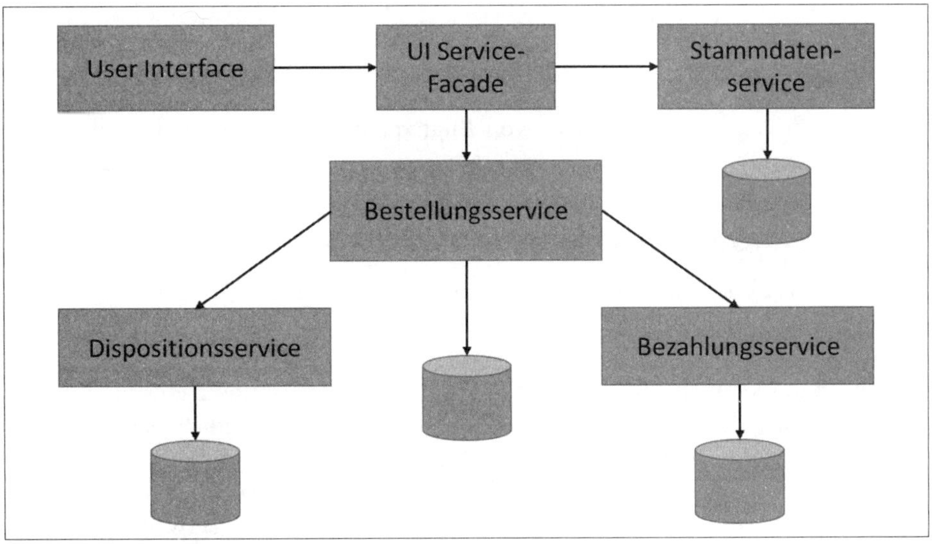

Abbildung 13-1: Beispiel für eine kleine Microservice-Landschaft

Mögliche Vorteile von Microservices

Besprechen wir nun eine Auswahl von Vorteilen einer mit Microservices umgesetzten Umgebung. Einer der sehr offensichtlichen Vorteile von Microservices ist vor allem die lose Kopplung, die durch diese Art des Systemschnitts entsteht. Ähnlich einem guten objektorientierten Entwurf entfalten sich also auch die Vorteile der losen Kopplung wie zum Beispiel bessere Austauschbarkeit/Testbarkeit der einzelnen Services durch diesen Ansatz. Innerhalb eines Service ist dann auch eine hohe Kohäsion der enthaltenen Funktionen und Daten das Ergebnis.

Ein weiterer großer Vorteil ist auch die technologische Unabhängigkeit, die es erlaubt, das richtige Werkzeug für den richtigen Einsatz zu nutzen, wie bereits erwähnte unterschiedliche Persistenztechnologie. Auch kann ein Service möglicherweise in einer funktionalen Sprache implementiert werden, die sich für den jeweiligen fachlichen Anwendungsfall besser eignet.

Eine verbesserte Ausfallsicherheit und Robustheit des gesamten Systems ist ein weiterer möglicher Vorteil. Wenn in einer monolithischen Anwendung ein Fehler im Ablauf eines Teils des Systems möglicherweise einen Ausfall des gesamten Systems mit sich bringt, ist in einer Microservice-Umgebung im besten Fall nur der Problemservice von dem Ausfall betroffen. Andere Services können Maßnahmen bereithalten, um trotzdem noch arbeiten zu können.

Skalierbarkeit ist ein weiteres Schlagwort. Services können einzeln mit zusätzlicher Hardware ausgestattet oder auch horizontal skaliert werden, das heißt, es werden mehr Instanzen eines Service an das System angeschlossen, um Last besser zu verteilen. Dieser Ansatz spielt vor allem bei weitgehend zustandslosen Services seine größten Stärken aus.

Auch ein vereinfachtes Deployment der Services ist ein Vorteil. Wenn sich beispielsweise an einer externen Schnittstelle nichts ändert und nur ein Bug repariert wurde, dann ist es kein Problem, nur den betroffenen Service neu zu veröffentlichen, was die Zeit zum Ausrollen von Bugfixes und neueren Features drastisch verkürzen kann.

Mögliche Nachteile von Microservices

Keine Vorteile ohne Nachteile, das gilt auch für Microservices. Ganz besonders sollte hierbei auf die steigende Komplexität von Infrastruktur und technischer Kommunikation hingewiesen werden. Verteilte Systeme sind inhärent schwerer zu verwalten, so muss doch immer auch Aufwand und Wartung in die Kommunikationsinfrastruktur gesteckt werden, die bei eher monolithischen Systemen meist deutlich kleiner ausfällt. Überwachung und Fehlersuche in Microservices-Strukturen sind herausfordernder als in Einzelanwendungen. Man kann mit Fug und Recht behaupten, dass also sowohl der Aufwand für den Aufbau der Umgebung steigt, als auch die Verwaltung komplizierter wird. Komplizierter heißt aber nicht unbedingt langsamer, da eine gute Microservice-Umgebung mithilfe von starker Automatisierung auch für kleine Teams gut und schnell verwaltbar bleibt. Aber die Zeiten, in denen es reichte, ein Repository auszuchecken, auf *Kompilieren* zu klicken und die fertige Anwendung laufen zu haben, sind bei der Entscheidung für Microservices endgültig vorbei. Diese Tatsachen stellen die Teams sowohl auf organisatorischer Ebene als auch die einzelnen Entwickler in technischer Hinsicht vor große Herausforderungen.

Die Datenhaltung und das Abfragen von Daten werden in einer Microservice-Umgebung auch komplizierter. Wo früher möglicherweise einfach die nötigen Tabellen einer relationalen Datenbank gemeinsam abgefragt werden konnten, müssen hier oft unterschiedliche Services angefragt werden, um die nötigen Daten zusammenzutragen. Das betrifft in noch stärkerer Form das Ändern und Anlegen von Daten, da die Datenhoheit fest vorgegeben ist und nur der Service mit Datenhoheit Änderungen an seinen Daten vornehmen darf. Noch gravierender kann sich dies auf Systeme auswirken, die transaktional funktionieren. In den meisten Fällen sollte auf Service-übergreifende Transaktionen verzichtet werden.

Oft lernen Entwickler, dass es sehr sinnvoll ist, Code-Redundanz zu vermeiden und möglichst viel Code in zentrale Strukturen wie gemeinsame Bibliotheken auszulagern. Die oft zitierte »Don't repeat yourself«-Regel lässt grüßen. In Microservices werden Verletzungen dieser Regel aber bewusst in Kauf genommen, um zu vermeiden, dass Änderungen an zentralen Komponenten ein Deployment oder eine Aktualisierung vieler Services nötig macht.

Modellierung von Microservices

Egal nach welchem Ansatz man letztendlich seine Microservice-Strukturen schneidet und aufteilt, man sollte bereits eine sehr gute Kenntnis der fachlichen Problemdomäne besitzen. Die Begründung ist recht simpel: Innerhalb eines monolithischen Projekts mag es noch einigermaßen übersichtlich und machbar sein, eine falsch geschnittene Teilkomponente aufzuteilen oder mehrere zusammenzulegen. In einer Microservice-Struktur werden solche Änderungen noch um einiges aufwendiger. Einen Service zu groß anzulegen, ist dabei noch die weniger aufwendige Variante, da es meist einfacher ist, Logik und Daten aufzuteilen, als sie wieder zusammenzulegen. Dies ist auch der Grund, warum es durchaus sinnvoll sein kann, mit einer sauber geschnittenen monolithischen Umgebung zu starten, zumindest in den Teilen der fachlichen Domäne, über die man noch relativ wenig Kenntnisse gesammelt hat. Aus diesem großen System können dann nach und nach einzelne Microservices extrahiert werden.

Zur Modellierung der einzelnen Services gibt es unterschiedliche Varianten, die in der Praxis meist nicht in ihrer reinen Form existieren. Diese sind entweder Aufteilung nach Funktions-/Lebenszyklus-Abschnitt (zum Beispiel Validierung/Aufbereitung von Daten), fachlichem Kontext (zum Beispiel Bestellabwicklung) oder fachlicher Entität (beispielsweise ein Service, der alle Operationen rund um die Entität Kunde anbietet). Entitätsspezifische Dienste (zum Beispiel ein reiner CustomerService nur zur Verwaltung von Kundendaten) gelten dabei meist als Anti-Pattern, da sie zu starr sind und bei Features immer sehr viele Services angepasst werden müssen. Auch hier hängt es vom Anwendungsfall ab, welcher Modelierungsansatz richtig oder falsch sein kann. Die Technik des `Domain-Driven-Design` wird oft als gute Modellierungsmethode für den Bau von Microservices zitiert. Unabhängig von der Wahl des Ansatzes ist ein gutes Verständnis der fachlichen Domäne wie bereits erwähnt absolut essenziell. Denn um möglichst viele Effizienzgewinne aus einer Microservice-Struktur zu ziehen, muss es möglich sein, neue Features so zu implementieren, dass ein einzelnes fachliches Feature beziehungsweise neue Funktion möglichst wenig Services tangiert. Wenn die Umgebung so ungünstig geschnitten ist, dass neue Features Änderungen an vielen oder allen Services und damit große Deployments nötig machen, hat man einen sogenannten Deployment-Monolithen entwickelt. Dies gilt es zu vermeiden.

Integration und Kommunikation von Microservices

Während es in anderen Strukturierungsansätzen durchaus erlaubt ist, Services über die Datenbank zu integrieren und kommunizieren zu lassen, ist dies in der Microservice-Welt möglichst zu vermeiden. Das heißt, es müssen andere Wege gefunden werden, wie Services sich untereinander Daten zusenden beziehungsweise Daten bei anderen Services abfragen. Wir werden uns in diesem Kapitel dazu erst einmal abstrakt mit möglichen Sichten auf Kommunikation zwischen Microservices beschäftigen und dann einige Beispiele für konkrete Umsetzungen dieser Kommunikation mit .NET-Core-Technologien betrachten. Bei der Einordnung von Kommunikationsmechanismen für Microservices lassen sich Unterscheidungen grob anhand der folgenden Sichten treffen, die dann im weiteren Verlauf dieses Kapitels ausführlicher erklärt werden sollen:

- Synchrone versus asynchrone Kommunikation
- Messaging-basierte versus Request-Response-Kommunikation
- Gesteuerte (orchestriert) versus Event-getriebene Kommunikation (choreographiert)

In der Praxis wird keine Microservice-Architektur nur mit einem der Mechanismen auskommen, sondern eine Durchmischung ist absolut sinnvoll, und der richtige Mechanismus und Weg sollte je nach Anwendungsfall ausgewählt werden. Trotzdem ist ein gutes Verständnis der Alternativen essenziell, um die optimale Form der Kommunikation für den gewünschten Anwendungsfall zu finden.

Synchrone und asynchrone Kommunikation

Die Unterscheidung zwischen synchroner und asynchroner Kommunikation lässt sich am besten an einem Beispiel verdeutlichen. Ein Mitarbeiter (Service A) möchte sich einen Kaffee kochen. Er bedient sich dazu einer Kaffeemaschine (Service B). Nachdem er den Vorgang des Kaffeekochens der Maschine gestartet hat, wartet er untätig vor der Maschine, bis diese mit ihrer Arbeit fertig ist. Das heißt, bei synchroner Kommunikation wartet der Aufrufer explizit auf eine Antwort des aufgerufenen Service und ist in dieser Zeit blockiert. Läuft die Kommunikation dagegen asynchron, ist der Mitarbeiter in der Zeit frei für andere Arbeiten. Er wird dann nach Abschluss der Arbeit der Kaffeemaschine benachrichtigt oder schaut selbsttätig zwischendurch nach dem Stand. Abbildung 13-2 veranschaulicht die beiden Kommunikationsarten noch einmal. Wichtig ist, sich dabei klar zu machen, dass die Meldung des Fertigstellens der Arbeit sowohl durch eine Benachrichtigung (Push) als auch durch aktives Nachschauen (Pull) umgesetzt werden kann.

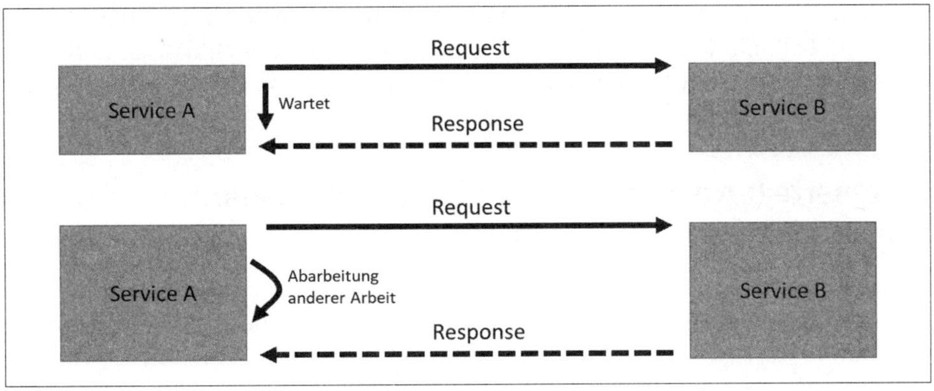

Abbildung 13-2: Synchrone (oben) im Vergleich zu asynchroner Kommunikation (unten)

Messaging-basierte versus Request-Response-Kommunikation

Diese Sicht auf Kommunikation beschäftigt sich stärker mit dem Kommunikationskanal, der für den Austausch von Daten zwischen Services benutzt wird. Bei der Request-Response-Kommunikation findet in der Regel ein direkter Nachrichtenaustausch zwischen zwei Services statt. Die Betonung liegt hier auf direkt. Im Allgemeinen weiß Service A die Adresse von Service B und ruft auf diesem auch eine fest definierte Operation oder Ressource auf. Anders funktioniert die Kommunikation über einen Messaging-Mechanismus. Hier sendet Service A eine Nachricht an einen Vermittler, meist Message-Bus genannt. Dieser sorgt dafür, dass die Nachricht an mögliche Interessenten weitergeleitet wird. Es ist also eine indirekte Form der Kommunikation. Im Regelfall registrieren sich diese Interessenten aktiv beim Message Bus, und es wird nach einer Art Abo-Modell gearbeitet. Die Interessenten teilen hierbei oft noch mit, für welche Nachrichten sie sich interessieren. Service A muss hierbei nicht wissen, wer seine Nachricht letztendlich verarbeitet und ihm möglicherweise eine Antwort bereitstellt.

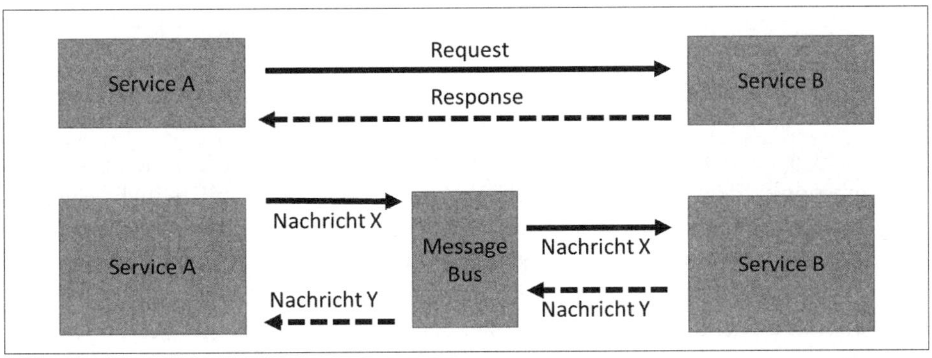

Abbildung 13-3: Request/Response (oben) versus Messaging-basierte Kommunikation (unten)

In Abbildung 13-3 sind beide Ansätze noch einmal skizziert. Nachricht X des Service A wird hierbei vom Message Bus an Service B (und möglicherweise noch weitere andere Services) weitergeleitet. Dieser verarbeitet die Nachricht und reagiert in diesem Fall mit dem Versand von Nachricht Y auf den Abschluss seiner Arbeit. Nachricht Y war in diesem Fall auch das, worauf Service A gewartet hat, um seine eigenen Arbeiten abschließen zu können.

Gesteuerte (orchestriert) versus Event-getriebene Kommunikation (choreografiert)

Zuletzt betrachten wir noch die Art und Weise, wie Kommunikationsprozesse in Microservices-Strukturen insgesamt ablaufen können. Das bedeutet, wie die Kommunikation für einen Gesamtprozess durch die Microservice-Landschaft fließt. In Abbildung 13-4 können die beiden Ansätze verglichen werden. Bei der gesteuerten Kommunikation ist meist ein Service derjenige, der den Geschäftsprozess steuert und dabei weitere Services aufruft, die für den Abschluss des Geschäftsprozesses benötigt werden. Dabei ist nicht festgelegt, ob diese Aufrufe zwangsweise sequenziell oder auch parallel aufgerufen werden können und ob Service A dabei blockiert bleibt oder nicht. Wichtig ist der Fokus auf die zentrale Steuerung. Daher auch die Analogie der Orchestrierung. Service A wirkt also wie ein Dirigent, der das Orchester steuert.

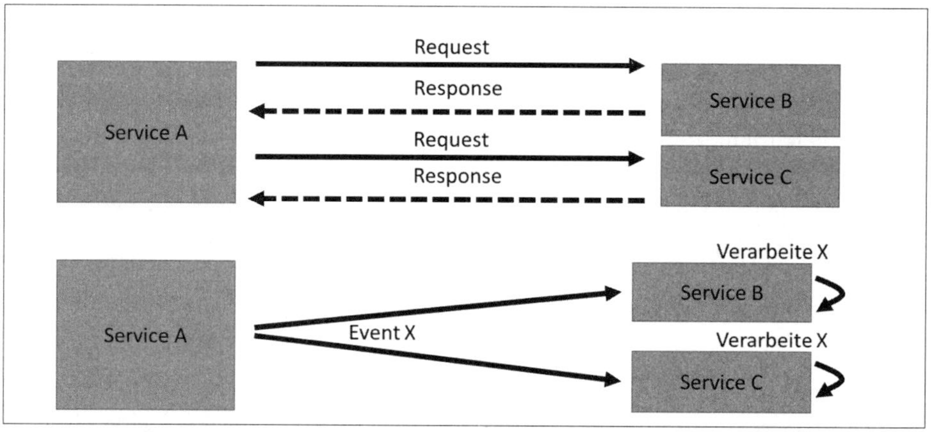

Abbildung 13-4: Zentral gesteuerte (oben) versus Event-getriebene Kommunikation (unten)

Bei der Event-getriebenen Kommunikation ist Service A zwar immer noch der Ausgangspunkt der Kommunikation, aber er weiß grundsätzlich nicht, welche Services mit welcher Operation auf sein Event reagieren. Das einzige, was er potenziell wissen muss, ist, dass ihm irgendwann ein Event beziehungsweise eine Nachricht Y zugestellt wird, die für ihn den Abschluss seiner Arbeiten markiert. Es kann aber auch genauso gut sein, dass er seine Arbeit bereits mit Versenden von Event X als beendet ansieht. Der Begriff der Choreografie soll als Analogie hier zeigen, dass zwar jeder Service seinen Teil zum Ganzen beiträgt, wie ein Tänzer in einer choreografierten Show, aber es keine zentrale Instanz gibt, die den Tänzern Signale für ihren Einsatz gibt.

.NET-Core-Technologien zur Umsetzung von Service-Kommunikation

Zur Umsetzung der oben erklärten Kommunikationsmechanismen existieren die unterschiedlichsten Technologien und Protokolle. Ein möglicher Ansatz für die synchrone Kommunikation sind zum Beispiel die in der .NET-Welt weit verbreiteten SOAP-basierten Services, umgesetzt durch die Windows Communication Foundation. In diesem Kapitel konzentrieren wir uns nur auf Technologien aus dem Dunstkreis von .NET Core und dort vor allem mit der HTTP-basierten Kommunikation und sogenannten RESTful-Webservices. Die Grundlagen dafür wurden in den vorherigen Kapiteln zu Web APIs mit ASP.NET Core ausführlich beschrieben. Für die noch fehlenden Grundlagen zur asynchronen Kommunikation werden wir im Folgenden einen Blick auf den RabbitMQ Message Broker werfen.

Asynchrone Service-Kommunikation über RabbitMQ

Die meisten Mechanismen der asynchronen Kommunikation funktionieren über zentrale Messaging- oder sogenannte `Enterprise Service Bus` (`ESB`)-Systeme. Große Messaging-Systeme wie zum Beispiel `NServiceBus` bieten meist Funktionen und Features, die weit über das hinausgehen, was einen simplen Kommunikationskanal ausmacht, auch wenn die Abgrenzung zwischen ESBs und den einfacheren Messaging- beziehungsweise Queuing-Systemen nicht immer trennscharf ist. Meist etwas simpler gestrickt sind die erwähnten Messaging-Systeme (oder Message Broker genannt). Namhafte Vertreter solcher Systeme sind zum Beispiel `Kafka`, `RabbitMQ` , `Microsoft Message Queuing (MSMQ)`, `Azure Service Bus`. Wie die Kapitelüberschrift schon andeutet, soll in diesem Teil `RabbitMQ` als Vertreter der Messaging-Systeme vorgestellt und eingeführt werden. `RabbitMQ` basiert auf dem `Advanced Message Queuing Protocol` (`AMPQ`), ein offener Standard für Messaging-Systeme und Messaging-Middleware. `AMQP` Dienste bieten sich gut an, um darauf beliebig komplexere Anwendungen zu konstruieren. Nicht ohne Grund nutzt das `NServiceBus`-Projekt zum aktuellen Zeitpunkt `RabbitMQ` als Standard-Kommunikationskanal.

Das Producer-Consumer-Modell

`RabbitMQ` wird als einzelner Server oder Cluster installiert und danach als zentrale Kommunikationsinstanz von diversen Clients angesprochen. Dabei bietet `RabbitMQ` unterschiedliche Mechanismen für den Versand und die Weiterleitung von Nachrichten. Der einfachste ist dabei der simple Producer-Consumer-Ansatz (Abbildung 13-5). Die Anwendungsfälle für die Producer-Consumer-Mechanik sind unterschiedlich. So kann damit beispielsweise eine simple asynchrone 1-zu-1-Kommunikation zwischen zwei Komponenten umgesetzt werden, aber auch genauso das Auslagern von langlaufenden Aufgaben an mehrere sogenannter

Worker-Prozesse, die von einem Auftraggeber gesteuert werden, wie es auch in der Abbildung angedeutet ist.

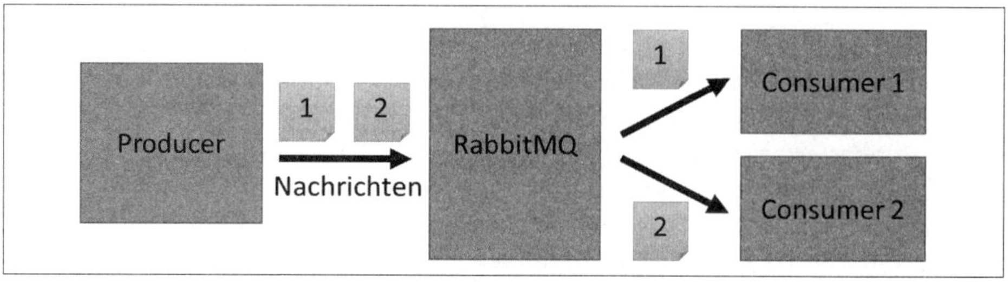

Abbildung 13-5: Producer-Consumer-Kommunikation über RabbitMQ

Zentral für die Producer-Consumer-Kommunikation in `RabbitMQ` sind die sogenannten Queues. Eine Queue (Warteschlange) ist wie ein einfacher Posteingang gestrickt, in dem Nachrichten von einem Producer abgelegt werden können. `RabbitMQ` behält diese Nachrichten dabei so lange in der Queue, bis sich ein Consumer registriert, der eine Nachricht empfangen kann. `RabbitMQ` kann prinzipiell beliebig viele Queues verwalten, die nach ihrem Zweck benannt werden sollten, zum Beispiel `NewOrders` für neue abzuarbeitende Bestellungen. Ein Consumer bekommt dabei immer die älteste Nachricht weitergeleitet, das heißt, es wird nach dem First-in-First-out-(FIFO-)Prinzip gearbeitet (wie man es von einer Queue erwarten würde). Diese Nachricht wird danach aus der Queue entfernt und ist damit nicht mehr im Verwaltungsbereich von `RabbitMQ`. `RabbitMQ` ist hierbei also nur der Verteiler der Nachrichten und interessiert sich normalerweise in keinster Weise für deren Inhalte. Existieren mehrere Consumer, werden die Nachrichten standardmäßig nach dem `Round-Robin`-Verfahren an die verfügbaren Consumer gesendet. Die Anzahl der Queues respektive die Anzahl der Nachrichten in einer Queue sind grundsätzlich nur durch die Ressourcen des Servers beschränkt, auf dem `RabbitMQ` läuft. Die Installation eines einzelnen `RabbitMQ`-Servers ist dabei denkbar einfach. Unter Windows existieren beispielsweise simple Installer. Zudem muss noch die `Erlang`-Laufzeitumgebung installiert werden, da `RabbitMQ` in `Erlang` implementiert ist.

Listing 13-1 zeigt ein Minimalbeispiel für das Anlegen einer Queue und den Nachrichtenversand in `RabbitMQ` mithilfe des offiziellen Nuget-Pakets `RabbitMQ.Client`. Diese wird vom `RabbitMQ`-Projekt für unterschiedliche Programmierumgebungen bereitgestellt, so auch für .NET. Es existieren weitere Open Source Libraries, die die Anbindung noch weiter vereinfachen beziehungsweise spezielle Anwendungsfälle abdecken. Diese sind aber nicht Teil dieses Kapitels.

Listing 13-1: Beispiel zum Versand von Nachrichten an eine RabbitMQ-Queue

```
var factory = new ConnectionFactory { HostName = "localhost" };
using (var connection = factory.CreateConnection())
{
    using (var channel = connection.CreateModel())
    {
        channel.QueueDeclare(
        queue:
```

```
            "NewOrders", durable: false, exclusive: false, autoDelete: false);
        var messageString = JsonConvert.SerializeObject(order);
        var body = Encoding.UTF8.GetBytes(messageString);
        channel.BasicPublish(
            exchange:"", routingKey: "NewOrders", basicProperties: null, body: body);
    }
}
```

Als Erstes wird dabei eine Netzwerkverbindung zum Server selbst hergestellt, der hier unter `localhost` läuft. Wenn der Standardport verändert wurde oder Authentifizierung nötig ist, werden diese Werte auch über die `ConnectionFactory` gesetzt. Danach wird ein sogenannter `Channel` geöffnet, der eine simple Abstraktion des Kommunikationsmodells von `RabbitMQ` kapselt. Als Nächstes wird über `QueueDeclare` der Server angewiesen, die `NewOrders`-Queue anzulegen. Auf einige der anderen Methodenparameter wollen wir später noch eingehen. Das Erzeugen von Queues ist dabei idempotent, das heißt, eine mehrfache Ausführung dieser Zeile ist unproblematisch, und es ist daher auch unerheblich, ob der Erzeuger oder der Konsument von Nachrichten einer Queue diese zuerst deklariert. Als Nächstes wird der Inhalt der Nachricht erzeugt. RabbitMQ schreibt für die transportierten Inhalte keinerlei Formate vor und transportiert simple binäre Inhalte. Das heißt, sowohl Datenformat als auch Codierung der Nachrichten liegen vollständig in der Hand des Benutzers. In diesem Beispiel wird ein Bestellungsobjekt über die `NewtonSoft.Json`-Bibliothek in das `JSON`-Format mit `UTF-8` codiert serialisiert und dann in ein Byte-Array umgewandelt. Dieses wird dann letztendlich über die Methode `BasicPublish` an `RabbitMQ` übergeben. Hierbei ist wichtig zu erwähnen, dass der Parameter `routingKey` den Namen der Queue enthalten muss. Der Grund hierfür wird später erläutert, aktuell wollen wir uns nur auf das einfache Beispiel konzentrieren. Betrachten wir die Empfängerseite (Listing 13-2):

Listing 13-2: Registrierung eines Konsumenten am RabbitMQ-Server inklusive Nachrichtenverarbeitung

```
var factory = new ConnectionFactory() { HostName = "localhost" };
var connection = factory.CreateConnection();
var channel = connection.CreateModel();
channel.QueueDeclare(queue:
        "NewOrders", durable: false, exclusive: false, autoDelete: false);
var consumer = new EventingBasicConsumer(channel);
consumer.Received += (model, ea) =>
{
    var body = ea.Body;
    var messageString = Encoding.UTF8.GetString(body);
    var order = JsonConvert.DeserializeObject<Order>(Encoding.UTF8.GetString(body));
    ProcessOrder(order);
};
channel.BasicConsume(queue: "NewOrders", autoAck: true, consumer: consumer);
```

Auch hier werden zuerst `Connection` und `Channel` erstellt und auch wieder `QueueDeclare` aufgerufen, um sicherzustellen, dass die Queue erstellt wird, sofern sie noch nicht existieren sollte. Als Nächstes wird ein Consumer erstellt, der in .NET diverse Events zur Verfügung stellt. Dieser Consumer wird über die `BasicConsume`-

Methode als Handler von Nachrichten der `NewOrders`-Queue registriert. Hier wird nur das wichtigste Ereignis `Received` benutzt, das für jeden Eingang einer neuen Nachricht aufgerufen wird. Der registrierte Event-Handler nimmt in diesem Fall das Byte-Array aus dem `Body`-Property, und deserialisiert es zurück in ein vollwertiges Objekt, um es an die Geschäftslogik zur Verarbeitung von Bestellungen weiterzuleiten. Wichtig zu wissen ist, dass das Event-Handling im Rahmen eines einzigen und immer gleichen Threads passiert.

> Wir möchten noch etwas zum Lebenszyklus der `Connection` und `Channel` Objekte sagen: In einer echten Umgebung kann die `Connection` (die letztendlich eine TCP-Verbindung abstrahiert) zum `RabbitMQ`-Server durchaus langlebig angelegt und für mehrere `Channels` wiederverwendet werden, da sie selbst auch Thread-safe ist. So wird ein Überlasten des Servers oder ein Ressourcenproblem im Client durch zu viele offene TCP-Verbindungen verhindert. Zudem spart man sich in Umgebungen mit hohem Nachrichtendurchsatz den Overhead des TCP-Verbindungsaufbaus. `Channels` hingegen sind nicht per se Thread-safe, haben daher eine grundsätzlich kürzere Lebenszeit und sollten idealerweise für jeden Thread der Nachrichten erstellt werden. Wenn beispielsweise ein Fehler bei der Kommunikation auftritt, der nicht mit der zugrunde liegenden Verbindung zusammenhängt, muss nur ein neuer Channel erstellt werden, keine neue TCP-Verbindung. Alternativ muss Thread-safe-Zugriff auf die `Channel`-Instanz sichergestellt sein. Die Probleme, die durch falsche Nutzung von `Connections` und `Channels` entstehen können, sind vielfältig. Hier sei definitiv ein Blick in die `RabbitMQ`-Dokumentation empfohlen, vor allem in den .NET API Guide.

Erweiterte Featues – Einige weitere Features von RabbitMQ, die teilweise durch die Methodenparameter schon zu erahnen sind, bedürfen noch einiger Erläuterungen.

Als Erstes wäre hier das Konzept von persistierbaren Nachrichten erwähnt. Dabei können Queues so konfiguriert werden, dass Nachrichten persistiert werden, sofern diese entsprechend markiert sind. Dies geht mit einer leichten Performance-Einbuße einher, aber sichert zu, dass Nachrichten auch bei Neustart von RabbitMQ oder eines sehr unwahrscheinlichen Absturzes nicht verloren gehen. Die nötigen Schritte, um dieses Feature zu nutzen, sind recht simpel: Es muss nur darauf geachtet werden, dass beim Anlegen der Queue der `durable` Parameter auf `true` gesetzt wird und zu versendende Nachrichten als persistent markiert werden (Listing 13-3).

Listing 13-3: Nutzung von persistenten Nachrichten

```
channel.QueueDeclare(queue: "NewOrders", durable: true, exclusive: false, autoDelete:
false);
var messageString = JsonConvert.SerializeObject(order);
var body = Encoding.UTF8.GetBytes(messageString);
var properties = channel.CreateBasicProperties();
properties.Persistent = true;
channel.BasicPublish(exchange: "", routingKey: "NewOrders", basicProperties:
properties, body: body);
```

Nun sollte auch ein RabbitMQ-Neustart oder -Absturz nicht zu einem Verlust von bereits eingereichten Nachrichten führen. Wichtig ist aber zu wissen, dass es sich hierbei nur um Persistenz von noch nicht verarbeiteten Nachrichten handelt und explizit nicht um eine Nachrichten-Historie. Sobald eine Nachricht von einem Consumer erfolgreich verarbeitet wird, wird sie aus der Queue gelöscht und kann von RabbitMQ nicht mehr wiederhergestellt werden.

Die beiden weiteren QueueDeclare-Parameter exclusive und autodelete binden den Lebenszyklus der Queue entweder an die Connection (exclusive) oder an das Vorhandensein von Consumern (autodelete). Für eine exclusive Queue bedeutet dies, dass sie zu einer einzigen Connection gehört und gelöscht wird, sobald diese zugehörige Connection geschlossen wird. Eine mit autodelete markierte Queue wird gelöscht, wenn sich seit ihrer Erstellung Consumer registriert hatten und der letzte Consumer sich wieder abmeldet.

Für den Fall, dass ein Consumer eine Nachricht bekommt und bei Verarbeitung von dieser abstürzt oder einen Fehler produziert, wäre diese Nachricht verloren. Wenn dieser Fehler nur eine vorübergehende Ursache hatte (zum Beispiel Datenbank kurz nicht erreichbar oder Ähnliches), dann wäre es umso ärgerlicher. Um solcher Art Verlust von Nachrichten vorzubeugen, existiert das Message Acknowledgement. Bisher wurde auf Consumer-Seite das flag autoAck mit dem Wert true beim Verarbeiten von Nachrichten übergeben, was dazu führt, dass die Verarbeitung der Nachricht sofort vom Consumer bestätigt wird, nachdem er sie bekommen hat. Listing 13-4 zeigt eine modifizierte Version des Empfängers, die die manuelle Bestätigung der Nachricht nutzt.

Listing 13-4: Consumer mit manueller Nachrichten-Bestätigung

```
consumer.Received += (model, ea) =>
{
    var body = ea.Body;
    var messageString = Encoding.UTF8.GetString(body);
    var order = JsonConvert.DeserializeObject<Order>(messageString);
    ProcessOrder(order);
    channel.BasicAck(ea.DeliveryTag, false);
};
channel.BasicConsume(queue: "NewOrders", autoAck: false, consumer: consumer);
```

RabbitMQ wird eine Nachricht sofort wieder in die Queue legen, sobald der Server merkt, dass ein Consumer ausgefallen ist oder getrennt wurde, ohne eine Nachricht bestätigt zu haben. Dabei landet diese wieder am Beginn der Queue, damit sie möglichst schnell von anderen Consumern verarbeitet werden kann. Wer sich für die Nutzung dieser Funktion entscheidet, sollte die Bestätigung nicht vergessen. RabbitMQ wird alle Nachrichten, die nicht bestätigt wurden, wieder einreihen. Das heißt, wenn ein Consumer nach 2 bis 3 Tagen herunterfährt, ohne eine einzige Nachricht bestätigt zu haben, werden alle seine vollkommen legitim verarbeiteten Nachrichten von RabbitMQ erneut versendet. Dies kann zu einer Menge ungewollter und sehr unangenehmer Nebeneffekte führen. Zudem verbrauchen die vielen nicht bestätigten Nachrichten bis zur ihrer Bestätigung weiterhin die Ressourcen des Servers.

> Da RabbitMQ standardmäßig nach dem `Round-Robin`-Modell arbeitet (hierbei werden die Nachrichten von der Anzahl reihum fair auf alle Consumer verteilt), kann es vorkommen, dass die Arbeit sehr ungerecht verteilt wird. Vor allem dann, wenn bestimmte Nachrichten eine längere Verarbeitung benötigen als andere. Um diesem Problem vorzubeugen, bietet RabbitMQ einen Mechanismus zur Steuerung des Verhaltens auf Consumer-Seite über die `BasicQos`-Methode an:
>
> ```
> channel.BasicQos(prefetchSize: 0, prefetchCount: 1, global: false);
> ```
>
> Hierdurch wird sichergestellt, dass ein Consumer erst wieder eine Nachricht zugestellt bekommt, sobald er mit seiner Arbeit fertig ist.

Das Publish-Subscribe-Modell

Bisher war das Verhalten der `RabbitMQ`-Beispiele so, dass jede Nachricht immer nur an exakt einen Konsumenten gesendet wurde. Was aber ist zu tun, wenn ein sogenannter Broadcast-Mechanismus benötigt wird, der Nachrichten an alle oder mehrere Interessenten schicken soll? Oft wird ein solches Kommunikationsmodell Publish/Subscribe genannt (Abbildung 13-6).

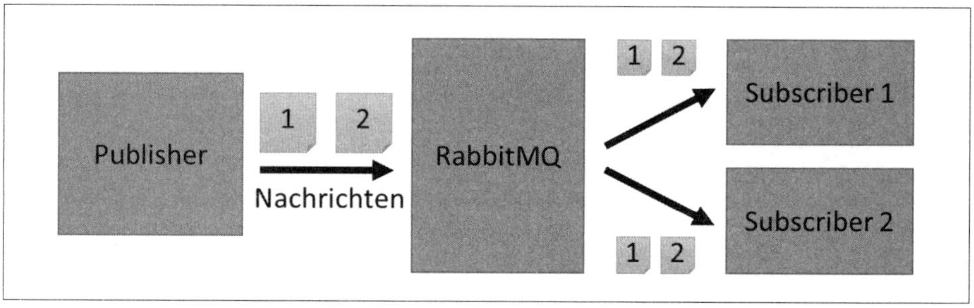

Abbildung 13-6: Publish-Subscribe-Kommunikation über RabbitMQ

Auch hierfür bietet RabbitMQ einfache Mechanismen über die sogenannten `Exchanges` an, die in diesem Abschnitt kurz eingeführt werden sollen. Im Rahmen dieser Ausführung werden auch die offenen Fragen geklärt, deren Beantwortung weiter vorne in diesem Kapitel in Aussicht gestellt wurde. Das technische Nachrichtenmodell von RabbitMQ sieht nämlich vor, dass Versender von Nachrichten diese immer nur an sogenannte `Exchanges` schicken können. Diese `Exchanges` leiten die Nachrichten an eine oder mehrere Queues weiter. Dieser Prozess der Weiterleitung wird auch `Routing` genannt. Das heißt, die bisherige Aussage, dass ein Sender direkt an eine Queue sendet, ist technisch nicht vollständig korrekt gewesen, wurde aber bisher so getroffen, um die Erklärung der Konzepte zu vereinfachen.

Abbildung 13-7 zeigt den tatsächlichen Nachrichtenfluss des bisherigen Beispiels in einem kurzen Diagramm.

Abbildung 13-7: Weiterleitung von Nachrichten über einen Exchange an eine Queue

Der Versender hat die Daten hierbei an einen `Exchange` gesendet (der in den bisherigen Code-Beispielen keinen Namen bekam, sondern nur einen leeren String, der für den Standard-`Exchange` steht). Dieser `Exchange` wurde so konfiguriert, dass er die Nachrichten über den sogenannten `RoutingKey` in die `NewOrders`-Queue weitergeleitet hat. Damit wäre nun auch der Zweck der `exchange`- und `routingKey`-Parameter aus den bisherigen RabbitMQ-Beispielen geklärt.

Im folgenden Beispiel wird eine Nachricht erzeugt, sobald eine Bestellung abgeschlossen wurde. Diese Nachricht soll an alle Subscriber weitergeleitet werden, die sich für diese Nachricht interessieren. Da es sich um eine Form von Ereignis handelt, wird der zugehörige `Exchange` einfach `BusinessEvents` genannt. Listing 13-5 zeigt den Code der Publisher-Seite und skizziert, wie dort zuerst der `Exchange` angelegt und konfiguriert und dann darüber eine Nachricht versendet wird.

Listing 13-5: Erzeugen eines Exchanges und Versenden einer Nachricht auf Publisher-Seite

```
var factory = new ConnectionFactory() { HostName = "localhost" };
var connection = factory.CreateConnection();
var channel = connection.CreateModel();

channel.ExchangeDeclare(exchange: "BusinessEvents", type: "fanout");
var messageString = JsonConvert.SerializeObject(orderCreatedEvent);
var body = Encoding.UTF8.GetBytes(messageString);
channel.BasicPublish(exchange: "BusinessEvents", routingKey: "", body: body);
```

Interessant ist vor allem der Typ des `Exchanges`. `RabbitMQ` bietet vier unterschiedliche Typen von `Exchanges` an. In den Beispielen aus dem vorherigen Kapitel 12 wurde immer der implizite Standard-`Exchange` verwendet, der ein sogenannter `direct-Exchange` ist. Diese Form von `Exchanges` versendet Nachrichten immer an eine Queue anhand des beim Versenden der Nachricht angegebenen `RoutingKeys`. In diesem Beispiel wird der `fanout`-Typ benutzt. Die anderen beiden Typen `topic` und `headers` werden hier nicht besprochen. `Exchanges` vom `fanout`-Typ versenden eine Nachricht immer an alle Queues, die an den `Exchange` gebunden wurden. Damit nun alle Konsumenten alle Nachrichten bekommen und zudem nur Nachrichten verarbeitet werden, die verschickt wurden, während ein während ein Konsument aktiv ist, muss beim Registrieren von Konsumenten anders vorgegangen werden. Bisher teilten sich alle Konsumenten eine gemeinsame Queue und wurden nach einem Verteilungsmechanismus darüber bedient. Nun bekommt jeder Konsument eine eigene Queue, die wiederum am Exchange registriert wird. Dieser

Prozess der Zuordnung/Registrierung einer Queue an einen Exchange wird Binding genannt. Der Exchange wird dann bei Eingang einer Nachricht diese Nachricht an alle aktuell gebundenen Queues weiterleiten.

Listing 13-6: Registrierung eines Subscribers über das Binding einer neu generierten Queue an den Exchange

```
var factory = new ConnectionFactory() { HostName = "localhost" };
var connection = factory.CreateConnection();
var channel = connection.CreateModel();

channel.ExchangeDeclare(exchange: "BusinessEvents", type: "fanout");
var queueName = channel.QueueDeclare().QueueName;
channel.QueueBind(queueName, exchange: "BusinessEvents", routingKey: "");
var consumer = new EventingBasicConsumer(channel);
consumer.Received += (model, ea) =>
{
    var body = ea.Body;
    var messageString = Encoding.UTF8.GetString(body);
    var orderCreatedEvent =
JsonConvert.DeserializeObject<OrderCreatedEvent>(messageString);
    ProcessEvent(orderCreatedEvent);
};
channel.BasicConsume(queue: queueName, autoAck: true, consumer: consumer);
```

Dies funktioniert nur korrekt, wenn jede Queue einen einzigartigen Namen hat. Damit man als Entwickler nicht ständig neue zufällige kollisionsfreie Namen erzeugen muss, bietet RabbitMQ dafür eine einfache Funktion an. Wird QueueDeclare ohne Parameter aufgerufen, erzeugt RabbitMQ einen zufälligen Namen für diese Queue, der über den Rückgabetyp QueueDeclareOk der Funktion abgefragt werden kann. Mit diesem Namen wird die Queue nun an den BusinessEvents Exchange gebunden. Diese Queue wird auch sofort gelöscht, wenn der Konsument sich abmeldet oder abstürzt. Weiterhin wichtig zu wissen: Bei Exchanges vom Typ fanout hat der RoutingKey keine Relevanz und wird ignoriert.

Microservices-Fallstudie

Nachdem nun einiges an theoretischen und technischen Grundlagen besprochen wurde, ist es Zeit für die Besprechung einer kleinen Fallstudie. Diese soll die oben erklärten Konzepte an einigen Beispielen erklären, da ein gutes Beispiel oft mehr sagt als die schönste Theorie. Gezeigt wird die Umsetzung einiger Anwendungsfälle aus einer fiktiven Softwareumgebung eines Unternehmens, das eine eigene Software für die Verwaltung von Mitarbeiterdaten und Projekten geschrieben hat. Der Ablauf der Anwendungsfälle ist dabei natürlich nicht vollständig realitätsgetreu und an diversen Stellen abgespeckt, um die Beispiele leichter verständlich und übersichtlich zu machen. Auch bei der technischen Umsetzung wurde auf aufwendige Patterns wie Repositories, interne Services, Commands/Queries sowie ähnliche Strukturierungsmaßnahmen verzichtet, die in einer echten Anwendung sehr sinnvoll sind. So bleiben die Beispiele aber auf das notwendige Minimum reduziert.

Umgebung und fachlicher Kontext

Das Unternehmen verwaltet mit der Software die eigenen Mitarbeiter, deren Verträge, Projektzuordnungen sowie Abrechnungen. Die folgenden Anforderungen/Anwendungsfälle werden als Teil der Fallstudie besprochen:

- Es existiert ein Pool von Mitarbeitern. Mitarbeiter können Projekten zugewiesen werden, und werden dort mit projektspezifischen Tagessätzen beim Kunden abgerechnet (fakturiert).
- Projekte sind bestehenden Kunden zugeordnet. Die Kunden- und Vertriebsdaten werden hoheitlich in einer Customer-Relationship-Management-Software (CRM) verwaltet, die hinzugekauft wurde.
- Mitarbeiter führen einen täglichen Leistungsnachweis ihrer geleisteten Stunden im Projekt.
- Nach Abschluss eines Projekts soll dem Kunden automatisch eine Rechnung gestellt werden, die alle von Mitarbeitern gebuchten Zeiten für dieses Projekt abrechnet.
- Offene Rechnungen werden regelmäßig überprüft, und bei Überschreiten des Zahlungsziels wird eine Mahnung versendet.
- Das Management möchte möglichst zeitnah einen Stand der von den Mitarbeitern in den Projekten geleisteten Stunden einsehen können, um einen Eindruck des aktuellen Cash-Flows zu bekommen.

Da das Team schon sehr viele Jahre Erfahrung in der fachlichen Domäne hatte und auch mit den Prozessen des Unternehmens sehr gut vertraut war, wählten sie eine Microservices-Struktur, um die Anforderungen auf Backend-Seite umzusetzen. Diese Backend-Dienste werden von unterschiedlichen Web-User-Interfaces angesprochen, die sehr schlank gehalten und für ihren jeweiligen Anwendungsfall angepasst wurden.

Auf Basis der Anforderungen wurden vier eigene Dienste erstellt. Ein Dienst ist zuständig für die Prozesse des Personalwesens (HumanResources), einer für die Projektverwaltung (Projects), ein weiterer für die Fakturierung/Rechnungsstellung (Invoicing) und ein letzter für die Sammlung und Darstellung von Managementdaten (Management-Dashboard). Als Kommunikationskanal wurde zweigleisig gefahren. Teile der Kommunikation laufen über Web APIs mit HTTP-Kommunikation, andere wiederum asynchron über einen Message Bus.

Damit die Dienste ihre Aufgaben korrekt erledigen können, sind sie auch noch von anderen Diensten und Komponenten abhängig, die nicht in der Verwaltungshoheit der eigenen Abteilung liegen. Das wären das bereits erwähnte CRM-System, aus dem die Kundendaten bezogen werden, der E-Mail-Server des Unternehmens zum Versand von Mails sowie der externe Banking-Service der Hausbank. Alle diese Systeme liegen nicht in der Verwaltungshoheit der Abteilung. Die Komponenten und die Kommunikationswege zwischen ihnen sind in Abbildung 13-8 skizziert. Durchgezogene Pfeile stehen für synchrone HTTP-Kommunikation, gestrichelte für asynchrone Kommunikation über den Message Bus. In echten Projekten relevante Dinge und Querschnittsfunktionen wie Authentifizierung, Sicherheit, Verschlüsselung und Ähnliches werden bewusst ausgeblendet, da es hier nur um die Vermittlung von Strukturierungsmöglichkeiten gehen soll.

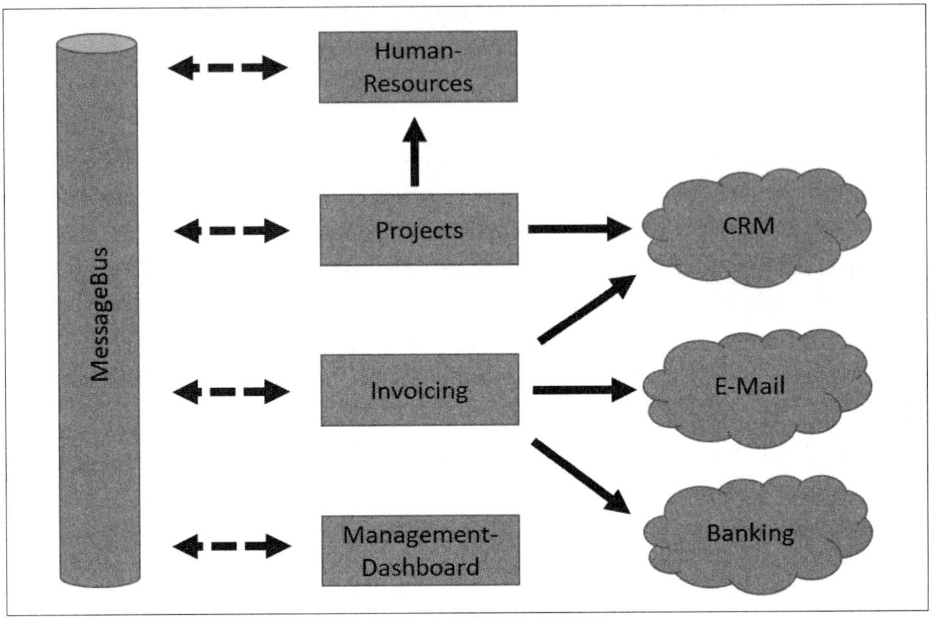

Abbildung 13-8: Übersicht der beteiligten Komponenten der Fallstudie

Als Nächstes werden Aufbau und Schnittstellen der einzelnen Dienste besprochen und wie sie sich in den Ablauf der Anwendungsfälle einfügen. Darüber hinaus haben die Dienste noch andere Aufgaben, die aber für diese kleine Fallstudie ausgeblendet werden. Dafür werden vereinfachte Diagramme genutzt, die grob Projektaufbau, REST-Schnittstellen, Datenbank und Events eines Service zusammenfassen. Die Verwendung eines solchen oder ähnlichen Formats kann sich auch in echten Projekten lohnen, um möglichst schnell Schnittstellen und Aufbau eines Service zu kommunizieren.

Der HumanResourcesService

Im Rahmen dieser Fallstudie ist der HumanResourcesService der kleinste Teil. Über ihn werden die Stammdaten der Mitarbeiter gepflegt sowie Verträge, Gehälter, Krankheitszeiten, Urlaube und andere Dinge verwaltet. Im Rahmen der Fallstudie ist nur das Abfragen der Mitarbeiterdaten relevant.

Die Mitarbeiterdaten sind dabei in einer Datenbank gespeichert, die über das Entity Framework Core angebunden wird. Grundsätzlich ist die Wahl der Art der Datenbank hier vollständig autark, es könnte somit auch eine No-SQL- oder SQL-Datenbank oder ein ganz anderer Speicher sein. Da der Service die Hoheit über die Daten hat und die einzigen Schnittstelle seine REST-API ist, kann die für den jeweiligen Anwendungsfall sinnvolle Datenbanktechnologie benutzt werden. Im

Rahmen der später gezeigten Code-Beispiele wurde eine simple Microsoft-SQL-Datenbank genutzt. Die Datenhoheit ist hier auch besonders wichtig, da Mitarbeiterdaten oft besonders geschützt gespeichert werden müssen und nur das Personalwesen auf die sensibleren Teile der Daten zugreifen darf.

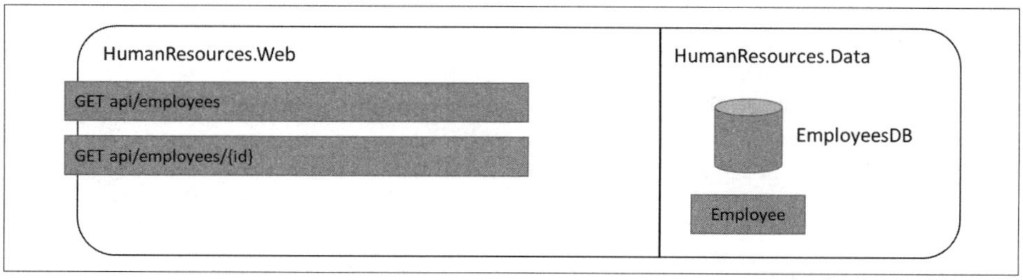

Abbildung 13-9: Grobübersicht der relevanten Teile des HumanResourcesService

Aufgeteilt ist der Code in zwei Projekte, ein ASP.NET-Core-Projekt mit der Web API, genannt `HumanResources.Web`, und ein Projekt, das den `DbContext` und die Entitätsklassen enthält, genannt `HumanResources.Data`.

Abbildung 13-9 zeigt eine Übersicht des Service-Aufbaus. Dieses Schema der Projektaufteilung wird sich so durch alle Services ziehen.

Abfragen von Mitarbeiterdaten

In diesem Fall bietet der Service über einen `EmployeesController` zwei `REST`-URIs an, über die sowohl eine Liste von Mitarbeitern als auch Details für einzelne Mitarbeiter angefragt werden können (Listing 13-7). Als Rückgabewerte werden simple anonyme Objekte verwendet. Alternativ wäre es durchaus möglich gewesen, Klassen dafür zu erstellen. Da in diesem Rahmen die Daten aber nur zur Lese-Zwecken genutzt werden, reichen anonyme Objekte vollkommen aus. Die Implementierungen sind sehr simpel, für die Abfrage aller Mitarbeiter wird einfach eine Liste reduzierter Datensätze zurückgegeben, die nur ID, Vorname und Nachname enthalten. Für die Details gibt es mehr Daten für einen Datensatz (der dann auch die Adressdaten und den Geburtstag enthält) sowie die Möglichkeit eines `404 Not Found`, sofern der angeforderte Mitarbeiter nicht existiert.

Listing 13-7: Abfragen von Mitarbeiterdaten

```
[HttpGet]
public async Task<IActionResult> GetAllEmployees()
{
    var allEmployees = (await _context.Employees.ToListAsync())
        .Select(e => new {e.Id, e.FirstName, e.LastName});
    return Ok(allEmployees);
}

[HttpGet("{id}")]
public async Task<IActionResult> GetEmployeeDetails(int id)
{
    var employee = await _context.Employees.FirstOrDefaultAsync(e => e.Id == id);
```

```
    if (employee == null)
        return NotFound();

    return Ok(new
    {
        employee.Id,
        employee.FirstName,
        employee.LastName,
        employee.DateOfBirth,
        employee.StreetAndNo,
        employee.City,
        employee.ZipCode
    });
}
```

Einbinden des DbContexts

Der `DBContext` von Entity Framework Core wird dabei im Konstruktor der Klasse `EmployeesController` injiziert. Die Integration von Entity Framework Core und die Registrierung an den Dependency-Injection-Mechanismus in der `Startup`-Datei wird dabei durch die einfachste Variante ermöglicht, die bereits mit dem Nuget-Paket ausgeliefert wird (Listing 13-8).

Listing 13-8: Integration von Entity Framework Core und Registrierung des DbContext

```
public void ConfigureServices(IServiceCollection services)
{
    services.AddDbContext<HumanResourcesContext>(builder =>
builder.UseSqlServer("ConnectionString"));
    services.AddMvc();
}
```

Die Integration über die `AddDbContext()`-Methode sorgt dafür, dass der übergebene Connectionstring benutzt und der DbContext als `Scoped`-Instanz injiziert werden kann. Änderung und Erzeugung von Datensätzen ist nicht Teil der Fallstudie, es wird aber ein bestehender Satz an Mitarbeiterdaten als gegeben vorausgesetzt. Auch das Datenmodell der Datenbank ist für das Verständnis der Studie nicht wichtig.

Der ProjectsService

Dieser Service ist das Herzstück der Fallstudie. Er enthält die meisten APIs und ist Auslöser eines Großteils der Anwendungsfälle beziehungsweise der Workflows. Er verwaltet datentechnisch die Projekte. Ein Projekt ist für einen Kunden angelegt, und einem Projekt sind wiederum ein oder mehrere Mitarbeiter zugeordnet. Zugeordnete Mitarbeiter können Tagesreports einstellen, mit denen sie die für das Projekt erbrachten Stunden dokumentieren. Das bedeutet, dass das Datenmodell des Diensts aus den Objekten Kunde (`Customer`), Projekt (`Project`), zugeordneten Mitarbeitern (`EmployeeAssignment`) und täglichen Reports (`DailyReport`) besteht. Eine Übersicht ist dargestellt in Abbildung 13-10.

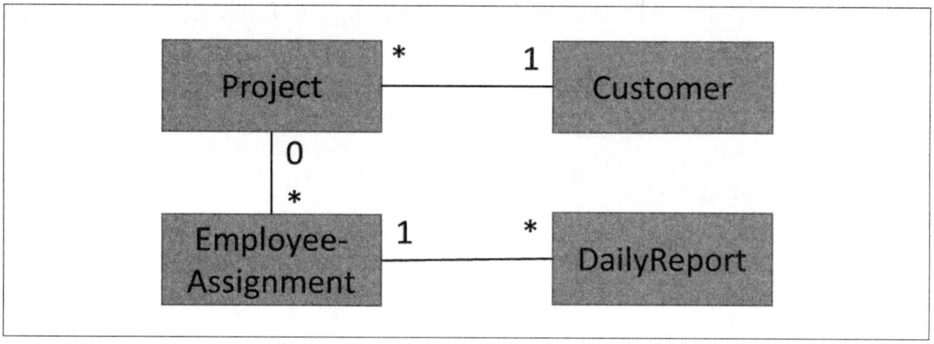

Abbildung 13-10: Datenmodell des ProjectsService

Replikation der Kundendaten aus dem CRM

Ein sinnvoller Anfang, um über die Funktionen des Diensts zu reden, ist der Weg, wie die Kundendaten in die Datenbank des Service gelangen. Wir erinnern uns, dass das CRM-System die Datenhoheit über die Kundendaten hat, das heißt, der ProjectsService soll diese Daten nicht pflegen müssen, sondern benötigt sie nur für das Zuweisen von Projekten zu Kunden. Daher wurde die Entscheidung getroffen, die Kundendaten regelmäßig aus dem CRM zu replizieren und in der Datenbank des Projektervices nur als ganz simples Read-Only-Modell abzulegen (Listing 13-9). Annotationen werden im Code aus Platzgründen weggelassen. Da das CRM Kunden mit einem Unique-Identifier (Guid) schlüsselt, wurde diese eindeutige ID einfach als Teil des lokalen Datenmodells übernommen.

Listing 13-9: Die Entitätsklasse für die Kundenrepräsentation im ProjectsService

```
public class Customer
{
    public Guid CustomerId { get; set; }
    public string Name { get; set; }
}
```

Die Logik, mit der die Daten möglichst aktuell repliziert werden sollten, wird in einem eigenen zusätzlichen Windows-Dienst abgelegt, in dem regelmäßig die Daten des CRM-Diensts abgefragt werden, um sie aktuell zu halten. Dieser Windows-Dienst lebt als Teilprojekt `Projects.Service`. Grundsätzlich wurde festgelegt, dass hier keine sofortige Konsistenz mit den Daten des CRMs bestehen muss, weswegen ein Update der Daten ca. alle 5 Minuten völlig ausreicht. Für den Zugriff auf das CRM-System wurden Code-Strukturen erschaffen, die nicht Teil der Fallstudie sind, sondern einfach als gegeben vorausgesetzt werden. Mithilfe dieser Code-Strukturen (verborgen hinter `ICustomerRelationshipManagementService`) werden in dem laufenden Windows-Service alle Kundendaten vom CRM abgefragt, ein Delta berechnet und damit die lokale Replik der Kundendaten aktualisiert.

Listing 13-10: Logik aus dem Projektservice zur regelmäßigen Replikation der Kundendaten aus dem CRM

```
var timer = new Timer(60 * 5 * 1000) {AutoReset = false};
timer.Elapsed += async (sender, elapsedEventArgs) =>
{
    try { await RefreshCustomerData(crmService); }
    finally { timer.Start(); }
};
timer.Start();
[...]
private async Task RefreshCustomerData(ICustomerRelationshipManagementService
crmService)
{
    var crmData = (await crmService.FetchCurrentCustomerListAsync()).ToArray();
    var currentCustomers = await _context.Customers.ToListAsync();
    var newCustomers = crmData.Where(cd =>
        currentCustomers.All(cc => cc.CustomerId !=
        cd.CustomerGuid));
    var existingCustomers = currentCustomers
        .Where(c => crmData.Any(cd => c.CustomerId == cd.CustomerGuid)).ToArray();
    var deletedCustomers = currentCustomers.Except(existingCustomers).ToArray();
    UpdateDatabaseWithDeltas(newCustomers,
        _context, existingCustomers, crmData, deletedCustomers);
    await _context.SaveChangesAsync();
}
```

Listing 13-10 zeigt einen Ausschnitt des zuständigen Quellcodes, der für die zeitliche Abfolge der Abfragen die `Timer`-Klasse aus `System.Timers` nutzt. Der Timer wird erst wieder gestartet, sobald der letzte Lauf beendet ist. In dieser Art von Vorgehen zeigt sich schon ein großer Unterschied zu einem monolithischen System mit gemeinsamer Datenbank. Es ist also eine legitime Designentscheidung, mit kopierten Daten zu arbeiten. Der Grundsatz der Datenkonsistenz wird hier bewusst hinten angestellt, um die Dienste voneinander zu entkoppeln. Ein Vorteil dieses Ansatzes ist es, dass mit etwas Mehraufwand der Projektservice mit seiner lokalen Datenkopie weiterarbeiten kann, auch wenn das CRM-System einmal für einige Zeit nicht erreichbar sein sollte. Wichtig ist dabei immer, dass man die replizierten Daten nur als reines Read-Only-Modell benutzt und nicht anfängt, die kopierten Daten zu verändern, es sei denn, ein Anwendungsfall verlangt eine verteilte Änderung an diesen Daten. Dann gibt es aber ganz andere Probleme, die gelöst werden müssten, und es deutet eher auf ein Design-Problem hin.

Erzeugen von neuen Projekten

Die Stammdaten eines Projekts sind für die Fallstudie ebenfalls sehr simpel gehalten. Projekte werden mit einer simplen ID als Schlüssel gespeichert und haben eine direkte Zuordnung zu einem Kunden (Listing 13-11). Weitere Daten, die gespeichert werden, sind die ID sowie Vor- und Nachname des Projektleiters, der Projektstatus und die Liste der zugeordneten Mitarbeiter.

Listing 13-11: Entitätsklasse für die Projekte

```
public class Project
{
    public int Id { get; set; }
    public Customer Customer { get; set; }
    public int ProjectLeadEmployeeId { get; set; }
    public string ProjectLeadFirstName { get; set; }
    public string ProjectLeadLastName { get; set; }
    public List<EmployeeAssignment> AssignedEmployees { get; set; }
        = new List<EmployeeAssignment>();
    public bool IsCompleted { get; set; }
}
```

Aufmerksame Leser haben sich vermutlich schon gefragt, ob denn die Daten des Projektleiters erneute Kopien sind, und liegen damit vollkommen richtig. Allerdings werden diese im Gegensatz zu den Kundendaten des CRM-Systems nicht regelmäßig repliziert, sondern synchron abgefragt, wenn ein neues Projekt angelegt werden soll. Dafür wird synchron über eine Client-API der HumanResources-Service angefragt. Diese Client-API kann beispielsweise als Nuget-Paket bereitgestellt worden sein oder mithilfe von `Swagger` Dokumentation generiert werden, wie in Kapitel 12 gezeigt. Für die Fallstudie versteckt sie sich der Einfachheit halber hinter einer Schnittstelle, die die Methode `FetchEmployeeAsync()` anbietet und die in den `ProjectsController` injiziert wird.

Neue Projekte werden nun über einen `POST`-Aufruf an den `ProjectsController` erstellt. Im Body der übertragenen Daten muss die ID des Kunden und die Mitarbeiter-ID des Projektleiters übergeben werden, keine weiteren Daten. Diese Daten werden dann in ein Objekt vom Typ `CreateProjectData` gemapped. Über die angesprochene Client-API werden dann die drei nötigen Felder des Mitarbeiters vom HumanResourcesService angefordert. Sind die mitgegebenen IDs des Kunden oder Mitarbeiters ungültig, so wird jeweils mit einem `400 Bad Request` geantwortet. Auch hier ist dies eine sehr simplifizierte Variante einer Antwort, die aber für dieses Kapitel die Möglichkeit von Fehlerkommunikation demonstrieren soll. Konnte ein neues Projekt angelegt werden, antwortet der Server konform zur `POST`-Semantik mit dem erstellten Objekt und zusätzlich einem `Location`-Header für den zur Abfrage der Projektdaten nötigen URI, erstellt über die `CreatedAtAction`-Methode der `Controller`-Oberklasse (Listing 13-12). Die Abfrage dieser Daten ist über die entsprechenden Actions des Controllers möglich, deren Code hier aber nicht näher erläutert und als gegeben vorausgesetzt wird. Sie funktionieren ähnlich wie die Abfragen der Mitarbeiterdaten aus dem vorherigen Service-Beispiel.

Listing 13-12: Logik zur Anlage von Projekten aus dem ProjectsController

```
[HttpPost]
public async Task<IActionResult> CreateNewProject([FromBody] CreateProjectData data)
{
    var customer = await _context.Customers.FirstOrDefaultAsync(c =>
        c.CustomerId == data.CustomerId);
    if (customer == null)
        return BadRequest("Customer does not exist");
```

```
    var employeeData = await _humanResourcesService.FetchEmployeeAsync(
        data.ProjectLeadEmployeeId);
    if (employeeData == null)
        return BadRequest("Employee does not exist");

    var newProject = new Project
    {
        Customer = customer,
        ProjectLeadEmployeeId = employeeData.Id,
        ProjectLeadFirstName = employeeData.FirstName,
        ProjectLeadLastName = employeeData.LastName
    };
    _context.Projects.Add(newProject);
    await _context.SaveChangesAsync();
    return CreatedAtAction(nameof(GetProjectDetails), new {id = newProject.Id},
newProject);
}
```

Eine weitere Variante für die Anlage eines Projekts wäre es gewesen, die beiden zusätzlichen Spalten Vor- und Nachname des Projektleiters bereits in den Anlageparametern von `CreateProjectData()` mitzugeben. Der Nachteil hierbei: Man hätte diesen Daten vollständig vertrauen müssen, dass also zum Beispiel der Mitarbeiter existiert oder Vor- und Nachname zur ID passen. Im Zweifel hätte man diese Dinge also vermutlich sowieso über den HumanResourcesService oder einer lokalen Kopie dessen Daten validieren wollen. Da das Anlegen eines Projekts im Kontext des Unternehmens kein Anwendungsfall ist, der Tausende Male an einem Tag passiert, wurde die synchrone Kommunikation mit dem HumanResourcesService in diesem Fall auch als nicht problematisch angesehen. Es zeigt aber, dass für jeden Anwendungsfall abgewogen werden kann und es immer Alternativen gibt.

Zuweisen eines Mitarbeiters zu einem Projekt

Nachdem ein Projekt angelegt wurde, können nun Mitarbeiter diesem Projekt zugewiesen werden. Jeder Mitarbeiter wird dabei mit einem für dieses Projekt ausgehandelten Tagessatz eingepflegt. Entsprechend sieht die Entitätsklasse `EmployeeAssignment` folgendermaßen aus.

Listing 13-13: Entitätsklasse für die Mitarbeiterzuweisungen zu Projekten

```
public class EmployeeAssignment
{
    public int Id { get; set; }
    public int EmployeeId { get; set; }
    public decimal DailyRate { get; set; }
    public string FirstName { get; set; }
    public string LastName { get; set; }
    public Project Project { get; set; }
    public List<DailyReport> DailyReports { get; set; }
}
```

Der Mitarbeiter ist in der Klasse mit seiner ID und seinem Tagessatz gespeichert. Zudem werden Vor- und Nachname wieder mit repliziert, da diese von der Software häufig als Read-Only-Daten benötigt werden (zum Beispiel für simple Darstellung in der Benutzeroberfläche). Dies ist eine weitere Designentscheidung für replizierte Daten, die die Services autarker voneinander machen soll, und es der zugehörigen UI möglich macht, mit den Daten zu arbeiten, ohne ständig den HumanResourcesService nach dem Vor- und Nachnamen für die Anzeige zu fragen. Neben der obligatorischen Referenz zu dem Projekt gibt es für jeden Projekteinsatz eines Mitarbeiters noch die Liste der täglichen Leistungsnachweise, also `DailyReports`. Die Logik aus dem `ProjectsController` für die Zuweisung eines Mitarbeiters ist vereinfacht in Listing 13-14 abgebildet.

Listing 13-14: Zuweisen eines Mitarbeiters zu einem Projekt

```
[HttpPost("{id}/assignments")]
public async Task<IActionResult> AssignEmployee(int id, [FromBody]
AssignEmployeeToProjectData data)
{
    var project = await _context.Projects.FirstOrDefaultAsync(p => p.Id == id);
    if (project == null)
        return NotFound();
    var existingAssignment = await _context.EmployeeAssignments
         .FirstOrDefaultAsync(
            ea => ea.EmployeeId == data.EmployeeId && ea.Project == project);
    if (existingAssignment != null)
        return StatusCode((int) HttpStatusCode.Conflict, new
        {
           ExistingAssignment = Url.Action(nameof(GetAssignmentDetails),
               new { id = project.Id, employeeAssignmentId =
existingAssignment.Id}).ToLowerInvariant()
        });
    var employeeData = await _humanResourcesService.FetchEmployeeAsync(data.
    EmployeeId);
    if (employeeData == null)
        return BadRequest();
    var newAssignment = new EmployeeAssignment
    {
        DailyRate = data.DailyRate,
        EmployeeId = data.EmployeeId,
        FirstName = employeeData.FirstName,
        LastName = employeeData.LastName,
        Project = project
    };
    project.AssignedEmployees.Add(newAssignment);
    await _context.SaveChangesAsync();
    return CreatedAtAction(
        nameof(GetAssignmentDetails),
        new {id = project.Id, employeeAssignmentId = newAssignment.Id},
        new
        {
            newAssignment.Id,
            newAssignment.EmployeeId,
            newAssignment.FirstName,
            newAssignment.LastName,
            newAssignment.DailyRate
        });
}
```

Die für den Vorgang über eine Instanz von AssignEmployeeToProjectData zu übergebenden Daten sind nur die ID des Mitarbeiters und der ausgehandelte Tagessatz. Die ID des Projekts ist schon über den Ressourcen-URI des Aufrufs codiert. Dies ist durchaus gängiges Vorgehen. Neben der üblichen Überprüfung für den 404 Not Found im Falle eines nicht existierenden Projekts ist vor allem eine weitere Prüfung erwähnenswert: Wenn der entsprechende Mitarbeiter diesem Projekt schon zugewiesen wurde, dann wird ein Statuscode 409 Conflict zurückgegeben, zusammen mit einem Link zu der entsprechenden EmployeeAssignment-Ressource. Im weiteren Verlauf werden die Mitarbeiterdaten vom HumanResourcesService abgefragt, wie es auch schon für die Projektdaten im vorhergehenden Anwendungsfall getan wurde, und danach die neue EmployeeAssignment Instanz erzeugt.

Eingabe eines täglichen Reports über geleistete Stunden

Nach der Zuweisung eines Mitarbeiters an ein Projekt sollte der Mitarbeiter regelmäßig Reports über für dieses Projekt geleistete Stunden in der Software eingeben, sofern er an einem Tag für dieses Projekt gearbeitet hat (Listing 13-15). Auch hierfür wird für die Nutzung durch die Benutzeroberfläche ein REST-URI durch den ProjectsController bereitgestellt, der Content vom Typ CreateDailyReportData entgegennimmt. Der Content enthält nur das Datum für den Report und die Zahl der geleisteten Stunden. Auch in dieser Methode wird wieder auf Datenkonsistenz geprüft und entweder mit 404 Not Found oder 400 Bad Request geantwortet, je nachdem, um welche Art von Fehler es sich handelt. Eine Designentscheidung des Teams war es, dass Reports für einen Tag nicht einfach durch diese Methode überschrieben werden können sollen. Im Erfolgsfall wird anders als in bisherigen Anwendungsfällen nur mit einem 204 No Content geantwortet, da hier entschieden wurde, dass ein direkter Link zu einem einzelnen Tagesreport keinen Mehrwert bietet. Die Begründung ist, dass diese Daten im Allgemeinen nie einzeln abgefragt werden.

Listing 13-15: Anlegen eines aktuellen Stundennachweises für einen Tag

```
[HttpPost("{id}/assignments/{employeeAssignmentId}/reports")]
public async Task<IActionResult> CreateDailyReport(
    int id, int employeeAssignmentId, [FromBody] CreateDailyReportData
createDailyReportData)
{
    var project = await _context.Projects.FirstOrDefaultAsync(p => p.Id == id);
    if (project == null)
        return NotFound();
    var assignment = await _context.Entry(project)
        .Collection(e => e.AssignedEmployees)
        .Query().Include(a => a.DailyReports).FirstOrDefaultAsync(
         a => a.Id == employeeAssignmentId);
    if (assignment == null)
        return NotFound();
    var reportDate = createDailyReportData.Date.Date;
    var existingReport = assignment.DailyReports.FirstOrDefault(
    r => r.Date == reportDate);
```

```
    if (existingReport != null)
        return BadRequest(
        "Report already exists and cannot be changed automatically once it was created");
    var dailyReport = new DailyReport
    {
        Date = reportDate,
        EmployeeAssignment = assignment,
        ReportedHours = createDailyReportData.ReportedHours
    };
    _context.DailyReports.Add(dailyReport);
    await _context.SaveChangesAsync();
    SendReportCreatedEvent(new DailyReportCreatedEvent
    {
        DateTime = reportDate,
        ProjectId = project.Id,
        Revenue = assignment.DailyRate / 8 * createDailyReportData.ReportedHours
    });

    return NoContent();
}
```

Eine Besonderheit hat der aktuelle Workflow für das Anlegen der täglichen Reports aber, denn er ist der erste, der ein asynchrones Event an den MessageBus erzeugt. Dafür wird die Methode `SendReportCreatedEvent` genutzt, deren Code in Listing 13-16 gezeigt wird. Übergeben wird ein `DailyReportCreatedEvent`, das das Datum, die Projekt-ID und den durch den Report gespeicherten Umsatz enthält. Interessierte Services können auf dieses Event horchen und mit eigener Logik darauf reagieren.

Listing 13-16: Versenden eines DailyReportCreatedEvents über den MessageBus

```
private void SendReportCreatedEvent(DailyReportCreatedEvent reportCreatedEvent)
{
    var factory = new ConnectionFactory { HostName = "rabbitmq.casestudy.org" };
    using (var connection = factory.CreateConnection())
    using (var channel = connection.CreateModel())
    {
        channel.QueueDeclare(
        queue: "DailyReportCreated", durable: true, exclusive: false, autoDelete: false);
        var messageString = JsonConvert.SerializeObject(reportCreatedEvent);
        var body = Encoding.UTF8.GetBytes(messageString);
        var properties = channel.CreateBasicProperties();
        properties.Persistent = true;
        channel.BasicPublish(
        exchange: "", routingKey: "DailyReportCreated", basicProperties: es, body: body);
    }
}
```

Durch die Verwendung einer `durable`-Queue ist das Event nicht flüchtig und wird in eine Queue gelegt, in der es wartet, bis es verarbeitet wird. Die Logik auf Empfängerseite dieses Events, nämlich konkret die des ManagementDashboardService, wird im folgenden Abschnitt besprochen. Mit Speichern des Reports und Versand des Events ist für den ProjectsService sein Teil des Prozesses erledigt.

Abschluss eines Projekts

Der letzte relevante Anwendungsfall, den wir im Rahmen des ProjectsService besprechen, ist der Projektabschluss. Dieser kann durch den Projektleiter in der fiktiven Benutzeroberfläche getriggert werden, die die in Listing 13-17 gezeigte Methode des `ProjectControllers` nutzt.

Listing 13-17: Logik für den Projektabschluss im ProjectsController

```
[HttpPost("{id}/completion")]
public async Task<IActionResult> FinishProject(int id)
{
    var project = await _context.Projects.Include(
    p => p.Customer).FirstOrDefaultAsync(p => p.Id == id);
    if (project == null)
        return NotFound();
    if (project.IsCompleted)
        return StatusCode((int) HttpStatusCode.Conflict,
        "Project already marked as completed");

    project.IsCompleted = true;
    await _context.SaveChangesAsync();
    var projectTotalRevenue = await CalculateTotalRevenue(project);
    var projectCompletedEvent = new ProjectCompletedEvent
    {
        ProjectId = project.Id,
        TotalRevenue = projectTotalRevenue,
        CompletionDate = DateTime.Today,
        CustomerId = project.Customer.CustomerId
    };
    SendProjectCompletedEvent(projectCompletedEvent);
    return NoContent();
}
```

Sofern das Projekt nicht existiert oder bereits abgeschlossen wurde, erwarten den Aufrufer entsprechende Fehler (404 oder 409), hier gibt es also keine neuen Erkenntnisse. Im Rahmen der Fallstudie hat der Abschluss des Projekts weit weniger Auswirkungen, als er es in einer echten Anwendung hätte. Der Status des Projekts wird als abgeschlossen gespeichert, und es wird ein `ProjectCompletedEvent` über `RabbitMQ` versendet, das einige Metadaten wie zum Beispiel den gesamten Umsatz des Projekts enthält. Die Berechnung des Umsatzes in `CalculateTotalRevenue` und Versand des Events in `SendProjectCompletedEvent` werden hier aus Platzgründen nicht gezeigt. Letztere Methode funktioniert auf fast gleiche Weise wie das Versenden des `DailyReportCreatedEvents` in Listing 13-16. Der spannende Teil dieses Anwendungsfalls befindet sich auf der Empfängerseite dieses Events, nämlich im InvoicingService, dessen Aufgaben nach Projektabschluss in einem der folgenden Abschnitte besprochen werden. In einer echten Anwendung müsste nun in Zukunft auch verhindert werden, dass Mitarbeiter weitere Stunden auf das Projekt buchen oder überhaupt neue Mitarbeiter zugewiesen werden können. Auch sind möglicherweise andere interne Prozesse anzustoßen, Feedbackgespräche zu führen etc.

Übersichtsdiagramm des ProjectsService

Als Abschluss der Beschreibung soll zusammenfassend das Service-Übersichtsdiagramm des ProjectsService dienen (Abbildung 13-11). Hier sind noch einmal alle relevanten Aspekte des Service dargestellt, also sowohl der Aufbau der internen Projektstruktur, das Datenmodell in verkürzter Form, welche Tasks im Hintergrund laufen und externe Schnittstellen. Mit externen Schnittstellen sind dabei sowohl erzeugte Events als auch angebotene REST-URIs gemeint. Ein solches Diagramm eignet sich gut zur Diskussion im Team, das den Service verwaltet, als auch zur Einarbeitung oder Besprechung von Schnittstellen zu anderen Services, wenn zum Beispiel nicht alle Microservices von einem einzelnen Team gewartet werden. Je nach Projekt und Umgebung ergibt es Sinn, solche Diagramme mit weniger, mehr oder andere Informationen zu versehen, so wie es das Team entscheidet.

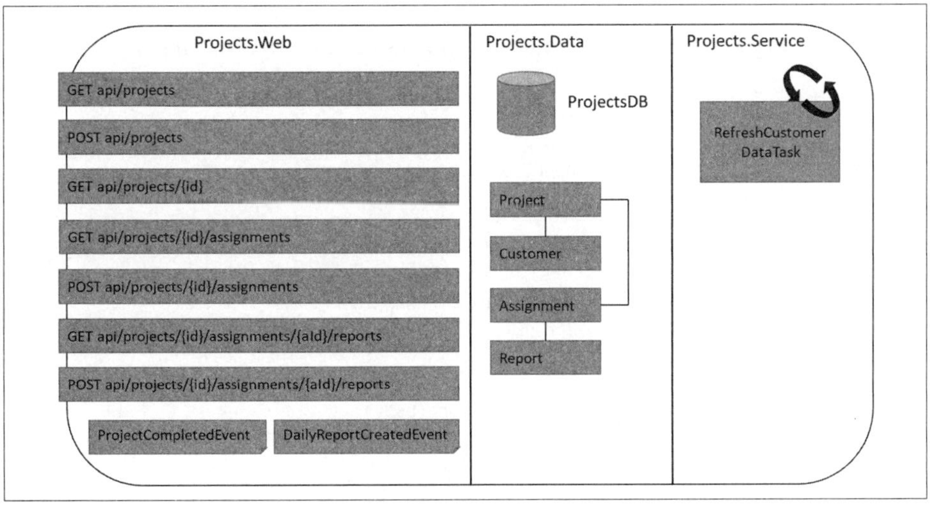

Abbildung 13-11: Grobübersicht der relevanten Teile des ProjectsService

Der ManagementDashboardService

Der ManagementDashboardService funktioniert wie eine simplifizierte Version eines `DataWarehouse`. Er sammelt unterschiedliche aggregierte Daten und speichert sie in einer für den Lesezugriff optimierten Art und Weise. Für die Fallstudie speichert er auch nur eine einzige Art von Datensatz, nämlich eine aggregierte Form der historischen oder aktuell zu erwartenden monatlichen Umsätze. Diese Daten können dann durch das Management genutzt werden, um sie in einer Art Dashboard anzuzeigen, daraus Reports für Präsentationen zu generieren oder ähnliche Dinge. Die Entitätsklasse für diese Daten ist sehr simpel (Listing 13-18):

Listing 13-18: Entitätsklasse für monatliche Umsatzzusammenfassung im ManagementDashboard

```
public class MonthlyRevenueSummary
{
    public int Year { get; set; }
    public int Month { get; set; }
    public decimal TotalRevenue { get; set; }
}
```

Aktualisieren der aktuellen Umsatzprognose

Der Teil des Service, der sich zu besprechen lohnt, ist die Verarbeitung der `DailyReportCreateEvents` des ProjectsService. Diese werden genutzt, um die aktuelle Umsatzprognose anzupassen. Dafür horcht ein Windows-Service am `RabbitMQ` MessageBus auf die Events und aktualisiert bei Eingang die lokalen aggregrierten Daten (Listing 13-19):

Listing 13-19: Registrierung eines Eventhandlers für das DailyReportCreatedEvent

```
[...]
var factory = new ConnectionFactory() {
   HostName = " rabbitmq.casestudy.org", DispatchConsumersAsync = true };
var connection = factory.CreateConnection();
var channel = connection.CreateModel();
channel.QueueDeclare(
   queue: "DailyReportCreated", durable: true, exclusive: false, autoDelete: false);
channel.BasicQos(0, 1, false);
var consumer = new AsyncEventingBasicConsumer(channel);
consumer.Received += async (model, ea) =>
{
    var body = ea.Body;
    var messageString = Encoding.UTF8.GetString(body);
    var order = JsonConvert.DeserializeObject<DailyReportCreatedEvent>(messageString);
    await ProcessDailyReportCreatedEvent(order);
    channel.BasicAck(ea.DeliveryTag, false);
};
channel.BasicConsume(queue: "DailyReportCreated", autoAck: false, consumer: consumer);
```

Auch dieser Code wurde aus Platzgründen wieder um Dinge wie Fehlerbehandlung, Logging und andere Dinge gekürzt, die in einer echten Anwendung natürlich dort ihren Platz haben sollten. Die inhaltliche Verarbeitung des Events passiert in der Methode `ProcessDailyReportCreatedEvent` (Listing 13-20). Dort werden die Daten des Events eingearbeitet, indem entweder die Daten für den betroffenen Monat angelegt oder die dort gespeicherte aktuelle Umsatzsumme um den Wert des Events erhöht wird. Durch diesen Mechanismus würde ein ManagementDashboard ein einigermaßen realistisches und aktuelles Bild des zu erwartenden Umsatzes – sowie für vergangene Monate auch gute historische Basisdaten – anzeigen. Letztere müssten natürlich noch mit den tatsächlich eingegangenen Geldflüssen abgeglichen werden.

Listing 13-20: Aggregieren der DailyReportCreatedEvents *im Dashboard*

```
private async Task ProcessDailyReportCreatedEvent(
    DailyReportCreatedEvent reportCreatedEvent)
{
    var month = reportCreatedEvent.DateTime.Month;
    var year = reportCreatedEvent.DateTime.Year;
    var correspondingMonth = await _context.MonthlyRevenueSummaries
        .FirstOrDefaultAsync(s => s.Month == month && s.Year == year);
    if (correspondingMonth == null)
    {
        correspondingMonth = new MonthlyRevenueSummary { Year = year, Month = month };
        _context.MonthlyRevenueSummaries.Add(correspondingMonth);
    }
    correspondingMonth.TotalRevenue += reportCreatedEvent.Revenue;
    await _context.SaveChangesAsync();
}
```

Übersichtsdiagramm des ManagementDashboardService

Weitere Details des Service sind für die Fallstudie nicht relevant, da dessen Zweck tatsächlich nur das asynchrone Aggregieren von Daten unterschiedlichster Quellen ist. Der Vollständigkeit halber wird in Abbildung 13-12 noch das Übersichtsdiagramm mit den relevanten Aspekten des Service gezeigt.

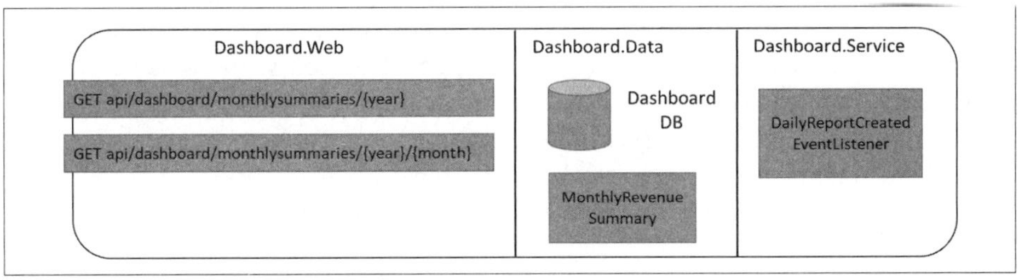

Abbildung 13-12: Grobübersicht der relevanten Teile des ManagementDashboardService

Der InvoicingService

Als letzter zu beschreibende Service ist der InvoicingService auch derjenige, der in dieser Fallstudie mit den meisten externen Systemen kommunizieren muss. Da er für die Rechnungsstellung, Zahlungsprüfung und eventuellen Mahnungen zuständig ist, ist das allerdings auch nicht verwunderlich. Wie im Übersichtsdiagramm aller Services am Anfang dieses Abschnitts gezeigt, spricht er sowohl mit dem CRM als auch mit dem E-Mail-Server des Unternehmens und dem Webdienst der Hausbank.

Verarbeitung einer Rechnung für ein abgeschlossenes Projekt

Im Service ist ein kleiner automatisierter Workflow für die Verarbeitung von Rechnungen umgesetzt, der initial durch das `ProjectCompletedEvent` des ProjectsService angestoßen wird. Durch das Event wird eine Rechnungs-Entität angelegt, die in Abbildung 13-13 dargestellt im Laufe des Workflows grundsätzlich drei Zustände durchlaufen kann. Der Workflow ist in einem Windows-Dienst umgesetzt, der in gewissen Zeitabständen diesen Rechnungslauf durchführt und die einzelnen Rechnungen in den jeweils nächsten Zustand überführt.

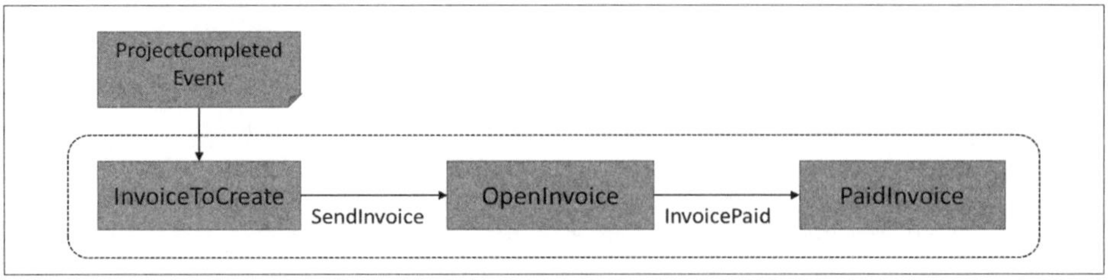

Abbildung 13-13: Ablauf der Verarbeitung einer Rechnung im InvoicingService

Das Datenmodell, das für die Verarbeitung benutzt wird, ist dabei so gebaut, dass die Daten tatsächlich verschoben werden, das heißt, eine Rechnung existiert immer nur als eine von drei Entitäten. Die zugehörigen Daten folgen also exakt dem Fluss einer Rechnung durch den Verarbeitungsworkflow. Dieser Ansatz hat den Vorteil, dass die Daten sauber getrennt je nach Zustand abgelegt werden und neben einigen Basisdaten immer nur die für den jeweiligen Zustand nötigen Informationen abgelegt sind. Mit jedem Schritt kommen dabei neue Informationen hinzu. Das hat den Vorteil, dass (wenn man in SQL-Tabellen denkt) nicht eine Tabelle alle Spalten für die nötigen Zustände enthalten muss, von denen einige möglicherweise nicht immer Werte enthalten. Stattdessen wird so sichergestellt, dass die für den jeweiligen Zustand des Objekts nötigen Daten immer gefüllt sein müssen (Listing 13-21). Die Basisdaten, die immer enthalten sein müssen, sind auch klassentechnisch in der abstrakten `InvoiceBaseData`-Oberklasse beziehungsweise in der `CreatedInvoiceBaseData`-Klasse für bereits erstellte Rechnungen berücksichtigt.

Listing 13-21: Entitätsklassen im InvoicingService *zur Abbildung der Zustände einer Rechnung*

```
public abstract class InvoiceBaseData
{
    public int Id { get; set; }
    public int ProjectId { get; set; }
    public Guid CustomerId { get; set; }
    public decimal InvoiceAmount { get; set; }
    public DateTime ProjectCompletion { get; set; }
}
public abstract class CreatedInvoiceBaseData : InvoiceBaseData
{
    public string InvoiceLegalNumber { get; set; }
    public DateTime InvoiceDate { get; set; }
    public string CustomerName { get; set; }
    public string CustomerStreetAndNo { get; set; }
    public string CustomerCity { get; set; }
    public string CustomerZipcode { get; set; }
}
public class InvoiceToCreate : InvoiceBaseData { }
public class OpenInvoice : CreatedInvoiceBaseData
```

```
{
    public DateTime? DateReminderWasSent { get; set; }
}
public class PaidInvoice : CreatedInvoiceBaseData
{
    public DateTime? DateReminderWasSent { get; set; }
    public DateTime DateOfPayment { get; set; }
}
```

Die Nutzung der abstrakten Oberklassen hat dabei nur einen einzigen Grund, nämlich die Wiederverwendung von Code, um nicht in jeder nicht abstrakten Klasse alle nötigen Spaten wieder als Kopie einfügen zu müssen. Ein direktes Ableiten der Klassen voneinander führt in den Standardeinstellungen von Entity Framework Core dazu, dass es eine Vererbungshierarchie der Tabellen angelegt, was durch diese einfache Maßnahme explizit verhindert werden soll.

Im InvoicingService wird ein `EventHandler` am RabbitMQ Bus registriert, der auf das `ProjectCompletedEvent` reagiert und daraufhin mit den Daten des Events einen Eintrag in die InvoicesToCreate Tabelle anlegt (Listing 13-22). Gezeigt wird nur der relevante Code, nicht das Registrieren an RabbitMQ selbst.

Listing 13-22: Zwischenspeichern von Metadaten für zu erstellende Rechnungen als Reaktion auf CompletedEvents

```
private async Task CreateInvoiceToProcess(ProjectCompletedEvent completedEvent)
{
    var newOpenInvoiceEntry = new InvoiceToCreate()
    {
        CustomerId = completedEvent.CustomerId,
        InvoiceAmount = completedEvent.TotalRevenue,
        ProjectCompletion = completedEvent.CompletionDate,
        ProjectId = completedEvent.ProjectId
    };
    _context.InvoicesToCreate.Add(newOpenInvoiceEntry);
    await _context.SaveChangesAsync();
}
```

Der Fluss durch die nächsten zwei Zustände wird durch die Methoden `CreateAndSendNewInvoices` sowie `CheckAndUpdateStatusOfExistingInvoices` umgesetzt. Diese werden durch einen simplen Timer regelmäßig ausgeführt, analog der Abfrage der CRM-Daten im ProjectsService. Der Code für den Timer wird daher nicht noch einmal gezeigt. Die beiden Methoden sind in gekürzter Fassung in Listing 13-23 und Listing 13-24 gezeigt.

Listing 13-23: Die Methode zum Erzeugen und Versenden einer Rechnung

```
private async Task CreateAndSendNewInvoices()
{
    var invoicesToCreate = await _context.InvoicesToCreate.ToListAsync();
    foreach (var invoiceToCreate in invoicesToCreate)
    {
        var customerData = await
_crmService.FetchCustomerAsync(invoiceToCreate.CustomerId);
```

```
        var invoiceDate = DateTime.Today;
        var newInvoice = new OpenInvoice
        {
            CustomerId = invoiceToCreate.CustomerId,
            CustomerCity = customerData.CurrentAddress.City,
            CustomerName = customerData.CustomerName,
            CustomerStreetAndNo = customerData.CurrentAddress.StreetAndNo,
            CustomerZipcode = customerData.CurrentAddress.ZipCode,
            InvoiceAmount = invoiceToCreate.InvoiceAmount,
            InvoiceDate = invoiceDate,
            ProjectCompletion = invoiceToCreate.ProjectCompletion,
            ProjectId = invoiceToCreate.ProjectId,
            InvoiceLegalNumber = $"{invoiceDate.Year}-{invoiceToCreate.Id}"
        };
        await _emailService.SendInvoiceEmailAsync(newInvoice);
        _context.OpenInvoices.Add(newInvoice);
        _context.InvoicesToCreate.Remove(invoiceToCreate);
    }
    await _context.SaveChangesAsync();
}
```

`CreateAndSendNewInvoices` erzeugt dabei eine vollständige Repräsentation einer Rechnung aus den Metadaten, die durch das `ProjectCompletedEvent` zwischengespeichert wurde. Dafür fragt die Methode auch noch einmal die aktuellen Kundendaten aus dem CRM ab, erzeugt eine Rechnungsnummer, versendet eine Rechnungsmail über den entsprechenden Service und persistiert dann alles. `CheckStatusOfExistingInvoices` prüft bei jedem Ausführungszyklus den aktuellen Stand der Rechnung. Dafür wird der Webservice der Bank aufgerufen, um den Status der Bezahlung zu erfragen. Wurde noch nicht bezahlt und ist der Kunde schon über das Zahlungsziel hinaus, wird eine Mahnung über den EmailService verschickt und das Datum der Mahnung gespeichert (in der Eigenschaft `DateReminderWasSent`).

Listing 13-24: Methode zur Überprüfung und möglichen Weiterbearbeitung des Rechnungsstatus

```
private async Task CheckStatusOfExistingInvoices()
{
    var paymentTarget = TimeSpan.FromDays(14);
    var today = DateTime.Today;
    var remindingStartDate = today.Subtract(paymentTarget);
    var allOpenInvoices = await _context.OpenInvoices.ToListAsync();
    var unpaidInvoicesThatNeedReminder = new List<OpenInvoice>();
    foreach (var openInvoice in allOpenInvoices)
    {
        var paymentStatus =
_bankingAccess.GetPaymentStatus(openInvoice.InvoiceLegalNumber);
        if (paymentStatus.IsPaidInFull)
        {
            var paidInvoice = new PaidInvoice
            {
                CustomerId = openInvoice.CustomerId,
                CustomerCity = openInvoice.CustomerCity,
                CustomerName = openInvoice.CustomerName,
                CustomerStreetAndNo = openInvoice.CustomerStreetAndNo,
```

```
                CustomerZipcode = openInvoice.CustomerZipcode,
                InvoiceAmount = openInvoice.InvoiceAmount,
                InvoiceDate = openInvoice.InvoiceDate,
                ProjectCompletion = openInvoice.ProjectCompletion,
                ProjectId = openInvoice.ProjectId,
                InvoiceLegalNumber = openInvoice.InvoiceLegalNumber,
                DateReminderWasSent = openInvoice.DateReminderWasSent,
                DateOfPayment = paymentStatus.PaymentDate.Value,
            };
            _context.PaidInvoices.Add(paidInvoice);
            _context.OpenInvoices.Remove(openInvoice);
        }
        else if (openInvoice.InvoiceDate <= remindingStartDate)
            unpaidInvoicesThatNeedReminder.Add(openInvoice);
    }

    foreach (var openInvoice in unpaidInvoicesThatNeedReminder)
    {
        await _emailService.SendReminderEmailAsync(openInvoice);
        openInvoice.DateReminderWasSent = today;
    }
    await _context.SaveChangesAsync();
}
```

Auch hier gilt wieder, dass in einer echten Anwendung natürlich weitaus mehr Dinge zu berücksichtigen sind, aber es sollen auch nur grundlegende Prinzipien in unterschiedlichen Beispielen für die Modellierung solcher Workflows durch Microservices gezeigt werden.

Übersichtsdiagramm des InvoicingService

Der Vollständigkeit halber wird noch das Übersichtsdiagramm des InvoicingService dargestellt (Abbildung 13-14). Die URIs zur Abfrage von Rechnungen in den unterschiedlichen Zuständen sind fest nach dem abzufragenden Zustand modelliert und geben explizit die Datensätze vor, die man abfragen kann. Alternativ wäre auch ein einfacher URI mit optionalem QueryString wie zum Beispiel `api/invoices?status=open` möglich gewesen. Auch hier liegt die Entscheidung im Ermessen der Implementierungsteams – in Absprache mit möglichen Konsumenten der API.

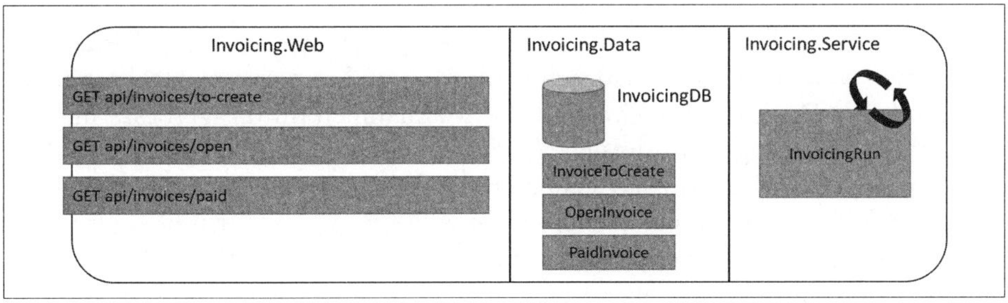

Abbildung 13-14: Grobübersicht der relevanten Teile des InvoicingService

Fazit

Damit endet die Beschreibung der kleinen Microservice-Fallstudie. Hoffentlich konnte dieses Kapitel einen groben Eindruck davon vermitteln, auf welche unterschiedlichen Arten Anwendungsfälle in Microservice-Strukturen modelliert werden können. Die gezeigten Anwendungsfälle von Projektverwaltung, Rechnungsstellung etc. mögen auf den ersten Blick alle sehr vereinfacht erscheinen, aber sie lassen sich durchaus auf »echte« Anwendungen übertragen. Das Feld der Microservices ist natürlich weitaus komplexer und umfangreicher, als diese kurze Einführung hier zeigen kann. Auch müssen bestimmte gewohnte Vorgehensweisen neu gedacht werden. Transaktionalität und Datenkonsistenz funktionieren in Microservice-Umgebungen anders, wie die Beispiele gezeigt haben. Aber wenn eine Person oder ein gesamtes Team ein ausreichend tiefes Verständnis einer fachlichen Domäne entwickelt hat, wird es ihnen immer leichter fallen, solche lose gekoppelten Systeme zu entwickeln. Der Schlüssel liegt tatsächlich in einem guten Verständnis der fachlichen Zusammenhänge und in der Beherrschung der technischen Komplexität eines verteilten Systems. Da das initiale Aufsetzen der Umgebung und Design der Anwendungsfälle durch Microservices ein wenig länger dauert, wäre es auch ein teures Unterfangen, wenn sich durch ständig neue fachliche Erkenntnisse auch immer wieder die Service-Aufteilung ändern oder Datenspeicherung zwischen den Services hin und her wandern müsste.

> Zum Abschluss dieser Fallstudie ein Wort der Warnung: Es ist explizit davon abzuraten, zu versuchen, eine Microservices-Struktur nur um ihrer selbst willen zu erzeugen. Im Zweifel ist es sinnvoller, eine sauber strukturierte monolithische Anwendung aufzusetzen, innerhalb derer Umbauten und Datenverschiebung durch neue fachliche Erkenntnisse weitaus weniger Aufwand machen. Ein Extrahieren von Microservices ist dabei später durchaus denkbar. Dieser Ansatz wird auch »Monolith-first« genannt.

Nützliche Patterns und Best-Practices im Bereich Microservices

Zum Abschluss soll noch ein Paket von Best-Practices und anderen Maßnahmen besprochen werden, an dem man sich beim Bau von Microservice-Strukturen orientieren kann. Das sind zum einen diverse Maßnahmen für die Verbesserung der Robustheit beziehungsweise Resilienz, also eine Form von Fehlertoleranz. Zum anderen einige Hinweise zur serviceübergreifenden Code-Wiederverwendung. Die Liste ist aus Platzgründen bei Weitem nicht vollständig, und auch hier gilt natürlich: Es liegt in der eigenen Verantwortung (oder beim Team) für die jeweilige Situation und Anwendung abzuwägen, welche Maßnahmen eingesetzt werden sollten und welche nicht.

Resilienz-Patterns

Das Thema der Resilienz-Patterns ist sehr umfangreich, daher wird hier nur auf einen Ausschnitt an Maßnahmen eingegangen, die eingesetzt werden können, um die ersten Grundpfeiler für eine robustere Microservice-Architektur zu setzen. Dafür werden beispielhaft einige aus Robustheits-/Resilienzsicht problematischen Code-Teile aus der Fallstudie besprochen und Verbesserungsvorschläge gemacht. Ein sehr großer Fehler, den Entwickler häufig machen, ist beim Schreiben des Codes immer nur vom optimalen Verlauf auszugehen, dem sogenannten »Happy-Path«. Das betrifft natürlich nicht nur Microservice-Strukturen, aber in diesen führt es schnell zu weitreichenden Problemen, da verteilte Systeme weitaus mehr Fehlerquellen mit sich bringen. Ein Workflow wie die Anlage eines neuen Projekts im ProjectsService, bei dem als Teilaufgabe die Mitarbeiterdaten vom HumanResourcesService abgefragt werden, kann an den unterschiedlichsten Stellen schieflaufen. Vielleicht ist der HumanResourcesService oder die Datenbank kurz nicht erreichbar. Jede kleinste Störung im Netzwerk von vielleicht nur einigen Sekunden führt unnötigerweise zu einem Scheitern des gesamten Prozesses. Bei Services, die andere synchron wartend aufrufen, führt das eventuell zu einer Fehler-Kaskade, die sich über mehrere Services erstreckt. Gekoppelt mit ungeduldigen Benutzern, die bei zu langer Wartezeit gerne einfach noch mal auf *Absenden* drücken, kann so schnell eine ganze Umgebung in die Knie gehen.

Der Retry-Mechanismus

Eine der einfachsten zu implementierenden Maßnahmen, die aber im regulären Betrieb schon große Auswirkungen hat, ist die Nutzung von Retry-Mechanismen. Schlägt beispielsweise ein Aufruf eines externen Webservices fehl, weil dieser kurz neu gestartet wurde, kann schon der simple Mechanismus eines erneuten Versuchs einige Sekunden später dazu führen, dass der Prozess regulär und fehlerfrei zu Ende laufen kann. Das bedeutet, dass man mit überschaubarem Einsatz ein ganzes Stück Robustheit in seine Services bringen kann. Dazu unterscheidet man bei der Fehlerbehandlung Fehler, die vorübergehend sind (transient), und Fehler, die ein grundlegenderes Problem darstellen (persistent, permanent). Die Einordnung der Fehler ist stark von der Technologie und Situation abhängig. Ein Verbindungsfehler beim Aufbau einer Verbindung zu einem Datenbankserver mag beispielsweise als transient eingeordnet werden, die Nicht-Existenz einer Datenbank auf diesem Server aber eher als permanent. Retry-Strategien anzuwenden, macht normalerweise nur bei transienten Fehlern Sinn.

Retry mit Entity Framework Core – Entity Framework Core bringt (abhängig vom gewählten Datenbanksystem) schon ein leicht zu nutzendes Retry-Feature mit. Dazu kann bei Registrierung in der `ConfigureServices`-Methode die Retry-Strategie aktiviert und mit einer Anzahl der erneuten Versuche sowie der Wartezeit zwischen den Versuchen konfiguriert werden (Listing 13-25). Danach ist jede Query beziehungsweise jeder Aufruf von `SaveChanges()` auf diesem `DbContext` eine Operation, die bei einem vorübergehenden Fehler erneut versucht wird.

Listing 13-25: Aktivierung der Retry-Strategie von Entity Framework Core

```
public void ConfigureServices(IServiceCollection services)
{
    services.AddDbContext<ProjectsContext>(builder =>
    {
        builder.UseSqlServer("ConnectionString", optionsBuilder =>
optionsBuilder.EnableRetryOnFailure(
            maxRetryCount: 3,
            maxRetryDelay: TimeSpan.FromSeconds(10),
            errorNumbersToAdd: new int[0]));
    });
}
```

Nutzung der Retry-Policy der Polly-Bibliothek – Für alle Fälle, bei denen die genutzten Klassen und Libraries keine eigenen Retry-Mechanismen mitbringen, existiert das Polly-Projekt. `Polly` ist eine per Nuget einbindbare Bibliothek, die eine Menge nützlicher Klassen und Funktionen rund um Resilienz-Patterns anbietet. Dabei konfiguriert man eine sogenannte Policy mit den Informationen der Exceptions, die sie zu berücksichtigen hat. Auch Rückgabewerte, die keine Laufzeitfehler sind, können als Auslöser für einen erneuten Versuch angegeben werden. Zudem wird ihr mitgegeben, wie sie sich im Fehlerfall verhalten soll. Das Beispiel in Listing 13-26 konfiguriert die Policy beispielsweise so, dass sie `HttpRequestExceptions` fängt oder reguläre HTTP-Antworten mit einem `503 Service Unavailable` und es in diesen Fällen erneut versucht. Das passiert maximal dreimal, wobei sie nach dem ersten Versuch eine Sekunde wartet und nach dem fehlgeschlagenen zweiten Versuch noch mal zwei Sekunden, bevor sie es ein drittes und letztes Mal versucht. Diese Wartezeit zwischen den Versuchen wird auch `Backoff`-Zeit genannt. Schlägt auch der dritte Versuch fehl, reicht die Policy die Exception weiter durch, sodass sich anderer Anwendungscode darum kümmern muss. Mithilfe dieser Policy wird dann über die `ExecuteAsync`-Methode ein regulärer `HttpClient`-Aufruf gekapselt, um ihn gegen einfache Timeouts oder kurze Nicht-Verfügbarkeit des Servers abzusichern.

Listing 13-26: Nutzung der Polly Retry-Policy für erneute Versuche bei Fehlern

```
var retryPolicy = Policy
    .Handle<HttpRequestException>()
    .OrResult<HttpResponseMessage>(
        message => message.StatusCode == HttpStatusCode.ServiceUnavailable)
    .WaitAndRetryAsync(new[]
    {
        TimeSpan.FromSeconds(1),
        TimeSpan.FromSeconds(2),
    });

var httpResponse = await _retryPolicy.ExecuteAsync(
   () => _httpClient.GetAsync("employees"));
```

Würde eine andere Exception geworfen, zum Beispiel eine `ArgumentNullException`, würde die Policy diese sofort weiterreichen. Gleiches gilt für eine reguläre Antwort, die nicht das an die `OrResult`-Methode übergebene Prädikat erfüllt. Eine solche Antwort wird ohne erneuten Versuch an den weiteren Code durchgereicht. An solchen Stellen gilt es, sich für den jeweiligen Anwendungsfall möglichst gut zu überlegen, welche Fehler oder Rückgabewerte einen erneuten Versuch rechtfertigen.

Timeouts und das Problem blockierter Threads

Vor allem bei HTTP-Kommunikation zwischen Services ist zu berücksichtigen, dass bestimmte Formen von Timeouts den Thread im aufrufenden Service A möglicherweise sehr lange blockieren. Geht man bei Problemen des aufgerufenen Service B von einem 15 Sekunden Verbindungstimeout aus, und einer `Retry`-Policy wie in Listing 13-26, dann ist im schlimmsten (und synchronen) Fall der diesen Code abarbeitende Thread in Service A für 48 Sekunden blockiert (15s Timeout + 1s Backoff + 15s Timeout + 2s Backoff + 15s Timeout). 48 Sekunden sind in einer Umgebung unter hoher Last eine Ewigkeit. Wenn in dieser Zeit noch viele weitere Requests an den Service A eingehen, die zu weiteren Aufrufen an Service B führen würden, dann sind in kürzester Zeit alle Ressourcen von Service A mit Warten beschäftigt und können keine weiteren Requests mehr entgegennehmen. Wäre Service B eine Datenbank, dann wäre in Service A auch sehr schnell der ConnectionPool aufgebraucht. Dazu kommt, dass Service B, der sowieso schon Probleme zu haben scheint, mit noch mehr Requests belastet wird. Vor allem bei Requests, die direkt durch Benutzerinteraktion ausgelöst werden, ist diese Gefahr sehr hoch, da Benutzer in vielen Fällen dazu tendieren, es einfach noch mal zu versuchen. Dies kann im Browser auch selten komplett verhindert werden. Im schlimmsten Fall zieht sich eine solche Fehler-Kaskade durch eine gesamte Service-Struktur. Asynchrone Verarbeitung innerhalb von Prozessen durch Patterns wie async/await mildert das Problem durch bessere Thread-Auslastung etwas ab, schiebt den drohenden Ausfall aber wahrscheinlich nur ein wenig weiter in die Zukunft.

Wie geht man mit diesem Problem um? Es ist durchaus sinnvoll, vor allem bei Kommunikation, die durch den User direkt ausgelöst wurde, mit explizit kurzen Timeouts und wenig Retries zu arbeiten und im Fehlerfall eine schnelle Rückmeldung zu liefern. Über das `Timeout`-Property der `HttpClient`-Klasse kann beispielsweise die Wartezeit auf 5 bis 10 Sekunden heruntergesetzt werden, für die meisten Benutzer in der heutigen Zeit auch schon eine Ewigkeit. Für Klassen, die keinen eigenen Timeout unterstützen, bietet die `Polly`-Bibliothek ein eigenes Timeout-Konstrukt an, das hier aber nicht gezeigt wird. Eine weitere Möglichkeit, hier entgegenzuwirken, ist das Circuit-Breaker-Pattern, was im nächsten Abschnitt besprochen wird.

Grundsätzlich macht es schon Sinn, möglichst viele Prozesse über einen Message Bus oder ähnliche Mechanismen asynchron abzubilden, sodass dieses Problem seltener Auftritt, da es weniger feste Kopplung zwischen den Services gibt. Ein solches Vorgehen eignet sich aber nicht für alle Prozesse, und ein pseudo-synchrones Frage-Antwort-Verhalten über einen asynchronen Mechanismus zu bauen, birgt seine eigenen Komplexitäten. Auch muss die Eventualität berücksichtigt werden, dass der Message Bus selbst einmal nicht erreichbar ist.

Circuit-Breaker

Nehmen wir erneut das Beispiel des Aufrufs von Service B durch Service A auf. Durch einen Retry-Mechanismus und Timeouts werden mögliche Probleme abgefedert, es wird aber immer noch sehr schnell dazu kommen, dass Service A selbst nicht mehr reagiert, da ein Großteil seiner Ressourcen mit Warten auf Requests zu Service B beschäftigt sein wird. Für solche Fälle wurde das Konzept des `Fail-Fast` entwickelt. Dies besagt, dass bei Fehlern diese möglichst schnell erkannt beziehungsweise erzeugt werden sollten, um Ressourcen wieder freigeben zu können. Hier könnte dies zum Beispiel bedeuten, dass nach einigen fehlgeschlagenen Aufrufen von Service B dieser als aktuell nicht erreichbar markiert wird. Das bedeutet, alle weiteren Aufrufe dahin erreichen gar nicht erst das Netzwerk, sondern führen sofort zu einem Fehler. Schließlich müsste Service A ja inzwischen durchaus gemerkt haben, dass bei B etwas nicht stimmt. So kann auch wiederum sehr schnell an Benutzer Feedback gegeben werden, dass etwas nicht in Ordnung ist und sie es doch bitte etwas später versuchen wollen.

Ein für diesen Fall genutztes Pattern ist der sogenannte `Circuit-Breaker` (zu Deutsch meist Sicherung genannt), dessen Name vom entsprechenden elektrischen Bauteil übernommen wurde, da die Arbeitsweise trotz des komplett anderen Kontexts sehr ähnlich ist. Ein Circuit-Breaker hat drei Zustände: geschlossen, offen und halboffen (Abbildung 13-15).

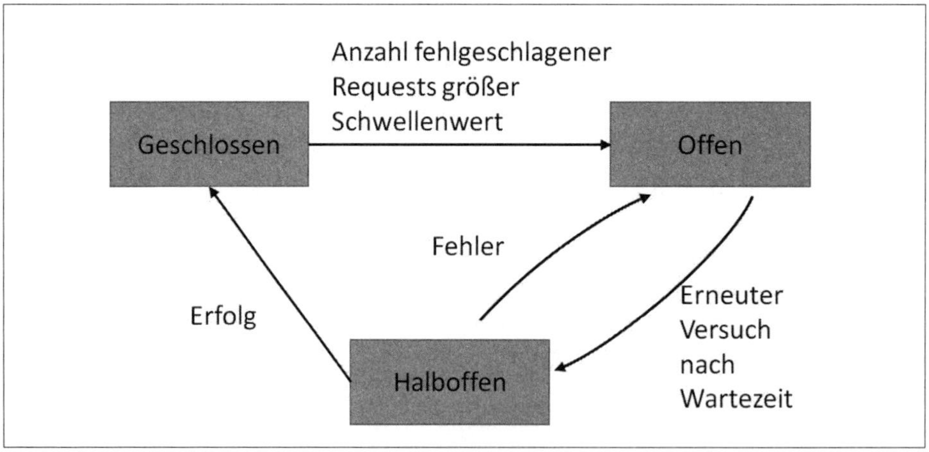

Abbildung 13-15: Zustände und Zustandsübergänge eines Circuit-Breakers

Zur Erklärung der Zustände nutzen wir wieder die beiden Services A und B. Der geschlossene Zustand ist der Normalzustand, hier funktioniert alles wie erwartet, und Requests von A nach B werden von B im Rahmen der normalen erwarteten Zeiten und ohne Fehler beantwortet. Da es einen Schwellenwert gibt, führt ein einzelner Fehler nicht sofort zu einem Zustandsübergang. Antwortet nun Service B aber auf mehrere Requests in kurzer Zeit nicht mehr oder mit einem Fehler, wird irgendwann der Fehler-Schwellenwert überschritten und der Zustand wechselt zu »offen«. Ab diesem Zeitpunkt werden für einen definierten Zeitraum (zum Beispiel 60 Sekunden) alle weiteren Requests von A zu B sofort mit einem Fehler quittiert, ohne dass ein echter Request an Service B gesendet wird. Erst nach den definierten 60 Sekunden wechselt der Circuit-Breaker in den halboffenen Zustand, und es würden neue Requests wieder an Service B gesendet. Der Verlauf des nächsten ausgehenden Requests an B entscheidet dann, was als Nächstes passiert: Antwortet B wieder, dann wird in den geschlossenen Zustand und Normalbetrieb gewechselt. Antwortet B allerdings nicht, benötigt es keinen Schwellenwert, sondern sofort wird wieder in den offenen Zustand gewechselt. Der `Circuit-Breaker` schützt also sowohl Service B vor noch mehr Last durch neue Requests, während dieser sich in einem fehlerhaften oder ausgelasteten Zustand befindet, als auch Service A davor, zu viele seiner Ressourcen mit nutzlosem Warten zu verbrennen.

Glücklicherweise müssen wir den `Circuit-Breaker`-Code nicht selbst schreiben, sondern können auch hier auf `Polly` zurückgreifen (Listing 13-27). Zu beachten ist noch, dass der `Circuit-Breaker` die auftretenden Fehler nicht verschluckt, sondern nach Anheben des Schwellenwerts weiter nach oben reicht, wo sie behandelt werden sollten, beispielsweise durch eine `Retry`-Policy oder anderen Code. Es ist also durchaus sinnig und sehr verbreitet, Policies in Kombination zu verwenden.

Listing 13-27: Nutzung des Polly Circuit-Breakers

```
var breakerPolicy = Policy
    .Handle<HttpRequestException>()
    .OrResult<HttpResponseMessage>(
        message => message.StatusCode == HttpStatusCode.ServiceUnavailable)
    .CircuitBreakerAsync(
        handledEventsAllowedBeforeBreaking: 3, durationOfBreak: TimeSpan.FromSeconds(60));
var httpResponse = await breakerPolicy.ExecuteAsync(() =>
_httpClient.GetAsync("employees"));
```

Während sich der Circuit-Breaker im offenen Zustand befindet, wird jeder Aufruf mit einer `BrokenCircuitException` quittiert, sodass dieser Zustand von aufrufendem Code explizit behandelt werden kann. Für die angesprochene Kombination von mehreren Policies, wie zum Beispiel `Retry` und `Circuit-Breaker`, soll hier aus Platzmangel auf die Polly-Dokumentation verwiesen werden, wo die Kombination von Policies sehr gut erklärt wird.

Transaktionalität und Datenkonsistenz

Wer mit Microservices-Strukturen arbeitet, wird schnell merken, dass die Konzepte von Transaktionaliät und Datenkonsistenz hier einen anderen Stellenwert haben. Wie in der Fallstudie zu sehen war, wird zum Beispiel die Datenkonsistenz geopfert, um in Services Datenreplikate zu halten und so eine größere Unabhängigkeit der Prozessabläufe zu erreichen. Auch werden meist keine verteilten Transaktionen eingesetzt, um serviceübergreifend Prozesse zu koordinieren, sondern es wird mit dem Konzept der `Eventual Consistency` gearbeitet, also »letztendlich/

irgendwann konsistent«. Das bedeutet, dass Daten zwar über Systeme konsistent gepflegt werden können, aber dies nicht sofort passiert, sondern nach und nach asynchron. Wie zum Beispiel ein `CustomerUpdatedEvent` dazu führen würde, dass alle interessierten Services ihre Read-Only-Repräsentation des `Customers` aktualisieren. Dies kann aber einige Zeit dauern (auch wenn es in der Praxis oft nur Millisekunden sind), weswegen keine sofortige Datenkonsistenz besteht, wie man es aus den ACID-Datenbank-Transaktionen gewöhnt ist. Dieser Ansatz führt zu einer erhöhten Skalierbarkeit und anderen Vorteilen, birgt aber wiederum ganz neue Risiken und Probleme. Trotz allem hat die klassische Transaktionalität einen festen Platz, auch in Microservices-Strukturen, wie die folgenden Beispiele zeigen.

Absicherung von Persistenz über Transaktionen – Innerhalb eines Service ist es natürlich immer noch sehr ratsam, Zugriffe auf die Persistenzschicht im Rahmen von Transaktionen laufen zu lassen. Wenn ein Service beispielsweise zwei Datenbanken enthält und für einen Prozessschritt in beiden etwas ändern muss, dann kann dies durch einen Transaktionsmechanismus abgesichert werden, der zum Beispiel bei einem Fehler in beiden Datenbanken die Änderungen rückgängig machen kann. Sofern natürlich beide Datenbanken im gleichen DBMS liegen. Technologieübergreifende Transaktionen sind dagegen eher nicht möglich. Hier müssen andere Kompensationsstrategien genutzt werden. Aber man kann Transaktionen trotzdem dafür benutzen, um sich weiteren Ärger zu sparen.

In einigen Beispielen der Fallstudie wurden aufseiten eines Service die eigenen Daten aktualisiert und danach eine Nachricht an den Message Bus gesendet. Wenn in diesem Fall die Aktualisierung der Daten fehlschlägt, bleibt der Service in einem konsistenten Zustand. Was aber, wenn die Daten gespeichert werden konnten, aber der Aufruf an den Message Bus fehlschlägt, weil dieser kurz nicht verfügbar ist? Als sehr primitive und naive Kompensationsstrategie kann zum Beispiel eine Transaktion um die beiden Operationen (Datenbankupdate, Nachrichtenversand) gelegt werden, wie in Listing 13-28 beispielhaft gezeigt.

Listing 13-28: Naive Absicherung von Datenbankupdate und Nachrichtenversand mit einer Transaktion

```
using (var transaction = await _context.Database.BeginTransactionAsync())
{
    await _context.SaveChangesAsync();
    SendReportCreatedEvent(new DailyReportCreatedEvent { [...] });
    transaction.Commit();
}
```

Nun würde verhindert, dass bei einem Fehlschlagen des Nachrichtenversands die aktualisierten Daten in der Datenbank gespeichert wurden. Die gesamte Aktion schlägt fehl, aber die Daten bleiben konsistent. Dieses Pattern ist allerdings leider nicht wasserdicht, da nach erfolgreichem Versand der Nachricht trotzdem noch die Transaktion fehlschlagen kann. Ein Mechanismus, um solche serviceübergreifenden Transaktionen abzusichern, ist das `Outbox`-Pattern in Verbindung mit idempotenten und/oder eindeutigen Nachrichten.

Das Outbox-Pattern – Wie der Name schon vermuten lässt, ist das Pattern vom Verhalten eines üblichen E-Mail-Clients abgeleitet. Im `Outbox`-Ordner liegen die E-Mails, die erstellt, aber noch nicht versandt wurden. Ist der Mail-Server für einige Minuten oder Stunden nicht erreichbar, gehen E-Mails also trotzdem nicht verloren. Diesen Mechanismus kann man sich beim Design der eigenen Anwendung zunutze machen, indem man zu versendende Nachrichten speichert und diese von einem Hintergrundprozess verarbeiten lässt. Für das Beispiel aus Listing 13-28 würde das bedeuten, dass entweder eine zweite Datenbank für ausgehende Nachrichten oder eine Tabelle in der Haupt-Datenbank als `Outbox` benutzt würde. Der Vorteil liegt hier dabei, dass das Aktualisieren der Daten und das Speichern der zu versendenden Nachricht in der Outbox innerhalb einer Transaktion passieren können. Datenkonsistenz ist also im ersten Schritt gesichert. Das heißt, einem Aufrufer dieser Operation könnte zumindest ein Erfolg quittiert werden. Ein asynchroner Prozess innerhalb des Microservice müsste sich dann um einen regelmäßigen Versand der noch offenen Nachrichten kümmern und diese als versendet markieren oder aus der Outbox entfernen. Dieser asynchrone Prozess kann nun allerdings wieder Opfer des gleichen Problems werden, nämlich dass doch nach Versand der Nachricht die Aktualisierung der lokalen Datenbank fehlschlägt. Dieses Problem muss auf eine andere Art und Weise gelöst werden, nämlich über idempotente und/oder eindeutig identifizierbare Nachrichten.

Idempotenz und Eindeutigkeit von Nachrichten – Gehen wir von dem Fall aus, dass die `Outbox` des Microservice eine Nachricht erfolgreich versenden konnte, aber beim Speichern der lokalen Daten geht irgendetwas schief. Das bedeutet im schlimmsten Fall, dass bei einem späteren Lauf diese Nachricht erneut gesendet werden würde. Nun muss also die Empfängerseite so gebaut sein, dass das erneute Verarbeiten einer Nachricht möglichst kein Problem verursacht. Dafür kann Idempotenz benutzt werden. Vereinfacht gesagt bedeutet Idempotenz, dass das mehrfache Anwenden einer Operation auf einen Datensatz diesen nicht mehrmals verändert, sondern der Zielzustand gleich bleibt, egal wie oft man die Operation ausführt. Eine Operation »Erhöhe Kontostand von Konto 1234 um 5 Euro« ist dabei nicht idempotent. Die Operation »Setze Kontostand von Konto 1234 auf 513 Euro« dagegen schon. Um idempotente Nachrichten zu erstellen, muss man also in alten und neuen Zuständen denken, nicht in Zustands-Deltas. Nutzen wir nun in unserer `Outbox` idempotente Nachrichten, dann führt dies aber nur so lange zu keinen Problemen, wie die Reihenfolge eingehalten wird. Das ist normalerweise dann gegeben, wenn nur unser Service diese Nachrichten versendet.

Ist über Idempotenz hinaus noch mehr Absicherung nötig, können Nachrichten mit eindeutigen Nummern (zum Beispiel GUIDs) versehen werden. Hier hat der empfangende Service die Möglichkeit, eine Art Nachrichtenlog zu pflegen, und kann bei Empfang einer Nachricht prüfen, ob diese nicht bereits verarbeitet wurde. In einem solchen Fall würde die wiederholt eingehende Nachricht auf Empfängerseite zwar bestätigt, aber einfach verworfen.

Serviceübergreifender Code und serviceübergreifende Funktionen

Wer die Code-Ausschnitte der Fallstudie aufmerksam gelesen hat, wird sich fragen, ob man nicht an diversen Stellen eine Menge Code-Redundanz vermeiden könnte. So wird in den Beispielen in jedem Service der Code für die Rabbit-MQ-Anbindung neu geschrieben und ist zumindest für den Verbindungsaufbau sehr redundant. Code-Wiederverwendung zwischen Microservices ist natürlich nicht verboten, sollte aber nicht so strikt betrieben werden, wie es in herkömmlichen Systemen oft gemacht wurde. Hier sollen kurz einige Beispiele für sinnvolle Wiederverwendung zwischen Microservices und Mechanismen dafür diskutiert werden. Im Allgemeinen wird Wiederverwendung in Microservices dann als sinnvoll und empfehlenswert angesehen, wenn es Code-Teile für die Anbindung an technische Infrastruktur betrifft. Das heißt, viel fachliche Logik wiederzuverwenden, deutet eher darauf hin, dass ein Microservice nicht richtig geschnitten ist. Aber auch hier bestätigen Ausnahmen die Regel.

Nuget-Pakete

Da jeder Service in einem eigenen Repository leben sollte, ist es zu empfehlen, wiederverwendbaren Code in Nuget-Paketen bereitzustellen, die wiederum in eigenen Repositories gepflegt und von dort erstellt werden. In der Fallstudie wäre ein gutes Beispiel für durchaus sinnvolle Wiederverwendung ein Nuget-Paket, das den immer wiederkehrenden Code für die Anbindung an `RabbitMQ` kapselt. Änderungen an diesem Paket würden zwar immer viele Services betreffen, aber dann mit hoher Wahrscheinlichkeit auch mit einem guten Grund. Auch ist es natürlich nicht verboten, sogenannte Utility-Libraries mit wiederverwendbaren Klassen zwischen Services zu teilen, sofern sie nicht aus falschen Gründen angelegt wurden. Meist existieren für viele Anwendungsfälle schon gute und etablierte Open-Source-Projekte, die beispielsweise selbstgebauten `Collection`-Klassen vorzuziehen sind.

Nutzung von Middleware

In ASP.NET-Core-Webservices kann wiederverwendbare Funktionalität sehr elegant durch gemeinsame genutzte Middleware erreicht werden. So kann beispielsweise die Architektur-Vorgabe an alle Services sein, dass sie eine Art Health-Check- oder WhoAmI-URI (Wer-bin-ich-URI) anbieten müssen. Dieser würde dann durch Überwachungstools genutzt, um von allen Services den Gesundheitszustand und die aktuelle Version oder andere Daten regelmäßig abzufragen. Eine solche Middleware könnte für die eigenen Services als wiederverwendbares Nuget-Paket eingebunden werden, womit sichergestellt wäre, dass jeder Service, der die Middlware einbindet, unter dem URI `service/whoami` Daten über den Service bereitstellt. Für vereinheitlichte Health-Checks ist von Microsoft eine eigene Middleware-Bibliothek bereits in Arbeit, die beim Schreiben dieses Texts als Kandidat zur Auslieferung mit einer späteren Version von ASP.NET Core angekündigt wurde.

Zentrale Services

Ein weiterer Aspekt sind zentrale Services. Dabei handelt es sich weniger um eine Form von Wiederverwendung, sondern um einen Ansatz zur Zentralisierung von Funktionen oder Aufgaben, die den Teams die Verwaltung von Microservice-Umgebungen erleichtern. Ein Beispiel ist etwa ein `LoggingService`. Dieser könnte entweder Log-Files aus den einzelnen Services aggregieren oder auf alle wichtigen Business-Events auf dem Message Bus horchen, um so als eine Art »Nebenhörer« immer einen aktuellen Zustand der Prozesse anzeigen zu können. Vor allem für den simplen Log-File-Ansatz existieren aber bereits fertige Lösungen wie `Logstash`. In einigen Umgebungen wird auch ein solcher Service für die zentrale Verwaltung von Konfigurationswerten eingesetzt, die aus bestimmten Gründen nicht einem einzelnen Service zugeordnet werden können.

Fazit und weitere Literatur

Wie man sehen kann, bringen Microservices eine Menge Vorteile, aber auch einige Probleme mit sich, mit denen Entwicklerteams umzugehen haben. Wer tiefer in das Thema einsteigen möchte, erhält mit folgenden Quellen einen guten und intensiven Einstieg in das Thema.

- Sam Newman: Building Microservices: Designing Fine-Grained Systems, O'Reilly Media, 2015, ISBN: 978-1491950357
- Christian Horsdal: Microservices in .NET: with examples in Nancy, Manning Publications, 2017, ISBN: 978-1617293375
- de la Torre, Wagner, Rouos: .NET Microservices, Architecture for Containerized .NET Applications, kostenloses E-Book, Download: *https://www.microsoft.com/net/download/thank-you/microservices-architecture-ebook*

KAPITEL 14

ASP.NET Core SignalR

Mit der Version 2.1 von ASP.NET Core hält SignalR nun endlich auch Einzug in die Core-Welt und ist bereits im Standard-Package enthalten, muss also nicht mehr über Nuget hinzugefügt werden. Bei Redaktionsschluss dieses Buchs war SignalR allerdings noch nicht fertig, sondern nur als Preview-Version verfügbar (2.1.0-preview1-final). Da es zwischen der vorangegangenen Alpha-Version und der Preview einige Breaking-Changes gab, kann es durchaus sein, dass bis zur finalen Version (die am 30.05.2018 während der Satzphase dieses Buchs erschienen ist) noch weitere Änderungen vorgenommen werden, die hier im Buch keine Berücksichtigung finden konnten.

Das Konzept von SignalR in ASP.NET Core bleibt prinzipiell dasselbe wie bereits in Buchteil B beschrieben. Die Implementierung wurde jedoch komplett neu vorgenommen. Leider ist die neue Version auch nicht kompatibel zum Vorgänger, sodass ein Server, basierend auf SignalR Core 2.1 nicht mit Clients kommunizieren kann, die für SignalR-Server basierend auf dem klassischen Framework vorgesehen sind und vice versa. Bislang erscheint auch nur das Hub-Konzept halbwegs ausgereift und stabil zu sein. Andere Konzepte wie beispielsweise Skalierungsmöglichkeiten befinden sich noch in einer experimentellen Phase und standen bei Redaktionsschluss noch nicht in stabiler Form zur Verfügung.

Hub-Klassen

Ein Hub stellt einen serverseitigen Endpunkt für eine SignalR-Verbindung dar. Repräsentiert wird er durch eine Klasse, die von `Microsoft.AspNetCore.SignalR.Hub` abgeleitet wird. Ähnlich wie bei den MVC-Controller-Klassen wird auch hier für jede Datenübertragung eine Instanz der Klasse angelegt, die anschließend wieder verworfen wird.

Listing 14-1: Definition einer Hub-Klasse

```
public class ChatHub : Hub
{
  // Diese Methode kann von Clients aufgerufen werden
  public async Task SendToAll(string from, string message)
  {
```

```
    // Diese Methode wird auf den Clients ausgeführt
    await Clients.All.SendAsync("ShowMessage",
      $"{DateTime.Now.ToLongTimeString()} [{from}]: {message}");
  }
}
```

Öffentliche Methoden der Hub-Klasse, wie `SendToAll` im Beispiel, können von einem Client aufgerufen werden. Im Gegensatz zu früheren SignalR-Implementierungen werden sie nun mit `async` annotiert und implementieren asynchrone Methodenaufrufe. Zwei Eigenschaften, `Clients` und `Groups`, erlauben es, Rückmeldungen an die Clients zu senden. `Clients` stellt wiederum drei Eigenschaften bereit, über die sich die zu benachrichtigenden Clients auswählen lassen:

- `All`: Alle Clients, einschließlich des Aufrufers der Hub-Methode
- `Caller`: Nur der Aufrufer
- `Others`: Alle Clients außer dem Aufrufer

Über Methodenaufrufe lassen sich weitere Filterungen vornehmen. Für die getroffene Auswahl wird im Hub die Methode `SendAsync` aufgerufen (`Clients.All.SendAsync()`). Der Aufruf enthält als ersten Parameter den Namen einer Methode, die auf den Clients auszuführen ist. Dort muss sie selbstverständlich implementiert sein. Die nachfolgenden Parameter werden an diese Methode durchgereicht.

Hubs für Anwendung einrichten

Seit ASP.NET Core 2.1 ist SignalR bereits im Standardpaket enthalten und muss nicht zusätzlich installiert werden. Lediglich die Middleware ist entsprechend einzurichten. Zunächst muss in der Startup-Klasse in `ConfigureServices` SignalR über Dependency Injection bereitgestellt werden:

Listing 14-2: Einrichten von SignalR in Startup.cs

```
public void ConfigureServices(IServiceCollection services)
{
  ...
  services.AddSignalR(options=> {
    options.KeepAliveInterval = TimeSpan.FromSeconds(20);
  });
  ...
}

public void Configure(IApplicationBuilder app, ...)
{
  ...
  app.UseSignalR(routes =>
  {
    routes.MapHub<ChatHub>("/chat");
  });
  ...
}
```

Beim Aufruf von `services.AddSignalR` können Optionen gesetzt werden. Diese beschränken sich derzeit aber auf zwei Zeitangaben, nämlich `KeepAliveInterval` und `NegotiateTimeout`. In `Configure` erfolgt dann die Initialisierung von SignalR mittels `app.UseSignalR`. In der als Parameter zu übergebenden Methode werden mittels `routes.MapHub()` die Routen zu den Hubs eingerichtet. Für jeden Hub muss genau eine Route definiert werden.

Bei Clients, die in einem Browser ausgeführt werden, ist wieder zu beachten, dass sie der Same-Origin-Policy unterliegen. Befindet sich die Webseite des Client-Programms (HTML/JS-Code) in einer anderen Domain als die Hubs des Servers, dann ist wiederum die Einrichtung von CORS (siehe Kapitel 12) notwendig.

Microsoft hat einige wenige Beispiele mit JavaScript-Clients auf GitHub veröffentlicht:

https://github.com/aspnet/signalr-samples

Die Beispielseiten sind aber weder gut kommentiert noch besonders gepflegt und basieren auf unterschiedlichen SignalR-Versionsständen. Einige der Beispiele funktionierten nicht mit der aktuellen Preview-Version. Im Folgenden sollen daher ein paar Anwendungsbeispiele für Hub-Clients aufgeführt werden, und zwar einerseits mit einem .NET-Core-Client und andererseits mit Angular-Clients.

Hub-Client mit .NET Core 2.1

Für einen .Net-Core-Client (zum Beispiel eine Konsolenanwendung) wird das Nuget-Package `Microsoft.AspNetCore.SignalR.Client` benötigt. Über eine Instanz von `HubConnectionBuilder` wird ein `HubConnection`-Objekt erzeugt, über das dann die Verbindung gestartet wird. Zu beachten ist hier wieder, dass die Methoden der `HubConnection` asynchron sind, was sich auch in deren Namen (`StartAsync`, `InvokeAsync` etc.) widerspiegelt.

Listing 14-3: Einrichten und Aufbauen der SignalR-Hub-Verbindung

```
private static async Task<HubConnection> StartConnectionAsync()
{
  string baseUrl = "https://localhost:5001/chat";

  // Verbindung einrichten
  var connection = new HubConnectionBuilder()
      .WithUrl(baseUrl)
      .WithConsoleLogger(LogLevel.Error)
      .Build();

  // Verbindung starten
  await connection.StartAsync();

  // Handler für Client-Methode
  connection.On<string>("ShowMessage", msg => Console.WriteLine("-> " + msg));

  // Serverseitige Methode aufrufen
  await connection.InvokeAsync("SendToAll", "Console", "ja hallo erstmal");
  return connection;

}
```

Über connection.On() lässt sich eine Methode verknüpfen, die beim serverseitigen Aufruf von InvokeAsync() ausgeführt werden soll. Die Parameterliste muss zum Aufruf auf der Serverseite passen. Analog dazu lassen sich die serverseitig implementierten Methoden über connection.InvokeAsync() aufrufen.

Ein Beispiel für die Konsolenanwendung sehen Sie in Abbildung 14-1.

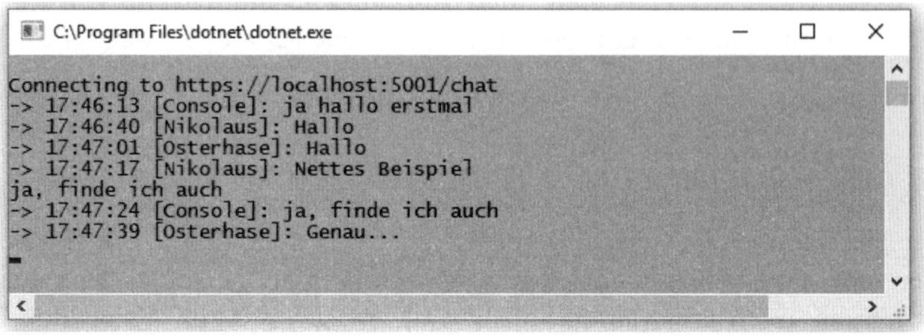

Abbildung 14-1: Konsolenanwendung für Chat

Hub-Client mit Angular

Anders als in früheren SignalR-Versionen muss auf der Clientseite kein spezifischer serverseitiger JavaScript-Code ausgeführt werden. Es reicht die Installation der allgemeinen JavaScript-Module mittels

```
npm install @aspnet/signalr
```

Danach stehen die benötigten Klassen beziehungsweise Objekte wie HubConnection zur Verfügung. In einer Angular-Anwendung bietet es sich an, die grundlegenden Zugriffe in einer Basisklasse zu kapseln und diese als Singleton-Service über Dependency Injection den Komponenten bereitzustellen. Eine solche Basisklasse könnte wie folgt aussehen:

Listing 14-4: Eine Basisklasse für SignalR-Clients

```
export enum ConnectionState {
  Connecting = 1,
  Connected = 2,
  Disconnected = 4
}

@Injectable() export class SignalRServiceBase {

  // Verbindungsobjet zum Server
  public hubConnection: HubConnection;

  // Verbindungszustand als Observable
  public connectionState = new ReplaySubject<ConnectionState>(1);

  constructor(protected hubUrl: string) {
```

```
    // Verbindung einrichten
    this.hubConnection = new HubConnection(this.hubUrl);

    // Handler für das Schließen der Verbindung einrichten
    this.hubConnection.onclose(e => {
      console.log("SignalR: Abbruch: " + e);
      this.connectionState.next(ConnectionState.Disconnected);
    });

    // Verbindung aufbauen
    this.connect();
  }

  // Verbindung aufbauen
  public async connect() {

    // Status aktualisieren
    this.connectionState.next(ConnectionState.Connecting);

    try {
      // Verbindung zum Hub starten
      await this.hubConnection.start();

      // Status aktualisieren
      this.connectionState.next(ConnectionState.Connected);
      console.log('SignalR: Connection gestartet: ' + this.hubUrl);
    } catch (ex) {
      // Verbindungsaufbau ist fehlgeschlagen
      console.log('SignalR: Error while establishing connection :(');
      this.connectionState.next(ConnectionState.Disconnected);
    }
  }

  // Verknüpfen einer clientseitigen Hub-Callback-Methode mit einem Observer-Objekt
  public registerObserverSubject<T>(methodName: string, observer: Subject<T>) {
    this.hubConnection.on(methodName, p => observer.next(p));
  }

  // Wrapper für Send-Methode
  public send(methodName: string, ...args: any[]) {
    return this.hubConnection.send(methodName, ...args);
  }
  ...
}
```

Der Konstruktor nimmt den URL entgegen, unter dem der Hub auf der Serverseite erreichbar ist, und legt eine Instanz von `HubConnection` an. Über ein Observable vom Typ ReplaySubject wird der aktuelle Zustand der Verbindung signalisiert. `ReplaySubject<ConnectionState>(1)` bedeutet hierbei, dass ein Observer beim Subscribe sofort den letzten Zustand gemeldet bekommt und nicht warten muss, bis sich der Zustand geändert hat.

Die connect-Methode startet die Verbindung zum Hub und meldet den neuen Zustand über das beschriebene Observable-Objekt. Die Zustände werden hier durch Enum-Werte beschrieben (Connecting, Connected, Disconnected). Im Fehlerfall wird wieder der Ausgangszustand Disconnected angenommen.

Eine Client-Komponente muss die Möglichkeit haben, Meldungen an den Hub zu senden. Das erledigt die Methode send, die die Parameter einfach an die send-Methode der HubConnection-Klasse durchreicht. Die Methode gibt ein Promise zurück, auf dessen Fertigstellung bei Bedarf im aufrufenden Code mittels async/await gewartet werden kann.

Ebenfalls muss es einer Komponente möglich sein, die Client-Invoke-Aufrufe des Servers mitzubekommen. Dies erfolgt im obigen Beispiel wieder durch ein Observable, das der Aufrufer bereitstellen muss. registerObserverSubject<T> verknüpft den auf der Serverseite angegebenen Methodennamen beim Aufruf von SendAsync mit einer anonymen Methode, die bei jedem Aufruf die next-Methode des Observables aufruft und die übergebenen Daten einträgt. So erhält ein Subscriber automatisch die vom Server gesendeten Daten, ohne sich selbst um die SignalR-Interna kümmern zu müssen.

Der eigentliche Service für den Chat-Hub beschränkt sich dann auf wenige Zeilen Code:

Listing 14-5: Chat-Hub in einer Angular-Anwendung

```
@Injectable()
export class SignalrChatService extends SignalRServiceBase {

  // Empfangene Meldungen (die letzten 5 werden gespeichert)
  messages = new ReplaySubject<string>(5);

  constructor(private appConfig: AppConfig) {
    super(appConfig.chatHubUrl);

    // clientseitige Methode showMessage mit Observable verknüpfen
    super.registerObserverSubject("showMessage", this.messages)
  }
}
```

Der Konstruktor nimmt die Konfigurationsdaten (siehe Listing 14-6) entgegen und gibt den Hub-URL an den Konstruktor der Basisklasse weiter. Ferner wird ein ReplaySubject angelegt und über die oben beschriebene Methode registerObserverSubject mit dem SignalR-Dienst verknüpft. Jedes Mal, wenn der Server über SignalR showMessage aufruft, wird das Observable getriggert.

Der Vollständigkeit halber nachfolgend noch die Listings für Konfigurationsdaten und Registrierung des Service:

Listing 14-6: Konfigurationsdaten für die Anwendung

```
export class AppConfig{
  public baseUrl = "https://localhost:5001/";
  public chatHubUrl = this.baseUrl + "chat";
  public cityHubUrl = this.baseUrl + "city";
}
```

Listing 14-7: Registrierung in app.module.ts

```
@NgModule({
  …
  providers: [AppConfig, SignalrCityService, SignalrChatService],…
  })
export class AppModule { }
```

Die Komponente für die Chat-Anwendung lädt über Dependency Injection den Service und registriert über `subscribe` das Observable zum Empfangen der Meldungen:

```
@Component({
  selector: 'app-home',
  templateUrl: './home.component.html',
  styleUrls: ['./home.component.scss']
})
export class HomeComponent implements OnInit, OnDestroy {

  // Liste der vergangenen Messages
  public messages = new Array<string>(0);

  // Zu sendende Meldung
  public messageToSend: string = "Hallo";

  // Benutzername
  public name: string = "Osterhase";

  // Referenz der Subscription für späteres Unsubscribe
  private subscription: Subscription;

  constructor(private signalRService: SignalrChatService) { }

  ngOnInit() {
    // Observable auf neue Meldungen überwachen
    this.subscription =
      this.signalRService.messages.subscribe(m =>
        // Neue Meldung am Beginn der Liste einfügen
        this.messages.unshift(m));
  }

  ngOnDestroy(): void {
    this.subscription.unsubscribe();
  }

  sendMessage() {
    this.signalRService.send("sendToAll", this.name, this.messageToSend);
  }

}
```

Da der Service ein `ReplaySubject` mit fünf Elementen angelegt hat, werden die letzten fünf Meldungen (sofern vorhanden) sofort bei der Subscription berücksichtigt. Die Meldungen werden in einem Array gespeichert, das in der Oberfläche an eine

Auflistung gebunden ist. Beim Schließen der Komponente wird die Subscription wieder aufgelöst (siehe ngOnDestroy).

Listing 14-8: HTML-Code der Chat-Komponente

```
<h1>Chat-Beispiel</h1>
<div>
  <div class="form-group">
    <label for="exampleInputPassword1">Name</label>
    <input [(ngModel)]="name" class="form-control">
  </div>
  <div class="form-group">
    <label for="exampleInputPassword1">Nachricht</label>
    <input [(ngModel)]="messageToSend" class="form-control">
  </div>
  <button class="btn btn-primary" (click)="sendMessage()">Senden</button>
</div>
<hr>
<div>
  <ul>
    <li *ngFor="let n of messages">{{n}}</li>
  </ul>
</div>
```

Über <input>-Felder und eine Schaltfläche kann der Benutzer neue Meldungen absetzen, die von der Methode sendMessage an den SignalR-Service übergeben und so zum Server geschickt werden. Ein Beispiel für die Chat-Anwendung sehen Sie in Abbildung 14-2.

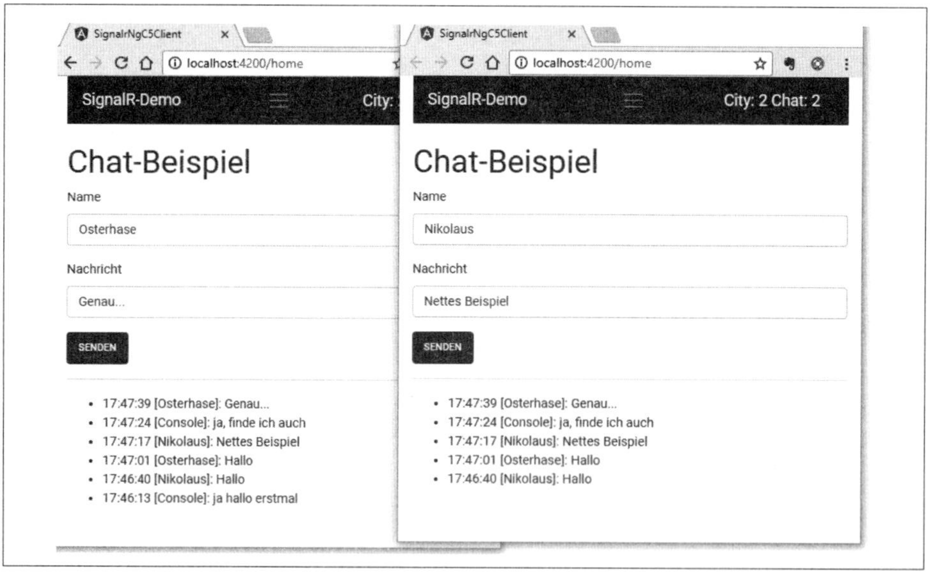

Abbildung 14-2: Chat-Beispiel mit Angular-Anwendung

Serverseitig initiierte Benachrichtigungen und Gruppen

Im klassischen Chat-Beispiel, wie es oben beschrieben wurde, sind es die Clients, die eine Nachricht an den Server schicken und ihn dadurch veranlassen, die Informationen an alle oder bestimmte Clients weiterzuleiten. In der Praxis wird dieser Fall jedoch eher selten auftreten. Meist benötigt man eine Möglichkeit, von einem serverseitigen Dienst aus eine Zustandsänderung an interessierte Clients zu versenden. Hierzu muss die aufrufende Methode auf eine Instanz der Hub-Klasse zurückgreifen können. Das ist Dank Dependency Injection relativ einfach. Der Konstruktor der betreffenden Klasse muss lediglich einen Parameter vom Typ `IHubContext<Hub-Typ>` definieren.

Die Steuerung, welche Informationen an welche Clients zu senden sind, lässt sich auf verschiedene Weisen durchführen. Eine Möglichkeit ist, mehrere Hubs mit unterschiedlichen URLs bereitzustellen und auf der Clientseite die jeweils gewünschten zu verbinden. Eine andere ist es, wie bereits im Buchteil B beschrieben, Gruppen zu definieren. Hierbei ruft ein Client eine Methode des Hubs auf, die den Client einer Gruppe zuordnet beziehungsweise wieder aus einer Gruppe entfernt. Ein solcher Hub könnte so aussehen:

Listing 14-9: Hub-Klasse für serverseitig initiierte Benachrichtigungen über Gruppen

```
public class CityHub : Hub
{
  // Client tritt einer Gruppe bei
  public async Task JoinGroup(string groupname)
  {
    await this.Groups.AddAsync(this.Context.ConnectionId, groupname);
  }

  // Client verlässt eine Gruppe
  public async Task LeaveGroup(string groupname)
  {
    await this.Groups.RemoveAsync(this.Context.ConnectionId, groupname);
  }
}
```

Das Pendant dazu auf der TypeScript-Seite:

Listing 14-10: Client zu einer Gruppe hinzufügen beziehungsweise von ihr entfernen

```
@Injectable() export class SignalRServiceBase {
  ...

  // Verbindung einer Gruppe hinzufügen
  public joinGroup(groupname: string) {
    return this.hubConnection.send("joinGroup", groupname);
  }
```

```
  // Verbindung aus einer Gruppe entfernen
  public leaveGroup(groupname: string) {
    return this.hubConnection.send("leaveGroup", groupname);
  }
}
```

Aufgaben, die länger laufen sollen als nur im Scope einer Server-Anfrage, lassen sich in ASP.NET Core 2.x auf einfache Weise einrichten. Hierzu muss lediglich eine Klasse definiert werden, die die Schnittstelle `IHostedService` implementiert. In `Startup.ConfigureServices` kann diese dann registriert werden und wird über die Infrastruktur beim Start der Anwendung automatisch mitgestartet:

```
services.AddSingleton<IHostedService, Parkhausverwaltung>();
```

Listing 14-11: Basisklasse für langlaufenden Service

```
public abstract class PeriodicTaskHostedService : IHostedService
{
  private Timer timer;
  protected TimeSpan interval;

  protected abstract void PeriodicTask(object state);

  #region Implementierung IHostedService

  public virtual Task StartAsync(CancellationToken cancellationToken)
  {
    timer = new Timer(PeriodicTask, null, TimeSpan.Zero, interval);
    return Task.CompletedTask;
  }

  public virtual Task StopAsync(CancellationToken cancellationToken)
  {
    timer?.Change(Timeout.Infinite, 0);
    return Task.CompletedTask;
  }

  #endregion
}
```

Listing 14-12: Beispielimplementierung für Parkhaus-Service

```
public class Parkhausverwaltung : PeriodicTaskHostedService
{
  // Hub-Objekt über DI
  private readonly IHubContext<CityHub> cityHub;

  // Liste der Parkhäuser
  private List<Parkhaus> parkhäuser;
  ...
  // Hub wird über Dependency Injection bereit gestellt
  public Parkhausverwaltung(IHubContext<CityHub> cityHub)
  {
    this.interval = TimeSpan.FromMilliseconds(1000);
    this.cityHub = cityHub;
```

```
    parkhäuser = new List<Parkhaus>
    {
      ...
    };
  }

  protected override void PeriodicTask(object state)
  {
    // Parkhausstatus ermitteln
    foreach (var ph in parkhäuser)
    {
      ...
    }

    // Parkhausbelegungen über SignalR bekannt machen
    this.cityHub.Clients.Group("parkhaus").SendAsync("parkhausbelegung", parkhäuser);
  }
}
```

Die Basisklasse `PeriodicTaskHostedService` implementiert in diesem Fall die Schnittstelle `IHostedService`. Beim Start der Anwendung legt die Infrastruktur ein Singleton an und ruft die Methode `StartAsync` auf. Wie bei einem Windows-Service ist diese Methode so schnell wie möglich wieder zu verlassen. Hier wird lediglich ein Timer gestartet, der eine abstrakte Methode `PeriodicTask` aufruft, die in einer abgeleiteten Klasse überschrieben werden muss. Im Beispiel der Parkhausverwaltung führt diese Methode die Prüfung der freien Plätze durch.

Die Klasse `Parkhausverwaltung` selbst hat über Dependency Injection im Konstruktor die Referenz des Hub-Objekts, hier vom Typ `CityHub`, erhalten. Hierüber lassen sich wieder die Eigenschaften und Methoden der Hub-Basisklasse erreichen. So kann, wie im Beispiel gezeigt, ganz gezielt die clientseitige Methode `parkhausbelegung` für alle Clients aufgerufen werden, die sich wie zuvor gezeigt für die Gruppe `parkhaus` registriert haben. Über sie werden die aktuellen Parkhausdaten an die betreffenden Clients geschickt. In der Beispielanwendung gibt es neben der Parkhausverwaltung noch eine analog aufgebaute Tankstellenverwaltung, die über aktuelle Benzinpreise informiert. Dieser Teil wurde aus Platzgründen hier im Buch nicht abgedruckt, steht aber bei den Downloads zu diesem Buch zur Verfügung. Beide Hintergrunddienste werden über den Hub `CityHub` veröffentlicht. Die Hub-Klasse selbst dient nur als Bindeglied und hat außer den beiden oben beschriebenen Methoden für die Gruppenregistrierung keine weiteren Member.

Die Clientseite ist dank der Vorarbeit wieder recht simpel aufgebaut. Die Basisklasse `SignalRServiceBase` übernimmt bereits die Hauptarbeit, sodass sich der City-Service auf das Registrieren der Observables beschränken kann:

Listing 14-13: SignalrCityService *für Informationen zu Parkhaus- und Tankstellendaten*

```
@Injectable()
export class SignalrCityService extends SignalRServiceBase {

  // Komponenten können diese beiden Observables abonnieren
  parkhaeuser = new Subject<Parkhaus[]>();
```

```
  tankstellen = new Subject<Tankstelle[]>();

  constructor(private appConfig:AppConfig) {
    super(appConfig.cityHubUrl);

    // Hub-Methoden mit Observables verknüpfen
    super.registerObserverSubject<Parkhaus[]>("parkhausbelegung", this.parkhaeuser);
    super.registerObserverSubject<Tankstelle[]>("benzinpreise", this.tankstellen);
  }
}
```

Der Aufbau einer Komponente erfolgt dann wieder analog zum Chat-Beispiel:

Listing 14-14: Komponente zur Anzeige der Parkhausdaten

```
@Component({
  selector: 'app-parkhaeuser',
  templateUrl: './parkhaeuser.component.html',
  styleUrls: ['./parkhaeuser.component.scss']
})
export class ParkhaeuserComponent implements OnInit, OnDestroy {

  private signalRSubscription: Subscription;
  public parkhaeuser: Parkhaus[];

  constructor(private signalRService: SignalrCityService) { }

  ngOnInit() {
    this.signalRService.connectionState.subscribe(cs => {
      if (cs == ConnectionState.Connected) {
        this.signalRSubscription = this.signalRService.parkhaeuser.subscribe(
        p => this.parkhaeuser = p);
        this.signalRService.joinGroup("parkhaus");
      }
    });
  }

  ngOnDestroy(): void {
    this.signalRService.leaveGroup("parkhaus");
    this.signalRSubscription.unsubscribe();
  }
}
```

Beim Aufruf der Komponente nimmt diese den über Dependency Injection bereitgestellten Service entgegen und hängt sich an dessen `ConnectionState`-Observable. Wird dieses mit dem Zustand `Connected` signalisiert, dann abonniert die Komponente das Observable `parkhaeuser` und erhält so die aktuellen Informationen vom Server. Ferner muss sie sich für die betreffende Gruppe registrieren (`joinGroup`).

Navigiert der Anwender zu einer anderen Ansicht, wird für die bestehende Komponente `ngOnDestroy` aufgerufen. Hier muss der Client erneut aus der Gruppe entfernt und die zuvor eingerichtete Subscription aufgelöst werden.

Die Implementierung des Templates dieser Komponente ist wieder überschaubar. Ein Anwendungsbeispiel hierfür zeigt Abbildung 14-3.

Listing 14-15: Anzeigen der über SignalR aktualisierten Daten im HTML-Code

```
<h1>Parkhäuser in der City</h1>
<table class="table table-striped">
  <thead>
    <tr>
      <th>Name</th>
      <th>Plätze</th>
      <th>Frei</th>
    </tr>
  </thead>
  <tbody>
    <tr *ngFor="let ph of parkhaeuser">
      <td>{{ph.name}}</td>
      <td>{{ph.plaetze}}</td>
      <td>{{ph.freie}}</td>
    </tr>
  </tbody>
</table>
```

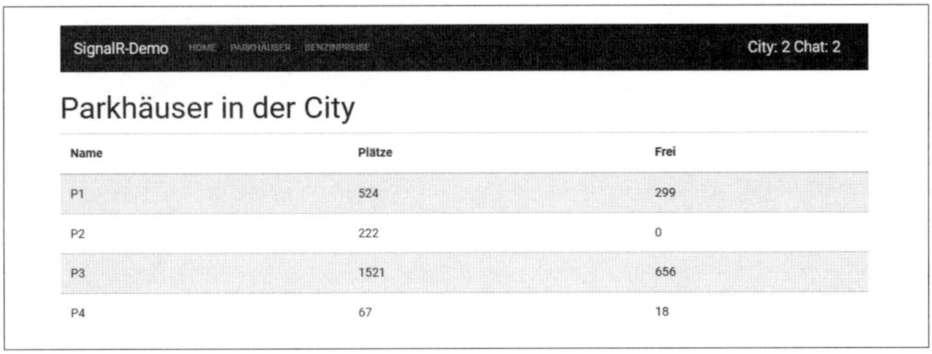

Abbildung 14-3: Angular-App stellt über SignalR aktualisierte Parkhausdaten dar

In der rechten oberen Ecke des UI (siehe Abbildung 14-3) wird der Status der SignalR-Verbindungen zu den beiden Hubs angezeigt. Der Einfachheit halber werden nur die Zahlenwerte der Enumeration dargestellt, aber natürlich lassen sich hier auch entsprechende Icons anzeigen. Der Code hierzu ist vergleichsweise simpel. Der Konstruktor der Rahmenkomponente, hier `AppComponent`, nimmt via Dependency Injection die Referenzen der beiden Services entgegen, das Template verknüpft sie mittels Datenbindung:

Listing 14-16: Anzeige der SignalR-Verbindungszustände

```
@Component({
  selector: 'app-root',
  templateUrl: './app.component.html',
  styleUrls: ['./app.component.scss']
})
export class AppComponent {

  constructor(public cityService: SignalrCityService,
public chatService: SignalrChatService) {
   }
}
...
    <div class="navbar-brand ">
        <span>City: {{cityService?.connectionState|async}}</span>
        <span>Chat: {{chatService?.connectionState|async}}</span>
    </div>
```

Obwohl es sich bei `SignalRServiceBase.connectionState` um ein Observable handelt, kann es ganz einfach in einer Datenbindung genutzt werden. Hierzu ist lediglich die Pipe `async` anzuhängen.

TEIL D

Web-Client-Programmierung

Dieser Buchteil behandelt zunächst die Programmiersprachen JavaScript und TypeScript. Darauf aufbauend wird das Webframework Angular vorgestellt. Den Abschluss bildet ASP.NET Blazor als Alternative zu Angular mit Programmierung in C# statt JavaScript.

KAPITEL 15
JavaScript-Grundlagen

Dieser Kapitel beschreibt die Grundlagen und Entwurfsmuster der Programmiersprache JavaScript. Dies ist eine kompakte Einführung, die dabei helfen soll, Beispiele zu Umgebungen wie Node.js oder Angular zu verstehen und eigene Entwicklungen umzusetzen. Das Kapitel verzichtet auf umfassende geschichtliche Ausflüge zugunsten relevanter Inhalte. Behandelt wird hier der grundlegende Sprachumfang von ECMAScript 5 und 6 (alias ECMAScript 2015).

Grundlagen der Sprache

JavaScript ist eine relativ kompakte und mächtige Skriptsprache, die um das Jahr 1995 von Netscape eingeführt wurde, um Webseiten mit Interaktionen ausstatten zu können. Seitdem sind über 20 Jahre vergangen, und JavaScript ist aus so gut wie keiner Webanwendung mehr wegzudenken. Dabei spielt es keine Rolle, mit welcher Technologie diese Webanwendung realisiert wurde. Je nach Hersteller des Browsers kann die Sprachimplementierung leicht variieren. Die häufigste Implementierung ist jedoch in Browsern zu finden, wo die Sprache die Grundlage für die interaktiven Elemente von HTML5 liefert. Grundsätzlich ist JavaScript aber unabhängig vom Browser. Die Benutzung in Node ist eine vom Browser vollständig entkoppelte Implementierung der Sprache basierend auf der V8-Engine von Google *[code.google.com/p/v8]*, die auch den Browser Chrome antreibt.

Trotz des sehr ähnlich klingenden Namens und der teilweisen syntaktischen Ähnlichkeit zu JAVA ist JavaScript eher nicht mit der Programmiersprache JAVA verwandt. Bis auf den Punkt, dass sich beide Programmiersprachen in ihrer Syntax sehr an der Programmiersprache C orientiert haben.

Ursprünglich war JavaScript ausschließlich dazu gedacht, den DOM-Baum (Document Object Model) des Browsers zur Laufzeit zu manipulieren. Jedoch entwickelten sich mit der Zeit immer mehr Anwendungsgebiete für diese universelle Skriptsprache. So gibt es bereits erste Referenzimplementierungen ganzer Anwendungsprogramme in JavaScript, beispielsweise basierend auf *nw.js*.

Sprachmerkmale und Entwurfsmuster

JavaScript als Programmiersprache wurde von einem der Erfinder folgendermaßen beschrieben:

JavaScript is a C-family, world's worst named, extremely powerful language (not a script), totally unrelated to Java.

Was ist das Problem? Einige Zitate (im Original) helfen beim Verständnis:

- JavaScript was a initially introduced in Netscape 2.0B3 in Dec 1995, a.k.a. Mocha, LiveScript, Jscript, however, it's official name is ECMAScript
- JavaScript is a C-family, world's worst named, extremely powerful language (not a script), totally unrelated to Java
- JavaScript is a weakly typed, classless, prototype based OO language, that can also be used outside the browser. It is not a browser DOM.
- The world's most misunderstood programming language. Douglas Crockford *[https://en.wikipedia.org/wiki/Douglas_Crockford]*

Vergleich mit Programmiersprachen

Die Kernideen von JavaScript sind:

- eine funktionale Programmiersprache mit C-ähnlicher Syntax ({ } und ;)
- dynamisch typisiert (Loose typing)
- Sichtbereiche (scope) Funktionsorientiert
- objektorientiert, aber klassenlos
- auf Prototypen basierende Vererbung

Die Sprachelemente umfassen:

- Werte/Literale
- Variablen
- Operatoren
- Kontrollstrukturen
- Funktionen
- Objekte
- Typen

JavaScript-Syntax

Die Namen für Variablen und Funktionen beginnen mit einem Buchstaben, _ oder $ (in »Regex-Speak«: `[a-z,A-Z,_,$]`), gefolgt von keinem oder mehreren Buchstaben, Zahlen, _ oder $. Das $ hat keine spezielle Bedeutung, sollte generiertem oder Bibliotheks-Code vorbehalten bleiben. Alle Variablen, Parameter oder Member werden kleingeschrieben (`meinVariablenName`). Einzige Ausnahme: Konstruktoren beginnen mit einem großen Buchstaben (`MeinKlassenKonstruktor`). Das _-Zeichen

(Unterstrich) am Beginn eines Schlüsselworts wird für private Mitglieder verwendet (privat per Konvention).

Einbetten in HTML

Das einfachste Beispiel, *Hallo JavaScript*, zeigt die Nutzung auf einer einfachen HTML-Seite:

Listing 15-1: Hallo JavaScript

```
 1 <html>
 2 <head>
 3 <title>Hallo JavaScript</title>
 4 <script type="text/javascript">
 5 function sayHelloTo(name) {
 6   document.write("Hallo " + name + " !");
 7 }
 8 </script>
 9 </head>
10 <body>
11
12 <script type="text/javascript">
13 document.write("Hallo  JavaScript !\n");
14 sayHelloTo("Joerg");
15 </script>
16
17 </body>
18 </html>
```

JavaScript-Code kann an den unterschiedlichsten Stellen einer Webseite verwendet werden. Die zwei gebräuchlichsten sind der Kopfbereich (Zeile 4) als Code-Block, der meistens für die Definition von Funktionen verwendet wird, sowie innerhalb des Bodys einer Seite Ende (Zeile 12 ff.).

Grundsätzlich wird der auszuführende Code von einem entsprechenden Script-Tag eingeschlossen. Seit HTML5 ist der Typ *text/javascript* als Mime-Typ für den Inhalt freiwillig, weil dies der Standardwert ist, der angenommen wird, wenn keine Angabe erfolgte.

Kommentare

Ein kommentierter Bereich sieht folgendermaßen aus:

```
/*
Ein mehrzeiliger Kommentarblock
Kann mit den aus C/C++/C#/Java bekannten Blockkommentarzeichen
erstellt werden.
*/
```

Der Zeilenkommentar steht alleine in einer Zeile oder am Ende:

```
// Dies tut das:
var i = 42; // Zuweisung
```

Literale

Die folgende Tabelle zeigt Literale für Sonderzeichen:

Tabelle 15-1: Sonderzeichen

Zeichen	Bedeutung
\b	BackSpace
\n	NewLine
\t	Tab
\f	FormFeed
\r	CarriageReturn

Ein Beispiel dazu:

```
'Das ist eine mehrzeilige\r\nZeichenkette'
```

Umlaute

Eine Besonderheit ist beim Umgang mit Umlauten zu beachten. Es ist nicht sichergestellt, dass die Ausgabe mit den Sonderzeichen umgehen kann (in der Praxis heutzutage schon, aber ein Test ist sinnvoll). Aus diesem Grund ist es im Zweifelsfall empfehlenswert, auf die Funktion `unescape` zurückzugreifen. Eine Ausgabe mit Umlauten sieht möglicherweise folgendermaßen aus:

```
alert("über"));
```

Schreiben Sie jedoch Folgendes, wenn Umlaute benutzt werden und die Fähigkeiten der Zielumgebung unklar sind:

```
alert(unescape("%FCber"));
```

Damit stellen Sie sicher, dass die Umlaute immer korrekt interpretiert und angezeigt werden können.

Der Befehl `alert` funktioniert nur im Browser. Es ist keine reine JavaScript-Funktion. In anderen JavaScript-Ausführungsumgebungen wie Node.js muss eine dazu passende Ausgabeform gewählt werden, beispielsweise `console.log()`.

Numerische und boolesche Literale

Ferner gibt es noch die numerischen Literale. JavaScript unterscheidet hier im Wesentlichen Ganzzahlen und Gleitkommazahlen. Intern werden nur Gleitkommazahlen abgebildet. Ganzzahlen können in folgenden drei Formen vorkommen:

- *Hexadezimale Konstanten*: beginnen mit einem 0x vor der Zahl, gefolgt von den Zahlen 1...9, 0 oder den Buchstaben a...f, beispielsweise 0x12affe.
- *Dezimale Ganzzahlenkonstanten*: wenn keine der anderen zwei Konstanten zutrifft, beispielsweise 4711.

Für binäre Zahlen (b) und oktale Zahlen (o) gibt es zwei weitere Literale. Diese Möglichkeiten sind neu in ECMAScript 2015.

```
var bin = 0b111110111;
var oct = 0o767;
```

Gleitkommazahlen können in zwei Schreibweisen vorkommen:

- *Einfache Schreibweise*: mit Punkt (.) getrennte Ziffern, beispielsweise:
- *Exponentialschreibweise*: mit Punkt (.) getrennte Ziffern mit einem Exponenten, beispielsweise 12.56e2

Ferner gibt es zur Darstellung von Wahrheitswerten noch boolesche Konstanten:

- *Wahr*: `true`
- *Falsch*: `false`

Sonstige Literale

Reguläre Ausdrücke werden in / (slash) geschrieben. Das Array-Literal [ ] wird für Arrays und Maps benutzt. Das Objekt-Literal {} erzeugt ein neues, leeres Objekt. Mehr dazu in den entsprechenden Abschnitten, die diese Typen behandeln.

Operatoren

Das Zeichen + dient sowohl der Addition als auch der Verknüpfung von Zeichenketten. Wenn beide Operanden Zahlen sind, werden diese addiert, sonst erfolgt **immer** eine Umwandlung in Zeichenketten, die zusammengesetzt werden.

Tabelle 15-2: Mathematische Operatoren

Operator	Bedeutung	Beispiel
+, +=	Addition	x+=3
-, -=	Subtraktion	x=x-5
,=	Multiplikation	a=b*c
/, /=	Division	z=e/5
%	Modulus	m=5 % 3
++, --	Inkrement, Dekrement	x++ oder y--
<<, <<=	Bitweise Linksschieben	x << 4
>>, >>=	Bitweise Rechtsschieben	y >> 5
>>>	Bitweise Linksschieben mit Nullfüllung	a >>> b
&	Bitweise UND	a & b
|	Bitweise ODER	a | b
^	Bitweise Negieren	^b

Typen

JavaScript ist »schwach typisiert« (loosely typed). Keineswegs kann man hier von einer untypisierten Sprache sprechen. Wird einer Eigenschaft oder einer Variablen ein Wert zugewiesen, bekommt die Variable den Typ des jeweiligen Werts. Intern werden Typen unterschieden. Elementare Typen sind:

- `Number`: Zahlen
- `String`: Zeichenketten
- `Boolean`: logische Werte
- `Object`: alles andere

Dazu kommen die folgenden speziellen Zustände, die Variablen annehmen können:

- `null`
- `undefined`

Diese werden im Verlauf dieses Kapitels noch genauer vorgestellt.

Des Weiteren sind einige Typen eingebaut, um alltägliche Aufgaben zu erleichtern:

- `Math`: Berechnungen
- `Date`: Datum und Zeit
- `RegExp`: Reguläre Ausdrücke (Suchmuster)

Diese Typen basieren alle auf `Object`.

Automatische Typkonvertierung

Wird die Konvertierung nicht explizit angegeben, versucht JavaScript, den passendsten Typ zu ermitteln. Durch verschiedene Operatoren können Umwandlungen elegant erzwungen werden. Dazu mehr im Abschnitt »Operatoren« hinten in diesem Kapitel.

Number

`Number` ist der einzige Zahlentyp, ein 64-Bit-Gleitkomma (floating point).

> **Integer** – Es gibt keine expliziten Integer-Werte in JavaScript. Man kann diese durch Funktionen oder Ausdrücke erzwingen, aber nicht explizit festlegen.

Nach IEEE-754 ist der Zahlentyp in JavaScript `double`.

Die Norm IEEE-754 (ANSI/IEEE Std 754-1985; IEC-60559:1989 – International Version) definiert Standarddarstellungen für binäre Gleitkommazahlen in Computern und legt genaue Verfahren für die Durchführung mathematischer Operationen, insbesondere für Rundungen, fest. Der genaue Name der Norm ist in Englisch *IEEE Standard for Binary Floating-Point Arithmetic for microprocessor systems* (ANSI/IEEE Std 754-1985). Quelle: Wikipedia *(de.wikipedia.org/wiki/IEEE_754)*.

Ein Spezialwert für Zahlen ist `NaN` – Not a Number. Dieser entsteht als Ergebnis fehlerhafter oder unmöglicher Berechnungen. Jede Berechnung mit einem Parameter `NaN` ergibt `NaN`. `NaN` ist ungleich zu allem, auch zu `NaN` selbst. Der folgende Vergleich ergibt immer `false`:

```
if (NaN == NaN) {
  // Dieser Teil wird niemals erreicht
}
```

Testen kann man auf diesen Wert mit `Number.isNaN(value)`. Die Klasse `Number` bietet einige solcher expliziten Funktionen. Eine Instanz wird folgendermaßen erstellt:

```
var n = Number(value);
```

Dies konvertiert einen Wert in eine Zahl. Im Fehlerfall entsteht `NaN`. Konvertiert werden Zahlen besser durch Operatoren. Mit + sieht das dann folgendermaßen aus:

```
var z = "23";
var n - +z;
```

Das Pluszeichen wird hier als nicht verändernder Präfix-Operator benutzt. Damit erzwingt man die Umwandlung in eine Zahl.

Die Funktion `parseInt(value, radix)` verwandelt in eine Ganzzahl mit einer definierten Zahlenbasis (bei Dezimalzahlen ist die Basis 10). Im Fehlerfall entsteht wieder `NaN`:

```
var i = parseInt("1F", 16); // enspricht 31
```

Berechnungen mit Math

Das `Math`-Objekt enthält Konstanten und Funktionen zur Berechnung. Es können auch komplexe Berechnungen wissenschaftlicher oder kaufmännischer Art durchgeführt werden. Die Sprachspezifikation *[ecma-international.org/ecma-262/5.1/#sec-15.8]* sollte als Referenz zusätzlich benutzt werden.

Eine Instanz von `Math` braucht nicht eigens erzeugt zu werden. Eigenschaften und Methoden von `Math` können direkt verwendet werden. Das Schema sieht folgendermaßen aus (Pseudocode mit Platzhaltern):

```
x = Math.<Eigenschaft>;
x = Math.<Methode(<Parameter>)>;
```

Mit `z = 10 * Math.PI` beispielsweise steht in der Variablen `z` nach der Zuweisung das Produkt aus der Zahl ? und 10. Mit `w = Math.sqrt(10)` steht in der Variablen `w` hinterher das Ergebnis der Quadratwurzel aus 10. Vor jedem Aufruf einer Eigenschaft oder Methode des Math-Objekts wird `Math` benutzt (großgeschrieben).

Bei jedem Zahlen-Parameter, den Sie einer Methode von `Math` übergeben, kann es sich um eine explizite Zahl (zum Beispiel 25 oder 0.123) handeln, um eine numerische Variable (zum Beispiel x) oder um einen Rechenausdruck (zum Beispiel 7 * 5 + 0.3). Auch Rechenausdrücke mit Variablen sind erlaubt (zum Beispiel x * i + 1).

Die Anzahl der Nachkommastellen in Programmiersprachen wie JavaScript ist systembedingt beschränkt (auf den heutigen Systemen haben solche Zahlen normalerweise eine Länge von 32 Bit). JavaScript unterscheidet nicht wie manch andere Programmiersprachen zwischen verschiedenen Typen numerischer Werte (Integer, Float etc.). Eventuell erforderliche Typumwandlungen erfolgen automatisch.

Alle typischen trigonometrischen Funktionen stehen zur Verfügung. Diese werden mit dem Bogenmaß durchgeführt oder geben das Ergebnis in Bogenmaß zurück. Um vom Bogenmaß in das Winkelmaß umzurechnen, dividieren Sie diesen einfach durch (`Math.PI / 180`). Eine Multiplikation mit diesem Wert sorgt für die Umrechnung von Grad- in Bogenmaß.

```
function toDegrees (angle) {
  return angle * (180 / Math.PI);
}

function toRadians (angle) {
  return angle * (Math.PI / 180);
}
```

Die trigonometrischen Funktionen sind:

- `acos()` (Arcuscosinus)
- `asin()` (Arcussinus)
- `atan()` (Arcustangens)
- `cos()` (Cosinus)
- `sin()` (Sinus)
- `tan()` (Tangens)

Der hauptsächliche Einsatzzweck sind Animationen und Effekte. Auch zum Zeichnen von Kreisen sind `sin` und `cos` gut geeignet.

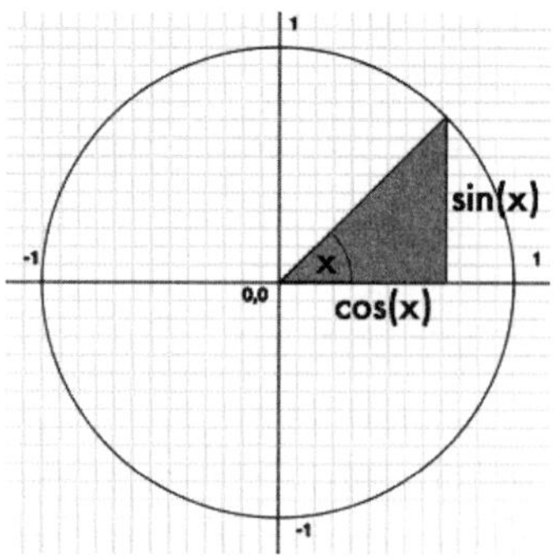

Abbildung 15-1: Kreisbahn mit Sinus und Kosinus

Die folgende Funktion zeichnet einen Viertelkreis:

*Listing 15-2: Erzeugen eines Viertelkreises (*qcircle.js*)*

```
var canvas = document.getElementById('canvas')
var ctx = canvas.getContext("2d");

var step = 2 * Math.PI / 40; // Schritte
var h = 150;
var k = 150;
var r = 50;

ctx.beginPath();

for (var theta = 0; theta < 2 * Math.PI; theta += step) {
  var x = h + r * Math.cos(theta);
  var y = k - r * Math.sin(theta);
  ctx.lineTo(x, y);
}

ctx.closePath();
ctx.stroke();
```

Das dazu passende HTML-Element sieht folgendermaßen aus:

```
<canvas id="canvas" width=150 height=150></canvas>
```

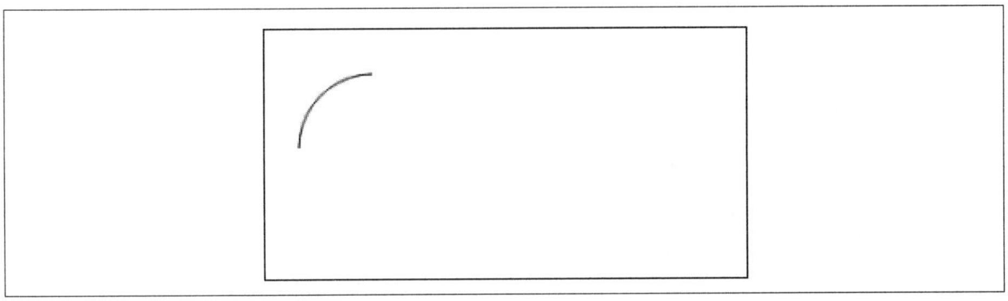

Abbildung 15-2: Gezeichneter Viertelkreis mit Sinus und Kosinus

Weitere Funktionen

Einige weitere typische Funktionen sind:

- `abs()`: absoluter (positiver) Wert einer Zahl
- `ceil()`: die nächsthöhere ganze Zahl
- `exp()`: Exponentialwert
- `floor()`: die nächstniedrigere ganze Zahl
- `log()`: der natürlichen Logarithmus
- `max()`: die größere zweier Zahlen
- `min()`: die kleinere zweier Zahlen
- `pow()`: Potenz

- `random()`: Auswahl zwischen 0 bis 1 per Zufall
- `round()`: kaufmännische Rundung einer Zahl auf die nächste Ganzzahl
- `sqrt()`: die Quadratwurzel

Wichtig sind in der Praxis oft `ceil` und manchmal `floor`. Ein typisches Beispiel ist die Ermittlung der Anzahl der Seiten beim Blättern durch Datensätze. Wenn man 83 Elemente in Gruppen zu zehn anzeigt, benötigt man neun Seiten.

```
let pages = Math.ceil(83 / 10);
```

Die Variable `pages` hat nun den Wert 9.

Die Rundungsfunktion hat keine Option, auf eine bestimmte Anzahl von Stellen zu runden. Sie rundet immer auf ganze Zahlen. Hier ist eine eigene Funktion sinnvoll (mit einer Standardrundung auf 2 Stellen):

Listing 15-3: Verbesserte Rundungsfunktion (round.js)

```
var roundNumber = function(number, decimals) {
  decimals = decimals || 2;
  return Math.round(number * Math.pow(10, decimals))
        / Math.pow(10, decimals);
};
```

Konstanten

Die Konstanten lauten:

- `E`: Eulersche Konstante
- `LN2`: natürlicher Logarithmus von 2
- `LN10`: natürlicher Logarithmus von 10
- `LOG2E`: konstanter Logarithmus von 2
- `LOG10E`: konstanter Logarithmus von 10
- `PI`: Konstante PI
- `SQRT1_2`: Konstante für Quadratwurzel aus 0,5
- `SQRT2`: Konstante für Quadratwurzel aus 2

Die Zahlenwerte in der gezeigten Reihenfolge und mit der erreichbaren Genauigkeit:

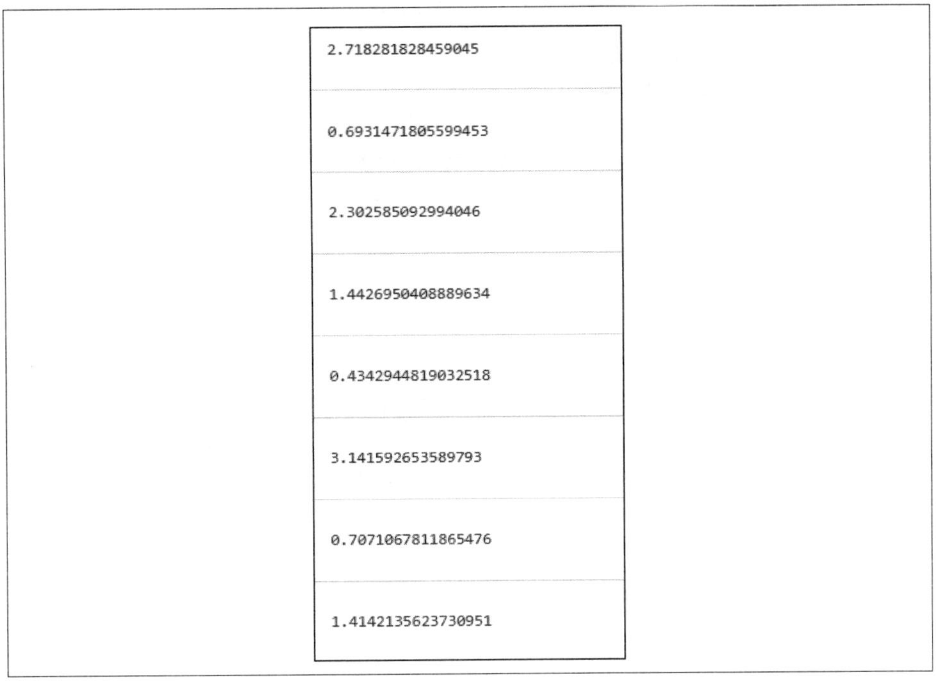

Abbildung 15-3: Ausgaben der Konstanten

Zeichenkette (String)

Eine Zeichenkette ist eine Sequenz von 0 oder mehr 16-Bit-Zeichen. In ECMA-Script wurde ursprünglich UCS-2 benutzt, wobei einige Implementierungen UTF-16 benutzen. Die Ausgabe sollte immer in UCS-2 erfolgen, intern wird meist UTF-16 eingesetzt. Der Unterschied macht sich bemerkbar, wenn die Anzahl der Bytes ermittelt wird, aus denen ein Zeichen besteht.

UCS-2 – UCS steht für Universal Character Set und ist eine Zeichencodierung, die in der internationalen Norm ISO/IEC 10646 definiert ist. Diese deckt sich vollständig mit den korrespondierenden Unicode-Codierungen UTF-16 und UTF-32. Die ISO-Gruppe arbeitet sehr eng mit der Unicode-Gruppe zusammen, um die Standards zu synchronisieren. ES2015 unterstützt nun vollständigen Unicode – mehr als der Sub-Standard UCS-2. Das folgende Beispiel zeigt dies anhand eines chinesischen Schriftzeichens.

```
...
// wie ES5.1
"𠮷".length == 2

// neues RegExp-Verhalten, opt-in 'u'
"𠮷".match(/./u)[0].length == 2

// neue Form
"\u{20BB7}" == "𠮷" == "\uD842\uDFB7"

// neue Zeichenkettenfunktionen
"𠮷".codePointAt(0) == 0x20BB7

// Iteratoren über echte Zeichenteile
for(var c of "𠮷") {
  console.log(c);
}
```

Abbildung 15-4: Codierung von Schriftzeichen

Es gibt keinen speziellen Typ für ein Zeichen (kein char-Typ). Ein Zeichen wird durch einen String der Länge 1 repräsentiert. Zeichenketten sind unveränderlich (immutable), wie in den meisten anderen Sprachen auch. Zeichenketten gleichen Inhalts sind gleich (==), auch wenn es sich um verschiedene Objekte handelt. Dies entspricht der intuitiven Lesbarkeit.

Zeichenkettenliterale können `"` oder `'` verwenden. Die Benutzung ist gleichwertig. Dadurch sind Verschachtelungen möglich wie `"Hallo 'Welt' "` oder `'Hallo "Welt"'`.

Die Länge der Zeichenkette wird mit `string.length` ermittelt. `String(value)` wandelt einen Wert in eine Zeichenkettendarstellung um.

Vorlagenzeichenfolgen

Vorlagenzeichenfolgen (template strings) sind eine syntaktische Vereinfachung zum Bauen von Zeichenketten mit variablem Anteil. Sie benutzen ein neues Zeichenkettenliteral, das Backtick »`«.

```
var s;
// Einfache Zeichenkette
s = `Dies ist eine Vorlagenzeichenfolge`;
console.log(s);
// Mehrzeilig ist erlaubt
s = `In ES5 ist dies
     nicht erlaubt.`;
console.log(s);
// Interpolation von Variablen
var name = "Jörg", time = "heute";
s = `Hallo ${name}, wie geht es dir ${time}?`
```

```

// Sonderzeichen sind möglich
s = String.raw`In ES ist "\n" ein Umbruch.`
console.log(s);

s = `In ES ist "\n" ein Umbruch.`
console.log(s);
```

Auf einer deutschen und der schweizerischen Tastatur ist der Backtick meist rechts oben zu finden.

Abbildung 15-5: Deutsches Layout mit Backtick rechts oben

Der Aufruf von `String.raw` mit der unmittelbar anschließenden Zeichenkette ohne Klammern ist kein Fehler. Dies sind markierte (tagged) Vorlagen. Jede Funktion kann so aufgerufen werden. Es findet eine Konvertierung in ein Array mit den statischen Teilen und den Argumenten als nachgestellte Parameter statt:

```
function html(){
  [...arguments].forEach(a => console.log(a));
}
let title = "Joerg Krause";
let you = "Joerg";
html`<p title="${title}">Hello ${you}!</p>`;
```

Die Ausgabe sieht dann folgendermaßen aus:

```
[ '<p title="', '">Hello ', '!</p>' ]
Joerg Krause
Joerg
```

Die Tag-Funktionen, die benutzt werden, sind völlig frei wählbar. Sie müssen auch keinen Wert zurückgeben. Meist erscheint dies jedoch sinnvoll.

Die String-Methoden

Zeichenketten in JavaScript sind 0-basiert, das heißt, das erste Zeichen hat den Index 0. Dies gilt für alle Zeichenkettenmethoden, die mit Indizes arbeiten. Zeichenketten sind darüber hinaus unveränderlich (immutable). Methoden, die Änderungen vornehmen, geben immer eine neue Instanz einer Zeichenkette zurück. Mehrfach Manipulationen sind dadurch zwar sehr schnell, führen aber auch dazu, dass dieselben Zeichen möglicherweise mehrfach im Speicher liegen.

Bei großen Zeichenketten sollten Sie sehr sorgfältig mit den Datenmengen umgehen.

- `indexOf()`

  Mit dieser Methode wird die Position einer Zeichenkette in einer anderen Zeichenkette gefunden. Wird nichts gefunden, wird -1 zurückgegeben.

  ```
  var str = "Bitte legen Sie 'Produkte' weg!";
  var pos = str.indexOf("Produkte");
  ```

- `lastIndexOf()`

  Wenn mehrere Vorkommen einer Zeichenkette in einer anderen existieren, wird die letzte Fundstelle zurückgegeben. Wird nichts gefunden, wird -1 zurückgegeben.

  ```
  var str = "Bitte legen Sie 'Produkte' weg!";
  var pos = str.lastIndexOf("Produkte");
  ```

- `search()`

  Mit dieser Methode wird die Position einer Zeichenkette in einer anderen Zeichenkette gefunden. Wird nichts gefunden, wird -1 zurückgegeben. Im Gegensatz zu `indexOf` akzeptiert `search` auch reguläre Ausdrücke als Argument.

  ```
  var str = "Bitte legen Sie 'Produkte' weg!";
  var pos = str.search(/Produkte/);
  ```

Drei Methoden dienen dazu, Teile von Zeichenketten zu bilden:

- `slice(start, end)`

  Extrahiert einen Teil einer Zeichenkette von Position `start` bis Position `end`. Wenn das Argument negativ ist, wird die Position vom Ende gezählt.

- `substring(start, end)`

  Extrahiert einen Teil einer Zeichenkette von Position `start` bis Position `end`. Negative Argumente sind nicht erlaubt. Wird das Ende `end` weggelassen, wird bis zum Ende der Zeichenkette extrahiert.

- `substr(start, length)`

  Extrahiert einen Teil einer Zeichenkette von Position `start` und dann eine Anzahl Zeichen `length`.

  ```
  var str = "Apfel, Banane, Kiwi";
  var res = str.slice(7,13);
  var str = "Apfel, Banane, Kiwi";
  var res = str.slice(-12,-6);
  ```

  Die Ausgabe ist in beiden Fällen 'Banane'.

  ```
  var str = "Apfel, Banane, Kiwi";
  var res = str.substring(7,13);
  var str = "Apfel, Banane, Kiwi";
  var res = str.substr(7,6);
  ```

  Die Ausgabe ist auch in diesen beiden Fällen 'Banane'.

- `replace(search, replace)`

  Diese Methode ersetzt Teile einer Zeichenkette durch eine andere:

  ```
  str = "Bitte benutze Node!";
  var n = str.replace("Node","AngularJS");
  ```

- `toUpperCase`

  Wandelt alle Zeichen in Großbuchstaben um.

- `toLowerCase`

  Wandelt alle Zeichen in Kleinbuchstaben um.

  ```
  var text1 = "Hallo JavaScript!";
  var text2 = text1.toUpperCase();
  console.log(text2);
  var text2 = text1.toLowerCase();
  console.log(text2);
  ```

- `concat()`

  Diese Methode kann mehrere Argumente annehmen und kombiniert diese zu einer Zeichenkette.

  ```
  var text1 = "Hallo";
  var text2 = "JavaScript";
  text3 = text1.concat("",text2);
  ```

  Manipulationen einzelner Zeichen vermeiden den Umgang mit großen Zeichenketten in manchen Fällen.

- `charAt(position)`, `charCodeAt(position)`

  Die Methoden geben das Zeichen an der gewählten Position zurück. `charCodeAt` gibt dabei den Unicode des Zeichens an.

  ```
  var str = "HELLO WORLD";
  str.charAt(0);          // Ergibt: H
  str.charCodeAt(0);       // Ergibt: 72
  ```

Da JavaScript keinen expliziten Zeichentyp kennt, ist die Interpretation einer Zeichenkette als Array unzulässig. Es ist zwar syntaktisch möglich, kann aber unvorhersehbare Fehler produzieren. Schreibweisen wie `str[0]` gelten deshalb als sogenanntes Antipattern. Sollten Array-Funktionen sinnvoll erscheinen, konvertieren Sie die Zeichenkette zuerst explizit in ein Array-Objekt. Am einfachsten geht das mit der Methode `split`.

```
var txt = "a,b,c,d,e";   // String
txt.split(",");          // An Komma teilen
txt.split(" ");          // An Leerzeichen teilen
txt.split("|");          // Am Pipe-Symbol teilen
```

Beachten Sie die Funktion des Trennzeichens. Wenn kein Trennzeichen angegeben wird, steht die gesamte Zeichenkette im Index 0 des Arrays. Um eine Zeichenkette zeichenweise zu zerlegen und dabei keine expliziten Trennstellen zu definieren, nutzen Sie eine leere Zeichenkette `""`.

```
var txt = "Hello";          // String
txt.split("");              // In Array umwandeln
```

Nicht standardkonforme String-Methoden

Einige Methoden sind nicht vom Standard abgedeckt, werden aber von praktisch allen Browsern unterstützt. Umgebungen außerhalb des Browsers, wie beispielsweise `Node.js`, unterstützen diese Funktionen allerdings nicht.

Tabelle 15-3: Browserspezifische Funktionen

Methode	Erzeugt das HTML-Element …
anchor(name)	<a name="name"></a>
big()	<big></big>
blink()	<blink></blink>
bold()	<b></b>
fixed()	<tt></tt>
fontcolor(c)	<font color="c"></font>
fontsize(s)	<font size="s"></font>
italics()	<i></i>
link(href)	<a href="href"></a>
small()	<small></small>
strike()	<strike></strike>
sub()	
sup()	

Der Inhalt des Elements ist jeweils die Zeichenkette, auf die die Methode angewendet wurde.

> **Veraltete Elemente** – Beachten Sie, dass einige der Funktionen HTML erzeugen, das veraltet ist und nicht mehr benutzt werden sollte.

Um direkt zuzugreifen, benötigt man eine String-Instanz oder den String-Prototypen, der die Grundlage der Instanz ist. Mit Prototype sieht es folgendermaßen aus:

```
let html = String.prototype.sup();
```

Eine String-Instanz ist nicht effektiver, aber effektiver zu beschaffen:

```
let html = "".sup();
```

Boolean

Boolesche Werte können `true` (Wahr, Ja) oder `false` (Unwahr, Nein) sein. Beides sind Literale in JavaScript.

Die Funktion `Boolean(value)` ermittelt, ob der Wert `true` oder `false` ist. Werte, die als `false` interpretiert werden, sind:

- `false`
- `null`
- `undefined`
- `""` (leere Zeichenkette)
- `0`
- `NaN`

Alle anderen Werte sind `true`, einschließlich `"0"` und `"false"` (in Anführungszeichen), was manchmal zu Verwirrung führt.

Objekte

Objekte in JavaScript sind dynamisch. Dynamisch meint eine Mischung aus einem Objekt und einem Dictionary (Map). Mit `new Object()` erzeugen Sie einen leeren Container für Name/Wert-Paare. Alternativ kann auch das Literal für ein Objekt `{}` verwendet werden. Der Name kann jede Zeichenkette sein, der Wert darf alles außer `undefined` sein. Auf Mitglieder kann über die Dot-Notation (`Objekt.Member`) oder die Index-Notation (subscript) zugegriffen werden. Die Dot-Notation ist nur zulässig, wenn der Name des Mitglieds ein gültiger Bezeichner ist. Er muss dazu mit einem Buchstaben, dem Unterstrich oder dem $-Zeichen beginnen und darf keine Leerzeichen enthalten.

Das Objekt-Literal {}

Das Objekt-Literal wird fast ausnahmslos benutzt. Es ist kurz, kompakt und einfach zu benutzen. `new Object()` sieht man eher selten.

Folgende Definition ist möglich:

```
1 var Person = {}; // dies ist erforderlich
2 Person.Vorname = "Joerg";
3 console.log(Person.Vorname);
```

Auch hier handelt es sich nur um eine Eigenschaft (Zeile 2):

```
1 var Person = {}; // dies ist erforderlich
2 Person["Meine Spezialeigenschaft"] = "Spezial Wert";
3 console.log(Person["Meine Spezialeigenschaft"])
```

Spezielle Typen

Speziell ist der Umgang mit nicht definierten Variablen. Prinzipiell ist keine Deklaration nötig, weil der Typ erst bei der Benutzung festgelegt wird. Deshalb wird häufig der Zustand explizit abgefragt. Eine Variable kann undefiniert sein, das heißt dann `undefined`. Sie kann auch existieren, aber völlig leer sein. Das ist dann `null`.

null versus undefined

null ist ein Wert, der »nichts« repräsentiert. Es ist ein Objekt mit dem Typ null. undefined ist dagegen kein Wert, es zeigt eine undefinierte Variable oder einen fehlenden Rückgabewert an. Es ist kein Objekt, eben gar nichts. Der Standard für nicht definierte Variablen und nicht vorhandene Member ist undefined.

Symbole

Symbole kontrollieren den Zustand eines Objekts. Symbole werden als Zeichenkette oder als nativer Symbol-Typ erstellt. Symbole sind primitive (skalare) Typen. Der optionale Parameter name eines Symbols wird zum Debuggen benutzt, ist jedoch nicht Teil der Identität des Symbols. Symbole müssen global eindeutig sein, auch wenn sie nur im Modul sichtbar sind.

```
(function() {

  // Symbol im Modul
  var key = Symbol("key");

  function MyClass(privateData) {
    this[key] = privateData;
  }

  MyClass.prototype = {
    doStuff: function() {
      ... this[key] ...
    }
  };

  typeof key === "symbol"
})();

var c = new MyClass("hello")
c["key"] === undefined
```

Fehlende Unterstützung – Wenn der Browser dies nicht unterstützt, kann das Merkmal nicht benutzt werden. Es gibt keine Polyfills. Hier sind Sprachmerkmale gefragt, die sich nicht in älteren Versionen nachbilden lassen. Vor dem Einsatz sollte immer geprüft werden, ob das Merkmal angeboten wird.

Arrays

Arrays sind ebenfalls Objekte. Sie können diese mit dem Konstruktor Array oder dem [ ]-Literal anlegen:

- Konstruktor mit Daten: new Array(elm1, elm2, elm3, ...)
- Konstruktor ohne Daten: new Array(length)
- Literal: [elm1, elm2, elm3]

Einige Methoden für Arrays

Es gibt Methoden, die ein existierendes Array verändern:

- `push(e)`

  Fügt ein Element am Ende ein und gibt die neue Länge zurück.
- `pop()`

  Entfernt das Element am Ende und gibt es zurück.
- `reverse()`

  Dreht die Reihenfolge der Elemente im Array um.
- `shift()`

  Entfernt das Element am Anfang und gibt es zurück.
- `sort()`

  Sortiert das Array und gibt das neue Array zurück.
- `splice(start, entfernen, neu...)`

  Entfernt Elemente und fügt neue ein. Die zu entfernenden werden ab `start` gezählt und die Anzahl mit `entfernen` angegeben. Alle weiteren Parameter werden als neue Elemente ab `start` eingefügt.
- `unshift(neu...)`

  Fügt Elemente am Anfang ein und gibt die neue Länge zurück.

Spezialfunktionen statt Klassen

In JavaScript gibt es kaum spezialisierte Typen, wie beispielsweise zum Bauen von Queues oder Stacks. Dafür dienen einige der Funktionen, die ein vergleichbares Verhalten erzeugen.

Es gibt weiterhin solche, die etwas zurückgeben, jedoch am Array selbst keine Änderungen vornehmen:

- `join(sep)`

  Verbindet alle Elemente eines Arrays zu einer Zeichenkette. Als Trennzeichen – das optional ist – wird das oder werden die Zeichen `sep` benutzt.
- `slice(start, ende)`

  Extrahiert den Teil eines Arrays von `start` bis `ende`.
- `concat`

  Verbindet Arrays zu einem neuen Array.
- `indexOf(s)`

  Index der ersten Fundstelle der Zeichen `s` oder -1, falls nichts gefunden wurde.
- `lastIndexOf`

  Index der letzten Fundstelle der Zeichen `s` oder -1, falls nichts gefunden wurde.

Methode, die auf Iteratoren aufsetzen, eignen sich zum Durchlaufen von Arrays:

- `forEach(callback, this)`

  Ruft eine Funktion `callback` für jedes Element des Arrays auf. Der Parameter `this` kann benutzt werden, um der Funktion den Wert für `this` vorzugeben.

- `every(callback, this)`

  Gibt `true` zurück, wenn jedes Element eines Arrays einer in der Rückruffunktion benannten Bedingung gehorcht.

- `some(callback, this)`

  Gibt `true` zurück, wenn mindestens ein Element eines Arrays einer in der Rückruffunktion benannten Bedingung gehorcht.

- `filter(callback, this)`

  Gibt die Elemente zurück, die der in der Rückruffunktion benannten Bedingung gehorchen.

- `map(callback, this)`

  Gibt die Elemente zurück, die die Rückruffunktion für jedes Element zurückgibt.

- `reduce(callback, init)`

  Reduziert ein Array, indem alle Werte gelesen werden. Der vorherige Wert wird mittels Rückruffunktion weitergereicht, sodass man addieren, subtrahieren oder sonst was mit den Werten anstellen kann. Am Ende wird ein skalarer Wert zurückgegeben. Die Funktion beginnt links, am Index 0.

- `reduceRight(callback, init)`

  Reduziert ein Array, indem alle Werte gelesen werden. Der vorherige Wert wird mittels Rückruffunktion weitergereicht, sodass man addieren, subtrahieren oder etwas anderes mit den Werten anstellen kann. Am Ende wird ein skalarer Wert zurückgegeben. Die Funktion beginnt rechts, am letzten Index.

Operatoren

Die Operatoren in JavaScript sind unspektakulär. Es ist eher der Einsatz, der einige interessant macht.

Operatoren für Objekte

Es gibt einige spezielle Operatoren, die vor allem dem Umgang mit Objekten dienen:

- `new`

  Erstellt eine Instanz eines Objekts

- `Instanceof`

  Prüft ob ein Objekt eine Instanz eines Typs ist

- Typeof

  Gibt den Typ eines Objekts zurück
- In

  Testet, ob ein Objekt eine Eigenschaft enthält
- Delete

  Löscht eine Instanz eines Objekts

```
if (this instanceof Person) {
   // Aktion, wenn passender Objekttyp
}
```

Spread-Operator

Etwas speziell ist der Spread-Operator .... Er dient der Expansion von Objekten in Variablen oder in Array-Elementen. Angenommen eine Funktion erwartet einzelne Argumente, aber Sie haben ein Array. Dann ist Folgendes möglich:

```
1 function aFunction(a, b, c) { }
2 var args = [10, 20, 30];
3 aFunction(...args);
```

In Zeile 3 wird der Spread-Operator dem Wert vorangestellt, um die Auflösung zu erzwingen. Das gilt auch, wenn Elemente eines Arrays erreicht werden sollen:

```
var parts = ['shoulders', 'knees'];
var more = ['head', ...parts, 'foot', 'toes'];
```

Die Variable parts wird erst in einzelne Elemente zerlegt und dann werden diese eingefügt.

Rest-Operator – Ebenso speziell ist der Rest-Operator .... Er sieht aus wie der Spread-Operator, ist aber etwas anderes. Was gemeint ist, ergibt sich aus dem Kontext. Der Rest-Operator gilt in Funktionen und wird deshalb im Abschnitt »Funktionen« weiter hinten in diesem Kapitel behandelt.

Vergleichsoperatoren

Die logischen Vergleichsoperatoren sind folgende:

- ==: Vergleich auf Wert-Gleichheit
- !=: Vergleich auf Wert-Ungleichheit
- ===: Vergleich auf Wert- und Typ-Gleichheit
- !==: Vergleich auf Wert- und Typ-Ungleichheit
- &&: Logisches »und«
- ||: Logisches »oder«

&& ist das logische UND, aber auch der guard-Operator. Wenn der erste Operand true ergibt, dann ist das Ergebnis der zweite Operand, sonst wird der erste Operand zurückgegeben. Das können Sie nutzen, um `null`-Referenzen zu vermeiden. Ohne Operator würde dafür ein `if` zum Einsatz kommen:

```
if (a) {
  return a.member;
} else {
  return a;
}
```

Die folgende Kurzschreibweise mit `guard`-Operator ist weitaus einprägsamer:

```
return a && a.member;
```

`||` ist das logische ODER und auch der `default`-Operator. Wenn der erste Operand `true` ergibt, dann ist das Resultat der erste Operand, sonst ist das Resultat der zweite Operand. Dies können Sie verwenden, um Standardwerte zu setzen. Ohne Operator würde dafür ein `if` zum Einsatz kommen:

```
var meinString;
if (meinString == undefined || meinString.length == 0) {
   meinString = "mein wert";
}
```

Die Kurzschreibweise mit `default`-Operator ist weitaus einprägsamer:

```
var meinString;
meinString = meinString || "mein wert";
```

Das `!`-Zeichen ist das logische Nein (not). Wenn der Operand `true` ist oder ergibt, ist das Resultat `false`. Sonst ist das Resultat immer `true`. Trickreich ist `!!`, das benutzt werden kann, um einen Ausdruck in ein Boolean zu konvertieren:

```
var someExpression = 14;
var someBoolean = !!someExpression;
```

Dieser Ausdruck ergibt `true`.

Anweisungen – Statements

Folgende Anweisungen stehen als Schlüsselwörter zur Verfügung:

- `if`, `else`
- `switch`
- `while`
- `do`
- `for`
- `break`
- `continue`
- `return`

- `try/catch/throw`
- `function`
- `var`

Kontrollstrukturen: if – else

Die `if`-Anweisung ist eine einfache Fallunterscheidung. Der `if`-Ausdruck muss vom Typ Boolean sein oder er wird in ein Boolean umgewandelt. Der `else`-Teil kann entfallen.

```
if (Bedingung) {
  Anweisung1;
  Anweisung2;
} else {
  Anweisung3;
}
```

Blockklammern oder nicht – Folgt hinter der `if`-Anweisung nur eine Zeile, können Sie theoretisch die Klammern weglassen. Dies ist jedoch äußerst riskant, weil beim späteren Hinzufügen einer Zeile – und sei es nur ein Kommentar – diese Zeile nicht mehr an der richtigen Stelle ausgeführt wird. Benutzen Sie deshalb immer, auch an den einfachsten Stellen, die geschweiften Klammern.

Kontrollstrukturen: switch – else – default

Der Befehl `switch` dient der Fallunterscheidung. Als Ausdruck im `switch` und in den `case`-Marken können `Number`, `String` und andere Typen gleichzeitig verwendet werden. Die `case`-Marken sollten von einem `break` beendet werden. Wird ein explizites `case` nicht gefunden, wird der `default`-Block angesprungen. Der `default`-Block kann entfallen.

Umgang mit break

Es erfolgt kein Hinweis bei fehlendem `break`. Der Programmfluss setzt sich mit dem Code des nächsten `case`-Zweigs fort, auch wenn dessen Bedingung nicht zutreffend ist (was meist nicht das gewünschte Verhalten darstellt).

Kontrollstrukturen: Schleifen

Die Schleifen in JavaScript nutzen die Schlüsselwörter `for`, `while` und `do-while`.

while

Eine `while`-Schleife wird, wie auch die `for`-Schleife, so lange ausgeführt, wie die Bedingung wahr (`true`) ist. Die Bedingung wird vor dem Schleifendurchlauf getestet. Es kann also passieren, dass der Inhalt der Schleife nie erreicht wird.

```
while (Bedingung) {
  Anweisungen ;
}
```

do

Alternativ zur while-Schleife kann die do-Schleife verwendet werden, wenn die Bedingung am Ende eines jeden Schleifendurchlaufs geprüft werden soll. Wenn die Bedingung nicht zutrifft, wird die Schleife dennoch mindestens einmal durchlaufen.

```
do {
  Anweisungen ;
} while (Bedingung);
```

for

Für Schleifen, die im weitesten Sinne einer Aufzählung entsprechen, kommt die for-Schleife zum Einsatz, die aus einem Anfangswert, einer Bedingung und einem Iterator besteht.

Solange die Bedingung wahr (true) ist, wird die Ausführung der Schleife fortgesetzt. Dabei ist zu beachten, dass die Anweisungen innerhalb der Schleife nicht durchlaufen werden, wenn die Bedingung beim Betreten bereits falsch (false) ist. Nach jedem Schleifendurchlauf wird die Iterationsanweisung ausgeführt und die Bedingung erneut geprüft.

Das sieht folgendermaßen aus:

```
for (Anfangswert; Bedingung; Iterationsanweisung) {
  Anweisunge(n);
}
```

Ein praktisches Beispiel zeigt das folgende Listing.

Listing 15-4: Berechnung der Quadratzahlen von 1 bis 10

```
for (i = 1; i < 11; i++) {
  document.write("I = " + i + " I*I = " + (i*i) + "<br />");
}
```

Zunächst wird die Variable i deklariert und mit dem Wert 1 initialisiert. Bitte beachten Sie, dass hier die Verwendung des Schlüsselworts var nicht erforderlich ist (Scope ist immer lokal).

In der Bedingung wird überprüft, ob i kleiner 11 ist, das bedeutet, die Schleife wird zehnmal durchlaufen. In der Iterationsanweisung wird i mithilfe des unären Inkrement-Operators ++ um eins erhöht. An dieser Stelle können Sie auch i+=1 oder i=i+1 verwenden, um gegebenenfalls andere Schrittweiten vorzugeben.

Eine Variante der for-Schleife kann verwendet werden, um die Eigenschaften eines Objekts zu durchlaufen: die for in-Schleife (hier mit Ausgabe ins Dokument):

```
var ausgabe = "";
for (var eigenschaft in document) {
    ausgabe = ausgabe + "document." + eigenschaft + ": " +
       document[eigenschaft] + "<br>";
```

```
}
document.write("<h1>Eigenschaften des Objekts " +
               "<i>document</i></h1>");
document.write(ausgabe);
```

Das Beispiel zeigt, wie die Eigenschaften des Objekts `document` durchlaufen werden können, um beispielsweise die Fähigkeiten des jeweiligen Browsers zu ermitteln.

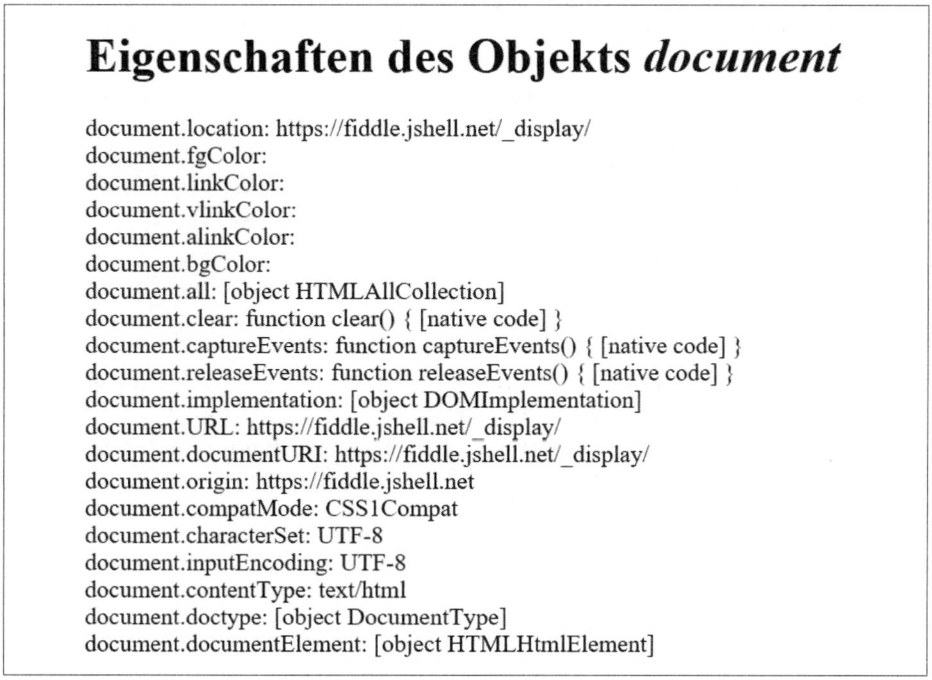

Abbildung 15-6: Ausgabe der Eigenschaften von document *(Ausschnitt)*

foreach

Es gibt kein `foreach` in JavaScript, allerdings verfügt das Array-Objekt über die Methode `forEach`, und Sie können Objekte häufig einfach in Arrays überführen.

Schleifenkontrolle

Mitunter kommt es vor, dass eine Schleife vorzeitig abgebrochen werden soll. Hierfür wird das Schlüsselwort `break` verwendet. Mithilfe des Schlüsselworts `continue` ist es möglich, die Abarbeitung mit dem nächsten Schleifendurchlauf fortzusetzen und alle folgenden Anweisungen im Anweisungsblock auszulassen.

```
for (i = 1; i < 11; i++) {
  if (i == 5) continue;
  console.log("I = " + i + " I*I = " + (i * i));
  if (i == 9) {
    break;
  }
}
```

Wenn i gleich 5 ist, wird die Abarbeitung der Schleife bei 6 fortgesetzt, und alle weiteren Anweisungen werden übersprungen. Wenn i gleich 9 ist, wird die Schleife verlassen, und es werden keine weiteren Durchläufe ausgeführt. `break` und `continue` können sowohl für `for` als auch für `while`- und `do`-Schleifen verwendet werden.

Verschachtelung von Schleifen

Um bei geschachtelten Schleifen genauer festlegen zu können, welche der Schleifen mit einem `continue` fortgesetzt wird, wird auf eine Marke (label) mit einem Namen und einem Doppelpunkt verwiesen.

```
let i, j;
outer: for (i = 0; i < 10; i++) {
    inner: for (j = 0; j < 10; j++) {
       if (j==3) continue inner;
       if (j==6) continue outer;
      document.write(i + " * " + j + " = " + (i * j) +
                     "<br />");
    }
  }
```

Den Schleifen wurden jeweils die Label *inner* und *outer* zugeordnet, um später bei der Verwendung gezielt die innere oder die äußere Schleife ansprechen zu können. So wird für alle j gleich 3 die innere Schleife fortgesetzt und für alle j gleich 6 die äußere Schleife.

```
0 * 0 = 0
0 * 1 = 0
0 * 2 = 0
0 * 4 = 0
0 * 5 = 0
1 * 0 = 0
1 * 1 = 1
1 * 2 = 2
1 * 4 = 4
1 * 5 = 5
2 * 0 = 0
2 * 1 = 2
2 * 2 = 4
2 * 4 = 8
2 * 5 = 10
3 * 0 = 0
3 * 1 = 3
3 * 2 = 6
3 * 4 = 12
3 * 5 = 15
```

Abbildung 15-7: Ausgabe (Ausschnitt vom Anfang)

Schleifen mit for..in

Diese Anweisung dient dazu, ein Objekt zu durchlaufen. Objekte sind intern Maps, also Gebilde, die eine Struktur mit Schlüssel/Werte-Paaren enthalten. Diese Schleife durchläuft alle Mitglieder eines Objekts. Dabei spielt es keine Rolle, ob es sich um Eigenschaften oder Methoden handelt. Dies ist oft nicht genau das, was gesucht wird, und deshalb wird häufiger die neue Version `for..of` benutzt.

Schleifen mit for..of

Die neuen Iteratoren in ES201515 ermöglichen es, eigene aufzählbare Objekte zu erstellen. Dazu ist nicht unbedingt ein Array erforderlich. Zum Durchlaufen gibt es die neue Schleifenform `for..of`.

```
let fibonacci = {
  [Symbol.iterator]() {
    let pre = 0, cur = 1;
    return {
      next() {
        [pre, cur] = [cur, pre + cur];
        return { done: false, value: cur }
      }
    }
  }
}

for (var n of fibonacci) {
  // Ende bei 1000
  if (n > 1000)
    break;
  console.log(n);
}
```

Der Code nutzt eine bestimmte Objektstruktur, die vorgegeben ist. Deklariert muss sie nicht werden. Würde man denselben Code in TypeScript erstellen, könnten die Typ-Beschreibungen folgendermaßen aussehen:

```
interface IteratorResult {
  done: boolean;
  value: any;
}
interface Iterator {
  next(): IteratorResult;
}
interface Iterable {
  [Symbol.iterator](): Iterator
}
```

In ES2015 ist es nicht möglich, derartige Typ-Beschreibungen zu hinterlegen. Die Darstellung dient nur der Erläuterung des inneren Verhaltens.

Polyfill erforderlich

Derzeit wird diese Technik nicht überall unterstützt. Setzen Sie gegebenenfalls ein Polyfill ein – eine Bibliothek, die bei Bedarf die fehlenden Funktionen nachbildet.

Mehr zu Iteratoren finden Sie Abschnitt »Funktionen« weiter hinten in diesem Kapitel.

Fehlerbehandlung

Ausnahmen sind Fehlerbedingungen, die sich nicht ohne Weiteres vorhersehen lassen. Eine Ausnahme wäre beispielsweise zu erwarten, wenn versucht wird, etwas auf eine Festplatte zu schreiben, diese jedoch voll ist.

Ausnahmen (Exceptions)

Folgende Schlüsselwörter stehen zur Verfügung:

- `try`

  Abgesicherter Block
- `Catch`

  Fanganweisung
- `Finally`

  Unbedingt ausgeführter Anteil (mit oder ohne Fehler)
- `Throw`

  Weiterleiten oder Erzeugen einer Ausnahme

Im Falle eines Fehlers kann eine Ausnahme geworfen werden. Vereinfacht ausgedrückt wird mit dem »Werfen« einer Ausnahme der Programmfluss unterbrochen und an der Stelle fortgesetzt, an der diese Ausnahme mit einem `try`/`catch`-Block abgefangen wurde. Grundsätzlich kann jedes Objekt geworfen werden, dabei spielt es keine Rolle, ob Sie eine Zeichenkette oder ein selbstdefiniertes Objekt verwenden. Wichtig ist das Fangen einer Ausnahme.

```
function ZeroDivException (msg) {

  this.name = 'ZeroDivException';
  this.message = msg === 'string' && msg.length != 0 ? msg :
       'Division durch Null!';

  this.toString = function () { return this.name + ': ' +
       this.message }
}

// Funktion dividiert a durch b und gibt das Ergebnis zurück
function div (a, b) {
  if (b == 0)
      throw new ZeroDivException ();
  return a / b;
}

```

```
// Try-Catch-Block zum Abfangen von Exceptions
try {

  document.write ('10 / 2 = ' + div (10, 2) + '<br>');
  document.write ('5 / 0 = ' + div (5, 0) + '<br>');
} catch (e) {
  document.write ('Exception aufgetreten: ' + e);
}
```

Um eine benutzerdefinierte Ausnahme erzeugen zu können, ist es erforderlich, eine entsprechende Klasse zu erzeugen. In diesem Beispiel heißt die Klasse `ZeroDivException`. Die Objektorientierung unter JavaScript wird im Abschnitt »Objektorientierung« weiter hinten in diesem Kapitel noch genauer betrachtet werden. Mithilfe des `this`-Zeigers werden Eigenschaften wie der Name `name` und die Nachricht `msg` festgelegt. Soll keine Nachricht angegeben werden, kommt eine Standardnachricht zur Anwendung. Die Methode `toString` wird erstellt. Immer wenn ein Objekt in eine Zeichenkette zu wandeln ist, wird diese Methode automatisch aufgerufen. In der Funktion `div` wird überprüft, ob der zweite Parameter für die Division `null` ist. Für den Fall, dass der Parameter `b==0` ist, wird eine entsprechende Ausnahme erzeugt und geworfen.

Mögliche Programmteile, die eine Ausnahme werfen könnten, werden mit einem `try`-Block umschlossen, der immer von einem `catch`-Block gefolgt wird. Tritt jetzt eine Ausnahme auf, wird die Abarbeitung in dem `try`-Block abgebrochen und in dem `catch`-Block fortgesetzt. Ferner wird die geworfene Ausnahme innerhalb des `catch`-Blocks zur weiteren Verarbeitung bereitgestellt.

Optional kann der `catch`-Block noch von einem `finally`-Block gefolgt werden. Unabhängig davon, ob eine Ausnahme aufgetreten ist oder nicht, wird der `finally`-Block immer als letzter Block durchlaufen.

Standardausnahmeobjekte

Folgende Fehlerklassen sind für die Benutzung mit `throw` eingebaut:

- `Error`
- `EvalError`
- `InternalError`
- `RangeError`
- `ReferenceError`
- `SyntaxError`
- `TypeError`
- `URIError`

Variablen und Scope

Globale Variablen können an jeder Stelle angelegt werden, durch Zuweisen eines Werts. Lokale Variablen werden innerhalb einer Funktion mithilfe des Schlüsselworts `var` angelegt. Initiale Werte können Sie sofort angeben. Mehrere Variablen können durch Komma getrennt werden.

> **var** – Lokale und globale Variablen werden nur durch die Schlüsselworte `var`, `let` und `const` unterschieden. Wird keines der drei benutzt, ist die Variable global.

Scope – der Sichtbarkeitsbereich

In JavaScript 5 hatten {Blöcke} keinen eigenen Scope. Nur Funktionen hatten einen Scope. Variablendefinitionen innerhalb einer Funktion sind außerhalb der Funktion nicht sichtbar – sie sind im Funktions-Scope (auch als Gültigkeitsbereich bezeichnet).

Dieses Verhalten wird mit `var` erzeugt. Wird es benutzt, ist die Variable lokal im Scope einer Funktion. Gibt es keine Funktion, ist die Variable global. Weitere Schutzebenen existieren nicht.

Variablen mit let und const

Die Schlüsselwörter `let` und `const` vereinbaren Variablen, nutzen aber einen anderen Scope als bei der Verwendung von `var`. Statt der Bekanntmachung innerhalb einer Funktion wird die Variable nun für einen Block deklariert. ECMAScript 2015 verfügt also über einen Block-Scope. Der Scope entsteht durch ein Paar geschweifte Klammern.

```
function f() {
  {
    let x;
    {
      // Ein innerer (Block-)Scope
      const x = "sneaky";
      // Fehler, wegen `const` unveränderlich
      x = "foo";
    }
    // Möglich, weil im Scope und durch `let` veränderlich
    x = "bar";
    // Fehler, erneute Deklaration im Scope unzulässig
    let x = "inner";
  }
}
```

Die Werte, die mit `const` zugewiesen wurden, sind überdies unveränderlich. Ansonsten verhält sich `const` wie `let`.

Das return-Schlüsselwort

Mit `return` weisen Sie das Verlassen der aktuellen Funktion an. Es kann mit oder ohne Rückgabewert verwendet werden:

```
return expression;
return;
```

Ohne Ausdruck gibt `return` den Wert `undefined` zurück. Die Ausnahme hier: Konstruktoren geben die Instanz des Objekts zurück. Dazu finden Sie mehr im folgenden Abschnitt, wenn es um die objektorientierte Programmierung geht.

Objektorientierung

JavaScript verfügt über eine sehr einfache Unterstützung für objektorientierte Programmierung. Es wird nicht explizit von Klassen gesprochen, da sich die abstrakte Definition eines Objekts nur sehr gering von der konkreten Implementierung einer Funktion unterscheidet. JavaScript-Objekte verfügen über Eigenschaften (Attribute) und Funktionen (Methoden).

Erstellen von Objekten

Im Wesentlichen gibt es drei Möglichkeiten, ein Objekt in JavaScript zu erstellen. Im Folgenden sollen diese kurz vorgestellt werden.

Deklaration mit new

Die einfachste Methode, Objekte zu erstellen, ist die Verwendung des Operators `new`. Dies ist eine Referenz an die Sprache Java, tatsächlich verhält sich `new` in JavaScript etwas anders, denn in Java ist `new` ein Schlüsselwort, kein Operator.

Listing 15-5: Objekte nutzen

```
person = new Object()
person.name = "Jörg Krause"
person.height = "180cm"

person.run = function() {
    this.state = "running"
    this.speed = "4ms^-1"
}
```

Ein benutzerdefiniertes Objekt `person` wird erstellt. Dem Objekt werden zwei Eigenschaften zugewiesen (`name` und `height`). Ferner wird eine Mitgliedsfunktion `run` erstellt, die wiederum zwei neue Eigenschaften dem Objekt hinzufügt. Statt der Schreibweise `new Object()` kann auch das Objektliteral `{}` benutzt werden. Wegen seiner Kürze wird es meist bevorzugt.

Deklaration mit der Literalnotation

Die Literalnotation ist eine implizite Schreibweise.

```
1 myObject = {
2   property1: "Hello",
3   property2: "World",
4   property3: ["start", 1, 2, 3, "ende"],
5
6   method1: function(){
7               console.log("Methode wurde aufgerufen: " +
8                           this.property1);
9           }
10 };
11 myObject.method1();
```

Zunächst wird `myObject` angelegt, und die Eigenschaften `property1` bis `property3` werden mit Werten belegt (Zeile 2 bis 4). Dann wird eine Mitgliedsfunktion `method1` (Zeile 6) deklariert. Folgende Ausgabe ergibt sich hier:

Abbildung 15-8: Ausgabe des Beispiels

JSON (JavaScript Object Notation)

Beachten Sie, dass gültiges JSON (JavaScript Object Notation), so wie es viele Dienste im Web erzeugen, ein gültiges Objektformat in JavaScript ist. Umgekehrt gilt dies nicht, von allen in JavaScript syntaktisch gültigen Schreibweisen eines Objekts sind nur wenige Kombinationen gültiges JSON.

JSON ist ein schlankes Datenaustauschformat, das für Menschen einfach zu lesen und zu schreiben und für Maschinen einfach zu parsen (Analysieren von Datenstrukturen) und zu generieren ist. Es basiert auf einer Untermenge der JavaScript-Programmiersprache, Standard ECMA-262 dritte Edition – Dezember 1999. (Quelle: json.org *(www.json.org/json-de.html)*)

Tatsächlich wird JSON auch mit anderen Sprachen benutzt und ist trotz des unglücklich gewählten Namens keinesfalls eng mit JavaScript verbunden.

JSON wird explizit durch das Objekt `JSON` unterstützt, mit dem Zeichenketten geparst oder erzeugt (serialisiert) werden können. Nur zwei statische Methoden existieren:

- JSON.parse(): Parst eine Zeichenkette und erzeugt ein Objekt. Ein weiteres Argument liefert eine optionale Steuerfunktion.
- JSON.stringify(): Serialisiert ein Objekt in eine Zeichenkette. Es gibt zwei weitere optionale Argumente, die den Vorgang steuern und das benutzte Leerzeichen bestimmen.

Mehr dazu finden Sie im Web zu stringify *(developer.mozilla.org/en-US/docs/Web/JavaScript/Reference/Global_Objects/JSON/stringify)* und zu parse *(developer.mozilla.org/en-US/docs/Web/JavaScript/Reference/Global_Objects/JSON/parse)*.

Klassen

Klassen seit ES2015 sind lediglich syntaktischer Zucker über dem Prototyp-Pattern, das weiter hinten in diesem Kapitel beschrieben wird. Wenn Prototypen nicht verstanden wurden, helfen Klassen nicht wirklich weiter, weil sie sich nicht wie in anderen Sprachen verhalten (das gilt übrigens auch für TypeScript).

Unterstützt werden neben Prototypen auch Aufrufe der Basisklasse mittels `super`, die Bildung von Instanzen mit `new` und statische Methoden sowie Konstruktoren.

Listing 15-6: Erstellen und Ableiten von Klassen (class1.js)

```
class Person {
  constructor(name){
    this.name = name;
  }
}
class Student extends Person {
  constructor(course, name) {
    super(name);

    this.course = course;
    //...
  }
  show() {
    return `${this.name} ist im Kurs ${this.course}`;
  }
  static defaultStudent() {
    return new Student('Unbekannt', 'Steven Student');
  }
}
var p = Student.defaultStudent();
console.log(p.show());
```

Mehr Details zu dieser Syntax folgen weiter hinten in diesem Kapitel, nachdem einige Grundlagen beschrieben wurden, die sehr wichtig für das Verständnis sind.

Wenn Sie von einer anderen Sprache auf JavaScript wechseln, sollten Sie damit rechnen, dass sich JavaScript nicht so verhält, wie es der vorstehend gezeigte Code suggeriert, und diese Unterschiede sind teilweise nicht trivial. Lesen Sie die folgenden Abschnitte also bitte besonders konzentriert!

Der Konstruktor

Die bisher gezeigten Varianten, ein Objekt anzulegen, sind etwas eingeschränkt, da keine Möglichkeit besteht, mehrere Instanzen des gleichen Objekts anzulegen. Ferner ist es auch nicht möglich, beim Anlegen Parameter für die Initialisierung des Objekts mitzugeben.

Klassische Konstruktor-Funktionen

Aus diesem Grund soll an dieser Stelle die dritte Variante für das Erstellen eines Objekts mittels Prototyping gezeigt werden. Zunächst wird ein abstraktes Objekt deklariert und anschließend mit einem konkreten Parameter instanziiert.

```
function Cat(name) {
   this.name = name;
   this.talk = function() {
      alert( this.name + " macht miau!" )
   }
}

// Verwendung
cat1 = new Cat("Juri");
cat1.talk(); //zeigt "Juri macht miau!"

cat2 = new Cat("Wanja");
cat2.talk(); //zeigt "Wanja macht miau!"
```

Die abstrakte Deklaration des Konstruktors des Objekts unterscheidet sich zunächst nicht von der Deklaration einer Funktion. Der Unterschied liegt in der Benutzung von `new`. Folgender Ablauf passiert intern:

- Erzeuge zuerst ein neues leeres Objekt { }.
- Setze dann die `constructor`-Eigenschaft auf die Konstruktor-Funktion.
- Setze die Basisklasse `Object` auf den `prototype` der Funktion `myObject.prototype = { }`.
- Rufe die Konstruktor-Funktion im Kontext des neuen Objekts auf, das heißt mit `this` als Verweis auf das Objekt.

Wird nun das Schlüsselwort `this` zusammen mit einer Eigenschaft oder einer Methode verwendet, wird auf das neue Objekt verwiesen, nicht auf die Deklaration. Praktisch hat man so eine Unterscheidung zwischen der Deklaration (lies: Klasse) und der Instanz.

Eine alternative Möglichkeit, eine Funktion hinzuzufügen, besteht darin, außerhalb der Konstruktor-Funktion die gewünschte Eigenschaft oder Funktion direkt der Aufzählungseigenschaft `prototype` hinzuzufügen (mit oder ohne Index-Notation).

```
Cat.prototype[talk] = ` alert(this.name + " macht miau!")`
```

Nachdem der Prototyp des Objekts angepasst wurde, kann wieder eine Instanz unter Verwendung des Schlüsselworts `new` erstellt werden. Die Instanz wird verwendet, indem die Eigenschaft oder Methode mit einem Punkt ».« getrennt aufgerufen wird. Alternativ ist auch hier die Schreibweise mit der Index-Notation möglich: `cat["talk"]()`.

Besonders hervorzuheben ist die Funktion, dass bereits existierende Objekt von den per Prototyp hinzugefügten Funktionen und Eigenschaften profitieren. Dies ist aber nur dann der Fall, wenn bei der Deklaration keine Definition erfolgte. Im folgenden Beispiel »lernen« die Instanzen die Funktion `talk` erst später:

```
function Cat(name) {
   this.name = name;
}

// Instanzen erstellen
cat1 = new Cat("Juri");
cat2 = new Cat("Wanja");

Cat.prototype.talk = function() {
   alert( this.name + " macht miau!" );
};

cat1.talk(); //zeigt "Juri macht miau!"
cat2.talk(); //zeigt "Wanja macht miau!"
```

Anders sieht es aus, wenn es die Funktion bereits gibt:

```
function Cat(name) {
   this.name = name;
   this.talk = function () { alert('stumm'); };
}

// Instanzen erstellen
cat1 = new Cat("Juri");
cat2 = new Cat("Wanja");

Cat.prototype.talk = function() {
   alert( this.name + " macht miau!" );
};

cat1.talk(); //zeigt "stumm"
cat2.talk(); //zeigt "stumm"
```

Der Prototyp wird zwar geändert, aber die Instanz-Funktion wurde bereits davor erstellt und ist deshalb im Suchbaum zuerst an der Reihe. Der Interpreter findet diese Stelle also als Erstes und führt sie aus. Der Prototyp wird nicht mehr erreicht. Das ist das normale Verhalten, denn der Prototyp dient lediglich dazu, eine Standarddefinition bereitzustellen, für den Fall, dass es keine explizite Definition gibt. Gibt es diese aber, ist es nicht mehr notwendig, im Prototyp nachzuschauen. Die folgende Grafik zeigt den Suchbaum.

```
Object.prototype.talk
|
+----Cat.prototype.talk ('macht miau')
     |
     +----cat1.talk ('stumm')
```

Die Ausgabe von 'stumm' ist im finalen Objekt, und der Suchbaum kommt nicht mehr zur Anwendung.

Der Konstruktor constructor

Zur Vereinfachung der Syntax steht das Schlüsselwort `constructor` zur Verfügung:

```
class Polygon {
  constructor() {
    this.name = "Polygon";
  }
}

var poly1 = new Polygon();

console.log(poly1.name);
```

Es kann Argumente haben und muss in einer Klasse `class` benutzt werden.

Methoden und Eigenschaften

Das Hinzufügen von Methoden und Eigenschaften zur Laufzeit ist der primäre Zweck der Eigenschaft `prototype`. Sie bekommen nachträglich Zugriff auf die Definition des Objekts. Auf diese Weise kann das vorletzte Beispiel schnell um eine Funktion zum Umbenennen erweitert werden.

```
1 Cat.prototype.changeName = function(name) {
2       this.name = name;
3 }
4
5 firstCat = new Cat("Juri")
6 firstCat.changeName("Wanja")
7 firstCat.talk() // zeigt "Wanja sagt miau!"
```

Der Eigenschaft `prototype` des Objekts `Cat` wird eine Funktion `changeName` (Zeile 1) hinzugefügt, indem diese einfach zugewiesen wird. So wäre es denkbar, einem Browser, der Objekte enthält, denen Funktionen oder Eigenschaften fehlen, diese quasi nachzurüsten.

Umgang mit Eigenschaften

Seit ES2015 ist die Deklaration von getrennten Get- und Set-Methoden für Eigenschaften erlaubt. Das folgende Beispiel zeigt eine solche Deklaration:

Listing 15-7: Getter und Setter (getset.js)

```
var Rectangle = function (width, height) {
  this._width = width;
  this._height = height;
};

Rectangle.prototype = {
  set width (width) {
     this._width = width;
  },
  get width () {
    return this._width;
  },
```

```
  set height (height) {
    this._height = height;
  },
  get height () {
    return this._height;
  },
  get area () { return this._width * this._height; }
};
var r = new Rectangle(50, 20);
console.log(r.area);
```

Erfolgt nun der Aufruf der Eigenschaft area, so wird 1000 ausgegeben. Tatsächlich handelt es sich hier – wie bei vielen anderen Programmiersprachen auch – um Eigenschaftsmethoden. Die Funktionsklammern () werden weggelassen, wenn das Schlüsselwörter set beziehungsweise get benutzt worden sind.

Private Variablen und Funktionen

In JavaScript sind alle Mitglieder öffentlich. Jede Funktion kann auf diese Mitglieder zugreifen, weitere hinzufügen, diese verändern oder entfernen. Jedoch gibt es die Möglichkeit, private Mitglieder zu erzeugen, auf die nur von privilegierten Funktionen zugegriffen werden kann. Dazu wird die Eigenschaft von JavaScript benutzt, dass Variablen in Funktionen nur in diesem Gültigkeitsbereich sichtbar sind.

Private Mitglieder werden innerhalb des Konstruktors deklariert. Eigenschaften werden mithilfe des Schlüsselworts var angelegt. Funktionen werden innerhalb des Konstruktors definiert.

Listing 15-8: Getter und Setter (private.js)

```
function SomeObject(param) {

  function dec() {
    if (this.member > 0) {
      this.member -= 1;
      return true;
    } else {
      return false;
    }
  }

  this.member = param;
  dec();
  dec();
  return this;
}

var o = SomeObject(10);

console.log(o.member);
```

Der Konstruktor für das Objekt `SomeObject` wird definiert (Zeile 1). Innerhalb des Konstruktors wird eine Variable für die Instanzen des Objekts festgelegt, `member`. Der Parameter `param` wird der öffentlichen Variablen `member` (Zeile 11) zugewiesen. Die Methode `dec` ist privat.

Die private Methode `dec` (Zeile 3) kann auf die privaten Eigenschaften zugreifen, weil diese innerhalb der gleichen Funktion (dem Konstruktor) deklariert sind. Öffentliche (public) Funktionen können nicht direkt auf private Funktionen und Variablen zugreifen. Hierfür sind sogenannte privilegierte Funktionen erforderlich. So führt folgender Aufruf zu einem Fehler:

```
o.dec();
```

Privilegierte Funktionen

Eine privilegierte Funktion kann auf private Eigenschaften und Funktionen zugreifen, ist jedoch selbst öffentlich zugreifbar. Alle Funktionen, die innerhalb des Konstruktors mithilfe des `this`-Operators zugewiesen werden, sind privilegierte Funktionen.

Listing 15-9: Privilegierte Funktionen (priv.js)

```
 1 function SomeObject(param) {
 2
 3   function dec() {
 4     if (secret > 0) {
 5         secret -= 1;
 6         return true;
 7     } else {
 8         return false;
 9     }
10   }
11
12   this.member = param;
13   var secret = 3;
14   var that = this;
15
16   this.privileged = function () {
17     if (dec()) {
18         return that.member;
19     } else {
20         return null;
21     }
22   };
23 }
24
25 var o = new SomeObject(10);
26 console.log(o.privileged());
27 console.log(o.privileged());
28 console.log(o.privileged());
29 console.log(o.privileged());
```

Die privilegierte Funktion (Zeile 16) kann sowohl auf die privaten Funktionen (Zeile 12) und Eigenschaften als auch auf öffentliche Mitglieder (Zeile 17) zugreifen. Sie selbst ist als Teil des Prototyps öffentlich. Die Ausgabe dieses Beispiels zeigt internes deterministisches Verhalten. Es wird dreimal der Wert ausgegeben, der im Konstruktor übergeben wurde, danach `null`.

Statische Mitglieder

Klassen können statische Mitglieder enthalten. Diese können aufgerufen werden, ohne dass erst eine Instanz der Klasse erstellt wird. Erreicht wird dies mit dem Schlüsselwort `static`.

*Listing 15-10: Statische Mitglieder (*static.js*)*

```
class StaticMethodCall {
  static staticMethod() {
    return 'Statische Methode';
  }
  static anotherStaticMethod() {
    return this.staticMethod() + ' intern gerufen';
  }
}
StaticMethodCall.staticMethod();

StaticMethodCall.anotherStaticMethod();
```

Der Zugriff kann auch im Konstruktor erfolgen.

*Listing 15-11: Statischer Aufruf im Konstruktor (*staticself.js*)*

```
class StaticMethodCall {
  constructor() {
    console.log(StaticMethodCall.staticMethod());

    console.log(this.constructor.staticMethod());
  }

  static staticMethod() {
    return 'Statische Methode';
  }
}
```

Vererbung

Vererbung in JavaScript basiert generell auf Protoypen, auch wenn das neue Schlüsselwort `extends` in Klassen benutzt wird.

Prototyping

Prototyping ist in JavaScript die Technik, die beim Umgang mit Objekten die fehlenden Vererbungsfunktionen ersetzt. Zuvor jedoch eine kurze Wiederholung der Eigenschaften von Objekten: Objekte sind Dictionaries (Maps) und können sehr flexibel erstellt werden. Die interne Umsetzung erlaubt alternativ zur intuitiven Objektschreibweise auch die Nutzung einer Art Array-Syntax. Hier ein einfaches Objekt:

```
var o1 = {};
o1.x = 3;
o1.y = 4;
```

Alternativ kann die Zuweisung der Eigenschaften auch sofort erfolgen:

```
var o2 = {
  x : 3
};

var o3 = {
  first: o2,
  second: function() { return 5; }
}
```

Das letzte Beispiel definiert `second()` als Methode. Alternativ zum Punkt kann auch folgende Schreibweise benutzt werden:

```
o2.x === 3;
o2["x"] === 3;
o2["the answer!"] = 42;
```

Beachten Sie bei der Nutzung von Leer- oder Sonderzeichen, dass Sie dann die Punktschreibweise nicht mehr benutzen dürfen.

Der Vorteil der Array-Schreibweise liegt in der Möglichkeit, das Argument durch eine Variable zu ersetzen und Eigenschaften und Methoden so dynamisch nutzen und erzeugen zu können.

Objektabstammung

Alle Objekte stammen von `Object` ab. Betrachten Sie ein weiteres Objekt und eine Methode:

```
var o1 = { };
o1.valueOf() // Ausgabe: "[object Object]"
```

Dies funktioniert, obwohl hier vorab die Methode `valueOf()` nicht definiert wurde. Das liegt daran, dass jedes Objekt von der internen Klasse `Object` erbt, und diese bringt die Methode `valueOf()` mit – `valueOf()` ist im Prototyp der Klasse `Object` definiert.

Prototypisch geerbte Methoden können überdeckt werden:

```
var o2 = {
  valueOf: function() {
    return 10;
  }
};
o2.valueOf() // 10
```

Das Überdecken führt dazu, dass nun die eigene Definition ausgeführt wird.

Die Basismethoden

Folgende eingebaute Methoden stehen für alle Objekte zur Verfügung:

- `create`: Eine weitere Instanz aus dem Objekt ableiten (clonen)
- `defineProperties`: Einige Eigenschaften erstellen
- `defineProperty`: Eine Eigenschaft erstellen
- `freeze`: Ein Objekt »einfrieren«, um künftige Änderungen zu verhindern
- `isFrozen`: Gibt an, ob eine Objekt dynamisch erweitert werden kann, (`true`) zeigt an, dass dies nicht der Fall ist)
- `hasOwnProperty`: Feststellen, ob eine Eigenschaft geerbt oder im Objekt deklariert wurde
- `toString`: Zeichenkettenform ausgeben

Folgende eingebaute Eigenschaft existiert:

- `prototype`: Zugriff auf den Prototypen – die Standarddefinition

Objektvererbung

Schauen Sie zuerst auf eine Objektdefinition. Von dieser wird sodann eine Instanz angelegt, die unmittelbar erbt:

```
var point2d = { x:10, y:20 };
var point3d = Object.create(point2d);
point3d.z = 30;
```

Das Anlegen von Instanzen erfolgt mit `Object.create`. Der Prototyp des Objekts, der die zu erbenden Elemente enthält, wird dabei quasi nebenbei erzeugt. Dies erlaubt freilich nicht die Nutzung einer Konstruktor-Funktion, die das Objekt mit Stammeigenschaften versehen könnte. Das Objekt `point3d` enthält deshalb nicht, wie vielleicht erwartet, die Eigenschaften `x` und `y`. Um dies zu erreichen, kann folgendes Pattern helfen:

```
function create(parent) {
  var F = function() {};
  F.prototype = parent;
  return new F();
}
```

Mit einer Konstruktor-Funktion sieht das dagegen folgendermaßen aus:

```
function SomeConstructor() {
}

var o = new SomeConstructor();
```

Hier wird als »Erbmasse« der Inhalt der Eigenschaft `prototype` der Funktion `SomeConstructor` benutzt. Die ist vorhanden, weil `function` selbst ein Objekt ist und dieses Verhalten von `Object` geerbt hat. Das Schlüsselwort `new` greift also auf `SomeConstructor.prototype` zu.

Vererbung mit extends

Wird das Objektkonstrukt mit `class` erstellt, kann von einer anderen Klasse mit `extends` geerbt werden.

*Listing 15-12: Vererbung steuern (*extends.js*)*

```
 1 class Polygon {
 2     constructor() {
 3         this.name = "Polygon";
 4     }
 5 }
 6
 7 class Square extends Polygon {
 8   constructor(length) {
 9     super(length, length);
10     this.name = 'Square';
11   }
12
13   get area() {
14     return this.height * this.width;
15   }
16
17   set area(value) {
18     this.area = value;
19   }
20 }
```

Der Konstruktor der geerbten Klasse muss explizit aufgerufen werden. Dazu dient das Schlüsselwort `super` (Zeile 9).

Ein anderes Beispiel zeigt, wie der Prototyp überschrieben werden kann.

*Listing 15-13: Vererbung steuern (*protoextends.js*)*

```
class Polygon {
    constructor() {
        this.name = "Polygon";
    }
}

class Square extends Polygon {
    constructor() {
        super();
    }
}

class Rectangle {}

Object.setPrototypeOf(Square.prototype, Rectangle.prototype);

console.log(Object.getPrototypeOf(Square.prototype) === Polyg\
on.prototype);
console.log(Object.getPrototypeOf(Square.prototype) === Recta\
ngle.prototype);

let newInstance = new Square();
console.log(newInstance.name);
```

Dies ist quasi eine Mischung aus der protypischen Vererbung und dem syntaktischen Zucker mit `class`.

Umgang mit prototype und __proto__

Die Eigenschaft `prototype` ist nur für Funktionen definiert:

```
Function.prototype
```

Dies ist eine Funktion zum Anlegen von Prototyp-Mitgliedern, also vererbbaren Elementen. `__proto__` dagegen ist der interne via `prototype` geerbte Bestand an Mitgliedern. `__proto__` ist daher immer verfügbar, egal ob Funktion oder nicht.

Die Objektvererbung mittels __proto__-Prototype

Schauen Sie sich folgendes Beispiel an:

Listing 15-14: Vererbung mit proto (proto.js)

```
var a = {
  x: 10,
  calculate: function (z) {
    return this.x + this.y + z;
  }
};

var b = {
  y: 20,
  __proto__: a
};

var c = {
  y: 30,
  __proto__: a
};

// Aufruf der geerbten Funktionen
b.calculate(30); // 60
c.calculate(40); // 80
```

Das interne Mitglied `__proto__` liefert die final ererbten Elemente. Wird es überschrieben, ergibt der zugewiesene Inhalt den finalen Bestand an Mitgliedern.

Exkurs Objekthierarchie

In diesem Abschnitt sollen einige Aspekte der objektorientierten Programmierung anhand eingebauter Funktionen vertieft werden.

Umgang mit this

Die Funktion `call`, die jedes Funktionsobjekt kennt, ruft die Funktion auf und übergibt ein Objekt als `this` in den Sichtbereich dieser Funktion. Optional werden Argumente übergeben:

```
function.call(obj, arg, arg, arg)
```

Die Funktion apply funktioniert wie call, aber die Argumente args sind ein Objekt vom Typ Array:

```
function.apply(obj, args)
```

Listing 15-15: this *manimulieren*

```
1 var obj = {
2   sum: function(x,y) { return x + y; }
3 }
4 obj.sum(3,4);
5
6 var obj2 = {
7   offset: 7,
8   sum: function(x, y) {
9       return x + y + this.offset;
10   }
11 }
12
13 obj2.sum(3,4);
14
15 var f = obj2.sum;
16 f(3,4) // NaN;
17
18 f.call(obj2, 3, 4);
```

Im Beispiel manipuliert der Aufruf in Zeile 18 das this in Zeile 9. Der Aufruf in Zeile 16 gibt NaN (not a number) zurück, weil this bei der Benutzung von Referenzen – dies passiert durch die Zuweisung in Zeile 15 – auf undefined gesetzt wird.

Des Weiteren kommt die Methode bind zum Einsatz, die das Referenzobjekt this einmalig fest bindet und künftige Manipulationen unterdrückt.

```
var Button = function(content) {
  this.content = content;
};
Button.prototype.click = function() {
  console.log(this.content);
}

var myButton = new Button('OK');
myButton.click();

var looseClick = myButton.click;
looseClick();

var boundClick = myButton.click.bind(myButton);
boundClick();
```

Die Ausgabe ist: »OK«, »undefined«, »OK«. Die Ausgabe »undefined« kommt zustande, weil beim Aufruf von looseClick keine Referenz auf this vorhanden ist. Bei boundClick dagegen wurde diese zuvor mit bind festgelegt. Der folgende Abschnitt geht noch näher auf Bindungen ein.

Bindungen

Als Bindung ist in Programmiersprachen der Zeitpunkt der Bereitstellung von Variablen in Abhängigkeit vom Programmfluss gemeint. Normalerweise müssen Sie sich als Entwickler selten um die Bindung kümmern. Dies erledigt der Compiler oder Interpreter. Die Reihenfolge der Definition spielt keine Rolle. Darüber hinaus ist es üblich, dass Zugriffe ohne explizite Angabe des Sichtbereichs immer das aktuelle Objekt adressieren. Die explizite Angabe einer Zugriffsform mit einem Schlüsselwort wie `this` ist meist möglich, aber nicht notwendig. Wenn Sie von einer anderen Programmiersprache auf JavaScript wechseln, sollten Sie unbedingt beachten, dass JavaScript (neben PHP übrigens) die große Ausnahme von dieser Regel ist. JavaScript erfordert eine explizite Angabe des Sichtbereichs, auch wenn es sich lediglich um die aktuelle Methode handelt.

Das liegt im Wesentlichen daran, dass JavaScript im traditionellen Sinne keine rein objektorientierte Sprache ist. Die prototypische Vererbung, die zuvor bereits vorgestellt wurde, ist eine andere Art des Umgangs mit Objekten. Damit einher geht ein anderes Bindungsverhalten – die Bindung ist immer explizit. Die explizite Bindung bezieht mit ein, dass das aktuelle Objekt nicht das ist, was man als Entwickler intuitiv erwartet. Dies wurde bereits bei der Vorstellung der Methode `call` gezeigt.

Das folgende Beispiel zeigt, was passiert, wenn dieses Verhalten nicht beachtet wird.

```
1 var john = {
2   name: 'Joerg',
3   greet: function(person) {
4     alert("Hallo " + person + ", ich bin " + name);
5   }
6 };
7 john.greet("Clemens");
8 // Ergibt: "Hallo Joerg, ich bin "
```

Das ist sicher nicht das erwartete Verhalten. Der Name erscheint nicht wie gedacht. Das Problem ist der Zugriff auf die Objekteigenschaft `name` in Zeile 4. Hier fehlt die Bindungsreferenz. Die Annahme, es würde schon das aktuelle Objekt sein (`Joerg` aus Zeile 1), ist schlicht falsch. Hier geht JavaScript einfach auf Suche nach dem Namen oberhalb der Definition. Das Ende ist das Objekt `window`, das keine Eigenschaft `name` hat, und deshalb ist der Name leer (der Fehler wirkt sich nicht drastischer aus, weil der Rückgabewert `undefined` hier in eine leere Zeichenkette konvertiert wird).

Nun ein weiterer Versuch:

```
name = 'Uwe'; // Entspricht: window.name = 'Clemens';
var john = {
  name: 'Joerg',
  greet: function(person) {
    alert("Hallo " + person + ", ich bin " + name);
  }
};
john.greet("Clemens");
// => "Hallo Clemens, ich bin Uwe"
```

Das funktioniert nur scheinbar richtig. Denn nun wurde tatsächlich dynamisch eine neue Eigenschaft `name` dem `window`-Objekt hinzugefügt. Globale Namen auf dieser Ebene sind aber ein Antipattern – vermeiden Sie das, wann immer es geht.

Korrekt ist die Benutzung von `this`:

```
var jk = {
  name: 'Joerg',
  greet: function(person) {
    alert("Hallo " + person + ", ich bin " + this.name);
  }
};
jk.greet("Clemens");
// => "Hallo Clemens, ich bin Joerg"
```

Das Schlüsselwort `this` ist hier die explizite Bindung an einen bestimmten Kontext – nämlich den des Aufrufers – was in diesem Fall das aktuelle Objekt ist.

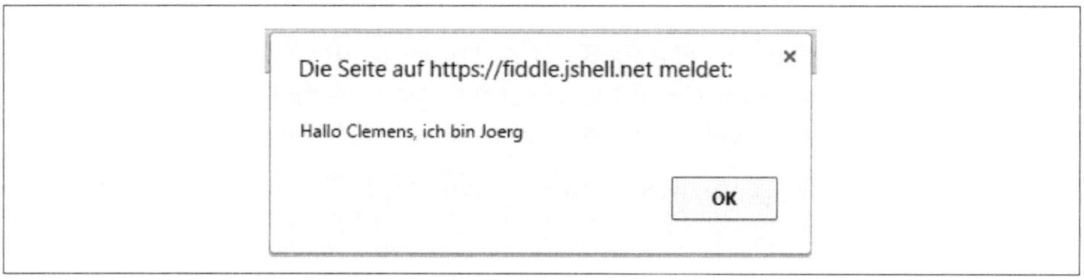

Abbildung 15-9: Ausgabe des Beispiels mit alert()

Ein weiteres Beispiel zeigt, wie schnell auch `this` tückisch werden kann. Typisch sind Referenzen auf Funktionen, wie hier in Zeile 7:

```
1 var jk = {
2   name: 'Joerg',
3   greet: function(person) {
4     alert("Hallo " + person + ", ich bin " + this.name);
5   }
6 };
7 var fx = jk.greet;
8 fx("Clemens");
9 // Ergibt: "Hallo Clemens, ich bin "
```

Trotz der Angabe der expliziten Bindung funktioniert das nicht wie erwartet. `this` hat hier offensichtlich eine andere Bedeutung bekommen. Bei Referenzen geht die Bindung verloren, `this` weiß nicht, wo es herkommt. Hier hilft nur, die Bindung beim Aufruf explizit zu steuern. Ansonsten sucht JavaScript wieder den Objektbaum aufwärts und endet erneut bei `window` (im Browser) oder `global` (in Node).

Bindungen berücksichtigen

Code sollte die Bindungen explizit berücksichtigen. Wenn Sie eine Methode als Argument einer anderen Methode übergeben, dann gelangt die ausführende Instanz in den Kontext des Aufrufers und kann dann lokal binden. Hier ein Beispiel, zuerst mit einer Klassendefinition:

```
function Person(first, last, age) {
  this.first = first;
  this.last = last;
  this.age = age;
}
Person.prototype = {
  getFullName: function() {
    alert(this.first + ' ' + this.last);
  },
  greet: function(other) {
    alert("Hallo " + other.first + ", ich bin " +
    this.first + ".");
  }
};
```

Nun wird dieser Code benutzt:

```
var jk = new Person('Joerg', 'Krause', 50);
var ck = new Person('Clemens', 'Krause', 25);
ck.greet(jk);
```

Das funktioniert soweit gut. Nun erfolgt eine Erweiterung:

```
function times(n, fx, arg) {
  for (var index = 0; index < n; ++index) {
    fx(arg);
  }
}
times(3, ck.greet, jk); //

times(1, jk.getFullName);
```

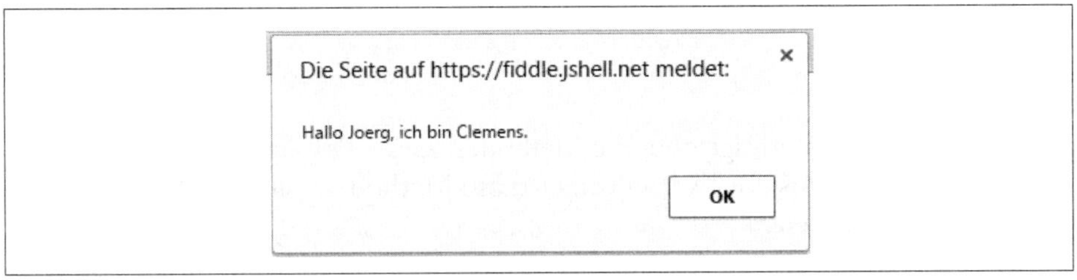

Abbildung 15-10: Erste Ausgabe (in Chrome via JSFiddle)

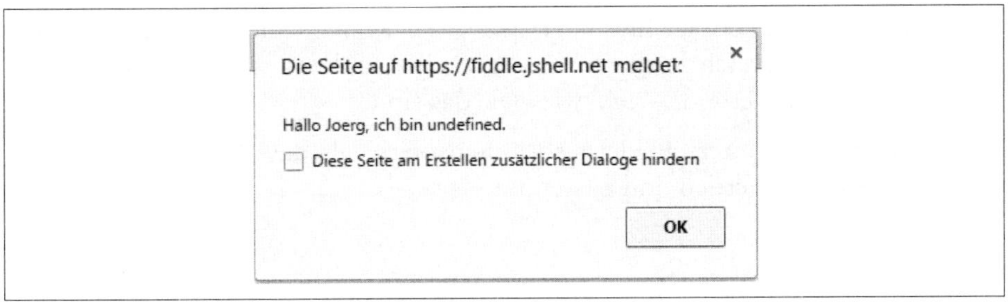

Abbildung 15-11: Zweite Ausgabe (in Chrome via JSFiddle), erscheint dreimal

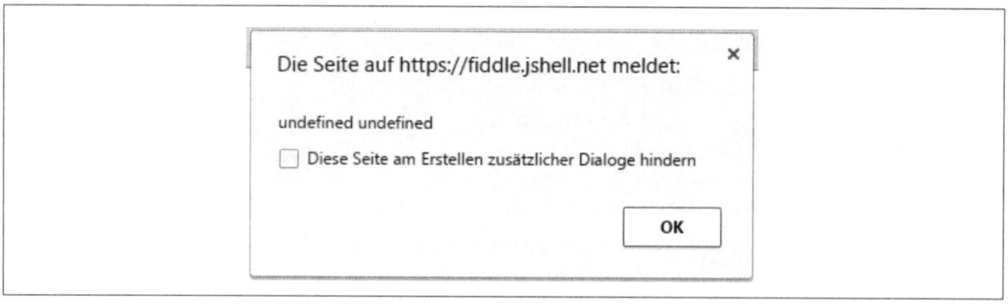

Abbildung 15-12: Dritte Ausgabe (in Chrome via JSFiddle), erscheint einmal

Hier ging die Bindung wieder verloren – JavaScript liest `undefined`. Nun kann das Problem leicht gelöst werden. Wenn der Aufruf jedoch in ein Framework geht und die Bindung nicht sichtbar ist, kann es sehr schwer werden, die Ursache für die Fehlfunktion zu finden. Hier ein Beispiel:

```
this.items.each(function(item) {
  // Verarbeitung
  this.markItemAsProcessed(item);
});
```

Dies funktioniert nicht, weil `markItemAsProcessed` über `this` nicht gefunden wird. Die Methode `each` stammt aus einer Bibliothek, auf die per Referenz verwiesen wird. Diese Referenz »bricht« den Zugriff (die Bindung) auf das aktuelle Objekt, indem die Methode `markItemAsProcessed` definiert wurde. Der Aufrufer bestimmt hier, was `this` tatsächlich ist. Das kann funktionieren, muss aber nicht. Meist wird `this` in der Tat manipuliert, um einen bequemen Zugriff auf einen Kontext oder eine Ereignisquelle zu erhalten.

Explizite Bindungen

Das explizite Binden erfolgt über die Methoden `apply`, `call` und `bind`. Jedes Funktionsobjekt (lies: Funktion) verfügt über diese Methode – sie werden vom Funktionsprototypen geliefert.

```
1 var fx = ck.greet;
2 fx.apply(ck, [jk]);
```

Der Aufruf (Zeile 2) erfolgt hier über `apply`. Der Kontext für die Bindung ist das erste Argument. Danach folgt ein Array mit allen anderen Argumenten der indirekt aufgerufenen Methode – egal wie viele das sind.

Die Methode `call` unterscheidet sich nur insofern, als dass hier die Argumente explizit angegeben werden und passen müssen.

```
var fx = ck.greet;
fx.call(ck, jk);
```

Besonders tückisch ist die Tatsache, dass nach dem Verlust der Bindung die explizite Bindung jedes Objekt akzeptiert. Es muss überhaupt kein Zusammenhang mit dem aktuellen Code bestehen. Das kann zu komplett unwartbarem und vor allem auch unlesbarem Code führen. Disziplin ist hier unerlässlich.

Solche freien Bindungen sind selten sinnvoll. Besser wäre es, man könnte die Bindung beschränken. Das geht nur über das Verschachteln von Funktionen, bei denen das durchgereichte Kontextobjekt unter Kontrolle ist:

```
function createBoundedWrapper(object, method) {
  return function() {
    return method.apply(object, arguments);
  };
}
```

Und so wird das benutzt:

```
var ckGreet = createBoundedWrapper(ck, ck.greet);
ckGreet(jk);
```

Das funktioniert, die Referenz ist festgelegt. Sie kann von außen auch nicht gestört werden.

Ableiten von internen Typen

Einige interne Klassen, wie `Date` und `Array`, können als Basisklassen für eigene Konstrukte benutzt werden.

Listing 15-16: Ableitung eingebauter Typen (arrayext.js)

```
class MyArray extends Array {
  constructor(...args) {
    super(...args);
  }
}

var arr = new MyArray();
arr[1] = 12;
arr.length == 2
```

Der Aufruf von `super` hängt vom Basistyp ab. Der Spread-Operator ist ein bequemes Mittel, flexibel mit Argumentlisten zu arbeiten.

Tipps zum Umgang mit objektorientierten Techniken

Ein paar allgemeine Regeln zum Umgang mit objektorientierten Techniken sollen dazu dienen, JavaScript hier besser einordnen zu können:

- Keine tiefen Hierarchien
- Die Dynamik ist die Stärke, nicht tiefe Klassenmodelle
- Vererbung ist eine Option, es gibt andere Pattern
- Klassen vor allem zur Steuerung des Scope
- Privat versus öffentlich ist essenziell
- Weniger ist mehr

Globale Standardfunktionen

Zu den Standardfunktionen gehören einige global verfügbare Methoden, die universell benutzt werden können. Sie sind im Browser in `window` definiert, in Node dagegen in `global`, sodass man davon ausgehen kann, dass sie immer verfügbar sind.

Timer-Funktionen

Folgende Methoden stehen zur Verfügung:

- `setTimeout`
- `clearTimeout`
- `setInterval`
- `clearInterval`

Einsatzfälle

Die Funktionen führen eine andere Funktion nach einer bestimmten Zeitspanne aus, beim Intervall wiederholt sich dies bis zum Löschen regelmäßig.

Bei der Timer-Funktion kann der Wert 0 sein, sodass die aufgerufene Funktion sofort startet. Der Trick ist hier, dass dies quasi asynchron, in einem neuen Thread, passiert. JavaScript hat selbst keine Threadverwaltung, und es müssen immer Hilfsfunktionen benutzt werden, um Aktionen außerhalb des Haupt-Threads auszuführen. Notwendig und sinnvoll ist das, damit die Oberfläche bei Aktionen, die länger als 50 ms sind, nicht blockiert. 50 ms ist eine Dauer, die ein Benutzer bereits als Verzögerungen spürt (als Ruckeln beispielsweise).

Viele Bibliotheken, die asynchrone Aufrufe anbieten, nutzen `setTimeout` intern.

Eine bessere Alternative sind die in ES2015 neu eingeführten `Promise`-Funktionen. `setTimeout` punktet dagegen mit Abwärtskompatibilität.

Beispiele

Nutzen Sie immer Funktionen für den Aufruf, nie Zeichenketten. Zeichenketten sind langsam und unsicher. Folgendes geht, ist aber nicht so gut:

```
setInterval('doSomethingPeriodically()', 1000);
setTimeout('doSomethingAfterFiveSeconds()', 5000);
```

Das Problem ist hier vor allem, dass sich im Laufe der Zeit Änderungen am Code ergeben, die in Zeichenketten jedoch nicht von Werkzeugen ausgewertet werden können. So entstehen Fehlerquellen. Minifier, die JavaScript verdichten, werden Zeichenketten nie anfassen (es könnte Text sein, der ausgegeben wird). Damit sind lange Funktionsnamen von der Optimierung ausgeschlossen.

Folgendes ist besser:

```
setInterval(doSomethingPeriodically, 1000);
setTimeout(doSomethingAfterFiveSeconds, 5000);
```

Hier ist zu beachten, dass der Funktionsname ohne Klammern geschrieben wird. Es handelt sich dabei um einen Funktionszeiger (pointer), nicht um den eigentlichen Aufruf (um den kümmert sich die JavaScript-Engine später).

Noch einfacher ist es, die Funktion gleich anonym zu benutzen:

```
setInterval(function() {
  // tu was jede Sekunde
}
, 1000);

setTimeout(function() {
  // tu was nach 5 Sekunden
}, 5000);
```

Zur Vermeidung von Problemen mit `this` kann hier auch eine Pfeilfunktion `() => {}` benutzt werden.

Prüffunktionen

Zwei Tests für Zahlen können direkt ausgeführt werden:

- `isFinite()`: Test auf gültigen Zahlenbereich
- `isNaN()`: Test auf NaN – Not a Number

```
var Zahl = Number.MAX_VALUE;
if (!isFinite(Zahl * 2)) {
  alert("Die Zahl ist nicht zu verarbeiten.");
}
```

Parser-Funktionen für Zahlen sind folgende:

- `parseFloat()`: Erkennt Gleitkommazahlen aus einer Zeichenkette
- `parseInt()`: Erkennt Integer aus einer Zeichenkette

Konvertierungsfunktionen

Hier ist der Umgang mit einem URI wichtig, weil dort spezielle Zeichen nicht erlaubt sind und codiert werden müssen.

- `decodeURI()`
- `decodeURIComponent()`
- `encodeURI()`
- `encodeURIComponent()`

```
var uri = 'https://somewebsite.de?p=First Param&q=Last Param';
var encoded = encodeURI(uri);
console.log(encoded);
```

Die Ausgabe berücksichtigt, dass Leerzeichen nicht erlaubt sind und durch %20 ersetzt werden:

```
https://somewebsite.de?p=First%20Param&q=Last%20Param
```

Module

JavaScript ist eine Sprache, die nicht durch besonders viele Schlüsselwörter glänzt. Die Einfachheit hat ihren Preis, wenn umfangreichere Applikationen entstehen. Damit trotz der Beschränkungen eine hohe Code-Qualität möglich wird, sind viele Entwurfsmuster (Pattern) entstanden, die die fehlenden sprachlichen Ausdrucksmöglichkeiten ersetzen.

Entwurfsmuster

Das Modul-Entwurfsmuster ist eines der am häufigsten eingesetzten. Mangels Namensräumen ist die Isolation von Code von herausragender Bedeutung. Mit dem Modul-Entwurfsmuster wird genau das erreicht. Darüber hinaus kann hier auch eine Aufteilung des Modulcodes auf verschiedene Dateien erfolgen. Dies erleichtert die Übersichtlichkeit und Wartbarkeit durch Modularisierung – daher der Name.

Zum Vergleich soll hier ein Blick auf ein klassisches unstrukturiertes Skript erfolgen. Zahlreiche Skripte, die Sie im Netz finden können, liegen in einer gesonderten Datei vor und sind darüber hinaus unstrukturiert. Es handelt sich um eine lose Sammlung von globalen Variablen und Funktionen:

```
var cnt = 0;
function increment() {
  return cnt++;
}
function reset() {
  cnt = 0;
}
function show() {
  console.log(cnt);
}
reset();
increment();
increment();
show();
```

Diese Organisation führt dazu, dass das Skript nicht gut konfigurierbar, anpassbar und erweiterbar ist. Am schwersten wiegt jedoch, dass es sich um eine große Zahl von Objekten im globalen Sichtbereich handelt. Globale Variablen und Funktionen sind Eigenschaften des `window`-Objekts, wenn JavaScript im Browser läuft beziehungsweise `global` in Node. Ein schwaches Hilfsmittel besteht oft darin, benutzerspezifische Präfixe zu benutzen:

```
var jk_cnt = 0;
function jk_increment() {
  return jk_cnt++;
}
function jk_reset() {
  jk_cnt = 0;
}
```

```
function jk_show() {
  console.log(jk_cnt);
}
jk_reset();
jk_increment();
jk_increment();
jk_show();
```

Unstrukturierte Skripte sind schlecht zu warten und kollidieren mit anderen Skripten. Die Namensgebung ist in der Regel ein schwacher und unsicherer Schutz. Es ist naheliegend, dass globale Variablen – sorgfältig benannt oder nicht – vermieden werden sollten. Insbesondere ist dies deshalb beachtenswert, weil der globale Adressraum im Browser auch das Objektmodell der HTML-Seite enthält und Konflikte sich unmittelbar schädlich auf das Browserverhalten und die Anzeige auswirken können.

Der Kapselung der eigenen Codes kommt also große Bedeutung zu. Darum geht es im Modul-Entwurfsmuster. Datenkapselung bedeutet, dass das Erweitern des globalen Objekts sowie der DOM-Objekte auf ein Minimum reduziert wird. Sie sollten nur dann Objekte im `window`-Objekt speichern, wenn der Zugriff von außen unbedingt notwendig ist.

Die öffentliche API Ihres Skripts benötigt nur ein globales Objekt, über das die restlichen Funktionen zugänglich sind. Bei manchen Aufgaben ist es möglich, ein Skript konsequent zu kapseln, sodass es das globale `window`-Objekt überhaupt nicht antastet. In anderen Fällen ist es nötig, zumindest ein Objekt global verfügbar zu machen. Große Bibliotheken dienen hier oft als Vorbild. Das große `jQuery`-Framework definiert standardmäßig nur zwei globale Variablen: `window.jQuery()` und als Alias `window.$()`. Das `YUI`-Framework definiert lediglich `window.YUI()`.

Einfache Module

Ausgangspunkt für ein Modul ist ein Objekt, das meist durch das Objekt-Literal erstellt wird. Alle Variablen und Funktionen eines Skripts werden in einer solchen Objektstruktur untergebracht. Im globalen Geltungsbereich taucht dann nur noch diese eine Objektstruktur auf, andere globale Variablen oder Funktionen werden nicht belegt. Das Skript ist in der Objektstruktur in sich abgeschlossen. Damit sind Wechselwirkungen mit anderen Skripten ausgeschlossen, solange der Bezeichner der Objektstruktur eindeutig ist.

Ein JavaScript-Objekt ist also nichts anderes als ein Container für weitere Daten. Ein Objekt ist eine Liste, in der unter einem Bezeichner Unterobjekte gespeichert sind.

```
var jk_obj = { };
jk_obj.cnt = 0;
jk_obj.increment = function () {
  return this.cnt++;
};
jk_obj.reset = function () {
  this.cnt = 0;
```

```
8 };
9 jk_obj.show = function () {
10   console.log(this.cnt);
11 };
12 jk_obj.increment();
13 jk_obj.increment();
14 jk_obj.show();
15 jk_obj.cnt = -100; // fatal
```

Hier ist nun nur noch das Objekt `jk_obj` im globalen Gültigkeitsbereich. Das ist schon sehr gut, allerdings zeigt der Code auf Zeile 14, dass es keinen Schutz der intern benutzten Eigenschaften gibt. Eine ungewollte Manipulation kann fatale Folgen haben.

Privater Funktions-Scope

Eine Kapselung erreichen Sie mit einer Funktion, die Ihre Variablen einschließt und nur wenige Objekte nach außen verfügbar macht.

Beim Objekt-Literal wird ein globales Objekt als Namensraum benutzt, um darin eigene Objekte unterzubringen. Diese Objekte sind über das Containerobjekt für andere Skripte zugänglich. Es gibt also keine Trennung zwischen öffentlichen und privaten Daten. Während es sinnvoll ist, dass zum Beispiel eine Methode `Modul.methode()` von außen aufrufbar ist, ist es unnötig und potenziell problematisch, dass jede Objekteigenschaft gelesen und manipuliert werden kann.

Der nächste Schritt ist daher, eine wirksame Kapselung zu implementieren. Das Mittel dazu ist ein eigener, privater Variablen-Gültigkeitsbereich. Darin können beliebig viele lokale Variablen und Methoden definiert werden. Die einzige Möglichkeit, in JavaScript einen solchen Gültigkeitsbereich zu erzeugen, ist eine Funktion. Sie definieren also zuerst eine Funktion, um darin das gesamte Skript zu kapseln. Solange durchgehend lokale Variablen und Funktionen verwendet werden, wird der globale Gültigkeitsbereich nicht angetastet.

Schließen Sie Ihren Code in einen Funktionsausdruck ein, der sofort ausgeführt wird. Folgendes Fragment zeigt, wie dies aussieht:

```
1 (function () {
2     /* ... */
3 })();
```

Hier wird eine namenlose Funktion per Funktionsausdruck erzeugt (Zeile 1). Diese wird mit Klammern umschlossen. Auf diesen Ausdruck wird der Call-Operator ausgeführt (Zeile 3) – die runden Klammern am Ende `()`. Die Anweisung wird mit einem Semikolon abgeschlossen.

Diese anonyme Funktion wird nur notiert, um einen Gültigkeitsbereich zu erzeugen, und sie wird sofort ausgeführt, ohne dass sie irgendwo gespeichert wird. Innerhalb der Funktion wird nun der gewünschte Code untergebracht:

```
(function() {
  var cnt = 0;
```

```
  function increment() {
    return cnt++;
  }
  function reset() {
    cnt = 0;
  }
  function show() {
    console.log(cnt);
  }
  reset();
  increment();
  increment();
  show();
})();
```

Im Beispiel finden sich Variablendeklarationen und eine Funktionsdeklarationen. Beide sind lokal, sind also nur innerhalb der Kapselfunktion zugänglich. Sie können auf die Variablen und Funktionen intern direkt zugreifen.

Vergessen Sie nicht, Variablen mit var als lokal zu deklarieren. Andernfalls werden sie automatisch global, also Eigenschaften von window.

Öffentliche Schnittstellen

Auch das letzte Muster ist nicht perfekt. Denn die Funktion wird genau einmal ausgeführt, und dann besteht keine Zugriffsmöglichkeit mehr. Das kann ausreichend sein – meist reicht es jedoch nicht.

Das Schnittstellen-Entwurfsmuster (Revealing Module Pattern) erlaubt öffentliche und private Objekte und eignet sich ideal, um API und interne Implementierung sauber zu trennen. Diesen Kompromiss erreichen Sie durch eine Kombination aus Objekt-Literalen und einer Kapselfunktion.

Die grundlegende Struktur sieht folgendermaßen aus:

```
var Modul = (function () {

    /* ... private Objekte ... */

    /* Gebe öffentliche API zurück: */
    return {
        öffentlicheMethode : function () { ... }
    };

})();
```

Auf das vorherige Beispiel angewendet sieht das nun so aus:

```
var jk = function() {
  var cnt = 0;
  function reset() {
    cnt = 0;
  }
  reset();

```

```
8   return {
9     increment: function () {
10      return cnt++;
11    },
12    show:  function () {
13      console.log(cnt);
14    }
15  };
16 }();
17
18 jk.increment();
19 jk.increment();
20 jk.show();
```

In diesem Beispiel wird genau ein globales Objekt belegt, sodass der Zugriff wiederholt erfolgen kann. Darüber hinaus wird eine Art Schnittstelle – ein Interface – definiert, das die Zugriffsform regelt. Dies wird durch die `return`-Anweisung in Zeile 8 erreicht. Hier wird ein weiteres Objekt mittels Objekt-Literal erstellt, in dem zwei Methoden erstellt werden, die ihrerseits auf private Mitglieder des Moduls zugreifen. Nach außen sind jetzt nur die Methoden `show` und `increment` sichtbar.

Instanzen von Modul-Objekten

Nun kann es passieren, dass ein Modul nicht nur eine statische Umgebung liefert, sondern mehrere Instanzen davon abstammen, die unabhängig voneinander sind. Die im Abschnitt »Objektorientierung« in diesem Kapitel gezeigte Form der Nutzung von Funktionen als Konstruktor wird nun mit dem Modul-Entwurfsmuster kombiniert.

```
1 var jk = function() {
2   var counterInitialValue = 0;
3   var counterConstructor = function() {
4      this.cnt = counterInitialValue;
5   };
6   counterConstructor.prototype.increment = function() {
7      this.cnt++;
8   };
9   counterConstructor.prototype.show = function() {
10    console.log(this.cnt);
11  };
12  return {
13    Counter : counterConstructor
14  };
15 }();
```

Erneut wird nur ein einziges Objekt im globalen Namensraum benötigt. Die Variable `counterInitialValue` ist intern und geschützt (Zeile 2). Auch der Konstruktor (Zeile 3) ist intern. Damit Instanzen die Methoden erben, werden diese auf dem Prototyp des Konstruktors definiert (Zeilen 6 und 9). Die Konstruktor-Funktion liefert also alles, was benötigt wird. Und nur diese ist auch öffentlich (Zeile 13).

Die Benutzung dieses Moduls – wo auch immer – sieht nun folgendermaßen aus:

```
var mycnt = new jk.Counter();
mycnt.increment();
mycnt.increment();
mycnt.show();
```

Globale Objekte

Das Übergeben von Objekten in die Kapselfunktion verkürzt die Gültigkeitskette und beschleunigt den Zugriff auf diese Objekte. Ohne diese Übergabe wäre JavaScript gezwungen, immer alle erreichbaren Gültigkeitsbereiche danach abzusuchen, ob das gewünschte Objekt nicht irgendwo erreicht werden kann. Ein Wert, der als Parameter übergeben wurde, ist in der Suchliste weit oben und wird sehr schnell gefunden.

Aus diesem Grund hat es sich eingebürgert, das `window`-Objekt sowie weitere häufig benutzte Objekte wie `document` mittels Parametern in den Funktions-Gültigkeitsbereich zu übergeben:

```
(function (window, document, undefined) {

    /* ... */

})(window, document);
```

Gleichzeitig wird hier sichergestellt, dass innerhalb der Funktion der Bezeichner `undefined` immer den Typ `undefined` besitzt. Wir definieren einen solchen Parameter, aber übergeben keinen Wert dafür — sodass eine lokale Variable namens `undefined` mit einem leeren Wert angelegt wird. Das ist andernfalls nicht garantiert, denn `window.undefined` ist durch Skripte überschreibbar.

Erweiterbare Module

Eigene Module werden genauso übergeben und können damit leicht erreicht werden. Zugleich erlaubt diese Technik das Aufteilen des Skripts auf mehrere Dateien. Module nachträglich zu erweitern, ist ebenso sinnvoll und wird häufig benötigt, allerdings haben die einzelnen Teile keinen Zugriff auf die privaten Objekte der anderen Teilmodule.

Ein selbst definiertes Modul könnte nun folgendermaßen aussehen:

```
var MODULE = (function () {
   var my = {},
   privateVariable = 1;
   function privateMethod() {
     // ...
   }
   my.moduleProperty = 1;
   my.moduleMethod = function () {
     // ...
   };
   return my;
}());
```

In einem weiteren Skript kann dieses Modul erweitert werden:

```
var MODULE = (function (my) {

  my.anotherMethod = function () {
    // neue (weitere) Methode
  };

  return my;

} (MODULE));
```

Problematisch ist hier, dass die Reihenfolge der Definition entscheidend ist. Beim Laden der Skripte via HTTP kann die Reihenfolge aber nicht garantiert werden. Deshalb soll der `default`-Operator `||` benutzt werden, um einen beliebigen Anfangspunkt zu erlauben:

```
1 var MODULE = (function (my) {
2
3   // Mehr Funktionen
4
5   return my;
6 } (MODULE || {}));
```

Dieses Verfahren wird auch als »lose Augmentierung« bezeichnet. Die Funktionsweise ist einfach. Jedes Modul wird gleichartig definiert. Das zuerst ausgeführte Skript – egal welches – findet die Variable `MODULE` im Zustand `undefined` vor. Damit ist der erste Teil des Ausdrucks in Zeile 6 `false`. Dadurch wird der zweite Teil ausgeführt – ein leeres Objekt. Dies wird in der Kette der Modulbausteine als Parameter übergeben und dann mit Eigenschaften und Methoden sukzessive angereichert (daher der Name »Augmentierung«).

Die lose Augmentierung ist nicht immer sinnvoll, denn sie schränkt die Möglichkeiten objektorientierter Techniken etwas ein. Eine feste Augmentierung – mit definierter Reihenfolge – kann beispielsweise benutzt werden, um bereits definierte Funktionen unter bestimmten Umständen gezielt zu überschreiben oder zu verdecken.

Reihenfolgen sichern

Die Reihenfolge kann gesichert werden, indem Skripte mithilfe von Bundle-Funktionen zu einer Datei zusammengefasst werden, die der Browser dann zwangsläufig in einer Richtung parsen muss.

Namensräume

Module können Sie mit einem Objekt in einem Namensraum gruppieren. Es gibt zwar keine nativen Namensräume in JavaScript, aber gekapselte, verschachtelte Objekte erfüllen denselben Zweck – ganz ohne ein weiteres Schlüsselwort.

```
var Namensraum = {};
Namensraum.Modul1 = (function () { ... })();
Namensraum.Modul2 = (function () { ... })();
```

Zusammenfassung

Entwurfsmuster sind essenziell in JavaScript. Die Programmierung erfordert Disziplin, ohne die schnell unwartbarer Code entsteht. Auf dem Weg zu gutem Code helfen Entwurfsmuster. Nutzen Sie diese auch bei kleinen und trivialen Projekten, um schnell Sicherheit zu gewinnen.

Die Techniken dienen vor allem dazu, die fehlenden sprachlichen Merkmale von JavaScript auszugleichen. Sie zeigen auch, dass komplexe Sprachen mit vielen Schlüsselwörtern nicht zwingend erforderlich sind, um große Projekt umzusetzen.

Module

Module werden in ES2015 direkt auf Sprachebene unterstützt. Damit sind Standard-Loader wie AMD und CommonJS sofort einsetzbar. Das Laden der Module erfolgt asynchron und das Verarbeiten implizit synchron, sodass das Laden effektiv und die Verarbeitung intuitiv ist.

```
export function sum(x, y) {
  return x + y;
}
export var pi = 3.141593;
import * as math from "lib/math";
console.log("2π = " + math.sum(math.pi, math.pi));
import {sum, pi} from "lib/math";
console.log("2π = " + sum(pi, pi));
```

Das Exportieren (Bereitstellen) eines Moduls erfolgt mit `export`:

```
export * from "lib/math";
export var e = 2.71828182846;
export default function(x) {
    return Math.exp(x);
}
```

Beim Import erfolgt die Angabe in geschweiften Klammern für die exportierten Mitglieder. Wird ein Name direkt – ohne Klammern – benutzt, so wie im folgenden Beispiel der Name `exp`, so wird das mit `default` gekennzeichnete Mitglied geladen. Es darf immer nur ein Mitglied einer Datei so bezeichnet werden.

```
import exp, {pi, e} from "lib/mathplusplus";
console.log("e^π = " + exp(pi));
```

Funktionen

Dieses Kapitel behandelt die vielfältigen Einsatzmöglichkeiten von Funktionen und anonymen Funktionsaufrufen.

Pfeilfunktionen (Lambdas)

Pfeilfunktionen sind anonyme Funktionsaufrufe, die den Operator `=>` nutzen, um den Schreibaufwand zu reduzieren. Das ist ähnlich zur Syntax in C# oder Java 8.

Der Zeiger `this` hat denselben Scope wie der umliegende Code, nicht einen eigenen, funktionsspezifischen wie bei der Benutzung von `function`. Auch das spezielle Argument-Array `arguments` wird aus der umgebenden Funktion übernommen, und es wird kein Neues gebildet.

Hier ein paar Beispiele:

```
// Ausdrücke
var odds = evens.map(v => v + 1);
var nums = evens.map((v, i) => v + i);

// Anweisungen
nums.forEach(v => {
  if (v % 5 === 0)
    fives.push(v);
});

// Benutzung von this
var bob = {
  _name: "Bob",
  _friends: [],
  printFriends() {
    this._friends.forEach(f =>
      console.log(this._name + " knows " + f));
  }
};

// Argumente
function square() {
  let example = () => {
    let numbers = [];
    for (let number of arguments) {
      numbers.push(number * number);
    }

    return numbers;
  };

  return example();
}

// Ausgabe: [4, 16, 56.25, 64, 132.25, 441]
square(2, 4, 7.5, 8, 11.5, 21);
```

Ein Lambda bindet **kein eigenes** `this`, `arguments`, `super` oder `new.target`. Pfeilfunktionen sind immer anonym.

Solche Funktionsausdrücke sind am besten für nicht-methodische Funktionen geeignet und können nicht als Konstruktoren verwendet werden.

Funktionsrumpf

Pfeilfunktionen können entweder einen kurzen oder einen Block-Rumpf haben.

In einem kurzen Rumpf ist lediglich ein Ausdruck nötig, und eine implizite Rückgabe wird angehängt. In einem Block-Rumpf muss eine explizite Rückgabe-Anweisung verwendet werden.

```
var func = x => x * x;                  // knappe Syntax, imp\
lizierte Rückgabe
var func = (x, y) => { return x + y; }; // mit Block-Rumpf, e\
xplizite Rückgabe wird benötigt
```

Rückgabe von Objekt-Literalen

Man bedenke, dass die Rückgabe von Objekt-Literalen unter Verwendung der kurzen Syntax nicht so ausgeführt wird, wie man es erwarten würde:

```
params => {object:literal}
```

Die Aufrufreihenfolge ist stattdessen:

```
1 var func = () => {  foo: 1  };
2 var func = () => {  foo: function() {}  };
```

Der Aufruf von `func()` (Zeile 1) gibt `undefined` zurück! Der zweite Ausdruck erzeugt einen Syntaxfehler, die `function`-Anweisung erfordert einen Namen. Der Grund dafür ist, dass der Code in geschweiften Klammern ({}) als eine Sequenz von Anweisungen übersetzt wird (das heißt, `foo` wird als Bezeichner behandelt und nicht als Schlüssel eines Objekt-Literals).

Man bedenke, das Objekt-Literal in Klammern zu setzen:

```
var func = () => ({ foo: 1 });
```

Zeilenumbruch

Pfeilfunktionen können keinen Zeilenumbruch zwischen Parametern und dem Pfeil haben.

```
var func = ()
           => 1; // Syntaxfehler: Ausdruck erwartet, '=>' erhalten
```

Übersetzungsreihenfolge

Der Pfeil innerhalb einer Pfeilfunktion ist kein Operator. Allerdings haben Pfeilfunktionen im Vergleich zu gewöhnlichen Funktionen besondere Übersetzungsregeln, die mit der Priorität von Operatoren (operator precedence) anders interagieren.

```
let callback;

callback = callback || function() {}; // ok
callback = callback || () => {};      // Syntaxfehler
callback = callback || (() => {});    // ok
```

Zeile 4 erzeugt einen Syntaxfehler wegen ungültiger Pfeilfunktions-Argumente.

Verwendung von new

Pfeilfunktionen können nicht als Konstruktoren verwendet werden. Sie rufen einen Fehler hervor, wenn auf sie ein `new` angewandt wird.

Verwendung von yield

Das `yield`-Schlüsselwort sollte im Rumpf einer Pfeilfunktion nicht verwendet werden (außer wenn dies innerhalb von darin weiter verschachtelten Funktionen erlaubt ist). Als Folge können Pfeilfunktionen nicht als Generatoren (siehe weiter unten) verwendet werden.

Erweiterte Objektliterale

Die Objektliterale wurden so erweitert, dass nun der Prototyp korrekt bestimmt werden kann. Damit sind Klassendefinitionen und die Erzeugung von Instanzen eleganter möglich.

```
var obj = {
    // Direkte Bestimmung des Prototyps
    __proto__: theProtoObj,
    // Benannte Eigenschaften setzen den Prototyp nicht
    ['__proto__']: somethingElse,
    // Kurzschreibweise für 'handler': handler
    handler,
    // Methoden
    toString() {
     // mit Aufruf der Basisklassen mittels "super"
     return "d " + super.toString();
    },
    // Berechnete Variablennamen
    [ "prop_" + (() => 42)() ]: 42
};
```

Die Eigenschaft `__proto__` (mit zwei Unterstrichen) erfordert native Unterstützung im Browser. Node.js unterstützt dies explizit.

Destrukturierung

Das Aufbauen von Objekten mittels Mustern erlaubt ein Erstellen komplexer Wertegruppen – ohne Meldungen im Fehlerfall.

```
// Zuweisen einer Liste
var [a, ,b] = [1,2,3];
a === 1;
b === 3;

// Vergleichsalgorithmus
var { op: a, lhs: { op: b }, rhs: c }
       = getASTNode()
```

```

// Kurzschreibweise
// bindet `op`, `lhs` and `rhs` im Scope
var {op, lhs, rhs} = getASTNode()

// Parameterzuordnung
function g({name: x}) {
  console.log(x);
}
g({name: 5})

// Destrukturierer
var [a] = [];
a === undefined;

// Destrukturierer
var [a = 1] = [];
a === 1;
```

Umgang mit Argumenten

Einiges ist neu bei der Arbeit mit Funktionsargumenten.

Standardargumente

Argumente lassen sich mit Standardwerten belegen, die angewendet werden, wenn der Aufrufer keine Werte liefert.

```
function f(x, y=12) {
  // y ist 12, wenn das Argument entfällt oder undefined ist
  return x + y;
}
f(3) == 15;
```

Argument-Arrays

Eine beliebige Anzahl Argumente lässt sich mit dem ...-Operator an ein Array binden.

```
function f(x, ...y) {
  // y ist nun ein Array
  return x * y.length;
}
f(3, "hello", true) == 6
```

Das lässt sich auch umdrehen und beim Aufruf benutzen:

```
function f(x, y, z) {
  return x + y + z;
}
// Das Array wird den Argumenten zugewiesen
f(...[1,2,3]) == 6
```

Rest-Parameter

Der Parameter-Operator `...` (auch Rest-Operator) stellt die Parameter als Array bereit.

```
function sum(...theArgs) {
  return theArgs.reduce((previous, current) => {
    return previous + current;
  });
}

console.log(sum(1, 2, 3));
// Ausgabe: 6

console.log(sum(1, 2, 3, 4));
// Ausgabe: 10
```

Es gibt Unterschiede zum bereits gezeigten `arguments`-Objekt:

- Nur namenlose Argumente werden erfasst, bei `arguments` sind es immer alle
- `arguments` ist kein echtes Array, sondern ein spezielles Objekt; der Rest-Operator erzeugt aber ein echtes Array
- `arguments` verfügt über spezielle Funktionen, die ein Standard-Array nicht hat

Generatoren und Iteratoren

Generatoren und Iteratoren sind elegante Möglichkeiten, aufzählbare Objekte zu erstellen und zu nutzen. Die Funktionen gehen weit über Arrays hinaus. Arrays sind quasi die primitivste Form.

Generatoren

Generatoren erstellen Iteratoren. Dazu wird das neue Schlüsselwort `yield` benutzt. Es hält intern einen Zeiger auf einen Wert, der bei jedem Aufruf der Methode durch den Schleifenbefehl (`for`, `while`) benutzt wird, um den Nachfolger zu finden.

```
var myIterable = {}
myIterable[Symbol.iterator] = function* () {
    yield 2;
    yield 4;
    yield 6;
};
var result = [...myIterable];
result.forEach(e => console.log(e));
```

Generator-Funktionen werden mit `function*` bezeichnet – das Sternchen ist der entscheidende Teil. Der Aufrufer bekommt ein aufzählbares Objekt. Es ist aufzählbar, weil es über eine Funktion `next()` verfügt, die aufgerufen wird, um zu prüfen, ob es weitere Elemente gibt. Ist das der Fall, wird das Objekt, das `next()` zurückgibt, im Feld `done` den Wert `false` haben.

Wird eine Objektfunktion benutzt, entfällt das Schlüsselwort `function`:

```
1 const obj = {
2     * generatorMethod() {
3         // Implementierung
4     }
5 };
6 const genObj = obj.generatorMethod();
```

Das Sternchen auf Zeile 2 steht da etwas einsam herum, hat jedoch weiter eine konkrete Aufgabe.

yield

`yield` kehrt sofort zurück, der Code-Fluss endet am aktuellen `yield`. Frühere `yield`-Erscheinungen werden übersprungen, spätere ignoriert. Der Fluss führt also immer zu einem konkreten `yield`.

Sollen alle Elemente zurückgegeben werden, kann in der Generator-Funktion – und nur dort – auch `yield*` geschrieben werden – das Sternchen ist der entscheidende Teil.

```
function* yieldAllValuesOf(iterable) {
    yield* iterable;
}
```

Iteratoren

Der Code nutzt eine bestimmte Objektstruktur, die vorgegeben ist. Erreicht wird diese durch den Schlüsselwert `Symbol.iterator`. Technisch ist dies eine Fabrik-Funktion, die Instanzen erzeugt. In diesem Fall erzeugt sie ein aufzählbares Objekt. Die Definition ist folgende:

```
const iterable = {
    [Symbol.iterator](): iterator
}
```

`iterator` muss nun bestimmten Bedingungen gehorchen, um zu funktionieren. Konkret verlangt wird folgende Struktur:

```
const iterator = {
  next() {
    value: any,
    done: boolean
  }
}
```

Der Iterator liefert also mit jedem Schleifendurchlauf eine Funktion `next()`, deren Rückgabewert zum einen den konkreten Schleifenwert in `value` liefert, zum anderen eine Information `done`, die anzeigt, ob es noch weitere Werte gibt. Das letzte steuert den Schleifenabbruch.

Arrays erfüllen diese Vorgaben bereits. Eigene Iteratoren lassen sich zudem wie oben bereits gezeigt mit dem Schlüsselwort `yield` erzeugen. `yield` hält in der Funktion ein verstecktes Feld, in dem der letzte Abbruch aufbewahrt wird. Kommt es nun bei einem Schleifendurchlauf zum Abruf von Daten, wird der letzte Wert in diesem Feld analysiert und zum nächsten Wert weitergeschaltet – das erwartete Verhalten von next() tritt auf. Der folgende Abruf zeigt dies auch ohne Schleife:

```
1 const array = ['foo', 'bar', 'zed']
2 const iterator = array[Symbol.iterator]()
3 console.log(iterator.next())
4 console.log(iterator.next())
5 console.log(iterator.next())
6 console.log(iterator.next())
```

In Zeile 2 wird der Iterator des Arrays geholt. Dann kann man auf die Werte mit Aufrufen von next() zugreifen.

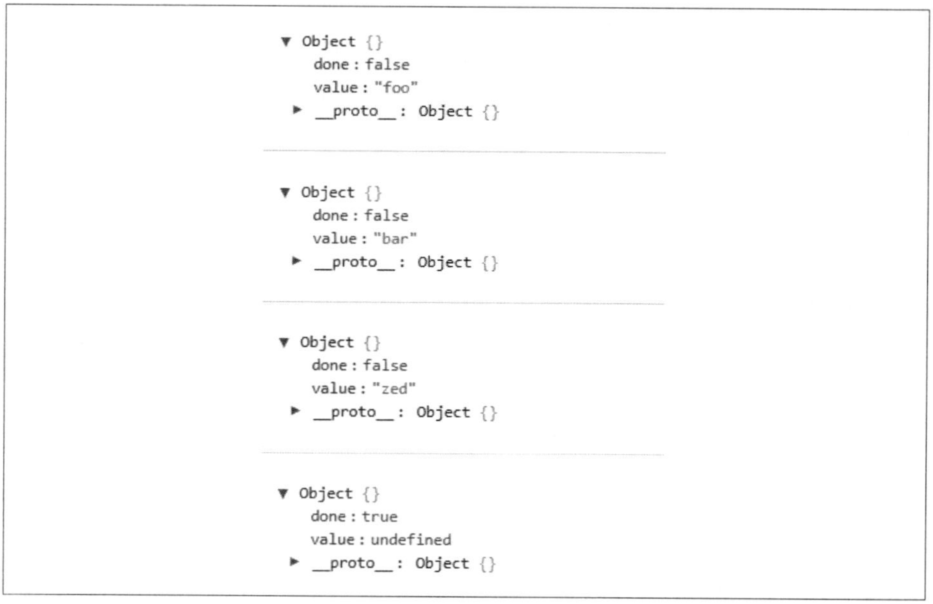

Abbildung 15-13: Ausgabe eines Array-Iterators

Iteratoren für Daten

Bereits im Grundlagenkapitel wurde das Schlüsselwort for..of vorgestellt, das eine Schleife auf einem Iterator bildet. Auch über Set und Map kann iteriert werden:

```
for (let pair of new Map([['foo', 'Mr.Foo'],
                          ['bar', 'Mr.Bar']])) {
  console.log(pair)
}

for (let e of new Set(['foo', 'bar'])) {
  console.log(e)
}
```

Mehr zu `Set` und `Map` erfahren Sie in den zugehörigen Abschnitten weiter hinten in diesem Kapitel.

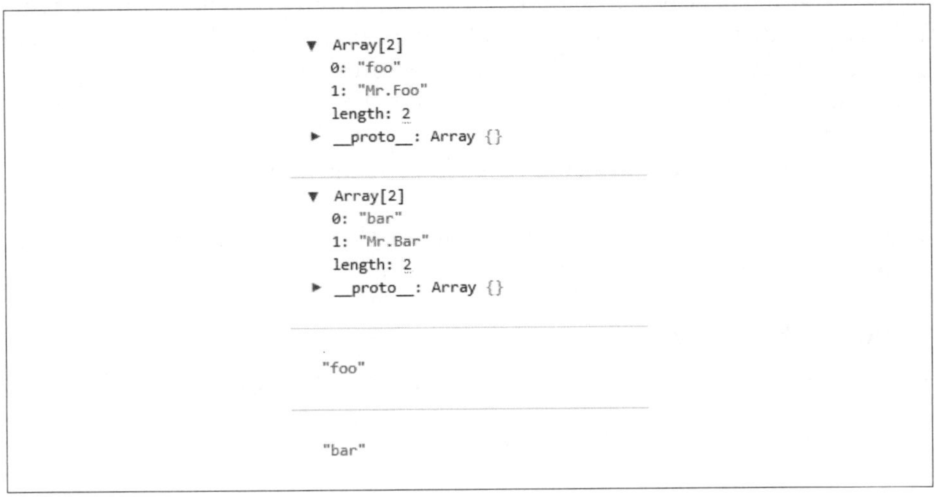

Abbildung 15-14: Ausgabe der Daten-Iteratoren

Asynchrone Programmierung

Asynchrone Programmierung ist besonders wichtig, weil JavaScript selbst Single-threaded ist – das heißt, nur ein aktiver Thread führt das Skript aus. Wenn in diesem Thread blockierende Vorgänge stattfinden, dann wird das Skript selbst blockiert. Dies hat oft negative Auswirkungen auf die Verfügbarkeit. Der Benutzer kann dies mitbekommen, weil die Oberfläche nicht mehr reagiert oder grafische Effekte nicht mehr gleichmäßig ablaufen.

Klassische asynchrone Programmierung

Vor allem im Browser ist asynchrone Programmierung wichtig, um dem Bedarf nach einer flüssigen Benutzeroberfläche gerecht zu werden. In der klassischen Programmierung sind dafür Threads im Einsatz. Damit lassen sich Prozesse parallel (tatsächlich nur scheinbar parallel) ausführen. So lässt sich eine Schaltfläche auch dann noch betätigen, wenn gerade ein Dienstaufruf läuft.

In fast allen bisherigen JavaScript-Versionen basieren auf drei Maßnahmen:

- DOM Ereignisse
- Standard-API-Funktionen wie `setTimeout`, `setInterval` oder `setImmediate`
- AJAX-Aufrufe oder XHR-Anfragen

In allen Fällen werden hier browserspezifische Funktionen benutzt, die sich intern um Threads kümmern. Der Entwickler ist dagegen von dieser Umgebung weitgehend abgeschirmt und kann keine eigenen Threads starten. Neuere Entwicklungen versuchen diesen Weg weiterzugehen und einfache Programmiermittel bereitzustellen, die intern Threads nutzen.

In allen Fällen, in denen nicht explizit asynchron programmiert wird, arbeitet JavaScript immer mit nur einem Thread und alle Befehle synchron nacheinander ab. Umgebungen wie Node.Js, die viele Anforderungen parallel verarbeiten können, starten für jede Anforderung einen neuen Prozess, in dem dann wieder ein Thread abläuft. Ein Prozess ist eine isolierte Ablaufumgebung, vollständig von allen anderen Prozessen im Betriebssystem getrennt. Der Prozess enthält neben mindestens einem Thread zur Abarbeitung auch Speicher, Hardwareressourcen und Zugriff auf die API des Betriebssystems. Er kann dann, je nach Programm, einen oder mehrere Threads starten. Bei JavaScript ist es nur einer.

Asynchrone Funktionen

Das folgende Beispiel zeigt, wie eine Funktion asynchron ausgeführt werden kann:

Listing 15-17: Asynchron mit setTimeout *(*async.js*)*

```
1 function getList(callback) {
2   setTimeout(function () { callback([1, 2, 3, 4, 5, 6]); }, 0\
3 );
4 }
5 function getEvens(list) {
6   return list.filter(function (item) { return item % 2 == 0; \
7 });
8 }
9 function sum(list) {
10   var res = getEvens(list);
11   console.log(res.reduce(function (sum, n) { return (sum += n\
12 ); }, 0));
13 }
14
15 getList(sum);
16 console.log("Warte...");
```

Hier wird die Funktion `sum`, die verhältnismäßig komplex ist und bei großen Datenmengen möglicherweise viele Zeit in Anspruch nimmt, asynchron ausgeführt. Dazu wird ein Funktionszeiger in Zeile 12 übergeben und dann im `set Timeout` in Zeile 2 ausgerufen. Die Funktion selbst kehrt sofort zurück, und die Ausgabe »Warte...« erscheint. Die Ausgabe in Zeile 9 erscheint dann verzögert. Um dies bei kleinen Datenmengen zu simulieren, wäre eine Angabe einer künstlichen Verzögerung bei `setTimeout` in Zeile 2 möglich:

```
setTimeout(function () { callback([1, 2, 3, 4, 5, 6]); }, 200\
0);
```

Die Array-Funktionen in diesem Beispiel simulieren nur komplexen Code, sie haben sonst keine Bedeutung in Zusammenhang mit asynchroner Programmierung.

Continuation Passing Style (CPS)

Dieser Stil soll die Schreibweise von asynchronen Funktionen verbessern. Es gibt hier nur wenige Regeln:

- Funktionen geben nichts an den Aufrufer zurück.
- Jede Funktion hat eine Rückruffunktion oder eine Fortsetzungsfunktion als Argument.
- Die Rückruffunktion oder Fortsetzungsfunktion ist immer die letzte der Argumentliste.

Das folgende Beispiel zeigt das Prinzip anhand einfacher Demofunktionen:

```
function foo() {
  bar(function (res) {
    console.log("Argument = " + res);
  });
}
function bar(fn) {
  baz(fn);
}
function baz(fn) {
  fn(3);
}
foo();
```

Die Funktionen bilden nun eine Sequenz, die synchron abgearbeitet wird:

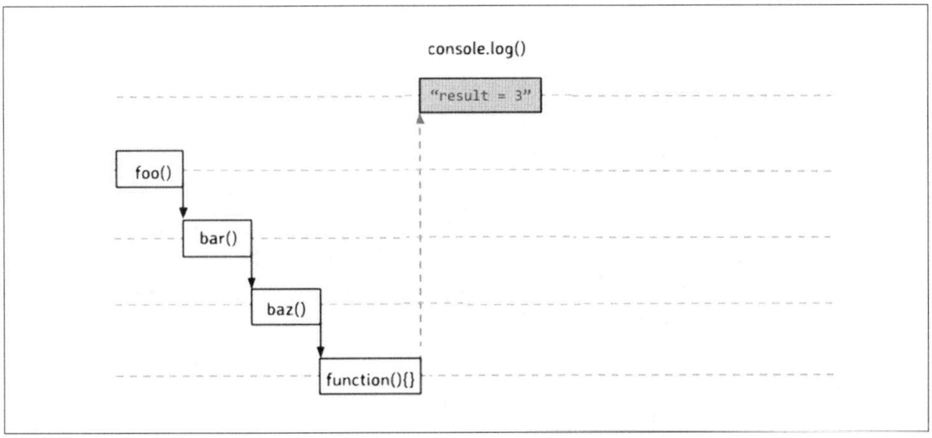

Abbildung 15-15: Sequenz der Aufrufe

Ein etwas konkreteres Beispiel definiert mehrere Funktionen, die sequenziell ausgeführt werden:

Listing 15-18: Asynchron mit setTimeout *(calc.js)*

```
function mul(x, y, cont) { cont(x * y); }
function add(x, y, cont) { cont(x + y); }
function sub(x, y, cont) { cont(x - y); }
```

```
function div(x, y, cont) { cont(x / y); }
function sqr(x, cont) { cont(x ^ 2); }

var a = 1, b = 2, c = 3, d = 4, e = 5;

sqr(b, (res) => {
  mul(res, c, (res) => {
    div(res, d, (res) => {
      add(a, res, (res) => {
        sub(res, e, (res) => {
          console.log(res);
        });
      });
    });
  });
});
```

Die Funktionen sind als Lambda-Ausdrücke definiert. Vorteile sind Lesbarkeit und Erkennbarkeit der Reihenfolge. Die erwartete Ausgabe ist »-4«. Folgende Berechnung wird ausgeführt:

```
(a + ((Math.pow(b, 2)) * c) / d) - e
```

Nachteilig bei dieser Art der Stack-Verarbeitung ist, dass Funktionsaufrufe eine Struktur auf dem Stack ablegen. Der Stack ist begrenzt und vor allem rekursive Konstruktionen sind nicht unbegrenzt ausführbar. Die folgende Funktion überfordert den Stack ab dem Wert *n=32768*:

```
function factorial(n) {
  return n ? n * factorial(n-1) : 1;
}
factorial(32768); // Fehler: Range Error
```

Wie ist das lösbar? Hier kommt ein weiteres Entwurfsmuster in Betracht, das sich dann wiederum auf CSP stützt. Dies wird als Tail Call (Endaufruf) bezeichnet. Endaufrufe passieren, wenn eine Funktion das Ergebnis einer anderen Funktion zurückgibt. Diese andere Funktion ist in der Endposition (Tail). JavaScript, insbesondere seit ES2015, hat dafür eine Optimierung. Die Funktion könnte also besser folgendermaßen geschrieben werden:

```
function factorial(n) {
  function _factorial(n, acc) {
    acc || (acc = 1);
    // Endaufruf:
    return n ? _factorial(n-1, n*acc) : acc;
  }
  return _factorial(n);
}
```

Um nun als Rückgabe einen Funktionsaufruf zu erhalten, wird eine innere Funktion `_factorial` erstellt. Die Optimierung besteht darin, die Aufrufkette des rekursiven Aufrufs nicht als Kette von Stack-Rahmen abzulegen, die den Stack irgendwann überfordern, sondern nur das finale Ergebnis, denn nur dieses ist schlussendlich interessant.

Nun kann man der JavaScript-Engine weiter behilflich sein, Aufrufe zu optimieren. So ließe sich die letzte Position in der Kette als Schleife schreiben und nicht mehr als rekursiver Aufruf. Der Nachteil kann in der Praxis sein, dass zusätzliche Abbruchbedingungen erstellt werden müssen. Das einfache Fakultäts-Beispiel ginge dann auch so:

```
function factorialL(n) {
    var acc = 1;
    while(n) {
        acc *= n--;
    }
    return acc;
}
```

Das ist freilich auf diesen Fall optimiert, was nicht sinnvoll ist, weil man Fakultäten außer zu Lehrzwecken eher seltener benötigt. Deshalb an dieser Stelle eine universellere Funktion:

```
function trampoline(fn) {
    var args = [].slice.call(arguments, 1);
    while (fn && fn instanceof Function) {
        fn = fn.apply(this, args);
    }
    return fn;
}
```

Das Verfahren wird *trampolining* genannt, weil der Aufruf wie auf einem Trampolin abprallt und die Aufrufe nun nacheinander (CSP) erfolgen, ohne sich auf dem Stack zu stapeln. Und so wird es benutzt:

```
function factorial(n) {
  function _factorial(n, acc) {
    acc || (acc = 1);
      return n ? _factorial.bind(this, n-1, n*acc) : acc;
  }
  return trampoline(_factorial, n);
}

factorial(32768);
```

Nun gibt diese Funktion `Infinity` zurück, weil 32768! nicht mehr im Wertebereich von `number` liegt, aber der Stack-Fehler tritt nicht mehr auf. In anderen Fällen kann das entscheidend sein. Und diese anderen Fälle sind eben vor allem asynchrone Aufrufe, die Rückruffunktionen haben, die dann den Stack belasten.

Fehlerbehandlung

Unerwartet Fehler werden meist mit `try..catch` abgefangen. Das ist bei asynchronen Funktionen problematisch, weil der fehlerhafte Funktionsaufruf nicht im selben Thread wie die Fangfunktion ist. Das folgende Beispiel zeigt, wie es nicht aussehen darf:

```
1 try {
2   function async(cb) {
3     setTimeout(function() {
4       throw new Error("woops!");
5       cb("done");
6     }, 2000);
7   }
8
9   async(function(res) {
10      console.log("received:", res);
11  });
12 }
13 catch(e) {
14     console.log(e);
15 }
```

Der Fehler wird in Zeile 4 mit `throw` ausgelöst, aber nicht von `catch` gefangen. Der Thread, in dem `catch` verarbeitet wird, ist nicht derselbe wie der, in dem der Fehler entsteht. Der Fehler bleibt unbehandelt. Wenn die Auswirkungen des Fehlers den Fluss im Haupt-Thread nicht stören, bleibt der Fehler unbemerkt, und das Programm verhält sich unvorhersehbar oder instabil. Um das Problem zu lösen, muss der Abfangmechanismus ins Innere transportiert werden:

```
function async2(cb, err) {
  setTimeout(function() {
    try {
      if (true)
        throw new Error("Fehler!");
      else
        cb("done");
    }
    catch(e) {
      err(e);
    }
  }, 2000);
}

async2(function(res) {
  console.log("Empfangen: ", res);
}, function(err) {
  console.log("Fehler: Async erzeugte Ausnahme: ", err);
});
```

Um den Weg nach draußen zu finden, wird eine weitere Rückruffunktion für den Fehlerfall angeboten. Das kommt Ihnen bekannt vor? Alle Bibliotheken mit asynchronen Funktionen und auch die noch zu behandelnden neuen `Promise`-Funktionen nutzen dieses Prinzip. Nun widerspricht das ein wenig dem CSP-Muster. Dort steht die Kettenfunktion an letzter Stelle. Logischerweise erwartet man den positiven Ausgang, und deshalb steht in solchen Skripten dann der Fehler als vorletzter Parameter und der Erfolgsfall als letzter.

```
function asyncCPS(continuation) {
  setTimeout(function() {
    try {
      var res = 42;
      if (true)
        throw new Error("Fehler!");
      else
        continuation(null, res);
    }
    catch(e) {
      continuation(e, null);
    }
  }, 2000);
}

asyncCPS(function(err, res) {
  if (err) {
    console.log("Fehler (cps): ", err);
  } else {
    console.log("(cps) passt: ", res);
  }
});
```

Da dies häufiger benötigt wird, wäre eine Kapselung möglich:

```
function TryCatch(fn, cont) {
  return function _tryWrapper(){
    var args = [].slice.call(arguments);
    try {
      fn.apply(this, args);
    }
    catch(e) {
      cont(e);
    }
  };
}

function asyncCPSWrap(continuation) {
  setTimeout(TryCatch(() => {
    var res = 42;
    if (true)
      throw new Error("woops!");
    else
      continuation(null, res);
  }, continuation), 2000);
};

asyncCPSWrap(function _callback(err, res) {
  if (err) {
    console.log("(cps) error:", err);
  } else {
    console.log("(cps) received:", res);
  }
});
```

Promise

Ein Promise ist eine Funktion, die für das asynchrone Programmieren geeignet ist. Es handelt sich um eine Syntaxvereinfachung durch einen speziellen Typ. Die Komplexität der Thread-Verwaltung wird hier vollständig vor dem Programmierer versteckt. Es handelt sich bei Promises um ein Entwurfsmuster für asynchrone Aufrufe. Es gibt alternative Methoden dazu. Diese dürften obsolet werden, da die Variante Promise/A+ *(promisesaplus.com)* Teil des ES2015-Standards geworden ist.

Natur des Promise

Ein Promise ist ein Standard und eine Implementierung für asynchrone Aufrufe. Es gilt:

- Es muss eine Methode `then` existieren.
- `then` muss zwei (optionale) Parameter akzeptieren, `onFullFilled` (Erfolg) und `onRejected` (Misserfolg).
- Der Promise ist unveränderlich (immutable).
- Der Rückgabewert ist garantiert, auch bei nachträglicher Registrierung.

Vor allem der letzte Punkt ist interessant. Ereignisse (events) würden sich anders verhalten, auch wenn deren Rückruftechniken dem Promise sehr ähnlich sind. Wird beim Ereignis die Behandlungsfunktion (Rückruf) erst nach dem Aufruf angeschlossen, geht der Aufrufwert verloren. Es können deshalb Wettlaufsituationen (engl. Race Conditions) *(de.wikipedia.org/wiki/Race_Condition)* entstehen, die Aufrufreihenfolge führt zu nicht deterministischem Verhalten. Promises sind robuster.

Die Idee hinter dem Promise-Objekt ist vor allem die Vereinfachung der Syntax durch das Vermeiden sehr vieler Verschachtelungen durch Rückruffunktionen. Die Auflösungsketten mit `then` und bei Bedarf mit `catch` werden auf derselben Ebene geschrieben. Dies verbessert die Lesbarkeit. Funktionale Verbesserungen sind nicht zu erwarten. Bevor es `Promise` gab, wurde diese Funktion durch Bibliotheken abgedeckt, durch die es zu sehr vielen Implementierungs- und Syntaxvarianten kam. Mit der Aufnahme in den Sprachstandard wird dieses Chaos beendet.

Syntax und API

Die folgenden Beispiele zeigen, wie mit Promises gearbeitet werden kann. Der folgende Aufruf wird sofort ausgeführt:

```
1 var p2 = Promise.resolve("foo");
2 p2.then((res) => console.log(res));
```

Obwohl der Promise auf Zeile 1 bereits ausgeführt wurde, erfolgt die Ausgabe des Werts auf Zeile 2.

Hier wird ein Promise benutzt, um eine asynchrone Funktion auszuführen:

Listing 15-19: Promise mit Hilfsfunktion (promiseasync.js)

```
1 var p = new Promise(function(resolve, reject) {
2     setTimeout(() => resolve(4), 2000);
3 });
4
5 p.then((res) => {
6   res += 2;
7   console.log(res);
8 });
9
10 p.then((res) => console.log(res));
```

Die Ausgabe ist »6« und »4« (in dieser Reihenfolge). Es wurden also zwei Threads gestartet, unabhängig voneinander ausgeführt und die Daten werden getrennt behandelt. Die Addition in Zeile 6 hat keinen Einfluss auf das Ergebnis in Zeile 10.

Promises erzeugen

Das folgende Beispiel zeigt dies (`setTimeout` in Zeile 3 simuliert verzögerndes Verhalten):

Listing 15-20: Promise mit Hilfsfunktion (promisehelp.js)

```
1 function timeout(duration = 0) {
2   return new Promise((resolve, reject) => {
3     setTimeout(resolve, duration);
4   })
5 }
6
7 var p = timeout(1000).then(() => {
8     return timeout(2000);
9 }).then(() => {
10     throw new Error("Fehler");
11 }).catch(err => {
12     return Promise.all([timeout(100), timeout(200)]);
13 })
```

Hier wird der Konstruktor-Aufruf mit `new` benutzt, um ein Promise-Objekt zu erzeugen. Das Basisschema ist einfach:

```
var p = new Promise((resolve, reject) => {
   if (/* Bedingung */) {
      resolve(/* Wert */);  // Erfolg
   }
   else {
      reject(/* Grund */);  // Fehler
   }
});
```

Im Grunde werden also der Erfolgs- und der Fehlerfall explizit aufgerufen. Der Trick ist hier nicht die Logik – die ist trivial –, sondern die Tatsache, dass Promises intern asynchron sind und sich der Entwickler nicht mit diesen Details auseinandersetzen muss.

Wie im letzten Beispiel zu sehen ist, entsteht hier ein Objekt (in der Variablen `p`). Dies kann als Parameter weitergereicht oder sonst wie aufbewahrt werden. Es kann auch als Rückgabewert einer Funktion dienen. Das folgende Promise gibt den Wert »5« zurück:

```
1 var p = new Promise((resolve, reject) => resolve(5));
2 p.then((val) => console.log(val)); // 5
```

Der Ausdruck rechts vom `=>`-Operator in Zeile 1 wird asynchron ausgeführt. Das ist der Sinn der Aktion.

Gruppen

Promises lassen sich zu Gruppen zusammenstellen. Nehmen Sie an, eine Anwendung benötigt drei Dienstaufrufe. Ein sinnvolles Fortsetzen ist nur möglich, wenn alle Dienste geantwortet haben. Dafür bietet sich die statische Methode `Promise.all()` an. Die Methode nimmt ein Array aus Promise-Objekten auf und kehrt erfolgreich zurück, wenn alle Promise-Objekte zurückgekehrt sind.

Das folgende Beispiel zeigt die Vorgehensweise. `$` ist hier das Objekt der Bibliothek `jQuery`, die den AJAX-Aufruf `getJSON` bereitstellt. Die Funktion erzeugt einen Promise:

```
var fetchJSON = function(url) {
  return new Promise((resolve, reject) => {
    $.getJSON(url)
      .done((json) => resolve(json))
      .fail((xhr, status, err) => reject(status + err.message\
));
  });
}
```

Mit mehreren Aufrufen entstehen daraus mehrere Promise-Objekte und daraus dann das Array. Wenn einer der Aufrufe fehlschlägt, wird das gesamte Array abgebrochen und in den `catch`-Zweig verzweigt.

```
var itemUrls = {
    'http://www.api.com/items/1234',
    'http://www.api.com/items/4567'
  };
var itemPromises = itemUrls.map(fetchJSON);

Promise.all(itemPromises)
  .then(function(results) {
     results.forEach(function(item) {
       // Verarbeitung
     });
  })
  .catch(function(err) {
    console.log("Fehler: ", err);
  });
```

Die Verarbeitung der einzelnen Ergebnisse erfolgt nur, wenn **alle** API-Aufrufe erfolgreich waren. Die Methode then in Zeile 8 wird erst ausgelöst, nachdem der letzte AJAX-Aufruf erfolgreich Daten geliefert hat. Andernfalls erfolgt die Fehlerausgabe. Wenn einige Aufrufe (aber nicht alle) erfolgreich zurückgekehrt sind, werden deren Ergebnisse verworfen.

Nun kann der Fall eintreten, dass diese Teilergebnisse sinnvoll benutzt werden können. Dazu gibt es die statische Methode race. Der Ablauf entspricht all, die Methode kehrt jedoch zurück, sowie der erste Aufruf erfolgreich war. Die weiteren werden ausgeführt, aber nicht weiter beachtet. Auch deren Fehlerzustände werden ignoriert.

```
1 function delay(ms) {
2   return new Promise((resolve, reject) => {
3     setTimeout(resolve, ms);
4   });
5 }
6
7 Promise.race([
8   fetchJSON('http://www.api.com/profile/currentuser'),
9   delay(5000).then(() => { user: 'guest' })
10 ])
11 .then(function(json) {
12    console.log("Daten: ", json.user);
13 })
14 .catch(function(err) {
15   console.log("Fehler: ", err);
16 });
```

Die Funktion delay verzögert die Ausführung und ruft eine Behandlungsfunktion asynchron auf. Es handelt sich hier, ebenso wie bei fetchJSON, um ein Promise. Beide Aufrufe (Zeilen 8 und 9) starten gleichzeitig. Wenn die API sofort reagiert, wird deren Rückgabewert in Zeile 12 benutzt. Wenn die API jedoch innerhalb der benutzten 5 Sekunden keine Antwort liefert, dann läuft die delay-Funktion ab, und deren Wert wird der Rückgabewert, hier also der Wert { user: 'guest' }.

Fehlerbehandlung

Bei der Fehlerbehandlung wurde bereits die Rückruffunktion im Zweig rejected benutzt. Alternativ dazu und damit zu einem zweiten Parameter im then-Aufruf kann die Methode catch benutzt werden.

```
p.then((val) => console.log("Erfolg: ", val))
 .catch((err) => console.log("Fehler: ", err));
```

Dies entspricht der Benutzung des zweiten Parameters im then, weshalb der folgende Code ein identisches Verhalten aufweist:

```
p.then((val) => console.log("fulfilled:", val))
 .then(null, (err) => console.log("rejected:", err));
```

Der Wert null in der zweiten Zeile erzwingt das Ignorieren des Rückgabewerts und damit die Nutzung des Fehlerwerts.

Aus Gründen der Lesbarkeit sollte immer catch benutzt werden. Schwer lesbarer Code ist nicht cool.

Das Auslösen erfolgt mit throw. Wenn Sie also in der inneren Funktion eine Ausnahme auslösen, dann wird automatisch der reject-Zweig aufgerufen und damit eine gegebenenfalls vorhandene catch-Methode erreicht.

Set und Map

Set und Map speichern Datenstrukturen mit bestimmten Rahmenbedingungen.

In anderen Sprachen werden solche Strukturen als Listen und Dictionaries bezeichnet.

Set

Sets sind Sammlungen von Werten, über deren Elemente in der Reihenfolge des Einfügens iteriert werden kann. Ein Wert kann in einem Set nur einmal erscheinen; er ist im Set eindeutig. Die Eindeutigkeit entspricht nicht zwingend ===, sondern eher wird der Symbolform gefolgt. NaN als Wert wird erkannt, obwohl NaN !== NaN ist.

Mit Set lassen sich eindeutige Werte jedes beliebigen Typs speichern, egal ob es sich dabei um primitive Werte oder Objektreferenzen handelt. Übergeben werden muss beim Erstellen ein iterierbares Objekt. Meist handelt es sich dabei um ein Array.

Die Funktionen, die ein Set-Objekt bietet, sind:

- Set.prototype.add(value)

  Hängt ein Element an
- Set.prototype.clear()

  Entfernt alle Elemente
- Set.prototype.delete(value)

  Entfernt ein Element mit dem angegebenen Wert, gibt den Wert aber dennoch zurück
- Set.prototype.entries()

  Ergibt einen Iterator über die Werte. Set.prototype.forEach(callbackFn[, thisArg]) ruft eine Funktion für alle Elemente auf
- Set.prototype.has(value)

  Prüft auf einen Wert
- Set.prototype.keys()

  Ist ein Alias für values()
- Set.prototype.values()

  Sind die Werte in der Reihenfolge, in der sie eingefügt wurden

Listing 15-21: Set mit Ausgabe (set.js)

```
var mySet = new Set();

mySet.add(1);
mySet.add(5);
mySet.add("Etwas Text");
var o = { a: 1, b: 2 };
mySet.add(o);

for (let item of mySet) console.log(item);
```

Set verfügt nicht über typische Array-Funktionen wie `map` oder `reduce`. Bei kleinen Datenmengen eignet sich folgendes Konstrukt:

```
[...mySet].map(func);
```

Hier wird das Set `mySet` mit dem Spread-Operator in ein Array konvertiert und dann darauf eine Array-Funktion (hier `map`) benutzt. Nachteile sind der Speicherverbrauch und die Allokierungskosten.

Weitere Methoden sind:

- `add(val)`
  Eintrag am Ende einfügen
- `clear()`
  Alles löschen
- `delete(val)`
  Einen Eintrag löschen
- `entries()`
  Erzeugt einen neuen Iterator mit Schlüssel/Werte-Paaren, wobei hier Schlüssel gleich Wert ist
- `forEach(callback [, args])`
  Führt eine Funktion für jeden Eintrag aus
- `has(key)`
  Prüft auf einen Eintrag
- `values()`
  Einfache Liste der Einträge als Array
- `keys()`
  Ein Alias für `values()`
- `[@@iterator]()`

Es gibt nur wenige Eigenschaften:

- `size`
  Anzahl der Elemente
- `get Set[@@species]`
  Das Konstruktor-Symbol, `Set[Symbol.species]`; entspricht `new Set()`

Map

Map ist dem Set sehr ähnlich, nur dass die Elemente hier Schlüssel/Werte-Paare sind.

```
const map = new Map([['uno', 'eins'], ['due', 'zwei']]);
map.set('tre', 'drei');
```

Weitere Methoden sind:

- `clear()`
  Alles löschen
- `delete(key)`
  Einen Eintrag löschen
- `entries()`
  Erzeugt einen neuen Iterator mit Schlüssel/Werte-Paaren
- `forEach(callback [, args])`
  Führt eine Funktion für jeden Eintrag aus
- `get(key)`
  Ruft einen Eintrag nach dem Schlüssel ab
- `has(key)`
  Prüft, ob ein Schlüssel vorhanden ist
- `keys()`
  Alle Schlüssel als Array
- `set(key, val)`
  Ändert einen Eintrag
- `values()`
  Iterator der Werte
- `[@@iterator]()`
  Allgemeiner Iterator mit Schlüssel/Werte-Paaren

Es gibt nur wenige Eigenschaften:

- `size`
- `[@@toStringTag]`
- `get Map[@@species]`

Schlüsselvergleiche

Sehr speziell ist der Schlüsselvergleich in Map. Der Schlüsselvergleich basiert auf einem echten String-Vergleich: NaN wird als gleich mit einer anderen NaN angesehen, obwohl immer noch gilt, dass NaN !== NaN, das heißt ungleich zu allem. Alle anderen Werte müssen identisch in Typ und Wert sein. Dies entspricht der Benutzung des ===-Operators. In der aktuellen ECMAScript-Spezifikation werden auch -0 und +0 als gleich behandelt, auch wenn dies in früheren Entwürfen anders war. Dies ist zumindest fragwürdig in Bezug auf die innere Darstellung.

Benutzen Sie nur einfache Schlüssel vom Typ `number` oder `string`!

Iteratoren

Die Schleife `for..of` iteriert über Set- und Map-Objekte und berücksichtigt generell nur Eigenschaften. Das ist der wesentliche Unterschied zu `for..in`, wo alle Werte berücksichtigt werden.

```
let arr = [3, 5, 7];
arr.foo = "hallo";

for (let i in arr) {
   console.log(i); // logs "0", "1", "2", "foo"
}

for (let i of arr) {
   console.log(i); // logs "3", "5", "7"
}
```

Der Iterator kann direkt abgerufen werden, um ein aufzählbares Objekt zu erhalten, das mit `for..of` auswertbar ist:

```
var map1 = new Map();

map1.set('0', 'foo');
map1.set(1, 'bar');

var iterator1 = map1[Symbol.iterator]();

for (let item of iterator1) {
  console.log(item);
}
```

Die Ausgabe lautet:

```
Array ["0", "foo"] ' Array [1, "bar"]`
```

`Symbol.iterator` ruft den Iterator ab.

Die Schleife lässt sich auch benutzen, um die Objekte gleich in Variablen zu zerlegen:

```
for (const [key, value] of myMap) {
  console.log(`${key}: ${value}`);
}
```

Das Array `[key, value]` wird hier dekomponiert. Die Auswertung der Bestandteile ist dann möglich. Dies gilt sinnvollerweise nur für `Map`. Beim `Set` liegt generell nur ein Wert der Liste vor.

WeakMap und WeakSet

Zwei spezielle Versionen existieren mit `WeakMap` und `WeakSet`. Beide bieten die Möglichkeit, dass Schlüssel oder Werte vom Garbage-Kollektor entfernt werden, wenn sie keine anderen Referenzen mehr aufweisen. Ansonsten würde es vorkommen, dass alleine das Speichern eines Objekts in einem `Set`- oder `Map`-Objekt dazu führt, dass der Speicher nicht mehr aufgeräumt werden kann, obwohl niemand diese Objekte mehr nutzt.

Reguläre Ausdrücke

Reguläre Ausdrücke haben eine große Bedeutung in JavaScript, da in fast allen Fällen die Erstverarbeitung von Daten durch HTML-Elemente, beispielsweise Formular-Elemente, beginnt. Und HTML liefert nur Zeichenketten. Mit regulären Ausdrücken lassen sich Suchmuster abbilden. Es werden also auf äußerst effektive Weise Zeichenketten durchsucht, analysiert und Teile gegebenenfalls ersetzt.

Einführung

Um ein Gefühl für reguläre Ausdrücke zu bekommen, will ich Ihnen gleich ein Beispiel präsentieren, dass sicher bereits tausendfach zur Anwendung gekommen ist. Bei der Eingabe von Kundendaten wird oft die E-Mail-Adresse verlangt. Um Fehleingaben zu vermeiden, wäre eine Prüfung der Adresse auf korrekte Schreibweise sinnvoll. Eine Möglichkeit ist die Zerlegung der Adresse in ihre Bestandteile (vor und hinter dem @-Zeichen), die Analyse der Punkte und die Berechnung der Länge der Zeichen nach dem Punkt (dort steht die Toplevel-Domain). Das ist mit ein paar Schleifen und Abfragen sicher gut zu erledigen. Oder mit einem regulären Ausdruck:

```
^[_a-zA-Z0-9-]+(\.[_a-zA-Z0-9-]+)* @ [a-zA-Z0-9-]+\.([a-zA-Z]\
{2,3})$
```

Alles klar? Sicher kann niemand, der zum ersten Mal mit regulären Ausdrücken in Berührung kommt, diesen Ausdruck sofort lesen.

Der Sinn eines solchen Musters ist die Erkennung von Textteilen (Zeichenkette genannt) in einem Text. Reguläre Ausdrücke dienen als Vergleichsmuster für solche Zeichenketten. Der gesamte Ausdruck, verpackt in eine Skript- oder Programmiersprache, gibt dann `true` oder `false` zurück, je nachdem, ob das Muster gefunden wurde oder nicht. In der Praxis sind solche Konstrukte immer in einem bestimmten Kontext zu sehen. In JavaScript würden Sie dies so anwenden:

```
var email = "joerg@krause.net";

console.log(check(email));

function check(email) {
  if (email.match(/^[_a-zA-Z0-9-]+(\.[_a-zA-Z0-9-]+)*@[a-zA-Z\
0-9-]+\.([a-zA-Z]{2,3})$/)) {
```

```
    return true;
  } else {
    return false;
  }
}
```

Hier wird der Ausdruck in die bei JavaScript typischen Begrenzungszeichen `/Ausdruck/` eingebaut, und der Vergleich erfolgt mit der Funktion `match`. Beachten Sie, dass dies ein Literal in JavaScript ist – nicht eine Zeichenkette.

Kopieren oder Konstruieren?

Im Abschnitt »Reguläre Ausdrücke« gehe ich umfangreich auf praktische Ausdrücke ein. Der Umfang ist so gewählt, dass Sie nicht nur trickreiche Ausdrücke kennenlernen, sondern auch das eine oder andere Problem durch simples Abschreiben lösen können. Weil das fehleranfällig ist, können Sie sich auf der Website zum Buch alle Beispiele herunterladen.

Wenn Sie professionell mit JavaScript arbeiten, sollten Sie dennoch versuchen, die Ausdrücke vollständig zu verstehen und gelegentlich selbst welche zu erstellen.

Und wie funktioniert das?

Sicher sind Sie nun neugierig, wie der reguläre Ausdruck im letzten Beispiel funktioniert.

Wenn Sie Ausdrücke dieser Art analysieren, sollten Sie zuerst die Sonderzeichen erkennen und extrahieren. Die folgenden Sonderzeichen werden hier verwendet: `^, $, +, *, ?, [], ()`. Alle anderen Zeichen haben in diesem Zusammenhang keine besondere Bedeutung (das sind nicht sehr viele). Hier eine Übersicht über die Bedeutung:

- ^ legt den Suchbegriff an den Anfang des Musters. Wenn Sie ^x schreiben, wird das x also nur am Anfang der Zeichenkette gefunden.
- $ steht für die Platzierung am Ende des Suchbegriffs.
- * bezeichnet kein oder eine beliebige Anzahl von Zeichen, wobei es sich immer auf das Zeichen davor bezieht.
- + steht für mindestens ein oder beliebig viele Zeichen.
- ? dagegen bezeichnet kein oder genau ein Zeichen.
- `[a-z]` definiert ein Zeichen aus einer Zeichengruppe. Im Beispiel dürfen alle Kleinbuchstaben auftreten (keine Ziffern, aber auch keine Großbuchstaben).
- () gruppiert Zeichen oder Zeichenfolgen. Die Mengenoperatoren wie * oder + können auch auf Gruppen angewendet werden.
- {} markieren freie Wiederholungsdefinitionen.
- \ (Backslash) markiert Metazeichen oder maskiert die Sonderzeichen, sodass sie ihre Symbolik verlieren. Der Punkt `.` steht für genau ein beliebiges Zei-

chen (wird hier nicht verwendet), mit `\.` ist aber tatsächlich der Punkt gemeint (der wird hier benötigt).

Jetzt können Sie den Ausdruck schon gut zerlegen. Das @ steht offensichtlich für sich selbst, der Ausdruck besteht also aus zwei Teilen, einer vor und einer nach dem @:

```
^[_a-zA-Z0-9-]+(\.[_a-zA-Z0-9-]+)*
[a-zA-Z0-9-]+\.([a-zA-Z]{2,3})$
```

Der erste Teil steht vor dem @-Zeichen und muss mindestens ein Zeichen enthalten. Die erste Zeichengruppe `[_a-zA-Z0-9-]` definiert die zulässigen Zeichen und erzwingt mit dem + mindestens ein Zeichen. E-Mail-Namen dürfen aber auch Punkte enthalten, nur nicht an erster Stelle. Der Ausdruck kann also auch mit einem Punkt, gefolgt von weiteren Zeichen, fortgesetzt werden. `(\.[_a-zA-Z0-9-]+)` definiert solche Folgen aus einem Punkt und wiederum beliebig vielen (aber mindestens einem) Zeichen. Die ganze so definierte Gruppe (erkennbar an den runden Klammern) ist optional (0-mal) oder beliebig oft zu verwenden. Der zweite Teil besteht aus Zeichenfolgen (diesmal ohne den Unterstrich, der ist in Domainnamen nicht erlaubt). Dann muss ein Punkt folgen (deshalb folgt kein Mengenoperator), die Toplevel-Domain besteht aus Buchstaben und kann nur zwei oder drei Zeichen lang sein.

Auflösungshilfen

Der Ausdruck mag Ihnen unheimlich erscheinen, ist aber keineswegs perfekt (es gibt zulässige Fälle, die hier durchs Raster fallen). Er ist aber vor allem in dieser Form schwer erklärbar. Da noch größere Herausforderungen vor Ihnen liegen, möchte ich eine andere Form der Darstellung wählen:

```
^                          // Beginn am Zeichenkettenanfang
  [_a-zA-Z0-9-]            // Zeichengruppe definieren
  +                        // Ein- oder mehrfach
    (                      // Gruppe 1
      \.                   // Ein "echter" Punkt
      [_a-zA-Z0-9-]        // Zeichengruppe
       +                   // Ein- oder mehrfach
    )                      // /* Ende Gruppe 1 */
    *                      // Gruppe null- oder mehrfach
  @                        // ein @-Zeichen
  [a-zA-Z0-9-]             // Zeichendefinition
  +                        // Ein- oder mehrfach
  \.                       // ein "echter".\\.
```

Alle Metazeichen werden noch genau erklärt.

Literale

In JavaScript können Sie reguläre Ausdrücke in Literale schreiben. Solche Ausdrücke sind Teil der Sprache und müssen nicht aus Zeichenketten extrahiert werden. Das Literal ist der Schrägstrich /:

```
/[abc]/
```

Sie können dies als Argument in Funktionen nutzen oder einer Variablen zuweisen. Sie können auch Funktionen darauf anwenden:

```
const patt = /abc/;
let s = /abc/.toString();
console.log(s);
```

Zeichenklassen

Wenn Sie nach Zeichenfolgen oder Zeichen suchen, ist es oft effizienter, eine Zeichenklasse anzugeben. Zeichenklassen werden mit eckigen Klammern `[abc]` markiert. Dabei steht die gesamte Definition für **ein** Zeichen. Ein Wiederholungsoperator gibt an, ob und wie oft das Zeichen oder ein Zeichen aus der Klasse auftreten darf.

Zeichenklassendefinitionen werden durch Auflistung von zulässigen Zeichen gebildet, wobei auch Gruppen zulässig sind.

Referenzen

Teile regulärer Ausdrücke werden in temporären Speicherstellen abgelegt. Auf diese können Sie sich später im Ausdruck beziehen. Dadurch sind sehr komplexe Wiederholungen leicht zu realisieren. Referenzen nutzen den Backslash und eine Referenznummer (`\4`).

Metazeichen

Hier nun eine Übersicht über die Benutzung der Metazeichen.

Anfang, Ende und Grenzen

Die wichtigsten beiden Metazeichen kennen Sie schon aus den Grundlagen:

- `^` markiert den Beginn der Zeichenkette.
- `$` bezeichnet dagegen das Ende.
- `\b` steht für eine Wortgrenze ohne Inanspruchnahme eines Zeichens.
- `\B` steht für keine Wortgrenze ohne Inanspruchnahme eines Zeichens.

Wie ist das zu verstehen? Wenn Sie nach dem Wort »Auto« suchen, dann muss das »A« am Anfang stehen, das »o« dagegen am Ende. Sie würden einen solchen Ausdruck also `^Auto$` schreiben. Darf das Wort »Auto« dagegen irgendwo im durchsuchten Text auftreten, setzen Sie die Metazeichen `^` und `$` nicht.

```
const patt = /^Auto$/;
console.log(patt.test("Auto"));
console.log(patt.test("Automatik"));

const patt2 = /Auto/;
console.log(patt.test("Da ist unser Auto, ein VW."));
```

Abbildung 15-16: Ausgabe des Skripts

Das Ende ist meist das Ende der Zeile. Dies gilt nicht, wenn in umgebenden Schaltern andere Bedingungen eingestellt werden.

Wortgrenzen sind Übergänge zu einem Wort. Als Wortgrenze zählt ein Leerzeichen, Komma, Punkt etc. Das spezielle Symbol `\b` reagiert darauf, beschreibt jedoch keine Zeichenstelle, sondern quasi den »Bereich« zwischen dem Leerzeichen und dem ersten Wortzeichen.

`/\bko` erkennt »ko« in dem Satz »Das ist kompliziert.«. Das Leerzeichen vor dem »ko…« erzeugt die Wortgrenze.

Ein beliebiges Zeichen

Oft wird an einer bestimmten Stelle ein Zeichen erwartet, egal um welches es sich handelt. Es wäre mühevoll, immer mit dem gesamten Zeichenvorrat zu operieren, deshalb gibt es ein spezielles Metazeichen dafür:

- . steht für genau ein beliebiges Zeichen.

Sie könnten nun »Auto« in verschiedenen Kontexten suchen und dazu so vorgehen:

- `.uto` findet »Spielzeugauto«, »Auto«, »Automatik« etc., aber auch »Distributor« (was sicher nicht immer erwünscht ist).

```
var patt = /.uto/;
console.log(patt.test("Auto"));
console.log(patt.test("Automatik"));
console.log(patt.test("Distributor"));
```

Abbildung 15-17: Ausgabe des Skripts

Ohne Zeichen

Angenommen, Sie suchen leere Zeilen in einer Datei, dann sollte der folgende Ausdruck dies erledigen:

```
^$
```

So einfach? Sicher, die Zeile hat einen Anfang (den hat jede Zeile), der mit ^ erkannt wird, dem Anfang folgt unmittelbar das Ende $, dazwischen ist nichts, also muss die Zeile leer sein.

Sinnlos ist dagegen ein einzelnes ^ als Suchmuster. Dies markiert einen Zeilenanfang, diese Bedingung trifft aber auf jede Zeile zu.

Zeichenklassen

Zeichenklassen definieren Gruppen von Zeichen.

Einer aus vielen

Zeichenklassen werden durch eckige Klammern markiert. Ohne weitere Metazeichen oder Wiederholungsoperatoren wird nur **ein** Zeichen aus der definierten Klasse erkannt. Zeichenklassen können durch bloßes Aufzählen oder durch Gruppenbildung definiert werden, Letzteres durch das Minuszeichen:

- `[aeiou]` definiert einen Vokal.
- `[a-f]` definiert die Buchstaben a, b, c, d, e, f (als Kleinbuchstaben).
- `[a-fA-F0-9]` definiert zulässige Zeichen für Hexadezimalziffern.

Die Reihenfolge spielt nur bei Gruppen eine Rolle. Ansonsten ist `[a-fA-F]` und `[A-Fa-f]` identisch.

```
var patt = /[a-f]+/;
console.log(patt.test("Auto"));
console.log(patt.test("42"));
console.log(patt.test("12 Tage"));
console.log(patt.test("borgen"));
```

Abbildung 15-18: Ausgabe des Skripts

Negation

Die gesamte Definition kann negiert werden, wenn an den Anfang das Zeichen ^ gestellt wird. Sie sehen richtig, das Zirkumflex hat in der Zeichenklassendefinition eine andere Bedeutung (ist auch ein anderer Kontext). Das macht reguläre Ausdrücke so tückisch, aber auch so spannend.

- `[^0-9]` bezeichnet alles außer Ziffern (also auch Zeichen wie »#«, »*« oder »%«).
- `[^aeiou]` ist eine primitive Form der Definition von Konsonanten.

Diese besondere Bedeutung hat das ^ allerdings nur, wenn es unmittelbar der öffnenden Klammer folgt. Die folgende Form entspricht lediglich ein paar speziellen Zeichen:

- `[!"§$%^&/()=]` erkennt Zeichen, die auf der PC-Tastatur auf den Zifferntasten liegen.

Ziffern

Häufig wird nach Ziffern gesucht. Diese können mit oder ohne Vorzeichen und Dezimalpunkt oder -komma geschrieben werden. Folgende Definitionen bieten sich dazu an:

- `[0-7]` Ziffern der Oktalzahlen
- `[0-9+-,]` Dezimalzahlen mit Komma und Vorzeichen
- `[a-fA-F0-9]` Hexadezimalziffern

Datum und Zeit

Für Datums- und Zeitangaben wären folgende Definitionen möglich:

- `[0-9.]` steht für das Datum.
- `[0-9:]` bezeichnet die Zeit.
- `[0-9:amp]` ist die englische Zeitangaben mit »am« oder »pm«.

Das letzte Beispiel zeigt, dass diese Klasse nicht so sinnvoll ist, denn theoretisch wären auch Zeitangaben wie »a9« oder »p0m« zulässig.

```
var patt = /[0-9:amp]/;
console.log(patt.test("12am"));
console.log(patt.test("4:17"));
```

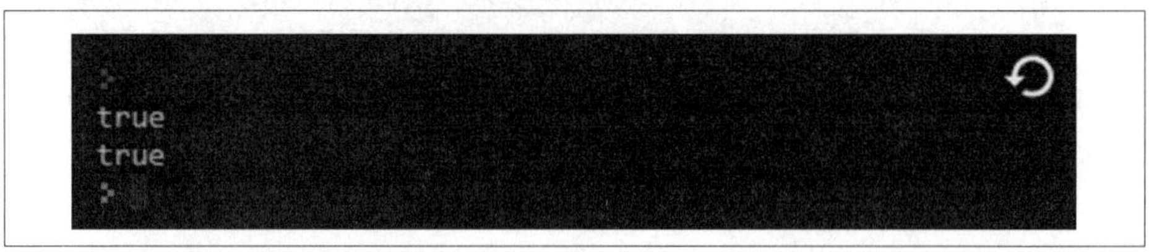

Abbildung 15-19: Ausgabe des Skripts

Zeichenketten

Bei Zeichenketten kann man mit Zeichenklassen gezielt auf Groß- und Kleinschreibung reagieren:

- `[gG]rün`, `[rR]ot`

Wenn die Schreibweise eines Namens nicht eindeutig ist, kann man darauf folgendermaßen reagieren:

- `M[ae][iy]er`: Dieser Ausdruck passt auf Meyer, Mayer, Maier und Meier.

Abkürzungen

Die folgende Tabelle gibt einen Überblick über die unterstützten Metazeichen:

Tabelle 15-4: Abkürzung durch Metazeichen

Abkürzung	Beschreibung
\t	Tabulatorzeichen
\n	Newline (neue Zeile)
\r	Return (Wagenrücklauf)
\f	Formfeed (Seitenvorschub)
\v	Vertikaler Tabulator
\s	White-Space (eines der im Druck nicht sichtbaren Zeichen, also \t, Leerzeichen, \n, \r, \f)
S	Negation von \s
\w	Wortzeichen; Zeichen, aus denen Wörter bestehen, konkret [_a-zA-Z0-9]
W	Die Negation von \w
\d	Ziffer (engl. digit), entspricht [0–9]
D	Negation von \d
\b	Wortgrenze, als Anfang oder Ende eines Worts zählen alle Zeichen, die nicht zur Abkürzung \w gehören
B	Negation der Anweisung \b
\0	Null-Zeichen (physische 0)
\xxx	Zeichenwert, dargestellt durch eine oktale Zahl
\xdd	Zeichenwert in der hexadezimalen Form
\uxxxx	Unicode-Zeichen in hexadezimaler Schreibweise
\cxxx	Steuerzeichen, ASCII-Wert

Wiederholungsoperatoren

Die bisher gezeigten Definitionen sind immer auf ein Zeichen bezogen. Wichtiger ist dagegen die Auswahl einer bestimmten Anzahl Zeichen. Dazu werden Wiederholungsoperatoren eingesetzt. Einige spezielle will ich wegen der besonderen Häufigkeit in regulären Ausdrücken zuerst zeigen. Eine allgemeinere Definition folgt danach.

- `a*` definiert kein oder eine beliebige Anzahl von »a«, also »«, »aaaa« etc.
- `a+` definiert ein oder eine beliebige Anzahl von »a«, also »a«, »aa« etc.
- `a?` definiert kein oder ein »a«, also »« oder »a« etc.

Allgemeine Wiederholungsoperatoren

Neben der allgemeinen Aussage, ob Zeichen erlaubt sind oder nicht, wird in vielen Fällen eine bestimmte Anzahl erwartet. Dazu wird hinter das Zeichen, die Zeichenklassendefinition oder die Zeichengruppe folgender Ausdruck gesetzt:

- `{min, max}`: Dabei bezeichnet `min` die minimale Anzahl Zeichen, die erforderlich sind, `max` dagegen die maximale Anzahl.
- `{wert}`: Der Ausdruck muss genau die angegebene Anzahl Zeichen haben. Dieser Ausdruck hat folgende Eigenschaften:
  - `{,max}`: Die minimale Angabe kann entfallen.
  - `{min,}`: Die maximale Angabe kann entfallen.
  - `{,}`: Beide Angaben entfallen (siehe nächster Absatz).

Die bereits gezeigten Metazeichen kann man mit dem allgemeinen Wiederholungsoperator auch darstellen. Das ist logisch, denn die Zeichen *, + und ? sind nur Abkürzungen der folgenden Ausdrücke:

- `{,}` entspricht *.
- `{0,1}` entspricht ?.
- `{1,}` entspricht +.

Wiederholungsoperatoren eignen sich hervorragend zur Bestimmung korrekter Längen bei Eingabewerten. Angenommen Sie haben ein Formular mit einem Feld »postleitzahl«:

```
<form>
  <input type="text" name="postleitzahl" value="">
  <input type="submit">
</form>
```

Dann wäre folgender Ausdruck geeignet:

```
<script>
var re = /^[0-9]{5}$/;
var feld = "12683";
var checkplz = re.exec(feld);
if(!checkplz) {
  alert("Die Postleitzahl " + checkplz + " ist nicht korrekt.\
");
} else {
    console.log(checkplz)
}
</script>
```

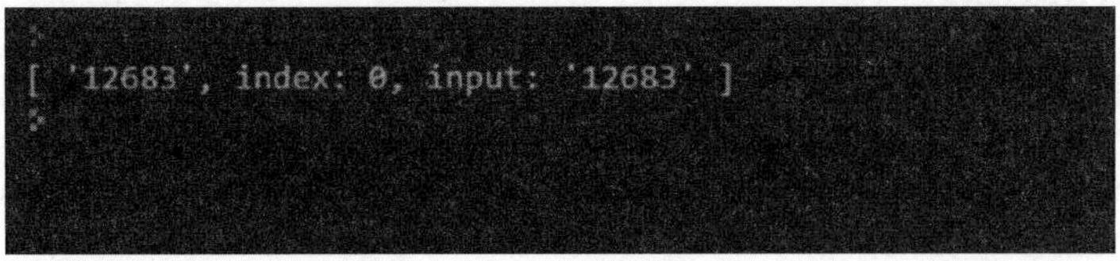

Abbildung 15-20: Ausgabe des Skripts

Auf einen Blick

Tabelle 15-5: Wiederholungsoperatoren

Operator	Bedeutung	Beschreibung
?	0 – 1	Kein oder ein Zeichen
*	0 – ?	Kein oder beliebig viele Zeichen
+	1 – ?	Mindestens ein oder beliebig viele Zeichen
{zahl}	Zahl	Genau zahl Zeichen
{min,}	Min – ?	Mindestens min Zeichen
{,max}	0 – Max	Kein oder maximal max Zeichen
{min, max}	Min – Max	Minimal min bis maximal max Zeichen

Referenzen

Die bisherigen Elemente sollten keine großen Probleme bereitet haben. Für komplexere Auswertungen sind Kombinationen aus Metazeichen und Zeichenklassen nicht ausreichend flexibel. Auf Schleifen zum Durchsuchen von längeren Zeichenketten mit Wortwiederholungen könnten Sie noch nicht verzichten.

Solche Wiederholungen werden in regulären Ausdrücken durch Referenzen erreicht. Praktisch wird damit durch ein besonderes Metazeichen wie `\1`, `\2` etc. auf vorher markierte Teile verwiesen. Die Markierung selbst erfolgt durch runde Klammern (...).

Besondere Probleme bereitet dabei immer wieder die Zählung der Klammern, besonders wenn alle Arten von Klammern vielfältig verschachtelt werden. Der Regex-Compiler geht dabei ganz pragmatisch vor. Es werden nur die öffnenden (linken) Klammern durchlaufend gezählt. Die erste öffnende Klammer wird also dem Metazeichen `\1` zugewiesen, die zweite `\2` etc. Die meisten Umgebungen erlauben bis zu neun Referenzen, einige Implementierungen (wie die von JavaScript) aber auch bis zu 99.

Vorsicht mit Referenzen – Innerhalb von Zeichenklassendefinitionen sind Referenzen nicht erlaubt, denn hier hat der Backslash keine besondere Bedeutung, und die Auswertung dieser Teile des Ausdrucks erfolgt vor der Auswertung des gesamten Ausdrucks.

Gruppierungen

Die Gruppierung alleine kann auch benutzt werden, um die Wiederholungsoperatoren auf mehrere zusammenhängende Zeichen anzuwenden. Die Referenz ist dann quasi ein Nebeneffekt, auf den man Bezug nehmen kann oder nicht.

Einfache Gruppen

Wenn Sie eine bestimmte Zeichenfolge wiederholen möchten, genügt der Einsatz der Gruppierung:

`(ab)+` findet Treffer in »abc«, »abcabc« etc., aber nicht »aacbb«.

```
var patt = /(ab)+/;
console.log(patt.test("abc"));
console.log(patt.test("abcabc"));
console.log(patt.test("aacbb"));
```

Abbildung 15-21: Ausgabe des Skripts

Umschließende Zeichen

Eine gute Anwendung ist die Suche nach Ausdrücken, die mit einem Zeichen umschlossen sind. Das kommt in Programmtexten häufig vor. Der folgende Ausdruck sucht Wörter heraus, die in Anführungszeichen stehen, dabei soll folgende Regel gelten:

- "Wort Wort Wort" wird gefunden.
- "Wort Wort Wort' wird nicht gefunden.
- 'Wort Wort Wort' wird gefunden.

Eine mögliche Lösung wäre:

```
/^(["']){1}.*\1$/
```

Wie funktioniert das? Am Anfang der Zeichenkette ^ steht ein " oder ein ' `["']`. Diese Zeichenklasse darf nur einmal auftreten `{1}`. Dann können beliebig viele Zeichen `.*` folgen, bis am Ende $ wieder das Anführungszeichen vom Anfang steht `\1`. Ohne Referenzen wäre das kaum lösbar.

```
var patt = /^(["']){1}.*\1$/;
console.log(patt.test("\"Wort Wort Wort\""));
console.log(patt.test("\"Wort Wort Wort\'"));
console.log(patt.test("\'Wort Wort Wort\'"));
```

Abbildung 15-22: Ausgabe des Skripts

Das folgende Beispiel sucht einfach doppelte Wörter im Text:

```
/\b((\w+)\s+\2)+/
```

Der Ausdruck beginnt mit einer Wortgrenze \b, dann folgt der sich insgesamt wiederholende Ausdruck `((..)..)+`. Der Inhalt ist getrennt zu betrachten. Die Folge `(\w+)\s+` erkennt Wörter, die durch Leerräume getrennt sind. Dabei darf ein Whitespace nur auf ein ganzes Wort folgen. Damit das doppelte Wort erkannt wird, nimmt der Ausdruck Bezug auf die Wortdefinition. Diese befindet sich in der zweiten öffnenden Klammer, also wird `\2` verwendet.

```
var patt = /\b((\w+)\s+\2)+/;
console.log(patt.test("Script Script ist doppelt"));
```

Vorwärtsreferenzen

Es kommt vor, dass Ausdrücke nur dann erkannt werden sollen, wenn bestimmte Zeichen davor oder danach erscheinen. Diese Zeichen davor oder danach sind jedoch selbst nicht von Interesse. Der Ausdruck wird also etwas um die Suchstelle herum suchen. Sie erreichen dies mit den folgenden Kombinationen:

- `?=` prüft die Zeichenkette, wenn die nachfolgende passt.
- `?!` prüft die Zeichenkette, wenn die nachfolgende nicht passt.

```
const patt = /(\d{1,3})(?=d)/;
let text = "Dauer: 16d";
let test = patt.exec(text);
console.log("Tage: " + test[0]);
```

Abbildung 15-23: Ausgabe des Skripts

In diesem Beispiel werden ein- bis dreistellige Zahlen nur erkannt, wenn ein »d« folgt.

LookAhead und LookBehind – Diese Referenzen heißen »LookAhead«. Es gibt in vielen Sprachen auch ein Zurückschauen, das »LookBehind«. Diese werden in JavaScript aber nicht unterstützt.

Die JavaScript-Funktionen

JavaScript stellt ein Objekt `RegExp` bereit. Das Objekt entsteht entweder durch den `new`-Operator oder das `//`-Literal. Außerdem kennen einige Zeichenkettenfunktionen reguläre Ausdrücke.

Das RegExp-Objekt

Zuerst finden Sie hier eine systematische Übersicht. Danach folgen entsprechende Beispiele.

Methoden

Folgende Methoden sind benutzbar:

- `exec()`: Ausführen des Tests und Rückgabe des ersten Treffers
- `test()`: Ausführen des Tests und Ausgabe von `true` oder `false`
- `toString()`: Der Ausdruck in Textform

Neben den Methoden des `RegExp`-Objekts können auch viele andere Funktionen in JavaScript mit Ausdrücken umgehen, unter anderem die `String`-Funktionen.

Die Methode `exec` gibt ein Objekt zurück, das Folgendes enthält:

- Ein Array mit den Gruppen:
- Bei einer Gruppe steht der erste Treffer in [0].
- Bei Gruppen folgen diese in den Arrayelemente [1] .. [n].
- Die Eigenschaft `index` enthält die Position des Treffers in der Zeichenkette. Der Wert ist 0-basiert.
- Die Eigenschaft `input` enthält die ursprüngliche Zeichenkette.

Neben den Angaben, die als Ergebnis zurückgegeben werden, enthält auch das ursprüngliche RegExp-Objekt noch mehr Informationen. Dazu gehört auch die Fähigkeit, durch weitere Elemente der Trefferliste zu iterieren.

Die Option g – Wenn Sie mit mehreren Treffern rechnen, sollten Sie die Option »g« benutzt, um anzuzeigen, dass `global` gesucht werden soll.

Das folgende Skript enthält einen sehr einfachen Ausdruck. Dafür führt er zu mehreren Treffern. Das sukzessive Aufrufen desselben Ausdrucks setzt intern einen Zeiger weiter, sodass die `do`-Schleife alle Treffer durchläuft.

```
var text = "Da sucht man alle Angaben von a ";
var patt = /a/g;
var match = patt.exec(text);
console.log(match[0] + " gefunden bei Pos. " + match.index);

```

```
match = patt.exec(text);
do {
    match = patt.exec(text);
    if (!match) break;
    console.log(match[0] +
                " gefunden bei Pos. " + match.index);
} while(true);
```

Die Ausgabe sieht nun folgendermaßen aus:

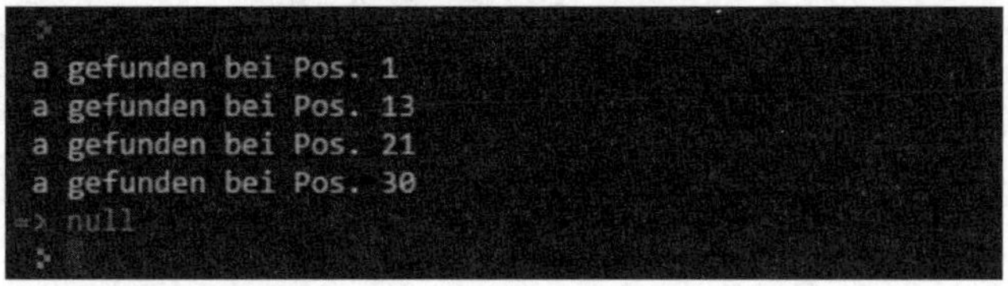

Abbildung 15-24: Ausgabe des Skripts

Eigenschaften

Einige Eigenschaften helfen dabei, mit den Informationen aus dem Ausdruck flexibel umgehen zu können:

- `Constructor`
  Funktion, die das `RegExp`-Objekt erzeugt
- `Global`
  Prüft, ob die Option »g« gesetzt wurde (Boolean)
- `IgnoreCase`
  Prüft, ob die Option »i« gesetzt wurde (Boolean)
- `LastIndex`
  Zeigt an, welchen Index der nächste Treffer hat
- `Multiline`
  Prüft, ob die Option »m« gesetzt wurde
- `Source`
  Der Text des Prüfmusters

Hier folgt ein Skript, das zeigt, wie der interne Zeiger weiterläuft:

```
var text = "Da sucht man alle Angaben von a ";
var patt = /a/g;
var match = patt.exec(text);
console.log(match[0] + " gefunden bei Pos. " + match.index);

match = patt.exec(text);
do {
    match = patt.exec(text);
    if (!match) break;
    console.log(match[0] + " gefunden bei Pos. " + match.inde\
x);
    console.log( "Suche Weiter bei Pos. " + patt.lastIndex);
} while(true);
```

Die Ausgabe sieht nun folgendermaßen aus:

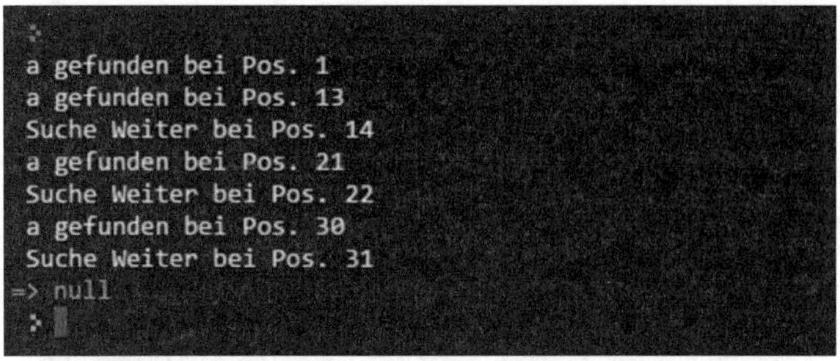

Abbildung 15-25: Ausgabe des Skripts

Dynamische Eigenschaften

Gruppen, die in einem Ausdruck definiert werden, stehen als dynamische Eigenschaften des Objekts `RegExp` zur Verfügung. Die Namen lauten `$1` bis `$9`, wobei jede öffnende Klammer zählt. Sie können die Zählung einer Klammer unterdrücken, indem Sie dies `(?:)` schreiben (der Doppelpunkt modifiziert das Verhalten).

```
1 var patt = /(abc)|(def)/;
2 var text = "anton def";
3 console.log(patt.test(text));
4 console.log(RegExp.$1);
```

Die zweite Zeile gibt den Inhalt der Klammer zurück, die im Suchmuster gefunden wurde, hier also den Wert »def«.

Literal-Schreibweise direkt nutzen

Am einfachsten ist die Nutzung der Literal-Schreibweise:

```
var patt = /web/i;
patt.test("Besuche unsere Web-Kurse!");
```

Dieser Ausdruck gibt `true` zurück. Würde das `i` am Ende entfallen, entsteht `false`.

Die Methoden lassen sich auch direkt ans Literal anbinden. Hier ein Beispiel für `exec`:

```
/web/i.exec("Besuche unsere Web-Kurse!");
```

Zurückgegeben wird nun ein Objekt mit dem Treffer »Web« an Position 0, der Trefferstelle in der Eigenschaft `index`, hier der Wert `15`, und dem Suchtext in der Eigenschaft `input`. Wird nichts gefunden, gibt die Methode `exec` den Wert `null` zurück.

Wollen Sie das Objekt direkt anlegen, sieht das folgendermaßen aus:

```
let patt =  new RegExp("pattern");
```

Umgang mit Literalen – Sie können hier //-Zeichen benutzen, aber auch eine reguläre Zeichenkette einsetzen.

Verarbeitungsoptionen

Einige Optionen werden nicht als Teil des Ausdrucks, sondern als Option der ausführenden Methode übergeben. In JavaScript stehen diese Optionen am Ende des Ausdrucks nach dem schließenden /-Zeichen:

```
let pattern = /[A-Z]/i;
```

Unterstützt werden folgende Optionen:

- `i`: Groß- und Kleinschreibung wird nicht berücksichtigt.
- `g`: Der Ausdruck wird vollständig (global) durchsucht, auch wenn bereits eine Fundstelle erkannt wurde.
- `m`: Der Ausdruck durchsucht mehrzeilig (sonst wird am Ende der Zeile gestoppt).

Zeichenkettenfunktionen

Es folgen einige Beispiele, die die Syntax in JavaScript näher erläutern. Sie zeigen, dass reguläre Ausdrücke auch in anderen Funktionen einsetzbar sind.

Übersicht

Reguläre Ausdrücke lassen sich indirekt über Zeichenkettenfunktionen nutzen. Zur Verfügung stehen folgende Funktionen:

- `search`
- `replace`
- `match`
- `split`

```
var str = "Besuche unsere Web-Kurse";
var res = str.search(/Web/i);
console.log(res);
```

Die Variable res enthält den Wert 15. Es wird also der Index des Treffers angezeigt. Wird kein Treffer gefunden, wird -1 zurückgegeben.

Wird statt des Index nur ein boolesches Ergebnis benötigt, eignet sich `match`:

```
var str = "Besuche unsere Web-Kurse";
var res = str.match(/Web/);
if (res) {
  console.log("Treffer");
} else {
  console.log("Kein Treffer");
}
```

Der Ausdruck ist erfüllt, und es wird »Treffer« ausgegeben.

Analog funktioniert replace:

```
var str = "Besuche unsere Web-Kurse";
var res = str.replace(/Web/i, ".NET");
console.log(res);
```

Die Variable res enthält den Wert »Besuche unsere .NET-Kurse«.

Zusammenfassung

Hier finden Sie die Metazeichen und Symbole auf einen Blick.

Tabelle 15-6: Zeichen

Abkürzung	Beschreibung
.	Ein beliebiges Zeichen
[]	Ein Zeichen aus einem Zeichenvorrat
[^]	Ein Zeichen, das nicht aus dem Zeichenvorrat stammt
.	Der Punkt
\	Maskierung von Sonderzeichen
\\	Der Backslash

Tabelle 15-7: Gruppen

Abkürzung	Beschreibung
()	Zählende Gruppe
(?:)	Nicht zählende Gruppen
(?=)	Vorausschauende Überstimmung. Passt, wenn nächstes Zeichen passt
(?!)	Vorausschauende Überstimmung. Passt, wenn nächstes Zeichen nicht passt

Tabelle 15-8: Operatoren

Operator	Bedeutung	Beschreibung
?	0 – 1	Kein oder ein Zeichen
*	0 – ?	Kein oder beliebig viele Zeichen
+	1 – ?	Mindestens ein oder beliebig viele Zeichen
{zahl}	Zahl	Genau »Zahl« Zeichen
{min,}	Min – ?	Mindestens »Min« Zeichen
{,max}	0 – Max	Kein oder maximal »Max« Zeichen
{min, max}	Min – Max	Minimal »Min« bis maximal »Max« Zeichen
^		Start; bei der Option »m« der Anfang der Zeile
$		Ende; bei der Option »m« das Ende der Zeile
|		Logisches Oder

Tabelle 15-9: Abkürzungen

Abkürzung	Beschreibung
\t	Tabulatorzeichen
\n	Newline (neue Zeile)
\r	Return (Wagenrücklauf)
\f	Formfeed (Seitenvorschub)
\v	Vertikaler Tabulator
\s	White-Space (eines der im Druck nicht sichtbaren Zeichen, also \t, Leerzeichen, \n, \r, \f)
S	Negation von \s
\w	Wortzeichen; Zeichen, aus denen Wörter bestehen, konkret [_a-zA-Z0-9]
W	Die Negation von \w
\d	Ziffer (engl. digit), entspricht [0--9]
D	Negation von \d
\b	Wortgrenze, als Anfang oder Ende eines Worts zählen alle Zeichen, die nicht zur Abkürzung \w gehören
B	Negation der Anweisung \b
\0	Null-Zeichen (physische 0)
\xxx	Zeichenwert, dargestellt durch eine oktale Zahl
\xdd	Zeichenwert in der hexadezimalen Form
\uxxxx	Unicode-Zeichen in hexadezimaler Schreibweise
\cxxx	Steuerzeichen, ASCII-Wert

Tabelle 15-10: JavaScript-Funktionen

Name	Beschreibung
exec	RegExp-Methode, untersucht und gibt Array zurück
test	RegExp-Methode, untersucht und gibt Boolean zurück
match	String-Methode, Array oder `null`
search	String-Methode, Index des Treffers oder -1
replace	String-Methode, ersetzte Zeichenkette oder unverändert
split	String-Methode, Array
//o	Literal des RegExp-Objekts (o=Option, siehe nächste Tabelle)

Tabelle 15-11: Literal-Optionen

Abkürzung	Beschreibung
g	Global, auch nach Treffer weitersuchen
m	Mehrzeilig, behandelt Zeilenumbrüche als reguläre Zeichen
i	Groß- und Kleinschreibung nicht berücksichtigen

Reflektions-API

Hiermit lassen sich Objekte untersuchen – also deren konkrete Eigenschaften zur Laufzeit erkunden. Viele typisierte (Compiler-)Sprachen haben eine solche Umgebung, mit der sich Code quasi selbst untersuchen kann. In Java oder C# ist dies notwendig, weil die Sprachen statisch und Informationen über den Code damit unveränderlich sind. JavaScript ist eine dynamische Sprache, was die Anwendung derartiger Techniken in vielen Fällen obsolet macht. Aber es gibt Fälle, in denen diese Technik bislang fehlte.

Einfache Methoden

ES5 hatte bereits einige wenige Hilfsfunktionen wie `Array.isArray`, `Object.getOwnPropertyDescriptor` und `Object.keys`. Allerdings bilden diese nur einen Teil der Funktionen ab, die technisch möglich sind. Darüber hinaus ist die API mehr oder weniger willkürlich den statischen Objektklassen zugeordnet, mal mehr, mal weniger gut.

In der neuen Version ES6 (ES 2015) wurde deshalb eine vollständig neue API mit dem statischen Objekt `Reflect` eingeführt.

Reflect

`Reflect` ist statisch und bietet allgemeine Funktionen zum Untersuchen von Sprachelementen auf Sprachmerkmale:

```
var O = {a: 1};
Object.defineProperty(O, 'b', {value: 2});
O[Symbol('c')] = 3;

Reflect.ownKeys(O); // ['a', 'b', Symbol(c)]

function Calc(a, b){
  this.result = a + b;
}
var instance = Reflect.construct(Calc, [20, 22]);
Console.log(instance.result); // 42
```

Das Beispiel zeigt die Abfrage von Eigenschaften und die Fähigkeit, einen Konstruktoraufruf indirekt auszuführen. Der indirekte Aufruf ist sinnvoll, um Aufrufe mit dynamischen Parametern zu versorgen.

Dies soll keine Aufforderung sein, die dynamische Sprache JavaScript weiter zu dynamisieren, insbesondere sollten zweifach dynamische Aufrufe die absolute Ausnahme sein. Entweder es wird ein deutlicher Leistungsgewinn erreicht, oder der Code wird spürbar kompakter und verständlicher. In den meisten Fällen dürfte sich der Entwickler zwar besser fühlen, aber alle, die später damit arbeiten, eher nicht.

Die API enthält einige Bereiche, die eine nähere Betrachtung sinnvoll erscheinen lassen.

Erzeugerfunktionen

Das Erzeugen von Elementen ist Teil der Dynamik. Mangels alternativer Syntax mit Schlüsselwörtern in ES5 können Eigenschaften mit `defineProperty` erzeugt werden. Erst in ES6 kamen die native Schlüsselwörter `get` und `set` hinzu, die jedoch nicht alle funktionalen Details abbilden können.

Die Nutzung ist einfach, birgt aber ein paar Fallen:

```
try {
  Object.defineProperty(target, 'foo', { value: 'bar' })
  // Erfolg
} catch (e) {
  // Fehler
}
```

So gibt der Aufruf das erste Argument wieder zurück (das Objekt, auf dem die Eigenschaft erzeugt werden soll). Das ist für ein fließendes Programmiermodell vielleicht nicht verkehrt, bei einer eher selten benutzten Funktion aber nicht wirklich sinnvoll.

Mit `Reflect.defineProperty` wurde eine bessere Alternative geschaffen.

```
var success = Reflect.defineProperty(target, 'foo', { value: \
'bar' })
if (success) {
  // Erfolg
} else {
  // Fehler
}
```

Der Rückgabewert ist jetzt `boolean` und gibt direkt den Erfolg oder Misserfolg der Aktion an.

Operatoren für Schlüsselwörter

Schlüsselwörter dynamisch zu benutzen, ist eine der großen Herausforderungen für eine Sprache. So lässt sich in ES5 eine Eigenschaft mit dem Schlüsselwort `delete` wieder entfernen. Wenn aber dieser Vorgang in Abhängigkeit von anderen Bedingungen ausgeführt werden soll, dann wird des kompliziert, weil der Code in eine Funktion abstrahiert werden muss.

```
var target = { foo: 'bar', baz: 'wat' }
delete target.foo
console.log(target)
```

In ES6 gibt es nun die Methode `Reflect.deleteProperty`.

```
var target = { foo: 'bar', baz: 'wat' }
Reflect.deleteProperty(target, 'foo')
console.log(target)
```

Dynamische Argumentlisten

Besonders bei Konstruktoraufrufen sind dynamische Argumentlisten schwer zu verarbeiten. Intern muss immer auf Hilfsfunktionen wie `apply` zurückgegriffen werden. Damit das halbwegs nutzbar wird, ist eine Wrapper-Funktion sinnvoll. Der Code wird dadurch unnötig komplex.

```
apply(null, ['.foo', '.bar'])
apply.call(null, '.foo', '.bar')
```

Besser geht es mit dem Spread-Operator:

```
new MyCtor(...args)
```

Das Objekt `Reflect` bietet auch dafür eine Alternative:

```
Reflect.construct(Dominus, args)
```

Funktionsaufrufe

Dynamische Argumentlisten lassen sich, wie bereits erwähnt, mit `apply` als Array übergeben (oder `call` für eine direkte Auflistung). Zusätzlich kann dem Kontext `this` als erstes Argument übergeben werden:

```
fn.apply(ctx, [1, 2, 3])
```

Das Risiko besteht darin, dass ein sinnfreier, fremder Kontext benutzt wird. JavaScript bietet hier keinen Schutz.

Dieser Schutz wird auch in Zukunft nicht existieren, denn Kontextwechsel werden häufig benutzt, und eine Änderung würde vermutlich dazu führen, dass fast alle Bibliotheken nicht mehr funktionieren.

Etwas Schutz bietet eine weitere Überladungsform:

```
Function.prototype.apply.call(fn, ctx, [1, 2, 3])
```

All das beachtet der Spread-Operator in ES6:

```
fn(...[1, 2, 3])
```

Nun ist aber die Möglichkeit, `this` zu manipulieren, nicht mehr gegeben. An dieser Stelle greift jetzt eine weitere Methode des `Reflect`-Objekts:

```
Reflect.apply(fn, ctx, args)
```

Proxy-Fallen

Lesen Sie den folgenden Abschnitt über Proxies, wenn Sie dieses Konzept noch nicht kennen. Proxies werden in Aufrufe implementiert, um den Datenfluss zu überprüfen. Damit lassen sich globale Aktionen elegant automatisieren. Das folgende Beispiel zeigt dies:

```
1 var handler = {
2   get () {
3     return Reflect.get(...arguments)
4   }
5 }
6 var target = { a: 'b' }
7 var proxy = new Proxy(target, handler)
8 console.log(proxy.a)
```

In diesem Beispiel wird der Aufruf der Eigenschaft a, die eigentlich nur »b«zurückgibt, gekapselt. Der Proxy fängt den Aufruf ab und leitet ihn auf die Untersuchungsfunktion handler um. Da es sich um eine Eigenschaft handelt, wird hier get verwendet. Damit das ursprüngliche Verhalten weiter benutzt werden kann, wird Reflect.get eingesetzt (Zeile 3), um den Aufruf auszuführen. Dieser Teil könnte syntaktisch noch verkürzt werden:

```
var handler = {
  get: Reflect.get
}
```

Diese Technik, Code-Flüsse zu untersuchen, wird als Falle (Trap) bezeichnet. Die generelle Syntax lautet:

```
return Reflect[trapName](...arguments)
```

Zusammenfassung der Reflect-Methoden

Hier finden Sie alle Reflect-Methoden in der Übersicht:

- Reflect.apply(): Aufruf einer Funktion mit Argumenten
- Reflect.construct(): Aufruf des Konstruktors mit Argumenten
- Reflect.defineProperty(): Erzeugen einer Eigenschaft
- Reflect.deleteProperty(): Entfernen einer Eigenschaft
- Reflect.get(): Aufruf (Lesen) einer Eigenschaft
- Reflect.set(): Aufruf (Schreiben) einer Eigenschaft
- Reflect.getOwnPropertyDescriptor(): Abruf des Beschreibungsobjekts einer Eigenschaft
- Reflect.getPrototypeOf(): Abruf des Prototyps
- Reflect.has(): Prüft, ob ein Mitglied existiert
- Reflect.isExtensible(): Prüft, ob ein Objekt um weitere Mitglieder erweiterbar ist
- Reflect.ownKeys(): Ruft alle Eigenschaftsnamen (Objektschlüssel) als Array ab
- Reflect.preventExtensions(): Schränkt die Erweiterbarkeit ein
- Reflect.setPrototypeOf(): Setzt den Prototypen

Eine Fortsetzung der Beschreibung finden Sie auf MDN *(developer.mozilla.org/en-US/docs/Web/JavaScript/Reference/Global_Objects/Reflect)*.

Ein Hinweis noch zu dem Begriff `keys`. Objekte in JavaScript sind Objekt-Verzeichnisse (Maps). Die Namen der Mitglieder eines Objekts werden wie die Schlüsselliste eines Verzeichnisses (ein Objekt mit Schlüssel/Werte-Paaren) behandelt. Ein `key` kann also durchaus der Name einer Eigenschaft oder auch einer Methode sein. Deshalb werden diese Informationen mit `ownKeys` abgerufen.

Stellvertreter: Proxies

Proxies erlauben das Erstellen von Objekten. Der Eingriff in den Erstellungsprozess erlaubt weitreichende Einsatzmöglichkeiten. Dazu gehört neben direktem Code-Zugriff auf das Loggen oder das Erstellen virtueller Objekte. Proxies erlauben es, Zugriffe auf Eigenschaften zu kontrollieren. Es handelt sich um Eingriffe in den Programmfluss. Proxies sind damit Ereignissen relativ ähnlich. Mögliche Anwendungen sind Protokollierung, Auditing, globale Ereignisbehandlungsmethoden oder Testfunktionen.

Einführung

Bei einem einfachen Objekt sieht das folgendermaßen aus:

Listing 15-22: Einfacher Proxy (proxy.js)

```
var target = {};
var handler = {
  get: function (receiver, name) {
    return `Hallo, ${name}!`;
  }
};

var p = new Proxy(target, handler);
console.log(p.Welt);
```

Hier wird ganz allgemein in den Get-Zweig einer Eigenschaft eingegriffen – jeder Eigenschaft. Die Eigenschaft `Welt` im Beispiel ist willkürlich gewählt. Die Ausgabe zeigt Folgendes:

```
Hallo, Welt!
```

Bei Funktionen sieht es ähnlich aus. Statt get wird hier `apply` benutzt:

Listing 15-23: Proxy mit apply *(applyproxy.js)*

```
var target = function () {
  return "Ich bin das Ziel";
};
var handler = {
  apply: function (receiver, ...args) {
    console.log("Interceptor");
```

```
    return receiver(args);
  }
};

var p = new Proxy(target, handler);
console.log(p());
```

Es erfolgt erst die Ausgabe »Interceptor« und dann der Aufruf der ursprünglichen Funktion target. Der Aufruf kann aber auch unterdrückt werden.

Fehlende Unterstützung – Wenn der Browser dies nicht unterstützt, kann man dies nicht nachbilden. Es gibt keine Polyfills. Hier sind Sprachmerkmale gefragt, die sich nicht in älteren Versionen nachbilden lassen. Vor dem Einsatz sollte immer geprüft werden, ob das Merkmal angeboten wird.

Das folgende Beispiel zeigt eine vereinfachte Vorgehensweise:

Listing 15-24: Proxy mit apply *(simpleproxy.js)*

```
var target = {};
var handler = {};
var proxy = new Proxy(target, handler);
proxy.a - 'b';
console.log(target.a); // 'b'
console.log(proxy.c);  // undefined
```

Der Proxy wird um das ursprüngliche Objekt, hier target, herum gelegt und bildet den Zugriff nun ab. Spannend wird es, wenn jetzt der Proxy-Aufruf weitere Aktionen enthält und dann den ursprünglichen Aufruf ausführt.

Proxy-Fallen anwenden

Eingriffe werden auch als Fallen (Traps) bezeichnet. Dies erfolgt meist auf den Eigenschaftszugriffen, also get oder set.

get

Das folgende Beispiel zeigt die Protokollierung von lesenden Zugriffen auf eine Eigenschaft.

Listing 15-25: Proxy mit get *(getproxy.js)*

```
var handler = {
  get (target, key) {
    console.info(`Get auf Eigenschaft "${key}"`);
    return target[key];
  }
}
var target = {};
var proxy = new Proxy(target, handler);
proxy.a = 'b';
console.log(proxy.a) // <- 'Zugriff auf "a"'
console.log(proxy.a) // <- 'Zugriff auf "b"'
```

set

Auch beim Schreiben gibt es interessante Möglichkeiten. So kann der Zugriff auf private Mitglieder, die oft nur durch den Präfix »_«gekennzeichnet werden, leicht unterdrückt werden. Auch die Auswertung der speziellen Namen in Angular, die per Konvention mit »$«oder »$$« beginnen, nutzt eine ähnliche Technik.

Listing 15-26: Proxy mit set *(*setproxy.js*)*

```
var handler = {
  get (target, key) {
    invariant(key, 'get');
    return target[key];
  },
  set (target, key, value) {
    invariant(key, 'set');
    return true;
  }
}
function invariant (key, action) {
  if (key[0] === '_') {
    throw new Error(`Unerlaubter Zugriff ${action}
                     auf private Eigenschaft "${key}"`);
  }
}
var target = {
  a: 'b',
  _prop: 'secret'
};
var proxy = new Proxy(target, handler);
console.log(proxy.a); // Ergibt: 'b'
// Diese Zugriffe führen zu einem Fehler:
proxy._prop;
proxy._prop = 'c';
```

Die Ausgabe zeigt, wie das Skript reagiert:

```
b
/mnt/d/Dropbox/LeanPub DE/LeanPub [P] javascript 6/manuscript/samples/setproxy.js:13
    throw new Error(`Unerlaubter Zugriff ${action} auf private Eigenschaft "${key}"`);
    ^

Error: Unerlaubter Zugriff get auf private Eigenschaft "_prop"
```

Abbildung 15-26: Ausgabe des Beispiels

Das ganze Konstrukt lässt sich noch in eine Hilfsfunktion `makeProxy` verpacken und dann bequem nutzen:

*Listing 15-27: Proxy mit Hilfsfunktion (*makeproxy.js*)*

```
function makeProxy() {
  var target = {}
  var handler = {
    get (target, key) {
      invariant(key, 'get')
```

```
      return target[key]
    },
    set (target, key, value) {
      invariant(key, 'set')
      return true
    }
  }
  return new Proxy(target, handler)
}
function invariant (key, action) {
  if (key[0] === '_') {
    throw new Error(`Invalid attempt to ${action}
                     private "${key}" property`)
  }
}
```

Der Einsatz unterscheidet sich nicht vom vorhergehenden Beispiel. Der Proxy sorgt für echte private Eigenschaften, und damit werden Programmierfehler vermieden, ohne dass der Aufwand zur Zugangsprüfung exorbitant steigt. Nun kann das im Abschnitt »Objektorientierung« weiter vorne in diesem Kapitel verwendetet Entwurfsmuster auch benutzt werden, um Eigenschaften zu verstecken. Das setzt aber voraus, dass man beim Entwurf der Objekte gleich daran denkt, diese clever zu bauen. Wenn nun eine Bibliothek bereits lange existiert und in einem neuen Projekt eingesetzt werden soll, dann ist es etwas schwierig, bestehenden Code zu ändern. Zumindest liegt hier ein erhebliches Risiko und hoher Aufwand. Proxy-Konstrukte sind dagegen elegant nachträglich benutzbar, weil sie sich um bestehenden Code herum legen.

Schemaprüfung mit Proxies

Schemaprüfungen können jederzeit innerhalb des Objekts durchgeführt werden. Eleganter ist freilich die Trennung. Dies kann in künftigen Versionen mit Dekoratoren erfolgen, wie sie heute bereits mit TypeScript benutzbar sind. In ES2015 sind diese aber noch nicht Teil des Standards. An deren Stelle lassen sich Proxies benutzen.

Die Datenstruktur des zu prüfenden Objekts ist POJO (Plain Old JavaScript Object). Weder Klassen noch prototypische Vererbung kommen hier zum Einsatz. Ein solches einfaches Objekt ist der Typ `person` im folgenden Beispiel.

Listing 15-28: Proxy zum Validieren (valproxy.js)

```
var validator = {
  set (target, key, value) {
    if (key === 'age') {
      if (typeof value !== 'number' || Number.isNaN(value)) {
        throw new TypeError('Alter muss eine Zahl sein');
      }
      if (value <= 0) {
        throw new TypeError('Alter muss positiv sein');
      }
    }
```

```
11      return true
12    }
13 }
14 var person = { age: 27 };
15 var proxy = new Proxy(person, validator);
16 proxy.age = 'foo'; // Fehler
17 proxy.age = NaN;   // Fehler
18 proxy.age = 0;     // Fehler
19 proxy.age = 28;    // Korrekt
20 console.log(person.age); // 28
```

Die Prüffunktion schaltet sich zwischen Aufrufer und Daten. Lediglich der Datenzugriff (set) wird geprüft. Erfolgt ein Verstoß gegen die Regel, wird eine Ausnahme vom Type `TypeError` erzeugt. Der Vorteil liegt in der Konstruktion des Objekts `person` in Zeile 13, das signifikant einfacher ist und eher dem klassischen Stil in JavaScript entspricht. Eine vergleichbare, dekorierte Klasse würde dagegen folgendermaßen aussehen:

Listing 15-29: Pseudo-Code einer validierenden Klasse

```
class Person {
  @IsNumber('Alter muss eine Zahl sein')
  @Range(0, 99, 'Alter muss positiv sein')
  age: 0;
}
```

Den Prüfcode selbst muss man freilich außerdem noch hinterlegen. Das ist insgesamt ganz gut lesbar und verständlich, aber auch aufwendig. Proxies sind ein guter Kompromiss und fügen sich fein in die JavaScript-Kultur ein.

Entfernbare Proxies

Proxies lassen sich mit `revoke()` praktisch stilllegen. Dazu wird ein Objekt mit der Struktur `{ proxy, revoke }` zurückgegeben. Der Aufruf ist nur einmal notwendig, nachfolgende Aufrufe werden ignoriert.

```
var target = {};
var handler = {};
var {proxy, revoke} = Proxy.revocable(target, handler);
proxy.a = 'b';
console.log(proxy.a) // 'b';
revoke();
revoke(); // Egal
revoke(); // Egal
console.log(proxy.a); // Fehler
```

Damit lässt sich der Zugriff auf den Proxy kontrollieren. Ist dies nicht mehr länger gewünscht, wird das Objekt zerstört. Der Zugriff ist nicht mehr möglich. Der Anwendungscode kann dies feststellen und dann entsprechend reagieren. Theoretisch ist es möglich, dass der Proxy sich nach dem ersten erfolgreichen Zugriff selbst entfernt und damit eine Art Einmal-Proxy ist. Einen praktischen Nutzen hat dies möglicherweise nicht.

Übersicht

Und hier eine vollständige Liste aller Eingriffsmöglichkeiten:

get	`target.prop`
get	`target.prop = value`
has	`'prop' in target`
deleteProperty	`delete target.prop`
apply	`target(…args)`
construct	`new target(…args)`
getOwnPropertyDescriptor	`Object.getOwnPropertyDescriptor(target, 'prop')`
defineProperty	`Object.defineProperty(target, 'prop', descriptor)`

getPrototypeOf	`Object.getPrototypeOf(target),`
	`Reflect.getPrototypeOf(target), target.proto,`
	`object.isPrototypeOf(target), object instanceof target`

setPrototypeOf	`Object.setPrototypeOf(target),` `Reflect.setPrototypeOf(target)`
enumerate	`for (let i in target) {}`
ownKeys	`Object.keys(target)`
preventExtensions	`Object.preventExtensions(target)`
isExtensible	`Object.isExtensible(target)`

KAPITEL 16
TypeScript

An JavaScript scheiden sich die Geister: Die einen lieben die Sprache aufgrund ihrer Flexibilität, die anderen hassen sie auf aufgrund ihrer Komplexität. Aber auch die Liebhaber stellen manchmal fest, dass andere JavaScript-Entwickler Programmcode schreiben, der schwer les- und wartbar ist. Programmiersprachen, die von JavaScript abstrahieren und JavaScript-Code erzeugen, gibt es schon länger. Nachdem auch Google mit Angular aufgesprungen ist, setzt sich Microsofts TypeScript immer stärker durch. TypeScript ist ein Aufsatz auf JavaScript von Microsoft, mit dem man typisiert und klassenbasiert JavaScript programmieren kann. Da TypeScript nach JavaScript kompiliert wird, ist das Resultat in jedem JavaScript-fähigen System (Browser, Webserver etc.) lauffähig. TypeScript bietet sowohl ein statisches Typsystem als auch OOP-Konstrukte wie Schnittstellen, Klassen, Vererbung und Module sowie Lambda-Ausdrücke. Zudem kann man bestehenden JavaScript-Code in TypeScript einbinden.

> TypeScript kommt dem OOP-Programmierstil wesentlich näher, der aus Hochsprachen wie C#, Visual Basic .NET und Java bekannt ist, als reines JavaScript. Gerade wenn man nun von solchen Sprachen auf die Webentwicklung umsteigen will (oder muss), gibt es keinen Grund, warum man noch nicht mit TypeScript, sondern direkt mit JavaScript arbeiten sollte.

Geschichte von TypeScript

TypeScript hat sich rasant weiterentwickelt: Von der Erstankündigung am 2.10.2013 über die Version 1.0 am 2.4.2014 bis Redaktionsschluß dieses Buchs zur aktuellen Version 2.8.0. Maßgeblich an der Entwicklung von TypeScript beteiligt ist Anders Hejlsberg, der Schöpfer von Turbo Pascal, Delphi und C#. Ein wichtiger Meilenstein für TypeScript war der 5.3.2015: An diesem Tag gab Google bekannt, dass das beliebte JavaScript-Framework Angular mit TypeScript entwickelt wird und dafür die eigene Sprache AtScript aufgegeben wird. TypeScript unterstützt inzwischen nicht nur Angular, sondern viele JavaScript-Frameworks, einschließlich React mit seiner besonderen, eingebetteten Tag-Syntax.

Open-Source-Projekt

TypeScript ist ein Open-Source-Projekt von Microsoft auf GitHub (*github.com/Microsoft/TypeScript*). An der Weiterentwicklung beteiligen sich auch zahlreiche Entwickler anderer Firmen (siehe *github.com/Microsoft/TypeScript/releases*).

TypeScript-Compiler

Der TypeScript-Compiler (oft auch Transpiler genannt, weil er von einer Sprache in eine andere Sprache übersetzt) liegt selbst in JavaScript vor (*tsc.js*). Für Windows gibt es eine direkt ausführbare Version tsc.exe. Den Compiler bekommt man von *nuget.org* (*install-package Microsoft.TypeScript.Compiler*) oder dem Node Package Manager (*npm install -g typescript*). In Visual Studio (ab Version 2013) wird der TypeScript-Compiler mitgeliefert (siehe Verzeichnis *C:\Program Files (x86)\Microsoft SDKs\TypeScript*). Da der Compiler häufig aktualisiert wird, sollte man immer die aktuellsten Visual-Studio-Gesamt-Updates beziehungsweise die Updates des TypeScript-Compilers einzeln installieren.

Der TypeScript-Compiler erzeugt aus dem TypeScript-Programmcode dann JavaScript-Programmcode (siehe folgende Abbildung). Diese Transformation von TypeScript-Syntax zu JavaScript-Syntax kann zu drei Zeitpunkten erfolgen:

1. Nach jedem Speichern einer TypeScript-Datei
2. Im Rahmen der Übersetzung eines Projekts
3. Zur Laufzeit

Bei den JavaScript-Versionen für das Kompilat hat der Entwickler die Wahl zwischen den Standards ECMAScript Version 3, ECMAScript Version 5 und dem aktuellen ECMAScript-Versionen 2015 (alias Version 6), 2016 (7) und 2017 (8). Bei der Ausgabe von Modulen haben Entwickler inzwischen sogar fünf Modulformate zur Wahl: Asynchronous Module Design (AMD), CommonJS, Universal Module Definition (UMD), SystemJS und ECMAScript 2015 (ES6), Abbildung 16-1.

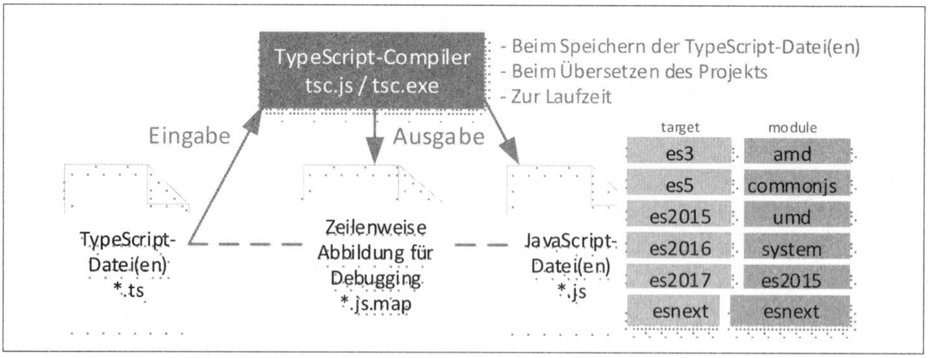

Abbildung 16-1: Der TypeScript-Compiler erzeugt aus den TypeScript-Dateien dann JavaScript-Dateien und außerdem noch Abbildungsdateien für den Debugger.

Übersetzung von TypeScript in JavaScript

Die Sprache TypeScript stellt eine Übermenge von JavaScript dar, das heißt, (fast) jede JavaScript-Datei ist auch gültiger TypeScript-Programmcode. Das ist hilfreich für den Umstieg von JavaScript auf TypeScript beziehungsweise für die Nutzung von JavaScript-Programmcode aus Büchern und dem Internet. Allerdings lautet die Formulierung oben bewusst »fast«: Denn den JavaScript-Programmcode in Listing 16-1 (eine Filter-Definition für AngularJS) mag der TypeScript-Compiler nicht. Er bemängelt:

error TS2322: Type 'string' is not assignable to type 'number'.

Das liegt daran, dass der TypeScript-Compiler durch die Zeile `var num = parseInt(n, 10)` der Variablen num auf dem Wege der automatischen Typherleitung bereits den Typ `number` zuweist. Später hat der Autor dieses JavaScript-Codes (siehe *http://jsfiddle.net/TheRoks/8uCT9/*) die Variable num jedoch leider als Zeichenkette verwendet. In JavaScript ist so etwas möglich – wenn aber natürlich auch schlechter Programmierstil. Gut programmiertes JavaScript ist kein Problem für den TypeScript-Compiler. Auch in diesem Fall kann man die Situation retten, indem man in TypeScript explizit num auf den Typ `any` deklariert: `var num : any = parseInt(n, 10)`.

Listing 16-1: Diesen JavaScript-Code bemängelt der TypeScript-Compiler.

```
// Quelle: http://jsfiddle.net/TheRoks/8uCT9/
var app = angular.module('myApp', []);

app.filter('numberFixedLen', function () {
 return function (n, len) {
  var num = parseInt(n, 10);
  len = parseInt(len, 10);
  if (isNaN(num) || isNaN(len)) {
   return n;
  }
  num = '' + num;
  while (num.length < len) {
   num = '0' + num;
  }
  return num;
 };
});
```

Microsoft hat sich bei der TypeScript-Syntax von Anfang an bemüht, nahe am ECMAScript-2015-Standard zu sein, das heißt, bei der Ausgabe in ECMAScript 2015 hat der Compiler nur ganz wenig zu tun. Je älter die Zielversion jedoch ist, desto mehr Programmcode muss der Compiler erzeugen, um die fehlenden JavaScript-Sprachfeatures nachzubilden (siehe Tabelle 16-1). Dabei ist die letzte Spalte »ECMAScript 2015« oft der ersten Spalte »TypeScript« ähnlich; nur Datentypen gibt es in ECMAScript 2015 leider immer noch nicht. In ECMAScript Version 3 sind hingegen nicht alle TypeScript-Sprachfeatures verfügbar.

Tabelle 16-1: Drei Beispiele für die Übersetzung von TypeScript-Syntax in verschiedene ECMAScript-Versionen

<table>
<tr><th>TypeScript Version 2.8</th><th>Übersetzung in ECMAScript Version 3</th></tr>
<tr><td>function add(a: number, b: number): number {
 return a + b;
}
var template : string
 = `Kunde #${id} heißt ${name}.`;

private _erfassungsdatum: Date;

// ---------- Properties mit Getter/Setter
get erfassungsdatum(): Date {
 return this._erfassungsdatum;
}

set erfassungsdatum(erfassungsdatum: Date) {
 this._erfassungsdatum = erfassungsdatum;
}
}</td><td>function add(a, b) {
    return a + b;
 }
var template = "Kunde #" + id + "
hei\u00DFt " + this.name + ".";

Die Verwendung von Gettern und Settern ist nicht möglich, da dafür keine Übersetzung nach ECMAScript 3 im TypeScript-Compiler vorhanden ist. Der Compiler meldet den Fehler TS1056: Accessors are only available when targeting ECMAScript 5 and higher.</td></tr>
<tr><th>Übersetzung in ECMAScript Version 5</th><th>Übersetzung in ECMAScript Version 2015 (alias Version 6)</th></tr>
<tr><td>

Object.defineProperty(Kontakt.prototype, "erfassung
sdatum", {
            // ---------- Properties mit Getter/
Setter
            get: function () {
                return this._erfassungsdatum;
            },
            set: function (erfassungsdatum) {
                this._erfassungsdatum = erfassungsd
atum;
            },
            enumerable: true,
            configurable: true
        });</td><td>var template = `Kunde #${id} heißt ${name}.`;

// ---------- Properties mit Getter/Setter
   get erfassungsdatum() {
       return this._erfassungsdatum;
   }
   set erfassungsdatum(erfassungsdatum) {
       this._erfassungsdatum = erfassungsdatum;
   }</td></tr>
</table>

TypeScript Playground

Ein guter erster Anlaufpunkt für Neueinsteiger in TypeScript ist die interaktive, browserbasierte Code-Umwandlung, die Microsoft unter *www.typescriptlang.org/play* bietet: Während die linke Fensterhälfte der Abbildung 16-2 TypeScript erfasst, sieht man rechts schon das JavaScript-Ergebnis. Der Playground bietet sogar Eingabeunterstützung; er basiert auf dem Editor Monaco (einem Vorgänger von Visual Studio Code), den Microsoft auch in seinen Cloud-Angeboten (Azure, Visual Studio Team Services) einsetzt.

Die Abbildung 16-2 zeigt eine Vererbungshierarchie mit drei Klassen in TypeScript und rechts das deutlich längere Pendant in JavaScript. Man sieht sofort: TypeScript ist hier wesentlich prägnanter und eleganter! In dieser Webanwendung kann man leider die JavaScript-Zielversion nicht wählen; die Ausgabe ist aktuell immer ECMAScript 5.

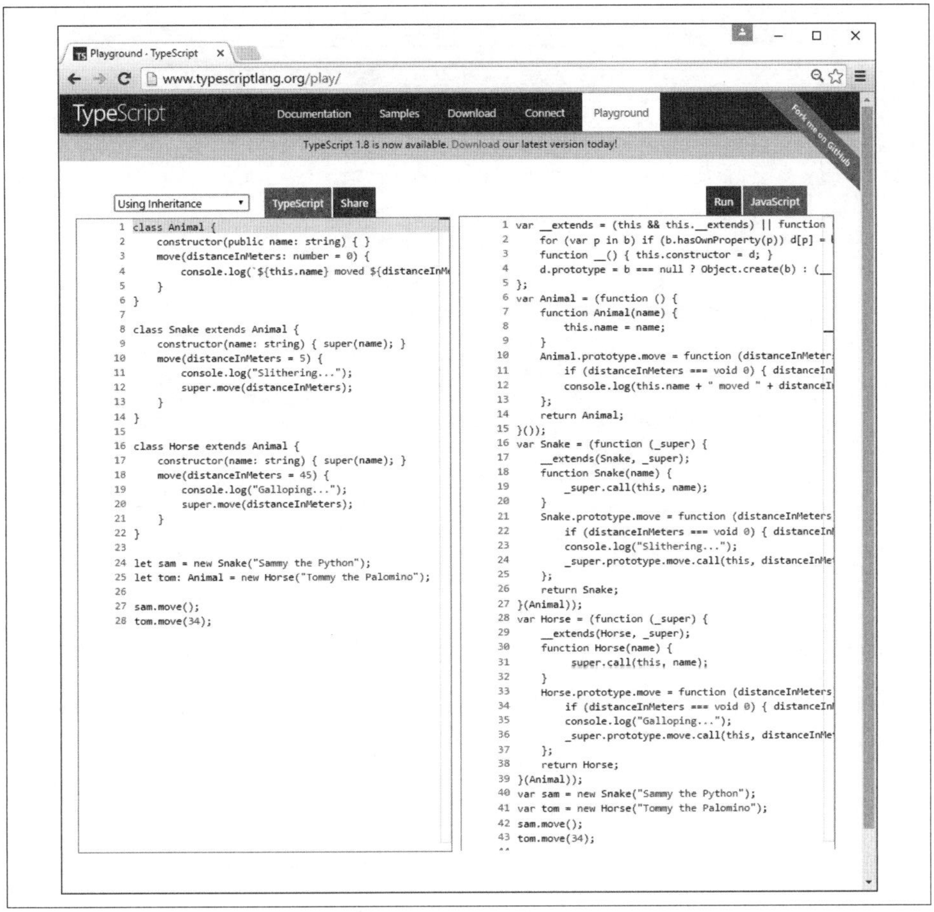

Abbildung 16-2: Online-Editor und Ausführungsumgebung bilden eine Spielwiese für TypeScript (http://www.typescriptlang.org/Play).

TypeScript in Visual Studio

In Visual Studio wählt der Webentwickler die wichtigsten Compileroptionen komfortabel in den Projekteinstellungen zu den Webprojekten (siehe Abbildung 16-3).

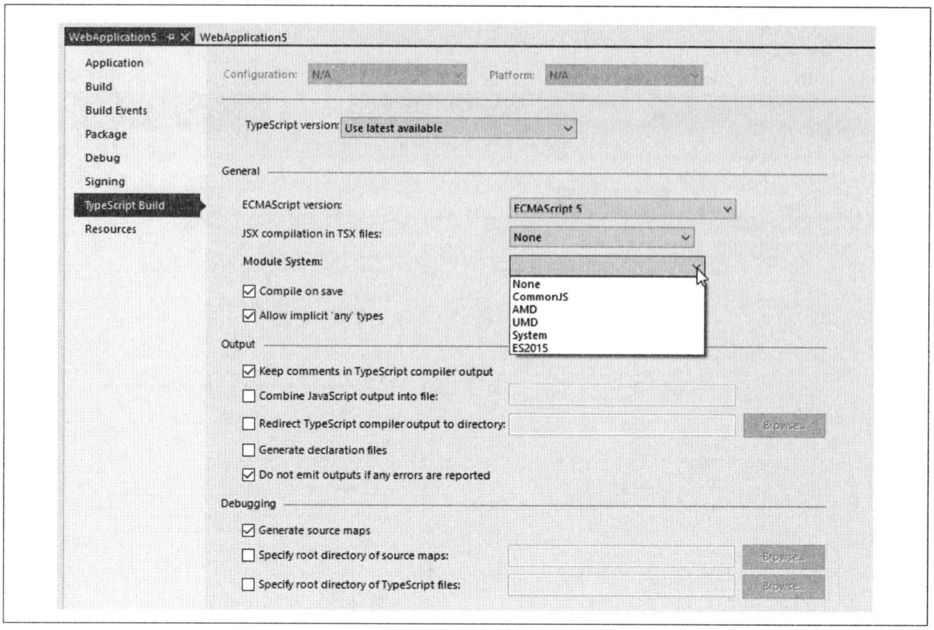

Abbildung 16-3: Projekteinstellungen für TypeScript in Webprojekten in Visual Studio 2017

Leider sind nicht alle TypeScript-Compiler-Optionen auf diesem Wege verfügbar. Manche Einstellungen (zum Beispiel die Aktivierung einiger noch als »experimentell« geltenden Sprachfeatures, wie Dekoratoren) muss man, wie hier in Listing 16-2, durch einen Eintrag in der XML-Projektdatei direkt vornehmen:

Listing 16-2: Ausschnitt aus den TypeScript-Compiler-Einträgen in .csproj-Datei

```
  <PropertyGroup Condition="'$(Configuration)' == 'Debug'">
    <TypeScriptExperimentalDecorators>true</TypeScriptExperimentalDecorators>
    <TypeScriptEmitDecoratorMetadata>true</TypeScriptEmitDecoratorMetadata>
    <TypeScriptTarget>ES6</TypeScriptTarget>
...
  </PropertyGroup>
```

Der zweite Weg für die TypeScript-Compiler-Konfiguration ist, dem Projekt eine *tsconfig.js*-Datei hinzufügen (siehe Listing 16-3). Dazu kann man in Visual Studio ein neues Element vom Typ *TypeScript JSON Configuration File* im JSON-Format anlegen.

Listing 16-3: Beispiel für eine tsconfig.js*-Datei*

```
{
 "compilerOptions": {
  "experimentalDecorators": true,
  "noImplicitAny": false,
  "noEmitOnError": true,
  "removeComments": false,
  "sourceMap": true,
  "target": "es2015"
```

```
  },
  "exclude": [
    "node_modules",
    "wwwroot"
  ]
}
```

In TypeScript 2.0 wurden globale Dateimuster eingeführt:

```
"include": [
    "src/**/*"
  ],
"exclude": [
    "node_modules",
    "**/*.spec.ts"
  ]
```

Die Platzhalter sind:

- - Keine oder viele, ohne Verzeichnisse
- ? Jedes Zeichen (nur eines)
- **/ Rekursion durch Ordner

In den Optionen sind auch Pfad-Mappings möglich:

```
{
  "compilerOptions": {
    "baseUrl": "./node_modules",
    "paths": {
      "jquery": ["jquery/dist/jquery.slim.min"]
    }
  }
}
```

Die von dem TypeScript-Compiler erzeugten *.js*-Dateien sind im Standard nicht Teil des Visual-Studio-Projekts. Man kann sie wie üblich über die Option *Show all files* im Solution Explorer einblenden. Fehler bei der TypeScript-Kompilierung landen in der »Error List« – wie man es erwartet. In eine Webseite muss man immer die *.js*-Datei einbetten. Visual Studio hilft hier mit: Beim Drag-and-drop einer *.ts*-Datei in eine *.html*-Datei erstellt die IDE ein <script>-Tag mit Verweis auf die *.js*-Datei statt auf die *.ts*-Datei.

Visual Studio unterstützt auch das Debugging: Bei einem Laufzeitfehler oder einem Haltepunkt in der TypeScript-Datei zeigt die Entwicklungsumgebung im Debugger nicht den eigentlich ausgeführten JavaScript-, sondern den ursprünglichen TypeScript-Programmcode an. Der Entwickler kann diesen wie üblich zeilenweise durchlaufen (siehe Abbildung 16-4). Die für dieses komfortable Debugging notwendige Beziehung zwischen den Zeilen in der ausgeführten JavaScript-Datei und in der ursprünglichen TypeScript-Datei erhält Visual Studio durch eine Source-Map-Datei (*.map*), die ebenfalls im Rahmen der TypeScript-Kompilierung entsteht.

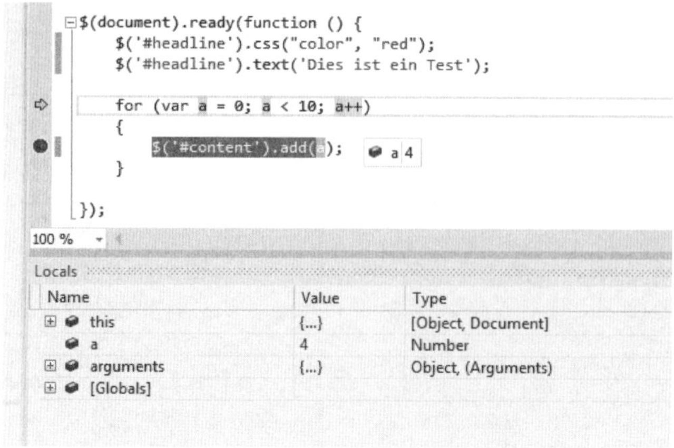

Abbildung 16-4: Debugging einer TypeScript-Datei in Visual Studio

TypeScript-Kommandozeilencompiler tsc

Wer mit Visual Studio Code oder anderen einfacheren Editoren arbeiten will, muss auf die Kommandozeilenoptionen zurückgreifen. Dafür braucht man zunächst den Node Package Manager (npm), den man erhält, indem man Node.js (*nodejs.org*) installiert.

Den Kommandozeilencompiler installiert man dann mit:

```
npm install -g typescript
```

Die Installation prüfen und die aktuelle Version des Compilers ermittelt man dann mit:

```
tsc -v
```

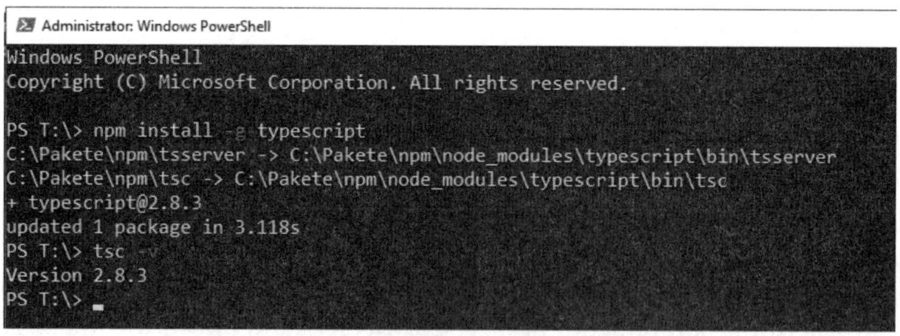

Abbildung 16-5: TrypeScript-Compiler installieren und testen

Der folgende Kommandozeilenbefehl sorgt dafür, dass zwei TypeScript-Dateien immer beim Speichern in ECMAScript 5 und das Modulformat AMD übersetzt werden.

```
tsc datei1.ts datei2.ts --watch --target es5 --module amd
```

Die Option *--watch* gibt es leider nur, wenn man *tsc.cmd* aus Node.js-Paketen zum Kompilieren verwendet. Die Datei *tsc.exe*, die bei Visual Studio dabei ist, kann leider nicht das Dateisystem überwachen. Hier kümmert sich Visual Studio selbst um die Überwachung. Eine weitere wichtige Kommandozeilenaktion ist `tsc --init`. Damit legt man im aktuellen Verzeichnis eine *tsconfig.js* an, über die man dann den Compiler konfigurieren kann.

> Wenn Sie mit Visual Studio arbeiten, benutzt Studio eine eigene Version (siehe *About*-Dialog in Visual Studio). Dies hat nichts mit der über npm installierten Version zu tun. Die npm-Version landet, wenn sie global installiert wurde, im Roaming-Profil des Benutzers. Diese Version wird in der Umgebungsvariablen *%Path%* ergänzt. Visual Studio benutzt hingegen nicht diesen Pfad, sondern einen direkten Link zu diesem Verzeichnis:
>
> *c:\Program Files (x86)\Microsoft SDKs\TypeScript\<versionsnummer>*

TypeScript in Visual Studio Code

Ein beliebter Editor für Webprojekte ist derzeit Visual Studio Code (VS Code). Es handelt sich nicht um eine vollständige IDE, sondern um einen schlanken, aber gut erweiterbaren Editor. Es gibt unzählige Erweiterungen, mit denen fehlende Funktionen eingerichtet werden können. Zu den grundlegenden Merkmalen gehört auch die integrierte Unterstützung für TypeScript.

VS Code behandelt Dateien unabhängig voneinander, wenn diese nicht mittels Importen oder Referenzen verbunden sind.

Wenn sich in einem Ordner eine Datei *tsconfig.json* befindet, wird diese als »Projektdatei« benutzt, um die Einstellungen des Transpilers im Editor anzuwenden. Fehlermeldungen werden also gegebenenfalls deshalb angezeigt (oder nicht angezeigt), weil hier Einstellungen entnommen werden. Das kann sich anders darstellen, wenn später der Transpiler mit anderen Parametern aufgerufen wird.

Für *tsconfig.json* verfügt VS Code über ein Schema, das bei der Erstellung hilft.

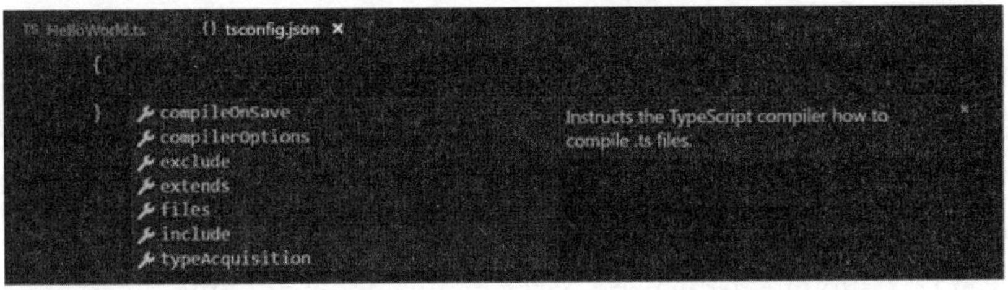

Abbildung 16-6: tsconfig.json *in VS Code*

TypeScript in Gulp

Ein guter und flexibler Weg der Übersetzung von TypeScript in JavaScript ist auch Gulp (*gulpjs.com*). Das Werkzeug basiert auf Node.js und liefert sowohl Skripte als auch ein Kommandozeilenwerkzeug, das Gulp-CLI (Command Line Interface). Gulp ist auch in Visual Studio integriert und dort über die Funktion *Task Runner Explorer* erreichbar. Gulp ist, wie jedes Node.js-Programm, auf Windows, Linux und macOS verfügbar. Sie sind also sowohl bei der Plattform als auch bei der IDE gänzlich unabhängig. Gulp lebt vor allem von vielen Plug-ins, die für allerlei Aufgaben angeboten werden. Bezogen werden diese über den Node Package Manager npm.

Der Einsatz von Gulp lohnt auch, weil neben der Übersetzung von TypeScript viele weitere Aufgaben in Web-Applikationen anfallen, darunter:

- Verbinden von Dateien
- Kopieren von Dateien
- Verdichten von JavaScript und CSS (minimieren)
- Ablaufen lassen von Unit-Tests
- Syntaxprüfungen (Linting)

Für TypeScript gibt es den Gulp-Task *gulp-typescript* (*www.npmjs.com/package/gulp-typescript*).

Wenn Sie mit Gulp noch nicht gearbeitet haben, sind einige vorbereitende Schritte notwendig. Gulp basiert auf Node.js. Gehen Sie folgendermaßen vor:

1. Installieren Sie Node.js von *https://nodejs.org*. Der Paketmanager npm wird automatisch mit installiert. Über die Eingabe von *npm* werden Sie spätere weitere Pakete beziehen.
2. Öffnen Sie eine neue Konsole (Node.js legt Pfade zu den ausführbaren Dateien an, die anschließend benutzt werden).
3. Geben Sie *npm init* ein und folgen Sie der Anleitung. Der Paketname muss kleingeschrieben werden.
4. Öffnen Sie die Datei *package.json*, die der Befehl *npm init* erzeugt hat, und ändern Sie den Inhalt wie im Listing 16-4 gezeigt.
5. Geben Sie *npm install* ein. npm lädt alle eingetragenen Pakete herunter.
6. Erstellen Sie eine Datei *gulpfile.js* und ändern Sie den Inhalt wie im Listing 16-5 gezeigt.
7. Erstellen Sie Ihre *.ts*-Dateien in einem Ordner mit dem Namen *src*.
8. Rufen Sie Gulp in einer neuen Konsole mit *gulp ts* auf – Gulp nutzt nun Node, um TypeScript zu übersetzen. Die übersetzten Dateien landen als *output.js* in dem neuen Pfad *wwwroot/lib*.

Listing 16-4: package.json

```
{
  "version": "1.0.0",
  "name": "testbed",
  "private": true,
  "devDependencies": {
    "gulp": "^3.9.0",
    "gulp-typescript": "^2.13.6"
  }
}
```

Bei den Einstellungen im *gulpfile.js* beachten Sie die Pfadangaben in Zeile 5 (Quelle) und Zeile 8 (Zieldatei) beziehungsweise Zeile 10 (Zielpfad).

Listing 16-5: gulpfile.js

```
1 var gulp = require('gulp');
2 var ts = require('gulp-typescript');
3
4 gulp.task('ts', function () {
5     return gulp.src('src/**/*.ts')
6         .pipe(ts({
7             noImplicitAny: true,
8             out: 'output.js'
9         }))
10        .pipe(gulp.dest('wwwroot/lib'));
11 });
```

Listing 16-6: Einfache TypeScript-Datei zum Testen

```
var msg : string = "Hallo TypeScript";
```

Starten Sie nun Ihr Projekt, wenn alle Dateien fertig sind. Dieser Schritt ist nicht von node, Gulp oder TypeScript abhängig. Sie sollten dazu über HTML-, CSS- und JavaScript-Dateien verfügen. Die JavaScript-Dateien entstehen durch den Übersetzungsvorgang aus den TypeScript-Dateien.

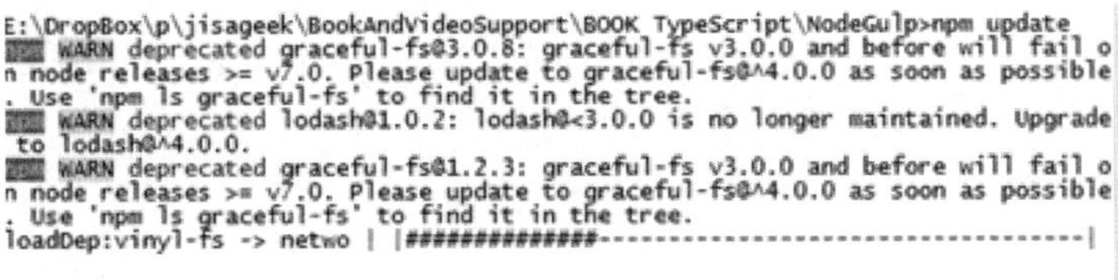

Abbildung 16-7: npm update *bei der Arbeit*

Die Node-Umgebung können Sie gleichermaßen unter Windows, Linux oder macOS einsetzen.

Datentypen

Das Typsystem von TypeScript unterscheidet zwischen primitiven und komplexen Typen. Zu den primitiven Typen zählen `number`, `boolean`, `string` und `void`. Daneben existiert noch der Datentyp `any`, der jeden beliebigen Wert aufnehmen kann und somit das Standardverhalten von Variablen in JavaScript widerspiegelt. Zu den komplexen Typen zählen solche, die aus der Deklaration von Schnittstellen und Klassen hervorgehen.

Im Gegensatz zu JavaScript kann beim Deklarieren einer Variablen mit `var` ein Datentyp angegeben werden. Dazu wird der Datentyp der Variablen mit einem Doppelpunkt nachgestellt. Im Zuge dessen kann der Entwickler bereits auch einen Initialwert angeben. Die TypeScript Language Specification (*github.com/Microsoft/TypeScript/blob/master/doc/TypeScript%20Language%20Specification.docx?raw=true*) nennt auch null und undefined als Typen; diese kann man aber nicht in gleicher Weise nach dem Doppelpunkt angeben, sondern lediglich als Wert nach dem Gleichheitszeichen verwenden:

```
var id: number = 123;
var name: string = "Holger Schwichtenberg";
var autor: boolean = true;
```

Auch wenn die explizite Typangabe fehlt, wird eine Variable durch die Initialisierung während der Deklaration geprägt (Typherleitung). In folgendem Code-Fragment kommt es daher in der zweiten Zeile zum Fehler *Cannot convert 'number' to 'string'*.

```
var Website1 = "https://entwickler.de ";
Website1 = 456; // falsch !!!
```

Etwas kurios ist dabei, dass der TypeScript-Compiler den Fehler zwar ausgibt, aber dennoch kompiliert und die monierte Zeile so nach JavaScript übernimmt, dass zur Laufzeit tatsächlich die Zahl »456« in der Variablen `Website1` steht. Erst seit Version 1.4 des TypeScript-Compilers gibt es die Option *noEmitOnError*, die die 1:1-Ausgabe bei Kompilierfehlern verhindert.

Wenn der Entwickler in TypeScript tatsächlich eine Variable will, deren Typ sich ändern darf, muss er `any` verwenden:

```
var Website2: any = "http://www.dotnet-doktor.de";
Website2 = 456;
```

Alternativ dazu erhält er eine `any`-Variable, wenn die Deklaration keine Initialisierung enthält:

```
var Website3; // dies prägt Webseite3 auf any
Website3 = " https://www.typescriptlang.org"
Website3 = 456; // Dies ist hier möglich, da die Variable Website3 den Typ „any“
erhalten hat.
```

Microsoft hat sich in den letzten Jahren sehr bemüht, auch JavaScript-Entwickler mit IntelliSense zu unterstützten. Aufgrund der fehlenden Typisierung kann dies aber immer nur begrenzt möglich und begrenzt präzise sein. Abbildung 16-8 und Abbildung 16-9 zeigen in der Gegenüberstellung schon an einem einfachen Beispiel eindrucksvoll, dass Visual Studio für TypeScript eine bessere Eingabeunterstützung anbietet als für JavaScript.

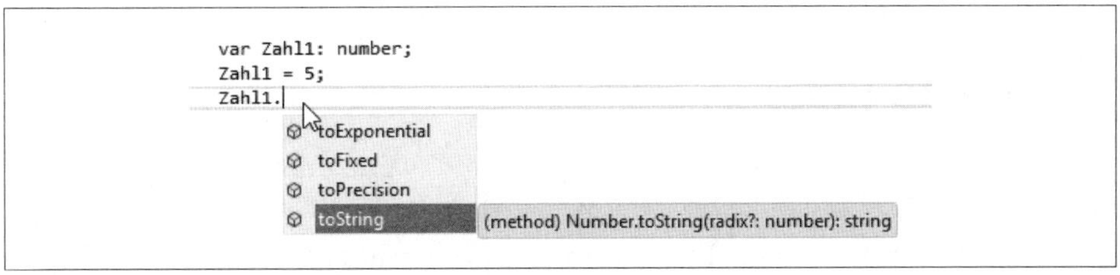

Abbildung 16-8: IntelliSense für typisierte Variablen in TypeScript

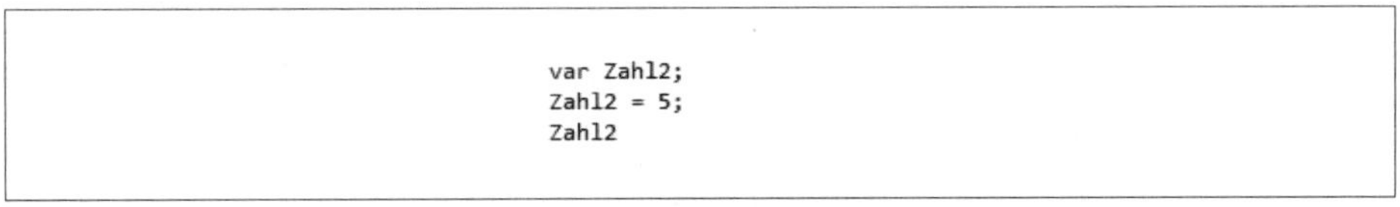

Abbildung 16-9: Keine IntelliSense für untypisierte Variablen in JavaScript

Seit TypeScript 1.6 gibt es alternativ zu var auch die Schlüsselwörter let und const aus ECMAScript 2015: Beide beschränken die Deklaration auf den aktuellen Block:

```
if (…) {
 var x: number = 5;
}
print("x=" + x); // Ausgabe x=5 :-( nur Warnung

if (…) {
 let y: string = "Holger Schwichtenberg";
}
print("y=" + y); // Fehler!

const z: boolean = true;
z = false; // Fehler!
```

Seit Version 1.4 von TypeScript gibt es Union Types. Dies bezeichnet eine Deklaration, bei der man einer Variablen zwei oder mehr verschiedene Typen zuweisen und damit in bestimmten Situationen die Deklaration auf any vermeiden kann:

```
var mitarbeiterID: number | string;
mitarbeiterID = 123; // OK
mitarbeiterID = "A123"; // auch OK
mitarbeiterID = true; // Fehler!
```

Das folgende Fragment zeigt eine Typprüfung und eine Typkonvertierung. Für Letztere gibt es zwei Syntaxformen: `<typ>variable` oder `variable as typ`.

```
var eingabe: any = 5;
if (typeof eingabe === 'number') {
  var zahl1 = (<number>eingabe) + 1;
  // alternativ:
  var zahl2 = (eingabe as number) + 2;
}
```

Arrays und Tupel

Auch für typisierte Arrays gibt es in TypeScript zwei Syntaxformen: `Array<number>` oder `number[]`. Listing 16-7 zeigt weitere Besonderheiten:

- Die `for...of`-Schleife (aus ECMAScript 2015, entspricht `foreach` in C#/Visual Basic .NET)
- Das elegante Aufbrechen von Arrays in einzelne Variablen mit dem Sprachfeature »Destructuring«.

Listing 16-7: Arrays in TypeScript

```
type ZahlenArray = number[]; // Array<number> oder oder number[]
var lottozahlen2: ZahlenArray;

// Deklaration
var lottozahlen: Array<number>;

// Initialisierung
lottozahlen = [11, 19, 28, 34, 41, 48, 5];

// Schleife über alle Elemente (seit Version 1.5)
for (let z of lottozahlen) {
 print(z);
};

// Destructuring (seit Version 1.5)
let [z1, z2, z3, z4, z5, z6, zusatzzahl] = lottozahlen;
print(`Zusatzzahl: ${zusatzzahl}`);
```

Seit Version 1.3 beherrscht TypeScript auch Tupel. Das sind Wertemengen, in denen jeder einzelne Wert auf einen anderen Typ deklariert sein kann. Das folgende Fragment zeigt ein Tupel, das aus einer Zahl, einer Zeichenkette und einem Bool-Wert besteht:

```
var PersonTupel: [number, string, boolean];
PersonTupel = [123, "Holger S.", true];
var personName = PersonTupel[1];
```

Klassen

Das Herzstück von TypeScript sind Klassen. ECMAScript 2015 beherrscht ebenfalls Klassen, aber mit TypeScript kann man Klassen auch in älteren ECMAScript-Versionen nutzen.

Wie Listing 16-8 zeigt, werden Klassen, wie in C#, mit dem Schlüsselwort `class` eingeleitet. TypeScript erlaubt, ähnlich wie C# oder Java, die Definition von Schnittstellen. Um anzugeben, dass eine Klasse eine Schnittstelle implementiert, verwendet der Entwickler das Schlüsselwort `implements`. In Listing 16-8 implementiert die Klasse `Kontakt` die zuvor definierte Schnittstelle `IKontakt`.

Im Gegensatz zu vielen anderen objektorientierten Sprachen ist die standardmäßige Sichtbarkeit immer `public`. Daneben kann der Entwickler Mitglieder mit `private` als nicht von außen nutzbare Mitglieder deklarieren. Seit Version 1.3 gibt es auch `protected` (nicht nutzbar von außen, aber nutzbar von angeleiteten Klassen).

Konstruktoren werden mit dem Schlüsselwort `constructor` eingeleitet. Eine wichtige Besonderheit gibt es hier jedoch: Die Sichtbarkeit `public`, `private` oder `protected` darf man in Konstruktorparametern verwenden. Wenn die Parameter des Konstruktors so eingeleitet werden, werden diese Parameter automatisch zu Instanzmitgliedern. Das in anderen OO-Sprachen notwendige Umkopieren der Werte aus den Konstruktorparametern in die Instanz erfolgt automatisch. Eine Konstruktorimplementierungszeile wie `this.id = id` ist in TypeScript also überflüssig. Es ist nicht erlaubt, die in den Konstruktorparametern verwendeten Bezeichner nochmals für andere Properties der Klasse zu verwenden. Microsoft hatte solch ein Sprachfeature auch für C# 6.0 unter dem Namen Primary Constructors in Arbeit, dies aber später leider wieder verworfen.

Ein Property der Klasse kann mittels `readonly` vor Veränderungen geschützt werden. Der Wert kann bei der Deklaration zugewiesen oder im Konstruktor gesetzt werden. Danach ist er unveränderbar.

Konstruktoren dürfen auch nicht überladen werden; es kann also pro Klasse nur einen Konstruktor geben. Den Methoden einer Klasse darf der Entwickler nicht das Schlüsselwort `function` voranstellen. Für alle Zugriffe auf Instanzmitglieder ist in TypeScript innerhalb der Klasse zwingend `this` voranzustellen. Statische Mitglieder erhalten den Zusatz `static`.

Listing 16-8: Beispiel mit Namensraum, Schnittstelle, Enumeration, Klassen und Vererbung

```
/// <reference path="../TypeScriptHTMLApp/_Hintergründe/lib.d.ts" />

namespace Demo.Interfaces {
 // Schnittstelle
 export interface IKontakt {
  id: number;
  name: string;
  geprueft: boolean;
  erfassungsdatum: Date;
  toString(details: boolean): string;
```

```
 }
 // Aufzählungstyp
 export enum KundenArt {
  A = 1, B, C
 }
}

namespace Demo.GO {

 // #region Basisklasse
 /** Kontakt mit id, name, ort
 * @autor Dr. Holger Schwichtenberg
 */
 export class Kontakt implements Interfaces.IKontakt {
  // ---------- Properties ohne Getter/Setter
  public geprueft: boolean;
  protected interneID: number;
  private _erfassungsdatum: Date;

  // ---------- Properties mit Getter/Setter
  get erfassungsdatum(): Date {
   return this._erfassungsdatum;
  }

  set erfassungsdatum(erfassungsdatum: Date) {
   this._erfassungsdatum = erfassungsdatum;
  }

  /**
  * @param id Kundenummer
  * @param name Kundenname
  */
  constructor(
   public id: number,
   public name: string) {
   this.erfassungsdatum = new Date();
   this.id = id; // Diese Zeile ist ueberfluessig !!!
   Kontakt.Anzahl++;
  }

  // Öffentliche Methode
  toString(details: boolean = false): string {
   {
    var e: string = `${this.id}: ${this.name}`;
    return e;
   }
  }

  // Statisches Mitglied
  static Anzahl: number;
 }
 // #endregion



 // #region Erbende Klasse
```

```
export class Kunde extends Kontakt {
 public KundenArt: Interfaces.KundenArt;
 constructor(id: number, name: string, umsatz: number) {
  super(id, name);
  this.KundenArt = Interfaces.KundenArt.C;
  console.log("Umsatz", umsatz + 1.01);
  if (umsatz > 10000) this.KundenArt = Interfaces.KundenArt.A;
  if (umsatz > 5000) this.KundenArt = Interfaces.KundenArt.B;
 }
 toString() { return `Kunde ${super.toString()}`; }
}
// #endregion

} // End Namespace
```

Listing 16-8 zeigt ein Beispiel mit Namensraum, Schnittstelle, Enumeration, Klassen und Vererbung. Auch JSDoc-Kommentare wurden an einigen (aber aus Platzgründen nicht an allen) Stellen verwendet.

Um von einer bestehenden Klasse abzuleiten, verwendet der Entwickler, wie unter Java, das Schlüsselwort `extends` (siehe Klasse `Kunde` in Listing 16-8). Ebenso kann man mit extends eine Schnittstelle von einer anderen ableiten. Es ist nur Einfachvererbung erlaubt. Anders als in C# und Visual Basic .NET werden Konstruktoren vererbt. Sobald eine Unterklasse aber einen eigenen Konstruktor realisiert, muss zwingend der Konstruktor der Basisklasse mit `super()` aufgerufen werden (siehe Konstruktor der Klasse `Kunde` in Listing 16-8). Alle Typen können in Namensräumen organisiert werden.

Die Instanziierung von TypeScript-Klassen erfolgt mit dem Schlüsselwort `new`. Um zur Laufzeit zu prüfen, ob eine Variable ein Objekt eines bestimmten Typs enthält, kann der Entwickler den Operator `instanceOf` heranziehen. Auch bei der Prüfung gegen eine Basisklasse liefert `instanceOf` den Wert `true`. Destructuring kann man auch auf Objekte anwenden, wie das folgende Fragment zeigt:

```
var k = new GO.Kunde(123, "H. Schwichtenberg", 99.98);
var ausgabe1 = k.toString();

// Typprüfung
if (k instanceof GO.Kunde) { … }
if (k instanceof GO.Kontakt) { … }

// Destructuring von Objekten
let { id, name } = k;
var ausgabe2: string = `${id}: ${name}`;
```

Generische Klassen

Bereits die oben gezeigte Syntaxform `Array<number>` ist der Einsatz einer generischen Klasse. Listing 16-9 zeigt die Realisierung einer eigenen generischen Klasse und deren Verwendung.

Listing 16-9: Generische Klasse in TypeScript

```
export class Verbindung<T1 extends Kontakt, T2 extends Kontakt> {
 constructor(public k1: T1, public k2: T2) {
 }
 public toString(): string {
  return `${this.k1.name} und ${this.k2.name}`;
 }
}
...

var v = new Demo.GO.Verbindung<GO.Kontakt,GO.Kunde>(k1, k2);
var ausgabe2 = v.toString();
```

Strukturelle Typäquivalenz (Duck Typing)

Wie in anderen Sprachen auch kann man eine Variable auf eine Schnittstelle typisieren, also statt `var k1: GO.Kunde` auch `var k2: Interfaces.IKontakt` schreiben und dann anschließend eine Instanz von Kunde zuweisen mit `k2 = new GO.Kunde(...)`. Im Gegensatz zu Sprachen wie Java oder C# setzt TypeScript aber auf »strukturelle Typäquivalenz«. Das bedeutet, dass Objekte, die einer Variablen zugewiesen werden, nicht in der Vererbungshierarchie passen müssen. Es ist ausreichend, dass das zugewiesene Objekt dieselbe Struktur, sprich dieselben Mitglieder wie der Typ der Variable aufweist. Man könnte also im Fall von Listing 16-8 das `implements Interfaces.IKontakt` auch weglassen und dennoch `var k3: Interfaces.IKontakt = new GO.Kunde(...)` schreiben.

Das folgende Code-Fragment zeigt, wie der Entwickler auf Basis der strukturellen Typäquivalenz definieren kann, dass eine Variable nur auf ein Objekt mit einer bestimmten Struktur verweisen darf, indem für die Variable `k2` definiert wird, dass sie nur für Objekte mit einer Eigenschaft `id` heranzuziehen ist. Aus diesem Grund kann auch eine Instanz von Kunde zugewiesen werden. Dass die Klasse `Kunde` neben der `id` noch weitere Eigenschaften hat, stellt hier kein Hindernis dar:

```
var k2: { id: number; };
k2 = new Demo.GO.Kunde(456, "Holger Schwichtenberg", 99.98);
var schluesselwert: number = k2.id;
```

Funktionen und Lambda-Ausdrücke

Auch beim funktionalen Programmieren bietet TypeScript sinnvolle Erweiterungen. Bei der Deklaration von Funktionen kann der Entwickler für die einzelnen Parameter einen Typ definieren. Dasselbe gilt auch für den Rückgabewert der Funktion, dessen Typ der Funktionssignatur nachgestellt wird:

```
function add(a: number, b: number): number {
 return a + b;
}
```

Auch Lambda-Ausdrücke beherrscht TypeScript. Man kann damit sowohl einen Funktionstyp deklarieren:

```
var add: (a: number, b: number) => number;
```

als auch einen Funktionstyp implementieren:

```
add = (a, b) => a + b;
```

Beides ist natürlich auch in einer Zeile möglich:

```
var print = (s: string) => console.log(s);
```

Ähnlich wie in C# ist auch TypeScript häufig in der Lage, den Typ eines Ausdrucks herzuleiten, ohne dass der Entwickler ihn explizit anführen muss.

```
// Typherleitung: Add liefert number!
var add = (a: number, b: number) => a + b;
```

Funktionen können natürlich auch Parameter sein, wie es sich für die funktionale Programmierung gehört. Ein Beispiel dafür zeigt Listing 16-10. Es definiert eine Funktion `filter`, die ein übergebenes Array unter Verwendung einer zu übergebenden Funktion filtert. Die Funktion, die an den Parameter `callback` übergeben wird, nimmt jeweils eine number entgegen und bildet diese auf einen bool ab. Dieser Rückgabewert sagt aus, ob das jeweilige Element Teil der Ergebnismenge sein soll. Die Implementierung der betrachteten Funktion iteriert durch das übergebene Array und ruft für jeden Eintrag die Funktion `callback` auf. Liefert diese Callback-Funktion dann `true`, erfolgt der Eintrag in die Ergebnismenge. Das betrachtete Listing demonstriert auch den Aufruf dieser Funktion. Dabei wird das Array `[1,2,3,4,5,6]` sowie der Lambda-Ausdruck `(item:number) => item % 2 == 0` übergeben, der dazu führt, dass alle geraden Werte in die Ergebnismenge aufgenommen werden. An der Stelle eines Lambda-Ausdrucks könnte man auch, wie unter JavaScript üblich, eine anonyme Funktion hinterlegen.

Listing 16-10: Lambda-Ausdrücke und Closures

```
    function filter(objs: Array<number>, callback: (item: number) => boolean): Array<n
umber> {

        var ergebnismenge: Array<number> = new Array<number>();
        for (var i: number = 0; i < objs.length; i++) {

            if (callback(objs[i])) {
                ergebnismenge.push(objs[i]);
            }
        }
        return ergebnismenge;
    }

    var result = filter([1, 2, 3, 4, 5, 6], (item: number) => item % 2 == 0);
    ausgabe("Anzahl der Elemente in der Ergebnismenge: " + result.length);
```

Dekoratoren

TypeScript versucht bisher stets, dem ECMAScript-Standard voraus zu sein. So gibt es in TypeScript bereits erste Möglichkeiten, die für die kommende ECMA-Script-Version geplant sind. Die Unterstützung für Dekoratoren war ein Feature, das Google von Microsoft für Angular gefordert hat. Ein Dekorator ist ähnlich wie eine Annotation in Java oder Attribute in .NET: Der Entwickler zeichnet damit Klassen, Properties, Methoden oder Methodenparameter aus. Anders als ein Attribut in .NET ist ein Dekorator aber keine Klasse, sondern eine Funktion, und die Dekoratorfunktion wird automatisch zur Laufzeit aufgerufen. Eine Dekoratorfunktion kann das betreffende Sprachkonstrukt analysieren, modifizieren oder auch ganz ersetzen. Dafür benötigt sie aber eine Reflection-Hilfsbibliothek mit Namen reflect-metadata (siehe *https://www.npmjs.com/package/reflect-metadata*), die eine Polyfill-Implementierung des für ECMAScript geplanten Metadata Reflection API darstellt. Wie bereits weiter vorne in diesem Kapitel erwähnt, gehören Dekoratoren zu den experimentellen Features, die erst separat im TypeScript-Compiler aktiviert werden müssen. Microsoft behält sich hier eine Syntaxänderung vor, wenn der laufende Standardisierungsprozess die Syntax noch ändert.

Eine einfache Dekoratorfunktion wird bei der Initialisierung aufgerufen. Eine Dekoratorfunktion kann eine weitere Funktion zurückliefern. Diese Fabrik-Funktion wird dann bei jeder Verwendung aufgerufen. Die Parameter der Dekoratorfabrikfunktion variieren je nach Dekoratorart.

Der Dekorator wird dann mit einem @-Zeichen beginnend zugewiesen. Listing 16-11 zeigt zwei Dekoratoren am Beispiel einer Lottozahlziehung, bei der es leider ungültige Zahlen geben kann, was mit dem Property-Dekorator `range` festgestellt wird. Der Klassendekorator hat keine aktive Funktion in dem Beispiel. Er könnte aber die Klassendefinition verändern, was hier aber aus Platzgründen nicht gezeigt wird.

Ein Sprachkonstrukt kann mehrere Dekoratoren aufweisen. Die Aufrufreihenfolge ist festgelegt: Erst werden Dekoratoren auf Instanzmitgliedern, dann auf statischen Mitgliedern und dann auf Konstruktoren aufgerufen. Erst zum Schluss folgen Klassendekoratoren. Listing 16-11 zeigt nur ein Beispiel ausgewählter Möglichkeiten:

Listing 16-11: Dekoratoren in Aktion

```
/// <reference path="node_modules/reflect-metadata/reflect.ts" />

console.log("=================== Dekoratorbeispiele");

// einfacher Klassen-Decorator ohne Factory
function klassendekorator(klasse) {
 console.log("# Klassendekorator: " + klasse);
}

// Property-Decorator mit Factory
function range(min: any, max: any) {
```

```
return function (target: any, name: string, descriptor: TypedPropertyDescriptor<number>)
{
  let set = descriptor.set;
  console.log("# range1", target, name, descriptor, set);
  descriptor.set = function (value: number) {
   let type = Reflect.getMetadata("design:type", target, name);
   console.log("# range2", value, type);
   if ((value < min || value > max)) {
    console.error(`Range-Fehler bei ${name}: Wert ${value} <${min} oder >${max}!`);
   } else {
    console.log(`Range-OK bei ${name}: Wert ${value} >${min} und <${max}!`);
   }
  }
 }
}

console.log("=================== Klasse");

@klassendekorator
class Lottoziehung {
 private _zahl: number;
 @range(1, 49)
 set zahl(value: number) { this._zahl = value; }
 get zahl() { return this.zahl; }
 constructor(z: number) {
  this.zahl = z;
 }
}

console.log("=================== Client");

var ziehung1 = new Lottoziehung(1);
ziehung1.zahl = 5;
ziehung1.zahl = 123;
ziehung1.zahl = 40;
ziehung1.zahl = 20;
ziehung1.zahl = 10;
ziehung1.zahl = 800;
```

Module und Verweise

TypeScript kann zusammen mit einem externen Modulsystem oder ohne externes Modulsystem (Auswahl in Visual Studio *None*) verwendet werden.

TypeScript ohne externes Modulsystem (interne Module)

Ohne Modulsystem müssen ...

- die verwendeten TypeScript-Dateien mit einem `<reference>`-Tag zu Beginn einer *.ts*-Datei eingebunden werden: `/// <reference path="modulA.ts" />` (mit Triple-Slash-Direktive). Solch ein Tag entsteht in Visual Studio per Drag-and-drop einer *.ts*-Datei in eine andere.

- alle verwendeten TypeScript-Dateien explizit per `<script>`-Tag in die HTML-Datei eingebunden werden: `<script src="ModulA.js"></script>`. Solch ein Tag entsteht in Visual Studio per Drag-and-drop einer *.ts*-Datei in eine HTML-Datei. Alternativ kann man mit der Compileroption *--out* alle TypeScript-Dateien in eine *.js*-Datei übersetzen. Dann muss nur diese eine *.js*-Datei referenziert werden.
- optional können innerhalb einer TypeScript-Datei mit dem Schlüsselwort `namespace` Namensräume gebildet werden. Wenn Namensräume zum Einsatz kommen, müssen alle zu exportierenden Klassen und Funktion den Zusatz `export` erhalten (siehe Listing 16-8). Durch Namensräume entstehen sogenannte »interne Module«, was aber ein verwirrender Begriff ist, denn es handelt sich nicht um ein echtes Modulsystem.

Externe Module

Mit einem Modulsystem bildet jede TypeScript-Datei ein eigenständiges (externes) Modul. Das Schlüsselwort export wird auf der Ebene der Klasse oder Schnittstelle verwendet. Das Modulsystem erfordert immer eine Zusatzbibliothek zur Laufzeit, wie zum Beispiel requireJS (*requirejs.org*) oder SystemJS (*github.com/systemjs/systemjs*), die eingebunden und konfiguriert werden muss. Der Nutzer muss dann die zu verwendeten Klassen explizit importieren:

- Import einer einzigen Klasse (hier wird der exportierte Name übernommen):

```
import {KlasseA} from './ModulA'
```

Innerhalb der Klammern kann eine Liste von Typen genannt werden – durch Komma getrennt –, die gleichzeitig importiert werden sollen, wenn das exportierende Modul mehrere `export`-Befehle enthält.

- Import aller Exporte eines Moduls:

```
import * as A from './ModulA'
```

Hier fast man die exportierten Typen unter einem neuen Namen zusammen (hier: »A«).

Damit entfallen dann aber <reference>- und <script>-Tags für jedes Modul (siehe Listing 16-12 bis Listing 16-15). In diesem Fall kann man mit dem Schlüsselwort module innerhalb einer Datei verschiedene Module bilden (siehe Listing 16-12).

Listing 16-12: ModulA.ts

```
export class KlasseA {

  test(): string {
   return ("KlasseA: Test");
  }
 }
```

Listing 16-13: ModulB.ts

```
import {KlasseA} from './ModulA'
export module xy {
 // Class
 export class KlasseB {
  test(): string {

   var a1 = new KlasseA();
   return ("1. " + a1.test() + " 2. KlasseB:Test");
  }
 }
}
```

Listing 16-14: app.ts

```
/// <reference path="../jslibs/jquery.d.ts" />
import * as A from './ModulA'
import {xy} from './ModulB'

export function main() {

 $("#C_Ausgabe").append(new Date() + "<hr>");
 var ma = new A.KlasseA();
 var a1 = "Modul A: " + ma.test()
 console.log(a1);
 $("#C_Ausgabe").append(a1 + "<br>");

 var mb = new xy.KlasseB();
 var a2 = "Modul B: " + mb.test()
 console.log(a2);
 $("#C_Ausgabe").append(a2 + "<br>");
}

main();
```

Listing 16-15: index.html *mit Nutzung von Modulen per* import

```
<!DOCTYPE html>
<html xmlns="http://www.w3.org/1999/xhtml">
<head>
 <script src="/JSLibs/jquery-2.0.3.js"></script>
 <script src="jspm_packages/system.js"></script>
 <script>
  //SystemJS konfigurieren
  System.config({
   defaultJSExtensions: true
  });
  System.import('app').catch(console.error.bind(console));</script>
</head>
<body>
 Modulclient
 <hr />
 <div id="C_Ausgabe"></div>
</body>
</html>
```

Re-Export

Ein guter Trick besteht darin, über viele Stufen erfolgende Exporte und Importe zusammenzufassen. Angenommen, Sie haben in einem Ordner vier Module:

- *HomeComponent.ts*
- *Dashboard.ts*
- *CustomerGrid.ts*
- *Statistics.ts*

Jede Datei enthält eine Klasse, die exportiert wird. Dann können Sie einen Re-Export schreiben und in einer Datei mit dem Namen *index.ts* ablegen:

```
export * from './HomeComponent.ts';
export * from './Dashboard.ts';
export * from './CustomerGrid.ts';
export * from './Statistics.ts';
```

Der Import nutzt dann diese Datei (wenn die anderen *ts*-Dateien in *components* liegen):

```
import { HomeComponent, Dashboard,
         CustomerGrid, Statistics } from "./index";
```

Die Varianten mit Umbenennung funktioniert hier auch:

```
import * as cmp from "./index";

let c: cmp.HomeComponent = null;
```

Deklarationsdateien

Schon Listing 16-14 zeigte die Einbindung einer Deklarationsdatei (*d.ts*). Solche Deklarationsdateien sind enorm wichtig für TypeScript, denn sie liefern die TypeScript-Typdefinitionen für bestehende JavaScript-Bibliotheken, die nicht in TypeScript geschrieben wurden. Sie enthalten sogenannte ambiente Deklarationen mit dem Schlüsselwort `declare`: Hier werden Typen für Variablen deklariert, die anderorts (meist in JavaScript) ohne Typ erzeugen wurden.

Dadurch kann der TypeScript-Entwickler auch mit solchen Bibliotheken typsicher und mit Eingabeunterstützung arbeiten. Listing 16-16 zeigt einen Ausschnitt aus *jquery.d.ts* zur Deklaration der jQuery-Schnittstelle. Ein großer Fundus für solche Deklarationsdateien ist Definitely Typed (siehe *definitelytyped.org* und *github.com/DefinitelyTyped/DefinitelyTyped*) sowie der Node Package Manager (npm).

Listing 16-16: Ambiente Deklarationen für jQuery (jquery.d.ts)

```
interface JQuery {
...
    replaceAll(target: any): JQuery;
    replaceWith(func: any): JQuery;
    text(): string;
```

```
    text(textString: any): JQuery;
    text(textString: (index: number, text: string) => string): JQuery;
    toArray(): any[];
    unwrap(): JQuery;
...
}
```

Einbindung von Deklarationsdateien (altes Verfahren)

Es ist notwendig, die benötigten Deklarationsdateien zu Beginn in eine TypeScript-Datei einzubinden:

```
/// <reference path="libs/typings/jquery/jquery.d.ts" />
```

Bei den drei einleitenden Schrägstrichen handelt es sich um keinen Schreibfehler, sondern um die Konvention, über die Visual Studio solche Kommentare erkennt, die Zusatzinformationen beinhalten.

Import von Deklarationsdateien

In der Anfangsphase von TypeScript hat man die Deklarationsdateien direkt bei Definitely Typed heruntergeladen und wie oben gezeigt manuell eingebunden. Danach hat man dafür ein Node.js-basiertes Werkzeug mit Namen TypeScript Definition Manager (*npm install typings --global*) verwendet. Seit Version 2.0 von TypeScript ist der empfohlene Weg, direkt NPM zu nutzen. Der Vorteil der npm-Version gegenüber den früheren Verfahren besteht in der Minimierung von Abhängigkeiten. Sie können TypeScript-Deklarationspakete auf npm komfortabel über folgende Website suchen: *http://microsoft.github.io/TypeSearch/*.

Mit npm beschaffen Sie die Deklarationsdatei wie folgt (hier am Beispiel jQuery):

```
npm install @types/jquery -save
```

> Da die npm-Registry keine Ordner kennt, werden alle Typdefinitionen mit dem Präfix `/@types` versehen. Der Schrägstrich sorgt beim Laden dafür, dass daraus auf Ihrer lokalen Festplatte im Ordner *node_modules* ein Unterordner mit diesem Namen entsteht.

Importieren Sie dann die Deklarationen in Ihr Skript:

```
import $ from "jquery";
```

Deklarationsdateien und tsconfig.js

Deklarationsdateien, die per `@types` bereitgestellt werden, findet der TypeScript-Compiler standardmäßig immer. Sie werden in einem Unterordner in oder unterhalb von *node_modules* erwartet: */node_modules/@types/*.

Wird der Ordner dagegen mit typeRoots explizit in der *tsconfig.js*-Datei angegeben, wird nur dort gesucht:

```
{
 "compilerOptions": {
    "typeRoots" : ["./typings"]
 }
}
```

Wollen Sie Pakete in *./typings* und in *./node_modules/@types* benutzen, müssen auch beide Ordner benannt werden.

Wird types angegeben, müssen die benötigten Pakete explizit benannt werden. Ohne diese Angaben werden alle Pakete gelesen:

```
{
  "compilerOptions": {
    "types" : ["node", "lodash", "express"]
  }
}
```

Sie können ein leeres Array [] angeben, um das Laden der Pakete komplett zu verhindern.

Mixins

Traditionelle Techniken in der objektorientierten Programmierung waren nie JavaScripts Stärke. Mit aller Macht diese Techniken zu nutzen, ist auch in TypeScript nicht immer allererste Wahl. Das Zusammenfügen von Klassen aus partiellen Klassen ist einfacher und oft effektiver als die traditionelle Vererbung.

Diese Kombinationstechnik wird als Mixin bezeichnet. Solche Mixins können seit TypeScript 2.0 folgendermaßen aussehen:

Listing 16-17: advanced/mixin.ts

```
function applyMixins(derivedCtor: any, baseCtors: any[]) {
    baseCtors.forEach(baseCtor => {
        Object.getOwnPropertyNames(baseCtor.prototype).forEach(name \
=> {
             if (name !== 'constructor') {
                derivedCtor.prototype[name] = baseCtor.prototype[nam\
e];
             }
        });
    });
}

class Disposable {
    isDisposed: boolean;
    dispose() {
        this.isDisposed = true;
    }

```

```
19 }
20
21 class Activatable {
22     isActive: boolean;
23     activate() {
24         this.isActive = true;
25     }
26     deactivate() {
27         this.isActive = false;
28     }
29 }
30
31 class SmartObject implements Disposable, Activatable {
32     constructor() {
33         setInterval(() => console.log(this.isActive + " : "
34                                  + this.isDisposed), 500);
35     }
36
37     interact() {
38         this.activate();
39     }
40
41     // Klasse 1
42     isDisposed: boolean = false;
43     dispose: () => void;
44     // Klasse 2
45     isActive: boolean = false;
46     activate: () => void;
47     deactivate: () => void;
48 }
49 applyMixins(SmartObject, [Disposable, Activatable])
50
51 var smartObj = new SmartObject();
52 setTimeout(() => smartObj.interact(), 1000);
```

Die ersten beiden Klassen, `Disposable` (Zeile 1) und `Activatable` (Zeile 8) sind die Bausteine – die Mixins. Die Klasse `SmartObject` entsteht nun durch Kombination dieser beiden Klassen:

```
class SmartObject implements Disposable, Activatable {
```

Statt dem sonst üblichen `extends` wird hier `implements` benutzt. Dies sagt eigentlich aus, dass eine Implementierung folgt. Diese wird jedoch nicht direkt, sondern durch Inkludieren der Mixins erledigt. Um die Bedingungen für `implements` dennoch zu erfüllen, werden die abstrakten Definitionen angegeben, was einen gewisser Zusatzaufwand bei Mixins bedeutet. Es bleibt jedoch die Möglichkeit, komplexere Programmanweisungen in den betroffenen Eigenschaften und Methoden zu importieren.

```
// Klasse 1
isDisposed: boolean = false;
dispose: () => void;
// Klasse 2
isActive: boolean = false;
activate: () => void;
deactivate: () => void;
```

Die Klassen werden nun gemischt:

```
applyMixins(SmartObject, [Disposable, Activatable])
```

Das eigentliche Mischen der Klassen erfolgt zur Laufzeit mithilfe der bereits benutzten Funktion `applyMixins`. Diese muss nur einmalig global bereitgestellt werden, beispielsweise über einen Import (im Beispiel auf GitHub ist dies zu sehen).

Mixin-Konstruktortypen

Der etwas sperrige Name Mixin-Konstruktortyp beschreibt eine spezielle Signatur für Konstruktoren, bei der ein Rest-Operator mit einem Array-Typ benutzt wird:

```
constructor(...args: any[])
```

Es ist nun möglich, den Typ des Konstruktors separat zu beschreiben: zuerst zwei Klassen, die zusammen benutzt werden sollen.

Listing 16-18: advanced/fabricmixin.ts (Anfang)

```
interface Tagged {
  _tag: string;
}

class Point {
  constructor(public x: number, public y: number) {}
}
```

Nun folgt eine Typdefinition für einen generischen Konstruktor:

Listing 16-19: advanced/fabricmixin.ts (Fortsetzung)

```
type Constructor<T> = new(...args: any[]) => T;
```

Durch den Operator `new` wird eine Erstellungsanweisung für ein Objekt vom Typ `T` erteilt – hier also ist der konkrete Typ noch nicht benannt.

Da es sich immer noch um einen Typ handelt, kann nun von diesem abgeleitet werden. Idealerweise eignet sich dies zum Bau von Fabrikfunktionen:

Listing 16-20: advanced/fabricmixin.ts (Fortsetzung)

```
function Tagged<T extends Constructor<{}>>(Base: T) {
    return class extends Base {
        _tag: string;
        constructor(...args: any[]) {
            super(...args);
            this._tag = "";
        }
    }
}
```

Hier wird erneut ein generischer Typ benutzt, der seinerseits von `Constructor<>` ableitet (Zeile 1 nach `extends`). Der Typ ist nicht weiter ausgeführt, `{}` ist schlicht `object`.

Mit dieser Definition und mittels einer Typdefinition kann nun eine konkrete Instanz erstellt werden:

Listing 16-21: advanced/fabricmixin.ts (Fortsetzung)

```
export type TaggedPoint = Constructor<Tagged> & typeof Point;
const tPoint: TaggedPoint = Tagged(Point, "p");
let p = new tPoint(1,2);
console.log(p._tag);
```

Das Mischen (mix) passiert hier durch Übergabe des konkreten Typs `Point`, sodass die Eigenschaften `x` und `y` entstehen. Der Aufruf von `Tagged` führt auf die Schnittstelle zurück, die implizit auf `Constructor` aufsetzt. Das resultierende Objekt entsteht erst im inneren Konstruktor von `Tagged`, und dort wird in diesem Beispiel die Eigenschaft `_tag` erstellt. Nun fehlt noch das `new` für das finale Objekt.

Das Objekt ist jetzt eine Kombination aus `Tagged` und `Point`. Das ist sinnvoll, wenn Sie viele Klassen haben, die immer wieder denselben Satz von gleichen Eigenschaften benötigen. Es spart viel Schreibarbeit und reduziert Fehler.

Das Ganze funktioniert auch mit Schnittstellen:

Das Pattern für Mixin-Typen wurde in TypeScript 2.2 eingeführt.

Deklaratives Mischen

Das deklarative Mischen von Typen ist eine sehr spezielle Technik, die so nur in TypeScript vorkommt. Der Compiler soll hier zwei oder mehr Typdefinitionen mit demselben Namen in einen gemeinsamen Typ verbinden. Es handelt sich quasi um eine spezielle Form der Mixins.

Konzepte: Deklarationen werden in TypeScript in Namensräumen, Typen oder Werten benutzt. Deklarationen, die Namensräume oder Module erzeugen, werden über die Punkt-Syntax erstellt. Reine Typdeklarationen sind direkte, einfache Typbeschreibungen – der Typ wird wie geschrieben erzeugt und ist an seinen Namen gebunden. Deklarationen, die Werte erzeugen, werden im final erzeugten JavaScript als Funktion oder Variable sichtbar.

Tabelle 16-2: Deklarationsverhalten

Deklaration	Namenraum	Typ	Wert
Module	X	X	
Class	X	X	
Interface		X	
Function		X	
Variable		X	X

Schnittstellen vermischen – Der einfachste Fall einer deklarativen Vermischung nutzt Schnittstellen. Es wird einfach eine Schnittstelle erstellt, und derselbe Name wird mehrfach benutzt.

Listing 16-22: advanced/mixinter.ts

```
interface Box {
    height: number;
    width: number;
}

interface Box {
    scale: number;
}

var box: Box = {height: 5, width: 6, scale: 10};
```

Felder und Eigenschaften müssen über alle Teile eindeutig sein, Funktionen können dagegen mit verschiedenen Signaturen überladen werden. Stimmen die Signaturen überein, erfolgt ein Überblenden in der Reihenfolge der Definition. Die Definition in der letzten Schnittstelle der Kette hat die höchste Sichtbarkeit.

```
interface Document {
    createElement(tagName: any): Element;
}
interface Document {
    createElement(tagName: string): HTMLElement;
}
interface Document {
    createElement(tagName: "div"): HTMLDivElement;
    createElement(tagName: "span"): HTMLSpanElement;
    createElement(tagName: "canvas"): HTMLCanvasElement;
}
```

Aus der gezeigten Deklaration resultiert folgende gemischte Deklaration:

```
interface Document {
    createElement(tagName: "div"): HTMLDivElement;
    createElement(tagName: "span"): HTMLSpanElement;
    createElement(tagName: "canvas"): HTMLCanvasElement;
    createElement(tagName: string): HTMLElement;
    createElement(tagName: any): Element;
}
```

Module mischen

Ähnlich wie bei den Schnittstellen lassen sich auch Module mischen. Da hier ein Namensraum mit ins Spiel kommt, ist der Vorgang etwas komplexer.

```
module Animals {
    export class Zebra { }
}

module Animals {
```

```
    export interface Legged { numberOfLegs: number; }
    export class Dog { }
}
```

Diese Definition wird zu folgendem Konstrukt vermischt:

```
module Animals {
    export interface Legged { numberOfLegs: number; }

    export class Zebra { }
    export class Dog { }
}
```

Um Namensräume zu verbinden, werden die Typinformationen der exportierten Schnittstellen, die in jedem Modul deklariert worden sind, zu einem Namensraum verschmolzen und als gemeinsame Definition verfügbar gemacht. Nicht als exportierbar gekennzeichnete Mitglieder sind im finalen Namensraum nicht sichtbar. Ein weiteres Beispiel zeigt den Effekt:

```
 1 module Animal {
 2     var haveMuscles = true;
 3
 4     export function animalsHaveMuscles() {
 5         return haveMuscles;
 6     }
 7 }
 8
 9 module Animal {
10     export function doAnimalsHaveMuscles() {
11         return haveMuscles;
12     }
13 }
```

Hier wird das private Feld `haveMuscles` nicht exportiert. Deshalb wird beim Aufruf der Funktion `doAnimalsHaveMuscles` in Zeile 10 ein Fehler erzeugt. Das Feld `haveMuscles` kann nicht erreicht werden.

Umgang mit Funktionen, Klassen und Enumerationen – Module können beim Vermischen auch andere Deklarationen enthalten. Bei Klassen können Sie damit eine Art innere Klasse erzeugen:

Listing 16-23: advanced/modulmix.ts

```
class Album {
  label: Album.AlbumLabel = new Album.AlbumLabel();
}
module Album {
  export class AlbumLabel {
    name: string
  }
}

let a: Album = new Album();
a.label.name = "Crazy Horse";

console.log(a.label.name);
```

Hier wird die Klasse `AlbumLabel` exportiert. Die exportierte Klasse existiert als innere Klasse der äußeren Klasse `Album`. Der Zugriff erfolgt über die Punkt-Syntax: `Album.AlbumLabel`. Zur Benutzung ist freilich eine Instanz erforderlich (Zeile 2). Der Einsatz ist sinnvoll, wenn komplexe Objekte in Unterstrukturen zerlegt werden sollen, sogenannte Property-Bags.

Die in JavaScript übliche Methode, Funktionen zu instanziieren und dann zu erweitern, ist dieser Vorgehensweise sehr ähnlich. In TypeScript ist es darüber hinaus möglich, solche Erweiterungen typsicher vorzunehmen.

Listing 16-24: advanced/fmodulmix.ts

```
function buildLabel(name: string): string {
    return buildLabel.prefix + name + buildLabel.suffix;
}

module buildLabel {
    export var suffix = "";
    export var prefix = "Hello, ";
}

console.log(buildLabel("Joerg<IsAGeek>"));
```

Vergleichbar ist auch das Erweitern einer Enumeration mit weiteren statischen Mitgliedern:

Listing 16-25: advanced/emodulmix.ts

```
enum Color {
  red = 1,
  green = 2,
  blue = 4
}

module Color {
  export function mixColor(colorName: string) {
      if (colorName == "yellow") {
          return Color.red + Color.green;
      }
      else if (colorName == "white") {
          return Color.red + Color.green + Color.blue;
      }
      else if (colorName == "magenta") {
          return Color.red + Color.blue;
      }
      else if (colorName == "cyan") {
          return Color.green + Color.blue;
      }
  }
}

const e = Color.green;
console.log(Color.mixColor("yellow"));
```

Damit ist man ziemlich nah dran an klassischen Sprachen wie C#. Die letzte Zeile im vorherigen Beispiel gibt »3« zurück, die Summe aus 1 und 2, also den Werten, die bei der Zeichenkette »yellow« ermittelt werden. Sie könnten nun noch den Zeichentyp ersetzen, wobei außer einem weiteren Enum auch ein Union-Typ sinnvoll erscheint (im selben Skript zu sehen):

```
type moreColors = "yellow" | "white" | "magenta" | "cyan";
```

Nicht mögliche Vermischungen

Nicht alle Vermischungen sind erlaubt. Klassen lassen sich nicht mit anderen Klassen mischen und nicht mit Schnittstellen. Für sich stehende Variablen und Klassen sind ebenso nicht mischbar. Einen Ausweg bieten die bereits beschriebenen Mixins, die aber eine explizite Vermischungsfunktion erfordern.

Dieser Teil von TypeScript ist in der Entwicklung, und spätere Versionen können hier weitere Funktionen hinzufügen.

Reflektion: Metadaten per Programmcode

Reflektion ist eine Funktion vieler Sprachcompiler, um dem Entwickler zur Laufzeit Informationen über den Code selbst zur Verfügung zu stellen. Code kann so anderen Code oder auch sich selbst untersuchen. Die Anwendungsfälle sind vielfältig:

- Dependency Injection, IoC-Container
- Unit Tests
- Typprüfung (Type Assertion)
- Verbesserung von Editorfunktionen (Intellisense)

Mit dem rasanten Wachstum von JavaScript-Applikationen werden der Einsatz von Entwurfsmustern und das Testen wichtiger. In großen Projekten ist dies alternativlos. JavaScript selbst bietet hier nur geringe Unterstützung – und dies auch nur ziemlich umständlich. Eine echte Reflektionsfunktion ist in JavaScript überdies schlicht nicht vorhanden. Dies wirft die Sprache gegenüber C# oder Java deutlich zurück.

Mittels Reflektion können folgende Werte ermittelt werden:

- Der Name einer Entität
- Der Typ der Entität
- Die Schnittstellen, die die Entität implementiert
- Anzahl und Art der Eigenschaften
- Der Konstruktor und seine Argumente

Einiges geht in JavaScript mittels Aufrufen der folgenden Art:

- `Object.getOwnPropertyDescriptor()`

  oder

- `Object.keys()`

Dies liefert aber nur einen kleinen Teil der im Code steckenden Strukturinformationen.

Die Metadaten-API für Reflektion

Die API steht als zusätzliches Modul zur Verfügung, das von npm heruntergeladen werden kann:

npm install reflect-metadata --save-dev

Der TypeScript-Compiler akzeptiert dies mit dem speziellen Schalter *emitDecoratorMetadata*, der auf *true* gesetzt werden muss. Das Modul wird über die Datei *reflect-metadata.d.ts* für die Typen und *Reflect.js* für die Implementierung der JavaScript-Funktionen referenziert.

Über spezielle Dekoratoren werden die Metadaten ermittelt. Dazu werden dem Dekorator Schlüsselwerte übergeben:

- `'design:type'`: Typinformationen
- `'design:paramtypes'`: Parameterinformationen
- `'design:returntype'`: Rückgabeinformationen

Mithilfe einiger Beispiele lässt sich die Funktionsweise am besten verdeutlichen.

Ermitteln von Typinformationen

Zuerst soll ein Dekorator erstellt werden:

Listing 16-26: reflect/logreflect.ts

```
import 'reflect-metadata';

function logType(target : any, key : string) {
  var t = Reflect.getMetadata("design:type", target, key);
  console.log(`${key} type: ${t.name}`);
}
```

Der Dekorator wird nun eingesetzt:

```
: reflect/logreflect.ts (Fortsetzung)
class Demo{
  @logType
  public attr1 : string;
}
```

Die Ausgabe sieht nun folgendermaßen aus: »attr1 type: String«. Der Aufruf der importierten Klasse `Reflect` erledigt also die eigentliche Arbeit. Der Dekorator dient nur dem Zugriff zur Laufzeit.

Ermitteln von Parameterinformationen

Zuerst muss wieder ein Dekorator erstellt werden:

Listing 16-27: reflect/logreflectp.ts

```
function logParamTypes(target : any, key : string) {
  var types = Reflect.getMetadata("design:paramtypes", target, key);
  var s = types.map(a => a.name).join();
  console.log(`${key} param types: ${s}`);
}
```

Die Anwendung ist auch hier sehr einfach:

Listing 16-28: reflect/logreflectp.ts (Fortsetzung)

```
class Foo {}
interface IFoo {}

class ParamDemo {
  @logParamTypes
  doSomething(
    param1 : string,
    param2 : number,
    param3 : Foo,
    param4 : { test : string },
    param5 : IFoo,
    param6 : Function,
    param7 : (a : number) => void,
  ) : number {
     return 1
  }
}
```

Dieses Beispiel gibt Folgendes aus:

doSomething param types: String, Number, Foo, Object, Object, Function, Function

Ermitteln von Rückgabeinformationen

Zuerst muss ein Dekorator erstellt werden, und diesmal sieht der Aufruf folgendermaßen aus:

```
Reflect.getMetadata("design:returntype", target, key);
```

Asynchrone Programmierung

JavaScript ist single-threaded. Die Grundregel ist, dass Zugriffe, die länger als 50 ms dauern könnten, daher nicht im aktuellen Kontext laufen sollten. Asynchron kann mit diversen Methoden gearbeitet werden, darunter `setTimeout()` oder in neueren Umgebungen mit `Promise`. TypeScript macht es besonders einfach und führt zwei Schlüsselwörter ein (verfügbar ab Version 1.7 und seit Version 2.1 auch für ältere Browser).

Mittels `async` wird angezeigt, dass diese Methode asynchrone Aufrufe enthält. Der Aufruf selbst wird dann mit `await` angehalten und asynchron ausgeführt. Nach der Rückkehr wird das asynchrone Objekt (meist ein `Promise<T>`) ermittelt und aufgelöst, sodass `T` nun zugreifbar ist. Der Rückgabewert ist optional.

Listing 16-29: advanced/async/async.ts

```
"use strict";

async function printDelayed(elements: string[]) {
    for (const element of elements) {
        await delay(200);
        console.log(element);
    }
}

async function delay(milliseconds: number) {
    return new Promise<void>(resolve => {
        setTimeout(resolve, milliseconds);
    });
}

printDelayed(["Hallo", "neue", "asynchrone", "Welt"]).then(() => {
    console.log();
    console.log("Printed every element!");
});
```

Dieses Skript benötigt Zugriff auf die `Promise`-Klasse. Dazu muss das Skript mit der TypeScript-Compiler-Option *--es2015* übersetzt werden.

Generatoren und Iteratoren

Generatoren und Iteratoren wurden neu in ES 2015 eingeführt und folgerichtig auch von TypeScript unterstützt – konkret ab Version 2.3.

> Beim Übersetzen dieser Konstrukte nach ES5 kann es sein, dass ältere Browser zusätzliche Polyfills benötigen. Ein Test ist unbedingt erforderlich. Beim Transpilieren nach ES5 oder ES3 muss darüber hinaus der Schalter *–downlevelIterators* (oder `"downlevelIterators": true` in der *tsconfig.json*) benutzt werden, sonst werden die meisten Umgebungen den erstellten Code nicht ausführen.

Iteratoren

Iteratoren dienen dazu, aufzählbare Objekte nach einem wohldefinierten Schema auszugeben. Ein solcher Iterator bietet drei Methoden an, `next`, `return` und `throw`, bereitgestellt als Schnittstelle:

```
interface Iterator<T> {
  next(value?: any): IteratorResult<T>;
  return?(value?: any): IteratorResult<T>;
  throw?(e?: any): IteratorResult<T>;
}
```

Damit kann synchron über Werte iteriert werden, beispielsweise Arrays. Iterierbare Objekte haben die Methode `iterator`, die ein Objekt vom Typ `Iterator` zurückgibt. Einige sprachliche Möglichkeiten ab ES 2015 wie die Anweisungen `for..of` und der `...`-Operator setzen auf diese Technik auf.

Generatoren

Generatoren erzeugen Objekte, die iterierbar sind. Dazu muss nicht auf die implementierten Basistypen wie Array zurückgegriffen werden. Das Schlüsselwort zum Steuern des Iterators heißt `yield`.

Listing 16-30: advanced/gen/yield.ts

```
function* f() {
  yield 1;
  yield* [2, 3];
}
let iterator = f();
console.log(iterator.next().value);
console.log(iterator.next().value);
console.log(iterator.next().value);
```

Das Skript gibt nun »1 2 3« untereinander aus. Jeder Aufruf von `next()` schaltet eine Ebene weiter. Schleifen, die Iteratoren akzeptieren, sind `for..of` und der Spread-Operator `...`.

Listing 16-31: advanced/gen/yieldloop.ts

```
function* floop() {
  yield 1;
  yield* [2, 3];
}

for(let f of floop()) {
  console.log(f);
}
```

Dieses Beispiel muss für ES2015 übersetzt werden. Der Transpiler entwickelt zwar eine Variante für ES5, die funktioniert aber nicht vollständig für Konstrukte, die auf `yield` aufsetzen.

Asynchrone Iteration

Um über Werte auch asynchron zu iterieren, wird der `AsyncIterator` benutzt. Die drei Methoden geben nun ein `Promise` zurück, das asynchron (mittels `then` oder `catch`) aufgelöst wird.

```
interface AsyncIterator<T> {
  next(value?: any): Promise<IteratorResult<T>>;
  return?(value?: any): Promise<IteratorResult<T>>;
  throw?(e?: any): Promise<IteratorResult<T>>;
}
```

Die Methode `asyncIterator` zeigt diese Möglichkeit an.

Asynchrone Generatoren

Auch beim Generator kann asynchron gearbeitet werden.

Listing 16-32: advanced/gen/asyncyield.ts

```
if(Symbol["asyncIterator"] === undefined) ((Symbol as any)["asyncIte\
rator"]) = Symbol.for("asyncIterator");

function sleep(ms) {
  return new Promise(resolve => setTimeout(resolve, ms));
}

async function* g() {
  yield 1;
  await sleep(1000);
  yield* [2, 3];
  yield* (async function *() {
    await sleep(3000);
    yield 4;
  })();
}
```

Benutzt werden die bereits gezeigten Schlüsselwörter `async` und `await`. Das Beispiel nutzt eine `sleep`-Funktion, um die Ausgabe zu verzögern.

Einiges muss aber beachtet werden im Hinblick auf den Transpiler. Zum einen geht das nur mit ES2015/ES6. Zum anderen muss die Bibliothek *esnext.asynciter able* eingebunden werden. All das ist in der *tsconfig.json* zu sehen, die im Projektordner *advanced/gen* zu finden ist.

Da Itertoren und Generatoren naturgemäß oft in Schleifen verarbeitet werden, ist auch `for..of` um eine asynchrone Version erweitert worden:

Listing 16-33: advanced/gen/asyncyield.ts (Fortsetzung)

```
async function needAsyncFunction() {
  for await (const item of g()){
    console.log(item);
  }
}

needAsyncFunction();
```

Dies funktioniert nur in einer asynchronen Funktion, die mit `async` dekoriert wurde.

KAPITEL 17

Angular

Bei Webframeworks gibt es die gleiche Vielfalt wie bei Weinen, aber oft eine Haltbarkeit wie bei Milch. Mit Angular jedoch bildet sich im Markt zunehmend ein De-facto-Standard heraus. Dies hält Google allerdings nicht davon ab, zwischen Version 1.0 von AngularJS und Version 2.0 von Angular (ohne »JS« am Ende) alles auf den Kopf zu stellen.

Bei der Erstankündigung im Oktober 2014 war das neue Angular bei den bisherigen AngularJS-Nutzern sehr umstritten, da Google damals deutlich machte, dass man keinen Wert auf Kompatibilität zu bestehenden Anwendungen legt. Mittlerweile haben sich viele mit dem neuen Angular versöhnt, weil es einfacher und auch performanter ist als der Vorgänger (vgl. *auth0.com/blog/more-benchmarks-virtual-dom-vs-angular-12-vs-mithril-js-vs-the-rest*. Dennoch bleibt die Kritik, dass Angular noch nicht einfach genug ist. Auf Basis von Konventionen könnte das Webframework dem Entwickler noch viel Tipparbeit ersparen.

Ziele und Architektur von Angular

Googles Anspruch verdeutlicht sich auf den ersten Blick beim Betreten der Website *www.angular.io*: »One Framework. Mobile & desktop«. Ergänzen könnte man noch »Client und Server«, denn die neue Version von Angular kann auch außerhalb des Webbrowsers, zum Beispiel für Rendering auf dem Webserver, zum Einsatz kommen.

Den Namen hat der Hersteller von AngularJS auf Angular geändert. Der Verzicht auf das Kürzel »JS« passt dazu, dass Angular nicht in JavaScript, sondern komplett in Microsofts TypeScript implementiert ist. Google hatte bei der Erstankündigung von Angular 2 im Oktober 2014 zunächst geplant, für Angular 2 eine eigene Skriptsprache mit Namen AtScript, einer Mischung aus TypeScript und Dart, zu schaffen. Im März 2015 gaben Google und Microsoft dann bekannt, dass man an einem Strang ziehen werde und TypeScript so erweitern wird, dass AtScript obsolet ist. Da TypeScript lediglich eine Abstraktion von JavaScript darstellt und dorthin transpiliert wird, kann ein Nutzer von Angular zwischen TypeScript und Java-

Script (ECMAScript 5 oder höher) wählen. Neben diesen beiden Sprachen gibt es die komplette Dokumentation (*angular.io/docs*) auch noch in einer Dart-Version. In diesem Buch folgen alle Beispiele und Fachbegriffe der Syntax von TypeScript.

Angular versteht sich als universelle Lösung für die Entwicklung moderner HTML-basierter Webanwendungen und hybrider Apps mit Apache Cordova oder Ionic. Dabei kann dieses Webframework auch zum Einsatz kommen, wenn man keine Single-Page-Application (SPA), sondern eine Mischung aus Client- und serverseitigem Rendern realisieren will. Wie der Vorgänger kann auch Angular in Verbindung mit anderen Auszeichnungssprachen wie der XML-Syntax von Native Script (vgl. *www.nativescript.org*) zur Entwicklung nativer Benutzeroberflächen zum Einsatz kommen.

Googles Webframework hat bei einigen Entwicklern den Ruf, sich nur bei umfangreichen Webanwendungen zu lohnen, weil der Einarbeitungsaufwand groß ist und Angular durch seine Abstraktionskonzepte einigen Tippaufwand produziert. Der Autor dieses Kapitels findet es aber zweifelhaft, zwischen kleinen und großen Webanwendungen zu differenzieren und damit Know-how in verschiedenen Webframeworks aufzubauen – zumal aus kleinen Webanwendungen später manchmal große werden. Der Hersteller hat bei der Architektur von Angular vieles vereinfacht, um den Arbeitsaufwand für Webanwendungen zu reduzieren. Dennoch könnte Google an einigen Stellen die Programmieraufwände weiter reduzieren, wenn man mehr auf Konventionen statt explizite Deklarationen setzen würde.

Browserunterstützung

Angulars Browserunterstützung beginnt erst bei Internet Explorer 9. Bei Chrome und Firefox wird laut *https://angular.io/docs/ts/latest/guide/browser-support.html* nur die jeweils aktuelle Version unterstützt; bei Safari und iOS die letzten beiden Versionen. Anscheinend geht man hier davon aus, dass alle Benutzer den Browser stets aktuell halten, was aber im Unternehmensalltag eben oft nicht gegeben ist und auch nicht sein kann.

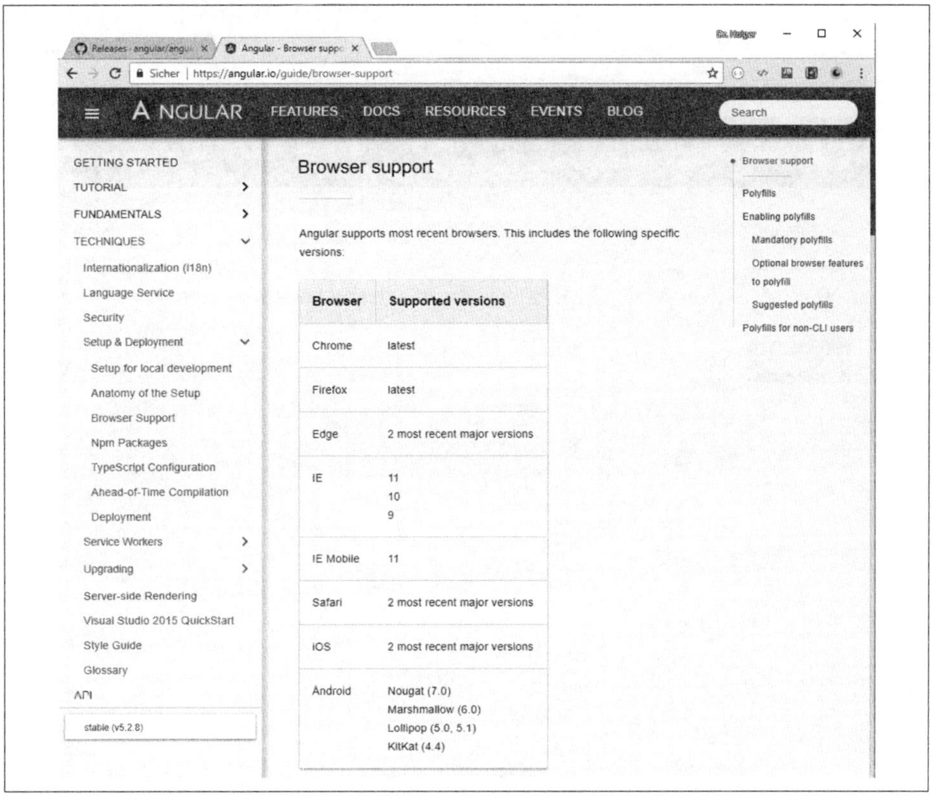

Abbildung 17-1: Browserunterstützung in Angular (angular.io/guide/browser-support)

Veröffentlichungszyklus von Angular

Angular ist wie sein Vorgänger Open Source (MIT-Lizenz, siehe *github.com/angular/angular.io*). Zum Zeitpunkt des Redaktionsschlusses dieses Buchkapitels ist die aktuelle stabile Version 5.2.8, und die Version 6.0 ist im Stadium Beta 7. Während der Satzphase dieses Buchs sind die Versionen 6.0 und 6.1 erschienen. Den aktuellen Release-Stand können Sie auf *github.com/angular/angular/releases* sehen.

Eine Version 3.0 von Angular hat es nie gegeben. Google ist von Version 2.3 direkt auf Version 4.0 gesprungen.

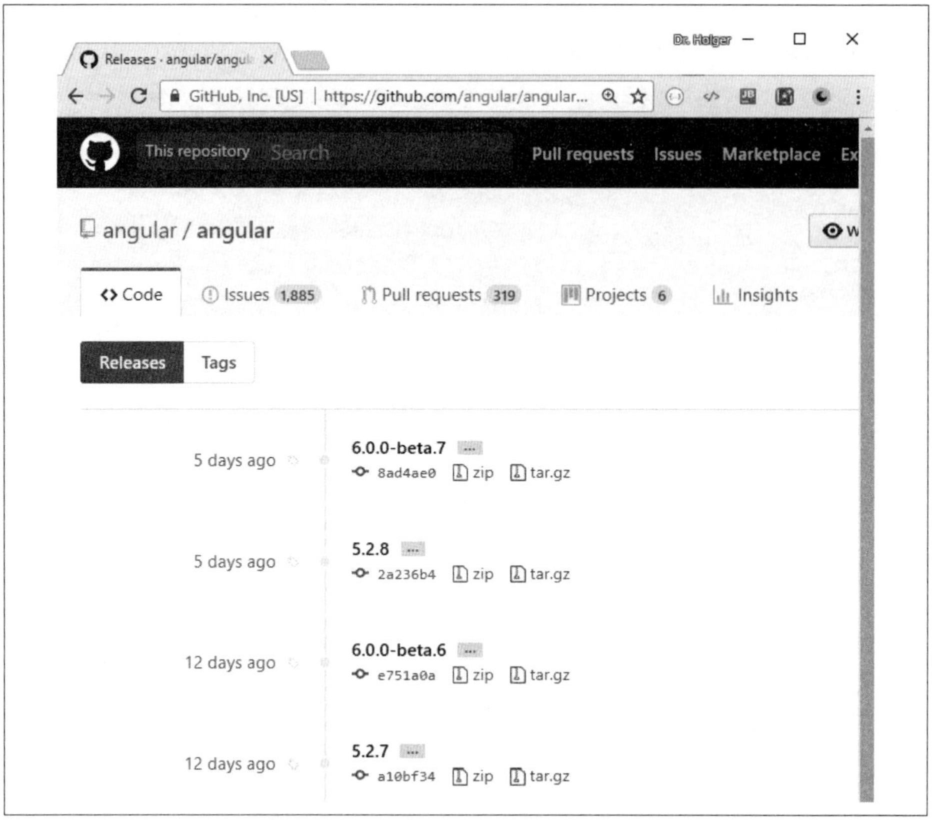

Abbildung 17-2: Angular Releases (github.com/angular/angular/releases)

Google hat angekündigt (*angularjs.blogspot.de/2016/10/versioning-and-releasing-angular.html*), alle sechs Monate eine neue Hauptversion herauszubringen. In der Zwischenzeit soll es ungefähr drei Nebenversionen und wöchentliche Patches im Sinne des Semantic Versioning (vgl. *semver.org*) geben.

Dokumentation

Die offizielle Dokumentation zu Angular finden Sie unter *angular.io*.

Für den Umstieg von AngularJS 1.x auf Angular bietet die Dokumentation ein schrittweises Konzept (*angular.io/docs/ts/latest/guide/upgrade.html*) sowie einen Upgrade Adapter, mit dem AngularJS 1.x und Angular innerhalb einer Webanwendung interagieren können.

Beispielsammlung

Das diesem Buchkapitel zugrunde liegende Beispiel, in dem der Nutzer eine Liste von Flügen darstellen und bearbeiten kann (siehe Aufbau in Abbildung 17-3), kann hier nicht komplett abgedruckt werden. Es steht im Rahmen der Downloads zu diesem Buch zur Verfügung. Zudem enthalten die Downloads weitere Beispiele.

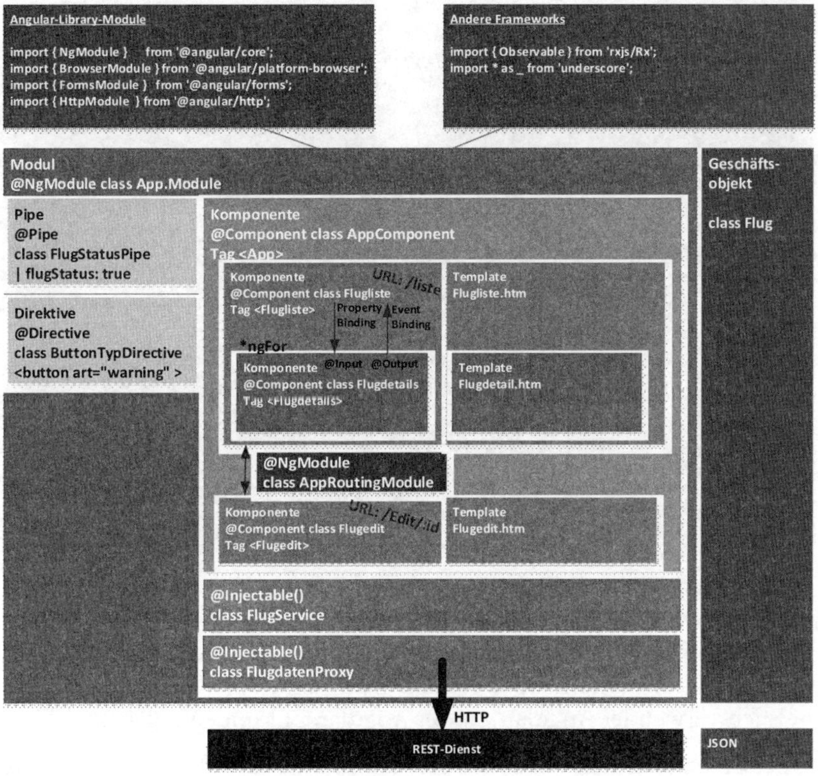

Abbildung 17-3: Der Aufbau des Angular-Beispiels aus einem Modul mit vier Komponenten und einer selbstgeschriebenen Pipe, einer eigenen Attribut-Direktive, einem Routing-Modul zum Wechseln der Ansichten sowie zwei injizierbaren Services spiegelt den typischen Aufbau einer Angular-Anwendung wider.

Die Beispielsammlung nutzt zwar `HttpClient` zum Aufruf von Daten, allerdings ist die Datenquelle kein REST-Dienst/Web API, sondern eine statische Datei *Flugdaten.json* im Ordner */Daten*.

Zum Bearbeiten des Projekts bietet sich Visual Studio Code (*code.visualstudio.com* an. Beim Öffnen des Projekts wird Ihnen Visual Studio Code einige Erweiterungen vorschlagen, die Sie installieren sollten, um mehr Komfort bei diesem Angular-Projekt zu haben.

Abbildung 17-4: Beispielsammlung geöffnet in Visual Studio Code

Die Beispielsammlung verwendet nicht die Angular CLI, sondern wurde manuell mit SystemJS als Module Loader erstellt. Das Fallbeispiel »MiracleListClient« in diesem Buch verwendet Angular mit der Angular CLI und WebPack.

Zum Übersetzen und Starten der Beispielsammlung öffnen Sie ein Konsolenfenster (auch möglich innerhalb von Visual Studio Code, siehe Abbildung 17-4) und wechseln in das Wurzelverzeichnis des Projekts.

Geben Sie zuerst ein:

```
npm install
```

um alle notwendigen Node Package Manager-Pakete zu installieren (sie liefert man üblicherweise nicht beim Verbreiten des Quellcodes mit, da das Archiv sonst viele Hundert MB groß würde).

Zum Start des Webservers und des Browsers geben Sie ein:

```
npm start
```

Die erste Kompilierung dauert etwas. Danach ist das sogenannte Hot Module Replace (HMR) aktiv, das heißt, Sie müssen bei einer Änderung den Webserver nicht beenden und neustarten. Sobald Sie eine Änderung speichern, werden die geänderten Teile neu kompiliert. Da auch Browser Sync aktiv ist (siehe Abbildung 17-5, Hinweis im Browser rechts oben), erhält der Browser vom Webserver nach einer solchen inkrementellen Neukompilierung die Nachricht, die Seite neu zu laden.

Abbildung 17-5: Die laufende Angular-Webanwendung

Komponenten

Bei Angular ist keine direkte Manipulation des HTML-DOM vorgesehen, sondern eine Trennung nach dem Model-View-Controller-(MVC-)Muster: Der Entwickler definiert im View sogenannte Templates, die statische HTML-Tags mit dynamischen Inhalten aus dem Controller verbinden. Diese Mischung gestattet das Framework durch benutzerdefinierte HTML-Syntaxelemente (Direktiven). In AngularJS 1.x ist eine Direktive an sich schon ein komplexes Gebilde, das durch die Controller und Scopes weitere Herausforderungen birgt.

In Angular hat Google diese Architektur stark vereinfacht: Ein benutzerdefiniertes Tag in einer Seite wird durch eine mit `@Component` dekorierte Komponentenklasse repräsentiert. Der `selector` (siehe Listing 17-1) legt den Tag-Namen fest. Die mit der Komponente verbundene Vorlage (Template) kann der Webentwickler direkt als Zeichenkette in der Eigenschaft `template` angeben, was sich aber nur bei sehr kurzen HTML-Blöcken anbietet. Ansonsten verweist man mit `templateUrl` auf eine *.html*-Datei (siehe Listing 17-2). Sofern man beides angibt, gewinnt die Eigenschaft template. Den bisher notwendigen Verweis der Vorlage auf den Controller mit `ng-Controller` gibt es nicht mehr. Anders als beim Vorgänger ist es in Angular nicht mehr möglich, dass eine Komponente ein komplettes Tag ersetzt; das Template der Komponente liefert immer nur neuen Inhalt für das Tag.

Eine Komponente kann auch eigene CSS-Vorgaben (als Zeichenkette im Dekorator oder als eigenständige Datei) besitzen, die allein für die Vorlage dieser Komponente gelten, vorausgesetzt, der Entwickler bezieht nicht mit den Zusätzen `:host` beziehungsweise */deep/* auch die über- und unterordneten Komponenten explizit mit ein.

Ein Angular-Entwickler sollte seine Aufgabe in möglichst wiederverwendbare Komponenten zerteilen. In der Vorlage für die Flugliste in Listing 17-2 sieht man mit `<Flugdetail>` wieder ein benutzerdefiniertes Tag. Dies ist eine untergeordnete Komponente, die über Eigenschaften und Ereignisse mit der übergeordneten Komponente interagiert. Durch die Dekoratoren `@Input()` und `@Output()` muss der Entwickler klar festlegen, welche Eigenschaften und Ereignisse für andere Komponenten im Zugriff sind. Zur Ereigniskommunikation bietet Angular einen eigenen Event Emitter.

Eine Komponente löst im Laufe ihres Lebenszyklus diverse Ereignisse aus, in die der Entwickler sich einhängen kann. Listing 17-1 zeigt dies am Beispiel des Ereignisses `OnInit`, das aus der Sicht von TypeScript eine Klasse ist, die wie alle anderen Typen zu Beginn mit `import { OnInit, … } from '@angular/core'` einzubinden ist. Weitere Ereignisse stehen im Zusammenhang mit der Datenbindung (`ngOnChanges`, `ngDoCheck`).

Hinweis zu den Namenskonventionen

Das Angular-Entwicklungsteam verwendet in den Beispielen (siehe *github.com/angular/angular.io/tree/master/public/docs/_examples*) die Namenskonvention (siehe *angular.io/docs/ts/latest/guide/style-guide.html#!#naming*), dass die Namen aller Komponentenklassen und deren zugehörige Vorlagendateien auf dem Wort »Component« enden. Dieses lange Suffix lenkt aber vom eigentlichen Namen ab, was gerade in großen Projekten nicht erwünscht sein kann. Auch wenn das Beispiel hier klein ist, verzichtet es auf diese ablenkenden Suffixe.

Listing 17-1: Komponentenklasse für Flugliste (/FlugListe/Flugliste.ts*)*

```
// Angular Library-Importe
import { Component, OnInit } from '@angular/core';
import { Router } from '@angular/router';
```

```
// Importe für eigene Klassen
import { Flug } from '../Modell/Flug'
import { FlugService } from '../Services/FlugService'
import { Flugdetail } from '../Flugdetail/Flugdetail'; // für Event

@Component({
 selector: 'Flugliste',
 templateUrl: 'App/Flugliste/Flugliste.html',
 providers: [FlugService] // lokale Registrierung eines Dienstes für DI
})
export class Flugliste implements OnInit {
 constructor(private flugService: FlugService,
  private router: Router) { // hier wird FlugService und Router injiziert
 }

 status: string;
 flugSet: Flug[];

 ngOnInit() {
   this.flugService.getAll(daten => { // Callback
   this.flugSet = FlugService.flugSet;
   this.status = this.flugSet.length + " Flüge geladen.";
  });
 }
 Loeschen(flug: Flug) {
  this.flugService.delete(flug); // Dienst aufrufen
  this.status = `Flug ${flug.FlugNr} gelöscht!`;
 }
 Aendern(flug: Flug) {
  let link = ['/edit', flug.FlugNr];
  this.router.navigate(link);
 }
// Event-Handler für Nachricht von untergeordneter Komponente
 onFlugGeloescht(flug: Flug) {
  this.status = `Flug ${flug.FlugNr} gelöscht!`;
  this.flugSet = this.flugService.flugSet; // Datenbindung aktualisieren }
}
```

*Listing 17-2: Angular-Vorlage für die Flugliste (/*FlugListe/Flugliste.html*)*

```
<ul>
  <li *ngFor="let f of flugSet ; let istGerade = even; let i = index">
   <span [ngClass]="{'text-primary': istGerade, 'text-info': !istGerade}">
    <span class="badge">{{i+1}}: Flug #{{f.FlugNr | number:'3.0'}}<span>
    <Flugdetail [flug]="f" (flugGeloeschtEvent)="onFlugGeloescht($event)">
    </Flugdetail>
    {{ f.FreiePlaetze | flugStatus :true }}
    <button typ="info" *ngIf="f.FreiePlaetze>0"
    (click)="Aendern(f)">Ändern</button>
    <button typ="warning"
    [disabled]="f.FreiePlaetze<=0 || f.AbflugOrt=='Essen'"
    (click)="Loeschen(f)">Löschen</button>
   </span>
  </li>
 </ul>
```

Datenbindung und Pipes

Den Begriff der Direktive gibt es auch in Angular noch. Komponenten sind eine Art von Direktiven. Die beiden anderen Arten sind Attribut-Direktiven (Erweiterungen von HTML-Tags um neue Attribute) und strukturelle Direktiven wie `*ngIf` und `*ngFor`. Beide letztgenannten Direktiven leitet der Entwickler mit dem Dekorator `@Directive` ein. Listing 17-3 zeigt eine benutzerdefinierte Direktive für `<button>` mit Namen »typ«, die in Listing 17-2 bei der *Löschen*-Schaltfläche zum Einsatz kommt.

Die Datenbindungsausdrücke für statischen Text sind wie in AngularJS 1.x doppelte geschweifte Klammern (zum Beispiel `{{ f.FlugNr }}`). Hier sind Angular-Ausdrücke möglich mit Bezug zu Eigenschaften und Methoden der Komponentenklasse. Die Bindung an Eigenschaften erfolgt nicht mehr durch Direktiven, sondern allein mittels einer neuen Eigenschaftsbindungssyntax mit eckigen Klammern, zum Beispiel `<button [disabled]="flugSet?.length<10" >`.

Im Vergleich zu AngularJS 1.x sind es deutlich weniger vom Framework vorgegebene Direktiven. Angular kennt nur `ngModel`, `ngIf`, `ngSwitch`, `ngFor`, `ngClass`, `ngStyle` sowie `i18n` für die Markierung zu übersetzender Texte. Namentlich unterscheiden sich die Angular-Direktiven von den AngularJS-1.x-Direktiven durch den fehlenden Bindestrich zwischen `ng` und dem Rest des Direktivennamens. Direktivennamen müssen in eckigen Klammern stehen, wenn ein Angular-Ausdruck an die Stelle eines statischen Werts tritt (zum Beispiel `[ngClass]="{'text-primary': istGerade, 'text-info': !istGerade}"`). Bei `*ngFor`, `*ngIf`, `*ngSwitchCase` und `*ngSwitchDefault` leitet der Stern eine verkürzte Syntaxform ein. Neu ist die Verwendung von `let` vor der Definition der Schleifenvariablen bei `*ngFor`. Die zu iterierende Menge kommt nun nach »of« statt wie bisher nach »in« (siehe Listing 17-2). Für die Ereignisbindung tritt eine eigene Syntax (siehe `<button (click)="Loeschen(f)">` in Listing 17-2) an die Stelle der alten Ereignisdirektiven wie `ng-click`, `ng-change` und `ng-keypress`. Die Ereignisparameter übergibt man mit `$event`, zum Beispiel: `<input type=text (keypress)="eventHandler($event)">`.

Die neue Datenbindungssyntax ist darauf ausgerichtet, in Zukunft auch mit den Custom Elements und dem Shadow DOM von Web Components, die beim W3C in der Standardisierung sind *www.w3.org/standards/techs/components*, zu funktionieren.

Listing 17-3: Direktive für ein benutzerdefiniertes Attribut typ *für das Tag* <Button>

```
@Directive({ selector: '[typ]' })
export class ButtonTypDirective implements OnInit {
 private _defaultColor = 'yellow';

 @Input('typ') typ: string; // Wert des Erweiterungsattributs typ

 constructor(private el: ElementRef, private renderer: Renderer) {
 }
 ngOnInit() {
  console.log("ButtonTypDirective:" + this.typ);
```

```
  this.renderer.setElementClass(this.el.nativeElement, 'btn', true);
  this.renderer.setElementClass(this.el.nativeElement, 'btn-' + (this.typ ||
"default"), true);
  this.renderer.setElementStyle(this.el.nativeElement, 'color', 'black');
 }

 @HostListener('mouseenter') onMouseEnter() {
  this.renderer.setElementStyle(this.el.nativeElement, 'color', 'red');
 }

 @HostListener('mouseleave') onMouseLeave() {
  this.renderer.setElementStyle(this.el.nativeElement, 'color', 'black');
 }
}
```

Wie in AngularJS 1.x kann der Entwickler in einem Datenbindungsausdruck die Ausgabe mit einem Ausdruck beeinflussen, der nach einem Pipe-Symbol anzugeben ist. In AngularJS 1.x hießen diese Ausdrücke Filter, nun spricht Google von Pipes. Jetzt ist eine Verkettung möglich, zum Beispiel `{{f.Datum | date:"EEE dd.MM.yy" | uppercase }}`. Google liefert im neuen Webframework bisher nur wenige Filter für `date`, `number`, `slice` (anstelle von `limitTo`), `uppercase`, `lowercase`, `currency` und `percent` mit. Die Pipe `async` dient der Ausgabe von Objekten, die erst später eventuell einen Wert bekommen (`Promise<Typ>` und `Observable<Typ>`). Die Filter `oderby` und `filter` wurden aus Performanzgründen entfernt. Der Entwickler soll diese Operationen nun in der Komponente oder vorgelagerten Diensten ausführen.

Entwickler können eigene Pipes schreiben, indem sie die Schnittstelle `PipeTransform` mit der Methode `transform()` implementieren. Die Klasse muss mit `@Pipe` dekoriert sein (siehe Listing 17-4). Die hier implementierte Pipe nennt Angular eine »Pure Pipe«, die nur dann ausgeführt wird, wenn sich der Eingabewert direkt geändert hat. Eine »Impure Pipe« hingegen würde jedes Mal ausgeführt, wenn Angular nach Änderungen im Objektbaum sucht. Eine solche Pipe muss man jedoch mit großer Vorsicht einsetzen, da die Performanz der Anwendung erheblich beeinträchtig werden kann.

Die Datenbindung ist in Angular an primitive Datentypen (`string`, `number`, `boolean`, `any`), Einzelobjekte und Objektmengen möglich. Als Objektmengen unterstützt das Webframework Arrays und ein `Observable<T>` aus den Reactive Extensions für JavaScript (RxJS) (*github.com/Reactive-Extensions/RxJS*, sofern `Observable<T>` nicht die Einzelobjekte, sondern ein Array mit den Objekten enthält. Leider können Einzelobjekte, die direkt in *Observable<T>* liegen, nicht verarbeitet werden; Angular quittiert diesen Versuch mit dem Fehler »ngFor only supports binding to Iterables such as Arrays.«. Beim Einsatz von `Observable<T>` mit einem enthaltenen Array muss der Entwickler die Pipe `| async` verwenden: `*ngFor="let f of flugObservable | async"`. Das Konzept der Observables liegt der ECMA als Vorschlag zur Aufnahme in den JavaScript-Standard vor (*github.com/tc39/proposal-observa ble*.

Die Aktualisierung der Datenbindung in Angular erfordert nicht mehr die in AngularJS 1.x in einigen Situationen notwendigen Aufrufe von `$scope.apply` oder `$scope.digest`. Angular durchsucht bei jedem Ereignis im Browser den Komponentenbaum von der Wurzel aus abwärts nach Änderungen. Diese Suche ist sehr schnell realisiert. Die Geschwindigkeit der Änderungsfeststellung kann der Entwickler nochmals durch den Einsatz von Immutables beschleunigen (vgl. *facebook.github.io/immutable-js*); Angular erkennt, dass hier keine Änderungen stattgefunden haben können und lässt den Teilbaum bei der Analyse aus. Mit der Komponenteneinstellung `changeDetection: ChangeDetectionStrategy.OnPush` kann ein Entwickler erzwingen, dass das Webframework nur noch die Objektreferenzen und nicht die Inhalte von Objekten vergleicht.

Listing 17-4: Diese Pipe, die die Flugstatus als Text ausgibt, wird in der Vorlage für die Flugliste (Listing 17-2) verwendet

```
import { Pipe, PipeTransform } from '@angular/core';
@Pipe({name: 'flugStatus', pure: true})
export class FlugStatusPipe implements PipeTransform {
  transform(value: number, kurz: boolean): string {
   var text = "";
   if (!kurz) text = "Flug ist "
   switch(value)
   {
   case 0: return text + "ausgebucht";
   case 1: return text + "fast ausgebucht";
   default: return text + "verfügbar";
   }
  }
}
```

Syntaxübersichten

Die folgenden Unterkapitel enthalten Syntaxübersichten zu häufig verwendeten Konstrukten in Angular.

Strukturelle Direktiven

Schleife

```
<li *ngFor="let f of flugSet;let istGerade=even; let i=index"
[ngClass]="{'text-primary': istGerade, 'text-info': !istGerade}">
{{i | number:'3.0-0' }}: {{f.FlugNr}}</li>
```

Bedingungen

```
<div *ngIf="flug.FreiePlaetze<0">Dieser Flug ist überbucht!</div>
<ng-template #keineFluege>
   <p>keine Flüge gefunden</p>
 </ng-template>
 <p *ngIf="flugSet; else keineFluege">{{flugSet.length}} Flüge</p>
 <div [ngSwitch]="flug.FreiePlaetze">
   <span *ngSwitchCase="0">ausgebucht</span>
```

```
    <span *ngSwitchCase="1">noch ein Platz verfügbar</span>
    <span *ngSwitchDefault>mehrere Plätze verfügbar</span>
</div>
```

Datenbindungssyntax

Statischer Text (Interpolation), mit Pipe

```
Flug {{flug.FlugNr}}: {{flug.FreiePlaetze | number:'3.0-0'}}
```

Ausgabe von HTML-Tags

```
<div [innerHTML]="flug.HtmlMemo"></div>
```

Ausdrücke

```
72 + 8 ist {{72+8}}
Flugnummer, wenn vorhanden {{flug?.FlugNr}}
```

Text in Eigenschaft

```
<div title="Flug #{{ flug.FlugNr }}"> oder
<div [title]="'Flug #' + flug.FlugNr">
```

Einweg-Bindung an Eigenschaft

```
<button [disabled]="flug.FreiePlaetze<=0 || flug.AbflugOrt=='Essen'" …">Buchen</
button>
<img src="balken.png" style="height:40px" [style.width.px]= "flug.FreiePlaetze"
[hidden]= "flug.FreiePlaetze===0">
```

Zweiwege-Bindung an Eigenschaft

```
<input [(ngModel)]="flug.FreiePlaetze" name="FreiePlaetze">
CSS-Klassenbindung mit Bedingungen
<div [ngClass]="{'text-danger': flug.FreiePlaetze<3,
 'text-warning': flug.FreiePlaetze>=3,
 'text-success': flug.FreiePlaetze==0}">
 {{flug.FreiePlaetze}} freie Plätze</div>
```

Ereignis-Bindung

```
<button (click)="Loeschen(flug)">Löschen</button>
```

Lokale Variable

```
<input #freiePlaetze placeholder="anzahl" value="123">
<br>Sie haben eingegeben: {{freiePlaetze.value}}
```

Angular-Pipes

Eingebaute Pipes

```
date, number, slice, uppercase, lowercase, currency, percent
```

Verkettung von Pipes

```
{{flug.Datum | date:"EEE dd.MM.yy" | uppercase }}
```

Eigene Pipe (wird verwendet in Flugliste.htm)

```
@Pipe({name: 'flugStatus', pure: true})
export class FlugStatusPipe implements PipeTransform {
  transform(value: number, kurz: boolean): string {
   var text = "";
   if (!kurz) text = "Flug ist "
   switch(value)  {
   case 0: return text + "ausgebucht"; break;
   default: return text + "verfügbar";
   } }
}
```

Module

Module gibt es in Angular weiterhin. An die Stelle der `module()`- und `controller()`-Funktion sowie der Direktive `ng-app` tritt nun eine mit `@ngModule` dekorierte Klasse (siehe Listing 17-5). Eine Liste aller verwendeten Komponenten, Direktiven und Pipes sowie den Einsprungpunkt in die Anwendung (typischerweise eine Komponente mit Namen »App«) muss der Webentwickler hier manuell pflegen. Die Angular-Namenskonventionen werden leider nicht dazu eingesetzt, die Bestandteile eines Moduls automatisch zu ermitteln.

Eine Angular-Anwendung kann aus mehr als einem Modul bestehen, um große Anwendungen zu organisieren. Die einzelnen Module isoliert Angular automatisch. Die kryptische Syntax für Immediately Invoked Function Expression (IIFE) ist nicht mehr notwendig. Module können direkt (Eager Loading) oder verzögert (Lazy Loading) geladen werden.

Angular-Module sind nicht zu verwechseln mit JavaScript-Modulen. Ein Angular-Modul kann aus mehreren JavaScript-Modulen (Dateien) bestehen. Hinsichtlich des Loaders für die JavaScript-Module ist Angular flexibel. In der Dokumentation unter *angular.io/docs* verwendet der Hersteller mittlerweile primär WebPack (*angular.io/guide/webpack*).

Listing 17-5: app.module.ts

```
// Angular-Module einbinden
import { NgModule } from '@angular/core';
import { BrowserModule } from '@angular/platform-browser';
import { FormsModule } from '@angular/forms';
import { HttpModule } from '@angular/http';
import { LocationStrategy, HashLocationStrategy} from '@angular/common';
// eigene Module, Komponenten, Pipes, Direktiven, Services
import { AppComponent } from './app.component';
import { Flugliste } from './Flugliste/Flugliste';
import { Flugdetail } from './Flugdetail/Flugdetail';
import { FlugStatusPipe } from "./Pipes/FlugStatusPipe"
import { AppRoutingModule } from './app-routing.module';
```

```
import { FlugdatenProxy } from "./Services/FlugdatenProxy.js"
...
@NgModule({
 imports: [BrowserModule, FormsModule, HttpModule, AppRoutingModule], // Module
 declarations: [AppComponent, Flugliste, Flugdetail, FlugEdit,
   FlugStatusPipe, ButtonTypDirective], // Komponenten und Direktiven
 bootstrap: [AppComponent], // Startkomponente
 providers: [ [FlugdatenProxy], // Dependency Injection
  { provide: LocationStrategy, useClass: HashLocationStrategy }
]
})
export class AppModule { }
```

Das *app.module.ts* ist nicht der eigentliche Startcode der Angular-Anwendung. Die Ausführung beginnt in *main.ts* mit einem Befehl, der auf das `AppModule` verweist:

```
platformBrowserDynamic().bootstrapModule(AppModule);
```

Formulare

Wie in AngularJS 1.x gibt es für Eingabefelder weiterhin Unterstützung für Zweiwege-Datenbindung. Die neue Syntax sieht mit `[(ngModel)]` ungewöhnlich aus (siehe Listing 17-6), erklärt sich aber damit, dass sich die Zweiwege-Bindung intern aus einer Eigenschaftsbindung und einer Ereignisbindung zusammensetzt. Wie beim Vorgänger werden Standard- und benutzerdefinierte Validierungen von Eingaben unterstützt. Bei den HTML-Standards unterstützt Angular aber bisher lediglich `required`, `minlength`, `maxlength` und `pattern`, nicht jedoch `min` und `max` (*github.com/angular/angular/issues/2961*).

Alternativ bietet Angular sogenannte Model-getriebene Formulare (alias Reaktive Forms), bei denen normale HTML-Tags für die Formulare zum Einsatz kommen und eine `FormBuilder`-Klasse im Controller für die Anreicherung der Eingabefelder sorgt. Vorteile dieser Formularart sind eine bessere Testbarkeit sowie eine einfachere Implementierung komplexer Validierungen und Funktionen wie Undo/Redo. Dies wird im Detail diskutiert in *blog.angular-university.io/introduction-to-angular-2-forms-template-driven-vs-model-driven*. Auch die dynamische Erzeugung von Formularen zur Laufzeit auf Basis von Metadaten ist möglich (*angular.io/docs/ts/latest/cookbook/dynamic-form.html*).

Listing 17-6: Vorlage für das Eingabeformular [/FlugEdit/FlugEdit.html]

```
<div class="FlugEdit">

    <h2>Flug #{{flug.FlugNr}} bearbeiten</h2>
    <b>{{status}}</b>: {{getJson}}
    <hr>
    <!--{{spy.className}}-->
    <div class="container">
        <form (ngSubmit)="onSubmit(theForm)" #flugForm="ngForm">

            <!--Auswahlfeld für Abflugort-->
            <div class="form-group">
```

```
                <label for="Abflugort">Abflugort</label>
                <select class="form-control" id="power" required
[(ngModel)]="flug.Abflugort" name="Abflugort">
                <option *ngFor="let p of orte" [value]="p"  >{{p}}</option>
    </select>
            </div>

            <div class="form-group">
                <label for="Zielort">Zielort</label>
                <select class="form-control" id="ZielortSelect" required
[(ngModel)]="flug.Zielort" name="ZielortSelect">
    <option *ngFor="let p of orte" [value]="p"  >{{p}}</option>
    </select>
            </div>

            <!--Eingabefeld für Zielort-->
            <div class="form-group">
                <label for="Zielort">Zielort</label>
                <input type="text" id="Zielort" name="Zielort" #Zielort="ngModel"
[(ngModel)]="flug.Zielort" (keypress)="tasteGedrueckt($event)" required minlength="3"
maxlength="20" pattern="[a-zA-Z- ]*" class="form-control"> </div>

            <!--Validatorausgabe für Zielort-->
            <div [hidden]="Zielort.valid || Zielort.pristine" class="alert alert-
danger">
                Zielort muss Text sein, 3 bis 20 Zeichen!
            </div>

            <div class="form-group">
                <label for="Datum">Datum</label>
                <input type="text" #spy class="form-control" id="datum" required
[(ngModel)]="flug.Datum" name="Datum">
            </div>

            <div class="form-group">
                <label for="FreiePlaetze">Freie Plätze</label>
                <input type="text" min="0" max="300" minlength="2" maxlength="3"
pattern="[a-z0-9]*" #freiePlaetze="ngModel" class="form-control" id="freiePlaetze"
(keypress)="tasteGedrueckt($event)" required [(ngModel)]="flug.FreiePlaetze"
name="freiePlaetze">
            </div> {{i}}

            <!--Validatorausgabe für Freie Plätze-->
            <div [hidden]="freiePlaetze.valid || freiePlaetze.pristine" class="alert
alert-danger">
                FreiePlaetze muss ein Wert zwischen 0 und 300 sein!
            </div>

            <button type="button" class="btn btn-default" (click)="reset()">Reset</
button>
            <button type="button" class="btn btn-default" (click)="save()"
[disabled]="!flugForm.form.valid">Speichern</button>

        </form>
    </div>
```

```
</div>
```

*Listing 17-7: Komponentenklasse für das Eingabeformular [/*FlugEdit/FlugEdit.ts*]*

```
// Angular-Typen
import { Component, OnInit, Input, Output, SimpleChanges } from '@angular/core';
import { BrowserModule, Title } from '@angular/platform-browser';
import { FormsModule } from '@angular/forms';
import { ActivatedRoute, Params } from '@angular/router';

import { trigger, state, style, transition, animate} from '@angular/core';

// andere Frameworks
import { Observable } from 'rxjs/Rx';
// eigene Typen
import { Flug } from '../Modell/Flug'
import { FlugService } from '../Services/FlugService'

@Component({
 selector: 'FlugEdit',
 templateUrl: '/app/FlugEdit/FlugEdit.html',
 styleUrls: ['app/FlugEdit/FlugEdit.css'],
 providers: [FlugService], // für Dependency Injection
 host: {
  '[@routeAnimation]': "true"
 },
 animations: [ // Ein- und Ausblendeanimation für ein Formular
  trigger('routeAnimation', [
   state('*', style({ transform: 'translateX(0)', opacity: 100 })),
   transition('void => *', [
    style({ transform: 'translateX(-100%)', opacity: 0 }),
    animate('4.5s cubic-bezier(0.215, 0.610, 0.355, 1.000)')
   ]),
   transition('* => void',
    animate('4.5s cubic-bezier(0.215, 0.610, 0.355, 1.000)', style({
     transform: 'translateX(100%)',
     opacity: 0
    }))
   )
  ])
 ]
})

export class FlugEdit implements OnInit {

 orte = ['Rom', 'Paris', 'Berlin', 'Oslo'];

 flug: Flug;

 private status: string;

 constructor(private flugService: FlugService,
  private route: ActivatedRoute, private titleService: Title) { // hier wird
FlugService injiziert
```

```
    console.log("Konstruktor!!!");
  }

  ngOnInit() {
    this.route.params.forEach((params: Params) => {
      let id = +params['id'];
      if (!id) id = 101; // nur zum Test
      this.flug = this.flugService.getByID(id);
      this.titleService.setTitle("Edit " + id);
    });

  }

  ngOnChanges(changes: SimpleChanges) {
    console.log(changes);
  }

  tasteGedrueckt(event: any) {
    console.log(event, event.keyCode, event.keyIdentifier);
  }

  reset() {
    this.flug.Abflugort = "Rom";
    this.flug.Zielort = "Berlin";

    this.status = "zurückgesetzt";
    // alert("Werte zurückgesetzt");
  }

  save() {

    this.status = "gespeichert";
    console.log(this.flug);
    console.log(this.flugService.getByID(this.flug.FlugNr));
    // alert("gespeichert!");
    // alert("Werte zurückgesetzt!");
  }
  get getstring(): string { return this.status; }
  get getJson(): string { return JSON.stringify(this.flug); }
}
```

Routing

Mithilfe des – ebenfalls komplett überarbeiteten – Angular Router wechselt der Entwickler die Ansichten in einer Single-Page-Application. Jede Route in Angular besteht aus der Zuordnung eines relativen Pfads zu einer Komponente; diesen Zusammenhang legt der Entwickler in einer eigenen Klasse fest, die wie alle anderen Module auch in *app.module.ts* zu registrieren ist. Mit dem Tag `<router-outlet>` ist dann die Position für die von der jeweils aktiven Komponente erzeugte Ausgabe festzulegen. Der Wechsel zwischen den Routen erfolgt über Tags (`<a routerLink="/liste">Liste zeigen</a>`) oder im JavaScript-Code durch Aufruf der Methode `navigate("/liste")` in einer injizierten Instanz der von Angular vordefinierten Router-Klasse.

Den URL bildet der Angular-Router im Standard mit dem Schrägstrich (`PathLocationStrategy`), was aber nur in modernen Browser funktioniert, die die Session History Management mit `history.pushState()` unterstützen. Ältere Browser lösen bei einem URL mit Schrägstrich stets einen Rundgang zum Server aus. Für diese Fälle kann der Entwickler die `LocationStrategy` auf `HashLocationStrategy` setzen (siehe `useClass` in Listing 17-5) und damit die relativen URLs per Hash abtrennen (*http://server/#/liste*), sodass selbst in den ältesten Browsern kein Rundgang ausgelöst wird.

Listing 17-8: Routendefinitionen in app-routing.module.ts

```
// Angular Library-Importe
import { NgModule } from '@angular/core';
import { RouterModule, Routes } from '@angular/router';
// Eigene Module
import { Flugliste} from './Flugliste/Flugliste';
import { FlugEdit} from './FlugEdit/FlugEdit';
import { Datenbindung} from './_Misc/datenbindung';
import { CheatSheet} from './_CheatSheet/CheatSheet';

const routes: Routes = [
  { path: '', redirectTo: 'cheatsheet', pathMatch: 'full' }, // datenbindung
  { path: 'liste',  component: Flugliste },
  { path: 'edit', component: FlugEdit },
  { path: 'edit/:id', component: FlugEdit },
  // Weitere Beispiele
  { path: 'datenbindung',  component: Datenbindung },
  { path: 'cheatsheet',  component: CheatSheet }
];

@NgModule({
  imports: [ RouterModule.forRoot(routes) ],
  exports: [ RouterModule ]
})
export class AppRoutingModule {}
```

Listing 17-9: Das Menü verwendet die Routen (app.component.html)

```
<nav>
    <a routerLink="/liste" btyp="default">Liste</a>
    <a routerLink="/edit" btyp="default" routerLinkActive="active">Edit</a>
    <a routerLink="/datenbindung" class="btn btn-default"
routerLinkActive="active">Datenbindung</a>
    <a routerLink="/cheatsheet" class="btn btn-default"
routerLinkActive="active">Cheat Sheet</a>
</nav>
<hr>
<router-outlet></router-outlet>
```

Dienste und Dependency Injection

Auch das Konzept der Services hat Angular vereinfacht: Dienste sind nun einfache TypeScript-Klassen. Anstelle der verschiedenen Dependency-Injection-Mechanismen von AngularJS 1.x gibt es nun allein die Konstruktorparameterinjektion. Für eine erfolgreiche Injektion muss die zu injizierende Klasse als Provider entweder in der nutzenden Komponente (siehe `FlugService` in Listing 17-10) oder global in *app.module.ts* (siehe `FlugdatenProxy` in Listing 17-5) gelistet sein. Die zu injizierende Klasse selbst braucht dafür keine Veränderung. Der Dekorator `@Injectable()` ist dort nur notwendig, wenn die Klasse selbst wieder Injektionen bekommt. Das Angular-Entwicklungsteam empfiehlt jedoch in *angular.io/docs/ts/latest/guide/dependency-injection.html#!#injectable* alle injizierbaren Klassen vorsorglich mit `@Injectable()` auszustatten.

Eine Injektion für mit dem Schlüsselwort interface erstellte TypeScript-Schnittstellen ist in Angular allerdings nicht möglich, da es dieses OOP-Konstrukt nach der Kompilierung zu JavaScript nicht mehr gibt und Angular nicht auf entsprechende Metadaten zurückgreifen kann. Die Injektion muss also immer auf Basis von Klassen erfolgen, wobei Duck Typing unterstützt wird, das heißt, dass eine Klasse anstelle einer anderen Klasse injiziert werden kann, wenn die Klassen den gleichen Aufbau haben. Eine explizite gemeinsame Schnittstelle oder Basisklasse ist dazu also nicht erforderlich.

Wie beim Vorgänger stellt auch das neue Angular eine Funktion zum AJAX-Zugriff auf REST-Dienste bereit, die vom `XMLHttpRequest`-Objekt des Browsers abstrahiert. `HttpClient` (siehe Listing 17-10) ist ein vordefiniertes Angular-Objekt, das injiziert werden muss. Dieses Objekt liefert in `get(URL)` ein Observable<Typ> aus den RxJS. Alternativ kann der Entwickler mit `toPromise()` auch ein Promise<Typ>-Objekt erhalten. Ein weiterer eingebauter Angular-Dienst ist der Title Service, mit dem eine Komponente den Titel des Browserfensters ändern kann, der sonst außer Reichweite für eine Komponente ist.

Listing 17-10: AJAX mit Angular

```
@Injectable() export class FlugService  {
 constructor(private http: HttpClient) { }
 getFluge(ort: string): Observable<Flug[]> {
  return this.http.get("http://server/api/flugdaten?ort=" + ort)
   .map(resp => { console.log("Geladen!"); return resp() })
   .catch((error: any) => {
    console.log("FlugService-Fehler", error);
    return Observable.throw(error.json().error || 'Server error');
   }) } }
```

`HttpClient` aus dem Modul `HttpClientModule` wurde mit Angular 4.3 eingeführt. Zuvor gab es einen Dienst mit Namen `Http` im Modul `HttpModule`.

Animationen

Zum Kern von Angular gehört auch ein Animationsframework, mit dem der Entwickler Bewegungen einzelner DOM-Elemente und flüssige Übergänge zwischen Komponenten erstellen kann. Basis ist der kommende W3C-Standard Web Animations (*w3c.github.io/web-animations*), den jedoch bislang nur Chrome, Firefox, Opera und der Android-Browser realisiert haben. Mithilfe eines Polyfills (*github.com/web-animations/web-animations-js*) können jedoch auch andere Browser mitmachen. Ziel einer Animation können alle im W3C-Standard vorgesehenen Eigenschaften (zum Beispiel Position, Größe, Farbe, Ränder, Transformationen) sein. Der Entwickler kann einen Endzustand und eine Dauer angeben (siehe Listing 17-11) oder im Rahmen sogenannter Keyframes auch mehrere Schritte. Animationen sind parallelisierbar.

Listing 17-11: Ein- und Ausblendeanimation für das Formular in Listing 17-5

```
import { trigger, state, style, transition, animate} from '@angular/core';
@Component({
 selector: 'FlugEdit',
 templateUrl: '/app/FlugEdit/FlugEdit.html'
 host: {
  '[@routeAnimation]': "true"
 },
 animations: [ // Ein- und Ausblendeanimation für ein Formular
  trigger('routeAnimation', [
   state('*', style({ transform: 'translateX(0)', opacity: 100 })),
   transition('void => *', [
    style({ transform: 'translateX(-100%)', opacity: 0 }),
    animate('4.5s cubic-bezier(0.215, 0.610, 0.355, 1.000)')]),
   transition('* => void',
    animate('4.5s cubic-bezier(0.215, 0.610, 0.355, 1.000)', style({
     transform: 'translateX(100%)', opacity: 0
… }]
export class FlugEdit implements OnInit { … }
```

Werkzeuge

Das Angular-Team empfiehlt eine Grundausstattung von NPM-Paketen (*angular.io/docs/ts/latest/guide/npm-packages.html*), zu denen neben dem TypeScript-Compiler zahlreiche Polyfills für noch nicht in allen Browsern verfügbare JavaScript-Features und Browser-APIs gehören. Hierzu gehört auch der Entwicklungswebserver lite-server, der seinerseits auf dem Browsersync-Server (*www.browsersync.io*) basiert. Mit der empfohlenen Paketausstattung gestaltet sich der Entwicklungsprozess recht effizient,

- da geänderte TypeScript-Dateien auch bei der Verwendung eines einfachen Editors automatisch nach jedem Speichern in einem Konsolenprozess kompiliert werden und
- alle angeschlossenen Browser die aktuelle Seite automatisch neu laden, wenn sich eine der Dateien im Projekt geändert hat.

Unter dem Namen Angular Command Line Interface (Angular CLI) bietet das Angular-Team einen Satz von Kommandozeilenwerkzeugen an (*github.com/angular/angular-cli*), mit dem sich Rohversionen neuer Angular-Projekte oder einzelner Angular-Bausteine (wie Komponenten oder Pipes) generieren lassen. Der Einsatz solcher Vorlagen ist empfehlenswert, da Angular aus mehreren einzelnen NPM-Paketen besteht und zahlreiche Abhängigkeiten zu anderen NPM-Paketen besitzt. Auch bei Yeoman (*www.yeoman.io*) findet man bereits zahlreiche Vorlagen für Angular-Projekte.

Außerdem kann der Entwickler mit der Angular CLI statische Code-Analyse und Unit Tests ausführen sowie die Dokumentation durchsuchen. Auch eine Installation der Anwendung auf *Github.com* ist im Angebot. Zukünftig wird es bessere Funktionen geben, denn Angular CLI ist durch Zusatzpakete selbst erweiterbar.

Auszug aus den Befehlen der Angular CLI (*https://cli.angular.io*)

ng new FluggesellschaftApp // Grundgerüst anlegen

ng generate component Flugdetail // Komponente anlegen

ng serve // Übersetzen und Webserver starten

npm install --save jquery // Paket installieren

npm install --save-dev @types/jquery // Paket für Entwicklungszeit

ng build --prod // Produktionsbuild (Deployment)

ng eject // Ausgabe der WebPack-Konfiguration

Den Einsatz der Angular CLI sehen Sie im Buchteil F beim MiracleList-Fallbeispiel.

JiT vs. AOT

Sofern TypeScript eingesetzt wurde, ist eine Übersetzung mit dem Compiler tsc nach JavaScript zur Entwicklungszeit geboten (die Übersetzung zur Laufzeit im Browser ist aber theoretisch möglich). Wenn in Angular von Just-in-time-(JiT-) und Ahead-of-time-(AoT-)Übersetzung die Rede ist, ist damit nicht der Übersetzungsvorgang von TypeScript nach JavaScript gemeint, sondern die Übersetzung des kompletten HTML- und CSS-Codes aus den Vorlagen in JavaScript-Code, den Angular normalerweise zur Laufzeit (JiT) vornimmt. Bei der AOT-Übersetzung führt der Angular Template Compiler ngc dies schon zur Entwicklungszeit aus, was die Ausführungsgeschwindigkeit verbessert.

Die Tatsache, dass Angular HTML- und CSS-Code in JavaScript übersetzt, führt dazu, dass es bei manchen Markup-Fehlern (zum Beispiel ein nicht geschlossenes `<div>`), die die Browser locker wegstecken würden, zu Laufzeitfehlern von Angular und in Folge dessen zu einem leeren Bildschirm kommt. Bei Tippfehlern in Datenbindungsausdrücken gibt es manchmal nicht einmal eine Fehlermeldung. Diese Schwächen hatte schon der Vorgänger. Immerhin: Wenn es in Angular eine Fehlermeldung in der Debug-Konsole gibt, ist sie meist aussagekräftiger als bisher.

Weitere Vorteile kann der Webentwickler nach der AoT-Kompilierung durch Minifizieren und Bündeln der generierten JavaScript-Dateien erlangen. Das Angular-Team empfiehlt in der Dokumentation dafür den Einsatz des Werkzeugs Rollup (*github.com/rollup/rollup*), das beim Minifizieren auf dem Wege des Tree Shaking nur die benötigten Programmcodezeilen aus allen verwendeten Webframeworks extrahiert. Wie die folgende Abbildung zeigt, sind alle Übersetzungsvorgänge zur Entwicklungszeit optional. Je mehr von diesen Übersetzungen jedoch zur Entwicklungszeit stattfinden, desto höher ist die Ausführungsgeschwindigkeit. Automatisch erstellte Abbildungsdateien (Sourcemaps mit der Dateinamenerweiterung *.map*) sorgen für den Verweis auf den Ursprung und ermöglichen damit das Debugging nach der Übersetzung.

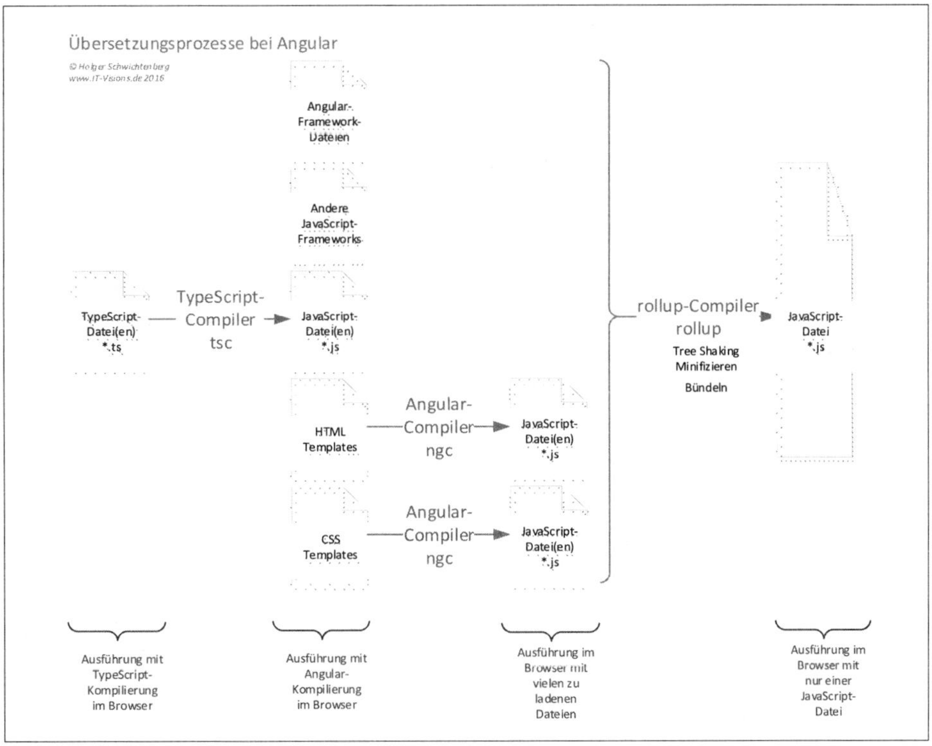

Abbildung 17-6: Abbildung: Übersetzungsprozesse bei Angulare

Angular Universal

Eine weitere Spielart ist Angular Universal (*https://github.com/angular/universal*), um Angular auch außerhalb des Webbrowsers auszuführen, zum Beispiel auf dem Webserver. Webentwickler können damit das neue Angular auch bei serverseitigem (Vor-)Rendern von Webseiten einsetzen. Während der Webbrowser dann bereits die serverseitig erzeugte Webseite sieht, übernimmt Angular auf dem Client die weitere Ausführung als SPA. Seit Angular Version 4.0 gehört Angular Universal zum Kern von Angular.

KAPITEL 18

ASP.NET Blazor

ASP.NET Blazor steckt zum Redaktionsschluss dieses Buchs noch in den Kinderschuhen. Microsoft spricht bei dem Projekt von »experimentell« und »Pre-Alpha«. Dennoch soll es hier in diesem Buch kurz erwähnt werden, weil das Projekt – wenn es gelingt – von enormer Bedeutung für die clientseitige Webprogrammierung werden könnte.

ASP.NET Blazor ist ein Versuch, Single Page Applications (SPAs) mit C# und .NET zu programmieren statt mit JavaScript. Softwareentwickler aus der .NET-Welt könnten dann auf dem Client die gleiche Programmiersprache wie auf dem Webserver verwenden und nicht nur ihr Know-how, sondern auch Softwarebibliotheken als Shared Library in Server und Client gleichzeitig verwenden.

Silverlight wurde eingestellt

Es gab in den Jahren 2007 bis 2012 bereits ein .NET für den Browser von Microsoft. Es nannte sich Silverlight und verwendete die eXtensible Application Markup Language (XAML) als Oberflächenbeschreibungssprache. Silverlight wurde erst mit sehr viel Energie vorangetrieben und von Microsoft enthusiastisch beworben, dann aber nach Version 5.1 plötzlich eingestellt zugunsten der Webprogrammierung mit HTML und JavaScript.

Blazor ist ein anderes Konzept, denn im Gegensatz zu Silverlight ist hierfür kein Browser-Plug-in notwendig, und Blazor verwendet auch nicht XAML, sondern das im Web etablierte HTML und CSS für die Oberflächenbeschreibung.

Web Assembly

Blazor basiert auf dem neuen Standard Web Assembly (WASM). WASM (*webassembly.org*) ist ein Bytecode und eine zugehörige Laufzeitumgebung zur Ausführung in Webbrowsern als Alternative zu JavaScript. WASM wird beim World Wide Web Consortiuum (W3C) standardisiert (*www.w3.org/TR/wasm-core*). Aktuell ist der Status »Working Draft« (Stand 15.02.2018), dennoch haben einige moderne Versionen der Webbrowser Firefox (ab Version 58), Chrome (ab Version 63), Edge (ab Version 16) und Safari (ab Version 11.2) WASM schon implementiert.

WASM ist eigentlich nicht als Ersatz, sondern als Ergänzung zu JavaScript entwickelt worden, um komplexere Berechnungen performanter mit einer Low-Level-Sprache ausführen zu können. In WASM ist zwar eine Interoperabilität zu JavaScript vorgesehen, das heißt, JavaScript kann WASM-Code aufrufen und umgekehrt, aber WASM hat keinen Zugriff auf das Document Object Model (DOM) des Browsers.

Architektur von Blazor

Dennoch hat Microsoft mit Blazor eine Lösung geschaffen, mit der man das DOM verändern und auf JavaScript verzichten kann.

Kern von Blazor ist die auf WASM portierte Mono Runtime. Mono ist eine Variante des .NET Frameworks, die seit 2001 unabhängig von Microsoft, maßgeblich von Miguel de Icaza entwickelt wurde, die aber im Jahr 2016 durch die Übernahme der Firma Xamarin auch zu Microsoft kam.

Die Abbildung 18-1 zeigt die Architektur von Blazor: Der Softwareentwickler schreibt C#-Programmcode. Dieser wird entweder in WASM kompiliert (AOT Compiled Mode) oder wie bisher in Microsoft Intermediate Language (Interpreted Mode). In dem C#-Programmcode kann er .NET-Assemblies (DLLs) verwenden. Die Mono Runtime bildet die Ausführungsumgebung. Sie liegt auf jeden Fall in WASM-Bytecode vor.

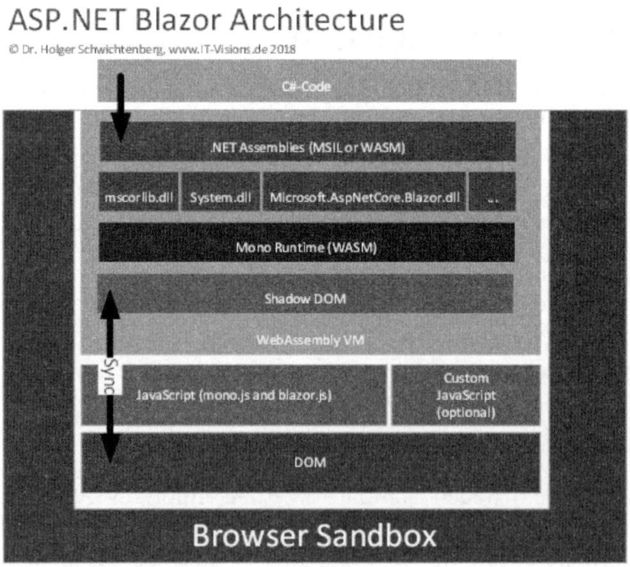

Abbildung 18-1: Architektur von ASP.NET Blazor

Der Entwickler definiert in seinem Programmcode sogenannte Razor Views, die aus HTML, CSS und der Razor-Syntax bestehen, die ASP.NET auch auf dem Server (in Model View Controller und Razor Pages) verwendet. Diese Views greifen nicht direkt auf das DOM des Browsers zu, sondern manipulieren ein Abbild des DOM (Shadow DOM). Mithilfe von zwei von Microsoft mitgelieferten JavaScript-Dateien (*mono.js* und *blazor.js*) wird die Mono-Runtime geladen, der .NET-Code gestartet und das Shadow DOM mit dem eigentlichen DOM synchronisiert.

Erste Schritte mit ASP.NET Blazor

Für ASP.NET Blazor benötigt man aktuell (dies kann und wird sich aber ändern):

- Visual Studio 2017 v15.7
- .NET Core 2.1 SDK
- ASP.NET Core Blazor Language Services extension (*marketplace.visualstudio.com/items?itemName=aspnet.blazor*)

Ein neues Blazor-Projekt legt man dann in Visual Studio über *New Project/C#/.NET Core Web Application* an. Hier kann man wählen zwischen einem reinen Client-Projekt (Vorlage *Blazor*) oder einem Client-Projekt mit Web-API-Server-Projekt, das ASP.NET Core verwendet, sowie einer zwischen Client und Server gemeinsamen DLL (Shared Library) auf Basis von .NET Standard 2.0.

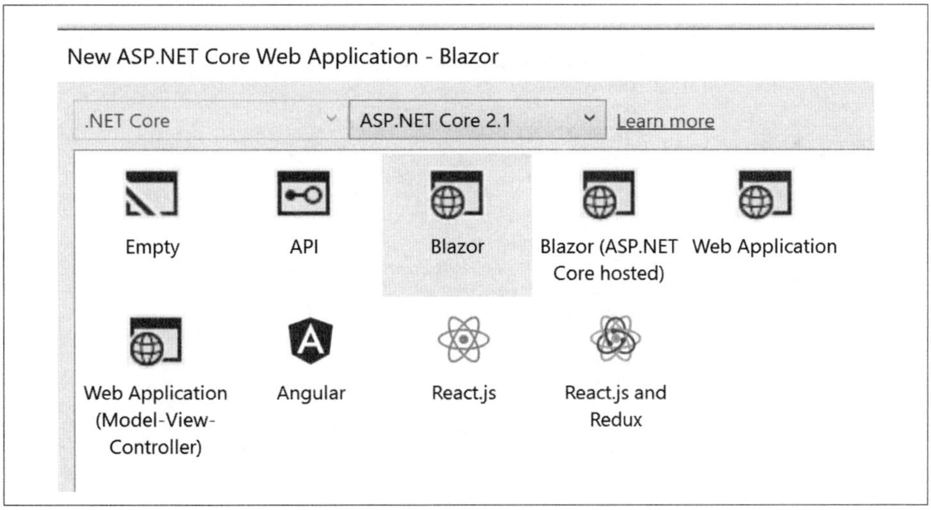

Abbildung 18-2: Anlegen eines Blazor-Projekts

Beispielprojekt

Hier soll kurz das Blazor-Projekt beschrieben werden, das durch die Visual-Studio-Vorlage *Blazor (ASP.NET Core hosted)* angelegt wird.

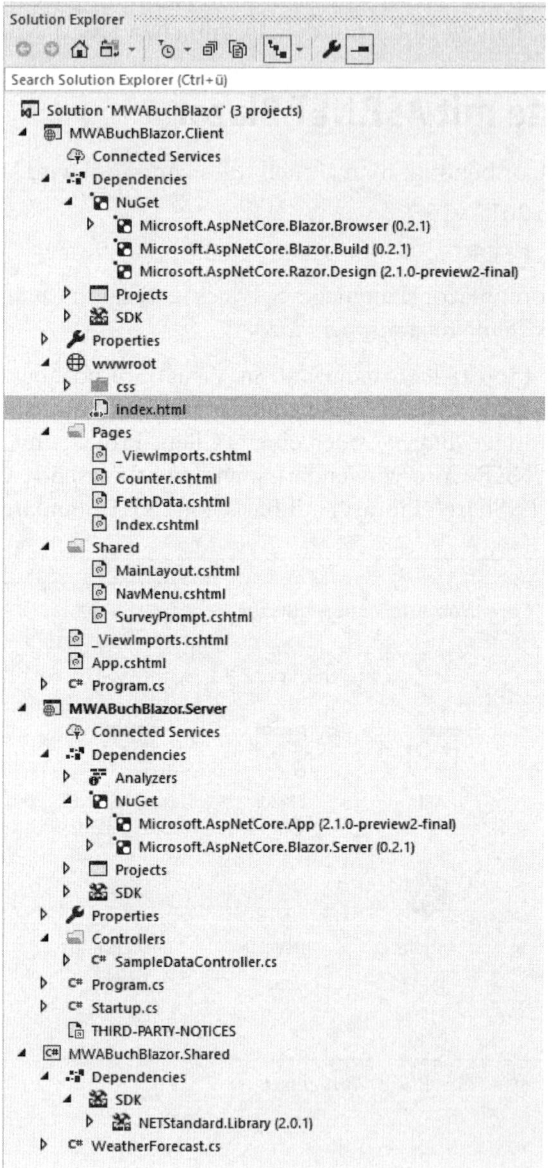

Abbildung 18-3: Entstandene Projektstruktur für ein Blazor-Projekt mit Client und Server

Der Client wird durch die Seite *wwwroot/index.html* gestartet. Hier findet man ein Tag `<script type="blazor-boot"></script>`, das aber beim Kompilieren ersetzt wird durch:

```
<script src="_framework/blazor.js" main="MWABuchBlazor.Client.dll"
entrypoint="MWABuchBlazor.Client.Program::Main"
references="Microsoft.AspNetCore.Blazor.Browser.dll,Microsoft.AspNetCore.Blazor.dll,Mi
crosoft.Extensions.DependencyInjection.Abstractions.dll,Microsoft.Extensions.Dependenc
yInjection.dll,mscorlib.dll,MWABuchBlazor.Shared.dll,netstandard.dll,System.Core.dll,S
ystem.dll,System.Net.Http.dll" linker-enabled="true"></script>
```

Dies führt dazu, dass der Browser die genannten JavaScript- und DLL-Dateien vom Webserver nachlädt.

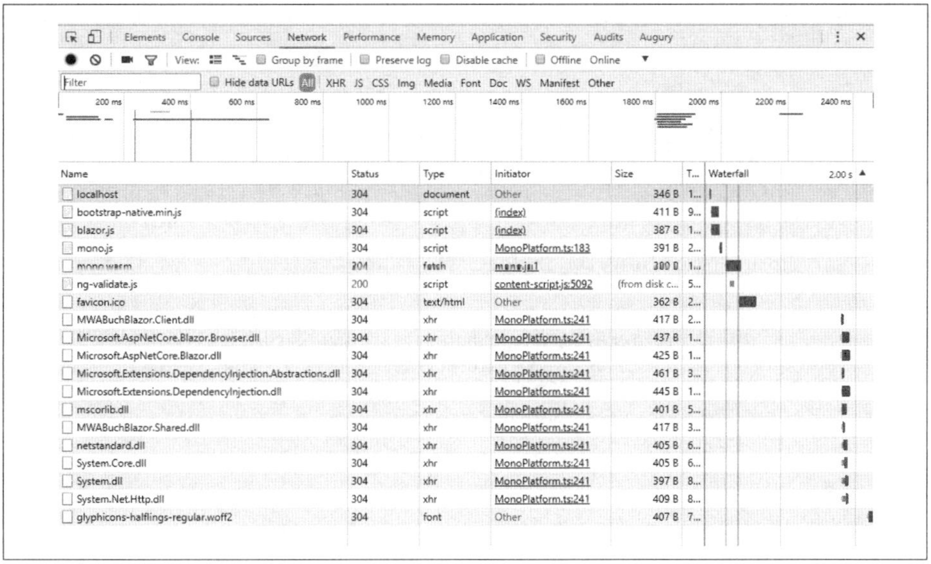

Abbildung 18-4: Beim Start einer Blazor-Anwendung in den Browser geladene Dateien

Die darzustellenden Inhalte bestimmt dann die Datei */Pages/Index.html*, die – wie man es von ASP.NET Core kennt – per *_ViewImports.cshtml* den Verweis auf eine Layoutseite (Masterpage) in */Shared/MainLayout.chtml* erhält. *MainLayout.cshtml* enthält ein Navigationsmenü.

Ein Menüpunkt ist *Fetch Data*, der zu */Pages/FetchData.chtml* führt (siehe Listing 18-1). Hierbei kommt HTML in Verbindung mit der ASP.NET Razor-Syntax zum Einsatz. Aktuell liegt der C#-Programmcode noch komplett in der .cshtml-Datei. Zukünftig wird Programmcode auch in eine eigenständige C#-Datei ausgelagert werden können (Code Behind wie in Razor Pages).

Listing 18-1: FetchData.chtml

```
@using MWABuchBlazor.Shared
@page "/fetchdata"
@inject HttpClient http

<h1>Weather forecast</h1>

<p>This component demonstrates fetching data from the server.</p>

@if (forecasts == null)
{
    <p><em>Loading...</em></p>
}
else
{
    <table class="table">
        <thead>
            <tr>
                <th>Date</th>
                <th>Temp. (C)</th>
                <th>Temp. (F)</th>
                <th>Summary</th>
            </tr>
        </thead>
        <tbody>
            @foreach (var forecast in forecasts)
            {
                <tr>
                    <td>@forecast.Date.ToShortDateString()</td>
                    <td>@forecast.TemperatureC</td>
                    <td>@forecast.TemperatureF</td>
                    <td>@forecast.Summary</td>
                </tr>
            }
        </tbody>
    </table>
}

@functions {
    WeatherForecast[] forecasts;

    protected override async Task OnInitAsync()
    {
        forecasts = await Http.GetJsonAsync<WeatherForecast[]>("/api/SampleData/
WeatherForecasts");
    }
}
```

Hierin wird dann ein Web API aufgerufen, das man im Server-Projekt im */Controllers/SampleDataController.cs* findet.

Die folgende Abbildung zeigt die laufende Seite *Fetch Data* im Browser Chrome.

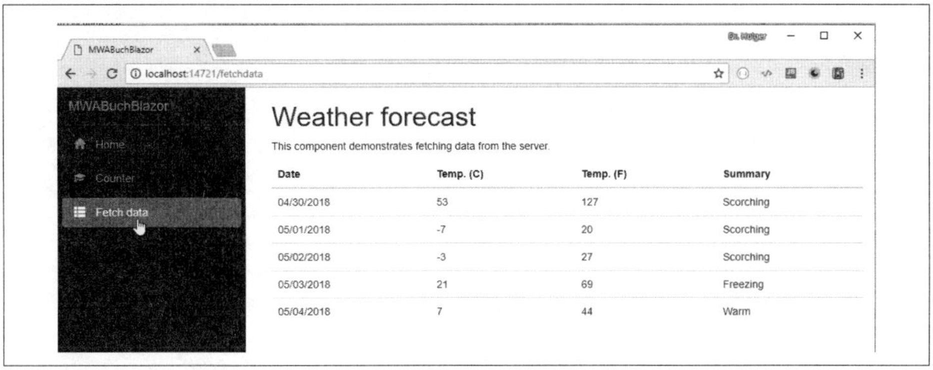

Abbildung 18-5: Die Blazor-Webanwendung in Chrome

Weitere Möglichkeiten

Ein clientseitiges Routing zwischen verschiedenen *.cshtml*-Seiten ist bereits möglich. Die Routen werden durch die `@page`-Direktive definiert:

```
@page "/detail/{ID}"
```

Diese Routen kann man per einfachem `<a>`-Tag, mit dem `<navLink>`-Tag oder per Code `UriHelper.NavigateTo()` anspringen.

Der HTML-Code kann auch rein per Programmcode erzeugt werden statt per Razor-Syntax (überschreiben der Methode `BuildRenderTree()`).

Man kann außerdem aus C# heraus JavaScript-Code aufrufen und umgekehrt.

Ausblick

Aktuell fehlen noch zahlreiche Funktionen in Blazor. Zum Beispiel gibt es bisher als Events nur `OnClick()` und `OnChange()`. Auch ist kein Debugging möglich. Geplant sind auch zahlreiche Features rund um Formulare und Validierung.

Ältere Browser wie der Internet Explorer, die kein WASM unterstützen, sollen Blazor über eine Emulation via *asm.js* (*asmjs.org*) ausführen können.

Wenn es Microsoft gelingt, Blazor so komfortabel und performant wie das Server Side Rendering (SSR) mit ASP.NET Core MVC und ASP.NET Core Razor Pages zu machen, könnte Blazor eine echte Alternative zur SPA-Entwicklung mit JavaScript/TypeScript werden.

TEIL E

Hosting von ASP.NET und ASP.NET Core

In diesem Buchteil werden folgende Hosting-Optionen für Webanwendungen beschrieben:

- Internet Information Services (IIS): Der Webserver von Microsoft, der oft auch noch bei seinem alten Namen Internet Information Server genannt wird, kann unter anderem Webanwendungen mit ASP.NET, ASP.NET Core und auch statische Inhalte für Single-Page-Web-Applications (SPAs) ausliefern. Der IIS Express ist ein funktionsreduzierter Ableger.
- In einem Docker-Container kann man sowohl Self-Hosting als auch einen Webserver nutzen. In diesem Buch wird sowohl Self-Hosting in einem Linux-Container als auch IIS in einem Windows-Container besprochen.
- ASP.NET-, ASP.NET-Core- und SPA-basierte Webanwendungen können auch in Microsoft Cloud-Dienst Azure gehostet werden. In diesem Buch werden Azure Web Apps in den Azure App Services besprochen.

Da der Umfang dieses Buchs begrenzt werden musste, können folgende Hosting-Optionen leider nicht besprochen werden:

- Linux-basierte Webserver wie Apache und Nginx.
- Andere Cloud-Anbieter wie Google und Amazon Web Services.
- Klassische Webhoster/Application Service Provider (hier gibt es sehr viele Anbieter mit sehr unterschiedlichen Systemen)
- ASP.NET Development Webserver (alias Visual Studio Web Development Server alias Cassini): Dieser Webserver wurde nur bis Visual Studio 2012 geliefert und ist veraltet. Er unterstützt kein ASP.NET Core.
- Das Hosten und Verbreiten der von den Websites benötigten Datenbanken

> Beim Hosting bei einem Provider oder in der Cloud sind die unterschiedlichen Hosting-Modelle zu beachten: Beim gemeinsamen Hosting (Shared Hosting) teilen sich zahlreiche Kunden ein physisches System. Der Webserver ist hier ein virtueller Webserver, die Datenbank nur eine Datei im gemeinsamen Datenbankserverprozess. Die Möglichkeiten des Kunden sind auf das Einspielen von Skripts, Daten und – vielleicht – Programmbibliotheken beschränkt. Den Rest kann nur der Provider erledigen.
>
> Wer auf seinem System »alles« machen will, zum Beispiel neben HTTP und FTP andere Serverdienste anbieten und dafür eigene Software installieren, benötigt den *root*-Zugriff. Der aus der Linux-Welt stammende Begriff hat sich auch beim Windows-basierten Hosting für eine Zugriffsform etabliert, bei der der Kunde die Administrator-Rolle über das System erhält. Manche Anbieter sprechen auch vom dedizierten Server oder gemieteten Server.
>
> Root Hosting ist grundsätzlich in zwei Formen möglich. Entweder steckt der Provider für jeden Kunden ein eigenes Server-Blade in den Schrank oder er virtualisiert das Betriebssystem mit Lösungen wie VMware oder Microsoft Virtual Server.

KAPITEL 19

Internet Information Services (IIS)

Dieses Kapitel behandelt den Webserver von Microsoft, der ursprünglich Internet Information Server (IIS) hieß und den Microsoft seit Version 5.0 Internet Information Services (Internetinformationsdienste, IIS) nennt. Die Aussprache »der IIS« ist aber immer noch gebräuchlich und wird auch in diesem Buch verwendet, auch wenn es eigentlich »die IIS« heißen müsste.

> Einige Autoren meinen mit WIMA eine Produktkombination Windows, Internet Information Services, Microsoft SQL Server, ASP.NET (Core) als Alternative zu LAMP (Linux, Apache, MySQL, PHP).

Versionsgeschichte

Es gibt folgende Versionen des IIS:

- IIS 1.0: Zusatz für Windows NT 3.51
- IIS 2.0: in Windows NT 4.0 enthalten
- IIS 3.0: in Windows NT 4.0 Service Pack 2 enthalten (erste Version mit den Active Server Pages (ASP))
- IIS 4.0: in Windows NT 4.0 Option Pack enthalten
- IIS 5.0: in Windows 2000 enthalten (nun „Microsoft Internet Information Services“ statt „Microsoft Internet Information Server“)
- IIS 5.1: in Windows XP Professional + Windows MCE enthalten
- IIS 6.0: in Windows Server 2003 + Windows XP x64 Edition enthalten (erste modularisierte Version)
- IIS 7.0: in Windows Vista + Windows Server 2008 enthalten
- IIS 7.5: in Windows Server 2008 R2 + Windows 7 enthalten
- IIS 8.0: in Windows Server 2012 + Windows 8 enthalten
- IIS 8.5: in Windows Server 2012 R2 + Windows 8.1 enthalten
- IIS 10.0: in Windows Server 2016 + Windows 10 enthalten (mit HTTP/2)

Zu beachten ist, dass die IIS stets an die Betriebssystemversion gebunden ist. Es ist also zum Beispiel nicht möglich, den IIS 10.0 auf Windows Server 2012 R2 zu installieren. Eine Version 9.0 gab es niemals. Diese Nummer hat Microsoft übersprungen, genau wie es nie ein Windows 9 gab.

Kernfunktionen des IIS

Der IIS realisiert verschiedene Protokolle: Der World Wide Web-Dienst (WWW-Dienst) erlaubt es, einen eigenen Webserver zur Bereitstellung von Webseiten über das Hypertext Transfer Protocol (HTTP) zu betreiben. Der Name World Wide Web-Dienst ist etwas irreführend, denn auch lokale Webangebote (Intranets) können mit dem Dienst bereitgestellt werden. Besser wäre daher Webservice. Der FTP-Dienst erlaubt die Ablage und das Herunterladen von Dateien und der SMTP-Dienst den Versand von E-Mails.

Kernfunktionen von IIS sind unter anderem:

- HTTP-Server für statische Inhalte (zum Beispiel *.htm*, *.jpg*, *.gif*, *.pdf*) und dynamische Inhalte (zum Beispiel ASP.NET, ASP.NET Core, PHP)
- Seit Version 10 wird auch HTTP/2 unterstützt.
- Unterstützung für WebDAV
- Seit Version 7.0 werden im Rahmen des Hostings von Diensten, die mit Windows Communication Foundation (WCF) implementiert wurde, auch die Protokolle TCP, Named Pipes und MSMQ unterstützt.
- Isolation von Prozessen (in sogenannten Application Pools und Worker-Prozessen) und Erneuern von Prozessen nach definierten Regeln
- Authentifizierung von HTTP-Aufrufen
- Umlenkung von HTTP-Aufrufen
- Bidirektionale Verbindungen mit Web-Sockets
- Absicherung von Verbindungen durch HTTPS (Secure Socket Layer – SSL)/ Transport Layer Security (TLS))
- Beschränkung der Zugriffe von Clients
- Protokollierung von Aufrufen
- Festlegung der Ausgaben im Fehlerfall
- Datenübertragung per File Transfer Protocol (FTP)
- Erweiterbarkeit durch Module

Als dynamische Webtechniken unterstützt IIS von Hause aus:

- Internet Information Service Application Programming Interface (ISAPI)
- Common Gateway Interface (CGI)

- Internet Database Connector (IDC)
- Server Side Includes (SSI)
- Active Server Pages (ASP)
- Active Server Pages .NET (ASP.NET)

PHP, ASP.NET Core unter anderem Webframeworks sind nicht Teil des Windows-Setups; sie müssen getrennt installiert werden.

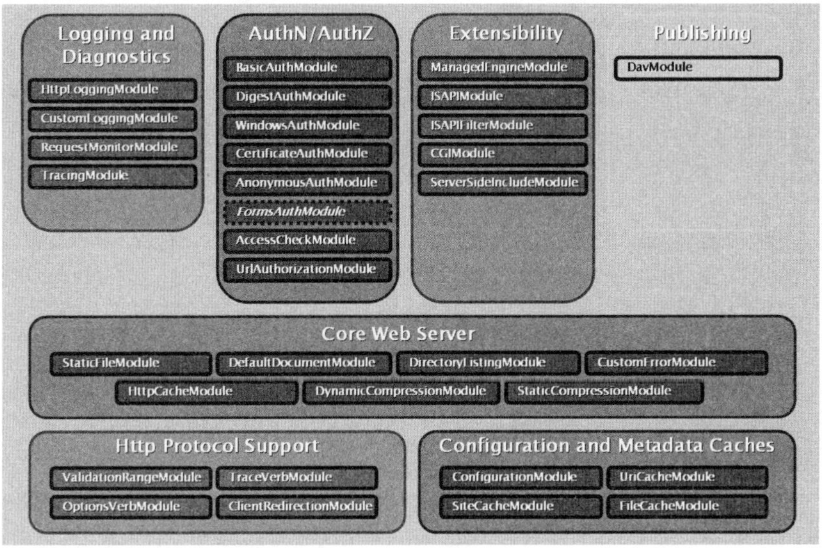

Abbildung 19-1: Die Architektur von IIS seit Version 7.0 basiert auf Komponenten. (Quelle: PowerPoint-Präsentation von Microsoft)

Installation des IIS

Während früher einmal der IIS im Standard mit einigen Windows-Versionen mitinstalliert wurde, ist er seit vielen Jahren eine optionale Komponente. In Windows-Client-Betriebssystemen wird der IIS über Optional Windows Features installiert. Auf Windows-Server-Betriebssystemen wird der IIS über den Server Manager installiert: *Manage/Add Roles and Features* und dann die Auswahl *Web Server IIS*.

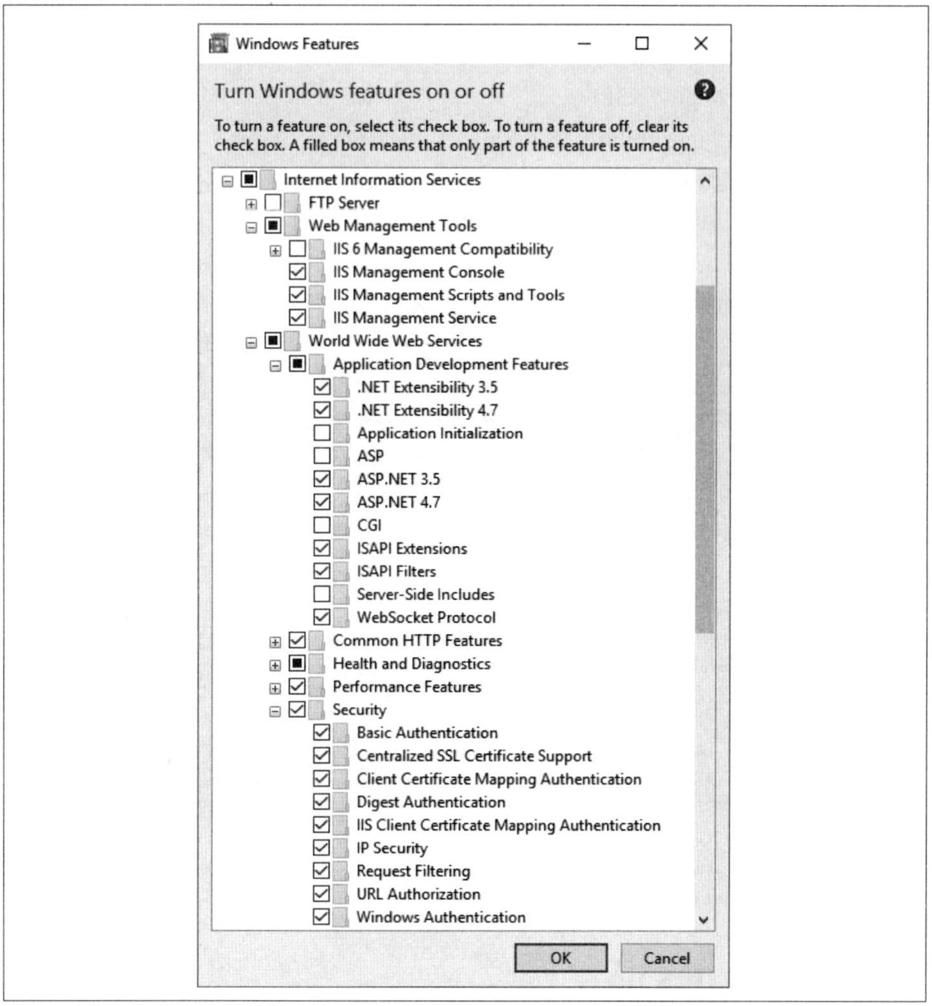

Abbildung 19-2: Feature-Optionen bei der IIS-Installation unter Windows Server 10

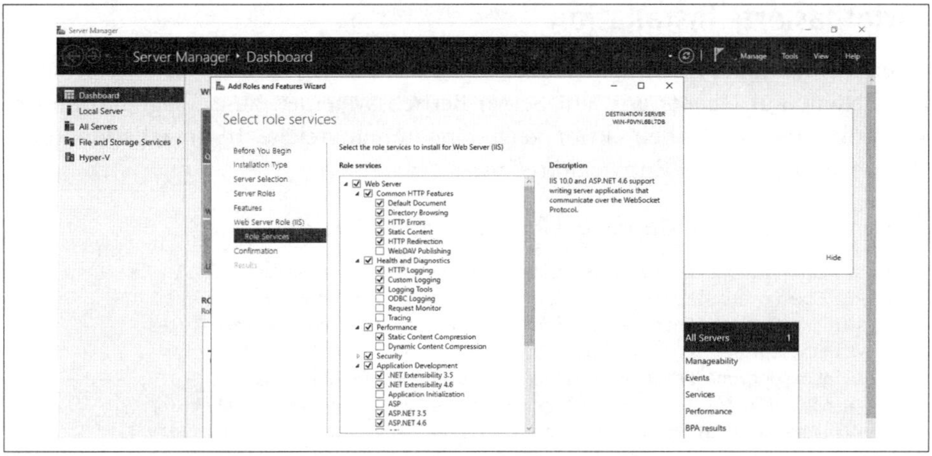

Abbildung 19-3: Feature-Optionen bei der IIS-Installation unter Windows Server 2016

Modularisierung

Der IIS ist inzwischen sehr stark modularisiert, das heißt, es gibt sehr viele Auswahloptionen, damit man nur die wirklich benötigten Funktionen installiert. Neben Programmierframeworks wie ASP, ASP.NET, CGI und ISAPI lassen sich in den Bereichen *Gemeinsam genutzte HTTP-Features* (*Common HTTP Features*), *Systemzustand und Diagnose* (*Health and Diagnostics*), *Sicherheit* (*Security*) und *Webverwaltungstools* (*Management Tools*) die gewünschten Module selektieren. Im Bereich Sicherheit sind verschiedene Authentifizierungsverfahren wie zum Beispiel Basic, Windows, Digest oder Zertifikate wählbar. Bei den Management-Diensten steht unter anderem zur Wahl, ob IIS auch mit den Verfahren von IIS, also mit Konsole, Skript oder per WMI, zu verwalten ist und ob eine Fernverwaltung von IIS über einen Management-Dienst zugelassen sein soll.

Die komponentenorientierte Architektur erlaubt auf jeder Konfigurationsebene des IIS (Webserver, Website, Anwendung oder Verzeichnis), Modulsätze zu erstellen. So ist es beispielsweise möglich, einen Webserver zu betreiben, der ausschließlich Windows-NTLM-Authentifizierung, statische Webseiten, Kompression und Protokollierung beherrscht.

Im Hinblick auf Sicherheitsrisiken reduziert die Modularisierung die Angriffsfläche und erhöht die Sicherheit des Webservers gegenüber früheren Versionen von IIS, die nur für die Anwendungsentwicklungsframeworks eine Möglichkeit zum Deaktivieren von Merkmalen boten. Neben höherer Sicherheit ist von einem auf die notwendigen Module reduzierten Webserver auch eine bessere Leistung zu erwarten.

Skriptbasierte Installation

Alternativ kann der IIS per PowerShell installiert werden, wobei hier unterschiedliche Befehle auf Client- und auf Server-Betriebssystemen zum Tragen kommen. Das folgende PowerShell-Skript zeigt eine umfangreiche IIS-Installation unter Windows 10 für einen Entwicklerrechner.

Listing 19-1: PowerShell-basierte IIS-Installation für Windows 10

```
Enable-WindowsOptionalFeature -Online -Featurename IIS-WebServerRole
Enable-WindowsOptionalFeature -Online -Featurename IIS-WebServer
Enable-WindowsOptionalFeature -Online -Featurename IIS-CommonHttpFeatures
Enable-WindowsOptionalFeature -Online -Featurename IIS-HttpErrors
Enable-WindowsOptionalFeature -Online -Featurename IIS-HttpRedirect
Enable-WindowsOptionalFeature -Online -Featurename IIS-ApplicationDevelopment
Enable-WindowsOptionalFeature -Online -Featurename IIS-NetFxExtensibility
Enable-WindowsOptionalFeature -Online -Featurename IIS-NetFxExtensibility45
Enable-WindowsOptionalFeature -Online -Featurename IIS-HealthAndDiagnostics
Enable-WindowsOptionalFeature -Online -Featurename IIS-Security
Enable-WindowsOptionalFeature -Online -Featurename IIS-URLAuthorization
Enable-WindowsOptionalFeature -Online -Featurename IIS-RequestFiltering
Enable-WindowsOptionalFeature -Online -Featurename IIS-IPSecurity
Enable-WindowsOptionalFeature -Online -Featurename IIS-Performance
Enable-WindowsOptionalFeature -Online -Featurename IIS-HttpCompressionDynamic
Enable-WindowsOptionalFeature -Online -Featurename IIS-WebServerManagementTools
Enable-WindowsOptionalFeature -Online -Featurename IIS-ManagementScriptingTools
Enable-WindowsOptionalFeature -Online -Featurename IIS-StaticContent
Enable-WindowsOptionalFeature -Online -Featurename IIS-DefaultDocument
Enable-WindowsOptionalFeature -Online -Featurename IIS-DirectoryBrowsing
Enable-WindowsOptionalFeature -Online -Featurename IIS-WebDAV
Enable-WindowsOptionalFeature -Online -Featurename IIS-Web-Sockets
Enable-WindowsOptionalFeature -Online -Featurename IIS-ASPNET
Enable-WindowsOptionalFeature -Online -Featurename IIS-ASPNET45
Enable-WindowsOptionalFeature -Online -Featurename IIS-ISAPIExtensions
Enable-WindowsOptionalFeature -Online -Featurename IIS-ISAPIFilter
Enable-WindowsOptionalFeature -Online -Featurename IIS-BasicAuthentication
Enable-WindowsOptionalFeature -Online -Featurename IIS-HttpCompressionStatic
Enable-WindowsOptionalFeature -Online -Featurename IIS-ManagementConsole
Enable-WindowsOptionalFeature -Online -Featurename IIS-ManagementService
Enable-WindowsOptionalFeature -Online -Featurename IIS-CertProvider
Enable-WindowsOptionalFeature -Online -Featurename IIS-WindowsAuthentication
Enable-WindowsOptionalFeature -Online -Featurename IIS-DigestAuthentication
Enable-WindowsOptionalFeature -Online -Featurename IIS-
ClientCertificateMappingAuthentication
Enable-WindowsOptionalFeature -Online -Featurename IIS-
IISCertificateMappingAuthentication
```

Der zweite Befehl zeigt eine minimale Installation eines IIS für den Produktivbetrieb eines öffentlichen Webservers mit ASP.NET.

Listing 19-2: PowerShell-basierte IIS-Installation für Windows Server 2016

```
Install-WindowsFeature Web-Server, Web-WebServer, Web-Static-Content, Web-Asp-Net45,
Web-Http-Logging, Web-Stat-Compression, Web-Dyn-Compression, Web-Mgmt-Console
```

Abbildung 19-4: Ergebnis des obigen Skripts

> Wie man sieht, sind auch die IIS-Feature-Namen im Client- und im Serverbetriebssystem verschiedenen. Die verfügbaren IIS-Feature-Namen erhält man im Client mit `Get-WindowsOptionalFeature -Online -FeatureName IIS-* | ft` und im Server mit `Get-WindowsFeature Web-*`.

Wenn man auf einem Rechner bereits einen IIS wie gewünscht installiert hat, möchte man diese Installationsoptionen gelegentlich auf einen anderen Rechner übertragen. Mit der folgenden Befehlskette erzeugt man ein PowerShell-Skript, das die gleichen IIS-Features installiert, die auf dem lokalen Client-Betriebssystem vorhanden sind.

```
Get-WindowsOptionalFeature -Online | where state -eq "Enabled" | where featurename -
like "IIS-*" | % { "Enable-WindowsOptionalFeature -Online -Featurename " +
$_.featurename } | Set-Content C:\_SETUP\IIS-Install-Windows10.ps1
```

Das Gleiche erledigt man auf einem Server-Betriebssystem per:

```
Get-WindowsFeature Web-* | where installed -eq $true | % { "Install-WindowsFeature " +
$_.name } | Set-Content C:\_SETUP\IIS-Install-WindowsServer.ps1
```

> Für die Integration von ASP.NET Core in den IIS wird das ASP.NET-Core-IIS-Module (*C:\Windows\System32\inetsrv\aspnetcore.dll*) benötigt. Dieses Modul erhalten Sie, indem Sie auf dem System mit den IIS das .NET Core Windows Server Hosting Bundle (*aka.ms/dotnetcore-2-windowshosting*) installieren.

Integration zwischen ASP.NET und IIS

Die Integration zwischen ASP.NET und IIS erfolgt automatisch, wenn IIS bei der Installation von .NET Framework Redistributable bereits vorhanden ist. Sofern IIS erst später (nach der Installation von .NET Framework Redistributable) installiert wird, muss die Integration durch Ausführung der Kommandozeilenanwendung *aspnet_regiis.exe* mit dem Parameter *–i* manuell angestoßen werden.

Test der Installation

Um zu testen, ob IIS erfolgreich installiert wurde, geben Sie im Browser *http://localhost* ein. Danach sollten Sie eine statische Seite mit Willkommensgrüßen in verschiedenen Sprachen sehen.

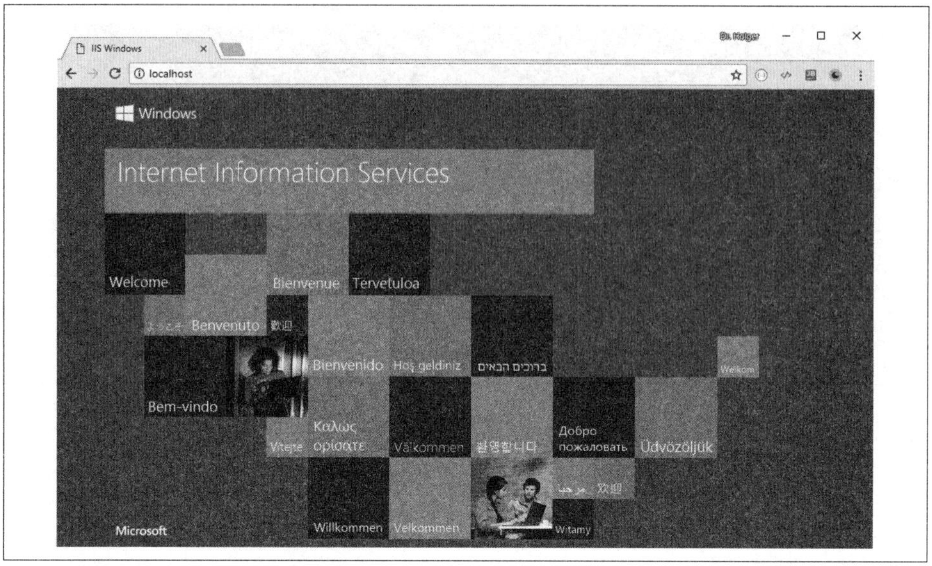

Abbildung 19-5: IIS-Willkommensseite

Die Willkommensseite befindet sich physisch im Verzeichnis *c:\inetpub\wwwroot*, das bei der Installation angelegt wurde. Grundsätzlich ist dies auch der Speicherort für Ihre eigenen Webanwendungen. Es ist aber auch möglich, andere Standorte auf der Festplatte zu nutzen.

IIS Express

Der IIS Express ist eine funktionsreduzierte Version des IIS, die mit Visual Studio (seit Version 2012) als Webserver für den Entwicklerarbeitsplatz ausgeliefert wird. Es wurde früher auch als Teil des Editors WebMatrix ausgeliefert. WebMatrix wurde aber am 1.11.2017 eingestellt.

IIS Express wird in *C:\Program Files\IIS Express* installiert.

IIS Express unterstützt nur HTTP und HTTPS sowie WCF-Dienste mit HTTP/HTTPS, kein FTP, Web-Sockets, TCP, Named Pipes etc. Der IIS Express läuft nicht als Dienst, sondern als normaler Benutzerprozess (iiexpress.exe), der aber von Visual Studio bei Bedarf gestartet wird. Der Benutzer kann den Prozess über ein Symbol in der Windows-Taskleiste beenden. Die Konfiguration wird vorgenommen über Visual Studio und gespeichert im Verzeichnis *%UserProfile%\Documents\IISExpress\Config*. Die Protokolldateien liegen unter *%UserProfile%\Documents\IISExpress\Logs*. Der IISExpress ist im Standard nur vom lokalen System erreichbar. Er ist nicht geeignet für den produktiven Betrieb eines Webservers.

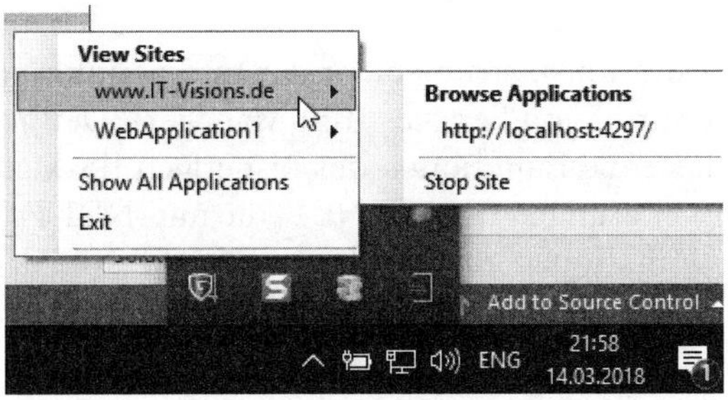

Abbildung 19-6: IISExpress in der Windows-Taskleiste

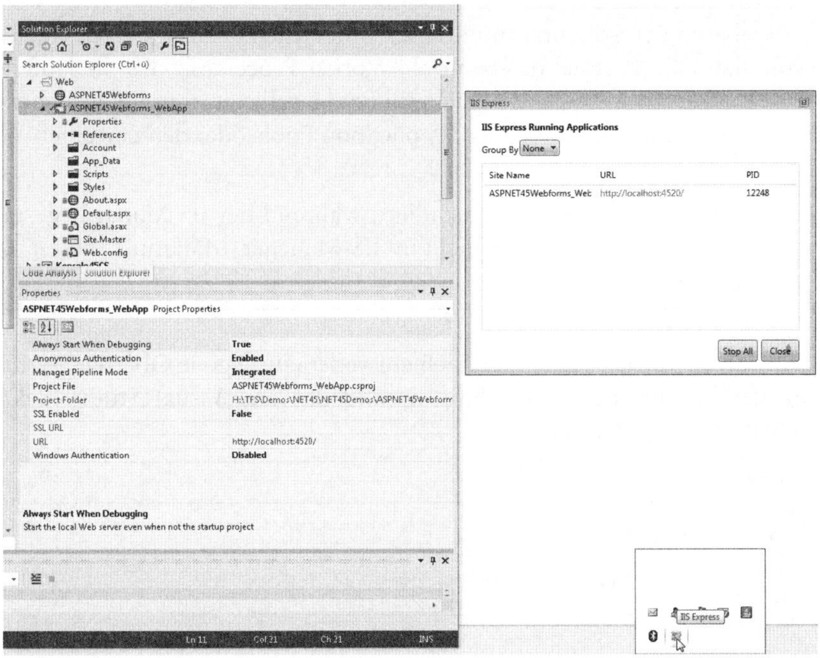

Abbildung 19-7: Einstellungen für IISExpress

IIS-Administration

Der Konfigurationsspeicher von IIS sind XML-Dateien (siehe im Dateisystem *C:\Windows\System32\inetsrv\config*). Deren direkte Bearbeitung ist zwar möglich, aber nicht komfortabel, und es können leicht Fehler passieren.

Der IIS wird daher über den IIS-Manager oder die Kommandozeile beziehungsweise Skripte verwaltet.

IIS-Manager

Das primäre Administrationsinstrument ist der Internetinformationsdienste-(IIS-) Manager (Internet Information Services (IIS) Manager). Der neue IIS-Manager ab IIS-Version 7.0 umfasst die Funktionen des bisherigen IIS-Managers, der bisherigen IIS-Manager-Erweiterungen für ASP.NET, die mit .NET Framework installiert wurden, sowie die Funktionen der webbasierten ASP.NET-Verwaltungsoberfläche.

Die Einstellungen sind in Bereiche (*Areas*) und die einzelnen Bereiche wiederum in Kategorien gegliedert (Abbildung 19-8). Dazu erscheinen die Aufgaben, die der aktuellen Auswahl von Bereich und Kategorie entsprechen.

> Die verfügbaren Bereiche und Funktionen unterscheiden sich je nach Auswahl. So kann man zum Beispiel das Symbol "Worker Processes", das die laufenden Prozesse und deren CPU- und Speichernutzung auflistet, nur auf der obersten Ebene (Server) sehen, nicht bei den Application Pools oder den einzelnen Websites.
>
> Wenn man weitere IIS-Features installiert, während der IIS-Manager gestartet ist, sieht man die neuen Features nicht im IIS-Manager. Man muss diesen beenden und neu starten.

Nach Wahl der Aufgabe präsentiert sich entweder eine eigene Oberfläche zur Verwaltung der zugehörigen Einstellungen oder das aus Visual Studio bekannte Eigenschaftsgitter (Abbildung 19-9).

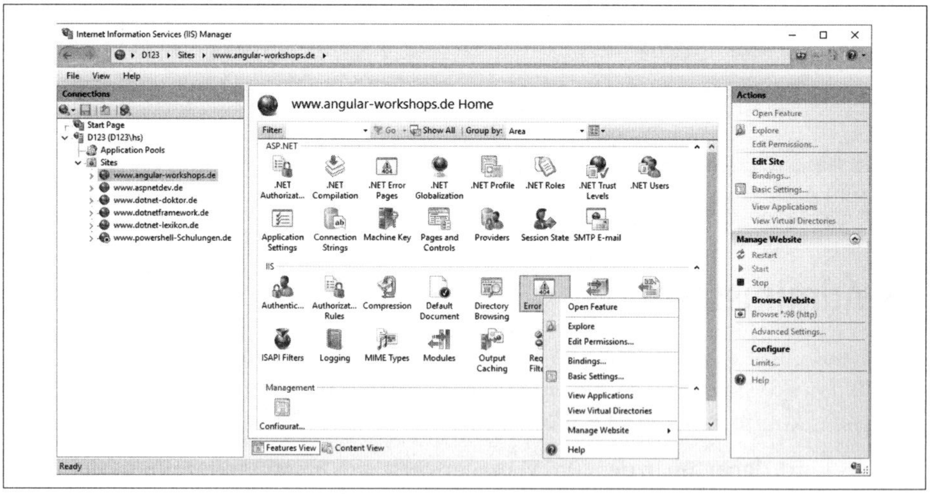

Abbildung 19-8: Die neue IIS-Verwaltungskonsole ist aufgabenbasiert und fasst die Administration von IIS und von ASP.NET zusammen

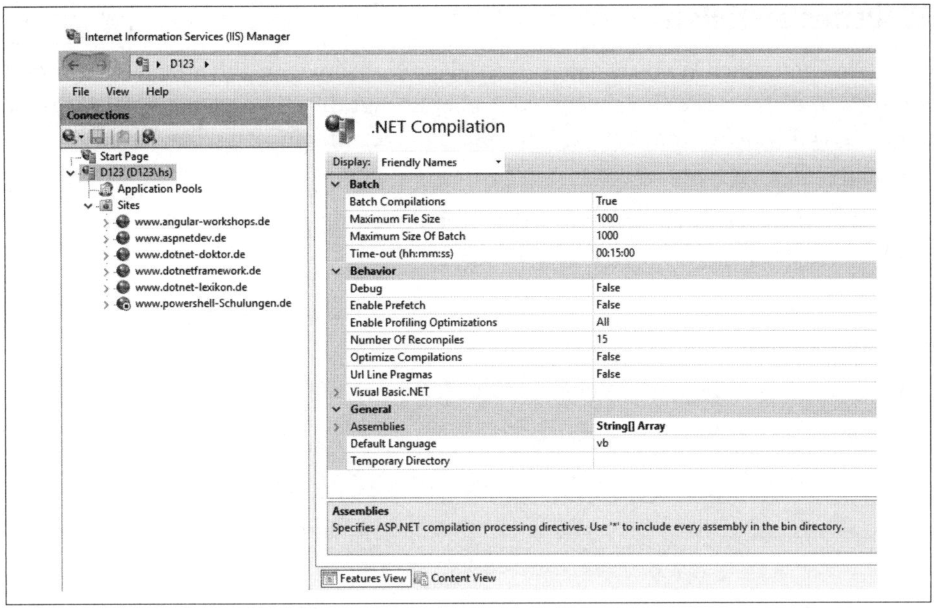

Abbildung 19-9: Einige Einstellungen präsentieren sich im weniger komfortablen Eigenschaftsgitter

Administration per Kommandozeile und Skript

Zur Administration per Kommandozeile und Skript hat man früher das Kommandozeilenwerkzeug *appcmd.exe* und den Provider für Windows Management Instrumentation (WMI) im WMI-Namespace `root/AppServer` verwendet.

Seit Windows Server 2008 R2 sowie Windows Client seit Version 7 mit Installieren der Fernverwaltungswerkzeuge gibt es ein PowerShell-Modul *WebAdministration*. Mit dem Modul lässt sich aber ein IIS ab Version 7.0 verwalten.

Seit Windows 10 und Windows Server 2016 gibt es neben dem *WebAdministration*-Modul noch ein weiteres Modul *IISAdministration*, in dem Microsoft einige Änderungen vorgenommen hat. So legt man dort eine Website mit *New-IISSite* statt *New-Website* an.

IIS-Websites (virtuelle Webserver)

Ein IIS (alias physischer Webserver) besteht aus einem oder mehreren sogenannten virtuellen Webservern. Ein virtueller Webserver ist die Zuordnung einer Kombination aus IP-Adresse und Portnummer zu einem physischen Verzeichnis auf einem Speichermedium.

Websites erstellen

Zum Anlegen einer Website (alias: virtueller Webserver) wählt man *Website hinzufügen* (*Add Web Site*) im Zweig *Sites*. Hier erfolgt die Zuordnung der IP-Adresse und der TCP-Portnummer zum Dateisystemverzeichnis. Anzugeben sind:

- Name der Website
- Pfad im Dateisystem (Standort der Webanwendungsdateien)
- Protokollart (HTTP, HTTPS, FTP etc.)
- IP-Adresse
- Portnummer

Danach erscheint die neue Website in der Liste der Websites.

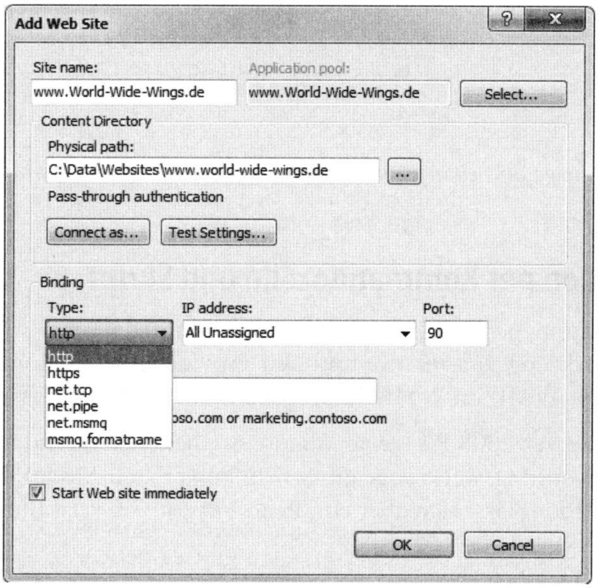

Abbildung 19-10: Anlegen einer Website

Die Einstellung *Keine zugewiesen* (*All Unassigned*) für die IP-Adresse bedeutet, dass der WWW-Dienst auf alle dem Computer in der Netzwerkkonfiguration zugeordneten IP-Adressen reagiert.

- Für die Website kann man die Inhalte ansehen (*Ansicht »Inhalt«* beziehungsweise *Content View*) und die Einstellungen ändern (*Ansicht »Features«* beziehungsweise *Features View*).

Die Liste der virtuellen Webserver lässt sich durch Gruppierung und Filter übersichtlicher gestalten; so wird es leichter, eine große Anzahl von virtuellen Webservern zu verwalten. Jeder virtuelle Webserver besitzt eine eigene Liste von Administratoren, was die Delegation von administrativen Aufgaben vereinfacht. Neben Windows-Benutzerkonten kennt IIS auch eigene Benutzerkonten, damit in Hosting-Szenarien eine Delegation ohne Vergabe eines Windows-Benutzerkontos möglich ist. Eine Fernadministration von IIS seit Version 7.x ist via HTTP möglich.

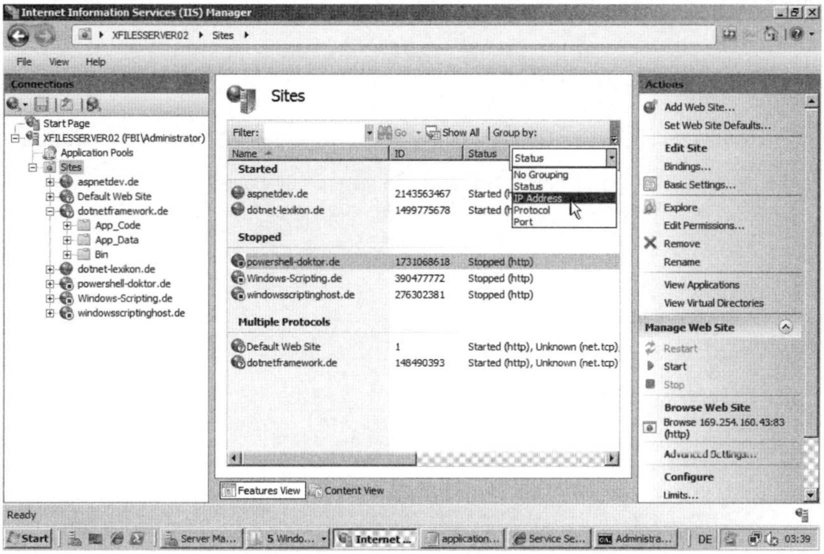

Abbildung 19-11: Gruppieren und Filtern in der Liste der virtuellen Webserver

> Ganz alte Versionen von IIS auf Client-Betriebssystemen unterschieden sich von den jeweiligen Serverversionen dadurch, dass es dort nur genau einen virtuellen Webserver (Standardwebsite) geben durfte und die Zahl der gleichzeitigen HTTP-Verbindungen zum Server auf 10 beschränkt war. Diese Restriktion existiert in IIS seit Version 7.x nicht mehr.

Websites erstellen per Skript

Das folgende WSH-Skript legt einen Webserver in IIS an:

Das folgende PowerShell-Skript legt eine Liste von Websites im IIS an. Die Daten für die Websites stammen aus einer CSV-Datei. Das Skript kopiert auch eine HTML-Datei (*default.htm*) in alle neu angelegten Websites, damit zum Test dort auch etwas zu sehen ist, und startet am Schluss jede neu angelegte Website.

Zum Einlesen der CSV-Datei wird einfach das Commandlet *Get-Content* verwendet, das die Datei komplett einliest. Die Aufspaltung in Zeilen erledigt das Commandlet *Foreach-Object*. Die Trennung in die einzelnen Felder erledigt der Operator *-split*. Alternativ hätte man auch *Import-Csv* mit dem Parameter *-Header* für diese Aufgabe einsetzen können.

Abbildung 19-12: Datei webserver.csv

Listing 19-3: Massenanlegen von Websites mit PowerShell mit dem WebAdministration-*Modul*

```
# Massenanlegen von Websites gemäß Vorgaben in einer CSV-Datei
# (C) Holger Schwichtenberg, www.IT-Visions.de, 2012-2018

clear
$ErrorActionPreference = "Stop"

# --- Parameters
$InputFile = " w:\Skripte\powershell\webserver.csv"
$eingabeppPoolName = "NewWebsites"
$ContentSource = "w:\Skripte\powershell \default.htm"

# Modul einlesen
"Lade Modul..."
Import-Module webadministration

"Delete all existing sites"
Get-Website "DEMO_www.*" | Remove-Website

if (-not (test-path IIS:\AppPools\$eingabeppPoolName)) {
    "Create App Pool"
    New-WebAppPool -Name $eingabeppPoolName }
else
    { "App Pool exists!" }

# --- Read textfile and create a new website for each line
Get-Content $InputFile | Foreach-Object {
$eingabe = $_ -split ";"
# Create directory if it does not exist!
mkdir  $eingabe[3] -erroraction silentlycontinue
# Copy default page
Copy-Item $ContentSource $eingabe[3]
$eingabe[1] = "*" # all IPs!
# Create Website
$sitename = $eingabe[0]
"Creating... $sitename"
New-Website -Name $sitename -IPAddress  $eingabe[1] -port $eingabe[2] -PhysicalPath
$eingabe[3] -force -ApplicationPool $eingabeppPoolName | out-null
# Website starten
"Starting... $sitename"
Start-Website -name $sitename
Get-WebsiteState -Name $sitename
}
```

Das Skript muss mit Admin-Rechten ausgeführt werden!

Zum Löschen von Websites kann man das Commandlet *Remove-Website* verwenden:

```
# Aufräumen: alle Websites, die mit "DEMO" beginnen, löschen
Get-Website DEMO*  | Remove-Website
```

Wichtige Einstellungen für Websites

Eine zu prüfende Einstellung befindet sich in der Rubrik *IIS/Standarddokument* (*IIS/Default Document*): Hier ist festzulegen, welches Dokument an den Webbrowser gesendet werden soll, wenn der Aufrufer nur den Verzeichnisnamen (zum Beispiel *http://localhost/MeineAnwendung*) angibt, aber kein konkretes Dokument (zum Beispiel *http://localhost/MeineAnwendung/Produktliste.aspx*). Falls die Startseite nicht bereits unter den hier aufgelisteten Seitennamen zu finden ist, müssen Sie einen entsprechenden Eintrag hinzufügen.

Soll dem Benutzer gestattet werden, eine Liste der in dem Verzeichnis verfügbaren Dateien einzusehen, um selbst eine Datei auszuwählen, ist dies unter *Verzeichnis durchsuchen* (*Directory Browsing*) einzustellen. Voraussetzung dafür ist, dass das Feature *Verzeichnis durchsuchen* (*Directory Browsing*) in der Installation von IIS aktiviert wurde.

Beschränken der möglichen Clients

Der Zugriff auf einen IIS-Webserver kann so eingeschränkt werden, dass nur bestimmte Netze oder Hostsysteme als Client zugelassen sind. Dies ist möglich in der Funktion *Einschränkungen für IP-Adressen und Domänenname* (*IP Address and Domain Restrictions*). Abbildung 19-13 zeigt ein Szenario, bei dem alle IP-Adressen verboten sind außer IP-Adressen aus dem Bereich 192.168.1.*.

Seit IIS 8.0 ist es über das neue Dialogfeld *Einstellungen für die dynamische Einschränkung bearbeiten* (*Edit Dynamic IP Restriction Settings*) möglich, eine Blockierung von IP-Adressen anhand der gleichzeitigen Anzahl von Anfragen von einer IP-Adresse oder der Anzahl der Anfragen in einem bestimmten Zeitraum von einer IP-Adresse festzulegen.

Ferner kann in IIS seit 8.0 unter *Featureeinstellungen bearbeiten* (*Edit Feature Set tings*) die Antwort an den Client bei Zutreffen einer IP-Adressbeschränkung ausgewählt werden. Bisher gab es immer als Antwort »403.6 Forbidden«, nun sind auch »401 Unauthorized«, »404 Not Found« oder ein Abbruch der Verbindung möglich. Die Einstellung *Proxymodus aktivieren* (*Enable Proxy Mode*) erlaubt die Berücksichtigung des HTTP-Header »X-Forwarded-For (XFF)«, der die IP-Adresse des Aufrufers enthält, wenn der Zugriff über eine Proxy erfolgt.

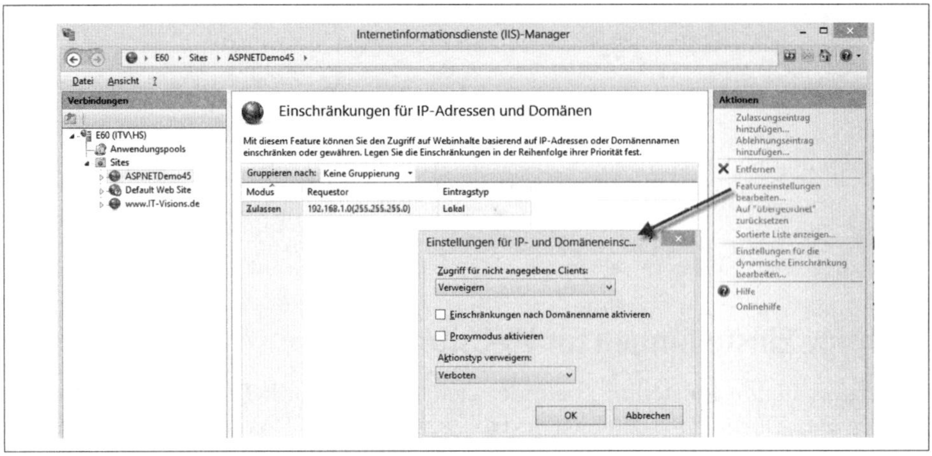

Abbildung 19-13: Zugriffsbeschränkungen auf IP-Ebene

Clients, die durch eine IP-Adressbeschränkung ausgeschlossen sind, erhalten beim Versuch, die Webanwendung anzusprechen, die Fehlermeldung »HTTP Error 403.6 - Forbidden: IP address of the client has been rejected«. Von diesen Clients geht dann nur noch geringere Bedrohung aus.

Authentifizierung

Standardmäßig ist in IIS der anonyme Zugriff aktiviert, das heißt, ein Benutzer muss sich gegenüber IIS nicht authentifizieren. Sofern Sie IIS explizit nicht als öffentlichen Webserver nutzen wollen, sollten Sie den anonymen Zugriff deaktivieren. In einer reinen Windows-Umgebung ist die *Integrierte Windows-Authentifizierung sinnvoll*, die eine Einmalanmeldung (Single Sign-on) innerhalb einer Domäne ermöglicht. Ein Client, der sich nicht an der Windows-Domäne angemeldet hat, hat dann keinen Zugriff auf die Webanwendungen. Sie erreichen die Authentifizierungseinstellungen im IIS-Manager unter *Authentifizierung* (*Authentication*).

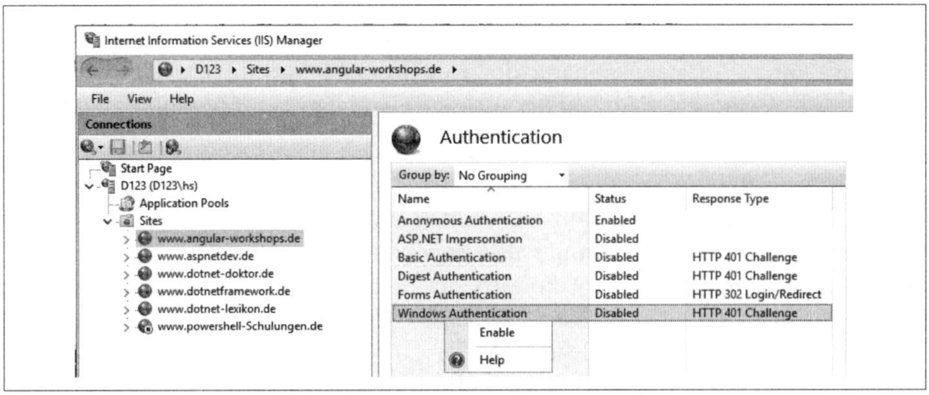

Abbildung 19-14: Änderung der verfügbaren Authentifizierungsverfahren

Transport Layer Security (TLS)/Secure Socket Layer (SSL)

IIS verwendet für Transport Layer Security (TLS) (Verbindungen via *http://*) noch den alten Namen Secure Socket Layer (SSL).

> Die letzte Version des Secure-Socket-Layer-(SSL-)Protokolls war 3.0. Seitdem wurde es unter dem neuen Namen Transport Layer Security (TLS) weiterentwickelt. Die Versionszählung bei TLS begann wieder bei Version 1.0.

Um den Zugang zu einer Website mit TLS/SSL zu ermöglichen, sind folgende Schritte notwendig:

1. Einfügen eines Serverzertifikats (unter *Serverzertifikate* (*Server Certificates*)). Dies muss im Stammverzeichnis des physischen Webservers erfolgen (siehe Symbol mit Servergehäuse im Baum). Man kann hier ein selbstsigniertes Zertifikat anlegen. Für den Betrieb im Internet braucht man aber in der Regel ein Zertifikat einer der in Windows bereits bekannten Zertifizierungsstellen (zum Beispiel VeriSign, Thawte, Deutsche Telekom, DigiCert, GeoTrust, GlobalSign und andere).

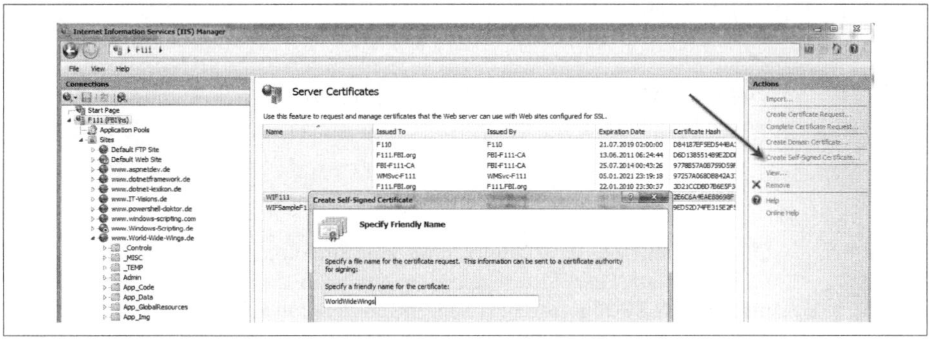

Abbildung 19-15: Anlegen eines Testzertifikats

2. Anschließend wählt man auf der Ebene des virtuellen Webservers *Bindungen* (*Bindings*) und dort *https* mit dem eingefügten Zertifikat.

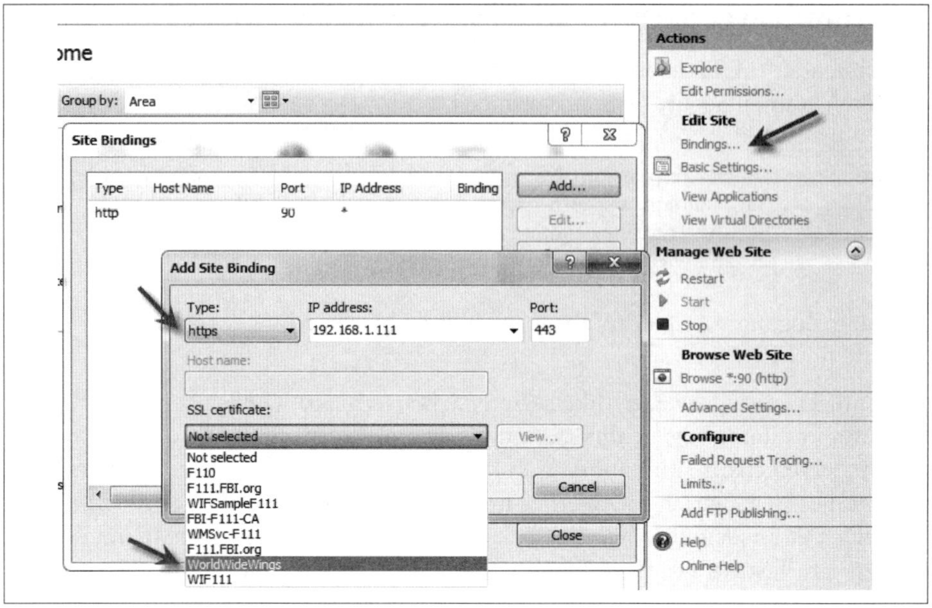

Abbildung 19-16: SSL für eine Website aktivieren

Wenn die Website nur per TLS/SSL erreichbar sein soll, müssen Sie die Bindung für *http* entfernen.

Oft ist es sinnvoll, dass Benutzer, die eine Site ohne TLS/SSL betreten, dann auf TLS/SSL umgelenkt werden. In diesem Fall würde man die HTTP-Bindung belassen und in der *global.asax*-Datei von ASP.NET eine Umlenkung festlegen:

```
protected void Application_BeginRequest(Object sender, EventArgs e)
{  if (HttpContext.Current.Request.IsSecureConnection.Equals(false))
   {
      Response.Redirect("https://" + Request.ServerVariables["HTTP_HOST"] +
      HttpContext.Current.Request.RawUrl);
   }
}
```

Die Funktion `Response.Redirect("Ziel.aspx")` ist uralt: Sie gab es schon zu Zeiten der klassischen Active Server Pages (ASP), die noch auf dem Component Object Model (COM) basierten. `Response.Redirect()` sendet den Statuscode *HTTP 302 Found* (Temporary Redirect) an den Client unter Angabe der neuen Seitenadresse.

In ASP.NET Core würde man die Rewrite-Funktion in `Startup/Configure()` verwenden:

```
var options = new RewriteOptions().AddRedirectToHttps();
app.UseRewriter(options);
```

Server für Nicht-HTTP-Protokolle

Seit Version 7.0 versteht IIS auch TCP, MSMQ und Named Pipes und wird damit zum allgemeinen Host für Windows Communication Foundation (WCF). Neben dem bereits aus der Vorgängerversion bekannten Kernel-Mode-Listener *HTTP.sys* installiert IIS seit Version 7.x die Listener *NET.TCP*, *NET.PIPE* und *NET.MSMQ*. Beim Eintreffen einer Anfrage in einem der Listener prüft Windows Activation Service (WAS), ob es bereits einen Arbeitsprozess gibt, der die Anfrage bearbeiten kann. Sofern noch keiner vorliegt, erzeugt WAS einen passenden Prozess. Der Aktivierungsdienst kann auf Wunsch verschiedene Protokolle in einem Arbeitsprozess bedienen.

Das Hinzufügen weiterer Protokolle erfolgt über den Menüpunkt *Bindungen bearbeiten* (*Edit Bindings*) im Kontextmenü einer Website im IIS-Manager.

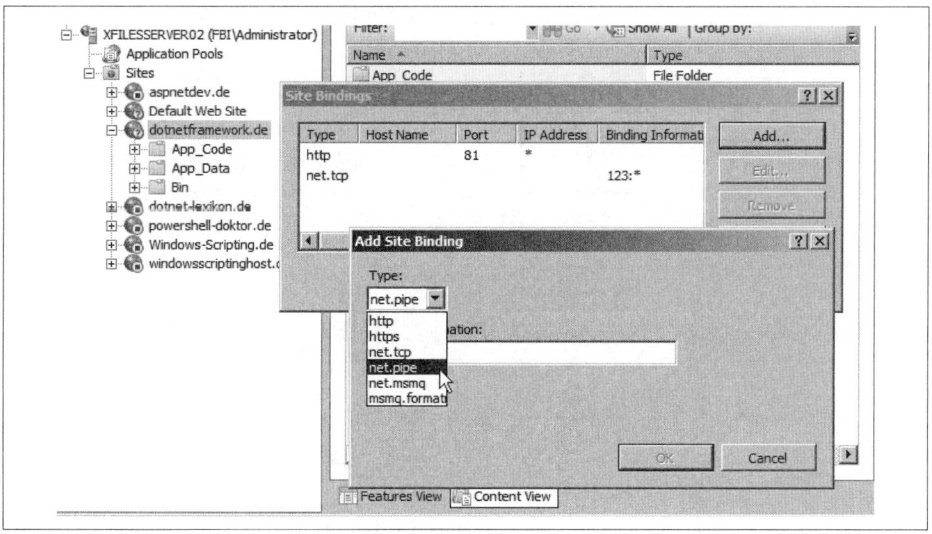

Abbildung 19-17: Aktivieren weiterer Protokolle

Virtuelle Verzeichnisse im IIS

Ein virtuelles Verzeichnis ist ein Konzept, das es erlaubt, jedes Unterverzeichnis als eine eigenständige Anwendung zu betrachten. Hierbei werden *IP-Adresse, TCP-Portnummer* und *relatives Verzeichnis* einem *Dateisystemverzeichnis* zugeordnet. Dabei muss das Dateisystemverzeichnis nicht in der gleichen Beziehung zu dem Basisverzeichnis stehen, wie es der relative Pfad in dem URL angibt. Konkret bedeutet dies, dass für jedes virtuelle Verzeichnis ein beliebiger Pfad im Dateisystem gebunden werden kann. Beispielsweise sind folgende Abbildungen möglich:

http://server/ → *c:\website*

http://server/Produkte → *c:\website\Kunden\Produkte*

http://server/Neuigkeiten → *c:\website\News*

Mit virtuellen Verzeichnissen lässt sich eine logische Verzeichnisstruktur innerhalb einer Website (alias: virtueller Webserver) unabhängig von der physischen Verzeichnisstruktur auf dem Speichermedium etablieren. Einem physischen Verzeichnis können mehrere Websites und/oder virtuelle Verzeichnisse zugeordnet werden.

Abbildung 19-18 veranschaulicht den Zusammenhang von Websites (zum Beispiel *http://1.2.3.5:1234*), virtuellen Verzeichnissen (zum Beispiel *http://1.2.3.5:12 34/Kundendaten*) und physischen Verzeichnissen (zum Beispiel *e:\Daten\Kunden*) an einem Beispiel.

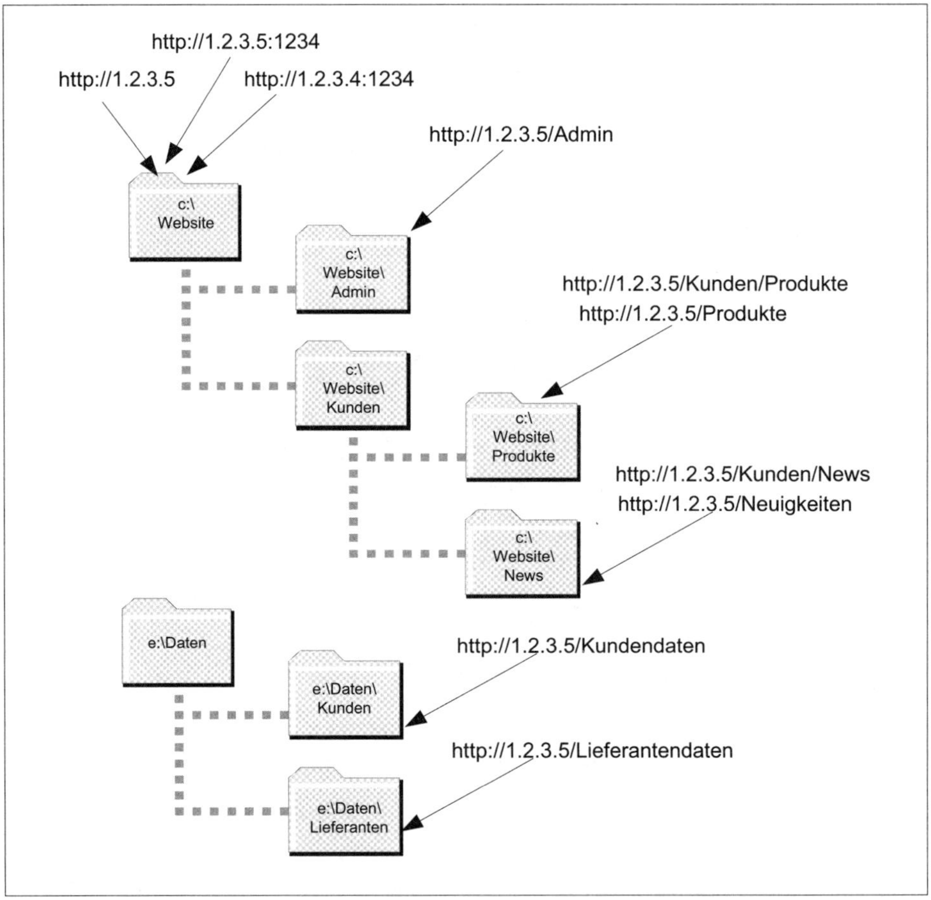

Abbildung 19-18: Das Konzept virtueller Verzeichnisse

Zum Anlegen eines virtuellen Verzeichnisses rufen Sie nach Auswahl einer Website den Eintrag *Virtuelles Verzeichnis hinzufügen* (*Add Virtual Directory*) auf.

In früheren Windows-Versionen konnte man auch im Windows-Explorer in der Registerkarte *Webfreigabe* (*Web Sharing*) ein virtuelles Verzeichnis anlegen. Diese Möglichkeit bietet Microsoft seit Windows Vista nicht mehr an.

Abbildung 19-19: Anlegen eines virtuellen Verzeichnisses

IIS-Anwendungen

Aus der Sicht des IIS-Webservers ist eine Anwendung etwas anderes als aus der Sicht des Webentwicklers. Für IIS ist eine Anwendung ein Element in der Konfigurationshierarchie, das auch auf ASP.NET (nicht aber auf ASP.NET Core) wirkt.

Aus Sicht von IIS gehören alle Seiten, die in der gleichen IIS-Anwendung laufen, zu einer einzigen ASP.NET-Webanwendung. Eine IIS-Anwendung ist eine Funktion des Webservers zur Abgrenzung von dynamischen Inhalten. In IIS kann man für jede IIS-Anwendung einen eigenen Anwendungspool festlegen und damit einen eigenen Webserver-Arbeitsprozess erzeugen.

Rahmenbedingungen einer IIS-Anwendung

Es gilt:

- Eine IIS-Anwendung hat eine eigene ASP.NET-Zustandsverwaltung und es gibt auch keine gemeinsame Authentifizierung. Sie kann Zustandsvariablen (`Session`, `Application`) sowie Authentifizierungsdaten nicht automatisch, sondern nur manuell mit anderen IIS-Anwendungen teilen.
- Eine IIS-Anwendung besitzt eine eigene ASP.NET-Konfigurationshierarchie und erbt keine Konfigurationseinstellungen von anderen IIS-Anwendungen, die im Konfigurationsbaum über ihr stehen
- Eine IIS-Anwendung gehört zu genau einem IIS-Anwendungspool.

ASP.NET-Entwickler müssen beachten, dass sich durch die Aufteilung einer ASP.NET-Website in mehrere IIS-Anwendungen das Verhalten der ASP.NET-Webanwendung sehr stark ändern kann, da es keine gemeinsame Zustandsverwaltung mehr gibt und die Konfiguration anders wirkt. Bei Fehlern könnten hier zum Beispiel zugangsgeschützte Seiten plötzlich öffentlich sein.

Anlegen einer IIS-Anwendung

Es gilt:

- Ein virtueller Webserver (alias Website) ist immer eine IIS-Anwendung.
- Ein virtuelles Verzeichnis kann eine IIS-Anwendung sein.
- Ein physisches Verzeichnis kann eine IIS-Anwendung sein.

Eine IIS-Anwendung legt man entweder an, indem man *In Anwendung konvertieren* (*Convert to Application*) auf einem Unterverzeichnis in einer Website wählt oder *Anwendung hinzufügen* (*Add Application*). Beide Funktionen fragen nach dem Alias. Durch Vergabe eines Alias erzeugt man gleichzeitig ein virtuelles Verzeichnis.

Eine IIS-Anwendung erkennt man an dem anderen Symbol im Baum (Abbildung 19-20). Unter *Anwendung verwalten/Erweiterte Einstellungen* (*Manage Applica tion/Advanced Settings*) kann man einen IIS-Anwendungspool zuordnen (siehe den folgenden Abschnitt).

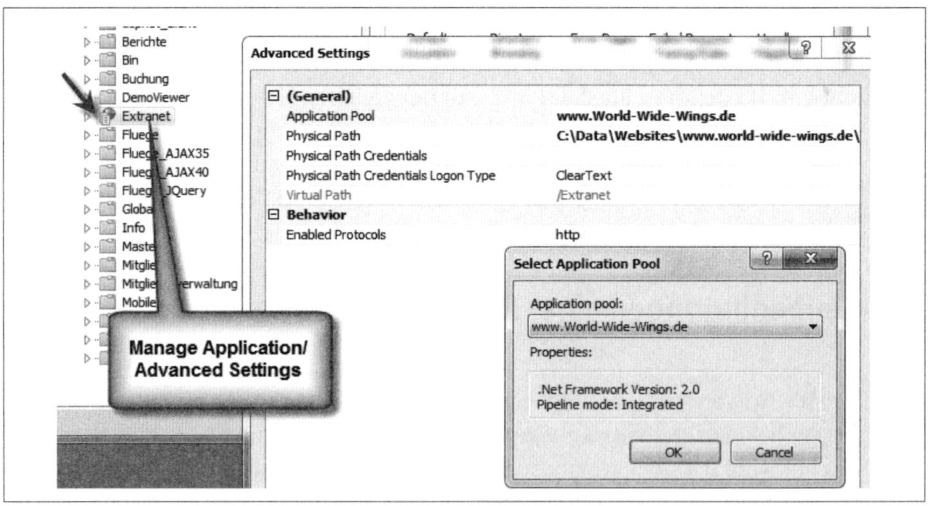

Abbildung 19-20: Einer IIS-Anwendung einen IIS-Anwendungspool zuordnen

IIS-Anwendungspools

Seit der Version 6.0 von IIS lassen sich Webanwendungen durch Anwendungspools isolieren. Ein IIS-Anwendungspool erlaubt verschiedene Einstellungen hinsichtlich Stabilität und Sicherheit.

In IIS 5.x gab es immer nur eine Warteschlange und einen Arbeitsprozess (Worker Process) für alle Webanwendungen auf einem IIS-Server. Seit IIS 6.0 sind beliebig viele Warteschlangen und Arbeitsprozesse möglich. Eine Kombination aus Warteschlange und Arbeitsprozess nennt man Anwendungspool.

Ein Anwendungspool umfasst eine oder mehrere IIS-Anwendungen. Die im Kernel-Modus arbeitende *http.sys*-Komponente verteilt Anfragen an den Webserver auf die verschiedenen Warteschlangen; die Warteschlangen werden durch Arbeitsprozesse (*w3wp.exe*) abgearbeitet.

Jedem Anwendungspool steht mindestens ein eigener Arbeitsprozess zur Verfügung. Die zur Anfrageverarbeitung notwendigen Erweiterungen (ISAPI-Filter wie ASP und ASP.NET) werden in den Arbeitsprozess geladen.

Der Absturz eines einzelnen Pools hat keine Auswirkung auf die anderen Anwendungspools und den IIS-Webdienst als Ganzes. Das Limit konfigurierbarer Anwendungspools wird im Wesentlichen durch den vorhandenen Speicher gesetzt.

Der sogenannte Web Administration Service (WAS) erzeugt und überwacht alle Anwendungspools.

> Ein Anwendungspool umfasst eine oder mehrere IIS-Anwendungen. Eine IIS-Anwendung ist dabei ein virtueller Webserver oder ein virtuelles Verzeichnis, das in der IIS-Metabase als Anwendung konfiguriert ist. Jeder Anwendungspool hat seine eigene Instanz von *w3wp.exe*. Es kann auch pro Anwendungspool mehr als eine Instanz des Arbeitsprozesses geben. Der IIS-Arbeitsprozess ersetzt den ASP-Arbeitsprozess, den es in IIS 5.0/5.1 gab: Er ist der .NET Runtime Host für ASPX-Seiten. Gleichzeitig beheimatet dieser Prozess aber auch andere dynamische Webtechniken, die innerhalb von IIS-Anwendungen verwendet werden, die zum gleichen Anwendungspool gehören.

Eigenschaften eines Anwendungspools

Zu den zahlreichen Einstellungen für einen IIS-Anwendungspool gehören:

- Das Benutzerkonto (die Identität), unter dem der IIS-Arbeitsprozess läuft, kann frei gewählt werden.
- Die Anzahl der Arbeitsprozesse pro Anwendungspool kann eingestellt werden.
- Die maximale Prozessornutzung eines Arbeitsprozesses kann festgelegt werden.

- Das Recycling (Erneuern des Prozesses, das heißt kontrolliertes Beenden und Neustarten; in der deutschen Version von IIS schlicht Wiederverwendung genannt) von Prozessen unter bestimmten Bedingungen kann eingestellt werden.
- Es kann festgelegt werden, dass IIS den Arbeitsprozess regelmäßig überprüft und recycelt, wenn es zu Problemen kommt. Diese Funktion wird Pinging genannt.

Liste der Anwendungspools

Anwendungspools werden im IIS-Manager in dem neuen Zweig *Anwendungspools* (*Application Pools*) verwaltet. Hier sieht man die vorhandenen Pools, ihren Status, die darin verwendete ASP.NET-Version sowie die Prozessidentität (Abbildung 19-21).

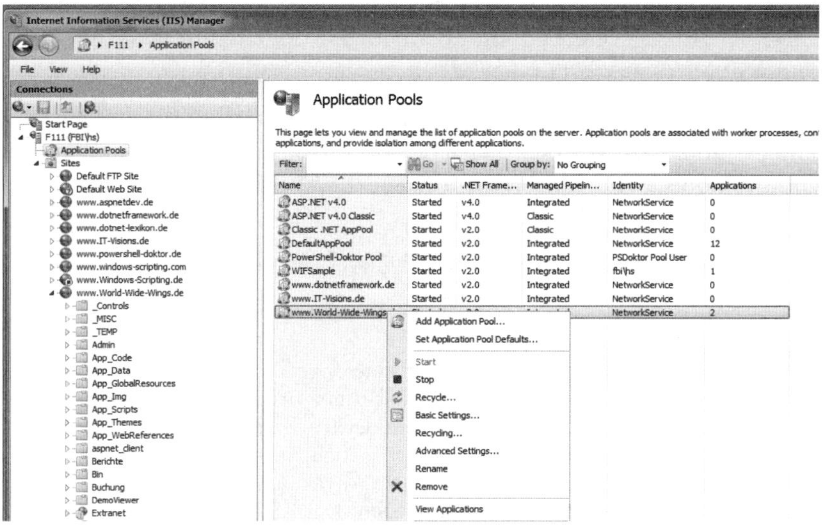

Abbildung 19-21: Anwendungspoolliste im IIS-Manager

Zuordnung von Websites und IIS-Anwendungen zu Anwendungspools

Der IIS-Manager erzeugt jeweils beim Anlegen einer Website auch automatisch einen neuen Anwendungspool unter der Prozessidentität *NetworkService*. Die Zuordnung einer Website zu einem Pool kann man ändern, indem man *Erweiterte Einstellungen/Anwendungspool* (*Advanced Settings/Application Pool*) ändert.

Eine IIS-Anwendung erhält im Standard den gleichen IIS-Anwendungspool wie die übergeordnete Website. Auch dies kann man in den erweiterten Einstellungen einer IIS-Anwendung ändern.

Eine Website kann zu mehreren verschiedenen Anwendungspools gehören, wenn sie aus mehreren IIS-Anwendungen besteht.

ASP.NET-Version

Für ASP.NET ab Version 4.0 muss man unbedingt unter *Grundeinstellungen* (*Basic Settings*) des Anwendungspools die *.NET Framework-Version* auf 4.0.30319 ändern.

Die Einstellung *.NET Framework v4.0.30319* gilt für alle ASP.NET 4.x-Versionen.

Für ASP.NET Core muss man hier wählen: *No Managed Code*". Das erscheint im ersten Moment paradox, weil ja .NET Core auch Managed Code ist. Dieser Managed Code läuft aber eben nicht im IIS, sondern in einem getrennten Prozess (Kestrel). Erst ab ASP.NET Core 2.1 ist ein In-Process-Hosting im IIS geplant.

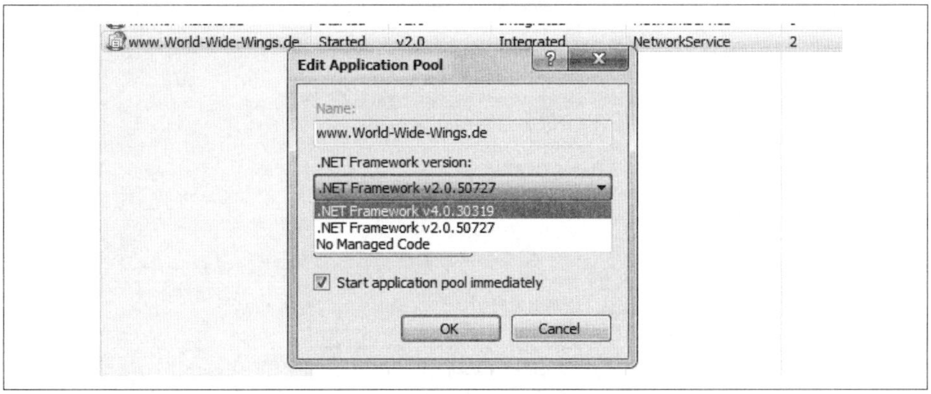

Abbildung 19-22: Ändern der ASP.NET-Version

Erweiterte Einstellungen für Anwendungspools

Zahlreiche weitere Anwendungspool-Einstellungen werden unter *Erweiterte Einstellungen* (*Advanced Settings*) vorgenommen (siehe Abbildung 19-23).

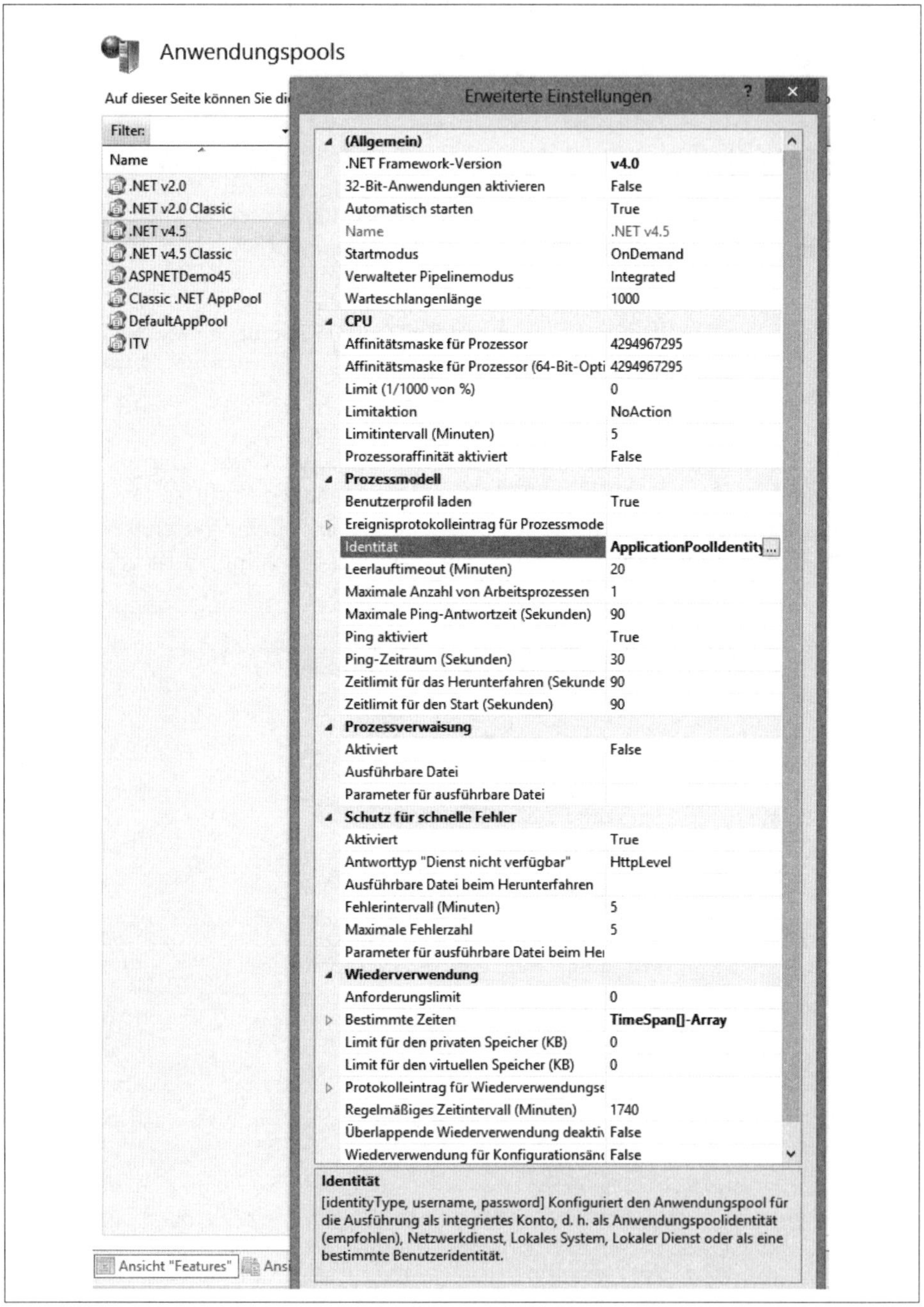

Abbildung 19-23: Erweiterte Einstellungen für einen IIS-Anwendungspool

Anwendungspoolidentität

Jedem IIS-Anwendungspool muss ein Benutzerkonto als Anwendungsidentität zugeordnet werden. Der dem Pool zugeordnete Arbeitsprozess (*w3wp.exe*) benutzt diese Identität zur Interaktion mit dem Windows-Betriebssystem und zum Zugriff auf andere Prozesse (zum Beispiel einen Microsoft SQL Server-Datenbankmanagement-Systemprozess).

Zur Festlegung der Identität eines Anwendungspools werden vier vordefinierte Konten angeboten:

- **LocalSystem** – Alle Rechte auf dem System wie Administratoren
- **NetworkService** – Mitglieder der Gruppe *Users*, Zugriff auf Netzwerk (Standard beim Anwendungspool, die durch Anlegen einer Website entstehen)
- **LocalService** – Mitglieder der Gruppe *Users*, kein Zugriff auf Netzwerk
- **ApplicationPoolIdentity** – Pseudo-Benutzer mit sehr wenigen Rechten (Standard bei allen angelegten Anwendungspools)

Bei der Installation einer Anwendung in IIS ist es regelmäßig die Identitätseinstellung, die Schwierigkeiten bereitet. Ein Entwickler, der seine Anwendung mit IIS Express entwickelt hat, testet unter seinem Benutzerkonto. Wenn die Anwendung dann auf dem »großen« IIS-Webserver eingerichtet wird, hat die Anwendung in der Standardkonfiguration möglicherweise weniger Rechte und kann nicht mehr korrekt auf Datenbanken, Dateisystem und andere Ressourcen zugreifen.

Bei einer Konfiguration der Identität sollte man ein Benutzerkonto auswählen, das im Kontext der Anwendung mit minimal möglichen Rechten auf dem System und Netzwerk ausgestattet ist. Wählen Sie folgenden Weg:

- Erstellen Sie ein eigenes Domänen-Benutzerkonto (das lokale Benutzerkonto, wenn kein Zugang zum Netzwerk notwendig ist) für den Anwendungspool
- Vergeben Sie dem Konto explizite Rechte in der Datenbank, im NTFS-Dateisystem und gegebenenfalls anderen Ressourcen (aber so wenig wie möglich!)

Wiederverwendung (Recycling)

Eine zentrale Funktion der IIS-Anwendungspools ist, dass IIS eine neue Instanz von *w3wp.exe* starten kann, wenn es zu Problemen bei der Verarbeitung kommt. Diesen Vorgang nennt man Recycling. IIS ersetzt Arbeitsprozesse eines Anwendungspools auf Basis von Konfigurationseinstellungen aufgrund eintretender Ereignisse. Der Ersatz geschieht aus Benutzersicht ohne Unterbrechungen der Webanwendungen, denn beim Recycling eines Arbeitsprozesses wird ein Ersatzprozess gestartet, der mit der Entnahme von Anfragen des Anwendungspools aus der zugehörigen Warteschlange beginnt. Der bestehende Arbeitsprozess stoppt die Annahme weiterer Webanfragen und beendet die in Bearbeitung befindlichen. Die alte Instanz wird nach Beantwortung der letzten Anfrage beendet (dies gilt, solange Sie nicht *Überlappende Wiederverwendung deaktivieren* (*Disable Overlapped Recycle*) manuell von *False* auf *True* stellen!).

Recycling kann automatisch erfolgen oder manuell im IIS-Manager (Funktion *Wiederverwenden* (*Recycle*)) ausgelöst werden. Auch skriptbasiert beziehungsweise über die APIs ist dies möglich.

Das automatische Recycling lässt sich festlegen:

- zu bestimmten Zeiten zwischen 00:00 und 24:00 Uhr (*Specific Times*)
- auf Basis der »Lebenszeit« des Prozesses (*Request Time Interval* – in Minuten)
- auf Basis der Zahl von Anfragen (*Request Limit*)
- auf Basis des Speicherverbrauchs (*Virtual Memory Limit*)

> Das Recycling von Prozessen kann insbesondere Webanwendungen, die Probleme beim Ressourcenmanagement bereiten (zum Beispiel zunehmender Speicherverbrauch), zu höherer Stabilität im Betrieb verhelfen.

Leistungseinstellungen

Mit der Eigenschaft *Prozessmodell/Leerlauftimeout* (*Process Model/Idle Time-out*) eines Anwendungspools wird dieser bei festgestellter Inaktivität eines Arbeitsprozesses über einen festgelegten Zeitraum hinweg gestoppt. Der Zeitraum ist in Minuten konfigurierbar und sollte sich an der Sitzungsdauer von ASP beziehungsweise ASP.NET orientieren, um nicht versehentlich Sitzungen zu beenden.

Um einen weiteren Single Point of Failure zu vermeiden, kann einem Anwendungspool mehr als ein Arbeitsprozess zugeordnet werden (*Maximale Anzahl von Arbeitsprozessen* (*Maximum Worker Process*)). Sollte beispielsweise einer von vier konfigurierten Prozessen abstürzen, stehen dem Pool drei weitere zur Verarbeitung zur Verfügung, womit eine kontinuierliche Serviceleistung möglich ist.

Um eine Überlastung eines Anwendungspools mit Anfragen, die sich in der zugeordneten Warteschlange ansammeln, zu vermeiden, kann man die *Warteschlangenlänge* (*Queue Length*) beschränken (gleichnamige Eigenschaft). Beim Überschreiten des Limits beantwortet die *http.sys*-Kernelkomponente die Anfrage mit einem Fehler »503: Service unavailable«.

Für einen Anwendungspool kann auch der maximale Prozessorverbrauch (siehe Einstellungen im Bereich *CPU*) eingestellt werden. Sofern ein Pool diese Beschränkung überschreitet, werden die Arbeitsprozesse bei entsprechender Konfiguration gestoppt und nach einem bestimmten Zeitintervall wieder gestartet. So wird der Prozessorverbrauch durch einzelne Webanwendungen kontrollierbar.

Zustandsüberwachung

Ein weiteres Leistungsmerkmal von IIS ermöglicht die Kontrolle laufender und das Aufspüren von nicht mehr reagierenden Arbeitsprozessen. Bei Aktivierung von *Process Pinging* schickt Web Administration Service (WAS) in definierbaren Abständen eine Kontrollnachricht an den Anwendungspool beziehungsweise den zugeordneten Prozess. Hierbei kann im IIS-Manager das Ping-Intervall festgelegt werden. Wird auf die Nachricht von WAS nicht innerhalb einer konfigurierten Zeit geantwortet, beginnt WAS mit dem Recycling des Arbeitsprozesses.

Sollte das Recycling innerhalb eines einstellbaren Zeitraums wiederholt misslingen beziehungsweise der Arbeitsprozess eines Anwendungspools innerhalb eines einstellbaren Zeitraums wiederholt nicht reagieren, wird der Pool deaktiviert und weitere Anfragen an den Pool von der *http.sys*-Systemkomponente mit einem Fehler »503:Service unavailable« beantwortet.

Um blockierenden Prozessen beim Starten oder Stoppen eines Anwendungspools vorzubeugen, ist es möglich, ein Zeitlimit für die Initialisierung beziehungsweise die Beendigung eines Arbeitsprozesses anzugeben. Bei Überschreitung der Beschränkung wird der Prozess durch WAS terminiert und eine Fehlermeldung in das Windows-Server-200-Ereignisprotokoll geschrieben.

Besonderheiten für ASP.NET-Anwendungen

Die in diesem Unterkapitel genannten Besonderheiten gelten nur für ASP.NET-Anwendungen, nicht für ASP.NET Core.

IIS-Autostart

ASP.NET-Webanwendungen unterliegen verschiedenen Kompilierungsschritten. Sofern nicht mit komplett vorkompilierten Seiten gearbeitet wird, erfolgt ein Teil der Kompilierung immer auf dem Zielsystem beim ersten Aufruf. Selbst im komplett vorkompilierten Fall sind einige Initialisierungsschritte notwendig (zum Beispiel Anlegen des Schattenkopieverzeichnisses). Beim ersten Aufruf einer Website nach einer Aktualisierung fällt daher in der Regel die Performanz schlecht aus. Zudem gibt es Webanwendungen, die größere Datenmengen in einen Cache laden. Auch dies wirkt negativ auf den ersten Benutzer, in diesem Fall den ersten Benutzer nach jedem Neustart des Webserverprozesses.

ASP.NET unterstützt seit Version 4.0 das Aufwärmen von Webanwendungen schon beim Prozessstart des Webservers (Start der *w3wp.exe* für die Webanwendung). Der Entwickler kann in einem sogenannten Preload-Provider (alias: Autostart Provider) Programmcode festlegen, der noch vor dem ersten Besuch während der Initialisierung der Webwendungen (Start der *w3wp.exe*, auch nach einem Recycling) ausgeführt werden soll.

Es sind folgende Voraussetzungen notwendig:

- IIS ab 7.5 (enthalten in Windows Server 2008 R2 und Windows 7)
- ASP.NET ab 4.0
- Der Anwendungspool in IIS muss auf ASP.NET 4.0 oder 4.5 konfiguriert sein
- Der Anwendungspool in IIS muss auf `startMode="AlwaysRunning"` konfiguriert sein
- Implementierung der Methode `Preload()` in einer Klasse, die die Schnittstelle `System.Web.Hosting.IProcessHostPreloadClient` realisiert.
- In IIS muss diese Klasse unter `<serviceAutoStartProviders>` hinterlegt werden
- Die IIS-Website muss mit `serviceAutoStartEnabled="true"` und `serviceAutoStartProvider=Name` konfiguriert sein. Dabei muss sich `Name` auf einen der in `<serviceAutoStartProviders>` hinterlegten Namen beziehen. Im World-Wide-Wings-Beispiel sieht dies so aus:

  `serviceAutoStartProvider="WorldWideWingsAutoStart"`

> Die IIS-Einstellungen kann man leider nicht alle über den IIS-Manager vornehmen. Man muss die Datei *applicationHost.config* manuell bearbeiten.

Listing 19-4: Einträge in der Datei applicationHost.config *von IIS*

```
<system.applicationHost>
<applicationPools>
...
    <add
        name="World Wide Wings"
        managedRuntimeVersion="v4.0"
        startMode="AlwaysRunning"
    />
...
</applicationPools>
...
<sites>
...
    <site name="World Wide Wings" id="4">
        <application path="/" applicationPool="ASPNEt40Demos"
            serviceAutoStartEnabled="true"
            serviceAutoStartProvider="WorldWideWingsAutoStart">
                <virtualDirectory path="/"
                physicalPath="H:\TFS\Demo\NET4\ASPNET4Demos\ASPNET4Demos" />
        </application>
        <bindings>
            <binding protocol="http" bindingInformation="*:111:" />
        </bindings>
    </site>
...

<serviceAutoStartProviders>
```

```
    <add name="WorldWideWingsAutoStart"
        type="ASPNET4Demos_LIB.WorldWideWingsAutoStart, ASPNET4Demos_LIB" />
</serviceAutoStartProviders>
```

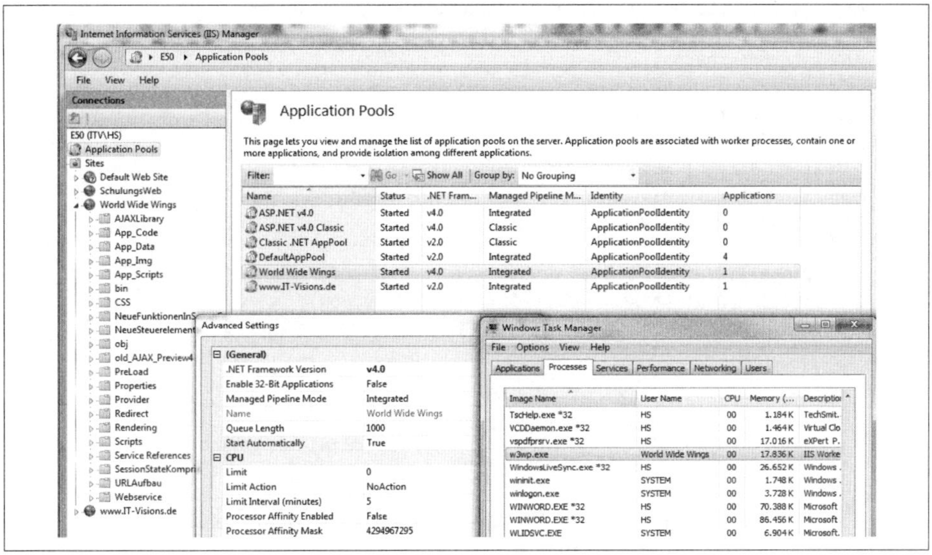

*Abbildung 19-24: Eine ASP.NET-Website wird noch vor dem ersten Besucher gestartet. Man sieht deutlich den Webserverprozess (*w3wp.exe*) im Windows Task-Manager*

In einem solchen Preload-Provider (alias Autostart-Provider) könnte zum Beispiel die zeitaufwendige Initialisierung eines größeren Framework-Modells stehen. Die lästige Zusatzwartezeit für den ersten Benutzer verlagert sich damit auf den Bootvorgang des Servers.

Das Listing 19-5 zeigt eine Implementierung eines Preload-Providers, der ein Entity-Framework-Modell initialisiert und eine erste Speicheraktion ausführt; dies führt dazu, dass alle folgenden Operationen schneller sind. Zudem erzeugt der Preload-Provider einen Protokolleintrag im Dateisystem und in der Datenbank.

Listing 19-5: Beispiel eines Preload-Providers

```
using System;

namespace ASPNET4Demos_LIB
{  /// <summary>
  ///   ASP.NET AutoStart-Provider (alias Preload-Provider)
  /// </summary>
  public class WorldWideWingsAutoStart : System.Web.Hosting.IProcessHostPreloadClient
  {
    public void Preload(string[] parameters)
    {
      // Protokollierung
      System.IO.StreamWriter sw =
          new System.IO.StreamWriter(@"c:\temp\autostartlog.txt",
          true);
```

```
      sw.WriteLine("Autostart beginning: " + DateTime.Now);
      if (parameters != null) sw.WriteLine(String.Join(";", parameters));

      // Erste Instanz des EF-Modells
      ASPNET4Demos_LIB.WWWings6Entities modell =
        new ASPNET4Demos_LIB.WWWings6Entities();
      // Erste Speicheroperation

      var p = new Protokoll();
      p.Zeit = DateTime.Now;
      p.Text = "ASP.NET Webapp Preload";
      modell.AddToProtokoll(p);
      modell.SaveChanges();

      // Protokollierung
      sw.WriteLine("Autostart completed: " + DateTime.Now);
      sw.Close();

    }
  }
}
```

Ein Fehler in der `Preload()`-Routine sorgt dafür, dass der IIS Application Pool anhält:

There was an error during processing of the managed application service auto-start

Den Fehler findet man dann im Windows-Ereignisprotokoll (Rubrik *Application*).

IIS-Verarbeitungspipeline

Microsoft hat ASP.NET und IIS mit IIS 7.0 nicht nur auf Konfigurationsebene verheiratet, sondern IIS und ASP.NET auch auf der Ebene der Verarbeitung eines Seitenabrufs über die Request Pipeline zueinander gefunden. In den früheren IIS-Versionen kümmerte sich zunächst IIS um die Anfrage und übergab sie dann an *aspnet_isapi.dll*; die von ASP.NET erzeugte Antwort ging wieder zurück an den IIS-Webserver, der sie an den Client gesendet hat. In dem neuen Integrated Application Pool Mode lassen sich die Module in beliebiger Reihenfolge nacheinander ausführen, unabhängig davon, ob es sich um Module in verwaltetem Code (zum Beispiel *ASP.NET-HTTP-Handler* und *ASP.NET-HTTP-Module*) oder in nicht verwaltetem Code wie bei den Win32-ISAPI-Modulen handelt. Bisherige Doppelarbeiten, zum Beispiel im Bereich der Authentifizierung für den Webserver und für ASP.NET, entfallen dadurch.

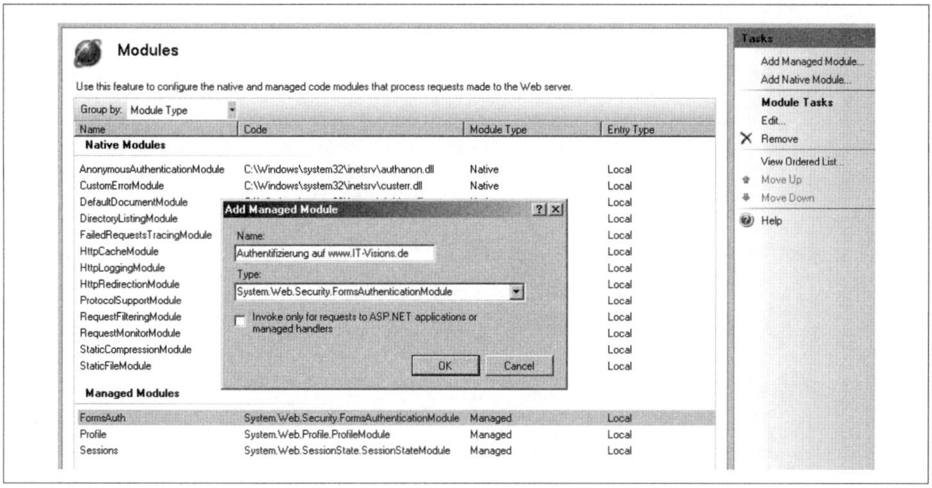

Abbildung 19-25: Aktivierung einzelner Module auf Site-Ebene

Auch die Administration wird einfacher, da sie nicht mehr zwischen IIS- und ASP.NET-Modulen unterscheidet. IIS verwaltet alle Module im Element `<modules>` in den Konfigurationsdateien. In dem neuen Modell sind die aus ASP.NET stammenden Konfigurationselemente `<httpModules>` und `<httpHandlers>` ohne Bedeutung. Daraus ergibt sich, was Microsoft Unified Request Pipeline nennt: eine gemeinsame Aufrufkette für die beiden Modultypen. Um die Kompatibilität zu wahren, lässt sich IIS seit Version 7.x auch in den ISAPI Application Pool Mode schalten. Dann funktioniert die Pipeline wieder wie in IIS 6.0.

Ein weiterer Vorteil des neuen Verarbeitungsmodells ist, dass für die Erweiterung von IIS keine ISAPI-Erweiterungen – die nur in C++ entwickelt werden können – mehr notwendig sind. IIS seit Version 7.x erlaubt die Erweiterung mithilfe der aus ASP.NET bekannten Programmiermodelle Managed ASP.NET-Handler und Managed ASP.NET-Modul; dabei kann eine beliebige .NET-Sprache zum Einsatz kommen. Dadurch wird es beispielsweise möglich, die Protokollierung oder die vom Webserver erzeugte Verzeichnisauflistung den eigenen Bedürfnissen anzupassen. Microsoft will damit den Webserver auch für Erweiterungen von Drittanbietern öffnen.

KAPITEL 20
Microsoft Azure

Microsoft Azure ist der Oberbegriff für eine Vielzahl von Cloud-Diensten der Firma Microsoft. Hier soll kurz das Erstellen einer Azure Web App in den Azure App Service für das Hosting von Webanwendungen (wie statische Websites, ASP.NET, ASP.NET) vorgestellt werden.

> Bitte beachten Sie, dass sich die Cloud-Angebote von Microsoft sowohl hinsichtlich der verfügbaren Funktionen, der Bedienung und auch der Preissetzung sehr rasant ändern.

Azure-Konzepte

Die Verwaltung von Azure erfolgt über das Azure Web Portal (*https://portal.azure.com*) oder per PowerShell-Befehlen.

Zur Nutzung von Azure brauchen Sie eine sogenannte Azure Subscription – selbst wenn Sie nur kostenfreie Angebote in Azure nutzen wollen.

Alle Azure-Dienste werden genau einer sogenannten Ressource Group zugeordnet. Eine Ressource Group definiert die geografische Region, in der die Dienste laufen (zum Beispiel East US, West Europe, France Central), und die Benutzerkonten, die Rechte haben sollen, die Dienste in einer Ressource zu verwalten.

Ein Service Plan legt das Preismodell fest. Aus dem Preismodell ergeben sich die verfügbaren Features und die Performance.

Im Azure Portal sieht man links in der Leiste immer nur eine Auswahl von Azure-Diensten. Zu allen Diensten kommen Sie über *All Services*.

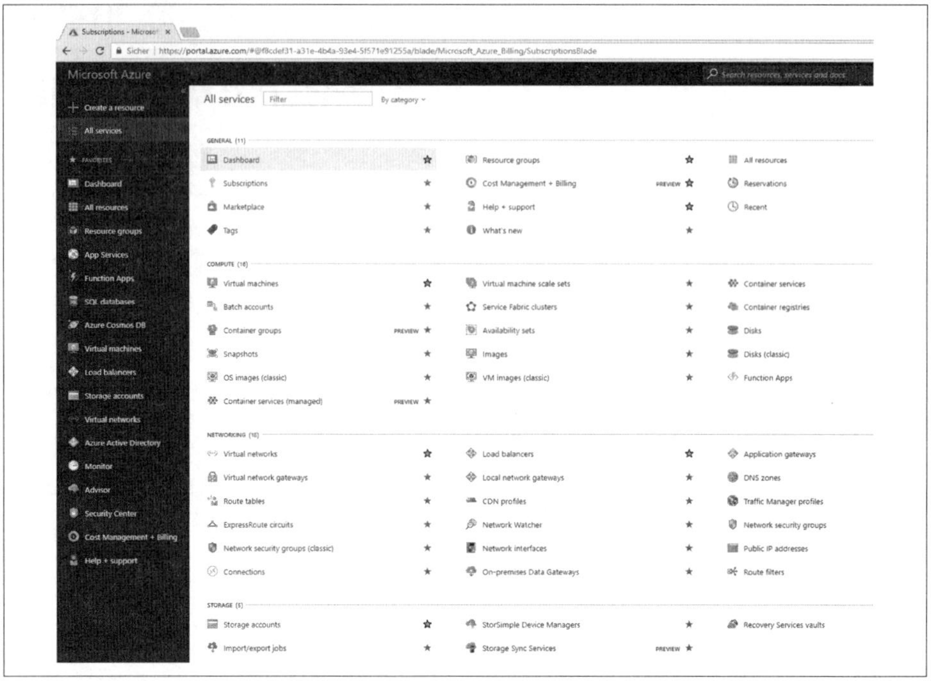

Abbildung 20-1: All Services *im Azure Portal*

Anlegen einer Subscription

Wählen Sie im Azure Portal *Subscription*. Klicken Sie auf *Add*. Folgenden Sie dem Assistenten, in dem Sie zahlreiche Daten über sich angeben müssen – inklusive Ihrer Kreditkartendaten.

Anlegen einer Ressource Group

Wählen Sie im Azure Portal *Ressource Group*. Klicken Sie auf *Add*. Wählen Sie einen Namen und eine geografische Region aus.

Unter *Access Control (IAM)* können Sie weitere Benutzer festlegen, die die Dienste in dieser Ressource Group verwalten können. Jedem Benutzerkonto können Sie eine von zahlreichen Rollen zuordnen, die die Rechte für den Benutzer definieren (zum Beispiel Owner, Billing Reader, Backup Operator, Reader).

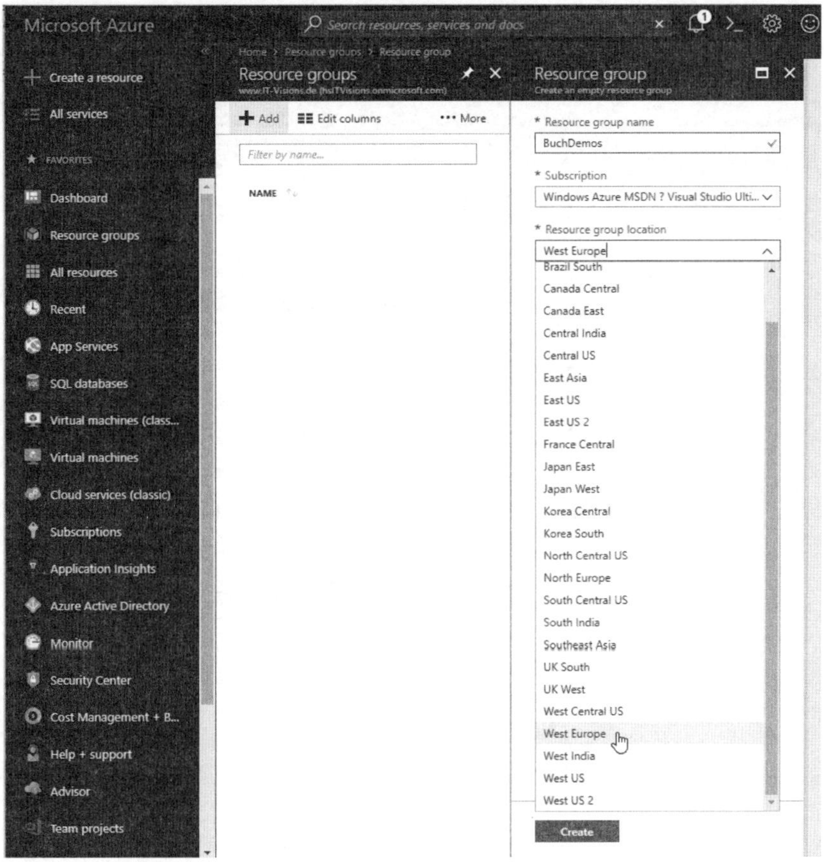

Abbildung 20-2: Anlegen einer Ressource Group

Anlegen eines App Service Plans

Wählen Sie *Add* bei *App Service Plan*. Wählen Sie einen Namen, Ihre Subscription und Ihre Ressource Group aus. Wählen Sie eine Region und ein Preismodell aus. Zum Test können *F1 Free* wählen.

Wenn Sie hier andere Preismodelle auswählen (nur zum Testen), dann vergessen Sie nicht, den Dienst wieder zu löschen oder das Preismodell wieder zu ändern. Denn sonst läuft kontinuierlich der Gebührenzähler für Sie. Sie könnten am Ende des Monats eine hohe Rechnung erhalten.

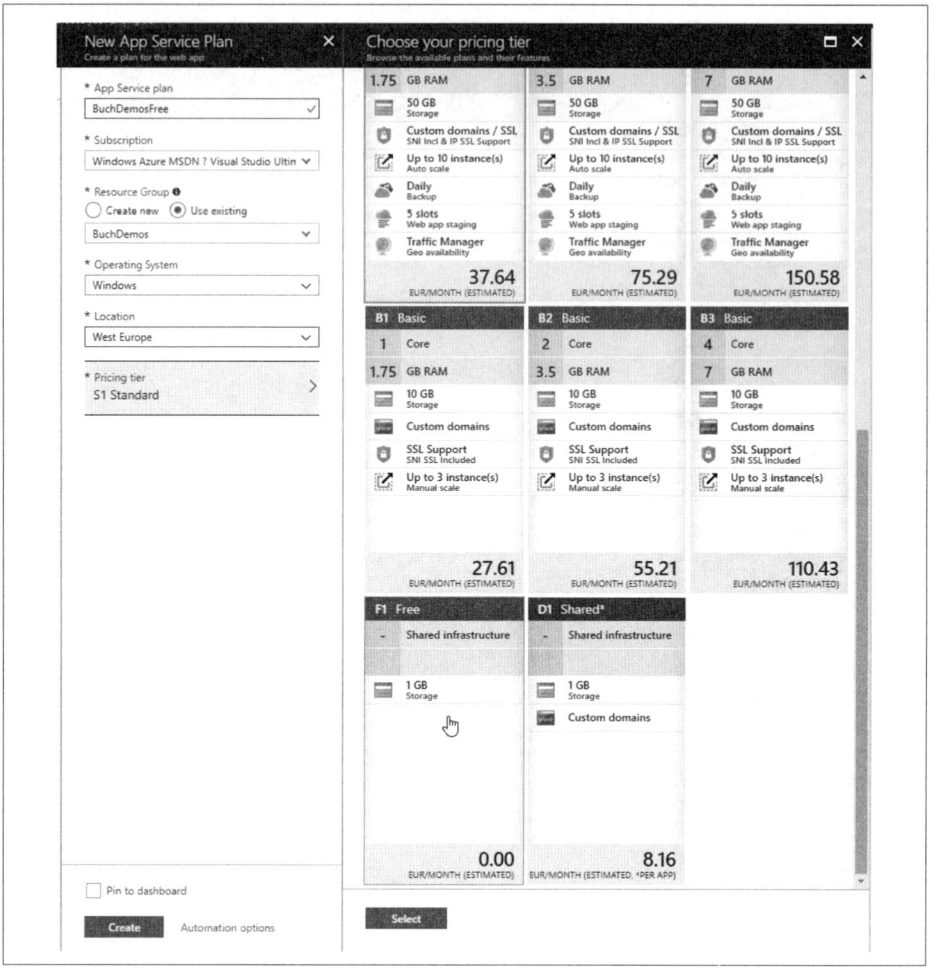

Abbildung 20-3: Anlegen eines App Service Plans

Anlegen eines Azure App Service

Wählen Sie im Azure Portal *App Services* und dort *Add*. Da »App Service« wiederum ein Oberbegriff über verschiedene Dienste ist, müssen Sie nun *Web App* wählen. Wählen Sie *Create*. Nun müssen Sie einen Namen vergeben, der aber nicht nur für Sie, sondern für alle Azure-Benutzer eindeutig sein muss, da die Website den Standard-URL IhrName.AzureWebsites.net erhält. Das Portal sagt Ihnen aber schon beim Tippen, ob der Name noch frei ist.

Sie müssen eine Subscription und eine Ressource Group sowie einen Service Plan zuordnen. Sie wählen, ob Ihre Website auf Windows oder Linux laufen soll. Mit *Application Insights* haben Sie die Option, eine Überwachung bezüglich Performance und Fehlern für Ihre Website einzurichten. *Application Insights* erlaubt (mit von der Anwendung erzeugten Zusatzdaten) auch eine Nachverfolgung der Benutzerbewegungen in Ihrer Website.

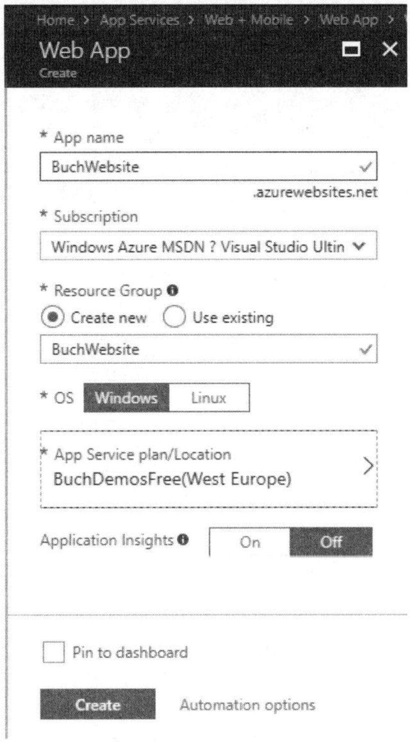

Abbildung 20-4: Azure App Service für eine Website anlegen

Sie gelangen dann zur Verwaltung dieser Website mit zahlreichen Optionen.

Dieses Buch kann nicht alle Möglichkeiten darstellen, zumal die Möglichkeiten sich auch ständig ändern. Hier sollen nur einige wichtige Optionen erwähnt sein:

- Mit *Stop* und *Restart* können Sie den Dienst anhalten oder neustarten.
- *Browse* öffnet den URL der Website in einem neuen Browserfenster.
- Unter *Deployment Credentials* legen Sie Benutzernamen und Kennwort für den Zugang per FTP fest.
- Unter *Deployment Options* können Sie festlegen, dass die Inhalte für die Website automatisch aus anderen Cloud-Diensten übernommen werden (zum Beispiel Visual Studio Team Services, One Drive, GitHub, Dropbox).

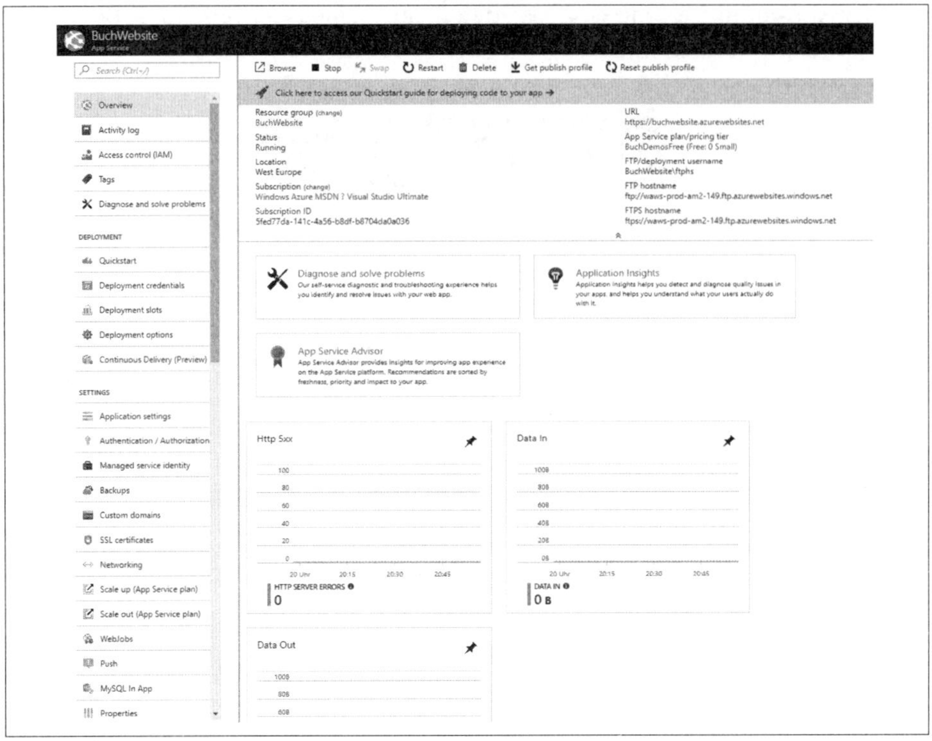

Abbildung 20-5: Verwaltung einer Website

- Mit *Get publish profile* laden Sie eine *.PublishSettings*-Datei zur Erstellung eines Verbreitungsprofils in Visual Studio herunter.
- Mit *Deployment Slots* können sie mehrere verschiedene Versionen der Website unter verschiedenen URLs einrichten, zum Beispiel *BuchWebsite-Test.azurewebsites.net*, *BuchWebsite-Staging.azurewebsites.net*. Mit dem Befehl *Swap* können Sie dann jederzeit die URLs auswechseln. Somit können Sie eine Website nach erfolgreich Tests austauschen.
- Mit *Console* können Sie im Browser eine Befehlszeile auf dem virtuellen Server öffnen, wo sich Ihre Website befindet.
- Mit dem *App Service Editor* können Sie im Browserfenster einen einfachen Editor öffnen, mit denen Sie die Dateien auf dem Webserver direkt bearbeiten können.
- Bei Custom Domains können Sie eine oder mehrere DNS-Namen Ihrer Website zuordnen (nicht möglich beim kostenfreien Tarif).
- Unter *SSL Certicates* können Sie Zertifikate für die Website festlegen.
- Mit *Scale up* können Sie den Service Plan ändern.
- Mit *Scale out* können Sie weitere Instanzen der gleichen Website erstellen.

Anlegen eines Azure App Service mit der PowerShell

Exemplarisch soll hier die Verwendung der PowerShell (Windows PowerShell oder PowerShell Core) anstelle des Azure Web Portals gezeigt werden.

Voraussetzung ist, dass Sie das PowerShell-Modul *AzureRM* installieren.

```
Install-Module PowerShellGet -Force

Install-Module -Name AzureRM -AllowClobber
```

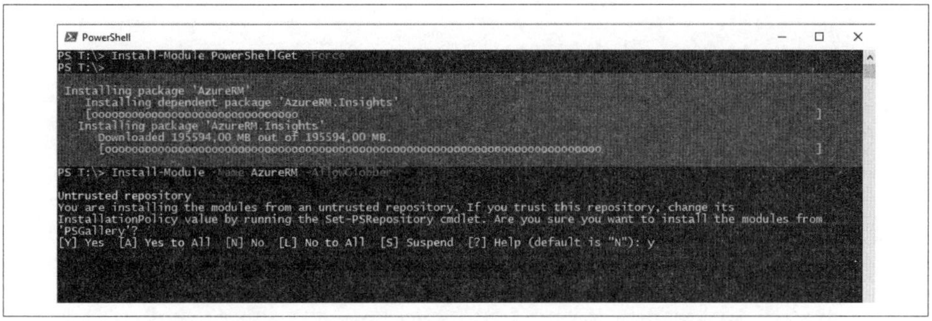

Abbildung 20-6: Installation des PowerShell-Moduls für die Azure-Verwaltung

Dann müssen Sie sich bei Azure einmalig in jedem Prozess anmelden. Durch Eingabe von

```
Login-AzureRmAccount
```

erscheint ein Anmeldedialog.

Nach erfolgreicher Anmeldung können Sie einen Azure App Service mit einer Programmzeile anlegen:

```
New-AzureRmWebApp -Name BuchWebsite -Location "West Europe" -AppServicePlan
BuchDemosFree -ResourceGroupName BuchWebsite
```

Das Ergebnis dieses Befehls ist ein Objekt vom Typ *Microsoft.Azure.Management.WebSites.Models.Site*, das Informationen über die Website liefert, zum Beispiel den URL in der Eigenschaft `DefaultHostName` und `Running` in der Eigenschaft `State`.

KAPITEL 21

Verteilen von Webanwendungen aus Visual Studio heraus

Visual Studio enthält einen Verbreitungsassistenten für Webwendungen. Man erreicht ihn über das Menü *Build/Deploy* oder den Kontextmenüeintrag *Deploy* in einem Webprojekt.

Visual Studio kennt verschiedene Verbreitungsarten:

- Auslieferung an einen Ordner im Dateisystem. Hier kann man einen bereits im IIS gemappten oder einen beliebigen anderen Ordner angeben.
- Verbreitung per File Transfer Protocol (FTP)
- Auslieferung per Web Deploy
- Auslieferung an einen Azure App Service
- Auslieferung an eine virtuelle Maschine in Azure

Man kann in dem Verbreitungsassistenten die kompilierte Anwendung direkt zu einem dieser Ziele senden oder aber ein Profil erstellen, das man später immer wieder aufrufen kann.

> Das Verbreiten von Datenbanken kann im Rahmen dieses Buchs nicht besprochen werden.

Web Deploy-Werkzeug

Seit vielen Jahren gibt es das Web Deploy-Werkzeug (alias: MSDeploy) zur Auslieferung von Webanwendung. Grundidee von Web Deploy-Werkzeug ist es, alle für eine Webanwendung notwendigen Code-Dateien (*.aspx*, *.config*, *.cshtml*, *.css*, *.html*, *.dll*, *.svc*, gegebenenfalls auch *.cs* oder *.vb*), alle notwendigen Datendateien (zum Beispiel *.mdf*, *.mdb*, *.xml*, *.resx* etc.) und alle zugehörigen Konfigurationseinstellungen für IIS, das Dateisystem, den Global Assembly Cache (GAC), die Windows-Registrierungsdatenbank und Microsoft SQL Server in ein ZIP-Paket zusammenzufassen. Dieses ZIP-Paket kann auf einem Zielsystem entpackt und angewendet werden, sodass eine komplette Webanwendung leicht vom Entwicklungssystem zum IIS-Webserver oder von einem IIS-Webserver zum nächsten kopiert werden kann.

Web Deploy in einen IIS-Webserver

Das Web Deploy-Werkzeug ist in den Verbreitungsassistenten von Visual Studio integriert. Wählen Sie im ersten Bildschirm *IIS*, *FTP* etc. und dann *Create Profile*. In dem Bildschirm wählen Sie dann *Web Deploy* als *Publish method*. Die hier zu benennende Website muss vorher im IIS angelegt sein. Ein von angemeldeten Benutzern abweichende Benutzername-Kennwort-Kombination kann genannt werden.

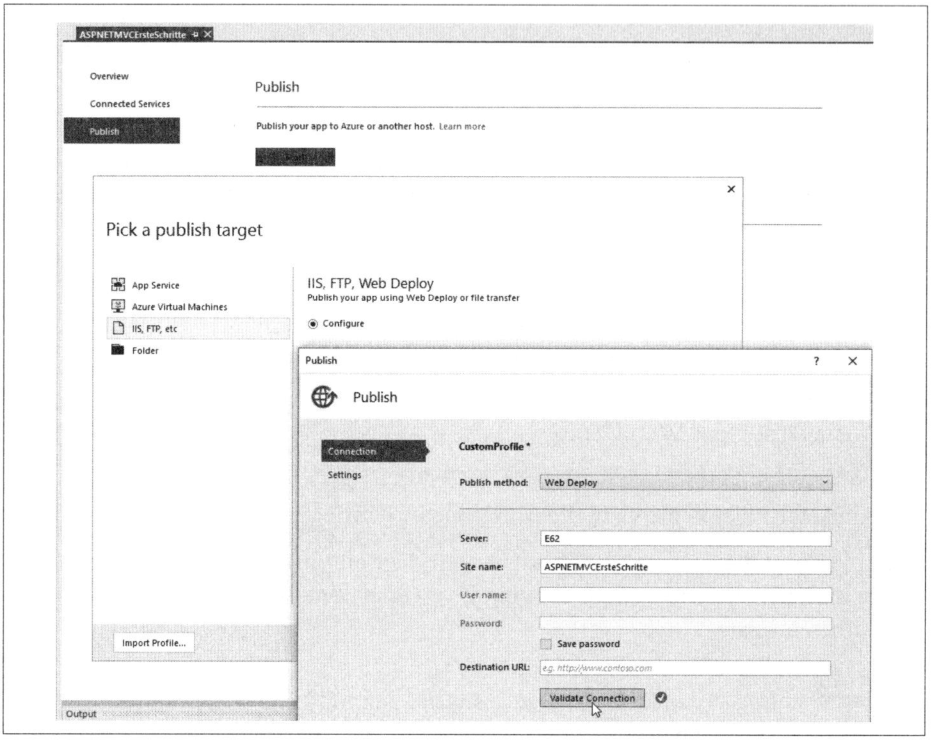

Abbildung 21-1: Festlegung des Deployment-Ziels

Auf der zweiten Seite kann man nun noch einige Einstellungen vornehmen:

- In der Regel wird man die Release-Konfiguration verbreiten wollen.
- Web Deploy kopiert immer nur die benötigten Dateien und von diesen auch nur die neuen und geänderten Dateien. Da jemand aber auch darüber hinaus auf dem Webserver weitere Dateien manuell anlegen kann, gibt es die Option, zusätzlich auf dem Webserver vorhandene Dateien zu löschen.
- Die Vorkompilierung (nur im klassischen ASP.NET verfügbar, nicht in ASP.NET Core) bezieht sich auf die Views (*.cshtml*-Dateien) und beschleunigt den Start einer Webanwendung etwas. Alle *.cshtml*-Dateien sind dann nur noch Platzhalter mit dem Inhalt »This is a marker file generated by the precompilation tool, and should not be deleted!«. Wenn man *Allow precom*

piled site to be updatable anwählt, bleibt der Inhalt der .cshtml-Dateien erhalten, und man kann diese im laufenden Betrieb ändern (was aber in den meisten Fällen so auch nicht gewünscht wäre).

- Auch das optionale Zusammenführen der DLLs im */bin*-Verzeichnis (Merge) kann den Start der Webanwendung etwas beschleunigen. Auch dieses Feature gibt es so noch nicht in ASP.NET Core. Microsoft arbeitet aber an einem .NET IL Linker für .NET Core (*github.com/dotnet/core/blob/master/samples/linker-instructions.md*). Zum Redaktionsschluss dieses Buchs gibt es aber erst eine frühe Preview-Version.
- Den Inhalt des *App_Data*-Folders kann man vom Deployment ausnehmen, wenn dort nur Testdaten enthalten sind.
- Eine Verbindungszeichenfolge, die in der *web.config* enthalten ist, kann man durch eine andere ersetzen, weil ja auf dem Entwicklungsrechner typischerweise nicht die produktive Datenbank verwendet wird.
- Zusätzlich kann man in den Projekten enthaltene Migrationsschritte für Entity Framework ausführen. Dies funktioniert noch nicht für Entity Framework Core.
- Weitere Einstellungen findet man in den Projekteigenschaften unter *Package/Publish Web* und *Package/Publish SQL*.

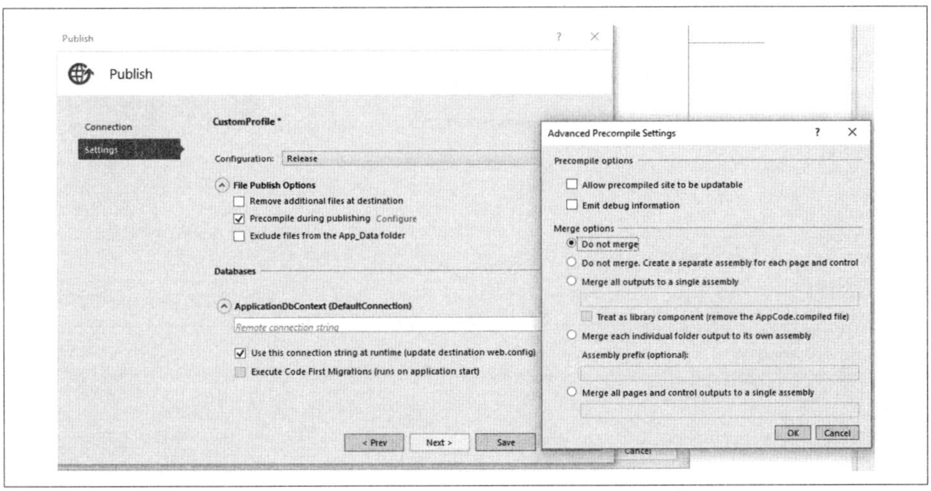

Abbildung 21-2: Einstellung für Web Deploy

Nach dem Erstellen eines Profils erhält man eine Zusammenfassung. Das Profil wird im Projekt unter */Properties/PublishingProfiles/name.pubxml* abgelegt. Die Veröffentlichung auf Basis dieses Profils kann über *Build/Publish* jederzeit gestartet werden.

1. Wenn Ihr Web-Provider eine *.publishsettings*-Datei anlegt, können Sie damit ein Verbreitungsprofil in Visual Studio anlegen. Zum Beispiel bietet Microsoft Azure Ihnen in dem Azure-Verwaltungsportal das Herunterladen einer solchen Datei für einen Azure App Service an. Die Datei enthält dann den Servernamen und auch die notwendigen Authentifizierungsinformationen.
2. Mit der Publish Method *Web Deploy Package* kann man ein ZIP-Paket erzeugen. Diese Datei können Sie mit *Deploy/Import* im Baum auf der Ebene einer Website im IIS Manager einlesen. Alternativ kann man mit dem Kommandozeilenwerkzeug *msdeploy.exe* die Installation eines Deployment-Pakets an der Befehlszeile ausführen. Codebasiert kann man das Paket mithilfe der Klasse `Microsoft.Web.Deployment.DeploymentManager` installieren.

Web Deploy nach Azure

In dem Verbreitungsassistenten können Sie als Alternative zum IIS auch *Azure App Service* wählen und sich dort dann für *Subscription*, *Ressource Group* und *Website* entscheiden (siehe Abbildung 21-3). Sie können wahlweise auch aus Visual Studio heraus eine Ressource Group, einen Service Plan und einen App Service anlegen.

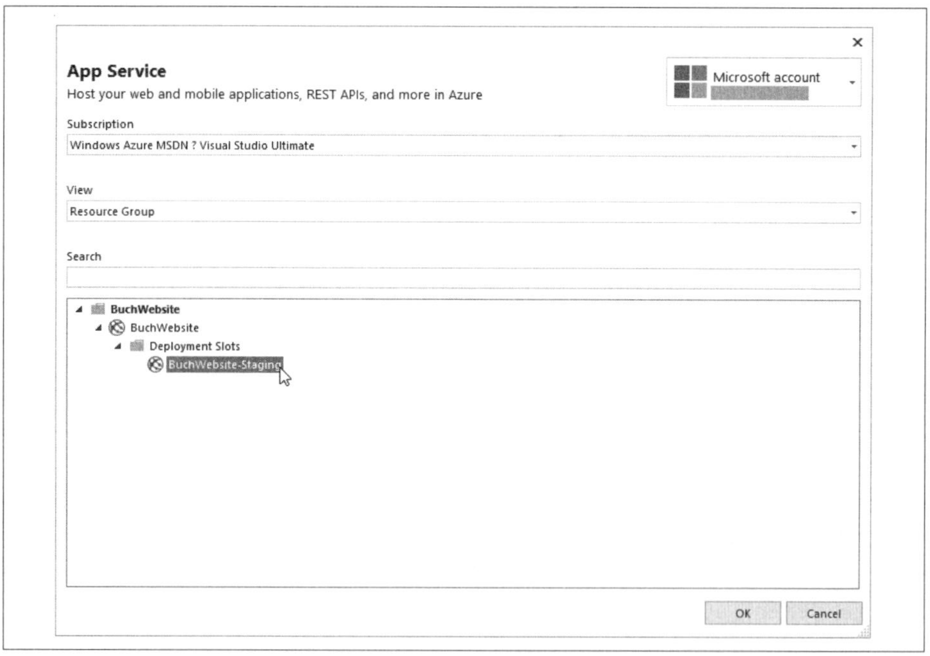

Abbildung 21-3: Einrichten eines Azure App Service als Ziel im Visual-Studio-Verbreitungsassistenten

Konfigurationstransformationen

Beim Installieren von Anwendungen ist die Regel, dass auf dem Zielsystem andere Konfigurationseinstellungen als auf dem Entwicklersystem gelten (zum Beispiel Datenbankverbindungen). Microsoft bietet (derzeit nur für Webanwendungen) im Zuge der Erstellung eines Deployment-Pakets eine Möglichkeit, die in den XML-Konfigurationsdateien (web.config) gespeicherten Konfigurationsinformationen automatisiert abzuändern. Microsoft verwendet hierfür nicht die XML Stylesheet Transformations (XSLT), sondern eine eigene XML-basierte Syntax, die Microsoft XML-Document-Transform (XDT) nennt.

Im vorherigen Kapitel wurde bereits vorgestellt, dass der Verbreitungsassistent in Visual Studio den Austausch von Verbindungszeichenfolgen erlaubt. Die hier vorgestellten Konfigurationstransformationen erlauben das Gleiche, aber noch mehr. Sie sind eine allgemeinere Lösung für die Ersetzung von Konfigurationsdaten in *web.config*-Dateien.

Erstellen der Transformationsdateien

Im ersten Schritt wählt man im Kontextmenü einer *web.config*-Datei die Aktion *Add Config Transforms*). Visual Studio erzeugt dann für jede im Configuration Manager hinterlegte Build Configuration eine Transformationsdatei. In einigen Projekttypen existieren schon im Standard eine Build- und Debug-Version der Konfigurationsdatei. Der Kontextmenüeintrag ist dann ausgegraut und erst verfügbar, wenn man diese Standarddateien löscht.

Syntax der Transformationsdateien

Die Syntax der Transformationsdateien besteht aus zwei Arten von Befehlen: Locators und Transformers.

Tabelle 21-1: Locators

Locators	Beschreibung
`xdt:Locator="Match(xy)"`	Finde ein Element, das ein Attribut xy besitzt mit dem gleichen Inhalt
`xdt:Locator="Condition(@x='a' or @y='b')"`	Finde ein Element innerhalb des aktuellen Elements, das auf den XPath-Ausdruck zutrifft
`xdt:Locator="XPath(//m/n)"`	Finde ein Element global im Dokument, das auf den XPath-Ausdruck zutrifft

Tabelle 21-2: Transformers

Transformers	Beschreibung
xdt:Transform="Replace"	Ersetzt das erste passende Element
xdt:Transform="Remove"	Entfernt das erste passende Element
xdt:Transform="RemoveAll"	Entfernt alle passenden Elemente
xdt:Transform="Insert"	Fügt ein Element ein
xdt:Transform="SetAttributes(x)"	Setzt einen Attributwert für Attribut x
xdt:Transform="RemoveAttributes(x,y,z)"	Entfernt die drei Attribute x, y und z
xdt:Transform="InsertAfter(/m/n/[@x='a'])”	Ergänzt das Element nach dem durch den XPath-Ausdruck festgelegten Element
xdt:Transform="InsertBefore(/m/n/[@x='a'])"	Ergänzt das Element vor dem durch den XPath-Ausdruck festgelegten Element

Voraussetzung ist folgende XML-Namespacedeklaration:

```
<configuration xmlns:xdt="http://schemas.microsoft.com/XML-
Document-Transform">
```

Das Listing 21-1 zeigt an drei Beispielen die typischen Aktionen:

- Entfernen eines Attributs (hier: Debug="true")
- Ersetzen eines XML-Elements (hier: <customErrors>)
- Hinzufügen eines XML-Elements (hier: <connectionStrings><add>)

Listing 21-1: Datei Web.Release.config

```
<?xml version="1.0"?>
<configuration xmlns:xdt="http://schemas.microsoft.com/XML-Document-Transform">
 <system.web>
  <!-- Entferne Debug-Attribut -->
  <compilation xdt:Transform="RemoveAttributes(debug)" />
  <!-- Ergänze Umlenkung für Statuscode 500 -->
  <customErrors defaultRedirect="GenericError.htm"
    mode="RemoteOnly" xdt:Transform="Replace">
   <error statusCode="500" redirect="InternalError.htm"/>
  </customErrors>
 </system.web> <connectionStrings>
  <!-- Setzte Verbindungszeichenfolge -->
  <add name="WWWings" connectionString="metadata=
   res://*/EF.EFModell.csdl|res://*/EF.EFModell.ssdl|res://*/EF.EFModell.msl;
   provider=System.Data.SqlClient;provider connection string=&quot;
   Data SourceD123;Initial Catalog=WWWings6_Produktion;
   Integrated Security=True; MultipleActiveResultSets=True&quot;"
   providerName="System.Data.EntityClient"
   xdt:Transform="Replace" xdt:Locator="Match(name)"/>
 </connectionStrings>
</configuration>
```

Ergebnis der Transformation

Das folgende Listing zeigt Ausschnitte aus der web.config-Datei nach der Installation.

Listing 21-2: Ausschnitt aus der web.config-*Datei nach der Installation des Pakets*

```
<?xml version="1.0"?>
<configuration>
<connectionStrings>
  <add name="WWWings" connectionString="metadata=res://*/EF.EFModell.csdl|
   res://*/EF.EFModell.ssdl|res://*/EF.EFModell.msl;provider=System.Data.SqlClient;
   provider connection string=&quot;Data Source=D123;
   Initial Catalog=WWWings6_Produktion;
   Integrated Security=True;MultipleActiveResultSets=
   True&quot;" providerName="System.Data.EntityClient" />
</connectionStrings>

<runtime>
   <appDomainResourceMonitoring enabled="true" />
</runtime>

<system.web>
...
<compilation targetFramework="4.7.1">
<customErrors defaultRedirect="GenericError.htm" mode="RemoteOnly">
 <error statusCode="500" redirect="InternalError.htm" />
</customErrors>
...
</system.web>
...
</configuration>
```

Continuous Integration und Continuous Delivery

Die direkte Veröffentlichung auf einen Produktions-Webserver ist sicher heutzutage eher selten. Typischerweise durchläuft eine Software erst zahlreiche automatische und gegebenenfalls auch manuelle Testschritte auf einem zentralen Build-Server.

Microsoft stellt dafür im Rahmen seines Produkts Team Foundation Server (TFS) beziehungsweise der Cloud-Variante davon (Visual Studio Team Services – VSTS) sowohl eine konfigurierbare Build-Pipeline als auch eine konfigurierbare Release-Pipeline bereit.

Diese komplexen Produkte hier zu thematisieren, würde leider den Rahmen dieses Buchs sprengen. An dieser Stelle sei nur der Hinweis gegeben, dass Sie einen sanften Einstieg in diese Welt mit dem Verbreitungsassistenten in Visual Studio erhalten. Dort gibt es im Bereich *Continuous Delivery* eine Schaltfläche *Start*, die zu einem Assistenten führt, der in Visual Studio Team Services eine Build-Pipeline und eine Release-Pipeline erstellt und die Anwendung damit in einem Azure App Service bereitstellt.

Microsoft gibt in dem Assistenten den Hinweis:

»Visual Studio Team Services Continuous Delivery is a free service.«

Dies gilt aber nur für sehr wenige Rechenstunden pro Monat. In einem echten Projekt sind diese Freistunden nach wenigen Tagen erschöpft.

KAPITEL 22
Webanwendungen in Docker

Microsoft hat mittlerweile nicht nur in Windows 10 und Windows Server (seit Version 2016), sondern auch in Visual Studio eine Unterstützung für Docker-Container eingebaut. Dieses Kapitel führt Sie von der Installation der Docker-Unterstützung in Windows bis zu Ihrem ersten eigenen Container-Image, das dann auf einem Server installiert wird. Es wird zunächst ein Windows-basierter Container und anschließend ein Linux-basierter Container erstellt. In diesem Buch wird nicht der Betrieb von Linux-Containern auf Linux behandelt.

> Vorweg sei erwähnt, dass einige Werkzeuge für Docker auf Windows noch in den Kinderschuhen stecken, was man an Versionsnummern wie »0.1« erkennt, aber auch an dem Fehlen automatischer Installationen und der zum Teil sehr spärlichen Dokumentation.

Docker auf Windows

Als Arbeitsplatz soll ein Windows-10-Rechner zum Einsatz kommen. Mindestvoraussetzung ist die Version 1607 (alias Anniversary Update) vom August 2016 in den Varianten Professional, Enterprise oder Education. Als Entwicklungsumgebung wird hier Visual Studio 2017 Update 2 genutzt, das die Docker-Werkzeuge bereits enthält. Alternativ kann man ein Add-on für Visual Studio 2015 nutzen, das aber in der Preview-Phase stecken geblieben ist (*marketplace.visualstudio.com/items?itemName=MicrosoftCloudExplorer.VisualStudioToolsforDocker-Preview*).

Vor dem ersten Schritt muss Docker auf Windows 10 installiert werden, da Windows 10 in der Grundinstallation keine Container-Unterstützung mitbringt. Dabei ist zu berücksichtigen, dass es zwei Container-Implementierungen für Windows 10 gibt:

1. Hyper-V-basierte Windows Container von Microsoft für Windows-basierte Container
2. Docker for Windows von der Firma Docker Inc. für Linux-basierte Container (*store.docker.com/editions/community/docker-ce-desktop-windows*)

Bei Docker for Windows gibt es zwei Varianten:

1. In der älteren Variante werden die Linux-Container in einer Hyper-V-basierten virtuellen Maschine gehostet.
2. In der neueren Variante wird ein Minimal-Linux auf Basis von LinuxKit verwendet, das direkt auf Windows läuft. Dieses Konzept wird Linux Containers on Windows (LCOW) genannt.

Auf Windows Server 2016 gibt es zusätzlich noch Windows Server Container, die ohne Hyper-V auskommen (siehe Abbildung 22-1). Für ältere Windows-Version gibt es von Docker die Docker Toolbox (*docs.docker.com/toolbox/toolbox_install_windows*).

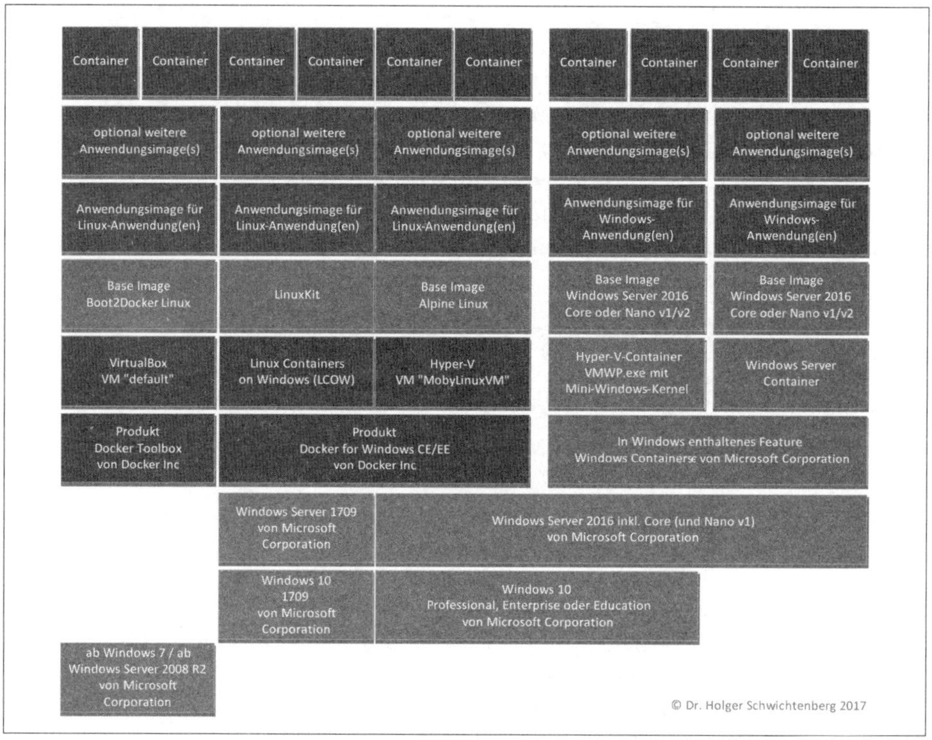

Abbildung 22-1: Es gibt mittlerweile fünf Varianten zum Betrieb von Containern auf Windows.

In diesem Buch werden die Linux Containers on Windows (LCOW) ohne MobyLinuxVM nicht behandelt, weil sie zum Redaktionsschluss noch in einem experimentellen Status sind. Grundsätzlich wird die Bedienung aber mit den gleichen Befehlen laufen. Nur das interne Hosting ist anders.

Installation der Docker-Unterstützung von Microsoft

Leider ist die Docker-Host-Installation auf Windows 10 mit mehreren Schritten verbunden. Das folgende Listing zeigt dafür ein unter Administrator-Rechten auszuführendes Installationsskript, das nach der Windows-Feature-Installation und dem dann notwendigen Betriebssystemneustart in Schritt 1 ein weiteres Mal aufzurufen ist, um die Docker-Werkzeuge zu laden. In Schritt 2 installiert das Skript in *C:\Program Files\Docker* die Kommandozeilenbefehle *docker.exe* (Docker Client) und *dockerd.exe* (Docker Server). Letzterer wird als Windows-Systemdienst mit Namen *Docker* eingerichtet. In Schritt 3 folgen noch der Download und die Installation der PowerShell-Commandlets für Docker, die auf der .NET (C#) Client Library für das Docker Remote API (*github.com/Microsoft/Docker.DotNet*) basieren und sich mit Version 0.1 noch in einem früheren Entwicklungsstadium befinden. Die aktuellen Download-URLs sollte man unter *docs.microsoft.com/de-de/virtualization/windowscontainers/quick-start/quick-start-windows-10* und *git hub.com/Microsoft/Docker-PowerShell/releases* nachsehen und oben im Skript eintragen. Leider hat Microsoft das PowerShell-Modul für Docker bislang noch nicht in der PowerShell-Gallery veröffentlicht (*www.powershellgallery.com*), was eine vereinfachte Installation mit *Install-Module* ermöglicht hätte.

Zum Test der Installation kann man prüfen, ob der Docker-Dienst läuft (in der PowerShell: *Get-Service Docker*), die Version des Docker-Kommandozeilentools (*docker-compose --version*) abfragen und die Verfügbarkeit der zurzeit 38 PowerShell-Commandlets mit *Get-Command- Module Docker* testen. Microsoft stellt unter *https://aka.ms/Debug-containerHost.ps1* ein Diagnose-Skript bereit, das Installation- und Konfigurationsfehler aufdecken kann.

Listing 22-1: PowerShell-Skript zur Installation von Windows Container auf Windows 10

```
# Installation Windows Container auf Windows 10
# (C) Dr. Holger Schwichtenberg, www.IT-Visions.de 2016
# inklusive Anleitung von https://docs.microsoft.com/de-de/virtualization/
windowscontainers/quick-start/quick-start-windows-10

[string] $AktuelleDockerSetupUrl = "https://get.docker.com/builds/Windows/x86_64/
docker-17.03.0-ce.zip"
[string] $AktuelleDockerPowerShellUrl = "https://github.com/Microsoft/Docker-
PowerShell/releases/download/v0.1.0/Docker.0.1.0.zip"

function Test-IsAdmin {
([Security.Principal.WindowsPrincipal]
[Security.Principal.WindowsIdentity]::GetCurrent()).IsInRole([Security.Principal.Windo
wsBuiltInRole] "Administrator")
}

if (-not (Test-IsAdmin)) { Write-Error "Skript erfordert Admin-Rechte!"; return }

# -------------- Schritt 1
"Installation Windows Container auf Windows 10 - Schritt 1 (Windows-Features)"

[bool] $restart = $false
```

```
if ( (Get-WindowsOptionalFeature -Online -FeatureName containers).State -ne "Enabled")
{
Enable-WindowsOptionalFeature -Online -FeatureName containers -All
$restart = $true
}

if ( (Get-WindowsOptionalFeature -Online -FeatureName Microsoft-Hyper-V).State -ne
"Enabled")
{
Enable-WindowsOptionalFeature -Online -FeatureName Microsoft-Hyper-V -All
$restart = $true
}

if ($restart -eq $true) { Restart-Computer -Force; return; }

# -------------- Schritt 2
"Installation Windows Container auf Windows 10 - Schritt 2 (Docker-Werkzeuge)"

# Registry-Einstellung für Docker
Set-ItemProperty -Path 'HKLM:SOFTWARE\Microsoft\Windows
NT\CurrentVersion\Virtualization\Containers' -Name VSmbDisableOplocks -Type DWord
-Value 0 -Force

# Docker-Werkzeuge herunterladen. Achtung: Versionsnummer kann sich ändern!
$tempname = "c:\temp\docker-setup.zip"
Invoke-WebRequest $AktuelleDockerSetupUrl -OutFile $tempname -UseBasicParsing
Expand-Archive -Path $tempname -dest $env:ProgramFiles

# Umgebungsvariablen setzen im RAM
$env:path += ";$env:ProgramFiles\Docker"
# Umgebungsvariablen persistent setzen
$existingMachinePath =
[Environment]::GetEnvironmentVariable("Path",[System.EnvironmentVariableTarget]::Machi
ne)
[Environment]::SetEnvironmentVariable("Path", $existingMachinePath +
";$env:ProgramFiles\Docker", [EnvironmentVariableTarget]::Machine)

# Docker als Dienst starten
dockerd --register-service
Start-Service Docker
Get-Service Docker
docker -version

# -------------- Schritt 3
"Installation Windows Container auf Windows 10 - Schritt 3 (PowerShell-Modul)"

# PowerShell-Modul herunterladen. Achtung: Versionsnummer kann sich ändern!
$tempname = "c:\temp\docker-powershell-setup.zip"
Invoke-WebRequest $AktuelleDockerPowerShellUrl -OutFile $tempname -UseBasicParsing
Expand-Archive -Path $tempname -dest
"$Home\Documents\WindowsPowerShell\Modules\Docker"
Get-Command -Module Docker
```

Installation von Docker for Windows

Für die Docker-Werkzeuge in Visual Studio reichen die installierten Docker-Laufzeitumgebungen von Microsoft nicht aus; hier muss der Entwickler auch noch Docker for Windows (*InstallDocker.msi*) (*docs.docker.com/docker-for-windows/install*) installieren, selbst wenn die Verwendung von Linux-Containern nicht beabsichtigt ist. Docker for Windows läuft ab Windows 10 November 2015 Update (alias Threshold 2).

Docker for Windows verewigt sich mit einem Docker-Symbol in der Windows-Taskleiste, der virtuellen Hyper-V-Maschine MobyLinuxVM (*C:\Users\Public\Documents\Hyper-V\Virtual hard disks\MobyLinuxVM.vhdx*) und dem Systemdienst Docker for Windows Service (*C:\Program Files\Docker\Docker\com.docker.service*). Aufgrund einer guten Abstimmung zwischen Docker und Microsoft kann man für Microsofts Windows Container und die Linux-basierten Container bei »Docker for Windows« die gleichen Werkzeuge, also *docker.exe* und die PowerShell-Commandlets für Docker, verwenden.

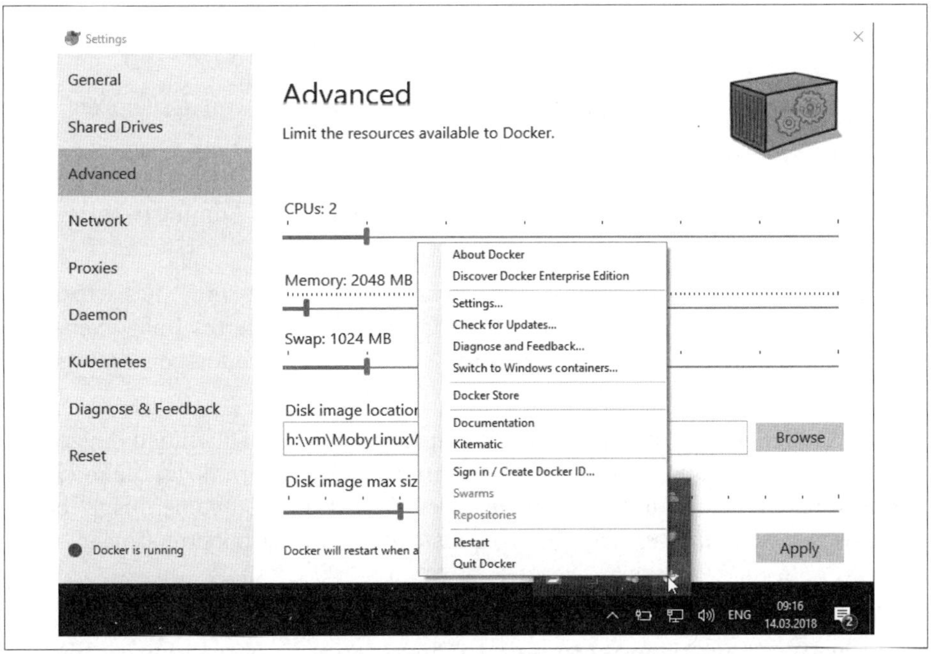

Abbildung 22-2: Grafische Verwaltung von Docker for Windows über ein Symbol in der Windows-Taskleiste

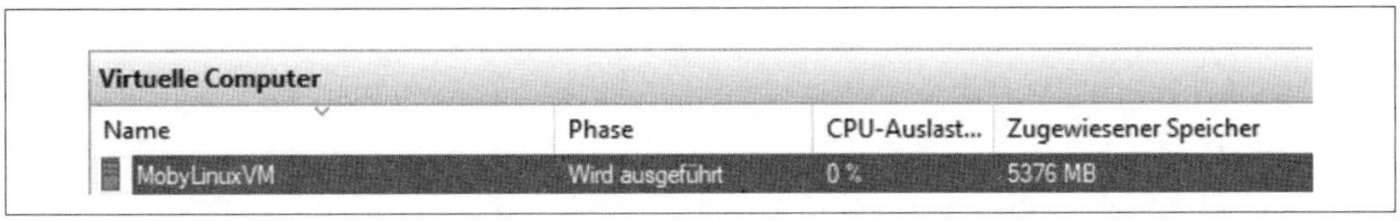

Abbildung 22-3: Docker for Windows verwendet eine VM mit Namen MobyLinuxVM.

Docker for Windows geht im Standard davon aus, dass man tatsächlich mit Linux-Containern arbeiten will. Für die Arbeit mit Windows-basierten Containern muss man daher mit dem Kontextmenüpunkt *Switch to Windows Containers* in dem Taskleistensymbol umschalten. Alternativ geht das an der Kommandozeile mit *C:\Program Files\Docker\Docker\DockerCli.exe -SwitchDaemon*.

Erst ab Docker-Version 18.03.0 (zum Redaktionsschluss noch im Preview-Status) kann der Nutzer bereits bei der Installation wählen, dass er mit Windows-Containern arbeiten will. Damit wird verhindert, dass die Linux-VM überhaupt angelegt wird.

Ein Image beschaffen

Für einen weitergehenden Test soll nun ein von Microsoft in Docker Hub, der offiziellen Registry von Docker, eingestelltes Docker-Image mit Namen *microsoft/dotnet-samples* (*hub.docker.com/r/microsoft/dotnet-samples*) geladen werden. Dieses Image verwendet als Basisbetriebssystemimage Windows Nano Server.

Der PowerShell-Befehl dafür lautet:

```
Pull-containerImage -Repository microsoft/dotnet-samples -Tag dotnetapp-nanoserver
```

Alternativ an der klassischen Eingabeaufforderung auf Basis von *docker.exe*:

```
docker pull microsoft/dotnet-samples:dotnetapp-nanoserver
```

Die Befehle sind jeweils »elevated«, das heißt, als mit vollen Administratorrechten auszuführen.

Das Tag *dotnetapp-nanoserver* ist dabei sehr wichtig, denn ohne dies würde im Standard das *latest*-Tag verwendet, das auf ein Linux-basiertes Image verweist, was zur Fehlermeldung »Image operating system linux cannot be used on this platform« führen würde.

Je nach Geschwindigkeit der Internetverbindung kann der Download einige Zeit dauern, denn hier saugt sich der Rechner rund 2 GB aus dem Netz, die in *C:\ProgramData\docker\windowsfilter* landen. Der Befehl *Get-Containerimage* beziehungsweise *docker images* zeigt nun eine Liste mit einem installierten Image.

Eine Liste aller auf Docker Hub verfügbaren Images von Microsoft findet man unter *https://hub.docker.com/u/microsoft/*. Hier liegen neben dem Basisbetriebssystemimage Windows Nano Server und Windows Server Core auch Images mit installierten Anwendungen wie Internet Information Services, MySQL, Apache, .NET, .NET Core, Node.js und Ruby on Rails.

Einen Container starten

Zum Start eines Containers auf Basis des geladenen Docker-Images ruft man nun

```
Invoke-containerImage -ID microsoft/dotnet-samples:dotnetapp-nanoserver
-RemoveAutomatically
```

auf oder

```
Run-containerImage -ID microsoft/dotnet-samples:dotnetapp-nanoserver
-RemoveAutomatically
```

oder

```
docker run --rm microsoft/dotnet-samples:dotnetapp-nanoserver
```

An der Konsole sieht man dann eine Begrüßung von sogenannten »dotnet-bots« in Form einer ASCII-Grafik. Die Zusätze *-RemoveAutomatically* beziehungsweise *-rm* sorgen dafür, dass der Container nach der Ausführung wieder entfernt wird. Ohne das Löschen würde man mit *Get-Container* beziehungsweise *docker ps -a* einen Container im Zustand »Exited« sehen. Zu beachten ist, dass es aufgrund eines Bugs leider zu keiner Ausgabe in der PowerShell ISE kommt. Man muss bei *Invoke-containerImage* also die normale PowerShell-Konsole verwenden.

Während *Invoke-containerImage* und *Run-containerImage* nach einem Image immer nur auf dem lokalen System suchen, startet *docker run* das Herunterladen aus den Docker Hub-Repository, falls das Image lokal nicht vorhanden ist.

Spannend an den PowerShell-Commandlets ist, dass man auf Basis des objektorientierten Pipelinings auch mehrere Container von verschiedenen Images in einem Befehl erzeugen kann, zum Beispiel:

```
Get-containerImage | Where-Object RepoTags -like "*dotnetapp*" | Invoke-containerImage
```

Ein Container besitzt immer zwei Identifikationsnummern: eine hexadezimale ID und einen Namen, der aus eine Zeichenkette besteht, die der Regel [a-zA-Z0-9][a-zA-Z0-9_.-] folgen muss. Wenn man einen Container anlegt, kann man mit dem Parameter *-Name* beziehungsweise *--name* einen Namen vergeben. Sonst erzeugen die Docker-Werkzeuge einen Fantasienamen, der aus einem Adjektiv und dem Namen einer Persönlichkeit der Wissenschafts- und IT-Szene besteht (vgl. *https://github.com/docker/docker/blob/master/pkg/namesgenerator/names-generator.go*), zum Beispiel *eager_goldstine*. Zur Identifikation eines Containers kann man immer wahlweise den Namen, die ID oder auch nur einen beliebigen ersten, aber eindeutigen Teil der ID angeben. Den Namen darf man auch bei den PowerShell-Commandlets angeben, auch wenn der Parameter dort *-ID* heißt. Laut Dokumentation (*github.com/Microsoft/Docker-PowerShell/tree/master/src/Docker.PowerShell/Help*) soll der Parameter *-ImageIdOrName* heißen, was aber nicht der Implementierung entspricht. Bei Namen und ID ist die Groß- und Kleinschreibung immer relevant.

Ein Visual-Studio-Container-Projekt erstellen

Für die Docker-Werkzeuge in Visual Studio reichen die Docker-Komponenten von Microsoft nicht aus; hier muss der Entwickler auch Docker for Windows installieren, selbst wenn die Verwendung von Linux-Containern nicht beabsichtigt ist.

In Visual Studio 2017 kann der Entwickler ein beliebiges Web- oder Konsolen-Projekt Docker-fähig machen. Dazu wählt man in einem bestehenden Projekt *Add/Docker Support*. In diesem Beitrag wird dies zunächst für das ASP.NET-Projekt *World Wide Wings* (*www.world-wide-wings.de*) durchgespielt, das die klassische Variante dieses Webframeworks auf Basis von .NET Framework 4.x verwendet. Dadurch entsteht in dem Webprojekt eine Datei mit Namen *Dockerfile* und in der Projektmappe ein neuer Ast *docker-compose* (siehe folgende Abbildung). *docker-compose* umfasst fünf YAML (YAML Ain't Markup Language), die das Deployment und Debugging festlegen. Die YAML-Dateien nutzen Docker Compose File Version 2.0 (*docs.docker.com/compose/compose-file/compose-file-v2*), auch wenn es schon eine Version 3.0 gibt (*docs.docker.com/compose/compose-file*).

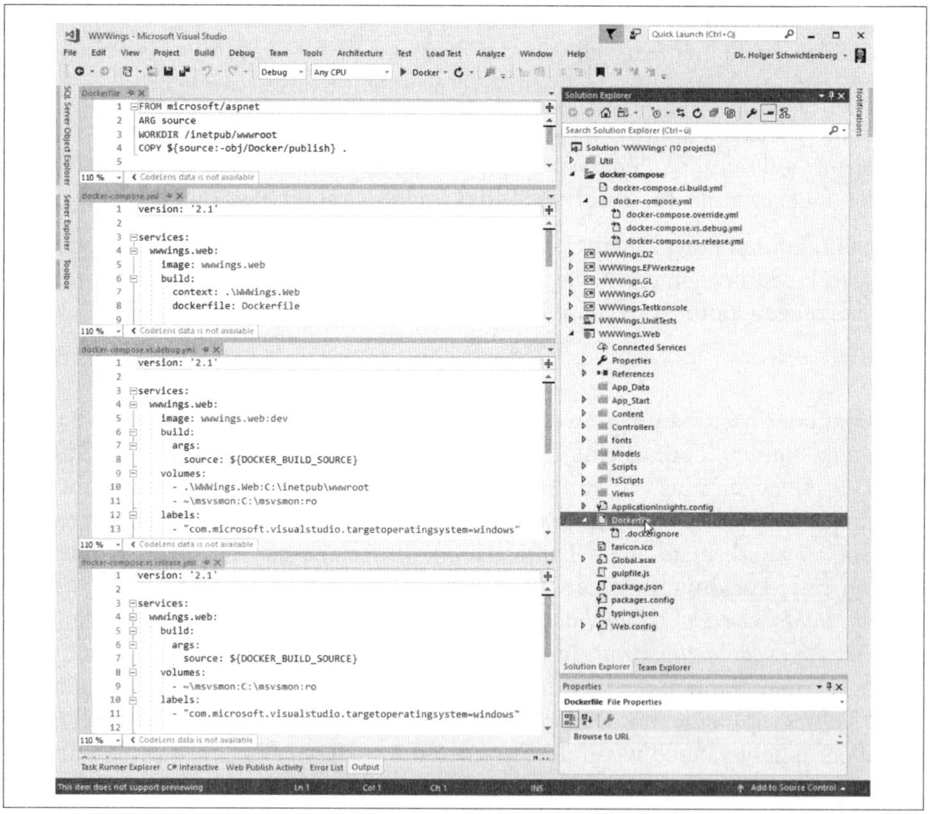

Abbildung 22-4: Hier wurde die Docker-Unterstützung für ein bestehendes ASP.NET-4.x-Webprojekt in Visual Studio 2017 aktiviert.

Debugging eines Containers

Beim Übersetzen verhält sich die IDE abhängig von dem gewählten Visual-Studio-Übersetzungsmodus unterschiedlich: Im Debug-Modus übersetzt die IDE mit *Build/Build Solution* nur die Anwendung, das Docker-Image entsteht erst, wenn der Entwickler den Debugger mit *Debug/Start Debugging*, dem grünen Pfeil in der Symbolleiste (der mit *Docker* beschriftet ist) oder der Taste (F5) startet. Im Release-Modus entsteht das Docker-Image schon beim Build-Vorgang.

Beim Erstellen des Images lädt Visual Studio das im Docker File definierte Basisimage von Docker Hub, wenn dies nicht lokal vorhanden ist. Im vorliegenden Fall mit klassischem ASP.NET ist dies *microsoft/aspnet:latest* (*hub.docker.com/r/microsoft/aspnet*) mit Windows Server 2016 Core (neben Windows Nano Server das zweite von Microsoft bereitgestellte Basisbetriebssystemimage), Internet Information Services 10.0 und .NET Framework 4.6.2, was in Summe rund 10 GB sind. Die erste Imageerstellung kann also einige Zeit dauern. Alternativ kann man dieses Image vorab laden:

```
Pull-containerImage -Repository microsoft/aspnet -Tag latest
```

Beim Debugging eines Webprojekts startet Visual Studio auch den Standard-Webbrowser und ermittelt daher die IP-Adresse, die der Container erhalten hat. Einstellungen dazu findet man in den *Properties* des Astes *docker-compose*. Bei Haltepunkten oder Laufzeitfehlern zeigt Visual Studio wie üblich die betreffende Programmcodezeile mit Variablenansicht und Einzelschrittmodus.

Dass der Container eine eigene IP-Adresse erhält, liegt an der Einstellung *nat* in der Datei *docker-compose.override.yml*. Mit dem Befehl *docker network ls* sieht man, dass es hier ein eigenes Docker-Netzwerk mit Network Address Translation gibt. Eine Gesamtliste der Konfigurationseinstellungen eines Container sieht man mit *docker inspect xy*, speziell die IP-Adresse erhält man mit `docker inspect --format="{{.NetworkSettings.Networks.nat.IPAddress}}" xy`, wobei *xy* die Identifikationsnummer oder der Name des Containers ist, die beziehungsweise den man von *Get-Container* erfährt. *docker inspect* kann man übrigens auch auf einem Imagenamen anwenden, um weitere Informationen über das Image zu erhalten.

Verwendung des Containers

Per *Get-containerImage* sieht man nun das Basisimage *microsoft/aspnet:latest* und das Image für die Webanwendung: *wwwings.web:dev* im Debug-Modus und *wwwings.web:latest* im Release-Modus. Beide Images lassen sich natürlich auch von der Kommandozeile außerhalb von Visual Studio starten, zum Beispiel

```
Run-containerImage -ID wwwings.web:latest -Name Webserver -Detach
```

beziehungsweise

```
docker run --name Webserver --detach  wwwings.web:latest
```

Die IP-Adresse eines Containers lässt sich auch erfragen, indem man *ipconfig* in dem Container ausführt. Die Übergabe eines Parameters wie */all* für den im Container auszuführenden Befehl ist in der aktuellen Version der PowerShell-Commandlets für Docker sehr umständlich:

```
Start-containerProcess -ID Webserver -Command @("ipconfig", "/all")
```

Mit *docker.exe* geht es einfacher:

```
docker exec Webserver ipconfig /all
```

Alternativ dazu kann man auch eine Konsolenverbindung mit dem Docker-Container eröffnen. Mit der PowerShell geht dies sowohl über das spezielle Commandlet `Start-containerProcess` als auch über das allgemeine *Enter-PSSession*, wobei Letzteres nur eine Container-ID erwartet und keinen Container-Namen erlaubt – daher die Übersetzung von Namen in ID mit dem Ausdruck *(Get-Container Webserver).ID*:

```
Start-containerProcess -ID Webserver -Command powershell.exe -Terminal
Enter-PSSession -containerId (Get-Container Webserver).ID
```

Alternativ über *docker.exe*:

```
docker exec -it Webserver powershell.exe
```

Der Parameter *-Terminal* beziehungsweise *-it* ist notwendig, damit man mit der im Gast gestarteten PowerShell interagieren kann. Während *Enter-PSSession* auch in der PowerShell ISE läuft, funktionieren die anderen beiden Befehle dort aktuell nicht.

Auch bei *Run-containerImage* beziehungsweise *docker run* kann man bereits einen Befehl angeben, der direkt beim Start des Containers ausgeführt werden soll:

```
Run-containerImage -ID wwwings.web:latest -Terminal -Name Webserver -Command
powershell.exe
```

beziehungsweise

```
docker run --name Webserver -it wwwings.web:latest powershell.exe
```

Das Nachstellen eines in dem Container auszuführenden Befehls hilft aber nichts bei Images, die selbst einen expliziten Entry Point definiert haben, denn hier hängt Docker den nachgestellten Befehl nur an die Entry-Point-Anweisung als Parameter an. So ist es für das oben verwendete *wwwings.web:latest* notwendig, den Entry Point bei *docker run* umzudefinieren:

```
docker run -it --entrypoint=powershell wwwings.web:latest
```

Mit der PowerShell geht das nur über die explizite Befüllung eines *Config*-Objekts:

```
$config = [Docker.DotNet.Models.Config]::new()
$ep = [System.Collections.Generic.list[string]]::new()
$ep.Add("powershell.exe")
$config.Entrypoint = $ep
Run-containerImage -ID wwwings.web:latest -Configuration $config -Terminal -Name
Webserver
```

Der Befehl `docker  run` erlaubt auch Ressourcenbeschränkungen, zum Beispiel bedeutet `docker run -it -m 500M --cpu-quota 50000 wwwings.web:latest`, dass der Arbeitsspeicher auf 500 MB und die CPU-Nutzung auf 50 % (die Angabe 100000 entspräche dabei 100 %) beschränkt sind. Mit der PowerShell muss man wieder etwas umständlicher vorher ein *HostConfig*-Objekt erzeugen. Immerhin ist dort die CPU-Angabe einfacher in Prozent zu erledigen:

```
$hostConfig = [Docker.DotNet.Models.HostConfig]::new()
$hostconfig.CPUPercent = 50
$hostconfig.Memory = 500MB
Run-containerImage -id wwwings.web:latest -Detach -HostConfiguration $hostConfig -Name
Webserver
```

Häufig ist es auch notwendig, Dateien zwischen Host und Container auszutauschen. Dies erledigt man mit `Copy-containerFile` beziehungsweise `docker cp`:

```
Copy-containerFile -Path c:\web\index.htm -Destination c:\inetpub\wwwroot\ -ID
Webserver -ToContainer
```

oder

```
docker cp c:\web\index.htm Webserver:c:\inetpub\wwwroot\
```

Das Kopieren von Dateien und den Start von Anwendungen kann man auch direkt in ein Dockerfile einbauen. Das kopiert ein PowerShell-Skript in das Image, führt das Skript aus, das in dem Image eine Datei *index.html* anlegt. Der Editor Visual Studio unterstützt bei der Eingabe von Befehlen in Dockerfile, macht aber anders als der kleine Bruder Visual Studio Code mit Erweiterung *vscode-docker* (*git hub.com/ Microsoft/vscode-docker*) keine Vorschläge für Imagenamen nach *FROM*.

```
: Dockerfile, das einen Webserver erstellt, der eine statische Seite anzeigt

# Autor
MAINTAINER Holger Schwichtenberg "hs@IT-Visions.de"
# Basisimage festlegen (IIS auf Windows Server 2016 Core)
FROM microsoft/iis
# Bisherigen Inhalt löschen
RUN del C:\inetpub\wwwroot\*.* /F /Q
# Grafikdateien kopieren
COPY Logo.jpg C:/inetpub/wwwroot/Logo.jpg
# PowerShell-Skript kopieren und ausführen
RUN MD c:\temp
COPY create_index_html.ps1 C:/temp/script.ps1
RUN powershell.exe -executionpolicy bypass c:\temp\script.ps1
# Aufräumen
RUN del C:/temp/script.ps1
```

Wenn der Container nicht per Network Address Translation angesprochen werden, sondern eine IP-Adresse im Subnetz des Hosts erhalten soll, ist dafür zunächst ein Docker-Netzwerk anzulegen, was aktuell nicht über PowerShell-Commandlets, sondern nur über *docker.exe* möglich ist:

```
docker network create -d transparent Brücke
```

Dieses neue Netzwerk mit dem Namen *Brücke* sollte nun in der Liste der Docker-Netzwerke erscheinen, die man mit *Get-Containernet* (oder *docker network ls*) ausgibt. Danach kann man beim Start des Containers auf das Docker-Netzwerk Bezug nehmen:

```
$hostConfig = [Docker.DotNet.Models.HostConfig]::new()
$hostConfig.NetworkMode = "Brücke"
Run-containerImage -ID wwwings.web:latest -Detach -HostConfiguration $hostConfig -Name
Webserver
```

Deutlich prägnanter ist dies in der klassischen Variante:

```
docker run -detach --network Brücke --name Webserver wwwings.web:latest
```

Die Parameter mit Namen *detach* bedeuten dabei jeweils, dass der Container ohne Ausgaben an der Standardausgabe im Hintergrund laufen soll. Es ist auch möglich, einen Container anzulegen, ohne ihn direkt zu starten (hier wieder unter Bezug auf das oben definierte *HostConfig*-Objekt):

```
New-Container wwwings.web:latest -HostConfiguration $hostConfig -Name Webserver
```

beziehungsweise

```
docker container create --name Webserver --network Brücke wwwings.web:latest
```

Der Container ist dann im Zustand »Created«, läuft aber nicht. Später kann man ihn mit *Start-Container -ID Webserver* oder *docker start Webserver* starten. Zum Anhalten eines laufenden Containers verwendet man *Stop-Container -ID Webserver* beziehungsweise *docker stop Webserver*.

Mit der PowerShell ist es elegant, alle laufenden Container eines Images zu beenden beziehungsweise zu löschen:

```
Get-container | Where-Object { $_.Image -eq "wwwings.web:latest" -and $_.status -Like
"Up*" } | Stop-Container

Get-container | Where-Object { $_.Image -eq "wwwings.web:latest" }  | Remove-Container
```

Auch alle Images wird man schnell los, wobei man nur Images löschen kann, für die es keinen Container mehr gibt und die auch nicht Basis für andere Images sind:

```
Get-containerImage | Remove-containerImage
```

Daher kann man in Visual Studio auch nicht ein Image neu erzeugen, wenn es noch Container für die bisherige Version gibt (»unable to delete - image is being used by running container«).

Images aus Containern erstellen

Der Nutzer kann aus einem Container, den er nach Belieben konfiguriert hat, ein neues Docker-Image erstellen. Dazu dient der Befehl `docker commit`, bei dem der Name eines Containers und der neue Name für das Image anzugeben sind, zum Beispiel:

```
docker commit Webserver WebserverImage:v1.0
```

Alternativ per PowerShell-Commandlets:

```
Get-Container Webserver | ConvertTo-containerImage -Repository WebserverImage -Tag v1.0
```

Dabei ist zu beachten, dass der Container mit *docker stop Webserver* beziehungsweise *Stop-Container Webserver* gestoppt sein muss, da Windows das Erstellen von Images aus laufenden Containern nicht unterstützt. Außerdem darf der Imagename keine Großbuchstaben enthalten. Das neue Image ist dann per `Get-containerImage` sichtbar. Per *docker history WebserverImage* kann man sich ansehen, worauf das neue Image basiert und wie viel Speicherplatz das Delta zu dem vorherigen Image verbraucht. Wenn man kein Tag angibt, vergibt Docker automatisch das Tag *latest*.

.NET Core-Container

Wer in Visual Studio 2017 ein neues .NET-Core-Projekt anlegt, sieht direkt die Option, das Projekt in Docker zu hosten (siehe folgende Abbildung). Dabei gibt es auch die Wahl zwischen Hosting in Linux- oder Windows-Container.

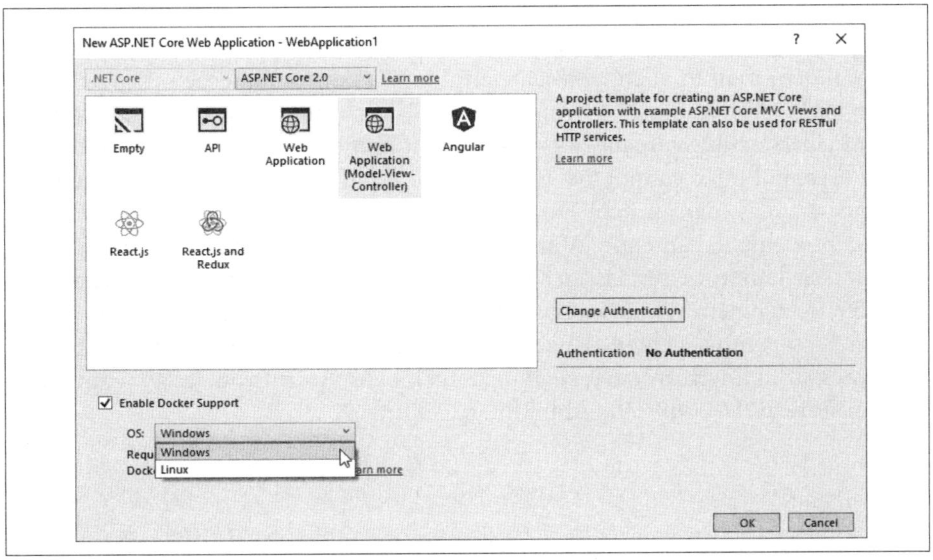

Abbildung 22-5: Beim Anlegen eines .NET-Core-Projekts bietet Visual Studio 2017 die Docker-Unterstützung direkt an.

Egal, ob man dies schon beim Anlegen auswählt oder später mit *Add/Docker Support* hinzufügt, man erlebt in beiden Fällen, dass Visual Studio keinen Windows-basierten Container anlegt, sondern einen Linux-Container (siehe Abbildung 22-6) mit dem Basisimage *microsoft/aspnetcore:1.1* (*hub.docker.com/r/microsoft/aspnetcore*), das trotz eines Namens wie *microsoft/aspnet* ein Linux-Image ist.

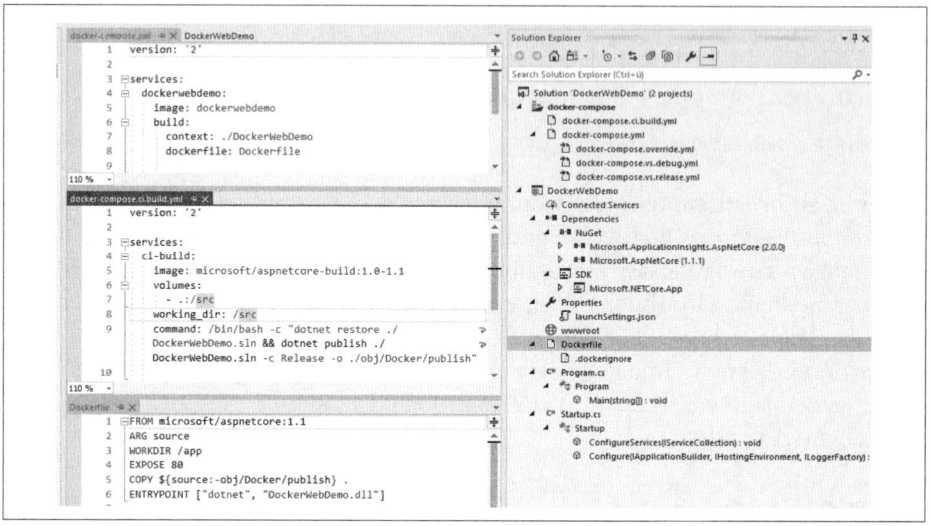

Abbildung 22-6: Docker-Dateien in einem ASP.NET-Core-Projekt mit Unterstützung für Linux-Container

Wer nun versucht, das Docker-Image zu übersetzen, läuft (zumindest in der aktuellen Version, die sich aber angesichts der agilen Entwicklung bei Microsoft täglich ändern kann) zunächst auf die Fehlermeldung »client version 1.22 is too old. Minimum supported API version is 1.24«. Hier kann man Visual Studio zufriedenstellen, indem man in allen *.yml*-Dateien den Versionsnummerneintrag zu Dateibeginn (siehe Abbildung 22-6) von 2.0 auf 2.1 hochzählt. Sehr viel weiter kommt man im Übersetzungsvorgang aber auch damit immer noch nicht. Es heißt: »Operating system Linux cannot be used on this platform«. Für das Erzeugen des Containers muss man in dem Docker-Symbol in der Taskleiste *Switch zu Linux containers* wählen. Laufende Windows-Container werden dadurch nicht beeinträchtigt; sie laufen weiter, lassen sich aber nun vorerst nicht mehr administrieren. Der Versuch, einen Windows-basierten Container jetzt herunterzuladen, führt zum nichtssagenden Fehler »Unknown Blob«. Ob man gerade mit Linux- oder Windows-Containern arbeitet, sieht man auch beim Aufruf von `docker version` im Eintrag *Server:OS/Arch* (siehe Abbildung 22-7).

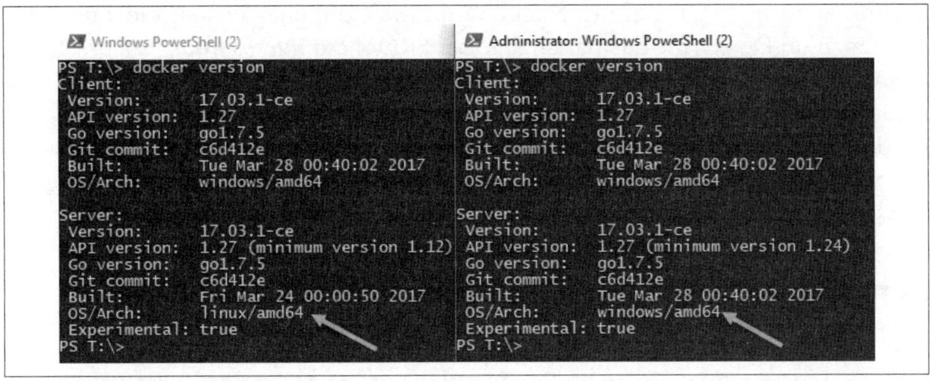

Abbildung 22-7: Ausgabe von docker version bei aktivierten Linux-Containern (links) und Windows-Containern (rechts).

Außerdem muss der Entwickler für den Betrieb von Linux-Containern in dem Docker-Taskleistensymbol unter Kontextmenüeintrag *Settings/Shared Drives* das Systemlaufwerk (*c:*) und gegebenenfalls das Laufwerk, auf dem sich der Programmcode befindet, für die Moby-Linux-VM freigeben.

Beim Debugging eines Linux-Containers mit .NET Core legt Visual Studio ein Portmapping von Port 80 im Container auf einen dynamisch zugewiesenen Port (zum Beispiel 32768) im Host an. Auch ein solches Portmapping kann man von der Konsole aus beim Start eines Containers definieren. In der PowerShell ist das aber bislang sehr umständlich, siehe Listing 22-2 und vgl. *github.com/Microsoft/Docker-PowerShell/issues/174*. Hier ist *docker.exe* wieder im Vorteil:

```
docker run --detach -p 12345:80 --name Webserver12345 dockerwebdemo:latest
```

Listing 22-2: Start eines Containers mit Port-Mapping

```
# Start eines Containers mit Port-Mapping
$image = "dockerwebdemo:latest"
$port = 12340
$containername = "Webserver$port"
Get-container | out-null # sicherstellen, dass Docker.DotNet.dll geladen!
$pb = New-Object Docker.DotNet.Models.PortBinding
$pb.HostPort = $port
$hostConfig = New-Object Docker.DotNet.Models.HostConfig
$hostConfig.PortBindings = [System.Collections.Generic.Dictionary[string,
System.Collections.Generic.iList[Docker.DotNet.Models.PortBinding]]]::new()
$hostConfig.PortBindings.Add("80/
tcp",[System.Collections.Generic.List[Docker.DotNet.Models.PortBinding]]::new([Docker.
DotNet.Models.PortBinding[]]@($pb)))
"Anlegen eines neuen Containers $containername auf Basis von Image $image, Webserver
erreichbar unter http://localhost:$port..."
$c = New-Container dockerwebdemo:latest -HostConfiguration $hostConfig -Name
$containername
"Start des Containers $containername..."
$c | Start-Container
```

Wenn man nun .NET Core in einem Windows-Container hosten möchte, dann muss man im Dockerfile das Basisimage bei *FROM* auf *microsoft/aspnetcore:1.1.2-nanoserver* ändern und die Versionseinträge der *.yml*-Dateien auf *2.1* setzen. Die Containererstellung im Release-Modus funktioniert dann zwar, Unterstützung für das Debugging von Windows-Container gibt es allerdings erst seit Visual Studio 2015 Update 3, das derzeit noch in der Preview-Phase ist (*github.com/Microsoft/DockerTools/issues/8*).

Container in Windows Server 2016 hosten

Auf Windows Server 2016 bietet Microsoft neben den »Hyper-V Containern« auch noch Windows Server Container, die kein Hyper-V benötigen. Windows Server Container sind weniger isoliert, sie teilen sich den Windows-Betriebssystemkernel mit dem Host, und die Container-Prozesse sind daher auf dem Host sichtbar. Sie sind also etwas leichtgewichtiger, ermöglichen aber nicht, auf einem Nano Server ein Windows Server Core-Image zu betreiben (siehe Abbildung 22-8). Für Windows Server Container müssen die Versionsnummern des Hosts und des Basisbetriebssystemimages in den ersten drei Teilen (Major, Minor, Build) übereinstimmen (*docs.microsoft.com/en-us/virtualization/windowscontainers/deploy-containers/system-requirements*).

Zwischen den Containerarten unterscheidet man in den *Start*-Befehlen für einen Container mit den Angaben `-isolation hyperv` beziehungsweise `-isolation Process` (in PowerShell) sowie `--isolation=hyperv` beziehungsweise `--isolation=process` (bei *docker.exe*). Zu beachten ist, dass ohne diese Angabe der Standard auf einem Windows Server 2016-»Process« (also Windows Server Container) ist, während ja Windows 10 nur Hyper-V kennt und dies daher dort der Standard ist. Es kommt also bei der Ausführung gleicher Befehle auf beiden Betriebssystemen zu einer Verhaltensänderung.

Host Operating System	Windows Server Container	Hyper-V Container
Windows Server 2016 with Desktop	Server Core / Nano Server	Server Core / Nano Server
Windows Server 2016 Core	Server Core / Nano Server	Server Core / Nano Server
Nano Server	Nano Server	Server Core / Nano Server
Windows 10 Pro / Enterprise	Not Available	Server Core / Nano Server

Abbildung 22-8: Nicht alle Konstellationen von Container-Arten und Basisbetriebssystemimage sind möglich (Quelle: docs.microsoft.com/en-us/virtualization/windowscontainers/deploy-containers/system-requirements).

Die Aktivierung der Container-Features in Windows Server 2016 ist etwas einfacher als bei Windows 10. Beim Server basiert die Installation auf dem OneGet-Paketmanagement-Konzept [oneget.org], das das Unternehmen in PowerShell 5.0 eingeführt und auch für PowerShell 3.0 und 4.0 zurückportiert hat (*blogs.msdn.microsoft.com/powershell/2015/10/09/package-management-preview-for-powershell-4-3-is-now-available*). OneGet ist dabei kein konkreter Paketmanager, sondern eine Art Manager für Paketmanager. Der konkrete Paketmanager wird durch einen *OneGet-Provider* implementiert.

Dazu muss der Nutzer eine PowerShell mit Administratorrechten starten. Als Erstes ist ein PowerShell-Modul aus der PowerShell Gallery (*www.powershellgallery.com*) zu installieren, das den Docker-Provider für *OneGet* (*github.com/OneGet/MicrosoftDockerProvider*) bereitstellt:

```
Install-Module -Name DockerMsftProvider -Force
```

Wenn eine Warnung erscheint, dass dafür der Nuget-Provider aktualisiert werden muss, ist dies zu bestätigen. Das PowerShell-Modul für Docker installiert sich unter *C:\Program Files\WindowsPowerShell\Modules* und sollte beim Aufruf des Befehls *Get-Module -listavailable* zu sehen sein. Danach sind dann noch die eigentlichen Docker-Features mit den konkreten Docker-Werkzeugen mithilfe dieses OneGet-Providers zu installieren:

```
Install-Package -Name docker -ProviderName DockerMsftProvider -Force
```

Der Download erfolgt von *https://dockermsft.blob.core.windows.net/dockercontainer* und installiert die klassischen Docker-Werkzeuge. Die Paketinstallation aktiviert auch das optionale Windows-Server-Feature *containers* und richtet *dockerd.exe* als Windows-Systemdienst ein. Danach ist ein Neustart erforderlich. Um die PowerShell-Commandlets zu verwenden, muss man nun aber noch Schritt 3 aus Listing 22-1 auf dem Windows Server ausführen.

Die Unterstützung für den Betrieb von Linux-Containern auf Windows Server 2016 ist noch in der Entwicklung. Mit der Vorabversion von Docker für Windows 17.05 (siehe »Edge Channel« unter *https://docs.docker.com/docker-for-windows/install/#download-docker-for-windows*) ist dies möglich. Hierzu wird dann Hyper-V als Virtualisierungsbasis für Moby-Linux benötigt.

Images verbreiten

Images verbreiten kann man entweder in Form von *.tar*-Dateien oder über eine Docker Container Registry. Zum Erstellen einer *.tar*-Datei verwendet man auf dem Host, auf dem sich das Image aktuell befindet, den Befehl

```
Save-containerImage -ID wwwings.web:latest -DestinationFilePath t:\image.tar
```

beziehungsweise

```
docker save wwwings.web:latest > w:\image.tar
```

Mit *Load-containerImage* kann man dann diese Datei auf dem Zielhost einlesen. Die dort enthaltenen Images stehen nun für die Erstellung von Containern in der Liste der Images (*Get-containerImage*) zur Verfügung:

```
Load-containerImage \\192.168.1.60\w$\image.tar
```

beziehungsweise

```
docker load --input w:\image2.tar
```

Dieses Verfahren hat aber den Nachteil, dass das .tar-Archiv sehr groß werden kann, weil hier nicht nur das angegebene Image, sondern alle benötigten Eltern-Images inklusive des kompletten Betriebssystembasisimage verpackt werden. Wenn Eltern- und Basis-Images schon in einem Docker Repository wie Docker Hub liegen, ist die Verbreitung über das Repository wesentlich platzsparender und schont Ressourcen bei der Netzwerkübertragung.

Docker Hub (*https://hub.docker.com*) bietet jedem Nutzer kostenfrei ein einziges privates und eine unbegrenzte Menge an öffentlichen Repositories. Für die Veröffentlichung in Docker Hub muss das Image ein Tag besitzen, das so aufgebaut ist:

```
Kontoname/RepositoryName:Version
```

Vor der Veröffentlichung muss man also dem Image ein passendes Tag vergeben und auch *latest* definieren, zum Beispiel

```
Tag-containerImage -ID wwwings.web:latest -Tag v1.0 -Repository itvisions/wwwings.web
Tag-containerImage -ID wwwings.web:latest -Tag latest -Repository itvisions/wwwings.web
```

beziehungsweise

```
docker tag wwwings.web:latest itvisions/wwwings.web:v1.0
docker tag wwwings.web:latest itvisions/wwwings.web:latest
```

Danach besitzt das Image aber nun drei Tags: Das von Visual Studio erzeugte Standard-Tag (*wwwings.web:latest*) sowie die beiden neu vergebenen Tags *itvisions/wwwings.web:v1.0* und *wwwings.web:latest*.

Man sucht vergeblich einen Befehl wie »Remove-ImageTag« und muss dafür einen Löschbefehl für das Image

```
Remove-containerImage -ID wwwings.web:latest
```

oder

```
docker rmi wwwings.web:latest
```

absetzen. Diese Semantik ist sehr ungewöhnlich, denn der Befehl entfernt das Tag, wenn es mehrere Tags gibt. Es entfernt aber das ganze Image, wenn es das letzte Tag für das Image war.

Wenn man ein Image mit mehreren Tags löschen will, kann man sich wieder das PowerShell-Pipelining zunutze machen. *Get-containerImage* liefert ein Objekt vom

Typ *Docker.DotNet.Models.ImagesListResponse* mit der Eigenschaft *RepoTags*, die eine Liste von Zeichenketten enthält. Der folgende Befehl iteriert über diese Liste und gibt jedes Tag einzeln an *Remove-containerImage* weiter:

```
Get-containerImage wwwings.web:latest | Foreach-Object repotags | Remove-containerImage
```

Nach der erfolgreichen Tag-Vergabe schließt sich dann das Hochladen des Images mit dem PowerShell-Code in Listing 22-3 an.

Listing 22-3: Hochladen eines Docker-Images zu Docker Hub

```
$DockerAuth = [Docker.DotNet.Models.AuthConfig]::new()
$DockerAuth.Username = 'ihrname'
$DockerAuth.Password = 'ihrkenntwort'
Push-containerImage -ID itvisions/wwwings.web:v1.0 -Authorization $DockerAuth
```

Bei der Verwendung der klassischen Docker-Befehle verbindet man den lokalen Docker Host per *docker login -u ihrname -p ihrkennwort* mit Docker Hub. Danach führt Docker alle folgenden Befehle in diesem Benutzerkontext aus. Das Hochladen erledigt *docker push itvisions/wwwings.web:v1.0*.

Anschließend kann dieses Image dann per `Pull-containerImage itvisions/wwwings.web:v1.0` von allen Benutzern, die Zugang zu dem Repository haben, geladen werden.

Alternativ zu Docker Hub kann man auch die Azure Container Registry (ACR) von Microsoft (*azurecr.io*) verwenden oder eine eigene Registry betreiben (*docs.docker.com/registry/deploying*).

Eine weitere Option ist das Hosten von Containern in der Cloud, zum Beispiel in Microsofts Azure Container Instances (ACI) oder Azure Container Service (AKS – Abkürzung tatsächlich mit K, weil dort Kubernetes verwendet wird) (*azure.microsoft.com/de-de/services/container-service*).

TEIL F

Fallbeispiel: MiracleList

Dieser Buchteil enthält ein komplettes Fallbeispiel einer modernen Webanwendung, bestehend aus einem Backend (in C# mit ASP.NET Core geschrieben), einem Web-Frontend (in TypeScript mit Angular geschrieben) sowie Cross-Platform-Apps für Linux, macOS, Windows, Android und iOS (mithilfe von Electron und Cordova aus dem Web-Frontend erzeugt).

> In diesem Buch können leider nur Ausschnitte aus dem Programmcode von MiracleList abgedruckt werden. Sie finden den kompletten Quellcode sowohl in den Downloads zu diesem Buch als auch hier:
>
> Quellcode für das Backend:
>
> *https://github.com/HSchwichtenberg/MiracleListBackend*
>
> Quellcode für das Frontend:
>
> *https://github.com/HSchwichtenberg/MiracleListClient*

KAPITEL 23

Das Fallbeispiel »MiracleList«

Das Szenario

Im Jahr 2015 zahlte Microsoft für die Übernahme des Berliner App-Herstellers 6 Wunderkinder für die App Wunderlist mehr als 100 Millionen US-Dollar (*www.heise.de/newsticker/meldung/Microsoft-uebernimmt-Berliner-Startup-6Wunderkinder-2678017.html*). MiracleList ist eine Nachprogrammierung dieser Aufgabenverwaltung als Webanwendung und Cross-Platform-Anwendung für Windows, Linux, macOS, Android und iOS mit einem Cross-Platform-Cloud-Backend.

Abbildung 23-1: Das MiracleList-Logo

Der angemeldete Benutzer kann eine Liste von Aufgabenkategorien erstellen und in jeder Kategorie eine Liste von Aufgaben anlegen. Eine Aufgabe besteht aus einem Titel, einer Notiz, einem Eintragsdatum, einem Fälligkeitsdatum und kann als erledigt markiert werden. Über die Funktionen von Wunderlist hinaus kann in MiracleList eine Aufgabe drei (A, B oder C) statt nur zwei Wichtigkeitsgrade (Wichtig ja/nein) sowie einen Aufwand (Zahl) besitzen. Bewusst besitzt der Aufwand keine Maßeinheit; der Benutzer kann selbst entscheiden, ob er den Aufwand in Stunden, Tagen oder nur in relativen Werten, wie zum Beispiel »1« (für niedrig) bis »10« (für hoch), vergeben will.

Wie bei Wunderlist kann eine Aufgabe Teilaufgaben besitzen, wobei eine Teilaufgabe nur einen Titel und einen Status innehat. Einige Details aus dem Original fehlen aber in MiracleList, zum Beispiel das Hochladen von Dateien zu Aufgaben, das Verschieben von Aufgaben zwischen Kategorien, die Suche nach Hashtags, das Duplizieren und Drucken von Listen sowie der Aufgabenaustausch zwischen Benutzern. Einige Funktionen wie anklickbare Hyperlinks in Aufgabentexten sind nicht realisiert, um einen Missbrauch der für alle Nutzer offenen Website zu vermeiden.

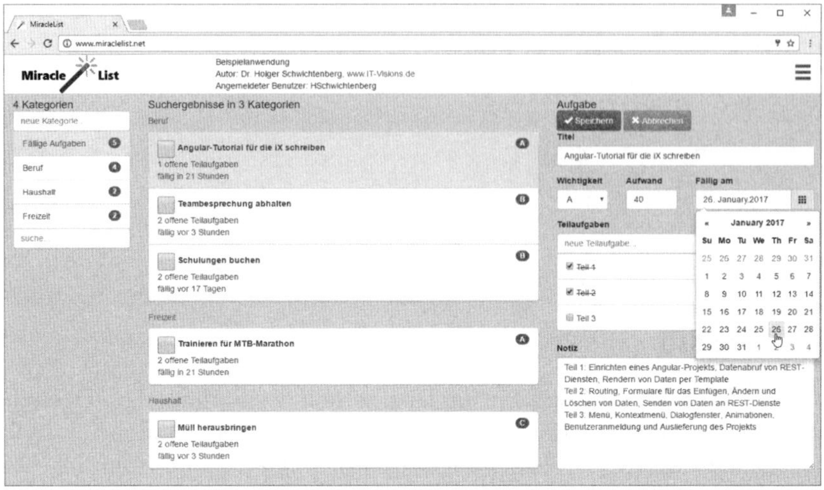

Abbildung 23-2: MiracleList-Webanwendung

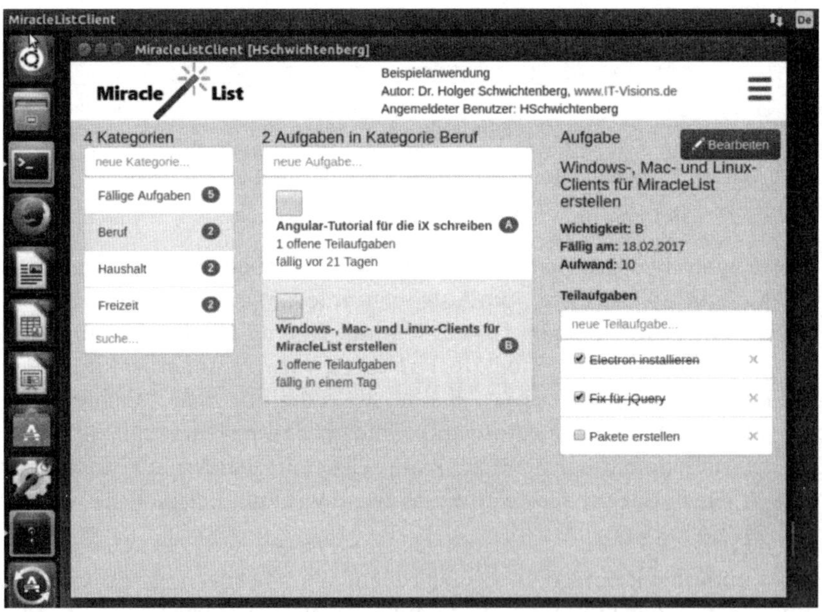

Abbildung 23-3: MiracleList-Desktop-Client für Linux

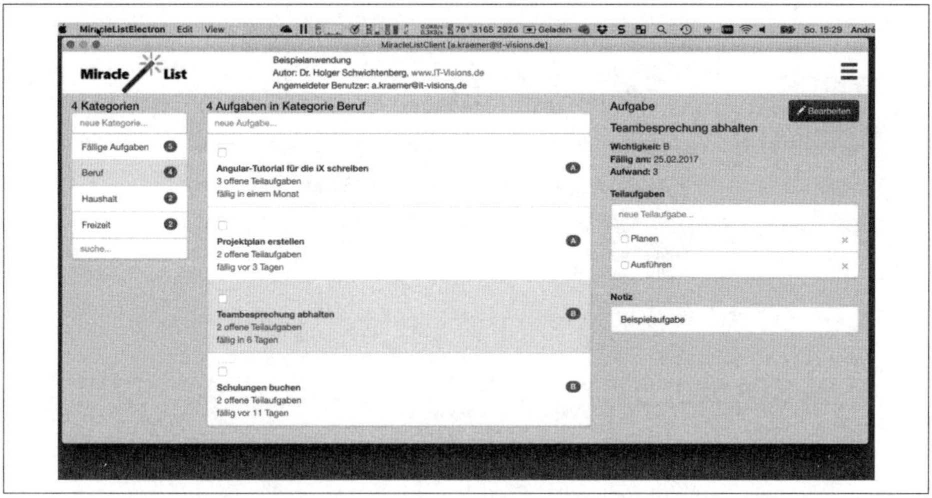

Abbildung 23-4: MiracleList-Desktop-Client für macOS

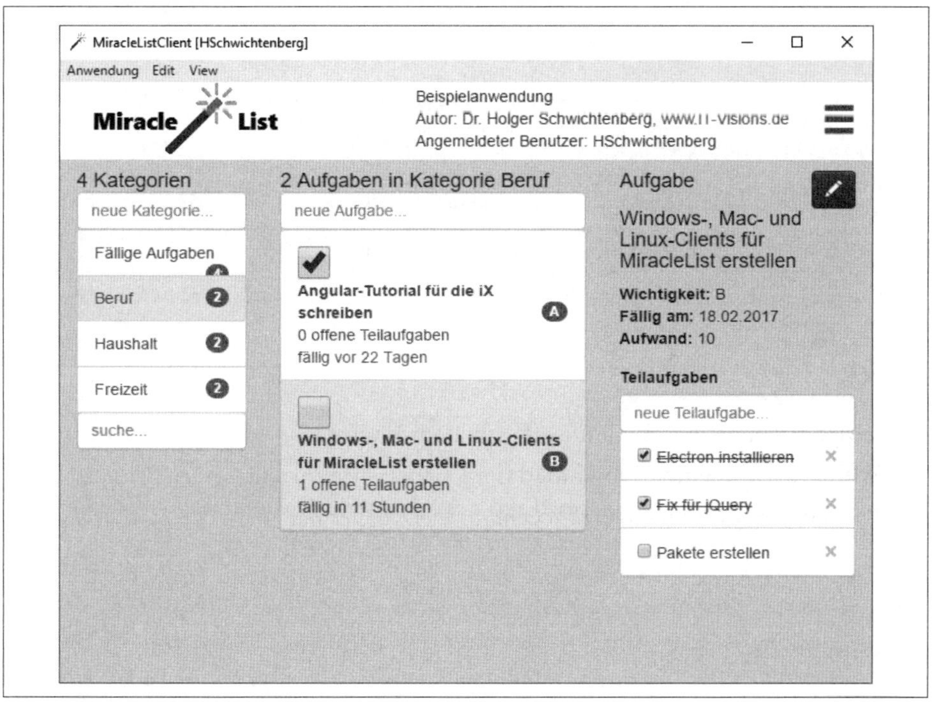

Abbildung 23-5: MiracleList-Desktop-Client für Windows

Abbildung 23-6: MiracleList-Client für Android

Links

Die fertige Webanwendung läuft öffentlich im Internet:

- Webanwendung und Download der Clients: *http://www.miraclelist.net*
- Backend: *https://miraclelistbackend.azurewebsites.net*

KAPITEL 24

Das MiracleList-Backend

Aus dem Fallbeispiel »MiracleList« wird in diesem Kapitel das Backend erörtert.

Das Backend für die MiracleList läuft, für jedermann nutzbar, unter *https://miraclelistbackend.azurewebsites.net*.

Das Backend besitzt neben dem Web API auch eine Weboberfläche, die Folgendes anbietet:

- Versionsinformation zum Web API
- Swagger OpenAPI Specification zum Web API
- Hilfeseite zum Web API
- Antrag auf eine Client-ID zur Erstellung eines eigenen Clients
- Download der Desktop-Clients

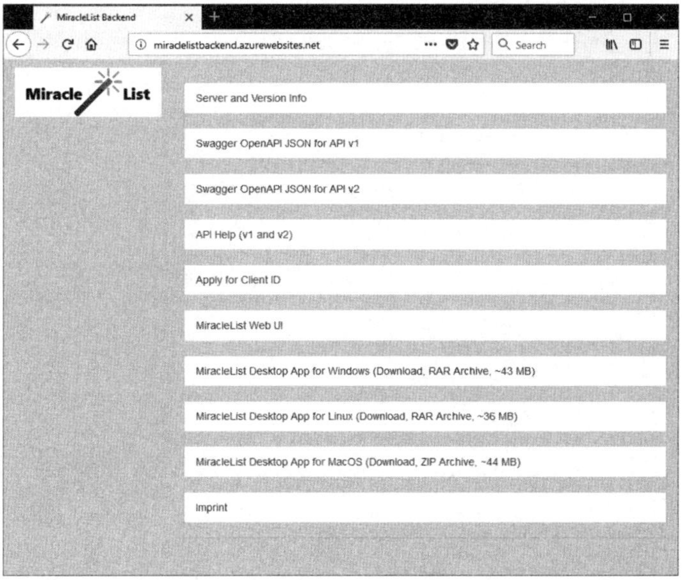

Abbildung 24-1: Weboberfläche des Backends

Abbildung 24-2: Ausschnitt aus der OpenAPI-Spezifikation

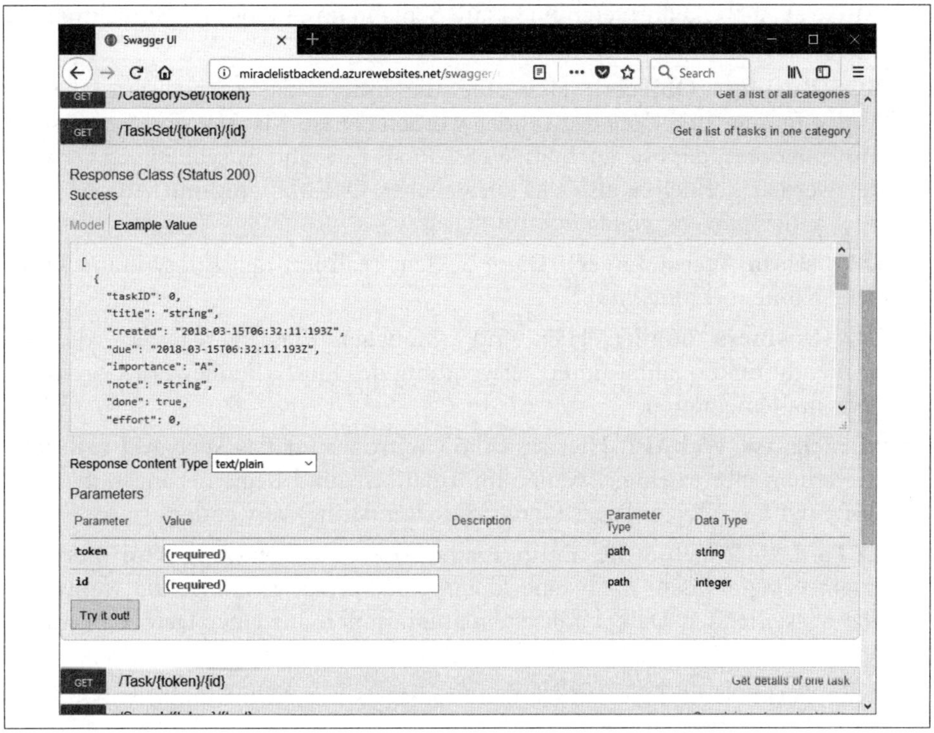

Abbildung 24-3: Ausschnitt aus den Hilfeseiten zur OpenAPI-Spezifikation

Architektur

Beim MiracleList-Backend kommen dabei folgende Techniken zum Einsatz:

- .NET Core (als Laufzeitumgebung)
- C# (als Programmiersprache)
- ASP.NET Core (für die Web-API-REST-Dienste und die wenigen serverseitig erzeugten Webseiten)
- Entity Framework Core (als ORM-Mapper)
- SQL Azure (als Datenbank)
- Azure Web App (als Webserver in der Cloud)
- Swagger/Swashbuckle.AspNetCore (für die Bereitstellung von Metadaten für die Web-API-REST-Dienste)
- Application Insights (für die Anwendungsüberwachung)

Das MiracleList-Backend bietet eine klare Schichtentrennung. Die Projektmappe (siehe folgende Abbildung) besteht aus:

- **BO (Business Objects)**: Hier sind die Entitätsklassen realisiert, die für Entity Framework Core verwendet werden. Diese Klassen sind bewusst so implementiert, dass sie auch im Web API als Ein- und Ausgabetypen verwendet werden können – also ein zusätzliches OO-Mapping mit AutoMapper oder anderen Werkzeugen überflüssig ist.
- **DAL (Data Access Layer)**: Diese Schicht realisiert den Entity-Framework-Core-Kontext (*Context.cs*).
- **BL (Business Logik)**: Hier sind »Manager«-Klassen realisiert, die die Backend-Funktionalität unter Verwendung des Entity-Framework-Core-Kontexts implementieren.
- **MiracleList_WebAPI**: Hier sind die Controller für das Web API realisiert. Außerdem gibt es einige wenige Informations- und Registrierungsseiten, die ASP.NET Core Razor Pages (Server Side Rendering) verwenden.
- **EFTools**: Host für die Entity-Framework-Core-Werkzeuge für Forward Engineering. Zudem auch eine kleine Konsolenanwendung, die wahlweise alle ausstehenden Datenbankschemamigrationen auf einer Datenbank und/oder das Anlegen von Testdaten verrichtet.
- **Unit Tests**: Unit Tests und Integrationstests mit XUnit inklusive UI-Tests mit Selenium WebDriver.

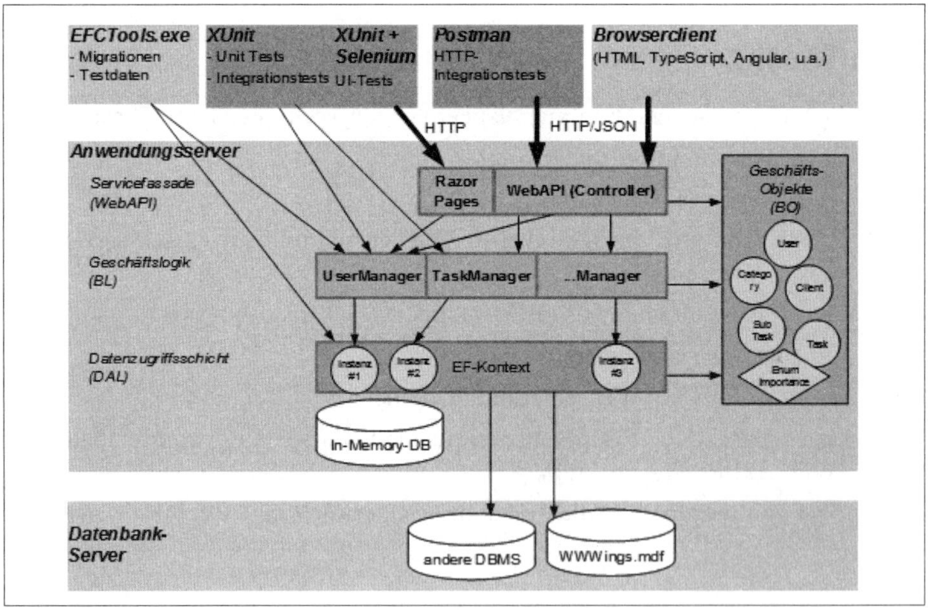

Abbildung 24-4: Abbildung: Architekturdiagramm für das MiracleList-Backend

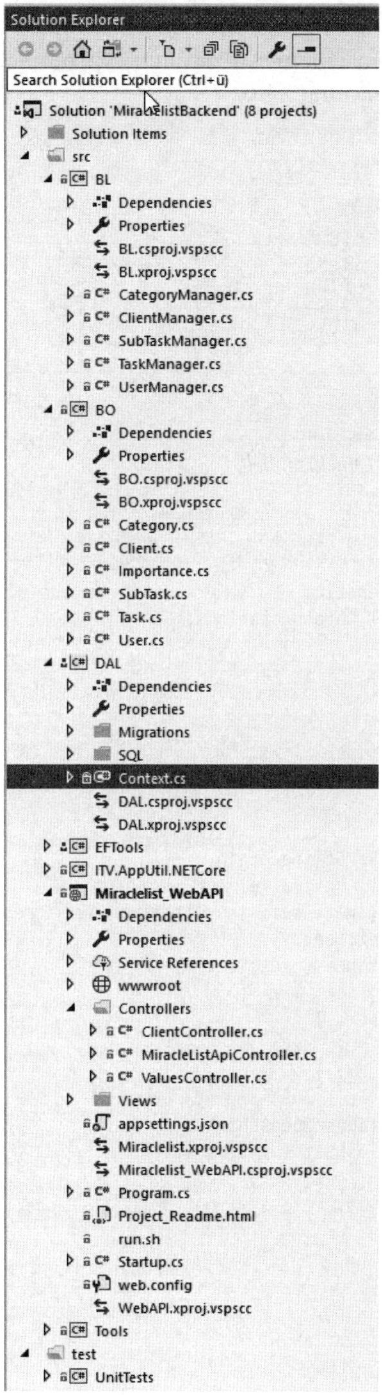

Abbildung 24-5: Projekte in der Projektmappe MiracleListBackend

Entitätsklassen

Das aus fünf Klassen und einem Aufzählungstyp bestehende Objektmodell von MiracleList zeigt die Abbildung 24-6.

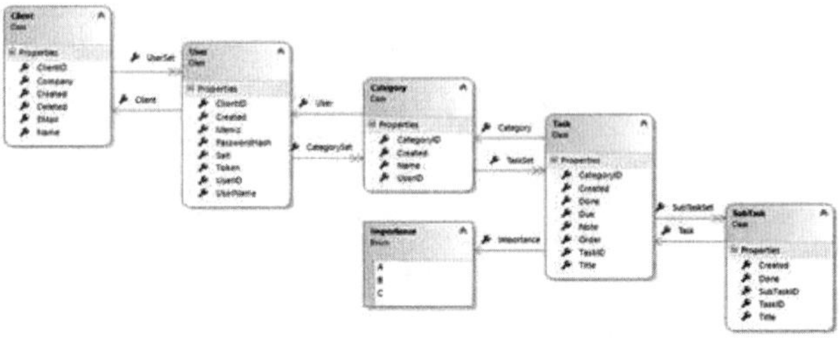

Abbildung 24-6: MiracleList-Objektmodell

Listing 24-1: Task.cs

```
using System;
using System.Collections.Generic;
using System.ComponentModel.DataAnnotations;

namespace BO
{
 public class Task
 {
  public int TaskID { get; set; } // PK

  //[Index]
  [MaxLength(250)] // alias: StringLength
  public string Title { get; set; }
  public DateTime Created { get; set; } = DateTime.Now;
  public DateTime? Due { get; set; }
  public Importance? Importance { get; set; }
  public string Note { get; set; }
  public bool Done { get; set; }
  public decimal? Effort { get; set; }
  public int Order { get; set; }

  // -------------- Navigationseigenschaften
  public List<SubTask> SubTaskSet { get; set; }
  public Category Category { get; set; }
  public int CategoryID { get; set; } // optional: FK-Property
 }
}
```

Listing 24-2: Importance.cs

```
namespace BO

{
 public enum Importance
 {
  A, B, C
 }
}
```

Listing 24-3: SubTask.cs

```
using System;
using System.ComponentModel.DataAnnotations;

namespace BO
{
 public class SubTask
 {
  public int SubTaskID { get; set; } // PK
  [MaxLength(250)]
  public string Title { get; set; }
  public bool Done { get; set; }
  public DateTime Created { get; set; } = DateTime.Now;
  // ---------      Navigationseigenschaften
  public Task Task { get; set; }
  public int TaskID { get; set; }
 }
}
```

Listing 24-4: Category.cs

```
using System;
using System.Collections.Generic;
using System.ComponentModel.DataAnnotations;

namespace BO
{
 public class Category
 {
  public int CategoryID { get; set; } // PK

  [MaxLength(50)] // alias: StringLength
  public string Name { get; set; }

  public DateTime Created { get; set; } = DateTime.Now;

  // -------------- Navigationseigenschaften
  public List<Task> TaskSet { get; set; }

  [Newtonsoft.Json.JsonIgnore] // Details zum User nicht serialisieren!
  public User User { get; set; }
  public int UserID { get; set; }

 }
}
```

Listing 24-5: Client.cs

```
using System;
using System.Collections.Generic;
using System.ComponentModel.DataAnnotations;
namespace BO
{
 public class Client
 {
  public Guid ClientID { get; set; }
  [StringLength(50)]
  public string Name { get; set; }
  [StringLength(50)]
  public string Company { get; set; }
  [StringLength(50)]
  public string EMail { get; set; }
  public DateTime Created { get; set; } = DateTime.Now;
  public DateTime? Deleted { get; set; }
  public string Memo { get; set; }
  [StringLength(10)]
  public string Type { get; set; }
  // ------------- Navigationseigenschaften
  public List<User> UserSet { get; set; }
 }
}
```

Entity Framework Core-Kontextklasse

Die von `DbContext` abgeleitete Kontextklasse besitzt jeweils ein Property von dem Typ `DbSet<T>` für die vier Entitätsklassen. In der Methode `OnConfiguring()` wird mit `UseSqlServer()` der Entity-Framework-Core-Datenbankprovider festgelegt und dabei die Verbindungszeichenfolge übergeben. Die Verbindungszeichenfolge ist als öffentliches statisches Klassenmitglied realisiert, sodass diese von außen gesetzt werden kann.

In `OnModelCreating()` werden zusätzliche Indexe über Spalten festgelegt, über die gesucht werden soll. Zudem wird global für alle Entitätsklassen festgelegt, dass die Tabellennamen in der Datenbank nicht heißen sollen wie die `DbSet<T>`-Properties, sondern wie die Klassen (also Tabelle `Task` statt Tabelle `TaskSet`). Ausgenommen davon werden nur die Klassen, die eine `[Table]`-Annotation besitzen, sodass der Entwickler die Möglichkeit hat, individuelle Abweichungen von der Regel festzulegen.

Listing 24-6: Context.cs

```
using BO;
using Microsoft.EntityFrameworkCore;
using System;
using System.ComponentModel.DataAnnotations.Schema;
using System.Reflection;
using Microsoft.EntityFrameworkCore.Metadata;
using Microsoft.EntityFrameworkCore.Metadata.Internal;
```

```
namespace DAL
{
 public class Context : DbContext
 {
  public DbSet<Client> ClientSet { get; set; }
  public DbSet<User> UserSet { get; set; }
  public DbSet<Task> TaskSet { get; set; }
  public DbSet<Category> CategorySet { get; set; }

  // Dieser Connection String ist hier nur zum Test. Wird zur Laufzeit aus
Konfigurationsdatei befüllt
  public static string ConnectionString { get; set; } = "Data Source=.;Initial Catalog
= MiracleList_Test; Integrated Security = True; Connect Timeout = 15;
Encrypt=False;TrustServerCertificate=True;ApplicationIntent=ReadWrite;MultiSubnetFailo
ver=False;Application Name=EntityFramework";

  protected  override void OnConfiguring(DbContextOptionsBuilder builder)
  {
   builder.UseSqlServer(Context.ConnectionString);
  }

  protected override void OnModelCreating(ModelBuilder builder)
  {
   // Massen-Konfiguration über Modell-Klasse
   foreach (IMutableEntityType entity in builder.Model.GetEntityTypes())
   {
    // Alle Tabellennamen=Klassennamen (wie bei EF 6.x),
    // außer den Klassen, die [Table]-Annotation besitzen
    var annotation = entity.ClrType.GetCustomAttribute<TableAttribute>();
    if (annotation == null)
    {
     entity.Relational().TableName = entity.DisplayName();
    }
   }
   // Zusätzliche Indexe für Spalten, über die gesucht wird
   builder.Entity<Category>().HasIndex(x => x.Name);
   builder.Entity<Task>().HasIndex(x => x.Title);
   builder.Entity<Task>().HasIndex(x => x.Done);
   builder.Entity<Task>().HasIndex(x => x.Due);
  }
 }
}
```

Lebensdauer der Kontextklasse in ASP.NET Core-Anwendungen

Beim Einsatz von Entity Framework Core in ASP.NET- und ASP.NET-Core-basierten Webanwendungen und Webservices/Web APIs ist zu beachten, dass die Lebensdauer einer Instanz der Kontextklasse die Lebensdauer der Bearbeitung einer einzeln HTTP-Anfrage nicht übersteigen darf.

Bei jeder eingehenden HTTP-Anfrage erzeugt ASP.NET Core eine neue Instanz der Controller-Klasse und verwendet dabei verschiedene Threads. Würde man eine Instanz der Kontextklasse in mehr als einer HTTP-Anfrage verwenden, so würde man die Kontextinstanz in verschiedenen Threads verwenden, was diese nicht unterstützt: Die Kontextklasse ist nicht thread-safe, unterstützt also kein Multi-Threading. Multi-Threading mit einer Kontextinstanz führt zu Abstürzen zur Laufzeit:

System.InvalidOperationException: A second operation started on this context before a previous operation completed. Any instance members are not guaranteed to be thread safe.

> Auch die Kontextklassen ObjectContext und DbContext im klassischen Entity Framework sind nicht thread-safe. Im klassischen Entity Framework gibt es aber keine so klare Fehlermeldung wie bei der Multi-Threading-Verwendung des Kontexts, sondern kuriose Abstürze irgendwo in den Tiefen von Entity Framework.

Zudem bekäme man ein Problem mit dem Entity-Framework-Core-Cache, denn eine zweite Anfrage würde in der Kontextinstanz die Daten einer vorherigen Anfrage vorfinden. Eine zweite HTTP-Anfrage kann aber einen anderen Benutzer betreffen. Einen Entity-Framework-Core-Kontext in eine benutzerbezogene Variable zu legen, ist keine gute Lösung, weil damit die Skalierbarkeit der Webanwendung stark reduziert wird.

Richtig ist daher, die Lebensdauer der Kontextinstanz auf die Lebensdauer der Bearbeitung einer einzelnen HTTP-Anfrage zu beschränken. Im Rahmen einer HTTP-Anfrage erzeugt man eine oder gegebenenfalls auch mehrere Instanzen der Kontextklasse, die dann wieder vernichtet werden, wenn die Anfrage beendet ist.

Die in dieser Praxislösung gezeigte Architektur berücksichtigt dies auf elegante Weise, ohne dass im ASP.NET-/ASP.NET Core-Controller direkt eine Verwendung der Kontextklassen stattfindet. Die Verwendung geschieht indirekt über Manager-Klassen, die die Geschäftslogik bereitstellen.

Jede Instanz einer Manager-Klasse erzeugt eine neue Kontextinstanz. Die Lebensdauer der Instanzen der Manager-Klassen ist an die Lebensdauer der Instanz des Web-API-Controllers gebunden. Folglich lebt eine Kontextinstanz nicht über die Bearbeitung der HTTP-Anfrage hinaus.

Geschäftslogik

Das Listing 24-7 zeigt exemplarisch die Klasse TaskManager. Diese Implementierung basiert auf der generischen Basisklasse EntityManagerBase<KontextTyp,Entitätstyp>. EntityManagerBase wiederum basiert auf DataManagerBase<KontextTyp>.

Diese beiden Hilfsklassen stellen Basisfunktionen bereit, die nicht immer wieder in jeder Manager-Klasse realisiert werden müssen. Dazu gehört:

- Erzeugen einer Kontextinstanz beim Erzeugen der Manager-Klasse
- Vernichten der Kontextinstanz beim Aufruf von Dispose()

* `Update()`: Anfügen eines Objekts an den Kontext im Zustand »modified« und Speichern der Änderung
* `New()`: Ergänzen eines neuen Objekts und direkte Speicherung des neuen Objekts
* `Remove()`: Löschen eines Objekts und direkte Ausführung des Löschvorgangs
* `IsLoaded()`: Prüfen, ob ein Objekt im lokalen Cache vorhanden ist

Listing 24-7: TaskManager.cs

```
using System;
using System.Collections.Generic;
using System.Linq;
using BO;
using DAL;
using ITVisions.EFC;

using Microsoft.EntityFrameworkCore;

namespace BL
{
 public class TaskManager : EntityManagerBase<Context, Task>
 {
  // Zur Verwaltung der Sub-Aufgaben
  private SubTaskManager stm = new SubTaskManager();

  private int userID;

  /// <summary>
  /// Instanziierung unter Angabe der User-ID, auf die sich alle Operationen in dieser
Instanz beziehen
  /// </summary>
  /// <param name="userID"></param>
  public TaskManager(int userID)
   {
   this.userID = userID;
  }


  /// <summary>
  /// Holt eine Aufgabenliste
  /// </summary>
  public List<Task> GetTaskSet(int categoryID)
  {
   return ctx.TaskSet.Include(x => x.SubTaskSet).Where(x => x.Category.UserID ==
this.userID && x.CategoryID == categoryID).ToList();
  }


  /// <summary>
  /// Holt eine Aufgabe mit ihren Unteraufgaben
  /// </summary>
  public Task GetTask(int taskID)
  {
   var t = ctx.TaskSet.Include(x => x.SubTaskSet).Where(x => x.Category.UserID ==
```

```
this.userID && x.TaskID == taskID).SingleOrDefault();
   return t;
  }

  public Task CreateTask(int categoryID, string title, string note, DateTime due,
Importance importance, decimal? effort, List<SubTask> subtasks = null)
  {
   this.StartTracking();
   var t = new Task();
   t.CategoryID = categoryID;
   t.Created = DateTime.Now;
   SetTaskDetails(t, title, note, due, importance, false, effort, subtasks);
   this.New(t);
   this.SetTracking();
   return t;
  }

  private static void SetTaskDetails(Task t, string title, string note, DateTime? due,
Importance? importance, bool done, decimal? effort, List<SubTask> subtasks)
  {
   t.Title = title;
   t.Note = note;
   t.Due = due;
   t.Importance = importance;
   t.SubTaskSet = subtasks;
   t.Effort = effort;
   t.Done = done;
  }

  /// <summary>
  /// Aufgabe ändern
  /// </summary>
  public Task ChangeTask(int taskID, string title, string note, DateTime due,
Importance? importance, bool done, decimal? effort, List<SubTask> subtasks)
  {
   ctx = new Context();
   ctx.Log();
   // Subtasks löschen und nachher wieder neu anlegen statt Change Detection!
   stm.DeleteSubTasks(taskID);

   var t = ctx.TaskSet.SingleOrDefault(x => x.TaskID == taskID);
   SetTaskDetails(t, title, note, due, importance, done, effort, null);
   ctx.SaveChanges();

   t.SubTaskSet = subtasks;
   ctx.SaveChanges();
   return t;
  }

  /// <summary>
  /// Ändert eine Aufgabe mit ihren Unteraufgaben
  /// </summary>
  public Task ChangeTask(Task tneu)
  {
   if (tneu == null) return null;
   ctx = new Context();
```

```
  stm.DeleteSubTasks(tneu.TaskID);

  if (tneu.SubTaskSet!=null) tneu.SubTaskSet.ForEach(x => x.SubTaskID = 0); // lösche
ID, damit als neues Objekt erkannt
  ctx.TaskSet.Update(tneu);
  ctx.SaveChanges();
  return tneu;
 }


 /// <summary>
 /// Volltextsuche in Aufgaben und Unteraufgaben, gruppiert nach Kategorie
 /// </summary>
 public List<Category> Search(string text)
 {
  var r = new List<Category>();
  text = text.ToLower();
  var taskSet = ctx.TaskSet.Include(x => x.SubTaskSet).Include(x => x.Category).
   Where(x => x.Category.UserID == this.userID && // nur von diesem User !!!
   (x.Title.ToLower().Contains(text) || x.Note.ToLower().Contains(text) ||
x.SubTaskSet.Any(y => y.Title.Contains(text)))).ToList();

  foreach (var t in taskSet)
  {
   if (!r.Any(x => x.CategoryID == t.CategoryID)) r.Add(t.Category);
  }

  return r;
 }


 /// <summary>
 /// Liefert alle bis einschließlich morgen fälligen Aufgaben, gruppiert nach
Kategorie, sortiert nach Datum
 /// </summary>
 /// <param name="u"></param>
 /// <returns></returns>
 public List<Category> GetDueTaskSet()
 {
  var morgen = DateTime.Now.Date.AddDays(1);
  var r = new List<Category>();
  var taskSet = ctx.TaskSet.Include(x => x.SubTaskSet).Include(x => x.Category).
   Where(x => x.Category.UserID == this.userID && // nur von diesem User !!!
   (x.Done == false && x.Due != null && x.Due.Value.Date <=
morgen)).OrderByDescending(x => x.Due).ToList();

  foreach (var t in taskSet)
  {
   if (!r.Any(x => x.CategoryID == t.CategoryID)) r.Add(t.Category);
  }

  return r;
 }
}
}
```

Listing 24-8: EntityBaseManager.cs

```
using Microsoft.EntityFrameworkCore;
using System.Linq;

namespace ITVisions.EFC
{
 /// <summary>
 /// Basisklasse für alle Datenmanager zur Verwaltung eines bestimmten Entitätstyps,
auch wenn diese detached sind!  / mit EFCore
 /// V1.2
 /// Annahme: Es gibt immer nur eine Primärschlüsselspalte!
 /// </summary>
 public abstract class EntityManagerBase<TDbContext, TEntity> :
DataManagerBase<TDbContext>
  where TDbContext : DbContext, new()
  where TEntity : class
 {
  public EntityManagerBase() : base(false)
  {
  }
  public EntityManagerBase(bool tracking) : base(tracking)
  {
  }
  protected EntityManagerBase(TDbContext kontext = null, bool tracking = false) :
base(kontext, tracking)
  {
  }

  /// <summary>
  /// Holt Objekt anhand des Primärschlüssels
  /// </summary>
  /// <param name="id">Primärschlüsselwert</param>
  /// <returns></returns>
  public virtual TEntity GetByID(object id)
  {
   return ctx.Set<TEntity>().Find(id);
  }

  /// <summary>
  /// Speichert geändertes Objekt
  /// </summary>
  /// <param name="obj"></param>
  /// <returns></returns>
  public TEntity Update(TEntity obj)
  {
   if (!this.tracking) this.StartTracking(); // Tracking kurzzeitig einschalten
   ctx.Set<TEntity>().Attach(obj);
   ctx.Entry(obj).State = EntityState.Modified;
   ctx.SaveChanges();
   this.SetTracking();
   return obj;
  }

  /// <summary>
  /// Ergänzt ein neues Objekt
  /// </summary>
```

```
    /// <param name="obj">das neue Objekt</param>
    /// <returns></returns>
    public TEntity New(TEntity obj)
    {
     if (!this.tracking) this.StartTracking(); // Tracking kurzzeitig einschalten
     ctx.Set<TEntity>().Add(obj);
     ctx.SaveChanges();
     this.SetTracking();
     return obj;
    }

    /// <summary>
    /// Prüft, ob ein Objekt schon im lokalen Cache ist
    /// </summary>
    /// <param name="obj"></param>
    /// <returns></returns>
    public bool IsLoaded(TEntity obj)
    {
     return ctx.Set<TEntity>().Local.Any(e => e == obj);
    }

    /// <summary>
    /// Löscht Objekt anhand des Primärschlüssels
    /// </summary>
    /// <param name="id"></param>
    public virtual void Remove(object id)
    {
     if (!this.tracking) this.StartTracking(); // Tracking kurzzeitig einschalten
     TEntity obj = ctx.Set<TEntity>().Find(id);
     Remove(obj);
     this.SetTracking();
    }

    /// <summary>
    /// Löscht Objekt
    /// </summary>
    public bool Remove(TEntity obj)
    {
     if (!this.tracking) this.StartTracking(); // Tracking kurzzeitig einschalten
     if (!this.IsLoaded(obj)) ctx.Set<TEntity>().Attach(obj);
     ctx.Set<TEntity>().Remove(obj);
     ctx.SaveChanges();
     this.SetTracking();
     return true;
    }
   }

}
```

Listing 24-9: DataManagerBase.cs

```
using System;
using System.Collections.Generic;
using Microsoft.EntityFrameworkCore;
using System.Linq;
using System.Linq.Expressions;
```

```
using System.Security.Cryptography.X509Certificates;
using System.Text;
using System.Threading.Tasks;
using ITVisions.EFCore;

namespace ITVisions.EFC
{

 /// <summary>
 /// Basisklasse für alle Datenmanager / mit EFCore
 /// </summary>
 abstract public class DataManagerBase<TDbContext> : IDisposable
  where TDbContext : DbContext, new()
 {
  // Eine Instanz des Framework-Kontexts pro Manager-Instanz
  protected TDbContext ctx;
  protected bool disposeContext = true;
  protected bool tracking = false;

  protected DataManagerBase(bool tracking) : this(null, tracking)
  {
  }

  public void StartTracking()
  {
   ctx.ChangeTracker.QueryTrackingBehavior =
Microsoft.EntityFrameworkCore.QueryTrackingBehavior.TrackAll;
  }

  public void SetTracking()
  {
   if (tracking) ctx.ChangeTracker.QueryTrackingBehavior =
QueryTrackingBehavior.TrackAll;
   else ctx.ChangeTracker.QueryTrackingBehavior = QueryTrackingBehavior.NoTracking;
  }

  public DataManagerBase()
  {
   this.ctx = new TDbContext();
  }
  protected DataManagerBase(TDbContext kontext = null, bool tracking = false)
  {
   this.tracking = tracking;
   // Falls ein Kontext hineingereicht wurde, diesen nehmen!
   if (kontext != null) { this.ctx = kontext; disposeContext = false; }
   else
   {
    this.ctx = new TDbContext();
   }

   // Einstellung für Tracking
  SetTracking();
  }

  /// <summary>
  /// DataManager vernichten (vernichtet auch den EF-Kontext)
```

```
  /// </summary>
  public void Dispose()
  {
   // Falls der Kontext von außen hineingereicht wurde, darf man nicht Dispose()
aufrufen.
   // Das ist dann Sache des Aufrufers
   if (disposeContext) ctx.Dispose();
  }


  /// <summary>
  /// Aufruf von SaveChanges() zur Lebenszeit des Kontexts (für Änderungen an attached
objects)
  /// Rückgabewert ist eine Zeichenkette, die Informationen über die Anzahl der neuen,
geänderten und gelöschten Datensätze enthält
  /// </summary>
  /// <returns></returns>
  public string Save()
  {
   string ergebnis = GetStatistik();
   var anz = ctx.SaveChanges();
   return ergebnis;
  }

  /// <summary>
  /// Speichern für losgelöste (detached) Entitätsobjekte mit Autowert-Primärschlüssel
namens ID
  /// Die neu hinzugefügten Objekte muss die Speichern-Routine wieder zurückgeben, da
die IDs für die
  /// neuen Objekte erst beim Speichern von der Datenbank vergeben werden
  /// </summary>
  protected List<TEntity> Save<TEntity>(IEnumerable<TEntity> menge, out string
Statistik)
  where TEntity : class
  {
   StartTracking();
   var neue = new List<TEntity>();

   // Änderungen für jeden einzelnen Passagier übernehmen
   foreach (dynamic o in menge)
   {
    // Anfügen an diesen Kontext
    ctx.Set<TEntity>().Attach((TEntity)o);
    // Unterscheidung anhand des Primärschlüssels bei Autorwerten
    // 0 -> neu
    if (o.ID == 0)
    {
     ctx.Entry(o).State = EntityState.Added;
     if (o.ID < 0) o.ID = 0; // Notwendiger Hack, weil EF nach dem Added eine große
negative Zahl in ID schreibt und das als Schlüssel betrachtet :-(
     // Neue Datensätze merken, da diese nach Speichern zurückgegeben werden müssen
(haben dann erst ihre IDs!)
     neue.Add(o);
    }
    else
    {
```

```
      // nicht 0 -> geändert
      ctx.Entry(o).State = EntityState.Modified;
     }
     SetTracking();
    }

    // Statistik der Änderungen zusammenstellen
    Statistik = GetStatistik<TEntity>();
    //ctx.Log();
    // Änderungen speichern
    var e = ctx.SaveChanges();

    return neue;
   }



   /// <summary>
   /// Speichern für losgelöste Entitätsobjekte mit EntityState-Property
   /// Die neu hinzugefügten Objekte muss die Speichern-Routine wieder zurückgeben, da
die IDs für die
   /// neuen Objekte erst beim Speichern von der Datenbank vergeben werden
   /// </summary>
   protected List<TEntity> SaveEx<TEntity>(IEnumerable<TEntity> menge, out string
Statistik)
where TEntity : class
   {
    StartTracking();
    var neue = new List<TEntity>();

    // Änderungen für jedes einzelne Objekt aus dessen EntityState übernehmen
    foreach (dynamic o in menge)
    {

     if (o.EntityState == ITVEntityState.Added)
     {

      ctx.Entry(o).State = EntityState.Added;
      neue.Add(o);
     }
     if (o.EntityState == ITVEntityState.Deleted)
     {
      ctx.Set<TEntity>().Attach((TEntity)o);
      ctx.Set<TEntity>().Remove(o);
     }
     if (o.EntityState == ITVEntityState.Modified)
     {
      ctx.Set<TEntity>().Attach((TEntity)o);
      ctx.Entry(o).State = EntityState.Modified;
     }
    }

    // Statistik der Änderungen zusammenstellen
    Statistik = GetStatistik<TEntity>();

    // Änderungen speichern
```

```
    var e = ctx.SaveChanges();

    SetTracking();
    return neue;
   }


  /// <summary>
  /// Liefert Informationen über ChangeTracker-Status als Zeichenkette
  /// </summary>
  protected string GetStatistik<TEntity>()
where TEntity : class
  {
    string Statistik = "";
    Statistik += "Geaendert: " + ctx.ChangeTracker.Entries<TEntity>().Where(x =>
x.State == EntityState.Modified).Count();
    Statistik += " Neu: " + ctx.ChangeTracker.Entries<TEntity>().Where(x => x.State ==
EntityState.Added).Count();
    Statistik += " Geloescht: " + ctx.ChangeTracker.Entries<TEntity>().Where(x =>
x.State == EntityState.Deleted).Count();
    return Statistik;
  }

  /// <summary>
  /// Liefert Informationen über ChangeTracker-Status als Zeichenkette
  /// </summary>
  protected string GetStatistik()
  {
    string Statistik = "";
    Statistik += "Geändert: " + ctx.ChangeTracker.Entries().Where(x => x.State ==
EntityState.Modified).Count();
    Statistik += " Neu: " + ctx.ChangeTracker.Entries().Where(x => x.State ==
EntityState.Added).Count();
    Statistik += " Gelöscht: " + ctx.ChangeTracker.Entries().Where(x => x.State ==
EntityState.Deleted).Count();
    return Statistik;
  }
 }
}
```

Web API

Das MiracleList-Backend bietet folgende HTTPS-basierten REST-Dienste in zwei Versionen an:

- In der V1 der REST-Dienste wird das Authentifizierungstoken in den URL übergeben.
- In der V2 der REST-Dienste wird das Authentifizierungstoken im HTTP-Header übergeben.

Version 1 der REST-Dienste bietet folgende Operationen an:

- **POST /Login**: Anmeldung mit einer Client-ID, einem Benutzernamen und einem Kennwort. Diese Operation /Login sendet eine GUID als Sitzungstoken zurück, das in allen folgenden Operationen mitzugeben ist

- **GET /Logoff/{token}**: Abmelden des Benutzers
- **GET /CategorySet/{token}**: Liste der Kategorien
- **GET /TaskSet/{token}/{id}**: Liste der Aufgaben in einer Kategorie
- **GET /Task/{token}/{id}**: Details zu einer Aufgabe mit Teilaufgaben
- **GET /Search/{token}/{text}**: Volltextsuche in Aufgaben und Teilaufgaben
- **GET /DueTaskSet/{token}**: Liste der fälligen Aufgaben
- **POST /CreateCategory/{token}/{name}**: Anlegen einer Kategorie
- **POST /CreateTask/{token}**: Erstellen einer Aufgabe, die im Body im JSON-Format zu übermitteln ist (inklusive Teilaufgaben)
- **PUT /ChangeTask/{token}**: Ändern einer Aufgabe, die im Body im JSON-Format zu übermitteln ist (inklusive Teilaufgaben)
- **DELETE /DeleteTask/{token}/{id}**: Löschen einer Aufgabe mit allen Teilaufgaben
- **DELETE /DeleteCategory/{token}/{id}**: Löschen einer Kategorie mit allen Aufgaben und Teilaufgaben

Version 2 der REST-Dienste bietet analog folgende Operationen an:

- **POST /Login**: Anmeldung mit einer Client-ID, einem Benutzernamen und einem Kennwort. Diese Operation sendet GUID als Sitzungstoken zurück, das in allen folgenden Operationen mitzugeben ist.
- **GET /CategorySet/**: Liste der Kategorien
- **GET /TaskSet/{id}**: Liste der Aufgaben in einer Kategorie
- **GET /Task/{id}**: Details zu einer Aufgabe mit Teilaufgaben
- **POST /CreateCategory/{name}**: Anlegen einer Kategorie
- **POST /CreateTask und PUT /ChangeTask**: Erstellen beziehungsweise Ändern einer Aufgabe, die im Body im JSON-Format zu übermitteln ist (inklusive Teilaufgaben)
- etc.

Für alle REST-Operationen sind Metadaten in der Swagger-OpenAPI-Specification für RESTful-APIs *swagger.io*) verfügbar. Unter *https://miraclelistbackend.azurewebsites.net/swagger/v1/swagger.json* findet man die formale Beschreibung der REST-Dienste und unter *https://miraclelistbackend.azurewebsites.net/swagger* eine passende Hilfeseite. Das Backend unterstützt zudem Cross Origin Requests (CORS) (*www.w3.org/TR/cors*), um in beliebigen anderen Domains gehosteten Websites den Zugang zu ermöglichen.

Die bei `/Login` anzugebende Client-ID muss jeder Client-Entwickler einmalig unter *https://miraclelistbackend.azurewebsites.net/Client* anfordern. Die Anzahl der Aufgaben ist pro Client-ID auf 1.000 begrenzt. Das Anlegen von Benutzerkonten im Backend hingegen ist nicht notwendig: Da es sich um eine Beispielanwendung handelt, wird ein Benutzer automatisch angelegt, wenn der übermittelte Benutzer noch nicht vorhanden ist. Jedes neue Benutzerkonto besitzt automatisch drei

Kategorien (Beruf, Haushalt und Freizeit) mit Beispielaufgaben wie »Teambesprechung abhalten«, »Müll herausbringen« und »Trainieren für MTB-Marathon«.

Das Listing 24-10 zeigt den Startcode der ASP.NET-Core-Anwendung, in dem die verschiedenen Komponenten aktiviert und konfiguriert werden:

- ASP.NET Core MVC
- Cross Origin Resource Sharing (CORS), um beliebigen Webclients den Zugriff auf das Web API zu ermöglichen
- Application Insights für die Überwachung und Telemetriedaten. Application Insights ist ein Cloud-Dienst von Microsoft.
- Ausschalten der Serialisierung zirkulärer Referenzen im JSON-Serializer (Zirkuläre Referenzen sind in JSON nicht standardisiert. Es gibt Community-Lösungen, aber man sollte dies vermeiden, wenn es nicht unbedingt nötig ist, um nicht von diesen Community-Lösungen abhängig zu sein.)
- Swagger für die Erzeugung einer OpenAPI Specification und von Hilfeseiten zu den REST-Operationen. Diese OpenAPI Specification wird im Frontend für die Code-Generierung von Proxy-Klassen verwendet und spart daher viel Implementierungsaufwand im Client.

Listing 24-10: Startup.cs

```
using BL;
using Microsoft.AspNetCore.Builder;
using Microsoft.AspNetCore.Diagnostics;
using Microsoft.AspNetCore.Hosting;
using Microsoft.AspNetCore.Http;
using Microsoft.AspNetCore.Mvc.Filters;
using Microsoft.Extensions.Configuration;
using Microsoft.Extensions.DependencyInjection;
using Microsoft.Extensions.Logging;
using NJsonSchema;
using NSwag.AspNetCore;
using System.Reflection;
using System.Threading.Tasks;

namespace Miraclelist
{
 public class Startup
 {
  public Startup(IHostingEnvironment env)
  {

   var builder = new ConfigurationBuilder()
       .SetBasePath(env.ContentRootPath)
       .AddJsonFile("appsettings.json", optional: true, reloadOnChange: true)
       .AddJsonFile($"appsettings.{env.EnvironmentName}.json", optional: true);

   if (env.IsEnvironment("Development"))
   {
    // This will push telemetry data through Application Insights pipeline faster,
allowing you to view results immediately.
```

```
    builder.AddApplicationInsightsSettings(developerMode: true);
   }

   builder.AddEnvironmentVariables();
   Configuration = builder.Build();

   // Connection String injizieren
   DAL.Context.ConnectionString = Configuration.GetConnectionString("MiracleListDB");
  }

  public IConfigurationRoot Configuration { get; }

  // Wird von ASP.NET Core aufgerufen beim Start der Anwendung
  public void ConfigureServices(IServiceCollection services)
  {
   #region App Insights aktivieren
   services.AddApplicationInsightsTelemetry(Configuration);
   #endregion

   #region  JSON-Konfiguration: keine zirkulären Referenzen und ISO-Datumsformat
   services.AddMvc().AddJsonOptions(options =>
   {
    options.SerializerSettings.ReferenceLoopHandling =
Newtonsoft.Json.ReferenceLoopHandling.Ignore;
    options.SerializerSettings.PreserveReferencesHandling =
Newtonsoft.Json.PreserveReferencesHandling.None;
    options.SerializerSettings.DateFormatHandling =
Newtonsoft.Json.DateFormatHandling.IsoDateFormat;
   });
   #endregion

   #region MVC aktivieren
   services.AddMvc(options =>
   {
    // Exception Filter
    options.Filters.Add(typeof(GlobalExceptionFilter));
    options.Filters.Add(typeof(LoggingActionFilter));
   });
   #endregion

   #region CORS aktivieren
   services.AddCors();
   #endregion

   // Konfiguration überall verfügbar machen
   services.AddSingleton(Configuration);

   #region Swagger
   services.AddSwaggerGen(c =>
   {
    c.DescribeAllEnumsAsStrings(); // Wichtig für Enums!

    c.SwaggerDoc("v1", new Info
    {
     Version = "v1",
     Title = "MiracleList API",
```

```
     Description = "Backend für MiracleList.de mit Token in URL",
     TermsOfService = "None",
     Contact = new Contact { Name = "Holger Schwichtenberg", Email = "", Url = "http:/
/it-visions.de/kontakt" }
     //,     License = new License { Name = "Use under LICX", Url = "http://url.com" }

    });

    c.SwaggerDoc("v2", new Info
    {
     Version = "v2",
     Title = "MiracleList API",
     Description = "Backend für MiracleList.de mit Token im Header",
     TermsOfService = "None",
     Contact = new Contact { Name = "Holger Schwichtenberg", Email = "", Url = "http:/
/it-visions.de/kontakt" }
     //,     License = new License { Name = "Use under LICX", Url = "http://url.com" }

    });

    // Optional: Ergänzt Token als Header-Parameter
   c.OperationFilter<SwaggerTokenHeaderParameter>();

    //Set the comments path for the swagger json and ui.
    var basePath = PlatformServices.Default.Application.ApplicationBasePath;
    var xmlPath = Path.Combine(basePath, "Miraclelist_WebAPI.xml");
    c.IncludeXmlComments(xmlPath);
   });
   #endregion
  }

  // Wird von ASP.NET Core aufgerufen beim Start der Anwendung
  public void Configure(IApplicationBuilder app, IHostingEnvironment env,
ILoggerFactory loggerFactory)
  {
   #region Fehler behandeln
   // ------------- Fehler behandeln

   app.UseExceptionHandler(errorApp =>
   {
    errorApp.Run(async context =>
    {
     context.Response.StatusCode = 500;
     context.Response.ContentType = "text/plain";

     var error = context.Features.Get<IExceptionHandlerFeature>();
     if (error != null)
     {
      var ex = error.Error;
      await context.Response.WriteAsync("ASP.NET Core Exception Middleware:" +
ex.ToString());
     }
    });
   });

   // --------------------------- letzte Fehlerbehandlung: Fehlerseite für HTTP-
```

```
Statuscode
   app.UseStatusCodePages();

   #endregion

   #region ASP.NET Core typische Dienste
   app.UseDefaultFiles();
   app.UseStaticFiles();
   app.UseDirectoryBrowser();
   loggerFactory.AddConsole(Configuration.GetSection("Logging"));
   loggerFactory.AddDebug();
   #endregion

   #region CORS - alle Zugriffe erlauben
   // PAKET: install-Package Microsoft.AspNet.Cors
   // Namespace: using Microsoft.AspNet.Cors;
   app.UseCors(builder =>
    builder.AllowAnyOrigin()
           .AllowAnyHeader()
           .AllowAnyMethod()
           .AllowCredentials()
    );
   #endregion

   #region Swagger
   // PAKET: Install-Package Swashbuckle.AspNetCore
   // Namespace: using Microsoft.AspNet.Cors;
   app.UseSwagger( c=>  {
   });

   // Enable middleware to serve swagger-ui (HTML, JS, CSS etc.), specifying the
Swagger JSON endpoint.
   app.UseSwaggerUI(c =>
   {
    c.SwaggerEndpoint("/swagger/v1/swagger.json", "MiracleList v1");
    c.SwaggerEndpoint("/swagger/v2/swagger.json", "MiracleList v2");
   });
   #endregion

   #region  MVC inkl. Routing
   //  -------------------------- MVC inkl. Routing
   //app.UseMvc();
   app.UseMvc(routes =>
  {
   routes.MapRoute(
               name: "default",
               template: "{controller}/{action}/{id?}",
               defaults: new { controller = "Home", action = "Index" });
   });
   #endregion
  }
 }

 public class GlobalExceptionFilter : IExceptionFilter
 {
  public void OnException(ExceptionContext context)
```

```
  {
   context.HttpContext.Response.StatusCode = 500;
   context.HttpContext.Response.ContentType = "text/plain";
   context.HttpContext.Response.WriteAsync("GlobalExceptionFilter:" +
context.Exception.ToString());
  }
 }
}
}
```

Das Listing 24-11 zeigt die Realisierung des Web-API-Controllers in der Version 1 der REST-Dienste inklusive Einsatz von Application Insights zur Erfassung von Telemetriedaten. Der Web-API-Controller ist völlig frei von Datenzugriffscode. Hier kommt also kein Entity Framework Core vor. Alle Datenoperationen sind gekapselt in der Geschäftslogikschicht. Der Web-API-Controller nutzt nur die dort implementierten Manager-Klassen.

Listing 24-11: MiracleListApiController.cs (Version 1 der REST-Dienste)

```
using BL;
using BO;
using ITVisions;
using Microsoft.ApplicationInsights;
using Microsoft.AspNetCore.Mvc;
using System;
using System.Collections.Generic;
using System.Linq;
using System.Reflection;
using System.Runtime.CompilerServices;

namespace Miraclelist.Controllers
{
 public class LoginInfo
 {
  public string ClientID;
  public string Username;
  public string Password;
  public string Token;
  public string Message;
 }

 [Route("")]
 public class MiracleListApiController : Controller
 {
  private TelemetryClient telemetry = new TelemetryClient();
  TaskManager tm;
  UserManager um;
  CategoryManager cm;

  public MiracleListApiController()
  {
  }

  /// <summary>
  /// Hilferoutine für alle Aktionen zur Prüfung des Token und Speichern von
```

```
Telemetriedaten
  /// </summary>
  private bool CheckToken(string token, [CallerMemberName] string caller = "?")
  {
   if (token.Length < 2)
   {
    // Telemetriedaten senden
    var p2 = new Dictionary<string, string>();
    p2.Add("token", token);
    telemetry.TrackEvent("TOKENERROR_" + caller,p2);
    throw new Exception("Ungültiges Token!");
   }

   // Benutzer prüfen
   um = new UserManager(token);
   string checkResult = um.IsValid();
   if (checkResult != "")
   {
    // Telemetriedaten senden
    var p2 = new Dictionary<string, string>();
    p2.Add("token", token);
    p2.Add("checkResult", checkResult);
    telemetry.TrackEvent("USERERROR_" + caller, p2);
    throw new Exception("Benutzer ist ausgesperrt!");
   }
   um.InitDefaultTasks();

   // Telemetriedaten senden
   cm = new CategoryManager(um.CurrentUser.UserID);
   tm = new TaskManager(um.CurrentUser.UserID);

   // AppInsights
   var p = new Dictionary<string, string>();
   p.Add("token", token);
   p.Add("user", um.CurrentUser.UserName);
   telemetry.TrackEvent(caller,p);

   return true;
  }

  [Route("/About")]
  [HttpGet]
  public IEnumerable<string> Get()
  {
   var ctx = new DAL.Context();
   var userCount = ctx.UserSet.Count();
   var taskCount = ctx.TaskSet.Count();
   var clientCount = ctx.ClientSet.Count();
   return new string[] { "MiracleListBackend", "(C) Dr. Holger Schwichtenberg, www.IT-
Visions.de", "Version: " +
Assembly.GetEntryAssembly().GetCustomAttribute<AssemblyInformationalVersionAttribute>(
).InformationalVersion,  clientCount + " Clients", userCount + " Benutzer", taskCount
+ " Aufgaben"
  };
  }
```

```
  [Route("/Version")]
  [HttpGet]
  public string Version()
  {
   return
   Assembly.GetEntryAssembly()
 .GetCustomAttribute<AssemblyInformationalVersionAttribute>()
 .InformationalVersion.ToString();
  }

  [HttpPost("Login")] // neu
  public LoginInfo Login([FromBody] LoginInfo loginInfo)
  {
   if (string.IsNullOrEmpty(loginInfo.Password))
   {
    throw new Exception("ERROR: password empty!");
   }

   var cm = new ClientManager();

   string s = this.Request.HttpContext.Connection.RemoteIpAddress + "\n";
   foreach (var v in this.Request.Headers)
   {
    s += v.Key + ":" + v.Value + "\n";
   }

   var e = cm.CheckClient(loginInfo.ClientID);
   if (e.CheckClientResultCode != ClientManager.CheckClientResultCode.Ok)
   {
     loginInfo.ToNameValueString() + "\n****\n" + s);

    return new LoginInfo()
    {
     Message = "Client-ID-Check: " +
Enum.GetName(typeof(ClientManager.CheckClientResultCode), e.CheckClientResultCode)
    };
   }

   var u = new UserManager(loginInfo.Username, loginInfo.Password).CurrentUser;
   if (u == null)
   {
     loginInfo.ToNameValueString() + "\n=========================n" +
e.client?.ToNameValueString() + "\n****\n" + s);
    return new LoginInfo() { Message = "Access denied!" };
   }

   loginInfo.Token = u.Token;
   loginInfo.Password = "";

   return loginInfo;
  }

  [HttpGet("Logoff/{token}")] // neu
  public bool Logoff(string token)
  {
   return UserManager.Logoff(token);
```

```
}

[HttpGet("CategorySet/{token}")]
public IEnumerable<Category> GetCategorySet(string token)
{
 if (!CheckToken(token)) return null;
 return cm.GetCategorySet();
}

[HttpGet("TaskSet/{token}/{id}")]
public IEnumerable<Task> GetTaskSet(string token, int id)
{
 if (id <= 0) throw new Exception("Ungültige ID!");
 if (!CheckToken(token)) return null;
 return tm.GetTaskSet(id);
}

[HttpGet("Task/{token}/{id}")]
public Task Task(string token, int id)
{
 if (id <= 0) throw new Exception("Ungültige ID!");
 if (!CheckToken(token)) return null;
 return tm.GetTask(id);
}

[HttpGet("Search/{token}/{text}")]
public IEnumerable<Category> Search(string token, string text)
{
 if (!CheckToken(token)) return null;
 return tm.Search(text);
}

[HttpGet("DueTaskSet/{token}")]
public IEnumerable<Category> GetDueTaskSet(string token)
{
 if (!CheckToken(token)) return null;
 return tm.GetDueTaskSet();
}

[HttpPost("CreateCategory/{token}/{name}")]
public Category CreateCategory(string token, string name)
{
 if (!CheckToken(token)) return null;
 return cm.CreateCategory(name);
}

[HttpPost("CreateTask/{token}")] // neu
public Task CreateTask(string token, [FromBody]Task t)
{
 if (!CheckToken(token)) return null;
 return tm.New(t);
}

[HttpPut("ChangeTask/{token}")] // geändert
public Task ChangeTask(string token, [FromBody]Task t)
{
```

```
    if (!CheckToken(token)) return null;
    return tm.ChangeTask(t);
   }

   [HttpPut("ChangeTaskDone/{token}")]
   public Task ChangeTaskDone(string token, int id, bool done)
   {
    throw new UnauthorizedAccessException("du kommst hier nicht rein!");
   }

   [HttpPut("ChangeSubTask/{token}")]
   public SubTask ChangeSubTask(string token, [FromBody]SubTask st)
   {
    throw new UnauthorizedAccessException("du kommst hier nicht rein!");
   }

   [HttpDelete("DeleteTask/{token}/{id}")]
   public void DeleteTask(string token, int id)
   {
    if (!CheckToken(token)) return;
    tm.Remove(id);
   }

   [HttpDelete("[action]/{token}/{id}")]
   public void DeleteCategory(string token, int id)
   {
    if (!CheckToken(token)) return;
    cm.Remove(id);
   }
  }
}
```

KAPITEL 25

MiracleList-Web-Client

Dieses Kapitel beschreibt die Erstellung des Webbrowser-Frontends für MiracleList.

Technikeinsatz im Web-Client

Das Frontend von MiracleList ist eine Single Page Web Application (SPA) mit

- HTML, CSS (Benutzeroberflächenbeschreibung)
- Bootstrap (Benutzeroberflächenbeschreibung, Vereinfachung für CSS)
- TypeScript (Programmiersprache)
- Angular (SPA-Framework inklusive Trennung UI- und Benutzerschnittstellensteuerung, Routing und AJAX)
- MomentJS (Verarbeitung von Datumswerten)

sowie den Angular-Zusatzkomponenten

- *angular2-moment* (Darstellung von Datums- und Zeitraumangaben)
- *ng2-datetime* (Datumsauswahlsteuerelement)
- *ngx-contextmenu* (Kontextmenüs)
- *ngx-modal* (Modale Dialoge)
- *ng2-dnd* (Drag-and-drop)

Einige der eingesetzten Angular-Komponenten von Dritten tragen noch die »2« im Namen, auch wenn es bereits Angular 4, 5 oder höher gibt. Sie laufen dennoch auf den neueren Versionen. Viele Komponentenentwickler wollen sich mit der »2« einfach von den Komponenten für AngularJS 1.x abgrenzen.

Zudem gibt es das Frontend als hybride Cross-Platform-App:

- Mithilfe von Electron für Windows, Linux und macOS
- Mithilfe von Cordova für Android und iOS

Diese Cross-Platform Apps werden in den folgenden Kapitel 26 und 27 besprochen.

Angular-CLI

Ein Angular-Projekt von Grund auf zu erstellen, wäre mit viel Tipparbeit verbunden. Helfen können Code-Generatoren wie Yeoman (*yeoman.io*). Hier soll die Code-Generierung des aus dem Angular-Entwicklungsteam stammenden Kommandozeilenwerkzeugs Angular CLI (*github.com/angular/angular-cli*) zum Einsatz kommen. Dafür ist zunächst node.js (*nodejs.org/en*) zu installieren. Mithilfe des Node Package Manager (NPM) installiert der Entwickler dann Angular-CLI:

```
npm install -g @angular/cli.
```

Danach kann er mithilfe des Kommandozeilenwerkzeugs ng ein neues Projekt anlegen. Das PowerShell-Skript in Listing 25-1 erzeugt im Ordner *t:\projekte\MiracleListClient* nicht nur die in Abbildung 25-1 gezeigte Ordnerstruktur mit zahlreichen Textdateien, sondern lädt auch satte 818 (sic!) Node.js-Pakete herunter. Abbildung 25-1 stammt aus dem kostenfreien plattformunabhängigen Editor Visual Studio Code (*code.visualstudio.com*). Andere Editoren sind aber auch möglich.

Listing 25-1: Anlegen eines Angular-Projekts mit einem PowerShell-Skript

```
# Projekt anlegen
$project = "MiracleListClient"
$folder = "t:\projekte"
# Dateien erzeugen und NPM-Pakete installieren
cd $folder
ng new $project
```

Angular CLI verwendet als Module Loader WebPack (*github.com/webpack/webpack*). Die bei WebPack übliche Datei *webpack.config.js* findet man in den generierten Dateien nicht; Angular abstrahiert von WebPack und bietet eine Konfiguration des Paketinhalts über die Datei *angular-cli.json* an. In dem generierten Projekt sind zudem TypeScript (als Abstraktion von JavaScript), git zur Quellcodeverwaltung sowie Karma für Unit Tests und Protractor für Browsertests vorgesehen.

Die wichtigsten Dateien in dem generierten Projekt sind (siehe Abbildung 25-1):

- *package.json*: Listet die direkt verwendeten NPM-Pakete. Abhängige Pakete sind hier nicht gelistet.
- *angular-cli.json*: Konfiguration für einzubindende CSS- und JavaScript-Dateien, statische Dateien sowie die Einsprungpunkte in die Anwendung.
- */src/tsconfig.json*: Konfiguration für die Transpilation von TypeScript zu JavaScript.
- */src/index.html*: Fast leere Grundstruktur der HTML-Seite mit dem Tag `<app-root>`, das Angular durch die Ausgabe von *app.component.ts* ersetzt.
- */src/main.ts*: Einsprungpunkt in die Angular-Anwendung.

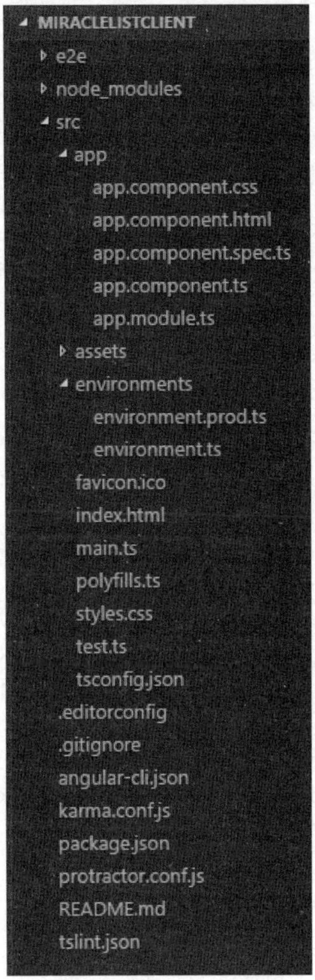

Abbildung 25-1: Die von ng new *erzeugten Dateien*

- */src/polyfills.ts*: Registrierung von Polyfills, deren NPM-Pakete vorliegen und die in den Browser integriert werden sollen, um dort Funktionen von aktuellen Webstandards zu emulieren (insbesondere für ältere Browser).
- */src/app/app-module.ts*: Hauptmodul der Anwendung. Hier muss der Entwickler alle Komponenten, Direktiven, Pipes und zu injizierenden Dienste registrieren.
- */src/app/app.component.ts*: Realisiert die mit `@Component` dekorierte Komponentenklasse für das Tag `<app-root>`.
- */src/app/app.component.html*: Enthält die Darstellung für `<app-root>`.
- *Styles.css* (für alle Komponenten) und *App.component.css* (für *App.component.html*) sind zunächst leer.

Webserver starten

Der Kommandozeilenbefehl *ng serve*, der auszuführen ist, während der aktuelle Dateisystempfad auf das zuvor erstellte Projektverzeichnis weist, übersetzt die TypeScript-Dateien in JavaScript, stößt das CSS- und JavaScript-Bundling von WebPack an und startet den mitgelieferten, Node.js-basierten Webserver NG Live Development Server auf Port 4200. Die Ausgabedateien von WebPack sieht der Entwickler aber nicht auf der Festplatte; sie leben nur im RAM. Wenn der Entwickler dann *localhost:4200* im Browser öffnet, sollte kurz die Meldung »Loading...« und dann »app works!« erscheinen. Wer den Port ändern möchte, muss eine Datei *.ember-cli* mit Konfigurationsdaten (vgl. *ember-cli.com/#runtime-configuration*) anlegen. Grund für diesen Dateinamen ist, dass Angular CLI auf den Kommandozeilenwerkzeugen des Projekts Ember (*emberjs.com*) aufbaut.

ng serve sorgt dafür, dass

- geänderte TypeScript-Dateien auch bei der Verwendung eines einfachen Editors automatisch nach jedem Speichern kompiliert werden und
- alle angeschlossenen Browser die aktuelle Seite automatisch neu laden, wenn sich eine der Dateien im Projekt geändert hat.

Somit kommt es zu einem sehr flüssigen Entwicklungsprozess, bei dem der Entwickler schon kurz nach dem Speichern einer Änderung des Ergebnisses in allen angeschlossenen Browsern sieht. Falls es zu Fehlern oder unerwünschtem Verhalten kommt, ist Debugging notwendig. Angular CLI richtet WebPack und den TypeScript-Compiler bereits so ein, dass Abbildungsdateien (*.map*) zwischen den Original-TypeScript-Dateien und den JavaScript-Bundles von WebPack entstehen. Das Debugging ist dann in geeigneten Browsern auf dem TypeScript-Quellcode möglich (siehe Abbildung 25-2).

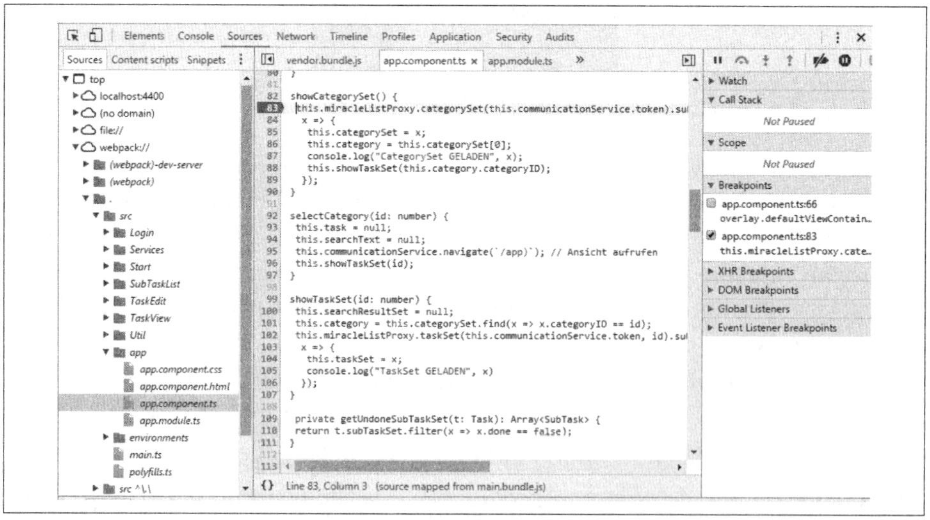

Abbildung 25-2: Die Developer Tools des Browsers Chrome zeigen im Namensraum webpack:// die Original-TypeScript-Dateien und bieten die Möglichkeit, dort Haltepunkte zu setzen.

Bei der Verwendung von VSCode kann der Entwickler den Befehl *ng serve* im Terminal-Fenster des Editors so ausführen, dass es sich immer unterhalb des Editor-Fensters befindet und somit erlaubt, die Übersetzungsarbeiten im Blick zu haben. Der Befehl *npm start* ist ein in *package.json* definierter Alias für *ng serve*.

Zusatzkomponenten

Für die attraktive Gestaltung und Responsive Web Design soll in das Projekt Twitter Bootstrap (*getbootstrap.com*) in der aktuellen stabilen Version 3.x eingebunden werden. Es bietet sich an, diese Installation über die NPM Registry (*www.npmjs.com*) vorzunehmen, was durch einen Kommandozeilenbefehl oder Eintrag in der package.json möglich ist. Den Kommandozeilenbefehl `npm install --save bootstrap` führt der Entwickler aus, während er sich im Ordner mit der *package.json* befindet. Alternativ kann er in der Datei *package.json* unter `dependencies` ergänzen: `bootstrap": "^3.3.7`. Der Editor VSCode macht sowohl bei der Erfassung des Namens wie auch der Versionsnummer Vorschläge auf Basis einer Abfrage der NPM Registry. Um das NPM-Paket tatsächlich zu laden, muss der Benutzer an der Kommandozeile aber noch *npm install* ausführen. Dabei können viele Pakete in einem Rutsch geladen werden.

Nur für den JavaScript-Teil von Bootstrap ist jQuery eine Voraussetzung, jQuery wird vom Bootstrap-NPM-Paket nicht automatisch mitinstalliert. Für JQuery sind zwei NPM-Pakete notwendig. Das zweite Paket, das in der *package.json* unter den Ast *devDependencies* gehört, beinhaltet die Typdefinitionen für den TypeScript-Compiler beziehungsweise für die Eingabeunterstützung des Editors:

```
npm install --save jquery
npm install --save-dev @types/jquery
```

Damit Bootstrap dann tatsächlich von WebPack in der Webseite eingebunden wird, sind in *angular-cli.json* die Einträge `styles` und `scripts` um die CSS- und JavaScript-Dateien von jQuery und Bootstrap zu erweitern. Dabei muss der Entwickler nicht die minifizierte Version wählen, sondern kann hier die kompletten Dateien referenzieren, da die WebPack später bei der Auslieferung durch Minifizieren, Bundling und Tree Shaking optimiert:

```
"styles": [
            "../node_modules/Bootstrap/dist/css/bootstrap.css",
            "../node_modules/Bootstrap/dist/css/bootstrap-theme.css",
            "styles.css"
        ],
        "scripts": [
            "../node_modules/jQuery/dist/jQuery.js",
            "../node_modules/Bootstrap/dist/js/bootstrap.js",
        ],
```

Außerdem soll nun direkt auch noch momentJS (*momentjs.com*), eine beliebte JavaScript-Bibliothek für die Verarbeitung von Datums- und Uhrzeitangaben, eingebunden werden. Dazu reicht npm install --save moment, da das Paket seit Version 2.13 bereits eine Typing-Datei (*moment.d.ts*) für TypeScript enthält. Anders als jQuery, das nur als Hilfsmittel für Bootstrap benötigt wird, soll momentJS im Programmcode auch direkt zum Einsatz kommen. Daher sind in der jeweiligen Komponente (zum Beispiel *app.module.ts*) Importe dafür zu ergänzen:

```
import * as moment from 'moment';
import 'moment/locale/de';
```

Im Konstruktor der Klasse `AppModule` kann man nun eine statische Sprache für die Webanwendung festlegen (zum Beispiel `moment.locale("de-de")`) oder MomentJS mitteilen, dass es sich nach den im Webbrowser eingestellten Sprachpräferenzen richten soll: `moment.locale(window.navigator.language)`.

Als Letztes soll das Paket angular2-moment (*github.com/urish/angular2-moment*) beschafft werden, das Angular-Pipes (zum Beispiel `amDateFormat`, `amDuration`, `amAdd`, `amSubstract`, `amTimeAgo`) für momentJS bereitstellt:

```
npm install --save angular2-moment
```

Da es sich hier um ein Angular-Modul handelt, muss der Entwickler das Modul in *app.module.ts* einbinden:

```
import {MomentModule} from 'angular2-moment/moment.module';
...
imports: [
   BrowserModule, FormsModule, HttpModule, MomentModule ]
```

Proxy für REST-Dienste

Bevor die Angular-Anwendung irgendwelche Daten vom MiracleList-Server darstellen kann, muss sie diese per HTTP vom REST-Dienst laden. Die Tatsache, dass das MiracleList-Web-API eine Swagger-Beschreibung anbietet, erspart dem Entwickler nun sehr viel Tipparbeit. Auf Basis des Swagger-JSON-Dokuments kann TypeScript-Code für den REST-Client generiert werden. Hierfür kommt NSwagStudio (github.com/NSwag/NSwag) zum Einsatz, das TypeScript-Klassen für die Geschäftsobjekte User, Category, Task und SubTask, den Aufzählungstyp Importance sowie eine Klasse MiracleListProxy mit Wrapper-Methoden für die AJAX-Aufrufe der REST-Operationen erzeugt. Die Wrapper-Methoden verwenden den eingebauten Angular-HTTP-Dienst und geben ein typisiertes Observable<Geschäftsobjekttyp> zurück. Auch der aufzurufende URL ist dort in this.baseUrl hinterlegt; er kann per Dependency Injection auch zur Laufzeit geändert werden.

Abbildung 25-3 zeigt die notwendige Konfiguration von NSwagStudio. Wichtig sind die Einstellungen:

- Eintrag *https* bei *Services Schema* (falls die Weboberfläche auf einem SSL-gesicherten Webserver gehostet wird, verbieten Browser einen Abruf nicht-SSL-gespeicherter Dienste per AJAX)
- TypeScript-Version: 2.0 (dies gilt auch für das aktuelle TypeScript 2.1)
- Template: *Angular2*

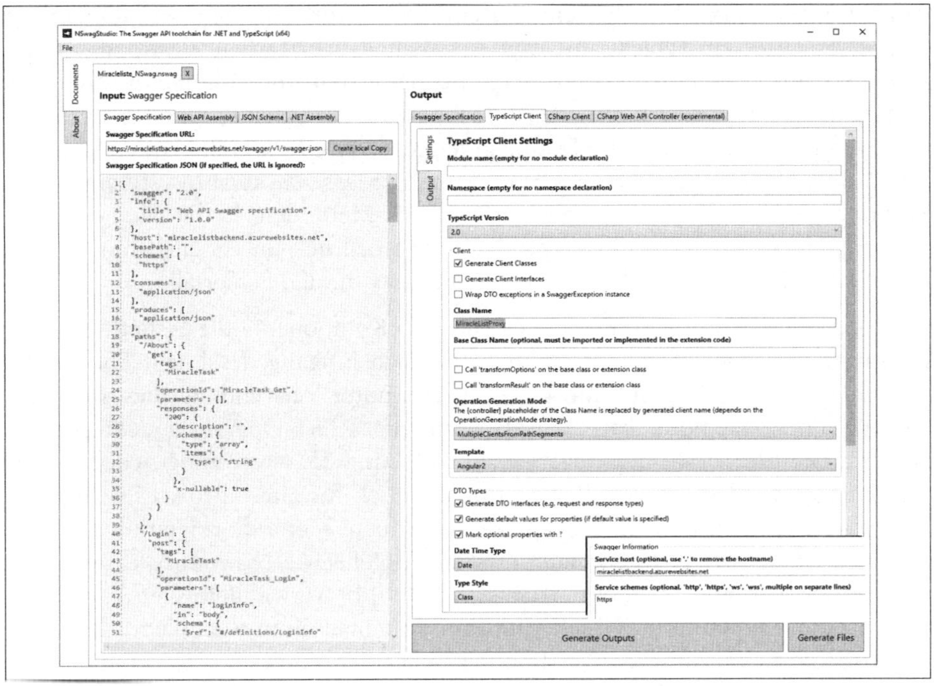

Abbildung 25-3: Einstellungen für NSwagStudio zur Generierung des TypeScript-Clients für den REST-Dienst von MiracleList

Es entstehen unter *Output* rund 1.000 Zeilen TypeScript-Programmcode, die als Datei *MiracleListProxy.ts* in den neuen Ordner */src/Services* in das Projekt aufgenommen werden sollen. Die Klasse `MiracleListProxy` ist als injizierbarer Angular-Dienst (`@Injectable()`) annotiert. Damit der Entwickler die Klasse gebrauchen kann, ist sie in der Datei *app.module.ts* unter `Providers` zu registrieren:

```
import { MiracleListProxy} from './MiracleListProxy;
...
providers: [MiracleListProxy], ...
```

Daten darstellen

Nach diesen Vorbereitungsarbeiten kann nun die Implementierung beginnen. Für die Interaktion mit dem REST-Dienst muss der Konstruktor der Klasse `AppComponent` (*app.component.ts*) den Dienst *MiracleListProxy* erwarten (siehe Listing 25-3), wodurch Angular ihn dort per Dependency Injection beim Instanziieren der Klasse übergibt. Durch das Sprachkonzept der Parameter `Properties` wird der mit `private` ausgezeichnete Konstruktorparameter `miracleListProxy` automatisch zum Klassenmitglied und steht in der Klasse im Folgenden über `this.miracleListProxy` zur Verfügung.

Als Erstes muss im Konstruktor der `AppKomponente` ein Aufruf der `/Login`-Operation über die in der Klasse `MiracleListProxy` generierte Methode `login()` erfolgen, damit für alle folgenden Operationen ein Token vorliegt. Die REST-Operation `/Login` erwartet ein Objekt mit drei Angaben: ClientID (wie beantragt) sowie Benutzername (E-Mail-Adresse) und ein bei der ersten Anmeldung frei wählbares Kennwort. Bei der Verwendung des in Listing 25-2 gezeigten Programmcodes darf nicht vergessen werden, die im Listing gezeigten Werte zu ändern. Die AJAX-Operation ist namensgemäß immer asynchron. Die Klasse `Observable` vereinfacht die Syntax gegenüber den früher üblichen Callback-Methoden. In der Methode `subscribe()` hinterlegt der Benutzer per Lambda-Ausdruck im ersten Parameter die Reaktion im Erfolgsfall und im zweiten Parameter für den Fehlerfall.

Als ersten Datenabruf vom Server soll die App-Komponente die Liste der Aufgabenkategorien laden. Der Konstruktor ruft nach Eingang des Login-Tokens die Methode `showCategorySet()` auf, die ihrerseits unter Verwendung dieses Tokens auf die Proxy-Methode `categorySet()` für die REST-Operation `/CategorySet` zugreift. Die Methode `showCategorySet()` in Listing 25-2 verwendet jedoch nicht `subscribe()`, sondern die seit TypeScript 2.1 auch für ältere Browser verfügbare `async/await`-Syntax: Die mit `async` gekennzeichnete Methode ruft mit `await` eine Methode in der Proxy-Klasse auf. Das zurückgelieferte `Observable<Category[]>` wird durch `toPromise()` in ein `Promise<Category[]>` verwandelt. Der Aufruf von `await` ist dann syntaktischer Zucker für drei Vorgänge: Zum einen kehrt der Kontrollfluss sofort zum Aufrufer der Methode `showCategorySet()` zurück. Zum zweiten registriert `await` einen Callback für den auf die `await`-Zeile folgenden Programmcode. Zum dritten holt `await` den Wert von dem `Promise`-Objekt ab, sodass dieses dann in ein `Array<Category>` kopiert werden kann. Somit entfällt die bei `subscribe()` übliche Verschachtelung, und der Entwickler hat einen scheinbar linearen Programmfluss vor sich.

Listing 25-2 zeigt – wie auch im Weiteren hier praktiziert – Ausgaben in das Diagnosefenster des Browsers mit `console.log()`, um die Prüfung der korrekten Verarbeitung zu erleichtern. Zu beachten ist, dass in TypeScript

- alle Klassenmitglieder im Standard öffentlich (public) sind,
- der Zugriff auf Klassenmitglieder innerhalb der Klasse immer über this. erfolgen muss und
- `await` nur in der mit `async` gekennzeichneten Methode nutzbar ist.

Listing 25-2 zeigt auch noch eine Deklaration für eine einzelne Instanz von `Category`. Hier wird nach der Auswahl die jeweils aktuelle Kategorie abgelegt. Nach dem Abholen der Kategorieliste setzt `showCategorySet()` die erste Kategorie als aktuelle Kategorie und füllt die zugehörige Aufgabenliste in `showTaskSet()` – wieder unter Einsatz von `async/await` – in das Attribut `taskSet`, ein `Array<Task>`. Die aktuell gewählte Aufgabe landet in dem Attribut `task`.

In Listing 25-3 gibt dann die *app.component.html* das `categorySet`-Array mit `*ngFor` in eine Liste von Hyperlinks aus, deren Anzeigetext mit der Templatesyntax `{{ c.name }}` mit dem Kategorienamen gefüllt wird. Auch das `title`-Attribut des Links füllt sich mit Werten aus dem `Category`-Objekt. Die kastenförmige Darstellung des Hyperlinks erfolgt durch die Bootstrap-CSS-Klasse `list-group-item`.

Der runde Kreis mit der Anzahl der Aufgaben in einer Kategorie entsteht durch die CSS-Klasse badge. Jedes vom Server abgerufene Category-Objekt enthält bereits eine Liste der Aufgaben, sodass die Anzahl der Aufgaben in einer Kategorie durch c.taskSet.length im Zugriff ist. Der Auszeichnungscode setzt die Hintergrundfarbe auf Hellblau, wenn die aktuelle Kategorie in der Iteration der gewählten Kategorie entspricht:

```
[style.background-color]="category && c.categoryID == category.categoryID ? '#E0EEFA'
: 'white'"
```

Jeder Hyperlink definiert, dass ein Klick die Methode selectCategory() (siehe Listing 25-2) mit dem aktuellen Category-Objekt aufruft. Dadurch wird dann im MiracleListProxy die Methode taskSet() angesprochen. Der Programmcode speichert das Ergebnis in taskSet, das die HTML-Datei in der zweiten Spalte per *ngFor ausgibt.

Navigation zu den Aufgaben

Jede Aufgabe ist ihrerseits ein Hyperlink, der beim Klick dann showTaskDetail() mit dem aktuellen Task-Objekt füttert. Diese Methode ruft danach die Details zu einer Aufgabe inklusive der Teilaufgaben per this.miracleListProxy.task() ab und speichert das aktuelle Aufgabenobjekt in dem Attribut task ab. Die dritte Spalte in der HTML-Datei stellt die Aufgabendetails und mit *ngFor die Teilaufgaben dar. Einige Ausgabenblöcke, zum Beispiel für Fälligkeit, Aufwand und Notiz, erscheinen nur, wenn die Eigenschaften einen Inhalt haben. Dies erreicht man im Template mit *ngIf="task.note" im entsprechenden <div>-Tag.

Wie beim Wunderlist-Original sieht der Benutzer im Standard nur die Kategorieliste links und breit die Aufgabenliste der gewählten Kategorie. Die ganze dritte Spalte bleibt mit [hidden]="!task" unsichtbar, wenn es keine gewählte Aufgabe gibt und daher das task-Objekt keinen Wert hat. Aktuell könnte man hier noch das Rendern mit *ngIf komplett unterdrücken, aber das wäre nicht kompatibel mit später zu implementierendem Router-Outlet. Das Listing zur Erzeugung der HTML-Ausgabe für Spalte drei befindet sich wie der restliche Programmcode in den Downloads zu diesem Buch.

Wenn die dritte Spalte ausgeblendet ist, kann die zweite Spalte breiter sein. Das erreicht der Webentwickler durch die bedingte Anwendung von Bootstrap-CSS-Klassen. Die Breite von Spalte zwei variiert er abhängig davon, ob die Eigenschaft task gefüllt ist. Sie verschwindet ganz, wenn es keine gewählte Kategorie und damit kein taskSet gibt.

```
<div [ngClass]="{'col-xs-10': !task, 'col-xs-6': task}" *ngIf="taskSet">
```

Anders als die Wunderlist-App zeigt die MiracleList in den ersten beiden Spalten jeweils in der Überschrift die Anzahl der Elemente an (siehe Abbildung 25-4) – einfach um zu zeigen, wie man hierzu die length-Eigenschaft des Arrays nutzen kann. Dieser Abruf der Arraylänge erzwingt dann auch, dass per *ngIf sichergestellt wird, dass Angular die Spalten erst rendert, wenn die Daten auch tatsächlich bereits vorliegen; die REST-Dienste antworten ja asynchron! `*ngFor` hat kein Problem, wenn die angegebene Menge »undefined« ist, aber ein Ausdruck wie `{{taskSet.length}}` führt dann zum Laufzeitfehler »Cannot read property 'length' of undefined«, was leider die Ausführung des ganzen Angular Templates verhindert; der Benutzer sieht lediglich ein leeres Browserfenster und kann die Ursache nur in der JavaScript-Debugger-Konsole erkennen.

Auch abweichend vom Original sieht der Benutzer in der Aufgabeliste zu jeder Aufgabe die Anzahl der offenen Teilaufgaben. In Angular-Ausdrücken ist ein `filter()`-Aufruf wie `t.subTaskSet.filter(x=>x.done==false).length` in Ausdrücken leider nicht erlaubt. Daher muss der Entwickler das Filtern in eine Methode der Komponentenklasse auslagern:

```
private getUndoneSubTaskSet(t: Task) : Array<SubTask>
 {
  return  t.subTaskSet.filter(x=>x.done==false);
 }
```

Diese Methode kann er dann in dem Template aufrufen:

```
<div>{{getUndoneSubTaskSet(t).length}} offene Teilaufgaben</div>
```

Anders als AngularJS 1.x bietet Angular aus Performanzgründen keine Pipe zum Filtern an (*https://angular.io/docs/ts/latest/guide/pipes.html#!#no-filter-pipe*).

Oberhalb der drei Listen befindet sich jeweils ein Eingabefeld, das aber noch nicht mit Datenbindung und Funktion versehen ist – ebenso wie die Kontrollkästchen vor den Aufgaben und Teilaufgaben. In dem Template in Listing 25-2 sind schon weitere Methodenaufrufe vorgesehen (zum Beispiel `changeDone(t)`), die aber erst später implementiert werden.

Listing 25-2: Ausschnitte aus der Angular-Komponenten-Klasse AppComponent *(Datei* /src/app/app.component.ts*)*

```
import { Component } from '@angular/core';
import { MiracleListProxy } from '../Services/MiracleListProxy';
import { Category, Task, SubTask, Importance, LoginInfo } from '../Services/
MiracleListProxy';

@Component({
 selector: 'app-root',
 templateUrl: './app.component.html',
 styleUrls: ['./app.component.css']
})
export class AppComponent {

 // Attribute mit in HTML darzustellenden Daten
 private categorySet: Array<Category>;
 private category: Category; // Aktuelle Kategorie
 private taskSet: Array<Task>;
 private task: Task; // Aktuelle Aufgabe
// weitere Attribute
```

```
 private token: string;
 private today: Date = new Date();

 private getUndoneSubTaskSet(t: Task): Array<SubTask> {
  return t.subTaskSet.filter(x => x.done == false);
 }

// ================ Konstruktor
 constructor(private miracleListProxy: MiracleListProxy) {

  // vorübergehende Anmeldelösung
  var li = new LoginInfo();
  li.clientID = "Ihre erhaltene ClientID";
  li.username = "Ihr E-Mail-Adresse";
  li.password = "beliebiges Kennwort";

  this.miracleListProxy.login(li).subscribe(x=> {
  if (x == null) {
    console.log("login NICHT ERFOLGREICH",x);
    this.communicationService.token = "";
    alert("Anmeldefehler!");
  }
  else {
    this.token = x.token;
    this.showCategorySet();
  }
  }, err => { this.communicationService.token = "";
   console.log("SERVER FEHLER!", err); alert("SERVER FEHLER!");  } );

  async showCategorySet() {
    console.log('CategorySet LADEN...');
    var r = await
this.miracleListProxy.categorySet(this.communicationService.token).toPromise();
    this.categorySet = r;
    console.log('CategorySet GELADEN', r);
    this.category = this.categorySet[0];
    this.showTaskSet(this.category.categoryID);
  }

 selectCategory(c: Category) {
  this.task = null;
  this.showTaskSet(c);
 }

 async showTaskSet(c: Category) {
    console.log("TaskSet LADEN...");
    this.category = c;
    let x = await this.miracleListProxy.taskSet(this.communicationService.token,
c.categoryID).toPromise();
    this.taskSet = x;
    console.log("TaskSet GELADEN", x)
  }
…
}
```

Listing 25-3: Ausschnitte aus dem Angular-Template für die Klasse AppComponent *(/src/app/app.component.html)*

```
<div class="row">
    <!--### Spalte 1: Kategorien-->
    <div class="col-xs-2" *ngIf="categorySet">
        <h4 style="margin: 0px">{{categorySet.length}} Kategorien</h4>
        <div class="list-group ">
            <a *ngFor="let c of categorySet" (click)="selectCategory(c)"
title="Kategorie #{{c.categoryID }}, erzeugt am {{ c.created | amDateFormat: 'LLL'}}"
class="list-group-item" [style.background-color]="c.categoryID == category.categoryID
? '#E0EEFA' : 'white'">{{ c.name }}

          <span class="badge badge-info" title="{{c.taskSet.length}}
Teilaufgaben">{{c.taskSet.length}}</span></a>
        </div>
    </div>
    <!--### Spalte 2: Aufgaben-->
    <div [ngClass]="{'col-xs-10': !task, 'col-xs-6': task}" *ngIf="taskSet">
        <h4 style="margin: 0px">{{taskSet.length}} Aufgaben in Kategorie
{{category.name}}</h4>
        <div class="list-group">
                <div class="list-group">
                    <a *ngFor="let t of taskSet" (click)="showTaskDetail(t)"
title="Aufgabe #{{t.taskID }}, erzeugt am {{ t.created | amDateFormat: 'LLL'}}"
class="list-group-item" [style.background-color]="t.taskID == task?.taskID ? '#E0EEFA'
: 'white'" >
                        <input type="checkbox" [(ngModel)]="t.done"
name="done{{t.taskID}}" id="done{{t.taskID}}" (change)="changeDone(t)" class="form-
control WLcheckbox"> <b>{{ t.title }} </b>
                        <span class="badge badge-important" title="Wichtigkeit:
{{t.importance | importance}}">{{t.importance | importance}}</span><br>
                        <div>{{getUndoneSubTaskSet(t).length}} offene Teilaufgaben</
div>
                        <div *ngIf="t.due" [ngClass]="{'text-danger': t.due<today,
'text-warning': t.due==today, 'text-success':t.due>today}">fällig {{t.due |
amTimeAgo}}</div>
                    </a>
                </div>
        </div>
    </div>
    <!-- ### Spalte 3: Aufgabendetails-->
    <div class="col-xs-4" [hidden]="!task">
...
    </div>
</div>
```

Datumsanzeigen

Das Fälligkeitsdatum (Attribut `due` der Klasse `Task`) erscheint sowohl in der Aufgabenliste (zweite Spalte) als auch in den Aufgabendetails. In der Aufgabenliste sieht der Benutzer den Zeitraum (zum Beispiel »fällig in 6 Tagen«), was mit der `angular2-moment`-Pipe `| amTimeAgo` erreicht wird:

```
<div *ngIf="t.due" [ngClass]="{'text-danger': t.due<today, 'text-warning':
t.due==today, 'text-success':t.due>today}">fällig {{t.due | amTimeAgo}}</div>
```

Die Anzeige ist grün (Bootstrap-Format text-success), wenn es in der Zukunft liegt. Sie ist orange (text-warning), wenn der Termin heute ist. Wenn der Termin überschritten ist, kommt text-danger zum Einsatz, was einen Rotton repräsentiert. Der Vergleich von task.due erfolgt mit der Eigenschaft today, die in *app.component.ts* für den Wert von new Date() implementiert ist, weil new Date() in dem Angular-Ausdruck nicht zum Einsatz kommen darf (vgl. *angular.io/docs/ts/latest/guide/template-syntax.html#!#template-expressions*).

Die Aufgabendetails nutzen die Pipe | amDateFormat: 'L', um in den Aufgabendetails das genaue Datum darzustellen:

```
<div *ngIf="task.due" [ngClass]="{'text-danger': task.due>today, 'text-warning':
task.due==today, 'text-success': task.due<today}"> {{task.due  | amDateFormat: 'L'}}</
div>
```

Die Eigenschaft importance für eine Aufgabe liefert der Server mit den Zahlenwerten 0 bis 2. Das kann zur Bildschirmdarstellung nicht gefallen. Daher zeigt Listing 25-4 die Implementierung einer Angular-Pipe, die diese Zahlen in die Buchstaben A bis C wandelt. Die Pipeklasse ist in *app.module.ts* zu importieren und bei declarations einzubinden:

```
import {ImportancePipe} from "../Util/ImportancePipe"
...
@NgModule({
  declarations: [
    AppComponent,ImportancePipe
  ],
```

Danach kann die Pipe in allen Templates in diesem Modul verwendet werden: {{t.importance | importance}}.

Listing 25-4: Realisierung einer Pipe, die die Zahlen 0 bis 2 in die Buchstaben A, B und C wandelt (/Util/ ImportancePipe.ts*)*

```
import { Pipe, PipeTransform } from '@angular/core';
@Pipe({name: 'importance', pure: true})
export class ImportancePipe implements PipeTransform {
  transform(value: number, kurz: boolean = true): string {
   var text = "";
   if (!kurz) text = "Importance: "
   switch(value)
   {
   case 0: return text+"A"
   case 1: return text+"B"
   default: return text+"C"
   }
  }
}
```

Zeilenumbrüche

Auch die Darstellung der Aufgabennotiz ist nicht schön, wenn dort Zeilenumbrüche vorkommen. Die Interpolationssyntax von Angular gibt zwar die Zeilenumbrüche an den Browser heraus, der aber macht HTML-standardgemäß für einen Zeilenumbruch im Seitenquelltext keinen Umbruch bei der Ausgabe. Also bedarf es noch einer weiteren eigenen Pipe (siehe Listing 25-5). Die Pipe ist analog zur vorherigen in *app.module.ts* einzubinden, kann aber nicht mit der `{{task.note | br }}` zum Einsatz kommen, weil Angular bei der Interpolationssyntax aus Sicherheitsgründen HTML-Tags als Zeichen-Entität (*de.wikipedia.org/wiki/Entit%C3%A4t_(Auszeichnungssprache)#Zeichen-Entit.C3.A4ten*) ausgibt; der Benutzer würde dann das Tag in der Ausgabe sehen. Damit die Tags eine Wirkung haben, ist eine explizite Bindung an die DOM-Eigenschaft `innerHTML` notwendig:

```
<div [innerHTML]="task.note | br"></div>.
```

*Listing 25-5: Eine Pipe, die Zeilenumbrüche in
-Tags verwandelt*

```
import { Pipe, PipeTransform } from '@angular/core';
@Pipe({name: 'br', pure: true})
export class LineBreakPipe implements PipeTransform {
  transform(s: string): string {

  return s.replace(/\n/g , "<br>");
  }
}
```

Aufgabenstatus ändern

Bisher wurde die Grundstruktur des Projekts "MiracleList" angelegt, ein Proxy für die REST-Dienste des vorhandenen Backends der Aufgabenverwaltung erstellt und eine Anzeige der Kategorien mit der Liste der Aufgaben sowie eine Detailansicht zu den Aufgaben realisiert. Der Benutzer kann in der Webanwendung jedoch bisher noch keine Veränderungen an den Aufgaben vornehmen. Dies soll nun implementiert werden, siehe Abbildung 25-4.

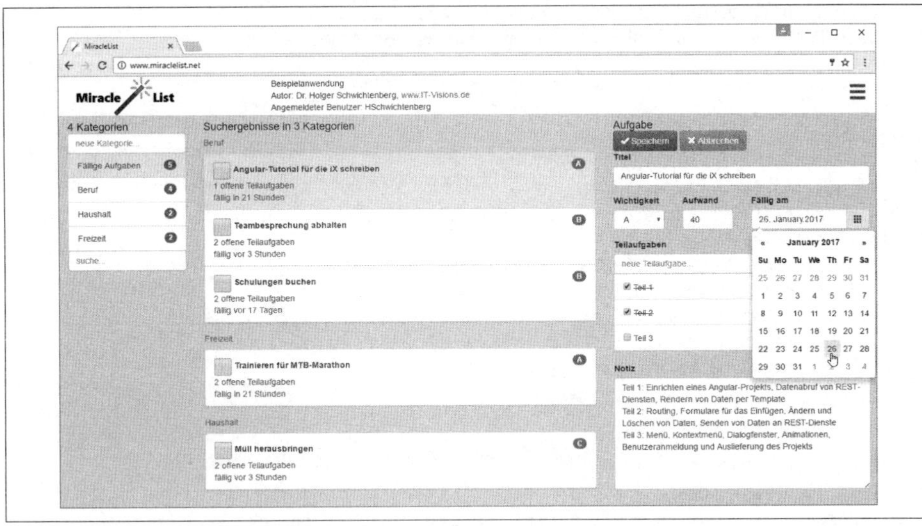

Abbildung 25-4: Die Beispielanwendung MiracleList erlaubt nun die Änderung von Aufgaben.

Listing 25-6: Ausschnitt aus der Komponentenklasse AppComponent *(/src/app/app.component.cs)*

```
enum DisplayMode { TaskSet = 0, DueTaskSet = 1, Search = 2 };

@Component({
 selector: 'app-root',
 templateUrl: './app.component.html',
 styleUrls: ['./app.component.css']
})
export class AppComponent {

private newCategoryName: string; // neue Kategorie
private newTaskTitle: string; // neue Aufgabe
private searchText: string; // Suchtext
...
private categorySetWithTaskSet: Array<Category>; // Suchergebnisse
private displayMode: DisplayMode;
...

constructor(private miracleListProxy: MiracleListProxy,
  private communicationService: CommunicationService) {
  ...
  // Ereignisbehandlung für taskChangedEvent in TaskEdit
  communicationService.TaskListUpdateEvent.subscribe(
   x => {
    this.updateColumn2();
   }
  );
 }

updateColumn2()
  {
   // unterscheiden, was aktualisiert werden muss
  switch (this.displayMode) {
     case DisplayMode.TaskSet: this.showTaskSet(this.category.categoryID); break;
```

```
      case DisplayMode.Search: this.search(true);  break;
      case DisplayMode.DueTaskSet: this.getDueTaskSet(true);  break;
     }
   }

search(showTask: boolean = false)
 {
  if (!this.searchText) return "";
  this.miracleListProxy.search(this.communicationService.token,
    this.searchText).subscribe(x=>
    { console.log("suche ERGEBNIS", this.searchText, x);
      if (!showTask) this.task = null;
      this.taskSet = null;
      this.category = null;
      this.categorySetWithTaskSet = x;
  });
 }

changeDone(t: Task) {
  console.log("Task ÄNDERN", t);
  this.miracleListProxy.changeTask(this.communicationService.token, t).subscribe(
   x => { console.log("Task GEÄNDERT", x)
          this.updateColumn2();
   });
 }

createTask() {
  var t = new Task();
  t.taskID = 0; // notwendig für Server, da der die ID vergibt
  t.title = this.newTaskTitle;
  t.categoryID = this.category.categoryID;
  t.importance = Importance.B;
  t.created = new Date();
...
  t.done = false;
  this.miracleListProxy.createTask(this.communicationService.token, t).subscribe(
   x => {
    console.log("Task ERZEUGT", x)
    this.showTaskSet(this.category);
    this.newTaskTitle = "";
   });
 }

}
```

Jede Aufgabe in der Aufgabenliste in der zweiten Spalte (siehe Abbildung 25-4) besitzt ein großes Kontrollkästchen (die CSS-Klasse `WLcheckbox` ist in *app.component.css* deklariert), um den Erledigungsstatus zu ändern:

```
<input type="checkbox" [(ngModel)]="t.done" name="done{{t.taskID}}"
id="done{{t.taskID}}" (change)="changeDone(t)" class="form-control WLcheckbox">
```

Wichtig in dieser Zeile ist die Zweiwege-Datenbindung durch die »Banana in a Box«-Syntax von `[(ngModel)]` an die Eigenschaft `done` im `Task`-Objekt und der eindeutige Name für jedes Kontrollkästchen mit `name="done{{t.taskID}}"`. Listing 25-6 zeigt die mit dem Kontrollkästchen verbundene Methode `changeDone()` in der

Klasse AppComponent, die die REST-Operation /ChangeTask auf dem Server aufruft und dabei das geänderte Task-Objekt im Body übergibt.

Das gleiche Vorgeben gibt es bei den Teilaufgaben. Hier sorgt zusätzlich die bedingte Anwendung eines CSS-Styles dafür, dass – wie beim Wunderlist-Original – eine erledigte Unteraufgabe durchgestrichen wird:

```
<span [style.text-decoration]="st.done ? 'line-through' : 'none'"> {{st.title }}</span>
```

Aufgaben anlegen

Als Nächstes soll ein Eingabefeld für neue Aufgaben oben in Spalte 2 (siehe Abbildung 25-6) platziert werden:

```
<input type="text" class="form-control" name="newTaskTitle" [(ngModel)]="newTaskTitle"
(change)="createTask()" placeholder="neue Aufgabe...">
```

Dazu korrespondierend gibt es in der Komponentenklasse in Listing 25-6 eine Eigenschaft newTaskTitle und eine Methode createTask(). createTask() erzeugt im RAM ein Task-Objekt mit dem neuen Titel und einigen Standardvorgaben. Die taskID, die die Datenbank auf dem Server vergibt, muss der Entwickler zwingend mit 0 initialisieren, weil sie sonst den Wert undefined besitzt und der Browser sie als »null« in JSON serialisiert, was aber das Backend nicht mag, weil dieses Attribut dort Primärschlüssel ist und daher nicht den Wert null annehmen darf. Nach dem Aufruf der REST-Operation /CreateTask ruft der MiracleList-Webclient die Liste der Aufgaben erneut mit this.showTaskSet(this.category) ab, siehe Listing 25-6.

Das Hinzufügen einer Teilaufgabe zu einer Aufgabe geschieht ähnlich, also über ein Eingabefeld für eine Eigenschaft newSubTaskTitle der Komponentenklasse:

```
<input type="text" class="form-control" name="newSubTaskTitle"
[(ngModel)]="newSubTaskTitle" (change)="createSubTask()" placeholder="neue
Teilaufgabe...">
```

Die Methode createSubTask() muss dann ein SubTask-Objekt initialisieren, bevor die Operation /ChangeTask auf dem Server aufruft. Bei der Initialisierung ist nicht nur der Wert 0 für den Primärschlüssel zu beachten, sondern auch die doppelte Beziehung zwischen Task und SubTask-Objekt: Diese wird zum einen durch this.task.subTaskSet.push(st) und zum anderen durch st.taskID = this.task.taskID hergestellt (siehe Listing 25-11). Der Aufruf von push() ist notwendig, damit Angular neue Teilaufgaben überhaupt zum Server sendet. Die Initialisierung von st.taskID ist notwendig, da auch in diesem Fall der Server keinen null-Wert erhalten mag. .NET-Entwickler sind aus Entity Framework gewohnt, dass eine Beziehung über eine Navigationseigenschaft automatisch auch den Fremdschlüssel per Relationship Fixup verändert und umgekehrt. Eine solche Funktion gibt es im Browser aber nicht ohne eigene Programmierung. Der Entwickler kann st.taskID aber auch mit 0 initialisieren. Der mithilfe von Entity Framework erstellte Server wird dann das Relationship Fixup auf dem Server ausführen.

Suchfunktion

Abbildung 25-6 zeigt, dass MiracleList neben der einfachen Aufgabenliste auch noch eine andere Liste anbietet, bei der Spalte 2 eine Liste mit Kategorien und ausgewählten Aufgaben enthält. Diese Liste erscheint, wenn der Benutzer die Suche per Eingabefeld auslöst oder auf *Fällige Aufgaben* klickt.

Für die Suche nach Aufgaben erhält die erste Spalte ein Eingabefeld:

```
<input type="text" class="form-control" name="search" [(ngModel)]="searchText"
[style.background-color]="this.categorySetWithTaskSet ? '#E0EEFA' : 'white'"
(change)="search()" placeholder="suche...">
```

Das `change`-Ereignis ist mit der Methode `search()` verbunden, das die REST-Operation `/Search` aufruft und danach das Ergebnis in `this.categorySetWithTaskSet` ablegt. Der Server liefert bei dieser Operation nicht eine Liste von Aufgaben, sondern eine Liste von Kategorien mit darin enthaltenen Aufgaben. Das bisherige Template für die Ausgabe von `this.taskSet` eignet sich hier also nicht. Listing 25-7 zeigt ein neues in *app.component.html* eingefügtes Fragment für die Ausgabe der Suchergebnisse, das aber per `*ngIf` nur erscheint, wenn `categorySetWithTaskSet` nicht den Wert `null` oder `undefined` besitzt.

Schon zuvor wurde eine ähnliche Ausgabe für taskSet realisiert, sodass hier ein Ansichtswechsel auf Basis von Bedingungen stattfindet. Das Vorlagenfragment in Listing 25-7 kommt auch für die Funktion *Fällige Termine* zum Einsatz, die in der hier im Buch nicht abgedruckten Methode `getDueTaskSet()` implementiert ist. Dieses Listing finden Sie wie alle anderen in den Downloads zu diesem Buch. Die Liste der fälligen Termine muss MiracleList für die Anzeige der Anzahl der fälligen Termine in der ersten Spalte nach jeder Änderung aktuell vom Server laden.

Listing 25-7: Ausschnitt aus dem Angular-Template für die Klasse AppComponent *(/src/app/*app.component.html*)*

```
<!-- ### Spalte 2: Suchergebnisse. fallweise einblendet. -->
    <div [ngClass]="{'col-xs-10': !task, 'col-xs-6': task}"
*ngIf="categorySetWithTaskSet">
        <h4 style="margin: 0px">Suchergebnisse in {{categorySetWithTaskSet.length}}
Kategorien</h4>
      <div *ngFor="let c of categorySetWithTaskSet">
       <h5>{{c.name}}</h5>
        <div class="list-group">
            <form class="form-inline">
                <div class="list-group">
                    <a *ngFor="let t of c.taskSet" (click)="showTaskDetail(t)"
title="Aufgabe #{{t.taskID }}, erzeugt am {{ t.created | amDateFormat: 'LLL'}}"
class="list-group-item" [style.background-color]="t.taskID == task?.taskID ? '#E0EEFA'
: 'white'">
                        <input type="checkbox" [(ngModel)]="t.done"
name="done{{t.taskID}}" id="done{{t.taskID}}" (change)="changeDone(t)" class="form-
control WLcheckbox"> <b>{{ t.title }} </b>
                        <span class="badge badge-important" title="Wichtigkeit:
{{t.importance | importance}}">{{t.importance | importance}}</span><br>
```

```
                    <div>{{getUndoneSubTaskSet(t).length}} offene Teilaufgaben</div>
                    <div *ngIf="t.due" [ngClass]="{'text-danger': t.due<today,
'text-warning': t.due==today, 'text-success':t.due>today}">fällig {{t.due |
amTimeAgo}}</div>
                </a>
            </div>
        </form>
    </div>
    </div>
</div>
```

Komponentenbildung

Bei komplexen Oberflächen führt diese Architektur schnell zu langen und unübersichtlichen Template-Dateien. Zudem gibt es einen Teil HTML-Code-Duplizierung zwischen der Ausgabe von `taskSet` und `categorySetWithTaskSet`. Daher soll im Folgenden eine bessere Strategie zum Ansichtswechsel realisiert werden.

Das Wunderlist-Original öffnet eine Aufgabe automatisch im Bearbeitungsmodus. Was aus Sicht der Benutzerfreundlichkeit dort gut gefällt, ist hier aus pädagogischen Gründen nicht optimal, weil dann keine zwingende Notwendigkeit bestehen würde, in diesem Fallbeispiel verschiedene Komponenten zu bilden und den URL-basierten Ansichtswechsel (Routing) von Angular zu erklären. Daher soll es – wie zuvor implementiert – dabei bleiben, dass eine Aufgabe im Standard nur in der Leseansicht erscheint und die Eingabesteuerelemente dann erst per Klick auf eine Schaltfläche *Bearbeiten* sichtbar werden. Der Wechsel zurück folgt per *Speichern* oder *Abbrechen* (siehe Abbildung 25-6).

Es sollen drei untergeordnete Komponenten entstehen:

- *TaskView.Component.ts* mit dem Tag `<TaskView>`
- *TaskEdit.Component.ts* mit dem Tag `<TaskEdit>`
- *SubTaskList.Component.ts* mit dem Tag `<SubTaskList>`, das die Liste der Teilaufgaben darstellt, die in beiden vorgenannten Komponenten benötigt wird

Abbildung 25-5 stellt die Abhängigkeiten dar. Zwischen `TaskView` und `TaskEdit` soll per Angular-Routing gewechselt werden. Die `AppComponent` muss die jeweils aktuelle Aufgabe an `TaskView` und `TaskEdit` übergeben. Diesen beiden Komponenten müssen die aktuelle Aufgabe wieder an `SubTaskList` geben.

Vor Beginn der Arbeit gilt es, sich Gedanken zu machen, wie dieser Datenaustausch umgesetzt werden kann. Bei Komponenten, die direkt voneinander abhängen, kann der Entwickler Objekte per Datenbindung in eine untergeordnete Komponente hinein- und Objekte über einen Angular-EventEmitter wieder nach oben reichen. Dies funktioniert im Fall von `TaskView` und `SubTaskList` beziehungsweise `TaskEdit` und `SubTaskList`.

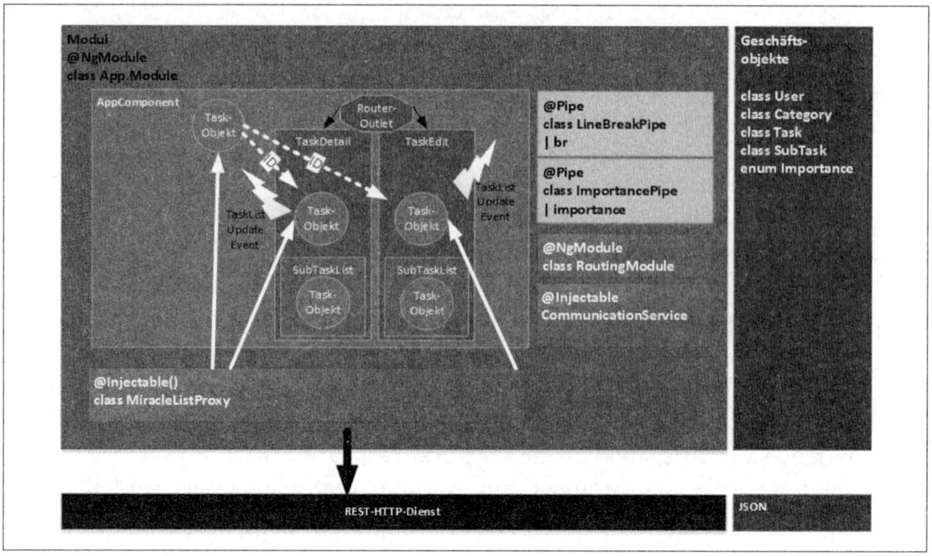

Abbildung 25-5: Schematische Zeichnung der Komponentenhierarchie und des Datenaustauschs

Im Fall des Einsatzes des Angular-Routers ist dieser Weg aber leider nicht möglich, da sich hier die Komponente `<router-outlet>` zwischen die Komponenten legt und `AppComponent` daher nicht direkt mit `TaskView` und `TaskEdit` verbunden ist. Der Angular-Router kann zudem keine komplexen Objekte per URL übergeben.

Die Kommunikation soll deshalb hier wie folgt realisiert werden:

- Die Komponenten `TaskView` und `TaskEdit` erhalten die Information über die aktuelle Aufgabe per `id` in dem URL `/taskview/:id` und `/taskedit/:id`. Die Komponenten laden dann das zugehörige Task-Objekt selbst per MiracleList-Proxy von dem REST-Dienst.
- Wenn sich eine Aufgabe in den Komponenten geändert hat, kommunizieren die Komponenten dies über einen injizierten Shared Service mit der `AppComponent`.

Es folgen daher nun sechs Schritte:

1. Implementierung eines Routing-Moduls für die Komponenten `TaskView` und `TaskEdit`
2. Erstellung einer Shared Service-Klasse für deren Kommunikation
3. Auslagerung der Teilaufgabenliste in die `SubTaskList`-Komponente
4. Auslagerung der dritten Spalte von *app.component.html* in die `TaskView`-Komponente
5. Erstellung eines Eingabeformulars in der neuen Komponente `TaskEdit`
6. Anpassung der `AppComponent`

Schritt 1: Routing-Modul

Jede Route in Angular besteht aus der Zuordnung eines relativen URL-Pfads zu einer Komponente; diesen Zusammenhang legt der Entwickler in einer eigenen, mit `@NgModule` annotierten Klasse (siehe Listing 25-8) fest, die wie alle anderen Module auch in *app.module.ts* unter `imports` zu registrieren ist.

Listing 25-8: Datei /Util/RoutingModule.ts

```
// Angular Library-Importe
import { NgModule } from '@angular/core';
import { RouterModule, Routes } from '@angular/router';
// Eigene Module
import { TaskEditComponent } from "../TaskEdit.Component/TaskEdit.Component"
import { TaskViewComponent } from "../TaskView.Component/TaskView.Component"
// URLs zu Komponenten zuordnen
const routes: Routes = [
 { path: 'taskview/:id', component: TaskViewComponent },
 { path: 'taskedit/:id', component: TaskEditComponent }
];

@NgModule({
 imports: [RouterModule.forRoot(routes)],
 exports: [RouterModule]
})
export class RoutingModule { }
```

Schritt 2: Kommunikationsdienst

Ein Shared Service ist in Angular eine Klasse, die per Dependency Injection in verschiedene andere Klassen injiziert wird. Der in Listing 25-9 realisierte Kommunikationsdienst stellt eine Methode `EmitTaskListUpdateEvent(t: Task)` bereit, die das Ereignis `TaskListUpdateEvent` per `EventEmitter` auslöst. Alle interessierten Komponenten (in diesem Fall nur `AppComponent`) können sich auf das Ereignis registrieren.

Zudem ist hier eine Methode `navigate(url)` realisiert, die den Router verwendet, um zu einem anderen Client-URL zu wechseln. Dies hat den Vorteil, dass Komponenten, die sowieso schon eine Injektion von `CommunicationService` erhalten, nicht auch noch die Klasse `Router` benötigen. Außerdem besitzt die Klasse ein öffentliches Attribut für das Sitzungstoken. Bisher hat die Klasse `AppComponent` dies verwahrt. Nun muss das Token nach dem Aufruf von `login()` zentral im `CommunicationService` abgelegt werden, damit die zu erstellenden Unterkomponenten dieses auch nutzen können.

Listing 25-9: Datei /app/communicationService.ts

```
import { Task } from './MiracleListProxy';
import { Injectable, EventEmitter } from '@angular/core';
import { Router } from '@angular/router';

@Injectable()
export class CommunicationService {
```

```
  constructor(private router: Router)
  { }

  // Client-Navigation per Router
  public navigate(url: string) {
   this.router.navigateByUrl(url);
  }

  // Ereignis für Ereigniskonsumenten
  TaskListUpdateEvent = new EventEmitter();

  // Ereignisauslösung
  EmitTaskListUpdateEvent(t: Task) {
   this.TaskListUpdateEvent.emit(t);
  }

  // Daten der Benutzeranmeldung
  public username: string;
  public token: string = "dev2";
}
```

Schritt 3: Teilaufgabenliste in SubTaskList-Komponente

Zum Anlegen einer neuen Angular-Komponente mit eigenständiger Template-Datei sollte man einen eigenen Ordner unterhalb des Ordners */src* erstellen. In vorliegenden Fall sollten also der Ordner *SubTaskList.Component* mit den Dateien *SubTaskList.Component.ts* und *SubTaskList.Component.html* entstehen. Bei der Verwendung von VSCode als Editor kann der Entwickler die Erweiterung *Add Angular Files* (*marketplace.visualstudio.com/items?itemName=sebastianbaar.vscode-add-angular2-files*) verwenden, die den Ordner und Dateien mit entsprechendem Grundgerüst anlegt. Allerdings muss man bei `templateUrl` nacharbeiten und in `templateUrl: 'TaskEdit.component.html'` die Pfadangabe ergänzen mit `templateUrl: './TaskEdit.component.html'`.

Eine neue Komponente ist in der Datei *app.module.ts* unter `declarations` zu registrieren:

```
import { TaskViewComponent } from "../SubTaskList.Component/SubTaskList.Component"
@NgModule({
  declarations: [ AppComponent,…, SubTaskList  ],
```

Listing 25-10 zeigt das Template für `SubTaskList`, das ein Extrakt der *app.component.html* ist. Ergänzt ist aber im `<input>`-Tag der Eintrag `[ngModelOptions]="{standalone:true}"`. Dies sorgt dafür, dass die Einbettung dieser Komponente in die noch zu erstellende `TaskEdit`-Komponente beim Anfügen einer Unteraufgabe nicht zum Einsenden des ganzen Eingabeformulars führt.

Den zugehörigen TypeScript-Code stellt Listing 25-11 dar. Das Attribut `task` ist hier mit `@Input()` zu annotieren, damit `TaskView` und `TaskEdit` ein `Task`-Objekt übergeben können. Per mit `@Output()` annotiertem Ereignis `subTaskListChangedEvent.emt(this.task)` meldet die `SubTaskList`-Komponente an ihre beiden Herren, wenn sich die Teilaufgabenliste verändert hat. Hierfür sind einige Importe notwendig: `import { Input, Output, EventEmitter } from '@angular/core'`. Die Änderungen an Unteraufgaben sendet die Komponente selbstständig an den REST-Dienst und bekommt dafür im Konstruktor eine Instanz von `MiracleListProxy` injiziert.

Listing 25-10: Datei /SubTaskList.component/SubTaskList.component.html

```
<!--Unteraufgaben-->
<div class="form-group">
    <label for="tasknote">Teilaufgaben</label>
    <input type="text" class="form-control" name="newSubTaskTitle"
[(ngModel)]="newSubTaskTitle" (change)="createSubTask($event)" placeholder="neue
Teilaufgabe...">
    <div class="list-group">
        <a *ngFor="let st of task.subTaskSet" class="list-group-item">
            <input name="done{{st.taskID}}" type="checkbox" [(ngModel)]="st.done"
[ngModelOptions]="{standalone: true}" (change)="changeTask(); false">
            <span [style.text-decoration]="st.done ? 'line-through' : 'none'">
{{st.title }}</span>
            <a (click)="removeSubTask(st)" class="close">&times;</a></a>
    </div>
</div>
```

Listing 25-11: Datei /SubTaskList/SubTaskList.component.ts

```
import { Component} from '@angular/core';
import { Input, Output, EventEmitter } from '@angular/core';
import { Task, SubTask } from '../app/MiracleListProxy';
import { MiracleListProxy } from '../app/MiracleListProxy';

@Component({
 selector: 'SubTaskList',
 templateUrl: './SubTaskList.component.html'
})

export class SubTaskListComponent  {
 constructor(private miracleListProxy: MiracleListProxy) {}

 @Input()
 public task: Task;
 @Output()
 subTaskListChangedEvent = new EventEmitter();

 private newSubTaskTitle: string;

 createSubTask() {
  var st = new SubTask();
  st.subTaskID = 0;
  st.title = this.newSubTaskTitle;
  st.created = new Date();
  …
  this.task.subTaskSet.push(st);
  this.changeTask();
 }

 changeTask() {
```

```
    this.miracleListProxy.changeTask(this.task).subscribe(
     x => {
      console.log("Task GEÄNDERT", x)
      this.task = x;
      this.newSubTaskTitle = "";
      this.subTaskListChangedEvent.emit(this.task);
     });
   }

  removeSubTask(st: SubTask) {
   console.log("Subtask LÖSCHEN", st)
   var index = this.task.subTaskSet.indexOf(st);
   this.task.subTaskSet.splice(index, 1);
   this.miracleListProxy.changeTask(this.task).subscribe(
    x => {
     console.log("Subtask GELÖSCHT", st)
     this.subTaskListChangedEvent.emit(this.task);
    });
  }
 }
```

Schritt 4: Auslagerung in TaskView

Als Nächstes ist die Komponente `TaskView` nach obigem Muster anzulegen und in *app.module.ts* zu registrieren. Listing 25-12 zeigt das Template für `TaskViewComponent`, die – bis auf das Tag `<SubTaskList>` – ein Extrakt der *app.component.html* ist. Im Task `SubTaskList`-Tag wird das aktuelle Task-Objekt der `TaskView`-Komponente mit `[task]="task"` an das mit `@Input` annotierte `task`-Attribut der `SubTaskList`-Komponente gebunden. Im Fall der Auslösung des Ereignisses `subTaskListChangedEvent` durch die `SubTaskList` ruft die Vorlage die Methode `reload()` in Listing 25-13 auf.

`ngOnInit()` behandelt ein von Angular ausgelöstes Lebenszyklusereignis; hier empfängt die Komponente vom Router den ID-Parameter und lädt dann dafür das passende Task-Objekt vom REST-Dienst. Der Programmcode löst nach dem Laden des Task-Objekts das Ereignis `EmitTaskListUpdateEvent()` aus. Das erscheint zuerst paradox, weil ja der Task noch nicht geändert wurde. Diese Anweisung ist aber notwendig, falls der Einstiegspunkt in die Anwendung nicht die Hauptsicht war, sondern die Anwendung direkt per URL in der Form `app/(column3:taskview/xy)` gestartet wurde. In diesem Fall muss die Hauptansicht wissen, welche Aufgabe nun aktuell ist. Wenn der Benutzer auf die Schaltfläche *Bearbeiten* klickt, löst die Methode `gotoEdit()` durch das injizierte Router-Objekt eine Navigation zur `TaskEdit`-Komponente unter Übergabe der TaskID in der URL aus.

Listing 25-12: Datei /TaskView/TaskView.component.html

```
<div *ngIf="task">
    <button lass="btn btn-info" (click)="gotoEdit()" …>Bearbeiten</button>
    <h3 style="margin: 0px">{{task.title}}</h3>
    <div>Wichtigkeit: {{task.importance | importance}}</div>
    <div *ngIf="task.due" … >
        fällig am: {{task.due | amDateFormat: 'L'}}</div>
```

```
    <SubTaskList [task]="task" (subTaskListChangedEvent)="reload($event)"></
SubTaskList>
    <div *ngIf="task.note">Notiz
        <div class="list-group-item" [innerHTML]="task.note | br"></div>
    </div>
</div>
```

Listing 25-13: Datei /TaskView/TaskView.component.ts

```
import { Component } from '@angular/core';
import { Input } from '@angular/core';
import { OnInit } from '@angular/core';
import { Router, ActivatedRoute, Params } from '@angular/router';
import { Task } from '../app/MiracleListProxy';
import { MiracleListProxy } from '../app/MiracleListProxy';
import { CommunicationService } from "../app/CommunicationService"

@Component({
 selector: 'TaskView',
 templateUrl: './TaskView.component.html'
})

export class TaskViewComponent {
 constructor(private miracleListProxy: MiracleListProxy,
  private router: Router,
  private route: ActivatedRoute,
  private communicationService: CommunicationService) {
 }

 private task: Task;

 ngOnInit() {
  // Routenparameter verarbeiten
  this.route.params.forEach((params: Params) => {
   let id = +params['id'];
   this.getTask(id);
  });
 }

 getTask(id: number) {
  console.log("TaskView:Task LADEN...", id)
  this.miracleListProxy.task(id).subscribe(
   x => {
    this.task = x;
    console.log("TaskView:Task GELADEN", x)
    this.communicationService.EmitTaskListUpdateEvent(this.task);
   });
 }

 gotoEdit() {
  var link = ['/taskedit', this.task.taskID];
  this.router.navigate(link); // Ansicht aufrufen
 }

 reload(obj:any) {
  this.communicationService.EmitTaskListUpdateEvent(this.task);
 }
}
```

Schritt 5: Aufgaben bearbeiten

Listing 25-14 zeigt das Template für `TaskEditComponent`. Der zugehörige TypeScript-Code ist hier aus Platzgründen nicht wiedergegeben. Das Template verwendet die CSS-Klassen von Bootstrap für das Formularlayout (`form-group`, `form-control`). Die Datenbindung an die einzelnen Steuerelemente muss mit der »Banana-in-a-Box«-Syntax, zum Beispiel `[(ngModel)]="task.title"`, erfolgen, damit die Zweiwege-Datenbindung von Objekt zu Steuerelement und umgekehrt funktioniert.

Die beiden `<button>`-Steuerelemente rufen jeweils die Methoden `saveTask()` und `cancel()` auf, wobei die *Speichern*-Schaltfläche mit `[disabled]="!taskForm.form.valid"` ausgeblendet wird, wenn das Eingabefeld für `task.Title`, das den Zusatz `required` besitzt, nicht ausgefüllt ist. Der Ausdruck nimmt Bezug auf `taskForm`, das ist die lokale Angular-Variable, die im `<form>`-Tag per `<form #taskForm="ngForm">` zugewiesen ist. Angular weist jedem Steuerelement, das die Prüfung nicht besteht, automatisch die CSS-Klasse `.ng-invalid` zu. Dies kann sich der Entwickler zunutze machen, um in der Komponentengestaltungsdatei *TaskEdit.component.css* einen eleganten roten linken Rand zu definieren, der bei ungültigen Eingaben automatisch erscheint:

```
.ng-invalid:not(form) { border-left: 5px solid #a94442; }
```

Das Formular enthält bewusst keine Submit-Schaltfläche, da es dann automatisch von Browserseite sein Absenden auslöst, wenn der Benutzer die (Eingabe)-Taste drückt. Hier soll es aber möglich sein, dass der Benutzer mit der (Eingabe)-Taste Unteraufgaben anlegt, ohne das ganze Formular zu bestätigen. Daher ist die Methode `submit()` an das `click`-Ereignis der mit *Speichern* betitelten Schaltfläche gebunden (siehe Listing 25-14). Durch die Zweiwege-Datenbindung befinden sich beim Aufruf von `submit()` alle geänderten Daten im Attribut `task` der Komponentenklasse. Die Methode muss also nur noch die REST-Operationen `/ChangeTask` aufrufen und danach die `AppComponent` über `this.communicationService.EmitTaskListUpdateEvent()` informieren, damit diese die Aufgabeliste in Spalte 2 aktualisieren kann.

*Listing 25-14: Die Eingabemaske für Aufgaben in der Datei /*TaskEdit TaskEdit/TaskEdit.Component.html

```
<div *ngIf="task" class="col-xs-4" style="padding: 0">
    <div>
        <h4 style="margin: 0px">Aufgabe</h4>
        <form #taskForm="ngForm">
            <!--Schaltflächen-->
            <button type="button" [disabled]="!taskForm.form.valid"
(click)="submit(taskForm)" class="btn btn-success"><span class="glyphicon glyphicon-
ok"></span> Speichern</button>
            <button type="button" (click)="cancel()" class="btn btn-warning"><span
class="glyphicon glyphicon-remove"></span> Abbrechen</button>
            <!--Titel-->
            <div class="form-group">
                <label for="tasktitle">Titel</label>
                <input name="tasktitle" type="text" [(ngModel)]="task.title" required
class="form-control">
            </div>
            <!--Wichtigkeit-->
```

```
            <div class="form-group">
                <label for="taskimportance">Wichtigkeit</label>
                <select name="taskimportance" [(ngModel)]="task.importance" required
class="form-control">
        <option value="0">A</option>
    <option value="1">B</option>
        <option value="2">C</option>
      </select>
            </div>
            <!--Fälligkeit-->
            <div class="form-group">
                <label for="taskDue">Fällig am</label>
                <datetime name="taskDue" [(ngModel)]="task.due"
[datepicker]="{autoclose: true, format: 'dd. MM.yyyy'}" [timepicker]="false"></
datetime>
            </div>
            <!--Unteraufgaben-->
            <SubTaskList [task]="task" (subTaskListChangedEvent)="reload($event)"></
SubTaskList>
            <!--Notiz-->
            <div class="form-group">
                <label for="tasknote">Notiz</label>
                <textarea name="tasknote" rows="5" [(ngModel)]="task.note"
class="form-control"></textarea>
            </div>
        </form>
    </div>
</div>
```

Schritt 6: Integration in AppComponent

Nach all diesen Erweiterungen sind nun folgende Änderungen in AppComponent vorzunehmen:

- Die Stelle in Spalte drei in der Vorlage, an der bisher die Ausgabendetails der Aufgabe erfolgen, wird ersetzt durch das leere Tag `<router-outlet> </router-outlet>`.
- Der Konstruktor bekommt eine Instanz von `CommunicationService` injiziert.
- Im Konstruktor erfolgt nun eine Reaktion auf den `TaskListUpdateEvent`. Listing 25-15 zeigt, dass die Ereignisbehandlung die Methode `updateColumn2()` aufruft, die anhand der gerade aktuellen Ansicht (einfache Aufgabenliste, Suchergebnisliste oder fällige Termine) unterscheidet, welche Liste zu aktualisieren ist.
- Der Konstruktor muss das von der Anmeldung (`/Login`-Operation) gelieferte Token in `CommunicationService.token` ablegen, damit alle Komponenten dieses Token nutzen können.
- Beim Klick auf eine Aufgabe in Spalte 2 erfolgt in `showTaskDetail()` nun eine Navigation zur `TaskView`-Komponente: `` this.communicationService.navigate(`/taskview/${id}`) ``.
- Da dem Wechsel der Kategorie in `selectCategory()` die Anzeige in Spalte 3 nicht mehr passt, erfolgt hier dann eine Navigation auf die Standardansicht mit der breiten Aufgabenliste: `this.communicationService.navigate("")`.

Schließlich wird noch die Datei *app.module.ts* aus dem Ordner */src/app* in den Ordner */src* hochgerückt, da diese Datei ja nun für alle Komponenten im */src*-Ordner gilt. Die Importe-Pfadangaben in *app.module.ts* sowie *main.ts* sind entsprechend anzupassen.

Datepicker

Die Erfassung des Fälligkeitsdatums in `TaskEdit` (siehe Listing 25-14) stellt eine größere Herausforderung dar. Wenn der Entwickler für das Attribut `this.task.due` nur ein einfaches Eingabefeld erstellt

```
<input name="taskdue" type="text" [(ngModel)]='task.due'>
```

bekommt der Nutzer eine unschöne Anzeige im Eingabefeld der Form »Tue Apr 04 2017 01:00:00 GMT+0200 (Central Europe Daylight Time)«.

Ein Datumseingabesteuerelement definiert die HTML5-Recommandation vom 28.10.2014 mit `<input type="date">` (*www.w3.org/TR/html5/forms.html#date-state-(type=date)*), aber leider haben bis heute nicht alle Browser diesen Standard umgesetzt. Laut *caniuse.com/#feat=input-datetime* stellen selbst die aktuellsten Versionen von Firefox, Safari, Opera Mini und Internet Explorer an dieser Stelle nur ein einfaches Texteingabefeld statt eines Kalendersteuerelements dar. Es gibt im Internet nun einige Polyfills, um das Datumseingabesteuerelement in den nicht unterstützten Browsern nachzubauen, aber auch damit bleibt noch die Herausforderung, dass das `<input type="date">` eine Zeichenkette der Form »yyyy-MM-dd« gemäß RFC 3339 erwartet und kein `Date`-Objekt. Nun könnte man `this.task.due` in ein Property verpacken, das im Getter das `Date`-Objekt in eine Zeichenkette und im Setter die Zeichenkette wieder in ein `Date`-Objekt verwandelt. In der Praxis aber funktioniert das Zusammenspiel zwischen Angular, den Bootstrap-Stylen und den verfügbaren Polyfills nicht in allen Browsern reibungslos.

Eine bessere Lösung ist das Angular-Modul *ng2-datetime* (*www.npmjs.com/package/ng2-datetime*), das eine Komponente `<datetime>` für Datums- und/oder Zeiteingabe auf Basis des Bootstrap-Datepicker (*uxsolutions.github.io/bootstrap-datepicker*) implementiert. Leider ist die Installation dieses Moduls mit einigen Schritten verbunden. Zunächst einmal sind folgende Pakete zu installieren (wobei jQuery schon vorhanden sein sollte):

```
npm install --save ng2-datetime
npm install --save jquery
npm install --save-dev @types/jquery
npm install --save Bootstrap-timepicker
```

Dann ist die Datei *angular-cli.json* zu erweitern:

```
      "styles": [
...
        "../node_modules/bootstrap-datepicker/dist/css/bootstrap-datepicker.css"
      ],
      "scripts": [
```

```
        "../node_modules/jQuery/dist/jQuery.js",
        "../node_modules/bootstrap-datepicker/dist/js/bootstrap-datepicker.js"
    ],
```

Zu beachten ist, dass der Angular-Webserver eine Änderung an *angular-cli.json* nicht automatisch berücksichtigt. Wenn also der Webserver läuft, ist er mit (Strg)+(C) zu beenden und dann mit *ng serve* neu zu starten. Das Angular-Modul ist dann noch in *app.module.ts* zu registrieren:

```
import { NKDatetimeModule } from 'ng2-datetime/ng2-datetime';

@NgModule({
...
  imports: [
    BrowserModule, …, NKDatetimeModule
  ],
```

Gemäß der Anleitung auf *nkalinov.github.io/ng2-datetime* kann der Entwickler dann mit dem Tag <datetime> den Datepicker konfigurieren (siehe Listing 25-14).

Kontextmenü verwenden

Das Löschen von Aufgaben soll wie beim Wunderlist Original per Kontextmenü erfolgen (siehe Abbildung 25-6).

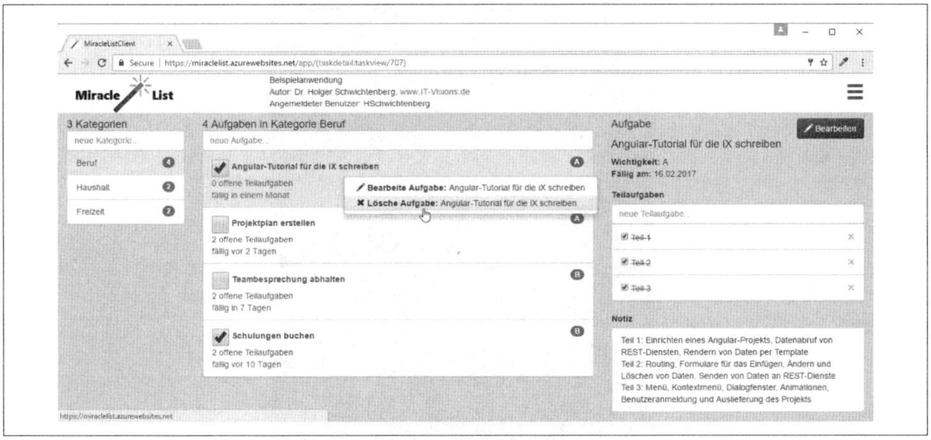

Abbildung 25-6: MiracleList-Webanwendung mit Kontextmenü

Da Angular noch keine eingebaute Unterstützung für Kontextmenüs anbietet, erfolgt hier ein Rückgriff auf eine Open-Source-Lösung bei GitHub. Aus dem Projekt *github.com/isaacplmann/angular2-contextmenu* werden die Datei *angular2-contextmenu.ts* und der ganze Ordner *src* benötigt. Diese Datei und der Ordner bilden ein eigenständiges Angular-Modul, das hier im Projekt im Ordner */Util/angular2-contextmenu/* abgelegt werden soll (siehe Abbildung 25-7).

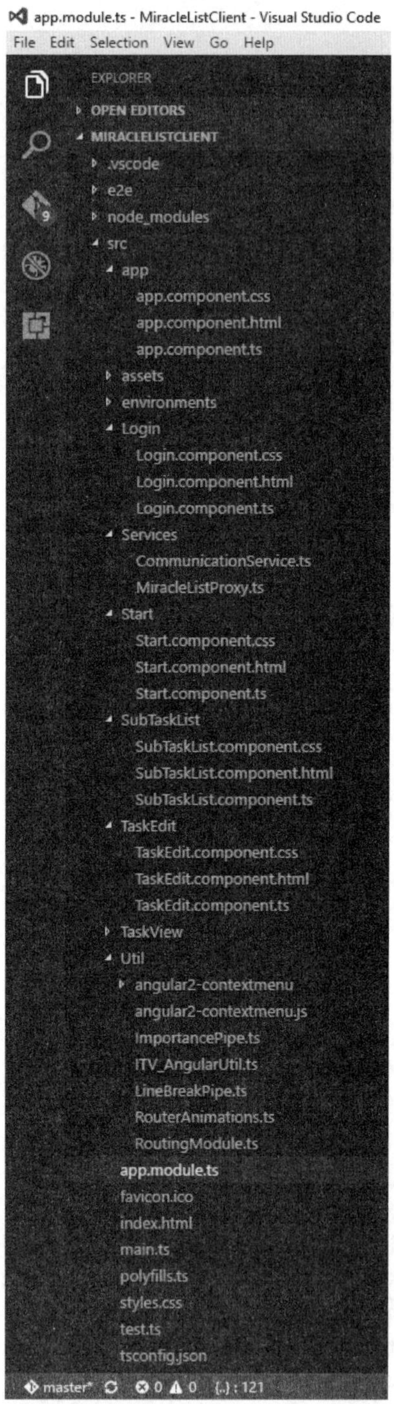

Abbildung 25-7: Aktueller Stand des /src-Ordners im Angular-Projekt im Explorer des Editors Visual Studio Code

Dieses Modul muss der Angular-Entwickler anschließend in *app/app.module.ts* registrieren:

```
import { ContextMenuModule } from '../Util/angular2-contextmenu/angular2-contextmenu';
…
@NgModule({
…
  imports: [
    BrowserModule, … , ContextMenuModule
  ], …
```

Die *app.component.html* kann dann mit den Tags `<context-menu>` und `<template>` ein Kontextmenü definieren (siehe Listing 25-15). Nach # folgt der lokale Name (hier: #taskMenu) des Kontextmenüs, der an beliebiger Stelle per [contextMenu]="taskMenu" eingebunden werden kann. Per [contextMenuSubject]="t" übergibt der Entwickler dem Kontextmenü einen Verweis auf das aktuelle Task-Objekt, das das Kontextmenü dann im Template zur Anzeige beziehungsweise als Parameter für die Behandlung des Ereignisses execute nutzen kann (siehe Listing 25-15).

Listing 25-15: Ausschnitt aus der Angular-Komponenten-Klasse AppComponent *(Datei* /src/app/app.component.ts*)*

```
<context-menu #taskMenu>
        <template contextMenuItem let-item (execute)="editTask($event.item)">
      <span class="glyphicon glyphicon-pencil" aria-hidden="true"></span> <b>Bearbeite
Aufgabe:</b> {{item.title}}
    </template>
        <template contextMenuItem let-item (execute)="deleteTask($event.item)">
      <span class="glyphicon glyphicon-remove" aria-hidden="true"></span> <b>Lösche
Aufgabe:</b> {{item.title}}
    </template>
</context-menu>
```

Listing 25-16: Ausschnitt aus dem Angular-Template für die Klasse AppComponent *(*/src/app/app.component.html*)*

```
deleteTask(t: Task) {
  // Dialog anzeigen
  var dialog = this.modal.confirm()
   .okBtn('Löschen')
   .cancelBtn('Abbrechen')
   .size('lg')
   .isBlocking(true)
   .showClose(true)
   .keyboard(27)
   .title('Löschen bestätigen')
   .body(`Soll die Aufgabe <b>${t.title}</b> und alle damit verbundenen Details
wirklich für <b>immer gelöscht</b> werden?`)
   .open();

  // Dialog-Ergebnis (Promise) auswerten
  dialog.then((d) => d.result)
   .then((d) => d.result)
   .then((ok) => {
    this.miracleListProxy.deleteTask(this.communicationService.token,
```

```
t.taskID).subscribe(
     x => {
      console.log("Task GELÖSCHT", t.taskID)
      this.task = null;
      this.updateColumn2();
     });
   },
   (cancel) => { // nichts tun });
   });
 }
```

Nach dem Löschen ist zu beachten, dass die gelöschte Aufgabe nicht mehr in der dritten Spalte erscheinen sollte. Daher wechselt die `AppComponent` dann auf die Hauptansicht mit breiter Aufgabenliste zurück.

Nachfragen beim Löschen

Das Löschen einer Aufgabe ohne Nachfrage kann zu nachhaltigen Benutzerfehlern führen. Daher soll nun das Löschen so geändert werden, dass die Webanwendung die Aufgabe erst nach Bestätigung eines Dialogfensters löscht. Die Unterstützung für Dialogfenster (alias »Pop-up-Fenster«) gehört leider auch nicht zum Standardumgang von Angular. Hier kommt das ebenfalls auf Bootstrap basierende Modul *angular2-modal* (*github.com/shlomiassaf/angular2-modal*) zum Einsatz, das mit `npm install angular2-modal --save` zu installieren ist.

In *app.module.ts* muss der Entwickler Folgendes eintragen:

```
import { ModalModule } from 'angular2-modal';
import { BootstrapModalModule } from 'angular2-modal/plugins/bootstrap';

@NgModule({
… imports: [
    BrowserModule, …,  ModalModule.forRoot(),BootstrapModalModule
  ],
})
```

In einer Komponente, die ein Dialogfenster öffnen soll, muss der Benutzer drei Klassen importieren und im Konstruktor per Dependency Injection empfangen sowie das `ViewcontainerRef`-Objekt von Angular an den `defaultViewContainer` des `Overlay`-Objekts des `angular2-modal`-Moduls zuweisen:

```
import { ViewcontainerRef } from '@angular/core';
import { Overlay } from 'angular2-modal';
import { Modal } from 'angular2-modal/plugins/bootstrap';
…
constructor(private overlay: Overlay, private vcr: ViewcontainerRef, public modal:
Modal) {
  overlay.defaultViewContainer = vcr;
 }
```

Danach kann der Entwickler in der Komponente mithilfe der Methoden `alert()`, `prompt()` und `confirm()` des Objekts `this.modul` beliebige Dialogfenster öffnen.

Listing 25-16 zeigt die Methode `deleteTask()` in der `AppComponent`, die nachfragt, ob eine Aufgabe wirklich gelöscht werden soll.

Animationen

Während viele Standardsteuerelemente im Kern von Angular noch fehlen, gehört ein Animationsframework, mit dem der Entwickler Bewegungen einzelner DOM-Elemente und flüssige Übergänge zwischen Komponenten erstellen kann, bereits dazu. Basis für Angular-Animationen ist der kommende W3C-Standard Web Animations (*w3c.github.io/web-animations*), den jedoch bislang nur Chrome, Firefox, Opera und der Android-Browser implementiert haben (*caniuse.com/#feat=web-animation*). Mithilfe eines Polyfills (*github.com/web-animations/web-animations-js*) können jedoch auch andere Browser mitmachen. Zur Installation dieses Polyfills führt der Entwickler aus:

```
npm install --save web-animations-js
```

Anschließend ist in der Datei */src/Polyfills.ts* ein Eintrag zu ergänzen:

```
import 'web-animations-js'
```

Ziel einer Animation können alle im W3C-Standard vorgesehenen Eigenschaften (zum Beispiel Position, Größe, Farbe, Ränder, Transformationen) sein. Der Entwickler kann einen Endzustand und eine Dauer angeben oder im Rahmen sogenannter Keyframes auch mehrere Schritte vorgeben.

Listing 25-17 zeigt einen Bewegungseffekt nach links. Dieser Effekt soll mit dem Erscheinen und Verschwinden der `TaskEditComponent` verbunden werden, was durch Zusätze zur `@Component`-Annotation erreichbar ist (Listing 25-18).

Listing 25-17: Ausschnitt aus den in der Datei /Util/RouterAnimations.ts *definierten Effekten*

```
import {trigger, state, animate, style, transition} from '@angular/core';

export function slideToLeft() {
  return trigger('routerTransition', [
    state('void', style({position:'fixed', width:'100%'}) ),
    state('*', style({position:'fixed', width:'100%'}) ),
    transition(':enter', [
      style({transform: 'translateX(100%)'}),
      animate('0.5s ease-in-out', style({transform: 'translateX(0%)'}))
    ]),
    transition(':leave', [
      style({transform: 'translateX(0%)'}),
      animate('0.5s ease-in-out', style({transform: 'translateX(-100%)'}))
    ])
  ]);
}
```

Listing 25-18: Festlegen der beim Öffnen der TaskEdit*-Komponente anzuzeigenden Animation*

```
import { slideToLeft } from '../Util/RouterAnimations';

@Component({
 selector: 'TaskEdit',
 templateUrl: './TaskEdit.component.html',
  animations: [slideToLeft()],
  host: {'[@routerTransition]': ''}
})
```

Sortieren der Aufgabenliste

Nun soll auch noch eine Sortierung der Aufgaben per Ziehen und Fallenlassen mit der Maus realisiert werden. Auch dafür gibt es auf GitHub eine kostenfreie Open-Source-Lösung: Angular 2 Drag-and-Drop (kurz: ng2-dnd) (*github.com/akserg/ng2-dnd*). Zur Umsetzung ist das `<ol>`-Tag um die Direktiven `dnd-sortable-container [sortableData]="taskSet"` (siehe Listing 25-19) zu erweitern, wobei die zweite Direkte auf die sortierte Menge der Aufgaben verweist. Die Ausgabe der einzelnen Aufgabe im `<li>`-Tag erhält dann den Zusatz `dnd-sortable [sortableIndex]="i" (drop)="reorder(t, i)"`, wobei `i` der laufende Index der ausgegebenen Aufgabe ist und `t` das zugehörige Task-Objekt.

Im Programmcode ist nun in `showTaskSet()` für eine Sortierung der Aufgaben nach der Eigenschaft `Position` zu sorgen und zusätzlich ist die Methode `reorder()` zu implementieren. Beides ist hier im Buch aus Platzgründen nicht abgedruckt, findet sich aber in den Downloads zu diesem Buch.

Listing 25-19: Die Ausgabe der Aufgaben wurde im Kontextmenü um Sortierung erweitert

```
<ol class="list-group" dnd-sortable-container [sortableData]="taskSet">
<!-- ---------- eine Aufgabe im Block ausgeben mit Kontextmenü und Sortierbarkeit -->

            <li *ngFor="let t of taskSet; let i = index" dnd-sortable
[sortableIndex]="i" (drop)="reorder(t, i)" (click)="showTaskDetail(t)" title="Aufgabe
#{{t.taskID }}, erzeugt am {{ t.created | amDateFormat: 'LLL'}}" class="list-group-
item" [style.background-color]="t.taskID == task?.taskID ? '#E0EEFA' : 'white'"
                [contextMenu]="taskMenu" [contextMenuSubject]="t">
                <input type="checkbox" [(ngModel)]="t.done" (change)="changeDone(t)"
name="done{{t.taskID}}" id="done{{t.taskID}}" class="form-control MLcheckbox"> <b>{{
t.title }} </b>
                <span class="badge badge-important" title="Wichtigkeit: {{t.importance
| importance}}">{{t.importance | importance}}</span><br>
                <div>{{getUndoneSubTaskSet(t).length}} offene Teilaufgaben</div>
                <div *ngIf="t.due" [ngClass]="{'text-danger': t.due<today, 'text-
warning': t.due==today, 'text-success':t.due>today}">fällig {{t.due | amTimeAgo}}</
div>
            </li>
</ol>
```

Benutzeranmeldung

Bisher wurde die Benutzeranmeldung statisch in der Klasse AppComponent implementiert. Das hat zur Entwicklungszeit das Testen sehr vereinfacht, kann aber natürlich nicht so bleiben.

Zum Schluss soll die Webanwendung noch eine Benutzeranmeldung erhalten, die dem Zugriff auf den Hauptbildschirm (AppComponent) vorgeschaltet sein soll. Dazu sind folgende Änderungen vorzunehmen:

- Es wird eine Log-in-Komponente erstellt, die im Formular #loginForm die Eingabefelder für Benutzername und Kennwort (beide »required«) sowie eine Schaltfläche enthält. Die Schaltfläche ist per [disabled]="!loginForm.form.valid" inaktiv geschaltet, solange es nicht beide Eingaben gibt. Die mit der Schaltfläche per (click)="login()" verbundene Methode login() ruft den REST-Dienst /Login auf und setzt bei erfolgreicher Anmeldung das Token in der injizierten Instanz der Klasse CommunicationService (siehe Listing 25-21).
- Der bisher realisierte Aufruf von /Login im Konstruktor der AppComponent ist nun zu entfernen.
- Der Entwickler erstellt eine neue Komponente Start und lagert in diese die Kopfzeile mit Logo und Hauptmenü von AppComponent aus. Die Vorlage der Komponente enthält ein Router-Outlet, in das sich wahlweise die LoginComponent oder die AppComponent laden.
- Das in AppComponent vorhandene Router-Outlet muss einen Namen bekommen, da es nun nicht mehr das primäre Outlet ist: <router-outlet name="column3">.
- Die geänderte Route in *routing.module.ts* zeigt Listing 25-20. In der Hauptroute besteht nun die Wahl zwischen LoginComponent und AppComponent ("/App"). Die bisherigen Routen werden Unterrouten zu /App mit dem Verweis auf das Router-Outlet mit Namen »column3«.
- Der automatisch von Angular-CLI erzeugte Bootstrap-Eintrag (nicht zu verwechseln mit Twitter Bootstrap) in *app.module.ts* ist von AppComponent auf StartComponent zu ändern.
- In *Index.html* ist <app-root> durch <start> zu ersetzen.
- Alle Navigationsaufrufe zu TaskView und TaskEdit in AppComponent, TaskViewComponent und TaskEditComponent sind nach folgendem Muster zu ändern, wobei die spezielle Angular-Syntax mit der Klammerung des Router-Outlet-Namens zu beachten ist:

  ```
  this.router.navigateByUrl(`/app/(column3:taskedit/${this.task.taskID})`).
  ```

Die geänderte Softwarearchitektur des Beispiels MiracleList zeigt Abbildung 25-8. Laut den Empfehlungen des Angular-Teams sollte die Hauptkomponente immer AppComponent sein. In diesem Beispiel ist sie es nun nicht mehr. Zur Vermeidung zahlreicher Umbenennungsaktionen wird hier darauf verzichtet.

Listing 25-20: Geänderte Routen

```
const routes: Routes = [
 { path: '', component: LoginComponent, },
 {
  path: 'app', component: AppComponent,
  children: [

   { path: 'taskview/:id', component: TaskViewComponent, outlet: "column3" },
   { path: 'taskedit/:id', component: TaskEditComponent, outlet: "column3" }
  ]
 }
];
```

Listing 25-21: Komponentenklasse für die Benutzeranmeldung (Datei /Login/Login.component.ts*)*

```
import { Component, OnInit } from '@angular/core';
import { CommunicationService } from '../Services/CommunicationService'
import { MiracleListProxy, LoginInfo } from '../Services/MiracleListProxy';

@Component({
 selector: 'Login',
 templateUrl: './Login.component.html'
})

export class LoginComponent {

 constructor(private miracleListProxy: MiracleListProxy, private communicationService:
CommunicationService) { }

 public name: string;
 public password: string;
 public errorMsg = '';

 login() {
  console.log("LOGIN", this.name, this.password);

  var li = new LoginInfo();
  li.clientId = "Ihre erhaltene ClientID";
  li.userName = this.name;
  li.password = this.password;

  this.miracleListProxy.login(li).subscribe(x => {

   if (x == null) {
    console.log("login NICHT ERFOLGREICH", x);
    this.errorMsg = 'Ungültige Anmeldung!';
    this.communicationService.token = "";
   }
   else {
    console.log("login ERFOLGREICH", x);
    this.communicationService.token = x.token;
    this.communicationService.username = this.name;
    this.communicationService.navigate("/app"); // Ansicht aufrufen
   }
  })
 }
}
```

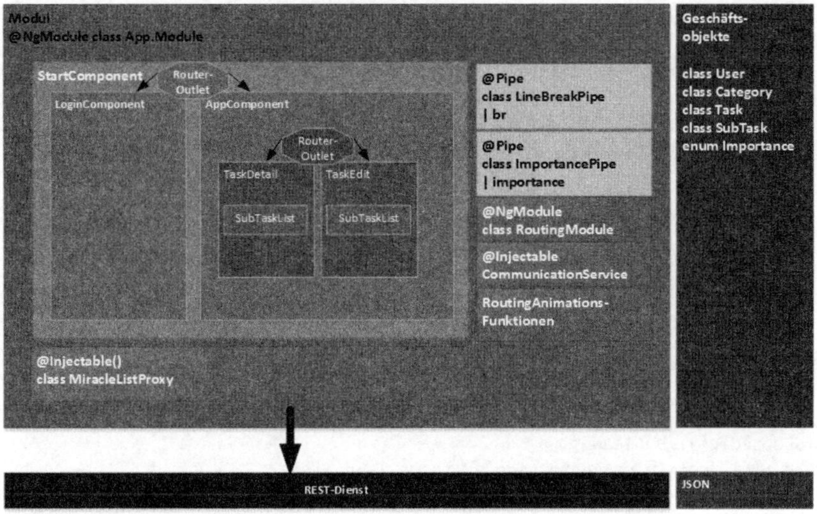

Abbildung 25-8: Geänderte Softwarearchitektur nach dem Einfügen der Benutzeranmeldung

Hauptmenü

Auch ein Hauptmenü würde der MiracleList-Webanwendung noch gut zu Gesicht stehen. Abbildung 25-6 zeigt rechts oben ein sogenanntes »Hamburger«-Menü. Hier kommt keine spezielle Angular-Komponente zum Einsatz, sondern lediglich Bootstrap-CSS-Klassen (siehe Listing 25-22). Die Methode `about()` zeigt einen einfachen Dialog (nur *OK*, keine Auswahl), und `logoff()` meldet den Benutzer ab, wonach eine Navigation zurück zum Anmeldebildschirm fällig wird (siehe Listing 25-23). Der Menüpunkt *Abmelden* erscheint nur, wenn ein Benutzer angemeldet ist. Diese Information kennt die Klasse `CommunicationService`, deren Aufruf durch ein Property nur mit Getter (`isLoggedIn`) gekapselt ist.

Listing 25-22: Hauptmenü für MiracleList mit Boostrap-Klassen (/Start/Start.component.html*)*

```
<ul class="nav navbar-nav navbar-right">
    <li class="dropdown">
        <a class="dropdown-toggle" data-toggle="dropdown" href="#">
            <span style="font-size: 2.2em" class="glyphicon glyphicon-menu-hamburger
icon-primary"></span> </a>
    <ul class="dropdown-menu">
        <li><a (click)="about()">Über MiracleList</a></li>
        <li><a (click)="logout()" *ngIf="isLoggedIn">Abmelden</a></li>
</ul> </li> </ul>
```

Listing 25-23: Komponentenklasse für das Hauptmenü (/Start/Start.component.ts*)*

```
import { Component, OnInit } from '@angular/core';
// Dienste
import { MiracleListProxy } from '../Services/MiracleListProxy';
import { CommunicationService } from '../Services/CommunicationService'
```

```
// für Modalfenster
import { ViewcontainerRef } from '@angular/core';
import { Overlay } from 'angular2-modal';
import { Modal } from 'angular2-modal/plugins/bootstrap';
@Component({
 selector: 'Start',
 templateUrl: './Start.component.html'
})

export class StartComponent implements OnInit {
 ngOnInit() { }
 constructor(private miracleListProxy : MiracleListProxy, private
communicationService: CommunicationService, overlay: Overlay, vcr: ViewcontainerRef,
public modal: Modal, ) {
  overlay.defaultViewContainer = vcr;
 }

 get isLoggedIn(): boolean {
  return (this.communicationService.username != null &&
this.communicationService.username != "")
 }

 about() {
  this.modal.alert()
   .size('lg')
   .showClose(true)
   .title('Über die Anwendung MiracleList')
   .body(`
   <h4>Dies ist eine Beispielanwendung für eine Single-Page-Webapplication (SPA) zur
Aufgabenverwaltung.</h4>
   ...
   <div>Angemelderter Benutzer: ${this.communicationService.username} (Token:
${this.communicationService.token})`)
   .open();
 }

 logout() {
  this.miracleListProxy.logoff(this.communicationService.token).subscribe(x=>x);
  this.communicationService.token = "";
  this.communicationService.navigate(""); // Ansicht aufrufen
 }
}
```

Testen

Das Testen kommt in diesem Fallbeispiel – wie so oft im wahren Projektleben – erst zum Schluss. Der Programmgenerator von Angular-CLI hat bereits beim Anlegen des MiracleListClient-Projekts das Testen der Webanwendung vorgesehen. Zwei Arten von Tests hat er integriert:

- Unit Tests mit Jasmine (*jasmine.github.io*) und dem Karma Test Runner (*karma-runner.github.io*). Hierfür gibt es im Projekt die Datei *karma.conf.js* mit der Konfiguration für den Test Runner sowie die einzelnen Unit Tests in Jasmine-Syntax bei den Komponenten (zum Beispiel *app.component.spec.ts*).

- Integrationstests (End-to-End-Tests) mit Jasmine und Protractor (*http://www.protractortest.org/*). Angular-CLI hat dafür den Ordner */e2e* angelegt.

Protractor stammt genauso wie Karma aus der Feder des Angular-Entwicklungsteams und basiert auf Silenium WebDriver für Browser-Automation (*www.seleniumhq.org*). Auch wenn Protractor auf der Website noch von »end to end testing for AngularJS« spricht, unterstützt das Werkzeug seit Version 2.5 dennoch auch das überarbeitete Angular ab Version 2.0, das nicht mehr »JS« im Namen führt. Allerdings werden noch nicht alle Funktionen von Protractor vom neuen Angular unterstützt (vgl. *angular.io/docs/ts/latest/guide/upgrade.html*). Protractor in Angular-CLI-Projekten umfasst im Standard vier Dateien:

- */e2e/tsconfig.json*: spezielle Konfiguration des TypeScript-Compilers für die Integrationstests.
- */e2e/app.po.ts*: *po* steht für »Page Object« und realisiert einen Wrapper um den Zugriff auf die zu testende Webseite.
- */e2e/app.e2e-spec.ts*: enthält die Jasmine-basierten Tests, die das Page Object verwenden.
- Außerdem gibt es eine zentrale JSON-basierte Protractor-Konfiguration in der Datei */protractor.conf.js*.

Die Realisierung eines Page Objects bringt Vorteile bei der Wiederverwendung und Abstraktion, ist aber in einfachen Szenarien nicht zwingend notwendig. Listing 25-24 zeigt daher neben dem Page-Objekt-basierten Test für die Überschrift einen Integrationstest für die komplette Benutzeranmeldung ohne Page Object. Hier erfolgt die Navigation mit der Protractor-Funktion `browser.get()` und der Zugriff auf Elemente mit der Funktion `element(by.css())`, wobei sich der Funktionsname `css()` darauf bezieht, dass der Entwickler als Parameter dort einen beliebigen CSS-Selektor angibt, um ein HTML-Element in der Seite zu identifizieren. Zuerst prüft der Integrationstest mit dem Jasmine-Matcher `toBe()` die Überschrift im `<h2>`-Element. Nachdem der Integrationstest einen Benutzernamen und ein Kennwort mit `sendKeys()` in die Eingabefelder eingegeben hat, löst `click()` die *Anmelden*-Schaltfläche aus. Der Integrationstest prüft dann den resultierenden URL und den Bildschirminhalt.

Für die Ausführung der Protractor-Tests benötigt der Entwickler zwei Konsolenprozesse: den Webserver (*ng serve*) und den Test-Client (*ng e2e*), der den Browser startet. Der Editor VSCode erlaubt, im Terminal Window mehrere Konsolen zu starten. Während der Webserver kontinuierlich weiterläuft, endet der *n2 e2e*-Prozess nach einem Durchlauf mit der Ausgabe der Testergebnisse (siehe Abbildung 25-9). Der beim Integrationstest zu startende Browser ist in der Datei *protractor.conf.js* unter `browserName` festgelegt. Während Chrome und FireFox den Silenium WebDriver inzwischen direkt unterstützen, muss der Entwickler für Internet Explorer (*github.com/SeleniumHQ/selenium/wiki/InternetExplorerDriver*), Edge (*www.microsoft.com/en-us/download/details.aspx?id=48212*) und Opera (*github.com/operasoftware/operachromiumdriver*) vorher einen Treiber auf seinem System installieren.

Listing 25-24: Integrationstest für die Benutzeranmeldung mit Protractor und Jasmine

```
import { AppModule } from './../src/app/app.module';
import { MiracleListClientPage } from './app.po';
import { browser, element, by } from 'protractor';

// Testcode mit Page Object
describe('miracle-list-client App', function () {
  let page: MiracleListClientPage;

  beforeEach(() => {
    page = new MiracleListClientPage();
  });

  it('Inhalt der Anmeldeseite', () => {
    page.navigateTo();
    expect(page.getHeadline()).toEqual('Benutzeranmeldung');
  });

// Direkter Testcode ohne Page Object
   var anmeldename = "testuser";
   var kennwort = "geheim";

    it('Kompletter Anmeldevorgang', function () {
      browser.get('/');
      var e1 = element(by.css('start h2'));
      expect(e1.getText()).toBe('Benutzeranmeldung');

     // teste Formular
     element(by.id('name')).sendKeys(anmeldename);
     element(by.id('password')).sendKeys(kennwort);
     element(by.id('Anmelden')).click().then(
     ()=>{

    // hat sich die URL nun verändert?
    expect(browser.getCurrentUrl())
     .toBe( browser.baseUrl + 'app');});

    // Prüfe, ob Benutzername auf dem Bildschirm steht
    var e2 = element(by.id("LoggedInUser"));
    expect(e2.getText()).toEqual("Angemeldeter Benutzer: " + anmeldename);

    });
  });
```

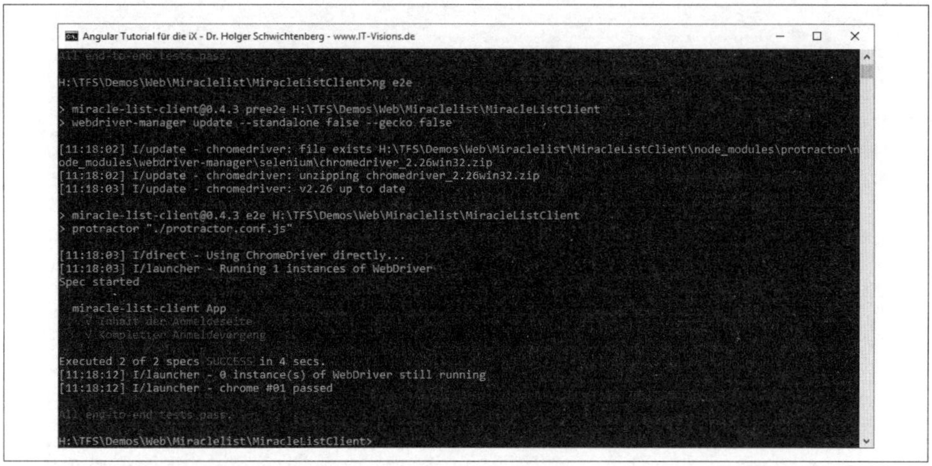

Abbildung 25-9: Erfolgreiche Ausführung von zwei Protractor-Integrationstests

Auslieferung

Die Webanwendung ist nun einsatzbereit. Der letzte Schritt ist die Erstellung der auslieferungsfähigen Dateien. Dafür stellt Angular CLI den Befehl *ng build* mit dem Parameter *-prod* bereit:

```
ng build -prod
```

Daraus entsteht ein Ordner */dist* mit Dateien, die für den Betrieb notwendig sind. Die Angabe *-prod* sorgt für einen Unterschied zum normalen Build: Das Übersetzen dauert wesentlich länger, aber die entstehenden Dateien sind deutlich kleiner. Während auch der normale Build-Vorgang immer CSS- und JavaScript-Dateien bündelt, findet ein Minifizieren und Tree Shaking (zur Extraktion der tatsächlich benötigten Programmcodezeilen) nur im Produktionsmodus statt. Folglich lädt und läuft das Ergebnis dieses Builds auch schneller. Die fertige Webanwendung kann jedermann unter *https://miraclelist.net* betrachten.

KAPITEL 26

MiracleList-Electron-Client

Für die Entwicklung von Cross-Anwendungen für Linux, macOS und Windows hat sich Electron etabliert, mit dem man eine Webanwendung in eine Desktop-Anwendung verpackt. In diesem Kapitel wird aus dem MiracleList-Web-Frontend eine Cross-Anwendungen für Linux, macOS und Windows erstellt. Dabei kommt für die Programmierung der auf Electron basierenden Rahmenanwendung wieder TypeScript zum Einsatz.

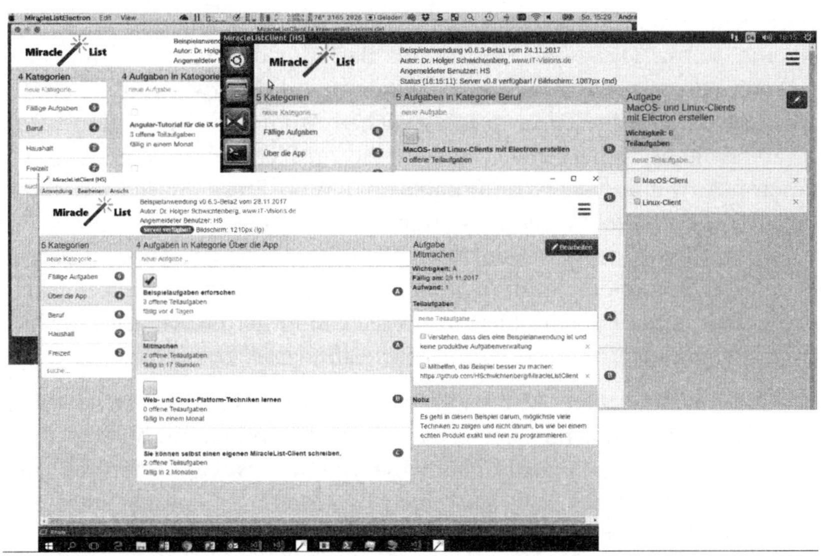

Abbildung 26-1: MiracleList auf macOS, Linux und Windows

Das Verpacken einer bestehenden Webanwendung in eine Desktop-Anwendung ist mit Electron in wenigen Programmzeilen zu lösen. Zusätzlicher Aufwand entsteht nur, wenn man der Desktop-Anwendung einen Mehrwert gegenüber der Webanwendung anbieten will, indem man sie mit eigenen Menüs ausstattet oder an andere Ressourcen anbinden will, zu denen der Browser durch seine Sandbox keinen Zugang besitzt.

Hybride Apps

Die Idee, eine Webanwendung in eine Desktop-Anwendung zu verpacken, ist fast so alt wie das kommerzielle World Wide Web selbst. Damals waren es Firmen, die ihre Produktkataloge erstmals ins Netz stellten, aber weiterhin für die noch nicht ans Netz angebundenen Kunden auch eine CD mit einer Desktop-Oberfläche zum Verschicken anbieten wollten, ohne dabei eine getrennte Anwendung für Web- und Desktop-Oberfläche zu erstellen.

In Desktop-Anwendungen verpackte Webanwendungen heißen heutzutage »hybride Anwendungen« und erleben einen Boom, seit es viele Betriebssysteme zu adressieren gilt. In der Welt der Mobilgeräte ist hier Cordova führend, für die PC-Betriebssysteme hat sich Electron etabliert. Electron ist nicht nur ein Open-Source-Projekt auf GitHub (*github.com/electron/electron*), sondern auch die Firma GitHub Inc. selbst. Diese hat Electron als Basis für den plattformunabhängigen Editor Atom (*electronjs.org/apps/atom*) geschaffen. Mittlerweile gibt es nachweislich der Electron-Website (*electronjs.org*) neben Atom und dem GitHub Desktop-Client zahlreiche bekannte Anwendungen, die auf Electron basieren, zum Beispiel die Desktop-Anwendungen von WhatsApps, WordPress, Slack und Flow, das beliebige REST-API-Testwerkzeug Postman (*www.getpostman.com*) sowie der Editor Visual Studio Code (VSCode) (*code.visualstudio.com*) und das Datenbankwerkzeug SQL Operations Studio (*github.com/Microsoft/sqlopsstudio*), jeweils von Microsoft. Eine umfangreiche Liste von Electron-basierten Anwendungen findet man unter (*github.com/sindresorhus/awesome-electron#apps*).

In der Windows-Welt bietet Microsoft für das Hosting von Webanwendungen in Desktop-Anwendungen schon lange sein Internet Explorer Webbrowser Control (*msdn.microsoft.com/en-us/library/bb250464(v=vs.85).aspx*) kostenfrei an. Das gibt es aber nur für Windows, und auch der Internet Explorer steht auf dem Abstellgleis der Browserwelt.

Architektur von Electron

Hybride Electron-Anwendungen auf Desktops laufen auf Chromium, dem einbettbaren Open-Source-Kern von Chrome (*www.chromium.org*). Die aktuelle Electron-Version zum Redaktionsschluss dieses Kapitels 1.8.3 vom 05. März 2018 verwendet Chromium 61.0.3163.10, liegt damit also etwas hinter der aktuellen Release-Version von Chrome (65.0.3325.146 vom 09.03.2018). Eine Anwendung, die in einer Webbrowser-Komponente läuft, unterliegt wie eine normale Webseite der Sandbox des Browsers, kann also nicht uneingeschränkt auf das Netzwerk und die Programmierschnittstellen des Betriebssystems zugreifen.

Electron überwindet die Sandbox, indem es neben dem Chromium-Prozess (hier »Renderer-Process« genannt) einen weiteren »Main-Process« startet (siehe Abbildung 26-2), der vollen Zugang zu allen Programmierschnittstellen und Ressourcen hat, für die der angemeldete Benutzer berechtigt ist. Der Main-Process in Electron basiert auf Node.js, was die Funktionsvielfalt von vielen Tausend npm-Paketen (*www.npmjs.com*) eröffnet, zum Beispiel das Paket *fs* für den Dateisystemzugriff und *username* für das Auslesen des angemeldeten Benutzers.

Für den Main-Process stellt Electron auch eigene Funktionen bereit, zum Beispiel für das Auslesen der Bildschirmauflösung, das Erstellen von Anwendungsmenüs, Dateisystemdialoge und Benachrichtigungen. Eine zentrale Funktion der Electron-Bibliothek ist auch die Inter-Prozess-Kommunikation zwischen Main- und Renderer-Process, die die kontinuierliche Interaktion zwischen den beiden Prozessen ermöglicht.

Entwickler, denen Funktionen fehlen (zum Beispiel zum Zugriff auf proprietäre Hardware), können native Erweiterungen für node.js mit dem N-API in C oder C++ schreiben (*nodejs.org/api/n-api.html*) und diese in eine Electron-Anwendung als NPM-Paket einbinden.

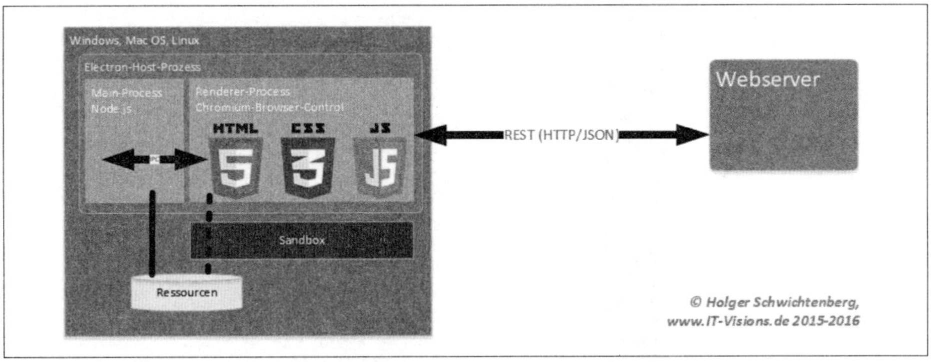

Abbildung 26-2: Architektur von Electron-basierten Anwendungen

Electron-Projekt anlegen

Dieses Kapitel zeigt nun auf, wie sich die zuvor erstellte Webanwendung in eine Electron-Desktop-Anwendung verpacken lässt. Die bestehende Webanwendung bildet den Renderer-Process mit einigen Erweiterungen für den Datenaustausch mit dem Main-Process. Der Main-Process ist ganz neu zu schreiben, doch – dies sei vorweggenommen – der Aufwand dafür ist überschaubar.

Grundsätzlich kann die Webanwendung beliebige CSS- und JavaScript-Frameworks einsetzen. Einige Probleme, die es im Einzelfall gibt, wird dieser Beitrag noch beleuchten. Ein speziell auf Electron abgestimmtes CSS-Framework ist Photon (*photonkit.com*). Ein vollautomatisches Verpacken einer beliebigen Website in eine Electron-Webanwendung erledigt die Anwendung Nativefier (*github.com/jiahaog/nativefier*). Hier soll die Electron-Anwendung aber manuell entstehen, um eine echte Integration mit dem Desktop zu bieten.

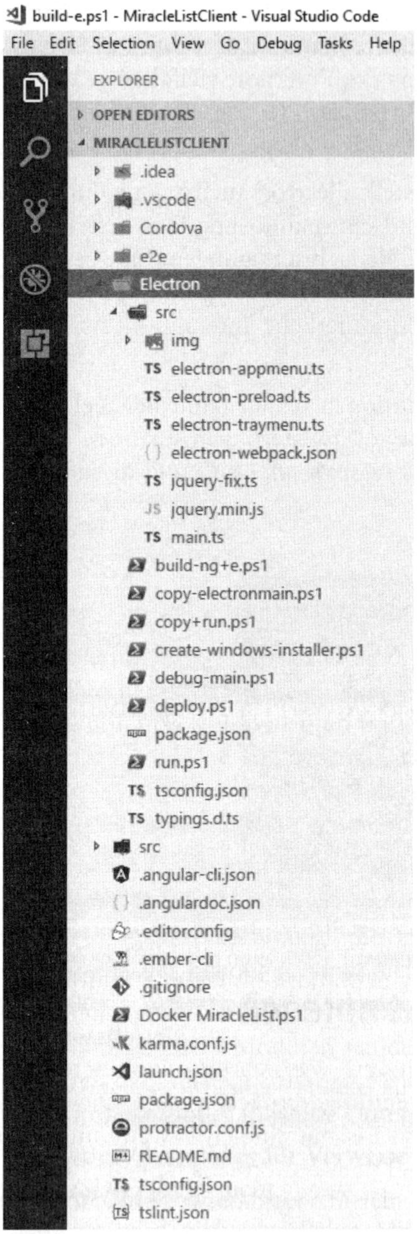

Abbildung 26-3: Der Electron-*Ordner im MiracleList-Projekt im Editor Visual Studio Code mit diversen Erweiterungen (unter anderem für die farbigen Symbole)*

Das MiracleList-Webprojekt wird um den Ordner *Electron* ergänzt (siehe Abbildung 26-3). Der */src*-Ordner umfasst die bisherige Webanwendung, */Electron/src* den Quellcode (TypeScript-Dateien) für den neuen Main-Process und Grafiken für das Anwendungssymbol. */Electron* enthält eine passende *tsconfig.json*-Datei, eine *package.json* für die einzubindenden NPM-Pakete (und dazu korrespondierend einen eigenen Ordner namens *nodes_modules*, der aber in Abbildung 26-3 ausgeblendet ist), sowie mehrere PowerShell-Skripte für Übersetzung, Debugging und Verbreitung der Electron-Anwendung. Die PowerShell gibt es inzwischen auch für Linux und macOS, siehe *github.com/PowerShell/PowerShell*. Alternativ dazu findet man in der *package.json*-Datei auch NPM-Skripte für die Electron-Aufgaben.

Listing 26-1 zeigt die *package.json*-Datei, in der nicht nur die Paketabhängigkeiten, sondern auch der Name, die Version und die Startdatei für die Electron-Anwendung deklariert sind. Das NPM-Paket *electron* umfasst seit Version 1.6.10 auch TypeScript-Definitionen (siehe Ankündigung in *electronjs.org/blog/typescript*). Sinnvolle Ergänzung sind die TypeScript-Editionen für Node.js (`@types/node`). Dieses Kapitel geht davon aus, dass der Entwickler TypeScript für die Implementierung einer Electron-Anwendung einsetzt; mit purem JavaScript ist dies aber auch möglich, dann fehlt es jedoch an einigem Komfort, da man dabei nicht die Typdefinitionen und die darauf aufbauende Eingabeunterstützung in Editoren wie Visual Studio Code verwenden kann.

Listing 26-1: Die Datei package.json *für die Electron-Anwendung*

```
{
    "name": "miraclelistelectron",
    "version": "0.6.3-Beta1",
    "main": "main.js",
    "dependencies": {
        "moment": "^2.17.1",
        "username": "^2.3.0"
    },
    "devDependencies": {
        "@types/node": "^6.0.64",
        "@types/username": "^1.0.28",
        "electron": "1.7.9"
    }
}
```

Das Hauptprogramm für den Main-Process findet sich in der Datei */Electron/src/main.ts* (siehe Listing 26-2). Dort eingebunden sind andere Programmcodedateien für den Aufbau des Hauptmenüs (siehe Ausschnitte in Listing 26-3) und das Kontextmenü für das Taskleistensymbol (siehe Listing 26-4). Den Einsprungpunkt in den Main-Process legt die Zeile `app.on('ready', electronMain)` fest.

Listing 26-2: Das Electron-Hauptprogramm startet den Renderer-Process (/Electron/src/main.ts*).*

```
// Electron-Komponenten
import { app, BrowserWindow, Menu, dialog, ipcMain, Tray, screen } from "electron";
// Node.js-Komponenten
import * as username from "username";
import * as fs from "fs";
import * as moment from "moment";
// Eigene Hilfsklassen
import { MiracleListAppMenu } from "./electron-appmenu";
import { MiracleListTrayMenu } from "./electron-traymenu";

const path = require('path');
const url = require('url');
const settings = require('electron-settings');

// Konfiguration
const logfile: string = 'miraclelist_log.txt';

// Das Fenster- und das Tray-Objekt müssen global sein!
let win: Electron.BrowserWindow;
let tray: Electron.Tray;

function electronMain() {
 writeLog("!!! Electron/Main:electronMain");

// =================== Einstellungen auslesen und speichern
let erster = settings.get(ersteVerwendung');
if (!erster)  erster  = new Date();
settings.set(ersteVerwendung', erster);
let anzahl = settings.get(anzahlVerwendungen');
if (!anzahl)  anzahl  = 1;
else anzahl++;
settings.set(anzahlVerwendungen', anzahl);

 // =================== Systeminformationen auslesen und in dynamischem Objekt
speichern
 const {width, height} = screen.getPrimaryDisplay().workAreaSize;
 const env = {
  Zeit: new Date(),
  OS: process.platform,
  Sprache: app.getLocale(),
  ElectronVersion: process.versions.electron,
  ChromeVersion: process.versions.chrome,
  NodeVersion: process.versions.node,
  V8Version: process.versions.v8,
  Screen: width + "x" + height,
Speicher: (process.getSystemMemoryInfo().total/1024).toFixed() + "MB",
  Anwendungspfad: __dirname,
  AktuellerBenutzer: username.sync(),
  UserHomeDir: app.getPath("documents"),
  AppVersion: app.getVersion()
  };
 writeLog(JSON.stringify(env, null, 4));

 // =================== Renderer-Fenster erzeugen
```

```
 writeLog("Creating BrowserWindow...");
 const icon = nativeImage.createFromPath(__dirname + '/img/icon.png')
 win = new BrowserWindow({
  width: 900,
  height: 600,
  frame: true, // false für frameless Window
  icon: icon,
  backgroundColor: '#ffdd86', // == rgba(255, 221, 134, 1)
  show: false,
  webPreferences: {
   devTools: true, // false für Blockieren der DevTools!
   nodeIntegration: true, // false: Renderer hätte keinen Zugang zu Node- und
Electron-APIs
   preload: path.join(__dirname, 'electron-preload.js')
  }
 });
 win.setTitle(app.getName() + " v" + app.getVersion() + " auf " + process.platform);

 // =================== Datenübergabe von Informationen an Renderer mit dynamischem
Objekt
 (<any>win).env = env;

  // ===================  Startseite laden
 writeLog("Electron/Main:Lade Index.html...");
 win.loadURL(url.format({
  pathname: path.join(__dirname, 'index.html'),
  protocol: 'file:',
  slashes: true
 }));

 // =================== Anwendungsmenü erstellen
 writeLog("Electron/Main:Anwendungsmenü erstellen...");
 let menuTemplate = MiracleListAppMenu.CreateMenu(win, env);
 const menu = Menu.buildFromTemplate(menuTemplate);
 Menu.setApplicationMenu(menu);

 // =================== Tray-Menü erstellen
try {
  writeLog("Electron/Main:Traymenü erstellen...");
  tray = new Tray(icon);
  tray.setToolTip('MiracleList');
  tray.setContextMenu(MiracleListTrayMenu.CreateMenu(win, env));
 }
 catch (err) {
  writeLog("Electron/Main:Tray-Fehler: " + err.message)
 }

  // =================== Reaktion auf Events vom Renderer
  writeLog("Electron/Main:Event Handler erstellen...");
  ipcMain.on('export', (event: string, arg: any) => {
   let file = path.join(app.getPath("documents"), 'miraclelist_export.json');
   let text = JSON.stringify(arg);
   writeLog("export-Datei: " + file);
   fs.appendFile(file, text, (err) => {
    if (err) throw err;
   });
```

```
    event.sender.send('export-reply', 'Aufgaben exportiert in Datei ' + file);
   });

win.on('closed', () => {
   win = null;
  });

   // Ladeeffekte unsichtbar machen, indem wir erst jetzt das Fenster anzeigen
   win.on('ready-to-show', () =>
   {
    win.show();
    win.focus();
   });

   writeLog("Electron/Main:createWindow END");
} // End electronMain

// Startcode festlegen
app.on('ready', electronMain);

app.on('window-all-closed', () => {
   writeLog("Electron/Main:window-all-closed");
  // On macOS it is common for applications and their menu bar
  // to stay active until the user quits explicitly with Cmd + Q
  if (process.platform !== 'darwin') {
   app.quit();
  }
});

app.on('activate', () => {
  // On macOS it's common to re-create a window in the app when the
  // dock icon is clicked and there are no other windows open.
  if (win === null) {
   writeLog("Electron/Main:activate");
   electronMain();
  }
});

function writeLog(logtext: string, obj?: any) {
 console.log(logtext, obj);
 if (!logfile) return;
 let logtext2 = moment().format("DD.MM.YYYY HH:mm:ss") + ": " + logtext + "\r\n";
 if (obj) logtext += JSON.stringify(obj, null, 1);
 let logfilepath = path.join(app.getPath("documents"), logfile)
 fs.appendFile(logfilepath, logtext2, (err) => {
  if (err) throw err;
 });
}
```

Listing 26-3: Erstellen des Anwendungsmenüs (Ausschnitt aus electron-appmenu.ts*)*

```
import { app } from 'electron';

/**
 * Hilfsklasse, die Menübaum für Hauptmenü erstellt
 */
export class MiracleListAppMenu {
public static CreateMenu(win: Electron.BrowserWindow, env: any):
Electron.MenuItemConstructorOptions[] {
  const menuTemplate: Electron.MenuItemConstructorOptions[] = [{
   label: 'Anwendung',
   accelerator: 'CmdOrCtrl+I',
   submenu: [{
    label: 'Über diese Anwendung',
    click: () => {
     win.webContents.send('about', {msg: 'nachricht'});
    }
   },
   {
     label: 'Website miraclelist.de',
     accelerator: 'CmdOrCtrl+W',
      click: () => {
       shell.openExternal('http://www.miraclelist.de')
      }
   },
   {
     label: 'Drucken',
     accelerator: 'CmdOrCtrl+D',
      click: () => {
       const pdfPath = path.join(os.tmpdir(), 'print.pdf');
       win.webContents.printToPDF({}, function (error, data){
       if (error) throw error
       fs.writeFile(pdfPath, data, function (err) {
         if (err) {
           throw err
         }
         shell.openExternal('file://' + pdfPath);
         })
       })
     }
    },
    {
     label: 'Abmelden',
     click: () => {
      win.webContents.send('logout', {msg: ''});
     }
    },
    {
     label: 'Beenden',
     click: () => {
      app.quit();
     }
    }
   ]
  ...
}
```

Listing 26-4: Erstellen des Tray-Menüs (Ausschnitt aus electron-traymenu.ts*)*

```
import { app } from 'electron';
import { dialog } from 'electron';
import { Menu } from 'electron';

/**
 * Hilfsklasse, die Menübaum für Tray-Menü erstellt
 */
export class MiracleListTrayMenu {
public static CreateMenu(win: Electron.BrowserWindow, env: any) {
  const contextMenu: Electron.Menu = Menu.buildFromTemplate([
   {
    label: 'Über diese Anwendung', click: () => {
     const options: Electron.MessageBoxOptions = {
      type: 'info',
      title: 'Cross-Plattform-Desktop-Variante der Beispielanwendung MiracleList',
      buttons: ['Ok'],
      message: '(C) Dr. Holger Schwichtenberg, www.IT-Visions.de\nDetails siehe
Anwendungsmenü!\nSysteminformationen: ' + JSON.stringify(env, null, 4) + ''
     };
     dialog.showMessageBox(options, function () { });
    }
   },
   {
    label: 'Verstecken', click: () => { win.minimize(); }
   },
   {
    label: 'Wiederherstellen', click: () => { win.restore();
   }
   },
   {
    label: 'Maximieren', click: () => { win.maximize(); }
   },
   {
    label: 'Abmelden', click: () => { win.webContents.send('logout', { msg: '' }); }
   },
   {
    label: 'Beenden', click: () => { app.quit(); }
   },
  ]);
  return contextMenu;
 }
}
```

Die Funktion `electronMain()` führt dann folgende Schritte aus:

- Sie sammelt einige Systeminformationen (zum Beispiel Betriebssystem, verwendete Softwareversionen, Bildschirmgröße, Speicher) aus verschiedenen Quellen zusammen und speichert diese in einem dynamischen Objekt env. Hier kommt auch das NPM-Modul *username* zum Einsatz, das den angemeldeten Benutzer ermittelt.
- Sie erzeugt dann eine Instanz von BrowserWindow und lädt dorthinein mit `loadURL()` die *index.htm*-Seite der Webanwendung. Ein Main-Process kann auch mehrere Fenster auf diese Weise starten. Über das im Konstruktor von

BrowserWindows übergebene `webPreferences`-Objekt kann der Entwickler die Fähigkeiten des Chromium-Browsers bestimmen, zum Beispiel die Unterstützung für Grafiken und JavaScript deaktivieren (vgl. *github.com/electron/electron/blob/master/docs/api/browser-window.md*). Die Eigenschaft `nodeIntegration` (siehe Listing 26-2) steuert, ob der Renderer-Process Zugang zu den APIs von node.js und Electron erhält. Beim Erzeugen des Fensters bereits die Hintergrundfarbe der Webanwendung festzulegen, ist sinnvoll, da sonst beim Start der Anwendung der Fensterinhalt für einen kurzen Moment vor dem Laden der Webanwendung weiß erscheint. Indem man die Fenstereigenschaft show zunächst auf `false` setzt und erst danach im Ereignis »ready-to-show« mit `win.show()` anzeigt, kann man weitere Ladeeffekte unsichtbar machen.

- Die Methode `electronMain()` ergänzt dann das Anwendungsmenü (Details in Listing 26-3) und ein Tray-Symbol mit Kontextmenü (Details in Listing 26-4). In der Menüpunktdefinition legt `label` die Bezeichnung, `click` die Aktion und `accelerator` ein optional zuordenbares Tastaturkürzel fest. `CmdOrCtrl` steht dabei für die Taste (Strg) unter Windows und die Taste (Cmd) unter macOS.
- Sie implementiert eine Ereignisbehandlungsroutine für eine eingehende Nachricht mit dem Text »export« vom Renderer-Process.

Die immer wieder in Listing 26-2 aufgerufene Hilfsroutine `writeLog()` schreibt den übergebenen Text und das optional als zweiten Parameter übergebene Objekt nicht nur in die Konsole (`console.log()`), sondern optional auch in die Textdatei *miraclelist_log.txt*, in den Dokumenten-Ordner des angemeldeten Benutzers. Den Pfad dorthin ermittelt man mit dem Electron-API via `app.getPath("documents")`.

Eine Ausgabe für den Anwendungsnutzer in einem modalen Dialog via `dialog.showMessageBox()` zeigt Listing 26-4 im Menüpunkt *Über diese Anwendung*. Auch andere Arten von Standardfenstern kann man aus dem Main-Process heraus öffnen, zum Beispiel einen Webbrowser oder eine Datei (siehe `shell.openExternal()` in Listing 26-3), einen Dateisystemexplorer mit `shell.showItemInFolder()` oder einen *Datei-öffnen*-Dialog (`dialog.showOpenDialog()`). Die Druckfunktion von Chromium stößt man über `webContents.print()` oder `printToPDF()` an (auch dazu ein Beispiel in Listing 26-3).

Innerhalb des Main-Process kann der Entwickler neben JavaScript und TypeScript auch C#-Programmcode ausführen. Dies ist mit dem Modul electron-edge (*github.com/kexplo/electron-edge*) möglich und funktioniert dank des plattformneutralen .NET Core auch auf allen Betriebssystemen, die Electron anspricht. Auch administrative Rechte kann eine Electron-Anwendung anfordern (*github.com/automation-stack/electron-sudo*).

Kommunikation zwischen Main und Renderer

Für die Kommunikation zwischen Main-Process und Renderer-Process stellt Electron im Main-Process das Objekt `webContents` (ein Unterobjekt der Klasse `BrowserWindow`) und das globale Objekt `ipcMain` zur Verfügung. Mit `webContents.send()` sendet der Main-Process eine Nachricht an den Renderer-Process, wobei der erste Parameter der Nachrichtenname (eine beliebige Zeichenkette) ist und der zweite Parameter ein beliebiges Objekt sein kann. Dies sieht man in Listing 26-3: `win.webContents.send('about', {env: env})`.

`ipcMain.on()` dient der Reaktion auf eingehende Ereignisse aus dem Renderer-Process. Auch hier ist der erste Parameter der Nachrichtenname. Listing 26-2 zeigt den Einsatz von `ipcMain.on()` für die Nachricht »export«, bei der der Renderer-Process die aktuelle Aufgabenliste als Text übergibt, den der Main-Process dann im Dateisystem im Dokumentenordner des angemeldeten Benutzers unter Einsatz der Methode `appendFile()`, der Dateisystemkomponente von Node.js (Name: *fs*), persistiert. Nach dem Speichern sendet der Main-Process eine Antwortnachricht »export-reply« zurück an den Renderer-Process, damit dieser dem Benutzer der Anwendung eine Bestätigungsmeldung zeigen kann. Dafür nutzt die Ereignisbehandlungsroutine die Methode `send()` im Unterobjekt `sender` des `event`-Objekts, das bei `on()` erhalten wurde. Das Streaming von Daten ist über ein Zusatzmodul möglich (*github.com/jprichardson/electron-ipc-stream*).

Eine Abkürzung bei der Informationsübergabe kann der Softwareentwickler beim Start des Fensters nutzen. Listing 26-2 zeigt, dass man an das `BrowserWindow`-Objekt noch beliebige Eigenschaften anhängen kann. Da hier das typsichere TypeScript im Einsatz ist, bedarf es einer Typkonvertierung auf den generischen Typ `any`, damit der TypeScript-Compiler die Erweiterung des BrowserWindow-Objekts akzeptiert:

```
(<any>win).env = env;
```

Einstellungen des Benutzers und der Anwendung speichert man leicht mit dem Paket *electron-settings* (*github.com/nathanbuchar/electron-settings*). In Listing 26-2 kommt diese Erweiterung zum Einsatz, um den Zeitpunkt der ersten Verwendung und die Anzahl der Aufrufe der Anwendung zu speichern. Diese Daten landen unverschlüsselt in einer JSON-Datei mit Namen *Settings* im Datenordner des angemeldeten Benutzers (zum Beispiel unter Windows: *C:\Users\xy\AppData\Roaming\miraclelistelectron*).

Erweiterungen in der Webanwendung

Nun gilt es, die bestehende Angular-basierte Webanwendung so zu erweitern, dass sie auf die Nachrichten aus dem Main-Process reagiert beziehungsweise selbst die *export*-Nachricht absenden kann. Dabei ist das Ziel, an der Webanwendung keine Veränderungen vorzunehmen, die dazu führen, dass sie nicht mehr im Browser lauffähig wäre.

Im ersten Schritt ist in der Webanwendung das NPM-Paket *electron* hinzuzufügen:

```
npm install --save electron
```

In der Webanwendung ist dann an geeigneter Stelle der Programmcode zu ergänzen, der prüft, ob das Objekt electron deklariert ist. Wenn dieses nicht deklariert ist, läuft die Webanwendung also im Webbrowser. Wenn das Objekt vorhanden ist, läuft die Anwendung mutmaßlich im Electron Renderer-Process.

Listing 26-5 zeigt einen Ausschnitt aus den Erweiterungen in der Angular-Komponente Start.Component.ts. Die Reaktion auf eingehende IPC-Nachrichten legt der Softwareentwickler über die Methode `on()` im Objekt `electron.ipcRenderer` analog zur Vorgehensweise in Main-Process fest. Wie man in Listing 26-5 sieht, ruft die Webanwendung bei eingehenden Nachrichten oft einfach die bereits bestehenden Funktionen auf.

Listing 26-5: Erweiterungen zur Reaktion auf eingehende IPC-Nachrichten in der Datei Start.Component.ts

```
// ============ Electron-IPC-Nachrichten behandeln

import {Component, OnInit, NgZone} from '@angular/core';

@Component({
 selector: 'Start',
 templateUrl: './Start.component.html'
})
export class StartComponent implements OnInit {
 constructor(private zone: NgZone, …) {
}
…

ngOnInit() {
…
  if (isElectron) {
   this.title.setTitle("MiracleList-Desktop-Client mit Electron v" +
this.communicationService.getElectronEnvString());
   electron.ipcRenderer.on('about', (event : string, data: any) => {
     this.zone.run(() => {
     console.log("!!! Nachricht von MAIN-Prozess geht ein", event, data);
     this.about();
     });
   });
   electron.ipcRenderer.on('logout', (event : string, data: any) => {
     this.zone.run(() => {
     console.log("!!! Nachricht von MAIN-Prozess geht ein", event, data);
     this.logout();
     });
   });
   electron.ipcRenderer.on('export-reply', (event : string, data: any) => {
     this.zone.run(() => {
     console.log("!!! Nachricht von MAIN-Prozess geht ein", event, data);
     alert(data);
     });
   });
```

```
    }
  }

async export() {
  let categorySet = await
this.miracleListProxy.categorySet(this.communicationService.token).toPromise();
  electron.ipcRenderer.send("export", categorySet);
 }

get isElectron(): boolean {
 try{
  return  electron !== undefined;
 }
 catch(ex)
 {
  return false;
 }
}
```

Anders als beim Main-Process dient beim Renderer das gleiche Objekt auch dem Senden von Nachrichten und bietet dafür eine `send()`-Methode, was man in Listing 26-5 am Beispiel der Nachricht »export« sieht. Die Methode `export()` ist dann noch in der Benutzeroberfläche zu verdrahten. Der Menüpunkt *Export* soll aber sichtbar sein, wenn die Anwendung in Electron läuft, daher kommt `*ngIf` zum Einsatz, das die in Listing 26-5 implementierte Getter-Routine `isElectron` abfragt:

```
<li><a (click)="export()" *ngIf="isElectron && isLoggedIn">Export</a></li>
```

Bis hierhin erscheint alles eine runde und logische Sache. Zwei Workarounds braucht es dann aber – wie so oft in der Web-Welt – auch hier, weil Electron und jQuery (*github.com/electron/electron/issues/254*) beziehungsweise Electron und Angular (*github.com/angular/zone.js/issues/537*) ein Problem im Zusammenspiel haben.

jQuery ist in der MiracleList-Webanwendung auch eingebunden, weil diese einige Twitter-Bootstrap-Komponenten verwendet, die jQuery erfordern. Diese Bootstrap-Komponenten funktionieren in Electron nicht einwandfrei, wenn man nicht auch den in Listing 26-6 gezeigten Programmcode in die Webanwendung einbindet. Die Einbindung erfolgt im Fall der mit Angular-CLI erstellten MiracleList-Webanwendung in der *.angular-cli.json*:

```
"scripts": [
  "../node_modules/jQuery/dist/jQuery.js",
  "../electron/src/jquery-fix.js", … ]
```

Das Angular-Problem basiert auf dessen Verwendung von zone.js (*github.com/angular/zone.js*), das die Electron-Ereignisse bislang nicht richtig behandelt. Daher ist in Listing 26-4 jeweils in der Ereignisbehandlung bei eingehenden Nachrichten aus dem Electron-Main-Process ein `this.zone.run()` notwendig, wobei das `Zone`-Objekt eine per Dependency Injection im Konstruktor hereingereichte Instanz der Klasse `NgZone` ist.

Listing 26-6: Beheben des Problems, das Electron mit jQuery hat (Datei jquery-fix.ts*)*

```
const w = <any>window;
if (!w.$) {
    if (typeof module === 'object') {
        w.module = module;
        module = undefined;
    }
    w.$ = w.jQuery = require('./jquery.min.js');
    if (w.module) module = w.module;
    if (typeof require !== "undefined") {
        // tslint:disable-next-line:no-var-keyword
        var electron = require('electron');
    }
}
```

Start der Electron-Anwendung

Bevor man die Electron-Anwendung starten kann, ist die leicht erweiterte Webanwendung mit dem Programmcode des Main-Prozesses zusammenzuführen. Die PowerShell-Skripte übersetzen daher die Angular-Anwendung mithilfe der Angular-CLI

```
ng build --output-path=temp_electron --base-href .
```

in das Verzeichnis *temp_electron*. Dieser Angular-CLI-Befehl löscht den Zielordner zu Beginn, wenn er schon vorhanden ist.

Dabei ist die Angabe `--base-href .` wichtig, da dieser Pfad in der Angular-Anwendung im Standard auf »/« eingestellt ist. Was für den Betrieb auf einem Webserver richtig ist, passt aber nicht zum Laden aus dem Dateisystem. Zur Laufzeit würde die Electron-Anwendung die nachzuladenden Ressourcen, relativ zur Wurzel des aktuellen Laufwerks, statt im aktuellen Verzeichnis suchen.

Anschließend kopiert man die *package.json* sowie den Inhalt des Verzeichnisse */Electron/src* auch in das Verzeichnis *temp_electron*:

```
copy-item Electron\package.json temp_electron -Force
copy-item Electron\src\* temp_electron -Force -Recurse
```

Da es zeitaufwendig wäre, den ganzen *nodes_modules*-Ordner zu kopieren, sollte man hier eine Junction im Dateisystem einrichten:

```
New-Item -ItemType Junction -Name node_modules -Value
H:\MiracleListClient\Electron\node_modules -Path temp_electron
```

Wenn man Electron mit *npm install -g electron* auch global auf dem System installiert hat, reicht nun ein Aufruf des Kommandozeilenbefehls electron, der dann die Host-Anwendung *Electron.exe* startet. Parameter ist dabei das Verzeichnis, das die zusammenkopierte Anwendung beheimatet:

```
electron temp_electron
```

Debugging

Dass man sich tatsächlich in einem Chrome-Browser befindet, erkennt man, wenn nach dem Drücken von (F12) die Chrome Developer Tools erscheinen (siehe Abbildung 26-4). Die (F12)-Taste, die im Standard immer aktiv ist, kann der Entwickler mit `devTools: false` beim Erstellen des `BrowserWindow` (siehe Listing 26-2) deaktivieren oder auch mit `win.webContents.openDevTools()`, `win.webContents.closeDevTools()` beziehungsweise `win.webContents.toggleDevTools()` auf andere Weise (zum Beispiel per Menüeintrag) für das Öffnen der Developer Tools steuern.

Für zusätzliche Diagnosemöglichkeiten empfiehlt sich die Verwendung der Chrome-Erweiterung Devtron (*github.com/electron/devtron*). Diese ist im Projekt mit `npm install --save-dev devtron` zu installieren. Zur Laufzeit muss die Electron-Anwendung diese mit `require('devtron').install()` starten. In der Registerkarte *Devtron* sieht der Entwickler dann wahlweise den Abhängigkeitsbaum der Bibliotheken, die definierten Ereignishandlungsroutinen für eingehende Nachrichten oder die tatsächlich gesendeten IPC-Nachrichten (siehe Abbildung 26-4). Lästig ist, dass sich die Spaltenbereiten in der Ansicht *IPC* nicht ändern lassen. Unter der Registerkarte *Lint* erhält der Entwickler Verbesserungsvorschläge für die Anwendung, zum Beispiel das Behandeln der Ereignisse, die beim Absturz von Renderer- oder Main-Process auftreten, um entsprechende Diagnose-Daten zu senden. Electron bietet auch einen Crash Reporter (*https://electronjs.org/docs/api/crash-repor ter*), der Diagnosedaten bei Abstürzen im Dateisystem sichert und an eine selbst zu erstellende Website sendet.

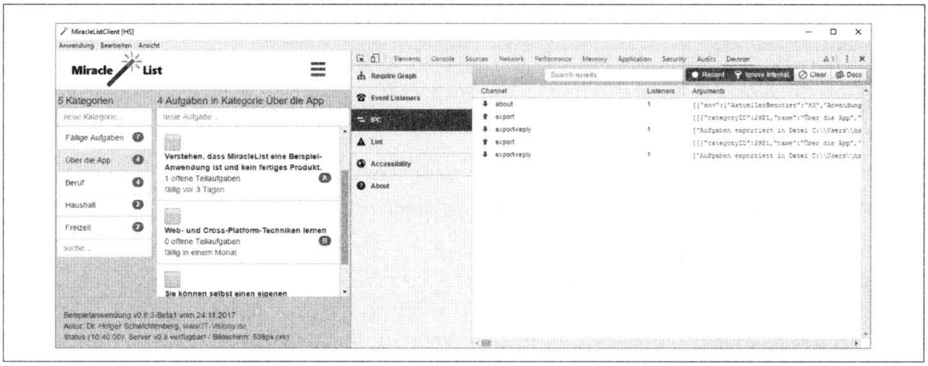

Abbildung 26-4: Devtron zeigt den Nachrichtenaustausch zwischen Main- und Renderer-Process zur Laufzeit.

Probleme im Main-Process kann man nicht auf diese Weise analysieren. Für das Debugging des Main-Process muss der Softwareentwickler diesen mit zusätzlichen Kommandozeilenparametern starten:

```
electron temp_electron --inspect=12345 --debug-brk
```

Die *Electron.exe* liefert dann als Konsolenausgabe einen URL, der in der Chrome-Adressleiste eingegeben werden kann, um die Developer Tools auf den Main-Process anzusetzen. Eine Debugger-Konfigurationsdatei für das Debugging in Visual Studio Code findet man im Projekt in der Datei *launch.json*. Eine passende Beschreibung dazu gibt es unter *github.com/electron/electron/blob/master/docs/tutorial/debugging-main-process-vscode.md*.

Ein interessantes Modul für die Electron-Entwicklung ist auch *electron-webpack* (*github.com/electron-userland/electron-webpack*), das ein Hot Module Replacement (HMR) sowohl für den Main- als auch den Renderer-Process bereitstellt. Damit kann der Entwickler die Änderungen an der Anwendung sofort sehen, ohne diese neu starten zu müssen.

Für Integrationstests bietet Electron mit Spectron (*https://github.com/electron/spectron*) ein auf ChromeDriver und WebDriverIO basierendes Framework für Integrationstests, das Zugriff auf die Electron-APIs hat.

Deployment

Theoretisch könnte man die Anwendung mit der Electron.exe und den JavaScript-Dateien an die Nutzer verteilen. Allerdings würde man dann mehr verteilen als tatsächlich notwendig, und der Quellcode wäre für jeden Nutzer leicht einsehbar. Zudem ist die Angular-Anwendung noch nicht für die Produktion optimiert, was mit diesem Befehl vorab erfolgen sollte:

```
ng build --target=production --environment=prod --output-path=temp_electron --base-
href .
```

Anschließend müssen wieder die Electron-Dateien dort hinzukopiert werden, wobei man jetzt nur die JavaScript-Dateien benötigt:

```
copy-item Electron\package.json temp_electron -Force
copy-item Electron\src\*.js temp_electron -Force
```

Das Zusatzwerkzeug Electron Packager (*github.com/electron-userland/electron-packager*) (Installation mit *npm install -global electron-packager*) übernimmt die Aufgabe, eine plattformspezifische ausführbare Datei für Windows, macOS und Linux zu erstellen:

```
electron-packager temp_electron MiracleListElectron --platform=darwin,linux,win32 --
arch=x64 --out=dist_electron/ --overwrite --icon=Electron/src/img/icon --asar
```

Dem Pfad der Symboldatei fehlt bewusst die Dateinamenserweiterung. Hier sollte der Entwickler eine *icon.png*-Datei für Linux, eine *icon.ico*-Datei für Windows und eine *icon.icns*-Datei für macOS ablegen. Der Electron Packager holt sich dann die passende Datei.

Bei seinem ersten Aufruf lädt der Packager einige Dateien aus dem Internet nach. Das Ergebnis dieses Befehls sind drei Verzeichnisse:

- *MiracleListElectron-darwin-x64* mit *MiracleListElectron.app*
- *MiracleListElectron-linux-x64* mit *MiracleListElectron*
- *MiracleListElectron-win32-x64* mit *MiracleListElectron.exe*

Alternativ dazu kann man auch Installationspakete (für Windows *github.com/electron/windows-installer* und den Windows App Store *github.com/felixrieseberg/electron-windows-store*), App Disk Image (*github.com/mongodb-js/electron-installer-dmg*) sowie DEB (*github.com/unindented/electron-installer-debian*), RPM (*github.com/unindented/electron-installer-redhat*) und Flatpak (*github.com/endlessm/electron-installer-flatpak*) für Linux erstellen.

Für Windows und macOS stellt Electron eine Auto-Updater-Funktion bereit (*github.com/electron/electron/blob/master/docs/api/auto-updater.md*), mit der Anwendungen von einem Webserver aktualisiert werden können. Alternativ gibt es noch das Community-Projekt electron-updater (*www.electron.build/auto-update*), das auch Aktualisierungen von Dateiservern unterstützt.

KAPITEL 27

MiracleList-Cordova-Client

Das vorherige Kapitel 26 zeigte, wie Electron eine Webanwendung in eine Cross-Platform-Anwendung für Linux, macOS und Windows verpackt. Nun soll dazu passend auch noch eine Cordova-basierte App für iOS, Android und die Windows-App-Plattformen entstehen. Dabei kommt für die Programmierung der notwendigen und sinnvollen Erweiterungen der Webanwendungen wieder TypeScript zum Einsatz.

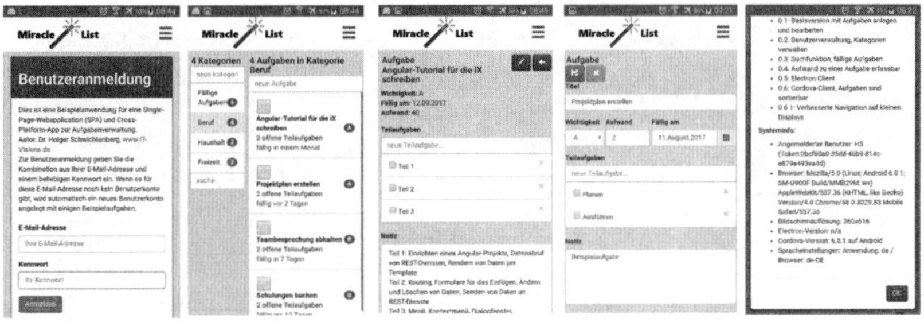

Abbildung 27-1: MiracleList als Android-App

Somit wird MiracleList nun eine echte Cross-Platform-Anwendung, die nicht nur im Browser läuft, sondern auch als hybride Anwendung auf Windows, Linux, iOS und Android, optional auch auf WebOS und FireOS. Basistechniken sind immer HTML, CSS und JavaScript. Durch eingesetzte Abstraktionen wie TypeScript, Bootstrap und Angular ist die Produktivität hoch. Genau wie bei der Electron-Anwendung ist auch das Verpacken einer solchen Webanwendung in eine Cordova-App mit wenigen Arbeitsschritten erledigt. Wichtig für den Erfolg des Projekts ist, dass beim Design der Webanwendungen schon kleine Bildschirmgrößen beachtet werden.

Das bei der Verpackung der Desktop-Anwendung gesetzte Ziel, die bestehende Webanwendung lediglich zu erweitern, aber nicht das bestehende Layout (HTML und CSS mit Twitter Bootstrap) sowie den Quellcode (Angular mit TypeScript) zu verändern, wird im Fall von Cordova nicht ganz gelingen, weil so kleine Bildschirmgrößen bei der Erstellung der Webanwendung noch nicht berücksichtigt wurden. Im Bereich Response Webdesign sind in so einem Fall Verbesserungen notwendig.

Architektur von Cordova

Cordova wurde ursprünglich unter dem Namen PhoneGap von der Firma Nitobi entwickelt, 2011 von Adobe Systems aufgekauft und dann der Apache Software Foundation gespendet. Adobe vertreibt weiterhin auf Cordova aufbauende Produkte unter der Marke PhoneGap. Andere App-Entwicklungsplattformen wie IBM Worklight (*www.ibm.com/support/knowledgecenter/en/SSZH4A_5.0.6/com.ibm.worklight.help.doc/start/c_wl_overview.html*) und ViziApps (*www.viziapps.com*) basieren ebenfalls auf Cordova.

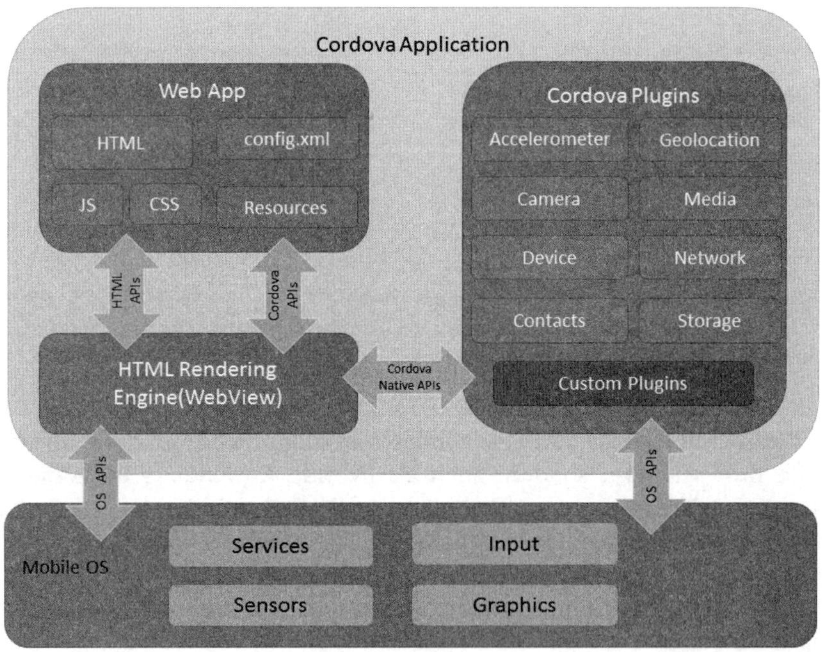

Abbildung 27-2: Cordova-Architektur (Quelle: cordova.apache.org/docs/en/latest/guide/overview/index.html)

Genau wie Electron stellt Cordova eine hybride App dar, das heißt eine auf HTML-, CSS- und JavaScript basierende Anwendung, die sich verhält wie eine native App und über die Sandbox des Browsers hinaus Zugriff auf das Betriebssystem hat. Anders als Electron bringt Cordova im Standard keine eigene Webbrowser-Komponente mit, sondern verwendet die jeweiligen vom mobilen Betriebssystem bereitgestellten Webview-Komponenten. Der Entwickler hat aber die Möglichkeit, eine eigene Webview-Komponente mit seiner App auszuliefern (*cordova.apache.org/docs/en/latest/guide/overview/index.html*). Intel hat den Webview Crosswalk für Android und Tizen aber im März 2017 eingestellt (*crosswalk-project.org*). Cordova basiert auch nicht auf node.js – lediglich die Cordova-Kommandozeilenwerkzeuge sind in node.js geschrieben und erfordern, dass node.js auf dem Entwicklungsrechner installiert ist. Zur Laufzeit verwendet Cordova sein eigenes Plug-in-Modell (siehe Abbildung 27-2).

Cordova-Projekt anlegen

Für die Cordova-Verpackung erhält der Projektordner einen zusätzlichen Unterordner *Cordova*, der in einer Ebene mit dem *Electron*-Ordner und dem Quellcode der MiracleList-Webanwendung (Ordner *src*) steht.

Diesen *Cordova*-Ordner legt man am besten mit den Cordova-Kommandozeilenwerkzeugen an, da dieser dann bereits mit einer Grundstruktur für die Cordova-App befüllt wird. Bei der Verwendung von Visual Studio Code (siehe Abbildung 27-3) empfiehlt sich die Verwendung der Cordova Tools Extension (*vsmobile.cordova-tools*), die die Eingabeunterstützung für Programmcode gegen die Cordova-APIs verbessern und das Einzelschritt-Debugging für Android und iOS ermöglichen.

Abbildung 27-3: Bearbeiten einer Cordova-App in Visual Studio Code und Betrieb im Android-Emulator von Microsoft

Im großen Visual Studio (nur auf Windows) realisiert Microsoft für Cordova-Projekte eigene Projekttypen (*.jsproj*-Dateien) ebenfalls mit Eingabeunterstützung, GUI-Werkzeugen für die Verwaltung von Plattformen, Plug-ins und anderen Webpaketen, Debugger und Simulator/Emulator (*docs.microsoft.com/en-us/visual studio/cross-platform/tools-for-cordova*).

Für die Arbeit mit Cordova installiert man zuerst node.js und dann die Cordova-Kommandozeilenwerkzeuge (Cordova-CLI):

```
install -g cordova
```

Danach kann man an der Kommandozeile ausführen:

```
cordova create t:\MiracleListClient\Cordova de.itvisions.miraclelist MiracleListCordova
```

Dabei ist der erste Parameter der Standort, der zweite die App-ID (die keinen Bindestrich enthalten darf!) und der dritte Parameter der Anzeigename.

Der Ordner enthält nun eine »Hello Word«-Webanwendung im Ordner *www*, jeweils leere Ordner *platforms* und *plugins*, Muster-Symbole im Ordner *res* und eine eigene *package.json*-Datei, die aber noch keine Abhängigkeiten auflistet, sondern nur Metadaten wie Anwendungsname, Versionsnummer, Autor und einen Beschreibungstext bereitstellt sowie die Cordova-eigene Konfigurationsdatei *config.xml*, die man in Ausschnitten in Abbildung 27-3 sieht.

Tatsächlich starten kann man die Anwendung noch nicht, da noch keine Plattform vorhanden ist. Der Befehl `cordova platform ls` listet die Abhängigkeit der vom Entwicklungssystem möglichen Plattformen (siehe Abbildung 27-4). Zum Ergänzen einer Plattform führt der Entwickler `cordova platform add <platform name>` (zum Beispiel `cordova platform add android`) aus. Dass hier iOS nicht als Platform gelistet ist, liegt an der Befehlsausführung auf Windows. Zwar gelingt ein *cordova platform add ios* auch unter Windows, für die eigentliche Übersetzung nach iOS ist dann aber ein macOS-Rechner mit XCode erforderlich. Für die ebenfalls nicht gelisteten Plattformen *osx* und *ubuntu* braucht man schon beim Anlegen der Plattform das entsprechende Betriebssystem. Für Amazons FireOS sind vor dem Hinzufügen der Plattform manuelle Installationsschritte notwendig (vgl. *cordova.apache.org/docs/en/3.3.0/guide/platforms/amazonfireos*).

Die Plattformen sind NPM-Pakete (vgl. zum Beispiel *www.npmjs.com/package/cordova-android*), die aber nicht über *npm install* bezogen werden sollten. Die Cordova-CLI registriert ein Paket nicht nur in der *package.json*, sondern auch in der *config.xml*.

Abbildung 27-4: Projekterstellung mit der Cordova-CLI

Cordova-Anwendung starten

Der schnellste Weg, die Hello-World-Anwendung zu testen, ist *cordova platform add browser* (installiert das NPM-Paket *https://www.npmjs.com/package/cordova-browser*), gefolgt von *cordova run browser*. Damit läuft die App nun zwar noch im Browser, hat aber Zugriff auf viele Cordova-APIs inklusive gegebenenfalls installierter Plug-ins. Möglichkeiten zur Steuerung der Plug-ins bieten die ebenfalls browserbasiert und damit schnellen Cordova-Emulatoren Ripple (`npm install -g ripple`, siehe `github.com/ripple-emulator/ripple` und Cordova Simulate (`npm install -g cordova-simulate`, siehe *github.com/Microsoft/cordova-simulate*).

Für die Übersetzung nach Android braucht der Entwickler auf dem Rechner das Java-SDK (*http://www.oracle.com/technetwork/java/javase/downloads/jdk8-downloads-2133151.html*), das Android-SDK (*https://developer.android.com/studio/index.html*) und Gradle (*https://gradle.org/install*). Für einen Test auf einem echten Gerät ist außerdem ein USB-Treiber des Geräteherstellers notwendig, zum Beispiel von Samsung (*http://developer.samsung.com/galaxy/others/android-usb-driver-for-windows*). Für einen Test ohne Gerät benötigt der Entwickler einen Emulator. Der im Android-SDK mitgelieferte Emulator ist nicht kompatibel mit Microsofts Hyper-V, den viele Entwickler unter Windows für andere Werkzeuge wie zum Beispiel Docker für Windows benötigen. Empfohlen werden kann der Visual Studio Emulator for Android von Microsoft, der trotz des Visual Studio im Namen kostenfrei und unabhängig von der Entwicklungsumgebung installierbar ist (*www.visualstudio.com/vs/msft-android-emulator*). Dieser betreibt Android als virtuelle Maschine in Hyper-V, bietet Emulationen für Position, Beschleunigung, Batterie, Kamera, SD-Karte und Netzwerk, unterstützt Multi-Touch, Zoomen und Drehen und erweist sich zudem als schneller als der Emulator aus dem Android-SDK.

Nach dem Start einer Emulator-Instanz sieht der Entwickler diese bei dem Befehl `cordova run android --list`. Mit `cordova run android` erfolgt dann der Start der App im Emulator (siehe Abbildung 27-3). Während das erste Deployment sich noch etwas hinzieht, geht es ab dem zweiten Mal schneller, sofern man den Emulator am Leben lässt.

In der Microsoft-App-Welt gab es einige Umwälzungen zwischen den Windows-Versionen 8.1 und 10 beziehungsweise Windows Phone 8.0 und 8.1 sowie Windows Mobile 10. Cordova unterstützt mit Windows Phone 8 mit der Plattform *wp8* und Windows 8.1, Windows Phone 8.1 und Windows 10 mit der Plattform *windows*. Letztere Plattform geht aber im Standard von der 8er-Version aus und erwartet dafür auch ein Windows 8.1-SDK. Um Cordova auf Windows 10 zu bringen, muss man in der *config.xml* (siehe Abbildung 27-3) einen Eintrag ergänzen:

```
<preference name="windows-target-version" value="10.0" />
```

Voraussetzung für ein *cordova run windows* ist eine lokale Installation von Visual Studio (ab Version 2015) mit den Universal Windows App Development Tools inklusive dem Windows 10-SDK.

Erweiterungen in der Webanwendung

Um nun die MiracleList-Webanwendung in Cordova zu hosten, sind dort in der *index.html*-Datei zwei Ergänzungen vorzunehmen. Zum einen ist der Zugang zu externen URLs durch eine Content-Security-Policy festzulegen:

```
<meta http-equiv="Content-Security-Policy" content="default-src 'self' data: gap:
https://ssl.gstatic.com https://miraclelistbackend.azurewebsites.net ws://localhost:*
'unsafe-inline' 'unsafe-eval'; style-src 'self' 'unsafe-inline'; media-src *; img-src
'self' data: content:;">
```

Zudem muss das Skript *cordova.js* eingebunden werden. Im Webprojekt wird dafür eine leere Java-Script Datei *cordova.js* angelegt. Der Übersetzungsvorgang von Cordova liefert an dieser Stelle die plattformspezifische Implementierung von *cordova.js*.

```
<script type="text/javascript" src="cordova.js" onload="javascript:window.isCordovaApp
= true;"></script>
```

Nun kann man die Webanwendung in das `/Cordova/www` übersetzen:

```
ng build --base-href ./ --output-path Cordova/www/
```

Die Angular-CLI wird das Verzeichnis vorab löschen und so die Hello-World-Anwendung restlos beseitigen. Für einen zur Laufzeit schnelleren und wesentlich kompakteren Produktionsbuild ist, wie bei Angular-CLI üblich, `--prod` zu ergänzen. Der Kompiliervorgang dauert dann aber wesentlich länger.

Wer beim Einsatz der Cordova-CLI die Fehlermeldung »Error: Current working directory is not a Cordova-based project.« sieht, sollte prüfen, ob das Verzeichnis *Cordova/www/* noch existiert. Wenn die Angular-CLI zwar mit der Arbeit begonnen hat, sie aber nicht erfolgreich beenden konnte, ist das Verzeichnis verschwunden, und die Cordova-CLI führt den Entwickler mit dieser Fehlermeldung in die Irre.

Wie schon bei der Electron-Anwendung bietet der auf GitHub verfügbare Quellcode des MiracleList-Clients für die Übersetzungs- und Startschritte sowohl NPM-Skripte als auch PowerShell-Skripte (siehe *.ps1*-Dateien im Projekt).

Cordova-APIs verwenden

Nun gilt es, die Webanwendung an geeigneten Stellen zu erweitern, um Zugriff auf die Programmierschnittstellen des umgebenden Betriebssystems zu nehmen und so dem Benutzer eine bessere Integration zu bieten.

Eine Inter-Prozess-Kommunikation wie bei Electron ist bei Cordova nicht erforderlich, das heißt, die Webanwendung kann direkt die Programmierschnittstellen von Cordova.js und der Plug-ins verwenden, zum Beispiel die App schließen mit `(<any>navigator).app.exitApp()`. Ob sich die Webanwendung gerade in Cordova oder im normalen Browser befindet, erfährt der Entwickler, wenn er prüft, ob das Objekt `window.cordova` vorhanden ist (siehe `isCordova()` in Listing 27-1). Damit dieser Programmcode von TypeScript übersetzt wird, muss man im */src*-Ordner die TypeScript-Definitionsdatei von Cordova aufnehmen: `npm install --save-dev @types/cordova`, sonst beschwert sich der TypeScript-Compiler, dass das `window`-Objekt gar kein Unterobjekt `cordova` besitzen dürfe.

Im Fall von `(<any>navigator).app.exitApp()` hilft die TypeScript-Definitionsdatei aber leider nicht, weil hier die passende Definition für `app.exitApp()` fehlt. Daher zwingt man den TypeScript-Compiler mit der Typumwandlung auf den allgemeinen Typ `<any>`, auf die Prüfung der nach dem Punkt folgenden Bezeichner zu verzichten. Alternativ dazu kann man die Datei *\MiracleListClient\node_modules\@types\cordova\index.d.ts* auch selbst um die Definition des zusätzlichen Mitglieds erweitern:

```
interface Navigator {
    app: {
        exitApp: () => any;
    }
}
```

Dann kompiliert `navigator.app.exitApp()` auch ohne Typkonvertierung. Der TypeScript-Compiler hat die angenehme Eigenschaft, dass er gleichnamige

Schnittstellendefinitionen aus verschiedenen Dateien zu einer Schnittstelle zusammensetzt; dadurch kann man in TypeScript die Erweiterbarkeit von JavaScript-Objekten nachbilden, um Eingabeunterstützung und Compilerprüfung auch für die Erweiterungen zu bekommen.

Plug-ins verwenden

Ein einfaches Cordova-Plug-in ist *Device*. Hiermit kann der Entwickler auslesen, auf welcher Plattform und Hardware die Anwendung gerade läuft. Das Plug-in ist zunächst per Cordova-CLI zu installieren: `cordova plugin add cordova-plugin-device`. Die Plug-ins sind genau wie die Plattformen NPM-Pakete (vgl. (*www.npmjs.com/package/cordova-plugin-device*). Die Cordova-CLI registriert das Plug-in in der *package.json* und der *config.xml*; der benötigte Quellcode landet in *...\MiracleListClient\Cordova\plugins\cordova-plugin-device*. Dort, im Unterordner *src*, kann der Entwickler die Implementierungen für die verschiedenen Betriebssysteme betrachten. Für Android findet man eine Java-Quellcodedatei, ObjectiveC für iOS und macOS, C++ für Ubuntu, C# für Windows Phone und für Windows 10 eine JavaScript-Datei, die eine Windows Runtime Component erstellt. Für die Eingabeunterstützung im Editor sollte man auf der Ebene des */src*-Ordners die TypeScript-Definitionen installieren:

```
npm install --save-dev @types/cordova-plugin-device
```

Listing 27-1 zeigt auch die Methode `getCordovaEnvString()`. Sie liefert zunächst aus dem Cordova-Kern-API die laufende Cordova-Versionsnummer und daran anschließend, aus dem Plug-in *Device*, Informationen über das Betriebssystem einschließlich Hardwarehersteller und Modellbezeichnung.

Listing 27-1: TypeScript-Hilfsroutinen für Cordova

```
 isCordova() : boolean
 {
   return window.cordova !== undefined);
 }

  getCordovaEnvString(): string {
   if (!this.isCordova()) return "n/a";
   let cordova = window.cordova;
   let device = window.device;
   return (cordova.version + " auf " + device.platform + " " + device.version + " (" +
device.manufacturer + " " + device.model + ")");
 }
```

Wie bei der Electron-Anwendung auch soll für die Mobilplattformen ein direkter Textexport der aktuellen Aufgabenliste ins Dateisystem realisiert werden. Dazu ist zunächst das Plug-in für das Dateisystem im */Cordova*-Ordner zu installieren:

```
cordova plugin add cordova-plugin-file
```

Im */src*-Ordner mit dem Webprojekt sollte man die zugehörigen TypeScript-Definitionen aufnehmen, damit die Eingabeunterstützung funktioniert und der Type Script-Compiler mitspielt:

```
npm install --save-dev @types/cordova-plugin-file
```

Die Betriebssysteme haben verschiedene Dateisystemlayouts, von denen Cordova nur bedingt abstrahiert. Unter *cordova.apache.org/docs/en/latest/reference/cordova-plugin-file/index.html* findet man daher eine umfangreiche Tabelle, der zu entnehmen ist, welche Pfade auf welchem System wie nutzbar sind. Während man unter iOS, OS/X und Windows über *cordova.file.documentsDirectory* zu einem beschreibbaren Dateisystemverzeichnis kommt, ist dies auf Android nicht möglich. Das Verzeichnis *cordova.file.dataDirectory* ist aber ein gemeinsamer Nenner für ein solches Verzeichnis.

Für den Export in der Cordova-App ist zunächst auch im Angular-Template der Menüpunkt *Export* anzuzeigen, wenn der Programmcode in Cordova läuft:

```
<li><a (click)="export()" *ngIf="(isElectron || isCordovaApp) && isLoggedIn">Export</a></li>
```

Die notwenige Fallunterscheidung bei dem Dateisystemexport zwischen Electron und Cordova zeigt das Listing 27-2: Bei Electron sind die zu exportierenden Daten per Inter-Process-Kommunikation an den Main-Process zu senden; nur hier gibt es den ersehnten Dateisystemzugriff. Bei Cordova kann der Dateisystemzugriff direkt in der Angular-Komponente erfolgen. Ein Kapseln in eine Hilfsroutine oder einen Angular-Service ist selbstverständlich möglich, wird hier nur aus Gründen der Übersichtlichkeit nicht gezeigt.

Für den Datensystemzugriff mit Cordova ist zunächst ein `DirectoryEntry`-Objekt mit `resolveLocalFileSystemURL()` zu erzeugen. Danach erhält der Entwickler von `getFile()` ein `FileEntry`-Objekt. In der dritten Schachtelungsebene liefert `CreateWriter()` ein `FileWriter()`-Objekt, in das man den in ein `Blob`-Objekt verpackten Inhalt per Aufruf von `write()` legen kann. Für den Abruf der Metadaten der erzeugten Datei braucht man dann noch ein `file`-Objekt, das die Methode `file()` liefert. Verglichen mit dem Dateisystemzugriff unter Electron macht Cordova es dem Entwickler hier deutlich schwerer.

Als drittes Plug-in soll nun noch *cordova-plugin-dialogs* zum Einsatz kommen, um wie in Listing 27-2 zu sehen den unschönen Aufruf der JavaScript-Funktion *alert()* zu ersetzen. Bei *alert()* kann der Entwickler nicht einmal den Titel des Dialogs setzen. Das Plug-in installiert der Entwickler zunächst mit *cordova plugin add cordova-plugin-dialogs* und *npm install --save-dev @types/cordova-plugin-dialogs*. Danach kann man `alert()` durch `navigator.notification.alert()` mit mehr Einstellungsmöglichkeiten ersetzen. Auch einen Ton kann man mit diesem Plug-in ausgeben (siehe `beep()`):

```
const message = "Export gespeichert in Datei :" + fileEntry.nativeURL + " vom: " +
(new Date(file.lastModifiedDate)) + " Größe: " + file.size + " im Ordner: " +
dirEntry.nativeURL;
            alert(message);
```

```
navigator.notification.beep(2);
navigator.notification.alert(
                message,               // message
                null,                  // callback
                'Dateisystemexport',   // title
                'OK'                   // buttontext
              );
```

Diese Beispiele zeigen nur exemplarisch die Verwendung von drei Cordova-Plug-ins. Neben den Cordova-Kern-Plug-ins (*cordova.apache.org/docs/en/3.4.0/cordova/plugins/pluginapis.html*) für Batterie, Bewegung, Position, Kompass, Kontakte, Dateisystem, Dateitransfer, Spracheinstellungen, Kamera, Medienwiedergabe, Netzwerkinformationen und Vibration sowie Dialoge und Splashscreen listet das Plug-in-Verzeichnis (*cordova.apache.org/plugins*) aktuell rund 2.900 zusätzliche Erweiterungen auf. Der Plugin Development Guide (*cordova.apache.org/docs/en/latest/guide/hybrid/plugins*) stellt dar, wie man eine JavaScript-Schnittstelle und entsprechende native Schnittstellen für ein eigenes Plug-in erstellt.

Neben Plug-ins für den Zugriff auf Betriebssystemprogrammierschnittstellen findet man auch Plug-ins, die das Verhalten des Ladens der Webinhalte ändern. Mit dem Cordova Hot Code Push Plugin (*github.com/nordnet/cordova-hot-code-push*) kann die mobile App die Webinhalte aus dem Internet aktualisieren. Da die HTML-, CSS-, JavaScript- und Mediendateien auch im Speicher des Geräts liegen, funktioniert die Anwendung dennoch offline.

Cordova und die Kern-Plug-ins sind gut dokumentiert (*cordova.apache.org/docs*). Die deutsche Übersetzung der Cordova-Dokumentation ist jedoch nicht zu empfehlen, da man dort Sätze wie »Seine www Unterverzeichnis Häuser Ihre Anwendung-Homepage.« findet (*cordova.apache.org/docs/de/latest/guide/cli*). Die Dokumentation der vielen weiteren Plug-ins ist vom Autor abhängig und oft – auch in der englischen Sprache – sehr schwach.

Listing 27-2: Dateiexport mit Fallunterscheidung zwischen Electron und Cordova

```
async export() {
    if (!(this.isElectron || this.isCordovaApp)) return;
    // Daten für den Export vom Server einlesen
    let categorySet = await this.miracleListProxy
      .categorySet(this.communicationService.token)
      .toPromise();
    console.log("Starte Export", categorySet);

    if (this.isElectron) {
     // ========= Export für Electron -> Nachricht an Main Process
      electron.ipcRenderer.send("export", categorySet);
    }
    if (this.isCordovaApp)
    {  // ========= Export für Cordova mit Plug-In "File"
    let inhalt : string = JSON.stringify(categorySet);
    try {
     const filename = "miraclelistexport.txt";
     let path = cordova.file.documentsDirectory; // das geht auf Windows, iOS unter
```

```
anderem
     if (window.device.platform === 'Android') path = cordova.file.dataDirectory;
     window.resolveLocalFileSystemURL(path,
        (dirEntry : DirectoryEntry) => {
          dirEntry.getFile(filename, { create: true }, (fileEntry : FileEntry) => {
           console.log("Speichern in Datei:", fileEntry);
            fileEntry.createWriter((fileWriter : FileWriter) => {
              fileWriter.seek(fileWriter.length);
              let blob : Blob = new Blob([inhalt], { type: "text/plain" });
              fileWriter.write(blob); // Text speichern
              fileEntry.file( function (file: File) { // Metadaten lesen
               alert("Export gespeichert in Datei :" + fileEntry.nativeURL + " vom: "
+ (new Date(file.lastModifiedDate)) + " Größe: " + file.size + " im Ordner: " +
dirEntry.nativeURL); });
            }, (err: FileError) => { alert("Fehler beim Exportieren: " + err.code);
})
          }); // end getFile
        }); // end resolveLocalFileSystemURL
     } catch (error ) {
      alert("Fehler beim Exportieren: " + error.name + ":"  +error.messsage)
     }
    } // end isCordovaApp
   } // end export()
```

Responsive Web Design mit Bootstrap

Wenn bei der in eine Cordova-App zu verpackenden Webanwendung kleine Bildschirmgrößen noch nicht im Grunddesign beachtet wurden, ist hier für die Mobilgeräte noch nachzuarbeiten. Die Grunddarstellung der MiracleList-Webanwendung ist zweispaltig, wenn keine Aufgabe gewählt ist, und dreispaltig, wenn die Aufgabendetails sichtbar sind. Das wäre in jedem Fall auf kleinen Bildschirmen nicht darstellbar.

Mithilfe von Angular-Bedingungen und Twitter-Bootstrap-CSS-Klassen (`col-...` und `hidden-...`) steuert das Angular-Template die Darstellung abhängig von der Bildschirmgröße. Die Liste der Aufgabenkategorien in der ersten Spalte ganz links nimmt in der Bildschirmgröße »large« (*lg*) 2/12 und in der Medium-Größe (`md`) 3/12 des Bildschirms ein. In den kleinsten Bildschirmgrößen (`sm` und `xs`) umfasst sie jeweils 4/12 des Bildschirms, aber nur, wenn keine Aufgabendetails sichtbar sind. Sofern Details zu einer Aufgabe anzeigt werden müssen (das Objekt `this.task` befüllt ist), ist diese erste Spalte in `xs` und `sm` unsichtbar. Die Standardpixelmaße für die vier Größenangaben `lg`, `md`, `sm` und `xs` im zwölfspaltigen Gitter, das Bootstrap virtuell über den Bildschirm legt, sind >= 1200 Pixel bei `lg`, >= 992 Pixel bei `md`, >= 768 Pixel bei `sm` und < 768 Pixel bei `xs` (vgl. *getbootstrap.com/docs/3.3/css*). In dem folgenden Ausdruck folgen nach `class` statische CSS-Klassenzuweisungen und nach `[ngClass]` bedingte Klassenzuweisungen in Angular-Syntax:

```
<div *ngIf="categorySet" class="WLPanel col-xs-4 col-sm-4
col-md-3 col-lg-2" [ngClass]="{'hidden-sm hidden-xs': this.task}">
```

Die zweite Spalte mit der Aufgabenliste einer Kategorie nimmt analog zu den Einstellungen der ersten Spalte den Rest (also zwischen 8/12 und 10/12) des Platzes auf dem Bildschirm ein, wenn keine Aufgabendetails sichtbar sind. Wenn eine aktuelle Aufgabe in `this.task` vorhanden ist, verschwindet diese Spalte im Format `xs`, und in den anderen Formaten reduziert sich der Platzanspruch.

```
<div *ngIf="taskSet" class="WLPanel" [ngClass]="{'col-xs-8 col-sm-8 col-md-9 col-lg-
10': !task, 'hidden-xs col-sm-6 col-md-5 col-lg-6': task}">
```

Die dritte Spalte mit den Aufgabendetails ist nur sichtbar, wenn eine Aufgabe gewählt ist. Dann füllt sie auf einem `xs`-Bildschirm den ganzen Raum (12/12), bei `sm` den halben Bildschirm (6/12) und bei `md` und `lg` lediglich ein Drittel (4/12).

```
<div [hidden]="!task" class="WLPanel col-xs-12 col-sm-6 col-md-4 col-lg-4">
```

Sofern der Benutzer alle drei Spalten sieht, kann er jederzeit eine andere Aufgabe oder eine andere Kategorie anwählen. Wenn jedoch auf kleinen Bildschirmen eine der ersten beiden Spalten ausblendet ist, braucht der Benutzer eine *Zurück*-Navigation. Diese stellt die Spalte 3 mit den Aufgabendetails in einem `<button>`-Tag bereit, das in den Größen `md` und `lg` aber komplett ausgeblendet bleibt. In der Größe `sm` zeigt der Programmcode neben dem Pfeil-Symbol noch den Text *Zurück* an, für den es in `xs` dann auch keinen Platz mehr gibt.

```
<button class="btn btn-primary hidden-md hidden-lg" title="Zurück"
(click)="gotoTaskList()">
    <span class="glyphicon glyphicon-arrow-left"></span>
    <span class="hidden-sm">Zurück</span>
</button>
```

Die Schaltfläche ruft beim Anklicken die Methode `gotoTaskList()` auf, die per Ereignis die Rahmenanwendung in *app.component.ts* informiert, womit diese das Objekt `this.task` auf null setzt, wodurch dann die Darstellung im Angular-Template auf die Anzeige von Kategorie- und Aufgabenliste automatisch umschaltet. Dies war nur ein Beispiel für eine typische Responsive-Web-Design-Implementierung mit Angular und Bootstrap.

Index

E

F

G

J

K

L

M

P

Q

R

S

Y

Z